북한 권력의 역사

사상·정체성·구조

백학순 지음

한울
아카데미

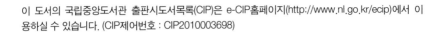
이 도서의 국립중앙도서관 출판시도서목록(CIP)은 e-CIP홈페이지(http://www.nl.go.kr/ecip)에서 이용하실 수 있습니다. (CIP제어번호 : CIP2010003698)

이 책을 나의 아내 이선형에게 바칩니다.

머리말

    이 책은 '북한 권력의 역사'에 대한 필자(나)의 '이야기'이다. 나의 이야기가 독자들에게 북한정치를 이해하는 데 조금이라도 새로운 지식과 시각을 더해주고, 또 북한정치 관련 책을 읽는 재미를 더해주기를 희망한다.

    이 책을 출판하면서, 어떤 젊은이가 나에게 '왜 북한연구를 하게 되었는지' 물었던 일이 생각난다. 1960년대 말부터 1970년대 초반에 중·고교를 다녔던 나에게는 나라의 민주화와 민족의 통일문제가 중요한 관심사였다. 당시 3선 개헌과 유신헌법 개헌 등 박정희 군사독재는 최악의 상황으로 치닫고 있었고, 북한의 124 특수부대(김신조)의 청와대 습격, 미 해군 정찰함 푸에블로호 나포, 삼척·울진 무장특공대 침투, 미 해군 정찰기 EC-121 격추 등 북한의 군사적 도발이 계속됐다. 1972년이 되자 '김일성이 서울에서 환갑을 쇠려고 곧 전쟁을 일으킨다'는 출처를 알 수 없는 소문으로 온 나라가 흉흉했다. 그러나 그해 2월 닉슨 미 대통령이 중국을 방문하여 상하이 코뮈니케가 나왔고, 남북관계도 이에 영향을 받아 7·4남북공동성명이 발표됐다. 지금 생각해봐도 나의 중·고교 시절은 나라 안팎으로 위기와 사건의 연속이었다. 그러다 보니 중·고등학생이 그 나이에 겪는 여러 인생 고민에다가 나라와 민족에 대한 고민까지 겹쳐 머릿속이 복잡했다. 나는 우리가 분단을 해소하고 통일을 이루기 위해서는 '우선 북한을 제대로 알아야 한다'고 생각했다.

    내가 북한연구를 하게 된 배경에는 두 분의 선생님이 계셨다. 김학준 교수님

(전 서울대 교수, 전 동아일보 회장)과 이정식 교수님(전 펜실베이니아대 교수, 경희대 석좌교수)이었다. 대학원에서 김학준 교수님을 만나면서 본격적인 북한연구의 필요성을 절감했고, 미국에서 이정식 교수님의 논문지도를 받아 박사학위를 받았다. 그런데 지금까지 나의 학자로서의 삶을 돌아보니 두 분 선생님의 기대에 제대로 부응하지 못했다는 부끄러움이 앞선다.

북한연구를 하면서 나의 주된 고민은 여느 학자들과 마찬가지로 북한정치에 대한 '해석' 문제였다. '북한 권력의 역사'를 다룬 이 책은 바로 그러한 고민의 산물이다. 우리의 인생살이도 그렇고 또 정치도 그렇지만, 우리가 어떤 행위를 할 때 우리가 처한 환경구조도 중요하고 우리의 물질적인 능력과 자원도 중요하지만, 역시 기본적으로 중요한 것은 사람(정치지도자)의 '생각'과 그에 기반을 두고 형성된 '정체성'이 아닌가 생각한다. 사람이 갖고 있는 생각(사상, 가치, 비전)과 정체성(자기 자신에 대한 역할 관련 이해와 기대)이 우리의 능력과 자원에 의미와 방향성을 부여하는 것이다. 이 책은 바로 그러한 관점에서 북한 권력의 역사를 분석하고 해석하고 있다.

이 책을 저술하는 데서 내가 겪은 또 다른 고민은 이론적인 면이 상당한 부분을 차지하고 있는 이 책을 어떻게 하면 독자들이 흥미롭게 읽을 수 있도록 할 것인가의 문제였다. 이 고민 때문에, 예컨대 1956년 '8월 종파사건'을 설명하면서, 비록 책의 두께가 두꺼워졌지만, 소련 붕괴 후 비밀해제된 평양 주재 소련대사관의 문서철과 비밀해제된 일부 중국 문서의 원문 전체를 거의 그대로 소개했다. 독자들이 북한정치에서 권력투쟁의 압권을 이루는 '8월 종파사건'을 현장감을 갖고 생생하게 느낄 수 있도록 하기 위해서였다.

이 책을 쓰는 데 도움을 준 많은 분들께 깊은 감사를 드린다. 나의 세종연구소 동료이자 뛰어난 북한연구자인 이종석 박사님(전 통일부장관)은 북한연구에 관한 한 사실상 나의 또 한 분의 선생님이었는데, 북한정치에 대한 이 박사님과의 토론은 항상 큰 도움이 됐다. 이 박사님은 또한 ≪정로≫와 ≪로동신문≫ 등 귀중한 자료를 제공해주었다. 이 박사님의 소개를 통해 김동길 교수님(베이징대 역사학과 교수)을 만났는데, 김 교수님은 당신이 소장하고 또 직접 번역한 소련과 중국 문서들, 특히 1956년 8월 18일자 '마오쩌둥과 미코얀 간의 대화록'과 '마오쩌둥과 최용건 간의 대화록'을 마치 오랜 친구처럼 선뜻 필자에게 제공해주었다. 이 자료는 그동안 우리 학계에 알려지지 않았던 귀중한 자료이다. 김 교수님께 다시 한 번 감사드린다. 세종연구소 동료 정성장 박사님은 내가 요청할 때마다 기꺼이 자신이 소장하고 있는 여러 자료를 건네주었다. 그리고 이 책의 '이론적 분석의 틀'을 읽고 좋은 비판과 제안을 해준 송지영 박사님(케임브리지대 정치학박사)에게도 고마움을 표한다.

이 자리를 빌려 나의 직장 세종연구소의 송대성 소장님께 깊은 감사를 드린다. 송 소장님은 이 책을 연구소 근무 과제로 저술하고 출판할 수 있도록 지원하는 과정에서 좋은 책을 출판할 수 있도록 최대한 배려를 해주셨다. 세종연구소 연구지원팀 변해석 팀장님, 이만식 씨, 원영주 씨에게도 여러 행정적 지원에 대해 큰 고마움을 전한다.

이 책은 출중한 능력을 가진 나의 조교들의 도움이 없었다면 출간되지 못했을 것이다. 이주영 이화여대 정치학 석사, 노선영 이화여대 정치학 석사과정 학생, 강정심 연세대 정치학 석사과정 학생, 이갑준 동국대 북한학 석사, 손광수 연세대 정치학 석사, 이은미 텍사스텍대 정치학 박사과정 학생에게 마음 속 깊이 고마운 마음을 전한다. 특히 마지막에 강정심 조교와 이갑준 조교의 고생이 컸다.

이 책의 출판을 위해 수고하며 격려와 지원을 아끼지 않은 도서출판 한울의 여러분께 큰 고마움을 전한다. 출판과정에서 이런저런 어려움을 겪고 있던 상황에서 이교혜 편집장님의 넓은 이해와 격려는 큰 힘이 됐고, 편집책임을 맡은 박록희 팀장님은 원고에서 문제되는 부분을 정확히 짚어내고 표현을 매끄럽게 할 수 있도록 많은 도움을 주었다.

마지막으로, 고인이신 아버님(백종삼)과 장인어른(이시우), 곁에 계신 어머님(위오남)과 장모님(이옥례)께, 그리고 아내 이선형, 아들 백두산, 백두만에게 나의 사랑과 고마운 마음을 전하고 싶다. 나와 혼인하여 지금까지 인생길 30년을 동고동락해온 사랑하는 아내에게 결혼 30주년 선물로 이 책을 바친다.

2010년 10월 10일
세종연구소 연구실에서 백학순

차례

서론

 이 책은 1945년 8월 해방 이후부터 2010년 9월까지 지난 65년간의 '북한 권력의 역사'를 분석하고 설명하고 있다.

 일반적으로 '권력'을 이해하는 핵심은 권력추구자와 권력구조, 그리고 이들의 상호작용을 이해하는 것이다. 권력추구자는 자신이 가지고 있는 '사상'과 그것에 기반을 두고 형성된 '정체성'을 국가와 사회 전체에 공유시키려는 '이익'을 갖고 있다. 권력추구자의 그러한 이익 추구는 다른 권력추구자들과의 권력투쟁을 초래한다. 권력은 배타성을 원칙으로 하나, 권력투쟁의 방법은 경쟁과 연합을 기본으로 한다. 권력추구자가 자신의 권력행위에 유리한 '정치기회구조'를 만나거나 혹은 그것을 조성하는 데 성공하면 본격적인 권력투쟁에서 나서게 된다. 그리고 권력투쟁의 결과는 권력구조에 반영된다. 이로써 특정 권력추구자나 그룹이 권력행위를 시작하여 권력구조를 변화시키는 하나의 권력 순환주기가 완성된다.

 새로 확립된 권력구조가 권력추구자의 사상과 정체성의 형성, 권력행위에 일정한 제한을 가하기도 하지만, 권력추구자는 또한 이 구조를 매개로 자신의 사상과 정체성을 발현시키는 권력행위를 하게 된다. 권력행위자는 구조로부터 오는 제한점을 수용하기도 하지만 이를 거부하거나 수정함으로써 권력구조의 변화를 추구한다. 결국 권력 순환주기는 시간을 두고 반복되면서 권력구조를 변화시키게 된다. 바로 이 변화의 역사가 '권력의 역사'이다.

북한 권력의 역사도 마찬가지로 이해할 수 있다. 김일성은 해방 후 북한을 점령한 소련의 후견이라는 유리한 정치기회구조하에서 국내파, 연안파, 소련파 등 여러 파벌의 권력추구자들과 협력과 경쟁을 통해 자신의 사상과 정체성을 당·국가·사회 전체에 공유케 하려는 권력행위를 시작했다. 김일성은 마르크스-레닌주의에 기초한 사회주의 혁명과 당-국가체제를 건설해 나가면서 자신을 반대하는 파벌들을 숙청하고 협력적인 파벌들과 연합하면서 6·25전쟁이 끝날 무렵에는 자신을 중심으로 한 패권적 연합질서를 만들어냈다. 전후에는 복구발전 노선 문제, 교조주의와 형식주의 타파와 주체 확립 문제, 김일성 개인숭배 문제, 조선혁명역사 왜곡 문제, 김일성파 중용 문제 등을 중심으로 파벌들 간에 사상과 정체성이 충돌했다. 1956년 2월 개최된 소련공산당 제20차 대회에서 흐루쇼프의 스탈린 개인숭배 비판이 북한에서 반김일성 연합세력에게 유리한 정치기회구조로 작용하자 이들은 반김일성 궁정(宮廷) 쿠데타 시도인 '8월 종파사건'을 일으켰다. 연안파와 소련파로 이뤄진 '8월 종파사건' 주모자들에 대한 김일성의 책벌에 대해 소련공산당과 중국공산당이 조선공산당의 내정에 공동개입하여 김일성의 책벌을 취소시키는 상황이 발생하기도 했다.

　김일성은 '8월 종파사건'을 계기로 '당 사업'의 중요성을 새삼 인식하고 철저한 '반종파 투쟁'을 전개했다. 김일성은 대내적으로 경쟁 파벌들을 숙청하고 자신의 항일빨치산파를 전면에 내세우고, 대외적으로는 소련과 중국의 영향력을 벗어나는 '주체 확립'을 추구하면서 1958년에는 자신의 단일지도체계를 수립하는 데 성공했다. 1967년에는 '주체사상'을 중심으로 자신의 유일사상체계를 확립하면서 당·정·군(黨·政·軍)을 휘하에 거느리는 수령이 됐다. 한편, 이렇게 성립된 유일사상체계와 수령제는 모든 북한 정치엘리트와 인민들의 정치행위를 구속하고 제한했고, 동시에 북한에서의 모든 정치행위와 권력행위는 유일사상체계와 수령제를 매개로 이뤄졌다. 이로써 북한에서는 전통적인 의미의 정치와 권력투쟁이 사라졌다.

　김일성은 북한정치에서 권력경쟁이 사라지자 이제 '계속혁명'을 내세웠다. 한편으로는, 자신의 아들 김정일을 수령 후계자로 삼고 그에게 수령의 지위와 역할을 잇도록 하는 수령 승계를 준비시키면서, 다른 한편으로는 계속혁명을 위한 온갖 이론들을 개발하여 인간개조, 사회개조에 나서 모든 인민의 공산주의적 인간 개조, 사회주의 완성, 공산주의 사회의 건설을 전면적인 과업으로 내세웠다.

1980년대 말부터 소련과 동유럽 사회주의 국가들의 붕괴 시작, 북핵 문제로 인한 유일 초강대국 미국과의 대결, 경제파탄에 따른 식량난으로 인한 북한인민들의 대규모의 아사(餓死) 등으로 북한은 총체적인 위기에 처했다. 이러한 상황에서 김일성이 사망하자, 수령의 지위와 역할을 물려받은 김정일은 위기대응책으로 군대를 '혁명의 주력군'으로 내세우는 '선군사상'을 내세우고 '선군혁명영도'의 정치를 통해 선군사회주의의 정체성을 획득했다. 김정일 시대의 '선군사회주의'는, 수령제라는 권력구조는 예전과 차이가 없으나 사상과 정체성에서 노동계급이 아닌 인민군대를 '혁명의 제1기둥'으로 삼는 '선군후로(先軍後勞)'의 변화를 보여주었다.

한편, 2008년 김정일의 건강에 문제가 생기고 건강이 악화되자 북한은 3남 김정은을 후계자로 결정하고 그를 후계수령으로 만들어가는 후계정치를 가속화했다. 2010년 9월 개최된 당 대표자회를 통해 김정은이 수령 후계자로 공식 선출됐다. 권력의 3대 세습이 이뤄진 것이다.

이 책은 북한 권력의 역사를 분석하고 설명함에 있어서 '구성주의(constructivism)'를 주된 이론적 접근으로 하고, 그것에 '정치기회구조(political opportunity structure)'라는 매개개념을 결합하여 이론적 분석의 틀로서 사용하고 있다.

이 책은 북한의 권력행위와 권력현실을 분석함에 있어서 권력추구자들에게 외생적으로 주어지는 권력동기, 파워, 능력, 자원과 같은 물질적(material) 요소보다는 그들이 갖고 있는 사상, 비전, 의미, 규범과 같은 관념적[사상적](ideational) 요소와 그것을 바탕으로 형성되는 정체성과 이익이 더욱 중요하다는 '구성주의'적 입장을 취하고 있다. 북한과 같은 사회주의 당-국가체제를 이해하는 길은 당·정·군과 이들 3자의 관계를 분석하고 이해하는 것이다. 그러나 그중에서도 가장 핵심적인 것은 역시 '사상'[관념]을 담당하고 있는 '당'과 정·군에 대한 '당의 영도'를 이해하는 것이다. 왜냐하면 사회주의 당-국가체제에서는, 당이 '사상'자원을 장악하고 그것에 의거하여 '경제'자원을 관장하는 정부와 '군사'자원을 담당하는 군대를 영도하고 지도하기 때문이다. 따라서 이 책은 북한 권력의 역사의 '구성주의적 해석'이다.

한편, '정치기회구조'는 권력추구자들이 권력행위를 하는 데서의 '환경구조'를 말한다. 권력추구자들은 기본적으로 '행위자와 구조의 상호작용'이라는 틀 속에서 권력행위를 하게 되는데, 유리하게 주어지거나 자신이 유리하게 조성한 환경구조, 즉 정치기회구조를 매개로 적극적으로 구조를 이용하여 행위하는 것이다.

이 책은 1945년 8월부터 2010년 9월에 이르는 북한 권력의 역사를 사상, 정체성, 구조의 특징과 변화를 중심으로 다음 여섯 시기로 나눠서 살펴볼 것이다. 첫째, 파벌의 경쟁과 연합의 시기(1945~1950), 둘째, 6·25전쟁과 김일성 중심의 패권적 연합 질서 구축의 시기(1950~1953), 셋째, 전후 복구건설, '8월 종파사건' 발생과 '반종파 투쟁'의 시기(1953~1958), 넷째, 김일성의 단일지도체계 수립의 시기(1958~1967), 다섯째, 당[김일성]의 유일사상체계와 수령제 확립의 시기(1967~1994), 여섯째, 김정일의 선군사회주의 시기(1994~2010)이다. 이러한 시기 구분은 권력투쟁에서 승리한 권력자의 '사상'과 '정체성', 그리고 그것을 반영한 '권력구조'의 특징과 변화를 중심으로 이뤄졌다.[1]

마지막으로, 이 책의 구성은 다음과 같다. 서론과 1, 2, 3, 4, 5, 6부로 되어 있다. 제1부 제1장은 이 책의 이론적 분석의 틀을 소개할 것이다.

제2부는 두 개의 장으로 이뤄져 있다. 1945년 해방 직후부터 혁명과 건설을 시작하여 6·25전쟁을 거쳐 정전이 되는 1953년까지의 기간을 다루되, 제2장은 권력추구 파벌들의 경쟁과 연합, 제3장은 김일성 중심의 패권적 연합 질서 구축을 분석하고 설명할 것이다.

제3부는 다섯 개의 장으로 이뤄져 있는데, 여러 파벌 간의 사상과 정체성의

---

[1] 참고로, 이종석은 '북한 역사'를 혁명단계, 지도체계의 변화, 경제발전단계, 그리고 조선로동당 대회를 기준으로 삼아 네 가지 범주로 나눠 '시기 구분'했다(이종석, 2000b: 61~87). 한편, 김학준은 '권력의 소재지의 변화'를 기준으로 북한의 역사를 '아홉 시기'로 구분하고 있다(김학준, 2008a: 10~11). 그러나 이들의 북한 역사의 시대 구분은 이 책에서 '북한 권력의 역사'를 '구성주의적 관점'에서 권력추구자의 '사상'과 '정체성', 그리고 그것이 반영된 '권력구조'의 특징과 변화를 중심으로 시기 구분한 것과는 차이가 있다.

충돌을 바탕으로 북한 권력의 역사에서 전개된 권력투쟁의 압권을 이룬 '8월 종파사건'과 김일성이 모든 반대파벌을 숙청한 '반종파 투쟁'에 대해 자세히 살펴볼 것이다. 제4장은 '8월 종파사건'의 정치기회구조, 제5장은 '8월 종파사건'의 배경으로서 각 파벌의 사상과 정체성의 충돌, 제6장은 '8월 종파사건'의 모의과정, 제7장은 '8월 종파사건'의 발생과 반전(反轉), 그리고 제8장은 김일성이 반김일성 연합세력을 숙청한 '반종파 투쟁'을 다룰 것이다.

제4부는 김일성이 자신의 단일적 지도, 유일적 지도로 나아간 시기를 다루고 있다. 구체적으로, 제9장은 김일성의 단일지도체계 확립, 제10장은 김일성의 유일사상체계와 수령제 사회주의 확립을 살펴볼 것이다.

제5부 제11장은 김일성 사망 후 김정일이 선군정치를 시작한 1995년부터 지금까지의 선군사회주의를 분석하고 설명할 것이다. 이 장에서는 2008년 김정일의 건강문제가 발생한 이후 진행되어온 3대 세습 후계정치에 대해서도 살펴볼 것이다.

제6부 제12장은 '북한 권력의 역사'를 종합적으로 평가하고 북한 권력의 미래를 전망해볼 것이다.

제1부

이론적 분석의 틀

이 책은 이론적 접근으로서 '구성주의'와 매개개념으로서 '정치기회구조'를 결합하여 이론적 분석의 틀로서 사용하고 있다.

제1장

이론적 분석의 틀

이 장에서는 '북한 권력의 역사'를 어떤 시각에서 어떻게 분석하고 설명할 것인지에 대한 이론적 분석의 틀을 제시하기로 한다. 이 이론적 분석의 틀은 북한 권력의 역사를 분석하고 이해하는 데서 각 장들이 서로 분리된 조각이 아닌 하나의 체계적인 전체를 이룰 수 있도록 도와줄 것이다.

일반적으로 권력현실과 권력행위 등을 포함한 정치사회적 현실과 운동, 국제관계 등을 분석하는 데 유용한 이론적 접근으로는 대표적으로 신자유주의(neoliberalism), 신현실주의(neorealism), 마르크스-레닌주의(Marxism-Leninism), 그리고 구성주의(constructivism)가 있다.

그런데 이 책은 '구성주의'를 핵심적인 이론적 접근으로 채택하고 있다. 즉, 이 책은 북한의 권력행위와 권력현실을 분석하고 북한 권력의 역사를 설명하는 데 있어서 권력추구자들이 갖고 있는 생각(아이디어), 사상, 비전, 의미와 같은 '관념적(ideational)' 요소와 자원, 그리고 그것을 기반으로 형성되는 정체성과 이익을 중시하고 있다.

그렇다면, 다른 이론적 접근들은 어떠한가? 우선, 신자유주의는 자유민주주의 체제를 설명하고 분석하는 데 매우 유용하지만 '사회주의' 체제인 북한을 다루는 데는 어떤 의미 있는 도움을 주지 못한다. 따라서 이 책에서는 제외될 것이다.

마르크스-레닌주의는 어떠한가? '사회주의' 체제인 북한을 다루는 데서 마르크스-레닌주의의 적용은 당연하고 기본적인 것이다. 바로 그러한 이유 때문에 이 책에서 마르크스-레닌주의의 적용은 당연한 전제적(前提的)인 것으로 취급될 것이다.

한편, 신현실주의는 북한 권력의 역사에서 '물질적(material)' 요소와 자원이 중시되는 부분을 분석하고 설명하는 데 유용한 이론적 접근이 될 수 있다. 그러나 이 책 전체를 통해서 신현실주의는 어디까지나 부차적인 이론적 접근에 머무르게 될 것이다.

그런데 이 책에서 '구성주의'를 주된 이론적 접근으로 채택하기 위해서는 북한의 권력행위와 권력현실을 분석하고 북한 권력의 역사를 설명하는 데서 구성주의가 다른 이론들에 비해 더 강력한 분석력과 설명력을 갖고 있어야 할 것이다. 그렇다면 구성주의적 접근이 과연 그러한가?

우선 마르크스주의 이론에 의하면, 사회주의·공산주의 혁명은 고도로 발달된 선진 자본주의사회에서 일어나게 되어 있다. 그러나 현실세계에서 발생한 러시아, 중국, 북한의 사회주의 혁명은 모두 후진 자본주의 사회에서 발생한 것이었다. '물질적' 조건이 열악한 상황에서 사회주의 혁명을 일으키고 또 그것을 지속해나가며 사회주의 당-국가체제를 건설하기 위해서는, 강력한 사회주의·공산주의 '사상(비전, 가치)'을 앞세우면서 그에 따라 '물질적' 세계를 사회주의 세계로 전환해나가는 것이 필요했다.

따라서 '사상'사업을 핵심적으로 담당하는 '당'을 만들어 그것에 '전위당', '혁명의 참모부'로서 지위와 역할을 부여하고, 인간의 사상을 개조하여 사회주의적 인간, 공산주의적 인간으로 만들어나갔다. 동시에 먹고사는 문제를 해결하기 위해 생산수단의 공유와 계획경제를 무기로 '후진적' 물질세계를 '선진적' 사회주의적 물질세계로 개조해나갔다. 그리고 이러한 과정은 물리적 강제력을 보유하고 있는 군대를 '당의 군대'로 만들어 군대의 힘으로써 대내외적으로 사회주의화 과정을 보호하고 반혁명 시도를 분쇄토록 했다. 그런데 이러한 사회주의적 개조 과정에서 기본적으로 당은 '사상'을, 정부[국가]는 '경제'를, 그리고 군대는 '군사'를 담당했다.

이렇게 보면, 사회주의 사회를 이해하는 길은 당·정·군과 이들 3자의 관계를 이해하는 것이다. 그러나 그중에서도 가장 핵심적인 것은 역시 '사상'을 담당하고 있는 '당', 그리고 당의 정·군에 대한 영도를 이해하는 것이다. 왜냐하면 사회주의 당-국가체제는 이념[사상] 구성(ideational construct)과 그것이 반영된 권력구조상, 예외 없이 당이 '사상'자원을 장악하고 그것으로써 두 가지 '물질'자원을 장악하는, 즉 당이 '경제'자원을 관장하는 정부와 '군사'자원을 담당하는 군대를 영도하고 지도하는 체제이기 때문이다.

따라서 '사상'[관념] 요소가 '물질' 요소에게 의미와 방향성을 제공하는 측면과 '사상'을 기반으로 형성되는 정체성 및 이익을 중시하는 구성주의적 접근은 북한정치에서의 권력행위와 권력현실을 분석하고 북한 권력의 역사를 설명하는 데서 다른 이론들에 비해 상대적으로 뛰어난 분석력과 설명력을 보유한 이론적 접근이라 할 것이다.

그러면 이 책의 핵심적인 이론적 접근이 되고 있는 구성주의가 무엇인지를 자세히 설명하기로 한다. 그다음, '마르크스-레닌주의'의 원리와 원칙이 북한 권력의 현실과 역사에서 실제 어떻게 구현되어왔는지, 그리고 이 책의 분석의 주안점 및 문제의식과 관련하여 이론적 접근으로서 신현실주의의 약점이 무엇인지 살펴보기로 한다. 마지막으로, 이 책의 이론적 분석의 틀에서 매개개념으로서 사용하게 될 정치기회구조에 대해 살펴보기로 한다.

1. 구성주의

이 책의 주된 이론적 접근인 '구성주의'는 무엇인가?[2] 구성주의는 사회적 현

---

2) 웬트(Alexander Wendt)를 중심으로 지금까지 주장되고 논의되어온 구성주의는 이론(theory)
이라기보다는 메타이론(meta-theory), 혹은 접근법(methodology)이나 인식론(perspective)으
로 볼 수 있는 성격을 갖고 있다. 따라서 구성주의는 기존의 현실주의(신현실주의), 자유주의
(신자유주의), 마르크스-레닌주의, 포스트모더니즘, 비판이론 등 모든 이론과 연결될 수 있
어, 예컨대, '현실주의적 구성주의', '구성주의적 현실주의' 식으로 제시될 수 있는 공간이 있
다(전재성, 2010).

실(social reality)이 물질적 힘에 의해서가 아니라 '공유하는 관념(shared ideas)'에 의해 구성되며, 행위자의 '정체성(identity)'과 '이익(interest)'은 주어진 것이 아니라 인간의 상호작용과 담론행위(discursive practices)에 의해 창조되고 구성된다는 것을 그 기본적 주장으로 삼고 있다. 한마디로 '현실의 사회적 구성'을 주장한다. 우리의 현실은 사회적 행위와 그것의 상호작용을 통해 '구성'되고 '재구성'된다는 것이다(Wendt, 1999: 1; Jackson and Sorensen, 2007: 163).[3]

구성주의는 세 가지 핵심적인 요소를 갖고 있다. 첫째, 인간 결사체의 구조, 체제와 같은 사회적 현실은 물질적 힘보다는 공유하는 관념—사람들 사이의 간(間)주관적인(intersubjective) 의식, 지식, 사상, 의미, 이해, 가치, 규범, 신념 체계, 문화 등—에 의해 결정된다(Wendt, 1999: 1; Copeland, 2000: 189~190).

둘째, 목적지향적인 행위자의 정체성과 이익은 본래 주어진 것이 아니라 앞서 언급한 공유된 생각과 사상, 이들의 사회적 상호작용의 과정(사회화 과정)에 의해 창조되고 구성된다(Wendt, 1999: 1; Checkel, 1998: 324~348; Copeland, 2000: 189~190; Jackson and Sorensen, 2007: 163~165, 169).

셋째, 구성주의는 행위자와 구조 사이의 상호작용의 과정을 중시하며, 행위자와 구조—여기에서는 물질적 구조(material structure)가 아닌 관념적 구조(ideational structure)(Wendt, 1999: 29~33; Finnemore, 1996: 6~7)—는 상호 구성적이며 상호 결정적인 것으로 이해한다. 행위자의 사상, 정체성, 이익과 관련된 담론행위가 구조를 구성하고 재구성하며, 동시에 구조는 정체성과 이익의 면에서 행위자를 구성

---

3) 웬트가 본격적으로 내세운 구성주의의 이론적 발전과정은 세 단계로 나눌 수 있다. 과학적 실재론의 인식론을 바탕으로 사회학으로부터 도입한 구조화주의(structuration)와 간(間)주관성(intersubjectivity)의 관념을 강조했던 '제1의 웬트' 시기, 1999년 『국제정치의 사회이론 (Social Theory of International Politics)』을 출판하여 국제관계이론의 주류 접근방법을 포괄하는 통합이론을 지향한 '제2의 웬트' 시기, 그리고 자신의 이론 틀에 내재해 있는 한계를 극복하기 위해 물리학의 양자이론(quantum theory)을 적용하여 새로운 돌파구를 모색하고 있는 '제3의 웬트' 시기로 나눌 수 있다(민병원, 2010: 9). 이 책에서 '북한 권력의 역사'의 해석과 설명을 위해 적용하고 있는 구성주의는 기본적으로 '제1의 웬트'와 '제2의 웬트' 시기의 구성주의이다.

하고 재구성한다.[4] 그렇기 때문에 구성주의적 관점에서 사회적 현실은 결정주의적 세계관을 거부하고 '과정'과 '변화'를 중시한다(Hopf, 1998: 172~173; Copeland, 2000: 190; Checkel, 1998: 326).[5] 따라서 어떤 '변화'를 추구하는 '정책'을 고려하고 제안하는 데 있어서 구성주의적 적용과 처방은 매우 유용할 수 있다.[6]

위에서 살펴보았듯이, 구성주의자들은 현실세계를 분석하고 이해하는 데서 아이디어(관념)와 사상의 역할을 중시한다(Wendt, 1995: 73~74; Jackson and Sorensen,

---

[4] 이러한 구성주의적 시각에서 보면, 이 책에서 '북한 권력의 역사'의 '시대 구분'을 하면서 제시한 김일성의 여러 파벌 지도자들과의 연합, 김일성을 중심으로 한 패권적 연합, 김일성 단일지도체계의 수립, 그리고 유일지도체계와 수령제는 모두 이념구성(ideational construct)이라고 할 수 있을 것이다.

[5] 구성주의는 기본적으로 보편주의나 객관적인 진리를 거부하는 '상대주의(relativism)' 이론이다. 구성주의적 이해에서는 시공간을 통해서 확립된 객관적인 진리는 존재하지 않는다. 어떤 진리에 대한 주장은 특정한 시공간에서 어떤 사람들에 의해 제기된 것이므로, 진리는 항상 역사적으로 구성되고 상황부수적이다(Jackson and Sorensen, 2007: 162, 167; Copeland, 2000: 191). 예컨대, 과학적인 지식은 과학적인 방법에 의해 발견되는 것이 아니고 과학을 하는 사람들에 의해 구성되는 것이다. 다시 말해서 진리는 만들어지는 것이다.

[6] 한국 학계에서 구성주의적 접근을 바탕으로 다양한 분야에서 정책적 함의와 대안을 제시하고 있는 연구들이 나왔다. 예컨대, 이근은 구성주의를 2000년 6월 남북정상회남와 그 후의 남북관계에(이근, 2001a), 미·일 반도체 무역분쟁에(이근, 2001b), 이근과 전재성은 공동연구를 통해 남북한 간 안보딜레마, 동북아 국가들 간의 세력균형, 동북아 및 아시아의 국제안보제도 등 안보분야에(이근·전재성, 2001), 전재성은 남북관계에(전재성, 2005), 김용호는 김영삼정부의 4자회담과 김대중정부의 햇볕정책 등 대북정책에(김용호, 2002), 서보혁은 북미관계에(서보혁, 2003b; 서보혁, 2004) 그리고 또 '북한의 정체성' 연구에(서보혁, 2003c), 김유은은 동북아 안보공동체로의 이행문제에(김유은, 2004), 최종건은 전쟁의 발생과 방지, 그리고 평화의 유지를 설명하고 처방하는 안보학에(최종건, 2009), 고상두는 안보정체성을 중심으로 유럽연합의 안보통합에(고상두, 2003), 김학노는 유럽통합연구에(1999) 구성주의를 적용하여 정책적 함의와 대안을 논의했다. 조금 성격이 다르지만, 남궁곤은 조선의 대청·대일 사행(使行)제도를 중심으로 한 18세기 동아시아의 전통적 국제질서의 성격 규명에(남궁곤, 2003) 구성주의를 적용하여 설명했다. 한편, 양준희는 국제정치를 '현실 그대로' 받아들이는 것이 아니라, 우리가 예컨대 평화롭게 살고 싶은 세상을 '창조'하고 그것을 현실화하는 데(양준희, 2008) 웬트가 적용한 양자물리학(quantum theory)의 공헌을 인정하고 그것을 재해석하고 있다.

2007: 163). 일반적으로 권력행위자가 지닌 사상, 가치, 신념체계는 그가 권력행위를 하는 데 있어서 자신의 경쟁 능력, 자신이 하려고 하는 선택에 대한 구조적 제약 및 기회 등을 평가하고 이해하는 데 중요한 역할을 하며(Dahl, 1971: 185~186; Jervis, 1976: 239~271; Goldstein, 1993: 1~18; Goldstein and Keohane, 1993: 3~30; Garrett and Weingast, 1993: 173~206; Milner, 1997: chaps. 1~2), 자신이 선택하는 수단에 대해서도 영향을 미친다(Gurr, 1988: 49~50).

물질적이거나 물리적인 자원들은 그 자체만으로 의미를 갖지 못하며, 단지 아이디어와 사상, 가치, 신념체계, 이해 등에 의해 인식되고 구성되며 사용된다. 즉, 물질적 세계는 비결정적이고 단지 부여된 '의미'라는 보다 큰 맥락 속에서 해석되며, 이때 물질적인 힘의 의미를 규정하는 것은 관념(아이디어)이다(Jackson and Sorensen, 2007: 165~166; Wendt, 1999: 135~136).[7]

존재론적 현실이 있다고 하더라도 이는 증명할 길이 없기 때문에 우리가 분석하고 이해할 수 있는 것은 오로지 '구성된 현실(constructed reality)'이다. 이러한 현실은 인간의 아이디어와 생각으로부터 독립적으로 존재하지만, 현실의 의미와 지식은 언제나 인간이 구성한다(Crotty, 1998). 따라서 인간의 사상과 신념, 아

---

7) 그러나 Smith는 웬트의 구성주의가 '관념적 세계'와 현실의 '물질적 세계'와의 관계를 명쾌히 설명하지 못하고 있다는 점을(Smith, 2000), 그리고 Copeland는 인간이나 국가가 갖고 있는 '불확실성'을 고려할 때 '물질적인 조건'은 불확실성에 대처하는 데서 중요하다는 점을(Copeland, 2006: 20) 지적했다. 또 남궁곤은 웬트가 1999년에 『국제정치의 사회이론』을 출판한 후 웬트에게 가해진 방법론 비판 중의 하나가 '관념과 물질적 구조와의 관계'에 대한 것임을 지적하고 있다(남궁곤, 2008: 369~370). 주목할 만한 것은 웬트가 1999년까지(즉, '제1의 웬트'와 '제2의 웬트' 시기)의 저작에서는 '관념'과 '물질'을 이원론적 관점에서 '상호작용'하는 것으로 이해했으나, 그가 물리학의 양자이론을 차용한 이후(즉, '제3의 웬트' 시기)에는 관념과 물질을 이원론이나 환원론으로 설명하지 않고 '한 가지 근원적인 사실의 두 측면'으로, '상보적 상관관계'에 있는 것으로 설명하고 있는 점이다(Wendt, 2006: 213~214; 남궁곤, 2008: 380~381). 한편, 김학노는 구성주의가 과도하게 '관념(사상)'에 집중함으로써 이것이 구성주의로 하여금 연구프로그램으로 발전하는 데 오히려 장애가 되고 있다고 비판하고(김학노, 2000: 67~69), '관념'을 중시하는 구성주의적 장점을 최대한 살리면서 동시에 '행위자의 물질적 이익 추구를 중시'하는 합리주의의 장점도 살릴 수 있도록 '신기능주의 통합이론'을 '구성주의적으로 재구성'하려는 노력을 하기도 했다(김학노, 1999).

이디어와 개념, 언어와 담화를 중시하는 구성주의는 물질적 면과 힘을 중시하는 신현실주의의 문제점을 극복하려는 입장에 서 있다.[8]

구성주의적 분석과 해석에서는 행위자의 '정체성'과 '이익'의 분석이 중요하다. 왜냐하면 행위자의 정체성과 이익은 행위자의 행위(국가의 경우에는 정책)를 결정하는 데 가장 직접적인 영향을 미치는 기본적인 요소이기 때문이다.

행위자는 집단적인 의미, 공유된 지식에 참여함으로써 자신의 '정체성'을 획득한다. 다시 말해, 정체성은 행위자들 간의 상호작용과 담론행위에 의해 형성되고 구성된다. 정체성이란 행위자가 자신을 별개의 독립된 존재 혹은 별개의 독립된 그룹의 성원으로 인식하고 이해하는 바탕 위에서 '자기 자신에 대한 상대적으로 안정된, 역할 관련 이해와 기대'를 말한다(Wendt, 1992: 397).

보다 구체적으로, 정체성은 다음 세 가지 필요한 기능을 수행한다. 즉, 정체성은 "당신에게 당신이 누구인지, 다른 사람들에게 당신이 누구인지를 말해주고, 그리고 다른 사람들이 누구인지를 말해"주는 것이다. 정체성은 기본적으로 '자기이해'이며, 또한 자신과 다른 사람들 간의 상호작용과 담론행위를 통해 다른 사람들이 자기에 대해 공유하고 있는 관념도 포함한다. "당신이 누구인지"를 말해주는 데 있어서, "어떤 특정 부문에서 선택할 행위들과 특정한 행위자에 대해 당신이 어떤 일군(一群)의 이익과 선호를 보여줄 것인지를 강력히 암시"한다(Hopf, 1998: 175; 최종건, 2008: 347 각주 4).

한편, '이익'은 '정체성의 산물'이라고 할 수 있을 정도로 정체성에 기반을 두고 형성된다. 이익은 정체성에 의해 생성되고 구체화된다. 따라서 어떤 특정 정체성을 구성하는 인간의 행위와 구조가 있다면, 그 행위와 구조는 바로 그 정체

---

8) 예컨대, Katzenstein(1996b: 1~32)은 신현실주의와 신자유주의의 문제점을 지적하고 문화(culture)와 집단적 정체성(collective identity)의 중요성을 강조한 구성주의적 접근을 내세우고 있다. 참고로, 대표적인 신현실주의자 월츠(Kenneth N. Waltz)와 대표적인 구성주의자 웬트가 주장하는 신현실주의와 구성주의의 차이점에 대해서는 양준희(2001)를 보시오. 구성주의가 '진보적' 연구프로그램이 되기 위해서 보완되어야 할 문제점에 대한 지적은 서보혁(2003a), 그리고 구성주의가 '예측력'이 부족하다는 등 과학적으로 문제가 많다는 주장에 대한 비판에 대해서는 Lee(2004)를 보시오.

성에 부합하지 않는 이익을 산출해내지 않는다. 다시 말해, 정체성은 이익의 기반이 되어 이익을 형성하는 데 결정적인 영향을 끼친다(Hopf, 1998: 176~177; Wendt, 1992: 398; Jepperson et al., 1996: 52~65; Kowert and Legro, 1996: 454~468; 신욱희, 2002:155).[9]

행위자의 정체성과 이익은 기본적으로 '지속되는 담론행위와의 상호작용의 과정'을 통해 형성된다.[10] 그런데 구성주의는 현실이 사회적으로 구성되고 재구성된다는 입장에서, 대표적으로 정체성과 이익과 같은 행위자 수준의 속성들을 중시하면서 이것들이 사회적으로 구성되고 재구성되어가는 과정과 제도를 중시한다(Wendt, 1992: 391~392). 그렇기 때문에 구성주의는 '변화'와 '역사'를 연구하는 데 매우 유용한 이론적 시각이다. 참고로, 신현실주의는 예컨대 국제사회에서의 국가의 정체성은 '지속되는 담론행위와의 상호작용의 과정'을 통해 형성되는 것이 아니라, 시공간을 통해 변하지 않는 단지 한 가지만의 정체성, 즉 자조(自助, self-help), 자리(自利, self-interest)의 정체성만을 갖고 있다고 본다(Hopf, 1998: 175~176).

구체적으로, 구성주의적 접근을 일반적인 권력행위와 권력의 역사에 적용하면 다음과 같이 설명할 수 있을 것이다. 권력추구자가 일단 자신의 특정 사상과 정체성을 확립하면—물론 이 사상과 정체성은 특정 권력추구자가 권력현실에 참여하기 전에 이미 형성되어 있을 수도 있지만—그는 자신의 사상과 정체성을 '전당·전국가·전사회적'으로[11] 공유케 하려는 이익을 추구하게 되며,[12] 이는 다른 권력

---

9) 참고로, 김학노는 정체성이 이익에 영향을 미치는 일방적인 방향성만이 아니라 거꾸로 객관적인 물적 이익이나 학습을 통한 주관적 인식의 변화로 인한 행위자의 정체성에서의 변화'에도 관심을 기울이고 있다(김학노, 2000: 69 각주 65; 김학노, 1999: 452).

10) 참고로 국가의 경우, 정체성과 이익의 형성은 국제적인 환경—국가 간의 사회적 상호작용과 그 과정—과 국내적인 환경에 의해서 영향을 받게 되고, 또한 국내외의 규범과(Finnemore, 1996: 128; Klotz, 1995: chaps. 1~2; Jepperson et al., 1996: 33~75) 국내문화에 의해서도 영향을 받는다(Katzenstein, 1996a: 537; Katzenstein, 1996b: 17~22).

11) 북한은 "전당·전국가·전사회적"이라는 표현을 "전당적, 전국가적, 전인민적", "전당·전국·전민", 혹은 군대를 포함시키거나 상황의 편의에 따라 순위를 조정하여 "전당, 전국, 전민, 전군(全軍)", "전당, 전군, 전민, 전국", "전당, 전군, 전민" 등으로 다양하게 사용해왔다.

추구자들과의 권력경쟁을 촉발시킨다. 이때 권력추구자가 유리한 정치기회구조를 만나게 되거나 그것을 조성하는 데 성공하면, 그 잠재적인 권력경쟁이 현실화되며 권력투쟁의 결과가 권력구조를 구성한다.[13] 그런데 권력행위자는 구조로부터 오는 제한점을 수용하기도 하지만 이를 거부하거나 수정함으로써 결국 권력구조를 변화시킨다. 이러한 변화가 모여 '권력의 역사'를 이룬다.

마르크스-레닌주의

이 책이 북한 권력의 역사를 분석하고 설명하는 데서 당연한 '전제'로 삼고 있는 '마르크스-레닌주의'의 원리와 원칙은 북한 권력의 현실과 역사에서 실제로 어떻게 구현되어왔는가? 무엇보다도 김일성은 조선로동당을 처음부터 '마르크스-레닌주의 당'이라고 명확히 규정하고 그것을 의식하면서 사업했다. 김일성 자신의 말을 통해서 확인해보자.

1979년에 발간된 『김일성저작집1』을 보면, 김일성은 1945년 10월 10일 북조선공산당 중앙조직위원회창립대회에서 「우리나라에서의 맑스-레닌주의 당 건설과 당의 당면 과업에 대하여」라는 보고를 한다. 그의 첫마디는 "동지들! 우리는 오늘 로동계급의 영광스러운 전위대인 맑스-레닌주의당을 창건하기 위하여 이 자리에 모였습니다"라는 말이었다(김일성, 1979d: 304).

---

12) 김학노는 정치를 '아(我)'와 비아(非我)의 헤게모니 투쟁'으로 정의하고, '우리'의 건설은 기본적으로 헤게모니 구축과 투쟁 과정으로 이해한다. 이때 헤게모니는 소아(小我)에서 대아(大我)로 자아를 확대하는 과정인데, 이 확대는 주체인 아가 비아를 객체로 간주하는 '홀로주체적' 헤게모니가 아니라 아와 비아가 서로 상대를 객체가 아닌 주체로 간주하는 '서로주체적' 헤게모니 방식이 될 때 정치적 선(善)이라고 주장한다(김학노, 2010: 31~57). 김학노의 '서로주체적 헤게모니'는 이 책에서 권력추구자가 자신의 사상과 정체성을 당, 국가, 사회 전체에 대해 '공유'해나가는 정치와 권력행위에 비교할 수 있을 것이다.

13) 특정 권력추구자가 권력투쟁에서 성공하여 최고 권력자가 되면 그가 개인적 차원에서 추구해온 사상과 정체성은 이제 '전당·전국가·전사회적' 공유를 통해 결국 당, 국가, 사회 전체의 지도사상(공식 이데올로기)과 집단적 정체성이 되며, 이는 권력자 자신을 포함한 모든 사람의 권력행위 전반을 속박 내지 제한하게 된다.

그런데 이 연설은 실제로는 조선로동당 북부조선분국 창립을 결정한, 1945년 10월 13일 '조선공산당 서북5도 당책임자 및 열성자대회'에서 「당 조직 문제 보고」라는 제목으로 김일성이 한 보고였다. 김일성이 실제 이 보고에서 '마르크스-레닌주의 당 창건'을 말하지 않았지만,[14] 나중에 개작한 1979년판 연설에서 김일성 자신이 창건하려고 했던 당이 '마르크스-레닌주의당'이라고 밝힌 것은 매우 의미심장한 일이다. 왜냐하면 이는 김일성 자신이 북한에서 수십 년간 당사업을 하면서 '마르크스-레닌주의 당' 건설 정신으로 사업했다는 것을 의미하기 때문이다.

1946년 8월 28~31일 개최된 북조선로동당 창립대회에서 제정한 「북조선로동당 강령」과 「북조선로동당 규약」, 그리고 1948년 3월 27~30일에 개최된 북조선로동당 제2차 전당대회에서 개정한 당 규약은 '마르크스-레닌주의'에 대한 언급은 없고, 당은 "조선근로대중의 리익"을 '대표'하고 '옹호'하며, '민주주의 자주 독립국가'(인민공화국)를 건설하고 자기의 대열 속에 "로동자, 농민, 로력 인테리겐챠들"을 가입시킨다고 되어 있다「북조선로동당 강령」, 1946: 70; 「북조선로동당 규약」, 1946: 78~90; 국토통일원, 1988a, 87; 「북조선로동당 규약」, 1948: 257). 당시 북한의 당-국가건설의 단계가 부르주아 민주주의 단계였기 때문에 '민주주의 자주 독립국가'(인민공화국) 건설을 말하고 있지만, 당시 소련이 점령지에서는 전략적으로 '마르크스-레닌주의'라는 표현을 사용하지 않고 '인민민주주의'라는 표현을 사용했기 때문에(Lankov, 2002: 8, 48), 그것은 실질적으로 '마르크스-레닌주의' 당-국가를 의미했다. 북조선로동당 규약이 '근로대중'과 '로동자, 농민, 로력인테리'의 당 가입을 명백히 하고 있는 것은 북조선로동당이 실질적으로 '마르크스-레닌주의'의 당을 지향하고 있었음을 말해준다. 참고로, 1948년 9월 8일 채택된 「조선민주주의인민공화국 헌법」은 '마르크스-레닌주

---

14) 조선산업노동조사소가 편집하고 민중신문사가 전판 및 발행한 『옳은 노선』에 나와 있는 당시 보고 문건의 요약본을 보면, 이 보고는 "우리 당은 배워야 한다. 우리 동무들이 아직 혁명단계의 성질을 잘 파악하지 못했다. 우리는 자기의 임무를 잘 알아야 한다……"로 시작하고 있다(조선산업노동조사소, 1946: 39~40).

의'에 대한 언급이 없는 소위 '인민민주주의 헌법'이었다(「조선민주주의인민공화
국 헌법」, 1948).

한편, 1956년 4월 29일 조선로동당 제3차 대회 마지막 날에 개정한 당 규약을
보면, "조선로동당은 맑스-레닌주의 학설을 자기 활동의 지도적 지침으로 삼는
다"고 되어 있다. 그리고 "당면 목적은 전국적 범위에서 반제, 반봉건적 민주혁
명의 과업을 완수하는 데 있으며, 최종 목적은 공산주의 사회를 건설하는 데 있
다"고 명기하고 있다(국토통일원, 1988a: 525). 당 규약에 최초로 '마르크스-레닌
주의'를 명기한 것이다. 1960년 4월 21일 개최된 조선로동당 중앙위원회 4월 전
원회의에서 개정된 당 규약도 예전처럼 "조선로동당은 맑스-레닌주의 학설을
자기 활동의 지도적 지침으로 삼는다"라고 되어 있다(재일본 조선인 총련합회 중
앙상임위원회 인사부 편집, 1960: 1; Suh, 1981: 295).

1961년 9월 조선로동당 제4차 대회에서 수정된 당 규약은 예전처럼 "조선로
동당은 맑스-레닌주의 학설을 자기 활동의 지도적 지침으로 삼는다"는 것을 유
지하면서 의미심장하게도 "조선로동당은 조선공산주의자들이 항일무장투쟁에
서 이룩한 영예로운 혁명전통의 직접적 계승자"라는 것을 최초로 당 규약 전문
에 명기했다(서동만, 2005: 794~795).

1970년 11월 2~13일에 개최된 조선로동당 제5차 대회에서 개정된 당 규약
은 "조선로동당은 맑스-레닌주의와 맑스-레닌주의를 우리나라 현실에 창조적
으로 적용한 김일성동지의 위대한 주체사상을 자기활동의 지도적 지침으로 삼
는다"는 것을 명확히 했다(「조선로동당 규약」, 1970). 최초로 '주체사상'이 마르크
스-레닌주의와 함께 공식 지도사상이 된 것이다. 참고로, 1972년 12월 27일 개
정된 헌법은 「조선민주주의인민공화국 사회주의헌법」이라는 이름이 말해주듯
이, 그동안 성취한 '사회주의'를 법제화한 헌법이었는데, '마르크스-레닌주의'
에 대한 언급 없이, "맑스-레닌주의를 우리나라의 현실에 창조적으로 적용한 조
선로동당의 주체사상을 자기 활동의 지도적 지침으로 삼는다"고 선언하고 있다
(「조선민주주의인민공화국 사회주의헌법」, 1972: 제4조). 1980년 10월 13일 조선로
동당 제6차 대회에서 개정된 당 규약은 "조선로동당은 위대한 수령 김일성동지
에 의해 창건된 주체형의 혁명적 맑스-레닌주의당"이라고 규정하고, 조선로동

당은 "오직 위대한 수령 김일성동지의 주체사상, 혁명사상에 의해 지도된다"는 점을 밝히고 있다(국토통일원, 1988d: 133~134). '마르크스-레닌주의'가 공식 지도사상의 반열에서 사라진 것이다. 그렇다고 "맑스-레닌주의당"의 성격이 사라진 것은 아니었다. 김일성은 1986년 5월 31일 김일성고급당학교 창립 40돌에 즈음하여 집필한 강의록 「조선로동당 건설의 력사적 경험」에서 조선로동당은 "노동계급의 새 형의 당, 주체형의 맑스-레닌주의당"이라고 말하고 있다(김일성, 1994b: 14).

북한이 '당 규약'이 아닌 '헌법'에서 마르크스-레닌주의와 프롤레타리아 국제주의 원칙을 삭제하고 '주체사상'과 '우리식 사회주의'를 내세운 것은 1992년 4월 9일 개정된 헌법에서부터였다. 그러나 김일성은 사망하기 얼마 전인 1994년 4월 16일, 세계 여러 나라 전직 국가 및 정부 수반, 정치인 등 평양방문단 성원들과 한 담화에서 조선로동당은 "맑스-레닌주의를 기계적으로 대한 것이 아니라 창조적으로 발전시키고 적용하였으며 주체사상에 기초하여 우리 식대로 혁명과 건설을 해나가고" 있다고 말했다(김일성, 1996d: 352). 이는 마르크스-레닌주의가 완전히 무시된 것이 아님을 말해준다.

1998년 9월 5일 개정된 북한 헌법은 역대 헌법에서 볼 수 없었던 서문을 신설했는데, 그 내용은 김일성의 사상, 철학, 업적 등을 찬양하는 것이었다. 이 헌법은 "위대한 수령 김일성동지의 주체적인 국가건설사상과 국가건설업적을 법화한 김일성헌법"임을 선언하고, 조선민주주의인민공화국은 "사람중심의 세계관이며 인민대중의 자주성을 실현하기 위한 혁명사상인 주체사상을 자기 활동의 지도적 지침으로 삼는다"고 밝혔다(「조선민주주의인민공화국 사회주의헌법」, 1998: 서문, 제3조).

한편, 2009년 4월 9일에 개정된 북한 헌법은 기존의 주체사상에 '선군사상'을 추가하여 조선민주주의인민공화국은 "주체사상, 선군사상을 자기 활동의 지도적 지침으로 삼는다"는 것을 명시했다(「조선민주주의인민공화국 사회주의헌법」, 2009: 제3조). '선군사회주의'와 관련된 내용이 헌법에 새롭게 신설된 것이다.

한편, 2010년 9월 28일 개최된 당 대표자회에서 개정된 당 규약은 서문에서 조선로동당은 "위대한 수령 김일성동지의 혁명사상, 주체사상을 유일한 지도사상으로 하는 주체형의 혁명적 당"으로 규정하고 있다. 또 조선로동당은 "선군정치를 사회주의 기본정치방식으로 확립하고 선군의 기치 밑에 혁명과 건설을 령도"한다는 구절과 "맑스-레닌주의의 혁명적 원칙을 견지"한다는 구절도 포함돼 있다. '주체사상'과 '선군사회주의' 관련 내용이 포함된 것이다(「조선로동당 규약」, 2010).

종합하면, 위에서 북한의 역사 전체를 통해 조선로동당의 강령, 규약, 그리고 북한 헌법의 여러 변화를 살펴보았지만, 북한이 사회주의 혁명과 당-국가의 건설에서 기본적으로 '마르크스-레닌주의'의 정신을 받아들였다는 것을 알 수 있다. 왜냐하면 '주체사상'도 어디까지나 '마르크스-레닌주의를 북한의 현실에 창조적으로 적용'한 것이기 때문이다.

마르크스주의의 주요 내용은 변증법적 유물론적 역사관, 자본주의의 비판, 그리고 프롤레타리아 혁명 주창이다. 마르크스와 엥겔스는 선진공업화 사회에서 고도로 정치적인 의식을 가진 프롤레타리아 다수에 의해 자본주의가 배척을 받음으로써 사회주의와 공산주의가 도래할 것으로 주장했다(Tucker, 1978: 473~500). 그러나 레닌은 당시 러시아라는 후진국의 경험과 국제사회에서의 제국주의 양상을 고려하여 마르크스주의를 재해석했다. 레닌주의는 후진적인 사회경제적·정치적인 조건을 가진 나라들에서도 헌신적인 직업혁명가들이 전위당을 만들어서 부르주아체제를 무너뜨리고 노동자와 농민들을 위한 프롤레타리아 독재를 수립할 수 있다고 주장한다. 즉, 레닌주의는 혁명적 전위당에 의한 프롤레타리아 독재의 이론과 실천이다. 그리고 프롤레타리아 전위당과 프롤레타리아 독재는 민주집중제의 원리에 따라 통일성을 확보한다. 레닌주의는 당과 국가와의 관계에서 당이 우선하는 당-국가체제를 주장한다(Tucker, 1975: 49~79, 313~325, 500~502).

한편, 혁명적 전위당에 의한 프롤레타리아 독재와 민주집중제 원리의 현실정치에 대한 적용은 예외 없이 당의 집체주의적 지도체제 원칙을 훼손하고 지도자에 대한 개인숭배의 폐해를 낳았다. 개인숭배 현상은 소련과 중국, 북한 등 모든 사회주의 국가에서 기본적으로 유사한 현상을 보였다. 스탈린(Joseph V. Stalin), 마오쩌둥(毛澤東), 김일성에 대한 개인숭배는 당의 집단적 지도체제를 상징하는 당 중앙위원회를 꼭두각시로 만들었고 당 운영에서의 민주주의적 원칙의 무시와 수령의 무소불위의 독재권력을 낳았다.

결론적으로, 북한 권력의 역사를 분석하고 설명하는 데서 마르크스-레닌주의는 사회주의 당-국가체제의 원리와 원칙, 성격, 지향성 등을 잘 지적하여 보여준다. 북한이 그동안 사회주의 당-국가체제를 거쳐 수령제 사회주의, 선군사회주의를 하고 있지만, 북한체제는 기본적으로 '사회주의' 체제이기 때문에 이 책에서는 북한 권력의 역사를 분석하고 설명하는 데 있어서 마르크스-레닌주의적 접근을 일종의 '전제'로 취급할 것이다.

그러나 마르크스-레닌주의는 북한에서 부르주아와 프롤레타리아 간의 계급투쟁이 아니라 현실권력을 놓고 권력추구자들 간에 벌어진 권력투쟁, 군대가 '혁명의 주력군'으로 등장한 선군사회주의 등을 분석하고 설명하는 데 큰 한계를 드러낸다. 더구나 실제 권력추구자들이 추구하는 사상과 정체성, 이익 간의 충돌과 경쟁, 그리고 그러한 경쟁과 충돌이 만들어내는 권력구조와 그 변화 등을 분석하고 설명하는 데 마르크스-레닌주의는 별로 효과적이지 못한 접근이라 할 것이다.

신현실주의

마지막으로, 이 책의 분석, 설명의 주안점 및 문제의식을 고려할 때 이론적 접근으로서 신현실주의의 강점과 약점은 무엇인가? 신현실주의는 권력현실과 권력행위를 분석하고 설명하는 데서 무엇보다도 '물질적' 요소와 자원, 그리고 그것의 작동을 설명하는 데 매우 유용한 이론이다. 더구나 이 책에서 다루는 '이익', '권력투쟁', '정치기회구조', '권력구조' 등은 반드시 '관념적' 요소라고만 보기 어려운 면이 있고, 많은 경우 '물질적' 요소와 그 작동도 포함하고 있기 때문에 이 책에서, 비록 구성주의에 비하면 부차적이긴 하지만, 신현실주의도 유용한 이론적 공헌을 할 것이다.

그럼에도 불구하고 신현실주의는 다음과 같은 약점이 있다. 신현실주의는 우선 권력추구자들에 대해 다음과 같은 속성과 능력을 상정한다.

첫째, 권력추구자에게는 다른 경쟁자들을 제거하거나 무력화하기 위한 본능적이고 근본적인 '권력동기'가 잠재되어 있다고 본다. 이 권력동기는 정의상(定義上) 권력추구자라면 누구나 당연히 갖고 있으며 모든 권력추구자들에게 일종의 본능으로서 동등하게 부여되어 있다. 여기에서 '동기'는 '어떤 특정한 목표 또는 목적을 달성하기 위해 노력하는 성향'을 가리킨다(Atkinson, 1983: 60, 95). 그러므로 권력동기는 권력을 획득하려고 노력하는 지속적이며 비교적 안정된 성향으로 상정할 수 있다(Keckhausen, 1991: 8; Atkinson, 1983: 64).[15]

둘째, 권력추구자들이 권력을 획득, 유지, 확대, 강화하기 위해서는 자신의 권력동기와 동기성향뿐만 아니라 '파워'와 같은 '물질적(material)' 자원을 조성하는 능력과 그것을 전략적으로 사용하는 능력이 필요하다. 모든 권력추구자들이 정의상 서로 동등한 권력동기를 가지고 있다고 상정한다면, 결국 그들이 여타 경쟁자들을 무력화시키고 패배시키기 위해 자원과 능력을 상대적으로 얼마나 더 많이 획득하며, 또 그것을 얼마나 더 효과적으로 사용하느냐가 중요한 문제가 된다.

셋째, 위에서 설명한 권력추구자의 속성과 능력은 개념상 당연히 그들이 지녀야 할 조건으로서 '외생적'으로 주어진다. 신현실주의는 권력추구자의 속성과 능력뿐만 아니라, 행위자의 관념, 정체성과 이익도 '외생적'으로 주어진다는 '물질적' 관점이다.

신현실주의의 약점은 무엇보다도 권력추구자들의 관념, 사상, 가치, 신념이 권력의 추구와 경쟁 행위에서 행위자 수준에서 가장 일차적인 독립변수로서 작용한다는 점, 그리고 그것들이 권력추구자들 간의 상호작용, 담론행위에 의해 '내생적'으로 형성될 수 있다는 점을 경시한다는 것이다. 즉, 신현실주의는 권력추구자들의 권력동기, 파워, 능력, 자원과 같은 물질적 차원의 권력요소를 분석

---

15) 권력추구자들의 동기는 흔히 시장에서의 기업가들의 동기와 비교된다. 기업가가 시장에서 자신의 이윤극대화와 독점적 이익을 위한 동기와 동기성향을 지니고 있는 것과 마찬가지로 권력경쟁자들도 권력을 추구하는 데서 권위와 충성의 독점과 그것의 극대화를 위한 권력동기와 동기성향을 갖고 있는 것이다.

하고 설명하는 데는 좋은 설명력을 갖고 있지만, 그러한 물질적 요소와 자원에 의미를 부여함으로써 행위자가 행위하도록 추동력을 일으키는 것은 일차적으로 권력추구자들의 사상, 정체성, 이익과 같은 관념적(ideational) 요소라는 점을 무시하고 있는 것이다(Ruggie, 1998: 862~864). 바로 이런 약점 때문에 이 책에서는 우리가 다루려고 하는 주제에 대한 문제제기의 내용, 성격 등을 고려하여 구성주의를 주된 이론적 접근으로, 신현실주의를 부차적인 이론적 접근으로 사용할 것이다.

2. 정치기회구조

구성주의는 행위자와 구조 사이의 상호작용과 그 과정을 중시하며, 행위자와 구조는 상호 구성적이며 상호 결정적인 것으로 본다. 그런데 행위자가 '구조'를 인식하고 이용하기 위해서는 구체적으로 '정치기회구조'를 인식하고 이용할 필요가 있다. 정치기회구조는 행위자로 하여금 '구조'를 이해하고 이용하도록 하는 매개개념이요 연결고리인 셈이다.

정치기회구조란 '어떤 그룹과 그것을 둘러싼 세계 사이의 정치적 관계의 구조'를 말한다.16) 이는 '어떤 그룹이 정치적 요구를 주장하는 데 영향을 미치는 그 그룹의 정치적 환경에서의 힘의 배열'(Brockett, 1991: 254)을 의미한다. 달리 말해, '어떤 정치 행위자와 그 주위의 행위자들 간에 힘의 배분을 이루고 또 힘을 행사하는 데 영향을 미치는 규칙과 자원의 배열'을 의미한다(Paik, 1993: 32).

---

16) 찰스 틸리(Charles Tilly)에 의하면, '기회'는 '어떤 집단과 그것을 둘러싼 세계와의 관계'(Tilly, 1978: 7)이며, 기회에서의 변화는 어떤 때는 그 집단의 이익을 위협하고, 또 다른 때는 이익들을 추구하는 행동이 가능하도록 새로운 기회를 제공하기도 한다. 바꾸어 말하면, 집단 행위자들의 대외관계는 그 집단의 대내구조와 집단행동 그 자체에 영향을 준다(Tilly, 1978: 98). 틸리로부터 '기회'라는 개념을 차용한 알라푸로(Risto Alapuro)는 새로 탄생한, 종속적인 약소체(體)의 국가형성과 혁명을 위해서는 '기회'가 중요함을 강조한다(Alapuro, 1988 참조).

이렇게 보면, 정치기회구조는 행위자에게 있어서 '외생적'으로 주어지는 '물질적'인 성격의 환경구조로만 생각될 수 있겠지만, 반드시 그렇지만은 않다. 왜냐하면 행위자가 권력행위나 정책행위를 하는 데 유리한 정치기회구조와 정책창문은 그가 자신의 사상, 비전, 신념 체계 등 '관념적' 자원을 이용하여 '전략적선택'을 함으로써 또한 그것을 조성하고 때맞춰 열 수도 있기 때문이다.

권력추구자들이 자신의 사상과 정체성을 당, 국가, 사회 전체로 확산시켜 공유하게 하려는 이익을 추구할 때 여타 권력경쟁자들과의 경쟁에서 성공하기 위해서는 '유리한' 정치기회구조가 필요하다(Eisinger, 1973: 11~28; McAdam, 1982: chap. 3; Kitschelt, 1986: 57~85; Tarrow, 1989: chap. 5; Brockett, 1991: 254; Piven and Cloward, 1977: chap. 1). 그런데 유리한 정치기회구조가 주어지거나 조성됐을 때 권력추구자가 얼마나 적시에 그리고 얼마나 정확하게 그것을 인식하고 효과적으로 이용하느냐, 그리고 정치기회구조가 불리할 때는 어떻게 그것을 유리하게 변환하느냐가 관건이다.

권력추구자들은 국내정치에서 그들의 능력에 기초한 포섭, 동원, 연합 등의 다양한 정책수단을 통해 때로는 대내 정치기회구조를 유리하게 바꿀 수 있다. 그러나 대외 정치기회구조의 경우, 강대국이 아닌 약소국의 지도자들은 그것을 자신이 원하는 유리한 방향으로 변환시키기가 매우 어렵다. 따라서 약소국의 권력추구자들은 대외 정치기회구조가 유리해질 때를 기다려 결정적인 권력행위를 하게 마련이다. 이 책에서 자세히 살펴보겠지만, 북한의 경우도 대외 정치기회구조의 유리함과 불리함이 권력추구자들의 권력행위에 매우 큰 영향을 미쳤다.

정책창문의 개폐 메커니즘

권력추구자들에게 유리한 정치기회구조가 주어진다거나 도래한다는 것은 그들이 전기적(轉機的) 선택(critical choice)을 통해 결정적인 권력행위를 할 수 있도록 '정책창문'이 열린다는 것을 의미한다. '정책창문 개폐 메커니즘'에 대해 살펴보자.

권력추구자 혹은 정책행위자는 여태껏 각각 따로 흐르던 여러 정치적 물줄기,

사회정치적 문제, 정책이슈가 합류되어 매우 불확실하지만 어떤 커다란 변화를 초래할 수 있는 유연성이 충만한 '결정적 국면'을 만날 때가 있다. 권력추구자나 정책행위자는 이 중요 국면에서 자신이 의도하는 정책을 선택하고 추진하는 데 '유리'한 정책창문(policy windows)—평소에 주장하는 정책 방안을 관철시키거나 평소에 주장하는 문제들에 관심을 강요할 수 있는 기회—이 열린다고 판단하면(Kingdon, 1984: 21, 173~176), 이를 이용하여 '전기적 선택'을 하게 된다.[17] 그 결과 심대한 변화가 일어나서 역사의 흐름이 크게 변하여 뚜렷한 유산을 남기게 된다(Kingdon, 1984: 21, 173~174; O'Donnell and Schmitter, 1986: 3~5, 18; Rokkan, 1970: 112; Collier and Collier, 1991: 27~39; Collier and Norden, 1992: 230; Munck, 1993: 479).

미시적이 아닌 '거시적' 정책창문의 열림은 정치지도자들에게 극적이고 폭넓은 정치개혁, 정책개혁의 기회를 부여한다. 그런데 이때 권력자나 정치지도자가 극적이고 중대한 개혁을 달성할 수 있을지의 여부는, 물론 행위주체 차원의 여러 변수도 중요하지만, 개혁을 위한 '창문의 크기'에 달려 있는 경우가 많다. 그 정책창문의 크기는 그 정책주체가 향유하는 '위임의 크기'와 당시 겪고 있는 '위기의 심각성'에 의해 결정된다. 이때 위기가 심각하면 심각할수록 정책주체는 그만큼 더 큰 위임을 받을 수 있다(Keeler, 1993: 436~443). 다시 말해, 개혁을 위해 열리는 정책창문의 크기가 크고, 위임의 크기가 크며, 위기의 심각성이 심대한 경우, 거대한 크기의 개혁정치, 개혁정책의 창문이 열려 정책주체가 극적이고 중대한 정책을 취하는 비상한 정책결정을 할 수 있는 것이다(Keeler, 1993: 442~443).

구성주의와 신현실주의는 사회적 현실에서 '변화'가 구체적으로 언제, 왜, 어

---

17) 권력추구자나 정책행위자가 전기적 선택을 하는 데 있어서 취하는 가장 기본적인 전략은, 경쟁자들이나 개혁정책 반대그룹들을 어떤 경우에도 항상 패배시킬 수 있도록 선택의 이슈들(dimensions of choice)을 조작하여 경쟁자나 반대그룹이 택할 수 있는 선택지의 구조(structure of alternatives)를 변경해버리는 '항시적 필승전략(恒時的 必勝戰略: heresthetics)'이다(Riker, 1983: 55, 60, 142~152; Cohen, 1991: 345~346, 359~360; Collier and Norden, 1992: 229~230).

떻게 발생하는지 잘 설명하지 못한다는 지적을 받아왔다(Checkel, 1998: 325). 그런데 '정치기회구조'와 '정책창문의 개폐 메커니즘'라는 매개개념은 권력추구자, 정책행위자가 '구조'를 이용하여 전기적 '행위'를 할 수 있도록 행위자와 구조를 연결하고 매개한다. 그렇게 함으로써 사회적 현실에서의 '변화'를 설명하는 데 도움을 준다.

한편, 유리한 정치기회구조와 정책창문의 열림은 반드시 권력행위자나 정책주체에게 외생적으로만 주어지는 것은 아니다. 권력행위자가 강력한 의지를 갖고 자신의 사상, 정체성, 이익을 실현할 수 있도록 환경구조를 개선하고 주조할 수 있다면, 또한 유리한 정치기회구조와 거시적 정책창문의 열림이 가능하다.

여기서 유리한 정치기회구조의 조성과 거시적 정책창문의 열림을 위한 행위자의 의식적인 노력과 행위자의 전기적 선택에 대한 강조는 행위자와 구조와의 관계에서 행위자의 '전략적 선택' 능력을 강조하는 것이다(Munck, 1993: 491; Linz, 1978: 4~5; DeNardo, 1985: 20, 31~32; Young, 1992: 48; Bunce, 1981: 4, 17~18, 81; Kennedy, 1991: 5; Grindle and Thomas, 1991: 7~8; Di Palma, 1990: 9; Shin, 1994: 161).

물론 행위자가 전략적 선택을 하게 될 때, 행위자의 생각, 사상, 비전, 신념 체계 등이 '관념적' 자원으로서 매우 중요한 역할을 한다(Jacobs, 1992: 131; Grindle and Thomas, 1991: 33~37; Calvert, 1987: 262). 이는 유리한 정치기회구조와 전기적 선택이 단순히 외생적으로 주어진 물질적 요소가 아니라 행위자가 '내생적'으로도 구성하는 '관념적' 요소라는 것을 말해준다. 여기에서 우리는 정치기회구조, 정책창문의 개폐, 전기적 선택 등이 사상, 정체성, 이익을 중시하는 구성주의적 접근과 접목이 이뤄지고 있음을 본다.

결론적으로, 이 책은 1945년부터 2010년까지의 북한 권력의 역사를 분석하고 설명하는 데 있어서 구성주의를 핵심적인 이론적 접근으로 채택하고, 거기에 정치기회구조, 정책창문의 개폐 메커니즘이라는 매개개념을 조합하여 이론적 분석의 틀로서 사용할 것이다.

파벌 경쟁과 패권적 연합

(1945~1953)

제2부는 김일성 항일빨치산파 등 북한의 권력추구 파벌들이 1945년 해방 직후부터 경쟁과 연합을 통해 사회주의 당-국가체제를 수립하고, 남한을 무력으로 통일하여 민족국가형성을 완성하려는 시도로서 6·25전쟁을 시작했으나, 그것이 무산되고 정전을 맞게 된 1953년까지의 기간을 다루고 있다.

제2부는 두 개의 장으로 이뤄져 있다. 제2장은 권력추구 파벌들의 경쟁과 연합(1945~1950), 제3장은 김일성 중심의 패권적 연합(1950~1953)을 각각 분석하고 설명하고 있다.

제2장

파벌의 경쟁과 연합

이 장은 해방 직후부터 6·25전쟁 발발 직전까지의 기간(1945~1950)에 있었던 북한의 사회주의 혁명과 당-국가체제 건설을 다루고 있다. 구체적으로, 북한의 당-국가체제 형성 초기에 여러 권력추구 파벌들이 경쟁과 연합을 통해 어떻게 사회주의 당-국가체제를 형성해갔는지를 분석할 것이다.[1) 여기에서 '파벌'은 혁명과 당-국가건설에 대해 동일하거나 유사한 사상, 정체성, 이익을 공유하는 권력행위 그룹을 말한다.

이 시기 북한의 사회주의 당-국가체제의 건설은 '당 건설'과 '국가 건설'의 두 가지 방면에서 진행됐다.

우선, '당 건설' 분야를 살펴보면, 당시 네 개의 공산주의 파벌이 당 건설을 위해 경쟁하고 연합했다. 이 파벌들은 해방 이전에 중국 동북지방(만주)에서 중국 인들과 함께 항일유격대 활동을 하고 일본 관동군의 토벌작전에 밀려 연해주로 건너가 스탈린의 직접 지시에 의해 창설된 소련군 88독립보병여단(88특별정찰여단)에서 훈련받다가 소련군의 북한 점령과 함께 귀국한 항일빨치산 그룹(이하 '김일성파'로 약칭), 1937년 스탈린에 의해 중앙아시아로 강제 이주당한 고려인

---

1) 북한의 '당-국가건설' 연구에 대한 선구자적 연구 업적은 Scalapino and Lee(1972: 313~388), Lee(1978: 73~85), Suh(1967: 294~329), Suh(1988: 59~105)이다.

출신과 그 후손으로서 소련에서 당-국가 사업을 하다가 해방 후 소련에 의해 북한으로 차출되어 1945년 8월부터 1948년까지 모두 다섯 차례에 걸쳐 북한에 들어왔던 총 428명의 소련계 한인 공산주의자들(이하 '소련파'로 약칭)(김국후, 2008: 95~98; Lankov, 2002: 110~135), 해방 전에 중국에서 중국공산당과 함께 대장정에 참여하는 등 연안에서 항일투쟁을 하다가 해방 후 귀국했던 한인 공산주의자들(이하 '연안파'로 약칭), 그리고 마지막으로 해방 이전에 국내에서 일제에 맞서서 공산주의 운동을 했던 공산주의자들(이하 '국내파'로 약칭)이었다.[2] 그런데 국내파는 한반도가 미소 양국에 의해 분할점령당함에 따라 오기섭 등 북한 국내파(이하 '북한 국내파'로 약칭)와 박헌영 등 남한 국내파(이하 '박헌영파'로 약칭)로 분리됐다.[3]

김일성파는 1945~1950년의 시기에 소련파[4]와 연안파, 그리고 박헌영파와

---

[2] 최창익과 평양 주재 소련대사 이바노프(V. I. Ivanov) 사이의 1956년 6월 8일자 대화록을 보면, 김일성은 고위인사를 선발 배치함에서 그들을 허가이(Aleksei Ivanovich Hegai)와 함께 온 소련파, 박일우가 우두머리인 중국파(연안파), 김일성이 이끄는 빨치산파, 그리고 (북한) 국내파와 남조선으로부터 온 사람들(박헌영파)로 나누며, 그들을 승진시킬 때 특정 그룹 대표들의 비율을 고려했다고 한다(Document 9: 475). 리상조도 해방 당시 북한의 혁명지도자들을 기본적으로 조선 국내파, 소련파, 만주 빨치산파, 연안파의 네 가지 그룹으로 나눴다(Document 21: 496). 이 모든 것은 당시 북한의 정치지도자들이 실제 여러 파벌로 나눠져 있었고, 또 그들이 파벌의 존재를 의식하고 행동했다는 것을 말해준다.

[3] 1945년 10월 이후 어느 시점에서 소련정보기관 소속 발라사노프(G. A. Balasanov)팀이 작성하여 소련공산당 중앙위원회에 보고한 것으로 보이는 「북조선 정당·사회단체 조사보고서」는 당시 조선의 대표적인 공산주의혁명가 4인의 자세한 활동내역을 담고 있다. 이들은 오기섭, 리주하, 박헌영, 그리고 이영이었다(김국후, 2008: 109~120).

[4] 소련파는 북한에 들어올 때 치스티아코프(I. M. Chistiakov), 스티코프(T. E. Shtykov), 레베데프(N. G. Lebedev), 로마넨코(A. A. Romanenko), 이그나치에프(A. M. Ignatiev) 등으로부터 북한의 당-국가 건설에서 '장차 북한의 지도자가 될 김일성을 돕도록' 그리고 김일성을 '민족영웅'으로 부각시키도록 지령을 받았다. 소련파는 당, 정부, 사회단체의 '부책임자'의 직위에 임명되어 조직의 실권을 장악했다(김국후, 2008: 96, 194~195). 소련파들은 나중에 1948년 9월 9일 조선민주주의인민공화국이 수립됐을 때는 내각의 주요 부상(副相)직들을 차지하여 실질적인 권한을 행사했고, 참고로 소련은 소련군 철수 후에 각 성에 소련인 고문관을 두어 '고문정치'를 했다(김국후, 2008: 281, 283, 310). 그리고 1957년 2월에 소련은 북

연합하여 조선로동당을 창건하고 조선민주주의인민공화국을 수립했다. 이 과정에서는 김일성은 소련파 및 연안파와 연합하여 북한 국내파를 우선적으로 제거했고, 박헌영파에 대해서는 1948년 3월 북조선로동당(이하 '북로당'으로 약칭) 제2차 전당대회 때부터 이들의 잠재적 도전에 대한 예방적 공격을 가했으며, 1949년 6월 남북로당이 합당하여 조선로동당이 창당된 이후에는 소련파가 실질적으로 당을 장악하여 박헌영파를 견제했다.

'국가 건설' 분야에서는 김일성은 북한지역에서 당시 자산계급과 민족주의를 대표하고 있었던 조선민주당 조만식과 경쟁했다. 초기에는 부르주아 민주주의 연합을 위해 조만식을 이용하다가 나중에는 조만식의 신탁통치 반대를 계기로 그를 숙청했다.

한편, 한반도 전역에서는 김일성이 이승만 등 남한의 국가형성자들과 경쟁했다. 이 시기 북한의 당-국가건설자들은 북한에서 사회주의 당-국가체제의 수립이라는 기본 목표 외에 한반도 전역에서 분단을 해소하고 통일을 달성하여 단일 민족국가를 형성하기 위해 북한을 강력한 '민주기지'로 키우는 노력도 병행했다. 일종의 '선개혁 후통일' 노선이었다(김학준, 2008a: 926~929).

그런데 당-국가건설경쟁자들 사이의 경쟁과 연합은 기본적으로 이들의 사상과 비전, 그리고 그 사상으로부터 영향을 받아 형성된 정체성과 이익 사이의 경쟁과 연합이었다. 이들이 갖고 있던 물질적 힘과 자원은 오히려 사상과 정체성의 경쟁에서 승리하기 위한 도구적 성격이 강했다. 북한의 당-국가건설 초기 5년은 북한 국내파의 붕괴가 있었지만 여러 파벌들이 상호간에 연합하여 권력을 공유하던 시기였다.

한편, 김일성파 등 권력추구 파벌들은 당-국가건설 과정에서 각자 자신에게 더 유리한 정치기회구조를 포착하여 이용하고 또 그것을 자신에게 더 유리하게 조성하려고 노력했다. 당시 북한이 소련군의 점령하에 놓여 있었기 때문에 소련의 한반도정책, 북한정책, 그리고 각 파벌에 대한 지지 혹은 거부 등은 대외 정치

한에 남아 있는 '고문'들의 명칭을 '상담역(consultants)'으로 고쳐 부르도록 했다(Szalontai, 2003~2004: 92).

기회구조로서 북한의 당-국가체제 건설에 결정적인 영향을 미쳤다.

당시 남한을 점령했던 미국과 미군정의 한반도정책, 대남정책, 그리고 좌파세력에 대한 정책 등도 간접적으로 북한에서의 권력경쟁에 영향을 미쳤으나 그 영향은 별로 크지 않았다. 그러나 미군정의 정책은 남한에 있던 박헌영파에게는 치명적이었다.[5]

이제 해방 후 5년간의 시기에 김일성파가 타 파벌들과의 경쟁과 연합을 통해 사회주의 당-국가체제를 수립해가는 과정을 구체적으로 분석하기로 한다. 우선, 당시의 정치기회구조를 살펴보고, 김일성파와 여러 파벌들 간의 권력투쟁의 분석을 김일성과 오기섭, 김일성과 박헌영, 김일성과 조만식(이하에서 '김일성 vs. 오기섭', '김일성 vs. 박헌영', '김일성 vs. 조만식'으로 표기) 간의 경쟁에 초점을 맞추되, 이들 간의 '사상'과 '정체성'의 경쟁을 중심으로 살펴보기로 한다.

1. 정치기회구조

당시 북한에서 여러 파벌들이 서로 경쟁 혹은 연합하면서 사회주의 당-국가체제를 건설하는 데서 정치기회구조는 어떠했는가?

우선, 당시 '대내' 정치기회구조는 정치적으로 무의미했다. 일제의 패망으로 국내정치가 일시적으로 진공상태에 빠졌으나 이내 소련군의 진주로 당시 조선인들에 의한 독자적인 정치영역은 사실상 사라지고 없었다. 당시 소련은 조선인들에게 공산당과 인민위원회 조직을 허용하면서 '민정'이라는 표현을 사용했으

---

5) 소련군 총정치국 제7호 총국 부국장 사포주니코프(B. Sapojunikov)가 극동군사령부 정치국의 보고에 기초하여 1945년 11월 5일자로 소련공산당 중앙위원회 정치위원 겸 국제담당 비서인 디미트로프(G. M. Dimitrov)에게 한 「조선정세에 관한 보고」를 보면, 당시 박헌영(조선공산당 중앙위원회)은 "소련공산당 중앙위원회와 붉은 군대 당기관을 통해 조선공산당을 도와줄 것을 소련군정 사령부에 요청"했고, 또한 "남조선에서 공산당을 합법화하는 문제를 조정해줄 것을 요청하는 한편, 소련과 미국 사이의 관계를 악화시키지 않으려면 어떻게 사업을 진행해야 할지에 대한 지시를 요청"했다고 되어 있다(김국후, 2008: 107~108).

나 소련군의 군사점령하에서 실제 '군정'만이 존재할 뿐이었다.

한편, 당시 '대외' 정치기회구조는 다음의 네 가지 요소로 구성되어 있었다.

첫째, 소련(소련점령당국)이 북한의 어느 당-국가형성자와 파벌을 후견했느냐는 것이다. 이는 조선인들 중에서 누가, 어느 파벌이 당시 소련의 한반도정책, 즉 스탈린이 1945년 9월 20일자로 지시한 '부르주아 민주주의 정권'의 창설(이정식, 2006: 202)과 민족통일전선을 적극적으로 수용했느냐는 문제이기도 했다.[6] 소련은 결국 북한의 당-국가형성자들 중에서 자신의 한반도정책, 북한정책을 적극 수용하고 지지하는 인물과 파벌을 후견할 수밖에 없었다. 그런데 북한에서 '부르주아 민주주의 정권' 수립을 위한 민족통일전선을 적극적으로 수용한 인물은 김일성이었다.[7]

스탈린은 김일성이 귀국하기 보름 전인 1945년 9월 초순에 극비리에 그를 모스크바에 불러 면담한 후 그를 북한의 지도자로 낙점했으나(김국후, 2008: 72~73),[8] 1946년 7월 초(혹은 하순)에는 김일성과 박헌영을 함께 모스크바로 불

---

6) 참고로, 1945년 9월 20일자 스탈린의 지령이 내려지기 전에는 평양의 소련군사령부가 반드시 '부르주아 민주주의 정권' 수립을 생각하고 있었던 것은 아니었던 것으로 보인다. 평양 주둔 소련군사령부가 1945년 9월 10일(혹은 14일) 그로차르 중좌의 이름으로 북한의 각 지역 위수사령부에 내린 지령인 6개 항의 「독립 조선의 인민정부 수립 요강」을 보면, 제1항에 "비(非)일본적인 각층 인민을 중심으로 완전한 자주 독립국가를 결성해야 한다. 소비에트연방은 끝까지 노동자 농민정권 수립을 미국, 영국, 중국에 제안할 것이다"라고 되어 있다(김국후, 2008: 137; 민전사무국 편찬, 1946: 118).

7) 김일성은 1950년 1월 17일 북한외무성에서 한 대화에서 평양 주재 소련대사관 사람들에게 "자신은 공산주의자이며 규율이 바른 사람"이기 때문에 그에게 있어서 "스탈린동지의 명령은 법"이라고 말하기도 했다(Telegram Shtykov to Vyshinsky, 1950, 웹자료). 레베데프는 김국후와의 인터뷰에서 "김일성은 완전히 자기 손 안에 있었으며, 소련이 좌로 가라고 하면 좌로 가고, 우로 가라고 하면 우로 갔다"고 말했다고 한다(김국후 인터뷰, 1994).

8) 이런 이유로, 북한점령 제25군 사령관 치스티아코프 대장은 1945년 8월 26일 평양에 도착하기 전에 이미 김일성의 빨치산 활동 등 김일성에 대해 알고 있었고, 레베데프는 소련군 제1극동전선 군사위원 스티코프 상장의 지시에 따라 김일성이 평양에 도착하자마자 '각별한 예우'를 했다. 평양의 소련점령당국은 김일성이 1945년 9월 18일 원산을 통해 입국하자 비밀리에 그를 데리고 지방을 순회하면서 지역인사들에게 인사시키고, 1945년 10월 14일 소련군 환영

러 면담하기도 했다(임경석, 2004: 347~348; 김국후, 2008: 208~210). 소련은 김일성을 북한의 지도자로 낙점했으면서도 소련정보기관 소속 발라사노프(G. A. Balasanov)팀[9]의 박헌영 지지 때문에 박헌영도 후보로 함께 고려하다가 결국 김일성을 최종 선택했다.[10]

둘째, 북한에서 누가, 어느 파벌이 소련의 당-국가건설의 모델과 경험을 적극적으로 받아들임으로써 사회주의 당-국가체제의 건설을 큰 비용을 들이지 않고 빠른 속도로 이루어 낼 수 있었느냐는 것이다.[11] 이 점에서도 김일성이 뛰어난

대회(소위 '김일성장군 평양시민 환영대회')에서의 연설, 생가방문, 조만식과의 만남 등 '항일투사 민족영웅 김일성장군' 만들기에 나섰다. 이 모든 것은 소련군의 기획·연출이었는데, 예컨대 소련군 환영대회에서 김일성이 한 연설도 소령군사령부에서 작성해준 것이었다(김국후, 2008: 39~40, 72~74, 79~81).

9) 발라사노프는 당시 북한정권 창출 '5인방'[소련군 극동 총사령관 바실레프스키(A. M. Vasilyevski) 원수, 제1극동전선 사령관 메레츠코프(K. A. Merezkov) 원수, 제1극동전선 군사위원 스티코프 상장, 제25군 군사위원 레베데프 소장, 제25군사령부 정치고문(정보참모) 발라사노프 대좌] 중의 하나로 불렸을 정도로 큰 영향력을 갖고 있었다. 발라사노프 대좌가 책임지고 있던 소련군 제25군 사령부 직속 정보참모팀에는 서울 주재 소련영사관이 1946년 7월 2일 철수하면서 서울에서 부영사를 지냈던 샤브신[A. I. Shabshin (Chabchin)]이 합류했는데, 그는 박헌영과 매우 가까운 사이였다(김국후, 2008: 86~87). 참고로, 소련과 박영빈의 회고에 의하면, 스티코프는 조선인들에 대해 호감과 친근감을 표시했으나, 연해주에서 조선인들을 얕잡아 보며 자라난 레베데프는 항상 북한사람들을 사람 취급하지 않았다고 한다(정창현, 2002: 200).

10) 당시 북한의 지도자 선정과 관련하여 스티코프, 레베데프 등 소련군부에서는 내심 김일성을 지지했고, 발라사노프, 샤브신 등 정보기관 측 참모들은 내심 박헌영을 지지했다고 한다(김국후, 2008: 121~122).

11) 물론 김일성 등 북한의 권력추구자들이 소련 모델과 경험을 받아들이는 면도 있었지만, 소련은 자신의 모델과 경험을 북한에 적극적으로 이식했다. 1945년 토지개혁, 노동법, 남녀평등, 산업국유화, 면·군·시 및 도 인민위원회 선거 관련 법령, 즉 '민주개혁 5대 법령'은 모두 소련공산당에서 만들어 보낸 법령들을 평양 주둔 소련군정 제7호 정치국장 이그나치에프 대좌 팀에 있는 소련파 고려인들이 번역하고 그것을 북한의 현실에 맞게 고쳐서 발표한 것이었다(김국후, 2008: 198~203). 「조선민주주의인민공화국 헌법」을 제정하는 데서도 소련공산당 중앙위원회와 평양 주재 소련군정 간에 헌법초안 조정과정을 거쳤다(김국후, 2008: 237~239, 241~243). 스티코프는 1948년 4월 24일 레베데프와 한 전화에서 '헌법초안 가

능력을 발휘했다.[12]

셋째, 당시 소군정과 미군정의 공산당과 좌파세력에 대한 정책도 대외 정치기회구조의 주요 요소였다. 특히 북한에서 소군정의 공산당과 공산주의자들에 대한 적극적인 후견과 남한에서 미군정의 공산당과 좌익세력에 대한 탄압은 큰 대조를 이루었으며, 이는 김일성 vs. 박헌영의 권력투쟁에서 박헌영에게 절대적으로 불리하게 작용했다.

마지막으로, 1949년 6월 미군의 남한으로부터의 전면 철수, 중국에서 중국공산당의 중국 본토 완전 정복과 1949년 10월 중화인민공화국 수립은 김일성이 소련과 중국의 원조를 얻어 대남 전쟁을 개시하게 하는 데 유리한 기회를 제공했다.

이러한 대외 정치기회구조 속에서 김일성파가 소련의 후견을 얻고 소련의 한반도정책을 충실히 따르면서 소련파와 연안파, 그리고 북한 국내파 일부의 지지를 얻어 오기섭과 그의 추종자들을 숙청했다.[13] 김일성파는 미군정의 탄압 때문에 월북한 박헌영파도 당에 수용하여 박헌영파, 소련파, 연안파와 연합하여 6·25전쟁 전까지 조선로동당을 운영했다.

한편, 국가(정부) 건설에서는 소련은 초기에 북한에 부르주아 민주주의 정권

운데 토지 관련 조항에서 추가로 지역특성과 지질에 따라 부농(富農)을 허용하라', 그리고 '평양을 공화국의 수도로 한다'는 조항은 아예 삭제하라고 지시하기도 했다(김국후, 2008: 271, 272).

12) 당시 김일성이 배운 소련의 모델과 경험은 '스탈린식' 정치모델이어서 김일성은 자연히 스탈린식 개인숭배를 따라 배우고 집체적 지도를 경시했다. 이 때문에 김일성은 스탈린 사후 흐루쇼프(N. S. Khrushchev)의 스탈린 개인숭배 비판에 영향을 받아 북한에서 발생한 '8월 종파사건'에서 큰 비용을 치러야 했다.

13) 리상조가 모스크바에서 1956년 10월 5일 조선로동당 중앙위원회에 쓴 편지를 보면, 초기에 국내파 중에서 김일성을 지도자로 삼는 데 반대하는 사람들도 있었지만, 상당한 사회세력들이 김일성을 지지했고, 그의 권위를 증진시키고 강화하는 조치들이 취해졌다고 한다(Document 21: 496). 1945년 12월 소련군 총정치국장 쉬킨(Ivan Shikin) 상장이 당시 북한정세를 조사·분석해 외무인민위원 몰로토프(V. M. Molotov)에게 보낸 1945년 12월 25일자 특별조사보고서는 "인민들 속에서 가장 인기가 높은 저명한 당 활동가가 있는데, 그는 과거 조선과 만주의 빨치산 운동을 지휘한 김일성"이라고 보고하고 있다(김국후, 2008: 131)

을 수립하려는 정책을 갖고 있었다. 소련은 이를 위해 북한에서 자산계급과 민족주의 세력을 대표했던 조만식을 포용했고, 조만식도 이에 대해 긍정적으로 협력했다. 그러나 조만식은 1945년 12월 모스크바외상회의에서 합의된 조선에 대한 신탁통치안에 결사 반대했다. 결국 소련과 김일성은 조만식을 제거했다.

한편, 북한의 당-국가형성자들은 한반도 전역에 대한 독점적인 지배권의 수립을 목적으로 남한의 국가형성자들을 제거하기 위해 대남전쟁을 준비했다(Tilly, 1975: 71~75; Tilly, 1985: 181; Paik, 1993: 25~26; 백학순, 1999a: 7~12, 42). 이를 위해 김일성은 군대와 보안대를 창설하고 경제력 증강에 힘쓰면서 북한지역에 '민주기지'를 강화했다. 김일성은 1949년까지 북한경제를 전전(戰前) 수준, 즉 제2차 세계대전 발발 이전의 수준으로 회복하는 데 성공했다. 남한으로부터 미군 철수, 중국공산당의 중국 본토 완전 정복과 중화인민공화국 수립 등으로 1949년 하반기부터 대남전쟁 개시를 위한 대외 정치기회구조가 유리하게 전개되자, 김일성은 스탈린과 마오쩌둥을 적극적으로 설득하여 결국 대남전쟁을 위한 그들의 지원을 얻어내는 데 성공했다.

이제 구체적으로 북한의 당 건설에서 '김일성 vs. 오기섭', '김일성 vs. 박헌영'의 경쟁을 살펴보고, 국가 건설에서 '김일성 vs. 조만식'의 경쟁을 살펴보도록 한다.

2. 김일성 vs. 오기섭

북한의 '당 건설' 초기에 대표적인 권력경쟁은 김일성[14]과 오기섭 사이에서 일어났다. 김일성은 당시 소련군 점령이라는 대외 정치기회구조의 성격과 의미를 오기섭에 비해 더 명확하게 인식하고 있었던 것으로 보인다. 그리고 그는 그 기회구조를 자신의 사상, 정체성, 이익을 확장하는 데 적극적으로 이용했다.

---

14) 이 책에서 '김일성'은 단순한 개인 행위자가 아니라 '김일성을 중심으로 한 그룹', 즉 '김일성파'를 의미한다. 기본적으로 '오기섭', '박헌영', '조만식' 등도 이 점에서 마찬가지이다.

한 가지 주목할 것은 김일성이 당시 '기본강령'과 '행동강령'을 구분하면서 행동했다는 점이다. 김일성에게 기본강령은 공산주의 사회의 건설이었지만, 행동강령은 목전의 난관을 극복하면서 상황을 타개하기 위해 언제든지 변화할 수 있는 성격의 것이었다(김일성, 1945: 13~14; 조선산업노동조사소, 1946: 40). 달리 말해, 김일성은 자신이 처한 상황을 재빨리 이해하고 또 변화하는 환경구조에 능동적으로 적응함으로써 고도의 전략적 신축성과 융통성을 발휘했던 것이다.

김일성과 오기섭은 무엇보다도 '민족통일전선 vs. 인민전선'과 '당 우위와 당적 지도 vs. 직업동맹 독립성'이라는 정치노선에서 충돌했다. 김일성과 오기섭의 이러한 상이한 사상, 비전과 노선, 그에 기반을 둔 그들의 정체성을 둘러싼 경쟁은 소련점령군의 한반도정책 및 북한정책과 상호작용하면서 북한의 초기 당-국가 건설에서 가장 주목할 만한 권력투쟁을 보여주었다.

민족통일전선(김일성) vs. 인민전선(오기섭)

1945년 10월 10~13일에 개최됐던 '조선공산당 서북5도 당책임자 및 열성자대회'(이하 '서북5도당대회'로 약칭)[15]에서 김일성파와 북한 국내파의 정치노선이 김일성과 오기섭에 의해 각각 제시됐다(≪정로≫, 1945.11.1;[16] 조선산업노동조사소, 1946: 32~48). 당시 북한의 당-국가건설경쟁자들 간에 최대의 정치 현안 중의 하나는 '통일전선 형성' 문제였다. 더구나 이는 북한 권력추구자들 자신의 사

---

15) 조선공산당 서북5도당대회가 1945년 10월 10~13일 사흘 동안 개최된 것인지, 아니면 10월 13일 단 하루 동안 개최된 것인지에 대해서 서로 다른 주장들이 있다. 이에 대한 자세한 소개는 김학준(2008a: 816~818; 서동만, 2005: 93~110)을 보시오. 결론적으로, 10월 5일에 예비회담이 개최되고 10월 10~13일에 본회담이 개최된 것으로 보인다. 공산당 대표자 69명이 모인 이 대회의 구체적인 내용에 대해서는 『옳은 노선』(조선산업노동조사소, 1946)과 소련의 「북조선 정당·사회단체 조사보고서」(김국후, 2008: 116~120)를 보시오. 서북5도당대회의 개최날짜에 대해서는 『북한연표 1945~1961』(1980: 15~16)을 보시오.

16) 필자는 ≪정로≫를 창간호인 1945년 11월 1일자부터 1946년 5월 7일자까지 제공해준 데 대해 세종연구소 이종석 박사(전 통일부장관)에게 특별한 감사를 표한다.

상과 정치노선뿐만 아니라 소련의 북한정책과도 깊은 관계가 있는 문제였기 때문에 통일전선 형성 문제는 소련군 점령이라는 환경구조하에서 사실상 북한 당-국가형성경쟁자들의 운명을 가름하는 중요한 문제였다. 김일성은 1945년 10월 14일 오후 1시 평양공설운동장에서 개최된 평양시민의 소련군환영대회에서 한 연설에서도 민족통일전선을 주창했다(김학준, 2008a: 835~837).

김일성은 '민족통일전선'을 주창했고 오기섭은 '인민전선'을 제시했다. 민족주의적 지주와 자본가를 포함시킨 김일성의 민족통일전선은(조선산업노동조사소, 1946: 40~45) 이들을 배제한 오기섭의 인민전선보다 더 포괄적이었다. 김일성은 중국 동북지방 항일유격대 시절에 일제와 싸우기 위해서는 빨치산 공산주의자들뿐만 아니라 민족주의자들을 포함한 모든 항일세력을 총결집하는 민족통일전선이 매우 유용하고 중요하다는 것을 직접 체험했다. 또한 그는 해방 후 소련점령당국이[17] 북한에서 취한 노선이 부르주아 민주주의를 수립하기 위한 민족통일전선이었기 때문에 이를 적극 수용했다. 그는 해방 직후 북한의 상황이 공산주의 세력이 극히 미미하고 민족주의 자본가와 지주들의 힘이 컸기 때문에 민족통일전선이 정치적으로 현명하고 정당한 노선이라고 보았다.

한편, 오기섭은 민족통일전선이라는 명분하에 친일파와 반동분자들을 끌어안는 것을 반대했다(조선산업노동조사소, 1946: 36~38). 오기섭은 일제통치하에서의 지주와 자본가는 그 성격상 민족주의자가 될 수 없었다고 보고 이들을 기본적으로 친일계층으로 간주했다. 따라서 그는 모든 자본가과 지주를 통일전선에서 제외시키는 인민전선을 주창했던 것이다.[18]

---

17) 이 책에서 사용하는 '소련점령당국'이라는 표현에는 기본적으로 '소련공산당'과 '스탈린'이라는 의미가 들어 있다. 참고로, 북한주둔 소련군 제25군 군사회의(일명 '정치사령부') 군사위원이었던 레베데프에 의하면, 실제 북한의 당-국가건설 과정에서 "어느 것 하나 (평양에 있던 소련) 군정이 단독으로 결정하거나 집행할 수 없었고 모두 하바로프스크 사령부를 거쳐 모스크바의 소련공산당 중앙위원회의 지령에 따라 진행"됐다(김국후, 2008: 83).

18) 1935년 코민테른 제7차 대회에서 채택된 '인민전선(people's front)'은 노동계급의 당들에 대한 '통일전선'에 국한하지 말고 파시즘에 반대하는 모든 정당들과 협력할 것을 요구했다. 이 점에 비춰볼 때, 오기섭의 '인민전선'은 코민테른 제7차 대회에서 결정한 반파시즘의 '인

김일성은 조선에 귀국한 후 최초로 한 「민족 대동단결에 대하야」라는 연설에서 민족통일전선과 인민전선을 구별하고 있다. 김일성은 민족통일전선과 인민전선은 모두 "파쇼를 타도"한다는 목적에서는 동일하지만, 당시의 조선 상황을 '외부의 제국주의에 의해 식민지화의 위협을 받고 있다'고 판단하는 사람은 민족통일전선을 주장할 것이요, 반대로 조선이 외부 제국주의 세력보다는 '내부의 파쇼세력에 의해 더 큰 위협을 당하고 있다'고 평가하는 사람은 인민전선을 지지할 것이라고 주장했다(김일성, 1945: 1~2; Dimitroff, 1975: 35~41, 45~47, 68~69, 197~216). 이러한 김일성의 구분을 따르자면, 인민전선은 민족통일전선에 비해 좌경적인 경향의 노선이었다고 할 수 있을 것이다.

김일성은 비록 국제적으로는 미소 연합국이 독일, 일본, 이탈리아의 파시즘을 패배시켰으나, 당시 조선의 상황은 여전히 친일파, 민족반역자, 남한을 강점한 미제국주의자들과 연합한 자 등 '외부' 제국주의 세력에 의해 위협받고 있는 상황으로 이해했다. 따라서 이들 세력에 대항하기 위해 민족주의적 지주와 자본가들까지 포함한 전 민족이 대동단결하는 민족통일전선이 필요하다고 보았던 것이다(≪정로≫, 1945.11.14).

한편, 오기섭은 인민전선 노선에 기초하여 해방 직후 함경남도[19] 등에 '노농정권'[노농(勞農)소비에트]의 건설을 주장했다(『결정집』, 1946~1948b: 171; 북조선로동당 중앙위원회, 1948: 128~129). 오기섭이 직접 한 말은 아니지만, 앞에서 한 김일성의 설명을 빌리자면, 오기섭은 조선이 외부 제국주의 세력보다는 '내부의 파쇼세력에 의해 더 큰 위협을 당하고 있다'고 생각했기 때문에 인민전선을 지지한 셈이었다.

당시 조선에 돌아온 지 얼마 되지 않았던 해외파 공산주의자들이 지주와 자본가를 포함시키는 포괄적인 민족통일전선을 추구한 데에는 나름대로 이유가 있었다. 무엇보다도 해외파는 국내 기반이 취약한 상황에서 새롭게 국내 권력 기

민전선'보다 더 범위가 좁은 것이었다.

19) 오기섭은 해방 후 조선에서 '첫 공산주의 단체'를 '함흥'에서 창립했다(김국후, 2008: 109~120).

반을 넓혀야 할 처지에 있었던 것이다. 따라서 해외파는 뚜렷이 '친일'을 한 자본가와 지주는 제외하되 나머지 자본가와 지주는 '민족' 자본가와 지주로서 통일전선에 포함시켰던 것이다.

해외파 공산주의자들이 포괄적인 민족통일정책을 지지한 또 다른 이유는 소련의 북한정책이 부르주아 민주주의를 수립한다는 명분하에 처음부터 민족통일전선을 추구하고 있음을 간파했기 때문이었다. 어찌 보면, 해외파 공산주의자들은 해외에서 살면서 투쟁했던 덕분에 국제정치의 복잡한 동학(動學)과 그 영향이 한반도에 미치는 영향에 대해 국내파보다 훨씬 더 민감하고 넓은 시각으로 이해하고 있었던 셈이다.

서북5도당대회에서 채택된「정치노선 확립 조직 확대강화에 관한 결정서」를 분석해보면(조선산업노동조사소, 1946: 49~54), 많은 주제에서 국내파와 해외파 사이에 그런 대로 균형적 타협이 이뤄졌음을 알 수 있다. 그리고 당시 오기섭 등 국내파는 당의 정치노선으로서 인민전선을 밀어붙이는 데 성공한 것으로 판단된다. 대회 결정서 어느 곳에도 김일성의 민족통일전선이 오기섭의 인민전선 주장만큼 뚜렷이 드러나 있는 곳은 없다. 국내파의 힘은 결정서의 초안작성위원회를 구성하는 데서도 마찬가지로 과시됐다(중앙일보 특별취재반, 1992: 123).

이러한 현상은 어찌 보면 당연한 일이었다. 서북5도당대회는 김일성이 귀국한 지 미처 1개월도 되지 않은 시점에서 개최됐고, 김일성파는 국내파의 숫자에 비하면 문자 그대로 소수 항일빨치산 전사들의 그룹에 불과했다. 제2차 세계대전이 끝난 직후, 소련군 88독립보병여단 내의 조선인은 항일연군출신 88명과 소련계 한인 15명 등 모두 103명에 불과했던 것이다(기광서, 1998: 280~285; 김국후, 2008: 55).

그러나 소련은 서북5도당대회를 "기획·연출"하면서(김국후, 2008: 117~118) 이제 갓 소련군과 귀국한 김일성에게 중요한 역할을 맡겼다. 무엇보다도 이 당대회에서 김일성과 오기섭의 역할은 의미심장한 차이가 있었다. 조선공산당 북부조선분국 설립, 당 규약 기초, 당중 발행, 전(全)조선당대회 소집과 같은 중요한 문제들을 의제로서 당 대회에 내어놓은 사람은 오기섭이 아니라 바로 김일성이었다(조선산업노동조사소, 1946: 44).[20] 그리고 이 대회는 이 의제들을 모두 계획대로 처리했다. 이 대회에서 창설된 '조선공산당 북부조선분국'을 당시 소련 점령당국은 '조선공산당 북조선 조직국' 혹은 '북조선공산당 중앙위원회 조직국' 이라고 불렀다(김국후, 2008: 43, 107, 116, 120~122).[21] 이 조직국은 "내면적으로 는 독자 정당"이었기 때문에 소련이 서울에 있는 박헌영의 조선공산당을 무시 하고 북한에서 실질적으로 새로운 당을 '조직'했음을 말해준다.[22] 조직국 제1비 서에는 김용범, 제2비서에는 오기섭이, 그리고 '조직부장'에는 김일성이 선출됐 다(김국후, 2008: 107, 122).[23]

일제강점기인 1928년 코민테른의 '12월 테제'로[24] 조선공산당이 해체된 이 후, 조선공산주의자들은 여러 파벌로 나뉘져 단일한 조직으로 활동하지 못했다. 그리고 해방 직후 남북한 어느 곳에도 제대로 확립된 공식 당 규약, 당중 같은 것 은 없었다.[25] 평양에서 10월에 개최된 서북5도당대회는 1928년 조선로동당이

---

20) 김일성이 해방 후 북한에 돌아왔을 때, 88독립보병여단 출신의 조선인 장교들은 지역 위수 사령부의 '부사령관'으로 임명됐고, 김일성은 '평양시[평안남도] 위수사령부 부사령관'에 배치됐다(김국후, 2008: 53~55, 78). 김일성은 평양에 돌아온 후 레베데프를 만나 처음 인사 를 나누면서 "우리들[88여단 출신 빨치산들]이 북조선에 온 목적은 정당이나 사회단체에 침 투해서 공산주의 사상을 전파하는 것"이라면서 "이를 위해 우선 북조선에서 공산당을 조직" 하고 싶으니 '장군이 도와 달라'고 말했다고 한다(김국후, 2008: 77).

21) 이 조직국을 만들기 위해 1945년 10월 1일, 6일, 7일, 8일에 서북5도 당비서들과 당 지도일 꾼회의가 개최됐다(김국후, 2008: 116; 전현수, 1995a: 366 각주 95).

22) 레베데프는 나중에 남북 공산당 조직이 합치는 한이 있더라도 "처음부터 평양에 조선공산 당 지도부(중앙위원회)를 두자고 제의"했으나, 모스크바는 "당중앙이 서울에 있기 때문에 평 양에 북조선 조직국을 두라"고 지령했다고 한다(전현수, 1995a: 24; 김국후, 2008: 121~122).

23) 박헌영은, 조선공산당 중앙이 서울에 있는데도 서북5도당대회에서 소련군정이 북한에 조 선공산당 북조선 조직국을 허용하는 등 김일성에게만 일방적으로 협력하고 있다는 요지로 1945년 10월에 소련군정과 김일성을 비판하는 편지를 스탈린에게 보냈다고 한다(김국후, 2008: 194). 김일성은 북조선공산당 중앙위원회 조직국을 만들면서 자신이 제1비서가 되기 를 희망했으나, 소련은 그것을 시기상조로 생각했고 김일성에게 "당 조직을 챙길 수 있는 조 직부장"을 맡겼다고 한다(김국후, 2008: 107, 122). 소련이 김일성의 제1비서 취임을 '시기상 조'로 생각한 데는 박헌영이 스탈린에게 보낸 편지가 영향을 미쳤을 가능성이 있다.

24) '12월 테제'의 전문에 대해서는 이창주 편(1996a: 475~487)을 보시오.

25) 소련군 총정치국이 1945년 11월 5일자로 소련공산당 중앙위원회에 보고한 한 「조선정세에

해체된 이후 '최초'로 열린 '공식' 당 대회였다. 그것도 공산주의 종주국인 소련의 후견하에 당 규약 기초, 당증 발행 등과 같은 중요한 문제에서 김일성이 주도적인 역할을 한 당 대회였다.[26] 이는 앞으로 조선공산주의운동에서 김일성이 차지할 위상과 역할을 예견케 하는 것이었다.

참고로, 김일성이 1956년 4월 23~29일 조선로동당 제3차 대회에서 한 말이지만, 그는 1925년에 창건된 노동계급의 당이 "종파분자들의 파벌투쟁에 의해서 해산된 이후 8·15까지 우리나라에는 당이 존재하지 않"았다는 점을 지적했다. 당시 김일성과 소련점령당국에게 해방 직후 서울에서 박헌영에 의해 재건된 조선공산당은 '경성콩그룹'이라는 파벌에 불과했다(국토통일원, 1988a: 341~351; 전현수, 1995a: 22~23). 1945년 10월 13일 서북5도당대회에서 비로소 '제대로 된 노동계급의 당'이 창건됐는데, 당시의 사정을 감안하여 '조선공산당 북부조선분국'이라는 이름을 사용했던 것이다.

특히 당 규약은 "당의 조직구성과 당의 활동방식과 조직생활 규칙의 기초"가되는 것으로서 "당내의 조직상 행동상의 일치를 요구하고 보장하는 근거"이기 때문에(『결정집』, 1946~1948a: 4)[27] 당시 당 규약의 기초를 내어놓은 김일성이

관한 보고」를 보면, 당시 "박헌영과 조선공산당 중앙위원회는 아직도 명확한 행동 강령이 없다"고 적고 있다(김국후, 2008: 107~108; 전현수, 1995a: 23, 각주 88).

26) 서북5도당대회에서 북조선공산당 중앙위원회 조직국이 창설된 이후, 본격적인 '당증 교환' 사업을 통해 부르주아와 지주 출신, 친일 반동분자, 출세주의자, 보신주의자 등 총 5,000여 명을 출당시켰다(김국후, 2008: 124).

27) 참고로 '당 강령'과 '당 규약'의 정의(定義)와 차이점은, 간단히 말해 '당 강령'은 마르크스-레닌주의 학설을 지침으로 당의 '투쟁 목적'과 '투쟁 과업'을 간단명료하게 표시한 것이고, '당 규약'은 '당 강령'에 밝혀져 있는 당의 '투쟁 목적'과 '투쟁 과업'을 실현하기 위해 '당의 내부생활 규칙과 당의 조직 구성 및 지도 원칙' 등을 밝혀놓은 것이다(재일본 조선인 총연합회 중앙상임위원회 인사부 편집, 1960: 19~20). 참고로, 2010년 9월 28일 조선로동당 당 대표자회에서 당 규약을 개정했는데, 이를 보도한 ≪조선중앙통신≫은 당 규약은 "당이 이룩한 위대한 업적과 경험을 당 건설과 당 활동에 구현하며 당 안에 사상과 령도의 유일성을 철저히 실현하고 당 대렬을 조직사상적으로 튼튼히 꾸리며 당의 전투력과 령도적 기능을 높여 위대한 수령 김일성동지께서 개척하신 주체혁명위업을 빛나게 계승 완성해나가기 위한 당의 기본 규범"으로 설명하고 있다(≪조선중앙통신≫, 2010. 9.28).

오기섭에 비해 이미 당 건설에서 우월한 지위와 역할을 맡고 있었던 것이다.

서북5도당대회에서 김일성은 당 대회는 '국제 형제당의 지지', 즉 무엇보다도 소련공산당과 북한에 있는 소련점령당국의 지지를 받는 당 대회가 되어야 한다고 강조함으로써(조선산업노동조사소, 1946: 46) 조선공산주의운동에서 소련공산당의 후견을 받고 있는 자신의 지위를 과시하는 것을 잊지 않았다. 달리 말해, 김일성은 북한에서 소련점령군이 조성해준 '유리한' 정치기회구조를 이용하여 해방된 조선공산주의운동에서 하나하나 주도권을 잡아가고 있었던 것이다.

1945년 11월 15일에 있었던 조선공산당 북부조선분국 제2차 확대집행위원회 회의에서 김일성의 민족통일전선 노선이 마침내 오기섭의 인민전선 노선을 누르고 승리한 것으로 알려져 있다(중앙일보 특별취재반, 1992: 172). 그러나 김일성은 1945년 12월 17~18일에 열렸던 북부조선분국의 제3차 확대집행위원회 회의에서 공식적으로 당 책임비서에 오름으로써 공식적으로 오기섭을 누르고 당권을 장악했다. 제3차 확대집행위원회에서 채택된 결정서의 한 조항을 보면, 확대집행위원회는 "당의 유일과 엄격한 규율을 위반하는 자들에게 당적 책벌을 주며 또는 당 대열에서 출당시킬 것까지 강요한다"고 되어 있다(태성수 편, 1946: 15). 이는 "사상통일의 유일당"의 책임비서로서 김일성이 오기섭 등 권력경쟁자들에게 한, 앞으로 자신에게 반대하는 어떠한 행위도 용서하지 않겠다는 지극히 엄중한 경고였다.[28]

이 12월 회의의 중요성은 당시 조선공산당 북부조선분국의 기관지 ≪정로≫의 보도[29]에 잘 나타나 있다. 이 회의는 북한의 당 건설 역사에서 "당의 가면"을

---

28) 그런데 이 제3차 확대집행위원회 결정서는 당시 소련에서 온 지 채 1개월도 못 된 소련파 '당 박사' 허가이가 초안을 작성했다. 당시 허가이의 북한에서의 임무는 '당 건설'이었다 (Lankov, 2002: 143~144). 이는 당시 김일성에 대한 후견과 북한의 당 건설이 소련점령당국의 면밀한 지도감독하에 이뤄지고 있었다는 하나의 증거이다.

29) ≪정로≫는 소련공산당의 선전선동 지침에 따라 소련 극동군 제7호 정치국 소속 메크레르 (Mekler) 중좌와 고려인 2세 강미하일 소좌가 책임을 맡아 창간했다. 메크레르가 지도·검열 책임자, 강미하일이 부책임자, 소련군정 제7호 정치국 이그나치에프 팀이 검열, 기석복과 김세일 등 고려인 2세 작가 출신들이 제작을 맡았다(김국후, 2008: 123~124, 205).

쓰고 있던 "친일파", "비무산계급적 비공산주의 분자"와 "파벌사상의 소유자들"을 숙청하고 "중앙집권제를 확립"하여 공산당을 "사상통일의 유일당"으로 다시 태어나게 한, 그야말로 당 사업에 "신기축(新機軸)"을 이룩한 회의였다는 것이다(≪정로≫, 1945.12.21). 이러한 표현은 김일성이 1945년 12월 중순에 북한 국내파 오기섭은 말할 것도 없고[30] 남한에 있는 조선공산당 중앙인 박헌영도 무시하면서[31] 이제 소련의 후견하에 자신을 중심으로 조선에서 새로운 공산당을 창건하여 이를 확고히 장악했음을 말해준다. 이 모든 일이 김일성이 귀국한 지 3개월도 못 된 기간 안에 일어났고, 이는 물론 소련의 후견 덕분에 가능한 일이었다.

제3차 확대집행위원회에서 있었던 북한 국내파에 대한 비판 내용 중에는(태성수 편, 1946: 3~4) 김일성이 공산청년동맹(공청)을 민주청년동맹(민청)으로 재조직하려는 것을 반대한 함남도당과 오기섭에 대한 비판이 들어 있다(북조선로동당 중앙위원회, 1948: 55~56, 166). 당시 김일성이 공청 대신 민청을 조직하려던 것은 청년들 사이에서 민족통일전선을 형성하려는 노력의 일환이었는데(한재덕, 1948: 114~119) 오기섭이 이를 반대했던 것이다.

오기섭이 해방 직후 당-국가건설의 초기에 '노농정권'의 건설 등 인민전선을 주장했던 것은 틀림없다. 그러나 조선공산당 북부조선분국 제2차 및 제3차 확대집행위원회에서 그의 인민전선 노선이 패배한 이후에도 그가 김일성이 「민족대동단결에 대하여」에서 정의한 바와 같은 엄격한 의미의 인민전선을 계속 주장했는지는 정확히 알 수 없다.

---

30) 김일성에게 대항하여 반대하는 사람은 모두 '종파주의자'라는 딱지를 받았다. 대표적으로 오기섭은 시시때때로 '종파주의자'라는 비판을 받았다. 1946년 2월 15일에 열린 조선공산당 북부조선분국 제4차 확대집행위원회 회의에서도 오기섭은 그동안 종파주의적 행동을 했으며 당 규약과 규율을 지키지 않았다는 이유로 또다시 심한 공격을 받았다(≪정로≫, 1945.12.21; 태성수 편, 1946: 19~24; 북조선로동당 중앙위원회, 1948: 136~137).

31) ≪정로≫가 비록 '콩그룹'을 공개적으로 언급하고 있지는 않지만, 서울에 조선공산당 중앙이 버젓이 있는 데도 불구하고 조선공산당 북부조선분국의 제3차 확대집행위원회를 통해 "중앙집권제를 확립"했다는 식으로 표현하는 것은 박헌영에 대한 무시를 나타내는 것이다.

오기섭은 1946년 1월 2일 민청의 초청으로 「3국외상회의 조선문제 결정과 조선공산당의 태도」라는 연설을, 그리고 1월 7일에는 평양인민극장에서 「모스크바회의 결정 지지시위의 의의와 교훈」이라는 연설을 했다. 그런데 오기섭은 이 연설들에서 '친일파와 일제 잔재가 아직 청산되지 않았고, 오히려 이들은 외래의 힘과 결탁하려 하는 새로운 파쇼세력으로서 등장하고 있다'고 경고하고 있다. 이는 오히려 '인민전선'이 아닌 '민족통일전선'의 주장에 더 가깝다(≪정로≫, 1946.1.17, 1946.1.24). 이 모든 것은 오기섭이 1945년 11월, 12월의 당 확대집행위원회 회의에서 자신의 인민전선 노선이 패배한 후, 정치적 생존을 위해 공식적으로는 '인민전선'이 아닌 '민족통일전선'을 말했을 가능성을 시사한다.

마지막으로, 김일성이 오기섭과의 경쟁에서 승리하기 위해 사용한 방법은 소련파, 연안파, 그리고 오기섭 추종자들을 제외한 북한 국내파를 끌어들여 반(反)오기섭 전선을 형성함으로써 오기섭을 철저히 고립시키는 것이었다. 다시 말해, 김일성의 전략은 일단 제거해야 할 주적(主敵)을 설정하면 나머지 모든 파벌들과 연합하여 주적을 철저히 고립시켜 퇴패시키는 전략이었다. 이는 김일성이 타 파벌과의 '연합'을 통해 오기섭과의 투쟁에서 승리하는 데 유리한 대내 정치기회구조를 만들어냈다는 것을 의미했다.

당 우위와 당적 지도(김일성) vs. 직업동맹의 독립성(오기섭)

김일성과 오기섭의 경쟁은 민족통일전선 vs. 인민전선 외에도 '당과 직맹과의 관계'에서 오히려 치열하게 전개됐다. 김일성은 공산당은 노동계급의 당이며 당은 직업동맹(이하 '직맹'으로 약칭)과 같은 사회단체들을 지도해야 한다고 주장했다. 즉, 직맹에 대한 '당적 지도'는 공산당의 본연의 사업이며 직맹은 그것을 받아들여야 한다는 것이었다(백학순, 1999b: 17~18).

이에 대해 오기섭은 직맹은 당의 지지단체나 국가에 종속되는 조직이 아니라 노동자의 이익을 위한 독립적인 조직이므로 노동자들의 이익을 실현하기 위해 투쟁해야 한다는 입장을 갖고 있었다. 더구나 오기섭은 직맹은 당과 대등한 지위를 가지고 있으며 심지어 직맹에 대한 당의 지도는 거부되어야 한다는 논리를

제시했다고 한다(중앙일보 특별취재반, 1992: 311). 이는 말할 것도 없이 당의 우월
성에 대한 중대한 도전이었다.

그런데 오기섭은 1945년 12월 중순 조선공산당 북부조선분국 제3차 확대집
행위원회가 열리기 약 한 달 전에 ≪정로≫에 자신이 쓴 「레닌의 공산당 조직원
리 개요」라는 해설기사에서 '직맹에 대한 당적 지도' 원칙을 명확히 한 적이 있
다. 오기섭은 "당과 노동조합과의 관계도 명확히 인식하지 못하는 당원들도 있
다"면서 당은 "노동계급의 한 부분이며 한 부대"이기는 하지만 당은 "보통 부
대"가 아니라 "노동계급과 노력대중의 지도단체"이며 "노동계급의 전위조직이
고 노동조합은 노동자의 군중조직"이라는 것, 또 "당은 노동계급의 모든 단체
중에 최고단체이며 노동계급의 모든 단체를 지도한다"고 설명했다(≪정로≫,
1945.11.14).

문제는 오기섭의 명의로 나와 있는 이 해설기사의 내용이 '직맹의 독립성'을
강조한 오기섭의 직맹관과 일치하지 않는다는 점이다. 한 가지 해석은 공간물에
공식적으로 나타난 오기섭의 주장과 실제 오기섭이 보인 생각과 행동 사이에 괴
리가 있었을 가능성이다. 북한 국내파 공산주의자들이 자신들을 배척하는 소련
군정하에서 정치적 생존을 위해 어느 정도의 이중적 언술과 행위를 하며 생존을
꾀했을 가능성이 있다.[32] 왜냐하면 오기섭의 직맹관은 주요 당 회의나 당 대회
마다 김일성과 그 추종자들이 시시때때로 들춰내어 오기섭을 공격하는 구실로
이용됐기 때문이다. 직맹문제는 오기섭을 끝까지 수렁에 빠뜨린 필생의 악재로
작용했다.

조선공산당 북부조선분국 제3차 확대집행위원회에서 오기섭의 직맹관에 대
한 김일성의 비판은 준엄했다. 김일성은 평양의 사동에 있는 한 생산기업소를
예로 들면서, 당 조직이 직맹을 잘 지도하지 못했으며 일부 직맹들은 노동자들

---

32) 예컨대, 조선공산당 북부조선분국 제3차 확대집행위원회가 끝난 지 3일 후에 개최된 '조선
공산당 평양시당 제1차 대표대회'에서 오기섭은 북부조선분국 제3차 확대집행위원회가 '위
대한 결정'을 했다고 강조하고 '자아비판'의 정신으로 당내에 잠입해 있는 이색분자와 가(假)
공산주의자의 숙청을 강조했다(≪정로≫, 1945.12.21, 26).

을 혼란시키고 '북조선행정국'(5도행정국) 일을 돕지는 않고 5도행정국의 일을 오히려 파탄시킨다고 비난했다. 김일성은 공산당은 노동계급의 당이며 당은 직맹과 다른 조직들을 지도해야 한다고 강조했다. 김일성은 비록 오기섭의 이름은 공식적으로 거론하지는 않았지만, "우리 중에는 아직도 직업동맹 지도는 공산당의 사업이 아니며 직업동맹은 당 지도하에서 사업할 것이 아니라고 논증하는 자들이 있다"면서 오기섭을 공격했다(태성수 편, 1946: 5~6).[33]

1946년 8월 28~30일 개최된 북로당 창립대회[34]에서 제정되고 1948년 3월 27~30일 북로당 제2차 전당대회에서 개정된 '당 규약'을 보면, 북한은 당이 처음부터 국가기관 및 공장, 기업소 등을 지도했음을 알 수 있다. 즉, "당 기관은 반드시 도, 시(구역), 군, 면, 리(농촌), 공장, 기업소, 광산, 탄광 및 철도, 수운기관, 행정기관, 교육기관에 조직"한다고 되어 있다(「북조선로동당 규약」, 1946: 제1장, 제4조, '바'항; 「북조선로동당 규약」, 1948: 제1장, 제4조, '바'항). 북한은 당-국가체제로서 국가와 사회 전반에 대한 '당적 지도'를 규정한 것이다. 이는 오기섭의 직맹관이 당시 북한에서 받아들여질 여지는 전혀 없었다는 것을 의미한다.

1946년 8월 북로당 창립대회에서부터 1948년 3월 북로당 제2차 전당대회 사이에 김일성과 오기섭, 그리고 그들의 추종자들에 의해 벌어진 논쟁 중에서 가장 의미심장하고 흥미로운 논쟁은 역시 '국유화된 경제분야에서의 노동조합(직맹)의 성격'에 관한 논쟁이었다. 천형(天刑)과도 같은 이 직업동맹문제는 결코 오기섭을 놓아주지 않았다.

1947년 1월 26일자 ≪로동신문≫ 사설은 「직업동맹의 사업을 강화하자」였

---

33) 북부조선분국 제3차 확대집행위원회가 끝난 지 얼마 안 되어 ≪정로≫에 실린 「노동정신의 혁명」이라는 제목의 '사설'은 노동조합 지도자들의 엄정한 '자아비판'하에 노동자들의 생산을 독려했다. 사설은 "파업이나 태업은 노동운동의 목적이 아니라 수단"이라는 것을 강조하고, "노동자 농민이 직접 주권에 참가하여 인민주권을 수립하기 위한 건설적 생산인 해방된 조선의 생산 목적은 해방 전과는 근본적으로 다르다"는 점을 지적했다(≪정로≫, 1945.12.26).

34) 필자는 물론 소련의 각본에 따른 것이었지만, 북로당 창립대회에서 합당한 새 당의 당명을 '(북조선)로동당'으로 하자고 제안한 사람을 흥미롭게도 오기섭이었다(김국후, 2008: 222).

는데, 직업동맹이 "노동자 및 사무원들의 조직체라는 것만 빙자하여 국영공장이나 사회단체의 기관임에도 불구하고 그 공장의 지배인이나 그 단체의 지도자들과 대립적으로 나아가는 옳지 못한 경향조차 있다"고 경고하고 있다(≪로동신문≫, 1947.1.26). 이는 물론 오기섭에 대한 공격이었다.[35]

1947년 2월 9일에 개최됐던 도·시·군 인민위원회 대회에서 김일성은 1947년 인민경제계획을 제시했다. 이는 북한 역사상 최초의 경제계획으로서, 사회주의 당-국가체제의 물질적 기반을 놓는 지극히 중요한 일이었다.

이 인민경제계획이 결정된 이후 오기섭의 직맹관에 대한 공격은 더욱 강화됐다. 1947년 3월 10일 개최된 북로당 중앙상무위원회 제28차 회의의 결정서는 오기섭이 1947년 3월 13일자로 ≪로동신문≫(제60호)에 쓴 논문「북조선 인민정권하의 북조선 직업동맹」[36]에 대해 엄중히 비판하고 있다. 결정서에 나타난 비판의 요지는, 오기섭의 글이 "과거의 오류를 중복 강조"했는데[37] 그의 글은 "직업동맹을 인민정권과 대립시키며 노동계급의 이해를 인민정권의 이해와 분리 적대시키는 논문"이며 "직업동맹의 전역량을 민주건설과 인민경제 부흥과 발전에 총동원하며 집중시킬 대신에 직업동맹을 인민정권기관과 인민경제 발전의 강화로부터 해탈시키며 노동계급을 민주건설에서 해제시키려는 엄중한 정치적 오류를 범한 가장 해로운 논문"이었다는 것이다(『결정집』, 1946~1948b).

---

35) 이 책의 저자는 ≪로동신문≫을 창간호인 1946년 9월 1일자부터 1947년 4월 30일자까지 제공해준 데 대해 세종연구소 이종석 박사에게 특별한 감사를 표한다.

36) 오기섭이 쓴 이 논문 내용의 일부가 『결정집』, 1946~1948b: 172~173)에 나와 있다. 오기섭의 이 논문에 대한 비판에 대해서는 김창순의 책(김창순, 1961: 107~108; 김창순, 1956: 144~151)과 서대숙의 책(Suh, 1988: 85; Suh, 1981: 283)도 참조하시오.

37) 이 결정서는 오기섭이 논문에서 "과거의 자기 실제적 책임사업에 있어서 국가정권기관과 행정경리기관들의 역할을 부인하고 직업동맹을 국가의 행정관리기관으로 변화시키며 현시의 조선 민주발전의 특수조건을 헤아리지 않고 '로농정권'론을 시도한 '좌경'적 경향과 '좌경'적 사업작풍 및 토지개혁 실시 당시 평북도 출장 시 우리 당의 로선을 탈리한[이탈한] 오류를 범한 결과 중앙위원회로부터 엄중한 당적 책벌을 받았음에도 불구하고 금번에 발표된「북조선 인민정권하의 북조선 직업동맹」이라는 자기의 반당적 오류를 범한 론문에 있어서 과거의 오류를 중복 강조하였다"고 비판하고 있다(『결정집』, 1946~1948b: 171).

더구나 "현 북조선의 조건 하에서 인민경제계획 수립과 연쇄된 국가 기업소들의 자립경리의 확보 발전, 노동생산율과 노동규율의 제고" 등의 문제가 중요한데, 오기섭이 직맹문제를 잘못 다룸으로써 큰 오류를 범했다는 것이다(『결정집』, 1946~1948b: 172).

위의 당 중앙상무위원회 제28차 회의 결정서가 규정한 오기섭 논문의 오류는 크게 네 가지였다.

첫째, 오기섭은 근로대중, 특히 노동계급을 '민주개혁의 정신'과 '헌신적 건국정신'으로 교양하기는커녕 "파업과 태업과 분쟁을 예견하는 동요적 사상을 발로"했다(『결정집』, 1946~1948b: 171~172).

둘째, 오기섭은 "북조선의 민주발전의 특수성과 인민정권의 특수성을 알지 못하고 북조선 인민정권 하의 직업동맹의 역할을 남조선의 반동정권이나 혹은 기타 부르주아 정권 하의 직업동맹의 역할과 동일시"했으며, "북조선의 인민정권에 기초한 국유화 조건 하의 산업기관들을 부르주아 제도에 기초한 개인소유의 산업기관들과 동일시"했다. 따라서 오기섭의 주장은 "북조선의 현 인민정권의 조건 하에서와 산업국유화의 조건 하에서 인민경제 발전과 진흥이 대중의 이해와 유기적으로 연결된 것을 부인하고 국유화된 산업 기업소에도 노동계급과 인민정권과의 사이에 '계급적 이익이 대립'되어 있음으로 직업동맹은 노동계급의 '이익'을 위하여 파업, 파공, 태업 등의 투쟁형식을 이용할 수 있다"는 것을 '의미'했다는 것이다(『결정집』, 1946~1948b: 172~173).

셋째, 오기섭은 "북조선의 민주개혁을 소부르주아적 낙후된 사상과 동요하는 견지에서 관찰"했다. 그리고 "북조선 인민정권의 본질을 철저히 인식하지 못하고 소부르주아적 공포심과 의혹성과 동요성을 발로"하여 "북조선의 현 조건 하에서 발생될 수 없는 '파공[파업]'이나 '분쟁'이 생기지 않을까 하여 '미리 예방'하려고 '노력'하였다"는 것이다(『결정집』, 1946~1948b: 173).

넷째, 오기섭은 "국가경리 행정상 관리기관의 역할을 무시하고 직업동맹의 국가경제기관 관리와 그 주동력을 강조하였으며[38] 북조선의 인민경제 부흥과 발

---

38) 1947년 2월 12~13일에 개최된 '제3차 각도 노동부장·과장회의'에서 북조선임시인민위원

전을 위해서 헌신적으로 투쟁하는 애국적 기술자들을 멸시하며 그들의 해방적 각성과 민족적 각성을 인식하지 못"했다. 따라서 그는 "기술자가 (일하고 행위하는 동기는) 사상적으로 민주주의나 애국적 충심(의 발로)과는 완전히 다르다"는 식으로 기술자들에 대한 잘못된 인식을 보였다는 것이다(『결정집』, 1946~1948b: 173).

오기섭이 위의 오류들을 범한 배경에 대해 당 중앙상무위원회 제28차 회의 결정서가 나열한 내용을 살펴보자. 첫째, 그가 조선민족 발전의 현 계단의 특수 조건을 인식하지 못하고 해방 직후에 범한 '좌경'적 경향에서 출발한 것, 둘째, 그가 "공장 제조소를 노동자에게로"라는 구호의 본질을 철저히 인식하지 못하고 직업동맹을 국가관리기관으로 변하게 하려는 '좌경'적 이론의 영향하에서 출발한 것, 셋째, 그가 자기에 대한 당적 비판과 자기비판을 엄중히 하지 않고 자존심과 영웅심과 '명예'를 얻으려는 공허한 소부르주아 '허영심'에서 출발한 것이다(『결정집』, 1946~1948b: 173~174).

결국 당 중앙상무위원회 제28차 회의는 오기섭에 대해 다음 다섯 가지를 결정했다. 첫째, 오기섭의 상기 논문을 "가장 해로운 엄중한 정치적 오류를 범한 논문으로 평가"하고, 둘째, 오기섭의 상기 논문을 검토 비판한 당 중앙상무위원회의 본 결정을 "각 도당 상무위원회에서 토의하며 직업동맹 내에서 건전한 사

회 노동국장 오기섭은 사업보고를 통해서 "직업동맹은 노동행정에 절대적으로 협력을 해야 할 것을 요구"했다(《로동신문》, 1947.2.16). 오기섭의 그러한 요구는 '직맹과 당과의 관계'에 대한 것이 아니고 직맹이 노동국의 노동행정에 적극적으로 협조해줄 것에 대한 요구였다. 이는 당 중앙상무위원회 제28차 회의의 비판과는 달리, 노동국장 오기섭이 자신의 과업을 완수해내기 위해 나름대로 최선을 다하고 있었다는 증거이다. 참고로, 1947년 1월 24일 북조선임시인민위원회는 노동부를 노동국으로 승격시키고 오기섭을 국장으로 임명했다(《로동신문》, 1947.1.26, 북조선임시인민위원회 결정 제161호). 제14차 북조선임시인민위원회는 이미 1946년 9월 14일 노동법령을 옳게 실시하기 위해 노동부를 설치하고 부장에 오기섭을 임명했었다. 북조선임시인민위원회가 수립되면서 오기섭이 조선공산당 북부조선분국의 비서 자리에서 인민위원회 선전부장으로 자리를 옮긴 것은 명백한 좌천이었지만, 김창순은 선전부장에서 노동부장으로 자리를 옮긴 것도 또한 좌천으로 해석했다(김창순, 1961: 107~108). 한편, 당시 '인민노력 동원'이 무엇보다도 절실한 상황에서 오기섭이 일생 동안 사업해온 분야가 '노동'분야였기 때문에 김일성이 그에게 노동행정을 맡기면서 '노동전문가'인 오기섭의 적극적인 역할을 기대했을 가능성도 배제할 수는 없다.

상교양사업을 광범히 전개"할 것이며, 셋째, 오기섭의 논문의 해독을 완화시키기 위한 조치로 직업동맹 중앙위원회 위원장인 최경덕과 당중앙본부 노동부장 한국모에게 "현 북조선의 조건 하에서의 직업동맹의 역할에 대한 명석한 해석사업과 선전사업들을 급속히 일상적으로 전개할 것을 위임"하며, 넷째, 오기섭을 중앙상무위원직에서 해임하고, 동시에 "그가 자기의 오류를 자백하고 그를 승인한다 할지라도 그의 자각과 자아비판이 불충분하다는 것을 지적하면서 앞으로 실지사업에서 자기의 오류를 퇴치하며 그 오류에 대한 서면적 진술을 중앙위원회에 제출"해야 하며, 마지막으로, ≪로동신문≫ 주필 태성수가 무책임하게 오기섭의 상기 논문을 중앙위원회 기관지에 발표했기 때문에 견책처분을 하며, 동시에 "≪로동신문≫ 편집부의 당적 경각심을 높일 것과 편집 진영을 강화하는 대책을 취할 것"이었다(『결정집』, 1946~1948b: 174).

김창순에 의하면, '1946년 11월'에 개최됐던 북로당 중앙위 제4차 확대회의에서[39] 주녕하는 북한의 공장과 기업소들이 이미 사회주의적 소유로 전환됐기 때문에 북한의 노동자들은 국유화된 산업경제기관에 반대하여 투쟁할 수 없다는 논리로써 오기섭을 매섭게 공격했다고 한다(김창순, 1961: 108~109).[40] 또한 주녕하는, 오기섭은 자본주의사회의 노동조합이론을 북한에 적용함으로써 사리를 잘 모르는 노동자들이 투쟁의 대상이 국유화된 산업경제기관인 것으로 착각하도록 고의로 선동했다고 공격했다(김창순, 1961: 108~109).

1947년 3월 15일에 열렸던 북로당 중앙위 제6차 확대회의에서, 위에서 설명한 직맹에 관한 오기섭의 신문 투고가 또다시 문제가 됐다.[41] 이번에는 김일성

---

39) 그런데 북로당 중앙위 제4차 확대회의는 실제로는 1947년 2월 2일에 개최됐으므로, 김창순이 말하는 '1946년 11월'에 개최된 회의는 1946년 11월 28일에 개최된 중앙위 제3차 확대회의를 의미했을 수도 있다.

40) 1946년 10월 19일 개최된 '각도 노동부장회의'에서 북조선임시인민위원회 노동부장 오기섭은 "금후에 있어서 우리는 먼저 기술을 타개하여 산업국과 협력하야 생산을 높이며 생산을 높임으로써 실업자를 없애야 하겠다"고 강조했다(≪로동신문≫, 1946.10.22). 이는 김창순의 이야기와는 조금 차이가 있다.

41) 김일성이 "우리는 벌써 두 달 전에 북조선임시인민위원회 상무위원회에서 오기섭의 '리론'

이 직접 나서서 직맹에 관한 오기섭의 이론을 공격했다. 김일성의 비판은 이전에 주녕하가 비판했던 내용과 기본적으로 동일했다(김일성, 1979a: 186~187). 김일성은 당과 직업동맹에서는 "직맹사업에 대한 오기섭의 그릇된 이론을 비판하는 결정서를 채택하여 하급단체들에 내려보내도록" 지시했다(김일성, 1979a: 188).[42]

그렇다면, 위에서 살펴보았다시피, 왜 오기섭의 직맹이론이 1946년 11월부터 1947년 3월에 걸쳐 연이어 공격을 당했을까? 그 이유는 간단명료해 보인다. 직맹문제는 노동자의 노력(勞力) 자원을 최대로 동원하여 1947년도 인민경제계획을 완수하는 과업과 깊이 관련된 문제였던 것이다. 당시 김일성은 1946년 3월부터 10월에 걸친 '민주개혁'을 통해 북한의 사회·경제적 구조를 개조하고, 또 그에 따라 농민, 노동자, 여성, 청년들을 개조하고(Armstrong, 2003: 71~106), 선거를 통해 이 '민주개혁'의 성과를 법적으로 공고화했다. 그러나 사회주의 당-국가건설을 위해서는 법적·제도적 토대뿐만 아니라 튼튼한 물적 토대도 필요했다. 인민경제계획을 완수하기 위해 인적·물적 자원을 총동원하는 '건국사상동원운동'이 1946년 11월 하순에 제안되고 12월 초부터 시작됐다(김일성, 1979b, 552~555; 김일성, 1946). 이러한 상황에서 직맹이 혹시라도 노동자의 이익을 대변한답시고 당과 정부의 노력 추출 계획에 반대하거나 지장을 준다면 이는 큰 낭패가 될 터였다. 따라서 당시의 상황에서 김일성이 오기섭의 직맹에 대한 '잘못된 이론'을 크게 문제삼았던 것이다.

참고로, 당과 직맹의 관계에 대해 소련도 초기에는 북한이 경험한 것과 동일한 경험을 했음은 공산주의자라면 모두 잘 아는 것이었다.[43] 1920년 3~4월에

을 뜨로쯔끼[트로츠키]주의적 리론이라고 비판하였다"라고 하는 것을 보면, 1947년 1월 중순경에 오기섭은 또 한 번 직맹문제로 비판당했던 모양이다(김일성, 1979a: 186~187).

42) 김일성은 1947년 5월 29일에 열렸던 북로당 중앙위 상무위원회 회의에서 직맹의 기구를 개편하고 선거를 통해 직맹의 간부 구성을 개선하려는 의도를 나타냈다. 그는 직맹의 간부대열에서 농민과 지식인들을 축출하고 대신 노동자를 배치하고자 했다. 이는 김일성이 직맹에 대한 오기섭의 영향력을 없애기 위한 것이었다(김일성, 1979c: 296~297).

43) 소련의 '전시(戰時) 공산주의 시기'(1918~1921)에 산업부문에서 '행정과 직맹의 역할과의

개최됐던 러시아공산당 제9차 당 대회는 당-국가와 직맹과의 관계에 대해 준엄한 평결을 내렸다. 레닌 자신이 나서서 당의 우월성에 대해 확인했다(Lankov, 2002: 171). 1920년 4월 1일자 「직맹과 그의 조직문제에 관하여」라는 결정은 '직맹과 소비에트 권력기관 사이의 어떠한 반대[이익 충돌]도 가히 있을 수 없다'는 것이었다(Gregor, 1974: 100~105). 러시아공산당 제10차 당 대회는 '어떠한 수정도 필요하지 않다'고 이 결정을 재확인했고, "러시아공산당은 당의 중앙과 지방 조직들의 이름으로 직맹 사업의 이데올로기 전(全) 측면을 무조건적으로 지도한다"고 다시 한 번 선언했다(Gregor, 1974: 126, 128).

소련에서 직맹에 관한 당의 노선이 이미 1920년대에 확립됐던 것을 고려할 때, 직맹과 당-국가와의 관계에 대한 오기섭의 이론과 주장은 '반당·반국가·반혁명적' 주장으로 공격당하고도 남을 만한 것이었다. 그렇다면, 오기섭이 직맹과 당-국가와의 관계에 대한 과거 러시아공산당의 결정들과 해방 후 북한에서 소련점령당국의 직맹 관련 입장을 혹시 모르고 있었을까? 자신이 소련 유학을 했고 상대적으로 소련 공산당과 소련 정치에 대해 정통했던 오기섭이[44] 왜 당시 북한에서의 당-국가건설 투쟁에서 소련과 소련점령당국의 정책에 반하는 주장을 했을까?

오기섭은 북한에서 자신이 '종파주의자'로 찍히고 시도 때도 없이 김일성의 비판을 받는 동네북이 되어 있는 상황에서 겉으로는 자신에게 가해진 비판을 받아들였다.[45] 그러나 한 가지 확실한 것은 오기섭은 자신이 조직하고 일해온 노

관계'에 대한 열띤 공방이 있었다. 소위 '노동자 반대당(Workers' Opposition)'은 노동조합이 전국의 모든 경제활동을 실질적으로 관리해야 한다고 주장했다. 그러나 레닌은 공산당을 전체 노동계급의 진정한 이익의 체현으로 보고 직맹이나 파벌주의적인 이익이 당의 최고 권위에 도전하는 것을 허용하지 않았다(Schapiro, 1971: 201~202; Nove, 1989: 62~63).

44) 조선공산당 북부조선분국 제3차 확대집행위원회 이후 ≪정로≫에 실린 오기섭의 글이나 기사를 살펴보면, 그 숫자도 많았을 뿐만 아니라, 오기섭이 뛰어난 '당 이론가', '정치 이론가', 그리고 상대적으로 소련에 정통한 '소련통'이었음을 알 수 있다(≪정로≫, 1945.11.14, 11.21, 2.5, 2.14, 2.26, 1946.1.1, 1.9, 1.10~12, 1.16~18, 1.21, 1.23~26, 1.29~31, 2.5, 3.13).

45) 예컨대, 오기섭이 북로당 제2차 전당대회에서 한 자아비판(북조선로동당 중앙위원회, 1948:

동조합, 즉 직맹이 중요하다는 자기의 생각과 사상을 버리지 않고 직맹과 자신을 동일시하는 정체성을 끝까지 포기하지 않았다는 것이다. 오기섭은 자신이 총파업후원회 위원장을 맡았던 1929년의 유명한 원산 노동자총파업을 잊지 않고 있었을 것이다. 그리고 북한에서 자신의 권력투쟁의 마지막 보루로서 직맹의 지지를 추구하고 있었을 가능성이 높다.[46)]

결론적으로, 북한은 당시 소련군의 점령하에 있었고, 김일성은 소련과 소련점령당국의 후견을 받고 있었다. 그는 소련공산당의 정책노선을 적극적으로 수용함으로써 오기섭과의 권력투쟁에서 유리한 정치기회구조를 주조해내고 또 이용했다. 이에 비해 오기섭은 소련공산당 정책과 충돌하는 정치노선을 걷고 있었다. 결국 김일성과 오기섭의 경쟁은 김일성의 완승으로 끝날 수밖에 없었고, 오기섭은 각종 당 회의와 당 대회에서 시시때때로 자신의 오류를 반성해야만 했다. 그는 훗날 1956년 '8월 종파사건'에 간접적으로 연루되어 숙청될 때까지 정치적으로 이미 죽은 목숨을 부지해갔던 것이다.

3. 김일성 vs. 박헌영

김일성과 박헌영 간의 권력 경쟁은 박헌영에게 절대적으로 불리한 정치기회구조하에서 진행됐다. 박헌영은 해방 직후 서울에서 조선공산당을 재건하고 조

134~138)을 보시오.

46) 오기섭의 시대에 맞지 않는 직맹관에 대한 또 하나의 해석은 오기섭이 과거 13년 동안 수인(囚人) 생활(1926~1929, 1932~1942)을 했기(김국후, 2008: 110) 때문에 그의 사고(思考)와 전략이 신축성을 많이 상실했을 가능성이다. 오기섭은 북로당 제2차 전당대회에서의 자아비판을 통해, 자신의 오류가 "10년 전 낡은 정세와 조건이 다른 시기의 인식을 고집"한 데 있었다고 고백하고 있다(북조선로동당 중앙위원회, 1948: 136). 오기섭의 수인 생활의 경험은, 김일성이 만주에서 항일빨치산 투쟁 시 장기적으로 이루어내야 할 목표인 '기본 강령'과 생존을 위해 상황에 따라 융통성 있게 조정해야 했던 '행동 강령'을 구별하면서 날마다 변화하는 환경과 생존 조건에 적응하면서 사고와 행동에서 신축성을 키운 빨치산 경험과는 큰 차이가 있다고 할 것이다(김일성, 1945: 13~14; 조선산업노동조사소, 1946: 40).

선공산당 중앙이 됐다. 그러나 그는 미군정의 좌익세력 탄압 때문에 정상적인 활동을 하지 못했고, 급기야 체포령을 피해 1946년 10월 6일 비밀리에 월북했다. 그는 월북한 후에는 소련점령당국과 김일성의 도움하에 평양에서 남조선로동당(이하 '남로당'으로 약칭)을 원격 운영해야 하는 상황에 처했다.

이에 비해 김일성은 소련점령당국의 후견하에 실질적으로 독립적인 당 조직인 북조선공산당 중앙위원회 조직국(조선공산당 북부조선분국)을 창건하고 박헌영을 원조하면서 조선공산주의운동의 주도권을 취해나갔다. 더구나 박헌영이 월북한 이후는 말할 것도 없고 그 이전에도 김일성은 박헌영에게 재정지원을 해주고 통신시설을 개설하여 박헌영의 당 사업에 개입하여 그를 자신의 영향력하에 놓고 통제했던 것이다(중앙일보 특별취재반, 1992: 203~204).

월북한 박헌영은 '남조선혁명은 북의 일정한 원조를 받아 남로당이 주동이 되어 수행해야 한다'는 입장을 취했으나, 김일성은 '남조선에 미군정의 통치가 실시되고 있는 상황에서 통일과 남조선 해방은 북조선에 혁명기지가 이룩된 후 그것이 주동이 되고 남북조선이 혁명역량을 배합하여 이룩돼야 한다'는 입장이었다.[47] 따라서 박헌영은 김일성의 소극성에 불만이 있었다. 박헌영은 자신의 권력기반인 남조선에서의 혁명의 중요성과 그에 있어서의 남로당의 역할을 그만큼 더 강조했고, 남조선에 대한 정책과 행동에 있어서 일종의 좌경적, 모험주의적으로 흐르는 경향을 보이기도 했다. 결국 박헌영과 김일성의 이익은 상호 충돌할 수밖에 없었다(정창현, 2002: 125~133).

만일 정치기회구조가 그처럼 불리하지만 않았다면, 박헌영은 공산주의 투쟁의 경력이나 조선로동당의 서울 중앙으로서의 위상, 그리고 그에 대한 평양 주둔 소련군사령부 정치고문 발라사노프 등 소련 정보기관의 지지 등을 고려할 때, 해방 후 조선공산주의운동에서 결코 김일성에게 그렇게 쉽게 뒤질 인물이

---

47) 한편, 스티코프는 북로당과 남로당이 '업무상 긴밀한 협력관계를 형성하도록 상당한 주의'를 기울였다. 이러한 상황에서 박헌영은 불가피하게 남로당과 북로당의 단일한 비합법적 중앙을 창설할 것을 제기했고, 김일성은 당연히 그에 동의했다. 그래서 1947년 1월 4일에는 스티코프, 치스티아코프, 로마넨코, 김일성의 4자회담에서 이 문제가 제기됐으나, 최고지도자의 선정 문제에 막혀 양당의 통합문제가 보류되었다(전현수, 1995b: 158~159).

아니었다. 그러나 미소 양국의 한반도 분할점령과 미군정의 탄압, 불가피한 월북과 김일성에의 의존 등 '불리한' 정치기회구조는 김일성과의 권력투쟁에서 박헌영을 패배로 몰고 갔던 것이다.

민족통일전선(김일성) vs. 인민전선과 민족통일전선의 혼합(박헌영)

위에서 설명한 당시의 정치기회구조하에서 김일성 vs. 박헌영의 사상과 노선, 그리고 정체성에서의 경쟁은 어떠했는가? 김일성은 위에서 이미 살펴보았다시피, 노동자, 농민, 인텔리겐치아에 비(非)친일파 지주와 자본가 등 민족부르주아지를 포함시킨 민족통일전선을 추구했다.

그러나 박헌영은 해방 직후 "금일의 정세는 조선의 공산주의자들에게 원칙적인 결합과 분리를 요구"하고 있는데, '일본제국주의'는 무장한 채로 아직 물러가지 않고 있으며, "지주와 대(大)부르주아지들의 반동적 반민주주의적 운동은 권모술책을 가지고 좌익 내부에 그 손을 뻗쳐오고 있는 것"이 당시 정세의 '특징'이라고 보았다(김남식 편, 1974a: 2). 박헌영은 당시 "일본제국주의의 잔존세력이 아직도 지배적인 현재, '덮어놓고 통일', '그저 합하고 볼 일이다'라고 주장"하는 것은 "친일파, 주구들에게 다시 지배권을 맡기자는 것이나 마찬가지"라면서 조선공산당의 투쟁목표는 "이 잔존세력의 완전한 구축(驅逐)"에 있다고 강조했다(임경석, 2004: 230).

따라서 박헌영은 "지주, 고리대금업자, 반동적 민족부르주아지"를 민족통일전선에 포함시키지 않았다. 박헌영이 해방 직후 발표한 '8월 테제'를 보면, 민족통일전선에 노동자, 농민, 도시빈민(도시소시민), 인텔리겐치아를 포함시키고 지주, 고리대금업자, 반동적 민족부르주아지 등 친일파는 제외했다(김준엽 외 편, 1969: 6, 7, 16; 김남식 편, 1974a: 2; 김남식 편, 1974b: 8, 10, 19; 김남식 편, 1974c: 2, 4; 심지연, 2006: 45~46).

박헌영은 '8월 테제'에서 "반동적 민족부르주아지"라는 표현을 쓰고 있는데, 그가 단순한 '부르주아지'가 아닌 '민족부르주아지'에 '반동적'이라는 수식어를 사용하고 있음을 주목할 필요가 있다. 이는 박헌영이 '민족부르주아지'가 지주,

고리대금업자와 함께 친일행위 등 '반동적'인 행위를 한 것으로 생각하고 있었다는 뜻이다(김남식 편, 1974b: 8, 10, 19).

박헌영은 "조선의 지주와 민족부르주아지들이 전체로 일본제국주의의 살인강도적 침략적 전쟁을 지지"했고, "이들 반동세력은 전시국가총동원체제 밑에서 조선의 근로자, 농민, 도시빈민 등 일절 근로인민의 진보적 의사를 무시하고 잔인무도한 군사적 제국주의적 탄압"을 했다고 보았다(김남식 편, 1974b: 8). 박헌영이 보기에 "지주, 고리대급업자와 반동적 민족부르주아지 등 친일파들은 자본가와 지주의 독재정권인 반동적 민주주의국가의 건설을 요망"하고 있었던 것이다(김남식 편, 1974b: 10). 박헌영이 "정권을 인민대표회의로"라는 표어를 내걸었을 때 이는 대지주, 고리대금업자, 반동적 민족부르주아지가 제외된 "진실한 의미의 진보적 민주주의정치를 철저히 실시하기 위하여 투쟁"하는 것을 의미했다(김남식 편, 1974b: 19). 국내파인 박헌영은, 오기섭의 경우처럼, 일본 강점기에 지주와 자본가 등 부르주아지들의 친일 행각을 지켜보면서 그들에 대해 깊은 반감을 갖게 됐던 것으로 보인다.

따라서 박헌영은 앞으로 재건되어야 할 조선공산당은 "조선 프롤레타리아트의 당이 되어야" 하며, 프롤레타리아트의 "전위가 되어야 하니 앞으로 조직될 중앙에는 노동자, 농민 출신의 지도자가 많이 들어와야 되고 혁명의 인텔리겐치아의 자리도 몇 개에 불과해야 한다"고 주장했던 것이다(김남식 편, 1974a: 4). 이는 '좌경'으로 비판받은 오기섭의 '인민전선'에 가까운 주장이다.

참고로, 박헌영은 해방 직후 8월 20일 조선공산당 재건준비위원회의 정치노선으로서 '8월 테제'를 작성할 때(임경석, 2004: 214~215; 김남식 편, 1974b: 21; 이창주 편, 1996b: 287~297), 서울의 소련영사관 도서관에 특히 코민테른 제7차 대회에 관련된 자료를 여러 번 의뢰했다고 한다(임경석, 2004: 214~215). 박헌영이 '8월 테제'를 작성할 때 코민테른 제7차 대회에서 반파시즘 노선으로 결정한 인민전선을 참고했다는 것을 알 수 있다.[48]

---

48) 박헌영은 1940년 10월경 장순명에 대한 교양을 실시했는데, "인민전선운동의 전개를 도모해야 한다"고 교양했다고 한다. 이는 박헌영이 코민테른 제7차 대회에서 결정한 '인민전선'

1935년 코민테른 제7차 대회는 파시즘의 패배를 코민테른의 제일의 목표로 선언하면서 파시즘에 반대하는 '인민전선(people's front)'을 채택했다. 이 정책은 공산당들이 노동계급에 기반을 둔 당들과 '통일전선'을 형성하는 것에만 국한 하지 말고 파시즘에 반대하는 모든 정당들과 '인민전선'을 형성해야 한다는 것 이었다(Dimitroff, 1975: 197~216). 이런 관점에서 보면 '인민전선'은 그 포함 대 상이 꽤 넓은 개념이다. 그러나 '통일전선'의 앞에 '민족'을 붙이면, 노동계급의 당들뿐만 아니라 '반민족' 행위를 하지 않은 여러 계층의 정당, 사회단체 등을 포함하기 때문에, '민족통일전선'은 포함 대상이 꽤 넓은 개념이 된다고 할 것 이다.

사실상 박헌영은 "민족통일전선의 결성으로 수립된 '인민정권'을 위한 투쟁 을 전국적으로 전개할 것"과(김남식 편, 1974b: 19) 부르주아 민주주의 혁명을 수 행할 것을 주장하면서(김남식 편, 1974b: 20), 조선혁명의 현 단계에서 이영, 최익 한 등이 보여준 '사회주의 혁명을 하자'는 식의 극좌적인 경향[49]을 경계했다(김 남식 편, 1974b: 18).

조만식이 평양에서 평안남도 인민정치위원장직을 사퇴하던 1946년 1월 5일, 박헌영은 소련의 지시에 따라 서울에서 내외신 기자회견을 했다. 그는 모스크바 외상회의에서 통과된 조선의 신탁통치안이 "조선을 소비에트화하지 않는가?" 라는 기자의 질문에 대해 "조선의 현 단계는 소비에트화할 단계에 있지 않고 민 주주의 변혁 과정에 있다"고 대답했다(김국후, 2008: 159). 박헌영이 이렇게 대답 했던 때는 물론 그가 독자적으로 '8월 테제'를 발표했던 해방 직후가 아니라 그 의 활동이 전적으로 소련의 영향하에 놓여 있었던 1946년 1월 초였다. 박헌영이

에 대해 잘 알고 있었음을 시사한다(신주백, 1991: 288).

49) 이영 그룹의 제2차 세계대전의 성격에 대한 판단, 소련군의 북한 진주 시 공장·기업소·인민 위원회에서의 행동, 무장부대 조직, 그룹의 성원 구분('청류' vs. '탁류'), 박헌영에 대한 비방 중상('간악한 종파분자', '반혁명분자') 등과 관련하여 저지른 '극좌노선'에 대해 소련은 "이 영 그룹의 강령은 확실히 트로츠키 경향을 띠고 있다"고 비판했다(김국후, 2008: 113~115, 120). 이영 그룹에 대한 김일성의 비판은 1945년 10월 13일 서북5도당대회에서 한 「당 조직 문제 보고」(조선산업노동조사소, 1946: 42~43)를 보시오.

위와 같이 대답을 한 데는 당시 북한에서 부르주아 민주주의 정권을 수립하고자 했던 소련정책의 영향도 있었을 것이다. 그럼에도 불구하고 그의 대답은 1946년 1월 초 당시 박헌영이 급진좌파적인 생각을 하고 있지 않았다는 것을 말해준다.

박헌영의 이러한 입장은 그가 국내파이면서도 오기섭과는 차이가 있었음을 말해준다. 참고로 박헌영이 주도했던 경성콩그룹의 1934년 「조선공산당 행동강령」을 보면, 현 단계의 조선혁명을 '부르주아 민주주의적 발전단계'라고 규정하고 네 가지의 슬로건을 제시했는데, 그 두 번째 슬로건이 "노농민소비에트 권력의 수립"이었다(신주백, 1991: 287). 이는 박헌영이 1934년에는 부르주아 민주주의를 이야기하면서도 '노농소비에트' 건설과 같은 프롤레타리아 혁명을 생각했지만, 이제 해방되어 소련이 북한을 점령한 이후 '민족통일전선'을 제시한 이후에는 노농소비에트 건설 같은 급진적인 노선을 경계하게 됐음을 시사한다.

그렇다면, 당시 소련은 박헌영의 노선을 어떻게 생각했던가? 소련이 서울에서 영사관을 철수할 때까지 부영사로 근무한 샤브신(A. I. Shabshin)의 부인이었던 샤브시나(F. I. Shabshina)는 스탈린이 박헌영의 8월 테제를 보고 "이 동무의 노선이 옳다"고 했고, 남편인 샤브신이 북한을 소비에트화하는 과정에서 박헌영의 '8월 테제'가 "참고가 됐다"고 말하는 것을 들었다고 한다(김국후, 2008: 113). 그리고 샤브신이 소속된 발라사노프팀이 1945년 10월 이후 어느 시점에서 작성하여 소련공산당 중앙위원회에 보고한 것으로 보이는 「북조선 정당·사회단체 조사보고서」는 박헌영의 위상과 활동에 대해 긍정적인 평가를 내리고 있다(김국후, 2008: 112, 115~116).

조선공산당 북부조선분국: 새로운 조선공산당 중앙

박헌영은 해방 직후 바로 서울에서 조선공산당 재건에 착수하고, 9월 초에는 자신의 위임장을 휴대한 '전권위원'들을 북한지역에 파견하여 당을 조직, 정비함으로써 서울 중앙당 지도하의 통일적인 공산당의 재건을 추진했다. 레베데프(N. G. Lebedev)에 의하면, 비교적 규모가 큰 북한의 당 위원회들에는 대부분 서울 중앙에서 대표가 파견됐다(전현수, 1995a: 22; 임경석, 2004: 216).

박헌영은 1945년 10월 6일 조선공산당 북부조선분국 설립문제를 협의하기 위해 평양으로부터 김일성의 메시지를 갖고 서울에 온 주녕하, 장순명을 만났고, 이틀 후 박헌영은 개성 북방 소련군 38경비사령부에서 김일성, 소련군 민정사령관 로마넨코(A. A. Romanenko) 등을 만났다. 김일성은 북한지역의 공산당을 끌고 나갈 수 있는 조직을 설치하자는 의견이었으나, 박헌영은 '1국1당 원칙'을 고집했다. 그러나 결국 로마넨코가 김일성 편을 듦에 따라 박헌영은 중앙당에 속하되 북부지역 공산당조직을 지도할 수 있는 중간기구로서 북부조선분국의 설치에 합의했다(임경석, 2004: 220~221). 당시 박헌영은 조선공산당 중앙위원회 총비서로서 명목적인 권위는 있었으나, 남북한이 미소 양국에 의해 분할점령을 당하고 있는 상황에서 소련공산당과 소련정부를 대표한 평양의 소련점령당국의 충고를 따르지 않을 수 없었던 것이다.

그 이후의 상황은, 이미 앞에서 살펴보았다시피, 서북5도당대회에서 김일성이 당 규약 제정, 당중 인쇄, '전조선당대회' 소집 등을 제안했고, 김일성의 제안이 만장일치로 통과됨으로써[50] 박헌영이 조선공산주의 운동에서 김일성에게 주도권을 빼앗기기 시작하는(조선산업노동조사소, 1946: 45~46) 방향으로 전개됐다. 이제 서울이 평양을 돕는 것이 아니라 평양이 서울을 돕는 상황이었고, 이것이 박헌영이 활동해야 하는 정치기회구조였다.

박헌영은 1945년 10월 23일자로 조선공산당 북부조선분국의 설립에 대한 결정을 승인하고, 11월에 들어서는 "중앙의 지도와 연락의 중계기관으로 또는 보다 더 정치 행동을 효과적으로 하기 위하여 북부조선 각도 책임자와 열성자는 중앙 지도하에서 조선공산당 북부조선분국을 조직하야 지도하도록 결정"하니, "북부조선 각도 당부에서는 북부조선분국의 지도와 지령을 준수"하도록 지시했다(≪정로≫, 1945.11.7).

결국 박헌영이 조선공산당 북부조선분국(북조선공산당 중앙위원회 조직국)을 실제 독립된 공산당조직으로 인정한 것이다. 국제공산주의운동에서 엄격하게

---

50) 이는 박헌영이 서북5도당대회에 파견된 남한 대의원들도 모두 찬성했다는 것을 의미한다.

지켜졌던 1국1당 원칙을 생각한다면, 실제 북한에 새로운 공산당이 탄생한 것이다. 1945년 10월 13일 서북5도당대회의 회의록을 보면, "조선공산당 만세, 전세계 프롤레타리아의 영수 스탈린동지 만세, 조선무산계급 영수 박헌영동지 만세"로 끝을 맺고 있다(조선산업노동조사소, 1946: 32).[51] 그 정도로 조선공산주의 운동에서 핵심적인 역할을 담당해왔던 박헌영이었지만, 이제 그의 시대가 서서히 김일성의 시대로 대체되어가고 있었던 것이다.

신탁통치: "김일성을 살리고 박헌영을 죽이다"

1945년 12월 27일에 발표된 모스크바 외상회의에 의해 조선의 신탁통치가 결정됐다. 당시 소련은 자신의 점령지인 북한에서 친소정권 수립을 공고히 해나가면서 '동시에' 모스크바 외상회의의 한반도 결정이라는 국제적 합의의 틀에 의거하여 한반도 전역에서 친소국가를 수립하고자 했다(백학순, 2010a: 371~382, 415~438).

이렇게 되자 서울에 있는 조선공산당 중앙당 그리고 진보 정당들과 단체들은 결국 신탁통치를 지지하라는 소련의 지시에 따라야 했다. "신탁통치가 김일성을 살리고 박헌영을 죽였다"는 세간의 유행어처럼, 신탁통치 문제는 박헌영으로 하여금 소련의 지시에 따르고 소련의 후견을 받고 있던 김일성에 의존하게 만듦으로써 김일성과 박헌영의 권력 싸움에서 일대 분수령을 이루었다(중앙일보 특별취재반, 1992: 199). 나중에 살펴보겠지만, 신탁통치 문제는 박헌영뿐만 아니라 신탁통치를 반대했던 민족주의자 조만식도 함께 죽이고 말았다. 달리 말해, 신탁통치 문제는 김일성에게 당-국가건설에서 경쟁자들을 무력화시키거나 없애는 데 유리한 대외 정치기회구조로서 작용했던 것이다.

---

51) 서북5도당대회는 "귀중한 지도자 박헌영동무에게 건강 건투를 비는 축전을 보낼 것을 만장일치로 가결"했다(≪정로≫, 1945.11.1). 참고로, 1945년 12월 25~27일에 열린 '평남도당 제1차 대표대회'는 스탈린과 함께 박헌영에게도 메시지를 보냈고(≪정로≫, 1946.1.8), 1946년 1월 13일 조선공산당 평안남도 성천군당 제1차 전체대회는 '박헌영에게 보내는 감사 메시지'를 채택하기도 했다(임경석, 2004: 269~270).

박헌영은 신탁통치에 대한 소련의 입장을 알아보고 또 행동지침을 받기 위해 1945년 12월 28일 38선을 넘어 평양에 갔다가 1946년 1월 2일 서울에 돌아와 모스크바 결정에 대한 지지를 발표했다(중앙일보 특별취재반, 1992: 186, 188~192). 이때 김일성과의 회동에서 합의한 중요사항은 김일성이 남한에 있는 중앙당에 재정지원을 해주고, 양측 간에 통신채널을 확립한다는 것이었다(중앙일보 특별취재반, 1992: 203~204). 박헌영이 재정적으로 김일성에게 의존하게 됐다는 것은 앞으로의 김일성의 승리와 박헌영의 패배를 예고하는 것이었고, 양측 간의 통신채널은 남한에서의 박헌영의 활동에 대한 김일성의 직접적인 개입을 보장해줄 터였다.

그렇다고 아직은 박헌영이 김일성에 의해 일방적으로 압도당하는 상황은 아니었다. 박헌영은 여전히 조선공산당 중앙당을 맡고 있었고, 발라사노프, 샤브신 등 소련 정보기관은 박헌영을 지지하고 있었다. 이러한 지지가 힘을 발휘하여 스탈린으로서는 이미 김일성을 북한의 지도자로 생각하고 있었음에도 불구하고 1946년 7월 초에 김일성과 박헌영을 모스크바에 함께 불러 만나보기도 했다(임경석, 2004: 347~348).[52]

크레믈린 면접에서 스탈린은 김일성을 자신의 오른쪽에, 박헌영을 왼쪽에 앉혔는데, 오른쪽이 상석이었다. 스탈린은 김일성에게 "소련군정의 협력을 받아 북조선의 소비에트화 정책을 조기에 실현시키도록 투쟁하라"고 했고, 박헌영에게는 "어려운 여건 속에서 분투하는 그대의 혁명투쟁을 높이 평가한다"고 했

---

[52] 참고로, 레베데프는 김일성과 박헌영의 스탈린 면담 시기를 '7월 초'가 아닌 '7월 하순'으로 기억했다(김국후, 2008: 209). 김일성과 박헌영의 모스크바에서의 스탈린 면담 날짜에 대한 자세한 논의는 김학준(2008b: 341~343)을 보시오. 뒷날 1948년 9월에 북한 국가가 정식으로 수립된 후 북한정부 대표단이 모스크바를 방문하여 1949년 3월 5일 스탈린과 면담한 적이 있다. 비밀 해제된 소련문서를 보면, 스탈린은 김일성과 박헌영이 예전에 모스크바에 왔던 것을 기억하고 박헌영에게 흥미를 보이면서("appealing to Pak Hon-yong") 자신이 그를 두 번째 만난 것인지("if he was the second")를 물었다. 박헌영은 '그렇다'고 대답했다. 스탈린은 '김일성과 박헌영이 살이 쪘다'고 말하고 '그래서 그들을 지금 알아보는 것이 어렵다'고 말했다("Stalin's meeting with Kim Il Sung," March 5, 1949, 웹자료).

다고 한다. 스탈린이 김일성을 북한의 지도자로 재확인한 것이다(김국후, 2008: 209~212).[53]

그러나 김일성 vs. 오기섭의 투쟁에서 이미 살펴보았듯이, 특히 1945년 12월 중순 조선로동당 북부조선분국의 제3차 확대집행위원회에서 김일성이 책임비서가 된 이후부터는 그는 명목상으로는 비록 북부조선분국의 책임비서였지만, 실질적으로는 소련의 후견하에 한반도 전체를 영역으로 하여 새로 창건된 북조선공산당의 책임비서, 이제 '사상통일'을 이룬 전(全) 조선 '유일당'의 책임비서로서 '중앙집권제를 확립'하여 조선공산주의운동과 북한의 사회주의 당-국가건설에서 주도적인 역할을 했던 것이다.

북로당 제2차 전당대회: 박헌영에 대한'예방적 공격'

김일성 vs. 박헌영 간의 투쟁이 본격적으로 공식회의에서 드러나기 시작한 것은 1948년 3월 27~30일에 개최된 북로당 제2차 전당대회에서였다. 그동안 북한 국내파 오기섭을 무너뜨린 데 성공한 김일성이 이제 남한 국내파 박헌영을 겨냥하여 박헌영파에 공개적인 비판을 시작한 것이었다.

북로당 제2차 전당대회에서 김일성은 오기섭과 여타 북한 국내파 인사들에 대한 비판부터 시작했다. 김일성은 그들의 종파주의, 개인 영웅주의, 자유주의적 경향, 지방 할거주의, 정실주의 등을 그 어느 때보다도 강하게 비판했다(북조선로동당 중앙위원회, 1948: 25~73, 55). 오기섭은 자신이 '정중지와(井中之蛙: 우물 안의 개구리)' 격으로 당시의 상황을 잘못 평가했으며, 자신의 '소부르주아 급진적 조급성'과 '분파사항의 잔재'가 깨끗이 청소되지 못했다고 자아비판했다. 그는 또한 자신이 북부조선분국의 제4차 확대집행위원회의 결정을 '사상적'으로 받아들이지 않고 '형식적'으로 받아들였으며, 그 때문에 4차 확대집행위원회 이후에도 계속하여 직맹에 관해 과오를 저질렀다고 고백했다(북조선로동당 중앙

---

53) 스탈린이 박헌영이 아닌 김일성을 북한의 지도자로 결정한 '이유'에 대한 레베데프의 설명은 김국후(2008: 212~213)를 참조하시오.

위원회, 1948: 134~138). 장순명은 당시 전당대회의 분위기에 눌려 자신의 종파주의적 경향은 "쉽게 청산되지 않으며, 아마 죽어야 청산될 것"이라고까지 자조적으로 자아비판했다(북조선로동당 중앙위원회, 1948: 169~170).[54] 북로당 제2차 전당대회에서 오기섭 외에 정달헌, 최용달, 리강국, 이순근, 장시우가 그들의 종파주의적 행위에 대해 비판을 당했다(북조선로동당 중앙위원회, 1948: 85~86, 144, 149~150, 159~160).

제2차 전당대회에서의 토론을 총결하면서 김일성은 특히 오기섭과 최용달을 사정없이 비판했다(북조선로동당 중앙위원회, 1948: 176~178). 예컨대, 김일성은 "작난[장난]을 많이 했다"와 같은 매우 경멸적인 표현을 사용하여 오기섭을 비난했고, 최용달에 대해서는 "전연 계급적 각성이 없고 당을 존중히 여기기 않고, 또한 친일파들과 가까운 표현을 많이 했다"고 비난했다(북조선로동당 중앙위원회, 1948: 176~178). 당시의 상황에서 '친일파'를 들먹인다는 것은 한 마디로 최용달의 정치적 숙청을 의미했다.

정달헌은 오기섭과 같은 함경남도 출신이었지만 최용달, 리강국, 이순근, 장시우는 누구인가? 이들은 당시 북한에 있었던 대표적인 박헌영파 인물들이었다. 따라서 이들에 대한 공격은 바로 박헌영에 대한 공격 그 자체였다. 김일성은 최용달을 왜 그렇게 무지막지하게 공격했으며, 또 왜 리강국은 이제 공격을 받기 시작한 것일까? 남한에서 월북한 최용달이나 리강국이 공식 당 대회에서 이번처럼 자아비판하도록 비판당한 적은 이전에는 한 번도 없었다.

북로당 제2차 전당대회에서 소련파 한일무가 리강국의 종파주의를 공격한 내용을 보면, 한일무의 공격의 목표는 결국 '서울', 즉 박헌영이라는 것을 말해준다(북조선로동당 중앙위원회, 1948: 85~86). 박헌영이 궁극적인 과녁이라는 것은 김일성 자신의 공격에서 명백히 드러난다. 김일성은 어떤 당 기관들이 '홍원 사람'이나 '서울 사람'들만을 충원하고 있다고 비난했다. 함경남도 홍원은 오기섭과 정달헌의 고향이며, 서울 출신은 물론 박헌영파, 특히 최용달과 리강국을 의

---

54) 장순명은 박헌영과 함께 고려공산청년회를 창립했고, 그 뒤 조선공산당 재건운동에 참여하고 경성콩그룹 함경북도, 함경남도 책임자를 지낸 경력이 있었다(신주백, 1991: 281).

미했다. 김일성은 오기섭과 박헌영 지지자들에 대해 "과거에 있어서는 공산주의자들의 활동이 홍원, 서울식으로 지방 지방에 고립적으로 생기고" 또 "유아독존식으로 제 이론이 제일 좋고 제가 수령인 양하고 사업"했다고 비난했다. 김일성은 또한 "남조선에서 온 동무들은 남북로동당 간에 이간 행동을 취하고 자기와 친한 사람들이 남조선에 있고 자기도 과거 콩그룹이니까 한자리 있지 하는 태도를 가지고 있는데 이것은 어리석은 생각"이며, "지금 38선 때문에 당이 둘로 됐지만 북로당은 한 개의 당이며 북로당에서 쫓겨나간 자가 남조선에서 용납될 수는 절대 없다"고 경고했다(북조선로동당 중앙위원회, 1948: 57, 129, 176, 178).

　김일성이 의도적으로 박헌영을 오기섭에 연계시켜 공격한 의도는 박헌영과 그의 추종자들에게 앞으로 김일성과 다른 생각, 사상, 정체성을 갖고 김일성에 반대하는 행위, 즉 종파주의적 행동을 하면 오기섭처럼 비참하게 된다는 것을 사전 경고하는 것이었다. 오기섭과 그의 추종자들이 그러한 목적을 위해 도구로서 이용됐을 뿐이다. 다시 말해서, 북로당 제2차 전당대회는 김일성이 오기섭을 하나의 시범 케이스로 이용하여 박헌영파에게 장차 어떠한 도전도 하지 말도록 예방적 차원에서 경고를 주는 장으로 이용됐던 것이다.

　사실 북로당 제2차 전당대회의 시점은 김일성 측이 고도의 계산하에 전략적으로 결정한 시점이었다. 당시 1948년 4월에 평양에서 개최될 '남북조선 제정당 사회단체 대표자 연석회의' 참석차 수많은 저명한 남한 공산주의 지도자들과 좌파 인사들이 이미 월북했거나 1개월 내에 월북할 계획이었다. 또한 많은 남한의 좌파 지도자들이 점점 심해지는 미군정의 탄압을 피해 월북하려는 계획을 가지고 있었다(김창순, 1961: 119; 방인후, 1967: 135; 고준석, 1989: 211~216). 이런 모든 것 때문에 북로당 제2차 전당대회는 긴장감이 팽팽한 분위기에서 개최됐고, 김일성은 장차 박헌영파로부터 오게 될 도전에 대비하는 차원에서 '예방적 공격'을 감행했던 것이다.

'국가사업' 집중(김일성, 박헌영) vs. '당 사업' 장악(허가이)

　1948년 9월 9일 최고인민회의는 조선민주주의인민공화국 내각을 구성했다.

김일성은 수상이 됐고, 박헌영은 부수상 겸 외무상에 선출됐다. 당시 북한의 모든 인재들은 새로 수립된 국가(정부)의 일에 매달렸고, 김일성이 내각 수상으로서 정부의 선두에 서서 국가사업, 행정사업을 이끌었다.

나중에 1967년 3월에 김일성이 한 말이지만, 그는 '1956년 이전까지'는 자신이 내각에 있으면서 주로 '행정사업'에 집중했기 때문에 당 내부사업에 미처 "머리를 쓸" 사이가 없었으나, 나중에 '8월 종파사건'을 겪은 다음부터는 자신이 직접 당 사업을 틀어쥐고 지도하게 됐다고 설명한 적이 있다(김일성, 1983f: 136~137). 김일성의 이러한 행정사업 집중은 1948년 9월에 북한에 정식으로 국가가 수립됨에 따라 그동안 소련민정이 해왔던 모든 정부 행정사업을 넘겨받은 때부터 시작됐다고 할 수 있다. 부수상 겸 외무상이었던 박헌영도 김일성과 함께 국가사업에 집중했던 것으로 보인다. 참고로, 모든 인재들이 국가사업에 총출동하다시피 했지만, 최용달과 리강국은 박헌영의 강력한 후원이 있었는데도 불구하고 내각에 입각하지 못했다(중앙일보 특별취재반, 1993: 401~402). 물론 그 이유는 이들이 박헌영의 최측근들이었기 때문이었다.[55]

1948년 9월 24일 개최된 북로당 중앙위 제3차 회의는 그동안 북로당 창당 이래 당 중앙위 부위원장으로 있던 주녕하를 허가이(Aleksei Ivanovich Hegai)로 교체하고 그를 중심으로 한 소련파가 실질적으로 북로당을 장악한 당 회의였다. 김일성 등 많은 당 지도자들이 비록 당직을 그대로 보유하고는 있었으나 실제로는 새로 수립된 정부의 일에 집중하다 보니, 당 사업에 많은 지식과 경험을 갖고 있던 허가이가 역할분담 차원에서 당 부위원장을 맡으면서 실질적으로 당을 맡아 운영하는 것이 필요했던 것이다. 이는 또한 나중에 남북로당 통합에 대비하여 당내에서 박헌영파를 견제하려는 포석이기도 했다(이종석, 1995: 207~208; 서동만, 2005: 942).

---

55) 이들이 김일성이 아닌 박헌영을 따르는 소위 '종파주의적' 요소가 아니더라도, 김일성은 처음부터 이들에게 깊은 반감을 가지고 있었던 것으로 보인다. 예컨대, 정달헌은 1945년 10월 서북5도당대회에서 공공연히 조선공산당 북부조선분국 창설을 강력히 반대했고, 최용달과 리강국은 1945년 9월 서울에서 김일성과 소련이 탐탁찮게 여겼던 '조선인민공화국'을 창립하는 데 주된 역할을 했던 것이다.

당 중앙위 제3차 회의는 김열, 박영선 등 소련파를 당 중앙위 상무위원으로 보강하고, 신설된 당 중앙위 조직위원회는 김일성과 허가이, 김열, 박창옥, 박영선으로 구성됐다. 그런데 김일성을 제외하면 이들은 모두 소련파였다. 그리고 평안북도의 박일영, 평안남도의 김재욱, 강원도의 한일무 등 도당위원장의 상당수도 소련파로 채워졌다(이종석, 1995: 208).

조선로동당 창당: "1949년 6월 질서"

이런 상황에서 1949년 6월 30일 북로당과 남로당이 합당하여 조선로동당을 창당했다. 김일성은 북로당과 남로당 중앙위 연합전원회의에서 내린 결론에서 '사상 의지적 통일'을 강조하고 어떠한 '종파주의적' 행위에 대해서도 경고하며, 조선로동당은 통일된 '단일한 정당'임을 선언했다(김일성, 1980b: 132~136).[56] 김일성이 '사상 의지적 통일'을 강조한 것은 매우 의미심장한 일이었다. 일단 사상적 통일이 이뤄지면 자연히 종파주의도 없어지면서 당의 단일성이 확보될 수 있기 때문이었다.

그런데 새로 창당된 조선로동당의 권력구조를 볼 때 당시 주요 권력추구자들과 파벌들의 경쟁과 연합, 그들 사이의 권력배분은 어떠했는가? 당시 김일성이 내각과 군에서는 헤게모니를 확립했으나, 당에서는 그의 힘이 약화되고 오히려 소련파와 박헌영파의 세력이 강화되어 있었다. 왜냐하면 허가이 등 소련파가 1948년 9월부터 당의 핵심조직인 당 중앙위 조직위를 이미 장악하고 있었고, 박헌영이 자신의 남로당 지분을 갖고 북로당과 합당하여 조선로동당을 창당했기 때문이었다. 이종석은 김일성파는 상대적으로 약화되고 소련파와 박헌영파가 부상한 조선로동당 권력구조를 "1949년 6월 질서"로 명명했다(이종석, 1995: 204~213).

---

56) 김일성은 이 합당대회에서 오기섭과 이주하를 공격했다. 이주하는 오기섭이 예전에 관여했던 원산 적색노조운동에 관여했고, 해방 직후 조선공산당 원산시당 제1비서를 맡았으며 또 남로당 중앙위원을 지냈다(김일성, 1980b: 136~137; 김국후, 2008: 33).

문제는 '1949년 6월 질서' 속에서 만일 박헌영파가 소련파, 연안파와 협력하면 박헌영이 김일성의 강력한 경쟁자가 될 수 있었다는 것이다. 바로 이러한 위험성 때문에 김일성이 6·25전쟁을 통해 연안파 무정, 소련파 허가이, 그리고 박헌영, 리승엽 등 박헌영파를 차례로 제거하여 '1949년 6월 질서'를 해체하는 데 전력을 기울였던 것으로 보인다(이종석, 1995: 211~212, 238~261).

그런데 당시 북한에서 국가가 수립된 후 '정부 사업'이 얼마나 중요했는지를 말해주는 흥미로운 자료가 있다. 비록 6·25전쟁 직후인 1954년 3월 시점에서 있었던 일이고 또 당시는 전후 복구건설을 위해 국가사업이 대단히 중요한 때이기도 했지만, 비밀 해제된 소련문서를 보면, 박창옥은 1954년 3월 현재 '당 중앙위 부위원장'에서 '내각 부수상'으로 자리를 옮긴 것을 "승진"으로 생각했다(Document 1, 1956: 464). 6·25전쟁 후 복구건설을 위해 정부사업이 매우 중요했던 것처럼, 1948년 9월 새로 국가가 수립된 후 정부사업은 마찬가지로 매우 중요했다고 할 수 있다.[57] 박창옥의 증언이 의미심장한 이유는, 그것이 조선로동당 창당 시 당내에서는 이종석의 주장처럼 김일성파보다는 소련파와 박헌영파의 권력이 컸을 수 있으나 북한의 당-국가체제 건설 전체로 보아서는 당시 정부사업, 행정사업을 하는 국가의 실질적인 위상으로 인해 내각 수상 김일성의 위상이 매우 강력했다는 것을 말해주고 있기 때문이다. 더구나 김일성은 조선로동당 중앙위 위원장을 맡고 있었다.

한 가지 흥미로운 것은 허가이가 비록 공식적으로는 당 중앙위 제1부위원장이었던 박헌영보다 당내 서열이 낮은 제2부위원장이었지만, 실세인 허가이는 당무를 총괄하는 당비서직을 신설하여 자신이 제1비서에 취임했다는 점이다(서동만, 2005: 231). 이것이 당의 문헌집, 기관지와 이론잡지 등 당 출판물에 허가이의 연설이 박헌영의 연설보다 먼저 실리게 된 이유였다.[58] 한편, 박헌영파는 당

---

57) 참고로, 전후가 아닌 전쟁 중이던 1951년 12월에 개최된 당 중앙위 제4차 전원회의는 허가이에게 책벌을 가하여 당 중앙위 비서의 직책으로부터 내각 부수상으로 전직시킬 것을 결정했는데, 이 경우는 '승진'이 아니라 '강등'이었다(『결정집』, 1953b: 40~41).

58) 『로동당중앙위원회 정기문헌집』(1950); ≪근로자≫(1949: 46호); ≪로동신문≫(1949. 12.20, 1949.12.23, 1949.12.24)을 보시오. 1953년 8월 초 조선로동당 중앙위 제6차 전원회의에서

비서직 제2비서에 리승엽, 제3비서에 김삼룡을 앉혀, 김삼룡으로 하여금 박헌영과 리승엽의 지시를 받아 서울에서 대남사업을 총지휘하도록 했다(서동만, 2005: 231). 이 모든 것은 '1949년 6월 질서'의 적나라한 구조와 활동의 모습을 보여준다.

그러나 새로 창당된 조선로동당이 활발하게 사업을 한 것으로 보이지는 않는다. 창당 후 6·25전쟁 발발 시까지 1년 정도의 기간에 당 중앙위 회의는 1949년 12월 단 한 차례밖에 열리지 않았다. 이는 당 중앙위 회의가 3개월에 한 차례 정도로 개최됐던 예전의 북로당의 경우와 크게 대비된다(서동만, 2005: 236). 이는 조선민주주의인민공화국이 수립된 이후 자신이 주로 '행정사업'에 집중했기 때문에 당 내부 사업에 미처 '머리를 쓸' 사이가 없다는 김일성의 증언에서도 보듯이, 당시 북한에서 혁명과 건설 사업이 김일성이 수상으로 있는 국가 쪽에 집중됐던 사실과 관련이 있어 보인다.

4. 김일성 vs. 조만식

당 건설이 아닌 '국가 건설' 분야에서 이뤄진 김일성 vs. 조만식 간의 권력경쟁의 기간은 해방 직후 초기 4개월여 동안이었다. 무엇보다도 이들은 '민족통일전선 vs. 부르주아 중심'의 정치, '신탁통치 찬성 vs. 신탁통치 반대'의 노선에서 큰 차이를 보였다.

김일성은 처음부터 소련의 후견을 받으면서 소련의 정책을 따르고 대변했다. 부르주아계급과 민족주의 세력을 대표했던 조만식은 소련의 부르주아 민주주의 정권 수립과 민족통일전선 정책 덕분에 소련점령당국과 협력적인 관계를 유

채택된 「박헌영의 비호 하에서 리승엽 도당들이 감행한 반당적 반국가적 범죄적 행위와 허가이의 자살사건에 관하여」라는 결정서를 보면, 허가이가 "당정치위원회 결정들을 당지도 간부들과 당열성분자들에게 알려주지 않았으며, 그의 독특한 탐위주의와 개인 영웅주의에 의하여 그를 자기의 노선처럼 하부에 전달"했다고 비판하고 있다. 이는 '1949년 6월 질서'에서 그만큼 허가이의 권력이 컸다는 것을 말해준다(『결정집』, 1953b: 40).

지했다. 그러나 1945년 말에 모스크바 외상회의에서 조선의 신탁통치안이 합의되고 조만식이 이를 거부하자, 소련도 이제 조만식과의 협력적인 관계를 중단했다. 조만식은 결국 소련점령당국의 탄압이라는 불리한 대외 정치기회구조를 극복해내지 못하고 숙청됐다.

해방 직후 조만식과 소련: "원만한 관계"

해방 직후 소련점령당국과 조만식의 관계는 어떠했는가? 한 마디로 말해, 소련군정과 조만식과의 관계는 초기에는 '원만한 관계'였으며, 양자가 자신의 이익을 위해 상대방을 적극적으로 포용하고 이용했다.

해방 직후 남한이나 북한이나 모두 '새로운 변화에 대한 열망'으로 가득 차 있었다. 당시 북한에서 소련점령당국만이 변화를 추구한 유일한 세력은 아니었다. 조만식 진영에 있던 사람들도 개혁의 필요성을 절감하고 있었다(오영진, 1952: 114~115; 조영암, 1953: 50; 중앙일보 특별취재반, 1992: 95). 사회 전체적으로 모든 분야에서 개혁을 요구하는 압력이 급증하고 있었다. 예컨대, 실업자들과 노동자들은 1945년 8월 29일 평양에서 집회를 갖고 8시간 노동제, 실업 보험, 언론·출판·결사의 절대적인 자유, 소년노동의 금지, 의료서비스의 국가운영, 18세 이상 남녀의 선거권과 같은 개혁적인 요구들을 내어놓았다(모리타 요시오·오사다 카나코 편, 1964: 55). 한마디로 당시의 상황은 소위 정치가라면 그 누구도 개혁의 목소리에 귀를 틀어막고 있을 수 없는 상황이었다.

그렇다면 이러한 상황에서 소련점령당국이 조만식을 어떻게 포용하고 이용했는가? 소련은 초기에 북한에 소비에트정권을 수립하는 것보다는 '반일적 민주주의 정당 및 사회단체와의 광범한 동맹에 기초한 부르주아 민주주의 정권'의 수립을 바람직한 것으로 판단하고(김국후, 2008: 99, 101) 부르주아지, 민족주의자들과 세력 연합을 추구했다. 따라서 소련은 조만식과 함께 사업하면서 "원만한 관계"를 유지했다(중앙일보 특별취재반, 1992: 61).

당시 조선공산당 북부조선분국(김일성)과 소련점령군 당국의 조만식에 대한 평가를 살펴보자. "우리는 조만식 영감을 다소간 생각이 있는 영감이라고 보았기 때문에 건국사업에 협력을 요청했던 것"이고, 물론 조만식이 "계급적 본질로 보아서 때때로 동요하는 태도가 있었던 것은 사실"이었으나, 그가 "큰 방향에 배반되지 않는 한에 있어서 양보하기를 겁내지 않았고 오직 그가 대국(大局)에 눈을 떠서 반성함이 있기를 요망했던 것이며 노력"했다는 것이다(≪정로≫, 1946.3.9). 그러나 소련점령당국은 조만식의 명확하지 못한 태도 때문에 1945년 12월 25일까지도 "조만식의 소련에 대한 정치적 입장이 아직 확정되지 않았다"고 평가하고 있다(전현수, 1995a: 33~34).

그럼에도 불구하고, 소련과 김일성은 조선민주당의 강령을 당시의 상황에서는 민주주의적이라고 평가했고(≪정로≫, 1946.3.9), 더구나 당장은 조만식이 이용가치가 있었기 때문에 그의 정치노선을 더욱 진보적인 방향으로 변경하도록 강제하거나 요구하지 않았던 것으로 보인다. 왜냐하면 그들과 조선민주당 사이에서 야기된 이견과 알력은 부르주아 민주주의 정권 수립과 민족통일전선이라는 '공존의 틀' 내에서 그런대로 수용될 수 있었기 때문이다.

그렇다면 조만식은 소련과 소련점령당국, 그리고 김일성에 대해 어떤 생각을 했을까? 북한점령 소련군 사령관 치스티아코프(I. M. Chistiakov) 대장은 평양 비행장에 내리자마자 짤막한 연설을 통해 소련군은 "정복자가 아니라 해방자"로서 조선에 왔으며 북한에 '소련의 질서를 강요하지도 않을 것'이며, '조선인민은 조선의 주인'이라고 선언했다. 조만식은 치스티아코프와의 첫 만남에서 '소련군은 해방군인가, 아니면 점령군인가'를 물었고, 치스티아코프는 '정치문제'는 레베데프 소장에게 물어보라고 했는데, 레베데프는 소련군이 온 목적은 '조선해방'이라고 대답했다(김국후, 2008: 37, 41, 47).[59]

---

59) 그런데 당시 소련군이 '조선의 해방자'으로서의 좋은 모습만 보인 것은 아니었다. 미국 우드로윌슨센터(Woodrow Wilson International Center for Scholars)가 진행 중인 냉전국제역사프로젝트(Cold War International History Project)의 일부분인 북한국제문서프로젝트(North Korea International Documentation Project)에 의하면, 1945년 당시 소련점령군의 중좌였던 페드로프가 황해도와 평안남북도를 방문조사하여 1945년 12월 29일자로 13쪽짜리 보고서를 작성했다. 그 보고서에 따르면, 소련점령군사령관 치스티아코프가 당시 "북한에서 소련군이 한 약탈과 관련해 봉기가 일어난다면 '조선사람 절반을 교수형에 처하겠다'

조만식은 레베데프를 만나 "해방 직후 평양의 정치·경제·사회상황 등을 상세히 설명"하고 기본정치노선은 '민주주의'여야 하고 '자본주의'에 입각한 경제제도를 채택해야 하며, '자주 독립국가'의 건설로써 피압박민족의 한(恨)을 풀어야 함과 '종교, 언론, 집회, 결사의 자유의 보장'을 강조했다. 레베데프는 조만식에게 "앞으로 서로 협력해서 그런 사업들을 해나가자"고 했고, 조만식은 '조용히 고개를 끄덕였다'고 한다(중앙일보 특별취재반, 1992: 59~61, 92; 김국후, 2008, 47~48).

조만식은 북한에서 소련군의 의도를 '정직'한 것으로 해석하고, '일단 소련군정과 함께 일한다'는 노선을 정했다(김국후, 2008: 48). 그는 1945년 10월 14일 모란봉 평양공설운동장에서 개최된 '소련군 환영대회'에서 "조선을 해방시켜준 소련군에 감사"하며 "민주조선을 위해 투쟁하겠다"고 말했다(김국후, 2008: 82).

조만식은 1945년 11월 3일 조선민주당 창립대회에서 "붉은 군대만이 우리가 자유롭게 회합하여 오랫동안 갈망해온 정당을 조직할 수 있는 자유를 우리에게 주었다. 김일성의 이니시어티브에 의해 조선민주당은 조직될 수 있었다. 남조선 인민은 우리가 북조선에서 향유하는 그러한 자유를 누리지 못하고 있다"고 언급했다(전현수, 1995a: 25).[60] 결국 조만식은 신탁통치 문제로 소련과 결별하기 이전의 시기에는 "조선의 해방을 가져온 붉은 군대 및 쏘련인민들에게 감사를 드리며 친선을 맹세한다"는 입장이었다(≪정로≫, 1946.3.12). 1945년 12월 하순 소련군 총정치국장 쉬킨(Ivan Shikin)이 몰로토프(V. M. Molotov)에게 보낸 북한 관련 보고서를 보면, 조만식은 "공산당의 토지분배 등 정책에 공감을 표시하며, 소련과의 친선을 도모하고 있다"고 평가하고 있다(김국후, 2008: 131).

해방 직후, 미국은 남한에서 조선인들 사이에서 자발적으로 생겨난 자치조직

는 극언을 서슴지 않았다"고 하며, "258소총사단장 드리트리예프 대좌는 '조선사람은 35년간 노예로 있었다. 좀 더 노예로 있게 하자[있게 해도 좋다]'는 말도 남겼다"고 한다(≪동아일보≫, 2010.3.10; http://www.wilsoncenter.org/index.cfm?topic_id=230972&fuseaction= topics.item&news_id=604201).

60) 조선민주당 창당과정에서 김일성의 역할에 대해서는 Headquarters. U.S. Military Forces in Korea(1945, No. 9, Incl., No. 3: 5)과 Lim(1982: 150)도 참조하시오.

인 건국준비위원회, 인민위원회를 무시하고 일제의 식민통치기구와 관료들을 그대로 이용하고 있었다. 이에 비해 소련은 평양에 소련군사령부, 지방에 위수사령부를 설치하여 군정을 실시했지만, 자발적으로 생겨난 조선인들의 자치조직들을 인정하고, 그것에 공산주의자들을 좀 더 포함시켜 일종의 통일전선 성격의 기구로 재조직한 인민정치위원회를 만들어 현지 조선인들에게 행정권을 이양했다. 조만식은 바로 이 평안남도 인민정치위원회 위원장을 맡았던 것이다.

또 치스티아코프가 발표한 포고령 제1호 「조선 인민에게」는 "붉은 군대 사령부는 모든 조선기업소들의 재산보호를 담보하며, 그 기업소들의 정상적 작업을 보장하기 위해 백방으로 원조할 것"을 약속했다(중앙일보 특별취재반, 1992: 94; 김국후, 2008: 50). 당시 북한에서 자산계급의 이익을 대변하고 있었던 조만식으로서는 환영할 만한 일이었을 것이다. 소련점령군 당국이 당시 북한에서 내세웠던 부르주아 민주주의 혁명과 민족통일전선은 당시 조만식의 정치노선과 일치했던 것이다.

조만식이 1945년 12월에 남한점령 미군사령관 하지(John R. Hodge)에게 보낸 밀서를 보면, 조만식은 "북한에서 공산주의는 문제가 되지 않을 것이고, 북한 주민은 소련의 점령으로 치유될 것"이라고 언급한 후, "미군정이 남한에서 혁명을 부추기고 싶지 않다면 조심해야 할 것"이라고 오히려 하지 장군에게 충고하고 있다(State Department of the United States, 1969: 1146). 조만식이 의미한 바는 '소련군정이 북한에서 나름대로 적절한 개혁을 수행하여 북한 주민들은 소련정책에 만족하고 있다. 오히려 남한 사정이 걱정된다'는 것이었다.

조선민주당 창당: 소련의 기획과 배려

조만식은 1945년 11월 3일 조선민주당을 창당했다. 그런데 특기할 만한 것은 조선민주당의 설립이 소련 측의 기획과 협조하에 이뤄졌다는 사실이다. 당시 소련은 북한에 '부르주아 민주주의 정권'을 세우기 위해서는 외형상 민주주의자와 민족주의자를 내세운 복수정당이 필요했고, 이런 맥락에서 조선민주당, 조선신민당, 천도교청우당의 창당을 도왔다(김국후, 2008: 78~79, 217).

예컨대 조선민주당의 창당과정을 보면, 레베데프, 로마넨코, 발라사노프, 이그나치에프, 메크레르 등 소련군 정치장교들이 총동원되어 조만식으로 하여금 공산당에 맞서는 정당을 창당하도록 설득했고 김일성과 최용건도 조만식을 설득하는 데 동원됐다. 김일성은 심지어 자신이 "(조선민주당에) 입당해 소련군정과의 가교 역을 맡아 돕겠다"고까지 말했고,[61] 사정이 이쯤 되자 조만식은 창당을 결심했다고 한다(김국후, 2008: 126~127; 김학준, 2008a: 859~862).

조선민주당이 소련과 김일성의 기획과 협조에 의해 공산당의 '우당(友黨)'으로서 창당됐다는 사실을 말해주는 흥미로운 증거가 또 있다. 조선민주당 창당 당시 부당수직을 맡았고 나중에 조만식이 축출된 후 조선민주당 당수직을 차지한 최용건이 사실은 1945년 12월부터 1946년 1월까지 '북조선공산당(조선공산당 북부조선분국) 중앙조직위원회 상무집행위원회 위원'이었던 것이다(≪로동신문≫, 1976.9.20).[62] 이는 소련점령당국과 김일성이 조만식을 조선민주당 당수로 추대했지만, 실제로는 핵심 공산당원인 최용건을 부당수에 임명하여 조선민주당을 실질적으로 자신들의 통제하에 두고 있었음을 말해준다.

여기서 한 가지 지적해야 할 것은 조만식이 창당대회를 2주일 정도 앞둔 1945년 10월 20일경에야 조선민주당 창당을 논의하기 시작했다는 사실이다 (Headquarters, U.S. Military Forces in Korea, 1945a: 5; 홍성준 편, 1966: 213~214; 중앙일보 특별취재반, 1992: 101). 조선민주당이 창당될 무렵 공산주의자들은 이미 북한에서 자신의 중앙당을 조직했고, 김일성은 이미 '민족의 영웅'으로 치켜세워지고 있었다.[63] 다시 말해, 소련과 김일성이 조만식으로 하여금 자신의 당을

---

61) 그러나 소련 정치장교 메크레르의 증언에 의하면, 당시 김일성의 속내는 '조만식을 초기에 죽여 없애자'는 입장이었다고 한다(김국후, 2008: 127).

62) 북한이 최용건의 사망을 부고하면서 게재한 '최용건동지의 략력' 및 '애도사'(≪로동신문≫, 1976.9.20)를 참조하시오. 참고로, 훗날 1956년 '8월 종파사건' 때 반김일성파는 김일성이 조선민주당의 당수를 역임한 최용건을 조선로동당 중앙위 정치위원회의 승인도 없이 당의 핵심 요직인 정치위원회 위원에 임명한 것을 지적하면서 김일성의 비민주적인 당 운영의 예로서 비판했다(Document 1, 1956: 464~465).

63) 예컨대, 김일성은 1945년 10월 14일 조만식이 위원장으로 있던 평안남도 인민정치위원회

창당하도록 허용했지만, 그것은 어디까지나 김일성 등 공산주의자들이 이미 자신들의 권력을 확고히 한 다음이었다.

한편, 북한의 공산주의자들이 조만식의 조선민주당에 대해 갖고 있었던 생각은 1945년 11월 21일자 ≪정로≫에 부분적으로 나타나 있다. 1945년 11월 7일 평양에서 러시아 10월 혁명 기념식과 행진이 성대하게 개최됐고, 그 후 열린 평양시 당원회의에서 오기섭의 「10월 혁명 기념투쟁 총결산 보고」가 있었다. 오기섭은 "부르주아지의 당이 있다면"이라는 표현으로써 조만식의 조선민주당을 지칭하면서 조선민주당에게 네 가지를 요구했다. 이는 첫째, 친소정책을 펼 것, 둘째, 조선공산당에 대해 친의(親誼)정책을 쓸 것, 셋째, 친일적 반동분자를 철저히 숙청할 것, 넷째, 말로만이 아니라 실질적으로 친일적 반동분자와 투쟁할 것이었다(≪정로≫, 1945.11.21; 1945.12.14).

결국, 조선민주당의 창당은 소련의 전략적인 행위였을 뿐만 아니라 동시에 조만식 측의 전략적인 행위이기도 했다. 당시 북한에서 소련과 공산당이 사회주의당-국가체제 건설을 추진하고 있던 상황에서 조만식으로서는 조선민주당 창당을 통하여 자산계급과 민족주의 세력의 비전과 정체성을 내세우고 김일성과의 권력투쟁에 대비하여 자신의 추종자들을 동원하고자 했던 것이다.

조선민주당은 창당된 후 단기간에 당세가 크게 신장했다. 창당한 지 1개월도 못 되어 민주당은 공산당보다도 더 많은 당원을 확보했고,[64] 3개월도 못 되어 당원 수는 수만 명으로 증가했다(≪정로≫, 1946.2.13).[65] 오기섭은 민주당의 당

주최로 개최된 평양시민운동장에서의 '김일성장군 환영대회'(소련군 환영대회)에서 '조선민족의 영웅'으로 등장했다.

64) 레베데프에 의하면, 1945년 12월 1일 북한의 공산당원은 총 4,000명 미만이었던 데 비해, 조선민주당원의 숫자는 5,406명이나 됐다(중앙일보 특별취재반, 1992: 100). 당시 북한에서 조선민주당에 대한 지지는 점증했는데, 그 한 가지 예는 1945년 11월 15일에 치러진 면인민위원회 및 촌장 선거였다. Headquarters, U.S. Military Forces in Korea (1945b, No. 2: 2; No. 3: 2)를 참조하시오.

65) 1946년 2월 5일자 조선민주당 열성자협의회의 '선언문'은 "현재 결당(結黨) 3개월여에 이미 수만의 당원의 획득"하게 됐다면서 민주당의 당원 숫자를 "몇 만"이라고 했다(≪정로≫, 1946.2.13).

세가 이렇게 확장된 이유를 북한에 "공산당과 민주당밖에 없었기 때문에, 소부르주아 일부는 좌익진영에서 흡수되고 그 외의 분자는 조선민주당에 흡수되었기 때문"으로 설명했다(≪정로≫, 1946.1.16).

이러한 당원 증가는 조만식의 전략적인 계산이 나름대로 맞아떨어졌음을 말해준다. 오기섭의 설명처럼, 자산계급에 기초한 부르주아 민주주의 국가 수립을 주장한 조선민주당은 대중에게 공산당의 대안(代案)정당이 됐던 것이다. 그러나 바로 이러한 성공은 궁극적으로는 조선민주당의 운명에 암운을 드리웠다. 왜냐하면 조선민주당의 창당은 김일성으로 하여금 여태껏 드러나지 않았던 반공산주의자들을 식별해내는 데 도움을 주었기 때문이다.

민족통일전선(김일성) vs. 부르주아 중심(조만식)

평양은 전통적으로 민족주의자들의 세력이 강한 곳이었다. 평양과 평안남도가 북한에서 차지하고 있는 위치는 "38도 이북에서 평양문제는 평남문제이며 평남문제 해결은 북부조선문제 해결"이라는 오기섭의 표현에 잘 나타나 있다(≪정로≫, 1945.12.14). 그런데 소련군이 평양에 진주할 때, 평양은 '조만식의 세상'이었다. 레베데프는 평양에 진주하기 전에 '인민들이 조만식을 추앙하고 있다'는 정보를 이미 갖고 있었다(김국후, 2008: 47).

그러면 조만식이 당-국가건설에 있어서 어떤 사상과 비전, 정체성을 갖고 있었는지 살펴보자. 우선, 조만식은 북한의 사회경제체제에 대해 자산계급에 기초한 기존의 자본주의체제를 제한된 개선과 개혁만을 가한 채 존속시키고자 했다. 그는 소작인과 지주 간의 소출 분배 비율에 대해 소작인들과 당시 공산당이 과도기에 가장 적합한 비율이라고 주장한 '3·7제'를 반대하고, 대신 지주들이 더 많은 소출을 받는 '4·6제'를 주장했다(≪정로≫, 1946.3.12).[66] 조만식이 주장한 '4·6제'는 '3·7제', 그리고 보다 급진적인 '2·8제' 혹은 '무상몰수 무상분배'와는 큰 대조를 이루었다.

---

66) 당시 공산당은 '3·7제'를 지지했다(≪정로≫, 1945.11.1, 1946.1.10; 오영진, 1952: 122~123).

조선공산당 북부조선분국의 기관지인 ≪정로≫ 창간호는, 조만식이 위원장으로 있는 평남도 인민정치위원회가 1945년 10월 23일에 발표한 「소작에 관한 규정 세칙」은 "종래 지주의 착취방법을 기술적으로 합리화시키는 반동적 규정"이라고 비난하는 기사를 싣고 있다. 이 세칙은 "지주의 이익을 옹호하는 입장에서 농민의 무지를 이용하여 타협적, 기술적으로 착취형태를 바꾸는 방법"이며 "철두철미 지주본위의 소작 조령(條令)"이라는 것이다(≪정로≫, 1945.11.1, 1946.1.11).

조만식이 처음부터 자산계급의 이익을 옹호했다는 증거는 많다. 예컨대, 1945년 8월 26일 평남도 인민정치위원회를 조직하는 회의에서 조만식은 자본주의를 옹호했고, 며칠 후인 8월 30일에 있었던 평남도 인민정치위원회 후원 소련군 환영대회에서도 자본주의를 옹호했다(Headquarters, U.S. Military Forces in Korea, 1945a: 1~2). 조만식의 가장 확실한 권력기반은 평안도 지방의 기독교들[67] 외에 지주와 자본가 등의 자산계급이었다.

이러한 상황에서 1945년 11월 3일 조만식과 그의 추종자들은 조선민주당을 창당했다. 조선민주당의 '선언'은 "확고한 민족적 자각과 열렬한 애국정신"하에 사회 전체의 대동단결을 이루고, 중앙정부를 수립하되 "대중을 본위로 한 민주주의 정체로서의 자주 독립국가"를 '수립'하겠다는 것이었다. 조선민주당은 중앙정부를 수립함에서 "목적과 취지가 같은 단체"와는 협력할 의사가 있음을 명백히 했다(조선민주당 선언, 1945). 그런데 당시 소련점령당국과 김일성이 부르주아 민주주의 정권 수립과 민족통일전선을 주장하고 있었으므로 조만식의 조선민주당은 소련과 김일성의 공산당과 협조할 여지가 있었던 것이다.

조선민주당은 6개 '강령'을 발표했다. 강령은 민주공화국의 수립, 전 민족의

---

67) 참고로, 해방 후 북한에서 기독교인들에 대한 공산당의 요구는 「기독교에 대한 일제언(一提言)」이라는 ≪정로≫의 사설에 잘 나타나 있다. 그 첫 번째 요구는 "외래세력과 혹은 민족파시스트 등에 이용되지 말고 조선의 해방을 위하여 가장 충실히 싸워온 쏘련과 친선하며 조선공산당과 우의적 관계를 가질 것"이었다. 이 사설은 종교가 "조선 혁명과 건국을 위하여 인민의 자극제가 되지 못하고 부정적 마취적 독제(毒劑)가 된다면 조선인민은 여기에 대한 해독제를 구하게 될 것"이라고 경고하고 있다(≪정로≫, 1946.1.9).

복리 증진, 민족문화의 앙양, 사회 각계 유지(有志) 결합(연합), 전 민족의 통일, 소련과 다른 민주주의 국가들과의 친선 도모 등을 포함했다. 물론 여기서 '유지'는 자산계급을 의미했다(조선민주당 강령, 1945).

조선민주당은 또한 12개 '정책'을 내세웠다.[68] 조선민주당의 정책을 종합적으로 분석해보면, 조선민주당은 자작농, 산업 자본 및 상업 자본에 기반을 둔 '의회제도'를 수립하고자 했음을 알 수 있다. 농업분야에서의 개혁은 소작제도의 개선에 국한됐지, 결코 소작제도의 폐지가 아니었다. 조선민주당은 노동개혁에 대한 점증하는 요구에 대해 산업노동 분야에서 몇 가지 요구를 수용했지만, 노사 간의 화합으로 '중단 없는 생산'을 강조한 것은, 당시 민족경제의 회복을 강조한 것이기도 하지만 역시 기업인과 공장주의 이익을 중시한 하나의 예로서 이해할 수 있을 것이다. 다시 말해, 기존체제는 존속되어야 하고, 불가피한 개혁은 부르주아 민주주의의 틀 내에서 이뤄져야 한다는 입장이었다(조선민주당 정책, 1945; 김성보, 2000: 110~114).

요약하면, 조선민주당은 제한된 범위의 개혁을 통한 기존체제의 존속을 주장했고, 자산계급을 바탕으로 한 의회제 민주공화국을 수립하고자 했다. 또한 조선민주당은 사회 각계의 '유지'들의 세력 연합을 주장함으로써 자신의 정체성을 드러냈다. 조선민주당이 주장한 소작제도, 복지, 보험, 노동임금에서의 개선은 기본적으로 혁명적이 아닌 개혁적인 성향의 것이었다. 조선민주당의 선언, 강령, 정책에서 사용한 용어들은 '민족', '국민', '대중'이었지, '인민', '노동자', '농민', '근로인테리'는 아니었다. 후자의 용어는 조선민주당 창당 시 문건에는 어디에도 보이지 않는다. 단지 조선민주당 규약은 "민족반역자로 인정되지 않는 자"에게만 당원 자격을 부여하고 있다(조선민주당 규약, 1945: 제2장 제4조 '나'

---

68) 조선민주당의 12개 정책 중에서 우선 눈에 띄는 것들은 언론·출판·집회·결사·신앙의 자유, 선거권과 피선거권, 민족반역자로부터 위의 모든 자유와 공권의 박탈, 의회제도와 보통선거제, 교육과 보건의 기회 균등, 무역 및 상업의 발전 촉진, 소작제도의 개선, 자작농 창정(創定)의 강화, 농업기술 향상, 공평하고 간편한 세제, 노동운동의 정상적 발전, 노사 간의 일치점을 찾아 생산에의 지장을 제거, 실업자 대책 수립, 공장법, 생업(生業)보험, 건강보험, 최저임금제의 제정 등이다(조선민주당 정책, 1945).

항). 이 규정은 민족통일전선에의 참여와 공산당과의 세력 연합을 가능케 하는 최소한의 조건이었던 셈이다.

한편, 소련의 후견을 받고 있던 김일성은, 이미 자세히 살펴보았다시피, 기본적으로 노동자, 농민, '근로인테리'를 중시하면서도 당시 상황의 필요에 따라 민족 부르주아지를 포용하고 연합하는 민족통일전선을 수용했다. 그러나 김일성의 장기적인 프로그램을 나타내는 '기본 강령'은 어디까지나 '공산주의 사회의 건설'이었다(김일성, 1945: 12~13).

이에 반해 조만식은 의심할 여지도 없이 자산계급을 대변하고 자산계급의 이익을 보호하기 위해 자산계급을 중심으로 한 새로운 국가를 건설하려는 사상과 정체성을 갖고 있었다. 그는 자작농, 산업 및 상업 자본에 기반을 둔 부르주아 민주주의 제도를 수립하고자 했던 것이다.

신탁통치 찬성(김일성) vs. 신탁통치 반대(조만식)

1945년 12월 27일 모스크바 외상회의에서 한반도 신탁통치안이 결정되자, 치스티아코프는 1945년 12월 30일 저녁식사에 조만식을 초대하여 신탁통치 결정에 대한 지지를 요구했다. 그는 조만식에게 모스크바 외상회의 결정은 '신탁통치'가 아니라 '후견제'라고 설득했다. 그러나 조만식은 치스티아코프의 요청을 거절했다. 조만식은 '경성(京城)의 다른 정당들과 연락한 후 태도를 결정하겠다'는 태도를 취했다. 조만식은 1946년 1월 2일 고려호텔에 있던 자신의 방에서 조선민주당 중앙위원회를 열어 '신탁통치 찬성 절대 불가'를 결의했다(김국후, 2008: 142~143; ≪정로≫, 1946.2.7).

이렇게 되자 소련군정 측은 연일 김일성, 최용건, 로마넨코, 이그나치에프 등을 통해 조만식을 설득했다. 소련민정사령관 로마넨코는 조만식이 '후견제를 찬성하는 성명만 발표해주면, 소련은 김일성을 군부책임자로 하고 조만식을 초대대통령으로 모시겠다'고까지 설득했으나, 조만식은 끝내 거절했다(김국후, 2008: 143). 모스크바 결정에 대한 조만식의 반대로 조선민주당은 실질적으로 그 기능이 마비됐다.[69] 조만식은 평남도 인민정치위원회에서 조선민주당 소속 직원들도 사직·소환시켰다(≪정로≫, 1946.2.7).

1946년 1월 5일 치스티아코프, 레베데프, 로마넨코 등이 참석한 가운데 개최된 평남도 인민정치위원회 긴급회의에서 조만식은 다시 한 번 '신탁통치 반대'를 천명하면서 위원장직을 사임했다.[70] 후임 위원장으로는 홍기황이 피선됐다. 1월 10일 회의에서는 사임한 위원들 숫자만큼의 위원이 새로 선출됐다(김국후, 2008: 143~144; ≪정로≫, 1946.1.12).

조만식에 대한 비난이 공산당과 조선민주당으로부터 거세게 쏟아져 나왔다.[71] 조만식이 민주당에서 실각하자, 공산당은 이제 민주당을 '우당'으로 인정하고 민주당의 강령을 원칙대로 실천할 것을 요구했다(≪정로≫, 1946.1.13, 사설).

1946년 2월 5일, 진보 인사로 구성된 '조선민주당 열성자협의회'가 소집되어 "보수 독선적인 조만식 선생 일파를 민족통일의 파괴자요, 배반자요, 결과에 있어서는 조국건설의 방해자"로 규정했다(≪정로≫, 1946.2.7). 이어 2월 20일 내로 정식 당 대회를 소집하기로 하고 그때까지 당을 이끌 임시중앙위원회를 선출했다. 강량욱이 임시당수가 되고(≪정로≫, 1946.2.13),[72] 나중에 최용건이 정식 당

---

69) 1946년 1월 2일 '조선에 관한 소·미·영 3국외상 모스크바회의의 결정'에 대해 공산당과 여러 사회단체들이 합동지지 발표를 했을 때 조만식의 조선민주당은 이를 지지하지 않았고, 1월 3일 발표된 5도행정국 국장회의에서 모스크바 성명을 지지하는 성명을 발표했으나 위원장인 조만식은 자신의 이름을 넣지 않았다(≪정로≫, 1946.1.3).

70) 치스티아코프는 조만식이 평남도 인민정치위원회 위원장직을 사직한 이후에도 그가 결국 찬탁하게 될 것으로 믿고 기다렸다고 한다. 한편, 조만식이 사직하자, 평양 소련군사령부의 '정치적 한계'를 질책하고 향후 '인민들이 추앙하는 조만식'의 사퇴에 대한 '대책을 세우라'는 지시가 스티코프로부터 내려왔다고 한다(김국후, 2008: 142, 145~146).

71) ≪정로≫, 1946.1.16(오기섭이 1946년 1월 2일 민청에서 한 연설), 1946.1.27(민주당 평안남도 용강군당부의 13개 면 민주당책임자 회의)(1946년 1월 26일 평안남도 안주군 조선민주당 책임자), 1946.1.29(조선민주당 부당수 최용건), 1946.1.31(최용건), 1946.3.12를 보시오.

72) ≪정로≫ 1946년 2월 7일자를 보면, 당수에는 홍기황, 부당수에는 최용건으로 되어 있으나, 2월 13일자에 실린 조선민주당의 당 혁신 열성자협의회 '결정서'를 보면, 부당수는 최용건, 임시당수 겸 총무부장은 강량욱이었고, 홍기황은 여러 '위원' 중의 하나였다. 집행부 개편을 보면, 최용건은 집행의원장, 강량욱은 위원 중의 하나로 되어 있다. 1946년 2월 12일, 7개의 정당 및 사회단체 명의로 북조선임시인민위원회 결성대회 주석단에서 '스탈린 동지에게 보

수가 됐다.[73]

　최용건은 3월 30일, "가(假)애국자 민족반역자 조만식의 정체를 보라!"는 글을 ≪정로≫에 기고했고(≪정로≫, 1946.3.30), 4월 10일자 ≪정로≫는 조만식이 ≪매일신보≫ 1943년 11월 16일자에 "학도에게 고(告)한다"라는 글을 기고하여 학도지원병 모집을 도왔다고 주장하는 기사를 그 날짜 ≪매일신보≫ 사진판과 함께 실었다. 그러면서 조만식을 "일본 파시스트 전쟁을 충실히 협력한 전쟁죄범으로 인민의 재판을 받아야" 할 인사로 비판했다(≪정로≫, 1946.4.10). 조선민주당은 4월 25일 평남도위원회를 결성했는데, ≪정로≫ 1946년 5월 7일자는 이를 보도하면서 "일반사회에서 뭣 모르는 사람은 조선민주당을 생각할 때 모스크바 삼국외상회의를 지지하지 않는 완고보수파, 반대파들만이 모인 당으로 오해하는 사람이 더러 있을른지 모르나 그것은 큰 잘못"이라고 쓰고 있다. 이제 민주당은 조만식과 그 지지자가 완전히 제거된 소위 '민주주의 정당'이 된 것이다(≪정로≫, 1946.5.7).

　당시 국제사회의 한반도 정책은 기본적으로 제2차 세계대전 이후 국제정치의 큰 틀 속에서 미국과 소련의 이익 및 미·소 간의 관계 변화에 의해 결정됐다고 할 수 있다. 그런데 한반도 신탁통치결정은 바로 미소 양국이 합의한 것이었다. 위에서 김일성 vs. 박헌영의 경쟁을 설명하면서 이미 언급했지만, 당시 소련은 한편으로는 자신의 점령지인 북한에서 조속히 그리고 배타적으로 친소정권을 세워 이를 공고히 해나가면서 '동시에' 모스크바외상회의 한반도 결정이라는 국제적 합의의 틀에 의거하여 미소공위를 진정성을 갖고 운용하며 한반도 전역

내는 편지'를 보면, 강량욱이 조선민주당 임시당수로 되어 있다. 강량욱이 임시당수가 됐던 것이 사실로 보인다(≪정로≫, 1946.2.7, 1946.2.13, 1946.2.20).

73) 1946년 평양에서 개최된 3·1절 기념식에서 최용건이 민주당 당수로서 기념연설을 하고 있는 것을 보면, 2월 13~28일 사이에 최용건이 정식으로 조선민주당 당수가 된 것으로 보인다(≪정로≫, 1946.3.4). 조선민주당은 4월 1일 제2차 당 중앙위원회를 개최하여, 다시 한 번 과거 조만식의 잘못을 성토하고 각도당부와 시군당부를 강화하며 4월 말까지 전 당원의 성분 심사를 완료할 것을 결정했다. 그리고 당 정치학교를 즉시 설치하고 당 기관지를 발행하도록 노력할 것을 결의했다(≪정로≫, 1946.4.10).

에서 친소국가를 수립하고자 했다(백학순, 2010a: 371~382, 415~438).

따라서 당시 소련의 정책인 한반도 신탁통치를 반대한 조만식은 스스로 정치적 몰락의 길을 선택한 셈이었다. 결국 소련군정도 불가피하게 조만식 대신 '연안파 김두봉'을 차선책으로 선택하여 사업을 해나갈 수밖에 없었다(김국후, 2008: 146).

그렇다면 왜 조만식은 해방 후 4개월여 동안 소련점령군 당국과 해왔던 협력을 그렇게 중단하고 완고하게 신탁통치를 반대했는가? 조만식의 완고한 신탁통치 반대 입장은 본질적으로 그의 굽히지 않는 민족주의, 즉 통일된 조선독립정부 수립의 염원과 깊은 관계가 있었던 것으로 보인다. 조만식은 북한만의 독자적인 정권기구인 북조선행정국을 만들려는 소련의 구상에 반대했던 것으로 알려져 있다.[74]

조만식은 또한 민족통일전선이라는 이름하에 북한에서 공산당의 힘이 점점 커지고 사회주의 정책들이 점점 압도해간 데에 대해 크게 걱정했던 것으로 생각된다. 당시에 대부분 자산계급 출신과 기독교도들인 조만식 추종자들은 당시 공산주의 세력이 급속히 확대되는 것에 대해 크게 우려하고 있었다.

이 모든 것은 조만식이 한 정치적 선택은 결국 자신의 '사상'과 '정체성' 때문이었음을 말해준다. 조만식은 통일된 조선독립정부 수립을 바라는 민족주의자였고, 자산계급을 기초로 한 부르주아 민주주의를 신봉했다. 결국 그는 소련점령당국이나 김일성과는 상호 충돌하는 사상과 정체성을 갖고 있었던 것이다. 당시 북한이 소련군 점령하에 놓여 있었고 소련이 김일성을 북한의 지도자로 후견하고 있었던 정치기회구조를 고려하면, 조만식이 그들의 허용하에 자산계급과 부르주아 민주주의를 신봉하는 사람들을 조선민주당의 깃발 아래 일시적으로 모을 수는 있었지만, 그가 '한반도 신탁통치'라는 소련의 전략적 이익에 본격적

---

74) 조만식은 1945년 11월 15일 김일성과의 대담에서 이승만, 김구, 김일성 등을 포함하는 중앙정부 수립에의 참여를 주장했고, 이러한 목적을 위해 자신이 서울을 방문할 것을 협의했다. 그는 또한 "12월 1일 이전에 중앙정부를 수립해서 외국 군대의 철수문제를 제기할 수 있도록 서둘러야 한다"고 주장하고, "김일성이 점령군의 철수를 방해하고 있다"고 비난했다고 한다(전현수, 1995a: 21).

으로 도전했을 때는 그의 정치생명은 끝날 수밖에 없었던 것이다. 결국 당시 북한 국가건설에서 조만식의 '자율성'은 한반도에 대한 소련의 전략적 구상과 정책의 범위 내에서만 가능했던 것이다.

'민주개혁'과 '인민민주주의' 국가 건설

소련과 김일성은 1946년 2월 8일 북한의 중앙정권기관으로서 북조선임시인민위원회를 수립함으로써 북한에서 '민족통일전선'이 '완성'됐음을 선언했다(태성수 편, 1946: 19~20). 북조선임시인민위원회에는 공산당 외에 여러 정당, 사회단체가 모두 포함됐으므로 공산당으로서는 '민족'을 이루는 여러 요소와 세력이 모두 포함된 '통일전선'이 완성된 셈이었다.

그런데 이는 소련과 김일성이 이제는 더 이상 '민족주의적' 지주나 자본가에 대한 예우를 할 필요 없이 민족주의적 지주와 자본가를 포함한 모든 지주와 자본가를 본격적으로 제거함으로써 이제 '인민적 요소'를 더욱 증대시킬 수 있게 됐다는 것을 의미했다. 달리 말해, 해방 직후 초기에 조만식을 포함시켜 소련과 김일성의 부르주아 민주주의 정권을 수립하고자 했던 노력이 실패한 후, '인민'의 이익을 위해 봉사하는 여러 '민주' 정당과 단체들을 끌어들여 정권기관을 수립하고 이를 이용하여 토지개혁, 노동법, 중요 산업의 국유화 등 '민주개혁'을 단행함으로써 본격적인 '인민민주주의' 국가 건설, 즉, '사회주의' 국가 건설로 나아가기로 결정한 것이었다.

김일성은 토지개혁이 끝난 직후인 1946년 4월 10일 열린 조선공산당 북부조선분국 제6차 확대집행위원회에서 당시의 조선혁명의 단계를 '부르주아 민주주의 혁명'의 단계로 재확인하고 당의 정치노선을 "반팟쇼, 반봉건, 민주주의 민족통일전선"으로 규정했다(태성수 편, 1946: 25~43). 그런데 여기에서 "반팟쇼, 반봉건, 민주주의 민족통일전선"이라는 표현은 말[言]만 이전의 민족통일전선과 동일한 것이었지, 실제는 성격이 다른 민족통일전선이었다. 즉, "반팟쇼, 반봉건, 민주주의"적이라는 말의 의미는 실제로는 '반지주, 반자본가'를 의미하는 것이었다. 이는 조만식과 그의 추종자들이 발붙일 기반이 없어졌음을 의미했다.

이상에서 우리는 김일성 vs. 오기섭, 김일성 vs. 박헌영, 김일성 vs. 조만식의 권력투쟁을 살펴보았다. 김일성, 오기섭, 박헌영, 조만식은 당-국가건설자, 권력 추구자로서 각기 사상과 비전이 달랐고, 그것에 의해 형성된 정체성과 그 정체성이 투영된 당-국가체제가 달랐으며, 그들의 경쟁에서의 성패는 무엇보다도 그들이 처한 정치기회구조, 즉 소련의 한반도정책과 북한정책에 의해 결정적인 영향을 받았다.

마지막으로, 북한의 사회주의 당-국가체제 건설에서 소련군의 북한점령, 소련공산당과 소련점령당국의 절대적인 권위와 역할, 소련의 김일성에 대한 후견 등을 생각하면, '누가 과연 북한의 당-국가건설자인가?' 하는 질문을 하지 않을 수 없다. 구체적으로, 소련인가 김일성인가, 아니면 둘 다인가?

해방 직후부터 1946년 2월 8일 북조선임시인민위원회가 수립될 때까지 처음 6개월 동안은 소련점령당국이 '민정'이란 이름으로 본격적인 '군정'을 시작했고, '당 박사' 허가이 등 소련파를 데려와 스탈린식의 당-국가체제를 수립했다. 북한의 당-국가건설에서 소련이 만든 규칙과 소련이 배분하는 자원의 영향력은 결정적이었다. 물론 소군정은 북한에 진주하여 현지 조선인들의 자치조직을 인정하고 그것에 행정을 맡기는 등 남한의 미군정에 비해 더 세련된 통치 방법을 사용했다. 그리고 1947년 2월 북조선인민회의와 북조선인민위원회가 수립되고, 1948년 9월 조선민주주의인민공화국 최고인민회의와 내각이 정식 출범함에 따라 북한 지도자들에게 더 많은 권한을 넘겨주었다.

그러나 평양의 소련군정은 이 모든 당-국가형성 과정을 크렘린의 감독하에 이뤄냈다. 소련은 북한의 공산주의 파벌들 간의 싸움을 억제시키면서 김일성을 후견하여 그를 북한의 지도자로 키워냈다. 그리고 그 과정에서 필요에 따라 그때그때 최선의 '정치적 안정성'을 확보할 수 있는 파벌 간의 균형 비율을 계산하여 이를 당 지도기관 선거에 반영하기도 했다(Lankov, 2002: 87, 108~109).

소련의 북한정치에 대한 개입은 주요 현안에서 구체적이고 직접적이었다. 예컨대, 1946년 11월 3일에 실시된 '북조선 도·시·군 인민위원회 선거'를 기획하고 이행한 과정(전현수 편저, 2004: xvi~xix, 5, 8~9, 10, 15, 21, 24, 25~26, 28, 31, 32, 33, 35, 36~37, 38~40), 그리고 1947년 2월 '북조선 도·시·군 인민위원회 대회'를 개최하여 북조선인민회의와 북조선인민위원회를 구성하는 과정을 보면, 평양의 소련군정은 1946년 12월에 북조선인민회의의 정당별, 출신성분별, 성별 분포까지 포함해서 모든 것을 모스크바에 보내 승인을 받은 후 1947년 1월에 가서야 형식적으로 김일성과 상의하는 형식을 취했다(Lankov, 2002: 35~37). 그리고 1948년 4월 24일에는 크렘린에서 '조선의 상황'을 논의하기 위해 스탈린, 스티코프(T. E. Shtykov), 즈다노프(A. A. Zhdanov), 몰로토프 등이 참석한 특별 모임이 열렸는데, 소련지도부는 여기서 '조선민주주의인민공화국 헌법' 초안을 토론하고, 북한에 단독국가를 정식으로 수립하되 전 조선인민을 상대로 한 선거를 통해 최고인민회의를 구성하고 이를 근거로 '조선민주주의인민공화국'을 전 조선민족의 정부로 내세우기로 결정했다. 이 모임에서 스탈린 자신이 북한의 헌법 조항을 직접 수정하기도 했다. 소련공산당 정치위는 위 모임의 결정에 따라 바로 당일 위의 모든 결정을 공식 승인하기도 했다(Lankov, 2002: 43).

현실적으로, 스티코프는 1945년 9월 20일 연해주군관구와 25군 사령관에게 하달된 스탈린의 지시에 의해 북한의 민간행정에 대한 지도를 총괄하게 됐고, 레베데프의 회고에 의하면 "해방 직후 북한에서 이루어진 일들 가운데 스티코프가 관여하지 않은 일은 하나도 없을 정도"였다고 한다(전현수 편저, 2004: x). 스티코프를 중심으로 한 소련점령당국은 "정책결정 과정에서 주도적이면서도 최종적인 권한을 행사"했다. 그 과정은 "스티코프의 책상에서 기획되어 연해주군관구와 소련군사령부 지도자들 회의에서 확정되면 모스크바의 재가를 얻은 후 북한 지도부에 전달"되었다. 이처럼 소련점령당국의 북한 정책결정 과정에의 개입은 "전면적이고 직접적"이었다(전현수 편저, 2004: xvi).

이 모든 것은 김일성이 소련과 소련점령당국에 대해 가진 '자율성'의 정도가 결코 높지 않았다는 것을 말해준다. 물론 소련군의 진주로부터 철수까지의 시간의 흐름, 구체적인 정책의 종류, 정책시행의 수준, 정책시행의 시기, 중앙-지방간의 지역 차이 등에 따라 김일성의 자율성의 정도는 달랐다. 그렇다 해도 소련의 점령과 군정이라는 구조적 영향력과 결정력이 매우 강력하여 이 시기 김일성의 자율성의 정도는 매우 낮았다고밖에 달리 표현하기 어렵다(백학순, 1994: 386 각주 3, 399~400).

이 책에서는 김일성, 오기섭, 박헌영, 조만식 등 북한의 권력행위자들을 '당-국가건설자'로 규정하고, 소련의 한반도정책과 북한정책은 이들이 당-국가건설을 하는 데 있어서 환경구조, 즉 '대외 정치기회구조'로 취급했다.

제3장

김일성 중심의 패권적 연합

이 장은 북한의 사회주의 혁명과 사회주의 당-국가체제 건설의 역사에서 6·25전쟁과 '김일성 중심의 패권적 연합'의 시기(1950~1953)를 다루고 있다.

북한은 6·25전쟁을 시작한 후 빠른 속도로 남하하여 한반도 전체의 통일을 눈앞에 둔 것처럼 보였으나, 유엔군의 참전과 인천상륙작전의 성공으로 북한군은 후퇴하게 됐고 그 과정에서 거의 괴멸되다시피 했다. 중국인민지원군의 참전으로 전세를 만회했으나, 결국 전쟁 마지막 2년은 전선에서 큰 변화 없이 미 공군의 폭격으로 수많은 사상자만 낸 후 정전협상을 통해 전쟁을 중단했다.

그러나 김일성은 전쟁 기간을 이용해 소위 '중대한 과오'를 저지른 연안파 무정, 소련파 허가이, 박헌영과 리승엽 등 박헌영파를 숙청하는 데 성공함으로써 전쟁 이전의 '파벌의 경쟁과 연합' 질서를 '김일성 중심의 패권적 연합' 질서로 전환하는 데 성공했다.

이 과정에서 김일성은 그동안 '연합' 파트너였던 소련파와 연안파의 정치사상과 노선, 정체성을 이제 본격적으로 문제삼고 비판했다. 이는 물론 김일성으로서는 향후 자신의 사상과 정체성을 바탕으로 '주체'를 세우고 소련과 중국의 영향으로부터 벗어나 대외적으로 권력의 자율성을 확보하기 위한 사전 정지작업이었다.

6·25전쟁은 북한의 당-국가체제 형성자들이 해방 직후부터 5년 동안 이뤄놓

았던 당-국가체제의 물질적 기반을 파괴했지만, 다른 한편으로 김일성에게 권력추구경쟁자들을 제거하고 자신을 중심으로 한 패권적 연합 질서를 구축하는 데유리한 정치기회구조를 제공했고, 또 김일성은 그것을 효과적으로 활용했다.

이 장에서는 민족국가형성전쟁으로서의 6·25전쟁을 살펴보고, 무정 철직, 허가이 숙청과 자살, 박헌영파의 숙청 등을 통해 김일성이 자신을 중심으로 한 '패권적 연합' 질서를 구축한 과정을 검토해보기로 한다. 이를 통해 김일성이 "새형(形)의 당"인 조선로동당을 건설하고 "조선인민의 경애하는 수령"으로서(『결정집』, 1953e: 5~6) 당-국가체제를 영도하게 되는 과정을 살펴보게 될 것이다.

1. 6·25전쟁

여기에서는 그동안 많은 연구가 되어온 6·25전쟁의 기원, 발발, 전개, 결과 등에 대한 분석은 하지 않을 것이다. 그 대신 민족 전체와 한반도 전체를 대상으로당-국가체제를 구축하려는 민족국가형성전쟁으로서의 6·25전쟁의 성격, 북한에서 김일성 중심의 패권적 연합 질서를 구축하기 위한 정치기회구조로서의6·25전쟁, 그리고 6·25전쟁 수행과정과 전후 북한정치에 큰 영향을 미친 중조양군연합사(中朝兩軍聯合司) 창설에 대해서 살펴볼 것이다.

민족국가형성전쟁

그동안 1950년 6월 25일 발발한 6·25전쟁에 대한 연구와 성격 규정이 여러가지로 이뤄져 왔다(백학순, 1999a: 19~22). 그러나 6·25전쟁은 그동안 단일 민족국가가 유지되어왔던 한반도에 미소 양국의 분할점령, 남북한 분단국가 수립 등으로 나라와 민족의 분단이 구조화되는 상황에서 김일성, 박헌영 등 북한의 당-국가형성자들이 소련과 중국의 협력을 받아 이승만 등 남한 측 경쟁자들을 제거하고 한민족 전체와 한반도 전역에서 자신들의 독점적인 권위와 지배를확립하기 위해 일으킨 '민족국가형성전쟁'이었다고 할 수 있다(백학순, 1999a:

19~45).

6·25전쟁은 또한 북한의 당-국가형성자들이 당-국가체제에 대한 자신들의 사상과 정체성, 그리고 그것이 투영된 제도를 한민족 전체를 대상으로 공유케 하려는 목적을 갖고 '국토완정'을 내세우던 전쟁으로서, 단순한 영토적 통일뿐만 아니라 사상과 정체성 면에서도 통일된 국가의 건설을 목적으로 했다. 이에 반해, 남한의 이승만은 6·25전쟁의 발발을 계기로 '북진통일'을 이룩하여 한반도 전체에 부르주아 민주주의 국가와 자본주의 사회를 건설하고자 했다. 따라서 6·25전쟁은 남북한 간의 단순한 무력차원의 승패뿐만 아니라 사상, 정체성, 제도의 승패가 걸려 있는 전쟁이기도 했다.

김일성과 이승만은 공히 한민족 전체와 한반도 전역에 자신의 사상과 정체성, 제도를 독점적·배타적으로 공유하려는 강력한 의지와 이익을 갖고 전쟁에 임했고, 그 점에서는 남북 국가형성자들 간에 아무런 차이도 없었다. 그러나 김일성은, 이승만에 비해, 전쟁개시를 위한 군사·외교적 사전 준비를 더 충분히 했고, 전쟁수행을 위한 더 많은 물질적 자원을 확보했으며, 전쟁하기에 더 유리한 국내외 정치기회구조를 갖게 됐고 또 그것을 조성하는 데 성공했다.

특히 1949~1950년에 들어 김일성이 대남전쟁을 시작할 수 있도록 대외 정치기회구조가 극적으로 유리하게 변화했다. 즉, 한반도에서 미군이 철수했고 중국에서 중국공산당과 인민해방군이 승리하여 중화인민공화국이 수립됐다. 김일성은 이 기회를 잡아 스탈린과 마오쩌둥을 설득하여 전쟁개시에 대한 그들의 후원을 얻어내는 데 성공했다.[1] 즉, 북한의 당-국가형성자들에게 한민족 전체와 한반도 전역을 대상으로 국가형성전쟁을 개시할 수 있는 유리한 정치기회의 창문이 열렸던 것이다.

남북한 간의 민족국가형성전쟁인 6·25전쟁이 계획, 개시, 진행, 정전되는 과정에서 결국 미국 등 자본주의 진영과 소련, 중국 등 사회주의 진영이 참전하여

---

1) 이에 대해서는 비밀 해제된 많은 소련자료들이 있다(Telegram Shtykov to Vyshinsky, January 19, 1950, 웹자료; Weathersby, 1993: 34; Weathersby, 2002: 9~10; Telegram from Tunkin to Soviet Foreign Ministry, July 14, 1949, 웹자료).

각각 남북한을 원조했다. 이는 6·25전쟁의 '국제화'를 의미했다. 이는 남북한 당
-국가형성경쟁자들이 한반도에서 자신의 사상과 정체성, 제도의 독점적이고 배
타적인 공유를 추구하는 데 있어서 대외 정치기회구조로부터 오는 영향을 피할
수 없었다는 것을 말해준다.[2]

여기에서 잠시 6·25전쟁의 결과가 민족국가형성전쟁의 목표를 달성했는지
여부를 평가하고 지나가기로 한다. 우선, 북한의 당-국가체제 건설의 완료를 언
제로 보아야 할 것인가? 만일 김일성이 당-국가형성자로서 북한지역의 주민들
과 영토만을 자신의 사상, 정체성의 공유와 지배의 대상으로 규정했다면, 북한
에서의 당-국가체제의 형성은 1948년 9월 9일 조선민주주의인민공화국의 수립
으로 완료됐다고 볼 수 있다(백학순, 1999a: 43).

그러나 남북한 당-국가형성경쟁자 모두에게 국민과 영토, 그리고 주권 개념
은 물질적, 물리적인 개념일 뿐만 아니라 동시에 역사적, 관념적, 인식론적인 개
념이었다. 따라서 남북한 국가형성경쟁자들은 비록 물리적으로는 분단 상황에
놓여 있었지만, 역사적·관념적·인식론적으로는 동일한 하나의 장(場)인 한반도
전역에 자신들의 독점적이고 배타적인 사상, 정체성, 그리고 그것이 투영된 제
도를 공유시키는 데 성공할 때까지 경쟁하며 노력할 수밖에 없었다. 이런 관점
에서 볼 때, 6·25전쟁의 결과는 북한의 당-국가형성경쟁자들이 한반도 전역에
자신들의 사상, 정체성, 제도를 가진 통일 민족국가의 형성을 완료하지 못했음
을 보여준다. 따라서 6·25전쟁은 북한의 당-국가형성경쟁자들에게는 '실패한'
민족국가형성전쟁이었다(백학순, 1999a: 44).

6·25전쟁에서 김일성은 살아남았다. 그러나 이제 6·25전쟁에서처럼 무력을

---

2) 6·25전쟁을 국가형성전쟁으로 해석하는 데서 필자는 국가형성경쟁자들의 다음의 몇 가지
특징적인 속성과 능력에 주목했다. 첫째, 독점적 권위와 배타적 충성을 확보하려는 국가형성
자들의 지속적인 권력동기성향에 기초한 그들의 가치·신념체계, 이념 및 이익, 둘째, 국가형
성자들이 국가기구를 설립하고 물리적 강제력, 전쟁수행 능력 및 자원추출 능력을 확보하는
국가형성 활동, 셋째, 국가형성에 유리한 대내외 정치기회구조를 확립하고 대내외 기회구조
의 변화로 초래되는 기회의 창문을 포착하여 이용하는 국가형성자들의 노력과 선택이다(백
학순, 1999a: 7~18, 25~41).

사용하여 남한을 정복하여 한반도 전체에 자신의 사상, 정체성, 제도를 공유시키는 정책을 또다시 추구한다는 것은 현실적으로 불가능했다. 이 점에서는 이승만도 마찬가지였다. 6·25전쟁 이후에도 남북한 국가형성경쟁자들은 말[言]로는 상대방의 주민과 영토가 자신들의 통치대상이라고 계속 주장했지만, 이제 현실조건은 그들로 하여금 자신의 통치영역을 한반도 전역이 아닌 북한과 남한으로 각각 조정토록 강요했던 것이다.3) 따라서 한반도에서 민족국가형성은 기본적으로 '미완성'으로 남게 됐다(백학순, 1999a: 44~45).

남북 지도자들이 한반도 전역을 대상으로 통일 민족국가를 수립하기 위해 군사력 사용을 다시 선택할 수 있다는 생각은 6·25전쟁을 겪고 난 이후에는 비현실적인 것이 됐다. 그러나 남북한 국가형성경쟁자들에게 있어서 군사력 사용이 아닌 다른 수단으로써 상대편을 굴복시키고 한반도 전체에 단일 민족국가를 수립해보겠다는 생각과 본능은 통일이 되는 날까지 변하지 않을 것이다.

문제는 그러한 생각과 본능에 기반을 둔 '의도'와 그 의도를 실제 실현할 수 있는 '능력' 간에는 차이가 있으며, 또 대외 정치기회구조를 보더라도 그동안 동서냉전의 틀 속에서 '핵 균형' 등을 바탕으로 미소 공존이 이뤄져 왔다는 것이다. 따라서 한반도에서 두 개의 반쪽 국가들 간의 '공존'이 물리적, 군사적 통일에 대한 현실적 대안으로서 수십 년간 받아들여져 왔으며, 앞으로도 상당 기간 그러할 것이다.

6·25전쟁: '김일성 중심의 패권적 연합'의 정치기회구조

6·25전쟁은 북한의 당-국가형성자들의 입장에서는 남한의 국가형성경쟁자들과 한반도 전체에서 단일한 민족국가 형성을 위한 싸움이었으나, 6·25전쟁은 또한 김일성이 자신을 중심으로 한 패권적 연합 질서를 구축하는 데 유리한 정

---

3) 예컨대, 김일성은 6·25전쟁이 정전되자 영토 통일을 위한 수단으로서 무력사용의 우선순위를 낮춘 후, 한반도 북반부에서의 인민민주주의 체제를 한층 더 강화함으로써 정치적, 경제적, 군사적으로 '민주기지를 공고화'하기로 결정했다(김일성, 1967a: 400).

치기회구조를 제공했다. 그리고 김일성은 그것을 적극적으로 활용했다.

북한의 사회주의 당-국가체제 건설에서 6·25전쟁이 정치기회구조로서 미친 영향은 다음 몇 가지 측면에서 이해할 수 있다.

첫째, 우선 6·25전쟁을 계획하고 수행하는 과정에서 북한에게 제공된 소련과 중국의 원조가 전쟁 중에 김일성과 북한 당-국가체제 자체를 지탱했다. 특히 소련의 무기, 장비 등의 원조와 중국 인민지원군의 참전이 없었더라면, 조선인민군이 유엔군을 상대하여 버텨낼 수는 없었을 것이다. 그러나 6·25전쟁 중에 마치 이승만이 남한군의 작전지휘권을 유엔군사령부에 이양했던 것처럼, 김일성도 북한군의 작전지휘권을 중조양군연합사에 이양하는 값을 치러야 했다.

둘째, 중국과 소련의 6·25전쟁에 대한 지원은 자연히 북한정치에서 연안파와 소련파의 영향력을 증가시켰으며, 이것이 나중에 '8월 종파사건' 발생으로 연결됐다. 한편, 소련파와 연안파의 힘의 증가는 역설적으로 김일성으로 하여금 이들과 연결되어 있던 소련과 중국의 영향에서 벗어나 '주체 확립'의 방향으로 나아가도록 자극했다.

셋째, 북한의 권력경쟁자들이 전쟁이라는 비상시를 맞아 평상시 같으면 발생할 수 없는 사건과 실수를 저질러 김일성이 그들을 숙청할 수 있는 구실과 기회를 제공했다. 연안파 무정과 소련파 허가이가 대표적인 경우였다. 따라서 김일성이 평상시 같으면 처벌하기 쉽지 않은 무정과 허가이 같은 중요 인물을 전쟁 수행의 엄중함을 구실로 처벌할 수 있었던 것이다.

넷째, 아무리 전쟁 중이라 하더라도 김일성이 무정과 허가이 같은 거물을 숙청할 수 있었던 것은 무엇보다도 그가 전시체제에서 조선민주주의인민공화국 군사위원회 위원장으로서 모든 권력을 단일적으로 장악하고 있었기 때문에 가능한 일이었다(김일성, 1980r: 145~146; 김일성, 1980w: 190~191). 군사위원회는 일체의 주권을 보유하고 모든 주권기관, 정당, 사회단체, 군사기관이 그 앞에 절대적으로 복종하는 전시 비상기구였다.

다섯째, 북한의 당-국가형성자들이 일으킨 6·25전쟁의 대상은 남한의 국가형성자들이었다. 그런데 남한은 박헌영의 권력기반인 남로당의 관할 지역이었기 때문에 전쟁의 승패는 박헌영파의 정치적 운명에 결정적인 영향을 끼칠 수밖에 없었다. 특히 6·25전쟁 이전 시기에 박헌영파를 제외한 북한 국내파는 완전히 제거된 상황이었기 때문에 더욱 그러했다. 이런 의미에서 6·25전쟁은 남북한 국가형성경쟁자들 사이의 투쟁뿐만 아니라 북한의 당-국가형성에서 김일성 vs. 박헌영의 투쟁에도 엄중한 의미를 지니고 있었던 것이다.

중조양군연합사: 북한군의 작전지휘권 이양

조선인민군은 6·25전쟁 초기에는 3일 만에 서울을 점령하는 등 연이은 전투 승리로 낙동강 전선까지 밀고 내려갔지만, 1950년 8월과 9월 낙동강 전선을 뚫으려는 두 차례에 걸친 최후의 대공세에서 실패했다. 더구나 9월 15일 유엔군이 인천상륙작전에 성공하자 전황은 반전됐다. 9월 21일 조선로동당 중앙위 정치위에서 박헌영, 김두봉, 박일우는 중국의 참전을 요청하는 것이 좋겠다고 말했고, 김일성은 아직은 여유가 있어서 지금 중국 참전을 요청할 필요가 없다고 생각했다(Shtykov, 1950.9.22; 김동길 인터뷰, 2010.7.21).

북한군은 9월 28일 서울에서 패퇴하고, 10월 1일에는 남한군 제3사단이 38선을 넘어 북진하기 시작했다. 중국은 바로 그 전날인 9월 30일 미국에게 평화보위, 참량전쟁 불용인 등을 공개적으로 경고했고, 10월 3일에는 주중인도대사를 통해 미군이 38선을 넘어 확전하고 있는 상황을 좌시할 수 없기 때문에 개입해야만 하는 상황이지만, 문제를 평화적으로 해결하고 싶다는 메시지를 전달했다. 그러나 미국은 이를 무시했다. 중국공산당 중앙위원회는 10월 1일부터 여러 차례 회의를 통해서 결국 10월 8일 중국인민지원군 편성에 관한 명령을 내리고 중국이 참전하기로 결정했다(중국 군사과학원 군사역사부, 1988: 8~13). 그리고 그 결정을 김일성과 스티코프를 통해 스탈린에게 전달했다(김동길 인터뷰, 2010.7.21). 남한군과 유엔군은 10월 10일 원산을 점령했다. 그리고 10월 19일에는 평양이 함락됐다. 바로 그날 중국인민지원군의 제1차 도강(渡江)이 이뤄졌고, 중국군은 서부전선에서 10월 25일부터 전투를 시작했다. 한편, 10월 26일에는 남한군이 압록강 초산에 도달하고 11월 21일에는 미군이 두만강 일대에 진출했다. 11월 24일 유엔군의 최종공세가 시작됐으나 11월 25일부터 대규모의 중공군이 개입했고, 북한은 12월 6일 평양을 되찾았다.

중공군이 대규모로 참전하여 전쟁을 수행하고 있던 상황에서 1950년 12월 7일 김일성은 중국의 요구에 의해 불가피하게 중조양군연합사의 창설에 동의했다. 조선인민군의 작전지휘권을 중국인민지원군에게 이양하여 모든 작전과 전선의 일체 활동을 연합사 사령원(총사령관)인 펑더화이(彭德懷)가 맡고, 북한은 후방동원, 훈련, 군정경비(軍政警備)만을 담당하게 됐다.

여기에서 중조양군연합사 창설과정을 좀 더 자세히 살펴보기로 한다. 중국인민지원군이 참전하여 전투를 치르면서 중국군과 북한군 간의 협력에 많은 문제점이 드러났다. 북한군이 중국군을 적으로 잘못 오인하여 공격하는 상황까지 발생했던 것이다. 예컨대, 1950년 11월 4일 중국인민지원군 39군이 포천 동남방 전투에서 미 24사단을 포위했으나, 조선인민군의 탱크사단이 오인하여 중국인민지원군을 공격했고 결과적으로 미군이 탈출에 성공한 사건도 발생했다. 전투뿐만 아니라 재공급과 운송문제에서도 협력의 부재로 인해 많은 문제가 발생했다(Zhihua, 2004: 12).

따라서 중국군 사령관 펑더화이는 평양 주재 중국대사관으로 하여금 양측 간의 협력지휘사령부 설치의 필요성을 김일성에게 제기하도록 했다. 그러나 김일성이 이 제안을 거부했다. 북한군은 후퇴 시 대부분의 사단과 부대가 괴멸되다시피 했으나, 제6사단(사단장 방호산)과 제7사단(사단장 김광협)은 아직도 각각 6,200명과 5,000명이 남아 있었고 이들은 당시 중국인민지원군 125사단에 합류해 있었다. 펑더화이는 이들이 계속해서 125사단에 잔류하도록 요청했으나, 김일성은 이에 대해 거부하거나 혹은 응답하지 않았다(Zhihua, 2004: 12~13).

이에 마오쩌둥은 북한군과 중국군 간의 협력지휘체계 창설 문제에 대해 소련의 협력을 구하기로 하고, 1950년 11월 15일 김일성과 스티코프를 펑더화이가 있는 중국인민지원군 본부로 초청하고 심양으로부터 동북군구 사령원 겸 정치위원인 가오강(高崗)을 참석시켜 중조양군연합사 창설에 대해 직접 현지 사령관들이 얼굴을 맞대고 논의하도록 했다. 김일성은 연합사 창설에 전혀 적극적이지 않았으나, 스티코프는 그동안 조선인민군이 소련이 지원한 장비들을 가지고서도 승리하지 못했고, 반면 중국지원군은 열악한 장비를 가지고서도 잘 싸웠기 때문에 중국 측이 지휘권을 가지는 것은 당연하다고 주장했다. 마오쩌둥은 스탈린의 승인이 필요하다고 생각하여 11월 13일 스탈린에게 문의했고 스탈린은 이에 동의했다. 11월 17일 마오쩌둥은 펑더화이와 가오강, 그리고 김일성과 스티코프에게 스탈린이 중조양군연합사 창설을 완전히 지지한다는 전문을 보냈다(Zhihua, 2004: 13).

한편, 11월 24일 스티코프가 김일성을 만났을 때, 김일성은 스티코프에게 중조양군연합사에 대해 '자신은 연합사령부를 설치하는 데 반대한 적이 없으며 박일우에게 펑더화이와 연합사령부를 만드는 문제를 논의하라고 했다'고 말했다. 그는 조선로동당 정치위에서 '누구를 중국군[중조양군연합사] 부사령관으로 선정하는 것이 좋겠는지에 대해 논의를 했고 김책을 임명하기로 결정했다'고 말했다. 김일성은 연합사령부 문제에 대해 '아마도 마오쩌둥이 모든 것을 다 알고 있지는 않은 것 같다'면서 이 문제에 대한 '자세한 정보와 동의를 위해 마오쩌둥에게 박헌영을 보내겠다'고 말했다(Shtykov, 1950.11.24).

김일성의 이러한 말은 그가 중조양군연합사 창설에 반대했고 적극적이지도 않았다는 주장과는 차이가 있다. 그러나 이미 스탈린이 중조양군연합사 창설에 대해 지지를 한 상황에서 김일성이 일부러 스티코프에게 연합사 창설을 반대한다고 말할 필요는 없었을 것으로 생각된다.

중조양군연합사 설치에 대한 스탈린의 입장이 밝혀진 후, 김일성은 중국 측과의 구체적인 논의를 위해 박헌영이나 박일우를 마오쩌둥에게 보내려고 했지만 마오쩌둥이 김일성이 직접 와주기를 바라고 있다는 전갈이 왔다(Shtykov, 1950.11.29). 11월 29일 개최된 로동당 정치위는 김일성이 직접 베이징에 가서 마오쩌둥을 만나도록 결정하고 중조연합사 부사령관으로는 조선인민군 총참모장 김웅을 선임했다. 김일성은 12월 2일 베이징으로 떠났다(Shtykov, 1950.12.1).

김일성은 베이징으로 건너가 스탈린이 중조양군연합사의 창설을 승인했으며 중국인민지원군이 경험이 많으므로 주된 역할을 하고 조선인민군은 지원 역할을 하겠다고 했다. 저우언라이(周恩來)가 「중조양군연합사 창설에 관한 중조 양자합의」를 초안했다.[4] 김일성은 12월 5일 베이징에서 돌아와 12월 6일 라주바예프 평양 주재 소련대사와 함께 펑더화이를 만나(Razuvaev, 1950.12.5) 수일 내 모든 작전과 전선의 일체 활동을 지휘할 중조연합사령부를 구성하기로 합의했다. 이 합의에서 북한은 후방동원, 훈련, 군정경비만을 담당하기로 했다. 연합사 아래에 중국인민지원군 사령부와 조선인민군 참모부를 두기로 했고, 펑더화이가 연합사 사령원 및 정치위원을 맡았으며, 연합사 부사령원은 당시 조선인민군 총참모장이었던 김웅, 그리고 부정치위원은 내무상 박일우가 맡았다.[5] 그리고 이 연합사 결성은 대외적으로 비밀로 하기로 했다(Zhihua, 2004: 13~14; 이종석, 1995: 240~241). 1951년 3월에는 중조공군연합사령부, 4월에는 중조연합철도운수사령부가 설치되었다(서동만, 2005: 414).

2. 김일성 중심의 패권적 연합

이제 김일성이 6·25전쟁 기간에 '1949년 6월 질서'를 해체하고 자신을 중심으로 한 '패권적 연합' 질서를 만들어낸 과정을 살펴보기로 한다. 구체적으로 김일성이 어떻게 여러 권력경쟁자들과 파벌들을 차례로 숙청하면서 자신의 사상과 정체성을 '전당·전국가·전사회적'으로 공유케 하는 데 성공해 나갔는지 그 내용과 과정을 분석해보기로 한다.

조선민주주의인민공화국 군사위원회 위원장을 맡은 김일성은 전시 단일권력을 장악하고 1950년 12월부터 1953년 8월까지 조선로동당 중앙위원회 제3차, 제4차, 제5차, 제6차 전원회의를 개최하여 연안파 무정, 소련파 허가이, 박헌영

---

4) 김일성은 평양에 돌아와 북한 주재 소련대사 라주바예프(A. M. Razuvaev)에게 자신과 마오쩌둥은 중조양군연합사 창설에 대해 합의를 보았지만 '마오쩌둥은 서두르는 것을 권하지는 않았다'고 말했다(Razuvaev, 1950.12.5).

5) 박일우가 중조양군연합사 사령부에 합류하게 된 경위는 마오쩌둥이 인민지원군 파병 결정 소식을 니즈량 중국대사를 통해서 김일성에 알리면서 박일우의 사령부 합류를 요청해서 이뤄진 것이었다. 박일우는 북한의 군사위원회 위원 7인 중 유일한 연안파 출신이었다(이종석, 2000a: 145). 참고로, 6·25전쟁 발발 직후 구성된 조선민주주의인민공화국 군사위원회는 김일성이 위원장이었고, 군사위원은 박헌영, 홍명희, 김책, 최용건, 박일우, 정준택이었다.

등 남한 국내파를 각각 전시에 저지른 개인적 과오, 당 장성을 방해한 죄, 종파-간첩행위 등의 죄목을 씌워 숙청했다.

물론 1953년 8월 상황은 김일성이 모든 파벌을 제거하고 자신의 '단일적 지도체계'를 아직 확립한 것은 아니었다. 그러나 그는 6·25전쟁 이전 남북로당의 합당을 통해 창당된 조선로동당에서 소련파와 박헌영파의 힘이 상대적으로 커진 권력구조('1949년 6월 질서')를 6·25전쟁 기간을 이용하여 '해체'하고, 이제 '김일성 중심의 패권적 연합' 질서로 재구조화한 것이다.[6]

이제 무정과 허가이의 숙청, 그리고 박헌영파의 숙청을 다음 2절과 3절에서 자세히 살펴보기로 한다.

전쟁 6개월의 경험: "엄중한 결함"

6·25전쟁 발발 후 반년이 지난 1950년 12월 21~23일 조선로동당 중앙위 제3차 전원회의가 당시 피난처 임시수도였던 자강도 강계에서 개최됐다. 제3차 전원회의가 개최된 시점은 북한군이 유엔군의 인천상륙작전, 평양 점령 등으로 압록강, 두만강 일대까지 밀리다가 중국인민지원군의 대규모 참전으로 12월 6일 평양을 되찾고 12월 16일에 서부전선에서 유엔군을 38선 이남으로 밀어냈으며 17일에는 동부전선에서 함흥을 되찾은 직후였다.

김일성은 전원회의에서 「현정세와 당면 과업」이라는 보고를 했다. 그는 지난 6개월 동안의 전쟁과정에 "적이 자기의 역량을 더욱 증대함으로써 적아(敵我)의 역량 대비가 전쟁을 시작할 때보다 전쟁과정에서 적에게 유리하게 변화됨으로 말미암아 군사 정세에서도 커다란 변화가 발생"했음을 지적했다(김일성, 1953c: 125). 그는 지난 6개월간의 전쟁을 3단계로 나눠 보고했는데, 그것은 첫째, 인민 군대가 승리하며 낙동강 계선까지 나아간 시기, 둘째, 미군과 유엔군의 역량 증

---

6) 이종석은 김일성이 6·25전쟁을 통해 '1949년 6월 질서'를 '해체'시키고 '자신을 중심으로 조선로동당의 질서를 재구조화'한 것으로 설명하고 있는데(이종석, 1995: 238~261), 필자는 김일성이 재구조화한 질서를 '김일성 중심의 패권적 연합' 질서로 명명했다.

가와 인천상륙작전으로 인한 일시적 후퇴 시기, 셋째, 중국인민지원군의 참전으로 다시 남하하여 38선 이남까지 진격한 시기였다(김일성, 1953c: 125~135).

김일성은 전쟁 3단계를 거치면서 얻은 결론으로 다음 여섯 가지를 언급했다. 첫째, 조선로동당이 인민군을 제때에 옳게 창설했고 이를 근대적인 무장으로 장비시키고 훈련했으며 '인민군대' 내에서 옳은 정치적 교양을 했기 때문에 "조국의 독립과 통일과 자유를 위하여 투쟁하는 헌신성 있고 강의성(剛毅性) 있는 군대로 육성"됐다. 만일 인민군을 제때에 창설하지 않고 옳게 육성하지 않았더라면 "벌써 미제국주의자와 리승만 괴뢰 도당에게 완전히 강점당하였을 것"이다. 둘째, 조선로동당이 "옳게 전체 인민들을 자기 주위에 단결시켰기" 때문에 북한 주민들이 "미제와 그의 괴뢰군에게 커다란 타격을 가하고 종국적 승리를 획득할 기본 조건들을 쟁취"했다. 셋째, 북한 주민들이 "고독한 투쟁을 하는 것이 아니라 소련을 위시한 인민민주주의 제 국가들의 물질적, 정신적 원조를 받고" 있으며, "특별히 중국인민지원군 부대들이 직접 우리 조국해방전쟁에 참전 원조함으로써 우리의 최후의 승리에 대한 자신심을 확고하게 하여"주었다. 넷째, 북한 주민들의 "영용성"은 "식민지 해방운동에 있어서 모범으로 되며 식민지 해방전쟁의 기치"가 된다. 다섯째, 북한 군대는 풍부한 전쟁 경험을 얻었으며 "능히 진공할 줄 알며 후퇴할 줄 알며 군사적 경험이 적은 청소(靑少)한 군대로부터 지금은 적들과 어떠한 조건 하에서든지 전쟁할 수 있는 단련된 군대"로 됐다. 그리고 여섯째, "적에게는 커다란 고충과 내부의 모순들이 증대되며 그들의 모험적 행동에 대한 자체의 원망들이 증강됨으로써 적군의 사기가 날로 저락되며 제국주의 진영 내부에서 붕괴를 촉성"하고 있다(김일성, 1953c: 135~137).

결국 김일성이 내린 '결론'은 북한군이 패배하여 압록강, 두만강까지 밀렸던 것을 고려하면, 참담한 분위기 속에서 새로운 용기를 내기 위해 애써 몸을 추스르는 성격의 내용이었다. 오히려 중요한 것은 김일성이 '결론' 다음에 바로 지적한 전쟁 개시 후 6개월 동안 경험한 '엄중한 결함'에 대한 지적이었다.

김일성이 지적한 '엄중한 결함'의 내용은 다음 여덟 가지였다. 첫째, 미국과 같은 강대국과 투쟁하는 데서 "지기의 예비부대를 더 많이 준비하지 못하였으며 많은 곤란이 있을 것을 완전히 타산하지 못하고 그것을 극복할 준비사업들을 부족하게” 했다. 둘째, 북한군이 아직까지도 “청소하며 우리 군대의 간부들이 청소함으로 말미암아 일단 곤란이 도달할 때에 그를 극복할 조직성이 미약함을 타산하지 못하”여 그 결과 많은 부대의 간부들이 “비조직적인 행동으로써 부대를 지휘하는 데 결함이 있었고 난관을 돌파할데 대한 견결성이 부족”했다. 그래서 “지휘에 능숙치 못하고 정세를 파악하는 데 미숙하며 부대를 통솔하는 데 큰 결함”이 있었다. 셋째, 부대의 ‘규율성’이 약하여 많은 부대장들과 지휘관들이 상급의 명령을 제때에 실행하지 않으며 그 명령을 관철하는 데 노력하지 않았다. 넷째, “적들의 유생(有生)역량을 소멸하는 것이 군사 승리의 제1조건임을 망각하고 적들을 그저 분산 혹은 도망치게” 하여 그 결과 “적들에게 시간적 여유를 주어 다시 부대를 수습하여가지고 반공할 가능성”을 주었다. 다섯째, “우수한 공군과 해군과 포화들을 소유한 적들과 싸우는 특수한 조건에서 전투를 진행할 줄 몰랐다”. 특히 “적의 공습이 심한 조건 하에서 산악전과 야간 전투에 능숙하지 못하였다”. 여섯째, 적 후방에서 유격전을 전개하는 것은 “우리가 공군이 약하고 기동성이 약한 조건 하에서 적의 기동성을 파괴하여 적을 분산 격멸하며 적의 참모부와 후방을 습격하여 적 후방에서 제2전선을 조직함으로써 적의 퇴로를 절단하여 적에게 공포와 당황을 초래케 하는 것”인데 이에 대한 “전략상, 작전상 의의가 얼마나 중대하다는 것을 망각하고 그를 잘 실현하지 않았다.” 일곱째, “후방공급 사업들이 잘 조직되지 못하였으며 후방 기관들에는 많은 해독분자들이 잠입하여 전선 공급에 방해를 주었다”. 그래서 부대들이 많은 후방 물자를 제때에 공급받지 못했다. 후방공급 사업을 지도하고 있던 김일은 아무런 대책도 취하지 않았다. 이러한 문제에 대해 “논죄하지 않을 수 없으며 책임 추궁을 하지 않을 수” 없었으며, 김일을 철직시켰다. 마지막으로, 김일과 무정, 김한중, 최광 등의 과오와 철직에 대해 비판했다(김일성, 1953c: 137~140). 이들의 과오에 대한 비판은 나중에 ‘무정의 철직’을 다룰 때 살펴보기로 한다.

「현정세와 당면 과업」이라는 보고에서 김일성의 지적사항 중에는 해방된 지역들에 대한 방어조직의 불충분이 들어 있다. 특히 당중앙이 남반부의 당 사업과 빨치산 투쟁의 약점을 극복하도록 지시를 내렸는데도 허성택을 포함한 당 중앙위원들이 이를 실행하지 않은 점이 지적되어 있다. 또 적 후방에서 유격전 전개가 전략상·작전상으로 얼마나 중요한 의의를 갖는지를 망각하고 그것을 제대로 실현하지 않은 데 대한 지적도 들어 있다. 빨치산의 활동에 대한 김일성의 비판과 빨치산의 임무에 대한 강조는 남한 출신 박헌영파의 장래에 어두운 그림자를 드리우는 것이었다. 이 점은 나중에 3절에서 '박헌영파의 숙청'을 다룰 때 자세히 살펴보기로 한다.

당 중앙위 제3차 전원회의와 관련하여 주목할 만한 또 다른 점은 김일성이 "부대 내에 정치공작 사업이 고도로 전개되지 못했고 부대 내에서 고도로 되는 혁명적 애국사상으로 교양하는 사업이 부족"했음을 엄중한 결함 중의 하나로 지적한 것이다(김일성, 1953c: 139). 참고로, 이 점과 관련하여 이미 그해 10월 21일 인민군대에 대한 정치사상 교양사업의 강화를 위해 인민군대 내에 당 단체를 조직하고 문화부를 정치부로 개편했다.[7] 그런데 인민군대에 대한 교양사업과 관련하여 한 가지 흥미로운 점은 김일성이 "로씨야[러시아] 혁명군대와 중국 인민해방군대의 모범적 사실들로써 충분한 교양을 주지 못하였"음을 지적했다는 것이다(김일성, 1953c: 139).[8] 김일성의 이러한 지적은 당시 소련과 중국의 군사적 지원 덕분에 전쟁을 수행하고 있던 상황에서 이뤄진 것이지만, 김일성이 전쟁이 끝난 후 소련과 중국, 특히 소련의 영향을 받은 정치사상 교양에 대해 본격적으로 비판하고 사상사업에서의 '주체'를 세우려고 노력했던 점과는 큰 대비가 된다고 하겠다.

---

7) 조선인민군이 1950년 9월 15일 유엔군의 인천상륙작전 이후에 패퇴하여 평양이 점령당한 직후인 1950년 10월 21일, 김일성은 조선로동당 중앙위 정치위원회에서 「인민군대 내에 조선로동당 단체를 조직할데 대하여」라는 중요 연설을 하고 인민군의 모든 부대에 당 단체를 조직하고 문화부를 정치부로 개편하는 결정을 내렸다(김일성, 1980r: 145~152). 뒷날 1951년 7월 21일 개최된 조선로동당 중앙 정치위원회는 「조선인민군 내에서의 로동당 단체 설치의 총화와 정치기관들의 사업정형」이라는 결정을 했다(『결정집』, 1947~1953f: 63).

8) 참고로, 1980년에 출판된 『김일성저작집』을 보면, 러시아군과 중국군의 모범에 대한 김일성의 언급은 사라지고 '항일유격대 시절의 경험 등을 이용한 혁명적인 애국주의사상으로 교양하는 사업을 제대로 하지 못하였다'는 뜻으로 말한 것으로 되어 있다(김일성, 1980w: 189). 이는 물론 개작한 것이다.

무정의 철직

당 중앙위 제3차 전원회의에서 있었던 또 하나의 중요한 결정이 연안과 무정의 철직이었다. 위에서 소개한, 「현정세와 당면 과업」이라는 김일성의 보고에서 지적된, 여덟 가지 '엄중한 결함' 중에 포함된 무정의 과오와 철직, 그리고 김일, 김한중, 최광 등의 과오와 철직의 건을 살펴보자.

김일성은 무정이 전쟁 초기 조선인민군 제2군단장을 맡았을 때 "군대 내에서 명령을 집행하지 않고 전투를 옳게 조직하지 않았으므로 우리에게 많은 손실을 가져오게 한 죄"로 제2군단장직에서 철직시켰다. 무정은 낙동강 전선에서 "퇴각하는 과정에서 혼란된 상태를 이용하여 아무런 법적 수속도 없이 사람을 마음대로 총살하는 봉건시대의 제왕과도 같은 무법천지의 군벌주의적 만행을 감행"했으며,[9] 이것은 "물론 법적으로 처단 받아야 될" 일이라는 것이다(김일성, 1953c: 139~140). 또 무정은 제2군단장에서 철직된 후 9월 후퇴시기에 평양방위 사령관을 맡았는데 결국 평양을 유엔군에게 내주었다는 것이다.[10]

이처럼 무정은 명령불복종, 전투조직의 불성실, 퇴각 시 병사의 불법총살, 평양전 패배 등의 죄목으로 철직됐다. 당 중앙위 제3차 전원회의 보고에서 김일성은 무정의 이러한 행동과 곧 아래에서 살펴보게 될 김일의 행동은 "비겁주의자들과 패배주의자들의 자유주의적 유망(流亡)행동이며 아무런 조직생활도(해보지 못하고 조직생활을) 무시하는 행위들"이라고 비판했다(김일성, 1953c: 139~140).

김일성은 무정을 철직시키면서 자신의 항일유격대 동지였던 김일, 최광, 림춘

---

9) 무정이 소위 '퇴각 시 병사의 불법총살' 건에 대해 서휘에게 말해준 내용은 다음과 같다. '폭격 맞은 전사를 치료하라고 의사에게 지시했는데 의사가 약이 없다면서 여러 차례 반항하는 바람에 총으로 쏴 죽였다'는 것이다(안성규, 1994: 564).

10) 무정은 펑더화이의 도움으로 중국으로 갔다가 다시 북한에 돌아왔지만, 1951년 8월 9일 평양에서 병사한 것으로 알려져 있다(김성보·기광서·이신철, 2004: 101). 이종석은 펑더화이와 무정의 관계를 잘 알고 있던 김일성이 6·25전쟁 중에 저지른 무정의 잘못을 크게 문제삼아 이를 기회로 그를 제거하려고 했던 것으로 해석하고 있다. 펑더화이는 중국혁명 과정에서 무정과 오랜 전우였고, 무정의 결혼을 주선한 인물이었다고 한다(이종석, 1995: 243; 이종석, 2000a: 196).

추도 철직 내지 출당시켰다. 김일성은 "부대 내에 정치공작 사업이 고도로 전개되지 못했고 부대 내에서 고도로 되는 혁명적 애국 사상으로 교양하는 사업이 부족하였다"는 점을 우선 지적하면서, 군대 내에서 정치공작을 책임진 김일 자신이 북한군의 "장비가 적에 비해 그렇게 약하지 않았음에도 불구하고 비행기 없이는 적들과 싸울 수 없다는 패배주의 사상"을 가지고 있어서[11] 그를 보위성 문화부상직에서 철직시켰음을 밝혔다(김일성, 1953c: 139).

김일성은 또한 어떤 군관들은 "이기주의적 개인 생활에만 급급하고 부하를 건지지 않고 비겁성을 표현한 사실들"도 있는데 김한중, 최광 등과 같은 사단장들이 대표적인 실례였고, 이들은 이미 사단장직에서 철직 처분을 당했다고 했다(김일성, 1953c: 140). 한편, 북강원도당위원장 림춘추는 "후퇴시기에 도내 당 단체들과 당 지도기관들, 그리고 국가기관들에 대한 후퇴를 계획적으로 조직하며 도내 영역에 침입한 적들을 방어하는 방어전에 전도(全道) 인민을 동원시킬 대신에 자기 자체가 적의 진공에 황겁하여 하부 당지도기관들과 당원들과 인민들을 버리고 도망질"친 이유로 출당됐다. 남강원도당위원장 조진성과 경기도당위원장 박광희도 방위지구 사수와 지하당 공작 지속의 명령에 불복종하고 "혼자 살겠다고 도망질"쳤다고 했다(김일성, 1953c: 148~151).

이처럼 김일성은 연안파 무정을 처벌하면서 자신의 항일빨치산 동료인 김일, 최광, 림춘추를 동시에 처벌했다. 김일성의 입장에서는 무정이 큰 잘못을 저질렀다고 보았겠지만, 중국공산혁명에서 무정의 공적과 위상, 그리고 그와 중국

---

11) 김일을 해임시킨 바로 이 이유를 1950년 10월 13일 스티코프가 소련외무성 제1부상에게 보낸 전문에서 다음과 같이 설명하고 있다. 미군이 제공권을 완전히 장악하여 북한군에게 막대한 인적·물적 피해를 입히면서 유엔군과 남한군이 38선을 밀고 올라오는 극도의 위기감 속에서 '주민과 군, 심지어 지도적 간부 사이에서도 미국이 이승만을 도와주고 있는데 왜 소련이 습격기를 포함한 자신의 무장력으로 조선을 도와주지 않는지'에 대한 말이 나돌고 있었는데, 김일이 소련 군사고문과의 대담에서 "우리가 필요한 것은 고문들이나 그들의 조언이 아닌 실질적 지원이다"라고 거칠게 말했다는 것이다. 이 문제에 대해 스티코프는 김일성과 대담을 가졌는데, 김일성이 김일을 해임시키고 최근까지 서울시 인민위원장이었던 리승엽을 대신 임명할 것이라고 말했다고 했다(Razuvaev,1950.10.13).

지도부와의 우의관계 등을 감안할 때 그를 단독으로 처벌하는 데는 커다란 정치적 부담이 있었던 것으로 보인다. 김일성은 자신의 항일유격대 동지인 김일, 최광, 림춘추가 잘못을 저지르지 않았다면 모르되, 이들도 중죄를 지었기 때문에 이들을 무정과 함께 처벌하여 정치적으로 모양새가 좋은 조합을 맞췄다. 그러나 김일과 최광, 림춘추는 무정과는 달리 나중에 모두 복권됐다.[12]

당 장성, 대중적 당(김일성) vs. 관문주의, 책벌주의(허가이)

북한이 낙동강 전선에서 8월 중순부터 시작한 총공세가 9월 초에 실패로 끝나고 후퇴를 시작할 때 조선인민군은 궤멸에 가까울 정도의 타격을 받았고, 수많은 조선로동당 당원들이 도망했다.[13] 따라서 유엔군의 인천상륙작전 개시 3일 전인 1950년 9월 12일 조선로동당 중앙위 조직위원회 제47차 회의 개최 시점에서는 당의 복구를 위한 '당 장성' 문제는 무엇보다도 중요한 과업으로 등장했다.

당 중앙조직위 제47차 회의 결정서를 보면, 전쟁 중에 평양시당의 당원들이 벌써 대규모로 도피했음을 알 수 있다. 예컨대, 평양시 중구역당에서만 200명이나 도피했다. 이때는 아직 평양이 유엔군에 의해 점령당하기 전이었다. 당 중앙조직위는 평양시 당 단체를 확대 강화하기 위해 "자각적 근로열성자들의 자원

---

12) 김일성의 항일빨치산 동료였던 김일은 1953년 8월 초 당 중앙위 제6차 전원회의에서 당 중앙위 부위원장, 당 중앙위 상무위원회 위원, 당 중앙위 정치위원회 위원, 당칙수정위원회 위원으로 선출됐고, 1954년 3월 하순 내각 인사에서는 내각 부수상 겸 농업상으로 임명되어 전쟁이 끝나자마자 화려하게 권력에 복귀했다. 김일성의 항일빨치산 동료였던 최광은 1953년 제5군단장, 1954년 제1집단군참모장, 1956년 당 중앙위 후보위원으로 복귀했다. 전쟁 전 북강원도당위원장이었던 림춘추는 1962년 10월 22일 개최된 최고인민회의 제3기 제1차 회의에서 최고인민회의 상임위원회 서기장으로 복권됐다.

13) 전쟁 당시 최고사령관 김일성의 명령서 중의 하나는 "일부 부분적 군관들은 악화된 새 정세에 당황하여 적과의 전투에서 비겁성을 나타내며 군대의 지휘를 버리고 적과 투쟁할 대신에 병사로 가장하고 은신하였으며 무기를 내어버리며 견장을 떼어버림으로써 적으로부터 자기의 추악한 생명을 구원하였다"는 표현을 하고 있다(이종석, 1995: 240, 각주 5에서 재인용).

적 입당지원을 확장하며 당 대열의 장성에 노력을 집중"하기로 결정했다. 그리고 "자원적 (입당)지원"을 방해하는 "관료주의적 작풍을 즉시 시정하고 입당청원자들의 청원을 제때에 해결하며 동시에 전시 하 입당을 청원한 근로열성자들의 문제를 취급함에 있어서 단순히 교양부족과 만 20세 미달성 또는 직장 근무연한 부족, 기타 개인적 사소한 조건 등으로 아무 정치적 고려 없이 일방적 구실로 부결하는 기계적 사업방법을 퇴치"할 것을 결정했다(『결정집』, 1949~1951b: 252~253).

남한에서의 빨치산 운동의 과오를 비판하고 무정을 철직시켰던 당 중앙위 제3차 전원회의의 마지막 날인 1950년 12월 23일, 전원회의 종료 후 개최된 당 중앙위 조직위 제48차 회의는 '평양시 당 단체의 당 장성 사업'만을 다뤘던 중앙조직위 제47차 회의의 결정을, 이제 6개월간의 전쟁 경험을 바탕으로 전국적인 차원으로 확대하여 재확인했다.

즉, 조직위 제48차 회의는 "해방전쟁 과정에서 조성된 군사정치정세의 변동과 관련하여 당 조직사업과 당 내부생활을 변동된 정세에 적응"시키기 위해 초급단체 정리사업과 당 단체의 역할 제고, 당 장성 사업 강화, 당 규율 강화 등에 대해 여러 조치들을 결정했다(『결정집』, 1949~1951a: 255~260). 이 회의는 당 장성 강화 발전이 전쟁의 승리와 "깊은 연관성"이 있다고 보고, 입당 청원자들의 입당문제를 취급하는 데서 "그들의 자원적 지원을 독단적으로 견제하거나 제때에 취급하지 않은 관료주의적 사업 작풍을 시정할 것"과 단순한 교양부족, 만 20세 미달성, 직장 근무연한 부족, 보증인과 1년 이상 함께 사업하지 않은 문제 등 "개인적 사소한 조건" 등으로 그들의 입당지원을 "아무 정치적 고려 없이 부결시키는 기계적 사업방법을 시정"하고 "입당 청원자의 전쟁의 승리적 종결을 위하여 투쟁하는 실정과 그 전망에 기준하여 당 대열에 받아들이는 사업을 일층 강화할 것"을 결정했다(『결정집』, 1949~1951a: 256).

아래에서 자세히 살펴보겠지만, 당 중앙조직위 제47차, 제48차 회의는 '당 장성'을 위한 당원 입당과 관련하여 나중에 김일성이 '관문주의(關門主義)'라고 정면 비판한 허가이의 사업 작풍이 벌써 일관되게 문제점으로 지적되고 있음을 보여주고 있다. 허가이는 바로 위에서 설명한 '관문주의'와 과도한 '책벌주의'로 비판받고[14) 1951년 11월 당 중앙위 제4차 전원회의에서 당 중앙위 비서와 조직 부장에서 철직되고 1953년 7월 2일에 자살하게 된다(Lankov, 2002: 150).

그런데 당 중앙조직위 제48차 회의 1개월 후인 1951년 1월 23일에 개최된 조선로동당 중앙위 조직위 제49차 회의는 "후퇴과정과 적들의 강점기간에 있어서 당 문건을 유실한 당원들에 대한 당적문제"를 취급하는 데 있어서 엄중한 '당적 책벌'을 결정했다. 참고로, 평안북도 순천군의 경우는 유엔군의 점령 기간에 당원 164명 중 무려 154명이 당증을 분실했고 이들은 결국 출당처벌을 받았다 (Suh, 1988: 124).

그런데 조직위 제49차 회의 결정은 매우 주목할 만한 것이었다. 즉, 이 결정에 의하면, 당원증은 당원들이 "항상 자기의 눈동자와 같이 보호하며 어떠한 난관에 봉착할지라도 이를 간직하기 위하여 헌신적으로 투쟁함은 당원들의 신성한 의무인 것"인데, "적지 않은 당원들이 자기의 당증을 찢어버리거나 혹은 소각 매몰하였을 뿐만 아니라 심지어는 원수들에게 투항하고 자기의 당증을 내어준 사실까지" 있었다. 그러나 각급 당 단체들이 그들이 범한 오류에 대해 신속하게 대처하지 않음으로써 규율위반자들과 비겁분자, 변절자들이 당원의 자격을 유지하고 정권기관과 사회단체 내에서 부당한 지위를 차지하고 있다는 것이다. 따라서 "당 대열 내에 잠입한 불순분자들을 당 대열에서 제외하며 당 앞에 죄악을 범한 당원들에게 적절한 당적책임을 추궁함으로써 당내 규율을 강화하며 당의 순결성을 보장하기 위하여" 여러 제재조치를 결정한다는 것이었다(『결정집』, 1949~1951a: 266~268).

그런데 당 중앙조직위 제49차 회의의 이 결정은 흥미롭게도 그 내용이 소위 '허가이의 과도한 책벌주의'에 가깝다. 허가이의 과도한 책벌주의란, 김일성이 비록 조선로동당 중앙위 위원장 직함은 갖고 있었지만 조선민주주의인민공화국 군사위원장과 조선인민군 최고사령관으로서 전쟁을 수행하느라 정신이 없

---

14) 란코프는, 허가이가 제2차 세계대전 시 독일군 점령하에서 당증을 분실한 소련공산당원들이 모두 책벌을 받고 거의 대부분 복당하지 못했던 사례를 잘 알고 있었으며 그가 그러한 소련의 경험을 북한에 적용했던 것으로 보고 있다(Lankov, 2002: 148).

는 상황에서, 당시 당을 실질적으로 장악하고 있던 허가이가 당 규율 위반자들에게 내렸던 엄격한 책벌을 말한다.

그러나 이미 당 중앙조직위 제47차, 제48차 회의가 인민군이 전쟁에서 패전을 거듭하면서 당원들이 대규모로 도피하는 등 당의 붕괴 가능성에 직면하자 이를 방지하고자 '당 장성' 사업을 시급한 과업으로 결정했는데, 당 중앙조직위 제49차 회의에서 당원증을 함부로 했다는 이유로 엄중한 책벌을 내리는 행위는 '당 장성' 사업과는 정반대의 일이었고, 이는 전체적인 맥락에서 앞뒤가 맞지 않는다.

그렇다면 왜 이처럼 일관성이 없고 '상충적인' 결정들이 내려졌는가? 당 중앙조직위 제49차 회의에서 내려진 그러한 엄격한 책벌은 당시 전쟁 상황의 전개와 밀접한 관련이 있었던 것으로 보인다. 당원증 관리를 잘못한 데 대한 '허가이식' 책벌을 결정한 당 중앙조직위 제49차 회의의 개최 시점은 북한군이 중국인민지원군의 참전에 힘입어 1951년 1월 4일 다시 서울을 점령하고 1월 14일에는 유엔군과 남한군을 평택-삼척 신방어선까지 밀어붙이는 데 성공한 다음인 1월 23일이었다. 이는 조선로동당이 전쟁 상황이 악화될 때는 당원들의 도피로 생겨난 당원 감소를 보충하기 위해 엄격한 입당조건 적용보다는 당원 숫자를 늘리는 '당 장성'이 중요했지만, 승전의 기대에 차 있었을 때는 그와는 정반대였다는 것을 말해준다. 또한 이는 전쟁 중에 이뤄진 당 장성 사업이 당원의 '질'보다는 '양'에 치중된 문제점을 안고 있었음을 말해준다.

6·25전쟁이 교착상태에 빠지고 북한 측의 인명 피해가 전후방에서 대량으로 나는 상황에서[15] 1951년 6월 23일 유엔주재 소련대표인 말리크(Y. A. Malik)는 정전을 제의했고 7월 10일부터 개성에서 휴전회담이 시작됐다. 이런 상황에서 1951년 10월 9일에 개최된 조선로동당 중앙위 정치위원회 제100차 회의는 「당

---

15) 1953년 3월, 김일성이 평양 주재 소련대사관 직원들과 나눈 대화 내용을 보면, 북한은 전방과 후방에서 매일 300~400명의 인명피해를 보고 있었다. 휴전회담이 지속되는 동안에도 미군의 폭격은 계속됐다. 1950년 10월에도 북한 측은 대량으로 인명피해를 보고 있었다 (Document #113, 1995: 83).

장성에 대하여」라는 결정서를 채택했다. 결정서는 전쟁으로 인한 파괴로 공장노동자 숫자가 감소된 상황에서 특히 농촌의 근로인민, 그중에서도 '빈농민층의 애국적 열성분자들'을 지체 없이 광범위하게 당에 흡수하여 당을 확대 강화할 필요가 있음을 지적했다. 당 중앙정치위는 또한 "우리 당 단체들과 지도간부들이 당 장성을 더 광범히 실시하고, 당 장성 사업에 있어서 존재하고 있는 제 결점과 오류들을 신속히 시정하며, 당을 대중의 당으로 확대 강화하는 것이 오늘 우리 당의 중요한 과업으로 된다"고 결정했다. 그리고 입당 나이를 기존의 만 20세에서 만 18세로 낮추었다(『결정집』, 1947~1953b: 24~27).

허가이의 철직

1951년 11월 1~4일 개최된 당 중앙위 제4차 전원회의에서는 김일성이 「당 단체들의 조직사업에 있어서 몇 가지 결점들에 대하여」 보고했다(김일성, 1953a). 아래에서 자세히 살펴보겠지만, 제4차 전원회의는 소련파의 거두인 허가이를 당직에서 철직시키고, 김일성에게 충성해온 국내파 박정애(당 중앙위 비서)를 당 중앙위 정치위원회에, 소련파인 박창옥을 중앙위 비서에, 소련파인 박영빈을 당 중당위 조직부장에, 일본공산당에서 주로 활동해왔던 김천해를 당 중앙위 사회부장에 각각 선출했다.

김일성은 제4차 전원회의 보고에서 당시 당 단체들의 사업에서 나타난 결함을 네 가지 범주로 나눴는데, 그중에서도 두 가지가 특별히 중대한 결함으로 지적됐다. 그 하나는 조직문제 취급에서 나타난 편향들이었다. 이는 조선로동당의 '대중적 성격'과 전쟁 중이라는 '현 정세' — 전쟁으로 공장들이 대부분 파괴됨에 따라 공장노동자의 숫자가 감소한 상황 — 를 고려하여, 당원들의 노동성분 비율이 저하될까 두려워 전선과 후방에서 애국주의와 헌신성을 발휘한 근로농민들을 입당시키지 않으려는 '관문주의'적 경향이었다. 김일성은 이런 경향을 버리고 당을 '장성'시켜야 함을 강조했다. 또한 전쟁 중에 당중을 제대로 간직하지 못했던 데 대한 당적 책벌을 기계적으로 적용하지 말 것을 요구했다(김일성, 1953a: 294~303; 『결정집』, 1946~1951: 127~128). 제4차 전원회의는 각급 당 기관들과 당 단체들이 기계적으로 적용한 처벌을 취소, 시정 또는 해제할 것을 결정했다(김일성, 1953a: 321; 『결정집』, 1946~1951: 130~131; 김일성, 1980j: 405).

또 다른 범주의 결함은 조국통일민주주의전선(조국전선)과 그에 망라된 정당들과의 사업에서 나타난 '그릇된 경향'들이었다. 김일성은 전쟁 중인 '현 정세' 하에서 각계각층의 광범한 '애국적 역량'을 망라한 조국전선을 더욱 확대 강화할 것을 주문했다(김일성, 1953a: 306~308; 김일성, 1980g: 482~483). '일시적 후퇴시기'에 적의 강압에 의해 치안대, 한청 등 반동단체에 가담했거나 이러저러한 죄를 지은 사람들 중에서 절대다수는 강압에 못 이겨 추종한 사람들이기 때문에 이들을 다 일률적으로 반동분자로 규정하고 적으로 생각하는 것은 큰 잘못이며, 청우당이나 민주당 같은 우당들은 반동적이기 때문에 그들과 손을 잡을 필요가 없다고 생각하는 것도 잘못이라는 지적이었다(김일성, 1953a: 307~310; 『결정집』, 1946~1951: 129~130).

김일성이 당시 당 단체들의 조직사업에서 위와 같은 문제점들을 지적하고 개선하도록 요구한 것은(김일성, 1980k: 496~509) 6·25전쟁 중에 평양이 함락되고 두만강, 압록강까지 유엔군이 진격해 올라간 과정에서 많은 당 조직이 와해되고 또 수많은 당원들이 사망하거나 당증을 버리고 유엔군과 남한군에 협력했기 때문에 당 조직을 복구하고 당원 수를 확대해야 하는 엄중한 필요성 때문이었다.

사실상 당 중앙위 제4차 전원회의에서 한 김일성의 연설은 소위 '관문주의'와 '책벌주의'로 대표되는 '좌경적 오류'를 맹렬히 비판한 것으로서(김일성, 1953c: 296) 말할 것도 없이 소련파 허가이를 겨냥한 것이었다. 허가이는 당 중앙위 제4차 전원회의에서도 당원이 아직 60만을 넘지 않았는데도 "당의 문을 닫자"고 주장했는데(김일성, 1980n: 485~486), 이는 김일성의 입장에서는 받아들일 수 없는 '관문주의'였다.

허가이의 몰락은 사실상 전쟁 이전부터 예정되어 있었다. 6·25전쟁이 터진 바로 다음 날 설치된 조선민주주의인민공화국 군사위원회에 당 중앙위 정치위원회 위원인 허가이가 군사위원에 선출되지 않았다. 군사위원회는 비상 전시동원체제하에서 일체의 주권을 보유하고 전시행정과 군사 양면에 걸친 최고의사결정기구였다. 소련파인 허가이는 당정치위원 겸 조직담당비서(제1비서)로서 당 조직을 장악하고 있었고, 더구나 '군사위원회의 설치'는 조선로동당 정치위원회가 결정한 사항이었다. 군사위원회의 구성을 보면, 김일성이 위원장이었고, 박헌영(부수상 겸 외무상), 홍명희(부수상), 김책(전선사령관), 최용건(민족보위상), 박일우(내무상), 정준택(국가계획위원장)이 군사위원이었다.

그들이 군사위원으로 선출된 배경을 굳이 추측해보자면, 박헌영과 홍명희는 남한 출신으로서 전쟁 개시 후 남한 빨치산 운동 활성화 책임 때문에, 김책과 최용건, 박일우는 군사 문제에 대한 전문성(박일우는 중국과의 관계도 고려) 때문에 선출된 것으로 보이며, 정준택은 전쟁 수행에서 군수품 및 기타 물자의 보장에 대한 책임을 맡기는 데 적합했다. 그러나 전쟁이 소련과 중국의 계획과 지원으로 시작된 상황에서 소련파의 거두이고 당의 실질적인 책임자였던 허가이가 군사위원에 선출되지 않았다는 것은 한마디로 이해하기 힘든 일이었다.

허가이는 1951년 11월 당 중앙위 제4차 전원회의의 결정에 의해 당 중앙위 비서와 당 조직부장에서 철직되어 내각 부총리가 됐다(『결정집』, 1953b: 41). 허가이의 죄명은 그가 당을 확대 강화해야 할 6·25전쟁 중에 조선로동당 내에서 노동자들의 구성 비율이 줄어들까 봐 두려워 광범위한 농민의 입당을 막는 관문주의적 정책을 실시했고(김일성, 1953a: 296~297),[16] 불순하거나 비겁한 당원들에 대한 출당과 지나친 책벌로 전체 당원 60만 명 중 75%인 45만 명의 당원을 책벌하여 당 조직을 마비시켰다는 것이었다. 또한 적들의 눈을 피하기 위해 잠시 당증을 파묻어두었던 경우에도 책벌을 주었으며, 이것은 "당을 와해하며 해소하는 행동"이었다는 것이다. 그리고 그는 '일시적 후퇴시기'에 강계에 들어가 있으면서 방송시설을 복구하여 "방송 사업을 보장할데 대한 당적과업을 집행"하지는 않고 "부화방탕한 생활"을 했다는 것이다(김일성, 1980l: 448~449; 김일성, 1980v: 129).

김일성은 1952년 2월 '도·시·군 인민위원회 위원장 및 당 지도일군 연석회

---

16) 당 중앙위원회 제4차 전원회의 당시 허가이가 당원이 60만이 넘지 않았는데 '당의 문을 닫자'고 주장했으나, 당은 허가이의 의견을 비판하고 계속 당 대열을 확대하는 방향으로 나아갔다고 한다(김일성, 1980n: 485~486).

의'를 개최하고 「현 계단에 있어서의 지방정권기관들의 임무와 역할」에 대해 연설했다. 조선로동당사는 이를 '역사적인 2월 연설'이라고 부르는데, '허가이를 비롯한 반당분자들이 당 안에 관료주의적 사업 작풍을 많이 퍼뜨린 데 기인'하여 관료주의가 생겨났으며, 김일성이 이 연설을 통해 관료주의를 반대하는 투쟁을 강력히 벌일 것을 지시했다는 것이다. 바로 이 연설이 "인민정권기관 일군들을 비롯한 모든 부문 일군들 속에서 관료주의를 반대하고 혁명적 군중관점과 인민적 사업 작풍을 세우는 데서 지도적 지침"으로 됐다는 것이다(조선로동당 중앙위원회 당력사연구소, 1979: 370~371).

그런데 한 가지 궁금한 것은 비록 허가이가 당원들의 입당에 관문주의적 행태를 보였고 기계적으로 당적 책벌을 가했다는 비난을 받았으나, 만일 북한이 전쟁에서 승리를 했다면 허가이에게 과연 '관문주의'라는 죄를 뒤집어씌울 수 있었을까 하는 것이다. 오히려 허가이는 어려운 전시상황에서도 당 규율을 약화시키지 않고 당의 순수성을 보장하는 데 큰 공을 세웠다고 칭송받지 않았을까? 그러나 북한은 전쟁에서 승리하지 못했고, 김일성은 소련파의 대표 인물인 허가이를 전쟁을 통해 자연스럽게 제거했다. 김일성이 당 조직사업과 관련하여 허가이에게 씌운 '관문주의'와 '책벌주의' 죄명은 원칙적인 것보다는 전시 상황의 변화에 따른 작위적인 성격이 컸던 것으로 보아야 할 것이다. 이는 앞에서 이미 살펴본 바와 같이, 당 중앙조직위 제47차, 제48차 회의의 결정 내용과 제49차 회의 결정 내용의 상충, 그리고 이 회의들이 개최된 시점을 종합적으로 살펴보면 어렵지 않게 짐작할 수 있다.

1952년 8월 3일에 당 중앙위 정치위 제128차 회의가 개최되어 당 중앙위 제4차 전원회의 결정의 '실천 정형'에 대해 평가했다. 이 회의에서 소련파 박영빈은 당 중앙위 제4차 전원회의의 '당 장성' 결정에 따라 당원 수와 초급 당 단체의 숫자도 전쟁 전보다 더 증가했다고 보고했다(『결정집』, 1947~1953c: 76). 그러나 당의 장성에 힘쓰다 보니 많은 당 단체들이 "당의 질적 장성에 관심을 적게 돌리며 무원칙한 양적 장성에 치중"하는가 하면, 반면에 부분적으로 어떤 당 단체들은 계속 관문주의를 범하고 있는 '엄중한 결함들'을 노출했다고 지적했다. 당 장성 사업이 "반드시 정치교양사업과 병행되어야 한다"는 원칙을[17] 잘 지키지 못했다는 것이다(『결정집』, 1947~1953c: 77).

또한 제4차 전원회의 결정에 따라 그동안 기계적으로 적용한 처벌을 취소·시정 또는 해제하는 '당 책벌 정리사업'은 당 책벌을 급속히 정리하는 데만 급급하여 책벌을 준 회의록이나 명단에 근거하여 책벌을 일률적으로 취소한 결과 "행방불명된 자 및 구금 중에 있는 자와 심지어는 사망된 자에까지 취소"해주는 일이 발생했다(『결정집』, 1947~1953c: 77).

앞의 당 중앙위 정치위 제128차 회의는 또한 「농촌에서의 당 정치 교양사업 및 군중 문화사업 정형과 그의 개선방침에 관하여」라는 결정서를 채택했다. 이는 그동안 "경험 있고 훈련된 수십만의 농촌 당원들"이 무기를 들고 전선에 출동했기 때문에 "당 실제 사업에서 경험이 적고 정치적 훈련을 원만히 받지 못한 신입당원들과 노인 및 여성당원들로 구성"된 농촌 당 단체가 절대 다수를 차지하게 됐기 때문이었다(『결정집』, 1947~1953a: 83, 85).

결과적으로 당 중앙위 제4차 전원회의 이후의 당 장성 사업은 '질적' 장성을 보장하지 못하고 '양적' 장성에 치우치는 문제점을 드러냈다. 이는 전쟁으로 특히 북한 대부분의 지역이 유엔군에 점령당함으로써 실질적으로 붕괴되다시피 한 당을 다시 급속히 성장시키기 위한 과정에서 생겨난 불가피한 현상으로 이해할 수 있을 것이다.

이상에서 살펴보았다시피, 1950년 9월 12일 당 중앙위 조직위원회 제47차 회의 시점, 즉 조선인민군이 낙동강 전선에서 총공세에 실패한 후 후퇴함에 따라 평양시당을 포함한 수많은 당 단체에서 당원들이 대거 도피를 시작한 때부터 '당 성장' 문제는 주요 당 회의 때마다 엄중하고 시급한 과업으로 등장했다.

특히 1951년 11월 초 개최된 당 중앙위 제4차 전원회의에서 김일성은 전쟁 중에 크게 손상된 당을 회복시키고 장성시키기 위해서 당의 입당과 책벌에 있어서 관용을 베풂으로써 '대중적 당'이 되어야 한다는 자신의 생각(사상)을 명확히

---

17) 당 중앙위 제4차 전원회의가 개최되고 1개월 후인 1951년 12월 24일 당 중앙정치위원회는 제108차 회의를 개최하여 "당 선전선동사업과 군중문화사업을 강화"하기 위해 1952년 1월 중으로 각 도당위원회에 선전부위원장을 설치한다는 결정을 했다(『결정집』, 1947~1953e: 36).

했다. 또한 전쟁을 수행하는 데서 정파와 관계없이 전체 인민들의 협력을 이끌어내기 위해서는 우당인 천도교청우당 및 조선민주당과의 '통일전선'을 강화해야 한다는 생각(사상)도 마찬가지로 명확히 했다. 이에 반해, 허가이는 당의 '질'과 '순수성'을 유지하기 위해서는 당원도 농민들을 너무 많이 받아들일 것이 아니라 기본적으로 노동자의 비율을 유지해야 하며, 당적 책벌도 엄격하게 하자는 생각(사상)을 갖고 있었다. 김일성은 이를 조선로동당이 '대중적 당'으로 되는 데 장애가 되는 '관문주의'로 비판했다.

이처럼 전쟁 중에 당원의 입당과 책벌, 통일전선 문제에 대해 상이한 생각(사상)과 비전을 가진 김일성과 허가이의 경쟁은 결국 당을 '대중적 당'으로 만들 것인가 아니면 당원의 노동자 비율을 엄격히 지키는 '마르크스-레닌주의 당'으로 만들 것인가 하는 당의 '정체성' 문제를 제기했던 것이다.

김일성은 '당 장성'의 필요성과 효과적인 '전쟁수행'이라는 문제를 해결하기 위해 자신이 처한 상황을 이해하고 변화하는 상황에 대응함에서 허가이보다는 더 큰 신축성과 융통성을 보여주었다. 김일성은 허가이에 비해 '대중적 당' 건설과 '통일전선'을 보다 더 중시하는 사상과 정체성을 갖고 있었고, 그것을 전당적으로 공유하려는 투쟁에서 자신이 처한 정치기회구조—당시 전쟁 중이었고 그동안 당이 심각한 피해를 입었던 현실—를 더 융통성 있게 이해하고 활용했던 것이다.

이에 비해 허가이는 전쟁으로 수많은 당원이 죽거나 도피한 상황에서도 당원의 순수성을 유지하려는 등 마르크스-레닌주의 당을 추구하는 사상과 정체성을 갖고 있었다. 허가이가 자신의 사상과 정체성을 전당적으로 공유하려는 노력은 '전쟁 수행'이라는 불리한 정치기회구조로 인해 많은 어려움을 겪을 수밖에 없었다. 결국 김일성은 소련과 중국의 원조에 적극적으로 의존하면서 전쟁을 치르고 있던 중이었는데도 소련파 거두인 허가이와의 권력경쟁에서 승리하여 그를 숙청하는 데 성공했던 것이다.

3. 박헌영파 숙청

앞에서 살펴본 바와 같이, 김일성은 6·25전쟁 기간에 '1949년 6월 질서'를 해체하고 자신을 중심으로 한 '패권적 연합'을 형성하는 데서 연안파 무정, 소련파 허가이를 숙청하는 일에 성공했다. 이제 남은 것은 박헌영과 그의 지지자들을 숙청하는 일이었다.

6·25전쟁을 계획할 때, 박헌영은 전쟁이 시작되면 남한에 빨치산 운동이 활성화되고 남로당원이 조직한 인민봉기가 대규모로 일어날 것으로 주장했기 때문에 이에 대한 박헌영의 주장을 우선 소개하고, 그다음으로 박헌영, 리승엽 등 박헌영파가 나중에 '미제간첩과 반당·반국가적 범죄행위자'라는 죄목으로 재판을 받고 숙청당하는 과정을 살펴보기로 한다. 그리고 북한이 재판을 통해 제기한 박헌영의 '죄상'의 허구성에 대해 검토하기로 한다.

전쟁 이전: 남한 빨치산 운동 역량 평가

6·25전쟁을 계획하고 수행함에서 남한에서의 지하 남로당원의 봉기, 빨치산 운동의 활성화는 매우 중요한 문제였다. 특히 박헌영의 세력기반이 남한의 지하 남로당이었기 때문에 남로당원들과 그들이 조직하고 지원하는 남한 빨치산 활동이 전쟁을 승리로 이끄는 데 어느 정도로 공헌하느냐 하는 문제는 전쟁 중, 그리고 전쟁 후에 박헌영의 정치적 입지에 결정적인 영향을 미칠 수밖에 없었다.

여기에서 6·25전쟁의 계획단계에서 남한 빨치산 운동의 활성화와 관련된 사건과 논의들을 살펴보자. 비밀 해제된 소련문서를 보면, 6·25전쟁 개시 9개월여 전인 1949년 9월 11일 소련외무성 제1부상 그로미코(A. A. Gromyko)가 평양 주재 소련대리공사인 툰킨(G. I. Tunkin)에게 보낸 전문에서 '남한에서의 군사적 상황'에 대해 문의하고 있다. 그 질문 중에는 남한에서의 빨치산 운동의 현황과 전쟁 시 빨치산으로부터 어떤 실질적인 도움을 받을 수 있는지, 그리고 북한사람들이 남한을 먼저 공격하면 남한사회와 남한사람들이 어떻게 생각할지, 북한군이 남한주민들로부터 어떤 종류의 실질적인 원조를 받을 수 있을지를 가능한 한 조

속히 김일성을 만나서 그의 의견을 들어본 후 즉시 보고하라는 내용이 있다.[18]

이에 대해 툰킨은 9월 12~13일에 김일성과 박헌영을 만나서 그들의 의견을 듣고 이를 9월 14일자로 보고했다. 당시 남한의 빨치산은 1,500~2,000명 정도였는데, 김일성은 남한의 빨치산으로부터 실질적인 지원을 받는 것에 의존하지 말아야 한다는 의견이었으나, 박헌영은 이와 달리 빨치산으로부터 상당한 도움을 받을 수 있을 것으로 생각했다. 어쨌든 김일성과 박헌영은 적과의 통신을 교란하는 데 빨치산이 도움을 주고, 비록 전쟁 초기에는 어렵겠지만 나중에 빨치산이 남한의 주요 항구들을 점령해주기를 희망했다.[19]

남한사람들이 북한사람들이 일으키는 내전에 대해 어떻게 생각할 것인지에 대해 김일성은 '생각이 왔다 갔다' 했다. 김일성은 9월 12일자 대화에서는 만일 북한사람들이 군사행동을 시작하면 남한사람들에게 부정적인 인상을 심어줄 것이라고 분명히 말하고 이는 북한사람들에게 정치적으로 불리할 것이라고 말했다. 이와 관련하여 김일성은 마오쩌둥도 마찬가지 생각이라고 언급했다. 김일성의 생각은 중국에서 내전이 완료될 때까지는 기다리자는 것이었다.[20]

9월 13일자 대화에서는 허가이가 통역으로 참여했다. 그런데 김일성은 그 전날과는 달리, 남한사람들이 북한사람들의 무력공격을 환영할 것이고 만일 북한사람들이 군사행동을 시작하면 남한사람들의 환영 덕분에 정치적으로 지는 싸움이 되지 않을 것이라고 말했다. 나중에 김일성은 만일 내란이 길어지면 그때는 북한사람들이 정치적으로 불리한 위치에 처하게 될 것이라고 말했다. 지금과 같은 상황에서는 조속한 승리를 믿기가 불가능하기 때문에 그는 내전을 당장 시작하자는 제안을 하지는 않았으나, 옹진반도와 옹진반도 동쪽의 개성을 확보하는 것에는 동의했다. 김일성과 박헌영은 한반도에서 내전이 발생하는 경우에 남한주민들은 북한군에 동정적일 것이며 북한군을 도와줄 것으로 생각했다. 그리고 전

---

18) Telegram from Gromyko to Tunkin at the Soviet Embassy in Pyongyang, September 11, 1949, 웹 자료.

19) Telegram from Tunkin to Soviet Foreign Ministry, in reply to 11 September telegram, July 14, 1949, 웹 자료.

20) Ibid.

투행위가 성공적일 경우에는 남한에서 많은 봉기가 조직될 것으로 기대했다.[21]

한 가지 주목할 만한 것은 김일성은 6·25전쟁을 일으키기 전에 남한에서의 빨치산 활동이 전쟁의 승패를 결정지을 결정적인 요소가 아니라는 생각을 일관되게 했다는 점이다. 이와 관련하여 또 다른 예를 보자. 김일성은 1950년 1월 19일자 소련대사관 직원과의 대화에서 '남한사람들은 자신을 신뢰하고 있으며 북한 무력을 의존하고 있다. 빨치산이 문제를 결정하지 않을 것이다. 남한사람들은 우리가 좋은 군대를 갖고 있다는 것을 알고 있다'고 말했다.[22]

1950년 3월 30일, 김일성과 박헌영은 전쟁 개시와 관련하여 스탈린을 만나기 위해 모스크바를 방문하여 그곳에서 4월 25일까지 머물렀다. 스탈린과 김일성-박헌영과의 회담들에 대한 소련공산당 중앙위 국제부의 요약보고서를 보면, 김일성은 조선에서 전쟁이 일어나면 미국이 개입하지 않을 것으로 보았다. 그는 북한군의 대남 공격이 신속하게 이뤄질 것이며 전쟁은 3일 만에 승리할 것으로 보았다. 또한 남한에서의 게릴라(빨치산) 활동은 더 강력해졌고 큰 봉기가 일어날 것으로 기대할 수 있다고 보았다. 이때 박헌영은 스탈린에게 남한에서의 강력한 게릴라운동에 대해 자세히 설명했는데, 20만 남로당원들이 대중봉기의 지도자들로서 참여할 것으로 예상했다(Weathersby, 2002: 10).

김일성은 이전에는 남한에서의 빨치산 활동에 대해 소극적인 평가를 내리고 있었으나, 이미 전쟁을 시작하기로 결심하고 스탈린의 전폭적인 협력을 구하기 위해 모스크바에 온 이상 '남한에서의 게릴라 활동은 더 강력해졌고 큰 봉기가 일어날 것으로 기대할 수 있다'고 강조했던 셈이다. 그러나 그는 박헌영처럼 '무려 20만 명의 봉기'와 같은 주장은 하지 않았다.

1950년 4월 초에 개최된 조선로동당 중앙정치위원회에서도 "조국의 통일문제에 관한 건"을 다루면서 김일성이 '무력통일이 단 하나의 옳은 현실적인 정책'임을 강조하고 만장일치로 이것을 지지해줄 것을 요청하자, 박헌영은 김일성에 대한 지지 토론을 하면서 남한에 있는 20만의 지하 남로당원이 만일 인민군

---

21) Ibid.

22) Telegram Shtykov to Vyshinsky, January 19, 1950, 웹 자료.

이 남하한다면 내응하여 군사작전을 원호할 것이라고 말했다고 한다(박갑동, 1983: 257~259).[23]

김일성은 6·25전쟁 개시 바로 다음 날에 조선민주주의인민공화국 군사위원회를 설치하고 평양방송을 통해 '남반부 남녀 빨치산'을 포함한 남북한 주민들에게 총궐기를 호소했다. 그리고 박헌영도 6월 말 조선로동당 중앙위를 대표하여 "남반부 로동당 전체 당원들과 전체 인민들에게" 보내는 방송연설을 통해 "적의 후방에서는 첫째도 폭동, 둘째도 폭동, 셋째도 폭동"을 호소하면서 "전력을 다하여 대중적 정치적 폭동을 일으키어 인민 자신의 손으로 지방 주권을 장악하며 적을 격멸전진하는 인민군에 호응·궐기"할 것을 요구했다. 그는 "도처에 대중적 폭동을 일으키며 해방구를 확대하며 인민위원회를 복구하며 자기 대열을 10배로 20배로 시급히 확대"할 것을 촉구했다(임경석, 2004: 449).

전쟁 중: 남한 빨치산 활동 미흡 비판

6·25전쟁 발발 이틀 후인 1950년 6월 17일 조선로동당 중앙위원회는 전체 당 단체들과 당원들에게 편지를 보냈다. 당 중앙위는 앞으로 벌일 전쟁이 "민족적 독립과 국토의 완정과 통일을 위한 남반부 인민을 해방하는 정의의 전쟁이며 전 인민적 전쟁"이 될 것으로 선언하고, 전체 당 단체들과 당원들은 "자기의 모든 사업을 전시태세로 개편할 것"이며 "전선을 적극 협조하며 적을 박멸하는 데 동원"되어야 한다고 촉구했다. 그리고 적의 후방에서 당 단체들과 당원들은 "빨찌산 운동을 확대"하며, '빨찌산 부대들과 그루빠[그룹]들'이 적들에 대해 각종 파괴, 방해 등은 물론, "빨찌산 전투를 곳곳에서 광범히 전개하여야 할 것"을 강조했다(『결정집』, 1947~1953g: 8~12). 이 중앙위 편지에는 전쟁 초기 전시태세로의 개편 분위기와 남한에서 빨치산 운동이 광범하게 전개될 것에 대한 기대가 나타나 있다.

---

23) 그런데 서울의 소련영사관에서 박헌영을 가까이서 지켜보았던 샤브신의 부인 샤브시나는 '박헌영이 무력통일 노선을 주장하지 않았다'는 증언을 하고 있다(임경석, 2004: 444).

앞에서 이미 살펴보았지만, 김일성은 전쟁 개시 6개월 후인 1950년 12월 하순 임시수도 자강도 강계에서 개최된 당 중앙위 제3차 전원회의에서 「현정세와 당면 과업」을 보고했다. 그는 남한에서의 빨치산 투쟁과 후방 유격전의 문제점, 적 후방에서의 유격전 전개의 중대한 전략상·작전상 의의를 지적했다. 이는 박헌영파의 미래에 어두운 그림자를 드리운 것이었는데, 왜냐하면 박헌영은 전쟁이 일어나면 남한에서 20만 명의 남로당원이 들고 일어나 조선인민군을 도울 것으로 장담했는데(Weathersby, 2002: 10; 박갑동, 1983: 257~259), 실제 그러한 일은 일어나지 않았기 때문이다. 당시 남한에 있던 유격대들의 호응은 김일성과 박헌영이 처음에 기대했던 것과는 달리 극히 소규모에 불과했다(김남식, 1984: 443~445).24)

더구나 유엔군이 38선을 넘어 평양을 향해 북진하고 있었고, 김일성은 불가피하게 중조양군연합사 창설에 동의함으로써 조선인민군의 작전통제권을 중국인민지원군에 넘겼으며, 스탈린은 중국의 동북지방에 북한의 망명정부까지 고려하는 위기 상황에서 박헌영은 유엔군에 대한 산악지대에서의 유격대 활동에 반대했다(시성문·조용전, 1991: 97~98; Chen, 1994: 282). 여기서 박헌영이 1950년 조선인민군의 퇴각 당시 산악지대에서 유격전을 반대한 상황을 살펴보자.

1950년 9월 하순 유엔군이 서울을 재탈환하고 10월 1일 38선을 넘어서 북진하던 상황에서 김일성과 박헌영은 중국의 참전을 긴급하게 호소했고, 중국은 10월 1~2일에 6·25전쟁 참전을 최종결정했으며, 이 결정을 10월 8일 북한에 공식

---

24) 보기에 따라서는 평가가 다를 수도 있었다. 예컨대, 평양 주재 소련대사 스티코프는 북한군이 서울을 점령한 후인 1950년 7월 1일자로 스탈린에게 보낸 전문에서 조선인민군의 성공적인 공격은 남한에서 빨치산을 활성화시키고 있으며 지금 남한군의 배후에서 빨치산 운동이 광범하게 발전하고 있다고 보고했다. 그러나 미국의 광범위한 반북 선전과 미군기들의 남북한 인구거점, 공업지대, 군대거점에 대한 잦은 공격으로 북한의 정치적 분위기는 약간 나빠지고 있다고 했다(Ciphered telegram, Shtykov to Fyn-Si (Stalin) repolitical mood on North Korea, July 1, 1950, 웹 자료). 전쟁 개시와 더불어 북한군이 서울을 점령하고 낙동강에 이르렀던 시기, 즉 전쟁의 승리에 대한 기대가 컸을 시기에는 남한에서 좌익 빨치산 활동이 어느 정도 활성화된 것이 사실이었다(김남식, 1984: 444~445).

통지했다. 이때 평양 주재 중국대사 니즈량(倪志亮)과 무관 차이청웬(柴成文)이 평양에 있는 김일성의 지하 총사령부에 가서 마오쩌둥의 공식 참전 전문을 전달했다(Chen, 1994: 188).

차이청웬의 회고록에 의하면, 그와 니즈량 대사가 10월 8일 밤 모란봉 지하에 있는 김일성의 지하 지휘소를 방문했을 때 김일성은 박헌영과 격론을 벌이고 있었다. 그래서 중국 외교관들은 난처하여 들어가지도 돌아서지도 못하고 어찌할 바를 몰랐다는 것이다. 박헌영이 떠난 이후, 김일성은 찾아온 중국 손님들에게 "그 사람 박헌영은 산에 올라가 유격전을 할 결심은 도무지 없단 말입니다"라고 설명했다고 한다(시성문·조용전, 1991: 98; Chen, 1994: 282).

박헌영이 왜 '산'에서의 유격대 투쟁에 대해 소극적이었을까? 여기에서 '산'은 어디를 말하는가? 당시 상황을 좀 더 살펴보자. 스탈린은 흑해 얄타에서 휴가를 즐기고 있던 중에 김일성과 박헌영 공동명의로 된 9월 29일자 원조요청 서한을 받고 10월 1일 마오쩌둥에게 북한에 최소한 5~6개 사단을 속히 38선 쪽으로 출동시키는 파병 원조를 해주도록 권고하는 서한을 보냈다(Stalin, 1950.10.1).

마오쩌둥은 10월 2일 스탈린에게 보내는 답신을 통해, "적이 38선을 처음 침범하였던 당시, 몇 개의 인민지원군 사단들을 조직하여 북조선으로 파병하여 그들을 원조하려는 계획을 갖고" 있었으나, '면밀히 검토'한 결과, '몇 개 사단으로써 조선문제를 해결하기 어렵다'고 판단하게 됐다고 말했다. 따라서 '지금은 군대를 보내지 않고 인내하면서 적극적으로 힘을 길러 적과 전쟁에 대비하도록 하는 것이 나을 것'으로 보며, '북조선은 잠시 패배 상황을 겪은 후에 투쟁방식을 유격전으로 전환하여야 할 것'이라는 입장을 밝혔다. 그러나 이 문제에 대해 아직 최종결정을 내린 것은 아니며 스탈린과 "계속 협의"하기를 바란다면서 스탈린이 동의한다면 "즉시 항공편으로 저우언라이와 린뱌오(林彪) 동지를 당신의 휴양지로 보내 당신과 이 문제에 관해 협의하고 북조선과 중국의 상황을 보고" 토록 하겠다고 답신했다(Roschin, 1950.10.3).

중국은 6·25전쟁에 참전하기로 결정하고 저우언라이와 린뱌오(林彪)를 흑해 얄타에 있는 스탈린에게 보냈다. 1950년 10월 10일 밤부터 11일 새벽까지 계속된 회담에서 저우언라이는 소련군의 공군 출병과 무기, 장비를 요청했고, 스탈린이 이를 거절하자 저우언라이는 출병하지 않겠다고 통보했다. 이에 스탈린은 북한의 노인과 부상자는 시베리아로, 정규군은 만주로 철수하여 이후 지속적으로 북한 북부지역에서 미군과 유격전을 하도록 결정했다. 북한군이 만주로 철수한다는 스탈린의 결정이 10월 12일 마오쩌둥과 김일성에게 전달됐다. 마오쩌둥도 처음에는 이 결정에 동의하고 만주에 대기 중인 중국군에게 북한으로 진입하지 말라고 명령했다. 김일성은 스탈린의 그러한 결정에 큰 실망을 표시했다(김동길 인터뷰, 2010.8.10; 이종석, 2000a: 146~150, 시성문·조용전, 1991: 97). 참고로, 중국은 10월 13일 긴급정치국회의를 통해 조선전쟁의 참전을 재확인하고, 나중에 소련은 결국 공군력과 무기, 장비를 제공하게 된다.

김일성이 말한 '산'에서의 유격전은 '남한의 산'에서의 유격전이 아니라, 유엔군의 공세에 밀려 잘못하면 중국의 동북지방에 망명정부를 수립해야 할 처지이기에, '북한의 산'도 포함하여 '한반도 전체의 산악지방'에서의 빨치산 활동을 의미했다.

한편, 10월 초에 베이징에서 마오쩌둥을 만나고 10월 5일 북한에 돌아온 박일우는 다음 날 개최된 조선로동당 중앙위 정치위 회의에서 마오쩌둥이 조선동지들은 '전선과 후방에서 투쟁을 지속하되 특히 유격전을 조직하는 것이 중요하다'고 지적했다면서, 마오쩌둥이 '김일성이 마치 자신의 영토처럼 만주를 활용할 수 있을 것'이라고 말했다고 전했다(Zakharov, 1950.10.7).

한편, 북한 주재 소련군 총참모부 대표 자하로프(M. V. Zakharov) 대장은 10월 6일 개최된 조선로동당 정치위 결정과 관련하여 북한은 '외부로부터 군사적 원조가 없더라도 산으로 퇴각하여 투쟁을 지속할 것이며 중국에서 향후 공세를 위한 타격군을 양성한다는 결정을 채택'한 것으로 보이며, '남조선에서는 리승엽의 지도하에 빨치산 운동을 전개하고, 북조선에서는 퇴각 시 박일우의 지도하에 빨치산 부대들을 조직'하기로 했다는 정보를 스탈린에게 보고했다(Zakharov, 1950.10.7).

그런데 이처럼 김일성과 마오쩌둥, 그리고 조선로동당 중앙위 정치위가 '산에서의 유격전'을 결정하고 그 중요성을 강조하고 있던 상황에서 박헌영이 '산'에서의 유격전을 반대했던 것이다. 왜 박헌영이 유격전에 반대했을까? 그 이유를 정확히 알 수 없다. 단지 북한군이 6월 25일 전쟁을 시작하여 3일 만에 서울을 점령하고 남하할 때는 승전의 희망 때문에 박헌영이나 김일성이나 남한의 산악지역에서의 유격대 활동의 활성화에 적극적이었겠지만, 이제 유엔군이 참전하고, 더구나 유엔군의 인천상륙작전으로 북한군이 거의 붕괴하다시피 하면서 후퇴를 거듭하여 38선까지 내주고 북쪽으로 퇴각하고 있던 상황에서, 산속에서 빨치산을 해서 전쟁에서 승전할 수 있을지에 대해 개인적으로 회의적이지 않았을까 모르겠다.

더구나 당시 상황은 김일성의 말을 그대로 소개하자면, 제공권을 미군에 완전히 빼앗겨버린 상황에서 미군은 "약 1천 대의 각종 항공기를 매일 주야를 구분하지 않고 출동하여 전선과 후방 할 것 없이 마음대로 폭격을 불순히 감행하고" 있으나, "우리 편으로부터는 대항할 항공기가 없는 조건 하에서 적들은 참으로 공군의 위력을 충분히 발휘"하고 있던 상황이었다(김일성과 박헌영, 1950.9.29). 더구나 1950년 10월 8일부터 11일까지 평양에서 정부기관과 외교단의 철수가 진행될 예정이었다(Shtykov, 1950.10.13). 그리고 이것은 나중인 10월 19일 평양이 함락된 다음에 김일성이 한 말이지만, "서울을 잃어버리고, 적들은 북쪽으로 진격해오고, 특히 평양을 빼앗기고 나자 상황은 급격히 악화"됐으며, "군대는 불안정해지고 전쟁에 패배했다는, 조선인들은 미군에 대항하여 전쟁을 이끌 수 없다는 그런 심리가 널리 퍼지기 시작"했던 때였다(Shtykov, 1950.11.17).

이상의 모든 것이 의미하는 바는 무엇인가? 김일성 자신은 원래 전쟁을 시작하기 전에는 남한의 빨치산 활동이 전쟁에 어떤 대단한 도움이 될 것으로 생각하지 않았다. 그러나 유엔군의 인천상륙작전으로 전세가 완전히 역전되어 유엔군이 38선을 넘어 북한으로 밀고 올라오는 상황에서 현실적으로 남은 방법은 '산'에 들어가 '유격전'을 펼치면서 장기전을 대비하는 방법밖에 없다고 생각하게 됐다.[25]

---

25) 참고로, 펑더화이는 1950년 11월 중순 현재 '중국군은 현대적 장비가 부족하고, 탱크와 항공기는 거의 없어 아마도 오랜 시간 동안 전쟁을 계속해야 할 것'이라면서 '조선전쟁은 장기전이 될 수밖에 없으며 최소한 3년 전쟁을 계획해야 한다'는 입장이었다(Shtykov, 1950.11.17).

그런데 전쟁 시작 전에는 그렇게 빨치산 활동의 중요성과 활성화를 강조하더니 이제 전세가 불리해져 북한의 운명이 풍전등화에 처한 상황에서 마지막 남은 자구책으로 결론을 내린 '유격대 활동의 강화'에 대해 박헌영이 소극적인 태도를 보인 것이다.

이런 맥락에서 볼 때, 1950년 12월 하순 강계에서 개최된 당 중앙위 제3차 전원회의에서 김일성이 남한에서의 빨치산 투쟁의 문제점, 후방 유격전의 전략상·작전상의 중대한 의의 등을 지적한 것은 바로 박헌영에 대한 비판이었던 것이다. 이 빨치산 투쟁 관련 논란은 결국 나중에 박헌영파를 제거하는 구실과 배경으로 작용했다.

당 조직 개선과 사상사업 강화 방안(1): 박헌영파의 '종파-간첩행위' 폭로와 처벌

1952년 12월 15~18일 조선로동당 중앙위 제5차 전원회의가 개최됐다. 김일성은 「로동당의 조직적 사상적 강화는 우리 승리의 기초」라는 보고를 했다(김일성, 1953b: 264~337). 그리고 제5차 전원회의는 김일성의 보고를 전적으로 지지하고, 각급 당 위원회, 당 단체, 정치기관들은 김일성의 보고를 '지도'로 삼고 보고에 제시된 과업들을 '실천'할 것을 결정했다(『결정집』, 1953a: 2).

김일성은 우선 당 중앙위 제4차 전원회의가 있은 후 당 조직사업은 현저히 개선됐으며 당 대열은 급속히 장성 강화됐음을 보고했다. 구체적으로 세 가지를 언급했다.

첫째, 당의 장성을 가로막고 있었던 관문주의적 경향이 시정되어 노동자, 군무자, 근로농민 및 '노력인테리'가 1952년 10월까지, 즉 지난 1년 동안 수십만 명이 입당하여, 이제 조선로동당은 100만 명 이상의 당원을 망라한 '대중적 정당'이 됐으며, 거의 5만 개에 달하는 초급 당 단체를 가진 당으로 장성 강화됐다. 김일성은 북한의 "어느 농촌, 어느 직장, 또는 우리 군대의 어느 구분대를 물론하고 우리 당 단체들이 없는 곳이 없으며 우리 당의 역량이 미치지 않는 곳이 없"다고 자랑했다(김일성, 1953b: 295).

둘째, 당 단체들이 당원등록사업에서 범한 책벌주의 오류도 고쳐져서 지난

1년 동안 출당건수의 29.8%가 취소됐고, 정당원을 후보당원으로 떨어뜨렸던 것 중에서 62.1%를 취소했으며, 책벌받은 당원의 69.2%에 대해 책벌을 취소했다(김일성, 1953b: 296).

셋째, 당 중앙위 제4차 전원회의 이후 많은 당 기관들과 당 일꾼들이 가지고 있던 관료주의적, 형식주의적 사업 작풍이 고쳐지기 시작했으며 당과 인민대중과의 연계는 더욱 강화됐다. 즉, 당 조직노선 집행에서 범했던 '좌경적 오류'를 시정하고 당을 일층 확대 강화했다는 것이다(김일성, 1953b: 297).

그렇다면 1951년 11월 당 중앙위 제4차 전원회의 이후부터 1952년 12월에 당 중앙위 제5차 전원회의가 개최될 때까지 1년여밖에 되지 않은 짧은 기간에 그처럼 많은 사람을 입당시키고 출당 결정과 책벌도 대폭 취소함으로써 이제 신입당원이 40% 이상이나 차지하게 됐는데(김일성, 1953b: 323), 당의 '양적 장성'과 '질적 장성' 사이의 괴리 문제는 어떻게 해결하는가?

김일성은 양과 질의 사이에 "얼마만한 불합치"가 생긴 문제와 관련하여, 전쟁 기간에 근 45만 명이 새로 입당했는데 "그들의 절대다수는 정치적 수준으로 보나 사업상 경험으로 보아 어린 당원들이며 전체 신입당원 총수의 약 반수가 국문을 겨우 해득하는 자들"임을 인정하고 이들에 대한 당 정치교양사업 강화가 절실함을 인정했다(김일성, 1953b: 298). 김일성은 이에 대한 구체적인 대책으로서, 무엇보다도 '당 조직사업의 개선'과 '사상사업의 강화'를 내어놓았다.

그렇다면 '당 조직사업의 개선'과 '사상사업의 강화'를 위한 구체적인 과업과 방안은 무엇이었는가? 김일성이 당 중앙위 제5차 전원회의에서 내놓은 구체적인 과업과 방안은 박헌영, 리승엽 등 간첩도당과 종파분자들의 정체를 폭로하고 그들을 당 대열에서 제거하는 것이었다(김일성, 1980i: 491).

김일성은 자신의 보고에서 당 조직사업에서의 문제점을 지적하는 가운데 '종파주의자 잔재'에 대해 지적했다. 그는 "미·영 제국주의의 무력 침범자들과 가혹한 전쟁을 진행하고 있는 오늘 더욱 이러한 종파적 행동을 용허할 수 없"다고 강조하고, "종파주의 잔여를 그냥 남겨 둔다면 인민민주주의 국가들과 우리의 형제적 당들의 경험이 가르쳐주는 바와 같이 그들의 결국 출로는 적의 정탐배로 변하고 만다는 사실에 대하여 우리 당은 심심한 주의를 돌리지 않을 수 없"다고 선언했다(김일성, 1953c: 311). 이제 전쟁이 종반으로 들어서자 종파주의자, 간첩 도당인 박헌영파를 제거하는 작업을 시작한 것이다.

당 중앙위 제3차 전원회의가 무정을 겨냥했다면, 제4차 전원회의는 허가이를, 제5차 전원회의는 박헌영을 겨냥한 것이었다. 나중에 김일성은 "전쟁의 불길 속에서 소집됐던 당 중앙위원회 제3차, 제4차, 제5차 전원회의들은 당 대열의 순결성을 보존하며 통일을 강화하는 데서 역사적인 의의를 가지는 회의들"이었다고 평가했다(김일성, 1980u: 272). 여기서 당 대열의 순결성의 보존과 통일의 강화는 김일성의 사상과 정체성을 전당적으로 공유하게 하면서, 김일성에게 맞서는 반대세력은 종파주의자, 간첩도당으로 규정하여 제거하는 것을 의미했다.

당 조직 개선과 사상사업 강화 방안(2): 당 '사회과학부' 설치를 통한 마르크스-레닌주의의 창조적 적용, 항일빨치산혁명전통 강화

당 중앙위 제5차 전원회의 개최 이후, 북한은 당 중앙위 내에 '사회과학부'를 신설했다.[26] 1953년 2월 24일에 개최된 당 중앙위 조직위 제127차 회의는 신설된 사회과학부의 사업내용과 그 한계를 결정했다. 특기할 것은 이 사회과학부의 사업내용이 지금 북한에 있는 '조선로동당 중앙위원회 당역사연구소'에 해당하는 성격을 갖고 있다는 점이다.

사회과학부는 마르크스-레닌주의 이론의 연구를 통해 선진 혁명당들의 경험을 섭취하여 "맑스-레닌주의의 일반적인 원칙들을 우리나라의 구체적 현실에 알맞게 창조적으로 적용하기 위하여 투쟁"하며, "조선인민의 민족해방투쟁사와 경애하는 수령 김일성동지의 항일무장유격투쟁의 역사를 이론적으로 천명하며 해방 후 우리 당이 걸어온 영광스러운 길을 이론적으로 총화하여 이를 인

---

26) 1954년 3월 하순 당 중앙위 3월 전원회의는 당 중앙위 사회과학부는 폐지하고 선전선동부 내에 사회과학연구과를 두었다(『결정집』, 1954g: 4). 그러나 그해 11월 초에 개최된 당 중앙위 11월 전원회의는 선전선동부 내에 있던 사회과학연구과를 폐지하고 당 중앙위 사회과학부를 재신설했다(『결정집』, 1954c: 50~51).

민대중 속에 광범히 전파"하기 위한 목적을 가지고 있었다(『결정집』, 1953d: 75).

이러한 목표하에서 당 중앙위 사회과학부는 '연구과'와 '번역과'를 설치하고 이들의 사업내용과 그 한계를 구체적으로 결정했다. 첫째, 연구과는 무엇보다도 "조선인민의 민족해방투쟁사와 김일성동지의 영광스러운 항일무장투쟁 역사를 이론적으로 천명하며 이에 대한 문헌 및 자료들을 수집 정리"하는 것이 첫 번째 사업내용이었다. 사회과학부 연구과는 또한 "과학원을 비롯한 사회과학 부문에 관계되는 단체들에 대한 학술연구 사업에서 당 정치노선에 입각하여 당적 지도를 보장하며 사회과학자들을 우리 당 중앙위원회 주위에 결속시키며 긴급히 해결을 요하는 당적 이론과제들을 그들에게 제시하고 그 실행정형을 지도 검열"하는 임무를 맡고 있었다(『결정집』, 1953d: 76~77).[27]

이제 김일성은 당 중앙위 제4차, 제5차 전원회의에서 허가이와 박헌영을 숙청한 후, 1953년에 들어 본격적으로 마르크스-레닌주의를 북한의 구체적 현실에 알맞게 '창조적으로 적용'하고, 자신의 항일빨치산 무장유격투쟁의 역사와 그에 참여한 인물들을 근간으로 북한에서의 혁명과 건설의 중심을 세우겠다는 의도를 본격화한 것이다. 김일성의 사상과 정체성을 전당적으로 확대하고 강화하는 것이 제5차 전원회의에서 내세운 '사상사업 강화'의 핵심 내용이 된 것이다.

박헌영파의 체포: '정권 전복 음모와 간첩죄'

박헌영의 마지막 대외활동은 1952년 9월 4일 조중연합대표단이 '중국인민지원군과 조선인민군 재조직 협상'을 위해 모스크바를 방문하여 스탈린, 김일성, 펑더화이 3자회담을 개최했을 때 북한 측 배석자로 회담에 참여한 것이었다. 이때 김일성은 박헌영의 대동을 원치 않았지만, 마오쩌둥이 "박헌영 동지의 모스크바 방문도 매우 유익한 것으로 판단하고 있다"는 식으로 강력하게 요구하여 이뤄졌다. 당시 모스크바 회담록을 보면 북한 상황에 대해 스탈린은 김일성이

---

27) 번역과는 외국 혁명당들의 투쟁경험을 조선어로 번역 연구하고, 북한의 경험을 러시아어, 중국어, 영어로 번역하여 소개하는 일을 했다(『결정집』, 1953d: 77).

대답을 한 후에 인민들의 분위기(정서)는 박헌영에게, 군대문제는 펑더화이에게 재차 확인했다(저우언라이, 1952.8.25; Document #8, 1952: 378; 김동길 인터뷰, 2010.8.10).

소련 측 자료에서 박헌영의 이름으로 나온 가장 마지막 자료는, "조선민주주의인민공화국 외무상 박헌영은 1952년 11월 29일 성명을 발표하고, 조선민주주의인민공화국은 '소련의 제안이 가장 공정하며, 조선전쟁을 가장 빨리 종식시킬 수 있고 조선 문제를 평화적으로 해결할 수 있는 방안'으로 우리는 이 제안을 지지한다"라는 성명이었다(김동길 인터뷰, 2010.8.10).

1953년 3월 5일에 스탈린이 사망했다. 김일성은 3월 9일 스탈린 추도식이 끝나자마자 박헌영과 금강정치학원 책임자 리승엽 등을 '정권 전복 음모와 간첩죄'로 체포했다.[28] 그리고 당 중앙위 연락부 산하 남로당계 사람들, 남로당계가 운영하던 대남 유격대 양성기관인 금강정치학원의 전원을 평안북도 천마군 탑동리 중앙당학교에 수용했다. 이로써 자연히 금강정치학원은 해체됐다. 천마군에 수용됐던 남로당계 사람들에 대해서는 '중앙당학교'라는 이름으로 "형식상 학습과 군사교육을 실시했으나 당 중앙위 제5차 전원회의 문헌 검토와 당성 검토회의가 매일과 같이 진행"됐다. 박헌영과 리승엽 등의 범죄행위에 대한 비판을 통해 이들에 대한 사상사업을 강화했던 것이다. 이들은 그해 정전이 되고 리승엽, 조일명, 리강국 등이 사형판결을 받은 후인 8월 중순까지 이곳에 격리됐다(김남식, 1984: 477~479; 정창현, 2005: 156).

1953년 6월 4일에 개최된 당 중앙위 정치위 제152차 회의는 당 중앙위 제5차 전원회의에서 김일성이 제시한 당의 발전 강화 임무들을 실천하는 데 "적지 않은 성과들을 달성"했음을 지적하고, 특히 종파분자와 자유주의자들, 그리고 "조선인민의 장구한 유혈적 투쟁으로서 쟁취한 인민민주제도와 그의 성과

---

28) 당시 북한 최고검찰소 검사를 지낸 김중종은 스탈린이 사망한 3월 5일에 리승엽·리강국 등 12명 간첩사건 이야기를 들었다고 한다(정희상, 1991: 185). 1953년 3월 3일 방학세는 박헌영을 제외하고 개최한 당 중앙위 정치위에서 박헌영의 정부 전복 음모 문제에 대해 보고했고, 바로 림화, 조일명, 박승원, 리승엽 등을 체포하여 조사할 것을 결정했다고 한다(정창현, 2002: 153).

들을 내부로부터 파괴하기 위하여 당 및 정권기관들에 잠입한 간첩 파괴 암해 분자들과의 투쟁에서 적지 않은 성과"를 거두었음을 또한 지적했다(『결정집』, 1947~1953d: 136).

6월 4일 조선로동당 중앙정치위에서 김일성이 내린 결론을 보면, 당 중앙위 제5차 전원회의가 있은 이후 당에 잠입한 "간첩분자들과 종파분자들을 반대하는 투쟁을 강력히 전개"했는데, "특히 당과 국가기관에 잠입하여 당의 통일단결을 파괴하며 우리의 인민민주주의 제도를 전복하려고 음모를 꾸미던 박헌영, 리승엽 간첩도당이 적발 숙청됐으며 그 추종분자들과 종파분자들도 심대한 타격"을 받았다고 했다. 그리고 이것을 제5차 전원회의가 있은 이후에 이룩한 '가장 큰 성과의 하나'라고 규정했다(김일성, 1980i: 489~490). 6월 4일 정치위원회는 또한 「당 중앙위원회 제5차 전원회의에서 제시한 당 단체들을 더욱 강화할 대책」이라는 결정서를 채택하고 전체 초급 당 단체들에서 '당 중앙위 제5차 전원회의 문헌 재토의 사업'을 시작할 것을 결정했다(『결정집』, 1954d: 48).[29] 이는 물론 박헌영, 리승엽의 종파-간첩행위가 당의 기층조직인 초급 당 단체에서 토론되고 비판받게 함으로써 당의 기초단체를 포함한 모든 수준의 당 단체에서 전당적으로 박헌영파 숙청을 정당화하고 합리화하기 위한 것이었다.

박헌영파의 정체성: '조선의 베리야'와 그 부하들

그렇다면 김일성이 숙청한 박헌영, 리승엽 등 박헌영파는 어떤 사상과 정체성을 갖고 있었는가? 김일성파가 마르크스-레닌주의를 북한의 현실에 교조적이 아닌 창조적으로 적용해야 된다는 생각(사상)을 갖고 항일빨치산혁명전통의 강화에 노력하는 정체성을 가진 반면, 박헌영파는 김일성파와는 대조적으로 6·25전

---

29) 조선로동당은 1954년 7월 21일 당 정치위원회 제16차 회의를 개최하고 「당 중앙위원회 제5차 전원회의 문헌 재토의 사업 진행정형 총화에 대하여」라는 결정서를 채택했다. 이 결정서는 문헌 재토의 사업을 통해 성취하려는 당 조직사업과 정치사업의 수준이 아직 '당의 정치적 임무'의 수준에까지는 도달하지 못했음을 지적했다(『결정집』, 1954d: 48).

쟁 중에 반당·반국가적 종파-간첩행위를 한 정체성을 가진 집단으로 매도됐다.

그런데 여기서 특기할 것은 박헌영, 리승엽 등은 무엇보다도 반당·반국가적 범죄행위인 종파-간첩행위를 했다는 죄목으로 소련공산당에 의해 숙청당한 베리야(L. P. Beriya)와 연계되어 매도됐다는 점이다. 달리 말해, 박헌영은 '조선의 베리야'였고, 리승엽, 조일명, 리강국 등은 조선의 베리야의 부하였던 것이다. 이를 자세히 살펴보자.

1953년 7월 18일에 당 중앙위 정치위원회가 개최됐는데, 이는 소련에서 스탈린 사후인 1953년 7월 2~7일에 개최되어 베리야를 비판한 소련공산당 중앙위 전원회의의 결정을 "전적으로 지지"하기 위해서였다(『결정집』, 1953c: 50). 베리야는 그해 6월 26일 소련공산당 중앙위 상무위원회에서 철직되고 구속됐다.

그런데 여기서 주목할 점은 조선공산당의 박헌영 척결과 허가이 자살에 대한 비판을 소련공산당의 베리야 척결과 함께 묶어서 다루고 있는 점이다. 박헌영과 허가이의 범죄행위를 소련에서 "반당적 반국가적 범죄행동"을 저질러 철직된 베리야의 경우와 연결시킴으로써 북한에서 김일성이 박헌영과 허가이에 대해 취한 책벌을 소련공산당의 경우를 원용하여 정당화한 것이다(『결정집』, 1953c: 51~53).

특히 김일성이 뚜렷한 의도를 갖고 적극적으로 베리야와 박헌영을 연계한 것이 눈에 띈다. 위의 7월 18일자 조선로동당 중앙위 정치위 결정을 보면, "쏘련공산당 내에 있는 반역자 베리야의 사건에 앞서 우리 당내에서는 박헌영의 비호하에 반국가적 반당적 간첩 암해 파괴 해독 활동들을 감행한 리승엽 도당들을 폭로"했음을 자랑하면서, 이들을 "폭로 탕진함으로써 우리 당의 통일과 단결은 더욱 강화됐으며 그의 전투력은 일층 제고"됐다고 하고 있다(『결정집』, 1953c: 51).

그런데 소련의 베리야는 누구인가? 베리야는 스탈린의 최측근으로서 1930년대 후반에 비밀경찰을 이용하여 소련공산당 간부와 군인, 지식인, 대중에 대한 테러를 통해 대숙청(Great Purge)을 조직한 인물 중의 하나였고, 나중에 1953년 3월 스탈린이 사망한 뒤에는 일시적으로 말렌코프(G. Malenkov), 몰로토프와 함께 집단지도체제를 형성했던 사람이다. 그는 국내정치와 동독정책에 대해 '자유화'를 이끌기도 했다. 그러나 그는 권력투쟁에 패해 1953년 6월 흐루쇼프(N. S.

Khrushchev)에 의해 '영국 정보기관' 스파이라는 비판을 받은 후 체포됐으며, '반당·반국가적 범죄적 행위'를 한 것으로 발표됐다. 그해 12월 그와 그의 일당은 '외국 정보기관들의 간첩'이었고 '소련에서 권력을 잡고 자본주의를 회복시키기 위해 수년간 음모를 꾸민 것'을 시인함으로써 소련방최고법원에 의해 반역·테러·반혁명죄로 사형을 선고받고 바로 총살당했다.[30]

이처럼 당시 소련에서 있었던 베리야의 숙청이라는 호재는 김일성이 박헌영의 숙청을 정당화하는 데 큰 도움이 됐음을 알 수 있다. 물론 박헌영이 소련파도 아니고 소련공산당이 그를 도와주지도 않았지만, 소련에서의 권력투쟁이 하나의 모범으로서 북한에서의 권력투쟁에도 영향을 미쳤고, 김일성이 즉시 소련의 예를 이용한 점이 흥미롭다.

그런데 이 책의 제3부에서 자세히 살펴보겠지만, 훗날 1956년 '8월 종파사건'의 발생으로 연안파와 소련파 인사들이 숙청되자 소련공산당과 중국공산당은 조선공산당의 내정에 공동 개입하게 되는데, 양당 대표단이 평양으로 떠나기 전날인 1956년 9월 18일 마오쩌둥과 미코얀(Anastas I. Mikoyan)이 베이징에서 조선로동당 개입 건으로 회담을 하면서 도중에 박헌영과 그의 사형에 대한 이야기를 나눈 장면이 있다. 이때 마오쩌둥은 "박헌영은 베리야가 아니다. 베리야는 많은 사람들을 죽였지만 박헌영은 일개 문인"이라고 했고, 미코얀은 "그렇다"고 동의했다(「모주석접견소공중앙대표단담화기록」, 1956.9.18[31]). 이는 마오쩌둥과 미코얀이 김일성이 박헌영을 '조선의 베리야'로 몰아서 숙청한 데 대해 동의하지 않고 반대했다는 것을 말해준다. '조선의 베리야'라는 굴레는 김일성이 박헌영을 제거하기 위해 정치적으로 씌운 굴레였던 것이다.

---

30) http://en.wikipedia.org/wiki/Beria

31) 필자는 「모주석접견소공중앙대표단담화기록」(1956.9.18)을 제공해준 데 대해 베이징대학(北京大學) 역사학과 김동길 교수에게 특별한 감사를 표한다.

박헌영파 12인의 재판: '미제간첩과 반당·반국가적 범죄행위자'(1)

이제 김일성이 리승엽, 조일명, 리강국 등 박헌영파 12인을 '미제간첩'이었다는 죄로 숙청했던 재판을 살펴보자. 1953년 7월 27일 6·25전쟁에 대한 정전협정이 조인되고 사흘 뒤인 7월 30일 김일성은 기다렸다는 듯이 '미 제국주의의 고용간첩 박헌영, 리승엽 도당의 조선민주주의인민공화국 정권 전복 음모와 간첩사건'으로 박헌영을 제외한 리승엽, 조일명, 리강국 등 남로당 계열 12명을 기소했다. 8월 3일부터 3일간 리승엽 일파 간첩사건의 공판이 열렸으며, 당일로 박헌영을 외무상에서 해임하고 소련파 남일을 외무상에 임명했다. 당시 8월 5~9일 당 중앙위 제6차 전원회의가 개최 중이었는데, 김일성은 전원회의 개최 중인 8월 6일 북한의 최고재판소 군사재판부가 12인 중에서 2인을 제외한 리승엽, 조일명, 리강국 등 10명에게 사형을 선고하게 했다.

리승엽 등 12인에 대한 재판은 평양 모란봉 지하극장에서 약 3천여 명의 방청객이 참석한 가운데 3일간 진행됐다(정희상, 1991: 188). 북한의 최고검찰소 검사총장의 명의로 된 리승엽 등에 대한 기소장의 제목은 "피소자 리승엽, 조일명, 림화, 박승원, 리강국, 배철, 윤순달, 리원조, 백형복, 조용복, 맹종호, 설정식들의 조선민주주의인민공화국 정권 전복 음모와 반국가적 간첩 테로 및 선전 선동행위에 대한 사건"이었다(김남식 편, 1974c: 448).

이들의 기소장에 제시된 죄상은 세 가지였다. 첫째, 미 제국주의를 위해 감행한 간첩행위, 둘째, 남반부 민주역량 파괴, 약화, 음모와 테러, 학살행위, 셋째, 공화국 정권 전복을 위한 무장폭동행위였다(김남식 편, 1974c: 450~469).

소추검사(訴追檢事)는 리승엽의 '범죄 사실'과 '법적 책임'을 다음과 같이 밝혔다. 리승엽은 본 사건의 두목 역할을 했으며, 1946년 2월부터 미국 정탐기관에 가담하여 간첩행위를 자행했고, 좌익역량을 의식적으로 파괴했으며, 안영달과 조용복을 시켜 김삼룡의 체포를 방조했고, 미군정 노블(Harold Joyce Noble)[32]

---

32) 해럴드 노블은 1903년에 평양에서 선교사의 자녀로 태어나 평양에서 초등학교를 다녔다. 1925년 서울에 돌아와 이화여전에서 교편을 잡기도 했다. 미국에서 '1895년 이전의 한미관

의 지령을 받고 간첩파괴, 테러, 정권 전복 음모 등 반국가적 범죄행위를 감행했다. 1951년 8월부터 인민공화국 전복 목적으로 무장폭동 음모 본부를 조직하여 그 총사령관직을 맡았으며, 1952년 9월 '새 당', '새 정부'를 조직하여 두목으로 활동했다는 것이다(김남식 편, 1974c: 585~586).

리승엽에 대한 판결 내용은 그를 '사형'에 처하고 그에게 속하는 모든 재산을 몰수한다는 것이었다(김남식 편, 1974c: 631).[33] 리승엽은 1년 후인 1954년 7월 30일 처형됐다.

리승엽 등 박헌영파의 숙청은 무엇보다도 당시 북한의 사회주의 당-국가체제 건설이라는 맥락 속에서 이뤄졌던 파벌 간의 권력경쟁의 결과였다. 6·25전쟁은 박헌영파의 권력기반인 남한을 북한에 통합하려는 전쟁이었고, 전쟁의 결과에 따라서는 박헌영의 권력이 크게 강화될 수 있었다. 따라서 김일성파와 연안파, 소련파는 박헌영파에 대한 경계심을 갖게 됐다.

그런데 6·25전쟁의 준비와 수행에서 북한이 소련과 중국의 원조를 받게 되자 소련파와 연안파는 박헌영파를 철저하게 무시했던 것이다. 김남식에 따르면, 소련파와 연안파의 무시에 대한 반발로서 리승엽 등 당 중앙위 연락부 간부들은 항상 남로당계에 '반북로당 감정'과 '애향주의'를 고취하는 '선전 교양'을 했다고 한다. 특히 1952년 후반기부터는 "연락부 소속 526군부대 등 산하기구들을

계'를 주제로 박사학위를 받고 교수생활을 했다. 제2차 세계대전이 터지자 1942년부터 군사 정보와 일본어 담당 장교를 했다. 제2차 세계대전 후에는 신문기자로 전환하여 일본특파원이 됐다. 그는 일본, 중국, 조선에서 공산세력의 대두를 경계하면서 철저한 반공주의 입장에서 글을 썼다. 1948년 주한미군의 정치연락장교 겸 하지 사령관의 정치고문이 됐다. 대한민국이 수립되자 주한미대관 1등 서기관이 됐다. 한편, 이승만은 배재학당을 다닐 때 해럴드 노블의 아버지(William Arthur Noble)로부터 영어를 배우기도 했다. 해럴드 노블은 6·25전쟁 초기 주한 미 중앙정보부(CIA) 지부장으로서 미국과 이승만을 도왔다. 그는 *Embassy At War* 의 저자이다(해럴드 노블, 1982: 275~280).

33) 북한의 공식 재판기록에 의하면, 리승엽은 자신의 '최후진술'에서 "4일간의 공판과정에서 자유롭게 진술할 수 있는 기회를 주었고 변호사까지 선임해준 데 대해 감사드린다. 우리들에게 어떠한 엄중한 판결이 내린다 하더라도 달게 받겠다. 생명이 둘이 있어 그것을 모두 바치더라도 부족하다고 생각한다"고 이야기한 것으로 되어 있다(김남식 편, 1974c: 610).

확장시키고 금강정치학원과 동부, 중부, 서부, 개성 등 연락소와 제10지대 등 전연(戰沿)지대에 수천 명의 남한출신들을 모아 '애향심'을 북돋우는 학습과 군사훈련을 실시"했다고 한다. 이들은 남한지역에서 당과 유격활동을 하던 간부들로 구성되어 있었기 때문에 박헌영과 리승엽의 강력한 정치적 세력기반이었다(김남식, 1984: 477).[34]

따라서 김일성으로서는 전쟁 기간에 남로당계를 제거할 수만 있다면 기꺼이 그렇게 할 이유가 충분했다. 더구나 6·25전쟁에서 박헌영이 장담한 대로 남한의 빨치산 운동이 크게 활성화되어 전쟁 승리에 큰 공헌을 했다면 이야기가 다르겠지만, 6·25전쟁을 통해 남한을 정복하여 통일을 이루겠다는 목표를 달성하는 데 실패했기 때문에 김일성으로서는 남한에서의 빨치산 운동의 활성화 실패와 전쟁에서의 패전을 박헌영파를 제거하는 데 유리한 구실로 적극 이용했던 것이다.

박헌영파에 대한 당적 책벌

그렇다면, 1953년 8월 5~9일에 개최된 당 중앙위 제6차 전원회의는 위에서 살펴본 박헌영파의 종파-간첩행위에 대해 어떤 당적 책벌을 내렸는가? 제6차 전원회의는 「박헌영의 비호 하에서 리승엽 도당들이 감행한 반당적 반국가적 범죄적 행위와 허가이의 자살사건에 관하여」(『결정집』, 1953b: 35~45), 「조직문제에 대하여」(Suh, 1981: 288~289), 「'정전협정 체결과 관련한 전후 인민경제 복구 발전을 위한 투쟁과 당의 금후 임무'에 대하여」(『결정집』, 1953e: 2~34)라는 결정서를 채택했다.

---

34) 남로당 출신들은 조선로동당이 창당된 이후에 '당원' 대접을 제대로 받지 못했으며, 재입당의 절차를 받아야 했다. 그들은 '신뢰할 수 없는' 사람들이었다. 그들은 '2등 국민'으로서 남로당 시절보다 못한 직위와 직책을 받았으며, 1959년 5월 13일 김일성은 평양 주재 헝가리 대사관 외교관에게 약 10만 명의 남조선인들이 북한에 있는데 그들은 '재교육'을 받고 있다고 했다. 한편, 남북로당 출신 작가들은 남한말(남조선어)과 북한말(북조선어) 중에서 어느 것이 표준어가 되어야 하는지를 놓고 대결했다. 서로 상대방 말로 쓰인 소설은 문학작품으로 인정하려고 하지 않을 정도였다(Szalontai, 2005: 41~42).

우선, 「박헌영의 비호 하에서 리승엽 도당들이 감행한 반당적 반국가적 범죄적 행위와 허가이의 자살사건에 관하여」라는 결정서를 살펴보자. 이 결정서는 기본적으로 앞에서 살펴본 리승엽, 조일명, 리강국 일파에 대한 재판과 나중에 살펴보게 될 박헌영의 재판에서 내세우고 있는 이들에 대한 죄상과 동일한 내용이다.

결정서는 우선 그동안 조선로동당이 "조선인민들의 자기 조국—민주주의인민공화국을 창건하며 국토의 완정과 통일을 위한 투쟁에 있어서 그 지도적 향도적 역량"으로 장성했음을 지적했다(『결정집』, 1953b: 35). 그러나 조선로동당의 투쟁의 역사는 "결코 아무 곡절도 곤란도 장애도 없는 평탄한 길이 아니었다"면서, "당 내외의 원수들과의 가혹한 투쟁 가운데서 장성됐으며 단련되고 강화"됐다고 서술하고 있다. 다시 말해, 당의 '장성과정'은 "당내의 온갖 옳지 못한 경향들, 즉 종파주의적 자유주의적 관료주의적 출세주의적 경향들과의 무자비한 투쟁과정"이었으며, "당내에 숨어든 이색분자 암해분자 변절자들을 폭로 숙청하면서 당의 순결성과 통일을 보장하며 맑스-레닌주의 원칙에 의한 당의 공고화를 위한 투쟁과정"이었다는 것이다. 이와 관련하여 "박헌영의 비호 하에서 리승엽 도당들이 감행한 반당적 반국가적 파괴활동에 대하여 전당적 주의를 환기할 필요"가 있다고 했다(『결정집』, 1953b: 36).

결정서는 또한 당 중앙위 제4차와 제5차 전원회의 이후 당내 민주주의는 강화되고 비판과 자기비판, 특히 하부로부터의 비판이 적극화되고 강화되기 시작했음을 지적하고, "당내 생활에서의 이 획기적인 전변"에 따라 "당내에 오랫동안 '혁명자'로 '공산주의자'로 교묘하게 가장하고 숨어 있으면서 온갖 반당적 반국가적 범죄행위를 감행하고 있던 박헌영 리승엽 도당들의 진면목이 발로되지 않으면 안 되게" 됐다고 했다. 그동안 박헌영 리승엽파의 종파적 활동을 "그 첫날부터 알고 있었"지만, 당은 이에 대해 관대하게 대해왔으나 이들이 이를 악용하고 배신적 암해 파괴활동을 더욱 적극화했다는 것이다. 결정서는 "특히 (전쟁의) 마지막 시기"에 와서 그들의 반당적·반국가적 범죄행위가 더욱 노골화됐다고 지적했다(『결정집』, 1953b: 36~37).

결정서는 '박헌영·리승엽 도당'의 "범죄적 행동들과 배신적 행위"의 내용을 나열했다. 그들이 해방 직후 "남조선 당사업의 지도부에 교묘하게 가장하고 기어"들어 "지도부 내에서 자기들 일파의 배신적 범죄적 그루빠[그룹]를 형성"하고 남조선 당 지도부 내에서 "독점적" 위치를 차지했다는 것이다. 그런데 이 종파그룹은 그 절대다수가 과거에 이미 그러한 '유명한' 전력을 갖고 있었던 분자들이었다고 했다(『결정집』, 1953b: 37).

우선, 리승엽은 "벌써 1946년 초에 미국 정탐기관의 앞잡이로서 그 파괴적 암해활동을 진행"했고, "박헌영의 비호 하에서 중요한 당적 국가적 비밀을 원수들에게 제공하면서 미국 침략자들의 지령에 의하여 간부들과 당원들을 체포케 함으로써 당 사업을 파괴"했다고 했다. 김삼룡, 리주하 등이 그렇게 체포되고 학살됐다는 것이다(『결정집』, 1953b: 37).

조일명, 림화 등의 반역자들도 "역시 1946년 초부터 리승엽과 같이 미국 간첩기관에 복무하면서 남조선 당 사업을 파괴"했고, 리강국은 "벌써 1935년부터 미국 간첩기관과 연계를 맺고 있었으며, 미군이 남조선을 점령한 때로부터 미제의 이익을 위하여 당사업과 혁명사업을 파괴하는 범죄적 행동을 하기 시작"했다고 했다. 배철은 "경상북도 도당위원장의 책임적 지위에 있을 때 미국 정보기관에 봉사하면서 도내 전체 조직망을 파괴하였으며 당원들을 모조리 원수들의 손에 체포케" 만들었으며, "미국인의 지령에 의하여 인민유격대를 진압할 목적으로 팔공산 유격대에 잠입하여 파괴적 행위를 감행"했다고 했다(『결정집』, 1953b: 37).

이 밖에 박승원, 안영달, 김응빈, 윤순달, 조용복 등 박헌영과 무리들도 이러한 "반당적 범죄적 패물들"이었다고 했다. 1948년 북한의 남북연합정부 수립과 조선로동당의 "남북 통일적 지도부" 건립 시기를 전후하여 북한에 들어온 이들은 "계속 박헌영의 비호 하에 그의 추천에 의하여 당과 국가기관의 책임적 지위에 잠입"하게 됐고 북한에 와서도 계속적으로 "미국 제국주의자들의 지령에 의하여 또 그들의 이익을 위하여 암해 파괴 활동을 진행"했다는 것이다(『결정집』, 1953b: 37~38).

이처럼 리승엽, 리강국, 조일명, 림화, 박승원 등은 당과 국가의 군사 정치 경제 기밀을 "계속 미국 정탐기관에 제공"하고 "대남사업을 '지도'한다는 명목 하에 남조선에 대한 우리 당 사업을 악랄하게 파괴"하고 "남조선 빨찌산 투쟁에 막대한 해독을 주었으며 원수들을 도와 빨찌산 투쟁을 파괴"한바, "우리 당의 수천 명의 열성당원들과 간부들을 미국 침략자들과 그 졸도들의 마수에 잡혀 살해당하도록 함으로써 원수들을 도와 극악한 범죄행위를 감행하였다"는 것이다. 그리고 이들은 당과 국가의 중요한 직위뿐만 아니라 "심지어 인민군에까지 그들의 마수를 뻗쳐보려고 시도"했으며, 이들의 반당·반국가적 종파행위는 전쟁 시기에 더욱 적극화, 노골화됐다고 했다. 박헌영, 리승엽 "종파 스파이 도당들"은 전쟁의 피해로 인해 어려워진 상황에서 당과 국가의 시책들을 공공연하게 비방하고 불안과 불평불만을 조성하고 사회질서를 혼란시키며 인민들을 당과 정부로부터 이탈시키려는 등의 시도를 했다는 것이다(『결정집』, 1953b: 38~39).

리승엽, 박승원, 조일명, 림화, 배철, 김응빈, 윤순달 등 "반역도당들"은 또한 "미국 침략자들의 지령에 의하여 원수들이 상륙작전과 더불어 대대적 진공을 획책하던 1951년 9월에는 외국 침략군대의 진공과 배합하여 무장쿠데타를 감행함으로써 우리 당과 정부의 지도권을 탈취할 것을 시도"했다고 했다. 이들은 1952년 말 아이젠하워의 상륙작전 시도 시기에도 "미국군대의 진공작전과 배합하여 소위 '군사적 쿠데타'를 일으킴으로써 미국군대의 힘을 빌어 정권을 잡으려고 획책"했다는 것이다. 이들은 "심지어 사전에 소위 '박헌영정부'를 조직하는 데까지 이루는 용서 못 할 범죄적 활동을 감행"했다고 했다(『결정집』, 1953b: 39).

당 중앙위 제6차 전원회의는 "박헌영의 비호 하에서 리승엽 도당들이 감행한 반당적 반국가적 범죄행위를 적발 숙청한 우리 당 중앙위원회 정치위원회의 결정적 대책들을 정당한 것으로 전적으로 지지"하며, 박헌영을 출당시키고 재판에 회부하기로 결정했다(『결정집』, 1953b: 42). 전원회의 결정서는 제목만 보면 리승엽 등의 범죄적 행위를 밝히는 데 초점이 맞춰져 있는 것처럼 보이지만, 리승엽은 이미 1953년 3월 '정권 전복 음모와 간첩죄'로 체포됐고, 1953년 8월 6일에 이미 사형이 선고됐기 때문에 1953년 8월 9일에 폐회되면서 채택한 6차 전원회의의 결정서는 리승엽 등을 사형시키는 이유도 설명하고 사형 선고를 정당화하면서 기본적으로는 '박헌영의 당적 책벌'을 위한 것이었다.

당 중앙위 제6차 전원회의는 또한 리승엽, 배철, 박승원, 윤순달, 조일명, 리강국 등이 저지른 최근 반당·반국가 간첩행위를 처벌했다. 박헌영, 리승엽 일파에 대한 처벌과 함께 남로당계 핵심 인사들이 광범하게 숙청됐는데, 그 내용은 당 중앙위 제6차 전원회의의 '조직문제'에 대한 결정에 나와 있다.[35]

이 조직문제 결정은 박헌영과 관련된 남로당 출신, 민주주의민족전선(민전) 출신 등 남한 출신 인사들, 그리고 과거 오기섭과 관련이 있었던 인물과 김일성에 대한 충성도가 문제되는 북한 국내파 출신 인사들이 광범하게 종파주의자로 몰려 실각했음을 보여준다. 반면에 아래에서 살펴보겠지만, 항일빨치산파는 대폭 중용됐다.

참고로, 실각한 남북한 출신 국내파 인사들을 구체적으로 살펴보면,[36] 우선 오기섭과 동향인 함남 출신 주녕하, 평남 출신 국내파 장시우, 남로당 위원장 박헌영이 축출됐다. 남로당 중앙위원을 지낸 김오성, 경북 안동 출신으로 민전 재정부장과 6·25전쟁 시 경기도 인민위원회 부위원장을 지낸 안기성, 남로당 총무부장을 지낸 김광수, 경성콩그룹 섬유노조 책임자, 조선공산당 서울시책, 6·25

---

35) 당 지도기관 선출에서 구체적인 인물들의 부침을 살펴보자면, 첫째, 주녕하, 장시우, 박헌영, 김오성, 안기성, 김광수, 김응빈은 당 중앙위 위원직을 박탈, 후보위원이었던 권오직은 당 중앙위에서 축출함, 둘째, 6·25전쟁 시 당과 국가에 대한 충성과 희생을 하지 않은 구재수, 이천진, 조복례, 이주상의 당 중앙위 위원직 박탈, 셋째, 이영섬, 황태성, 박경수, 류축운, 윤형식을 당 중앙위 위원으로 선출, 넷째, 당의 조직위원회를 없애고 당 중앙위 상무위원회를 설치하며 김일성, 김두봉, 박정애, 박영빈, 최원택, 최창익, 정일룡, 김일, 강문석, 김승화, 김광협, 박금철, 남일을 당 중앙위 상무위원회 위원으로 선출, 다섯째, 당 중앙위 정치위원회에 김일성, 김두봉, 박정애, 박창옥, 김일을 선출, 여섯째, 당 중앙위 검열위원회 위원장 장순명과 부위원장 이기석을 철직시키고 김응기를 검열위원회 위원장으로 선출, 일곱째, 당 중앙위 비서제를 철폐하고 박정애, 박창옥, 김일을 당 중앙위 부위원장으로 선출, 여덟째, 당칙수정위원회에 김일성, 박정애, 박창옥, 김일, 박영빈, 이기석, 김광협, 이권무, 한설야, 강문석, 황태성, 김열, 고봉기, 김승화, 박금철을 선출, 아홉째, 김창만을 당 중앙위 선전선동부장, 김민산을 당 중앙위 사회부장, 이청원을 당 중앙위 사회과학부장으로 선출한다는 것이었다(Suh, 1981: 288~289).

36) 여기에서 구체적으로 살펴보게 될 각 인물의 경력에 대해서는 『한국사회주의운동인명사전』에 의존하고 있음을 밝힌다(강만길·성대경 엮음, 1996).

전쟁 시 조선로동당 서울시당 위원장, 금강정치학원 원장, 남조선유격대 제1지
대장을 지낸 김응빈, 조선공산당 정치국원, 민전 중앙위원, 중국 주재 북한대사
를 지낸 권오직이 또한 축출됐다. 구재수는 경남 출신으로 남조선신민당 비서처
장을 지냈고, 조복례는 경성콩그룹 참가자, 민전 중앙위원을 지냈으며, 이주상
도 경성콩그룹 참가자, 남로당 중앙위원을 지낸 인물이었는데 모두 철직됐다.
당 중앙위 검열위원회 위원장직에서 철직된 장순명은 박헌영과 함께 고려공산
청년회를 창립했고, 그 뒤 조선공산당 재건운동에 참여하고 경성콩그룹 함경북
도, 함경남도 책임자를 지낸 경력이 있었다(신주백, 1991: 281).

항일빨치산파의 대폭 중용, 소련파의 등용

당 중앙위 제6차 전원회의의 결정서 「조직문제에 대하여」에 나타난 '조직문
제 결정'의 또 하나의 특징은 김일성의 항일빨치산파를 당의 지도부에 대폭 중
용하고 있으며, 동시에 연안파와 소련파에 대해서는 전혀 손을 대지 않았다는
점이다. 김일성의 항일유격대 출신의 대폭 중용은 연안파와 소련파의 반발을 불
러 일으켜 1956년 '8월 종파사건'의 중요 배경으로 작용했다.

여기에서 제6차 전원회의에서 결정한 조직문제와 관련하여 김일성이 연안
파와 소련파에 대해 취한 조치를 좀 더 살펴보자. 비록 1950년 12월 당 중앙위
제3차 전원회의에서 연안파 무정이 철직됐지만, 이는 기술적으로는 그의 개인
차원의 오류가 문제가 된 경우이고, 1951년 11월 당 중앙위 제4차 전원회의는
소련파 허가이를 처벌했지만, 허가이의 경우도 개인적 오류를 핑계로 제공한 경
우였다.

김일성은 당시 소련과 중국의 원조하에 6·25전쟁을 수행하고 있던 상황을
(『결정집』, 1953e: 6) 고려하여 제6차 전원회의에서 오히려 소련파인 박창옥과 박
영빈을 중용했다. 연안파는 실각하지는 않았지만, 소련파처럼 등용되지는 않았
다. 물론 박창옥과 박영빈은 그동안 앞장서서 김일성 개인숭배를 들고 나온 인
물들이었다. 김일성에 대한 소련의 영향력은 김일성이 당 중앙위 제4차 전원회
의에서나 제5차 전원회의에서 반복적으로 레닌과 스탈린의 어록을 인용하면서

북한의 사회주의 당-국가건설은 소련 모델과 소련의 도움으로 가능했음을 이야기한 데서도 나타나 있다.

한편, 국가 관련 일로서 한참 후에 있었던 일이지만, 1954년 3월 20~23일에 개최된 조선로동당 중앙위 3월 전원회의는 김일성의 '내각 재조직안'에 대해 토론하고 결정했다. 내각 재조직의 목적은 금후 "정부의 영도진영", 즉 '정권기관'을 "일층 강화"하기 위한 것이었다(『결정집』, 1954g: 3). 당에서는 이미 그 전해인 1953년 8월 초에 중앙위 제6차 전원회의를 통해 김일성의 항일빨치산 활동을 중심으로 조선로동당의 혁명전통을 세우고 항일빨치산 동지들로 당을 장악케 하면서 김일성을 "조선인민의 수령 김일성동지"로 높여 본격적으로 개인숭배를 시작했으니, 이제 국가(정부)에서 김일성의 단일적 영도를 확립하기 위한 내각 인사가 필요했던 것이다.

구체적인 결정 내용을 보면, 박창옥은 내각 부수상 겸 국가계획위원회 위원장으로, 김일은 내각 부수상 겸 농업상으로 임명됐고, 이미 내각 부수상직에 있었던 최창익, 정일룡, 박의완을 각각 재정상, 중공업상, 경공업상을 겸임케 하고, 정준택을 화학건재공업상으로, 김두삼을 전기상으로, 윤공흠을 상업상으로 임명했다. 그리고 박창옥은 부수상 겸 국가계획위원장, 김일은 부수상 겸 농업상으로 승진됨과 동시에 당 중앙위 부위원장직에서 해임되고, 당 중앙위 정치위원으로 박영빈과 박금철이 임명됐다. 박금철은 당 중앙위 당간부부장, 하앙천은 선전선동부장, 김승권은 노동부장, 박일령은 연락부장, 김룡진은 사회부장으로 각각 임명됐다. 그리고 당 중앙위 후보위원들 중에서 리효순은 당 중앙위 위원으로 승진됨과 동시에 당 중앙위 검열위원회 위원장으로 임명됐다. 검열위원회 위원장이던 김웅기는 최고인민회의 상임위원회 부위원장으로 이동됐으므로 당 검열위원장직에서 해임됐다(『결정집』, 1954g: 3~4).

이 기간 당과 내각의 인사의 특징은 소련파가 등용되고 연안파도 어느 정도 등용됐지만, 항일빨치산파가 단연코 중용됐다는 것이다. 6·25전쟁 기간 과오로 철직을 당했던 김일의 화려한 복권, 그리고 박금철과 리효순의 당 중앙위 위원 선출과 그들이 각기 당간부부장과 검열위원장에 임명된 것은 김일성파의 권력이 강화되고 있었음을 보여준다.

박헌영의 재판: '미제간첩과 반당·반국가적 범죄행위자'(2)

박헌영은 리승엽, 조일명, 리강국 등 박헌영파 12인이 반당·반국가적 범죄행위로 처벌받고 2년 4개월이 지난 1955년 12월 3일에 홀로 기소됐다. 이처럼 시간이 걸린 이유는 첫째, 박헌영이 끝까지 국가 전복 폭동음모에 가담하지 않았다고 주장하고, 둘째, 그의 행위가 객관적으로 간첩행위였다는 것을 시인해야 했고, 셋째, 남조선 혁명역량 파괴에 대해서는 자신이 일부러 그렇게 한 것이 아니고 뜻대로 잘 안 되어 결과적으로 그렇게 됐다고 주장했기 때문이었다(정창현, 2002: 164~165). 물론 박헌영의 위상과 국내외 파장을 고려하여 기소를 늦춘 면이 없지 않았다. 박헌영의 재판은 중앙기관의 상·부상급 인사, 지방기관의 인민위원장과 당위원장만이 참석하여 평양 내무성구락부 회의실에 설치된 공판정에서 열렸다(정희상, 1991: 184; 임경석, 2004: 472~473).

1955년 12월 3일 조선민주주의인민공화국 최고검찰소 검사총장의 명의로 된 기소장의 제목은 "피심자 박헌영의 조선민주주의인민공화국 정권 전복 음모와 미제국주의자들을 위한 간첩행위 사건"이었다. 기소장에서 나열된 죄상은 세 가지였는데, 이는 첫째, 미 제국주의자들을 위해 감행한 간첩행위, 둘째, 남반부 민주역량 파괴·약화행위, 셋째, 공화국 정권 전복 음모행위로서, 기본적으로 리승엽, 조일명 등 12인의 죄상과 동일했다(김남식 편, 1974c: 383~408).

첫째, '미 제국주의자들을 위해 감행한 간첩행위'를 살펴보자. 박헌영은 1939년 10월 연희전문학교 교장 겸 선교사 언더우드(원한경, Horace Horton Underwood)에게 포섭되어 미국 간첩으로 연계를 맺었다. 해방 이후 1945년 11월에 박헌영은 언더우드로부터 주한미군사령관 하지(John R. Hodge) 중장에게 인계됐다. 박헌영은 1946년 9월 하지로부터 '월북하여 미제간첩으로 활동하라', 그리고 '또 다른 미제간첩인 리강국을 북한으로 파견할 것이니 그를 중요한 직위에 등용하고 비밀활동을 보장하라'는 지시를 받았다. 당시 박헌영, 리강국 등에 대한 체포령은 실제 체포하겠다는 것이 아니라 박헌영의 월북을 돕기 위한 조작된 것이었다. 월북한 박헌영과 서울의 하지와의 연락은 서울의 리승엽이 맡아 했고, 미군정은 박헌영의 제의에 따라 1948년 8월 리승엽을 월북시켰다. 그해 9월 중순 박헌영이 리승엽을 만났을 때, 그는 주한 미대사관의 정치고문 노블이 리승엽을 통해 자신에게 전달한 하지의 지령을 받았다. 그 내용은 북한의 정부 수립과 관련하여 박헌영의 존재가 미국에게 더욱 귀중하게 됐는데 혹시라도 발각될 수도 있으니 직접간첩활동은 박헌영이 직접 하지 말고 앞으로는 리승엽에게 맡기라는 것이었다. 나중에 한국을 떠나는 하지로부터 박헌영은 앞으로 리승엽을 통해 노블과 연계하여 간첩활동을 하라는 지시를 받았다. 박헌영은 또한 하지의 지령에 의해 1949년 미국 간첩 '현 애리스(현 앨리스, Alice Hyun)'와(김남식·심지연 편저, 1986: 391)[37] 리사민이 유럽으로부터 북한에 입국하도록 보장해주고 간첩활동을 위한 제반 조건을 보장해주었다. 그리고 박헌영은 1950년 12월 이후 전쟁의 장기화 와중에도 리승엽, 리강국 등을 높은 직위에 등용하려고 노력했다(김남식 편, 1974c: 383~395).

둘째, '남반부 민주역량 파괴·약화행위'에 대한 기소장의 내용은 요약하면 다음과 같다. 박헌영은 남로당의 지도 간부들과 당원들, 그리고 민주인사들을 테러·학살했고, 그렇게 함으로써 미 제국주의자들에게 충성을 표시하며 자신의 죄상을 은폐하려고 했다. 그는 1949년부터 남반부에서 투쟁하다가 피난처를 찾아 정당하게 월북하는 지하당 간부들 중에서 박헌영파의 간첩 행동을 의심하고 있는 일꾼들을 '변절', '간첩 혐의', '당 공작의 비밀 누설' 등의 구실을 붙여 38선에서 살해했다. 그리고 미 제국주의자들이 남한에서 '후방 숙청'의 구호를 내세울 때 이에 보조를 맞춰 미대사관 노블의 직접적 지도하에 남로당의 전면적 파괴를 개시했다. 또 1949년 6월 조국의 평화통일을 위한 조국통일민주주의전선의 호소문이 발표됐을 때도 이를 계기로 노블의 직접적 지도하에 폭동의 준비를 남로당 조직에 여론화시키고 남로당이 이에 호응하여 궐기토록 함으로써 이승만과 미 제국주의자들에게 지하당원과 민주인사들을 탄압, 검거, 투옥, 학살할 구실을 제공했다. 1948년부터 미 제국주의자들과 이승만이 남로당을 전면적

---

37) 상해 임시정부 요인 현순(玄楯) 목사의 딸인 현 애리스에 대해서는 임경석(2004: 268~269)을, 현 애리스와 리사민의 간첩행위 및 그들에 대한 박헌영의 보호에 대한 자세한 설명은 정창현(2002: 142~145, 167)을 참조하시오.

으로 파괴할 목적으로 '보도연맹'을 조직할 때 박헌영은 이를 도와 남로당 파괴를 적극 방조·지원했다. 그리고 1950년 3월에 박헌영은 안영달을 시켜 지하당 서울지도부 책임자로서 마지막까지 남아 있던 김삼룡을 체포·사살케 함으로써 남반부 지하당 조직과 민주역량을 최종적으로 파괴했다. 더구나 그해 7월 안영달이 김삼룡을 이승만 경찰에 밀고하여 체포케 한 사실이 세상에 알려지자, 박헌영은 자신들의 범죄를 은폐하기 위해 안영달을 남하하는 빨치산 부대에 배속시켜 비밀리에 살해할 것을 리승엽에게 지령했고, 리승엽은 이 지령을 이행했다.[38] 또한 서울을 해방한 후 리승엽이 서울시 임시인민위원회 위원장이 된 것을 기회로, 청사 지하실에 비밀 유치장을 설치하고 리승엽 등의 범죄행위를 눈치 채고 그것을 누설할 우려가 있다고 의심된 사람들을 불법적으로 체포·감금하여 학살했다. 당시 리승엽은 '토지조사위원회'와 '의용군 본부 특수부'를 조직하여 테러·학살행위를 조직적이고 은밀하게 진행했다(김남식 편, 1974c: 395~400, 414~416; 정희상, 1991: 186).

마지막으로, '공화국 정권 전복 음모행위'에 대한 기소장 내용을 보면, 박헌영은 미 제국주의자들의 직접적인 지도하에 북한정부를 전복하고 지주·자본가 정권을 수립하려 했다. 1946년 9월 하지의 지령을 받고 10월 월북한 박헌영은 북한정권의 전복 음모 활동의 기반을 구축하기 위해 리강국 등 간첩분자들을 북조선인민위원회와 해주 제1인쇄소, 강동정치학원[39]에 잠입시켰다. 그리고 남북로당 합당을 계기로 박헌영은 리승엽, 배철 등 자신의 심복들을 정부와 당의 중요 직위에 배치시켰다. 6·25전쟁이 개시되자 박헌영은 자신의 영향력하에 있던 200여 명을 평안남도 안주에 집결시켰다가 인민군에 의해 해방된 남한지역 신해방지구의 도, 시, 군당 및 정권기관 책임자로 임명·파견했다. 그리고 전쟁이

---

38) 안영달의 사살은 당시 리승엽이 지도하고 배철이 책임자로 있었던 연락부에서 파견한 유격대 제6지대장 맹종호를 시켜서 했다고 한다(정희상, 1991: 186).

39) '박헌영 학교'라고 불렸던 강동정치학원은 1948년 1월 1일부터 1950년 6월 25일까지 존속했다. 이그나치에프 대좌가 "남조선의 혁명전선을 지도하고 유격전을 펼 수 있는 간부와 빨치산 양성이 시급하다"는 내용을 소련공산당에 보고하고 승인을 받아서 소련과 고려인 2세 박병률을 원장으로 임명했다(김국후, 2008: 229).

장기화되자 자신의 심복인 림화로 하여금 문학예술단체를 장악케 하여 문예부
문에서의 사상통일을 약화시켜 상호간에 불신하고 알력을 조성함으로써 당과
정부의 신임과 위신을 저하시키고 당과 정부의 정책을 비방했다. 1951년 8월 당
중앙위에 연락부가 발족되자 박헌영은 자신의 심복 배철을 부장으로 앉히고 그
지도 사업을 당비서 리승엽이 담당하게 되자 대남사업을 강화한다는 구실하에
이곳에 자신의 심복들을 결집시켜 연락부를 '공화국 정권 전복 음모활동의 참모
부'로 전환하려 했다(김남식 편, 1974c: 400~403).

　박헌영은 또한 북한 정권 전복활동 근거지를 창설하기 위해 1951년 11월부
터 '경기도 인민위원회'를 조직하고 개성지구를 중심으로 한 해방지구를 빼어
내어 행정구역 '경기도'를 조직하면서 그곳이 해방구라는 특수성을 주장하여
'신질서'를 확립하려 했다. 여기에 10여 만 명의 주민이 살고 있으므로 세력 배
양의 기지로 삼을 수 있고 또 간부들을 배양할 수 있는 지점이 될 수 있으며, 연
백의 곡창지대와 개성의 인삼 및 산업시설을 이용하여 경제적으로도 자급자족
을 꾀할 수 있다고 보았다(김남식 편, 1974c: 403~404).

　박헌영은 또한 리승엽, 배철, 박승원, 림화, 조일명 등에게 북한 정권 전복을
위한 무장쿠데타 음모를 추진시켰는데, 1952년 9월 박헌영의 집에서 북한 정권
을 전복한 후 수립할 '새 정부'와 '새 당'에 추대할 '지도자'들의 구성 문제를 논
의했다. '새 정부'의 수상에 박헌영, 부수상에 장시우, 주녕하, 내무상에 박승원,
외무상에 리강국, 무력상에 김응빈 등을 세우고, '새 당'의 총비서로 리승엽을
추대했다. 이들은 리승엽의 지도하에 정부를 전복할 무장폭동을 계획하고 무장
폭동 지휘까지 조직·형성했는데, 총사령관을 리승엽이 맡기로 했다. 이들은 당
중앙위 연락부를 중심으로 그 산하기관들을 통해 유격대원을 양성·훈련한다는
구실하에 무장 도당 편성에 나서 연락부 산하 유격 10지대에서만 해도 1952년
2월까지 근 4,000여 명에 달하는 무장부대를 편성·훈련했다. 전선에서 미군의
공세가 시작되어 평양 방면으로 진공해오면 이미 폭동지휘부가 조직 편성한 무
장부대들을 사전에 평양 주변에 집결시켰다가 무장폭동을 단행하기로 결정했
다(김남식 편, 1974c: 405~406).

　박헌영은 그 자신의 최종적인 목적이 '미국 정탐기관의 지령에 근거하여 공

화국 정권을 전복'하는 데 있었으며, 전쟁 중에 북한정권의 위력을 약화시켜 전쟁에서 승리하지 못하도록 조건을 조성함으로써 북한 정권을 전복하려고 기도했다. 그는 자신의 "활동의 종국적 귀결인 미국을 배경으로 한, 즉 공화국 정권과는 정반대로 다른 형태의 정권을 수립"하려고 했다. 이들은 미국의 지지를 받으면서 이승만을 적극 지지하고 이승만과 연합하는 '새 정부'를 수립하려고 했다(김남식 편, 1974c: 404~405, 407).

마지막으로, 박헌영은 북한정부의 외무상의 지위에 있으면서 대외정책분야에서 소련, 중국을 위시한 형제적 인민민주주의국가들과의 우호적 친선관계를 파탄시키는 범죄행위를 했다(김남식 편, 1974c: 407~408).

기소장은 말미에 박헌영의 '당 재정 횡령', '부화생활에 낭비 탕진', '공급과 순금의 횡취 은닉'에 대해 언급하고 있다(김남식 편, 1974c: 408). 박헌영을 공금을 횡령하고 파렴치한 짓을 한 일개 범죄자로 만든 것이다.

기소장은 박헌영의 범죄행위는 "조선에 미제의 지배를 받는 괴뢰 정권을 수립하려는 데 그 종국적 목적이 있었으며, 이 범죄행위들은 미 제국주의자들의 조선에 대한 침략행위의 한 부분"인 것으로 예심에서 판명됐다고 범죄의 '목표'와 '성격'에 대한 종합적인 평가를 내리고 있다(김남식 편, 1974c: 408). 기소장은 결국 박헌영이 당-국가체제를 건설함에서 그의 사상과 정체성이 무엇이었는지를 지적하고 있는 셈이다. 한마디로 박헌영은, 소련의 베리야의 경우처럼, '미제 간첩과 반당·반국가적 범죄 행위자'였던 것이다.

1955년 12월 12일 박헌영은 "자기 죄행은 변론의 여지가 없기 때문에 변호사의 공판 참가를 희망하지 않는다"는 내용의 문서를 재판부에 제출했고, 12월 14일 북한은 최고재판소 특별재판 성원을 구성했다. 재판장은 최용건이었다. 12월 15일 오전에 개최된 조선민주주의인민공화국 최고재판소 특별재판은 변호사 없이 진행됐다. 증인으로서 9명이 출정했는데, 그중에는 조일명과 리강국이 있었다(김남식 편, 1974c: 409~410, 421~423). 조일명과 리강국은 1953년 8월 6일 리승엽 등과 함께 사형선고를 받았는데, 리승엽은 1954년 7월 30일 처형됐지만 조일명과 리강국은 2년 4개월이 지난 1955년 12월까지 사형집행을 당하지 않고 아직 살아 있었던 것이 흥미롭다. 한 증언에 의하면, 이들은 박헌영에 대한 정밀조사가 끝나고 앞으로 있을 박헌영 재판에 증인들로서 대질신문을 벌이기 위해서 사형집행이 연기됐다고 한다(정희상, 1991: 188).

이어 열린 공판심리에서 재판장 최용건은 박헌영에게 기소장에 기재된 범죄사실의 승인 여부를 물었고 박헌영은 기소장의 모든 기소사실은 전부 승인하지만, 단지 "'새 정부'와 '새 당'의 조직에 관한 것과 무장폭동 음모에 직접 참가하거나 그러한 범행을 조직 지도한 사실이 없기 때문에 이 부분에 대한 책임을 지기 곤란"하다는 의견을 피력했다(김남식 편, 1974c: 410).

이어 피고인 박헌영의 진술이 있었는데, 그는 모든 것을 기소장 내용과 동일하게 인정했지만, "저의 공범자들인 리승엽 등의 '신정부' 조직 음모라든가 무장폭동 음모에는 제가 직접 참석치도 않았고 그 사실도 알지 못하나 나의 밑에서 범죄활동을 하여온 자들이라는 점에서 저에게 책임이 있다고 생각"한다고 했다(김남식 편, 1974c: 413).

박헌영의 진술이 끝난 후 검사총장이 박헌영을 신문했다. 박헌영은 기소된 내용을 모두 시인했는데, 한 가지 흥미로운 것은 "피소자는 공화국 북반부 잠입 전후를 통하여 누구를 위해 사업했다고 생각하는가"라는 검사총장의 질문에 박헌영이 "양쪽에 한 다리씩 짚고 사업하였다"고 본다면서도 "결국은 모두가 조선인민을 반대하고 미국 제국주의자들을 위하여 사업한 것이라고 말할 수밖에 없을 것"이라고 대답한 것이다(김남식 편, 1974c: 417).

이어 증인들에 대한 신문이 있었고, 그 후 검사총장의 논고가 이뤄졌다. 검사총장의 논고는 기본적으로 기소장의 내용과 동일한 내용을 반복한 것이었지만, 박헌영 등이 미군정과 미 정탐기관에 넘긴 북한에 관한 정보자료들을 구체적으로 나열하고 있다(김남식 편, 1974c: 429).

검사총장의 논고가 끝난 후 박헌영에게 최후 진술의 기회가 주어졌는데, 박헌영은 "검사총장의 논고는 전적으로 지당합니다"로 시작하여 자신의 죄악의 엄중성으로 보아 "사형은 마땅한 것"이라고 했다. 그리고 "오전 공판 심리에서 '신정부'와 '새 당'의 조직 음모라든가 무장폭동 음모에 대한 직접적 책임이 저에게 없는 것같이 진술한 부분은 한 개 궤변으로 잘못된 것이기에 취소"한다고 했다. 자신이 '미제간첩들의 두목이고 그들이 자신이 희망하는 범죄를 감행하게끔 모든 것을 비호·보장해왔기 때문에 전적으로 자기 자신에게 책임이 있다'는 것이었다. 박헌영은 "끝으로 제가 과거에 감행하여온 추악한 반국가적·반당적·반인민적·매국 역적 죄악이 오늘 공판에서 낱낱이 폭로된 바이지만, 여기 오신 방청인들뿐만 아니라 더 널리 인민들 속에 알리어 매국 역적의 말로를 경고하여 주시기 바랍니다"로 자신의 최후진술을 마쳤다(김남식 편, 1974c: 438).

이어 박헌영의 범죄행위에 대한 판결이 내려졌다. '주문'을 이끌어내기 위해 재판부는 기소장, 신문, 국가검사의 논고 내용 등을 범죄 근거로 그대로 받아들였다. 판결의 '주문'은 박헌영을 "사형에 처하고 전부의 재산을 몰수한다"였다 (김남식 편, 1974c: 448; 심지연, 2006: 474~489).

'박헌영 재판기록'의 진실성 문제

그렇다면 박헌영의 재판기록은 어느 정도로 진실을 반영하고 있을까? 우선, 박헌영이 기소장의 모든 기소사실은 전부 승인하지만, 단지 "'새정부'와 '새 당'의 조직에 관한 것과 무장폭동 음모에 직접 참가하거나 그러한 범행을 조직 지도한 사실이 없기 때문에 이 부분에 대한 책임을 지기 곤란"하다는 것, 즉 "저의 공범자들인 리승엽 등의 '신정부' 조직 음모라든가 무장폭동 음모에는 제가 직접 참석치도 않았고 그 사실도 알지 못하나 나의 밑에서 범죄활동을 하여온 자들이라는 점에서 저에게 책임이 있다고 생각"한다고 한 것, 그러나 최후진술에서 "오전 공판 심리에서 '신정부'와 '새 당'의 조직 음모라든가 무장폭동 음모에 대한 직접적 책임이 저에게 없는 것같이 진술한 부분은 한 개 궤변으로 잘못된 것이기에 취소"한다고 한 것은 모두 당시 박헌영이 실제 재판장에서 그와 비슷하게 이야기했을 수 있는 부분으로 여겨진다.

또 박헌영이 "피소자는 공화국 북반부 잠입 전후를 통하여 누구를 위해 사업했다고 생각하는가"라는 검사총장의 질문에 대해 "양쪽에 한 다리씩 짚고 사업하였다"고 본다고 한 것도 당시 재판정의 강압적인 분위기를 고려할 때 실제 박헌영이 그와 비슷하게 진술했을 가능성이 있는 부분이다.

그러나 박헌영이 최후진술에서 "검사총장의 논고는 전적으로 지당"하며, 자신의 죄악의 엄중성으로 보아 "사형은 마땅한 것"이라고 한 것이라든지, "과거에 감행하여온 추악한 반국가적·반당적·반인민적·매국 역적 죄악이 오늘 공판에서 낱낱이 폭로된 바이지만, 여기 오신 방청인들뿐만 아니라 더 널리 인민들 속에 알리여 매국 역적의 말로를 경고하여 주시기 바랍니다"와 같은 말은 재판이 끝난 후 북한당국이 이를 기록으로 남길 때 억지로 꿰맞춘 것으로 여겨진다.

그런데 당시 현장에서 재판을 참관했던 한 증인에 의하면, 당시 박헌영은 "내가 왜 일제 경찰의 앞잡이가 됐는가. 하도 가혹한 고문에 못 이겨서였다. 해방이 되고는 그것으로 그칠 줄 알았는데 미국이 계속 따라다니며 괴롭혔다.[40] 그것을 뿌리치지 못한 것이 지금에 와서 뼈저리게 후회된다. 내가 과거에 저지른 온갖 매국적 죄악이 인민들에게 널리 알려져 매국자의 말로가 어떤 것인지 경고가 되길 바란다"라고 말했다고 한다(정희상, 1991: 188). 만일 이것이 사실이라면, 그리고 박헌영이 미제간첩이라는 것이 사실이었다면, 위에서 살펴본 북한의 공식 재판기록의 최후진술보다는 이 증언자가 전하는 박헌영의 최후진술이 더 자연스럽게 느껴진다.

무엇보다도 우리가 북한의 공식 재판기록에 나와 있는 박헌영의 죄상을 그대로 믿을 수는 없는 이유는 박헌영이 김일성과의 권력경쟁에서 패배하여 숙청됐고, 북한이 공표한 박헌영의 재판기록은 기본적으로 '승자의 기록'이기 때문이다. 박헌영파의 숙청은 김일성이 6·25전쟁 기간을 통해 박헌영파가 중요한 지위와 역할을 차지하고 있던 '1949년 6월 질서'를 붕괴시키고 김일성 자신을 중심으로 한 '패권적 연합질서'를 구축하는 무자비한 권력투쟁 과정에서 발생했다. 모든 승자가 기록한 역사가 그렇듯이, 김일성은 한때 조선공산주의운동사에서 최고의 자리를 차지했던 박헌영의 숙청을 정당화하기 위해 소련의 베리야 간첩사건을 끌어들이고 체포 후 수사과정에서의 강압은 물론 재판기록 자체를 조작하여 세상에 내어놓았을 가능성이 매우 높은 것이다.

더구나 박헌영이 일제강점기인 1939년 10월부터 언더우드에게 포섭되어 미

---

40) 미군이 남한에 진주하면서 미육군 방첩대(CIC)는 일제 경찰의 주요 인물 사찰기록을 그대로 넘겨받은 것으로 알려져 있다(고지수, 2001: 121).

국 간첩으로 연계를 맺었다는데, 일제시대 때 미국 선교사들은 많은 경우 조선인들의 독립과 교육사업을 위해 헌신했던 사람들이었고, 오히려 당시는 일제를 무너뜨리기 위해 조선공산주의자들도 미국을 진보세력으로 이해하고 미국과 협력을 추구했던 시기였다. 1935년 코민테른 제7차 대회에서 파시즘의 패배가 코민테른의 제일의 목표로 선언됐고, 그 이후 공산주의자들은 중도사회주의자 및 자유주의자들과 함께 '인민전선'을 형성하여 파시즘에 대항했던 것이다. 따라서 파시스트 국가들에 대항하여 싸운 미국, 영국, 중국 등 연합국도 모두 '진보적 민주주의 국가'로 여겨졌고 공산주의자들은 이들과 연합전선을 추구했다. 물론 1939년 8월에 소련이 파시스트 독일과 불가침조약(Molotov-Ribbentrop Pact)을 맺음으로써 코민테른 제7차 대회의 반파시즘 결의안은 휴짓조각이 되어버렸지만, 독일이 1941년 6월에 소련을 침략함으로써 소련의 반파시즘 노력은 지속됐다. 특히 1941년 3월부터는 미국이 소련에게 대규모의 전쟁 물자를 공급함으로써(Lend-Lease) 소련과 미국은 좋은 관계를 유지하고 있었다. 따라서 박헌영이 일제강점기 말에 언더우드 목사를 만났다고 해서 당시로서는 하등 잘못된 일이라고 볼 수 없었다.

참고로, 1953년 3월 31일 평양 주재 소련대사 라주바예프(A. M. Razuvaev)와 김일성이 박헌영에 대해 나눈 대화를 보면, 박헌영은 자신의 죄를 부인하고 있다. 3월 31일이라면 박헌영과 리승엽, 조일명, 리강국 등이 3월 9일 '정권 전복 음모와 간첩죄'로 체포된 후 3주일이 지난 시점이다. 김일성은 라주바예프에게 박헌영과 그 추종자들이 해방 직후부터 당내에서 종파를 조직했고, 당 기밀을 미국에 누설했으며, 이는 6·25전쟁 패배의 원인이 됐다고 말했다. 그런데 체포된 직후 '박헌영은 자기에게 쏠린 혐의 사실을 부인했다'는 것이다. 박헌영은 '자기비판을 수행하지 않았으며, 오직 자신에게 주어진 질문에 답변하는 데 머물렀다'고 했다(임경석, 2004: 466).

결국 북한이 발표한 박헌영의 재판기록이 실제 사실을 그대로 반영하고 있지 못함은 틀림없어 보인다. 단지 사건 조작의 정도는 북한이 소장하고 있는 관련 문서들이 세상에 그대로 드러날 때까지는 정확히 알 수 없는 노릇이다.

박헌영과 박헌영파의 범죄: 소위 '세 가지' 죄상

박헌영과 박헌영파 12인의 재판기록에서 이미 그들의 죄상으로 제시된 것이지만, 그동안 북한에서는 박헌영과 박헌영파의 행위, 특히 6·25전쟁 중의 행위와 관련해 세 가지 문제가 죄상으로서 제기되어왔다. 첫째, 박헌영은 전쟁이 일어나면 남한에서 20만 명의 남로당원이 지도자가 되어 민중봉기들이 일어나 조선인민군을 도울 것으로 장담했는데 실제 그렇게 되지 않았고, 둘째, 박헌영과 박헌영파가 해방정국에서 미제간첩 행위를 했으며, 셋째, 박헌영파가 전쟁 중에 북한정부를 전복하려는 무장 쿠데타를 기도했다는 것이다.

첫째, 전쟁 시 남한에서의 20만 명 봉기에 대해 살펴보자. 이는 이미 박헌영이 1950년 4월 스탈린 앞에서 말했고(Weathersby, 2002: 10), 또 그즈음 개최된 조선로동당 중앙정치위원회에서 「조국의 통일문제에 관한 건」을 다루면서도 내세웠던 주장이다(박갑동, 1983: 257~259).

이에 대한 김일성의 비판을 들어보자. 박헌영이 "남조선에 당원이 20만 명이나 되고 서울에만도 6만 명이 있다고 떠벌였는데 사실은 그놈이 미국 놈과 함께 남조선에서 우리 당을 다 파괴"해버렸다. 인민군이 "낙동강 계선까지 나갔으나 남조선에서는 폭동 하나 일어나지 않았"다(김일성, 1982f: 130). 막상 조선인민군이 전쟁 초기 서울을 점령하고 매우 빠른 속도로 남진하던 "그 좋은 시기"에 남한에서는 박헌영이 장담하던 남로당 20만 당원이 지도하는 민중봉기는커녕, 대중운동이 하나도 일어나지 못했다. 박헌영이 "부산에 남로당원이 6,000명이나 있다고 했는데 만일 그것이 사실이었다면 그들은 인민군대가 낙동강 계선까지 진출했을 때 호응하여 폭동을 일으켰을 것이며 그렇게 됐더라면 미제침략자들이 더는 갈 데가 없었을 것"이다(김일성, 1980s: 241). "대구에서 부산까지는 지척인데 만일 부산에서 노동자들이 몇 천 명 일어나서 시위만 하였더라도 문제는 달라졌을 것"이며, "남반부 인민들이 좀 들고 일어났더라면 우리는 반드시 부산까지 다 해방하였을 것이고 미국 놈들은 상륙하지 못하였을 것"이다(김일성, 1982f: 130). 결국 박헌영이 한 말은 "다 거짓말"이었다는 것이다(김일성, 1980s: 241). 참고로, 김일성은 전쟁 시 박헌영이 예상하는 남한에서의 민중봉기와 남한

에서의 빨치산 활동의 역할을 크게 믿지 않았다.[41]

둘째, 박헌영이 미제간첩 행위를 했다는 비판에 대해서 살펴보자. 박헌영의 재판기록에 나타난 기소장과 판결문은 박헌영이 '미국 정탐기관의 지령에 근거'하여 전쟁 중에 북한 정권의 위력을 약화시켜 전쟁에서 승리하지 못하도록 조건을 조성함으로써 북한 정권을 전복하려고 기도했다고 되어 있다.

한 증언자에 의하면, 박헌영이 월북하여 해주에서 대남사업을 담당하고 있을 때[42] 남도부, 김달삼 부대 등 유격대를 남쪽으로 내려 보내면 가다가 도중에서 속속들이 사살되고 체포됐다. 그것이 의아하게 생각되어 당시 제3군관학교 교장으로 있던 오진우를 부대장으로 한 유격대를 태백산까지 내려 보냈다 돌아오게 했는데 아무런 이상이 없었다는 것이다(정희상, 1991: 186). 이와 관련하여 그 무렵 남파됐다가 남한에 붙잡힌 사람들의 증언을 보면, 당시 남로당 지도부의 지시로 남쪽에 내려왔는데 접선 장소에 특무대원들이 기다리고 있다가 "음! 아무개 왔구나. 도민증 ×××번이지?" 하면서 잡아갔고, '다음에는 누구누구 나온다'는 명단까지 제시했다고 했다(정희상, 1991: 190).

당시 대남사업은 남로당이 담당했는데, 경기도여맹위원장 김경애가 해주에서 대남연락부 제1인쇄소 사장으로 있던 림화 등이 저지른 간첩행위―남파되는 유격대 및 공작원의 통로와 접선지, 명단 등을 미국 정보기관에 넘겨준 것―를 거론하자 림화가 김경애를 죽이려고 하여 김경애가 1952년 12월 중순 조선로동당 중앙위 제5차 전원회의가 개최됐을 때 급히 중앙당으로 피신해 들어와 살려달라고 호소했다고 했다. 이를 계기로 림화를 조사하니 리승엽, 리강국, 배철 등의 간첩활동이 드러났으며, 이로써 당에서 특별위원회를 구성하여 즉시 체포·수사에 착수했다는 것이다. 전쟁 중이라서 (스탈린 사망일인) 이는 1953년 3월 5일까지 대외비로 처리됐고, 박헌영은 별도의 정밀조사에 들어갔다고 했다(정희상, 1991: 186).

특히 박헌영 자신이 간첩행위를 한 증거로서 평양의 3층짜리 사택 지하실에

---

41) Telegram Shtykov to Vyshinsky, January 19, 1950, 웹 자료.
42) 박헌영은 1946년 10월 월북하여 바로 평양에 '대남사업 중앙연락소'를 설치했고, 1947년 1월에는 해주에 '대남사업 해주연락소'를 설치했다(임경석, 2004: 382, 393).

대남사업용 무전시설을 두고 있었는데, 그 시설이 간첩행위에 이용됐다고 했다. 정전회담 도중 당 중앙위 정치위의 결정이 미리 유엔군에 새어나간 징후가 있어서 박헌영의 집 주위에 전파탐지시설을 설치하여 조사해보니 승인되지 않은 무전이 계속 나가고 있었다는 것이다. 그리고 무전수는 예전에 서울에서 치안국 대공중앙분실장을 지내면서 김삼룡, 이주하를 체포하여 수사했고 나중에 가짜로 '의거입북'한 백형복이었다고 한다(정희상, 1991: 186~187; 정창현, 2002: 158~159). 당시 박헌영은 사택을 전쟁 전까지 거처로 사용했고, 그곳에서 조금 떨어진 곳에 있는 빨간 양옥집이 사무실로 제공됐는데, 그 사무실이 대남 연락을 관장한 '대남사업 중앙연락소'가 됐다는 것이다(임경석, 2004: 382). 만일 박헌영이 간첩행위를 위해 무전을 이용한 것이 사실이라면, 무전실은 사택 지하실 아니면 사무실 지하실이었던 것으로 보인다.

박헌영의 간첩행위에 대해 김일성이 한 가지 예를 든 것이 있다. 6·25전쟁 시 "적들은 미제의 고용간첩인 박헌영한테서 정보를 받고 최고사령부에 대한 폭격을 집요하게" 했다는 것이다. 김일성은 최고사령부를 자주 옮겼는데, "적들은 우리가 자리를 옮겨 며칠만 지나면 거기를 어떻게 알았는지 또 폭격하곤" 했다고 했다. 미군기들이 북한군 최고사령부가 "창성에 가면 창성을 폭격하고 고산진에 가면 고산진을 폭격"했다는 것이다. 그래서 김일성은 "내부에 적의 간첩이 있다고 생각하고 어느 날 당 중앙위원회 정치위원회를 하다가 다른 사람들이 있는 데서 작전국장에게 이번 일요일에 어느 적 군사 대상을 폭격하라는 지시"를 하고 "금요일 저녁에 작전국장에게 전화를 걸어 그것을 취소"시켰다고 했다. 그런데 미군기들은 북한 비행기들이 폭격하러 나가는 줄 알고 "토요일 밤부터 서울과 인천 근방의 상공에 떠서" 야단이었다는 것이다. 김일성은 나중에 "박헌영을 검토할 때 그가 적들에게 군사비밀을 넘겨주었다"고 했고, "이렇게 하여 박헌영이 미국 놈들의 고용간첩이라는 것"이 드러났다고 했다(김일성, 1996f: 197~198).

셋째, 박헌영과 리승엽 등이 6·25전쟁 중에 북한정부를 전복하려는 무장 쿠데타를 기도했다는 죄를 살펴보자. 박헌영이 1953년에 김일성을 쫓아내기 위한 쿠데타를 기도했다는 소문도 있었다(Person, 2006: 7).

우선, 박헌영의 재판기록을 다시 보자. 6·25전쟁이 개시되자 박헌영은 자신의 지지자 200여 명을 남한지역의 신해방지구의 각급 당과 정권기관의 책임자로 임명·파견했고, 1951년 8월에 창설된 당 중앙위 연락부의 부장에 자신의 심복 배철을 임명하고 연락부에 자신의 심복들을 결집시켜 그곳을 '공화국 정권 전복 음모활동의 참모부'로 전환시키려 했다고 했다. 또한 북한 정권 전복활동 근거지로서 1951년 11월부터 개성지구를 중심으로 소위 '해방지구'를 빼어내어 인민위원회를 조직하고 그곳에 '신질서'를 확립하려 했다는 것이다. 또한 박헌영은 1952년 9월 자신의 집에서 리승엽, 배철, 박승원 등이 북한 정권 전복을 위한 무장쿠데타 음모를 추진했는데 '새정부'와 '새 당'에 추대할 '지도자'들의 구성 문제를 논의하여 인선까지 마치고, 리승엽의 지도하에 무장폭동을 계획하여 총사령관을 리승엽이 맡기로 하는 등 무장폭동 지휘체계까지 조직·형성했다고 했다. 이들이 당 중앙위 연락부를 중심으로 그 산하기관들을 통해 무장부대를 편성·훈련했다는 것이다. 그리고 무장폭동의 시기를 미군이 평양방면으로 진공해올 때로 잡았다고 했다.

또한 1953년 8월 초에 개최된 당 중앙위 제6차 전원회의에서 채택한 결정서 「박헌영의 비호 하에서 리승엽 도당들이 감행한 반당적 반국가적 범죄적 행위와 허가이의 자살사건에 관하여」는, 리승엽 등 박헌영 간첩-종파 도당이 1951년 9월에는 외국 침략군대의 진공과 배합하여 무장쿠데타를 감행함으로써 당과 정부의 지도권을 탈취할 것을 시도했고 1952년 말 아이젠하워의 상륙작전 시도 시기에도 미국 군대의 진공작전과 배합하여 소위 군사 쿠데타를 일으킴으로써 미국 군대의 힘을 빌려 정권을 잡으려고 획책했다고 했다. 이들은 심지어 사전에 소위 "'박헌영정부'를 조직하는 데까지 이르는 용서 못 할 범죄적 활동을 감행"했다는 것이다(『결정집』, 1953b: 39). "특히 전쟁의 마지막 시기"에 와서 박헌영, 리승엽 등의 반당적·반국가적 범죄행위가 더욱 노골화됐고, 이들은 당과 국가의 중요한 직위뿐만 아니라 '심지어 인민군에까지 그들의 마수를 뻗쳐보려고 시도'했으며, 이들의 반당·반국가적 종파행위는 전쟁 시기에 더욱 적극화, 노골화됐다고 비판했다(『결정집』, 1953b: 36~39).

나중에 1956년 당 중앙위 8월 전원회의에서 '8월 종파사건'이 발생했을 때의 일이지만, 윤공흠은 '소련공산당 제20차 전당대회의 정신'이 조선로동당 제 3차 대회에 존재하지 않았다고 강력히 비판했다. 이에 대해 최용건은 윤공흠, 최 창익 등이 1952년에 당 중앙위 농업국장 박훈일의 집 방공호 속에 모였는데, 소 련에 반대하기 위한 준비를 위해, 또 박일우와 최창익 등이 김일성에 반대하여 행동하려는 계획을 세우기 위해 그곳에 모였다고 했다. 그들은 자신들의 계획을 위해 박헌영과 연합해야만 했고 실제로 그렇게 했다는 것이다(Document 19: 490).

박헌영과 박헌영파의 '세 가지 죄상': 진실성과 허구성

그렇다면 박헌영이 6·25전쟁 중에 저질렀다고 한 앞의 세 가지 죄상은 과연 사실일까? 우선, 첫 번째 범죄인 '20만 명의 남로당원이 지도자가 되어 일으킬 민중봉기'에 대한 박헌영의 예상과 강조는 의도적이든 비의도적이든 간에 그가 저지른 오류라는 것은 이미 증명이 됐다. 두 번째의 미제간첩 혐의와 세 번째의 6·25전쟁 중 김일성 정권 전복 쿠데타 범죄 혐의는 과연 어느 정도 사실일까, 아 니면 김일성이 박헌영파를 제거하기 위해 조작한 구실이었을까? 이를 알기 위 해서는 무엇보다도 북한과 중국의 문서보관소 등에 있는 1차 자료들이 대폭 비 밀 해제되어야 할 것이다.

먼저 박헌영이 미제간첩 행위를 했다는 비판의 진실성에 대해서 살펴보자. 앞 에서 살펴본 박헌영의 재판기록과 1953년 8월 당 중앙위 제6차 전원회의에서 채택한 결정서「박헌영의 비호 하에서 리승엽 도당들이 감행한 반당적 반국가 적 범죄적 행위와 허가이의 자살사건에 관하여」에서 제기된 박헌영과 리승엽 등의 미제간첩의 '증거'들이 어느 정도 사실인지는 지금으로서는 알 길이 없다. 김일성이 내세운 전시 최고사령부 폭격 관련 증거도 정적인 박헌영을 숙청한 김 일성의 이야기이기 때문에 객관적인 설명력을 갖고 있다고 보기 힘들다.

만일 박헌영이 미제간첩이었다면, 왜 그가 그렇게 됐을까? 물론 북한 측의 설 명은 박헌영과 리승엽 등의 재판 기록에 나와 있다. 그러나 한 증언자에 의하면, 앞에서 '박헌영 재판기록'의 진실성 문제를 따져볼 때 잠깐 언급했지만, 박헌영 이 일제강점기 때부터 일본의 정보원 역할을 한 것이 문제였다. 그 덕분에 그는 일제에 의해 여러 번 체포·투옥됐으나 다른 공산주의자들에 비해 형기도 제대로 채우지 않은 채 쉽게 석방되거나 혹은 자신만 홀로 석방되곤 했다는 것이다. 그런데 해방 후 미 중앙정보부(CIA)가 일본총독부로부터 비밀 일제첩보선 명단을 입수하여 이를 가지고 박헌영을 협박하여 박헌영이 하는 수 없이 또 미제간첩이 됐다는 것이다. 박헌영이 최후진술에서 그렇게 이야기했다는 것이다. 리승엽도 과거 친일행적을 들어 협박하는 미국 CIA의 공작에 넘어가 미제간첩이 됐다는 것이다(정희상, 1991: 187~188; 고지수, 2001: 121).

결국 박헌영은 리승엽, 조일명 등 남로당 부하들이 고문에 의해서 그랬든지 어쨌든지 모두들 간첩행위를 했다고 이미 자백한 상황에서 '자발적 간첩행위'보다는 '객관적 상황'으로 인해 자신이 간첩이라고 자백해야 하는 상황에 몰렸던 것으로 보인다. 미군정하에서 혁명활동을 했던 남로당 출신이었던 관계로 이리저리 미국과 전혀 관계가 없다고 할 수 없는 수하들이 많았고, 박헌영은 이들을 비호해야 하는 입장에 있었던 것이다(정창현, 2002: 164~176). 당시 박헌영·리승엽 사건을 대남 연락부에서 조사한 임무를 수행했던 신경완의 증언에 따르면, 백형복, 박종열 등 박헌영과 직접 관련이 없는 사람들이 미국 측의 지시를 받아 월북하여 박헌영과 리승엽을 찾아가 그 주변에서 맴돈 조직선이 5~6개나 됐다고 했다(정창현, 2002: 146~150).

박헌영은 미제간첩이 아니었다

그러나 '박헌영이 미국의 간첩이 아니었다' 하는 것을 시사하는 증거들이 적지 않다. 그 자료들을 살펴보자.

첫째, 해방 후 남한에서 소련공산당과 소련정부의 대표기관이었던 소련영사관에서 근무한 샤브신 영사의 부인 샤브시나의 증언에 따르면, 박헌영은 1945년 8월 해방 직후부터 1946년 10월 월북할 때까지 14개월간 샤브신 영사와 "거의 매일 한두 차례씩 의무적으로" 만났다고 한다. 이 기간에 샤브신은 수 차례 박헌영을 비밀리에 평양에 보내 소군정 및 김일성과 만나게 했고, 박헌영의 서울 집회 등에도 샤브신이 반드시 참석하여 후견인의 역할을 했다는 것이다(임경석, 2004: 212~213).

이러한 긴밀한 관계 때문에 당시 미군 정보기관은 모든 정보요원들에게 "미소공동위원회 소련대표단, 소련영사관과 조선공산당 지도자 박헌영 간의 연락관계는 얼마나 긴밀한가?"라는 질문에 대한 해답을 얻는 데 전력을 기울이도록 임무를 부여하고 있었다고 한다(임경석, 2004: 213).

둘째, 1950년 7월 1일자 평양 주재 소련대사 스티코프가 스탈린에게 보낸 당시 북한의 정치적 분위기에 대한 전문을 보면, 6·25전쟁에 미군이 참전하자 김두봉과 홍명희는 조선인민군만으로는 전쟁이 어렵다고 생각했으나, 박헌영은 오히려 전쟁 수행에 적극적이었다고 한다. 김일성과 박헌영은 미군의 전쟁 개입으로 생겨난 어려움을 이해하고 이와 관련하여 인적·물적 자원을 동원하기 위해 필요한 조치들을 취하고 있었다는 것이다.[43]

박헌영이 전쟁에 적극적으로 임한 것은 물론 자신의 권력기반인 남한을 조속히 정복하고 차지하고 싶은 생각이 컸기 때문이었을 것이다. 그러나 박헌영이 전쟁의 승리를 통해 자신의 지역기반인 남한을 되찾는다는 것은 동시에 남한을 점령하고 있는 미군이 전쟁에서 패배하여 한반도를 떠난다는 것을 의미했다. 이는 박헌영이 미제간첩이라면 취할 수 있는 태도가 아니었다고 할 것이다.

다시 말해, 전쟁에서 미군이 패퇴한 후 박헌영이 미제간첩으로 남아 계속 미국을 위해 일한다 하더라도 이는 미국으로서는 전쟁에서의 완전 승리보다는 더 바람직하지 못하기 때문에 미제간첩 박헌영으로서는 반미전쟁에 적극 나설 수는 없을 터였다. 또 설령 미국이 패퇴한 후 박헌영이 이제 태도를 바꿔 적화통일된 한반도에서 공산주의자로서 자신의 이익을 추구하면서 반미적인 태도를 취하는 경우에는 미국이 박헌영의 과거 간첩행위를 폭로해버릴 수도 있을 것이었다. 따라서 만일 박헌영이 미제간첩이었다면 어떤 경우든지 그는 6·25전쟁 중 미국을 패배시키기 위해 '적극적'으로 전쟁에 임할 수는 없는 일이었다.

셋째, 1950년 7월 2일, 박헌영은 "전쟁 후에 미국은 태평양을 미국의 호수로

---

43) Ciphered telegram, Shtykov to Fyn-Si (Stalin) re political mood on North Korea, July 1, 1950, 웹 자료.

변하게 하고 태평양국가들의 인민들을 미국 독점의 노예로 삼기 시작"했으나, "민주진영 세력들은 아시아 국가들에서의 민족해방운동의 등장, 특히 중국인민들의 위대한 승리는 미제국주의자들의 배신적인 의도를 산산조각 내었다"고 말했다(Weathersby, 1993: 34). 당시 박헌영이 이 말을 언제, 어떤 맥락 속에서 했는지는 정확히 알 수 없으나, 박헌영의 이러한 표현은 미제간첩으로서 할 수 있는 성격의 말은 아니었다.

넷째, 미군의 인천상륙작전 후인 1950년 9월 20일 박헌영은 평양 주재 소련대사 스티코프와 김일성과 함께한 회합에서 스티코프에게 '저우언라이가 주중 북한대사 리주연에게 미군 부대의 인천상륙과 관련하여 조선정부는 중국정부에 어떠한 제안을 하려고 하는지 물었다'는 리주연의 전문을 읽어주었다. 박헌영은 이 문제에 대한 스티코프의 견해를 알고자 하는 생각에서 '조선인들은 자신의 힘으로 통일을 달성해야 하지만 만일 중국군 부대들이 오게 된다면 상황은 달라질 것'이라고 말하고, '이것은 중국을 조선에서의 전쟁에 끌어들이게 될 것이며, 중국은 소련과 조약을 체결한 상태'라고 말했다. 그러나 스티코프는 이 문제의 협의를 거절했다(Shtykov, 1950.9.21).

그런데 여기에서 박헌영의 말은 무슨 뜻인가? 중국군대의 파병을 원한다는 말인가, 원하지 않는다는 말인가? 그 다음 날인 9월 21일 조선로동당 중앙위 정치위가 열렸는데, 회의 주제는 '저우언라이의 질문에 어떤 답변을 줄 것인지'에 대한 것이었다. 결국 그날 정치위는 어떤 결론을 내지 못했는데, 그 이유는 박헌영, 김두봉, 박일우는 '상황은 심각하고 스스로의 힘으로는 미군에 대항하기 힘들기 때문에 중국정부에 군대를 파견해줄 것을 요청해야 한다'는 '통일된 결론'에 이르렀지만, 김일성이 중국군의 개입에 대해 마음 내켜 하지 않았기 때문이었다(Shtykov, 1950.9.22). 박헌영이 만약 미제간첩이었다면, 미군을 패퇴시키기 위한 중국군 참전 요청은 할 수 없었을 것이다.

다섯째, 1950년 9월 28일 유엔군이 서울을 수복하고 북진하여 38선을 넘기 직전의 급박한 상황에서 박헌영의 행동을 살펴보자. 9월 29일 김일성과 박헌영이 소련대사 스티코프를 만났는데, 김일성은 "만일 적이 38선을 넘어올 경우" 조선인민군은 "새로운 군대 조직이 어려운 만큼 적에게 반격을 가할 방법이 없다"고 말하면서 스탈린에게 편지를 보내 조언을 요청하는 문제에 대해 상의하고 싶어 했다. 스티코프는 '일이 잘못되어 북한 방어를 위해 소련군을 요청해야한다면, 그 최종적인 결정과 그에 대한 책임은 김일성과 박헌영이 져야 한다'는 것을 명백히 하기 위해 "그 문제에 대해서는 어떠한 조언도 할 수 없다"고 대답했다. 그러자 박헌영이 끼어들어 북한은 "이미 서한을 작성하여 로동당 중앙위 정치위에서도 논의를 마쳤으며" 스티코프에게도 "그 내용을 보여주고 싶다"고 말했다. 스티코프는 "이것은 정치위의 일이며, (정치위는) 자체 편지를 쓸 수 있기" 때문에 그들의 서한 공개를 거절했다. 김일성과 박헌영은 스티코프의 그러한 대답과 태도에 "만족하지 못하였고", "스탈린 동지에게 보낼 서신을 어떻게 처리해야 할지 모르고", "초조해하고", "상황이 어려워지면서 당황하고 불안해"하고 있었다(Shtykov, 1950.9.30; Mansourov, 1995: 98).

9월 29일 김일성과 박헌영는 공동명의로 스티코프를 통해 스탈린에게 도움을 간청하는 편지를 보냈다. 그리고 9월 30일 박헌영이 직접 스티코프를 찾아가 '적군이 38선을 넘는 순간 우리는 시급히 소련으로부터의 직접 군사원조가 필요하다'고 '감성적으로 호소'하면서 전달했다. 이 편지는 "적군이 38도선 이북을 침공할 때에는 소련군대의 직접적인 출동이 절대로 필요하게" 되며, "만일 그것이 여하한 이유로서 불가능하게 될 때에는 우리의 투쟁을 원조하기 위하여 중국과 기타 민주주의 국가들의 국제의용군을 조직하여 출동하도록 원조"해주기를 바란다는 내용이었다(Ciphered Telegram, 1950.9.29; 김일성·박헌영, 1950.9.29; Mansourov, 1995: 98).

앞에서 우리는 당시 남한군과 유엔군이 38선을 넘어 북진하는 데도 불구하고 스티코프가 북한 지도자들이 스탈린에게 조언을 구하는 편지를 쓰는 문제에 있어서도 제대로 조언을 하지 않자, 그에 대해 김일성과 박헌영이 "만족하지 못하였고", "스탈린 동지에게 보낼 서신을 어떻게 처리해야 할지 모르고", "초조해하고", "상황이 어려워지면서 당황하고 불안해"했음을 보았다. 이러한 행동 속에서 미제간첩으로서의 박헌영의 모습은 보이지 않는다.

여섯째, 북한 주재 소련대사 스티코프가 10월 8일 김일성과 박헌영을 방문하여 그들에게 '중국과 소련이 조선인민의 전쟁을 지원할 것'이라는 스탈린의 편지를 읽어주었을 때, 이 편지의 내용은 두 사람에게 '커다란 인상'을 주었으며, 그들은 '커다란 만족감을 표하며 서한을 받아'들였다(Shtykov, 1950.10.8). 이러한 모습에서 미제간첩으로서의 박헌영의 모습은 찾기 힘들다.

일곱째, 1950년 12월 29일 박헌영은 소련대사 라주바예프의 부관인 마르첸코 대좌와의 개인적인 회견에서 김일성이 당시 중국군의 '완만한 작전'에 불만을 가지고 있다고 말해주었는데, 사실 박헌영은 북한 주재 소련대사 라주바예프에게도 이미 그렇게 말했었다. 김일성이 불만을 가진 이유는 중국군의 작전이 '제한적 성격'의 작전이었고, "중국군이 제한적인 작전을 수행한 이후 3월까지, 즉 봄까지 휴지기간을 예정"하고 있었기 때문이었다(Razuvaev, 1950.12.30).[44] 박헌영이 중국인민지원군의 '늑장 태도'에 대한 김일성의 불만을 소련 측에 전달하고 있지만, 사실상 그는 자신의 불만도 함께 전달하고 있었다고 볼 수 있다.

여덟째, 위와 관련된 것이지만, 중국인민지원군의 참전으로 북한군과 중국군이 1950년 12월 6일 평양을 되찾고 38선을 넘어 남하하여 1951년 1월 4일 서울을 재점령하는 등 승기를 잡았을 때, 김일성은 계속 남진하여 유엔군을 밀어붙여 조속한 승리를 거두자는 입장이었지만, 중국은 38선을 넘어 남하하는 과정에서 빠른 진격보다는 2~3개월 정도 쉬면서 전력과 전열을 재구성하고 재정비하자는 입장이었다. 이 두 가지 입장이 충돌했을 때, 스탈린이 중국의 입장을 지지했다. 따라서 남진은 만일 북한군이 원하면 북한군이 맡고 중국군은 인천, 서울, 38선 이북을 방어하면서 휴식을 취하기로 정리됐다. 그러나 김일성은 가능하면 중국군이 휴식을 취하는 시간을 줄이면서 남진해줄 것을 끈질기게 요구했다(Zhihua, 2004: 15).

이런 상황에서 1월 11일 펑더화이와 김일성, 박헌영 사이에서는 남진 여부 등

---

44) 참고로, 12월 29일 저녁 9시에 라주바예프는 김일성이 협의할 것이 있다고 해서 가서 만났다. 그는 마오쩌둥이 자신에게 보낸 서한을 보여주었는데, 그 편지에서 마오쩌둥은 "(제한적) 작전 후 조선 제2, 제5군의 모든 부대들은 훈련과 휴식을 위해 1~2달간 편안한 장소로 이동"하고, "절대로 준비 없이 전투를 해서는 안 되며, 긴 전쟁이 될 것이며, 빠른 승리에 대한 생각은 틀린 것"이라고 말했다. 참고로, 이때는 중조양군연합사가 창설된 다음이기 때문에 조선인민군의 지휘권은 중국 측이 보유하고 있었다(Razuvaev, 1950.12.30).

여러 문제로 인해 상호 감정이 상하여 펑더화이가 화를 낼 정도로 심각하게 의견이 충돌했다(Zhihua, 2004: 15). 펑더화이는 김일성과 박헌영에게 "당신들의 생각은 틀렸고 당신들은 꿈을 꾸고 있다"고까지 말하면서 목소리를 높이고 감정적이 되기도 했다.[45] 사실 6·25전쟁 중에 펑더화이와 김일성은 이처럼 작전에 대한 생각과 이익의 차이로 내내 사이가 좋지 않았다.[46]

아무튼 남진 문제에 대해 김일성과 펑더화이는 서로 의견이 팽팽하여 어떤 합의를 볼 수 없었다.[47] 따라서 펑더화이는 마오쩌둥이 보내온 전문을 보여주었

---

45) 1946년 1월 11일, 펑더화이가 화가 나서 김일성과 박헌영에게 한 말은 다음과 같다. 과거에 당신들은 미국이 결코 군대를 참전시키지 않을 것이라고 말했고, 만일 미국이 군대를 보내면 어떻게 할 것인지에 대해 결코 생각해보지 않았다. 이제 당신들은 미군은 분명히 한반도로부터 철군할 것이라고 말한다. 그러나 만일 미군이 철군하지 않으면 어떻게 할지 고려하지 않고 있다. 당신들은 단지 조속한 승리만을 희망하고 구체적인 준비를 하고 있지 않은데, 그렇게 하면 전쟁이 길어질 뿐이다. 당신들은 이 전쟁을 행운에 기대어 끝내기를 희망하고 있다. 당신들은 인민들의 운명을 가지고 도박을 하고 있으며, 이는 이 전쟁을 재앙으로 이끌 뿐이다. 재조직하고 재보급하기 위해서는 지원군은 2개월이 필요하다. 거기서 하루도 줄일 수 없고 심지어 3개월이 걸릴지도 모른다. 상당한 준비 없이는 1개 사단도 남진할 수 없다. 나는 적을 오해하는 데서 저지르고 있는 이 실수를 결단코 반대한다. 내가 나의 일을 잘하고 있지 않다고 생각하면 나를 해임하거나, 나를 군법회의에 회부하거나, 심지어 죽일 수 있다"(Zhihua, 2004: 15).

46) 참고로, 6·25전쟁 당시 생겨난 펑더화이와 김일성의 불화는 전쟁 이후에도 사라지지 않았다. 뒷날 1956년에 '8월 종파사건'이 발생한 후 9월 전원회의를 위해 중국공산당의 대표로서 그가 평양에 파견되어온 데 대해서 김일성은 '조선에서 존경받지 못하는 펑더화이'가 중국공산당 대표로서 평양에 왔다고 불만을 표현하기도 했다(Document 30: 527).

47) 양측의 의견이 어떻게 팽팽했는지를 구체적으로 살펴보면 다음과 같다. 펑더화이는 지금 적을 몰아붙이면 적이 영토는 조금 더 포기할지 모르지만, 너무 성급하게 부산 주변의 좁은 지역으로 몰아붙이면 이는 유엔군을 분산시켜 정복하는 데 도움이 되지 않을 것이라고 생각했다. 이에 반해 김일성은 비록 적을 궤멸할 수는 없다 하더라도 중국인민지원군이 통제하는 영토를 넓히는 것은 여전히 중요하다고 주장했다. 펑더화이는 적을 패퇴시킨 다음에는 자연히 영토를 얻게 되므로 적을 궤멸시키는 것이 땅을 넓히는 것보다 더 중요하다고 대답했다. 그러나 김일성은 영토를 더 많이 갖고 조선인민군 통제하에 추가적으로 더 많은 인구를 갖는 것이 전후 선거와 평화 정착이 이뤄질 때 더 이익이 된다고 주장하면서 자신의 입장을 고수했다. 펑더화이는 그것을 고려하는 것이 필요하지 않다고 대답했다. 펑더화이는 현재 가장

고, 김일성은 자신의 주장은 개인의 주장이 아니고 조선로동당 정치위의 집체적 의견이라고 주장했다. 김일성은 이 점을 강조하기 위해 박헌영을 회합에 참여시켰다(Zhihua, 2004: 15).

1월 11일 스탈린이 자신에게 보내온 전문에 기초하여 마오쩌둥이 펑더화이에게 보낸 전문의 내용은 북한군이 원하면 한강 남쪽으로 전진배치하고, 중국군은 인천과 한강 북쪽으로 철수하여 2~3개월 휴식을 취하면서 재정비하라는 것이었다. 김일성과 박헌영은 펑더화이에게 조선인민군을 홀로 앞으로 남진시킨다는 스탈린의 생각은 '그들[중조연합군]이 (유엔군보다) 우위에 있다'는 증거라고 생각한다고 말했다. 박헌영은 미군이 한반도로부터 곧 철수할 것이라는 소련의 최근 뉴스보도와 정보보고를 언급하면서, 만일 중조연합군이 미군을 추격하지 않는다면, 적은 한반도에서 철수할 구실이 필요한데 중조연합국 측이 그러한 구실을 제공하지 않기 때문에 미군은 한반도를 떠나지 않을 것이라고 주장했다. 이에 대해 펑더화이는 정반대로 만일 중조연합군이 추격하지 않는다면, 미국은 그것을 아주 좋은 구실로 삼아 스스로 철수할 수 있다고 응수했다. 박헌영은 만일 그들이 미군을 추격하지 않는다면 유엔군이 철수하지 않을 것이라고 다시 한 번 강조했다. 박헌영은 중조 양국은 미 자본가계급의 내부 모순을 이용해야 한다고 말했다. 펑더화이는 중조연합군이 몇 개의 미군 사단들을 분쇄한 다음에야 그러한 모순들이 깊어질 것이라고 대답했다. 펑더화이는 중국인민지원군이 재정비한 다음에야 계속하여 싸울 수 있을 것이라는 입장이었다(Zhihua, 2004: 15). 이 회합에서 박헌영은 남진을 계속할 것을 "화를 내면서"까지 주장했다고 한다(Chen, 2001: 94).

결국 1월 16~18일 회담에서 김일성은 펑더화이에게 조선인민군이 단독으로 남진하는 것은 위험하다고 인정했다. 그리고 지난 6~9월 사이에 북한군이 저지른 실수를 반복하지 않기 위해서는 2개월 동안 휴식을 취하면서 전열을 재정비하여 공격을 위한 철저한 준비를 하는 것이 좋다는 데 합의했다(Zhihua,

---

중요한 것은 승리하고 적을 궤멸시키는 것이라고 주장했다. 당시 유엔군은 인력 손실이 거의 없이 남쪽으로 철수했기 때문에 더욱 그러했다(Zhihua, 2004: 15).

2004: 16). 결국 북한군이 단독으로 먼저 진격하지 않고 중국군이 참여하기로 합의했다(Bajanov, 1995: 90). 그러나 박헌영은 이 모든 과정에서 '속도'를 내기를 원했다.[48]

이처럼 1946년 1월 11일에 있었던 펑더화이와 김일성, 박헌영 사이의 토론은 당시 박헌영이 어떤 입장을 취했는지를 잘 보여주고 있다. 즉, 미군이 한반도로부터 곧 철수할 것이고, 만일 중조연합군이 후퇴하는 미군을 추격하지 않는다면 미군은 철수할 구실이 없어 한반도를 떠나지 않을 것이며, 중조 양국은 미 자본가계급의 내부모순을 이용해야 한다는 것이었다. 박헌영은 '화를 내면서'까지 남진을 주장하면서 미군을 추격·괴멸시키는 모든 과정에 '속도'를 내기를 원했다. 만약 박헌영이 미국의 간첩이었다면 그렇게까지 주장하지는 않았을 것이다.

아홉째, 박헌영은 1952년 1월 16일 개인적으로 펑더화이를 찾아가 전쟁을 끝내고 싶다는 생각을 이야기했다. 박헌영은 "조선사람은 온 나라를 통해 평화를 요구하고 전쟁을 계속하기를 원치 않는다. 만일 소련과 중국이 전쟁을 계속하는 것이 이롭다고 생각한다면 조선로동당 중앙위는 어떤 어려움을 극복하고라도 그러한 입장을 지지할 것"이라고 말했다. 박헌영은 그가 펑더화이를 찾은 것은 "단순히 들른 것"이며, "자기의 의견은 로동당 중앙위나 조선정부의 의견이 아니고 순전히 자신의 개인 의견"이라고 말했다.[49]

여기에서 1952년 1월 당시는 전쟁은 끝나지 않고 대신 미군의 계속된 폭격으로 북한의 인명피해만 계속 늘어나는 시기였다.[50] 북한으로서는 더 이상 견딜

---

48) Bajanov, 1995: 90; Telegram from Mao Zedong to I. V. Stalin, conveying 19 January 1951 telegram from Peng Dehuai to Mao, regarding meetings with Kim Il Sung, January 27, 1951, 웹 자료.

49) Telegram from Mao Zedong to Stalin, conveying 22 January 1952 telegram from Peng Dehuai to Mao and 4 February 1952 reply from Mao to Peng Dehuai, February 8, 1952, 웹 자료.

50) 참고로, 1953년 3월 김일성이 평양 주재 소련대사관 직원들과 나눈 대화 내용을 보면, 북한은 전방과 후방에서 매일 300~400명의 인명피해를 보고 있었다. 휴전회담이 지속되는 동안에 지속된 미군의 폭격으로 1952년 1월 당시에도 북한 측은 대량으로 인명피해를 보고 있었다(Document #113, 1995: 83).

수 없는 상황이어서 박헌영뿐만 아니라 모두들 조속히 전쟁을 끝내고 평화를 찾을 수 있기를 갈망하고 있었다. 그러나 박헌영은 '소련과 중국이 전쟁을 계속하는 것이 더 유익하다고 판단한다면, 소련과 중국의 판단에 따르겠다'는 말을 하고 있다. 이는 박헌영이 미국의 입장을 우선적으로 생각하는 것이 아니라 소련과 중국의 이익을 우선적으로 중시하는 태도를 갖고 있음을 보여준다. 이는 박헌영이 미제간첩이 아니라는 또 다른 증거라고 할 수 있다.

마지막으로, 마오쩌둥이 '박헌영은 미제간첩이 아니다'라고 말한 것이 있다. 1956년 '8월 종파사건'으로 연안파와 소련파 인사들이 심한 책벌을 당하자 소련공산당과 중국공산당이 공동으로 조선로동당 사태에 개입하기로 했다. 당시 1956년 9월 18일 저녁 베이징에서 마오쩌둥이 미코얀을 단장으로 한 소련대표단과 최용건을 단장으로 한 조선대표단을 순서대로 만났다. 그때 마오쩌둥이 최용건에게 박헌영에 대해 "당신들은 그가 미국의 간첩이라고 말하였는데, 미국은 아직 그가 미국의 간첩인지도 모르고 있지 않은가? 마구잡이로 살인을 해서는 안 된다"고 말했다(「모주석접견조선대표단담화기요」, 1956.9.18[51]).

결국 위에서 살펴본 열 가지는 박헌영이 미제간첩이 아니었다는 것을 말해 주는 증거로서 충분하다고 하겠다.

리강국이 미제간첩?

그런데 흥미롭게도 박헌영의 최측근 중의 한 사람이었던 '리강국이 미제간첩이었다'는 것을 시사하는 자료들이 있다. 리강국 관련 문건이 들어 있는 1953년도 미육군 방첩대(CIC) 문서 파일을 보면, "1953년 11월의 보고는 리강국이 일본 동경도(道) 차기구(區)에 있는 잭(JACK)에 고용되어 있다고 진술하고 있다"는 문장이 포함되어 있다.[52] 잭(JACK)은 미 중앙정보국(CIA)이 대북한 공작을

---

51) 필자는 「모주석접견조선대표단담화기요」(1956.9.18)를 제공해준 데 대해 베이징대학 역사학과 김동길 교수에게 특별한 감사를 표한다.

52) 영어 원문은 "A report of nov 53. stated that Yi was employed by JACK in Chagi-ku,

위해 운영하던 한국합동공작단(Joint Activities Commission, Korea)의 약자였다. 잭(JACK)의 기본임무는 정보수집, 사보타주, 북 요인 납치, 북에 격추된 유엔군 비행기 조종사를 위한 은신·도피처 및 안전가옥망을 제공하는 것이었다(Hanley, 2008; 고지수, 2001: 117; 정창현, 2001).

남한정부와 군, 경찰 관련 고급정보가 주한 미8군사령부 헌병감이었던 베어드 대령(Col. John E. Baird)으로부터 김수임, 리강국을 통해 북한 측으로 흘러갔는지에 대한 의혹이 제기되자, 미 육군성이 1950년 8월부터 3개월에 걸쳐 이 의혹을 조사하여 '베어드 조사보고서'를 발표했다. 그런데 이 조사보고서는 베어드 대령의 혐의에 대해 대부분 '증거 불충분'으로 결론짓고 있다. 베어드 조사보고서는 오히려 '베어드 대령이 김수임과 연결된 리강국을 통해 북한 정보를 수집했을 가능성을 시사'하고 있다(고지수, 2001: 118~119; 정창현, 2001; 김학준, 2008b: 541~543). 1953년 8월 북한에서 이뤄진 리강국의 재판기록을 보면, 리강국은 1947~1948년 2년 동안 총 5회에 걸쳐 북한 문건을 빼내어(김남식 편, 1974c: 472) 김수임을 통해 베어드 대령에게 전달한 것으로 되어 있다.

리강국 외에도 림화, 백형복, 안영달, 조용복 등이 CIC의 지휘하에 있었다는 증거들이 있다. 예컨대, 남한의 내무부 치안국 중앙분실장으로 있었던 백형복은 인적정보(humint)가 주특기였던 도널드 니콜스(Donald Nichols)의 지휘하에 있었는데(김남식 편, 1974c: 474) 니콜스는 내무부 치안국 사찰과 고문이었다. 그는 인맥과 스파이를 통한 남한 좌익세력 침투와 대북정보에 능했고, 자신이 정보수집을 위해 직접 북한을 다녀오기도 했다고 한다(고지수, 2001: 119).

1947~1948년 주한미군 CIC에 근무했던 파넬(Marion R. Panell) 소령은 "남로당 내부에는 고위급 정보원들이 있었다"면서 자신이 관리한 한 정보원은 "남로당 선전부장"이 됐고 나중에 (조선로동당) 중앙상무위원회 위원이 됐다고 증언했다.[53] 이러한 고급 정보원 덕분에 CIC는 남로당 선전물이 배포되기 약 2주일 전

Tokyo-to, Japan"으로 되어 있다(고지수, 2001: 117).

53) 참고로, 이 기준에 맞는 사람으로서 우선 떠오르는 인물은 강문석이다(김광운, 2003: 396; 서동만, 2005: 446).

에 그 선전물들을 미리 볼 수 있었다는 것이다. 파넬 소령은 "빅3(이승만·김구·김규식)를 제외하고 모든 정치지도자들을 매주 CIC 사무실로 불러 활동경과를 보고토록 하고, 구금도 마음대로 하였다"고 했다(고지수, 2001: 119~121; 정창현, 2001). 파넬 소령의 이 말은 과장된 것이겠지만, 당시 남한에서의 CIC의 위상과 역할을 짐작할 수 있다.

당시 CIC 공작을 통해 남한 좌익세력에 스파이가 침투해 있었다는 것은 파넬 소령이 언급한 '남로당 선전부장' 외에 남로당 전라북도당 조직부장이 CIC 정보원이었다는 데서도 확인된다.[54] 참고로, 조봉암이 1946년 8월 2일 공산당과의 관계를 청산하고 계급독재를 반대한다는 성명을 발표하게 된 데에도 미국 CIC가 개입한 흔적이 있다(임경석, 2004: 329). 참고로, 브루스 커밍스(Bruce Cumings)는 미국 CIA가 설정식을 통해 북한의 여러 정보를 입수했다고 주장하기도 했다(Cumings, 1990: 612~613; 정창현, 2002: 150).

박헌영의 최측근 중의 하나였던 리강국이 미제간첩이었다는 주장은 해방 이후부터 6·25전쟁의 정전 시까지의 한반도정치, 북한정치에 커다란 파장을 불러일으킬 수 있는 폭발력을 갖고 있는 주장이다. 물론 리강국이 미제간첩이었다고 해서 박헌영이 자동적으로 미제간첩이 되는 것은 아니겠지만, 두 사람의 관계를 고려할 때, 박헌영의 미제간첩설의 진상를 밝히기 위해서라도 더 많은 관련 자료들이 미국, 소련, 중국, 북한에서 비밀 해제되어야 할 것이다.

박헌영이 6·25전쟁 중 김일성 전복 쿠데타 기도?

그렇다면 박헌영과 리승엽 등이 6·25전쟁 중에 북한정부를 전복하려는 무장 쿠데타를 기도했다는 세 번째 혐의는 과연 사실인가?

당시 박헌영·리승엽 사건을 대남 연락부에서 조사한 임무를 수행했던 신경완의 증언에 따르면, 당시 북한 지도부가 중시했던 것은 '간첩 사건'이라기보다도

---

54) 1947년 6월부터 1949년 1월까지 전라북도 미군 CIC 책임장교였던 울리버리(Prudencio D. Uliberri) 소령의 증언을 보시오(≪민족21≫, 2001: 122).

바로 이 '정권 전복 음모'였다. 간첩죄, 남조선 혁명'력량' 파괴죄는 오히려 부차적으로 덧붙여진 것이었다(정창현, 2002: 123, 161).

박헌영은 재판 내내 자신의 '정권 전복 음모'죄에 대해서 부인했다. 앞에서 이미 살펴보았다시피, 박헌영은 기소장의 모든 기소사실은 전부 승인하지만, 단지 "'새정부'와 '새 당'의 조직에 관한 것과 무장 폭동 음모에 직접 참가하거나 그러한 범행을 조직 지도한 사실이 없기 때문에 이 부분에 대한 책임을 지기 곤란"하다는 의견을 피력했다. 물론 나중에는 자신이 부하들이 한 일에 대해 책임이 있기 때문에 그러한 '궤변'을 취소한다고 했지만, 그것은 강압에 의한 자포자기였을 것으로 보인다. 물론 신경완처럼 박헌영-리승엽 일파가 김일성 정부를 전복하기 위한 '폭동계획이 실제 있었다'고 주장하는 사람도 없지 않다(정창현, 2002: 151~156). 김학준은 정부 전복 음모와 관련하여 리승엽, 박헌영 등의 기소장에 나타난 혐의가 대부분 사실에 가깝다고 보고, 특히 리승엽의 경우가 그렇다고 평가하고 있다(김학준, 1995: 171).

참고로 유엔군의 인천상륙작전 이후 전쟁의 패배에 대한 김일성의 책임이 부각되는 상황에서 박헌영이 중국의 도움을 받아 김일성을 제거하려고 했을지도 모른다는 주장이 중국의 6·25전쟁 개입 문제를 연구해온 첸지안(Chen Jian, 陳兼)으로부터 나온 적이 있다. 그의 주장은 그가 1991년 5월에 중국공산당 역사 연구자들과 한 인터뷰에 근거한 것이다. 첸지안은 훗날 1992년 8월에 중국공산당 번역국 국장을 지냈던 스저(師哲)로부터[55] '그것이 맞다'는 확인을 받았다고 했다(Chen, 1994: 162~163, 172, 277).

유엔군의 인천상륙작전 직후 조선로동당 내 김일성 반대파들은 자신들의 대표들을 중국에 보내 중국이 파병해줄 것을 요청하면서 동시에 자신들이 김일성을 제거할 수 있도록 도와달라고 했는데, 그러한 제안은 당시 마오쩌둥의 반대

---

55) 참고로, 스저는 후일 1956년 '8월 종파사건'이 발생한 후 조선공산당 사태에 대해 소련공산당과 중국공산당이 공동개입하기로 결정한 1956년 9월 18일 마오쩌둥 등 중국공산당 측과 미코얀 등 소련공산당 측 사이의 담화에 배석했던 인물이다(「모주석접견소공중앙대표단담화기록」, 1956.9.18).

로 무산됐다는 것이다. 마오쩌둥은 중국이 조선로동당 지도부 문제라는 북한의 내정에 간섭하는 것은 적절치 않고, 김일성은 조선공산주의혁명의 '깃발'이며, 북한이 당시와 같은 커다란 어려움에 처한 상황에서 김일성을 제거한다면 북한은 재앙과 혼란에 빠질 것임을 명백히 했다는 것이다. 마오쩌둥은 이리저리 많이 생각한 후에 중국 지원병을 북한에 보내는 문제에서 김일성을 북한의 지도자로서 계속하여 상대할 것이라고 결론 내렸다고 한다. 그래서 그는 북한의 지도자인 김일성이 개인적으로 직접 원병을 청했을 때에야 비로소 6·25전쟁 참전을 결정했다는 것이다. 그런데 1950년 10월 1일 중국군의 파병을 요청하기 위해 박헌영과 박일우가 급히 베이징에 갔는데, 그들의 방문이 김일성의 '지시'에 의한 것이면서도 김일성 정권의 전복 기도와 관계가 있을지도 모른다는 것이다 (Chen, 1994: 111, 162~163, 277; 홍순도, 2005).[56]

당시 1950년 9~10월의 상황을 살펴보자. 1950년 9월 15일 유엔군의 인천상륙작전 성공, 9월 28일 서울 수복, 10월 1일 한국군의 38선을 넘어선 북진이 이뤄지면서 맥아더는 김일성에게 무조건 항복을 요구했다. 한마디로 북한으로서는 전쟁 개시 이후 최대의 위기에 처한 것이다. 바로 이러한 풍전등화의 상황에 처하여 김일성은 9월 30일 평양 주재 중국대사 니즈량을 만나 중국이 제13병단을 한반도 전선에 파병해줄 것을 요청했다. 김일성은 박일우를 단둥 중국인민지원군 사령부에 보내고, 10월 1일 박헌영을 베이징에 보내 마오쩌둥과 중국공산당 지도부를 직접 만나 파병을 설득하도록 했다. 박헌영은 10월 1일 저녁에 비행기를 타고 베이징에 가서 김일성과 자신이 함께 서명한 편지를 직접 마오쩌둥에게 전달했다. 그 내용은 중국 인민해방군이 직접 참전하여 북한을 도와줄 것을 다급하게 요청하는 내용이었다(Chen, 1992: 29; Chen, 1994: 171~181).

이상은 천지안의 주장이지만, 그렇다면 당시 박헌영의 베이징 방문이 실제 이뤄졌는가? 박헌영이 당시 베이징을 방문하지 않았다면 그가 베이징에 가서 마

---

56) 김일성은 조선공산당 내에서 중국과 연계되어 있는 연안파와 권력경쟁을 하는 관계였고, 자신의 민족주의적인 성향 때문에 중국에 대해서 경원시하던 점이 있었다(Chen, 1994: 111, 162).

오쩌둥에게 김일성 제거를 위한 협조를 요청할 기회도 당연히 없었을 것이다. 당시 박헌영이 김일성의 '지시'에 의해 베이징을 방문하여 마오쩌둥을 만났다는 것, 또 그가 마오쩌둥에게 김일성 제거에 관한 제안을 했다는 것을 증명하는 문건은 아직 발견되지 않았다.

중국공산당 당사연구소 중국중앙문헌실에서 펴낸 『마오쩌둥 연보(毛澤東 年譜)』와 『저우언라이 연보(周恩來 年譜)』 어디에도 1950년 10월 1일 혹은 10월 초에 마오쩌둥이나 저우언라이가 박헌영을 만났다는 기록이 없다. 만일 박헌영이 그때 마오쩌둥이나 저우언라이를 만났다면 그것이 연보에 기록되지 않을 이유가 없었을 것이다. 그런데 6·25전쟁 당시 북한군 작전국장을 지낸 유성철의 회고에 의하면, 자신이 10월 18일 박헌영과 함께 베이징에 원군을 요청하러 갔다고 한다(한국일보 편, 1991: 99~102). 혹시라도 박헌영이 김일성을 제거하기 위해 중국에 협조를 요청했다면, 시기적으로 1951년 이후라면 또 개연성이라도 있을 수 있겠지만, 1950년 10월 초에 그런 일이 있었다고 보기는 어렵다(김동길 인터뷰, 2010.7.21).

그런데 1950년 10월 당시 북한 주재 소련군 총참모부 대표 자하로프 대장이 1950년 10월 7일 스탈린에게 보낸 정보보고를 보면, 10월 초에 베이징에 간 사람은 박헌영이 아니고 박일우였던 것으로 보인다. 왜냐하면, 자하로프가 확보한 정보에 의하면, "박일우는 1950년 10월 5일 베이징에서 귀환"했고,[57] 1950년 10월 6일 열린 조선로동당 정치위 회의에서 그는 '마오쩌둥과 5명의 중국공산당 정치국원들이 두 차례에 걸쳐 자신을 접견했다'고 보고했다. 첫 번째는 4시간 동안 대화를 나누었고 두 번째는 6시간 동안 대화를 나누었다는 것이다. 그런데 마오쩌둥은 박일우에게 '무엇이든 할 수 있고 도울 수 있지만 군대를 파견하는 것은 할 수 없다'고 말했다고 한다. 마오쩌둥이 '만일 중국이 조선에 원조를 제공한다면 사실상 이 일로 해서 소련을 전쟁에 끌어들이게 될 것이라는 이유를 들었다'는 것이다. 만일 그렇게 되면, '제3차 세계대전을 야기할 것'이기 때문에 그렇게 할 수가 없다는 것이었다(Zakharov, 1950.10.7). 자하로프의 정보보고에

---

57) 박일우는 단둥 중국인민지원군 사령부에 들렀다가 베이징에 갔었던 것으로 보인다.

박헌영에 대한 언급은 한 마디도 없다.

참고로, 박일우가 베이징에 가서 중국지도부를 만났을 때는 중국은 아직 파병을 완전히 결정하지 못한 때였다. 중국이 참전하기 위해서는 스탈린의 적극적인 지원 약속이 필요했는데, 스탈린의 지원 약속은 10월 5일에야 나왔다. 스탈린은 1950년 10월 5일 마오쩌둥에게 '네 뒤에 내가 있다'면서 안심하고 참전하라는 지원약속을 했던 것이다(김동길의 인터뷰, 2010.7.21). 중국은 10월 8일 공식적으로 6·25전 파병을 결정하게 된다.

결론적으로, 첸지안이 인터뷰했던 중국공산당 역사연구가들과 스저는 당시 10월 초에 베이징을 방문한 박일우를 박헌영으로 잘못 기억했던 것으로 보인다. 따라서 1950년 10월 1일 박헌영이 베이징을 방문한 것도, 또 당시 그가 김일성을 제거하기 위해 마오쩌둥에게 도움을 요청했다는 것도 모두 사실이 아닌 것으로 보인다.[58]

우리는 위에서 여러 자료들을 동원하여 6·25전쟁 시 박헌영이 주장한 남한에서 남로당원 20만 명 봉기와 빨치산 운동의 활성화 문제, 박헌영과 리승엽, 리강국 등의 미제간첩설과 이들의 6·25전쟁 중 북한정부 전복 쿠데타 기도설의 진실성과 허구성에 대해 검토했다.

그런데 김일성이 비록 박헌영, 리승엽, 리강국 등을 종파-미제간첩죄로 숙청했지만, '1949년 6월 질서'의 한 축을 담당하던 강력한 파벌이었던 박헌영파의 제거는 그 파장도 컸다. 따라서 김일성은 박헌영파의 숙청이 자신이 건설하고 있는 사회주의 당-국가체제 그 자체를 흔들지 않도록 조심했다.

이와 관련하여 김일성은 1930년대 중반 자신의 동북항일연군 시절에 일어났던 민생단 사건의 경험이 "박헌영 도당의 사전을 취급할 때"에 '큰 경험'이 됐다고 회고했다. 민생단 사건은 일본이 "'민생단'이라는 반혁명적 간첩단체를 조직

---

58) 첸지안이 자신의 1994년 책(Chen, 1994)에서 당사 연구가들과 스저의 이야기를 듣고 박헌영의 쿠데타 관련설을 소개했지만, 그동안 수많은 중요한 1차 자료들이 여러 나라에서 발굴된 상황에서 첸지안은 요즈음은 1994년 책에서 자신이 주장했던 어떤 것들에 대해서는 확신하지 못하고 있다고 한다(김동길 인터뷰, 2010.7.21).

하여 간도의 혁명지구에 들여" 보내서 "조선사람과 중국사람을 서로 이간시키며 또 조선사람끼리 서로 싸우게 하는 간책"을 씀으로써 일시적으로 "적의 간첩에 걸려 혁명진영 내에서 서로 죽이는 놀음을 한 결과 많은 사람들이 애매하게 희생"된 사건이었다(김일성, 1980n: 492; 김성호, 1999).

김일성은 만일 자신이 "이전에 간도에서 '민생단'과 투쟁한 경험을 가지지 않았더라면 해방 후 조선에서, 더우기[더욱이] 전쟁환경에서 반혁명분자들과의 투쟁을 옳게 지도할 수 없었을 것"이라고 말했다. 만일 "잘못하면 미국 놈들의 간계에 넘어가 많은 사람들을 못 쓰게 만들 수" 있었기 때문에 김일성은 자신의 민생단 사건의 경험을 살려서 "간첩과 간첩이 아닌 자를 엄격히 구별하는 원칙을 강하게" 내세웠다고 했다. 따지고 보면, "박헌영의 영향을 받았다고 하여 다 박헌영파가 될 수 없고 간첩이 될 수는 없"다는 것이다(김일성, 1980n: 492). 따라서 "확실한 근거 없이 다른 사람의 말만 듣고 사람을 의심하는 일이 절대로 없도록 하였으며 근거가 확실한 주동분자만 치고 피동분자들은 다 포섭하고 비판하여 개조하도록" 했다는 것이다(김일성, 1984h: 278). 결국 김일성은 '비판은 엄격히 하되 처벌은 최소화한다'는 방침을 세우고 그에 따랐다(정창현, 2002: 157).

박헌영의 사형 집행: 소련공산당과 중국공산당의 입장

박헌영은 기소된 지 3일 만인 1955년 12월 15일에 사형판결을 받았다. 그런데 김일성은 박헌영에게 사형선고를 내렸지만, 소련과 중국의 눈치를 보느라고 자신들 마음대로 쉽게 사형집행을 하지 못했던 것으로 보인다.

예컨대, 박헌영의 사형선고 후 북한 인사들이 평양에 나와 있는 소련정보부(KGB)의 수석고문을 두 번이나 방문하여 박헌영의 사형선고 실행에 대한 소련의 입장에 대해서 문의했다(Document 3: 469). 그리고 1956년 4월 19일자 김일성과 평양 주재 소련대사 이바노프(V. I. Ivanov) 사이의 대화록을 보면, 이바노프는 박헌영이 사형선고를 받은 때부터 많은 시간이 흘렀고 박헌영이 이미 정치적으로 파멸·고립됐기 때문에 지금 와서 사형을 집행하면 북한과 국제사회에서 바람직하지 못한 파문이 일 것이라면서 김일성이 박헌영의 사형집행을 삼가는 것이 좋을 것이라고 충고했다. 김일성은 이에 대해 매우 당황해하면서 화가 나서는, 이바노프 대사의 전임자였던 수즈달레프 대사(S. P. Suzdalev)도 박헌영의 상황에 대해 문의했으나 그 후 모스크바로부터 아무런 대답이 없어서 박헌영을 사형시킨다고 해도 소련의 이익에는 아무런 우려할 문제가 되지 않는 것으로 생각했다고 말했다(Document 3: 469).

그래서 이바노프는 지금 현재도 소련의 입장은 박헌영 문제에 간섭하지 않는 것이라고 설명하면서, 단지 자신은 조선의 동지들이 KGB 수석고문을 방문한 것과 관련하여 자신의 의견을 말했을 뿐이라고 이야기했다. 그러면서도 이바노프는 자신이 지적한 대로 현재의 상황을 고려하여 박헌영의 사형집행을 삼가는 것이 더 좋을 것이라고 말했다. 이에 대해 김일성은 '박헌영의 사형선고의 집행'에 대한 당의 결정이 이미 내려졌는데, 그의 사형집행에 대한 소련의 입장을 알아보기 위해 KGB 수석고문을 찾아간 사람들은 (당의 이익이 아닌) '자신들의 이익'을 위해 행동한 것이라고 말했다. 김일성은 박헌영에게 추가적으로 상황설명을 요구한 지가 1개월 반이 지났는데도 왜 당의 결정이 아직도 이행되지 않았는지 알아보겠다면서 내무성에 사형선고를 집행하라고 이미 명령했노라고 이바노프에게 말했다. 김일성은 박헌영에 대해 공개재판이 열렸고, 그 일에 어떤 잘못된 오류가 있었다는 아무런 근거나 표식도 없다면서, 박헌영은 예비조사에서나 재판정에서 기소된 모든 범죄를 인정했으며 그는 간첩이고 사형선고가 집행될 것이라고 말했다. 조선인민은 만장일치로 그것을 승인했으며, 박헌영을 사형집행한다 해도 해외에서 어떤 바람직하지 못한 결과도 생기지 않을 것이라고 말했다. 김일성은 그의 개인적인 기분으로도 박헌영의 사형선고는 집행되는 것이 필요하며 재고할 필요가 없다고 느낀다고 이바노프에게 말했다. 그러나 박헌영을 사형집행하지 말아달라는 소련의 호소[59]에 대해 (자신과는) 다른 생각들도

---

[59] 박헌영의 경우와 비슷한 예가 있다. 김일성은 모스크바 외상회의에서 결정된 한반도 신탁통치안를 끝까지 거부한 조만식에 대해서 "항상 '골칫덩어리 영감'을 없애려고 했으나 평양 주재 소련대사인 스티코프가 국제여론을 고려해 만류"하여 하는 수 없이 그를 6·25전쟁 시까지 살려 두었다는 증언이 있다(김국후, 2008: 158).

또한 존재하니까 박헌영 관련 상황을 당 정치위원회에서 논의하겠다고 말했다 (Document 3: 469).

박헌영의 사형과 관련하여 소련공산당과 중국공산당은 어떻게 생각했는가? 양당은 박헌영의 사형을 매우 불쾌하게 생각했고 그것을 막지 못한 데 대해 나중에 큰 회한을 갖게 됐던 것으로 보인다.

1956년 '8월 종파사건' 발생 후 소련공산당과 중국공산당이 조선공산당의 내정에 공동으로 개입하는 문제에 대해 논의하기 위해 9월 18일 베이징에서 중국공산당 측이 소련공산당 대표단과 조선로동당 대표단을 순서대로 만났다. 그때 나눈 대화들을 살펴보자.

마오쩌둥은 미코얀에게 자신은 '원래 박헌영이도 죽이지 않기를 원했다'고 말하며, '1953년 11월 바로 이 방(房)에서 자신은 김일성과 (박헌영에 관한) 이야기를 나누었다'고 했다. 김일성은 "박헌영의 반역죄의 증거가 있으나 충분치 않다"고 말했고 그는 마오쩌둥에게 어떻게 하는 것이 좋은지를 물었다는 것이다. 마오쩌둥은 김일성에게 '이러한 사람은 어떤 이유로도 죽여서는 안 된다'고 말했다고 했다. 그는 김일성에게 말하기를, (박헌영을) 죽이지 않으면 당신들[김일성과 그 지지자들]은 주도권을 유지할 수 있다. 즉, 장래에 박헌영이 반혁명을 하지 않은 것으로 증명되면, 당신들은 그를 죽이지 않았다고 하면서 그의 명예를 회복시킬 수 있다. (반면에) 장래에 (박헌영이) 반혁명을 한 것이 확실히 증명되면 당신들은 그를 가두어 두면 된다. (박헌영을) 죽이지 않으면 결코 당신들에게 해가 되지 않는다. 이번 일은 박헌영이 남로당의 영수임을 고려해야 한다. 지금 그를 죽이면 군중들은 그가 과연 무슨 죄를 범했는지 알지 못한다. 박헌영은 베리야가 아니다. 베리야는 많은 사람들을 죽였지만 박헌영은 일개 문인이라고 했다는 것이다.

이에 미코얀은 동의했다. 박헌영은 지식인이다. 그는 사람을 위협한 적이 없다. 그는 조선로동당의 창시자 중 한 명이며, 코민테른 시대의 인물이다. 우리[소련 지도자들]는 모스크바에서 그를 여러 차례 만났는데, 그때 우리가 받은 인상은 그는 지식이 높은 사람으로, 인상이 매우 좋았다고 했다. 미코얀은 박헌영을 처형하기 전에 북한에 있는 소련 안전위원회(국가보안위원회, KGB) 고문이 이 사건을 (모스크바) 안전위원회 (본부)에 보고했고, 안전위원회는 당 중앙위에 보고했는데, 당 중앙위는 안전위원회에 '조선에 있는 고문에게 조선로동당에 박헌영을 죽이지 말 것을 건의하도록 하라'고 지시했다고 말했다. 그러나 결국 조선은 그를 처형하고 말았는데, 당시 '소련의 실수'는 자신의 뜻을 소련공산당 중앙위의 의견으로 조선로동당에 정식으로 통보하지 않은 것이라고 했다.[60] 소련은 단지 (평양 주재) 안전위원회 고문을 통해 소련의 의견을 전달했는데, 조선인들은 안전위원회 고문의 의견은 '들어도 되고 안 들어도 되는 것'으로 알고 있었다는 것이다.

이에 대해 저우언라이는 '그렇지 않다'면서, 그전에 중국 측이 (박헌영을 사형시키지 말라고) 김일성에게 이야기할 때 중국공산당 중앙위의 의견으로 이야기했지만 김일성은 (그 경우에도) 마찬가지로 무시했다는 것이다.

미코얀은 소련의 (평양 주재) 안전위원회 고문이 '조선이 박헌영을 처형하려고 한다'는 소식을 (모스크바에) 전한 후 몇 달 동안 박헌영 처형과 같은 소식을 듣지 못해서, 소련은 '평양 주재 안전위원회 고문이 (박헌영의) 처형을 연기시켰다'고 생각했으며, 그를 죽이지 않을 것으로 여겼다고 했다. 그래서 당 중앙위 명의로 적극적으로 (김일성에게 박헌영의 사형을 집행하지 말라고) 건의하는 것을 고려치 않았다는 것이다. (평양 주재 안전위원회) 고문을 통한 건의 형식을 빌려 소련의 의견을 전달했는데, 결과는 김일성이 박헌영을 죽였다는 것이다(「모주석접견소공중앙대표단담화기록」, 1956.9.18).

마오쩌둥이 소련대표단을 보내고 난 직후 조선대표단과 만나 나눈 대화 중에서 그가 박헌영과 관련하여 최용건과 나눈 대화를 살펴보자. 마오쩌둥은 "당신들은 과거에 박헌영을 죽였다. 그는 남조선 인민의 지도자로서 절대로 죽여서는 안 되는 간부였다. 당신들은 그가 미국의 간첩이라고 말하였는데, 미국은 아직

---

60) 소련과 박영빈은 1996년 정창현과의 인터뷰에서 박헌영 사건이 터졌을 때 소련공산당 중앙위 조직부장을 단장으로 한 조사단이 나왔고, 당시 조선로동당 조직부장으로 있었던 자신이 그를 안내했다고 한다(정창현, 2002: 203). 그런데 박영빈의 증언은 미코얀이 말한 사실에 부합하지 않는다.

그가 미국의 간첩인지도 모르고 있지 않은가? 마구잡이로 살인을 해서는 안 된다. 이러면 이로울 게 없다"고 했다(「모주석접견조선대표단담화기요」, 1956.9.18).

동독 주재 북한대사와 북한의 외무 부상을 지낸 박길룡(박왈렌친)의 증언에 의하면, 1956년 김일성이 동유럽 사회주의 국가들, 소련, 몽골을 방문하고 귀국한 7월 19일 바로 그날 방학세에게 "그 이론가 어떻게 됐어?"라고 박헌영의 사형집행에 대해 묻고 그날 중으로 처결하라는 명령을 내렸다고 한다. 박헌영은 사형집행 직전에 '부인 윤레나와 어린 두 자식을 외국으로 보내겠다는 약속을 지키라'는 말을 김일성에게 전해달라고 부탁했다고 한다(임경석, 2004: 476~477, 532; 임경석, 2000: 146). 그런데 KGB 문서에 의하면, 8월 31일 방학세와 강상호가 야산에서 박헌영을 사살한 것으로 되어 있다고 한다(김동길 인터뷰, 2010.8.10).

허가이의 자살: '당과 조국과 혁명의 비열한 배신자'

1953년 3월 박헌영, 리승엽 등의 소위 반당·반국가적 범죄행위가 탄로 난 후, '허가이 자살사건'이 발생했다. 1953년 8월 초에 개최된 당 중앙위 제6차 전원회의에서 채택한 「박헌영의 비호 하에서 리승엽 도당들이 감행한 반당적 반국가적 범죄적 행위와 허가이의 자살사건에 관하여」라는 결정서 내용 중에서 '허가이의 자살사건'과 관련된 부분을 살펴보자.

결정서는 1953년 6월 30일 개최된 당 중앙위 정치위에서 허가이가 "당 및 국가사업에서 아무런 책임성과 적극성과 창발성을 발휘하지 않고 태공"한 데 대해 지적했음을 상기시키고 있다(『결정집』, 1953b: 39). 허가이는 "마지막 시기에 적들의 폭격에 의하여 파괴된 자산, 견룡, 임원 등 저수지 복구사업 지도에 대한 중요 임무를 맡고도 그것을 조속한 시일에 복구 완성할 하등의 구체적 계획과 조직적 대책을 취하지 않았으며 그 진행정형을 지도 검열하지 않음으로써 이 사업은 완전히 태공"했다는 것이다. 허가이가 "수많은 인민군대, 중국인민지원군대, 노동자, 농민, 사무원들이 근 1개월간이나 동원됐으나 방대한 수의 노력일과 귀중한 국가기재와 물자를 허비하였을 뿐이며 복구공사는 전혀 진척되지 않았으며 긴급한 복구공사를 시간적으로 지연시킴으로써 국가에 막대한 손실"을 주었다고도 했다. 당 정치위원회는 이처럼 허가이의 "무책임하며 관료주의적이며 형식주의적인 사업 작풍"에 대해 비판하고 그가 이를 수용하여 자기비판을 통해 향후 사업에서 근본적 개선을 가져올 것을 충고했다는 것이다. 그런데 허가이는 "시간적 여유가 필요하다"는 구실 아래 당 정치위원회의 비판의 접수를 회피했으나, 당 정치위원회는 그의 요구를 수용하여 "자기비판의 시간적 여유를 주는 데 동의"했다고 한다. 그런데 허가이는 7월 2일 소집되는 당 정치위원회에 출석하는 대신에 "회의 소집 직전에 자살"했다는 것이다(『결정집』, 1953b: 39~40).

당시 허가이의 죽음을 다룬 당시 소련 대리대사[후에 평양 주재 소련대사] 수즈달레프의 6월 30일자 일기를 보면, 허가이는 6월 30일 당 정치위가 끝난 후 바로 소련대사관을 방문하여 수즈달레프를 만났다고 한다. 허가이는 수즈달레프에게 김일성과 박창옥이 자신을 관료주의와 저수지 복구문제로 가장 신랄하게 비판했으며 김일성은 허가이를 부수상으로부터 철직시켜 무역상으로 임명할 것을 제안했다고 한다. 허가이 자신은 그러한 비판이 공정하지 못한 것이었으며, 그러한 비판이 주로 김일성과 박창옥이 자신에 대해 갖고 있었던 개인적인 악감에서 기인했다고 믿었다. 허가이는 수즈달레프에게 김일성이 자신을 공격한 이유 중의 하나는 '과도한 김일성에 대한 칭송'에 대한 자신의 회의(懷疑)뿐만 아니라 간부 임명과 세금제도와 같은 문제에 대해 김일성과 당 중앙위가 취한 행위에 자신이 동의하지 않았기 때문이라고 말했다. 허가이는 당 정치위가 자신에게 제기된 비판에 대해 대답할 시간을 이틀 주었다고 말했다. 수즈달레프는 허가이에게 정치위에서 할 자신의 말에 대해 심각하고 침착하게 숙고하고, 그의 잘못은 정직하게 인정하고 그것들을 시정하겠다고 약속하며, 허가이 자신이 동의할 수 없는 비판들에 대해서는 그것들을 터놓고 솔직히 이야기하도록 충고했다. 이 충고를 듣고 허가이는 대사관을 떠났다(Lankov, 2002: 150).

당 고위관리들에게만 열람된 박정애의 보고 내용에 의하면, 허가이는 정치위원회 개최 바로 전날 밤에 자택에서 자살했다고 한다. 소련대사관 문서에는 그가 7월 2일 오전 9시 30분에 죽은 것으로 적혀 있다. 수즈달레프는 박창옥을 통해 허가이의 죽음에 대해 들었다고 한다(Lankov, 2002: 150).

참고로 란코프는, 허가이가 죽기 바로 전날 저녁에 함께 시간을 보냈던 허가이의 장인 최표덕[61]이 한 말과 6·25전쟁 중 하르빈에서 머물다가 허가이 사망 소식을 듣고 평양에 달려간 허가이 부인이 한 말을 회고한 허가이 딸들 및 허가이의 처제(최표덕의 딸)와의 인터뷰(Lankov, 2002: 150~152), 당시 소련대사관 대리대사 수즈달레프의 7월 2일자 일기(Lankov, 2002: 151), 란코프 자신이 만나 인터뷰했던 허가이를 알고 있던 소련파 인사들의 증언(Lankov, 2002: 151) 등에 의거하여 허가이가 '자살'하지 않고 김일성의 부하들에 의해 '암살'됐을 것으로 추정하고 있다(Lankov, 2002: 150~152). 한편, 소련파 박영빈은 자신이 직접 허가이의 유서를 보았다고 했다. 즉, 허가이의 죽음이 암살이 아니고 '자살'이었다는 것이다(정태수·정창현, 1997b: 98; 정창현, 2002: 203~206).

허가이 자살사건이 발생한 후 1953년 7월 18일 개최된 당 중앙위 정치위원회의 결정서「'베리야의 반당적 반국가적 범죄행동에 대한 소련공산당 중앙위원회 전원회의 결정'에 관하여」를 보면, "탐위주의자(貪位主義者)이며 관료주의자이며 비판과 자기비판을 불처럼 겁내는 비겁쟁이며 아부하는 자들을 즐기며 당 조직사업에서 엄중한 과오를 범하여 당에 막대한 해독을 준 혁명의 배신자"인 허가이의 자살사건을 '교훈'으로 삼아야 한다는 점을 강조하고 있다(『결정집』, 1953c: 52).

당 중앙위 제6차 전원회의의 결정서는 허가이 자살의 "직접적인 동기와 경위"를 설명하면서 허가이의 자살 원인은 단지 위에서 설명한 것에 끝나지 않고 "지난 기간 당 및 국가 지도사업에서 엄중한 오류들을 범하였으며 막대한 해독

---

61) 허가이의 친구이자 장인이었던 최표덕(Piotr Ivanovich Tsoi)은 1930년대 후반의 스탈린의 '대숙청(The Great Purge, the Great Terror)' 시기에 살아남은 소련군의 조선인 출신 소련장교들 중의 한 사람으로서 제2차 세계대전 때 한 탱크부대 사령관을 지냈고 전쟁이 끝날 때에는 사라토프 기갑장교학교(The Saratov Armour Officers School)의 교장을 지냈다. 그가 1948년 8월 소련군 대령 계급으로 소련군 고문으로 북한에 들어왔다. 1949년 1월 1일 허가이는 최표덕의 딸 니나(Nina Tsoi)와 결혼했다. 최표덕은 허가이의 요청으로 북한군으로 옮겼으며, 1951년 여름부터는 기갑부대 사령관으로 있었다. 그는 후에 6·25전쟁 당시 서울공격작전을 준비하고 또 실제 참여하기도 했다(Lankov, 2002, 128, 129, 146).

을 주었다"는 데도 있음을 상기시키고 있다(『결정집』, 1953b: 40). 그 주요 내용은 다음과 같다.

첫째, 허가이는 당 중앙위 비서로서 당 사업을 지도함에서 탐위주의, 개인 영웅주의, 자고자대성(自高自大性), 독단주의적, 관료주의적 사업방법을 보였으며, "당정치위원회 결정들을 당지도간부들과 당열성분자들에게 알려주지 않았으며, 그의 독특한 탐위주의와 개인 영웅주의에 의하여 그를 자기의 노선처럼 하부에 전달"했다. 둘째, 간부를 선발 배치하는 데서 "자기에게 아부하는 자들과 친우들을 아무런 검토 없이 책임적 지위에 등용한 무원칙한 가족주의적 오류"를 범했다. 셋째, 전쟁 중 '전략적 후퇴시기'에 "자기 신변 보호에만 급급하여 시간을 허비하는 개인 이기주의적 행위를 감행"했다. 넷째, 당 조직사업에서 당 조직노선으로부터 이탈하여 선진애국적 근로농민들의 입당을 배제하는 "관문주의적 오류"를 범했고, "전시환경의 위급한 조건과 후퇴 시기의 가혹한 정형과 당원들의 수준을 고려함이 없이" 당증 보관과 관련하여 "일률적으로 무원칙하게 당책벌을 적용"했다. 이 모든 죄 때문에 1951년 12월에 개최된 당 중앙위 제4차 전원회의는 허가이를 "당 중앙위원회 비서의 직책으로부터 내각 부수상으로 전직시킬 것을 결정"했다는 것이다(『결정집』, 1953b: 40~41).

그러나 허가이는 그 이후에도 자신의 오류를 시정하지 않았으며, 관료주의와 형식주의, 자신이 맡은 사업의 태공 등을 지속했다고 했다. 그는 당에 잠입한 "반당적 반국가적 간첩 파괴 암해분자들의 그루빠[그룹]를 적발 폭로하는 사업에 있어서도 하등의 관심을 가지지 않고 방관적 태도를 취하였다"는 것이다. 특히 당 중앙위 제5차 전원회의 이후 당내에서 비판과 자기비판의 광범한 전개, 당내 민주주의의 강화, 당 사업에서의 열성분자들의 역할 제고 등에 따라 자신의 특유한 개인 영웅주의, '자고자대성', 관료주의, 가족주의, 부화한 생활, 그리고 그의 엄중한 과오가 "당 앞에 폭로될 것을 두려워하는 데로부터 수치스럽게 자살하는 길을 택하였다"고 했다(『결정집』, 1953b: 41).

따라서 당 중앙위 제6차 전원회의는 "조국의 가장 준엄한 시기에 자살한 허가이의 행위는 정당한 투쟁의 길에서 물러서는 비겁자의 행동이며 당 내부를 혼란시키려는 시도이며 당과 조국과 인민에 대한 변절적 행동"이기 때문에 "허가이의 자살행위는 당과 조국과 혁명의 비열한 배신자의 행동으로 규탄"하며 그를 '출당'시키기로 결정했다고 했다(『결정집』, 1953b: 42).

제6차 전원회의에서 김일성이 이미 자살한 허가이를 '출당'시킨 것은 일종의 부관참시(剖棺斬屍)의 행위였다. 그러나 김일성은 당원들과 모든 인민들에게 조선로동당원으로서 사는 것이 얼마나 소중한 것이며, 출당이 얼마나 비참하고 엄중한 것인지, 1980년대부터 북한에서 사용하기 시작한 용어를 빌자면, 인간의 '사회정치적 생명'을 유지하고 지키는 것이 얼마나 소중하고 중요한 것인지를 허가이의 경우를 통해 시범적으로 경고하려는 의도가 있었다고 할 것이다. 특히 당 중앙위 제6차 전원회의 결정서는 "박헌영, 리승엽 종파-스파이 도당들"의 "반당적 반국가적 범죄행위와 수치스럽게 자살한 허가이의 비열한 배신적 행동으로부터 출발하여 적절한 정치적 경험을 얻어야" 한다고 지적하고 있기 때문이다(『결정집』, 1953b: 42).

당 중앙위 제6차 전원회의 결정 「박헌영의 비호 하에서 리승엽 도당들이 감행한 반당적 반국가적 범죄적 행위와 허가이의 자살사건에 관하여」는 당, 각급 당 단체와 당원들의 "자기의 장래 활동에 대한 필요한 결론"을 내렸는데, 그 결론은 다음과 같다.

첫째, 당과 국가기관의 각 부문사업에서 당적 지도와 통제의 강화, 둘째, 당과 국가기관의 각 사업 분야에서 당원들과 전체 인민들의 혁명적 경각성 제고, 셋째, 당의 인민들과의 연계 강화, 넷째, 소련공산당을 그 선봉으로 한 각국 공산당 및 '로동당'들과의 마르크스-레닌주의의 국제주의적 단결 중시, 다섯째, 당 선전과 대중교양사업의 철저한 개선을 통한 질적 수준의 향상 추구, 여섯째, 각급 당 단체와 당원들의 사업을 현재 진행 중에 있는 당 중앙위 제5차 전원회의 문헌연구와 결부하여 검토하고 당원들의 당성을 제고하기 위한 사업을 더욱 구체적이고 계획적으로 진행할 것이었다(『결정집』, 1953b: 42~45).

전원회의 결정서는 당원들과 전체 인민들이 "김일성동지가 영도하는 우리 당과 영광스러운 우리 조국의 위력을 더욱 급속히 강화하여 원수들의 온갖 책동과 모험을 분쇄하면서 우리들의 성스러운 위업의 최후 승리를 향하여 더욱 힘차게 전진할 것을 확신한다"고 끝을 맺고 있다(『결정집』, 1953b: 45). 이제 무정이 철직

당하고, 허가이가 자살하고, 박헌영이 출당된 상황에서 북한은 본격적으로 "김일성동지가 영도"하는 혁명과 건설을 이야기할 수 있게 된 것이다.

'새 형(形)의 당'인 조선로동당과 '조선인민의 경애하는 수령' 김일성의 영도

마지막으로, 당 중앙위 제6차 전원회의에서 통과된 결정서들 중의 하나인 「'정전협정 체결과 관련한 전후 인민경제 복구발전을 위한 투쟁과 당의 금후 임무' 에 대하여」를 살펴보자.

우선, 이 결정서는 초반 부분과 후반 부분에 각각 정전 후 '당 정치사업의 기본과업들'과 정전 후 '경제적 기본과업들'을 규정하고 있다. 그런데 이 정치적 및 경제적 기본과업들은 그 내용이 기본적으로 '전후 인민경제 복구 건설 투쟁'과 밀접히 관련된 것이고, 이는 동시에 다음 장에서 다루게 될 '8월 종파사건'의 배경이 되는 '전후 경제 복구와 건설에 관한 노선 투쟁'과 관련이 있는 것이어서 다음 장에서 살펴보기로 한다.

따라서 여기에서는 이 장의 초점, 즉 김일성이 6·25전쟁을 통해 자신을 중심으로 한 '패권적 연합'을 구축해내는 권력 투쟁과 관련된 부분만을 다루기로 한다.

우선, 이 결정서는 '조국해방전쟁'에서의 '승리와 성과'를 나열했다. 예컨대, 북한은 이제 인민민주제도의 고수를 바탕으로 조국의 통일독립을 달성할 수 있는 조건들을 구비하게 됐고, 동방 식민지와 반식민지 피압박 인민들의 민족해방 운동의 기치가 됐으며, 조선로동당은 스탈린으로부터 "전세계 혁명운동과 노동 운동의 '돌격대'의 일원이라는 영광스러운 칭호를 받게까지" 됐다는 것이다(『결정집』, 1953e: 3).

결정서는 그러한 승리들을 달성할 수 있게 한 기본 요인들을 지적했다. 우선, "조선인민은 조선로동당과 자기의 경애하는 수령 김일성동지의 영도 하"에서 인민주권과 인민공화국을 수립하고 "전쟁 전 평화적 건설의 5년간에 우리 조국 북반부에 강력한 군사, 정치, 경제, 문화적 민주기지를 축성"했으며, "김일성동지의 항일빨찌산의 애국적 전통과 그의 투사들을 골간으로 하여 조선인민의 무력인 인민군대가 창건"됐으며 이 모든 사실들이 북한이 "외래 침략자들을 타승할 수 있게 한 결정적 역량이며 요인"이 됐다고 했다. 또한 투쟁하는 조선 인민의 선두에는 "백전백승의 무기인 맑스-레닌주의를 자기의 이론적 기초로 한 새형(形)의 당인 조선로동당"과 "조선인민의 수령 김일성동지"가 서 있다고 했다. 결정서는 또한 전쟁에서의 승리를 가능케 한 요인으로서 소련의 협력과 원조, 그리고 중국의 '무장적 원조'를 언급했다(『결정집』, 1953e: 5~6).

이 모든 것은 무엇을 의미하는가? 이는 6·25전쟁 기간을 통해서 김일성이 연안파 무정, 소련파 허가이, 그리고 남로당 박헌영파를 제거하는 데 성공함으로써 전쟁 전의 당내 권력구조였던 '1949년 6월 질서'를 깨뜨리고 이제 자신을 중심으로 한 '패권적 연합' 질서를 구축했음을 의미했다. 그런데 이는 단순한 패권적 연합 질서의 형성이 아니라, 그동안 애국적이지 못한 종파행위와 미제간첩행위를 했던 반당·반국가·반민족·반혁명분자들을 말끔히 숙청하고 오로지 '마르크스-레닌주의를 자기의 이론적 기초'로 한 '새 형의 조선로동당'을 탄생시켰으며, 동시에 김일성이 당내 권력구조에서 특정 파벌 수장으로서의 자신을 중심으로 한 패권적 연합 위상을 넘어선 '조선인민 전체의 추앙'을 받는 '조선인민의 수령'이 됐다는 뜻이었다. 바야흐로 6·25전쟁의 종전과 더불어 이제 새로운 시대가 열리는 셈이었다.

그렇다면 김일성은 언제부터 '수령'으로 불렸는가? 김일성이 북한에서 최초로 '수령'으로 불리게 된 것은 최용달이 1946년 9월 19일자 ≪로동신문≫에 기고한 「조선의 해방과 인민위원회의 결성」이라는 글에서였다. 최용달은 이 글에서 김일성에 대해 처음으로 '수령'이라는 표현을 썼다.[62] 1950년의 북한 출판물에서도 김일성에 대해 '수령'이라는 표현을 하고 있다(내무성 문화국, 1950). 1952년 4월 15일 김일성은 40회 생일을 맞았는데, 이를 축하하기 위해 박헌영이 「김일성동지의 탄생 40주년에 즈음하여」라는 축시를 내각 부수상 명의로 발표했

---

62) 북한 매체들은 당시 김일성을 보통 "우리 민족의 위대한 령도자"로 불렀지만, 김일성의 개인숭배는 벌써 시작되어 『우리의 태양: 김일성장군 찬양특집』을 출판하기도 했다(김학준, 2008b: 402~404).

다. 이 축시는 ≪로동신문≫, ≪인민≫, ≪근로자≫에 게재됐는데, 김일성을 "조선인민의 가장 우수한 아들이며 경애하는 수령"이라고 부르는 문장으로 시작됐다. 박헌영은 김일성을 "스탈린의 충실한 제자", "항일무장투쟁에서 불멸의 위훈을 세운 김일성동지", "조선인민의 절세의 애국자이며 경애하는 지도자" 등 미사여구를 총동원하여 칭송했다. 그는 '김일성 동지의 이름은 조선인민의 승리의 상징'이라고 표현했다(임경석, 2004: 460). 공식회의 석상에서 김일성이 '수령'이라고 최초로 호칭된 것은 1952년 12월 15일에 개최된 당 중앙위 제5차 전원회의 때였다. 김일성의 보고가 끝나자 전원이 총 기립하여 "김일성동지 만세!"와 더불어 "우리의 경애하는 수령 김일성동지에게 영광이 있으라!"는 외침소리가 장내를 흔들었다(김일성, 1953b: 337).[63]

그러나 김일성이 아직은 권력구조상으로 볼 때 '수령'이라는 칭호에 어울리는 '유일지도체계', 최소한 '단일지도체계'를 갖춘 것은 아니었다. 당시 조선로동당은 전쟁 후 김일성이 비록 '패권적' 위상을 갖게 됐지만 아직도 김일성파는 연안파 및 소련파와 세력 연합을 이루고 있었고, 김일성 자신은 전후 복구와 건설에 매진하기 위해 1956년 8월 종파사건 때까지는 당 사업보다는 행정사업에 더 집중하고 있었던 것이다(김일성, 1983f: 136~137). 김일성이 '유일체제'를 바탕으로 한 '수령'이 되는 길에는 연안파와 소련파와의 일전이 남아 있었다.

당 중앙위 제6차 전원회의의 의의 중에서도 특히 중요한 것은 김일성이 향후 혁명과 건설을 위해 '사상' 면에서 두 가지를 강조하고 그것을 기초로 자신의 혁명과 건설의 '정체성'을 세우겠다는 것을 명백히 한 것이다. 이는 향후 사상사업에서 김일성파의 항일유격대의 애국적 혁명전통을 더욱 강화하고, 해방 후 평화적 건설기간에 북한에서 이룩한 강력한 민주기지의 건설 경험을 중시하는 것이었다.

그런데 이러한 방향은, 사실을 따지고 보면, 전쟁 중인 1952년 12월 당 중앙위 제5차 전원회의에서 김일성이 「로동당의 조직적 사상적 강화는 우리 승리의 기초」라는 보고를 통해 '당 조직사업의 개선'과 '사상사업의 강화'의 노력의 일

---

63) 북한에서 수령 호칭과 수령 개념의 변화과정에 대해서는 이종석(1995: 144~153)을 보시오.

환으로 박헌영파에 종파주의-간첩행위의 혐의를 씌워 김일성파의 애국적인 행위와는 대조시킴으로써 김일성파의 정체성을 더욱 애국적이고 주체적으로 부각시킨 다음부터 구체화됐다. 특히 1953년 2월에 '사회과학부'를 당 중앙위 내에 신설하고, 그 목적을 "맑스-레닌주의의 일반적인 원칙들을 우리나라의 구체적 현실에 알맞게 창조적으로 적용하기 위하여 투쟁"하고 "조선인민의 민족해방투쟁사와 경애하는 수령 김일성동지의 항일무장유격투쟁의 역사를 이론적으로 천명하며 해방 후 우리 당이 걸어온 영광스러운 길을 이론적으로 총화하여 이를 인민대중 속에 광범히 전파"하는 것으로 규정하면서부터 본격화됐다(『결정집』, 1953d: 75). 김일성은 아직 '주체'라는 표현을 사용하고 있지는 않았지만, 혁명과 건설에서 주체를 확립하는 방향으로 사상과 정체성의 방향전환을 강화하기 시작한 것이었다.

이제 김일성은 전쟁이 정전된 직후 개최된 당 중앙위 제6차 전원회의를 계기로 다시 한 번 그러한 방향으로 본격적으로 나아가겠다는 것을 선언한 셈이었다. 즉, 조선로동당이 종파-간첩의 정체성이 제거되고 마르크스-레닌주의를 자신의 이론적 기초로 삼은 '새 형의 당'으로서 정체성을 강화해나가고, 김일성 자신은 조선로동당 내의 '특정 파벌의 수장'으로서의 정체성이 아니라 '조선인민 전체의 수령'으로서의 정체성을 강화해나가겠다는 것이었다.

'8월 종파사건'과 '반종파 투쟁'
(1953~1958)

제3부는 6·25전쟁 정전 직후 개최된 1953년 8월 당 중앙위 제6차 전원회의부터 전후의 복구발전 노선 경쟁, 사상사업에서의 '주체 확립 vs. 교조주의 및 형식주의'의 투쟁, 1956년 4월 조선로동당 제3차 대회, 1956년 '8월 종파사건', 그리고 '반종파 투쟁'이 완료된 1958년 3월 조선로동당 제1차 당 대표자회까지 4년 반여의 기간을 다루고 있다. 제3부의 초점은 북한 권력의 역사에서 권력투쟁의 압권을 이루는 '8월 종파사건'과 '반종파 투쟁'의 분석과 설명에 있다.

제3부는 다섯 개의 장으로 이뤄져 있다. 제4장은 '8월 종파사건' 발생의 정치기회구조를, 제5장은 '8월 종파사건'의 배경으로서 전후 복구발전의 시기에 나타난 각 파벌의 사상과 정체성의 충돌을, 제6장은 '8월 종파사건'의 모의과정을, 제7장은 '8월 종파사건'의 발생과 반전(反轉)을, 그리고 제8장은 김일성이 모든 반대파벌을 숙청하고 단일지도체계의 기반을 놓는 '반종파 투쟁'을 다루고 있다.

제4장

'8월 종파사건'의 정치기회구조

1956년 2월 모스크바에서 소련공산당 제20차 대회가 개최됐고, 흐루쇼프는 스탈린 개인숭배를 비판하는 비밀연설을 했다. 여기에서 천명된 '신노선(New Course)'은 전 세계의 공산당과 노동당들을 충격에 빠뜨렸고, 조선로동당도 예외가 아니었다. 소련에서의 '스탈린 개인숭배 비판'은 북한에서도 '김일성 개인숭배 비판'을 하도록 하는 강력한 압력으로 작용했다. 이에 연안파와 소련파는 '반김일성 연합'을 이룩하여 1956년 8월 김일성을 권좌에서 끌어내리려는 궁정쿠데타, 즉 '8월 종파사건'을 일으켰다. 소련공산당 제20차 대회에서의 흐루쇼프의 스탈린 개인숭배 비판이 북한에서 '8월 종파사건'을 일으키는 데 유리한 대외 정치기회구조로 작용했던 것이다.

이 장은 '8월 종파사건' 발생의 '정치기회구조'에 대해 살펴볼 것이다. 당시 이 정치기회구조를 구성하고 있던 요소들은 소련공산당 제20차 대회뿐만 아니라 압도적으로 '외부에서부터 오는 영향'과 관련된 것들이 많았다. 여기에서는 '8월 종파사건'의 대외 정치기회구조의 구성요소로서 다섯 가지를 살펴보고, 대내 정치기회구조의 구성요소로서 한 가지를 살펴보기로 한다.

대외 정치기회구조의 요소로서는 첫째, 1956년 2월 소련공산당 제20차 대회에서의 스탈린 개인숭배 비판, 둘째, 폴란드 포즈난 사건, 셋째, 1950년 6월 1일부터 7월 19일까지 계속된 북한정부 대표단의 동유럽, 소련, 몽골 방문으로 인한 김일성의 평양 부재, 넷째, 모스크바에서 연안파 출신인 리상조가 주소대사로서 한 역할, 그리고 다섯째, 모스크바의 소련공산당 중앙위원회와 평양 주재 소련대사관의 역할을 들 수 있다. 대내 정치기회구조의 요소로서는 1956년 4월에 개최된 조선로동당 제3차 대회를 살펴볼 것이다.

1. 소련공산당 제20차 대회

1953년 3월 5일 스탈린이 사망했다. 스탈린 사망 직후 베리야는 주코프(G. K. Zhukov)에 의해 제거됐으며, 흐루쇼프가 소련공산당의 지도자가 됐다. 흐루쇼프는 1954년에는 베이징을 방문하여 마오쩌둥과 회담했고, 국내적으로는 정치범들을 풀어주고 문예인들의 공연을 검열 없이 허용했으며, 1955년에는 미국 대통령 아이젠하워(Dwight D. Eisenhower)를 만났고, 유고슬라비아의 티토(Josip B. Tito)와 화해했다. 소위 '흐루쇼프의 해빙'이었다.

이러한 상황 속에서 1956년 2월 14~26일 모스크바에서 소련공산당 제20차 대회가 개최됐다. 흐루쇼프는 개막 첫날인 2월 14일 「제20차 대회에의 소련공산당 중앙위원회 보고」를 했다(Khrushchev, 1956a). 그런데 이 제20차 대회에서의 클라이맥스는 당 대회 폐회 직전인 2월 24~25일 비공개회의에서 그가 거의 네 시간에 걸쳐 한 '비밀연설'이었다(Khrushchev, 1956b). 그것은 '스탈린의 개인숭배'와 '개인숭배의 폐해'를 비판하는 역사적인 반스탈린 연설이었다. 이 연설은 그 내용의 중요성 때문에 여기서 자세히 살펴볼 필요가 있다.

흐루쇼프는 "신에 가까운 초자연적인 특성을 가진 슈퍼맨"이 된 스탈린에 대한 개인숭배와 그 해악적인 결과로 인해 어떻게 마르크스-레닌주의 원칙이 왜곡됐는지, 어떻게 당 원칙, 당 민주주의, 혁명적 법질서, 레닌주의적 집체적 영도가 왜곡됐는지 신랄하게 비판했다

흐루쇼프는 레닌 시절에는 혁명과 건설에서 '사상노선'을 두고 경쟁을 했다는 것을 지적했다. 그러나 1930년대 후반에 '병적 의심'에 찬 스탈린이 모든 것을 왜곡하여 어떻게 무차별적으로 자신의 마음에 들지 않는 지도자들과 당 일꾼

들을 '인민의 적' 혹은 '외국의 간첩' 혹은 '반혁명'이라는 죄목을 씌워 고문을 통해 '자백'을 받아내 숙청했는지, 스탈린의 테러에 의한 권력남용의 대표적인 경우들을 열거하면서 비판했다.

그는 또한 스탈린이 독일과의 전쟁에서 수많은 판단 실수와 전략적 오류를 저질러 막대한 군사적 피해를 초래한 것과 수많은 '사건들'을 조작하여 정적들을 숙청하고 자신을 미화하고 심지어 레닌을 중상한 죄를 열거했다.[1]

흐루쇼프는 그의 '비밀연설'의 말미에서 이제 "개인숭배를 결정적으로 영원히 철폐"해야 하며, 사상이론적 사업과 실제 사업에서 합당한 결론을 내려야 한다면서, 그것을 위해 다음과 같은 조치가 필요함을 당 대회 대의원들에게 강조했다.

첫째, 개인숭배에 대해, 그것은 마르크스-레닌주의와 거리가 멀고 당 지도 원칙 및 당 생활 규범과 어울리지 않는 것으로, 볼셰비키식으로 정죄하고 발본색원해야 하며 어떤 형태로든지 개인숭배를 회복시키려는 모든 시도에 대해 가차 없이 싸워야 한다.[2] 이와 관련하여 문학, 예술뿐만 아니라 역사, 철학, 경제, 그리고 여타 과학 분야에서 개인숭배와 연결되어 광범하게 퍼져 있는 잘못된 견해를 마르크스-레닌주의적 입장에서 비판적으로 검토하고 시정하기 위해 많은 일을 해야 한다.

---

1) 흐루쇼프는 스탈린이 <베를린의 함락>과 같은 영화 등의 선전선동 수단을 통해 자신을 '군사 천재'로 미화함으로써 실제 얼마나 큰 해악을 끼쳤는지, 스탈린이 '레닌그라드 사건' 등 수많은 '사건'들을 어떻게 조작하여 정적과 반대자들을 숙청했는지, 그리고 베리야가 어떻게 스탈린을 돕고 이용하여 테러를 저질렀는지를 자세히 설명했다. 그는 또한 스탈린이 자신의 '약전(略傳)'을 만들어내는 과정에서 어떻게 직접 자신을 미화했는지, 어떻게 소련 국가(國歌)의 가사에 자신의 이름을 넣었고, '스탈린상(賞)' 제정 등에 자신의 이름을 넣었는지, 그리고 심지어 10월 혁명과 혁명 내전에서 이름도 없던 스탈린이 레닌에게 '무엇을 어떻게 할 것인지' 제안했다는 식으로 자기 자신을 역사의 주인공으로 만들어 역사를 왜곡하고 레닌에게 중상을 가했는지 등을 구체적으로 자세히 비판했다(Khrushchev, 1956b).
2) 스탈린이 레닌주의의 원칙을 훼손했으므로 이를 시정하고 다시 레닌주의적 원칙으로 돌아가야 한다는 흐루쇼프의 입장은 그가 자신의 비밀연설을 "우리 당의 승리의 깃발, 레닌주의 만세!"라고 외치는 것으로 마무리한 데서도 잘 나타나 있다(Khrushchev, 1956b).

둘째, (스탈린 사후) 지난 몇 년 동안 당 중앙위가 해온 일들, 즉 밑에서 위까지 모든 당 단체들에서 레닌주의적 당 지도원칙을 지켰는지에 대한 자세한 관찰, 무엇보다도 집체적 영도체제의 원칙, 당 규약에 나타나 있는 당 생활 규범의 준수, 광범한 비판과 자아비판의 실천 등을 체계적이고 일관성 있게 지속해 나가야 한다.

셋째, 소련헌법에 표현되어 있는 소비에트 사회민주주의의 레닌주의적 원칙을 완전히 회복하고, 개인들의 고의적인 권력남용 행위와 싸워야 한다. 개인숭배의 부정적 영향에 의해 혁명적 사회주의 법체계의 위반 행위들이 오랫동안 누적된바, 이 행위들 때문에 생겨난 악을 완전히 시정해야 한다. 그리고 공산주의 건설의 위대한 과업을 성취해야 한다. "우리가 개인숭배의 무거운 결과를 청산하는 문제뿐만 아니라 마르크스-레닌주의와 거리가 먼 개인숭배를 극복하는 기본적인 문제를 (이처럼 당 대회에서 대의원들 앞에) 내어놓는 것은 바로 우리 당이 위대한 도덕성과 정치적 힘을 갖고 있다는 증거"이다. "우리는 당 20차 대회의 역사적인 결의안들로써 무장한 우리 당이 소비에트 인민들을 새로운 성공과 새로운 승리에로 레닌주의적 길을 따라 이끌어갈 것을 절대적으로 확신"한다.

흐루쇼프는 또한 스탈린이 유고슬라비아의 티토 문제를 잘못 처리하여 양국 간의 관계가 끊어졌다는 것을 문제삼았다. 구체적으로, 흐루쇼프는 유고슬라비아 지도자들이 잘못을 저지르지 않았고 결점이 없었다는 것은 아니지만, 소위 '유고슬라비아 사건'은 소련공산당의 동지들 간에 당적 토론을 통해 해결하지 못할 것이 없는, 또 그러한 '사건'으로 발전할 만한 심각한 기반도 없었던 문제였으며 양국 관계의 파탄 방지가 '완전히 가능한' 문제였다고 주장했다. 그러나 스탈린이 개인숭배와 '위대함에 대한 편집증' 때문에 '유고슬라비아 사건'을 만들어냈고, "자유와 독립을 위해 싸우도록 교육받은 국가와 인민의 지지를 받고 있던 티토"를 오만하게 다뤄 결국 소련과 유고슬라비아와의 관계가 파탄되는 "부끄러운 역할"을 했다고 비판했다. 이는 소련공산당 제20차 대회 이후 외국의 '형제적 당'과의 관계에 대한 소련공산당의 정책방향을 암시하고 있는 셈이어서 흥미롭다.

소련공산당 제20차 대회에서는 흐루쇼프뿐만 아니라 소련공산당 중앙위 상무위원이며 소련 외상이었던 몰로토프도 연설했다(Molotov, 1956). 1956년 2월 18일에 있었던 몰로토프의 연설은 향후 전개될 소련 외교정책의 획기적인 전환을 예고했다.

몰로토프는 우선 "국제상황에서의 근본적인 변화와 새로운 전쟁의 예방 가능성"을 제기했다. 그는 소련과 중화인민공화국, 그리고 다른 사회주의 국가들과의 관계가 우의와 동일한 기본적 목표를 기반으로 발전하고 있음을 지적하고, 이들이 강력한 평화, 민주주의, 사회주의 국가들로 이뤄진 '캠프'를 형성한 것은 특별히 중요한 국제적 의미를 갖고 있다고 강조했다. 이 캠프에 있는 나라들의 경험은 사회주의를 건설하는 데 '다양한 길'을 과시하면서 사회주의의 잠재성과 사회주의의 영향력의 범위를 전대미문의 수준으로 확장해나가고 있다는 것이다.

몰로토프는 오늘날 '자본주의 세계체제'와 더불어 '사회주의 세계체제'가 존재하고 있는바, 이제 역사적으로 이 체제들 간의 '평화공존'이 새 시대의 중요한 문제가 됐음을 지적했다. 이 두 체제 간에 차이점과 다툼이 불가피하다는 사실은 당연히 무시하지 말아야 하지만, 이 양 체제 간에 현존하고 또 앞으로 또 발생할 분쟁 이슈들이 어떻게 해결되어야 할 것인지에 대해 명확한 답을 주는 것이 필요하다는 것이었다. 그는 이에는 단지 두 가지 길밖에 없는데, '차이점에 대해 협상하고 평화적으로 해결하는 길'과 '전쟁의 길'뿐이라고 했다. 소련과 다른 사회주의 국가들은 전쟁의 길을 단호히 거부하며, 소련의 목표는 국가들 간에 평화를 유지하고 강화하는 것이기 때문에 자본주의 체제의 지지자들도 양 체제의 평화공존의 원칙을 인정하도록 만들고, 또 자신들은 협상을 통해 긴급한 국제문제들, 향후 발생할 문제들을 해결하는 데 노력을 아끼지 않겠다는 것이었다.

몰로토프는 당 대회 첫날 중앙위 보고에서 흐루쇼프가 현 국제상황에서 '전쟁의 예방 가능성' 문제를 제기한 점을 상기시키고, 그동안 두 번의 세계대전을 통해 8,000만 명 이상이 죽거나 부상당한 경험을 생각할 때, 또 세계대전이 일어난다면 그 결과는 헤아릴 수 없을 정도로 파괴적이고 위험할 것임을 경고했다. 따라서 오직 한 가지 결론밖에 없는데, 온 인류의 이익을 위해 평화를 주창하는 데 무엇이든지 다 해야 하고, 이를 위해 어떠한 기회도 놓쳐서는 안 되며, 평화를 해치는 음모들을 설명하고 폭로시키고 국가 간의 평화, 우의 그리고 협력을 위해 공격적인 제국주의 세력에 대항하여 단결하고 힘을 합쳐야 한다는 것이었다.

몰로토프는 우리 모두가 '제국주의가 존재하는 한 전쟁을 불가피하다'는 레닌의 유명한 테제를 기억한다면서, 제국주의가 지배하는 곳에서는 국가들이 자신의 모순들을 힘의 사용을 통해 해결하는 방법, 즉 궁극적으로 전쟁을 통해 해결하는 방법 외에는 다른 방법이 없다는 주장을 환기시켰다. 그러나 몰로토프는 마르크스-레닌주의의 또 다른 가르침은 제국주의하에서는 한편으로는 전쟁을 하게 되는 경제적 기반이 존재하지만, 다른 한편으로는 제국주의 자체가 제국주의 전쟁과 제국주의 그 자체를 끝장내기 위해 투쟁하는 사회세력을 만들어낸다는 점을 지적했다. 그러한 사회세력은 어떤 조건하에서는 전쟁을 예방하고 또 제국주의 전쟁을 끝내는 데 충분한 힘을 가진 세력으로, 그렇게 할 수 있는 세력으로 된다는 것이다. 따라서 몰로토프는 '전쟁의 운명적인 불가피성'에 대한 주장은 정확하지 않은 것이며, 결론적으로, '전쟁을 할 것이냐 말 것이냐'의 문제에서 지금은 국제상황이 제2차 세계대전 이전의 상황과는 완전히 다르고, 제1차 세계대전 이전의 상황과는 말할 것도 없이 더욱더 다르다는 점을 강조했다.

몰로토프는 또한 예전에는 소련이 적대적인 자본주의에 의해 포위된 유일한 사회주의 국가였지만, 지금은 유럽과 아시아의 사회주의 캠프가 강력한 평화의 요새가 되고 있으며, 더구나 평화를 주창하는 데는 사회주의 국가들뿐만 아니라 제국주의 국가들로부터 독립한 신생 아시아·아프리카 국가들이 힘을 합하고 있다고 했다. 그는 인도가 중국과 함께 자유, 독립, 국가 간의 평화공존을 지지하여 공포한 '평화 5원칙'과 29개 아시아·아프리카 국가들로 조직된 반둥회의도 상기시켰다. 반식민주의 운동을 지지하는 사람들과 나라들은 전쟁을 원치 않으며, 제국주의와 제국주의 전쟁에 반대하여 싸울 것이며, 또 자본주의 국가 내에서도 평화 지지자들에 의해 반전(反戰) 대중운동이 일어나고 있음을 지적했다. 그리고 전쟁을 예방하기 위해서는 평화를 지지하는 노동계급의 단결, 즉 국제 프롤레타리아 연대가 중요하다는 점을 강조했다.

몰로토프는 평화와 국제안보를 위한 소련의 노력을 설명하면서, 전반적인 세계평화가 소·미 관계의 급격한 향상에 달려 있고 소련사람들처럼 미국사람들과 다른 나라 사람들도 급속한 관계발전에 관심을 가지고 있다고 믿는다고 말했다. 이러한 맥락에서 소련정부는 당시 불가닌(N. A. Bulganin)이 미 대통령 아이젠하워에게 보낸 메시지를 통해 '소·미우호협력조약'의 체결을 제안했다고 설명했다. 이에 대해 미국정부가 보인 태도는 미국에서 협상이 아닌 전쟁을 통해 분쟁문제를 해결하기를 바라는 사람들이 아직 힘을 쓰고 있음을 증명하고 있지만, 미국인민들은 평화에 관해 더 큰 관심을 쏟을 것을 요구하고 있으며, 소·미 관계의 증진을 위한 소련정부의 목적이 미국 내에서 합당한 이해를 얻게 될 것을 희망했다. 미국에게 소·미우호협력조약 체결을 제안하면서 몰로토프는 소련정부가 평화와 전 세계의 보편적인 안보를 위해 우호적인 소·미협력에 진지하게 노력하고 있음을 과시했다. 그리고 이는 국제연합의 정신과 목적에 어울리는 일임을 지적했다.

몰로토프는 영국, 프랑스와의 관계개선 노력도 변함이 없음을 강조했다. 그리고 소련의 당과 국가는 국제긴장 완화를 위해 투쟁을 시작했음을 이야기하고, 이 긴장완화정책은 현 상황에서 평화를 위한 투쟁의 특별한 표현임을 강조했다. 마지막으로 몰로토프는 소련의 위대한 건설과 평화를 위한 일관성 있는 투쟁은 모든 인민들, 모든 인류의 이익에 합치됨을 강조하면서 그의 연설을 마쳤다.

결론적으로, 앞에서 자세히 살펴보았다시피, 흐루쇼프는 소련공산당 제20차 대회를 통해 신격화된 스탈린에 대한 개인숭배가 마르크스-레닌주의적 원칙들과 소련공산당에게 해악을 끼친 것을 비판하고, 대내외적으로 '탈스탈린화(de-Stalinization)'를 적극 추진했던 것이다. 개인숭배를 배격하고 정치적 자유화, 여러 나라들에서 사회주의 혁명과 건설의 '다양한 길' 인정, 미국, 영국, 프랑스 등 자본주의 세계와의 '전쟁 불가피성' 부인, '국제적 평화공존', 관계개선, 우호협력을 추구했던 것이다.[3]

---

[3] 소련공산당 제20차 대회는 '전쟁 불가피론의 부정과 평화 공존', '사회주의로의 이행의 다양성' 외에도 '사회주의 혁명의 평화적 발전 가능성' 등을 강조한 대회였다. 여기에서는 세 번째 '사회주의 혁명의 평화적 발전 가능성'에 대한 논의는 생략하기로 한다.

제20차 당 대회의 북한에 대한 영향(1): 김일성 개인숭배 비판

그렇다면 소련공산당 제20차 대회의 결과는 북한에게 어떤 영향을 미쳤는가? 그 영향은 기본적으로 김일성 개인숭배 비판과 남한과의 평화공존 여부에 대한 것이었다.

우선, 흐루쇼프가 '스탈린 개인숭배'를 비판한 비밀연설을 한 후 2주일밖에 되지 않은 시점인 3월 12일 당시 평양의 상황을 증언하는 자료가 있다. 1956년 3월 12일 평양 주재 소련대사관 참사관 필라토프(S. N. Filatov)는[4] 평양 소재 소련대사관에서 소련파 박창옥과 대화를 나눴는데, 그는 박창옥에게 조선로동당 중앙위와 내각 일꾼들이 소련공산당 제20차 대회의 결정과 흐루쇼프, 불가닌의 연설들을 어떻게 연구하는지, 그리고 그들이 소련공산당 제20차 대회로부터 어떤 영향과 인상을 받았는지를 문의했다(Document 1: 466).

박창옥은 '당 일꾼의 대다수는 아직 조용'하며, '그들은 김일성 자신이 문제된 이슈들의 노선, 특히 개인숭배, 집체적 영도, 당내 민주주의 준수, 혁명적 법치 등에 대해 이야기할 때까지 기다리고 있다'고 말했다. 또한 '당의 지도적 인물들은 소련공산당 제20차 대회 이후 소련공산당의 결정과 자료를 공부하고 있으며, 개인숭배 문제에 대해서 모든 곳에서 토론이 이뤄지고 있다'고 대답했다. 박창옥은 지도 간부들 대부분은 소련공산당 제20차 대회에서 진전을 이룬 문제와 태도에 대해 정확히 이해하고 필요한 결론에 이르고 있다는 것을 의심하지 않으며, 또한 김일성이 리더십의 형태와 방법을 크게 변화시킬 것으로 생각한다고 대답했다. 그렇게 하지 않고서는 당을 더욱 튼튼히 하고 대중에 대한 당의 영향력을 강화하는 것은 생각할 수 없다는 것이었다(Document 1: 466~467).

박창옥의 말을 종합해보면, 그는 김일성이 자발적으로 자신의 개인숭배를 비판하고 당 중앙위의 집체적 영도를 회복해줄 것을 기대했으며, 만일 김일성이 그러한 기대를 충족시켜주지 못할 때는 자신과 같은 인사들은 김일성에게 크게

---

4) 필라토프는 당시 소련대사관 '문화 참사'로서 소련외무성이 아닌 소련공산당이 파견한 인물이었던 것으로 보인다(고봉기 외, 1989: 98).

실망하고 김일성을 비판하는 입장에 서게 될 것임을 시사했다.

필라토프의 박창옥과의 대화 기록에서 한 가지 흥미로운 것이 있다. 박창옥과 박영빈은 김일성이 자신들의 종파주의적·반당적 행위를 비판한 1956년 1월 18일 조선로동당 중앙위 상무위 결정(「문학 예술 분야에서 반동적 부르주아 사상과의 투쟁을 더욱 강화할데 대하여」)에 대해 당시 상무위 회의에서는 자신들의 잘못을 인정하는 태도를 취했는데, 박창옥이 3월 12일 필라토프를 만나서는 이제 그것을 부인했다는 것이다. 즉, 박창옥은 자신들이 1956년 1월 18일 조선로동당 중앙위 상무위 결정에서 그들의 죄상으로 지적된 바와 같은 종파주의적·반당적 행위를 했고(『결정집』, 1956f: 51~52) 문예 분야와 통일전선에서 당의 정책을 왜곡했다는 비판을 받아왔는데, 필라토프에게 자신들은 그런 적이 없다고 부인한 것이다.

박창옥과 대담을 나눈 필라토프는 모스크바로 보내는 보고서에서 박창옥과 박영빈이 그렇게 생각을 바꾼 데는 두 가지 요인이 영향을 미쳤다고 보았다. 그하나는 1956년 2월에 개최된 소련공산당 제20차 대회의 역사적인 결정이었고, 다른 하나는 박창옥과 박영빈 등 소련파와 관련하여 당 정치위원회와 김일성 간의 관계에서 생겨난 변화였다. 즉, 소련공산당 제20차 대회 이후 조선공산당 중앙위 정치위원회가 도·시당 위원회에 반복적으로 지시를 내려 보내, 1956년 1월 18일 조선로동당 중앙위 상무위에서 채택한 결정에 대한 토론을 중지함으로써 이제 소련파를 비판해왔던 그동안의 토론활동을 중단시켰던 것이다(Document 1: 467). 즉, 당 정치위원회가 소련파 비판과 관련하여 김일성의 의지를 꺾는 데 성공한 것이었다.

3월 20일 개최된 조선로동당 중앙위 3월 전원회의는 정(正)위원들만 참석한 가운데 흐루쇼프의 비밀연설 전문(全文)을 통역을 두고 청취했다(이종석, 1995: 270; 이종석, 2010: 387). 소련공산당 제20차 대회에 참석한 조선대표단의 단장은 최용건이었다. 김일성이 이바노프 소련대사에게 설명한 바에 의하면, 그는 4월 23일부터 시작되는 조선로동당 제3차 대회 준비를 해야 하는 관계로 모스크바에 갈 수 없었다(Shimotomai, 2007~2008: 456).5)

최용건은 제20차 대회가 끝난 후 2월 28일 모스크바에서 소련외상 몰로토프를 만났다. 최용건은 제20차 대회가 조선로동당을 포함한 형제적 당들의 '재건설' 사업에서 굉장한 역할을 하게 될 것이라고 말했다. 그는 제20차 대회에서 언급된 결점들은 조선로동당에도 완전히 그대로 적용될 수 있다고 말했다. 이에 몰로토프는 소련공산당의 경험은 형제당들에게도 도움이 될 것이라는 데 동의했다. 최용건은 제20차 대회에서 소련공산당에게 주어진 모든 지시들은 또한 조선로동당 사업의 기반이 될 '지도원칙'으로 받아들여질 것이라고 했다(Person, 2006: 22).

최용건은 중앙위 3월 전원회의에서 소련대사관 사람들을 참석시키지 않은 채 세 시간 동안 보고를 했다(Shimotomai, 2007~2008: 456). 사실 흐루쇼프의 비밀연설문을 지금 읽어보아도 흐루쇼프의 스탈린 개인숭배와 그 폐해에 대한 비판의 강도에 대해 깊은 인상을 받게 되는데, 1956년 3월 당시 당 중앙위 전원회의에 참석하여 흐루쇼프의 연설을 청취한 사람들이 모두 엄청난 충격을 받았을 것은 짐작하기 어렵지 않다. 예컨대, 나중에 '8월 종파사건'으로 중국으로 도피하여 망명한 서휘의 증언을 들어보면, 김일성 개인숭배에 앞장섰던 한설야가 회의가 끝난 후 회의장을 나오면서 서휘에게 '좌불안석'이 되어 "이제 나는 어떡해" 하며 당황해했다고 한다(이종석, 2010: 387).

문제는 최용건이 보고를 하면서 소련공산당 제20차 대회의 가장 중요한 결정인 개인숭배 문제에 대한 결정을 언급하지 않았다는 것이다. 그는 오히려 흐루쇼프가 집체적 영도의 필요성에 대해 강조했다면서 김일성이 사실상 집체주의를 실행한 지도자라고 말했다. 그리고 그는 김일성의 반대파들을 종파주의자로 비판했다. 김일성, 남일, 그리고 리일경이 토론했다. 김일성은 조선에 김일성 자신의 개인숭배가 있는 것이 아니고 당 선전기관이 자신의 역할을 강조했

---

5) 김일성이 모스크바에 가지 않은 다른 설명이 있다. 1956년 1월 24일자 (소련대사 이바노프와) 박의완과의 대화를 보면, 박정애가 김일성에게 소련공산당 제20차 대회에 참석하도록 설득하기 위해 온갖 노력을 했지만, 김일성은 '그해 여름 동독을 방문해야 하는데 1년에 두 번이나 출국하여 나라를 비운다는 것은 가능치 않다'고 생각하여 꼼짝하지 않았다고 한다 (Person, 2006: 20).

던 것이라고 설명하고, 인민대중의 역할이 더욱더 많이 강조되어야 한다고 말했다. 그리고 그는 개인숭배 문제를 박헌영의 개인숭배 문제로 연결시켜 말했다(Shimotomai, 2007~2008: 456).

3월 전원회의는 "쏘련공산당 제20차 대회에 참가했던 최용건 동지를 비롯한 우리 당 대표단의 보고를 청취하고 그를 환영 지지"하면서, "각급 당 단체들은 쏘련공산당 제20차 대회의 문헌들을 심오하게 연구하며 그의 고귀한 경험들을 자기의 사업과 생활에 창조적으로 구현함으로써 조국의 평화적 통일독립과 공화국 북반부에서의 사회주의 기초 건설을 더욱 촉진시킬 것"과 "쏘련공산당 제20차 대회의 문헌 침투를 위한 조직-정치사업을 당 중앙위원회 조직지도부와 선전선동부에 위임"할 것을 결정했다(『결정집』, 1956a: 2).

흐루쇼프의 스탈린 개인숭배 비판으로, 북한에서도 김일성 개인숭배 조짐에 대해 우려하고 있던 소련파와 연안파가 나름대로 힘을 얻는 가운데,[6] 3월 전원회의는 의미심장하게도 "우리나라에서도 약간한 정도의 개인숭배가 존재했다고 인정"하고, "우리나라에서 개인숭배와 관련된 표현들"을 "신속히 더욱 철저하게 시정하기 위하여 신중한 조치들을 취"하기로 결정했다(『결정집』, 1956n: 8).[7]

소련공산당 제20차 대회 기간 동안 내내 김일성은 정기적으로 모스크바로부터 보고서를 받고 있었다. 사실 소련공산당 제20차 대회에 대한 김일성의 첫 반응은 긍정과 부정이 뒤섞인 것이었다. 김일성은 소련으로부터 보고서를 받고, 박의완에게 개인숭배, 집체적 지도, 당 조직과 사상사업에서의 단점들에 대한 흐루쇼프의 연설에 대해 "매우 면밀하고 빈틈없이 철저하게" 질문을 했고, 박의완에게 자신이 직접 모스크바에 가지 않은 것을 후회한다고 말했다(Person, 2006: 21).

---

6) 남일이 평양 주재 소련 대리대사 페트로프(A. M. Petrov)에게 한 보고에 의하면, 흐루쇼프가 소련공산당이 '실패(failure)'가 아닌 '패배(defeat)'했다고 인정했기 때문에 조선로동당의 하부 당에서는 간부들이 소련공산당 제20차 대회에서 어떤 심각한 일이 발생했다는 것을 재빨리 이해했다고 한다(Shimotomai, 2007~2008: 456).

7) 조선로동당사와 북한의 일반 역사서는 '김일성 개인숭배의 존재를 인정'한 조선로동당 3월 전원회의의 존재에 대해 전혀 기술하지 않고 있다(이종석, 1995: 279). 1956년 3월 전원회의는 김일성의 입장에서는 잊고 싶은 '치욕적인 역사'였던 셈이다.

그리고 회의를 규칙적으로 하기 시작하는 등 일하는 태도에 변화가 있었다. 이바노프 대사는 모스크바에서 돌아와 김일성에게 제20차 대회의 문건들뿐만 아니라 '회의록 완본'을 건네주었다. 김일성은 소련공산당 제20차 대회의 활동들은 조선로동당의 사업에 값을 헤아릴 수 없을 만큼 귀중하지만, 모스크바의 '신노선'은 조선로동당이 그것을 채택하기 전에 면밀히 연구해봐야 할 것이라고 덧붙였다(Shimotomai, 2007~2008: 456).

2월 21일자 평양 주재 소련대사관 인사와 박의완과의 대화록을 보면, 김일성은 2월 18일 부수상들 및 당 중앙위원들과 함께 '피해대책'을 마련하기 위해 회의를 개최했다. 김일성은 '모든 신문들과 잡지에서 그의 생각들이 너무 빈번히 언급되고 심지어 그가 하지 않은 일들도 그가 한 것으로 되고 있음'을 지적했다. 이는 조선로동당의 발전을 지도하는 마르크스-레닌주의 이론과 모순되며 당원들을 잘못 훈련토록 만든다면서, 당 중앙위원들이 이 문제에 대해 필요한 조치들을 취하고 사회발전에서 '대중 속에서의 개인'의 문제에 대한 올바른 토론에 힘쓰도록 요구했다고 한다(Person, 2006: 21).

결과적으로, 북한에서는 1956년 2월 말부터 신문지상과 방송에서 '경애하는 수령'이라는 호칭이 사실상 사라졌으며, 집체적 지도의 상징인 '당 중앙위원회'가 강조됐고 4월 7일에는 그동안 김일성 개인숭배에 눌려왔던 '조선로동당'이 최초로 "조선인민의 정치적 수령"으로 규정됐다(김일성, 1980v: 132; 이종석, 1995: 270). 화보 잡지 ≪인민조선≫은 몇 장의 스탈린과 김일성의 대형 사진을 싣고 있었다는 이유로 마지막 2개 호를 배포하지 않았다(Szalontai, 2005: 86).

그러나 조선로동당은 4월 초 지역 당 조직들에게 비밀서한을 보냈는데, 개인숭배는 소련공산당의 현상이지 조선공산당의 현상이 아니며, 기껏해야 그것은 박헌영 관련 현상이었다는 내용이었다(Shimotomai, 2007~2008: 456). 그리고 이 서한은 조선로동당은 마르크스-레닌주의의 길을 벗어나 본 적이 없다고 했다. 이 서한과 관련한 1956년 4월 18일자 이바노프 대사의 보고서를 보면, 조선로동당 지도부가 회람시킨 편지로부터 판단컨대, 조선인들은 흐루쇼프 연설의 진정한 의미를 아직 깨닫지 못하고 있다고 했다. 참고로, 김일성은 이승운이라고 불리는 사람을 포함한 조선로동당원들을 평양 주재 소련대사관에 보내 김일성은 독재자가 아니며, 진정 조선인민을 존경하며, 인본주의 특성을 갖고 있다는 등 김일성을 변호하면서 스탈린과는 다르다고 강변하기도 했다(Person, 2006: 22~23).

참고로, 1956년 4월 12일 평양 주재 소련 대리대사 페트로프는 평양 주재 헝가리 대사관 외교관 케리스테스(Laszlo Keresztes)에게 "김일성동지는 아첨꾼과 입신출세주의자들에게 둘러싸여" 있으며, "(김일성) 개인숭배는 전혀 변하지 않았으며, 그것이 (북한에서 생겨나는) 모든 잘못의 주된, 결정적인 요인"이라고 말했다(Szalontai, 2005: 72).

1956년 4월 소련외무성은 「조선민주주의인민공화국에서의 개인숭배에 대하여」라는 보고서를 소련 지도부의 모든 인사들에게 보냈다. 1955년 5월 김일성이 모스크바를 방문했을 때, 소련 지도부가 김일성에게 지적을 했지만, 아직도 북한에서 김일성 개인숭배는 지속되고 있다는 것이었다. 또 4월 14일자로 된 「조선민주주의인민공화국에서의 당내 상황의 여러 문제점에 대하여」라는 보고서는 북한의 상황에 대해 더 암울한 모습을 보여주고 있다. 평양 주재 소련대사관이 소련공산당 국제국장 포노마레프(Boris Ponomarev)에게 올린 이 보고서는 1955년의 심각한 정치적 위기는 어느 정도 완화됐지만, 특히 농민들과 관련해서 여전히 심각한 문제가 계속 남아 있다는 것을 지적했다. 도시와 시골의 인민들의 생활조건은 혹독하며, 그들의 민주적 권리는 축소됐고, 조선로동당의 비(非)프롤레타리아 성분들에 대한 정책은 정확하지 못하다는 것이었다. 식량부족은 심각하며, 개인 사(私)기업들은 거의 다 청산됐고, 개인 상인들의 숫자도 급속히 줄어들었다는 것이다(Shimotomai, 2007~2008: 457).

제20차 당 대회의 북한에 대한 영향(2): '남한과의 평화공존' 문제

한편, 자본주의 세계와의 평화공존 문제와 관련하여 당시 북한에서는 소련과를 중심으로 자본주의와의 '평화공존론'이 유포됐다(이종석, 1995: 269). 김일성이 나중인 1962년 3월에 한 말이지만, 소련공산당 제20차 대회 직후 북한에서도 "현대 수정주의자들"이 "사회주의 혁명의 일반적 원칙인 맑스-레닌주의당의 령도와 프로레타리아독재를 부인"하고 "제국주의와 사이좋게 지낼 수 있다", "의회투쟁의 방법으로써 자본주의로부터 사회주의에로 평화적으로 넘어갈 수 있다"는 식으로 주장했다는 것이다(김일성, 1982c: 195).

김일성이 소련공산당 제20차 대회 이전인 1955년 12월에 한 말이지만, 소련파 박영빈은 소련에 다녀와서 "쏘련에서는 (스탈린 사후) 국제 긴장상태를 완화하는 방향이니 우리도 미제국주의를 반대하는 구호를 집어치워야 하겠다"고 말했다는 것이다.[8] 김일성은 박영빈의 이러한 말에 대해, "이러한 주장은 (주체적 입장에서 발현되는) 혁명적 창발성과는 아무런 공통성도 없으며 우리 인민의 혁명적 경각성을 무디게 하는 것"이고, 남한을 차지하고 있는 "미제국주의자들을 반대하는 우리 인민의 투쟁이 국제 긴장상태를 완화하기 위한 쏘련인민의 노력과 모순된다고 생각하는 것은 어리석기 짝이 없"다고 비판했으며, "우리 인민이 조선에 대한 미제국주의자들의 침략정책을 규탄하고 그것을 반대하여 투쟁하는 것은 국제긴장상태를 완화하며 평화를 수호하기 위한 세계인민들의 투쟁과 모순되지 않을 뿐 아니라 그 투쟁에 기여하는 것"이라고 주장했다(김일성, 1980n: 475).

김일성은 또한 나중인 1960년 9월에 "1954~1955년경에 어떤 나라 사람들[소련사람들]은 쏘련파인 최종학[9])을 통하여 인민군대 신문에서 '미국 침략자들을 소멸하라!'라는 구호를 없애자는 의견을 제기"해왔는데, 그 이유는 "이런 구호가 평화적으로 문제를 해결하는 데 방해"가 되기 때문이라고 말했다. 그런데 조선로동당 중앙위는 그와 같은 의견을 "단호히 거부"했다는 것이다. 김일성은 "미국 놈이 남조선을 강점하고 우리 인민을 학살하고 있으며 우리 북조선에 들

---

8) 박영빈이 소련에 병 치료차 갔을 때 소련공산당원들이 그에게 "미국의 침략자라고 하는데 세상이 변한 지금 왜 자꾸 상대방의 악감을 사려고 하는가. 미 제국주의 침략자라고 하지 말고 그냥 외래 침략자라고 하면 되지 않겠는가"라고 충고했다고 한다. 그가 북한에 돌아와 이를 그대로 이야기한 것은 사실이었다(정창현, 2002: 208).

9) 최종학은 1945년 8월 "직접 무기를 들고 소련군에 소속돼 대일전에 참가한 고려인들" 중의 한 사람으로서 북한에 제1진으로 들어왔던 인물이다. 당시 그는 소련군 대위였다(김국후, 2008: 96).

어와 많은 사람을 죽이고 도시와 농촌을 재더미로 만들어 놓았는데 우리가 어떻게 자기의 불구대천의 원쑤인 미제국주의자들을 소멸하자는 구호를 버릴 수 있겠"냐라고 했다(김일성, 1981j: 377).

이 모든 것은 결국 김일성은 평화공존론을 당시 원론적인 차원에서는 불가피하게 수용했을지 모르지만, 당시 6·25전쟁 직후여서 반미반제의식이 고양되어 있었던 관계로 그것을 적극적으로 수용하기는 불가능했던 것으로 보인다(이종석, 1995: 270). 그리고 앞에서 김일성의 박영빈에 대한 비판에서 잠깐 언급했고 나중에 자세히 살펴보겠지만, 김일성은 이미 1955년 말까지는 소련과 중국에 대한 교조주의를 극복하고 '주체'를 확립하는 노력을 하면서 소련파와 연안파를 숙청했던 것이다.

2. 폴란드 포즈난 사건

'8월 종파사건'의 발생과 관련된 대외 정치기회구조의 또 다른 요소는 1956년 6월 28일 폴란드의 중서부 항구도시 포즈난(Poznań)에서 일어난 노동자들의 대규모 시위였다.

포즈난 사건은 폴란드의 비에루트(Boleslaw Bierut) 정부에 대한 노동자들의 대규모 반대시위로 발생했는데, 노동자들은 식량과 소비재 부족, 열악한 주택문제, 실질임금의 하락, 상품의 소련으로의 유출, 경제관리 실패 등에 대해 항의했다. 이 시위는 무력으로 진압됐다. 시위대들은 '선동자, 반혁명분자, 제국주의 간첩' 등으로 비난받았으나, 당 지도부는 결국 이 시위가 민족주의적 감성을 깨우는 면이 있음을 인식하고 시위 노동자들을 '정당한 불만사항을 가진 정직한 일꾼들'로 대접했다. 정부는 노동자 임금을 50% 올렸으며 정치적 변화를 도입할 것을 약속했다. 결국 포즈난 사건은 그해 10월 고물카(Wladyslaw Gomulka)가 이끄는 새로운 폴란드 개혁정부를 낳는 데(소위 '폴란드 해빙') 결정적인 역할을 했다(Rothschild and Wingfield, 2007).

'포즈난 사건'은 연안파와 소련파가 북한에서 '8월 종파사건'을 일으키는 데 영향을 미쳤다. 나중에 '8월 종파사건'이 발생했던 1956년 8월 전원회의에서 최용건은 리필규가 포즈난 사건을 거론하면서 위협했음을 지적했다. 즉, 리필규가 조선로동당 중앙위에 와서 '만일 인민의 복지수준을 개선시키는 조치를 취하지 않으면 불만이 커질 것이고 자신들에게 제2의 폴란드 포즈난 사태가 일어날 것'이라고 말했다는 것이다(Document 19: 490).

'8월 종파사건'이 발생했던 1956년 8월 전원회의 결정서를 보면, 당시 종파사건의 주역이었던 최창익, 윤공흠, 서휘, 리필규의 죄가 구체적으로 열거되어 있는데, 그들이 "우리나라에는 뽀즈난 사건이 없을 줄 아는가?" 등의 발언을 하고 다녔다고 비판하고 있다(『결정집』, 1956I: 13). 이 모든 것은 '8월 종파사건'을 일으킨 인물들이 포즈난 사건에 큰 영향을 받았음을 말해준다.

이바노프 평양 주재 소련대사가 1956년 12월 말에 작성하여 소련공산당 중앙위에 보낸 「조선로동당과 조선민주주의인민공화국의 상황」이라는 제목의 보고서를 보면, 최창익, 박창옥 등 반김일성 연합세력의 김일성에 대한 불만은 특히 북한정부 대표단이 인민민주주의국가들을 방문하는 중에 그리고 잘 알려진 포즈난 사건과 관련하여 고조됐다고 적고 있다(Document 30: 521).

즉, 1956년에 수에즈운하에 대해 나세르가 국유화를 선언하여 영국 및 프랑스가 이집트를 침략하고, 또 폴란드에서 포즈난 사건이 일어나자, 조선로동당 중앙위와 북한정부는 남한당국과 북한 내의 적대적인 간첩망으로부터 올 도발 가능성에 대비하여 예방적인 대책을 취했다는 것이다. 조선로동당 중앙위 상무위 위원들과 정부의 인사들은 인민 속에서 군중 정치사업을 강화하기 위해 인민 속으로 나아갔으며, 조선인민군의 정치적 사기를 진작하고 인민들의 기분에 대해 더 많은 관심을 쏟기 시작했다는 것이다(Document 30: 524). 그리고 북한인민들도 포즈난 사건과 관련하여 강화된 남한으로부터의 도발에 대해 어떤 의미 있는 반응을 보이지 않았고 조선로동당에서 인민정권을 반대하는 어떤 비판도 발생하지 않았다는 것이다(Document 30: 524).

조금 다른 이야기지만, 한 가지 흥미로운 것은 김일성이 북한정부 대표단을 이끌고 1956년 6~7월에 동유럽국가들, 소련, 그리고 몽골을 순방하게 되는데, 이 나라들이 거의 대부분 소련공산당 제20차 대회에서의 '신노선'에 영향을 받아

사회적 불안과 정치적 어려움을 겪고 있던 나라들이었다는 것이다(Shimotomai, 2007~2008: 455). 따라서 이 순방 경험은 김일성이 나중에 '8월 종파사건'에 대처하는 데 나름대로 도움을 주었을 것으로 보인다.

3. 북한정부 대표단의 동유럽, 소련, 몽골 순방

김일성은 약 30명의 북한정부 대표단을 이끌고 1956년 6월 1일부터 7월 19일까지 1개월 반 이상을 동독, 루마니아, 헝가리, 체코슬로바키아, 알바니아, 폴란드, 소련, 몽골의 8개국을 방문했다. 해외순방의 '공식적인 목적'은 1957년부터 시작될 북한의 '전면적 공업화'를 위한 5개년 경제계획을 위한 원조를 구하기 위해서였다.[10] 북한정부 대표단의 방문국가와 방문일지를 보면, 시베리아횡단철도를 통해 모스크바를 거쳐 동독까지 가는 데 거의 1주일이 걸렸고, 6월 7일부터 동독 방문을 시작하여 루마니아, 헝가리, 체고슬로바키아, 불가리아, 알바니아, 폴란드를 거쳐 7월 6~16일까지 소련을 방문하고, 몽골 방문을 마치고 7월 19일 평양에 도착했다(박태호, 1985: 195, 261~262; Shimotomai, 2007~2008: 457).

북한의 전후 복구발전에서 1956년까지 '전후 3년간의 인민경제 계획'은 "주로 기존 기업소를 복구하는 시기"였고 그 자금을 해결하는 데서 "적지 않게 형제적 국가들의 원조에 의존"했다. 그러나 1957년부터 시작되는 제1차 5개년 인

---

10) 1956년 6월 1일 김일성을 위시한 북한정부 대표단의 동유럽, 소련, 몽골 방문을 위한 출발을 앞둔 5월 29일 당시 모스크바 주재 북한대사 리상조는 모스크바 외무성에서 소련외무성 부상 페도렌코(N. T. Fedorenko)를 만나 대화를 나누었는데, 김일성이 소련정부의 지도자들을 만나서 북한이 겪고 있는 어려움들(식량부족 문제, 주택문제, 농업의 무시 등)을 알려주고 소련으로부터 추가적인 경제지원을 요구할 생각이라고 말했다(Document 4: 470). 1956년 6월 8일 최창익이 서포에 있는 북한 주재 소련대사 이바노프의 다차(dacha, 별장)에서 만나 나눈 대화에서 최창익은 북한 주민들의 어려운 경제상황에 대해서 말하면서, 북한정부 대표단이 인민민주주의 나라들과 소련을 방문할 때 필요한 원조를 받을 수 있기를 바란다는 희망을 표명했다(Document 9: 476).

민경제계획에서는 "기존 기업소들과 새 기업소들을 개건, 확장, 신설하며 그의 자금문제를 해결"하는 데서 주로 북한 자체의 "내부 원천에 의존"해야 하는 상황이었다(『결정집』, 1956b: 27). 그런데 내부 원천의 동원만으로는 제1차 5개년계획의 자금을 충당할 수 없었기 때문에 외국 원조를 얻기 위한 김일성의 해외순방이 불가피했던 것이다.[11] 또 북한이 1956년에 '신노선'으로 경제정책을 어느 정도 방향전환하게 되는데 이는 해외순방 덕분이었다(NKIDP Document 4, 19).

김일성이 이처럼 장기간 평양을 비움으로써, 김일성에 불만을 품은 연안파(최창익, 서휘, 윤공흠, 고봉기 등)와 소련파(박창옥, 김승화, 박의완 등), 그리고 이미 정치생명은 다했지만 아직도 목숨을 부지하고 있던 남북한 출신 국내파가 반김일성 연합을 형성하고 김일성을 권좌에서 끌어내리는 계획을 짜는 데 천재일우의 기회를 갖게 됐다.

위에서 이미 인용했지만, 이바노프 소련대사의 1956년 12월 말 보고서 「조선로동당과 조선민주주의인민공화국의 상황」에서도 반김일성 연합세력의 김일성에 대한 불만은 특히 북한정부 대표단이 인민민주주의국가들을 방문하는 중에 그리고 잘 알려진 포즈난 사건과 관련하여 고조됐다고 기술되어 있다(Document 30: 521).

만일 김일성이 그 시기에 그처럼 장기간 해외순방을 하지 않았더라면 김일성에 대해 불만을 가진 인사들과 파벌들이 그처럼 반김일성 연합을 형성하여 거사하기가 쉽지 않았을 것이다. 참고로, 김일성이 해외순방 중에 발행된 것으로 보이는 당 간부용 참고자료에는 소련공산당의 기관 잡지에 실린 개인숭배 비판 논문이 번역 게재되기도 했는데(이종석, 1995: 276), 이는 당시 김일성이 평양에 있었다면 결코 쉽지 않은 일이었을 것이다.

---

11) 참고로, 김일성은 이 해외 순방을 통해 소련으로부터 5억 7,000만 루블의 부채를 탕감받고 3억 루블의 무상원조를 약속받았다(Szalontia, 2003~2004: 91). 한편, 동독은 1953~1955년에 북한에 3억 5,000만 루블을 원조했고, 1955~1964년에는 매년 3,500만 루블, 즉 10년간 총 3억 루블의 원조를 약속했다. 그런데 1957년 당시 북한은 필요한 인부와 건설자재를 확보할 수 없어서 매년 3,500만 루블을 다 사용할 수 없는 형편이었다. 참고로, 동독의 원조는 함흥시와 그곳의 공장 건설에만 사용되도록 꼬리표가 붙어 있었다(NKIDP Document 9, 31~32).

그러나 김일성은 당시 해외순방에 나설 수밖에 없었던 것으로 보인다. 소련과 동유럽의 형제공화국들로부터 5개년경제계획의 이행에 필요한 경제지원을 얻어야 하는 '공식적인 목표' 외에, 소련공산당 제20차 대회 이후 소련과 북한 사이에 생겨난 여러 논쟁적인 이슈들, 예컨대 김일성의 개인숭배 문제와 집체적 영도의 회복 문제, 북한의 경제정책 등을 소련 지도부와 직접 만나 해결할 필요가 있었기 때문이었다(Shimotomai, 2007~2008: 457).

4. 모스크바 주재 북한대사 리상조의 역할

'8월 종파사건'의 전체 기간을 통해 가장 적극적으로 반김일성 연합의 선두에 서서 활동한 사람이 소련대사 리상조였다. 그는 자신이 사회주의 종주국인 소련의 수도에 주재하는 북한대사라는 지위를 이용하여 기회만 있으면 용감하고 끈질기게 조선로동당의 문제점을 지적했다. 그는 김일성 개인숭배, 조선해방 투쟁사의 김일성 빨치산 활동 위주로의 왜곡, 연안파 혁명활동 무시, 집체적 영도의 부재, 레닌주의적 민주주의 부재, 사회주의 법질서의 부재 등에 대해 강력히 비판하고 인민생활 향상을 강조했다. 그리고 무엇보다도 끈질기게 소련공산당의 개입을 요청했다.

리상조가 모스크바에서 소련외무성을 방문하여 소련 측 인사들을 만난 것은 1956년 5월 29일(Document 4: 470~472), 6월 16일(Document 10: 477~478), 8월 9일(정태수·정창현, 1997a: 153), 9월 5일(Document 17: 486~488), 9월 10일(Document 20: 491~492), 10월 5일(Document 21: 492) 등 최소한 6회였고, 9월 5일에는 흐루쇼프와(Document 17: 486~488) 마오쩌둥에게(Document 20: 491), 그리고 10월 5일에는 김일성에게(정태수·정창현, 1997a: 154) 각각 1회씩 편지를 썼으며, 조선로동당 중앙위원회에(Document 21: 492~511) 편지를 쓰기도 했다.

이 외에도 리상조는 자신이 조선로동당 중앙위 후보위원으로서 평양에 가서 조선로동당 제3차 대회에 참가했을 때, 당 중앙위에서 당원으로서 자신의 의견을 표명했고, 또 당 중앙위 상무위에 두 번이나 자신의 의견을 전하는 편지를 썼다(Document 4: 471).

특히 리상조의 역할 중에서 가장 중요했던 것은 두 가지였다. 하나는 김일성이 정부 대표단을 이끌고 소련을 방문했을 때 소련 지도자들로 하여금 김일성에게 조선로동당의 개인숭배 문제, 집체적 영도문제, 민주주의 문제, 북한인민의 생활향상 문제 등을 지적하도록 미리 사전정지 작업을 한 것이다(Document 4: 471; Document 10: 477; 정태수·정창현, 1997a: 153).

다른 하나는, 1956년 8월 당 중앙위 전원회의의 결정은 '8월 종파사건'의 주모자들인 연안파와 소련파 인사들에 대한 철직, 출당 등의 책벌이었는데, 리상조는 김일성으로 하여금 이를 취소토록 하기 위해 흐루쇼프와 마오쩌둥에게 직접 편지를 써서 소련공산당 중앙위원회가 조선로동당 사태에 대해 직접 개입해줄 것을 요청했다. 흐루쇼프는 이를 즉각 받아들였다. 결국 소련공산당 대표인 미코얀과 중국공산당 대표인 펑더화이가 함께 평양에 가서 김일성으로 하여금 9월 전원회의를 개최토록 하여 8월 전원회의의 결정을 취소하도록 한 것이었다(Document 10: 478; Document 17: 486~488; Document 20: 491). 이 두 번째는 리상조가 한 역할 중에서도 가장 큰 의미를 띠었던 일인데, 물론 그가 모스크바에 주재하고 있다는 이점도 있었으나, 만일 그가 그처럼 적극적이고 끈질기게 노력하지 않았더라면 결코 가능한 일이 아니었을 것이다.

또 한 가지, 1956년 5월 초 북한 외상 남일은 해외 형제적 국가들에 주재하는 북한대사들을 평양에 불러 모아 회의를 했는데, 이때 리상조가 그들에게 브리핑을 했고, 이때 그는 용감하게 조선로동당의 지도부를 비판했다. 이 회의에 참석한 동독 주재 북한대사 박길룡이 5월 3일 이바노프 대사와 나눈 대화를 보면, 박길룡은 리상조가 "정말 잘 이야기했다"고 리상조의 행동을 칭찬했다. 박길룡에 의하면, 리상조는 북한 외무성 사업을 신랄하게 비판했다. 소련공산당 제20차 대회와 그 대회 이후 스탈린 개인숭배를 반대하는 투쟁을 어떻게 수행하고 있는가를 설명하면서 (김일성) 개인숭배에 많은 공간을 사용하고 있는 북한의 문예작품들이 생산되고 있는 사실을 환기시켰다. 그러자 남일이 "우리는 개인숭배가 없다"고 했으나, 리상조는 이에 반박하면서 많은 곳에 '김일성 이름'으로 가득 찬 몇 가지 출판물을 예를 들었다(Person, 2006: 29).

그렇다면 왜 리상조는 자신을 주소대사로 임명한 김일성에 반대하여 앞에서 설명한 것과 같이 과도한 '배신자'의 행동을 했을까? 리상조는 원래 연안파 출신이었기 때문에[12] 반김일성 연합세력에 가담한 면도 있겠으나, 그가 소련의 수도 모스크바에 주재한 덕에 세계공산주의운동에서의 소련의 위상과 역할을 잘 알고 있는 입장에서 흐루쇼프의 '스탈린 개인숭배 비판'과 '탈스탈린화' 정책이 결국 전 세계 공산당과 노동당들에 의해 수용될 것으로 판단했던 것이 아닐까. 그는 스탈린 개인숭배 비판이 결국 북한에서 김일성 개인숭배 비판으로 연결되어 김일성에 대한 과도한 개인숭배와 김일성 빨치산 혁명활동에 대한 지나친 미화가 시정되고, 조선로동당에서 레닌주의적·집체적 영도와 민주주의적 원칙이 회복될 것으로 믿었던 것이 아닐까. 만일 그렇다면 리상조로서는 김일성에 대한 도전은 충분히 해볼 만한 가치 있는 일이었을 것이다.

5. 소련과 평양 주재 소련대사관의 역할

모스크바 소련공산당과 소련정부 그리고 이를 대표하는 평양 주재 소련대사관이 '8월 종파사건'에서 했던 역할도 '8월 종파사건'의 대외 정치기회구조의 주요 구성요소였다.

우선, 모스크바에는 북한대사 리상조가 주재하면서 반김일성 연합세력을 대변하고 적극적으로 소련의 북한정치에의 개입을 요청했다. 리상조 외에 모스크바에 들르거나 거주하면서 소련에게 북한 사정에 대해 말해주었던 인사들이 최소한 몇 명이 더 있었다. 조선로동당 제3차 대회에 참석하고 모스크바를 거쳐 동독으로 귀임하는 베를린 주재 북한대사 박길룡도 북한 사정을 소련 측에 비판적으로 전달했으며(정태수·정창현, 1997a: 149~150), 아내의 온천치료를 위해 동행하여 모스크바에 간 박의완(Document 6: 473)과 8월 전원회의 개최 이틀 전에 김

---

12) 리상조는 원래 중국에서 조선의용군으로, 김두봉의 화북조선독립동맹에 참여한 연안파 인물이었다.

일성에 의해 모스크바로 강제 유학당한 김승화(Document 14: 483)도 마찬가지로 김일성의 여러 가지 문제점에 대해 소련 측에 이야기했을 것임에 틀림없다.

한편, 평양 주재 소련대사관의 소련대사 이바노프 이하 다른 여러 소련 외교관들이 반김일성 연합을 형성한 소련파 인사들을 만났고, 그들로부터 소련이 북한정치에 개입해줄 것을 직간접적으로 요청받았다. 반김일성 연합의 형성이 구체화되어가자, 이바노프대사는 연안파 지도자 최창익의 생각과 입장을 파악하기 위해 직접 비밀리에 그를 초청하여 단독으로 만나기도 했다.

사실상 모스크바와 평양 주재 소련대사관의 위상과 능력을 고려할 때 소련과 소련대사관이 어떤 입장을 취했느냐는 '8월 종파사건'의 성패에 큰 영향을 줄 수밖에 없는 요소였다.

나중에 자세히 살펴보겠지만, 모스크바의 소련공산당과 소련정부도, 평양 주재 소련대사관도 반김일성 연합세력의 의견은 경청하고 있었고,[13] 소련을 방문한 김일성과 소련대사관을 통해 김일성으로 하여금 개인숭배, 당의 집체적 영도, 인민생활의 향상 등 여러 문제에 대해 조선로동당의 결점을 시정토록 충고하기도 했지만, 결코 반김일성 연합세력을 부추기거나 도와서 '8월 종파사건'을 일으켰다는 증거는 없다.

오히려 소련 자료들을 보면, 소련 측은 연안파와 소련파가 연합하여 김일성을 비판하면 이것이 김일성의 권위와 조선로동당의 사업에 해를 끼쳐 북한정치 상황을 악화시키지 않을까 우려했다(Document 17: 487). 당시는 김일성을 대체할 만한 인물도 없었고 김일성에 견줄 만한 위신을 갖고 있던 지도자를 찾기 어려운 상황이었던 것이다.

그러나 '8월 종파사건'의 실패로 소련파와 연안파가 생각보다 회복하기 힘든 결정적인 타격을 입고 숙청되자 소련공산당은 중국공산당과 함께 즉각적으로

---

13) 1956년 9월 18일, 모스크바에서 고히만이 소련외무성 극동과 1등서기관 라자레프(S. P. Lazarev)를 만나 '8월 종파사건'을 설명했는데, 그는 '8월 종파사건'의 주동자인 최창익과 박창옥이 "당과 정부의 지도부에 대한 불만을 터뜨리며 소련대사관을 찾아갔으나, 소련대사관이 처음에는 받아주지 않다가 나중에야 이야기를 들어주었"다고 했다(정태수·정창현, 1997a: 148~149).

그리고 전면적으로 북한정치에 개입하기 시작했던 것이다. 북한의 권력투쟁에 대한 대외기회구조로서의 소련의 역할과 영향이 강력하고도 극적으로 드러나는 순간이었다. 소련공산당은 조선로동당에 대한 개입을 단독으로 하지 않고 중국공산당을 끌어들여 합작으로 개입함으로써 형제적 당에 대한 내정간섭이라는 부정적인 이미지와 효과를 홀로 뒤집어쓰지 않는 노련한 방식을 선택했던 것이다.

6. 조선로동당 제3차 대회

1956년 2월 모스크바에서 소련공산당 제20차 대회가 개최되고 얼마 되지 않은 3월 20일 조선로동당 중앙위 3월 전원회의가 열렸다. 그로부터 약 1개월 후인 4월 23~29일 조선로동당 제3차 대회가 개최됐다. 김일성은 당 3차 대회에서 가능하면 소련공산당 제20차 대회의 '영향'을 피해 자신의 개인숭배, 집체적 영도 문제 등을 다루지 않고 넘어가려고 했다. 그러나 반김일성 연합세력은 가능하면 소련공산당 제20차 대회의 '정신'을 살려 당 3차 대회에서 온갖 문제들을 토론하고 넘어가기를 원했다.

그런데 김일성은 조선로동당 제3차 대회에서 자신의 개인숭배 비판은 회피하고, 오히려 일제강점기와 해방 이후 여러 파벌들의 대표 인물들을 '종파주의자'로 규정하여 이들의 '무원칙한 개인숭배 사상'을 비판했다. 그리고 자신의 항일 빨치산 투쟁의 영광스러운 전통 계승을 강조하는 등 반김일성파로 하여금 극도의 좌절감을 느끼게 했다.

더구나 당 제3차 대회 마지막 날에 있었던 중앙기관 선거의 결과를 보면, 그동안 김일성파, 연안파, 소련파 간의 세력연합의 정치가 제3차 당 대회를 통해 완전히 붕괴되고 권력구조가 김일성 '단일적 지도체계'로 이행하는 모습을 보여주었다. 이로써 연안파와 소련파는 더 이상 그들이 설 자리는 없어졌다고 인식하게 됐던 것으로 보인다.

결국 조선로동당 제3차 대회는 반김일성 연합세력이 김일성에 대한 희망과 기대를 접고 궁정쿠데타를 일으키는 방향으로 나아가도록 만든 당 대회가 됐다. 이런 의미에서 당 제3차 대회는 '8월 종파사건'의 대내 정치기회구조로서 작용했다. 이를 좀 더 자세히 살펴보자.

김일성 '개인숭배 비판' 회피

조선로동당 제3차 대회는 소련공산당 제20차 대회 이후에 개최된 당 대회였기 때문에 김일성파, 연안파, 소련파 모두가 이제 스탈린 개인숭배 비판이 김일성 개인숭배 비판으로 연결될지, 또 당 중앙위원회 활성화의 상징인 레닌주의적 집체지도 원칙이 회복될지에 대해 지대한 관심을 갖고 있었다.[14]

특히 제3차 대회에는 소련에서 소련공산당 대표단장으로 온 브레즈네프(Leonid Brezhnev)와 중국공산당 대표단장으로 온 셰롱젠(攝榮臻) 등 '형제적' 당들로부터 온 많은 축하사절이 참석하고 연설할 예정이었기 때문에[15] 더욱 그러했다. 연안파와 소련파는 김일성의 말과 행동 하나하나를 주시할 수밖에 없었고, 김일성은 어떻게 자신에 대한 개인숭배 비판을 피하면서 이 고비를 넘겨야할지 고민하지 않을 수 없는 상황이었다.

김일성은 「조선로동당 중앙위원회 사업총결 보고」에서 국제정세를 설명하는 중에 소련공산당 제20차 대회를 언급하면서 "쏘련공산당 제20차 대회에서 흐루쑈브 동지가 지적한 바와 같이, 우리 시대에서 사회주의는 이미 일국의 범위를 벗어나 세계적인 체계로 전환"됐고, 소련공산당 제20차 대회가 "위대한 쏘련공산당이 소비에트 인민을 공산주의의 새로운 세계사적 승리에로 인도하기 위한 장엄한 투쟁 강령을 채택"했으며, "현 국제정세 발전에 관한 일련의 원칙

---

14) 각 지역에서 제3차 당 대회 대의원을 선출하는 과정은 자연히 지역 당 간부들이 김일성의 개인숭배와 당내에서의 집체적 영도의 부족에 대해 김일성을 비난하는 자리를 제공했다 (Shimotomai, 2007~2008: 457).

15) 소련과 중국 외에도 조선로동당 제3차 대회에는 폴란드, 인도네시아, 동독, 베트남, 체코슬로바키아, 일본, 루마니아, 헝가리, 몽골, 버마, 알바니아, 불가리아, 유고슬라비아로부터 온 '형제적 당 대표들'이 참석하여 축하연설을 했다(국토통일원, 1988a: 544~570).

적 문제들에 대하여 맑스-레닌주의적으로 심오하게 분석"했고, "거대한 실천적 의의를 가지는 결론"을 지었다고 언급했다. 김일성은 이는 "각국 공산당 및 로동당들의 금후 투쟁을 강력히 추동해주고 있으며 전세계 인민들은 평화와 행복과 광명한 미래를 위한 투쟁에 더욱 고무되고" 있다고 언급했다(국토통일원, 1988a: 287~288).

김일성의 이 사업총결 보고에 대한 제3차 대회의 '결정서'를 보면, "우리 시대에 사회주의는 이미 일국의 범위를 벗어나 세계적인 체계로 전환"된 상황이고(국토통일원, 1988a: 489), "현 국제정세 발전에 있어서 평화적 공존에 대한 레닌적 원칙과 쏘련공산당 제20차 대회에서 제시한 현 시기에 있어서의 전쟁방지의 가능성에 관한 문제는 거대한 실천적 의의"를 가지고 있으며, 조선로동당은 "상이한 제도를 가진 나라들 간의 평화적 공존에 대한 원칙을 견지"하고 "세계의 모든 평화애호 국가들과 친선적 외교관계를 설정하며 실무적 연계를 강화함으로써 전쟁세력을 반대하는 제 인민들의 공동전선을 확대강화하기 위하여 투쟁할 것"임을 천명했다(국토통일원, 1988a: 489)

결정서는 또한 "세계평화 유지 사업에 있어서의 특히 쏘련과 중화인민공화국의 거대한 역할을 높이 평가하며 그의 시종일관한 평화애호 정책을 열렬히 지지환영"한다는 입장을 표명했다(국토통일원, 1988a: 489). 그리고 "조국해방전쟁에서 조선인민이 달성한 위대한 승리는 고상한 프롤레타리아 국제주의의 산 모범으로 되는 형제적 중국인민지원군의 피의 원조와 밀접히 연결"되어 있으며, "또한 쏘련, 중화인민공화국 및 인민민주주의 국가들의 강력한 사회주의 진영과 세계 평화애호 인민들이 싸우는 조선인민에게 준 거대한 물질적 및 정신적 원조는 조선인민의 승리를 보장한 중요한 요인의 하나"가 됐음을 밝혔다(국토통일원, 1988a: 491).

이는 북한이 중국의 결정적인 도움으로 6·25전쟁에서 패망 일보 직전에 기사회생한 후, 김일성이 이제 소련과 중국 양국과의 관계를 나란히 중시하고 있음을 말해준다. 김일성에게는, 6·25전쟁에서 중국인민지원군의 직접 참전 덕분으로 자신이 살아남았으나 중조양군합작사 구성을 통해 북한군의 작전지휘권을 중국에 넘겨주어야만 했기 때문에 중국에 대해 감사한 마음만 가질 수 없는 어떤 정서가 있었고, 소련에 대해서는 소련이 6·25전쟁에서 미국과의 직접 대결을 우려하여 군사적 개입을 회피하는 등 매우 소극적인 모습을 보여주었기 때문에 크게 실망한 정서가 또한 있었다. 어쩌면 김일성으로서는 이제 중국과 소련을 모두 이용해야 할 시기가 온 것이었다. 더구나 김일성은 소련과 중국의 영향을 벗어나기 위해 교조주의와 형식주의를 퇴치하고 '주체를 확립'하려고 작심을 하고 있었다.

당 제3차 대회는 "조선로동당 중앙위원회의 정치노선과 그의 실천적 활동을 전적으로 지지 찬동"하며 "우리 당이 쟁취한 모든 성과는 당 중앙위원회의 정치 노선과 조직노선이 정확하였으며 그가 항상 맑스-레닌주의 학설과 형제적 당들의 투쟁경험을 우리나라의 구체적인 현실에 창조적으로 적용하였으며 내외의 적들과의 투쟁에서 통일과 단결을 고수하였으며 인민대중과의 연계를 긴밀히 견지한 데 기인한다는 것을 강조"했다(국토통일원, 1988a: 488).

당 운영과 생활에서 개인숭배를 없애고 동시에 당 중앙위가 중심이 되는 당의 '집체적 영도'의 회복이 중요했는데, 이 문제에 대해서 제3차 대회 결정서는 그동안 당 중앙위원회가 "자기의 일체 활동에서 당적 지도의 최고원칙인 집체적 협의제를 엄격히 준수하였으며 그렇게 함으로써 자기 앞에 제기된 과업들을 정확히 해결하였음"을 강조했다(국토통일원, 1988a: 502).

여기에서 주목할 것은 김일성이 「조선로동당 중앙위원회 사업총결 보고」에서나 그것을 청취하고 토의한 후에 채택한 '결정서' 어디에서도 흐루쇼프의 스탈린 개인숭배 비판이나 김일성 자신의 개인숭배 문제를 언급하지 않았다는 점이다.

김일성은 오히려 박헌영, 리승엽, 허가이, 주녕하, 박일우 등의 '종파주의자들'이 갖고 있었던 "무원칙한 개인숭배 사상"을 비판했다.[16] 김일성은 그들의

---

16) 1956년 제3차 당 대회에서 김일성이 박헌영 등 '종파주의자'들의 '개인숭배 사상'에 대해 비판한 것은 김일성 자신의 개인숭배 문제를 회피하기 위한 전략적인 측면과 김일성 자신이 그동안 박헌영 등에 대해 갖고 있었던 인식을 드러내는 측면이 또한 있었던 것으로 보인다. 참고로, 김일성은 1948년 3월 27~30일에 개최된 북로당 제2차 전당대회에서 오기섭과 박헌영 지지자들을 "과거에 있어서는 공산주의자들의 활동이 홍원, 서울식으로 지방에 고립적으

종파주의의 "상습적인 '사업 방법'"으로, 직위 다툼, 상호 이간책동 등과 함께 "개인숭배 사상의 전파와 부식"을 들었다. 그는 "우리 당은 자기 대열 내에서 종파주의와의 비타협적인 투쟁이 없이는, 그들(을) 무자비하게 근절함이 없이는, 개인숭배 사상을 철저히 청산함이 없이는 자기 대열을 공고히 할 수 없으며 당 앞에 제기된 혁명적 과업도 완수할 수 없다"고 강조했다(국토통일원, 1988a: 347~350).[17] 김일성은 "종파분자들이 해방 전후를 통하여 계속 존재"하고 "파벌 투쟁과 암해 활동을 그처럼 오랫동안 강행할 수 있었던 원인" 중의 하나로서 "무원칙한 개인숭배 사상으로 인하여 종파분자들과의 투쟁을 강력히 전개하지 못"한 것을 들었다(국토통일원, 1988a: 349~350).

김일성은 "우리 당 건설의 특수성과 관련하여 해방 전부터 우리 당이 걸어온 길"을 개괄하면서, 종파행위가 어떻게 당의 통일과 단결을 해쳤는지를 자세히 설명했다(국토통일원, 1988a: 341~349). 김일성은 "지금 우리 당내에 종파는 없으나 그의 잔재는 아직 남아 있다"고 지적하고 "지난 시기에 투쟁에서 쟁취한 당의 사상적 및 조직적 통일을 자기의 눈동자와 같이 고수할 것을 전체 당단체와 당원들에게 호소"했다(국토통일원, 1988a: 502).

이상에서 살펴본 바와 같이, 김일성은 당 3차 대회에서 소련공산당 제20차 대회에서 제기된 '개인숭배'와 그 폐해, 그리고 자신의 개인숭배 문제에 대해 직접적인 언급을 하지 않고, 오히려 일제강점기와 해방 이후의 여러 파벌의 '종파주의자들'—즉 박헌영, 리승엽, 허가이, 주녕하, 박일우 등—이야말로 "무원칙한 개인

로 생기고" 또 "유아독존식으로 제 이론이 제일 좋고 제가 수령인 양하고 사업하였다"고 비난한 적이 있다(북조선로동당 중앙위원회, 1948: 57, 129, 176, 178). 이는 김일성이 조선공산당 내의 박헌영 개인숭배 현상에 대해 1948년 당시 자신이 갖고 있던 인식을 드러낸 것이었다.

17) 1956년 6월 8일 최창익이 이바노프 소련대사를 만나 말하기를, 조선로동당 제3차 대회에서 당 지도부(김일성)는 당에 개인숭배가 없고 당은 레닌주의적 집단지도 원칙을 준수하고 있으며 조선에서 개인숭배의 해로운 결과는 남조선의 박헌영과 북조선에서의 허가이의 사업과 연관되어 있다는 식으로 정리했다고 했다. 그런데 최창익 자신은 그것을 잘못된 것으로 보았다(Document 9: 476).

숭배 사상"을 갖고 있었고, 바로 그들이 그러한 "개인숭배 사상의 전파와 부식"
이라는 종파주의의 '상습적인 사업 작풍'을 지속적으로 보여주었다고 비판했다.

당 제3차 대회에서 한 김일성의 「조선로동당 중앙위원회 사업총결 보고」에
대한 토론에서 토론자들은 조선로동당은 본래부터 집체적 영도원칙을 철저히
고수해왔다고 주장하고, 개인숭배 문제에 대해서는 김일성 개인숭배에 대해 비
판을 하는 대신 박헌영, 허가이, 박일우 등 종파주의자들의 개인숭배에 대해 비
판했다.

맨 처음으로 토론을 한 김두봉이 토론의 방향을 그러한 방향으로 이끌어나갔
다. 김두봉은 "우리 당은 창건 첫날부터 집체적 영도의 레닌적 규범을 준수할데
대하여 강조하였으며 자기 투쟁의 실천적 행정에서 이것을 훌륭하게 구현하였
던 것"으로 강조하고, 만일 그렇게 하지 않았더라면 허가이, 박헌영, 리승엽 도
당들의 사건을 겪으면서 당의 사상조직적 통일과 전쟁에서의 승리를 달성하지
못했을 것으로 토론했다(국토통일원, 1988a: 372~373).[18] 김두봉에 이어 토론한
리종옥, 남일, 최용건, 한상두, 박금철 모두 김두봉의 토론과 동일한 선상에서 토
론했다(국토통일원, 1988a: 372, 382, 415, 424, 468, 476).

특히 함경북도 지역 적색농조 출신인 한상두가 만일에 있을지도 모르는 '김
일성을 겨냥한 개인숭배 비판'에 대해 방패막이 역할을 하고 나섰다. 한상두는
"개인숭배사상을 반대하는 투쟁 행정에서 발생할 수 있는 건전치 못한 요소들
이 이 기회를 악용하여 개인의 역할을 부정하며 당의 엄격한 중앙집권제를 반대
하며 무정부주의적 상태를 조성할 수 있는 경향들"이 생겨날 수 있는데, 자신은
이에 "반대하여 투쟁할 것"이라고 선언했다. 그는 "역사에서의 개인의 역할과

---

18) 참고로, 나중에 '8월 종파사건'이 발생한 다음 날인 1956년 9월 1일 김일성이 소련대사 이
바노프와 만나 나눈 대화록을 보면, 김일성은 "김두봉은 속아서 이들 반당 그룹의 영향 하에
있었던 것"이고, "지금 김두봉은 정확한 당적 입장을 갖고 있으며, 김두봉이 최창익을 당 중
앙위에서 축출할 것을 요구한 것이 그 증거"라고 말하면서 김두봉을 변호하고 있다. 김두봉
은 "그러한 요구를 전원회의 이전에도 하였으나 그때 김일성이 동의하지 않았다"는 것이다
(Document 15: 484). 이 모든 것은 김두봉이 '8월 종파사건' 이전에는 김일성을 반대하는 세
력에 속하지 않았다는 것을 말해준다.

당과 인민의 지도자들의 일정한 역할에 대해 똑똑히 인식"하고 '이를 부정하는 오류를 범해서는 안 된다'고 강조했다(국토통일원, 1988a: 470).

해방 후 조선혁명의 '창조적 경험', 항일빨치산혁명전통 계승, 주체 확립 강조

김일성이 자신의 보고에서 강조한 주안점은 오히려 조선로동당은 "맑스-레닌주의적 사상과 조직적 원칙을 튼튼히 견지하고 쏘련공산당을 비롯하여 형제당들의 투쟁 경험을 조선혁명운동에 창조적으로 적용하면서 항일혁명투쟁의 영광스러운 전통을 계승하고 그 혁명투사들을 골간으로 하여 자기 대열의 통일과 단결을 강화"했다는 것이었다(국토통일원, 1988a: 341).

김일성의 보고와 그에 기반을 두고 채택된 당 대회 결정서는 당 사상사업에서 아직도 주된 결함은 '형식주의'와 '교조주의'의 존속임을 지적하고, 이것들이 "오늘 맑스-레닌주의의 일반적 원리를 우리나라의 구체적 현실에 창조적으로 적용하는 사업을 방해하고 있으며 우리 혁명의 발전과 당 정책의 성과적 수행에 큰 지장을 주고 있"다고 비판했다(국토통일원, 1988a: 361). 즉, 교조주의와 형식주의가 '주체 확립'에 걸림돌이 되고 있으며, 아직도 이 사상사업 분야에서 "주체가 없이 남의 것을 기계적으로 도입"하고 "대중의 요구와 각오 정도를 고려함이 없이 일률적인 방법으로 진행되고" 있다는 것이다(국토통일원, 1988a: 504~505). 교조주의 때문에 "조선 문제, 특히 우리나라 역사에 대한 연구와 선전이 망각되거나 무시"되고 있다는 것이다. 따라서 앞으로는 "우리나라 혁명운동에 관한 일체 자료를 수집 정리하며 우리 혁명운동의 역사를 연구 편찬하기 위한 사업을 강력히 추진"하겠다고 했다. 앞으로 당원들의 교양사업에서는 "우리나라 혁명의 실제적 문제의 연구가 중심이 되어야" 한다는 것이었다(국토통일원, 1988a: 359~360).

이런 맥락에서 당 대회 결정서는 "금후 사상사업에서의 중심과업은 광범한 당원들에게 우리나라 혁명의 성격과 그의 구체적 임무들을 해석해주며 그의 전망에 대해 똑똑히 인식시키는 데" 있다고 강조하고 "사상사업에서의 주체를 확립할 것을 전체 당 단체들에게 위임"했다(국토통일원, 1988a: 504~505). 김일성은 교조주의와 더불어 또 하나의 문제인 '형식주의'를 비판했다. 형식주의는 "객관적 현실과 실제 정형으로부터 출발하지 않"기 때문에 군중과 유리되고 혁명의 실천적 문제들로부터 이탈된다는 것이었다(국토통일원, 1988a: 361).

결론적으로, 김일성은 해방 후 창건되어 그동안 자신이 이끌어온 조선로동당이 마르크스-레닌주의적 사상과 조직적 원칙의 견지, 소련공산당 등 형제적 당들의 투쟁 경험의 조선혁명운동에의 창조적 적용, 항일혁명투쟁의 영광스러운 전통 계승, 항일빨치산혁명투사들을 골간으로 당 대열의 통일과 단결 강화, 주체 확립 등 제대로 된 방향으로 나아가고 있음을 강조했다. 그러면서 그것을 일제강점기와 해방 이후 여러 파벌을 이뤘던 종파주의자들과 간첩행위를 저지른 종파주의자들의 잘못된 사업 작풍과 대비시켰다. 그리고 그것을 당 대회에 참석한 대의원들에게 제시했다.

브레즈네프의 축하연설: 소련공산당 제20차 대회 결정 전달

그렇다면 조선공산당 제3차 대회에 소련공산당 축하사절 단장으로 온 브레즈네프는 축하연설에서 어떤 이야기를 했는가? 그는 조선로동당 제3차 대회가 소련공산당 제20차 대회 직후에 소집됐다는 점을 상기시키면서, 소련공산당 제20차 대회에서 토론하고 결정한 내용을 나름대로 정확히 조선공산당 제3차 대회에 전달했다.

브레즈네프는 소련공산당 제20차 대회의 총결보고 가운데서 "각이(各異)한 제도를 가진 국가들의 평화적 공존문제, 현 조건 하에서의 전쟁 미연 방지의 가능성에 관한 문제 및 각이한 국가들에서의 사회주의에로의 이행 형태의 다양성에 관한 문제 등에 관한 맑스-레닌주의적 명제들"을 제기한 것은 "커다란 의의를 갖는 것"으로 언급했다. 이러한 명제들은 "세계 인민들의 아주 각이한 계층 가운데서 극히 절실한 관심을 불러일으켰으며 당연히 커다란 역사적 의의를 가지는 명제로서 평가됐다"는 것이다(국토통일원, 1988a: 545~546).

브레즈네프는 소련공산당 중앙위원회의가 제20차 당 대회를 통해 "가장 중요한 레닌적 원칙"인 "집체적 영도원칙을 회복하는 사업이 특별한 의의를 가진

다"는 것을 지적했다면서 "집체적 영도원칙"은 "당적 지도를 위로부터 밑에까지 개선하기 위한 유일하게 올바른 길"이라고 강조했다. 즉, "집체적 영도를 철저히 집행할 때에는 생활이 제기하는 과업들을 가장 정확하게 해결할 수" 있다는 것이었다(국토통일원, 1988a: 546~547).

그는 또한 쏘련공산당 제20차 대회는 "평화에 대한 쏘련인민의 열렬한 염원을 표명하면서 쏘련공산당과 전체 쏘련인민들이 중국, 파란[폴란드], 루마니아, 체코슬로바키아, 조선 기타 사회주의 제국과 손을 맞잡고 앞으로도 전쟁의 위험을 반대하고 전세계에서의 평화를 위해 단호히 투쟁하리라는 것을 아주 힘 있게 강조"했다는 점을 상기시켰다. 그는 "제3차 대회와 조선로동당 전당은 쏘련공산당 제20차 대회의 결정에 대하여 거대한 의의를 부여하고 있으며 로동당원들은 이 결정들을 광범히 연구"하고 있다면서, "쏘련공산당과 형제적 당들의 경험을 창조적으로 이용함으로써 맑스-레닌주의의 과학적 이론을 항상 지침으로 함으로써 조선로동당은 일층 더 강화될 것이며 당 앞에 제기된 제 과업을 성과적으로 해결할 수 있을 것"이라고 말했다(국토통일원, 1988a: 547).

한 가지 흥미로운 것은, 조선로동당 제3차 대회에서 브레즈네프가 조선로동당이 "쏘련공산당과 형제적 당들의 경험을 창조적으로 이용"하고 "맑스-레닌주의의 과학적 이론을 항상 지침으로" 하도록 말했을 때, 그가 의미했던 것은 조선로동당이 소련공산당과 형제적 당들, 그리고 마르크스-레닌주의 이론을 따라 배울 것을 충고한 것이었다. 그러나 김일성이 제3차 당대회에서 동일한 표현을 사용했을 때, 그는 북한 자신의 역사, 항일무장투쟁과 해방 후 혁명과 조선로동당 건설의 역사를 중시하는 '주체'를 의미했다.

전체적으로, 브레즈네프는 '부드럽게' 개인숭배를 집체적 영도로 대체하는 것이 소련 지도부의 새로운 원칙임을 지적했던 것이다.[19] 그러나 김일성은 자신

---

19) 참고로, 당시 이바노프의 기록을 보면, 박의완은 브레즈네프와 소련대표단 전원을 홍남 구경을 시키는 데 인솔했다. 김일성에 대한 불만을 갖고 있던 박의완이 소련대표단 일행에게 조선로동당의 문제점들에 대해 자신의 좌절을 표현했을 가능성이 크다(Person, 2006: 26). 박의완이 브레즈네프를 만난 사실은 북한외무성 부상 박길룡과 소련외무성 제1서기 이바넨코 (V. I. Ivanenko) 간의 1956년 5월 17일 대화록에서도 확인되고 있다(Lankov, 2002: 157).

의 개인숭배 문제를 회피해나갔다.

조선로동당 제3차 대회: 연안파, 소련파, 소련공산당의 '기대'를 저버리다

위에서 살펴본 것처럼, 브레즈네프는 조선공산당 제3차 대회에서 레닌주의적 집체적 영도원칙을 강조했다. 그런데 집체적 영도원칙을 회복하기 위해서는 반드시 지도자 개인숭배 비판이 전제되어야 하는데, 조선로동당 제3차 대회 결정서 어디에도 '김일성 개인숭배' 문제를 비판한 곳은 한 곳도 없었다.

한마디로 조선로동당 제3차 대회의 결과는 연안파와 소련파, 그리고 소련공산당의 '기대'를 저버린 대회였다. 왜냐하면 제3차 당 대회 직전의 분위기로 판단할 때, 그들은 일단 당 대회가 열리면 거기에서 원칙적으로 김일성 개인숭배를 비판하여 레닌주의적 집체적 영도와 민주주의적 원칙을 회복함으로써 조선로동당을 그만큼 더 건강하고 튼튼한 당으로 만들 수 있을 것으로 예상했기 때문이다.

그렇다면 조선로동당 제3차 대회 직전의 분위기는 어떠했는가? 이미 위에서 '소련공산당 제20차 대회의 북한에 대한 영향'을 다룰 때 설명했지만, 당 제3차 대회가 개최되기 1개월여 전인 3월 12일, 박창옥이 평양 주재 소련대사관 참사관 필라토프를 만났을 때, 박창옥은 조선로동당 지도간부들 대부분은 '소련공산당 제20차 대회에서 진전을 이룬 문제와 태도에 대해 정확히 이해하고 필요한 결론에 이르고' 있으며, 또한 '김일성이 리더십의 형태와 방법을 크게 변화시킬 것'으로 생각했다고 했다(Document 1: 466~467).

더구나 흐루쇼프의 비밀연설을 번역·청취했던 3월 20일 조선로동당 중앙위 3월 전원회의는 "우리나라에서도 약간한 정도의 개인숭배가 존재했다고 인정"하고, "우리나라에서 개인숭배와 관련된 표현들"을 "신속히 더욱 철저하게 시정하기 위하여 신중한 조치들을 취"하기로 결정했으며(『결정집』, 1956n: 8), 4월 7일에는 그동안 김일성 개인숭배에 눌려왔던 '조선로동당'이 최초로 "조선인민의 정치적 수령"으로 규정되기까지 했던 것이다(김일성, 1980v: 132; 이종석, 1995: 270).

그런데 막상 제3차 당 대회에서는 김일성의 개인숭배 비판이 이뤄지지 않았고, 김일성은 오히려 박헌영, 리승엽, 허가이, 주녕하, 박일우 등 소위 '종파주의자들'의 '개인숭배 사상의 전파와 부식'이라는 종파주의의 '상습적인 사업 작풍'을 비판했다. 그리고 소련파와 연안파를 겨냥하여 교조주의와 형식주의를 비판하면서도 김일성 자신의 당 건설에 대해서는 해방 후 조선혁명의 '창조적 경험', 항일빨치산혁명전통 계승, 주체 확립 등을 강조하면서 적극 옹호하고 나왔던 것이다. 이 모든 것은 소련파와 연안파가 김일성에 대해 더욱더 큰 반감을 갖게 했고, 이 반감은 '8월 종파사건'의 주요 배경을 이루게 됐다.

나중에 '8월 종파사건'이 발생한 1956년 8월 전원회의의 결정서 중의 하나인 「최창익, 윤공흠, 서휘, 리필규, 박창옥 등 동무들의 종파적 음모행위에 대하여」를 보면, 최창익, 서휘 등은 "이미 공동으로 작성한 윤공흠 동무의 토론에서 나타난 바와 같이" "쏘련공산당 제20차 대회의 결정 정신에 입각하여 우리 당 제3차 대회에서 채택한 제반 정책들을 비방하며 마치 우리 당 중앙위원회가 '맑스-레닌주의에 충실하지 않으며 우리 당 3차 대회가 쏘련공산당 제20차 대회의 결정을 의식적으로 이단시했다'고 악의에 찬 폭언을 던지면서 우리 당 3차 대회와 당 중앙위원회를 모독했다"는 표현이 나온다(『결정집』, 1956l: 15). 이는 윤공흠, 최창익, 서휘 등이 조선로동당 제3차 대회에서 쏘련공산당 제20차 대회의 '결정 정신'이 제대로 반영되지 않았을 뿐만 아니라 제20차 대회의 결정을 '의식적으로 이단시'했다고 불만을 갖고 있었음을 알 수 있게 한다.

1956년 6월 16일 소련 주재 북한대사 리상조가 소련외무성에서 소련외무성 극동국장 쿠르듀코프(I. Kurdyukov)를 만나 그에게 한 말을 들어보자(Document 10: 477).[20] 리상조는 조선로동당 내에서 소련공산당 제20차 대회의 문건들을 연구하는 것이 당내 상황을 개선하고 조선로동당 지도부의 실수들을 시정하는 데 자극적인 힘이 될 것으로 기대했다. 그러나 불행히도 조선로동당 내에서 소련공산당 제20차 대회의 문건들에 대한 연구는 깊이 없이 서둘러서 대강 이뤄졌다. 조선로동당의 당내 생활의 결점들은 당 대회에서나 당 대회 이후에도 비판

---

20) 이 대화록은 그로미코에 의해 배포된 것으로 되어 있다.

받지 않았다. 로동당의 많은 당원들이 당의 상황에 대해 속으로는 불만을 갖고 있지만, 박해가 무서워 공개적으로 비판하지 않기로 결정한 것이다(Document 10: 477~478). 리상조가 조선로동당 제3차 대회의 결과에 대해 크게 실망했다는 것을 알 수 있다.

그런데 흥미로운 자료가 하나 있다. 1956년 6월 5일 평양 주재 소련대사관에서 소련파 박의완과 소련대사 이바노프가 나눈 대화를 보면, 박의완은 김일성이 잘해보기 위해 변화를 시작했으나 리더십에서 잘못을 저질렀으며, 그가 그러한 잘못들을 시정하고 벗어던지기는 어려울 것이라고 생각했다(Document 6: 473).

여기에서 박의완이 '김일성이 잘해보기 위해 변화를 시작'했다는 말은 무슨 의미인가? 조선로동당은 1955년 말부터 소련의 탈스탈린화의 영향을 본격적으로 받기 시작했다. 1955년 10월 소련공산당 중앙위가 집체적 영도원칙을 부활시켰고(이종석, 1995: 269), 북한에서도 소(小)스탈린적 현상으로서 김일성 개인숭배 현상이 있었기 때문에 소련에서의 변화에 대해 북한은 민감하게 반응하지 않을 수 없었다. 스탈린의 비밀연설의 내용이 알려지자 1956년 2월 말부터 북한의 신문과 방송에서 '경애하는 수령'이라는 호칭이 사라졌으며, 집체적 영도의 상징인 '당 중앙위원회'가 강조됐다(이종석, 1995: 269~270). 이것은 김일성이 보여준 변화였다.

김일성의 변화는 또 있었다. 이바노프 소련대사의 1956년 12월 말 보고서 「조선로동당과 조선민주주의인민공화국의 상황」에 의하면, 조선로동당 제3차 당대회 이후 당 중앙위는 당의 사상사업을 재구조화하는 몇 가지 조치들을 취했다. 고등학교와 대학의 교과 과정, 특히 사회경제 관련 과목들이 재검토되어 개인숭배의 관점에서 사건들을 설명하는 내용과 표현들을 없애기 위해 교과서와 훈련보조물이 수정 출판됐다. 물론 1955년 12월부터 본격적으로 시작된 '교조주의와 형식주의를 퇴치하고 주체를 확립'하는 기조에 따라 사상사업에서의 독선주의와 기계적으로 소련의 것을 가져다 쓰는 습관을 비판하고 조선인민의 혁명역사를 더 많이 학습 및 수용해 마르크스-레닌주의에 기초하여 사상사업을 재구조화하는 노력에 더욱 힘을 쏟기는 했다고 한다(Document 30: 525).

또한 사상사업의 재구조화 작업에서 그동안 저질렀던 잘못을 시정하기 위해 다양한 자료들이 언론에 보도되고 더욱 빈번히 출판되기 시작했으며, 북한의 극장에 러시아 연극들과 소련작가들의 작품이 다시 상영되기 시작했으며, 당, 정부, 경제 및 문화 정책에서 소련의 경험이 보다 본격적으로 대중화되고 있었다(Document 30: 525) 그런데 문제는 김일성 개인숭배 비판이 본격적으로 이뤄지고 조선로동당 중앙위의 집체적 영도가 회복되지 않는 한, 그러한 변화의 추세가 오랫동안 지속될 수 없었다는 것이다.

결론적으로, 조선로동당 제3차 대회는 소련공산당의 제20차 대회에서 결정된 개인숭배 배격, 레닌주의적 집단지도체제 회복, 서방세계와의 평화공존, 사회주의 이행의 다양성 인정 등에 영향을 받아, 북한에서 권력경쟁자들이 자신의 사상, 노선, 그리고 정체성을 드러내면서 치열한 권력투쟁에 나섰을 수도 있는 매우 중요한 당 대회였는데도 불구하고, 실제 김일성에게 공개적으로 도전하는 사람은 없었다.

이는 다음 두 가지를 의미했다. 첫째, 이는 제3차 당 대회를 개최할 때까지는 김일성의 권력이 그만큼 강화되어 있었다는 것이다. 그동안 김일성의 주요 권력경쟁자들이었던 무정, 허가이, 박헌영, 박일우, 박창옥 등이 차례로 김일성에게 숙청당했던 것이다. 둘째, 이는 또한 연안파와 소련파가 제3차 당 대회에서 자신의 우려와 불만을 적절하게 해소하지 못하고 오히려 불만이 커졌기 때문에 앞으로 어떤 기회가 오면 그들의 욕구와 불만의 분출은 훨씬 더 강력할 수밖에 없었다는 것을 의미했다. 당 3차 대회 후 이들이 반김일성 연합을 형성하는 것은 이제 시간문제였다.

그렇다면, 소련공산당은 조선공산당 제3차 대회에 대해 어떻게 평가했을까? 더구나 브레즈네프가 조선로동당 제3차 대회에서 축하연설을 통해 소련공산당 제20차 대회의 토론과 결정사항을 나름대로 정확히 전달하면서 레닌주의적 집체적 영도를 강조했는데, 실제 조선로동당 제3차 대회에는 그것이 실현되지 않았다. 여기에서는 조선로동당 제3차 대회에 대한 소련공산당의 평가를 담고 있는 세 가지 자료를 살펴보자.

우선, 조선로동당 제3차 대회를 지켜본 후 평양 주재 소련대사관은 그로미코 외무성 부상에게 당 대회의 결과 보고서를 올렸는데, 다음 다섯 가지를 지적했다. 첫째, 당의 레닌주의적 규범과 집체적 영도는 결코 준수되지 않았다. 그리고 당 대회와 그를 위한 선거가 지난 8년 만에 겨우 이뤄졌다. 둘째, 개인숭배는 박헌영에게만 관련된 문제고 김일성과는 결코 관계가 없다고 주장했다. 셋째, 1955년도 (강제적이고 무자비한) 곡물 수매는 노동자와 농민의 단결을 깨뜨리고 사회주의 법정신을 위반했으나, 이것이 당 대회에서는 언급되지 않았다. 넷째, 조선로동당 간부들에게 보내진 비밀편지는 형식주의와 교조주의에 대한 투쟁을 강조하고 있으나, 실제 그것은 반소(反蘇) 캠페인으로 판명 났다. 마지막으로, 그 비밀편지는 결코 김일성의 부정적인 측면을 언급하지 않았다(Shimotomai, 2007~2008: 457).

소련대사관 보고서는 또한 북한이 농업과 축산에서 큰 후퇴를 했다고 지적했다. 1953년부터 1955년 사이에 가축의 숫자는 급격히 감소됐다. 북한의 몇몇 소련파 출신 내각의 상(相)들이 소련대사관을 방문하여 그들의 관찰을 말해주었듯이, 평양 주재 소련외교관들의 생각으로는 '교조주의에 대한 투쟁'으로 가장된 의제는 사실상 반소 캠페인이었다. 이에 대한 증거의 하나는 러시아어와 러시아 문화를 가르치는 프로그램이 축소된 것이다. 그리고 당의 중앙지도기관 선거에서 소련파가 당 부위원장에서 모두 제거되고 김일성 빨치산파가 대신 그 자리에 들어선 것이 또 다른 증거였다(Shimotomai, 2007~2008: 457).

또 다른 두 가지 자료를 살펴보자. 후에 1956년 '8월 종파사건'이 발생하고 소련공산당과 중국공산당이 조선로동당 사태에 직접 공동개입하기로 결정하는데, 이때 소련공산당 중앙위는 당시 중국공산당 제8차 대회에 축하사절로 베이징에 가 있던 미코얀 등 소련공산당 중앙대표단으로 하여금 중국대표단과 함께 평양에 함께 들어가도록 했다. 당시 1956년 9월 18일 베이징에서 마오쩌둥이 소련공산당 대표단을 접견하여 나눈 대화에서 소련대표단이 마오쩌둥에게 한 이야기를 살펴보자.

조선로동당 제3차 대회에 참석한 (브레즈네프를 단장으로 한) 소련공산당 대표단은 이 회의가 형식적이며 비민주적 방식으로 개최됐고, 김일성 그룹은 개인숭배 비판이 소련 현상이지 북한과는 무관하며 개인숭배가 있다면 오직 박헌영에게만 있었으며, 그조차도 지금 박헌영은 세상에 없다, 따라서 북한에는 더 이상 개인숭배가 존재하지 않는다고 강변했음을 모스크바에 보고했다. 이에 소련공산당 중앙위는 조선로동당 제3차 대회를 비판했으며, 제3차 당 대회 참석 대의원들은 선거를 통해 선출한 것이 아니고 모두 조선로동당 중앙위에서 결정한 것이었기 때문에 이 대회를 '정식 대회로 간주하지 않는다'는 입장을 정리했다(「모주석접견소공중앙대표단담화기록」, 1956.9.18).

마지막으로, 1956년 12월 말 평양 주재 소련대사 이바노프가 소련공산당 중앙위에 보낸 「조선로동당과 조선민주주의인민공화국의 상황」이라는 보고서를 보자. 1956년 4월에 8년 만에 조선로동당 제3차 당 대회가 개최됐는데, 북한의 경제·정치적 발전의 미래방향과 외교정책에서의 북한의 목표를 결정하는 이 대회를 준비하고 개최하는 데 심각한 결점들이 있었다. 이 결점들 중에서 가장 엄중했던 것은 소련공산당 제20차 대회의 가장 중요한 결정사항과 북한의 특수상황으로부터 도출된 결론들이 제3차 당 대회의 사업과 결정에 반영이 되어야 할 필요가 있었는데도 불구하고 그렇게 되지 못했다. 즉, 당 정책의 마르크스-레닌주의적 원칙들, 조선로동당 내에서의 개인숭배 결과의 극복, 집체적 영도 원칙의 준수, 민주적 법질서의 강화 등이 당 대회의 결정에 반영되지 못했다(Document 30: 520). 이 보고서도 당시 이바노프 대사가 조선로동당 제3차 대회에 대해 매우 비판적이었다는 것을 말해준다(Szalontai, 2005: 87).

당 규약 개정: 조선로동당이 소련공산당의 의견을 구하다

조선로동당 제3차 대회는 '당 규약'을 개정했다.[21] 규약 개정에 대한 보고를 한 박정애는 "당 규약이 해당한 시기의 역사적 조건과 당 앞에 제기된 과업에 따라 변경되어야 한다"면서 이번에 다시 제3차로 당 규약을 개정해야 하는 '필요성'으로서 세 가지를 들었다.

---

21) 조선로동당 중앙위 정치위원회는 1956년 1월 21일 당 규약 개정 초안을 2월 10일부터 3월 31일까지 전체 당 단체들과 당원들을 대상으로 '토의'에 부칠 것을 결정했다(『결정집』, 1956i: 47).

첫째, "역사 발전의 객관적 법칙과 조성된 정세에 따라 우리 땅에 새로운 과업, 즉 공화국 북반부에서의 사회주의 건설을 위한 과업이 제기"됐다. 둘째, "지난 기간의 간고하고 복잡한 실천적 투쟁을 통하여 우리 당이 더욱 발전 강화"됐다. 셋째, 그동안 "국제 혁명운동과 형제적 당들의 사업에서도 거대한 변천"이 있었다. 특히 "최근에 진행된 쏘련공산당 제20차 대회는 우리나라 혁명과 우리 당 사업에 거대한 고무적 의의를 부여하고" 있으며, 따라서 당 규약을 개정하려는 것은 "우리나라 역사발전과 국제정세 발전의 필연적 결과"라는 것이었다(국토통일원, 1988a: 508~509).

이 개정 당 규약에는 최초로 제1장에 '당'이라는 장을 새로 만들어 넣었고, "조선로동당은 맑스-레닌주의 학설을 자기 활동의 지도적 지침으로 삼는다"고 최초로 당의 지도사상을 밝혔다(국토통일원, 1988a: 510). 여기에는 조선로동당이 개인숭배를 허용하지 않는 마르크스-레닌주의적 원칙이 지배하는 당, 즉 중앙위원회를 중심으로 집체적 영도가 이뤄지는 당임을 강조하기 위한 계산이 있었다(Person, 2007~2008: 449). 한편, 당의 목적 및 과업과 관련하여 "조선로동당의 당면 목적은 전국적 범위에서 반제, 반봉건적 민주혁명의 과업을 완수하는 데 있으며 최종목적은 공산주의 사회를 건설하는 데 있다"고 규정했다(국토통일원, 1988a: 511).

조선로동당의 혁명전통에 대해서는 "김일성동지를 수반으로 하는 우리나라의 우수한 혁명 활동가들"이 "1930년대에 민족해방운동의 새로운 형태, 즉 무장투쟁을 제기하고 그를 지도 조직"하며 "조선민족 해방혁명운동의 지도적 중심을 형성"한 "혁명전통"을 명확히 하여, "조선로동당은 우리나라의 민족적 독립과 해방을 위하여 일본 및 기타 식민주의자들을 반대하여 투쟁한 조선인민의 혁명적 전통의 계승자다"라고 기술했다(국토통일원, 1988a: 510~511). 다른 곳도 아닌 당 규약에 이처럼 김일성 빨치산파의 혁명전통을 규정한 데 대해 당시 연안파와 소련파가 어떤 소외감과 불만을 느꼈을지 짐작하고도 남을 만하다.

박정애는 당원의 의무와 관련하여, 조국의 통일 독립과 인민민주주의 제도의 공고화 및 그의 확대 발전─사회주의 사회의 완성과 공산주의 사회의 건설─을 위해 적극 투쟁하는 것과 "당내의 사상적 및 조직적 통일을 눈동자와 같이 보존하기 위하여 투쟁"하는 것으로 규정했다. 즉, 종파주의, 지방할거주의, 기회주의 등을 배격하는 것이다(국토통일원, 1988a: 513~514). 또한 당 규율을 더욱 강화하고, 후보당원제를 신설하며, 당의 민주주의 중앙집권제를 강화하고, 당 중앙위원회 정치위원회를 없애고 그 업무를 상무위원회에 넘겨주며, 당 중앙위원회에 조직 위원회를 신설하며, 당 '세포' 대신에 당의 기본조직을 '초급 당 단체'로 통일하는 등의 개정을 제안했다(국토통일원, 1988a: 517~524). 그리고 그 제안은 그대로 규약으로 결정됐다(국토통일원, 1988a: 525~536).

그런데 여기서 한 가지 특기할 만한 일은 조선로동당은 제3차 대회에서 채택할 당 규약의 초안을 평양의 소련대사관에 보내서 소련공산당이 이를 검토하여 수정할 부분이 있으면 알려줄 것을 요청했고, 이에 따라 평양 주재 소련대사관 관계자들이 모여 수정할 부분을 논의했으며, 이를 소련대리공사 페트로프(A. M. Petrov)가[22] 1956년 3월 5일자로 소련공산당 중앙위원회에 보내서 승인해줄 것을 요청했다는 사실이다(Document 2: 469). 북한의 이러한 요청은 김일성이 그동안 교조주의를 타파하고 주체를 확립하기 위해 노력하고 있었음에도 불구하고, 아직도 여전히 소련공산당이 조선공산당에게 매우 강력한 영향력을 행사하고 있었다는 것을 말해준다.

소련대사관 관계자들이 모여 토론하여 수정하기로 합의한 조선로동당 규약 개정의 내용을 보면, 10개 조 이상에서 내용과 표현을 수정하도록 제안하고 있다. 그런데 흥미로운 점은 실제 조선로동당 제3차 대회에서 채택된 당 규약을 보면, 소련의 수정 충고가 모두 다 받아들여지지는 않았다는 것이다.

예컨대, 소련은 조선로동당의 혁명전통 계승에서 '반일(反日)'이라는 단어를 없애면 반일뿐만 아니라 반미까지 포함하는 것으로 될 것이라고 제안했으나, 북한사람들은 그것을 받아들이지 않고 "일본 및 기타 식민주의자들을 반대"라는 표현을 사용했다. 이는 북한 지도부의 반일 감정이 그만큼 깊었다는 것을 말해준다. 소련은 또한 조선로동당의 '호전적인 성격'을 없애기 위해 '미국'이나 '친

---

22) 페트로프는 소련공산당 중앙위 해외공산당관계국(국제국, 대외연락국) 소속 '당 조직 책임자'였던 인사로 보인다(김동길 인터뷰, 2010.8.10).

미'와 같은 표현을 없앨 것을 충고했으나, 실제 당 대회에서 채택된 규약은 "우리나라 남반부를 미제국주의 침략세력과 국내 반동통치로부터 해방하고……"라는 식으로 되어 있다(국토통일원, 1988a: 525). 소련의 흐루쇼프 정권이 미국 등 서방세계와 '평화공존'을 추구하는 입장에서 북한에게도 미국에 대해 호전적인 인상을 주지 않도록 충고한 셈이었으나, 북한 지도부 입장에서는 미국과 아직도 정전상태에 있는 상황에서 소련의 충고를 받아들이기 어려웠던 것으로 보인다 (Person, 2007~2008: 449).

물론 조선로동당이 소련대사관 관계자들의 충고를 받아들인 부분도 있다. 예컨대 '스탈린'이라는 이름은 이제 더 이상 쓰지 않아 사라지고 조선로동당의 지도사상으로서 '맑스-레닌주의 학설'을 받아들인 것이다(국토통일원, 1988a: 510; Person, 2007~2008: 449). 소련은 또한 군비경쟁을 부추기는 뜻으로 해석되지 않도록 "혁명적 민주기지의 군사적 강화"라는 표현을 사용하지 말 것을 권고했는데, 북한은 이것은 받아들여 "혁명적", "군사적"이라는 표현을 삭제했다. 소련은 또한 소련공산당 규약처럼 당원 자격에 대해 '수공업자와 소(小)부르주아지'를 배제하지 않도록 "어떤 직업"이든지 당원이 될 수 있도록 하는 표현을 사용하도록 권고했는데, 북한은 직업에 대한 표현을 "모든 근로자들"이라고 했다 (Document 2: 468~469; 국토통일원, 1988a: 526).

세력연합의 붕괴, 김일성파의 당 권력의 독점적 장악

조선로동당 제3차 대회는 마지막 날인 4월 29일 당 중앙기관을 선거했다. 당 위원장은 당연히 김일성이었고, 부위원장을 세 명에서 다섯 명으로 늘려서 최용건, 박정애, 박금철, 정일룡, 김창만을 선출했다. 그리고 이들이 모두 당 중앙위 상무위 위원(최용건, 박정애, 박금철, 정일룡)과 후보위원(김창만)이 됐고 또 모두 당 중앙위 조직위 위원이 됐다.

다시 말해, 전쟁 직후인 1953년 8월 제6차 전원회의 당시 당 중앙위 부위원장으로 선출됐던 박정애, 박창옥, 김일, 박영빈, 박금철 중에서 이미 1955년에 제거된 소련파 박창옥과 박영빈 그리고 6·25전쟁 시 잘못을 저지른 김일성 빨치산파 김일을 재선출하지 않고, 김일성에 충성하는 박정애와 김일성 빨치산파 박금철을 재선출하고, 박창옥, 박영빈, 김일의 자리를 김일성 빨치산파 최용건, 김일성에게 충성하는 국내파 테크노크라트 정일룡, 그리고 연안파 출신이지만 김일성에 충성하던 김창만[23])으로 채웠던 것이다.

한마디로, 기존의 당 중앙위 부위원장들에서 소련파가 모두 제거되고 연안파는 상대적으로 위상이 낮았던 김창만을 끼워 넣어 모양새만 갖춘 채, 김일성 빨치산파가 절대적으로 당 권력을 장악하고 전면에 나선 것이었다. 연안파 주요 인물인 김두봉과 최창익은 당 부위원장이나 당 중앙위 상무위 위원, 혹은 당 중앙위 조직위 위원 어디에도 선출되지 못했다.

새로 선출된 당 중앙위 위원 71명도 출신은 남북한 국내파, 연안파, 소련파 등이 있었으나, 이들은 대부분 김일성 충성파 내지 지지자들로 돌아선 자들, 최소한 김일성의 권력 앞에서 몸조심하여 김일성을 반대하지 않고 있던 자들이었다 (≪로동신문≫, 1956.4.30).

결론적으로, 당 제3차 대회를 통해 '김일성 중심의 패권적 연합질서'가 무너지고 이제 '김일성 단일지도체계'로 이행하는 기초가 놓였던 것이다. 즉, 당 권력구조에서 세력 연합적 성격이 거의 청산되고 김일성파의 독점화가 이뤄진 것이다.

김일성은 '8월 종파사건'이라는 호된 값을 치르기 전까지는 당은 허가이 등 소련파에게 맡겨두고 국가 수립 이후 행정사업에 집중했지만(김일성, 1983f: 136~137), 전후 복구발전 노선 투쟁, 사상사업에서 교조주의와 형식주의를 퇴치하고 주체를 확립해야 할 필요성, 소련공산당 제20차 대회에서 시작된 스탈린 개인숭배의 비판 등을 겪으며 이제 '당 사업'에 적극적으로 나서면서 당 권력 핵심을 자신의 항일빨치산파로써 독점적으로 장악해버린 것이었다.

그러나 제3차 당 대회의 권력구조에서 완전히 배제당한 연안파와 소련파는

---

23) 리필규의 증언에 의하면, 원래 연안파 출신인 김창만은 북한 인물 중에서 '가장 가증할 만한' 사람으로서 끊임없이 연안파 박일우를 총살시켜야 한다고 요구했다고 한다(Document 11: 480).

자연스럽게 반김일성 연합을 형성하여 그들의 불만을 폭발시킬 기회를 찾고 있었다. 따라서 김일성은 제3차 당 대회를 통해 겉으로 보기에는 완전한 승리를 거두었지만, 내면적으로 정국의 불안전성은 더욱 깊게 자리 잡아가고 있었다.

당증 교환사업, 당 학교 교육교양사업 개선 강화

김일성은 조선로동당 제3차 대회 개최 약 2개월 후인 1956년 6월 19일에 개최된 당 중앙위 상무위를 통해 9월 1일부터 12월 말까지 4개월 동안 '당증 교환사업'을 실시할 것을 결정했다. 김일성은 당증교환사업은 "청당(淸黨)사업이나 하나의 기술적 사업이 아니고 반드시 당원들의 사상정치적 수준을 제고시키며 오류를 범한 당원들을 비판 교양하여 당과 혁명에 충실한 선진투사가 되도록 단련 육성하는 데" 목적을 가진 사업이라는 점을 강조했다(『결정집』, 1956j: 94).

당내 핵심지도 권력구조상으로는 이미 그동안의 세력연합을 타파하고 자신의 '단일지도체계'의 수립으로 발걸음을 재촉하고 있던 김일성이 이제 당중교환과 사상교양을 통해 당 핵심 지도부와 중앙위에서 구축한 자신의 권력을 전체 당원들 속에서 공고화하는 작업을 시작한 것이다.

1956년 8월 4일에 개최된 당 중앙위 상무위에서는 '중앙당학교의 교육교양사업 개선 강화'에 대한 결정이 있었다. 결정서는 지난 시기에 "중앙당학교의 교육교양사업은 다수 경우에 맑스-레닌주의의 고전적 명제들과 형제적 당들의 투쟁경험을 당원들로 하여금 기계적으로 암송하도록 하였으며, 학생들의 당성관련과 우리나라의 혁명문제 및 그의 실행을 위한 실천적 활동과 밀접히 결부되지 못하고 주체를 살리는 면에서 매우 부족하여 많은 경우에 교조주의적으로 진행"됐음을 지적했다. 그리고 중앙당학교(3년제 반) 교육과정에서 취급될 학과목들을 나열했는데, 첫 번째로 나열된 학과목이 「조국의 자유독립과 민주건설을 위한 조선로동당의 투쟁」이고, 두 번째로 나열된 학과목이 「쏘련공산당 역사」였다. 조선사가 세계사보다 먼저, 조선어와 문학이 노어보다 먼저 나와 있다(『결정집』, 1956k: 112~114). 이는 확실히 교조주의를 퇴치하고 주체를 세우려는 김일성의 '사상'에 맞게 우선순위가 조정된 교육과정이었다.

참고로, 1956년 11월 21일에 개최된 당 중앙위 조직위에서 채택한 「도 간부 학교의 교육 교양사업을 개선 강화할데 대하여」라는 결정서에서는 위의 중앙당 학교 경우와 마찬가지로 「조국의 자유독립과 민주건설을 위한 조선로동당의 투쟁」이 첫 번째 나열된 학과목이고, 두 번째로 나열된 학과목이 「쏘련공산당 역사」였다(『결정집』, 1956e: 125, 127).

제5장

'8월 종파사건'의 배경: 사상과 정체성의 충돌

앞 장에서 우리는 1956년 '8월 종파사건' 발생의 환경구조로서 대내외 '정치 기회구조'를 살펴보았다. 이 장에서는 '8월 종파사건'의 '배경'으로서 6·25전쟁 이후 여러 파벌들 간의 '사상'과 '정체성'의 충돌을 살펴볼 것이다.

'8월 종파사건'의 발생 배경이 됐던 '김일성파 vs. 연안파 및 소련파'의 충돌 은 적어도 세 가지 축으로 나타났다. 첫째, '전후 복구발전 노선' 경쟁, 둘째, 사상사업에서의 '주체 확립 vs. 교조주의 및 형식주의'의 투쟁, 셋째, '김일성 개인 숭배, 조선혁명역사 왜곡, 김일성파 중용' 문제였다.

이러한 투쟁들은 기본적으로 '사상'과 '정체성' 투쟁의 성격을 띠고 있었다. 김일성파와 연안파 및 소련파는 각기 자신의 '사상'과 그것에 기반을 두고 형성 된 '정체성'을 '전당·전국가·전사회적'으로 공유하고자 했다. 이러한 사상과 정 체성의 경쟁을 배경으로, 연안파와 소련파는 '반(反)김일성 연합'을 형성하고 6·25전쟁에서 북한 정권을 구해낸 소련과 중국의 지지를 구하면서 김일성 제거 를 위한 궁정쿠데타(court coup)를 시도했다. 이것이 바로 '8월 종파사건'이었다.

이 장에서는 여러 파벌들 간의 사상과 정체성의 충돌을 위에서 언급한 세 가 지 축을 중심으로 분석할 것이다. 그리고 이 구체적인 세 가지 축과는 별도로 '8 월 종파사건' 이전의 시기에 형성된 김일성파 vs. 연안파 vs. 소련파 간의 전반적 인 파벌관계와 정체성의 충돌을 또한 살펴볼 것이다.

1. 전후 복구발전 노선 경쟁

여기에서는 6·25전쟁으로 파괴된 농업과 공업 등 '전후 북한경제의 상황'과 '소련의 대북 대국주의(大國主義) 정책'이 '정치기회구조'로서 전후 복구발전 노선 투쟁에 미친 영향을 살펴보고, '8월 종파사건'의 배경의 하나로서 '전후 복구발전 노선' 경쟁을 살펴보기로 한다. 구체적으로, 전후 복구발전 노선에서 발생한 '김일성파 vs. 연안파 및 소련파'의 경쟁을 '중공업 우선 발전 vs. 소비재공업 우선 발전', '농업협동화 찬성 vs. 농업협동화 반대'라는 두 가지 측면에 초점을 맞춰 살펴보기로 한다.

정치기회구조(1): 전후 북한의 경제상황

6·25전쟁으로 농업과 공업 등 모든 경제 분야가 철저히 파괴됨에 따라 북한은 혹독한 경제상황에 처했고, 이는 전후 복구발전 노선 투쟁의 정치기회구조로 작용했다. 현실적으로 전쟁은 끝났지만, 농민과 농토는 유실되고 공장들은 미군의 폭격으로 제대로 남아 있는 것이 없을 정도였으니, 전후 북한경제의 어려움은 짐작할 만했다. 당시 북한 주민들의 경제적 상황을 몇몇 자료를 통해 살펴보자.

우선, 전쟁이 끝난 후 첫 농사를 지은 1954년은 농민의 부족과 농토의 유실에다가 불행히도 동해안, 특히 함경도 지방에 한해까지 겹쳐 심한 흉작을 이루었다(이종석, 1995: 266). 함경북도 지방은 종곡(種穀)도 마련하지 못할 판이었다. 벌써 1955년 1월부터 국영상점이나 암시장에서 상점에 쌀이 사라지기 시작하더니 5월에는 아예 시골 마을에서 쌀을 구할 수가 없었다(Szalontai, 2005: 63, 65; 이종석, 1995: 266). 북한은 소련과 중국에 긴급구호를 요청했고, 4월과 5월 소련과 중국은 북한에 각각 2만 4,000톤의 밀가루, 12만 톤의 농산물을 원조했다(Szalontai, 2003~2004: 90).

1956년 6월 16일 소련외무성에서 있었던 소련 주재 북한대사 리상조와 소련 외무성 극동국장 쿠르듀코프 간의 대화를 살펴보자. 1954년 가을에 필요한 농업현물세의 수납 문제로 평양으로부터 농민과 하급 당 간부들에게 과도한 요구와 압력이 가해졌다. 자신들의 식량 외에 조금이라도 여유분의 곡물을 보유하고 있던 농민들은 전체 농민의 5% 정도뿐이었다. 거의 모든 농민들이 현물세로 곡물을 납부하도록 강요됐다. 따라서 당시 농촌에서 많은 하급 당 간부들이 자살했고, 현물세 할당량을 다 채우지 못하는 '무능' 때문에 출당됐다. 예컨대, 평안북도의 경우, 박정애가 현물세 징수 때문에 현지를 직접 방문했고, 또 현물세 할당량을 채우지 못해 많은 사람이 당에서 출당됐는데, 자살한 사람이 무려 130명에 달했다(Document 10: 478).

리상조가 모스크바에서 1956년 10월 5일 조선로동당 중앙위에 쓴 편지를 보자. 그해 강제적 양곡수매로 인해 전국적으로 농민 300명이 자살했다. 1954~1955년에 농촌 현실에 대한 적절한 과학적인 평가나 조사 없이 양곡수매 계획을 세웠고, 결과적으로 큰 심각한 오류가 발생했다. 김일성은 300만 톤의 곡물을 수매할 것을 제안했는데, 이는 전쟁 이전 시기의 최고 수확량과 맞먹는 양이었다.[1] 이 모든 것은 김일성이 당시로부터 2개월 전에 고위 외국인사에게 '북한이 곡물문제를 해결하게 됐다'는 식으로 자랑한 다음에 이뤄졌다. 더구나 그해 함경남북도 농민들은 한해라는 자연재해의 결과로 수매할 곡물이 전혀 없었다(Document 21: 507).

리상조에 의하면, 강제 양곡수매 캠페인에 저항할 것을 요구하는 삐라들이 나타났으나 양곡수매 사업은 계속됐고, 결과적으로 2만 톤의 양곡이 수매됐다.[2] 이 캠페인 때문에 어떤 곳의 농민은 종자 씨앗까지 빼앗겼고, 가축들이 사료부족으로 폐사했다. 상황이 심각해지자 정부는 오히려 정부 보유 양곡을 농민들에게 풀 수밖에 없었다고 한다(Document 21: 507).

당시 북한의 식량사정이 얼마나 어려웠는가에 대한 리상조의 증언을 좀 더 들어보자. 그가 정전회담 대표로 일할 때, 개성의 어려운 상황을 목격하고 이를 조

---

1) 참고로, 평양 주재 이바노프 소련대사는 1956년 12월 말에 작성한 「조선로동당과 조선민주주의인민공화국의 상황」이라는 제목의 보고서에서 1956년도 북한 전체의 총 곡물수확량은 270만 톤으로서 전전(戰前)인 1949년 수준이었다고 기록하고 있다(Document 30: 522).

2) 이 수치는 농민들이 자신들의 식량과 현물세를 제외하고 정부에 '수매(收賣)'한 곡물의 양을 의미하는 것으로 보인다.

사했는데, 그는 농민들이 먹을 식량을 남기고 현물세를 내고 나면 시장에 팔 수 있는 양곡이 수확량의 0.5%가 남는다는 결론을 내렸다(Document 21: 507). 결국 개성지역에서는 리상조 덕분에 정부의 양곡수매 캠페인이 없어졌다(Document 21: 508). 그런데 이것은 6·25전쟁 중 '정전회담'이 진행되고 있었을 때의 일이니까 1951~1952년 혹은 1952~1953년 일로 생각된다. 리상조는 개성의 경우를 고려해볼 때, 1954~1955년의 양곡수매 사업에서 200만 톤이 아니라 실제 15만 톤밖에 수매할 수 없을 것으로 추정했다(Document 21: 507~508).3)

당시 식량 상황의 열악함은 북한에 있던 중국인민지원군이 자신들이 받는 배급식량으로부터 일정량을 절약하여 조선 농민들을 도왔다는 리상조의 말이 증명해주고 있다. 이 어려운 시기에 중국인민지원군들은 각 부대와 예하부대 사령관들에게 '조선 농민이 굶어 죽는 경우에는 그곳에 주둔하고 있는 사령관들이 책임을 져야 한다'는 명령을 하달했다는 것이다(Document 21: 507).

리상조는 1956년 6월 16일 쿠르듀코프와의 대화에서, 당시 북한의 경제사정을 평가하면서, 남한의 경제상황이 북한의 경제상황보다 조금 나으며 남한 노동자의 생활수준은 그 노동자가 일거리가 있다고 가정할 때 북한 노동자의 수준보다 높지만, 남한 노동자의 실질임금은 일제강점기보다는 조금 적다고 평가했다. 리상조는 당시 북한 노동자의 물질적 복지를 소련 노동자들의 복지보다 1/10 이하로 보았다. 따라서 그는 북한에서 선전이 부정확하게 이뤄짐으로써 초래될 상황에 우려를 나타냈다. 북한정부는 날마다 인민들에게 그들의 생활수준이 상당히 향상됐다고 선전하지만 실제는 그렇지 못하기 때문에 결국 사람들은 실제와 동떨어진 선전을 더 이상 믿지 않을지도 모르고, 그렇게 되면 인민들이 자극되어 불안하게 될 것이라고 본 것이다(Document 10: 477).

---

3) 그런데 실제 정부 수매(收買)량이 15만 톤이었다면, 개성의 경우, 농민들이 수매(收賣)한 식량이 생산수확량과의 비교하여 그 비율이 '0.5%'가 아니라 '5%'였거나, 아니면 '0.5%'가 맞고 실제 수매량이 15만 톤이 아니라 1.5만 톤에 불과했을 수도 있다. 아무래도 후자가 정확한 수치로 생각된다. 왜냐하면 위에서 보았듯이 전쟁 후인 1954~1955년의 수매량이 실제 2만 톤밖에 되지 않았다면, 전쟁 중에 수매할 수 있는 양이 15만 톤보다는 1.5만 톤밖에 되지 않았을 가능성이 더 크기 때문이다.

베를린 주재 북한 동독대사 박길룡이 조선로동당 제3차 대회에 참석차 평양을 방문한 후 베를린으로 돌아가는 길에 모스크바에 들러 1956년 5월 17일 소련외무성 극동국 1등서기관 이바넨코(V. I. Ivanenko)와 만나서 당시 북한의 경제사정에 대해 이야기한 것이 있다. 그는 북한경제가 각별히 어려우며, 사실상 북한 주민의 절반이 먹지도 입지도 못하고 있다고 했다. 북한인민이 매우 참을성 있고 가혹한 궁핍에도 익숙하나 그렇다고 그게 무한정 갈 수는 없다는 것이었다(Lankov, 2005: 99; 정태수·정창현, 1997a: 149).

또 1956년 7월 20일[14일](Lankov, 2005: 80~82, 108~109) 리필규와 평양 주재 소련대리공사 페트로프 사이의 대화록을 살펴보자. 리필규는 당시 북한 인구의 80%가 농민이었는데, 그들이 매우 가난하게 살고 있던 데는 정부의 부적절한 정책의 시행이 또한 한몫하고 있음을 지적했다. 1954~1955년에 농업현물세 징수 방법에서 저지른 무리수는 위에서 이미 설명했지만, 1955~1956년에도 현물세율을 규정대로 23~27%로 한 것이 아니라 실제 50% 이상을 매겨 징수했고 그러한 정책이 계속됐다. 현물세 징수에는 구타, 살인, 억압이 동반됐고, 농촌 현지에서 강제적인 현물세 징수를 맡은 당 사업은 설득에 바탕을 둔 것이 아니라 폭력에 의존했다. 당시 농업협동화는 폭력의 바탕 위에서 진행됐다. 노동자들은 먹을 곡물과 간장이 충분하지 않았으며, 인테리와 학생들도 매우 어려운 환경에서 살고 있었다는 것이다(Document 11: 479~480).

평양 주재 소련대사인 이바노프가 1956년 12월 말에 모스크바에 보낸 보고서 「조선로동당과 조선민주주의인민공화국의 상황」에 나타난 당시 북한의 경제사정을 들어보자. 공업분야에서 전후 북한경제의 복구발전 3년 계획(1954~1956)은 4개월 반 조기 달성됐으며, 농업분야에서도 기본적으로 계획이 달성될 것으로 예상됐다. 1956년 11월 1일부터 노동자와 사무원의 임금이 35% 인상됐고, 1956년 8월과 9월에 몇몇 중요한 공업제품의 국가매매 가격이 평균 10% 하락했으며, 현물세를 줄이거나 1956년분을 면제시키고 농민들에게 1956년 곡물대여 환급분과 그동안 쌓인 미불금을 면제해주는 결정이 채택됐다. 또한 1956년 10월에는 월평균 수입이 1만 원을 초과하지 않은 소상인과 소기업인들, 장인들, 자유직업을 가진 사람들의 소득세와 지방세를 50% 감면해주는 조치를 채택했고, 지방 인민권력기관들과 부서책임자들이 기업인들에게 소비재를 생산하도록 필요한 원료를 의무적으로 제공하게 했다. 개인상인은 국가나 협동조합의 거래가 없는 곳에서는 국가기업에 상품을 팔도록 허용됐고, 그들에게 그것을 할 수 있는 필요한 자금을 제공했다(Document 30: 523). 그런데 이러한 조치들에도 노동자, 농민, 그리고 인테리의 물질적 상황은 전전(戰前)의 수준에 도달하지 못했다는 것이다(Document 30: 523).

이바노프 대사는 자신의 보고서에서 북한에서 물질적 여건이 조금 개선됐음에도 주민들의 생활수준은 '지극히 낮다'는 결론을 내릴 수밖에 없다고 적고 있다. 육체노동자, 사무원, 그리고 농민의 가족들은 만성적으로 영양부족 상태에 있으며 따뜻한 옷을 얻을 기회가 없고 어려운 생활 여건하에 있다는 것이다(Document 30: 524).

그리고 김일성 자신이 1956년 당시의 북한의 경제상황을 묘사한 것이 있다. 이때는 전후 경제 복구발전 계획에 따라 '전면적 공업 복구건설의 준비단계'를 거쳐 전전의 공업 수준을 달성하기 위한 복구건설 '3개년계획' 실천단계를 끝마친 시점이었다. 김일성은 전후 경제 복구발전 3개년계획을 "성과적으로 수행하여 파괴되었던 경제를 기본적으로 복구"하고 "인민생활도 적지 않게 안정"시킨 상황이었는데도 "헐벗은 사람도 적지 않았으며 쌀은 다른 나라에서 사다먹었고 집도 모자라 많은 사람이 토굴에서 살고" 있다고 했다(김일성, 1983g: 259).

위에서 살펴본 전후 북한의 경제상황은 '소비재파'들이 '인민생활 향상을 위한 정책이 최우선이 되어야 한다', 즉 '농업과 경공업을 발전시켜야 한다'는 목소리를 높이고도 남을 만큼 의식주 문제가 심각했음을 말해준다. 즉, 열악한 전후 경제상황은 연안파와 소련파를 '소비재파'로 만들었을 뿐만 아니라, 소비재파가 김일성파의 중공업 우선 발전 노선에 반대하여 투쟁하는 명분과 근거로 삼을 수 있는 것이었다.

정치기회구조(2): 소련의 대북 '대국주의'

북한에 대한 '소련의 대국주의적 경제정책'도 전후 복구발전 노선 투쟁의 정치기회구조의 중요 요소로서 작용했다. 이는 1953년 스탈린 사망 이후 점차적으로 진행되어온 탈스탈린 개혁정책이 1956년 2월 소련공산당 제20차 대회를 계기로 전면화됨으로써 소련의 '신노선'에 의한 '신경제정책'이 북한의 전후 복구발전 노선 투쟁에 큰 영향을 미쳤다는 것을 의미한다. 김일성은 '대국주의'를 "큰 나라의 민족이기주의"로 규정했다(김일성, 1982b: 211). 소련의 대북 대국주의 정책은 두 가지로 나타났다.

첫째, 전후 복구발전 시 소련정부는 김일성이 주장하는 '중공업 우선 발전' 노선을 반대하고 나섰다. 김일성의 말을 빌리자면, 대국주의자들이 "우리 당이 자기들을 추종하지 않는다 하여 우리에게 압력을 가하여"왔으며, 소련사람들 중 "어떤 사람들은 기계제작 공업을 핵심으로 하는 중공업을 우선적으로 건설하고 그에 기초하여 나라의 전반적 경제의 자립적 토대를 쌓을 데 대한 우리 당의 노선을 반대"하면서 "'왜 소비품을 사가지 않고 기계만 사 가는가, 기계를 먹고 살겠는가?'고 시비"를 걸었다는 것이다(김일성, 1983g: 259). 참고로, 소련은 나중인 1957년 12월 시점에서도 북한에서 기계제작 공장을 건설하는 것을 반대하고 그 대신 기계의 부품 생산 공장을 건설하도록 충고했다(NKIDP Document 10, 33).

김일성이 소련정부와 소련정부 인사들에 대해 갖고 있던 불평과 평양 주재 소련대사의 1956년 12월 보고서를 종합적으로 살펴볼 때, 소련정부가 소비재파의 입장을 지지하고 있었으며, 분명히 김일성의 중공업 우선 발전 정책에 반대했음에 틀림없다(Szalontai, 2005: 73). 나중에 살펴보겠지만, 김일성이 전쟁 직후인 1953년 8월부터 바로 자신의 중공업 우선 발전 노선을 관철시키지 못하고 1955년 6월 개최된 당 중앙위 상무위원회 제5차 회의, 1956년 4월 조선로동당 제3차 대회에 가서야 자신의 노선을 확실하게 관철시킬 수 있었던 것은 바로 이러한 대외 정치기회구조의 불리함과도 관련이 있었던 것이다.

한편 김일성은, 종파주의자들이 중공업의 우선적 발전을 시비하고 소비재 공급을 중시했는데, 이들 "반당종파분자들은 다 사대주의자들이였으며 교조주의자들"이었다고 비판했다(김일성, 1981o: 343). 김일성이 볼 때, 소련의 대북 대국주의 정책에 북한 측에서 적극적으로 호응한 소련파와 연안파는 '사대주의자들'과 '교조주의자들'이었던 것이다.

김일성은 나중인 1965년 4월 14일 인도네시아 '알리 아르함' 사회과학원에서 한 강의에서 대국주의를 비판했는데, "우리가 반대하는 것은 '경제협조'와 '국제분업'을 구실로 하여 다른 나라 경제의 자립적이고 종합적인 발전을 막으며 나아가서는 그 나라들의 경제를 자기에게 얽어매려는 대국주의적 경향"이라고 밝혔다(김일성, 1982h: 310). 김일성이 '주체'적인 입장에서 강대국의 '대국주의' 경제정책을 비판한 것이 인상적이다.

둘째, 소련이 북한에게 '경제상호원조회의(코메콘, 쎄브)'에 가입하여 국제적으로 '사회주의적 분업의 원칙에 기초한 생산의 전문화와 협업화'를 하도록 요구한 것이다.[4] 김일성은 북한의 독자적인 경제정책에 소련의 압력을 어느 정도 타협적으로 받아들여 양자를 조합했다.

구체적으로 살펴보면, '8월 종파사건'이 발생한 1956년 8월 30~31일 조선로동당 중앙위 8월 전원회의는 「형제적 제 국가를 방문한 정부 대표단의 사업총화와 우리 당의 당면한 몇 가지 과업들에 대하여」라는 결정서를 채택했다. 그런데 그 결정서 속에는 "형제적 나라들의 우수한 경제건설 경험들을 충분히 참작하

---

4) 코메콘은 The Council for Mutual Economic Assistance(Comecon, CMEA)의 약자로서 러시아어로는 C9B(SEV, 쎄브)였다. 쎄브는 서유럽국가들이 제2차 세계대전 후 마셜플랜(Marshall Plan)의 이행을 돕기 위해 조직한 Organization for European Economic Co-operation(OEEC, 1961년에 OECD로 발전)에 대항하기 위해 소련, 동유럽 사회주의 국가들 등이 모여 1949년에 설립한 경제협력기구였다. 김일성이 훗날 1992~1993년에 한 이야기를 보면, "그전에 흐루쑈브[흐루쇼프]가 나에게 조선도 쎄브에 들라고 하였지만 우리는 반대"했다고 했다. 그 후부터 소련사람들이 북한을 "경원시"했다는 것이다(김일성, 1996b: 381~382; 김일성, 1996c: 396). 김일성은 소련이 쎄브에 가입하라고 북한에게 "압력을 많이 가하였"는데, 예컨대 북한이 쎄브에 가입하면 "바이깔호 주변에 있는 브라쯔크 수력발전소에서 생산되는 전기를 끌어다 쓰게 하겠다"고 했다는 것이다. 그래서 김일성은 그에 반대했다는 것이다. 만일 북한이 그 발전소의 전기를 끌어다 쓰다가 소련이 "전기를 제대로 주지 않으면 녹아날[아주 여지없이 되어버릴] 수 있지 않는가", '브라쯔크' 수력발전소에서 북한까지 전력망을 놓을 자금이 있으면 "그것으로 우리나라에 수력발전소를 하나 더 건설하는 것이 낫다"고 했다는 것이다. 그리고 "(소련과 동유럽 국가들이 모두 붕괴해버린) 지금에 와서 보면 우리가 쎄브에 들지 않고 자력갱생하여 자체의 힘으로 사회주의를 건설한 것이 매우 정당하였다는 것이 더욱 명백"해졌다고 했다(김일성, 1996h: 161~162).

면서 제3차 당 대회가 제시한 기본노선에 입각하여 우리나라의 인민경제를 급속히 발전시키며 인민생활을 향상시키기 위하여 제1차 5개년계획"을 '작성'하는 데 필요한 유의사항들이 들어 있다(『결정집』, 1956n: 3).

결정서는 북한의 "힘을 분산시키지 말고 그에 알맞도록 계획을 작성"하되, 첫째, "특히 투자규모가 너무 방대하고 조업 개시 기일이 장기간을 요하는 대상들은 당분간 그만두고 (조)속한 시일 내에 조업을 개시하여 생산을 낼 수 있는 그러한 대상들에 집중적으로 투자하도록 할 것"을 강조하고 있다(『결정집』, 1956n: 3). 둘째, "날로 강화되고 있는 사회주의 진영 제 국가들 간의 경제적 연계와 국제적 분업에 기초하여 우리 자체의 역량으로서는 힘들며 그 수요가 적은 것은 그만두고 우리나라의 유리한 자연 및 경제적 조건들을 충분히 동원 이용할 수 있는 공업부문을 발전시키도록 할 것"을 강조했다(『결정집』, 1956n: 4).

이 결정은, 북한이 제3차 당 대회에서 '중공업의 우선적 발전과 경공업과 농업의 동시 발전'을 '전후 경제발전의 총노선'으로 확정했으나, 김일성이 그해 6~7월에 동유럽국가들, 소련, 몽골 순방을 통해 이들의 경제건설 경험의 수용 필요성, 그리고 현실적으로 외국에서 원조받을 수 있는 자원이나 국내적으로 가용할 수 있는 자원이 극히 제한되어 있는 상황, 또 소련이 북한에게 자신이 동유럽 사회주의 국가들과 함께 1949년에 설립한 코메콘에 참여하여 '사회주의적 분업의 원칙에 기초한 생산의 전문화와 협업화'를 하도록 요구한 상황에서 김일성의 입장이 타협적으로 나타나 있어서 흥미롭다.

이 타협적 결정은 이바노프 소련대사가 1956년 12월 말에 작성한 보고서「조선로동당과 조선민주주의인민공화국의 상황」에서도 확인되고 있다. 이바노프는 북한정부 대표단이 소련과 인민민주주의국가들을 방문한 후 8월 전원회의에서 제1차 5개년계획의 초안들에 대해 중요한 수정들을 가했다고 했다. 즉, 사회주의의 기초 건설을 위한 경제발전은 형제적 국가들의 경험을 고려하고 사회주의 국가들 간의 협력과 분업의 원칙들에 의해 지도되어야 할 필요가 있음을 인정했다는 것이다. 이와 관련하여, 당 중앙위는 제3차 당 대회에서 계획된 대규모의 자본투자와 긴 건설기간을 요구하는 대규모의 공업시설들의 건설을 일시적으로 연기하고, 북한의 천연자원과 경제자원을 사용하는 것이 가장 도움이 될 공업 분야들의 기업소들을 건설하는 데 관심을 집중하는 것이 좋겠다고 결정했다고 했다(Document 30: 522).

그리고 이에 따라 평양에 계획했던 큰 전기설비공장의 건설을 포기하고, 대신 청진의 김책제철소를 더 복구하며, 평양의 향수공장과 기타 몇몇 다른 시설들을 짓기로 했다고 했다. 북한정부가 주로 알곡문제를 해결하기 위해 농업의 회복을 위한 비료생산에 더욱 관심을 기울였고, 흥남화학비료공장에서 질산암모늄을 생산하기 위한 새로운 공장의 건설기간을 단축하기로 결정했다는 것이다. 이바노프는 공업과 농업에서 북한정부가 취한 이런 많은 조치들을, 북한정부 대표단이 소련과 인민민주주의국가들을 방문한 다음, 당 중앙위 지도부가 경제 성장률 문제와 공업화의 경제적 가능성들에 대해 좀 더 현실적인 접근을 시작했으며, 또 주민들의 생활수준을 향상시키는 데 큰 관심을 갖고 있다는 증거라고 해석했다(Document 30: 522~523).

리상조가 모스크바에서 1956년 10월 5일 조선로동당 중앙위에 쓴 편지를 보면, 북한의 경제개발은 북한이 사회주의진영 체제 속에 있기 때문에 다른 사회주의 국가들과 보조를 맞추어야 하는 필요성에 의해서도 결정된다는 것을 언급하면서, "우리가 경제계획 문제에서 소위 '독자적'인 입장을 취하는 것이 정확한 일인가?"를 묻고, "이 모든 문제들은 국가와 전 사회주의 진영의 이익의 관점에서 결정될 필요가 있는 것으로 보인다"는 주장을 하고 있다(Document 21: 509).

김일성이 소련의 코메콘 가입 압력을 거부하고 '독자적'인 입장을 취한 것에 대해 소위 '소비재파'의 일원인 리상조가 비판하고 있어서 흥미롭다. 당시 리상조뿐만 아니라 소비재파들은 모두 코메콘 가입과 국제적 사회주의적 분업 원칙에 기초한 생산의 전문화와 협업화를 지지했다. 민족주의적 성향이 뚜렷했던 김일성은 이를 일본의 식민통치에서 벗어나자마자 다시 소련 중심의 새로운 종주권 체제에 편입되는 것으로 보아 반대했던 것으로 보인다(Person, 2007~2008: 448). 이 때문에 김일성은 나중에 '반종파 투쟁'에서 리상조 등 연안파를 '대국주의자'들이라고 공격했다.

전후 복구발전 노선 경쟁의 내용

6·25전쟁이 정전으로 끝나자 이제 먹고사는 문제, 향후 경제 복구발전 문제가 최대의 현안으로 떠올랐다. 전후 경제 복구발전에서 당장 유실된 농토를 회복하고 파괴된 공장을 복구하는 것도 중요했고 경제의 사회주의적 개조도 중요했지만, 보다 큰 틀에서는 전반적인 '전후 복구발전 노선'을 놓고 각기 상이한 사상과 정체성을 가진 권력그룹들 간의 투쟁이 결정적으로 중요했다. 왜냐하면 이들 간의 투쟁의 결과가 전후 복구발전의 방향을 결정했기 때문이었다. 경제 복구발전 노선을 둘러싸고 일어난 '김일성파 vs. 연안파 및 소련파'의 투쟁은 1956년 4월 조선로동당 제3차 대회에서 김일성의 노선이 완전히 승리할 때까지 매우 치열했다.

전후 복구발전 노선 투쟁은 두 분야에서 이뤄졌다. 그 하나는 공업분야에서 중공업과 경공업 사이, 그리고 공업과 농업 사이의 '균형발전'에 관한 투쟁이었고, 다른 하나는 '농업협동화'를 둘러싼 경쟁이었다.

우선, 공업분야에서 중공업과 경공업 사이, 그리고 공업과 농업 사이의 '균형발전'에 관한 투쟁은 구체적으로 다음과 같은 내용이었다. 전후에 내부자원과 외국원조 등 가용자원을 이용하여, 우선적으로 인민생활과 복지향상을 위해 소비재와 식량을 더 많이 구입하거나 생산하여 공급할 것인지, 아니면 소비재와 식량의 증산을 위한 중간재를 생산할 수 있는 기계제작공업, 강철공업 등 중공업[기본공업]을 우선적으로 발전시켜 조금 시간이 걸리더라도 그것이 결국 소비재와 식량 증산으로 이어지도록 해야 할 것인지에 대한 논쟁이었다.

결국 전후 복구발전 노선은 1954~1956년 치열한 논쟁을 거친 후, 김일성이 주장한 '중공업 위주'의 공업발전 노선을 채택하고, 경제부문 전체적으로는 '중공업을 우선적으로 발전시키면서 경공업과 농업을 동시에 발전'시키는 전후경제발전 전략을 채택했다.

또 다른 문제는 '농업협동화'에 대한 투쟁이었다. 구체적으로, 이는 당시의 상황에서 농촌경리의 급속한 '사회주의적 개조'가 과연 타당한 것인지에 대한 논쟁이었다. 농업협동화 논쟁에는 식량증산이라는 물질적 애로를 해결하는 문제도 관련되어 있었지만, 보다 더 크게는 북한경제에서 '사회주의 요소'를 증가시켜 '사회주의적 개조'로 나아가는 데 대한 여러 파벌 간의 사상과 정체성의 싸움이 자리 잡고 있었다. 결국 이 문제에서도 김일성이 주장한 농업협동화의 추진이 채택됐다. 공업과 농업분야에서의 위와 같은 선택으로 북한경제는 '사회주의적 개조'를 강화하는 방향으로 급속히 나아갔다.

김일성은 자신이 선택한 전후 경제발전 노선이 북한을 한반도 전체의 해방과 통일을 위한 사회주의 '민주기지'로 강화하기 위한 것이라고 합리화했다. 다시 말해, 6·25전쟁에서 무력사용을 통한 해방과 통일을 시도했지만 실패하고, 이제 경제의 사회주의적 개조 및 강화라는 비군사적 방법을 통해 북한을 사회주의 민주기지로 강화하겠다는 것이었다. 그렇게 함으로써 남한과의 경쟁에서 승리하여 한민족 전체와 한반도 전역을 통일하겠다는 것이었다.

정전 후 경제적 기본과업들

6·25전쟁이 정전된 직후인 1953년 8월 5~9일에 개최된 당 중앙위 제6차 전원회의는 「'정전협정 체결과 관련한 전후 인민경제 복구 발전을 위한 투쟁과 당의 금후 임무'에 대하여」라는 결정서를 채택했는데, 이 결정서는 초반 부분과 후반 부분에 각각 '정전 후 당 정치사업의 기본과업들'과 '정전 후 경제적 기본과업들'을 규정하고 있다.

우선, '당 정치사업의 기본과업들'을 보면, 정전협정으로 "단지 정전이 성립되었을 뿐이며 완전한 평화는 달성되지 못하였"기 때문에 "정치적 사상적으로 더욱 긴장되고 동원된 태세로써 인민경제를 복구 건설해야" 함을 강조하고 있다. 이를 위해서는 "1분 1초라도 지체 없이 당과 인민들이 전 역량을 전후 인민경제 복구 건설에 총동원시키도록 사상준비 사업을 보장"해야 하며, 사상동원 사업의 보장과 더불어 "증산운동과 생산혁신자들의 창의 창발운동"의 광범한 전개와 그것을 위한 사상동원 사업들의 보장, "인민경제의 복구와 국가공업화에 필요한 기술인재 양성에 최대의 관심"을 기울여야 한다고 했다. 이 모든 것을 위해 '사상교양사업의 강화'를 강조하고 있다(『결정집』, 1953e: 7~9).

결정서는 정전 후 '경제적 기본과업들'을 공업 복구건설의 단계와 공장들의 재배치, 철도운수 복구건설의 기본 방향, 농촌경리 복구발전의 기본 방향, 목축업, 수산업, 임산업, 도시와 농촌 복구 및 재건 방향, 교육사업, 문화선전사업, 보건사업, 체신사업, 무역과 상업, 노동행정 분야로 나누어 제시하고 있다(『결정집』, 1953e: 10~27).

여기에서는 '공업 복구건설' 부분과 '농촌경리 복구발전의 기본 방향'에 대해서만 살펴보자. 우선, 공업 복구건설은 세 단계로 나눠 실시할 것인바, 첫 단계는 전면적 공업 복구건설의 준비단계(반년~1년 반 기간), 둘째 단계는 공업의 전전(戰前) 수준을 달성하기 위한 복구건설 3개년계획 실천단계(3년 기간), 셋째 단계는 전면적 공업화를 위한 5개년계획 작성과 실천을 통해 '공업화의 제1단계'를 달성하는 기간(5년 기간)이었다(『결정집』, 1953e: 10).

일제강점기에 일본은 조선에서 자원 약탈을 쉽게 하기 위한 목적으로 중요 공장들을 동해안과 서해안에 많이 설치했는데, 공장들이 원료공급지로부터 멀리 떨어져 있어 운수가 곤란하고, 특히 해안에 있는 공장들은 전쟁 시 적의 함포사격에 노출되어 전면적인 파괴를 당했다. 따라서 부분적인 공장들은 과거의 위치에서 복구할 것이지만, 신설 공장과 특히 군수공장들은 '비교적 안전한 지대에 재배치'할 것을 지시하고 있다. 즉, "군사상 견지로부터 출발하여 해안과 비교적 떨어진 곳, 적과의 접촉선이 비교적 멀고 우리가 최후적으로 지탱할 수 있는 지점에 배치"하며, "원료공급을 원활히 보장하며 제품을 인민들에게 배포할 수 있는 교통이 편리한 지점에 배치"한다는 두 가지 원칙을 제시하고 있다(『결정집』, 1953e: 10). 공업분야의 복구발전에서 급선무로서 제철공업 관련 공장들의 신속한 복구, 군수공업 발전과 장래 조선공업화의 기본 조건이 되는 기계공업의 복구발전에 특별한 주의를 기울일 것과, 병기공업 발전 등을 강조했다(『결정집』, 1953e: 10~12).

한편, '농촌경리 복구발전의 기본 방향'을 살펴보면, "땅이 적고 땅이 나쁜 농민들의 생활을 최단기간 내에 안정 향상"시키는 것을 중요 과업으로 제시하고, 국영농업의 점차적 발전, "장구한 시간으로 계속될 것으로 예견되는" 개인 농촌경리를 위한 새로운 영농법 보급, 생산도구의 국가적 보장, 관개용수 및 비료 등의 보장을 통한 개인농들의 생산능률 향상, 공업원료 보장을 위한 공예작물(工藝作物)의 재배 장려 및 국가경영의 공예작물 농장 건설, 국영농장과 농업생산합작사 발전, 점진적 농업 기계화 예견, 채종사업 및 종자개량 사업, 토지조사사업 준비와 간부양성 등을 제시했다(『결정집』, 1953e: 17~18).

앞에서 말한 "땅이 적고 땅이 나쁜 농민들의 생활을 최단기간 내에 안정 향상"시키기 위한 대책으로서, 첫째, 빈농민들의 토지를 옳게 이용하도록 하며, 일부는 토지가 많은 곳으로 이전시키고, 일부 영세농민들과 화전민들을 공업과 국영 농·목장에 인입시킬 것, 둘째, 부업생산 합작사를 광범히 조직하며, "사유토지와 사유생산도구를 보유하는 원칙 하에서 협동적 농업생산합작사를 광범히 조직하고 1954년부터 일부 경험적으로 운영할 것"을 제시하고 있다(『결정집』, 1953e: 17).

위의 농업분야와 관련하여 주목할 만한 것이 두 가지가 있다. 이는 김일성이 개인 농촌경리가 앞으로 "장구한 시간으로 계속될 것으로 예견"하고 있었다는 것이며, 동시에 "사유토지와 사유생산도구를 보유하는 원칙 하에서 협동적 농업생산합작사를 광범히 조직하고 1954년부터 일부 경험적으로 운영할 것"을 제시하고 있다는 것이다. 김일성이 농촌경리의 복구발전을 논의하면서 '개인농'과 '협동농장'을 모두 언급하고 있는 셈인데, 이는 당시 농업부문의 과도기적 상황을 잘 나타내고 있다.

결국, 전후 복구발전에 관한 결정서인 「'정전협정 체결과 관련한 전후 인민경제 복구 발전을 위한 투쟁과 당의 금후 임무'에 대하여」는 경제 복구발전에서 '중공업 우선 vs. 경공업 우선'과 같은 노선에 대한 언급은 없다. 단지 '농업협동화'의 초기 형태가 1954년부터 일부 시험적으로 운영될 것임을 예고하고 있다.

위의 결정서는 상기 전후 복구건설의 정치적 및 경제적 과업들을 "모든 것을 민주기지 강화를 위한 인민경제 복구에로!"라는 구호하에서 실천할 것을 주문하고, "원수에 대한 혁명적 경각심"을 제고하고 그것을 위한 정신교양 훈련을 강화할 것을 요구하고 있다(『결정집』, 1953e: 34).

김일성파: 중공업 우선 발전

김일성은 6·25전쟁 직후 1953년 8월 초에 개최된 당 중앙위 제6차 전원회의에서 보고할 '전후 인민경제 복구건설 문제'에 대해 준비하다가 전원회의 개최 이틀 전인 8월 3일 "강선의 로동계급과 복구건설문제를 의논해보려고" 강선제강소에 들러 노동자들과 담화했다. 거기에서 그는 "전후 인민경제를 복구건설하는 데서 공업화의 기초로 되는 중공업을 우선적으로 복구 발전시켜야 하며 그 중에서도 특히 강철공업을 복구 발전시키는 데 힘을 넣어야" 하고, "인민생활을 향상시키기 위하여 경공업과 농업도 동시에 복구 발전시켜야" 한다는 입장을 표명했다(김일성, 1980q: 2).

강선제강소에서 김일성이 한 위의 말은 1980년에 출간된 『김일성저작집』에서 인용한 것이기 때문에 실제로 당시 강선제강소에서 공업 중에서도 '중공업'을 우선적으로 복구 발전시키자는 말을 했는지는 알 수 없지만, 다른 공업시설이 아닌 '제강소'를 찾아간 것은 당시 김일성이 전후 복구발전 노선투쟁에서 분명히 '중공업 우선 발전' 노선을 생각하고 있었다는 것을 말해준다.

전후 김일성이 중공업 우선 발전을 주장한 논리는 '중공업을 앞세우지 않고서는 경공업과 농촌경리를 발전시킬 수 없다'는 것이었다. 즉, 중공업이 우선적으로 발전해야 농업을 발전시키고, 단위당 수확고를 높일 수 있는 비료, 관개시설, 농기계 등을 생산·공급할 수 있으며, 경공업도 중공업과 농업의 발전에 의존한다는 것이었다. 경공업의 원료도 역시 중공업을 발전시키지 않고서는 해결할 수 없다는 논리였다(김일성, 1981n: 79~81).[5]

다시 말해, 만약 전후 복구발전 시기에 중공업을 우선적으로 발전시키지 않고 경공업 발전에만 치중하거나, 소련과 중국, 그리고 동유럽 사회주의 국가들이

---

5) 김일성이 후에 1958년 1월 19일 경공업성열성자회의에서 한 연설에서 "만약 반당종파분자들이 떠벌이던 것처럼 우리가 형제나라들의 원조로 일용품이나 천과 쌀 같은 소비품만 가져왔더라면 그때에는 잘살 수 있었을 것"이나, "우리가 이렇게 원조를 망탕[되는 대로 마구] 때려먹었더라면 오늘에 와서는 앞길이 캄캄하고 해마다 다른 나라에서 쌀이나 천을 얻어와야만 하였을 것"이라면서 자신의 중공업 우선 노선을 변호했다(김일성, 1981a: 19).

제공한 원조를 모두 식량이나 생활소비품으로 소비해버린다면, 자립적 경제 토대는 고사하고 인민 생활을 계속 유지하는 소비품도 생산할 수 없게 된다는 것이었다. 참고로, 김일성의 중공업 우선정책이 계획했던 것은 경공업과 농촌경리의 발전이라는 목표를 넘어 실제에 있어서는 중공업을 발전시켜 자급자족도 하고 기계류, 자동차, 엔진 등 생산품을 해외시장에 수출도 하겠다는 것이었다(NKIDP Document 4, 19).

중공업 우선 발전 노선을 위한 또 다른 이론적 주장은 조선로동당 중앙위원회 이론잡지 ≪근로자≫ 1953년 8호에 나와 있다. 여기에서 김일성은 공업 건설에서 "인민경제의 전반적 복구발전을 촉진시킬 수 있는 기본공업 시설부터 건설하여야" 한다는 주장을 했는데, 그렇게 '기본공업(중공업)' 시설부터 건설해야 하는 이유는 "전후 인민경제를 복구 건설함에 있어서 그 선후차를 규정함이 없이는 인민경제의 전반적 복구발전을 지연시키며, 막대한 재정상 투자의 소모와 자재·원료·노력의 낭비를 초래할 수 있으며 그를 사장시킬 우려가 있"기 때문이라고 했다(≪근로자≫, 1953: 71~72; 이종석, 1995: 262에서 재인용).

마지막으로, 1956년 '8월 종파사건'에 연루된 인사들에게 김일성이 가혹한 책벌을 내리자 이를 취소시키기 위해 소련공산당과 중국공산당이 공동으로 조선로동당 사태에 개입했다. 당시 1956년 9월 18일 베이징에서 마오쩌둥이 최용건을 단장으로 한 조선대표단을 만났을 때, 리주연이 김일성의 '중공업[기본건설] 우선' 정책의 의미를 연안파와 소련파 등 '소비재파'의 주장과 대비시켜 설명했다.

리주연의 표현에 의하면, 인민생활 개선 문제에 있어서 김일성파의 주장은 국민경제 건설을 100으로 가정한다면, 그중 40%를 기본건설[중공업]을 하는데 이용하여 장래 더 나은 생활을 위해 인민들이 당분간 적게 먹고 절약하자는 주장이었다. 한편, 윤공흠 등 소비재파들은 장래를 고려하지 않고 단지 기본건설을 적게 할 것만을 주장하고 대량의 자본을 인민생활 개선에 사용할 것을 주장했다고 했다. 윤공흠과 김일성은 이런 문제들에 대해 '방법, 동기, 사상이 서로 달랐다'는 것이다(「모주석접견조선대표단담화기요」, 1956.9.18).

연안파, 소련파: 소비재공업 우선 발전

소련파와 연안파는 경공업을 중공업보다 우선적으로 발전시킬 것을 주장했다. 소위 '소비재파'인 이들이 김일성의 중공업의 우선적 발전에 대해 반대했던 배경과 논리는 무엇이었는가?

우선, 전후 북한의 어려운 경제상황, 북한 주민들의 열악한 생활수준 등이 소비재파들로 하여금 농업과 경공업을 우선적으로 발전시키자는 주장을 할 수 있는 배경(정치기회구조)이 됐다는 것은 앞에서 이미 리상조, 박길룡, 리필규의 주장과 이바노프 소련대사의 보고서를 통해 설명했다.

여기에서는 당시 북한의 경제상황이 어려운 이유에 대한 이들의 설명과 해결책을 살펴보자. 우선, 박길룡은 북한의 광범위한 주민계층, 특히 농민 사이에서 김일성 중심의 지도부가 주도하는 경제 복구발전 노선과 주민생활의 저하를 가져오는 중공업 발전노선에 대한 불만이 고조되고 있다고 지적했다. 따라서 그는 결국 주민들의 생활개선 문제에 진지하게 매달리지 않으면 안 된다고 보았다(정태수·정창현, 1997a: 149). 소련파 박길룡은 소위 '소비재파'의 입장에 서서 문제를 보고 있었던 것이다.

리필규는 당이 농민대중 앞에서 엄중히 잘못을 시인해야 하고, 그들에게 '지금이 매우 힘든 때'라고 정직하게 말해야 하며, 동시에 그들에게 향후 방향을 제시해야 한다고 생각했다. 왜냐하면 당시 지도자들은 오로지 '조선민주주의인민공화국에서는 모든 것이 좋다'는 찬양만을 신문과 라디오 방송에 내보내고 있었는데, 리필규는 이를 부적절한 사업방법이라고 생각했기 때문이다(Document 11: 479~480).

이바노프 대사는 자신의 보고서 「조선로동당과 조선민주주의인민공화국의 상황」에서 당시 북한이 그처럼 경제사정이 어려워진 이유는 전쟁에 의해 야기된 심각한 파괴의 결과가 아직도 극복되지 못하고 있으며, 또 전후 경제 복구발전 시 북한 간부들에 의해 저질러진 잘못들, 특히 농업의 급속한 회복과 경공업 발전의 필요성을 과소평가했기 때문이라고 보고했다(Document 30: 523). 그리고 북한 노동자들의 생활의 어려움은 특히 나라의 분단된 상황과 관계가 있음을

지적했다.6)

이바노프는 나중에 '8월 종파사건'의 배경 중의 하나를 김일성이 인민생활 향상에 상대적으로 관심을 쓰지 않고 중공업 우선발전 정책을 추진한 데서 찾고 있다. 즉, 김일성은 "실제 가능성을 고려치 않고 모든 중공업 분야, 특히 기계제작 공업을 발전시키려고 했고, 지극히 낮은 주민들의 생활수준을 향상시키는 문제에 관심을 갖지 않았다"는 것이다. 이로 인해 제3차 당 대회 기간과 당 대회 이후의 시기에 김두봉, 최창익, 박창옥, 박의완, 서휘, 윤공흠, 김승화 등을 포함한 조선로동당의 고위급 인사들의 일부가 크게 고통을 당하고, 이들은 당과 국가의 지도부에서의 이런 커다란 결점들을 더 이상 용인하는 것은 불가능하다고 생각했다고 했다(Document 30: 520~521). 그리고 군대와 직업동맹의 일부 고위 간부들도 당내에서 전개된 이러한 상황에 대한 불만을 갖고 있었다고 했다(Document 30: 520). 이처럼, 이바노프는 김일성의 중공업 우선 발전론을 비판하고 소비재파의 입장을 지지했다.

'소비재파'의 논리는 기본적으로 '전쟁으로 영락된 인민생활을 향상'시키기 위해서는 '소비재' 공급이 절실한데, 우선 소비재를 수입해서 충당하고,7) 또 소비재 부문을 우선적으로 발전시켜야 한다는 것이었다. 그리고 외국 원조도 경공업에 우선적으로 사용하고, 나중에 축적된 자금을 중공업 발전에 사용해야 한다고 주장했다.

나중에 김일성이 이들 소비재파가 전후 복구발전기에 주장했던 것이라고 소개하고 있는 주장들을 살펴보자. 소비재파는 소련이 준 10억 루블의 원조, 중국의 8억 원(위안) 원조, 그리고 기타 사회주의 국가들에서 주는 원조로 일용품이

---

6) 이바노프는 보고서에서 주로 농업지대인 남한에서는 주민들의 식량사정이 북한보다 더 나으며, 남한은 전쟁 중에 경제가 덜 피해를 보았고 또 시장에 미제 상품이 넘치는 결과로 생활필수품의 공급도 더 좋다고 적고 있다(Document 30: 524).

7) 최창익과 박창옥은 북한에서 소비재를 생산하는 것보다 소비재의 수입을 제안한 것으로 알려져 있다(Szalontai, 2005: 92). 그런데 이는 소비재 공업을 발전시키지 말자는 것이 아니라 당시 인민들에 대한 소비재 공급이 시급한 상황에서 공장을 지어 생산하기까지 시간이 많이 걸리니까 우선 그것을 '수입'하자는 뜻이었던 것으로 보인다.

나 천과 쌀 같은 소비품만 사서 인민들에게 공급해야 한다고 주장했다(김일성, 1980t: 106; 김일성, 1981a: 19; 김일성, 1981n: 82; 김일성, 1983g: 259). 이들은 당시의 상황에서 당이 "인민생활을 돌보지 않는다"고 비판하고, "중공업을 건설하는 것이 옳지 않다", "기계공업을 발전시킬 필요가 없다"(김일성, 1983g: 260), "왜 유리공장이나 기계공장 같은 것을 자꾸 짓는가, 기계만 먹고 살겠는가?"라고 주장했다는 것이다(김일성, 1983d: 355). 그리고 이들은 "중공업을 우선적으로 발전시키면서 경공업과 농업을 동시에 발전시키는 것"은 "다른 나라에는 없는 노선인데 우리나라에서 특별한 것을 내놓는다느니, 형제나라들의 원조를 바로 쓰지 못한다느니, 우리나라에서 사회주의적 개조는 이르다느니 뭐니 하면서" 중공업 우선 발전 노선과 정책을 '시비하여 나섰다'는 것이다(김일성, 1981o: 343).

김일성의 중공업 우선 정책에 대한 소비재파의 불만은 '8월 종파사건'이 발생한 1956년 당 중앙위 8월 전원회의에서도 표현됐다. 8월 전원회의 결정서는 당시 '종파사건'의 주역이었던 최창익, 윤공흠, 서휘,[8] 리필규의 죄를 구체적으로 열거하면서 그들은 "당이 인민생활에 무관심하다", "당의 경제정책이 유혈적이다", "우리나라에는 뽀즈난 사건이 없을 줄 아는가?" 등의 발언을 하고 다녔다고 지적하고 있다(『결정집』, 1956l: 13).

다음 장에서 자세히 살펴보겠지만, 1956년 '8월 종파사건' 이후, 북한은 그해 12월 11~13일 당 중앙위 전원회의를 개최하여 「1957년 인민경제 계획에 대하여」와(『결정집』, 1956b: 25~36) 「농촌경리 발전에 있어서 함북도 당 단체들의 사업 정형에 대하여」(『결정집』, 1956c: 36~45)[9]라는 두 개의 결정서를 채택했다.

나중에 김일성의 회고에 의하면, 1956년 12월 전원회의가 개최됐을 때 소련

---

8) 참고로, 김일성은 직총중앙위원장인 서휘는 직맹에 대한 당적 영도와 지도를 거부했다고 비판했다. 서휘는 "당이 직맹을 령도할 수 없다. 당원보다 직맹원 수가 많으니 직맹이 당보다 큰 조직이다. 당기관에서 일하는 사람들은 모두 직맹원들이기 때문에 직맹의 령도를 받아야 한다. 직맹은 당의 시집살이에서 벗어나야 한다"고 했다는 것이다(김일성, 1981l: 132). 이는 예전에 직맹문제와 관련하여 오기섭에게 가했던 비판과 대동소이하다.

9) 함경북도에 대한 이 결정서의 내용은 1954년에 이어 1956년에 또다시 입은 막심한 '냉해 피해'에 대한 원인 분석 및 대책에 대한 것이다.

파와 연안파는 "인민생활이 어려운데 중공업건설에만 치우친다"느니 "기계에서는 밥이 나오지 않는다"느니 하면서 김일성의 중공업 우선 발전 노선을 반대했다(김일성, 1982a: 11; 김일성, 1982h: 282). 이 모든 것은 전후 인민경제 복구발전 방향과 관련하여 '김일성파 vs. 연안파 및 소련파' 간에 '사상(노선)'과 그에 영향을 받아 형성된 경제노선의 '정체성'이 달랐고, 그래서 이들 파벌이 충돌하게 됐다는 것을 말해준다.

참고로 소비재파, 특히 연안파는 마오쩌둥이 1956년 4월 25일 중국공산당 중앙정치국 확대회의에서 나온 「10대 관계를 논한다」라는 담화 내용을 잘 알고 있었을 것으로 생각된다. 그런데 이 10대 관계에서 '첫 번째 관계'가 바로 "경공업과 중공업, 농업 관계의 문제에서는 농업·경공업을 많이 발전시키는 방법으로 중공업의 발전을 촉진하여야" 한다는 것이었다(요개류, 1993: 300~301).[10]

한편, 소련공산당의 입장은 어떠했는가? 스탈린은 6·25전쟁의 조기 종료를 반대했고, 이 때문에 북한의 사회·경제적 파탄은 더욱 심했다. 1953년 3월에 스탈린이 사망하자 스탈린의 후임자들은 6·25전쟁을 빨리 끝내고 싶어 했고, '소비품 생산을 중시하는 새로운 경제발전 전략'과 자본주의 세계와의 평화공존을 시작했다. 평양 주재 소련대사관도 북한 지도부에게 '경공업 발전'에 더 힘써야 한다고 충고했다. 그러나 그러한 충고는 무시됐고 김일성은 중공업 발전 위주로 나아갔으며 북한 주민은 기본 생활필수품, 특히 식량의 부족으로 심각한 고통을 당했다(Shimotomai, 2007~2008: 455). 김일성은 1955년 4월 모스크바를 방문하는 동안 그의 정치노선과 경제정책이 소련 지도자들에 의해 심각하게 비판받았다. 김일성은 그해 7월 무렵에는 특히 경제문제에서 그의 실수를 인정하지 않을

---

10) 참고로, 1956년 9월 15~27일 개최된 중국공산당 제8차 전국대표대회는 바로 마오쩌둥의 「10대 관계를 논한다」의 정신에 기반하여 경제정책을 다음과 같이 결정했다. 첫째, 자본축적과 소비 간의 관계를 정확히 처리하여 경제건설과 인민생활 개선을 결합시켜야 한다. 둘째, 국민경제 각 부문과 각 방면에 대한 전면적인 분배와 종합적인 균형에 주의해야 한다. 셋째, 국민경제의 발전속도를 합리적으로 규정해야 한다. 전체적으로 1956년 당시 중국공산당은 북한에서 김일성의 '중공업 우선발전론'보다는 소비재파들의 주장과 동일한 당론을 결정했음을 알 수 있다(요개류, 1993: 303).

수 없었다(Shimotomai, 2007~2008: 456).

'중공업 우선 발전' 노선의 승리

그렇다면, 김일성이 언제 소비재파를 누르고 공식적으로 '중공업 우선 발전'을 전후 복구발전의 기본 노선으로 채택했을까?

1980년에 출판된『김일성저작집』을 보면, 1953년 8월 개최된 당 중앙위 제6차 전원회의에서 전후 경제건설에 있어서 "중공업의 선차적 복구발전을 보장하면서 경공업과 농업을 동시에 발전시키는 방향"으로 나아갈 것으로 제시했다고 기술되어 있다(김일성, 1980m: 18). 그런데 실제 당시 제6차 전원회의 결정서를 보면, '중공업의 우선적 발전' 방향에 대한 언급이 전혀 없다. 따라서 1980년에 출판된『김일성저작집』에 실려 있는 김일성의 보고는 개작된 것임을 알 수 있다.

그런데 뒤에 1956년 4월 23~29일 조선로동당 제3차 대회에서 리종옥이 한 토론을 보면, "당 중앙위원회 제6차 전원회의가 제시한 중공업의 우선적 발전 및 경공업과 농업의 동시적 발전에 관한 과업을 실행한 결과 우리 공업의 구성 비중에서 현저한 변화가 생겼"다는 이야기를 하고 있다(국토통일원, 1988a: 384). 그리고 당 중앙위 제6차 전원회의에서 경제 복구발전 전략을 논할 때 김일성이 '공업'분야의 건설에서 '중공업 우선'의 원칙을 주장했다는 것을 추정할 수 있게 해주는 자료가 하나 있다. 조선로동당 중앙위 이론잡지 ≪근로자≫ 1953년 8호이다. 김일성은 공업건설에서 "인민경제의 전반적 복구발전을 촉진시킬 수 있는 기본 공업시설부터 건설하여야" 한다는 주장을 하고 있는데, 여기에서 '기본 공업시설'은 기계공업 등 기계, 공장설비와 같은 중간재를 생산해낼 수 있는 '중공업'을 의미한다고 볼 수 있다(≪근로자≫, 1953: 71~72; 이종석, 1995: 262에서 재인용).

그러나 1954년 11월 1~3일 개최된 당 중앙위 11월 전원회의에서 채택한「농촌경리의 급속한 복구 발전을 위한 로동당의 금후 투쟁대책에 관하여」라는 결정서를 보면, (중)공업의 우선적 발전이 아니라 오히려 "공업과 농업의 균형적 발전"을 이야기하고 있다(『결정집』, 1954b: 25). 공업을 중공업과 경공업으로 나뭐 이야기하지도 않았다. 다시 말해, 김일성의 '중공업 우선 발전' 주장도, 연안파와 소련파의 '소비재 우선 발전' 주장도 언급하고 있지 않다. 따라서 이 양 노선의 충돌에 대한 언급도 없다. 물론 이 결정서가 '공업'이 아닌 '농촌경리'를 다루고 있기 때문에 의식적으로 농업을 공업의 하위에 놓는 식으로 표현하지 않았을 수도 있다.

1955년 2월 5일에 개최된 당 중앙위 정치위 제3차 회의의 결정서도 "공업과 농업의 동시적인 균형적 발전"을 이야기하고 있다. 이 결정서도 1954년 11월 당 중앙위 11월 전원회의 결정서처럼, 공업을 중공업과 경공업으로 구분하여 언급하지도 않고, 중공업 우선과 소비재 우선을 둘러싼 노선의 충돌에 대해서도 언급하고 있지 않다. 그리고 농업협동화를 추진하면서 내세운 기존의 입장에 어떤 변화도 없다(『결정집』, 1955c: 64~67).

이상에서 살펴본 모든 중요 당 회의 결정서들은 최소한 1955년 2월 초까지는 전후 경제 복구발전 방향과 관련하여 '공식적'으로는 '(중)공업의 우선적 발전' 노선에 대한 결정은 없었다는 것을 말해준다.

그런데 1955년 6월 15~20일 개최된 당 중앙위 상무위 제5차 회의는 「농촌경리의 금후 강화발전에 관하여」라는 결정서를 채택했는데, 결정서는 맨 첫 부분에 "전후 인민경제를 복구 발전시킴에 있어서 당과 정부는 공업에 그 중점을 두고 농촌경리를 급속히 복구 발전시키기 위한 일련의 조직 경제적 대책들을 취하였다"는 표현을 담고 있다(『결정집』, 1955d: 149). 드디어 당의 주요 회의에서 '공업 우선' 발전 노선을 채택한 것이다. 비록 공업을 중공업과 경공업(소비재 공업)으로 구분하여 표현하지는 않았지만, 이는 김일성의 '중공업 우선' 발전 노선이 드디어 우위를 점하기 시작했음을 시사한다. 비록 이 결정서의 마지막 부분에 "공업과 동시에 농업을 급속히 복구 발전시킴으로써"라는 표현이 들어 있긴 하지만(『결정집』, 1955d: 156), 이것이 김일성의 중공업 우선 발전 노선을 부정한 것으로 보기는 어렵다.

한편, 1956년 2월 16일 개최된 당 중앙위 상무위는 「인민경제 각 부문에서 노동생산 능률을 일층 제고하며 노력(勞力)을 애호 절약하기 위한 전당적 전인민적 운동을 조직 전개할데 대하여」라는 결정을 했는데, 이를 보면, "현재 우리나라

인민경제의 실정은 그의 균형 발전에서 농업이 공업에 비하여 심히 뒤떨어져 있는 형편에서 농촌의 기계화가 완만히 진행되고" 있다는 표현이 나온다(『결정집』, 1956g: 59).

여기에서도 "균형 발전"이라는 표현이 나오긴 하지만, 원칙적 노선이 그렇다는 뜻이지, 실제 경제가 공업과 농업 사이에서 균형적으로 발전할 수 있다고 믿고 모든 정책수단을 총동원하여 당장 그렇게 균형 발전을 이룩해내고야 말겠다는 뜻은 아니었다. 당시 공업에 비해 크게 낙후된 상황에 처해 있는 농업 분야를 발전시켜야 공업과 농업의 균형발전이 가능한데, 이 결정서는 농업 발전을 위한 '기계화'가 생각보다 빠른 속도로가 아니라 '완만히' 이뤄지고 있음을 지적하고 있다.

여태까지의 논의를 종합하면 다음과 같이 정리할 수 있을 것이다. 전쟁이 끝난 직후인 1953년 8월부터, 한편으로 중공업의 우선적 발전을 중시하는 김일성파와 다른 한편으로는 소비재공업(경공업)과 식량공급(농업)을 중시하는 연안파 및 소련파 사이에 전후 경제 복구발전 노선에 대한 투쟁이 있었다. 그러나 어느 한쪽이 다른 한쪽을 압도할 수 있는 상황이 되지 못해 공식적으로는 '공업과 농업의 동시 발전'을 천명했다. 일종의 타협적인 노선이 그렇게 표현된 것이다.

그러나 1955년 6월에 들어서 "공업에 그 중점을 두고 농촌경리를 급속히 복구 발전"시키는 노선이 승리하기 시작했다. 이는 당시 결정서에서 비록 공업을 중공업과 경공업(소비재 공업)으로 구분하여 표현하지는 않았지만, 실제에서 김일성의 '중공업 우선 발전' 노선의 우세를 의미했다.[11] 그러나 여전히 '공업과 농업의 균형 발전'이 명목적으로는 공식적인 입장이었다고 할 수 있다.

한편, 공업과 농업을 동시에 균형적으로 발전시키려 해도 공업에 비해 현저한 낙후성을 보인 농업이 문제가 됐다. 따라서 농업의 낙후성을 벗어나고 농업에서

---

11) 참고로, 리상조가 1956년 10월 5일 모스크바에서 조선로동당 중앙위에 쓴 편지를 보면, 리상조는 김일성이 '중공업과 경공업을 함께 발전시킨다'는 식으로 입에 발린 말을 하고 있으나, 여러 공업부문에 실제 투자된 설비투자와 중공업과 경공업 부문에 고용된 노동자 숫자를 분석해보면, 당시 북한에서 중공업과 경공업 사이에 존재하는 '충격적인 불균형'을 쉽게 알게 된다고 쓰여 있다(Document 21: 509).

의 사회주의적 요소를 증가시키기 위해 1954년부터 농업협동화를 추진했다. 농업을 사회주의적으로 개조함으로써 이미 사회주의화되어 있는 공업부문과 균형 발전도 이루고 인민경제 전반을 '사회주의 경제'로 전환하려는 전략이었던 것이다.

경제 복구발전 노선에서 '공업 vs. 농업', '중공업 vs. 경공업 및 농업'의 우선 순위 문제를 완전히 해결한 것은 1956년 4월 23~29일 개최된 조선로동당 제3차 대회였다. 제3차 당 대회는 향후 1957년부터 시작될 제1차 5개년 인민경제 계획의 기본 방향과 관련하여 "중공업의 우선적 발전을 견지하면서 동시에 경공업과 농업을 급속히 발전"시키는 노선을 '전후 경제발전의 총노선'으로 최종적으로 결정한 것이다(『결정집』, 1956b: 28; 국토통일원, 1988a: 302~303).

김일성은 전후 인민경제 복구발전 3개년계획의 '주요 과업'은 "장구한 일제의 악독한 통치로부터 물려받은 식민지적 편파성을 퇴치"하며,[12] "장래 우리나라의 사회주의적 공업화의 기초를 축성하는 데서 출발하여 중공업의 우선적 장성을 보장하면서 동시에 전쟁으로 인하여 영락된 인민생활을 안정 향상시키기 위한 경공업과 농업을 급속히 발전"시키는 것인바, 이를 "전후 시기 우리 당이 제시한 경제발전의 총노선"으로 확립했음을 설명했다(국토통일원, 1988a: 302~303). 그리고 그러한 경제발전의 총노선은 향후 1957년부터 시작될 제1차 5개년계획에도 그대로 적용될 것이라고 했다(국토통일원, 1988a: 312).

이 모든 것은 김일성의 '중공업 우선 발전' 노선의 확고한 승리였다. 연안파와 소련파의 주장, 즉 전후 인민생활을 안정시키고 복지를 증진하려면 소비재 생산을 위한 경공업과 식량공급을 위한 농업의 발전을 중시하면서 '공업과 농업의 균형적 발전'을 추진해야 한다는 주장은 1956년 4월 당 제3차 대회까지는 완전히 패배당하고 말았던 것이다.

---

12) 여기에서 '식민지적 편파성'은 일제강점기 때 공업분야의 경우를 보면, 원료, 반제품 생산에만 치중하고 기계설비와 소비상품을 거의 전적으로 수입에 의존했던 것과 같은 편파성을 의미했다.

김일성: 농업협동화 찬성

전후 복구발전 노선에서 발생한 '김일성파 vs. 연안파 및 소련파'의 사상, 노선 경쟁의 또 하나의 축은 '농업협동화 찬성 vs. 농업협동화 반대'의 투쟁이었다. 김일성파는 농업협동화를 찬성했고, 연안파와 소련파는 그것을 반대했다.

그렇다면 농업협동화를 찬성하는 김일성 측에서 내어놓은 농업협동화의 필요성과 의의는 무엇이었는가? 김일성은 1954년 11월 3일 조선로동당 중앙위 전원회의에서 다음과 같이 결론을 내리고 있다. 북한의 전후 경제 복구발전의 과업은 "공업과 농업에서 사회주의적 성분을 점차로 더욱 확대하며 강화하는 데" 있으며, "조국통일을 위한 투쟁에서 가장 중요한 문제는 우리의 혁명적 민주기지를 철옹성같이 강화하는 것"인데, 북한의 "인구비례로 보아도 농촌이 큰 비중을 차지"하고 있기 때문에 "민주기지를 강화함에 있어서 농촌진지를 강화하는 문제가 극히 중대한 의의"를 가진다는 것이다(김일성, 1980e: 128, 135~136).

김일성은 농촌진지를 강화하기 위해서는 농업협동화를 추진해야 하는데, 그 필요성 내지 목적을 세 가지로 들고 있다. 첫째, 전쟁으로 악화된 개인경리에 바탕을 둔 영세농민 문제와 일부 부농화 문제 해결을 위해 농촌에서 사회주의적 성분을 발전시켜 농촌을 사회주의적으로 개조해야 할 것, 둘째, 농업을 계획적으로 운영하며 공업과 농업을 균형적으로 발전시키기 위한 것, 셋째, 3년간의 전쟁으로 인한 농촌의 모자라는 노력(勞力)과 축력 문제를 해결하기 위한 것이었다(김일성, 1980d: 371; 김일성, 1980e: 124~135; 김일성, 1980f: 156).

김일성은 또한 "사람들의 사상의식을 개조"하는 문제가 무엇보다도 중요한데, 이를 위해서는 "경리형태를 개조"해야 하며, "농촌의 개인경리를 협동경리로 개조하지 않고서는 농민들의 사상의식을 개조할 수 없"다고 했다(김일성, 1980f: 155). 그리고 실제 농업협동화 과정에서 '생산력과 기술의 발전'이라는 객관적 조건보다는 오히려 농민들의 '정치적 각성과 사상'이 생산관계의 개조에서 더 중요하게 취급됐다.

이와 관련하여 김일성은 1956년 4월 당 제3차 대회에서 정전 후 농촌경리 발전에서 가장 중요한 변화는 농업에서의 "사회주의적 개조를 위한 농업협동화

운동이 급격히 장성"되고 있는 것이며, "농촌의 사회주의적 개조"는 "경리형태의 개조일 뿐만 아니라 농업생산의 기술적 개조를 의미하는 것이며 또한 수백만 농민대중들의 낡은 사상의식의 개조를 의미하는 것"으로 설명했다(국토통일원, 1988a: 324). 그리고 농업협동조합의 발전의 결정적 의의는 "그 경제형태 내에 사회주의적 원칙과 질서를 확립하여 놓는 데" 있다고 했다(국토통일원, 1988a: 325).

김일성은 또한 "다른 나라의 경험으로 보나 기성 이론으로 보나 사회주의공업화를 한 기초 우[위]에서만 농업협동화를 할 수 있는 것으로 알려져 있었"기 때문에(김일성, 1987a: 357) "현대적 농기계가 거의 없는 조건"에서는(김일성, 1982h: 291), 즉, "공업화가 실현되기 전"에는 농업협동화를 할 수 없다는 주장들을 하는데, 이는 "교조주의적" 주장이며(김일성, 1987a: 357) "생산력과 기술의 발전수준이 비교적 낮다 하더라도 생활이 낡은 생산관계의 개조를 절실히 요구하며 또 그것을 맡아 할 수 있는 혁명역량이 준비되어 있는 조건에서는 농업협동화를 능히 할 수 있다"고 주장했다. 다시 말해, "농촌경리의 담당자이며 주인인 농민대중이 협동화를 절박하게 요구하는 조건에서 현대적 농기계가 없다고 하여 공업화가 실현될 때까지 농촌경리의 사회주의적 개조를 미룰 필요가 없"다는 것이다(김일성, 1987a: 357). 더구나 북한은 "쏘련 같은 나라와는 달리 농호당 차례지는 토지가 적기 때문에 노력조직만 잘하면 기계화가 실현되지 못했다 하더라도 얼마든지 협동조합을 조직하여 운영해 나갈 수 있"다는 것이다(김일성, 1980f: 156).

전후 시기의 북한의 농촌상황에 대해 김일성은 "전쟁에서 부농들의 경제토대가 마사져[부서져] 그 영향력은 매우 미약"한 반면, "근로농민들은 오랜 기간의 혁명투쟁과 가열한 전쟁을 통하여 정치적으로 각성되고 당의 두리에 더욱 굳게 뭉쳐 있"다고 보았다(김일성, 1982h: 289). 따라서 '전후시기'가 "계급적 역량관계로 보나 농민들의 처지와 사상 상태로 보나 농업협동화를 하는 데 유리한 때"였다. 만일 "이런 유리한 때를 놓치고 시간을 늦추어 부농과 중농이 되살아난 다음에 그들을 협동화하려고 한다면 매우 어려울 수" 있으며(김일성, 1987a: 357), 더구나 당시는 "사회주의 공업이 빨리 발전하는 데 의거하여 농민들의 협동화운동에 물질적 방조를 줄 수 있"었다는 것이다(김일성, 1982h: 289). 따라서 김일성은 "전후시기를 농업협동화의 가장 적당한 때로 인정하고 개인농민경리를 협동화할데 대한 방침"을 내놓았다(김일성, 1987a: 357). 김일성은 "해방 후에 실시한 토지개혁이 농민들을 봉건적인 착취와 예속에서 해방하는 역사적인 변혁"이었다면, "농업협동화는 개인농민경리를 사회주의적 협동경리로 개조하는 심각하고 복잡한 사회경제적 변혁"이라는 의의를 강조했다(김일성, 1980a: 263).

연안파, 소련파: 농업협동화 반대

그렇다면, 농업협동화에 반대한 연안파와 소련파의 논리와 주장은 무엇이었는가? 이에 대해 연안파나 소련파가 남긴 글이나 어록을 아직 발견하지 못한 관계로, 김일성의 말을 통해 그것들을 살펴보자.[13]

농업협동화의 반대파는 우선 '생산력 발전이 전제되지 않은 생산관계의 개조는 당치도 않다'는 것이었다. 김일성의 말을 빌리자면, 한때 일부 교조주의자들은 "'사회주의적 공업화를 실현하지 않고는 생산관계의 개조가 불가능하다'느니, '현대적 농기계가 없이는 농업을 협동화할 수 없다'느니 또는 '사회주의적 개조의 속도가 지나치게 빠르다'고 의심하고 동요"했다(김일성, 1981m: 170; 김일성, 1987a: 357). 이들은 또한 통일이 될 때까지, 즉 "전국적으로 반제 반봉건적 민주주의 혁명이 승리할 때까지는 북반부에서 혁명을 더 전진시키지 말아야"하며, 특히 "남조선의 모든 애국적 민주역량을 반제 반봉건 투쟁에 동원하는 데 지장을 줄 것"이라면서 '시기상조론'을 주장했다(김일성, 1980e: 128).

당시 강압적인 협동화가 '중농의 이익'을 침해할 것에 대한 우려 또한 있었던 것으로 보인다. 북한은 형식적으로 농업협동조합의 형태를 세 가지 형태로 나누

---

13) 참고로, 1956년도 ≪경제연구≫에 농업협동화에 대해 김일성과 다른 입장을 취한 송례정의 글이 게재됐다. 그러나 송례정의 주장은(김성보, 2000: 300) '농업협동화에 반대한 연안파와 소련파의 논리와 주장'이라고 김일성이 전한 내용에 비해 훨씬 완화된 주장이었다. 그 이유는 무엇보다도 당시 농업협동화가 이미 많이 진행되어 있었기 때문으로 보인다. 참고로, 이바노프 대사의 보고에 의하면, 1956년 10월 말 당시 모든 농장의 79%가 협동화되었고, 1957년 봄까지는 농업협동화가 완성될 것으로 예상됐다(Document 30: 523).

고 농민들이 자신의 실정에 따라 이 세 가지 형태 중에서 자발적으로 선택하도록 했다. 그러나 실제 당과 정부의 강력한 농업협동화 정책으로 인해 토지·농기구 등 생산수단을 통합하여 노동의 양과 질에 의해 분배하는 '완전한 사회주의적 형태'(제3형태)를 선택하도록 강요하는 경우가 많았다. 따라서 김일성은 농업협동화는 "토지는 많고 로력이 적으며 비교적 잘살아온 농민들", 즉 '중농들의 이익'을 침해할 수 있다는 가능성을 인정하기도 했다(김일성, 1981c: 26~27).

이상에서 김일성파의 농업협동화 찬성과 연안파와 소련파의 농업협동화 반대를 살펴보았다. 이들 간에는 자신들이 선호하는 농촌경리의 발전에 대한 생각(사상)과 비전이 달랐으며, 토지의 '사적인 소유'와 '토지의 협동적 소유'의 정체성에서 차이가 있었다. 결국 그들의 서로 다른 사상과 정체성이 충돌했던 것이다.

김일성은 농업협동화 과정에서 '생산력과 기술의 발전'이라는 객관적 조건도 조건이지만, 오히려 '농민들의 정치적 각성과 사상'을 적극적으로 동원함으로써 '생산관계의 개조'를 달성해야 한다는 것을 강조했다. 결국 그는 농업협동화에 있어서도 농민들과 정치지도자들의 사상과 정체성의 중요성을 인식하고 그것을 적극적으로 동원했던 것이다.

농업협동화의 진전

1953년 8월 초 당 중앙위 제6차 전원회의에서 채택된 결정서 「'정전협정 체결과 관련한 전후 인민경제 복구 발전을 위한 투쟁과 당의 금후 임무'에 대하여」를 보면, 위에서 이미 살펴보았지만, '농촌경리 복구 발전의 기본 방향'을 "사유토지와 사유생산도구를 보유하는 원칙 하에서 협동적 농업생산 합작사를 광범히 조직하고 1954년부터 일부 경험적으로 운영할 것"과 "국영농업을 점차적으로 발전"시킬 것으로 규정하고 있다(『결정집』, 1953e: 18). 이 결정이 바로 "전시환경에서 발생, 발전하기 시작한 (농업)협동조합"의 시작이었다(『결정집』, 1955c: 66~67).

그런데 이 협동적 농업생산 합작사 조직과 운영에 관한 결정은 기본적으로 과도기적 조치임을 알 수 있다. 6·25전쟁 이전 시기에 북한의 농촌경리는 1946년 토지개혁을 통해 농민이 분배받은 토지의 '사유권'을 인정하고 있었다. 따라서 전쟁이 끝난 후 이제 불가피하게 농업협동화를 시작하기는 하지만, 그동안 토지개혁 덕분에 최초로 토지를 '소유'하게 된 고농(雇農)과 빈농들이 이제 농업협동화를 위해 자신의 토지 소유권을 빼앗기는 데 대한 반발을 완전히 무시하면서 농업협동화 조치를 전면적으로 그리고 과격하게 취할 수는 없었던 것이다. 따라서 과도기적 조치로서 '사유토지와 사유생산도구를 보유하는 원칙하'에서 '경험적'으로 협동적 농업생산 합작사를 운영해볼 것을 결정했던 것이다.

당 중앙위 제6차 전원회의 결정서는, 이것도 역시 이미 살펴보았지만, "개인 농촌경리는 장구한 시간으로 계속될 것으로 예견되는 바"라는 표현을 사용하고 있는데, 이는 김일성이 농업협동경리를 중시하면서도 전전의 토지개혁을 통해 농민들이 분배받은 개인소유의 토지와 그것에 기반을 둔 농촌경리를 당장 없애기 어렵다는 점을 시인하고 있는 것으로서(『결정집』, 1953e: 19) 당시 농촌경리의 과도기적 성격을 나타내주고 있다.

1954년 11월 1~3일 개최된 당 중앙위 11월 전원회의의 결정서 「농촌경리의 급속한 복구 발전을 위한 로동당의 금후 투쟁대책에 관하여」가 채택한 '농업협동경리의 강화 발전을 위한 제 대책'을 살펴보면, 당은 "농민들을 분산된 개인경리로부터 점차적으로 집단적 경리에로 전환시키며 우리나라 농촌을 사회주의적 발전의 방향으로 인도하는 것"을 "농촌정책에서 가장 중요한 문제의 하나로 인정"하고 있다. 농업의 집단화가 "농민들을 사회주의 건설에 인입하며 공업과 농업의 균형적 발전을 보장하며 농촌에서 착취와 빈궁을 산생하는 사회적 근원을 청산하며 농민들의 물질 문화생활 형편을 근본적으로 개선 향상시키는 유일한 길"이라는 것이다. 그리고 1955년부터는 각 농업협동조합에 "국가적 과제"를 시달할 것을 밝히고 있다(『결정집』, 1954b: 15, 25, 27).

1955년 2월 5일에 개최된 당 중앙위 정치위원회 제3차 회의의 결정서도 "빈궁과 영락의 길"을 벗어나는 길은 "사회주의 발전의 길"인데, "농촌에서도 공업에서와 같이 사회주의적 성분을 증가시키며 농촌을 점차 협동화함으로써 사회주의적으로 개조하는 길 이외의 다른 둘째 길은 없"고, 농업협동화는 "농업을 계획경제에 인입하며 공업과 농업의 균형적 발전을 보장하는 유일한 방도"라고 주장하고 있다. 그리고 당 중앙위 제6차 전원회의에서 결정한 농업협동경리의 시작을 통해 농촌경리의 사회주의적 개조의 길에 들어선 이후의 경험은 "오직 농업협동화의 길만이 우리가 나아가야 할 유일한 옳은 길이라는 것을 더욱 명확하게 실증"했다고 주장했다(『결정집』, 1955c: 64~67).

1955년 4월 1~4일에 개최된 당 중앙위 4월 전원회의에서 김일성은 「모든 힘을 조국의 통일독립과 공화국 북반부에서의 사회주의건설을 위하여」라는 소위 '4월 테제'를 내어놓았다. 북한 혁명의 성격과 과업에 관한 이 테제에서 김일성은 "우리 혁명의 원천지인 북반부의 민주기지를 정치, 경제, 군사적으로 더욱 강화하여 민주기지를 비단 제국주의와 그 주구들의 침략을 반대하며 공화국 북반부를 보위할 강력한 역량으로 되게 할 뿐 아니라 우리나라의 통일독립을 쟁취할 결정적 역량으로 전변시켜야" 한다고 주장했다. 그리고 이를 위해서는 "북반부에서 혁명을 더욱 전진시켜 사회주의 기초 건설을 위한 과업들을 철저히 수행하여야 한다"고 강조했다(조선로동당 중앙위원회 당력사연구소. 1979: 403~404).

1955년 6월 15~20일 개최된 당 중앙위 상무위원회 제5차 회의는 「농촌경리의 금후 강화발전에 관하여」라는 결정서를 채택했다. 이 결정서는 "우리의 농촌경리가 아직까지도 공업발전의 속도에 비하여 비상히 뒤떨어지고 있으며 전반적 인민경제 발전에 엄중한 저해를 줄 수 있는 우려를 조성하고 있다는 것을 특히 강조"하면서 "공업발전의 속도에 비하여 농촌경리발전의 낙후성을 결정적으로 퇴치하고 최근 2~3년 내에 농촌경리를 급속히 복구 향상시키고 국내의 식량수요와 가능한 공업상 원료들을 충족시킬 목적"을 명시하고 있다(『결정집』, 1955d: 149).

한편, 1956년 4월 23~29일에 개최된 조선로동당 제3차 대회에서 북한은 정전 후 농촌경리 발전에서 가장 중요한 변화는 농업에서의 "사회주의적 개조를 위한 농업협동화 운동이 급격히 장성"되고 있는 것이라면서, 농업협동화 운동은 "1953~1954년간의 경험적 단계에서 거둔 성과들에 기초하여 1955년부터는 대중적으로 급속히 장성 발전하는 길에 들어서게" 됐음을 과시했다(국토통일원, 1988a: 306).

평양 주재 이바노프 소련대사는 1956년 12월 말에 작성한 「조선로동당과 조선민주주의인민공화국의 상황」이라는 제목의 보고서에서 1956년 10월 말 현재 모든 농장의 79%가 협동화됐으며, 1957년 봄까지는 농업협동화가 완성될 것으로 평가했다(Document 30: 523). 그보다는 조금 늦었지만, 실제 1958년 8월까지 농업협동화가 완성됐다.

2. 사상사업에서의 투쟁

이제 '8월 종파사건'의 또 하나의 발생 배경으로 '김일성파 vs. 연안파 및 소련파' 간의 사상사업에서의 투쟁으로서 '주체 확립 vs. 교조주의 및 형식주의'의 충돌을 살펴보기로 한다.

김일성은 6·25전쟁 중에 이미 북한의 당-국가건설에서 자신이 무엇을 중요시하고 있고 또 중요시할 것인지를 명확히 밝혔다. 즉, 소련과 중국 등 형제적 당의 당-국가건설의 경험도 중요하지만, 마르크스-레닌주의 이론을 북한의 현실에 맞게 '창조적으로 적용'하고, 김일성 자신의 항일빨치산혁명전통과 해방 이후 북한이 성취한 독자적인 당-국가건설의 경험을 중시하며, 자신의 항일유격대 동지들을 향후 북한에서 혁명과 건설의 근간으로 삼겠다는 것이었다. 이는 소련과 중국에서의 혁명과 건설의 경험을 '교조주의적'으로 받아들이지 않고, 혁명과 건설에서 '주체를 확립'하겠다는 것을 의미했다.

김일성은 당-국가건설에서 그와 같은 자신의 '사상'과 '정체성'을 '전당·전국가·전사회적'으로 공유하기 위한 구체적인 작업을 이미 전쟁 중에 시작했다. 즉, 당 중앙위 제3차, 제4차, 제5차 전원회의를 통해 각각 무정, 허가이, 박헌영파를 숙청하고 난 뒤 1953년 2월 24일 당 중앙위 조직위 제127차 회의에서 당 중앙위 내에 '사회과학부'를 신설했던 것이다.

사회과학부는 마르크스-레닌주의를 북한의 현실에 '창조적으로 적용'하고, 김일성의 항일빨치산 무장유격투쟁과 그에 참여한 인물들을 근간으로 북한에서 혁명과 건설의 중심을 세우는 일을 담당했다. 김일성은 전쟁 중에 '주체'라는 표현을 아직 사용하지는 않았지만, 혁명과 건설에서 소련과 중국의 혁명과 건설의 경험을 교조주의적으로 받아들이지 않고 북한의 사회주의 당-국가체제의 건설에서 주체를 확립하는 방향으로 자신의 사상과 정체성을 확립해나갔던 것이다.

북한경험의 특수성, 주체 확립(김일성) vs. 교조주의, 형식주의(소련파, 연안파)

1953년 7월 27일, 6·25전쟁이 정전되자, 김일성은 이미 전쟁 중에 시작된 '사상사업'에서의 투쟁을 새롭고 강력하게 전개해나가기 시작했다. 이는 우선 '조선로동당의 투쟁경험 연구'와 '선전선동 매체의 강화'로 나타났다. 구체적으로, 대학교의 교수 과목, 국가졸업시험과 학위논문 제출자격을 위한 응시과목, ≪로동신문≫과 ≪민주조선≫, 중앙방송위원회의 편집위원회, 그리고 각 서적출판사의 편집협의회와 편집위원회가 직접적인 영향을 받았다.

1954년 7월 27일 개최된 당 중앙위 상무위 제12차 회의 결정서는 북한의 각 대학에서 「조국의 자유독립과 민주건설을 위한 조선로동당의 투쟁」 과목에 대한 교수 사업을 조직할 것을 지시하고 있다. 조선로동당은 "혁명적 맑스-레닌주의 학설과 위대한 쏘련공산당을 비롯한 선진당들의 혁명적 경험을 조선의 현실에 창조적으로 적용함으로써 항상 자기의 정확한 노선과 정책으로 조선인민의 모든 승리를 보장"했으며, 조선로동당의 투쟁경험은 "혁명적 맑스-레닌주의 사상이 조선로동당에 의하여 조선의 구체적인 현실생활에 창조적으로 구현된 산 모범의 생생한 기록"이라는 것이다. 따라서 조선로동당의 투쟁경험에 대한 연구는 당의 "사상 정치 교양사업의 강력한 수단"이 된다는 것이다. 상무위원회는 당 중앙위 선전선동부가 제출한 「조국의 자유독립과 민주건설을 위한 조선로동당의 투쟁」의 제강을 승인하며, 이를 각 대학의 교수과목에 "필수적 기본 정치과목의 하나"로서 포함시켜 새로 강좌를 설치하며, 앞으로 "각 대학의 국가졸업시험과 학위논문 제출자격을 위한 응시과목에 반드시" 포함시킬 것을 결정했다(『결정집』, 1954a: 86~89).

이는 북한이 6·25전쟁 이후 본격적으로 "자기가 처한 구체적 현실 조건을 타산하지 않고 일반명제를 그대로 적용하거나 남의 것을 기계적으로 옮겨다놓는 태도", 즉 "비유해서 말한다면 남의 것을 통채로" 삼키는 태도인 '교조주의'에서 벗어나서 '주체'를 세우는 방향으로 본격적으로 나아간다는 김일성의 사상 교양사업의 방향을 의미했다(김일성, 1980v: 141).

1954년 9월 8일 당 중앙위 상무위 제14차 회의는 '신문들의 정치사상 수준의 제고'에 대한 결정을 했다. 결정서는 신문들이 기본적으로 "당이 제기한 정치 경제 문화 군사적 과업을 수행함에 있어서 집단적 선전선동자로서 또는 집단적 조직자"로서 임무를 해왔고 또 하고 있음을 지적하고, 신문들의 향후 과업은 당이 제시한 투쟁과업을 달성할 수 있도록 "전체 인민들의 역량을 조직 동원"하는 데 있음을 강조하고 있다. 그리고 신문들의 사업 결점을 지적하면서 그중에 "맑스, 엥겔스, 레닌, 스탈린의 학설을 조선 현실에 맞게 계통적으로 선전하며 일체 부르주아적 반동적 사상요소들을 예리하게 폭로 분쇄하는 사업을 미약하게 전개"하고 있음을 포함시키고 있다.

결정서는 "신문사 편집일꾼들의 정치 실무수준이 낮으며 신문사 내에 집체적 협의체와 신문 편집부의 대중사업이 미약"함 등을 지적하고, 신문들의 사상 정치 수준의 제고를 위해 '신문 편집국'의 대중사업 등을 더욱 강화하기로 했다(『결정집』, 1954f: 94~95).

1954년 12월 4일 개최된 당 중앙정치위 제25차 회의는 당기관지 ≪로동신문≫과 정부기관지 ≪민주조선≫ 편집위원회의 조직 운영, 그리고 중앙방송위원회 조직에 관한 결정을 했는데, 흥미로운 점은 그동안 '책임주필 개인의 명의'로 발행하던 ≪로동신문≫과 ≪민주조선≫을 '편집위원회 명의'로 발행하기로 한 것이다. 신문의 편집위원회는 "신문의 사상 정치적 수준을 제고시키며 신문사를 조직적으로 강화하기 위하여 책임주필의 지도하에서 사업하는 집체적 협의기관"으로서 그 기본 임무는 "당과 정부의 결정 지시를 정확히 또는 신속히 실천하기 위하여 신문에 대한 사상적 및 조직적 지도를 일상적으로 수행"하며, "당의 결정과 지시에 의하여 자기 신문이 노농(勞農)대중과의 일상적인 긴밀한 연계를 맺게 하는 중요 수단으로 되게 하며 당의 강화와 단결을 보장하며 노농대중에게 정치적 및 과학적 지식을 보급하는 강유력한 수단으로 되게 하기 위한 일상적인 대책들을 강구 실시"하는 것으로 규정했다(『결정집』, 1954e: 54~55).

신문과 방송에 관한 이러한 조치들은 김일성 만주항일유격대 세력의 강화를 뒷받침해주는 선전선동사업의 일환이었다고 하겠다. 특히 ≪로동신문≫ 편집위원회 책임주필에 리문일, ≪민주조선≫ 편집위원회 책임주필에 장하일, 그리고 조선중앙방송위원회 위원장에 남봉식을 임명했다. 이 세 사람 모두 소련파 박창옥, 기석복 등과 함께 "스탈린 개인숭배가 의식화(儀式化)되어 있던 소련에서 당사업을 익힌" 소련파 인물들로서 북한에서 김일성 개인숭배를 만연화시킴으로써 생겨난 '소(小)스탈린적 현상'을 조장했던 인물들이었다(이종석, 1995: 148~149; 김국후, 2008: 97~98, 사진첩).[14] 다시 말해, 김일성은 자신의 개인숭배를 조장하는 데서 그 분야의 전문가들인 소련파를 이용한 것이다. 김일성의 용병술을 보여준 셈이다.

1955년 2월 1~2일에 개최된 당 중앙위 상무위 제1차 회의는 「각 서적 출판사 내에 편집 협의기관들을 조직 운영할데 대하여」를 결정했다. 그 내용을 보면, 로동당출판사를 비롯한 각 서적 출판사 내에 편집협의회와 편집위원회를 조직하되, 편집협의회는 출판사 사업을 위한 '자문기관'으로서 "제목별 계획, 전망 계획 및 서적들의 정치사상적 수준의 제고와 기타 출판 사업에서 제기되는 중요한 문제들을 심의하며 여기에서 종합되는 의견들을 출판사에 제기"하는 역할이 주어졌다. 편집위원회는 사내 책임 편집일꾼들로 구성되고 서적 출판에 대한 "일상적인 사상 정치적 및 조직적 지도를 수행"하기로 했다(『결정집』, 1955a: 135~136). 다시 말해, 1955년 초순에 김일성의 '계급적 교양사업 강화'가 일반 서적 출판사들에까지 미친 것이다.

1955년 4월 1~4일 개최된 당 중앙위 4월 전원회의 결정서는 '현 단계'에서의 "당내 계급적 교양의 기본 방향", 즉 '사상사업의 기본 방향'을 결정했다. 결정서는 "당 사상사업의 제1차적 요구는 매개 로동당원들이 맑스-레닌주의적 보편적 진리를 인식하고 그를 우리나라의 구체적 실정에 적응하게 창조적으로 적용할 줄 알며 우리나라 사회경제발전과 계급투쟁의 법칙을 이해"하는 것이라

---

14) 1956년 7월 20일[14일] 리필규는 평양 주재 소련대리공사 페트로프와의 대화에서 박창옥이 김일성을 '비교할 만한 사람이 없는 빼어난 인물'로 하늘 높이 칭송한 최초의 사람, 즉 김일성 개인숭배의 창시자였다고 말했다(Document 11: 480).

며, 이를 사상사업의 기본 방향의 첫 번째로 꼽았다. 결정서는 또 "매 역사적 시기에 따르는 우리나라 혁명의 성격과 임무를 정확히 파악"해야 하는바, "특히 과거 일제통치의 암담한 시기에 김일성동지가 지도한 항일유격투쟁을 비롯"한 "지난날의 혁명운동 경험"과 "위대한 쏘베트 군대에 의한 8·15해방 이후 우리 당의 지도 밑에 공화국 북반부에서 실천한 반제 반봉건적 민주혁명의 경험들을 체계적으로 연구"하며 "현 계단에 있어서 우리 혁명의 성격과 공화국 북반부에서의 사회주의 건설의 필연성과 그의 정당성들을 더욱 깊이 인식"시켜 "전체 당원들을 조국의 통일독립과 사회주의 건설 위업에 헌신 분투"하도록 할 것을 요구하고 있다(『결정집』, 1955e: 8~9).

결정서는 또한 "당원들의 계급적 교양사업을 일층 강화할데 대한 당 단체들의 과업"으로서, 당 사상정치 교양사업 지도에서 "가장 유해한 주관주의와 형식주의를 철저히 근절"할 것을 '제1차적으로' 중시했다. 마르크스-레닌주의는 "교조가 아니라 혁명적 당과 당원들에게 있어서 언제나 생동하는 행동의 지침"이라는 것이다. 그리고 "우리가 맑스-레닌주의 원리와 함께 선진적 혁명당들의 풍부한 투쟁 역사와 경험을 선전하며 학습하는 것은 어디까지나 그 원리와 경험을 우리나라 발전의 특수적 실정과 우리 당 활동의 구체적인 실정에 창조적으로 적용할 수 있도록 당원들을 무장시키는 데 그 주되는 목적이 있다"고 했다. 따라서 당 단체들은 마르크스-레닌주의 학습과 선전에서 "독경주의 교조주의를 철저히 반대"함으로써 당시 북한의 "당면투쟁 임무와의 창조적 연계"하에 학습하며 선전하는 태도를 견지하도록 지도를 개선해야 한다는 것이다(『결정집』, 1955e: 11~12).

결정서는 당원들의 계급적 교양사업을 강화하는 데서 "가장 유력한 무기인 당의 수중에 있는 출판물들의 질을 제고"해야 할 것인바, 출판기관들은 "항일무장투쟁을 비롯하여 우리 선조들의 애국주의적 투쟁 모습들을 형상화한 작품들", "현재 진행되고 있는 계급투쟁의 다양한 형태를 심오하게 묘사한 문예작품들", 그리고 "조국해방전쟁 시기에 조선인민이 발휘한 애국주의와 계급적 원수들에 대한 불타는 증오심을 내용으로 하는 작품들"을 "창작 발행"할 것을 주문하고 있다(『결정집』, 1955e: 15~16).

이처럼 1955년 당 중앙위 4월 전원회의 결정서는 비록 '주체 확립'이라는 표현은 아직 사용하고 있지 않지만, 그 내용과 표현이 그해 12월 28일 김일성이 당 선전선동일꾼들에게 한 「사상사업에서 교조주의와 형식주의를 퇴치하고 주체를 확립할데 대하여」라는 역사적인 연설의 예고편과 같은 느낌을 준다.

연안파 '대표적 인물' 박일우 숙청: 박헌영, 리승엽에 준하는 반당적 종파행위자

한편, 1955년 4월 전원회의는 본격적으로 박일우를 중심으로 한 연안파를 비판하는 회의였다.[15] 김일성은 이 전원회의에서 내린 한 결론에서 조선로동당이 소련파, 연안파, 남한 국내파 등 여러 파벌로 구성되어 있어서 이것이 종파주의로 발전하는 데 원인이 됐음을 지적하고, 남한 국내파의 경우에는 리승엽, 소련파에서는 허가이, 연안파에서는 박일우를 각각 대표적인 종파주의자로 들었다(김일성, 1980p: 296).

허가이와 박일우는 각각 자신이 소련과 중국에서 나온 사람들 중에서는 "대표적 인물"로 자처했고, 박일우의 경우 "'중국에서 나온 동무들을 간부로 등용하지 않는다'느니, '쏘련에서 나온 사람과 중국에서 나온 사람은 서로 생활풍습이 맞지 않는다'느니 하면서 계급의식이 약한 동무들을 자기 주위에 규합하려고 쏠라닥쏠라닥"[16] 장난을 하고 있다는 것이다(김일성, 1980p: 296~298).[17]

---

15) 김일성은 6·25전쟁 중이던 1951년 3월 6일 사회안전성을 별도로 설치해 그동안 내무성의 핵심 업무였던 '사회안전과 질서보장' 업무를 사회안전성에 넘겨주었다. 당시 내무상은 6·25전쟁 중 중조연합사령부가 설치된 후 중국인민지원군 사령에 체류하면서 북한과 중국 간의 통로 역할을 했던 박일우였다. 김일성은 1952년 10월 6일에는 박일우를 내무상에서 파면함과 동시에 사회안전성을 다시 내무성으로 편입시켰다. 이 일련의 과정은 김일성이 박일우를 얼마나 견제했는지를 극명하게 보여준다(이종석, 2000a: 170, 198~199).

16) '쏠라닥쏠라닥'은 "쥐 같은 것이 좀스럽게 싸다니며 물건을 함부로 쏠고 못 쓰게 만드는 모양 또는 그 소리"이다. 따라서 "남의 눈을 피해가며 좀스럽게 못된 장난을 하는 모양"을 나타내는 말이다(『조선말대사전』, 1992: 1276).

17) 김일성은 당 중앙위 상무위원이 된 남한 출신 강문석도 (이제 박헌영과 리승엽 등이 숙청되고 없는 상황에서) 자신을 "남반부의 대표적 인물로 자처"하고 "남반부에서 온 사람들을 불

김일성은 "10년이면 강산이 변한다"고 하는데 해방 후 10년간에 당원들의 사상의식이나 생활풍습이 변했을 뿐만 아니라, 새로운 도덕적 풍모까지 형성됐기 때문에 이제는 중국, 소련, 남한 어느 곳에서 왔든지 간에 생활습관과 사업 작풍이 다르다는 식의 구실은 있을 수 없다는 것을 강조했다. 박일우가 소련에서 나온 사람과 중국에서 나온 사람은 "서로 다르다", "서로 생활풍습이 맞지 않는다"고 하지만, 이제 과거 파벌에 관계없이 누구든지 다 "조선로동당원의 한 사람이라는 것"을 알아야 한다고 강조했다(김일성, 1980p: 296~298).

김일성은 1955년 11월 6일 한 연설에서 당에서 허가이에 대한 비판을 하자 박헌영, 리승엽이 이 기회를 이용하여 소련에서 나온 사람들을 반대해 나섰으며 연안파 박일우는 소련에서 나온 사람들을 반대하기 위해서 박헌영과 손을 잡아야 한다고 공공연히 떠들었다고 비판했다(김일성, 1980l: 448~449).

달리 말해, 김일성은 각 파벌마다 독특한 사상의식, 생활풍습, 도덕적 풍모, 사업 작풍 등, 소위 자신의 '사상'과 '정체성'이 있다는 것을 인정하면서도 연안파와 소련파의 사상과 정체성을 중요 당 회의에서 공개적으로 문제삼았다. 이는 김일성이 아직 연합세력으로 남아 있는 연안파와 소련파를 숙청하기 위한 사전 정지작업을 시작하고 있었다는 것을 말해주며, 또한 혹시라도 이 두 파벌이 협력하여 반김일성 연합을 형성할 가능성에 대한 사전경고였던 셈이다.

그런데 왜 김일성이 박일우를 이처럼 강력히 비판하고 나왔을까? 내무상 박일우는 6·25전쟁 시 전세의 악화로 북한이 작전지휘권을 중국에 넘기면서 창설한 중조양군연합사의 부정치위원을 맡아 중조양군연합사 총사령관인 펑더화이와 함께 중국인민지원군 본부에서 주로 지내면서 북한군과 중국군 사이의 연락을 담당했으며, 중국으로서는 가장 신뢰하고 협조하던 연안파 인사였다. 박일우는 심지어 '북한에 있는 사실상 마오쩌둥의 개인 대표'라고까지 일컬어질 정도로(Lankov, 2002: 92) 중국에 가까웠고, 따라서 중국인민지원군이 6·25전쟁에 참전하여 백척간두에 선 북한정부를 구하던 당시의 상황에서 박일우의 북한에서

러놓고 '무엇이 곤란한가', '내가 너희들 문제를 해결해주마' 하는 등으로 행동"했다고 비판했다(김일성, 1980p: 296~298).

의 영향력은 막강했다고 할 수 있다. 이것이 김일성의 비위를 건드린 것이라고 볼 수 있다. 예전에 무정, 허가이, 박헌영을 숙청했듯이, 이제 박일우가 숙청의 대상이 된 것이다.

이러한 상황에서 1955년 12월 2~3일에 당 중앙위 12월 전원회의가 개최됐다. 12월 전원회의는 최소한 세 가지 문건을 결정서로 채택했다. 이들은 「박일우의 반당적 종파 행위에 대하여」(『결정집』, 1955f: 51~56), 「김열의 반당적 범죄 행위에 대하여」(『결정집』, 1955b: 57~59), 그리고 「조직문제에 대하여」였다 (『결정집』, 1955g: 60).

우선, 「박일우의 반당적 종파 행위에 대하여」를 살펴보자. 12월 전원회의는 "당 중앙위원회 위원인 박일우의 반당적 종파행위에 대해 토의하고 당 중앙위원회 검열위원회의 보고가 정당하다고 인정"했다. 12월 전원회의 결정서에서 언급된 박일우의 죄상을 요약하면 다음과 같다. 즉, 그는 당 규율을 위반하고, 당의 영도를 배후에서 비방했으며, 당과 대중과의 이탈을 조성하고, 6·25전쟁 시 박헌영, 리승엽 도당들과 결탁하여 당을 반대하는 반당적·반혁명적 행위를 감행했다(『결정집』, 1955f: 51~52). 박일우가 "욕설하지 않은 사람은 박헌영, 리승엽 도당뿐"이었으며, 그가 내무상, 체신상을 할 때, 충실히 국가적 임무를 완수하는 것보다는 그 기관들에서 자기 개인의 세력을 확장하고 자신의 영향력을 키웠다는 것이다.[18]

---

18) 박일우는 "자기를 마치 중국에서 나온 사람들의 '대표자'로 자처하고 그들 중 일부 사상적으로 견실치 못한 동무들을 자기의 심복으로 만들기 위하여 그들의 동정과 환심을 사려고 각방으로 책동"했다는 것이다. 그의 이러한 반당적 행위는 그가 "인민군대 내의 중요한 직위에 있었을 때에 가장 노골적으로 감행"됐다고 했다. 그것도 "적들과 결사적으로 싸우는 엄숙한 시기에 자기의 직위를 악용하여 인민군대 내에서 자기의 종파적 세력을 부식 확장하며 인민군대를 사상적으로 와해 분열시키려고 책동"했다는 것이다(『결정집』, 1955f: 54). 박일우는 또한 "상(相)에는 높고 낮은 등급이 없음에도 불구하고 '나는 3~4등 가는 상이다'라고 직위 불만을 노골적으로 말"하는 등 당과 국가의 지도 간부들을 중상하며 그들 간의 이간과 불신임을 조성함으로써 당 대열의 통일과 단결을 약화시키며 개인의 주위에 아첨분자, 불평분자들을 규합하여 자기의 세력을 확대하려는 해독적 행동을 감행해왔다고 했다(『결정집』, 1955f: 53~54).

박일우의 죄상은 또한 그가 "쏘련에서 나온 동무들과 중국에서 나온 동무들을 서로 대립시키려고 책동한 데서도 엄중히 나타났"는데, "심지어 그는 노골적으로 '쏘련에서 나온 사람들을 반대하기 위하여서는 박헌영과 연합하여야 한다'라는 극히 위험한 주장을 내세우는 데까지 이르렀다"는 것이다.19) 그리고 "마지막 시기에는 미제 고용간첩인 박헌영, 리승엽, 장시우 도당들과 결탁하여 당을 반대하는 반당적 반혁명적 길에까지 들어서게" 됐으며, 당 중앙위 정치위가 박헌영파의 정체가 폭로되기 전에 "박헌영, 리승엽 등의 잘못된 사업을 정당하게 비판한 데 대하여 (박일우는) 오히려 그들을 비호하여 나섰으며 조국의 통일 독립이 달성되기 전에는 박헌영, 리승엽 등의 반당적 행위까지도 묵과 허용하여야 한다는 반혁명적 입장을 취"함으로써 "반당적인 종파행동에서 박헌영, 리승엽 도당과 완전히 결탁하여 당을 반대하는 공동전선을 취하여 왔다"는 것이었다(『결정집』, 1955f: 54~55).

결정서는 한마디로 확실하게 마음먹고 박일우를 박헌영, 리승엽과 연계하여 비판하고 있음을 보여준다. 결정서는 박일우가 "비록 간첩은 아니었으나 그의 사상적 근원과 그가 추구한 정치적 목적과 당에 끼친 해독적 영향에 있어서는 박헌영, 리승엽 도당들과 하등 다른 것이 없는 것"으로 정죄했다(『결정집』, 1955f: 54~55).

이 외에도 결정서에 나와 있는 박일우의 죄상은 끝이 없다. 박일우는 1950년 12월 하순 개최된 당 중앙위 제3차 전원회의에서 당시 연안파 무정과 김일성 항일빨치산파 김일과 최광이 "당적 임무를 집행함에 있어서 무책임"하게 행동한 것에 대해 책벌했는데, 당시 박일우는 이에 대해 앞에서는 어떤 의견도 제기하지 않고 결정 채택에 찬성하고 나서 나중에 "배후에서 반대 비방"했다고 했다.20)

---

19) 김일성이 박일우를 제거한 데는 소련파의 영향력이 작용했었던 것으로 보인다(NKIDP Document 1, 11~12; NKIDP Document 5, 22).

20) 박일우는 "'나는 노(老)간부들을 처벌하는 것을 반대한다', '반동들에 대한 정치적 공세를 취하는 것은 좌경이다'라는 등 당의 정당한 대책들을 노골적으로 반대"했다고 한다. 12월 전원회의 결정서는 이를 '우경 기회주의적, 투항주의적 사상의 표현'으로 몰아 세웠다(『결정집』, 1955f: 52~53).

그는 또한 전쟁 시에 일부 지방에서 농업현물세 정책을 집행하는 과정에서 나타난 개별적인 결함들을 가지고 "마치 당과 정부의 농업현물세 정책이 잘못된 듯이 의곡[왜곡] 비방하고 다"녔다고 했다(『결정집』, 1955f: 52~53). 전쟁 직후 1954년에 극심한 가뭄으로 인해 농업수확량까지 줄어든 상황에 강압적으로 농업현물세를 징수하는 과정에서 평안북도에서만 130명이 사망한 적이 있는데, 이에 대해 박일우가 비판을 했던 것으로 보인다(이종석, 1995: 266; Document 10: 478).

그 외에도 박일우는 또한 마르크스-레닌주의 학습을 태만히 하고, "개인생활에서 부화방탕하며 당원으로서의 도덕적 면모를 상실"했다고 비판됐다. 그의 부정적인 영향은 심지어 "방호산, 리주봉 등 일부 동무들을 반당적 경향으로까지 나가게 하였다"는 것이었다. 결정서는 박일우의 "반당적 종파행동은 그의 극단적 자유주의, 개인 영웅주의, 공명 출세주의에 깊이 뿌리박고 있는 것"으로 비판했다(『결정집』, 1955f: 55).

박일우는 또한 "자기의 직권을 남용하여 막대한 국가재산을 자기 수중에 넣고 마음대로 탕진하며 음주를 일삼으며 도덕적 풍기를 문란시키며 사업에서 열성과 적극성은 없고 항상 개인의 향락과 안일을 당과 혁명의 이익 위에 올려 세웠던 것"으로 비판을 받았다(『결정집』, 1955f: 55).

따라서 당 중앙위 12월 전원회의는 박일우에 대해 "우리 당 대열 내에서 더 이상 용허할 수 없으며 당내에서 시정시킬 수 없는 반당적 분자로 규정하고 그를 출당시키며 조선로동당 중앙위원회 위원으로부터 제명"하는 조치를 취했다. 그리고 박일우의 책벌 사건을 계기로 각급 당 단체들과 전체 당원들은 당 규율 강화, 당내 비판과 자기비판의 광범한 전개, 당내 민주주의의 발양, 온갖 불순한 경향들과의[21] 강력한 사상 투쟁 전개, 혁명적 경각성의 제고에 나서야 하며, "이렇게 함으로써 당내 사상적 순결성과 조직적 통일을 눈동자와 같이 수호할 것"을 결정했다(『결정집』, 1955f: 56). 이렇게 김일성은 박일우를 숙청했다.

---

21) 여기에서 '온갖 불순한 경향들'은 종파주의 잔재, 개인 영웅주의, 출세주의, 가족주의, 지방주의, 보신주의, 동지들에 대한 중상과 이간, 당 앞에서의 기만 등을 지칭했다(『결정집』, 1955f: 56).

참고로, 1956년 10월 모스크바 주재 북한대사 리상조가 밝힌 김일성의 박일우에 대한 탄압 배경에 대한 설명이 있다. 1956년 10월 5일 리상조가 모스크바로부터 조선로동당 중앙위에 편지를 썼는데, 그 내용을 보면 박일우의 "범죄"적 행위는 감히 김일성에게 현물세와 (박헌영 등) 반동분자들과 관련하여 당의 정책에 대해 반대한 것이 전부라는 것이다. 이 때문에 그는 출당됐고 반당 그룹으로 비판받았는데, 그의 재판기록을 자세히 살펴보면 그것이 박일우의 반당범죄 행위를 확인시켜주지 못하고 있다는 것이다. 그래서 그에게 국가의 물질적 재산을 낭비했다는 누명이 씌워졌으며, 그가 그에 대해 법적 책임을 져야 한다는 식으로 죄가 만들어졌다는 것이다. 또 박일우가 '수상직을 탈취하려 했다'는 소문이 있는 것으로 볼 때, 리상조는 그에 대한 또 새로운 죄가 더해질 것으로 예상했다. 또한 박일우의 가족은 모두 탄압을 받아 평양에서 쫓겨나 탄광지대로 축출됐다고 했다. 그러면서 전쟁 전과 전쟁 중에 박일우는 김일성과 매우 가까이서 어려움을 함께했으나, 그가 김일성에게 비판적인 말을 했을 때, 그는 즉시 구속되어 그가 수장으로 있었던 내무성 감옥에 갇혀 있다는 것이었다(Document 21: 504).

소련파 '파렴치범' 김열의 숙청

김일성은 1955년 12월 전원회의를 통해 연안파 박일우와 함께 소련파 김열도 제거했다. 결정서 「김열의 반당적 범죄 행위에 대하여」를 보면, 박일우가 종파행위를 한 '정치범'이었다면 김열은 여성들의 정조 유린, 공적재산 횡령 등 범죄행위를 한 '파렴치범'이었다.[22]

김열은 당시 조선로동당 중앙위 위원과 황해도당 위원장이었는데, 그가 이 "직위를 악용하여 도덕적으로 부화하였으며 당과 국가와 인민의 재산을 횡취하였으며 당의 정책과 규율을 고의적으로 위반하며 파탄"시켰다는 것이다. 구체적으로, 그는 "자신의 더러운 욕망에 눈이 어두워 풍기를 사회적으로 문란시키

---

22) 참고로, 박영빈의 증언에 의하면, 김열 외에도 허가이, 박창옥 등이 여자문제가 있었다고 한다(정창현, 2002: 206, 211).

며 도덕적으로 절대 허용할 수 없는 범죄적 행위를 감행"했는데, "주로 당, 정권기관, 경제, 보건, 문화기관, 심지어는 교원, 중학교 학생들에 대하여서까지 황해도에서만 해도 무려 30여 명에 달하는 순직한 여성들의 정조를 유린"했으며(『결정집』, 1955b: 57),[23] 그의 이러한 방탕한 생활은 "당과 국가의 재산을 좀먹지 않을 수 없"어서 "국가와 인민의 재산을 횡취하고 당사업을 자기의 부화방탕 사생활에 복종"시켰다고 했다. 그는 "인민들의 지성어린 전선 원호금 253만여 원을 비롯하여 전리금과 전리품을 그리고 인민들에 대한 부당한 세의 부담과 상적행위 등으로 부당하게 수입된 금액 1,000만여 원을 별도 장부회계로 운영하면서 자기의 추잡한 향락에 탕진"했다는 것이다(『결정집』, 1955b: 58).

김열은 또한 중요한 당 문헌인 김일성의 연설과 중앙위원회 전원회의 결정 정신을 제대로 당원들과 군중 속에 침투시키거나 집행하는 데 "의식적으로 태공"했다는 비판을 받았다. 그는 "하부 지도사업에 있어서도 자기의 부화방탕한 사생활을 만족시켜주는 국한된 일부 지역에만" 다님으로써 당 일꾼으로서의 자격을 "완전히 상실"했을 뿐만 아니라 "당 사업을 자기의 부화방탕한 사생활에 복종시키려는 극단한 자유주의적이며 해독적인 행동"을 했다. 김열의 행동은 "완전히 로동계급의 입장을 떠난 부르주아 의식과 봉건 통치계급 사상의 구체적인 표현"이었다는 것이다(『결정집』, 1955b: 58~59).

따라서 1955년 12월 전원회의는 김열을 "출당시키고 당 중앙위원회 위원으로부터 제명"하고 "인민재판에 회부"했다(『결정집』, 1955b: 58~59). 김열이 박일우와는 달리 인민재판에 회부된 것은 그가 '파렴치범'으로서 구체적으로 실정법상의 범죄를 저질렀기 때문이었다.

그런데 12월 전원회의의 결정서에는 나타나 있지 않지만, 당의 중앙위원과

---

23) 김열은 여성들의 정조를 유린하기 위해 "강제, 억압, 기만 등 여러 가지 방법과 수단을 취하였으며 이를 합리화하기 위하여서는 잡다한 대소 연회, 야회들과 휴양소 등을 이용하였으며 심지어는 정치적으로 불순한 여성들에까지도 서슴치 않고 야합"했다고 했다. 그는 "인민대중의 저주의 대상"이 됐으며, "인민들 속에서 불안과 불평을 조성하며 사회의 질서를 문란시키며 결국 당과 국가로부터 인민들을 이탈시키는 엄중한 반당적 반인민적 악결과"를 가져왔다는 것이다(『결정집』, 1955b: 57~58).

황해도당 위원장을 지내고 있던 소련파 김열을 파렴치범으로 몰아 제거하게 된데는 당 중앙위 12월 전원회의에서 연안파 박일우 외에 박창옥 등 소련파를 숙청하려는 의도와도 관계가 있었던 것으로 보인다. 또한 소련파의 중요 인물 중의 하나를 파렴치범으로 처벌하면서 김일성은 소련파 전체의 이미지에 큰 타격을 가하는 부수적인 효과도 기대했을 것이다.

허가이의 자살 이후 당시 소련파 중에서 가장 중요한 인물이었던 박창옥이 뒷날 1956년 3월 12일 평양 주재 소련대사관 참사관 필라토프와 나눈 대화록을 보면, 김일성이 12월 전원회의 총결연설에서 "온통 소련파를 비판"했다고 한다. 박창옥은 전원회의에서 김일성에게 자신의 생각을 말했지만, 김일성은 박창옥에 대해 다시 악의적인 비판을 반복했다는 것이다. 박정애도 토론에 참여했는데,[24] 토론의 말미에 김일성은 박창옥에게 '당신은 충분히 이미 비판받았으니, 조용히 계속 일하라'고 했다. 나중에 박창옥은 전원회의에서 한 김일성의 연설이 평양시당위원회에 의해 모든 기초 당 단체들에 배포되어 하급 당 회의에서 토론되고 있다는 것을 알게 됐다고 한다(Document 1: 465).

그런데 사실은 소련파 지도자인 박창옥에 대해 비판이 시작된 것은 1955년 12월부터가 아니라 이미 허가이가 자살한 1953년 6월 말(혹은 7월 초) 이후부터였다.

박창옥이 1956년 3월 12일 평양 주재 소련대사관 참사관 필라토프에게 한 이야기를 들어보면, 1953년에 허가이 자살 이후 김일성파, 연안파, 김일성 충성 국내파들이 박창옥과 박영빈 등 소련파를 당 중앙위에서 쫓아내자고 요구하곤 했지만, 김일성이 오히려 박창옥 등을 방어해주었다. 그런데 1955년 초에 김일성이 박창옥과 그의 사업에 불만을 표시했고, 이에 대해 박창옥은 누군가가 김일성에게 영향을 미치기 시작한 것으로 판단했다. 김일성은 시간이 흐를수록 점점 더 박창옥, 박영빈 등의 사업에 불만을 나타내기 시작했고, 1955년 8월, 11월에

---

24) 김일성 충성파 박정애는 비록 토론을 하기는 했으나, 당시 소련대사관이 수집한 정보에 의하면, 박정애조차도 소련파가 '반당적'이었다는 비판을 그대로 믿지 않고 김일성에게 소련파를 그렇게 몰아가지 않도록 설득을 했다고 한다(Shimotomai, 2007~2008: 456).

가서는 박창옥이 없는 자리에서 박창옥의 사업을 비판하더니 12월에는 박창옥을 직접 불러 심하게 비판했다(Document 1: 464~465).

1955년 12월 전원회의의 결정서인 「조직문제에 대하여」에는 당 지도부 선출 내용이 들어 있다. 전원회의는 최용건, 박금철을 당 중앙위 부위원장으로, 림해를 당 중앙위 검열위원회 위원장으로, 유연화를 당 중앙위 검열위원회 부위원장으로 결정했다. 또한 당 중앙위 선전선동부장 박영빈을 해임하고, 한상빈을 조직지도부장으로, 리일경을 선전선동부장으로, 리효순을 간부부장으로, 리종옥을 공업부장으로, 김황일을 건설건재운수부장으로, 그리고 김용진을 상업 재정 협동단체부장으로 각각 승인했다(『결정집』, 1955g: 60).

이들에 대한 인사를 평가하자면, 소련파인 박영빈을 선전선동부장직에서 해임하는 등 소련파가 타격을 받고, 최용건, 박금철, 리효순 등 김일성 항일빨치산파(갑산파 포함)가 단연 도약하는 가운데, 조선해방운동에 크게 참여하지는 않았지만 새롭게 김일성에 충성하는 국내파인 리종옥, 김황일, 리일경이 등장하고, 연안파 중에서는 림해, 김용진이 남아 있게 됐음을 알 수 있다(서동만, 2005: 503~508).

소련파 '사상 일꾼' 박창옥의 숙청: "국가의 '첫 번째 인물'이 되고자 했던 자"

위에서 살펴보았듯이, 김일성은 1955년 12월 초 당 중앙위 12월 전원회의를 개최하여 연안파 박일우를 정치적으로, 소련파 김열을 파렴치범으로 숙청하고, 당시 12월 전원회의 결정서에는 나타나 있지 않지만, 소련파 박창옥과 박영빈을 비판하고 나섰다. 이로써 연안파와 소련파에 대한 '사상'과 '정체성'의 투쟁을 강화했다. 김일성은 12월 27~29일에는 당 중앙위 확대전원회의를 개최했다. 이 회의에는 약 400명이 참석했다(Document 1: 465). 이번 회의의 표적은 박창옥, 박영빈 등 '소련파 사상 일꾼' 출신의 당 지도부 인사들이었다. 박창옥은 당시 당 중앙위 부위원장이었고 내각에서는 내각 부수상 겸 국가계획위원장이었다.

12월 확대전원회의에서 김일성의 주도로 소련파인 박창옥, 박영빈, 기석복, 전동혁, 정률이[25] 자신들의 결점을 인정하는 연설을 하도록 강요받았다. 박창옥이 먼저 발언했는데, 무려 100개나 되는 많은 질문이 그에게 쏟아졌다. 박창옥은 '나라의 얼굴'까지는 아니더라도 '제2인자'가 되고자 했다는 비판을 받았다. 박창옥이 그러한 비판을 받자 몇몇 소련파들이 박창옥을 지지하여 발언했다. 박영빈과 박창옥은 모든 결정은 집단지도체제하에서 공동으로 결정한 것이지 개인의 독단으로 이뤄진 것이 아님을 명분으로 내세우며 자신들을 방어해나가면서 '지도자(수령)'인 김일성에게 도와주기를 간청했다. 연안파인 림해와 김일성에게 충성하는 국내파인 한설야가 박창옥과 박영빈이 당에 부르주아사상을 들여온 도관이었다고 공격했다.[26] 림해는 자기가 박창옥, 박영빈과 여타 소련파들의 종파적인 행동을 증명하는 자료들을 가지고 있다고 말했다. 한설야는 박창옥이 국가의 '첫 번째 인물'이 되기를 바랐고, 그러한 방향으로 나아갔으며, 그렇게 행동함으로써 김일성의 역할을 축소시켰다고 말했다. 그는 박창옥과 박영빈이 당과 인민이 그들의 수령에게 좋은 감정과 태도를 표현하는 것을 허용하지 않았다고 비판했다(Document 1: 465).[27]

확대전원회의 마지막에 김일성은 12월 전원회의에서 그가 했던 말을 더 가혹한 어조로 반복했다. 그는 특히 소련으로부터 허가이의 추종자로서 도착한 15명을 특별히 지목했다. 그의 연설은 12월 전원회의에서처럼 평양, 각 도당위원회의 모든 당 기층조직에 배포되어 당 회의에서 크게 낭독됐다. 또다시 소련파들이 모든 토론에서 비판의 대상이 된 것이었다(Document 1: 465).

나중에 '8월 종파사건'이 발생한 1956년 8월 전원회의에서 채택한 결정을 보면, "박창옥은 "당 중앙위원회 (1955년) 12월 전원회의와 당 중앙위원회 11차 상

---

25) 소련파들은 기본적으로 소련식 마르크스-레닌주의 정치체제를 자신의 고국인 북한에 도움이 되는 좋은 체제로 생각했다(Lankov, 2002: 130, 135). 그런데 이러한 생각은 또한 문제점을 낳았다. 예컨대, 문화성 부상 정률은 '소련 것은 모두 다 좋고 옳다'고 보고, 조선의 문화적 전통을 거부하고 부인했다(NKIDP Document 5, 22).

26) 한설야의 박창옥에 대한 공격은, 박창옥이 평소에 한설야를 포함한 프롤레타리아 작가들에 대해 비판적이었던 것에 대한 한설야의 보복이었던 것으로 보인다.

27) 박창옥은 북한 주재 소련대사관 필라토프에게 "이 모든 비난은 말도 되지 않고 근거가 없는 것"이라고 일축했다(Document 1: 465).

무위원회에서 받은 정당한 당적 비판을 겉으로는 접수한다고 하고 표리부동하게 뒤에서는 당에 대한 불평불만을 유포시키면서 최창익 및 기타 분자들과 결탁하여 그들의 당지도부를 반대하는 음모에 가담하였으며 그들의 당에 대한 도전적 행위를 추동하여 나섰다"는 표현이 나온다(『결정집』, 1956l: 14). 여기에서 우리는 당 중앙위 제11차 상무위원회가 개최되어 박창옥이 또 비판을 받았음을 알수 있는데, 제11차 상무위는 시간상으로 보아 1955년 12월 27~29일 개최된 당 중앙위 확대전원회의 직후에 개최됐을 것으로 추측된다.

위에서 자세히 살펴본 바와 같이, 김일성은 1955년 4월부터 12월의 기간에 연안파 박일우를 숙청했다. 죄명이야 그럴 듯하게 가져다 붙이면 됐던 것이고, 사실은 그동안 6·25전쟁 중에 중조양군연합사에서 북한과 중국 간의 연락을 담당함으로써 정치·군사적 영향력이 급속히 커져 자신의 '눈엣가시' 같았던 그를 제거했던 것이다.

연안파 지도자 박일우를 제거한 김일성이 이제 마지막 남아 있는 파벌인 소련파 지도자들에 대해 비판에 나선 것은 어찌 보면 자연스런 수순이었다. 김일성은 1955년 12월에 들어 그동안 '사상부문 일꾼'으로서 김일성의 개인숭배에 앞장섰던 박창옥, 박영빈, 기석복 등을 엄중하게 비판하기 시작했다. 이는 소련파에 대한 대대적인 숙청의 예고였다.

그런데 김일성이 당시 소련파 숙청에 나선 데는 권력경쟁자인 소련파와의 '사상'과 '정체성' 투쟁 외에 다른 정치적 고려들도 작용했던 것으로 보인다. 소련은 1953년 스탈린 사망 후 기본적으로 김일성의 권력에 위협이 되는 '탈스탈린화' 정책을 추진해오고 있었기 때문에 김일성으로서는 기회가 되면 북한정치에서 소련파의 영향력을 감소시킬 필요가 있었던 것이다(Lankov, 2002: 102, 156). 또 위에서 이미 살펴보았듯이, 북한이 1954년 가을 수확의 대규모 감소로 극심한 식량난과 경제위기에 빠지자 그동안 전후 복구발전 전략에서 김일성의 '중공업 우선정책'에 반대해온 소련이 북한의 경제정책에 개입했고, 북한은 1955년 여름과 12월에 농업투자 증대, 일부 상품들의 소매가 인하, 농업관련 세금 인하, 개인사업에 대한 통제와 세금 완화 등 소련이 요구하는 '신노선' 정책을 도입할수밖에 없었다.[28] 그런데 이때 김일성은 소련의 대북 내정간섭의 과정에 소련파가 일정한 역할을 했던 것으로 인식하고 있었다. 따라서 김일성으로서는 앞으로 소련의 이러한 내정간섭이 반복되지 않도록 하기 위해서 소련파를 숙청해야 할 필요성이 있었던 것이다(Szalontai, 2003~2004: 90; Person, 2007~2008: 449).

결론적으로, 김일성이 위에서 보듯이 연안파 지도자 박일우를 숙청하고 이제 또 소련파 지도자들을 공격하고 나오자, 이것이 연안파와 소련파의 방어심리를 크게 자극했던 것으로 보인다. 그것이 연안파와 소련파로 하여금 반김일성 연합을 형성하도록 하는 계기로 작용했고, 이는 결국 다음 해 '8월 종파사건'으로 이어졌다.

「사상사업에서 교조주의와 형식주의를 퇴치하고 주체를 확립할데 대하여」

1955년 12월 28일, 김일성은 당 선전선동일꾼들에게 「사상사업에서 교조주의와 형식주의를 퇴치하고 주체를 확립할데 대하여」라는 역사적인 연설을 하게 된다.[29] 북한 권력의 역사에서 매우 중요한 의미를 갖고 있는 이 연설에서 김일성은 특히 박창옥, 박영빈, 기석복 등 사상부문에서 일하는 소련파 인사들의 '교조주의'를 문제삼았다. 김일성은 소련파의 '교조주의'적 사상 및 정체성을 항일빨치산파의 '주체'적 사상 및 정체성과 대비시키면서, '사상사업' 분야에서 '교조주의와 형식주의를 퇴치'하고 '주체를 확립'할 것을 선언했다. 김일성은 당 일꾼이든 당원들이든 누구든지 혁명과 건설을 하는 데 있어서 '무엇보다도 사상이 주체적으로 제대로 서는 것이 중요'한데 소련파와 연안파는 교조주의와 형식주의에 얽매여 사상사업을 하기 때문에 이러한 주체적인 사상이 제대로 서 있지 않다고 했다.

---

28) 소련관리들의 계산에 의하면, 1956년 가격인하로 북한 주민들이 본 이익은 120억 원가량이 었고, 이는 시장가격으로 12만 톤의 쌀을 구입할 수 있는 액수였다(NKIDP Document 3, 17). 그만큼 주민들의 경제적 복지가 늘어난 것이다.

29) 박창옥에 의하면, 당시 1955년 12월 27~29일에는 당 중앙위 확대전원회의가 열리고 있었다. 김일성이 당 중앙위 확대전원회의 개최 중에 당 선전선동일꾼들에게 별도로 연설을 한 것으로 생각된다(Document 1: 463, 465).

그러면 김일성이 「사상사업에서 교조주의와 형식주의를 퇴치하고 주체를 확립할데 대하여」에서 연설한 내용을 자세히 살펴보자. 우선, "우리는 어떤 다른 나라의 혁명도 아닌 바로 조선혁명을 하고 있는 것"이며, "이 조선혁명이야말로 우리 당 사상사업의 주체"이기 때문에 "모든 사상사업을 반드시 조선혁명의 이익에 복종시켜야" 한다. 또 "우리가 쏘련공산당의 역사를 연구하는 것이나, 중국혁명의 역사를 연구하는 것이나, 맑스-레닌주의의 일반적 원리를 연구하는 것이나 다 우리 혁명을 옳게 수행하기 위해서 하는 것"인데, 문제는 "사상사업에서 주체가 똑똑히 서 있지 않기 때문에 교조주의와 형식주의의 과오를 범하게 되며 우리 혁명 사업에 많은 해를 끼치게" 된다. 따라서 "우리나라의 역사, 우리 인민의 투쟁 역사를 연구하며 근로자들 속에서 그것을 널리 선전하는 것이 무엇보다도 중요"하며, "우리 인민의 투쟁 역사와 그 전통으로 인민들을 교양하여야만 그들의 민족적 자부심을 북돋아줄 수 있으며 광범한 군중을 혁명투쟁으로 고무"할 수 있다는 것이다(김일성, 1980n: 468~469).

그런데 김일성은 이 연설을 하기 바로 전날인 12월 27일 당 선전선동일꾼 회의에서 모두들 "문학전선에 커다란 사상적 오류"가 있었음을 알게 됐다는 것을 지적하고(김일성, 1980n: 467), 조선혁명을 하기 위해서는 우리의 투쟁의 역사를 알아야 하는데, 박창옥 등이 범한 과오도 결국 "그들이 조선 문학운동의 역사를 부인한 데" 있다는 것을 강조했다. 김일성의 연설 내용을 계속하여 들어보자. 박창옥 등 선전부문 일꾼들이 '카프(KAPF, 조선프롤레타리아예술가동맹)'의 투쟁, 우리의 우수한 문화유산 등에 관심을 기울이지 않고 있으며, 심지어 광주학생사건, 6·10만세사건, 3·1운동과 같은 "조선인민의 반일투쟁에 관한 기사를 신문에 소개하는 것까지 금지"했다. 그러다 보니 남한의 이승만이 "오히려 이 운동을 자기들의 선전에 이용"하고 있어서 "공산주의자들은 마치 민족적 전통을 무시하는 것처럼" 됐다. 그런데 "진정한 맑스-레닌주의자라면 누구도 감히 인민들의 투쟁업적을 부인하지 못할 것"이다. 만일 그렇게 부인한다면 "우리 인민의 투쟁 역사를 거부하고 무슨 밑천으로 혁명을 하겠"는가? 또 "학교에서도 조선역사의 강의를 소홀히 하는 경향"이 있는데, 전쟁 때 "중앙당학교 과정 안에서 세계사는 1년에 160시간이나 되어 있었으나 조선사는 극히 적은 시간밖에 배당되어 있지 않았"다. 그러니 "우리 일군들이 자기 나라와 역사를 모를 수밖에 없"다는 것이다(김일성, 1980n: 469~471).

김일성은 당의 선전선동사업에서 "남의 것만 좋다고 하고 우리 자체의 것을 소홀히 하는 현상"이 많다는 것을 많은 예를 들어 신랄히 비판했다. 김일성이 든 예를 열거하면 다음과 같다.

인민군휴양소에서 "씨비리[시베리아] 초원의 그림"은 있으나, 우리나라 금강산, 묘향산 같은 아름다운 금수강산은 없다. 지방의 민주선전실에는 "쏘련의 5개년계획에 대한 도표는 있는데 우리나라의 3개년계획에 대한 도표는 한 장도 없"으며 "다른 나라 공장들의 웅장한 사진은 있으나 우리가 복구 건설하는 공장들의 사진은 한 장도 없"다. 인민학교에 걸린 사진들이 소련의 시인 마야코프스키, 시인 겸 소설가 푸시킨 등 "전부 외국 사람들뿐이고 조선 사람이란 한 사람도 없"다. 이렇게 아이들을 교양해서야 "어떻게 민족적 자부심이 생기겠"느냐, 소책자에 목차를 붙이는 데서도 외국식으로 뒤에 붙이는데 "우리 책의 목차는 응당 첫머리에 붙여야 할 것" 아니냐, 교과서를 편찬하는 데서도 "우리나라 문학작품에서 자료를 취하는 것이 아니라 남의 것을 따다 넣"는데 "이것이 다 주체가 없는 탓"이라고 했다(김일성, 1980n: 471~472).

김일성은 또한 빨치산 투쟁과 지방에서 혁명운동에 참가한 '혁명가들'을 제대로 존중하고 존경하지 못하고 있다는 것도 지적했다. 이제 "우리 당이 창건된 지 이미 10년이 되었으니 마땅히 자기의 당사(黨史)를 가지고 당원들을 교양하여야 할 것"이며, "우리 일군들을 우리나라의 혁명 역사로써 교양하지 않는다면 그들은 자기의 우수한 혁명전통을 발전시킬 수 없을 것이며 투쟁방향도 모르게 되고 혁명 사업에서 열성과 창발성도 발휘할 수 없을 것"이라고 했다(김일성, 1980n: 473~474).

김일성은 북한의 정권형태도 다른 사회주의 나라의 모습을 따를 것이 아니라 "우리나라의 특수한 조건에 알맞게 만들어야 할 것"이며, 북한이 해방 직후 내세운 '20개조 정강'도 "조국광복회의 강령을 발전시킨 것"으로서 "물론 우리나라 현실에 알맞은 정강"이라고 강조했다. 북한에서 "농업협동화운동이 빠른 속도로 발전하는 것"도 모두 북한의 특수한 조건과 배경 덕분이라는 것이다(김일성, 1980n: 474~475).

김일성은 소련파 박영빈이 소련에 다녀와서 "쏘련에서는 (스탈린 사망 후) 국제 긴장상태를 완화하는 방향이니 우리도 미제국주의를 반대하는 구호를 집어치워야 하겠다"고 했는데, "이러한 주장은 혁명적 창발성과는 아무런 공통성도 없으며, 우리 인민의 혁명적 경각성을 무디게 하는 것"일뿐이라고 비판했다. 6·25전쟁이 정전된 지 아직 얼마 되지 않은 마당에 "조선에 대한 미제국주의자들의 침략정책을 규탄하고 그것을 반대하여 투쟁하는 것"이 중요한데, 소련파 박영빈이 소련의 정책을 그대로 따라하는 '교조주의'적 행동을 한 데 대해 김일성이 비판한 것이다(김일성, 1980n: 475).

또한 소련파 박창옥은 "우리나라의 역사와 우리의 현실을 연구하지 않았기 때문에 부르주아 반동작가인 리태준과 사상적으로 결탁"하게 됐고 그가 "우리나라의 현실을 연구도 하지 않고 자기가 모든 것을 다 안다고 자고자대하는데서 일이 잘못"됐다고 했다. 리태준 같은 자들은 친일파 이광수 같은 사람을 "재간"이 있다고 해서 내세우려 했다는 것이다(김일성, 1980n: 475~476).

김일성의 비판은 거침이 없이 계속됐다. 당 선전부에서 일하던 일부 일꾼들이 "모든 사업에서 기계적으로 쏘련의 본을 따르려고 한 사실도 그들이 우리의 현실을 연구하려 하지 않으며 그들에게 우리의 좋은 것과 우리 혁명의 전통으로써 사람들을 교양하려는, 진정으로 맑스-레닌주의적인 정신이 없는 데 기인"하며, "많은 동무들이 맑스-레닌주의를 소화하여 자기의 것으로 만드는 것이 아니라 그것을 통채로 삼키고" 있어서 "혁명적 창발력이 나올 수 없다"고 교조주의에 대한 직격탄을 날렸다. 선전사업부문은 "아직도 우리나라의 역사와 우리의 민족문화를 체계적으로 연구하는 사업을 잘 조직하지 못하고 있"는데, "모든 힘을 다하여 민족적 유산을 찾아내야 하고 그것을 계승 발전시켜야" 하며, "국제적으로 선진적인 것은 적극 섭취해야 하지만 자체의 좋은 것을 발전시키면서 선진문화를 받아들여야" 한다는 것이다(김일성, 1980n: 476).

김일성은 강조하기를 주체를 세우는 데서 "중요한 것은 우리가 배우는 목적이 어디에 있는가를 아는 것"이며, 소련과 기타 사회주의 국가들의 선진 경험을 배우는 것은 그것을 "우리 조선혁명에 잘 이용하려는 데" 있다는 것을 다시 강조했다. 전쟁 시기에 군대 내에서의 정치사업 방법문제를 가지고 허가이, 김재욱, 박일우가 서로 싸운 일이 있는데, "쏘련에서 나온 사람들은 쏘련식으로, 중국에서 나온 사람들은 중국식으로 하자"고 하면서 "이렇게 쏘련식이 좋으니, 중국식이 좋으니 하면서" 싸웠는데 모두 "부질없는 일"이라는 것이다. 밥을 먹는데 "바른손으로 먹든 왼손으로 먹든 또는 숟가락으로 먹든 젓가락으로 먹든 상관할 바가 아"니며, 전쟁 시기에 인민군대를 강화하며 전투에서 승리하기 위해 정치 사업을 하는데 "무슨 식이든지 간에 이 목적을 달성하면 되는 것"이라고 강조했다. 그런데 허가이와 박일우는 그런 것을 가지고 서로 시비했다는 것이다. 당시 "당중앙은 쏘련의 좋은 것도 배우고 중국의 좋은 것도 배우고 다 배워서 우리나라 실정에 맞는 정치사업의 방법을 창조하여야 한다"는 입장을 지켰음을 상기시켰다(김일성, 1980n: 477).[30]

김일성은 이제 "사업에서 혁명적 진리, 맑스-레닌주의적 진리를 체득하는 것이 중요하며 그 진리를 우리나라의 실정에 맞게 적용하는 것이 중요"하고 "이제는 우리 식을 만들 때가 되"었다는 것을 강조했다. 소련의 경험을 배우되 "형식에 치우칠 것이 아니라 그 경험의 진수를 배우는 데 중점을 두어야" 한다는 것이다.[31] 김일성은 "맑스-레닌주의 진리를 배우지 않고 남의 형식만 따르는 것은 백해무익"하다면서, 결론적으로 "남의 경험을 기계적으로 적용"하여 통째로 받아들이는 "교조주의의 과오"를 범하지 말고, "혁명투쟁에 있어서나 건설 사업에 있어서나 맑스-레닌주의 원칙을 철저히 고수하면서 그것을 우리나라의 구체

---

30) 김일성의 이러한 태도는 그의 '비(非)교조주의적 실용주의'를 말해준다. 이는 나중에 중국에서 1979년대 말 덩샤오핑이 경제발전을 위해 개혁개방을 이끌면서 '검은 고양이든 흰 고양이든 쥐만 잘 잡으면 된다'고 주장했던 흑묘백묘론(黑猫白猫論)을 연상케 하는 것이어서 흥미롭다. 김일성은 또한 항일빨치산 시절과 해방 직후 귀국하여 당-국가건설을 할 때도 '기본강령'과 '행동강령'을 구별하여 변화하는 상황에 적극적으로 적용하는 실용주의적 면모를 보여주었다.

31) 김일성은 "≪프라우다≫지에서 「우리 조국의 하루」라고 제목을 달면 우리 ≪로동신문≫도 「우리 조국의 하루」라고 제목"을 달고, 의복을 입는 것도 마찬가지라고 했다. 그는 우리 조선여성들에게는 아주 훌륭한 조선의복이 있다고 지적했다(김일성, 1980n: 478).

적 조건, 우리의 민족적 특성에 맞게 창조적으로 적용하여야" 한다고 강조했다. 김일성은 "맑스-레닌주의는 교조가 아니라 행동의 지침이며 창조적 학설"이고, 그것이 "매개 나라의 구체적 조건에 맞게 창조적으로 적용될 때에 비로소 그 불패의 위력을 발휘할 수 있는 것"이라고 했다(김일성, 1980n: 477~479).

김일성은 "주체를 세우는 문제"와 관련하여 국제주의와 애국주의는 서로 분리할 수 없으며, "완전히 통일"되어 있다고 강조했다. 왜냐하면 "노동계급의 위업에는 국경이 없으며 우리의 혁명 사업은 세계 노동계급의 국제혁명사업의 일부분이기 때문"이라는 것이다. 모든 나라의 노동계급의 "유일한 최고의 목적은 공산주의 사회를 건설하는 것"이며, "차이가 있다면 어떤 나라는 먼저 나가고 어떤 나라는 뒤에 나가는 것뿐"이라고 했다. "진정한 애국주의자는 곧 국제주의자이며 또 진정한 국제주의자는 곧 애국주의자"라는 것이다(김일성, 1980n: 479~480).

김일성은 또한 선전일꾼들의 '형식주의'에 대해 비판했다. 특히 이 형식주의 때문에 "선전사업에서 사물을 과장"하는 식으로 되고 있으며, 소련파 박창옥이 특히 그랬다고 지적했다. "총궐기", "총동원", "최대", "위대"라는 표현에서처럼 선전사업을 "풍을 치면 사람들은 승리에 도취하여 안일하게 될 것"이며, 하부로부터 허위보고의 폐단도 생겨난다는 것이다(김일성, 1980n: 480~481).

김일성은 박창옥과 기석복에 대한 비판도 "너무 늦었"다면서 (박헌영, 리승엽 등 '종파-간첩도당'의 정체를 폭로했던 1952년 12월 중순) "당 중앙위원회 제5차 전원회의 당시에 비판했더라도 이렇게까지 되지는 않았을 것"이라고 말했다. 지금은 "특히 지도적 일군들 중 허가이나 박일우의 영향을 받은 사람들의 사상을 개조하고 그들로 하여금 당적 사상체계를 확립하도록 하는 문제가 중요"하며, 이러한 사업을 "당 조직지도부와 선전선동부에서 하여야" 한다면서 이 부서들에 그러한 책임을 지웠다(김일성, 1980n: 488).

김일성은 또한 "당원들에 대한 교양에서 중요한 것은 당원들, 특히 간부들이 군중관점을 확립하도록 하는 문제"라면서 "군중관점이 서 있지 않기 때문에 계속 관료주의가 나타나고 있"으며, 옛날 "항일빨찌산이 오랫동안 지탱할 수" 있었던 것은 "빨찌산들이 옳은 군중관점에 서 있었고 그들이 군중의 지지를 받았기 때문"이었다고 했다. "군중과 이탈한 당은 마치 물을 떠난 고기나 마찬가지"이며, "군중이 없는 당이 무엇을 가지고 혁명을 하겠"느냐는 것이다. 따라서 "당원들 속에서 관료주의를 청산하고 옳은 군중관점을 세우도록 교양사업을 더욱 강화"해야 하며, 이를 위해서는 "당성을 단련하는 것이 결정적으로 중요"하다고 했다(김일성, 1980n: 488~490). 결국 김일성은 당 일꾼이 군중 속에 들어가 사업은 하지 않고 명령과 지시 또는 단순한 실무적 방법으로 문서를 통해서만 사업을 처리하는 관료주의적이며 형식주의적인 사업 작풍에 대해 비판한 것이다.

마지막으로, 김일성은 또한 "일체 반당적 경향과의 투쟁을 옳게 진행하는 문제"를 강조했다. 김일성은 간도에서의 '민생단'과의 투쟁 경험이 "박헌영 도당의 사건"에서 누가 간첩인지 여부를 밝혀내는 데" 큰 도움이 됐다고 했다. 투쟁은 엄격히 하되 "어디까지나 사상투쟁으로써 전개"해야 한다면서, 그 이유는 사람들의 머릿속에 박헌영에게서 받은 "사상적 영향"이 아직까지 남아 있기 때문이라는 것이다. 당원들이 "간첩도 가릴 줄 알고 동요분자, 가족주의자, 지방주의자, 종파분자들을 갈라낼 줄 알도록 그들을 교양"해야 한다는 것이다(김일성, 1980n: 492~493). 김일성은 ≪로동신문≫, ≪민주조선≫, 직맹이나 민청 기타 단체들의 기관지들도 "자기의 성격과 임무에 맞게 편집해야" 하며, 그렇게 함으로써 형식주의와 교조주의를 극복할 수 있다고 강조했다(김일성, 1980n: 494).

결국, 김일성은 소련파와 연안파가 소련과 중국의 경험을 '통째로 받아먹는 식'으로 충실히 따르는 '교조주의적 사상'과 '교조주의적 정체성'을 가진 데 반해, 자신은 다른 나라를 위한 혁명이 아니라 바로 '조선을 위한 혁명'을 하면서 '주체사상'과 '주체의 정체성'을 갖고 있음을 대비시켜 주장한 것이다. 마르크스-레닌주의를 조선 현실에 창조적으로 적용하고, 항일빨치산혁명전통을 이어받으며, 민족 고유의 문화와 전통을 발전·계승시키는 것이야말로 당-국가체제 건설에서 '주체'를 세우는 것이라는 주장이었다.

「사상사업에서 교조주의와 형식주의를 퇴치하고 주체를 확립할데 대하여」라는 김일성의 연설이 중요한 이유는 무엇보다도 그가 당-국가건설에서 '사상투쟁'을 중시하고 있기 때문이다. 김일성은 6·25전쟁 후 소련과 중국의 영향을 벗어나 '조선식'의 혁명과 건설을 위해서는 무엇보다도 '사상'분야에서부터 '주체'를 세워야 한다고 생각한 것이다. 김일성은 박헌영의 종파-간첩행위와 같은 반당적 경향과 투쟁을 함에서 투쟁은 엄격히 하되 어디까지나 '사상투쟁'으로서 전개해야 함을 강조했다. 김일성은 그렇게 해야 하는 이유는 사람들의 '머릿속'에 박헌영으로부터 받은 '사상적 영향'이 아직까지 남아 있기 때문이라고 했다.

소련파 문예 지도자들의 숙청

김일성이 「사상사업에서 교조주의와 형식주의를 퇴치하고 주체를 확립할데 대하여」에서 소련파에 초점을 맞춰 비판한 후 3주일이 지난 1956년 1월 18일, 김일성은 당 중앙위 상무위를 개최하여 '문학예술' 분야에서 '반동적인 부르주아 사상과의 투쟁을 더욱 강화'하기로 결정했다. 이 결정은 무엇보다도 '사상사업'과 직결되어 있는 '문학예술' 분야를 장악하고 있던 박창옥, 박영빈, 기석복, 전동혁, 정률 등 문학예술 분야의 소련파 지도자들을 숙청하기 위한 것이었다.[32]

상무위 결정서는 소련파 문예인들보다 남한 출신 박헌영파 문예인들을 순서적으로 먼저 호되게 비판하고 있다. 그러나 이는 소련파 문예인들을 박헌영, 리승엽 등 '종파-간첩도당'과 그들의 영향을 받은 림화, 리태준, 김남천 등 남한 출신 문예인들과 '연계'시켜 숙청하기 위한 술수였고, 비판의 초점은 어디까지나 소련파 문예인들에 맞춰져 있었다.

그러면 상무위 결정서 내용을 구체적으로 살펴보자. 결정서는 "박헌영, 리승엽 간첩도당은 문학예술 분야에서도 반혁명적 파괴행위를 장기간에 걸쳐 감행"했다고 지적하고, 해방 후 서울에서 활동했던 림화, 리태준, 김남천 등을 '부르주아 반동작가'로 규정했다.[33] 박헌영 도당이 북한의 문학예술 부문에 "잠입하

---

32) 박창옥에 의하면, 1955년 10월 김일성이 박창옥에게 문예총의 사업에 대해 연설을 하도록 권유한 적이 있다. 박창옥은 자신은 '조선작가들의 문학작품에 대해 완전히 모른다'고 했더니 거기에서 대화가 끊겼다고 한다(Document 1: 466). '대화가 거기에서 끊겼다'는 것은 김일성이 박창옥에게 실망했음을 말해준다.

33) 당 상무위 결정서는 박헌영 도당이 "자기들이 날조한 소위 '문화노선'에서 '우리가 건설하는 민족문화는 계급문화여서는 아니된다'고 표방함으로써 우리 문학예술의 당성 계급성을

여 그를 점차 자기의 수중에 장악하려는 흉계를 꾸미였으며 그의 '선발대'로서 반동작가 림화, 리태준, 김남천 등을 비롯한 일련의 불순분자들을 공화국 북반부에 파견"했다는 것이다(『결정집』, 1956f: 49~50).

상무위원회는 또한 당의 조직노선과 문학예술 분야에 막대한 해독을 끼친 또 하나의 장본인으로서 소련파 허가이를 꼽았다. 그가 "당의 사상전선과 문학예술 분야에서도 자기의 세력을 확장하며 지반을 꾸미려고 획책"했고 허가이는 이 방면에서 박창옥을 '방조자'로서 내세웠다는 것이다. 허가이와 박창옥은 "심지어 박헌영 도당들이 파견한 림화, 리태준, 김남천 등 반동작가들을 옹호하며 그자들과 사상적으로 결탁하여 진보적 작가들을 반대"했다고 했다(『결정집』, 1956f: 50~51).

당은 이러한 해독적인 사상경향을 철저히 숙청할 것을 수차의 당 중앙위 전원회의(1952년 제5차, 1953년 제6차, 1955년 4월 및 12월 전원회의)에서 거듭 강조하고 옳지 못한 경향들을 시급히 시정할 것을 경고했지만, 소련파인 박창옥, 박영빈은 "박헌영, 리승엽 간첩도당과 허가이의 반당적 행위의 악영향을 숙청할데 대한 당의 일련의 중요한 방침들을 옳게 집행하지 않았다"고 했다.[34] 박창옥은 박영빈, 기석복, 전동혁, 정률 등 "사상적으로 건실치 못한 일련의 동무들을 자기 주위에 끌어넣었으며", 또한 "사상전선과 문학예술 분야에서 부르주아 반동사상과 결탁하여 당에 막대한 해독을 끼"쳤다는 것이다(『결정집』, 1956f: 50~51).

결정서는 박헌영, 리승엽의 영향을 받은 림화, 리태준, 김남천 등 남한 출신의 '반동 부르주아' 문학예술인들과 허가이의 반당적 사상 영향을 받은 박창옥,

---

부정하고 미제에 복무하는 부르주아 반동문학예술의 길로 나가야 한다고 제창"했다고 공격했다(『결정집』, 1956f: 50).

34) 당 상무위 결정서는 박창옥은 "초기에 허가이에게 이용당하였으나 마지막 시기에는 당 조직노선을 옹호하여 투쟁하였으며 박헌영, 리승엽 간첩도당과의 투쟁도 옳게 전개"했다고 인정했다. 그러나 박창옥과 박영빈은 막상 "당의 중요한 직위에 등용되자 허가이가 만들어 놓은 종파적 관료주의적 '틀'을 마스기[부수기] 위하여 투쟁할 대신에 그 '틀' 위에서 그냥 행세하면서 박헌영 도당이나 허가이가 당에 끼친 반당적인 사상영향들과 투쟁을 전개하지 아니"했다고 했다(『결정집』, 1956f: 51~52).

박영빈, 기석복, 전동혁, 정률 등 소련파 문학예술 일꾼들이 어떻게 서로 옹호하고 지지하며 종파적, 반당적 행위를 했는지를 자세히 나열하고 있다(『결정집』, 1956f: 52~55).

결정서는 이러한 잘못된 행위에서 특히 소련파 박영빈을 "가장 악질적인 주모자"로 규정했다. 왜냐하면 그는 당 조직지도부장의 자리에 있으면서 직업동맹과 작가동맹을 검열하며 한설야 등 "죄 없는 일꾼들을 잡기 위한 경찰식 검열을 실시"했기 때문이었다(『결정집』, 1956f: 55).

상무위 결정서는 소련파 박창옥, 박영빈, 기석복, 전동혁, 정률이 당의 문예정책 집행에서 범한 오류들이 "실수"가 아니라 "부르주아 사상에서 나온 개인 영웅주의, 출세주의로부터 출발하여 의식적으로 범한 반당적인 사상적 오류"라고 규정했다. 박영빈은 심지어 "국제 긴장상태를 완화하기 위한 투쟁이 강화되고 있는 조건 하에서는 미제국주의를 반대하는 우리의 구호까지 철수하여야 한다"는 "우경 기회주의적, 투항주의적 태도까지" 취했다고 했다(『결정집』, 1956f: 56).

상무위원회는 박헌영, 리승엽, 그리고 허가이의 나쁜 영향을 받은 림화, 리태준, 김남천, 박창옥, 박영빈, 기석복 등의 사상적 오류와 독소를 폭로·숙청하는 군중적 사상운동을 광범히 조직·전개하고, 문학예술 부분의 당 단체들을 강화하며 문화단체들의 당적 지도를 더욱 개선할 것을 결정했다. 그리하여 '작가, 예술가'들이 "당의 정책을 의무적으로 깊이 연구하며 맑스-레닌주의 미학 이론에 정통하며 근로자들의 현실 생활 속에 깊이 침투하여 혁명적 군중 관점을 확립"하고, 이들이 "온갖 반(反)사실주의적 부르주아 반동문학의 영향을 숙청하기 위한 강력한 투쟁을 전개하도록 교양 훈련할 것"을 결정했다(『결정집』, 1956f: 56~57).

상무위원회는 마지막으로 박창옥을 당 중앙위 정치위원으로부터, 박영빈을 당 중앙위 정치위원 및 당 중앙위 위원으로부터, 그리고 기석복을 중앙위 위원으로부터 제명했다. 또한 당 중앙위 검열위원회가 기석복, 전동혁, 정률의 사상적 오류에 대해 계속 추궁하게 할 것을 결정했다(『결정집』, 1956f: 57~58).

참고로, 위에서 설명한 1월 18일 당 중앙위 상무위 결정으로 박창옥, 박영빈, 기석복, 전동혁, 정률 등이 실질적으로 숙청을 당한 이후인 3월 12일, 박창옥이 평양 주재 소련대사관을 찾아가 참사관 필라토프를 만나 하소연을 한 일이 있었다. 필라토프는 박창옥과의 대화 내용을 모스크바에 보고하면서 다음과 같은 자신의 의견을 덧붙였다. 그가 소련파 박창옥, 박영빈, 박의완, 김승화, 김대욱[김제욱], 전동혁 등과 대화를 통해서 알게 된 것은 조선로동당의 여러 당 회의에서 소련파에 대한 비판이 이뤄지면서 사실상 강압적인 방법이 사용됐다는 것이다. 이것이 소련파에 대해 완전히 부정확한 인상을 만들어냈으며, 소련파들은 그들에게 가해진 비판에 대해 인정할 수밖에 없는 상황에 처하게 됐다는 것이다 (Document 1: 467).

김일성은 1개월 후인 1956년 2월 16일에 또 당 중앙위 상무위를 개최했고, 「대중정치사업의 개선 대책에 대하여」라는 결정을 채택했다. 이는 인민대중을 상대로 한 본격적인 '사상'사업 대책이었다. 이 결정서는 각급 당 단체들에게 "대중 정치사업의 주체를 옳게 파악하고 이 사업부문에 있는 교조주의, 형식주의를 근본적으로 퇴치할 것"을 주문하면서, 대중정치사업은 "맑스-레닌주의의 진리를 우리나라 현실에 창조적으로 적용"해야 함을 강조했다. 당이 "해방 후 10년간 취하여온 모든 정책의 정당성과 영광스러운 투쟁역사를 깊이 해석 선전함으로써 우리 당이 조선인민의 지도적 및 향도적 역량이며 모든 승리의 조직자라는 것을 철저히 인식"시키도록 해야 한다는 것이었다(『결정집』, 1956d: 62~65).

3. 김일성 개인숭배, 조선혁명역사 왜곡, 김일성파 중용

김일성은 6·25전쟁 기간에 자신의 당-국가형성경쟁자들이었던 무정, 허가이, 박헌영 등을 제거함으로써 자신을 중심으로 한 패권적 연합 질서를 구축했고, 또 전후 복구발전 기간에는 박일우, 박창옥 등을 숙청하고 자신의 항일빨치산 동지들을 대거 지도부에 중용함으로써 패권적 연합을 넘어 자신의 단일지도체계를 수립해나가고 있었다.

그런데 이 과정에서 김일성의 과거 혁명투쟁 활동과 리더십이 과도하게 미화되면서 개인숭배 현상이 도를 넘게 됨으로써 사회주의 당-국가체제의 건설과 운영에서 레닌주의적 원칙인 '집체적 영도'와 '민주적 중앙집권제'가 작동되지 못하는 상황에 빠졌다.

이러한 상황전개는 김일성과 연안파 및 소련파와의 관계에서 '김일성 개인숭배'의 강화, '조선혁명역사의 왜곡', '김일성파의 중용'이라는 세 가지의 심각한 문제점을 야기하고 있었다. 김일성 개인숭배, 조선혁명역사의 왜곡, 김일성파 중용을 둘러싼 파벌 간의 알력은 1956년 '8월 종파사건' 발생의 중요 배경이 됐다.

김일성 개인숭배 강화, 조선혁명역사 왜곡

북한정치가 김일성 중심의 패권적 연합을 넘어 김일성의 단일지도체계의 수립으로 나아가면서 자연스럽게 '김일성 개인숭배'가 강화됐다. 김일성 개인숭배 강화와 그의 항일유격대 혁명활동의 과도한 미화는 또 자연스럽게 연안파와 소련파의 우려와 불만을 증가시켰다.

연안파들은 자신들의 혁명의 역사가 김일성의 빨치산 활동보다 훨씬 더 위대하고 투쟁의 규모가 훨씬 더 컸다고 생각하고 있었다. 그런데 연안파 투쟁의 역사와 전통은 무시된 데 비해, 김일성의 항일유격투쟁은 사회주의 진영의 민족해방 투쟁에서 오직 한 부분이었는데도 불구하고 그것이 조선해방과 혁명투쟁사에서 가장 위대한 투쟁으로 다뤄지고 있는 것을 보고 반감을 갖게 됐다. 심각한 조선혁명역사의 왜곡에 큰 불만을 갖게 된 것이다(Document 10: 477).

이 책의 제3장과 이 장에서 자세히 살펴보았다시피, 김일성은 이미 6·25전쟁 기간에서부터 북한의 구체적인 현실에 '마르크스-레닌주의를 창조적으로 적용'하고 '항일빨치산혁명전통을 강화'하는 바탕 위에서 '주체 확립'을 내세우면서 자신의 항일빨치산파의 사상과 정체성을 중심으로 혁명과 건설을 해나가고 있었다.

즉, 김일성은 1952년 12월 당 중앙위 제5차 전원회의에서 박헌영파를 숙청한 후 공식석상에서 이미 '수령'이라는 호칭을 받았고(김일성, 1953c: 337), 1953년 2월 당 중앙위 조직위 제127차 회의를 통해 당 중앙위에 '사회과학부'를 설치하여 본격적으로 '사상사업'에서 '마르크스-레닌주의의 북한 현실에의 창조적 적용'과 '김일성 항일유격 혁명전통'의 중요성 등을 강조하기 시작했다. 전쟁 직후인 1953년 8월 초에 개최된 당 중앙위 제6차 전원회의에서부터는 그동안 북한에서 이룩한 '승리와 성과'는 모두 김일성이 건설한 '새 형의 조선로동당'과 어느 파벌의 수장이 아닌 '조선인민의 수령 김일성 동지'의 덕분으로 돌려졌다. 1955년 당 중앙위 4월 전원회의에서는 당 중앙위에 설치한 '사회과학부'의 사업을 강조하는 방향으로 "당내 계급적 교양의 기본 방향"을 결정했다. 그리고 그해 12월 하순에 와서는 역사적인 「사상사업에서 교조주의와 형식주의를 퇴치하고 주체를 확립할데 대하여」라는 연설을 통해 본격적으로 '사상사업'에서 '주체'를 세우는 것을 천명했다.

이처럼 1955년 말까지 북한에서의 혁명과 건설의 역사는 '사상'사업에서 마르크스-레닌주의의 북한 현실에의 창조적 적용, 김일성 항일유격 혁명전통 강화, 교조주의 퇴치 및 주체 확립 등이 강조됐고, 김일성은 이러한 '사상'분야에서의 성과를 바탕으로 '새 형의 조선로동당'의 건설자, '조선인민의 수령'으로서의 '정체성'을 획득했던 것이다. 이 과정에서 자연히 김일성의 개인숭배 현상이 확산됐다.

김일성은 소련공산당 제20차 대회 이후에 개최된 1956년 4월 하순 조선로동당 제3차 대회에서 자신의 개인숭배 비판 논의는 어떻게 해서든지 회피하고, 해방 후 조선혁명의 창조적 경험, 항일빨치산혁명전통 계승, 주체 확립을 강조했다. 그리고 당 규약을 개정하여 거기에 "김일성동지를 수반으로 하는 우리나라의 우수한 혁명 활동가들"이 "1930년대에 민족해방운동의 새로운 형태, 즉 무장투쟁을 제기하고 그를 지도 조직"하고 "조선민족 해방혁명운동의 지도적 중심을 형성"한 "혁명전통"을 포함시켰다(국토통일원, 1988a: 510). 이에 대해 당시 연안파와 소련파가 어떤 소외감과 불만을 느꼈을지는 짐작하기 어렵지 않다.

여기에서 연안파, 소련파 인사들로서 당시 북한에서 진행되고 있던 과도한 김일성 개인숭배와 김일성 혁명활동의 미화, 조선혁명역사의 왜곡에 대해 불만을 갖고 있던 리상조, 박창옥, 박길룡, 최창익, 리필규와 당시 평양 주재 불가리아대사의 증언을 차례로 들어보자.

우선, 북한에서 왜 개인숭배가 쉽게 생겨났고 그것이 팽배하게 됐는지 그 배경에 대한 리상조의 설명이 흥미롭다. 그는 조선의 역사적 조건이 김일성의 개인숭배가 생겨나도록 촉진했다고 단언한다. 오랫동안 일본 식민주의 압제의 명에를 지고 있던 조선은 민주주의 생활방식을 알지 못했다. 일본 식민주의자들은 조선 사람들로 하여금 일본 관료들에게 모든 면에서 토를 달지 않고 복종하는 정신을 갖도록 '교육'했다. 이 모든 것은 조선인들에게는 매일 반복되는 일상이었다. 해방 후 권력이 인민들의 손으로 넘어갔으나, 해방투쟁에서 혁명적인 단련을 받은 고위급 일꾼들이 충분하지 않았고, 따라서 충분한 혁명교육을 받지 않은 사람들이 고위직에 진출했다. 이러한 객관적 조건이 조선에서 관료주의, 아부, 개인숭배를 촉진했다. 봉건적 교육의 흔적이 사람들의 의식 속에 깊이 뿌리박혀 있는 조선의 상황은 개인숭배가 꽃필 수 있는 비옥한 땅이었다. 봉건교육의 기반은 왕과 왕의 숭배에 대해 토를 달지 않는 복종이었고, 왕 자신이 국가였던 것이다. 왕에 대해 반대를 나타내는 사람은 반역자로 선언됐고, 이 모든 잔재가 아직도 남아 있는 것이 조선 현실이라는 것이다(Document 21: 496).

리상조는 김일성 개인숭배가 촉진된 또 다른 배경으로서 특히 6·25전쟁 중에 모든 권력이 김일성의 손에 집중됐던 것을 들고 있다. 전시 조건하에서 김일성은 당과 국가에서 민주주의적 원칙을 제한하는 구실을 찾던 것이고, 이는 전쟁 후에 부정적인 결과를 가져왔는데, 김일성이 당과 국가, 인민의 '위'에 위치하여 손가락 하나 댈 수 없는 인물이 되어버렸다는 것이다(Document 21: 497). 사실상 6·25전쟁을 시작하면서, 북한은 김일성을 위원장으로 하는 조선민주주의인민공화국 군사위원회를 조직하고 모든 사업을 전시체제로 개편하면서 군사위원회가 모든 권력을 통일적으로 장악했다(김일성, 1980r: 145~146; 김일성, 1980w: 190~191). 당시 김일성은 전시 '단일'권력을 행사했던 것이다.

한편, 1956년 3월 12일 평양 주재 소련대사관 필라토프를 만난 박창옥은 당시 김일성의 개인숭배가 강화되고 있는 북한의 상황을 다음과 같이 설명했다. 박창옥은 자신이 '아주 약하고 소극적으로' 김일성에 대한 '지나친 칭송' 문제에 대해 언급했었는데, 그 때문에 그가 '김일성에 반대하여 나왔다'고 비판받았다고 했다. 그리고 그는 "최근 박영빈이 중앙위 선전선동부를 떠난 이후로 김일성에 대한 칭송은 의미심장하게 증가"했다고 언급했다. 당 정치위원회 위원들이 김일성에 대한 지나친 칭송 행위를 '경쟁적'으로 하고 있다는 것이었고, 김일성은 이 모든 것을 보면서 그것을 아주 높게 평가했다는 것이다(Document 1: 466). 물론 이와 같은 박창옥의 말은 박창옥과 박영빈 등 소련파가 김일성 개인숭배를 만연시켰다는 비판에 대한 변명이었겠지만, 그의 말은 당시 당 간부들이 어떻게 경쟁적으로 김일성 개인숭배에 앞장섰는지를 잘 보여준다.

박창옥은 또한 김일성의 지시와 그와의 협의하에 그의 항일투쟁에 관한 영화가 준비되고 있으며, 조선로동당 역사 연구는 김일성의 보고와 연설에 대한 연구를 통해 이뤄지고 있다고 했다. 김일성 칭송이 얼마나 심한 정도로 이뤄졌는지를 보여주는 더 많은 예들이 있다는 것이었다(Document 1: 466). 박창옥의 이러한 말은 김일성이 흐루쇼프의 스탈린 개인숭배 비판 이후 비록 겉으로는 북한에서 자신의 개인숭배에 대해 조심하는 태도를 취했지만, 실제는 그렇지 않았다는 것을 보여준다.

베를린 주재 북한 동독대사 박길룡이 귀임하는 길에 모스크바에서 1956년 5월 17일 소련외무성 극동국 1등서기관 이바넨코와 나눈 대화를 보면, 박길룡은 김일성을 포함한 몇몇 조선로동당 지도일꾼들이 소련공산당 제20차 대회의 결정을 교훈삼아 자신들의 오류를 비판적으로 재검토하기는커녕 후퇴하고 있다고 말했다. 북한에서 개인숭배는 여전하여 김일성은 예전처럼 독단적으로 모든 것을 혼자서 결정하고 있고, 당 중앙위 상무위원 중 누구도 김일성의 견해에 반대하는 견해를 발언하지 못하고 있다는 것이다. 조선로동당의 집단적 지도원칙이란 것은 단지 말에 불과할 뿐이라는 것이었다(정태수·정창현, 1997a: 149~150; 정창현, 2002: 216).

또 다른 자료를 살펴보자. 리상조가 1956년 5월 29일 소련외무성 부상 페도렌코(N. T. Fedorenko)와 나눈 대화를 보면, 리상조는 김일성 개인숭배는 실제 북한에서 지배적인 현상이고 당 중앙위에는 집체적 영도가 존재하지 않으며 모든 것은 김일성이 혼자 결정하며 김일성 주위에 있는 사람들은 그에게 아첨하고 있다고 했다(Document 4: 471). 조선인민의 혁명적 해방투쟁에 대한 설명은 김일성을 미화하는 데 맞춰져 있다는 것이다(Document 4: 471). 리상조는 조선로동당과 북한정부에서 전개되고 있는 비정상적인 상황에 대해 소련공산당 중앙위가 개입해줄 것을 '여러 번' 요청했다(Document 4: 472).

리상조는 김일성이 정부 대표단을 이끌고 동독을 거쳐 루마니아를 순방하고 있던 1956년 6월 16일에는 소련외무성에서 극동국장 쿠르듀코프를 만나 대화를 나눴다(Document 10: 477). 리상조는 조선로동당에서 김일성 개인숭배를 강화하기 위한 목적으로 이뤄지고 있는 혁명투쟁 역사의 명백한 왜곡에 대해 지적했다. 예컨대, '조선인민'혁명투쟁역사박물관은 '김일성'혁명투쟁역사박물관으로 바뀌었다는 것이다. 김일성의 빨치산부대는 조선의 혁명세력 중 단지 하나일 뿐이었고 다른 부대도 있었으며 연안파 세력은 김일성 부대보다 '열 배'는 더 컸는데, 조선의 혁명운동이 김일성 한 사람의 노력 덕분이라고 선전하는 것을 들을 때 혁명운동에 참여했던 사람들은 당혹함을 느낀다는 것이었다(Document 10: 477).

리상조는 또한 소련공산당과 소련정부의 지도자들이 소련공산당 제20차 대회 이후 북한의 김일성 개인숭배 문제를 지적했는데, 그러한 소련의 비판을 북한에 전달해야 할 사람들이 그것을 제대로 전달하지 않은 데 대해 항상 불만을 갖고 있었다. 예컨대, 소련공산당 제20차 대회에 참석했던 최용건 등 대표단이 흐루쇼프의 스탈린 개인숭배 비판을 북한에 제대로 전달하지 않음으로써 결국 조선로동당 제3차 대회에서 김일성 개인숭배에 대한 비판을 제대로 하지 못했다는 것이다. 따라서 리상조는 6월 16일자 쿠르듀코프와의 대화에서 그러한 잘못된 전례를 반복하지 않도록 소련 지도자들이 이번에 모스크바를 방문하는 북한정부 대표단을 만나게 되면 김일성과 그의 최측근만 만나지 말고 북한 대표단 중에 있는 조선로동당 당원 모두가 참여하는 식으로 가능한 한 대규모의 토론장을 마련하기를 희망했던 것이다(Document 10: 477).

또 1956년 6월 5일과 6월 8일, 그리고 7월 23일에는 평양 주재 이바노프 소련 대사와 연안파 지도자 최창익이 만났는데, 최창익은 조선로동당 제3차 대회에서 소련공산당 제20차 대회의 정신이 잘 스며들지 못했다고 비판했다. 조선로동당의 문제점들을 폭로하여 그 문제점들을 제거함으로써 당을 발전시키고 공고화시킬 수 있는 호기를 맞았는데도 제3차 당 대회에서 필요한 비판과 자아비판이 본질적으로 존재하지 않았다는 것이다(Document 9: 476).

최창익은 어떤 잡지의 편집인은 김일성 개인에 대한 찬양을 '적게' 했다는 이유로 당으로부터 제거·출당됐고, 리상조의 당 중앙위 상무위 편지 사건 등에서 보듯이 당 대회에서 개인숭배 문제를 토론하려는 적극적인 시도도 있었지만, 그것이 제대로 이뤄지지 않았다고 비판했다. 최창익은 현재 당 상무위와 내각에서 김일성의 모든 제안은 그냥 그대로 채택되고 있으며, 사람들이 마음 놓고 발언하기도 어렵다고 말했다. 다시 말해, 최창익은 북한에서 집단지도체제가 충분히 발전되지 못하여 건강하지 못한 상황에 있다고 한 것이다(Document 9: 476).

최창익은 또한 '김일성이 스스로의 행동이 얼마나 해로운지' 이해하지 못하고 있으며, 김일성이 여러 형태로 자신의 개인숭배를 선전하고 있다고 비난했다. 김일성은 리더십의 형태와 방법을 변화시키려고도, 자신의 잘못을 비판과 자아비판하려고도 하지 않으며, 그의 개인숭배는 당에 침투되어 대규모로 확산되고 있다고 했다(Lankov, 2002: 160~161).

뒤에 1956년 '8월 종파사건'이 발생한 8월 전원회의에서 최창익, 박창옥 등 반김일성 연합세력이 패배함으로써 그들을 강력히 처벌하는 결정서가 채택됐는데, 그중에 최창익을 비판한 부분을 보자. 결정서는 최창익이 "(1956년 3월) 전원회의 보고에서는 (북한에서의 개인숭배 문제가) 자기가 생각하는 것보다 더 강하게 지적되었다"고까지 말했는데,[35] 나중에는 "마치도[마치] (개인숭배 문제가) '엄중한 후과'가 있는 듯이 악선전하며 지어는[심지어는] 부분적인 사업상 결함까지 고의적으로 개인숭배에 결부시킴으로써 당 지도부의 위신을 손상시키며 당의 규율을 파괴하는 무정부주의적 분위기를 당내에 조성하려고 책동"했다고 비판하고 있다(『결정집』, 1956l: 13). 이는 최창익이 '8월 종파사건' 이전에 김일성 개인숭배에 대해 매우 비판적이었다는 또 다른 증거라고 하겠다.

1956년 7월 20일[14일]자 리필규와 평양 주재 소련대리공사 페트로프 사이의 대화록을 보면, 리필규는 김일성 개인숭배는 참을 수 없을 정도로 심해져서 어

---

35) 최창익이 '김일성 개인숭배' 문제에 대해 실제 비판적이었음에도 불구하고, 당 회의를 할 때는 그렇지 않았다는 김일성의 비판은 또 있다. 1956년 '8월 종파사건'이 발생한 다음 날인 9월 1일 김일성이 소련대사 이바노프와 만나 한 이야기를 보면, 8월 전원회의에서 할 보고의 내용을 토론하기 위해 소집된 당 중앙위 상무위에서 최창익은 '심지어 개인숭배 문제가 매우 강력하게 제기되었다고 생각'했고, 김두봉도 보고의 내용에 동의했다고 말했다. 그런데 이들이 나중에 8월 전원회의에서는 다른 말을 했다는 것이다(Document 15: 484).

떠한 비판과 자아비판도 용납하지 않으며, 북한에서 '김일성의 말은 법'이라고 비난하고 있다. 김일성은 당 중앙위나 내각에서 아첨꾼과 종복들을 주위에 거느리고 있다는 것이다(Document 11: 479).

리필규는 또한 자신이 감옥에 있을 때인 1930년대에 이미 김일성에 대해서 알았다면서 조선인민들의 해방투쟁의 역사가 왜곡되고 변조되고 있는 데 대해 매우 분개했다. 당시 공연되고 있던 오페라 「솔개골」의 한 장면을 보면 김일성의 빨치산부대가 정치범들을 해방하는데, 사실은 해방 후 진주한 소련군이 정치범들을 해방했다는 것이다. '재만(在滿) 한인 조국광복회'도 조선공산당의 초기 형태였다는 식으로 말하는데, 그것은 '민주전선' 성격의 단체였다고 했다(Document 11: 479).36)

나중인 1956년 10월 5일 리상조는 조선로동당 중앙위에 장문의 편지를 보내는데, 그 속에서 그는 리필규가 조국광복회에 대해 한 위의 말과 동일한 이야기를 했다. 조국광복회의 강령은 인민통일전선에 대한 코민테른의 결정과 중국공산당의 민족통일전선에 관한 결정들에 기초를 두고 있었는데, 이러한 문서들이 어떻게 김일성이 만든 것이라고 할 수 있느냐고 비판했다(Document 21: 506).

마지막으로, 당시 북한에서 김일성의 개인숭배가 심각한 문제였음을 증언하는 평양 주재 불가리아대사의 발언이 있다. 평양 주재 소련대사 이바노프가 1956년 5월 10일 불가리아대사를 만났는데, 불가리아 대사는 동유럽 사회주의 국가들에서는 개인숭배의 폐해를 극복하기 위한 사업이 활발하게 진행되고 있는 데 반해, 북한에서는 조선로동당 제3차 대회에서 김일성 개인숭배 문제가 전혀 시정되지 않았고 오히려 박헌영의 개인숭배를 문제삼았다는 점을 지적했다. 북한의 당 간부들이 김일성에게 '수령님' 말고는 다른 호칭을 쓰지 않으며, 어떤

---

36) 리필규는 당시 조선 내에 있었던 혁명가들은 중국에 있는 조선인들의 영향을 받지 않고 완전히 독립적으로 활동했다고 말했다. 코민테른(Comintern), 김일성, 프로핀테른(Profintern: 적색노동조합 인터내셔널)은 1936년까지만 사람들과 지령을 조선인들에게 보냈다는 것이다. 만약 당시 중국공산당원이었던 김일성이 조직한 광복회가 조선에서의 혁명운동에서 큰 역할을 했다면, 코민테른이 중국공산당을 통해 이 조직에 관심을 가졌어야 했을 텐데 그러한 일은 없었다는 것이다(Document 11: 479).

문제에 대해 이야기를 꺼내면, 중앙위 정치위원들까지도 '그것은 수령님께서 아직 검토하지 않으셨다'느니, '그 문제에 관해 수령님께서 이렇게 말씀하셨다'느니, '수령님께 보고드리겠다'는 식의 대답을 늘어놓는다는 것이다. 불가리아 대사는 '수령님이 조선로동당이 아니라 김일성'이라고 비판했다(정태수·정창현, 1997a: 152; 정창현, 2002: 221~222).

위에서 살펴본 것처럼, 김일성 항일유격대 활동의 과도한 미화와 연안파 혁명 투쟁의 상대적 무시로 나타난 조선혁명역사 왜곡, 당의 레닌주의적·집체적 지도의 부재와 김일성 개인숭배 강화 등은 연안파와 소련파로 하여금 크게 반감을 갖도록 하여 결국 이들이 반김일성 연합을 형성하여 '8월 종파사건'을 일으켰던 것이다.

김일성파의 과도한 중용

당과 국가의 지도부 '인사배치'에서 김일성 항일빨치산파의 과도한 중용은 또한 연안파와 소련파의 불만을 증가시켰다. 당시 김일성파의 중용에 대해 소련 파와 연안파 인사들이 어떻게 생각했는지 박창옥, 리상조, 최창익, 리필규, 윤공흠, 서휘 그리고 이바노프 대사의 말을 들어보자.

박창옥이 1956년 3월 12일 평양 주재 소련대사관 참사관 필라토프와 나눈 대화를 보면, 박창옥은 김일성을 둘러싸고 있는 많은 일꾼들, 즉 최용건과 박금철, 그리고 당 중앙위의 몇몇 부부장은 자격미달이며, 더욱 중요한 점은 이들이 성격이 비열하고 객관적으로 세상을 보는 일꾼들이 되지 못한다고 혹평하고 있다 (Document 1: 466).

베를린 주재 북한 동독대사 박길룡은 1956년 5월 17일 소련외무성 극동국 1등서기관 이바넨코와 나눈 대화에서 김일성 측근들은 최용건, 림해, 정준택, 박금철 등 무능하고 무원칙적이며 아부 잘하는 사람들로 구성되어 있으며, 사람들로부터 존경을 받는 김두봉이나 홍명희는 제대로 말을 하지 못한 채 집에서 꽃이나 기르고 있다면서 김일성파와 김일성 충성파의 중용을 비판했다(정태수·정창현, 1997a: 150; 정창현, 2002: 217).

모스크바 주재 북한대사 리상조는 1956년 5월 29일 소련외무성 부상 페도렌코와 나눈 대화에서 김일성의 주위 인물로서 외무상 남일과 박정애 같은 이들을 아첨꾼이라면서 비판적으로 평가했다(Document 4: 471).

최창익이 1956년 6월 8일 이바노프 소련대사와 나눈 대화를 보면, 최창익은 김일성이 고위인사를 선발 배치하는 데서 여러 소속 파벌로 분류하고 이들을 승진시킬 때 특정 그룹 대표들의 비율을 고려한다고 비판했다. 즉, 김일성은 허가이와 함께 온 소련파, 박일우가 우두머리인 중국파, 김일성이 이끄는 항일빨치산파, 그리고 북한 국내파와 남조선으로부터 온 사람들(박헌영파)로 나누고, 그 중에서 김일성파를 더 우대한다는 것이었다(Document 9: 475).

최창익은 정일룡, 박금철, 김창만 등 김일성 충성파들은 전문성, 사업 경험, 교육, 정치적인 질이 떨어져 제대로 주어진 과업도 수행을 못 하고, 아첨과 굴종 같은 부정적인 특성이 매우 강력히 발달되어 있다고 비판했다.[37] 소련파인 전동혁의 경우에는 그의 친척들이 일제 경찰에서 일했고 그의 많은 친척들이 지금 남한에 살고 있는데도 당 중앙위 상무위원으로 발탁됐다고 불만을 토로하고 있다(Document 9: 475~476).

리필규가 1956년 7월 20일[14일] 평양 주재 소련대리공사 페트로프를 만나 한 이야기를 들어보면, 내각의 18명의 상(相) 중에서 9명이 과거가 확실하지 않다고 비판하고 있다. 금속공업상 강영찬, 경공업상 문만옥, 화학공업상 리창호, 국가계획위원장 리창옥, 교육상 한설야 등은 과거에 그들이 조선의 자유와 독립을 위해 투쟁한 것이 아무것도 알려져 있는 것이 없는 인물들이라는 것이다(Document 11: 479). 리필규는 여러 인사들에 대해 인물평을 했는데, 특히 한설야에 대해서 "한설야는 총살당해야 한다. 그는 그의 소설 『력사』 때문에 제거되어야 한다. 그는 매우 기분 나쁜, 위험한 인물이다. 김일성 아첨꾼이다"라는 혹평

---

37) 최창익은 일제에 의해 훈련된 정일룡과 같은 테크노크라트와 해방 후 새로 양성된 인테리들을 각각 '반동분자'와 '촌놈'이라고 불렀다. 그런데 흥미로운 점은 김일성은 이들 양 그룹의 인사들을 공업화를 촉진시키고 연안파와 소련파 인사들의 전문성을 대체할 세력으로 보고 있었다는 것이다. 이들은 기본적으로 김일성 충성파가 됐는데, 최창익이 이들에 대해 못마땅하게 생각했던 것이다(Szalontai, 2005: 95).

을 하고 있다(Document 11: 480).[38]

최창익, 윤공흠, 서휘, 리필규 등이 또 나중에 '8월 종파사건'이 발생한 8월 전원회의 결정서에서 "당의 간부정책이 잘못되었다", "전원회의 후에는 당과 정부의 현 지도부는 바뀐다" 등의 비방과 요언을 했다고 비판받는 것을 보면(『결정집』, 1956l: 14), 반김일성 연합세력이 김일성의 간부 인사배치 정책에 대해 매우 불만이 컸음을 알 수 있다.

뒤에 '8월 종파사건'이 발생한 바로 다음 날인 9월 1일 김일성은 소련대사 이바노프를 만났는데, 김일성은 "8월 전원회의에서 중심적인 이슈는 개인숭배 문제가 아니라 인사문제였다"고 이바노프에게 말했다. 그리고 박정애와 박금철에 대한 인사배치 관련 비판은 근거가 충분하지 않아 입증되지 못했다고 말했다. 8월 전원회의에서의 보고 내용을 논의하기 위해 개최된 당 중앙위 상무위에서 김두봉이 인사문제를 제기했지만, 자신은 박정애와 박금철에 대한 인사 관련 비판이 근거가 불충분하다는 점을 받아들이고 8월 전원회의에서는 인사문제를 제기하기 않기로 동의했다는 것이다. 당 중앙위 상무위는 특정 개인들에 대한 공격은 지도부를 훼손하기 위한 것이라는 결론에 도달했다고 했다(Document 15: 484).

김일성이 이바노프 대사에게 당 상무위에서 김두봉 등 연안파 인사들이 김일성파 인사들의 중용에 대해 결국 이해하고 동의했다는 식의 이야기를 하고 있으나, 위에서 이미 살펴보았듯이 연안파와 소련파들이 모두 다 김일성이 이야기한 대로 그렇게 이해했던 것은 아니었다. 또 김일성이 이바노프에게 자신의 개인숭배 문제는 '8월 종파사건' 발생 배경으로서 중심적 쟁점이 아니었다고 부정하고 있는 것이 흥미롭다.

한편, 평양 주재 소련대사 이바노프는 1956년 12월 하순 소련공산당 중앙위에 보내는 「조선로동당과 조선민주주의인민공화국의 상황」이라는 보고서에서 제3차 당 대회 이후 당의 핵심지도부인 당 중앙위 상무위 선거와 상무위에서의 권력 상황을 평가했다. 그는 당시 상무위에서 김두봉과 박정애의 역할이 축소됐

---

38) 한설야는 김일성의 항일투쟁을 형상화한 장편소설 『력사』(1951)로 북한에서 각 분야의 최고 인물에게 수여하는 인민상을 받았다.

고, 재선된 김일성파 최용건, 김창만, 정일룡과 김광협의 역할과 영향력이 증가했다고 보았다. 또 그는 당 중앙위 상무위와 간부들 중에서 최용건, 박금철, 김창만은 인사배치에서 조금 잘못을 저지르고 있었다고 보고했다. 예컨대, 그들은 연안파와 소련파 몇 명의 실수를 과장해서 당과 정부의 고위직에서 그들을 제외시키려 했고, 정치위원들이었던 허가이와 박일우, 그리고 뒤이어 박창옥, 박영빈, 최창익에게도 심한 조치를 취했다는 것이다. 즉, 박일우는 구속하고 최창익은 철직을 시켰다는 것이다(Document 30: 525).

이상에서 살펴보았듯이, 6·25전쟁 이후 김일성파 vs. 연안파 및 소련파 사이에서 '세 가지 축'을 중심으로 정체성 충돌이 빚어졌다. 즉, 전후 복구발전 노선 투쟁, 사상사업에서의 주체 확립 vs. 교조주의 및 형식주의의 투쟁, 그리고 김일성 개인숭배, 조선혁명역사의 왜곡, 김일성파의 중용 문제를 중심으로 투쟁이 일어났던 것이다. 그리고 이러한 정체성의 충돌은 1956년 '8월 종파사건'의 발생 배경이 됐던 것이다.

4. 김일성파 vs. 연안파 vs. 소련파

마지막으로, 위에서 분석한 '세 가지 축'을 중심으로 한 파벌 간의 정체성 투쟁과는 별도로, '8월 종파사건' 이전의 시기에 형성된 김일성파 vs. 연안파 vs. 소련파 간의 전반적인 파벌관계의 형성과 이들 간의 정체성의 충돌을 살펴보기로 하자.

구체적으로, 1956년 '8월 종파사건'이 발생하기 이전, 조선공산당 내에서의 각 파벌들은 어떻게 하여 생겨났는가? 파벌의 발생과 정체성, 그리고 파벌 관계에 대해 당시 김일성과 다른 지도자들은 어떻게 생각하고 있었는가? 김일성은 어느 정도로 파벌들을 의식하면서 당내 권력구조에서 어느 정도의 위상을 갖고 권력행위를 했는가? 참고로, 소련파에 대한 당시 여러 인사들의 증언 자료가 있는데, 소련파는 어떤 평가를 받고 있었는가? 마지막으로, 김일성의 용인술과 인사정책은 어떠했는가?

파벌의 탄생과 파벌의 '정체성'

조선로동당 내에 어떻게 여러 파벌들이 생겨났는가? 해방 이후 북한에서 사회주의 당-국가체제 건설에 참여했던 여러 세력들이 국내파[북한 국내파, 남한 국내파(박헌영파)], 김일성파(항일빨치산파), 소련파, 연안파로 구별되고(Document 9: 475; Document 21: 496), 또 이들이 혁명과 건설에서 나름대로 상이한 사상과 정체성을 지녔던 것은, 아무래도 1차적으로는 일제강점기에 이들이 서로 다른 지역에서 서로 다른 공산당 생활과 혁명 활동, 민족해방투쟁 활동을 한 데서 연유했다.

김일성은 조선로동당이 소련파, 연안파, 남한 국내파 등 여러 파벌로 구성되어 있어서 이것이 '종파주의'의 온상이 됐다고 보았다. 종파주의를 극복하려면 파벌을 제거해야 했다. 이런 맥락에서 그는 허가이, 박일우, 그리고 박헌영을 각각 소련파, 연안파, 그리고 남한 국내파를 대표하는 종파주의자로 지목했다(김일성, 1980p: 296~297).

김일성은 박일우가 소련에서 나온 사람과 중국에서 나온 사람은 '서로 다르다', '서로 생활풍습이 맞지 않는다'는 식으로 종파적 행위를 했고(김일성, 1980p: 296~298), 당이 소련파 허가이를 비판하자 박헌영, 리승엽이 이 기회를 이용하여 소련파를 반대하고 나섰으며, 연안파 박일우는 소련파를 반대하여 박헌영파와 손을 잡아야 한다고 공공연히 떠드는 식으로 종파행위를 했다고 비판했다(김일성, 1980l: 448~449).

김일성이 파벌에 기반을 둔 종파주의를 공격하면서 했던 이런 말들은 역설적으로 무엇을 의미하는가? 첫째, 김일성의 말을 통해 각 파벌마다 독특한 사상의식, 생활풍습, 도덕적 풍모, 사업 작풍 등, 소위 파벌 각자의 '사상'과 '정체성'이 있었음을 알 수 있고, 또 각 파벌 간의 전략적 관계를 알 수 있다. 둘째, "10년이면 강산이 변한다"고 하는데(김일성, 1980p: 296) 해방 후 10년이 지났는데도 파벌마다 아직도 생활습관과 사업작풍이 하나가 되지 않고 서로 다르게 지속되고 있었음을 알 수 있다. 즉, 파벌들의 사상과 정체성은 쉽게 변하지 않았음을 알 수 있다.

김일성은 또한 일제강점기와 해방 전후의 시기에 한반도에서 국내 공산주의 및 사회주의 세력들 간에 파벌이 지속되고 또 이들이 종파로 변질된 것을 직접 설명한 적이 있다. 1956년 4월 하순 개최된 조선로동당 제3차 대회에서 한 보고를 통해 김일성은 조선로동당의 "건설의 특수성과 관련하여 해방 전부터 우리 당[조선로동당]이 걸어온 길"을 개괄하면서, 어떻게 일제강점기에 공산주의자들이 화요파, 엠·엘파(ML파), 서울파, 서상파[39] 등의 종파주의적 오류를 범했으며, 해방 이후에도 콩그룹, 장안파, 대회파 등으로 종파적으로 분열되어 있었고, 박헌영, 리승엽 등의 간첩행위를 포함한 많은 공산주의자들의 종파행위가 어떻게 당의 통일과 단결을 해쳤는지를 자세히 설명했다(국토통일원, 1988a: 341~349).

김일성은 "종파분자들이 해방 전후를 통하여 계속 존재"하고 "파벌 투쟁과 암해 활동을 그처럼 오랫동안 강행할 수 있었던 원인"으로서 두 가지를 들었다. 그 하나는 1925년에 창건된 노동계급의 당이 "종파분자들의 파벌 투쟁에 의해서 해산된 이후 8·15까지 우리나라에는 당이 존재하지 않"아서 "우리가 당의 투쟁전통을 가지고 있지 못"한 것이고,[40] 다른 하나는 "무원칙한 개인숭배 사상으로 인해 종파분자들과의 투쟁을 강력히 전개하지 못"한 것이었다(국토통일원, 1988a: 349~350).

김일성이 당 제3차 대회의 보고에서 의미했던 것은 해방 후에 북한에서 조선의 노동계급의 당이 정식으로 생겨남으로써[41] 종파가 없어졌으나, '종파의 잔재'는 아직 남아 있기 때문에 이를 없애기 위해 투쟁해야 한다는 것이었다(국토통일원, 1988a: 502). 이를 위해서 김일성은 자신의 파벌을 제외한 모든 다른 파벌들을 숙청함으로써 종파주의의 온상을 없애야 했던 것이다.

---

39) '서상파'는 1927년 12월 '서울파'의 일부와 '상해파'의 일부가 합해 만든 그룹이었는데, 그 명칭은 두 그룹 이름의 첫째 글자를 떼어 조합한 것이다.

40) 참고로, 리상조도 소련군에 의한 조선의 해방 시까지 조선에는 근로계급을 대표하고 혁명의 인정된 지도자로서 행동하는 통일된 공산당이 없었다는 점을 지적했다(Document 21: 496).

41) 이는 1945년 10월 '북조선공산당 중앙위원회 조직국'('조선공산당 북조선 조직국', '조선공산당 북부조선분국')의 창건을 말한다.

박창옥의 증언: 파벌관계, 소련파의 몰락

'8월 종파사건'이 발생하기 전 북한에 존재했던 파벌과 그들 간의 관계를 밝혀주는 박창옥의 흥미로운 증언이 있다. 우선, 북한 주재 소련대사관 참사관 필라토프와 박창옥이 1956년 3월 12일 나눈 대화를 살펴보자. 당시 조선로동당 내에서 각 파벌 간의 협력과 대결의 관계, 그러한 상황에서 김일성의 지위와 역할, 김일성의 용인술 내지 통치술이 박창옥의 말을 통해 흥미롭게 드러나고 있다.

박창옥에 의하면, 1953년에 허가이(소련파)가 죽은 후에 최용건(김일성파), 최창익(연안파), 정일룡(김일성에 충성하는 국내파 테크노크라트) 등이 박창옥과 박영빈 등 소련파를 당 중앙위에서 쫓아내자고 했으나, 김일성이 그에 동의하지 않고 오히려 당 중앙위 정치위에서 그들의 행동을 비판했다. 그럼에도 최용건은 몇몇 소련파 주요 인물들을 해임시키려고 했고, 1954년 초에 최용건, 최창익, 정일룡 등은 다시 소련파들을 철직시키는 문제를 제기했다. 이번에도 김일성은 동의하지 않았으나, 그 후 1개월 반 후에 김일성이 소련파 일부를 강등하는 조치를 취했다(Document 1: 464).

1954년 초 김일성의 제의에 김일(김일성파)과 박창옥(소련파)이 당 중앙위 부위원장에 선출됐고, 그해 3월에는 또다시 김일성의 제의에 의해 두 사람 모두 부수상으로 내각에 재배치됐다. 박창옥은 부수상 겸 국가계획위원장직을 맡았고, 김일은 부수상 겸 농업상을 맡았다. 김일성이 당 정치위에서 그러한 제안을 했을 때, 박정애(김일성에 충성하는 국내파)와 김두봉(연안파)이 반대하여 그런 인사가 쉽게 이뤄진 것은 아니었다. 박창옥은 부수상 겸 국가계획위원장으로 '승진'함으로써 김일성과 더 가까워졌으며, 전후 경제복구와 관련된 모든 문제는 국가위원회의 주도권에 의해 정부에서 결정됐다. 당시에 김일성은 항상 박창옥을 지지했고, 내각에서의 질서를 요구했다. 박창옥은 김일성의 지시를 흠잡을 데 없이 실행했고 김일성은 자주 박창옥을 '모범'으로 칭찬했다(Document 1: 464).

이렇게 되자 정일룡, 최창익 등이 박창옥을 싫어했고, 1955년 초에 김일성이 박창옥과 그의 사업에 불만을 표시했다. 박창옥은 김일성과 대화를 통해 불만의 원인을 알아내려고 했으나 헛수고였다. 박창옥은 누군가가 김일성에게 영향을 미치기 시작한 것으로 판단했다. 그리고 이 부정적인 영향은 국가계획위원회 사업에 부정적으로 작용했다(Document 1: 464).

박금철(김일성파)을 제외한 당 중앙위 정치위의 모든 성원들이 최용건을 정치위에 임명하겠다는 김일성의 제안에 반대했다. 그런데 김일성은 최용건의 정치위 임명 건을 특별히 정치위의 합의로 이뤄내려는 노력을 하지 않고 바로 당 중앙위 전원회의로 가져갔다. 중앙위 위원들 대부분은 최용건을 소(小)부르주아당(조선민주당)의 당수로 인식했고, 그가 당 중앙위 상무위에 나타난 것을 보고 놀랐다. 최용건은 정치위에 들어온 이후부터 박창옥, 박영빈, 그리고 다른 소련파들을 반대하기 위한 자료를 모으기 시작했다(Document 1: 464~465).

김일성은 점점 더 박창옥, 박영빈, 심지어 박정애의 사업에 불만을 나타내기 시작했다. 1955년 8월에는 박창옥이 없는 자리에서 김일성이 국가계획위원회 사람들을 불러 국가계획위원회의 잘못된 사업에 대한 관련 자료를 모으라고 명령했다. 그들이 김일성의 명령을 이행하여 자료들을 모았으나 그것들이 너무 형편없이 준비된 자료들이어서 김일성은 국가경제위원회 사업의 결점에 대해 박창옥에게 언급하지 않기로 했다. 1955년 11월 21일 김일성은 경제고문들과의 회의에서 국가계획위원회와 박창옥에 대해 심하게 비판했다. 박창옥은 김일성의 비판 요지를 국가계획위원회 사업에 대한 가이드라인으로 생각하고 국가계획위원회 사업을 증진시키기 위한 조치들을 취했다. 1955년 12월 중앙위 전원회의 이전에 박창옥은 김일성에게 두 번이나 불려갔으며, 김일성은 박창옥에 대해 몇 가지 비판을 했다(Document 1: 465).

우선, 김일성은 한설야를 포함한 프롤레타리아 작가들에 대한 박창옥의 태도가 정확하지 않다고 비판했다. 박창옥이 남한으로부터 온 작가들(림화, 리태준, 김남천 등)을 지지한 것은 잘못이라는 것이다. 김일성은 박창옥이 허가이가 죽은 후 많은 소련파를 그들의 직위에서 철직시키지 않고 그룹을 만들고 모든 문제를 '가족'처럼 결정했다고 비판했다(Document 1: 465).

그에 대해 박창옥은 자신은 당 정치위와 김일성의 명령 없이 아무것도 하지 않았다고 항변했다. 박창옥은 김일성에게 '당 정치위원회와 김일성 당신이 반복적으로 남한에서 온 일꾼들을 지지해야 한다고 하지 않았느냐'고 반박했다. 박창옥은 자신이 소련파를 중요한 직위에 배치하지 않았다는 것, 그러한 배치는 이미 이전에 이뤄졌고 모든 일은 당 정치위와 김일성의 주도에 의해 그렇게 결정됐다는 점을 지적했다. 박창옥은 자신이 북한에서 1948년 이전에는 중요하지 않은 일을 했고,[42] 1947~1952년 기간에 자신이 한 일을 문제삼는다면 그것은 당시 모든 결정을 당 정치위가 했으니 정치위가 공동책임을 져야 한다고 주장했다. 김일성은 박창옥의 그러한 생각에 동의하고 박창옥에게 조용히 있으면서 정치위와 내각에서 열심히 일해주기를 요청했다(Document 1: 465).

이처럼 박창옥의 주장에 동의했음에도, 김일성은 1955년 12월 전원회의의 총결연설에서 온통 소련파를 비판했고 박창옥을 또 악의적으로 비판했다. 흥미로운 점은 박정애도 참여한 토론의 말미에 김일성은 박창옥에게 '당신은 충분히 이미 비판받았으니, 조용히 계속 일하라'고 말했다는 것이다(Document 1: 465).

400명이 참여한 1955년 12월 27~29일 당 중앙위 확대전원회의에서 김일성 주도로 박창옥, 박영빈, 기석복, 전동혁, 정률(모두 소련파)이 본격적인 비판을 받은 내용에 대해서는 이미 제4장에서 박창옥의 정치적 숙청을 기술하면서 살펴보았다. 그러나 잠깐 중요한 부분을 여기서 반복 인용하자면, 박창옥 등은 당에 부르주아사상을 들여온 도관이며, '나라의 얼굴'까지는 아니더라도 '제2인자'가 되고자 했으며, 김일성의 역할을 축소시켜 당과 인민들이 수령에게 좋은 감정과 태도를 표현하지 못하도록 했다는 비판을 받았다. 몇몇 소련파 인사들이 박창옥을 지지하여 발언하기도 했지만, 림해(연안파)와 한설야(김일성에게 충성하는 국내파)가 강력한 비판에 나섰고, 확대전원회의 마지막에 김일성은 허가이의 추종자로서 소련파 15명을 지목하기도 했다(Document 1: 465).

---

42) 박창옥은 1956년 3월 12일 필라토프와의 대화에서 소련파들이 북한에 들어와서 여러 가지 실수를 할 수밖에 없었던 이유를 나름대로 설명했다. 박창옥 "자신은 소련에서는 별로 중요하지 않은 당 사업을 했는데, 북한에 와서는 중요한 당과 국가사업을 하도록 강요"되어 "필요한 경험도 없이 중요한 국가의 일을 결정할 때 몇 가지 실수를 하였다"고 했다. 그는 "더구나 북한에 들어왔을 때, (북한이라는) 나라에 대해서도, 당의 지도일군들도 몰랐다"면서 "그래서 몇 가지 실수"를 했다고 했다. "그런 데다가 전쟁 전, 특히 전쟁 중에는 북한의 상황이 복잡했고, (전후인 1956년 3월 지금) 아직도 많은 어려움이 존재하고 있다"고 고백했다(Document 1: 464).

1955년 12월 30일, 박창옥은 김일성에게 한번 만나 자신의 설명을 들어줄 것을 요청했고, 김일성은 그를 자신의 집으로 초청하여 5시간 이상을 이야기했다. 그러나 김일성은 그가 박창옥에 대해 전에 했던 동일한 비난을 반복했다. 박창옥은 김일성에게 오직 소련파만 토론에서 비판의 대상이 되고 있고 다른 일꾼들의 잘못은 하나도 언급되지 않고 있다는 사실을 환기시켰다. 그리고 박창옥은 당 지도부와 모든 당 조직들이 소련파의 행위와 잘못을 토론하다 보니, 자신들은 맡은 일을 제대로 하지 못한 지가 벌써 2개월 이상이 됐노라고 호소했다. 김일성은 오랫동안 박창옥과 논쟁했다. 나중에 그는 박정애와 김일을 초청하여 그들의 생각을 구했다. 그들은 본질적으로 박창옥에게 동의했고, 김일성은 이 모든 토론이 중지될 필요가 있다는 데 동의했다. 그는 박창옥에게 모든 것을 잊고 부수상과 국가계획위원장직에서 계속해서 활발히 일해줄 것을 요청했다(Document 1: 465~466).

그러나 1956년 1월 18일 박창옥은 다시 한 번 당 중앙위 상무위에 소환되어 이미 정치위에서 수용한 상무위의 결정서 초안을 낭독하도록 요구받았다. 김일성은 박창옥에게 지금 토론되고 있는 문제에 대해 그의 의견을 말할 것을 제안했다. 당 중앙위 상무위원 누구도 박창옥과 박영빈이 '종파적 반당적 행위를 했다'고 말하지 않았다. 박창옥은 자신의 발언에서 자신이 상무위의 결정에 동의하지 않지만 상무위는 (조직으로서) 자신이 원하는 대로 결정해야 하며, 자신을 국가계획위원장직에서 철직시켜 중요하지 않은 보통 사업을 하도록 강등시켜 줄 것을 요청했다(Docuement 1: 466).

박창옥이 왜 그렇게 스스로 철직을 요구했는가? 그는 3월 12일 필라토프에게 '자신이 너무 피곤하여' 정치위원회와 김일성이 자신과 소련파에 대해서 한 비난이 정확하지 않다는 것을 설명할 수가 없어서 그렇게 했노라고 이야기했다. 김일성은 박창옥의 제안에 반대했다. 다른 날 박창옥은 또다시 자신을 모든 직위로부터 철직시켜 달라고 요청했다. 김일성은 그의 철직 요청을 그가 중앙위 상무위의 결정에 동의하고 싶지 않아서 그렇게 한 것으로 생각했다. 박창옥은 자신을 해임해줄 것을 두 번이나 제기했다. 결국 정치위는 박창옥의 제안을 수용하고 그를 철직시켰다. 그는 김일성에게 자신이 다시 보통의 일을 할 수 있도록 요청했지만, 김일성은 이를 단호히 거절했다(Document 1: 466). 실제 박창옥은 당 중앙위 정치위에서만 제명됐다(『결정집』, 1956f: 57~58).

박창옥은 필라토프와 만나서 이런 이야기를 하기 이틀 전인 3월 10일에 김일성이 자신을 오라고 해서 갔더니, 거기에는 중앙위의 모든 부서장들이 김일성과 함께 자리하고 있었다고 했다. 김일성은 그들 앞에서 곧 있게 될 조선로동당 제3차 대회에서 자신이 할 연설 중에서 '공업'(산업)에 대한 부분을 박창옥이 준비하고 편집하도록 하는 과업을 주었다. 김일성은 그들에게 공업 관련 사업에 관한 모든 자료들을 박창옥에게 전달하여 제공토록 지시했다. 그러나 이틀이 지난 3월 12일까지도 그들은 박창옥에게 아무것도 전달해주지 않아서, 박창옥이 김일성에게 이에 대해 말했더니 김일성은 그에 대한 조치를 취할 것을 약속했다(Document 1: 466).

위에서 살펴본 박창옥과 필라토프와의 대화록은 1956년 '8월 종파사건'이 발생하기 이전의 시기에 각 파벌 간의 관계, 조선로동당 핵심권력층 내에서 김일성의 위상과 역할, 김일성의 여러 파벌들에 대한 용인술, 최용건 등 김일성파의 끈질긴 소련파 비판과 같은 흥미로운 정보를 제공하고 있다.

우선, 김일성이 1953년 여름에 소련파의 거두 허가이가 죽은 뒤, 소련파를 제거하려는 압력을 물리치면서 의식적으로 그들을 보호하는 태도를 취하다가 1955년에 들어서면서 박창옥 등 소련파를 제거하려는 계획을 품고 그들에 대한 불만을 서서히 나타내기 시작했음을 알 수 있다.

그렇다면 김일성은 왜 1953~1954년에는 박창옥을 두둔하고 심지어 승진까지 시키면서 중용했을까? 이는 물론 북한에 대한 소련의 강력한 영향력 때문이었을 것이다.

당시 북한 주재 소련대사관 참사관 필라토프에 의하면, 자신이 평양의 소련대사관에 근무하는 동안 박창옥이 "내내 소련대사관과의 일정한 접촉을 유지"했다고 한다(Person, 2007~2008: 449). 박창옥 외에 박의완과 박길룡은 소련대사관과 밀접한 관계를 유지했다(Lankov, 2002: 132~133). 이 점에서는 허가이는 말할 것도 없었다. 이와 관련하여 김일성은 "허가이나 박영빈 같은 자들은 당의 지시는 집행하지 않고 다른 나라 대사관에 지시를 받으러 드나들었"다고 나중에 비판했다(김일성, 1983f: 136~137).

소련파의 경우, 그들은 해방 후 소련군과 함께 북한에 들어왔을 때 소련공산당 당원이었고 소련의 시민권을 그대로 유지하고 있었다. 그들은 이중당적이 허용되어 동시에 조선로동당 당원이 될 수 있었다. 1955년 12월 6일 소련 측과 남일 북한 외무상의 대화를 보면, 1955년 말에 소련이 소련파의 국적을 소련에서 북한으로 바꾸도록 지시한 것을 알 수 있다(이종석, 2010: 390). 이에 따라 1956년 초에 김일성이 이들에게 소련시민권을 포기하고 북한의 공민권을 갖도록 요구했다.[43] 이들이 소련의 시민권을 포기했다 하더라도 이들은 여전히 소련공산당원이었다. 그러나 소련파가 북한 국적을 취득한 다음에는 아무래도 '소련파'로서의 정체성이 많이 엷어진 것으로 보인다(NKIDP Document 3, 16).

그런데 김일성이 1955년에 들어 박창옥, 박영빈 등 소련파를 비판하기 시작한 데는 기본적으로 자신의 '주체' 확립에 대한 생각과 소련파 제거에 대한 계획이 그 바탕에 자리 잡고 있었고, 김일성의 비밀 사주에 의해 최용건 등으로부터 소련파를 제거하라는 압력이 또한 있었다고 보아야 할 것이다. 왜냐하면 김일성이 최용건을 정치위 위원으로 선출하는 과정에서 정치위원들의 반대를 설득을 통해 해결해보려는 노력 없이 바로 문제를 중앙위로 가져가 통과시키는 무리수까지 두었는데,[44] 최용건이 정치위원이 되자마자 바로 시작한 일이 박창옥, 박

---

43) 1956년에 들어 소련국적을 북한국적으로 전환하는 사업이 시작되기 전에는 소련파들은 소련국적에다가 소련공산당 및 조선로동당의 이중당적을 갖고 있었다. 참고로, 이때 박의완은 소련국적을 버리고 북한국적을 취득했다. 그리고 나중에 '8월 종파사건'이 실패하자, 박의완은 이바노프 소련대사에게 자신이 '소련으로 돌아가면 다시 소련시민권을 허용하고 소련공산당 대열로 복귀할 수 있도록 말을 전해달라'고 부탁하기도 했다(정태수·정창현, 1997a: 150; Document 6: 473; Document 19: 491). 소련과 북한 사이에 정식으로 「이중국적자들의 공민권 문제 조절에 관한 협약」을 맺은 것은 1958년 12월 16일이었다(『조선중앙년감』, 1958: 86). 1956년 1월 13일 이바노프 대사와 만난 김일성은 '소련파들은 그들이 몸담았던 소련대사관 산하 당 조직을 철폐한 뒤 북조선 당 조직에서 열성적인 당 생활을 하지 않았으며, 회의에 잘 나가지 않아 오류에 대한 비판을 한 번도 받지 않았다'고 이야기하고 있다. 당시 소련파가 계속 소련공산당원으로 남아 있더라도 당 생활을 북한의 조선로동당에서 하도록 한 조치가 있었던 것으로 보인다(정태수·정창현, 1997: 150).

영빈, 그리고 다른 소련파들을 반대하기 위한 자료들을 모으는 것이었기 때문이다. 이는 김일성이 최용건을 당의 핵심기관인 당 중앙위 정치위에 진입시켜 그곳에서 소련파 숙청을 주도하도록 계획했음을 말해준다.

당시 북한의 파벌관계에서 또 한 가지 흥미로운 것은 최용건, 박정애, 정일룡, 한설야 등 항일빨치산파와 김일성에 충성하는 국내파가 박창옥, 박영빈 등 소련파에 대해 공격할 때, 최창익, 김두봉, 림해 등 연안파도 그 공격에 가세했다는 점이다.[45] 나중에 '8월 종파사건'을 준비하는 과정에서 반김일성 연합 형성에 연안파와 소련파가 힘을 모았지만, 그 이전에는 소련파와 연안파가 반드시 협력한 것은 아니었음을 알 수 있다.

당시 북한에서 김일성은 분명히 여타 권력경쟁자들과는 비교하기 힘든 강력한 위상을 갖고 있었고 또 그에 상응하는 역할을 하고 있었다. 그러나 그가 박창옥 등 다른 파벌의 지도자들을 완전히 무시하지 않았던 점도 주목할 만하다. 예컨대, 당 중앙위 정치위와 같은 핵심 권력기구에 속해 있었던 여러 파벌의 지도자들은 사안과 필요에 따라서는 김일성의 제안에 반대하는 의견을 제시하기도 했다. 이는 물론 당시 조선로동당 권력구조가 비록 '김일성을 중심으로 한 패권적 연합'체제이긴 했어도 어쨌든 아직도 '세력 연합'의 성격을 띠고 있었으며, '8월 종파사건' 이후에 보게 될 '김일성 단일지도체계'가 아니었기 때문에 그러했던 것이다. 그러나 그것은 또한 '김일성의 특유의 용인술'을 반영하고 있었다.

최창익, 남일, 최용건의 증언: 파벌과 파벌관계

그렇다면 당시 다른 여러 다른 파벌의 지도자들은 파벌과 파벌관계에 대해 어

---

44) 최용건의 이러한 무리한 방식을 통한 등용은 나중에 1956년 8월 전원회의에서 또다시 문제가 됐다. 윤공흠이 "최용건은 다른 정당의 지도자인데 그가 바로 조선로동당 부위원장으로 임명됐는데 이것은 당의 민주주의의 명백한 위반"이라고 비판한 것이다. 그때 최용건은 자리를 박차고 일어서서 윤공흠을 "개새끼"라고 부르며 온갖 방법으로 모욕했다(Document 19: 489).

45) 한편, 김일성이 당 부위원장이었던 박창옥과 김일을 내각 부수상으로 승진시키려고 할 때 국내파 박정애, 연안파 김두봉이 이를 반대했던 것도 흥미롭다.

떻게 생각하고 있었는가? 연안파 최창익과 소련파 남일이 소련대사관 측과 각각 나눈 대화록을 보자. 그리고 '8월 종파사건'이 발생한 1956년 8월 전원회의에서 최용건이 발언한 내용을 보자.

1956년 6월 8일자 최창익과 소련대사 이바노프의 대화록을 보면, 최창익은 허가이, 박창옥 등 소련파에 대해서 호의적이었다. 특히 허가이에 대해서는 동정적인 입장을 갖고 있었다(Document 9: 475). 반면, 최창익은 남한 출신 박헌영과 리승엽은 '나쁜 사람들'이며 '인민의 적들'이라고 비판했다. 최창익은 허가이의 사업과 그의 잘못이 박헌영과 리승엽의 행위에 함께 연계되는 것에 반대했다(Document 9: 475). 최창익은 또 문화선전상 허정숙을 옹호하고 있다(Document 9: 476). 당시 연안파 중에서 허정숙이 김창만과 함께 김일성 지지로 돌아선 대표적인 인물이었는데 최창익이 허정숙을 옹호하고 있는 것이 흥미롭다. 허정숙은 연안파 인물이었을 뿐만 아니라 최창익의 아내였던 것이다.[46]

그러면 남일이 1956년 7월 24일 평양 주재 소련대리공사 페트로프와 나눈 대화를 들어 보자. 남일은 말하기를, 그전에는 결코 자신의 아파트에 찾아오지 않던 박창옥이 7월 20일[14일]에 자신의 아파트에 찾아와서 자신더러 반김일성 연합에 참여하라고 종용했는데, 자신이 매우 곤란한 입장에 처했음을 느낀다고 했다. 그 이유는 자신은 '당 중앙위 상무위원'이기 때문에 김일성에게 박창옥과 나눈 대화를 알려주어야 마땅하지만, 다른 한편, 박창옥이 소련파이므로 김일성이 자신에 대한 반대 행위를 소련파 (전체와) 잘못 연계할 수도 있기 때문에 김일성에게 이를 알리고 싶지 않기 때문이라는 것이었다(Document 12: 481).

남일이 김일성과 가까웠기 때문에 남일과 박창옥은 서로 가깝게 지내지 않았

---

46) 허헌의 딸 허정숙은 원래 박헌영, 김단야와 함께 화요회 3인방으로 불리던 임원근의 아내였으나, 임원근이 감옥에 있는 사이 북풍회의 송봉우와 동거하는 등 당시 흔치 않은 자유연애, 사회주의자에 대한 동지애에 뿌리를 둔 '붉은 연애'로 화제를 모았다. 중국으로 망명한 후 1937년에 최창익과 재혼했다. 해방 후에는 1946년 9월에 소련에 아내와 두 자식을 두고 평양에 와 북조선인민위원회 국가계획국장을 하고 있던 박(朴) 니콜라이 알세이비치와 염문을 뿌리기도 했다. 이 때문에 박 니콜라이는 1947년 6월에 소련으로 소환당했다(김국후, 2008: 275; Lankov, 2002: 122~123).

지만, 남일이 페트로프에게 한 고백은 소련파인 그가 소련파 인물들에 대해 갖고 있었던 정(情)을 말해주고 있다. 이 점에서는 박창옥도 마찬가지였음을 알 수 있다. 왜냐하면 박창옥이 남일의 친김일성 성향에 대해 이미 알고 있었을 터인데도 위험을 무릅쓰고 반김일성 연합 전선에 그를 끌어들이려고 한 것은 남일이 갖고 있던 '소련파 정체성'에 호소한 측면이 컸다고 봐야 할 것이기 때문이다.

마지막으로, '8월 종파사건'이 발생한 바로 당일인 1956년 8월 30일 최용건은 8월 전원회의에서, 연안파 윤공흠 등 '종파주의'자들의 행동은 연안파 박일우 그룹이 주로 한 일의 연속선상에 있으며 그들이 소련파에 반대하여 운동을 벌였다는 식으로 연안파와 소련파의 반목을 부각시켰다. 그리고 윤공흠, 최창익, 박훈일 등 연안파들이 박헌영과 연합했다고 주장하고, 또 연안파와 소련파의 연계를 이야기했다. 최용건은, 연안파인 서휘가 다른 연안파 2인에게 그들 연안파는 북한에서 10년을 일해도 소장 이상의 계급에 진급하지 못했다고 불평했고 리필규는 '자신들은 최창익과 박창옥에 의해 지도된다'고 이야기했다고 비판했다. 최용건은 '8월 전원회의' 당시 체신상 김창길에게 어떤 종파의 대표로 여겨지지 않도록 잘 처신하라는 주의를 주기도 했다(Document 19: 490).

이 모든 것은 '8월 종파사건' 발생 이전의 시기와 발생 당일에 북한의 권력추구자들이 각기 여러 '파벌'의 존재와 그들이 지니고 있는 상이한 사상과 정체성에 대해 명확한 인식을 갖고 있었고, 그들이 행동하는 데서 자신의 소속 파벌을 보호하고 다른 파벌들을 반목시키거나 반대했음을 말해준다.

'소련파'에 대한 평가: 필라토프, 남일, 김일성

한편, 당시 소련대사관 참사관 필라토프, 남일, 그리고 김일성이 '소련파'에 대해 내린 평가를 담은 자료들이 있는데, 그 평가가 흥미롭다.

이미 앞에서 언급한 것이지만, 소련파 문예인들이 1955년 12월부터 본격적으로 비판을 받기 시작하여 1956년 1월 18일 당 중앙위 상무위 결정으로 박창옥, 박영빈, 기석복, 전동혁, 정률 등이 실질적으로 숙청을 당한 이후인 3월 12일, 박창옥이 평양 주재 소련대사관을 찾아와 참사관 필라토프를 만나서 여러 가지 억울한 하소연을 했다.

이때 박창옥의 하소연에 대해 필라토프는 어떻게 생각했는가? 필라토프는 박창옥, 박영빈 등 소련파들이 몇 가지 엄중한 잘못을 저질렀다고 보았다. 무엇보다도 소련파들이 외국으로부터 온 사람들인데 북한 현지의 간부들을 대하는 데서 정확하지 못하고 오만했으며 그들을 무시하여 지도적인 위치에 승진시키지 않았다는 것이다. 필라토프는 한설야와 다른 일꾼들을 피해자로 보았다. 그러나 필라토프는 박창옥, 박영빈, 기석복, 정률, 전동혁이 종파주의적 반당행위를 했고 문예분야에서 당의 정책을 왜곡했다는 1956년 1월 18일 중앙위 상무위 결정에는 동의할 수 없음을 명확히 했다(Document 1: 467).

필라토프가 소련파 인사들에 대해 내린 평가도 그렇지만, 당시 남일과 김일성이 소련파 인사들에 대해 내린 평가도 주목할 만하다. 1955년 12월 22일 평양 주재 소련대사 이바노프에게 한 소련파 남일의 말을 들어보자.

당시 평양에는 몇몇 소련파가 책임 있는 자리에 있으면서도 대표일꾼이 되지 못하고 고립되어 따로 노는 바람에 부하들과도 유리되고 미움받는 상황이 조성됐다. 이들 소련파가 북한에 와서 체류한 지가 10년이 됐는데 그동안 지역일꾼들과 친화하기는커녕 고립됐으며 심지어 적대감까지 생겼다. 더구나 소련파들은 월급도 많이 받는 자리에 배치되었던 것이다. 박창옥은 정치위원 겸 부수상이 되자 다른 각료들을 '해충'이라 부르고 잘라버리겠다고 위협하는 등 '이래라저래라' 하며 욕지거리를 했다. 그는 권위와 자신에 대한 존경심[자존심]을 잃었으며 많은 일꾼들이 그를 증오하게 됐다. 그리고 소련파 주위에 형성되고 있는 그러한 분위기로 말미암아 몇몇은 겁을 집어먹고 소련으로 떠나려 하고 있다(정태수·정창현, 1997a: 150; 정창현, 2002: 217~218; NKIDP Document 5, 22~23).

남일은 이러한 분위기를 극복하는 방안으로 소련파가 행실을 방정하게 해야 하고 대중을 사로잡아야 하며 혁명적 과업에 대한 자신의 헌신성을 증명해야 한다고 말했고, 이바노프 소련대사도 남일이 내린 결론에 동의했다(정태수·정창현, 1997a: 150). 이는 당시 박창옥 등 고려인 소련파 인사들이 북한의 현지지도자들 및 주민들과 잘 융합하지 못하고, 분리되어 있었으며, 소련을 등에 업고 오만하게 행동했다는 것을 말해준다.[47]

그렇다면 당시 김일성의 소련파에 대한 평가는 어떠했는가? 리상조에 의하면, 김일성과 그의 지지자들은 소련파를 '정실주의파(情實主義派)'로 불렀다고 한다(Document 21: 493). 이는 소련파가 인사배치 등에서 정실주의적으로 행동하는 그룹으로 비쳐졌다는 뜻이다.

1956년 1월 13일 이바노프 소련대사가 김일성과 만나서 소련파 몇 사람의 실책 때문에 전체 소련파가 의심받고 무시당하고 비판당하고 있다면서 '소련파 전체에 대한 비판을 자제'해줄 것을 요구한 적이 있었다. 이에 대해 김일성은 소련파들이 그동안 수행한 커다란 혁명 사업은 긍정적으로 평가해야겠지만, 많은 소련파 동지들이 대중 속으로 파고들지 않고 신뢰를 확보하지 못한 채 지나치게 거만하게 굴고 자만하면서 일은 별로 하지 않아 존경과 권위를 잃었으며, 또한 정치·교양사업에 부실했다고 지적했다. 소련파들은 그들이 몸담았던 소련대사관 산하 당 조직을 철폐한 뒤 조선의 당 조직에서 열성적인 당 생활을 하지 않았으며, 회의에 잘 나가지 않아 오류에 대한 비판을 한 번도 받지 않았다는 것이다. 김일성은 이를 시정해야 한다고 말했다. 김일성은 하부에서 전체 소련파를 음해하는 기도가 있을 수 있고 또 있기도 해서 각 도에 이를 시정하라는 지시를 내렸으며, 지금은 오류를 범한 사람만 심사하도록 하고 있다고 말했다. 이에 대해 이바노프는 잘못을 저지른 소련파에 대해서 조선인들과 차별을 두지 말고 사안별로 상응하는 조치를 취하는 것이 합당할 것이라는 견해를 피력했다고 한다(정태수·정창현, 1997a: 150; 정창현, 2002: 217~218).

참고로, 1979년 8월과 1989년 2월 소련파 리문일의 회고에 의하면, 소련파 거물 허가이가 '조선말을 잘 몰라 제2인자 역할을 제대로 못했다'고 했다. 더구나 허가이는 연안파를 무시하고 간부 인사에서 연안파를 차별했다고 한다. 김일성은 소련파에 대해 "출장 온 것처럼 행동하는 종파, 소련군정에 빌붙는 통역정치, 자식에게 조선말도 가르치지 않는 무리"라고 비판했다고 한다(한국일보 편,

---

47) 1956년 6월 5일 박의완이 소련대사 이바노프와 나눈 대화를 보면, 당시 소련파 인사들은 보통 소련국적을 보유하고 있었기 때문에 그들이 소련에 가서 조금 휴식이라도 취한다든지 하면, 북한사람들이 그들이 '소련으로 휴가를 갔다'고 비판했음을 알 수 있다(Document 6: 473).

1991: 170, 186~187).

1948~1949년에 평양을 방문했던 소련의 조선전문가 드미트리에바(Valentina Dmitrieva)는 소련파에 대한 현지 북한인들의 인식은 좋지 않았다고 증언하고 있다. 많이 배우고, 자신만만하며, 잘 먹고사는 소련파들이 즉시 높은 자리들을 차지했고, 그것을 현지 조선인들이 모두 다 좋아한 것은 아니었다는 것이다. 1950년대 중반에 북한에서 고등학생이었던 김밀야는 소련파 김재욱의 딸이었는데, 그녀는 그 당시에는 잘 몰랐지만 나중에 회고해볼 적에 소련파는 인기가 없었고, 그들은 '낯선 사람이면서 동시에 특권을 가진 이상한 처지'에 있었으며, 현지 북한인들이 그것을 좋아하지 않았다고 증언했다(Lankov, 2005: 218~219).

김일성의 용인술: '비판'과 '위로'의 반복

앞에서 여러 파벌의 정체성, 파벌관계, 파벌에 대한 평가 등을 살펴보았다. 당시 이 파벌들에 둘러싸여 이들의 상이한 정체성을 인식하고, 이들의 요구사항을 수용하고, 이들 간의 관계를 조정하면서 혁명과 건설을 해나가던 핵심지도자 김일성의 용인술과 인사정책은 어떠했는가?

김일성이 박창옥 등 소련파를 제거하려는 자신의 속내를 초기에는 숨기고 있다가 시간이 흐르면서 점점 속내를 드러내는 과정에서 보인 주목할 만한 특징은 박창옥을 다루는 데서 '비판'과 '위로'를 반복하고 있다는 점이다. 즉, 공격하고 안심시키는 행위를 반복함으로써 결국 박창옥이 희망과 절망 사이를 왔다 갔다 하다가 '스스로 너무 피곤하여' 좌절에 빠져 자신의 모든 직위로부터 철직을 요청하면, 그것을 마지못해 받아들이는 식의 방법을 사용했던 것이다. 이는 당시 소련의 북한정치에 대한 영향력을 고려할 때 소련파를 무시할 수 없는 상황에서 소련파에 대한 직접적이고 강압적인 방법을 피하면서 그들을 제거해나가는 매우 전략적인 용인술이었음에 틀림없다.

박창옥이 필라토프에게 한 말을 보면, 그는 자신이 김일성에 의해 제거되는 과정에 있었음에도 김일성에 대해서는 어느 정도 희망을 갖고 있었음을 알 수 있다. 그는 필라토프에게 최용건, 박금철 등 김일성의 추종자들에 대해서는 혹평했으나 김일성에 대해서는 그렇게 하지 않았다. 그는 '김일성이 곧 박창옥 자신과 박영빈, 그리고 여타 소련파들에 대한 비방이 정확하지 않았다는 것을 알게 될 것'이라고 필라토프에게 이야기했다(Document 1: 466). 그리고 소련공산당 제20차 대회의 영향과 관련한 필라토프의 질문에 대해 박창옥은 '김일성이 리더십의 형태와 방법을 크게 변화시킬 것으로 생각한다'고 대답하기도 했다(Document 1: 466~467). 그런데 실제 김일성은 박창옥이 생각한 대로 행동하지 않았다. 이 모든 것은 김일성이 박창옥으로 하여금 그가 김일성에 의해 숙청당하면서도 김일성의 선의를 믿게 만드는 상황을 연출하는 데 성공하고 있었음을 말해준다.

당시 이와 비슷한 예가 또 있다. 당 중앙위 후보위원이었던 소련대사 리상조가 조선로동당 제3차 대회에 참석하기 위해 평양에 와서 '조선로동당에 존재하는 개인숭배가 토론되어야 한다'고 당 상무위에 두 번이나 편지를 썼는데, 결국 이 사건을 문제삼아 당 간부부장 최용건, 박금철, 한상두 등이 리상조를 소련대사직에서 소환코자 했다(Document 5: 472). 리상조는 자신에 대한 소환 의견을 듣고 김두봉을 방문하여 그 이야기를 했다. 리상조의 이야기를 들은 바로 그날, 김두봉은 김일성에게 리상조를 소환하는 데 대해 반대를 표명하고 리상조의 소환조치는 결코 정당화될 수 없다고 말했다. 김일성은 이에 동의하고, 리상조는 어떤 잘못도 저지르지 않았으며 그는 단지 (당 대회에 참석하여 당원으로서) 그가 생각하는 것을 글로써 공개적으로 밝혔을 뿐이라는 식으로 말했다. 이 사건이 있은 후에 리상조는 소련으로 귀임하도록 허용됐다(Document 5: 472). 이는 박창옥의 경우와 완전히 똑같은 것은 아니고, 또 당시 연안파 김두봉이 아직 힘을 가지고 있었음을 말해주는 것이지만, 이 경우도 당시 김일성의 정치스타일과 용인술을 보여주는 또 다른 경우라고 할 만하다.

물론 김일성은 리상조의 행위에 대해 대단히 불쾌하게 생각하고 그에 대한 처벌을 생각했겠지만, 당시 소련이 스탈린 개인숭배를 비판하고 있는 상황에서 소련 주재 대사인 리상조가 당 대회에 참석하기 위해 일시 귀국하여 로동당원의 권리를 행사하여 김일성 개인숭배 비판 건을 회의 안건으로 제안했다고 해서 그를 현직에서 소환시키기는 어려웠을 것이다. 또 6·25전쟁 시 북한 정권과 김일성을 구해준 중국공산당 지도부와 깊은 연계를 갖고 있던 연안파 김두봉의 의견을 무시할 수도 없었을 것이다.

그러나 김일성의 리상조에 대한 이러한 관용은 나중에 리상조가 '8월 종파사건'과 그 전후의 시기에 모스크바에서 했던 반김일성적 행동과 역할을 생각하면, 김일성으로 하여금 예상치 못한 커다란 값을 치르게 했다. 만일 리상조가 김일성을 반대하여 행동할 것을 미리 알았더라면 김일성은 무슨 수를 써서든지 그가 모스크바에 귀임하도록 내버려 두지는 않았을 것이다.

참고로, 김일성이 박창옥에 한 '비판'과 '위로'의 반복 전술은 이미 6·25전쟁 이전의 시기에 국내파 오기섭과 이주하에 대해서 사용한 수법이기도 했다. 1948년 3월 27~30일에 북로당 제2차 전당대회에서 김일성의 행동의 특징은 '당근'과 '채찍'의 동시 사용이었다. 김일성은 오기섭에게 채찍을 가한 후, 이제 '누구나 한 번 잘못은 다 있는 것'이며 장차 '오기섭 동무에 대한 기대가 크다'는 식으로 당근을 제공했다. 그는 심지어 오기섭은 '과거 일제와 가장 열렬히 싸운 동무'라고 칭찬까지 하면서, '출당당할 일까지 한 것'도 너그럽게 보아주어서 오기섭에게 '중한 책임'을 맡기고 있다고 당근을 제공했다. 나중에 북로당 중앙위 선거를 할 때, 김일성은 비판의 목적은 오기섭을 '버리기 위한 것이 아니고 그를 더욱 격려하여 살리기 위한 것'이라고까지 말했다(북조선로동당 중앙위원회, 1948: 178, 230). 김일성은 또 1949년 6월 30일 북로당과 남로당이 조선로동당으로 합당할 때 오기섭과 박헌영 측근인 이주하에 대해 다시 한 번 당근과 채찍 전술을 사용했다(김일성, 1980b: 136~137). 당시 김일성은 그의 반대자들을 무자비하게 단죄했으나, 동시에 그들에게 상징적인 혜택을 통한 관용을 보여주면서, 자신은 '폭력을 사용할 수 있지만 그렇게 하고 있지 않다'는 것을 의도적으로 보여주는 용인술을 썼던 것이다(Cohen, 1989: 77).

김일성의 파벌 인식과 인사 정책

그렇다면 당시 김일성은 '파벌'에 대해 어떻게 생각하고 있었고, 또 당과 정부의 인사배치에서 파벌에 대해 어떤 안배를 했는가? 이를 말해주는 흥미로운 자료들이 있다.

1956년 6월 5일 소련파 박의완과 이바노프 소련대사가 나눈 대화록을 보자. 김일성이 소련파 고히만을 당 중앙위 교통건설국 부국장으로 임명하려는 데 대해 박의완은 고히만이 그 일에 적합하지 않다고 반대를 했다. 이에 대해 김일성은 박의완에게 '당-국가의 관리들을 임명하는 데는 어떤 안배를 하는 것이 필요하다'고 이야기했다. 김일성은 그때까지도 일꾼들을 소련파, 국내파, 남한파, 빨치산파로 나누고 지도부 직위에 사람들을 임명할 때는 이들 파벌 사이에 필요한 배분을 해야 할 필요가 있다고 생각하고 있었다는 것이다(Document 6: 473).

그런데, 이미 위에서 언급한 적이 있지만, 1956년 6월 8일자 최창익과 소련대사 이바노프의 대화록을 보면, 김일성은 고위인사를 선발 배치하는 데서 허가이와 함께 온 소련파, 박일우가 우두머리인 중국파, 김일성이 이끄는 빨치산파, 그리고 (북한) 국내파와 남조선으로부터 온 사람들로 나누며, 그들을 승진시킬 때 '특정그룹' 대표들의 비율을 고려했음을 알 수 있다. 이는 물론 김일성파를 더 우대했다는 뜻이다(Document 9: 475). 물론 최창익은 김일성이 자신의 항일빨치산파를 우대하는 데 대해 불만을 나타냈다.

이 모든 것은 당시 김일성이 상이한 사상과 정체성을 가진 '파벌'의 존재에 대해 명확히 인식하고 있었다는 것, 당시 상황에서 김일성의 권력이 김일성파를 중심으로 한 '패권적 연합'의 형태를 취하고 있었다는 것, 그리고 김일성이 나름대로 '정치적으로 합리적'인 용인술을 사용하고 있었다는 것을 말해준다.

그러나 김일성파 vs. 연안파 및 소련파 사이에서 전후 복구발전 노선, 사상사업에서의 주체 확립 vs. 교조주의 및 형식주의, 그리고 김일성 개인숭배, 조선혁명역사의 왜곡, 김일성파 중용 문제 등 세 가지 축에서 '사상'과 '정체성'의 투쟁이 일어나면서 김일성파에 대해 불만과 우려를 갖게 된 연안파와 소련파는 반김일성 연합을 형성하게 됐다. 이러한 김일성파 vs. 반김일성 연합의 충돌은 결국 다음 제6장에서 자세히 살펴보게 될 '8월 종파사건'의 모의로 이어졌던 것이다.

제6장

'8월 종파사건'의 모의과정

1956년 8월 30~31일 조선로동당 중앙위 8월 전원회의에서 '8월 종파사건'
이 발생했다. 그렇다면 연안파와 소련파가 어떻게 반김일성 연합을 형성하여 '8
월 종파사건'을 모의하고 준비해나갔는가? 이 장에서는 '8월 종파사건'의 모의
과정을 살펴보기로 한다.

연안파와 소련파는 1956년 4월 23~29일 개최되는 조선로동당 제3차 대회에
큰 기대를 걸고 있었다. 왜냐하면 조선로동당 제3차 대회는 흐루쇼프가 스탈린
개인숭배 비판과 레닌주의적 집체적 영도의 회복을 선언한 소련공산당 제20차
대회 이후에 개최되는 당 대회였기 때문이었다. 그러나 제3차 당 대회의 결과는
이들에게는 커다란 실망과 좌절을 안겨주었다. 이들은 이제 김일성에 대한 불만
을 품는 정도를 넘어서 자신들의 안위와 운명에 대한 심각한 불안을 갖게 됐다.
따라서 이들은 김일성 개인숭배의 반대와 레닌주의적 집체적 영도의 회복을 대
의명분으로 삼아 본격적으로 반김일성 연합을 형성하기 시작했다.

한편, 자신이 원하는 방향으로 제3차 당 대회를 성공적으로 치른 김일성은 이
제 어느 정도 여유를 갖고 정부 대표단을 이끌고 그해 6월 1일부터 7월 19일까
지 무려 1개월 반 이상 기간을 동독, 루마니아, 헝가리, 체코슬로바키아, 알바니
아, 폴란드, 소련, 몽골을 방문하기로 했다. 이 기회를 이용하여 김일성에 불만을
갖고 있던 연안파와 소련파가 반김일성 연합전선을 구축했던 것이다.

그동안 '8월 종파사건'의 모의과정에 관한 자료들이 전혀 없었던 것은 아니나, 다행히도 소련 붕괴 이후 '소련공산당 중앙위원회 문서'를 포함한 러시아현대사국가문서보관소(Russian State Archive of Contemporary History[RGAVI])의 소장 문서들이 비밀해제됐다. 특히 소련공산당 중앙위 해외공산당관계국(국제국)의 문서철에서 당시 북한 주재 소련대사관 관련 문서들이 발견됐고, 이 문서들이 비밀해제되어(Person, 2007~2008: 447~454; Shimotomai, 2007~2008: 455~463; Documents 1~30) 이제 '8월 종파사건'의 전후 사정을 '사실에 기초'하여 보다 정확히 알 수 있게 됐다.

'8월 종파사건'의 모의과정에 관한 한, 비밀 해제된 평양 주재 소련대사관 문서들이 지금으로서는 다른 어떤 자료와 비교할 수 없을 정도로 가장 권위 있는 1차 자료이다. 따라서 이 자료의 가치를 고려하고, 또 당시 반김일성 연합세력과 소련대사관의 생각을 '있는 그대로' 알 수 있도록 하기 위해, 이 장에서는 소련파 및 연안파 인사들과 소련 측의 대화록을 거의 원문 그대로 소개하기로 한다.

소련문서들을 날짜 순서대로 소개하고 분석해나가되, 이를 '북한정부 대표단의 동유럽, 소련, 몽골 순방 출발 이전'의 시기, '북한정부 대표단의 동유럽, 소련, 몽골 순방기간', 그리고 '북한정부 대표단의 귀국 이후'의 시기로 나눠 살펴보기로 한다.

1. 북한정부 대표단의 동유럽, 소련, 몽골 순방 출발 이전

여기에서는 김일성을 단장으로 한 북한정부 대표단이 동유럽, 소련, 몽골 순방에 나서기 이전의 시기, 즉 1956년 6월 1일 이전의 시기를 살펴보기로 한다.

1956년 5월 7일과 10일, 평양, 박의완과의 대화

조선로동당 제3차 대회에 소련공산당 축하사절로 온 브레즈네프와 그의 일행을 흥남 구경에 인솔했던 박의완은 그 후 평양 주재 소련대사관에 자주 들락거렀다. 그는 5월 7일 소련대사관 참사관 필라토프를 자신의 집으로 초청하여 다음과 같은 이야기를 했다.

박의완은 제3차 당 대회는 당 역사에 중요한 대회였으나 많은 실수가 있었다고 했다. 첫째, 비판이 거의 없었고, 둘째, 소련파에 대해 반대하고 나왔다는 것이다. 더구나 조선로동당 중앙위가 마르크스-레닌주의 원칙을 위반하지 않았다고 부인하는 것은 잘못됐다고 했다. 우리에게는 개인숭배가 있으며, 우리는 항상 집체적으로 결정하는 것이 아니고 혁명적 법률정신을 깨뜨렸다고도 했다. 그는 당의 사상사업의 진로를 바꾸는 최선의 방법에 대해 많이 생각해 보았는데, 이 문제에서 '외부의 도움이 필요하다'는 결론을 내렸다고 했다. 그는 소련공산당 중앙위가 필요한 방식으로 조선로동당 지도부가 마르크스-레닌주의를 정확히 이해하고 당의 민주주의를 잘 지키도록 도와줄 수 있을 것이라고 했다. 그렇게 함으로써 조선로동당을 강화시키고 남북한 통일을 이뤄낼 수 있도록 준비시킬 것이라고 했다(Person, 2006: 27~28).

또 3일 후인 5월 10일 이바노프는 박의완과 대화를 나눴다. 박의완은 김일성이 조선로동당 제3차 대회에서 저지른 결점과 잘못에 대해 이야기하면서, 김일성이 '외부의 영향'에 적대적인 사람들, 즉 소련파를 싫어하는 인사들에 의해 영향을 받아 길을 잃고 있다는 뜻으로 말했다. 박의완은 김일성이 적절하게 지도를 받으면 올바른 방향으로 갈 수 있을 것으로 보았다. 이런 맥락에서 6~7월에 계획된 동유럽 사회주의국가들과 소련, 몽골 순방을 통해 김일성이 사상사업과 경제정책을 올바른 방향으로 시정할 수 있기를 기대했다(Person, 2006: 28~29).

이 대화들을 살펴보면, 박의완이 조선로동당의 내정문제에 대해 소련공산당의 '도움', 즉 개입과 간섭을 요청하고 있다. 나중에 살펴보겠지만, 6월 8일 최창익이 소련대사 이바노프를 서포에 있는 그의 별장에서 만났을 때(Document 9: 476), 또 6월 16일 소련 주재 북한대사 리상조가 소련외무성 극동국장 쿠르듀코프를 만났을 때(Document 10: 478), 이들은 모두 소련이 북한 정치에 개입하여 여러 가지 필요한 충고를 해주기를 요청한다. 소련파와 연안파의 이러한 행동들은 결국 김일성으로 하여금 항상 소련과 중국에 연결되어 있던 소련파와 연안파를 싫어하고 또 그들을 주시하게 했던 것이다.

한 가지 흥미로운 점은 박의완, 리상조, 최창익은 모두 김일성이 소련이나 중국, 그리고 내부에서 비판을 받아 사상사업과 경제정책 등에서 변화를 보여줄 것을 내심 희망했다. 그러나 나중인 6월 5일 평양 주재 소련대사관에서 소련파 박의완과 소련대사 이바노프가 나눈 대화를 보듯이, 박의완은 김일성이 잘못들을 시정하고 벗어던지기는 어려울 것이라고 생각했다(Document 6: 473). 리상조도 이 점에서는 마찬가지였다(Document 10: 478). 따라서 이들은 반김일성 연합을 형성하고 김일성에 대한 '궁정 쿠데타'를 준비했던 것이다.

1956년 5월 17일, 모스크바, 박길룡과의 대화

베를린 주재 북한 동독대사 박길룡은 조선로동당 제3차 대회에 참석차 평양을 방문한 후 베를린으로 돌아가는 길에 모스크바에 들러 1956년 5월 17일 소련외무성 극동국 1등서기관 이바넨코를 만났다. 소련파인 박일룡이 이바넨코에게 한 이야기를 살펴보자(정태수·정창현, 1997a: 149).

박길룡은 당시 북한의 경제사정이 각별히 어려우며, 사실상 북한 주민의 절반이 먹지도 입지도 못하고 있다고 했다. 북한인민이 매우 참을성 있고 가혹한 궁핍에도 익숙하나 그렇다고 그게 무한정 갈 수는 없다는 것이다. 결국 주민들의 생활개선 문제에 진지하게 매달리지 않으면 안 된다고 했다. 박길룡은 북한의 광범위한 주민계층, 특히 농민 사이에서 김일성 중심의 지도부가 주도하는 경제복구발전 노선과 주민생활의 저하를 가져오는 중공업 발전노선에 대한 불만이 고조되고 있다고 지적했다(정태수·정창현, 1997a: 149).

박길룡은 또한 김일성의 개인숭배에 대해 비판했다. 김일성을 포함한 몇몇 조선로동당 지도일꾼들이 소련공산당 제20차 대회의 결정을 교훈삼아 자신들의 오류를 비판적으로 재검토하기는커녕 후퇴하고 있고, 북한에서 횡행했던 개인숭배는 지금도 마찬가지라는 것이다.[1] 그는 김일성이 예전처럼 누구도 존중하

---

[1] 박길룡은 5월 7일 평양에서 이바노프와 대화를 나눴는데, 그는 조선로동당 제3차 대회가 소련공산당 제20차 대회의 '정신'을 구현하지 못했다고 심하게 비판하고, 조선로동당과 북한

지 않고 모든 것을 자기 손아귀에 틀어쥔 채 혼자서 결정하고 있다고 했다. 당 중앙위 상무위원 중 누구도 김일성의 견해에 반하는 견해를 발언하지 못하고 있으며, 조선로동당의 집단적 지도원칙이란 것은 단지 말에 불과할 뿐이라는 것이었다(정태수·정창현, 1997a: 149~150).

현재 김일성 측근들은 최용건과 그와 비슷한 무능하고 무원칙적인 사람들로 구성되어 있으며, 현명한 원로이자 만인의 존경을 받는 최고인민회의 상임위원장 김두봉은 잔뜩 움츠린 나머지 국가적·정치적 사업보다 화훼재배를 선호하고 있고, 홍명희도 마찬가지라고 했다. 남일은 자신의 견해를 말하지 않은 채 요리조리 피해가느라 안간힘을 쓰고 있으며, 박정애는 현재 고립되어 있고 주요 문제 결정에 참여하지 못하고 있다고 했다. 현재 김일성 주위에는 최용건, 림해, 정준택, 박금철 등과 같은 고분고분한 인물들이 포진해 있다는 것이다. 박일룡은 그들이 소련파에게 '반김일성 종파활동에 가담했다'는 근거 없는 비난들을 뒤집어씌우고 있다면서, 소련파가 대단히 어려운 상황에 처해 있다고 호소했다(정태수·정창현, 1997a: 149~150).

위에서 살펴본 소련파 박길룡과 이바넨코 사이의 대화는 박길룡이 전후 복구 발전 노선에서 '소비재파'의 입장에 서 있으며, 김일성의 개인숭배 문제를 비판적으로 보고, 김일성의 간부 인사배치 문제점을 지적하는 등 여러 다양한 현안에서 그가 소련파의 입장에 서 있음을 보여주고 있다. 리상조 경우처럼 박길룡도 외교관으로서 반김일성 행위를 하는 데 나름대로 고민이 있었겠으나, 소련측에 자신의 김일성 비판 의견을 솔직히 전달하는 쪽을 선택한 것이었다. 이는 김일성에 대한 소련파들의 반감이 생각보다 컸다는 것을 말해줌과 동시에 당시 김일성에 반대하는 소련파로서의 파벌적 충실성을 말해준다고 할 것이다.

1956년 5월 29일, 모스크바, 리상조와의 대화

김일성이 6월 1일 해외 순방을 떠나기 직전인 5월 29일 모스크바 주재 북한

정부의 경제정책과 사상사업을 비판했다(Person, 2006: 30).

대사 리상조의 요청에 의해 소련외무성 부상 페도렌코가 모스크바 외무성에서 그를 만나 이야기를 나누었는데, 그 대화록을 살펴보자.

페도렌코는 리상조가 평양에서 개최된 조선로동당 제3차 당 대회에 대의원으로서 참가하고 돌아왔기 때문에 그에게 북한의 상황과 당 대회는 잘됐는지 물었다. 리상조는 북한이 아주 심각한 식량부족 문제, 주택 문제, 농업의 무시 등으로 매우 극심한 경제적 어려움을 겪고 있다고 전하고, 제3차 당 대회에 대해서 당 중앙위 지도부는 당 대회가 잘 진행됐고 완전한 단결을 보여주었다고 생각하지만, 이는 단지 당 중앙위 지도부의 공식 견해일 뿐이라고 말했다(Document 4: 470).

리상조는 자기가 북한의 대사로서 엄격히 자제해서 이야기해야 하지만, 사실은 이 문제에 대해 다른 의견과 정서들이 존재한다는 것을 강조했다. 리상조 자신은 제3차 당 대회의 결과가 조선로동당과 북한정부 사업의 심각한 비정상성을 반영했다고 보며, 실질적인 결점들이 있다고 생각한다는 것이다. 당 대회에서 진정한 비판과 자아비판이 없었고, 당 대회가 소련공산당의 제20차 대회에서 제기된 문제들의 '정신'을 제대로 받들어 진행되지 못했다고 했다. 조선공산당 중앙위 지도부가, 소련공산당 제20차 대회에서, 특히 흐루쇼프의 「개인숭배와 그 결과」라는 보고에서 드러난 당 생활에서의 문제점과 규범을 제대로 준수하지 못한 결점은 소련공산당의 문제이지 조선로동당과는 아무런 관계가 없다고 생각한다는 것이다. 당 중앙위 지도부의 이러한 정책은 당 대회의 전체 진로를 결정한바, 비록 당 대회 대의원을 포함한 많은 당원들은 당 중앙위 지도부와는 달리 생각하고 있지만 이것을 제3차 당 대회에서 공개적으로 이야기하지는 않기로 결정했었다는 것이다(Document 4: 470~471).

리상조는 페도렌코 부상에게 자신은 상당히 미묘한 입장에 있다고 말했다. 북한 대사로서 그는 특히 당 중앙위 지도부의 견해를 알고 있고 또 이러한 대화를 하는 것이 칭찬받을 일이 아니기 때문에 이런 것들을 이야기해서는 안 되지만, 동시에 자신은 당원으로서 이러한 문제들에 대해 소련공산당 사람들에게 자신의 의견을 숨기지 않고 이야기를 해야 함을 또한 알고 있다고 했다. 리상조는 또한 자신이 당 중앙위에서 자신의 의견을 말했고 또 당 중앙위 상무위에 자신의 의견에 대해 편지를 썼기 때문에 당 중앙위 지도부는 자신의 견해를 알고 있다고 덧붙였다. 리상조는 김일성 개인숭배는 실제 북한에서 지배적인 현상이며, 당 중앙위에는 집체적 영도가 존재하지 않고, 모든 것은 김일성이 혼자 결정하며, 김일성 주위에 있는 사람들은 그에게 아첨하고 있다고 강조했다(Document 4: 471).

리상조는 조선 인민의 혁명 해방투쟁에 대한 설명은 극단적으로 또 일방적으로 김일성 미화에 맞춰져 있다고 말했다. 일제강점기에 조선의 투쟁에서는 많은 당파들이 활발하게 형성됐으며 지하 혁명가들은 도시에서 암약했지만, 북한에서는 지금은 (중국 동북지방의 산림에서 활동한) 김일성 빨치산 세력에 대해서만 이야기하고 글을 쓰며, 평양의 조선인민혁명투쟁역사박물관은 사실상 김일성(혁명활동) 이야기 박물관으로 변해버려 이 박물관에 있는 대다수의 전시물과 예술작품은 김일성 개인에게 봉헌되어 있다고 했다. 오랫동안 수많은 노동자들의 투쟁과 많은 사람들의 영웅적인 노력의 결과가 이처럼 한 사람 덕분으로 되어 있는 것을 보면 고통스럽다는 것이다. 또 김일성 자신이 아닌 다른 사람들, 특히 몇몇 소련파 동지들이 쓴 많은 논문들이 김일성 명의의 출판 저작으로 출판되고 있으며, 김일성의 전기(傳記) 자료들은 '강철 사령관', '위대한 지도자', '천재', '영명한' 등과 같은 아부에 찬 수식어들로 가득 차 있다고 했다. 조선의 어떤 동지들은 북한에서의 김일성의 역할을 중국의 마오쩌둥의 역할에 비교하는데, 이 둘은 서로 비교할 만한 인물들이 아니라는 것이다. 김일성 개인숭배가 현실을 명백히 왜곡하고 있는데, 예컨대 어느 수책(手冊)에 나와 있는 김일성의 전기(傳記) 묘사를 보면, 김일성이 심지어 어린아이 시절부터 조선 민족의 반일 해방투쟁을 이끌었다고 하는 것 같다는 것이다(Document 4: 470~471).

리상조는 김일성의 주변 인물들에 대해 말하면서, 일찍이 김일성을 미화하여 그의 전기를 쓰는 데 참여했던 박창옥은 이제 김일성에 의해 박해를 받고 있다고 했다. 그리고 박창옥을 제거한 진짜 이유는 그가 문학에서 저지른 '관료주의적 작풍'이나 실수 때문이 아니라 다른 종류의 이유 때문으로 판명날지도 모른다고 했다. 리상조는 김일성의 주위 인물로서 외무상 남일과 박정애 같은 이들을 아첨꾼이라면서 비판적으로 묘사했다(Document 4: 470~471).

페도렌코의 관찰에 따르면, 리상조는 이야기 중에 가끔 굉장히 흥분해서 조선로동당과 북한정부에서 일어나고 있는 비정상적인 상황에 대해 깊이 우려하면서, 대화 중에 '여러 번' 소련공산당 중앙위가 조선로동당 중앙위의 지도부, 특히 김일성에게 일어나고 있는 위험한 실수들에 대해 실질적인 '사상·정치적 원조'를 해야 할 필요성이 심각하다는 것을 강조했다(Document 4: 472). 즉, 리상조는 북한정치에 대한 소련의 개입을 요구한 것이었다.

위에서 살펴본 5월 29일 리상조와 페도렌코의 대화는 리상조가 자신의 역할에 대한 선택과 관련해 많은 고민을 한 흔적을 보여준다. 자신이 북한정부의 대사로서 소위 '정부의 공식 입장'을 그대로 충실하게 전달해야 하지만, 북한에서 당과 국가가 잘못된 방향으로 가고 있는 것을 바로 잡기 위해 '당원의 책무'로서 소련공산당 측에 사실을 있는 그대로 전달하여 북한정치에 대한 '소련의 개입'을 이끌어내는 데 힘을 쏟기로 결단을 내린 것이다.

리상조가 말하는 소위 '당원의 의무'로부터 나오는 행위는 조선로동당과 소련공산당이 '형제적 당'의 관계에 있기 때문에 물론 가능한 것이었겠으나, 당시 리상조는 '당원의 책무'라는 구실을 이용하여 소련공산당에게 김일성의 문제점을 직접 고발하여 소련의 개입을 요청한 것이었다. 이것이 소련 주재 대사로서 자신이 할 수 있는 가장 핵심적인 일과 역할이었고, 리상조는 그러한 자신의 역할에 대해 명확히 의식하면서 행위하고 있었던 것이다.

한편, 김일성은 동유럽으로 가는 길에 모스크바에 들러 6월 6일 소련공산당 중앙위를 방문하여 흐루쇼프, 미코얀, 브레즈네프를 만났다. 북한 측에서는 김일성, 박정애, 리종옥이 참석했고, 주소대사 리상조가 배석했다.[2] 소련공산당은 그때 만나자마자 단도직입적으로 조선 문제에 대한 소련공산당의 견해를 말했다고 한다(「모주석접견소공중앙대표단담화기록」, 1956.9.18; 서동만, 2005: 555). 그리고 김일성이 동유럽 순방을 마치고 모스크바에 들러 몽골로 갈 때 또 한 차례 소련과 북한 지도부 간에 그러한 회의가 있었다고 마오쩌둥에게 말했다(「모주석접견소공중앙대표단담화기록」, 1956.9.18).

---

2) 김일성이 동유럽국가들의 순방을 마치고 7월 6~16일 모스크바에 들러 소련공산당 중앙위 상무위 위원들과 회담했을 때, 김일성은 박정애와 남일만 참여시키고 리상조의 배석은 허용하지 않았다.

그런데 당시 북한정부 대표단의 공식 순방일정을 보면 동유럽으로 갈 때는 모스크바는 그냥 지나가는 것으로 되어 있고 나중에 동유럽 순방을 마치고 돌아오는 길인 7월 6~16일에 소련을 공식 방문하는 것으로 되어 있다(박태호, 1985: 195, 261~262). 리상조가 5월 29일 페도렌코를 만났을 때는, 즉 김일성이 평양에서 동유럽, 소련, 몽골 순방을 떠나기 바로 전날에는 모스크바에서 개최될 김일성과 소련 지도자들과의 회의에 대해 두 사람 모두 전혀 언급하지 않았는데, 6월 16일 소련외무성 극동국장 쿠르듀코프가 만났을 때는 북한정부 대표단의 소련 방문 일정과 행사에 대해 이야기를 시작했다. 리상조는 김일성이 동유럽 순방 후 모스크바에서 개최될 양측 지도자들의 회의에서 소련 지도자들이 북한 지도자들에게 김일성 개인숭배 극복, 집체적 지도의 회복, 레닌적 민주주의의 실천 등 조선로동당의 문제점들을 극복할 수 있도록 형제적 당의 충고를 해줄 것을 강조했다(Document 10: 477).

종합해보면, 김일성이 동유럽, 소련, 몽골 순방에 나서 모스크바에 들렀을 때 흐루쇼프, 미코얀 등 소련 지도자들과 간단히 회담을 하고, 공식 회담은 나중에 귀국 길에 올라 모스크바에 들렀을 때 했다는 것을 알 수 있다.

1956년 5월 31일, 평양, 기석복과의 대화

1956년 5월 31일, 소련파인 기석복이 평양 주재 소련대사관을 찾아와 1등서기관 삼소노프(G. Samsonov)와 나눈 대화를 살펴보자. 기석복은 이바노프 소련대사에게 보내는 그의 편지를 삼소노프에게 건넸다. 삼소노프는 그 편지를 이바노프 대사에게 전달하겠다고 약속했다. 기석복이 김승화가 자신에게 말해준 재미있는 사실에 대해 이야기하고 싶다면서 삼소노프에게 전달한 내용은 다음과 같다(Document 5: 472).

조선로동당 제3차 대회 중에 북한의 주소대사 리상조는 조선로동당에 존재하는 개인숭배가 토론되어야 한다고 당 상무위에 두 번이나 편지를 썼다. 그러나 이 편지들은 공표되지 않았으며, 당 대회가 끝난 후 당 중앙위 부위원장인 김창만의 아파트에서 김창만과 리상조와의 사이에 중요한 토론이 이뤄졌다. 김창만은 리상조가 (당 상무위에 그러한 편지들을 쓴 것은) 정치적으로 부주의했고 소련공산당 제20차 대회의 결정을 조선공산당에 기계적으로 적용한 것이라고 비난했다. 리상조는 이런 비난을 배척하고, 대신 김창만과 김창만 같은 부류의 간부들은 소련공산당 제20차 대회의 결정들을 옳게 이해하려는 마음이 없는 사람들이라고 비판했다. 김창만은 당 간부부장인 최용건, 그리고 박금철, 한상두에게 리상조와 한 이야기를 알려주었고, 이들은 리상조를 소련대사직에서 소환하기를 바랐다(Document 5: 472).

제5장에서 이미 살펴본 것이지만, 리상조는 자신에 대한 소환 소문을 듣고 김두봉에게 그 이야기를 했고, 김두봉은 바로 김일성에게 리상조의 소환에 강력히 반대했으며, 결국 김일성은 김두봉의 항의를 받아들여 리상조는 소련으로 귀임했다(Document 5: 472).

그런데 3차 당 대회의 성과를 이행하기 위해 소집된 평양시 열성자대회에서 당 중앙위 부위원장인 김창만이 결론을 짓는 연설을 했는데, 그 연설 속에는 당에서 개인숭배의 존재에 대해 계속 이야기하는 자들에 대한 위협이 들어 있었다. 예컨대, 김창만은 조선로동당 내에 지금 어떤 개인숭배도 없다는 것을 이해하려 하지 않는 자는 그 누구든지 결국 고립되고 배척되고 말 것이라고 선언했다. 기석복은 며칠 전에 국가검열성 부상 장국일의 연설에 참석한 적이 있는데, 특히 장국일이 조선이 김일성의 빨치산부대에 의해 해방됐다고 말했다고 했다. 기석복은 삼소노프에게 이는 역사의 총체적인 왜곡이라고 말했다(Document 5: 472).

이상에서 살펴본 1956년 5월 31일 기석복과 삼소노프와의 대화는 당시 북한에서 여러 파벌 간의 관계를 잘 보여준다. 그리고 김두봉이 리상조의 소련대사직을 구한 예에서 보듯이, 각 파벌들은 자신의 파벌 식구끼리는 서로 적극적으로 도와주고 챙겨주는 모습을 보이고 있다.

참고로, 김창만은 원래 출신은 연안파이나 김일성 충성파로 전환하여 6·25전쟁의 정전 직후 개최된 1953년 8월 당 중앙위 제6차 전원회의에서 당 중앙위 선전선동부장으로 선출됐고, 1956년 4월 제3차 당 대회에서는 당 부위원장, 당 중앙위 상무위 후보위원, 그리고 당 중앙위 조직위 위원이 됐다. 이처럼 김창만은 1956년 '8월 종파사건' 이전에 가장 강력한 김일성 충성파 중의 하나가 됐다.

2. 북한정부 대표단의 동유럽, 소련, 몽골 순방기간

여기에서는 김일성을 단장으로 한 북한정부 대표단이 동유럽, 소련, 몽골을 순방하기 위해 평양을 출발한 후 귀국할 때까지 평양을 비운 시기, 즉 1956년 6월 1일 이후부터 7월 19일까지의 시기를 살펴보기로 한다.

1956년 6월 5일, 평양, 박의완과의 대화

다음으로, 김일성이 정부 대표단을 이끌고 해외순방에 나선 지 며칠 후인 1956년 6월 5일 소련파 박의완의 요청에 의해 소련대사 이바노프가 그와 함께 나눈 대화를 살펴보자. 정부 대표단이 동독으로 출발하기 전에 그는 김일성에게 그의 아내가 온천 치료가 필요하기 때문에 소련에 그의 아내와 함께 가고자 한다고 휴가 문제를 꺼냈다. 그는 자신이 북한 국적을 취득했기 때문에 사람들이 그가 소련으로 '휴가'를 갔다고 비난하지 않을 것이고 말했다. 김일성은 그의 여행에 동의하고 최용건에게 필요한 지시를 하겠다고 말했다. 소련대사 이바노프는 그에게 그와 그의 아내의 치료를 위해 필요한 조치들을 취하겠다고 대답했다 (Document 6: 473).[3]

박의완은 김일성의 소련과 동유럽 순방이 북한의 경제정책과 인민들에게 변화를 가져오기를 바란다는 희망을 표명했다. 박의완은 김일성이 잘해보기 위해 변화를 시작했으나 리더십에서 잘못을 저질렀다고 말하고, 그가 그러한 잘못들을 시정하고 버리기는 어려울 것이라고 말했다(Document 6: 473).

박의완은 최근에 오직 현지 국내파(김일성 항일빨치산파와 김일성 충성파)만 당

---

[3] 참고로, 1956년에 들어 소련국적을 북한국적으로 전환하는 사업이 시작됐다(정태수·정창현, 1997a: 150). 그런데 이미 1948년 8월 13일자 레베데프의 비망록을 보면, 그가 '소련파 인사들이 북한정권의 수립 후 북한에 남을 것인지, 소련국적을 포기할 것인지'를 조사했는데, 대부분은 '북한 잔류를 원하지 않았지만, 소련이 명령하면 잔류할 수도 있다'는 의견이었다. 레베데프 비망록에 적혀 있는 소련파 주요 인사 23명의 구체적인 조사결과는 김국후(2008: 312~314)를 참조하시오.

중앙위에 배치되어 사업하는 정책이 추구된 이래로 소련파는 단 한 명도 당 중앙위 기구의 지도적 직위에 임명되지 못하고 모두 제거됐는데, 1956년 5월 29일 당 중앙위 상무위에서 박의완의 예상을 뒤엎고 세 명의 소련파, 즉 고히만이 교통건설국 부국장, 탁양익이 국가계획위원회 부위원장, 박원구가 기계공업성 부상으로 승진했다고 했다.

김일성이 고히만을 당 중앙위 교통건설국 부국장으로 임명한 데 대해 박의완은 고히만은 이 일에 적합하지 않다고 지적했으나, 김일성은 이에 동의하지 않았고 고히만이 상(相)에 임명될 수도 있으며 그는 자격이 있다고 했다. 그러나 남일, 김승화, 박홍석, 박창옥 등이 이러한 상의 직위에 이미 임명되어 있고, 또 관리들을 임명하는 데는 어떤 안배를 하는 것이 필요하다고 말했다. 박의완은 김일성이 계속하여 일꾼들을 소련파, 국내파, 남한파, 빨치산파로 나누고 지도부 직위에 사람들을 임명할 때는 필요한 배분을 해야 할 필요가 있다고 생각하고 있다고 말했다(Document 6: 473).

박의완은 또한 최창익에 대해서 다음과 같이 말했다. 최창익이 '마음속으로 자신은 더 이상 필요치 않은 죽은 목숨이라고 느끼면서 당에서 어떤 직위를 맡는 것이 아예 아무 직위도 맡지 않는 것만 못하다'고 이야기한 것, 또 최창익이 '현재 자신의 역할과 직위에 동의하지 않고 불만족을 표현'한 것에 대해, 김일성이 최창익에게 엄중하게 모욕을 주었다는 것이다(Document 6: 473).

박의완은 홍명희에 대해서도 이야기했는데, 그는 조선에서 뛰어난 인물이며 사람들은 그를 천재로 여긴다고 말했다. 홍명희는 박의완과 이야기 중에 자신은 70세 먹은 노인이며, 당원도 아니지만 단순히 생계를 벌기 위해서 봉사하는 것은 아니고 그가 북한 체제를 사랑하기 때문이라고 말했다고 한다. 그는 젊었을 때 일본이 제의한 것에 유혹받지 않았으며 일본을 위해 봉사하지 않았다. 그래서 홍명희는 김일성이 자신에게 '당신이 일을 많이 하지 않았으며, 당신이 없어도 열심히 일하는 사람들이 많이 있고, 단지 그들이 당신을 명목상의 지도자로 필요로 한다'는 식으로 말했을 때 (실망하여) 놀랐다는 것이다(Document 6: 473~474).

이상에서 우리는 박의완의 이야기를 통해, 김일성이 동유럽, 소련, 몽골 순방을 떠나기 직전에 소련파 3명을 당 중앙위 기구의 지도적 지위에 임명했다는 것을 알 수 있다. 이는 아마도 그동안 김일성이 소련파를 숙청하고 홀대한 것을 의식하고, 이제 소련 방문을 앞두고 소련과 소련파에 대해 적극적인 제스처를 취한 것으로 해석할 수 있을 것이다.

또 최창익이 당시 명목상의 직위에 앉아 있긴 하지만 자신이 지나치게 무시를 당하고 있는 데 대해 불만을 갖고 있었으며, 김일성은 이에 대해 아주 기분 나쁘게 생각하고 있었다는 것을 알 수 있다. 그리고 김일성이 홍명희에 대해 일반적으로 알려진 것보다는 마음속으로 더 잘 대접하지 않았다는 것을 알 수 있다. 홍명희가 '8월 종파사건'에 직접 관여하지는 않았지만, 누구보다도 일관성 있게 김일성을 지지했던 그마저도 김일성에 대해 섭섭한 생각을 했다는 것은 '8월 종파사건'이 발생하게 된 당시의 분위기를 이해하는 데 도움을 준다.

1956년 6월 5일과 8일, 평양, 최창익과의 대화

1956년 6월 5일 이바노프 소련대사와 연안파 지도자 최창익이 만났다. 대화의 내용은 북한정부 대표단의 소련과 동유럽 국가 순방에 대한 것이었다. 이바노프가 최창익에게 북한 대표단과 소련 지도부 간 회담에 대해 어떻게 예상하는지 묻자, 최창익은 이 문제에 대해 단지 자신의 개인적인 생각만을 말한다면서 애매하게 이야기했다. 최창익은 경제문제 외에 논의될 여타 쟁점들은 조선의 사회발전의 가속화라는 맥락에서 당과 국가의 정치리더십과 관련된 문제들이 될 것으로 보인다고 대답했다(Document 7: 474).

이에 대해 이바노프는 북한은 지금 혁명투쟁의 매우 풍부한 경험, 해방 후의 경제정책 경험, 1950~1953년 외부의 도발에 대해 싸운 경험을 가진 사람들에 의해 당과 국가가 지도되고 있으며, 만일 집단지도체제가 더 발전한다면, 북한은 모든 인민민주주의국가들과 소련에 공통적으로 있는 문제들—개인숭배 문제, 집체적 지도의 미흡 등—을 해결하는 데 새로운 성과를 거둘 것이라고 말했다(Document 7: 474).

최창익은 이바노프의 의견에 동의하면서도, 이 모든 성취에도 집단지도체제가 북한에서 충분히 발전됐는지 여부에 대한 다른 의견들이 존재하기 때문에 이 방향으로 사업을 개선하는 것이 바람직할 것이라고 조심스럽게 말했다(Document 7: 474).

여기서 주목할 만한 것은 "만일 집단지도체제가 더 발전된다면"이라는 이바노프의 표현이다. 이바노프의 말은 북한에서 '집체적 영도체제가 아직 만족스런 상황은 아니지만 이미 어느 정도 발전하고 있다'는 의미를 포함하고 있었다. 그런데 문제는 그의 말이 집단지도체제가 '더 발전'하면 북한도 개인숭배 문제, 집체적 지도의 회복 문제 등을 해결할 수 있을 터이니 '최창익 당신이 이 점에서 공헌해주면 좋겠다'는 의미를 동시에 포함하고 있었느냐는 것이다. 그런데 최창익의 반응을 고려할 때, 당시 이바노프의 초점은 후자가 아닌 전자였던 것으로 보인다.

두 사람 간의 대화는 이것으로 끝났으나, 이바노프는 최창익이 북한에서의 집체적 영도문제에 대해 자기 자신의 견해를 갖고 있음이 확실하다고 판단했고 이를 고려하여 최창익에게 자신의 아파트에서 다시 만날 것을 제안했다(Document 7: 474).

그런데 6월 7일 이바노프 대사의 저녁식사 초대를 받았던 김승화가 그날 (저녁 식사 전) 초저녁에 소련 대사관 건축지를 방문하여 이바노프에게 최창익의 편지를 전달했다. 최창익이 '통역을 사용하지 않고 이바노프와 단 둘이서 이야기를 나누고 싶다'는 메시지를 보내온 것이었다. 이바노프는 이 제안에 동의하고 서포에 있는 자신의 별장에서 6월 8일 만나자고 전갈했다(Document 8: 474~475).

1956년 6월 8일 이바노프 대사의 별장에서 최창익이 이바노프에게 한 이야기는 다음과 같다.

당과 정부의 지도체계에서 전개된 건강하지 못한 상황에 대해 자신의 의견을 말하고자 한다. 심지어 부수상인 자신에게도 외국인을 만날 기회를 주지 않고 있다. 단지 외상만이 이 권한을 갖고 있다. 그리고 최창익 자신도 몇몇 다른 고위 인사들처럼 당과 정부의 몇 가지 문제에 대해 우려하고 있다(Document 9: 475).

이미 제5장에서 언급했지만, 최창익의 생각은 그들(김일성파)은 고위인사를 선발 배치함에서 정확하지 못하고, 따라서 심지어 해로운 관행이 생겨났다는 것이었다. 즉, 인사 발탁이 마르크스-레닌주의적 원칙들, 그들의 전문성과 정치적

질에 의해서가 아니라 그들이 어느 출신인지에 따라 이뤄지는 일이 계속되고 있다는 것이다. 그 과정에서 그들은 지속적으로 일꾼들을 그룹, 즉 파벌로 나눈다. 그들을 승진시킬 때 특정 그룹 대표들의 비율이 고려된다. 즉, 고위급 인사에서 김일성파를 더 우대한다. 그런 식의 인사 발탁은 정실주의와 그룹 간의 권력투쟁을 키우며, 당과 정부의 사업을 약화시키고 당 대열의 단합을 공고화하는 데 도움이 되지 못한다. 최근에는 당 중앙위 전원회의와 중앙위 상무위 회의에서 많은 사람들이 허가이가 인사 발탁에서 정실주의를 허용하여 당 조직 사업을 파탄에 이르게 했다고 발언했으나, 당은 정치위원회에 의해 지도됐으며 정치위원회가 나라를 다스리는 데서 저지른 잘못을 책임져야 한다. 당 지도인사들은 그동안 자신들이 행한 잘못을 인정하기를 두려워하며 모든 것을 허가이의 잘못으로 비난하고 있다. 허가이의 사업에 많은 결점이 있었지만, 그는 능력 있고 정력적인 일꾼이었으며 그의 잘못들은 시정될 수 있었다. 고위인사 대부분은 그가 잘못을 저지른 이유를 정확히 이해하지만, 그들 자신이 또한 그에 대한 책임을 (허가이와 함께 공동으로) 져야 하기 때문에 이에 대해 말하기를 두려워한다 (Document 9: 475).

최창익은 허가이의 잘못을 토론하는 중에 기본적으로 모든 소련파가 토론을 통해 비판을 당했는데, 이는 올바른 것이 아니고 해로운 것이라고 말했다. 어떤 소련파 인사는 자신의 사업에서 몇 가지 실수를 했고, 그러한 실수들은 시정되어야 했는데 그것이 제때에 이뤄지지 않았다. 그렇다고 해서 그것이 자신들에게 맡겨진 책임을 대부분 용기 있고 솜씨 있게 수행한 소련파 모두를 싸잡아서 비판하는 근거가 될 수는 없다. 최용건, 박금철, 한상두, 그리고 몇몇 다른 지도자들은 해방 후 일꾼들이 여러 곳으로부터 왔고 또 서로 모르며 당과 정부정책에 대한 경험이 없을 때 전개된 상황을 고려하지 않고 있다. 그러한 상황에서 조선로동당 중앙위와 특히 허가이는 당 사업에서 이미 능력이 증명됐고 또 당 사업에서 훈련을 받은 소련파들에 대해 정확한 태도를 갖고 있었으며, 이것이 유리한 결과를 낳았다. 그 당시 (물론) 분개할 만하고 불만족스런 일꾼들이 아주 많았지만, 10년 세월이 흐른 지금에 와서 허가이, 박창옥 등이 소련파 인사들을 지도적 위치에 승진시켰다는 이유로 정실주의로 비난을 받고 있는 것은 유의할 필요가 있다.

최창익은 또한 허가이의 사업과 그의 잘못이 박헌영과 리승엽의 행위에 함께 연계되는 것에 동의할 수 없으며. 박헌영과 리승엽은 나쁜 사람들이고 인민의 적들이지만, 허가이의 잘못은 그들의 악의적인 행위와 등치되어서는 안 된다고 했다(Document 9: 475).

최창익은 그들이 가진 전문성과 정치적인 질이 낮아 그들에게 부과된 요구에 제대로 부응하지 못하는 정일룡, 박금철, 김창만 등 몇몇 인사들이 당 중앙위 상무위원으로 발탁된 된 데 대해 비판했다. 그들은 필요한 교육과 사업 경험을 갖고 있지 않으며, 그들에게 맡겨진 책임들을 잘 완수해내지 못하고 있다. 그들은 훈련도 빈약하고 경험도 불충분할 뿐만 아니라, 아첨과 굴종 같은 부정적인 특성이 매우 강력히 발달된 사람들이며, 그들은 고통스런 문제를 다룰 때 원칙적인 입장을 취할 능력이 없다. 전동혁의 부수상 승진은 특히 정당화될 수 없다. 전동혁의 친척들이 일제 경찰에서 일했으며, 그의 많은 친척들이 지금 남한에 있다. 최창익의 생각으로는 대다수의 고위인사들은 이런 인사들, 즉 정일룡, 박금철, 김창만, 전동혁의 승진에 대해 부정적인 태도를 취하고 있었다(Document 9: 476).

최창익은 조선로동당 제3차 대회의 사업에는 소련공산당 제20차 대회의 정신이 잘 스며들지 못했다는 의견을 표명했다. 소련공산당이 자신의 사업에서 현존하는 결점과 실수를 어떻게 폭로하고 그것을 없애기 위해 어떻게 투쟁할 것인가에 대한 전형을 모든 공산당과 노동당들에게 보여주었는데, 조선로동당의 제3차 당 대회에서 당의 공고화를 증진시킬 수 있었는데도 그것을 위해 필요한 비판과 자아비판이 본질적으로 존재하지 않았다. 당 대회가 개최되기 전에 박금철이, 당 대회에 참석하게 되는 외국 공산당들의 대표단이 조선로동당의 내부 정치상황에 대해 잘못된 결론을 내릴 수 있다는 구실하에 당 대회에서 비판적인 의견을 내지 말 것을 지시했다는 보도들이 있다. 따라서 제3차 당 대회의 모든 연설자들의 연설문은 중앙위 조직부에서 사전 검토를 받았고, 당 중앙(김일성)에 대해 비판적인 말을 하고자 했던 몇몇 대의원들은 발언이 허용되지 않았다(Document 9: 476).

최창익은 당 대회에서 몇 명의 고위인사들이 형식주의와 독단론을 반대하여 투쟁한다는 구실로 본질적으로 소련의 문화에 반대하여 발언한 것과 소련이 조선의 해방에서 한 역할에 대해서 전혀 언급이 없었다는 것은 잘못된 것으로 생각했다. 당 중앙위 지도부는 당에 개인숭배는 없으며 조선로동당은 레닌주의적 집단지도 원칙을 준수하고 있다는 것을 증명하려고 하면서, 조선에서 개인숭배의 해로운 결과는 남한의 박헌영과 북한에서 허가이의 사업과 관련되어 있다는 식으로 정리했는데, 최창익은 이것을 잘못된 것으로 생각했다(Document 9: 476).

최창익은 문화선전상 허정숙(연안파)이 아첨하기 위해 김일성의 기념비와 흉상을 세웠다거나, 광장과 공원들을 김일성을 위해 김일성의 이름을 따서 명명했다거나, 김일성을 언론과 문학작품에서 찬양하게 했다고 비판하는 것은 부당한 비난이라고 생각했다. 사실은 이 모든 문제들에 대한 정치위원회의 결정이 있었기 때문에 그렇게 된 것이고, ≪새조선(Novaya Koreya[New Korea])≫이라는 잡지의 편집인은 김일성 개인에 대한 찬양을 줄여서 편집했다는 이유로 당으로부터 숙청되고 출당됐다. 당 대회에서 개인숭배 문제를 토론하려는 시도가 있기는 했다. 예컨대, 리상조는 당 상무위에 소련에서 스탈린 개인숭배의 결과를 없애기 위해 많은 작업이 이뤄지고 있으며 조선로동당에 대해서도 이 문제를 토론하는 것이 바람직할 것이라는 편지를 보냈다. 그러나 이 편지에 대한 어떤 조치도 취해지지 않았다. 현재 당 중앙위 상무위와 내각에서 김일성의 모든 제안은 질문 없이 채택되고 있기 때문에 다른 인사들이 제안을 할 수 있는 기회가 주어지지 않고 있으며, 만일 누가 말하려고 하면 그의 말은 (그 진실성을) 의심받아 그가 사업하기에 불가능한 조건이 조성된다(Document 9: 476). 참고로, 허정숙은 연안시절에 최창익의 아내였다.

최창익은 조선공산당에 조성된 당시의 상황은, 잘못된 것을 바로 잡고 당과 나라의 진전과 발전을 확보하는 데 필요한 세력을 당내에서 찾아 볼 수 없기 때문에 소련공산당 중앙위가 북한의 상황을 개선하는 데 도움을 줄 것을 긴급히 요구하고 있다고 말했다. 소련공산당 중앙위와 소련정부는 조선로동당이 갖고 있지 못한 공산주의 건설의 거대한 경험을 갖고 있기 때문에 조선로동당은 소련공산당으로부터 배워야 한다. (소련공산당으로부터) 김일성에게 필요한 충고가 주어지기를 바란다. 그 과정에서 김일성이 그러한 충고를 면밀히 들여다보고 유리한 결과를 낳게 되기를 희망한다. 최창익은 이바노프와의 대화의 마지막에 자신이 소련을 방문하고 싶다는 여망을 표명했으며, 자신에게 그러한 도움을 주도록 요청했다(Document 9: 476).

이상의 두 번에 걸친 이바노프 소련대사와 연안파 거두 최창익과의 대화록을 보면, 우선, 이바노프와 최창익 간의 제1차 대화록에는 누가 먼저 만나자고 했는지 명확히 나타나 있지 않다. 그러나 대화 내용을 보면 최창익이 적극적으로 자신의 의견을 개진하지 않고 이바노프의 질문에 '애매하게' 또 '매우 조심스럽게' 답변하고 있으며, 또한 대화 시간이 통상 다른 인사들과의 면담 때보다 상대적으로 짧은 1시간 10분밖에 되지 않았던 것을 보면(Document 7: 474), 이바노프 대사가 최창익을 소련대사관으로 초청했던 것으로 보인다.

이는 당시 김일성에 대한 소련파의 불만에 접하고 있었던 소련대사 이바노프가 조선로동당 내에서의 김일성의 개인숭배, 집단지도체제의 부재 등에 대한 비판을 민감하게 인식하고 있었고 북한정치 현황에 대해 연안파의 거두인 최창익의 생각과 평가를 보다 확실히 파악하고 싶어 했음을 짐작케 한다. 이바노프 대사의 이러한 태도에 대해 최창익도 적극적으로 호응하여 제2차 대화에서는 김일성의 리더십과 당시 북한의 정치 상황에 대한 자신의 속내를 과감하게 털어놓았던 것이다. 특히 최창익의 김일성 비판이 매우 포괄적이고 신랄했음은 주목할 만하다.

우리는 또한 제2차 대화록을 통해 최창익이 당시 북한에서 각 파벌의 존재와 정체성에 대해 인식하고 그것에 의해 사고와 행동이 영향을 받고 있음을 알 수 있다. 최창익은 소련파에 대해서는 호의적이었고, 박헌영파에 대해서는 지극히 적대적이었으며, 김일성파와 김일성 충성파에 대해서는 매우 비판적이었다. 최창익은 특히 허가이에 대해 동정적인 입장을 보였고, 박헌영과 리승엽에 대해서는 '나쁜 사람들'이며 '인민의 적들'로 비판하고 있다. 최창익은 허가이의 사업과 그의 잘못이 박헌영과 리승엽의 행위에 함께 연계되는 것에 반대했다.

참고로, 조선공산주의 운동사에서 최창익은 엠·엘파(ML파)를 대표하고 박헌영은 화요파를 대표했다. 따라서 이 두 사람 사이에는 이미 오래전부터 깊은 골이 있었지만 박헌영을 '인민의 적'이라고까지 한 것을 보면 최창익은 박헌영이 미제 간첩이었다는 죄목에 동의했다는 뜻으로도 해석된다.

최창익은 또한 조선공산당에 대한 소련공산당의 개입을 요청하고 있다. 그러나 여기에서 특별히 주목하고 싶은 것은 최창익이 마지막에 한 이야기이다. 북한정치에 소련이 개입하여 여러 가지 필요한 충고를 해주기를 요청하면서도, "김일성이 소련의 충고를 면밀히 받아들여 조선로동당의 여러 문제들을 해결하고 향후 당과 국가가 발전하는 데 좋은 결과를 있을 것을 기대"한다고 말하고 있다. 이는 최창익이 김일성이 하고 있는 정치에 대해 불만이 많았지만, 1956년 6월 8일 당시 반드시 억지로 무리수를 두어 그를 숙청한다든지 하는 강압적 방법을 생각하고 있지는 않았다는 뜻이다.

마지막으로, 한 가지 흥미로운 점은 최창익이 이바노프 소련대사에게 제2차 대화에서는 '통역 없이 단 둘이서 이야기하자'고 한 것은,[4] 이바노프에게 당시 북한정치 상황에 대해 작심하고 이야기할 것이 있는데 그 비밀이 밖으로 새어나가는 것을 경계했던 최창익의 용의주도함을 말해준다.

1956년 6월 16일, 모스크바, 리상조와의 대화

1956년 6월 16일 소련 주재 북한대사 리상조의 요청에 의해 소련외무성 극동 국장 쿠르듀코프가 리상조를 만났다(Document 10: 477). 대화는 소련외무성에서 이뤄졌다.

당시 북한정부 대표단은 동유럽을 순방하고 있었는데, 동유럽 순방을 모두 마친 후 돌아오는 길에 7월 6일부터 16일까지 소련을 방문하기로 되어 있었다. 리상조와 쿠르듀코프는 당시 김일성이 이끄는 북한정부 대표단의 소련 방문 일정

---

4) 연안파인 최창익의 러시아어 실력이 상당했거나 혹은 최창익이 러시아어를 잘하는 자신의 통역을 대동했을 가능성도 있다. 최창익은 1927년에 모스크바에 가서 조선공산당을 창건하는 문제로 코민테른을 방문한 적이 있었다. 그것이 유일한 소련 방문 경험이었다(김국후, 2008: 288). 참고로, 최창익이 이바노프와 단둘이 회합한 것은 나중에 '8월 종파사건' 이후 이바노프 소련대사가 '8월 종파사건'을 부추겼다는 식으로 소문이 난 배경이 됐던 것으로 보인다.

과 행사에 대해 이야기를 시작했다. 리상조의 이야기는 다음과 같다.

리상조는 자신이 '이미 예전에 표명한 것', 즉 5월 29일 소련외무성 부상 폐도렌코와 만나서 요청했던 '북한정치에 대한 소련의 개입 요청 건'이 이번 북한정부 대표단과 소련 지도자들 간의 회담에서 논의될 수 있도록 그것을 기본 일정속에 포함시켜줄 것을 다시 한 번 상기시켰다(Document 10: 477).

소련 지도자들과 북한 대표단 간의 대화에서 경제문제와 더불어 군사적·정치적 성격의 문제들이 논의된다면, 가능한 한 많은 숫자의 조선대표단원들이 참여하여 토론이 이뤄져야 한다. 예컨대, 대표단 중에 있는 조선로동당 당원 모두가참여하는 토론이 되어야 한다. 만약에 소련 지도자들과의 토론이 김일성, 박정애, 남일만 참여하는 소규모로 이뤄진다면, 여타 북한 지도자들은 소련공산당중앙위의 의견과 충고의 실질적 내용을 적절히 들을 수 없을 것이기 때문에 대화의 결과는 바람직하지 못할 것이다. 리상조는 조선로동당과 지도부는 소련공산당 중앙위로부터 엄중한 이데올로기적 도움이 필요하다고 말했다(Document 10: 477).

리상조는 조선에서 개인숭배를 위해 조선로동당에서 혁명투쟁의 역사에 대한 명백한 왜곡이 이루어지고 있다고 말했다. 제5장에서 이미 언급했지만, 조선인민혁명투쟁역사박물관은 김일성의 혁명투쟁역사박물관으로 변했는데, 김일성의 빨치산부대는 조선의 혁명세력 중 단지 하나일 뿐이었고, 더구나 가장 큰부대와는 아주 거리가 멀었다는 것이다. 김일성 부대 외에, 김책의 빨치산 부대도 있었고, 중국공산당의 휘하에서 싸웠던 빨치산 세력(연안파)도 있었는데, 이는 김일성 부대보다 열 배는 더 컸다. 따라서 조선의 혁명운동이 김일성 한 사람의 노력 덕분이라고 이야기할 때 혁명운동에 참여했던 사람들은 당혹함을 느낀다. 조선인민혁명투쟁역사를 기려야 할 박물관이 김일성의 개인의 혁명투쟁을기리는 박물관으로 바뀌어버린 상황에서 그런 박물관이 이데올로기적으로 무슨 가치가 있겠으며, 그리고 조선의 혁명운동 역사에 대한 부정확한 해석은 그진의가 매우 의심스럽다. 김일성의 역할과 노력을 칭송함에서 가끔 사실을 정확히 반영하지 않은 경우가 있다는 것이다(Document 10: 477).

리상조는 조선로동당 내에서 소련공산당 제20차 대회의 문건들을 연구하는 것이 당내 상황을 개선하고 조선로동당 지도부의 현존하는 실수들을 시정하는 데 자극적인 힘이 될 것으로 기대했는데, 불행히도 조선로동당 내에서 소련공산당 제20차 대회의 문건들에 대한 연구는 깊이 없이 서둘러서 대강 이뤄졌다고 했다. 조선로동당의 당내 생활의 결점들은 당 대회에서나 당 대회 이후에도 비판받지 않았다. 로동당의 많은 당원들이 당의 상황에 대해 속으로는 불만을 갖고 있지만 박해가 무서워 공개적으로 비판하지 않기로 했다. 그렇기 때문에 외부로부터의 도움이 필요하며, 만약 흐루쇼프 동지나 마오쩌둥 동지가 이 문제에 대해 조선공산당 지도부와 이야기를 나눈다면 가장 좋을 것이다. 리상조는 흐루쇼프나 마오쩌둥의 비판적인 의견이 김일성과 그의 측근에게뿐만 아니라 광범위한 조선로동당 일꾼들에게도 알려지게 할 필요가 있다고 충고했다(Document 10: 477~478).

마지막으로, 리상조는 조선로동당 지도부와 김일성이 수많은 실수를 저지른 이유에 대해 그것은 상당한 정도로 김일성의 불충분한 이론적 훈련 때문으로 본다고 말했다. 김일성은 훌륭한 혁명적 과거를 가진 젊은 지도자이지만, 공부를 많이 하지 않았고 충분한 이데올로기적 훈련을 받지 않아서 이것이 그가 실수를 하도록 만들었다는 것이다(Document 10: 478).

이상의 소련외무성 극동국장 쿠르듀코프와 리상조 사이의 대화는 몇 가지 흥미로운 사실을 말해준다.

우선, 리상조는 5월 29일 소련외무성 부상 페도렌코를 만났을 때와 마찬가지로, 이번에도 북한정부 대표단이 동유럽 순방을 마치고 소련에 오면 소련 지도자들이 김일성의 개인숭배 문제 등 북한의 당-국가 운영에 대해 강력히 개입해줄 것을 요청하고 있다. 그런데 이번 제2차 외무성 면담에서 특기할 만한 것은 리상조가 흐루쇼프 혹은 마오쩌둥의 직접 개입을 요청하고 있다는 점이다.

리상조는 이번에 소련 지도부가 북한정부 대표단을 만날 때 김일성과 그의 최측근만 만나지 말고 북한 대표단 중에 있는 조선로동당 당원 모두가 참여하는 식으로 가능한 한 대규모의 토론장을 마련하기를 요청하고 있다. 이는 소련공산당 제20차 대회에 참석했던 최용건 등 조선공산당 대표단이 북한에 돌아왔을 때 흐루쇼프의 스탈린 개인숭배 비판이 북한에서 김일성 개인숭배 비판으로 불똥

이 틀까 봐 북한에 제대로 전달하지 않아 결국 조선로동당 제3차 대회에서 김일
성 개인숭배에 대한 비판을 하지 못했기 때문에, 이번에는 그러한 실수가 반복
되지 않도록 하기 위한 것이었다.

마지막으로, 리상조가 김일성을 지도자로서 아주 무시하고 있지는 않았다는
것이다. 김일성은 훌륭한 혁명적 과거를 가진 젊은 지도자이지만, 공부를 많이
하지 않았고 충분한 이데올로기적 훈련을 받지 않아서 불충분한 이론적 훈련 때
문에 실수를 했다는 것이다.

리상조의 이 말은 마치 최창익이 6월 8일에 소련대사 이바노프를 서포에 있
는 그의 별장에서 만났을 때 소련이 북한정치에 개입하여 여러 가지 필요한 충
고를 해주기를 요청하면서도, 김일성이 소련의 충고를 면밀히 받아들여 조선로
동당의 여러 문제들을 해결하고 향후 당과 국가가 발전하는 데 좋은 결과가 있
을 것을 기대한다고 했던 이야기를 상기시킨다. 그러나 리상조는 최창익과는 달
리 김일성이 자신의 잘못을 시정하고 새로운 정치를 펼치리라는 기대를 나타내
지는 않고 있다. 그만큼 리상조가 김일성에게 그동안 크게 실망하고 반감이 컸
음을 알 수 있다.

3. 북한정부 대표단의 귀국 이후

여기에서는 김일성을 단장으로 한 북한정부 대표단이 동유럽, 소련, 몽골 순
방을 마치고 귀국한 1956년 7월 19일 이후의 시기를 살펴보기로 한다. 한 가지
주목할 것은 김일성이 귀국하자마자 반김일성 연합세력이 7월 21일부터 24일
까지 집중적으로 소련 대사관을 찾아갔다는 점이다. 참고로, 당시에는 당 중앙
위 전원회의가 8월 2일로 예정되어 있었다(Lankov, 2002: 162, 165).[5] 7월 20일[실

---

5) 당 중앙위 전원회의가 8월 2일에 예정되어 있다는 것에 대해서는 7월 21일 최창익이 소련대
   사관 참사관 필라토프를 만났을 때, 또 7월 26일 김일성이 페트로프를 만났을 때 그렇게 확
   인해주었던 것이다(Lankov, 2002: 165).

제로는 7월 14일]에 연안파 리필규가, 7월 21일에는 소련파 박창옥이 소련 대리대사 페트로프를 만났고, 7월 23일에는 연안파 최창익이, 그리고 7월 24일에는 소련파 김승화가 소련참사관 필라토프를 만나서 반김일성 거사를 '사전 통고'했다(Lankov, 2002: 160~162).

이들의 행동은 당시 중앙위 전원회의가 8월 2일로 예정되어 있어 시간이 별로 남지 않은 상황에서 집중적이고 연속적으로 소련대사관을 공략했던 것으로 보인다. 물론 소련대사관의 협력을 얻는다면 좋겠지만, 만일 그렇지 못하더라도 최소한 '소련의 중립'을 구하고, 또 소련 몰래 뒤에서 무슨 일을 꾸민다는 나쁜 인상을 모스크바에 주지 않으려는 고려가 있었던 것으로 보인다. 반김일성 연합세력에 의한 집중적이고 연속적인 소련대사관 방문은 분명히 전략적 차원에서 이뤄진 것이었다(Lankov, 2002: 162; Lankov, 2005: 85). 8월 2일에는 연안파 윤공흠이 소련대사관을 방문하여 역시 페트로프를 만났지만(Lankov, 2002: 161), 이 때는 당 중앙위 8월 전원회의가 이미 연기된 상황이었다.

참고로, 위의 반김일성 연합세력 인사들이 만난 소련 대리대사 페트로프는, 이미 제4장에서 언급했지만, 평양 주재 소련대사관 직원들 중에서도 소련공산당 중앙위 해외공산당관계국(국제국, 대외연락국) 소속으로서 평양 대사관의 '당 조직 책임자'였을 가능성이 큰 인사였다(김동길 인터뷰, 2010.8.10).

7월 21일 박창옥은 페트로프에게 '김일성에 대한 공격이 다음 당 중앙위 전원회의에서 있을 것이며 자신이 이 일에 관계하고 있다'는 것을 이야기했고(Lankov, 2002: 160), 7월 24일 김승화는 필라토프에게 그가 최근에 김두봉을 두 번 만나 점심을 같이 하면서 나눈 이야기를 전해주었다(Lankov, 2002: 161, 179).[6] 필자에

---

6) 7월 24일 김승화가 필라토프와 나눈 이야기는 다음과 같다. 그가 최근에 김두봉을 두 번 만나 점심을 같이 하면서 인민들이 겪고 있는 경제적 어려움과 난관들, 계속 쌓여가는 김일성 개인숭배 등 북한의 상황에 대해 이야기했다. 김두봉은 김일성 개인숭배가 당내에 널리 퍼져 있고, 소련공산당 제20차 대회 이후 다른 나라 공산당들은 개인숭배 문제와 그 결과들을 극복하기 위해 진지하게 노력하고 있으나, 조선로동당은 지금까지 그러한 노력을 하고 있지 않으며, 김일성은 그의 실수들을 시정하려고 하지 않는다고 말했다. 김승화가 김두봉에게 '만일 다음 중앙위 전원회의 일부 당 간부들이 김일성에 반대하여 일어난다면 어떻게 하겠는가'

게 7월 21일 박창옥이 페트로프와 나눈 대화록이 없기 때문에, 아래에서는 7월 20일[14일]자 리필규와 7월 23일자 최창익의 대화부터 자세히 소개하기로 한다.

1956년 7월 20일[14일], 평양, 리필규와의 대화[7]

리필규는 평양 주재 소련대리공사 페트로프를 만나 조선로동당과 정부의 지도부, 즉 김일성에 대한 자신의 생각을 솔직히 이야기하고 싶다면서 다음과 같은 내용을 말했다.

이날 리필규가 페트로프에게 한 이야기의 일부는 제5장에서 이미 살펴보았지

를 물었더니 김두봉은 그런 일에 대해 좋게 여기겠지만, '현재의 상황은 너무 어려워서 김일성에 반대하여 말하기로 결심을 한 사람들은 얼마 되지 않을 것'이라고 말했다(Lankov, 2002: 161, 179). 역시 김두봉은 '8월 종파사건'에 '동정'은 하고 있었으나 자신이 적극적으로 가담할 뜻은 없었음을 알 수 있다.

7) 란코프에 의하면, 7월 20일[14일]자 리필규와 페트로프 간의 대화록은 필기본 초안과 타자본이 있다. 보통 대화 시 혹은 대화 직후에 작성한 필기본을 나중에 타자기로 옮겨서 정본을 작성하고 필기본은 폐기하는데, 리필규와의 대화록은 필기본이 폐기되지 않고 남아 있다. 이것이 후일 '8월 종파사건'이 발생한 후 9월 초에 문제가 되자 페트로프는 이바노프 대사에게 '필기본에 들어 있지 않은 내용들도 있었다'면서 그 내용을 이바노프에게 메모로 보냈다. 그런데 흥미롭게도 위의 두 가지 대화록은 반드시 내용이 똑같은 것이 아니라고 한다. 리필규와의 대화 날짜가 실제는 7월 14일이었는데, 페트로프가 7월 20일로 오기했다는 것이다. 그리고 그는 리필규가 김일성에 대해서 한 말을 실제보다 훨씬 '덜 적대적'인 표현으로 수정했다는 것이다. 란코프는 페트로프가 그렇게 함으로써 반김일성 거사 주모자들이 북한의 정치적 안정에 '덜 위협적'으로 보이도록 했고, 이는 결국 그가 그들에 대해 내심으로는 동정적인 증거라고 해석했다. 더구나 1956년 초의 헝가리 문건을 보면, 페트로프는 리필규를 만나기 전에 이미 북한의 과도한 개인숭배, 1인 지도체제, 아부 등과 그것들의 폐해에 대해 불만을 갖고 있었다는 것이다(Lankov, 2005: 109~110). 또 리필규가 리상조와 가까운 사이였다는 것과 리상조가 김일성 개인숭배에 대해 했던 구체적인 항의 내용이 원본 필기본에 들어 있었으나 타자본에는 없었고, 그와 반대로 리필규가 '김일성 정권에 대한 조직적인 반대가 존재한다'고 말했는데, 그것이 타자본에는 있지만 필기본에는 없다는 것이다. 또 필기본을 보면, 리필규가 김일성의 정책에 대한 저항은 '바람직하고 필요'하지만 실제 그러한 방향으로 일이 벌어진 것은 없다고 했다(Lankov, 2005: 80~82).

만, 필요상 리필규가 한 이야기 전체를 다시 살펴보자. 그는 감옥에 있을 때인 1930년대에 김일성에 대해서 알았다고 했다. 지금 조선인민들의 해방투쟁의 역사는 왜곡되고 있다. 오페라 「솔개골」이 지금 공연되고 있는데, 그중의 한 장면을 보면 김일성의 빨치산 부대가 정치범들을 해방하는데 이는 사실과 맞지 않는다. 해방 후 정치범들을 풀어준 것은 북한에 진주한 소련군이었다. 더구나 '조국광복회'는 조선공산당의 초기 형태였다는 식으로 말하는데 이는 결코 진실이 아닌 역사변조다. 광복회는 '민주전선' 성격의 단체였다(Document 11: 479).

리필규는 김일성 개인숭배는 참을 수 없을 정도로 심해져서 어떠한 비판과 자아비판도 용납하지 않으며, '김일성의 말은 법'이라고 했다. 김일성은 당 중앙위나 내각에서 아첨꾼과 종복들을 주위에 거느리고 있다. 내각의 18명의 상(相) 중에서 9명이 과거가 확실하지 않다. 금속공업상 강영찬, 경공업상 문만옥, 화학공업상 리창호, 국가계획위원장 리창옥, 교육상 한설야 등은 과거에 조선의 자유와 독립을 위해 어떻게 투쟁했는지에 대해 아무것도 알려져 있지 않은 인물들이다. 지금 대단히 분위기가 어려운데, 당 중앙위가 일꾼들 사이에 불신을 퍼뜨리고 있다. 일꾼들이 (끼리끼리 작당하여) 서로 따르고 있고, 당 중앙위와 내각의 일꾼들 사이에는 절대로 어떤 신뢰나 우의가 없다(Document 11: 479).

리필규의 생각으로는 일단의 간부들이 김일성과 그의 최측근들에 반대하여 가능한 한 조속히 어떤 행동을 취하는 것이 필요했다. 페트로프 대리공사가 그러한 행동이 정확히 어떤 것이 될 것인지 물었고 리필규는 그의 그룹(연안파)[8]은

---

8) 리필규는 페트로프에게 다음과 같이 자기 자신을 소개했다. 그는 18세에 중국에서 혁명운동에 참여했고 나중에 불법적으로 조선에 들어와 지하 혁명사업을 계속했다. 20대에 그는 일본 헌병대에 체포됐고 12년간 감옥살이를 했다. 소련군에 의해 조선이 해방된 후 그는 소련 군정하에서 국가안보부장으로 일했다. 1948~1950년에 그는 모스크바로 건너가 소련공산당 중앙위하에 있는 당 대학에서 공부했다. 모스크바에서 돌아와 조선인민군 총참모부 부부장으로 일했고, 나중에 6군단을 지휘했다. 이후 그는 내무성 제1부상이 됐다. 내무상의 임무를 수행한 적도 있었다. 그는 전 내무상 박일우와 오랫동안 일했고 그를 잘 안다. 리필규는 박일우 사건 때문에 내무성 기관들로부터 쫓겨나 화학공업성 행정책임자로 보내졌고 나중에 부상이 됐다. 1956년 7월 당시 그는 조선로동당 중앙위 후보위원 겸 내각 건재국장이었다(Document 11: 478~479).

조선로동당 중앙위와 정부의 현 지도부를 교체하는 것을 생각하고 있다고 대답했다. 리필규는 두 가지 방법을 이야기했다. 첫 번째는 당내에서 예리하고 결정적인 비판과 자아비판을 하는 것이다. 그러나 리필규는 김일성은 (자신의 범죄가 너무 커서)(Lankov, 2005: 89) 이 방법을 선호하지 않을 것이고 리필규 자신도 이러한 방법의 성공에 대해 의심한다고 말했다. 두 번째는 힘을 사용하여 김일성을 축출하는 격변의 방법으로서 (시간이 걸리고) 희생을 수반하는 어려운 길인데, (목적 달성을 위해서는 비밀 지하행동이 부추겨져야만 한다.) 그는 지금 북한에는 이 두 번째의 길을 시작할 수 있고 또 현재 이를 위해 적절한 준비를 하고 있는 그러한 사람들이 있다고 했다. (리필규는 만일 지도부 교체가 평화적으로 이뤄지지 않는다면, 지하활동으로 전환되어야 하고 지하행동을 시작하는 것이 필요할 것이라고 말했다.) (이에 대해 페트로프는 리필규와 그의 지지자들이 혁명가로 행동하고 있기 때문에 그들은 북한의 혁명적인 인사들과 중국인민지원군의 지지를 받게 될 것이라고 생각했다)(Lankov, 2005: 82) 페트로프는 (두 번째 길을 준비하고 있는) 사람들의 이름을 물었으나, 리필규는 대답을 피했다(Document 11: 479).

페트로프는 북한에서 '누가 존경을 받으면서 사업하고 있는지'를 물었고, 리필규는 조선로동당 부위원장 최용건과 부수상 최창익의 이름을 댔다. 리필규는 최용건이 항일빨치산 시기에 김일성과 처음부터 함께 일한 것이 아니고 연해주 88독립보병여단 시절에만 함께 일했으며 빛나는 혁명투쟁 기록을 갖고 있고 김일성보다도 계급이 높았다는 것, 그리고 자기 자신의 지성(知性)을 갖고 있으며 최근에 김일성의 몇 가지 행동에 대해 불만을 표시했다고 했다. 리필규는 최창익은 인상적인 혁명투쟁의 과거를 가진 사람인데, 독립적인 지혜를 갖고 있으며 만일 김일성과의 투쟁이 시작된다면 김일성의 반대자들 편에 설 것이라고 했다 (Document 11: 479).

페트로프는 리필규 자신이 이 반김일성 지하그룹과의 관계에서 어떤 위치를 차지하고 있는지를 물었으나, 리필규는 또다시 대답을 피했다. 그러나 페트로프는 리필규의 어조로 볼 때 그가 그 그룹에서 의미심장한 역할을 하고 있다고 짐작했다(Document 11: 479).

페트로프는 리필규에게 왜 이러한 정보를 자신에게 말해주는지 그 목적이 무엇인지를 물었고, 리필규는 북한에서 이런저런 상황이 발생할 수 있는 가능성이 있음에 대해 소련 대사관의 주의를 환기시키려는 바램에서 찾아온 것이라고 대답했다(Document 11: 479). 리필규는 대화 내용을 엄격히 비밀로 해줄 것, 어떤 경우에도 조선의 지도부에게 그것을 말하지 말 것을 요청했다(Document 11: 480).

리필규와 페트로프 평양 주재 소련대리공사 사이의 대화록에서 다음과 같은 매우 중요한 사실을 알 수 있다.

우선, 7월 20일[14일] 리필규가 밝힌 내용은, 지금까지 살펴본 여러 대화록과 비교해볼 때, 이제 연안파의 김일성 축출 계획이 구체화됐음을 알 수 있다. 김일성이 정부 대표단을 인솔하여 동유럽, 소련, 몽골을 순방하고 이제 평양에 돌아왔기 때문에 더 이상 거사의 시간을 질질 끌 수가 없다는 판단을 내렸기 때문이었을 것이다.

그런데 연안파는 김일성을 교체하는 데서 '비판과 자아비판의 방법'이라는 온건한 수단 대신에 '힘을 사용하여 김일성을 축출하는 격변'의 방법, 즉 '궁정쿠데타'를 선택했다. 파벌적 반목과 정치적 대결적 상황이 깊어지면서 김일성을 축출하는 방법도 자연히 격렬해진 셈이었다.

흥미로운 것은 연안파인 리필규가 평양 주재 소련대사관에게 자신들의 거사를 미리 이야기해주고 있다는 점이다. 그는 소련정부의 협력을 확보하여, 최소한 소련의 반대를 무산시키는 노력을 통해 자신들의 거사에 유리한 대외 정치기회구조를 조성하려고 했던 것으로 생각된다. 참고로, 리필규가 찾아가 반김일성 거사계획을 알려준 페트로프 대리공사는 당시 북한에서 소련공산당 중앙위 해외공산당관계국 소속 '당 조직 책임자'였던 것으로 보인다(김동길 인터뷰, 2010.8.10). 만일 그것이 사실이라면, 그는 외무성 소속인 이바노프 대사보다 더욱 실질적인 힘을 가지고 있었던 사람이었다.

그런데 여기에서 주목할 점은 비록 리필규가 페트로프에게 자신이 한 이야기를 엄격히 비밀로 해줄 것, 어떤 경우에도 조선의 지도부에게 그것을 말하지 말 것을 요청했지만, 만일 소련대사관이 약속을 지키지 않는다면 모든 계획이 실패로 끝날 수 있는 위험성이 있었기 때문에 리필규가 이를 고려하지 않았을 리가 없었을 것이라는 점이다. 그럼에도 소련 대사관에 자신들의 거사 계획을 사전

통지했다는 것은 소련 대사관이 자신들의 거사를 돕거나 최소한 중립적인 입장을 취할 것이라는 확신을 갖고 있었기 때문에 가능한 일이었을 것이다.

리필규가 소련 대사관을 찾아 위험성을 무릅쓰고 사전 통지를 한 배경에는 소련대사관의 입장에 대한 최창익의 판단이 있었기 때문으로 생각된다. 최창익은 이바노프 대사를 이미 두 번이나 만났고, '소련 대사관이 거사를 적극적으로 반대하지 않을 것 같다, 아니 도와줄지 모른다'라는 판단을 했었을 가능성이 있다. 만일 그러했다면, 그의 그러한 판단은 연안파 내에서 그의 위상으로 볼 때 당연히 연안파 인사들 사이에서 공유됐을 것이다. 리필규가 페트로프에게 최창익에 대해서 칭찬을 하고, 또 '만일 김일성과의 투쟁이 시작된다면, 그는 김일성의 반대자들 편에 설 것'이라고 한 것도 그러한 맥락에서 이해할 수 있다.

1956년 7월 23일, 평양, 최창익과의 대화

7월 23일에는 최창익이 소련대사관을 찾아서 필라토프를 만났다. 그의 방문 용건은 20일에 방문한 리필규와 21일에 방문한 박창옥과 동일한 용건이었다. 최창익은 자신이 소련대사관을 찾아온 이유를 소련당국에게 '다음 중앙위 전원회의에서 김일성이 아마도(probably) 예리한 비판을 받게 될 것'이라는 점을 알려주기 위해서라고 했다(Lankov, 2002: 161).

최창익은 '김일성이 스스로의 행동이 얼마나 해로운지를 이해하지 못하고 있다고 이제 점점 더 믿게 됐다'고 말했다. 김일성은 다른 당 중앙위 상무위원들이나 당과 정부의 장(長)들이 내어놓은 새로운 제안들을 무력화시키며 모든 사람들을 협박하고 있고, 누구도 어떤 문제들에 대해 목소리를 높일 수 없다는 것이었다. 최창익은 김일성이 여러 형태로 자신의 개인숭배를 선전하고 있는 데 대해 주로 비난했다. 김일성은 '지도[리더십]의 형태와 방법'을 변화시키려고 하지 않으며, 자신의 잘못에 대해 비판과 자아비판을 원하지 않는다고 했다. 김일성의 이러한 행동은 당 활동의 발전을 촉진시킬 수 없고, 당 대열을 강화시키는 데 공헌할 수가 없다는 것이다. 김일성의 개인숭배는 당에 침투하여 확산되었고, 지속적으로 대규모로 확산되고 있으며, 북한에서 민주적인 법질서는 왜곡됐으며, 집체적 지도라는 레닌주의적 원칙은 준수되고 있지 않다는 것이다(Lankov, 2002: 160~161).

이상에서 살펴본 최창익의 발언은 자신이 6월 5일과 8일 두 번에 걸쳐 이바노프 대사를 만나서 했던 김일성에 대한 비판의 연장선상에서 이해할 수 있다. 그러나 이는 무엇보다도 이제 김일성이 해외순방에서 돌아왔으니 조속히 당 중앙위 전원회의를 개최하여 그동안 준비해온 반김일성 거사를 실행하기로 계획하고 있다는 것을 7월 14일[7월 20일]에는 리필규, 7월 21일에는 박창옥, 그리고 이제 7월 23일에는 최창익 자신이 연속적으로 소련대사관을 찾아 자신들의 거사 결정을 '사전 통보'함으로써 소련대사관의 협력을 얻기 위해서였다.

1956년 7월 24일, 평양, 남일과의 대화

이제 1956년 7월 24일 4일 소련대리공사 페트로프는 남일이 만나자고 해서 그와 만나 다음과 같은 대화를 나누었다. 남일은 자신이 북한정부 대표단의 일원으로 해외 순방을 다녀왔는데, 귀국 다음 날인 7월 20일 박창옥이 그의 아파트에 찾아와 만났다고 했다. 그런데 박창옥은 그전에는 결코 그의 아파트에 찾아오지 않았다고 했다.

박창옥은 남일에게 최창익, 김승화, 그리고 몇몇 다른 사람들을 포함한 일단의 지도급 일꾼들이 다가오는 당 중앙위 전원회의에서 김일성에 대한 엄중한 비판을 할 준비가 되어 있다고 말해주었다. 비판할 주요 문제는 당 중앙위의 리더십과 김일성 개인의 잘못된 (사업)방법들, 김일성 개인숭배 문제, 소련파에 대한 정확하지 못한 취급, 그리고 당과 국가생활 관련 기타 쟁점들이 될 것이라고 했다. 박창옥은 만일 자기 자신과 최창익, 김승화가 비판에 나선다면, 상무위 위원들과 몇몇 당 조직 책임자들로부터 지지를 받게 될 것이라는 확신을 표명했다고 한다(Document 12: 480~481). 박창옥은 남일도 그 그룹에 참여하여 당 중앙위 상무위와 중앙위 전원회의에서 김일성을 예리하게 비판하는 것이 바람직하다고 말했다. 박창옥은 최용건이 김일성의 비판에 참여할 가능성을 아직 배제하지 않고 있었다.[9]

남일이 페트로프를 만나고자 한 것은 자신이 어떤 입장을 취해야 할지 소련대 사관의 충고를 구하기 위해서였다(Document 12: 481). 남일 자신은 박창옥과 다른 사람들이 김일성을 심하게 비판하는 것은 적절치 않다고 생각한다고 말했다. 남일은 박창옥과 다른 사람들이 준비하고 있는 개인숭배에 대한 그러한 예리한 비판은 '조선적 맥락'에서 바람직하지 못한 결과를 가져올 수도 있다는 것, 그것이 당과 정부의 지도부의 권위를 침해하고 당원들과 전 조선민족이 보고 있는데 김일성의 평판을 훼손하며 당내에서 상당한 토론이 일어나도록 자극할지도 모른다고 말했다(Document 12: 481).

남일은 김일성이 조선로동당의 사업에서 나타난 몇 가지 결점과 실수에 대해 당 중앙위가 관찰하고 지적하는 것을 정확하게 그리고 솔직하게 인식하고 있다고 했다. 김일성이 해외 방문 중에 남일과 정부 대표단의 몇몇 사람들에게 개인 숭배 문제 등 오류와 결점들을 완전하고 충분하게 시정하기 위한 조치들을 취할 것이라고 말했다는 것이다. 김일성은, 이러한 결점과 오류들은 중앙위 전원회의의 본격적인 조사나 당 조직에서 토론을 통해 당장 제거되지는 않을 것이고 이 문제에 대한 토론에 당 전체를 관련시키지 않고 조금씩 제거할 수 있을 것으로 생각하고 있다는 것이다(Document 12: 481).

남일은 자신과 당 상무위원들은 김일성이 그러한 오류와 결점들을 제거할 수 있도록 그에게 온갖 종류의 도움을 주고, 그가 조속히 그리고 가장 적절한 방법으로 그러한 문제점들을 시정할 수 있도록 정기적으로 자극하는 조치를 취할 것이라고 말했다. 남일은 김일성의 모든 결점과 실수에도 북한에 그를 대체할 사람이 없으며, 김일성은 항상 마르크스-레닌주의와의 관계에서 매우 정확했고, 당 중앙위의 전반적인 노선은 옳으며, 김일성은 개인적으로 다소 고통을 받고 있지만 소련공산당 중앙위 지도부가 자신에게 한 비판을 정확하게 인식하고 있다고 강조했다(Document 12: 481).

---

9) 1956년 7월 20일[14일]자 리필규와 페트로프와 대화에서 리필규가 최용건이 '최근에 김일성의 몇 가지 행동에 대해 불만을 표시했다'고 이야기한 것을 참조하시오(Document 11: 479~480).

박창옥이 자신을 찾아온 것과 관련하여, 남일은 자신이 매우 곤란한 입장에 처했음을 느낀다고 했다. 남일은 당 중앙위 상무위원으로서 김일성에게 박창옥과 나눈 대화를 알려주어야 하고, 박창옥이 김일성에 반대하여 적극적으로 발언을 준비하는 사람들 중의 한 사람이라는 것을 밝혀야 하지만, 다른 한편으로 박창옥이 소련파이므로 김일성이 자신에 대한 반대 행위를 소련파 (전체와) 잘못 연계할 수도 있기 때문에 김일성에게 이를 알리고 싶지 않다고 말했다(Document 12: 481).

이에 대해 페트로프는 자신의 개인적 느낌을 말하자면, 김일성에 대한 엄중한 비판과 관련하여 남일이 처할 수 있는 위험은 큰 관심을 받을 만한 것이고, 김일성 비판과 관련하여 박창옥이 취한 입장은 명백히 정확하지 못한 것이며, 김일성에 대한 비판이 소련파로부터 시작되면 이것이 잘못 해석되어 나라 안팎에서 바람직하지 못한 반응을 야기할 수 있다고 했다(Document 12: 481). 페트로프는 남일에게 박창옥, 김승화, 그리고 다른 소련파 인사들이 반김일성 발언을 하고 싶은 충동을 억제하도록 남일이 그들에게 영향을 미쳐야 한다고 말했다. 페트로프는 박창옥과의 대화 내용을 김일성에게 알리는 문제는 남일 자신이 알아서 해야 할 일이지만, 지금은 박창옥과 김승화의 이름을 말하지 않는 것이 적절하다고 말했다. 남일은 페트로프의 의견에 동의했다(Document 12: 481).

남일은 북한정부 대표단의 소련과 인민민주주의공화국들에 대한 방문 결과 보고와 관련하여 김일성이 당 중앙위 전원회의에서 자아비판을 하도록 김일성과 중앙위 상무위에 지금 경고하는 것이 좋겠다고 생각했다. 남일은 자기 자신과 다른 상무위원들이 김일성이 전원회의에서의 자신의 연설에 자아비판을 포함시키도록 가능한 한 모든 방법으로 김일성을 도울 것이라고 강조했다(Document 12: 481).

위에서 살펴본 남일과 소련대리공사 페트로프의 대화는 앞으로 다가올 '8월 종파사건'과 관련하여 매우 주목할 만한 내용을 담고 있다.

첫째, 김일성이 외국 순방을 마치고 귀국할 때까지, 박창옥, 최창익, 김승화, 리필규 등 반김일성 연합세력이 당 중앙위 전원회의가 개최되면 거기서 김일성을 비판하기로 약속했음을 알 수 있다. 김일성이 귀국한 바로 다음 날, 리필규가 페트로프에게 거사 계획을 알리고, 박창옥은 남일을 찾아와 거사계획을 알리면서 그를 끌어들이려 했던 것이다.

그런데 흥미로운 점은 7월 20일[14일] 리필규가 페트로프에게 한 이야기를 보면, 조선로동당 중앙위와 정부의 현 지도부를 교체하는 데 있어서 연안파는 당내에서의 김일성에 대한 비판과 김일성의 자아비판이라는 온건한 방법보다는 힘을 사용하여 김일성을 축출하는 격변의 방법, 즉 궁정쿠데타를 선택했는데, 남일을 거사에 참여시키기를 도모했던 소련파 박창옥은 당내에서 김일성을 예리하게 비판하는 상대적으로 온건한 방법을 이야기하고 있다는 것이다. 이는 김일성이 정부 대표단을 이끌고 해외순방을 나선 기간에 연안파과 소련파가 상호간에 입장과 의견을 충분히 조율하지 못했을 가능성을 말해주기도 하지만, 그보다는 거사의 주도 세력인 연안파와 보조 연합세력인 소련파 사이에 적극성과 강경한 정도에 있어서 정도에 차이가 있었음을 말해준다.

둘째, 또 흥미로운 것은 박창옥은 최용건도 포섭할 수 있다는 희망을 가졌다는 점이다. 그러나 그동안 김일성과 최용건이 보여준 밀접한 관계와, 나중에 '8월 종파사건'이 발생한 8월 전원회의에서 윤공흠이 민주당 지도자인 최용건을 조선로동당 부위원장으로 임명한 것을 '당의 민주주의의 명백한 위반'으로 문제삼자 최용건이 윤공흠을 '개새끼'라고 욕하면서 비판하는 것을 보면(Document 19: 489), 박창옥이 최용건의 포섭에 대해서 잘못 생각하고 있었음을 알 수 있다. 이는 단순한 판단착오가 아니라 박창옥 등 반김일성 연합세력이 상당히 순진하고 안이하게 정세를 판단하고 있었다는 것을 말해준다. 이것은 나중에 그들의 거사가 실패하게 된 원인 중의 하나가 됐다고 할 것이다. 예컨대, 박창옥은 '만일 자기 자신과 최창익, 김승화가 비판에 나선다면, 상무위 위원들과 몇몇 당 조직 책임자들로부터 지지를 받게 될 것이라는 확신을 표명'했는데, 8월 전원회의에서는 실제 그러한 일이 일어나지 않았던 것이다.

셋째, 박창옥이 소련파 남일을 반김일성 연합에 끌어들이려고 한 시도는 결국 성공하지 못했고, 그를 통해 거사의 비밀이 사전에 새어나갈 수 있다는 점에서 큰 위험을 수반하는 것이었다. 남일은 당시 누구보다도 김일성과 그의 정책노선에 호의적인 생각을 갖고 있었고 또 그를 변호하려는 입장을 가진 김일성 지지자였기 때문이다. 남일은 기본적으로 북한에서 김일성을 대체할 만한 인물이 없다고 판단하고 어떻게 해서든지 김일성을 도와서 문제점들을 개선해 나가야겠다는 생각을 하고 있었다.

사실 남일이 7월 24일 페트로프와 만난 뒤 소련대사관의 입장을 파악하고, 박창옥이 7월 20일 자신에게 이야기해준 반김일성 음모를 김일성에게 일러바쳤을 가능성이 크다. 왜냐하면, 아래에서 보겠지만, 김일성이 7월 28일에 박정애와 남일을 소련대사관에 보내서 소련대사관이 반김일성 음모에 협조하고 있는지를 직접 알아보도록 했기 때문이다(Lankov, 2002: 163; Document 19: 490).

넷째, 소련파 박창옥이 남일의 친김일성 성향에 대해 이미 알고 있었을 터인데도[10] 위험을 무릅쓰고 그를 포섭하기로 한 것은 남일이 갖고 있는 '소련파 정체성'에 호소한 면이 크다고 봐야 할 것이다. 물론 남일도 자신의 소련파 정체성과 김일성에 대한 호의와 충성심 사이에서 고민했음을 알 수 있다. 이 모든 것은 당시 권력추구자들 사이에서 자신의 파벌적 정체성에 대한 인식과 나름대로 자신의 소속 파벌을 보호하고자 하는 노력이 명확히 존재했음을 말해준다.

다섯째, 남일의 말을 통해서 당시 김일성이 개인숭배, 당의 집체적 영도문제 등 현안들에 대해 어떻게 생각했는지를 알 수 있다. 김일성은 자신에 대해 소련파와 연안파가 지적하고 비판하는 것이 무엇인지를 잘 인식하고 있었던 것으로 보인다. 단지 김일성은 소위 자신의 오류와 결점을 바로잡기 위한 조치들은 취하되, 문제를 점진적으로 해결할 수 있는 방법을 택하고자 했던 것이다. 그는 당 중앙위 전원회의나 당 조직을 관련시켜 토론과 비판을 허용하게 되면, 문제가 복잡하게 진행되어 자칫 통제 불가능한 상황에 빠질 수도 있는 위험성을 미리 피하고자 했던 것으로 생각된다. 물론 여기에서 김일성이 조금씩 문제를 해결해 나가겠다고 할 때, 그가 무엇을 어떻게 해나가겠다는 것인지 그 구체적인 방법과 내용은 이 대화록에는 나타나 있지 않다.

마지막으로, 소련대리공사 페트로프는 남일에게 박창옥의 반김일성 연합 행

---

10) 참고로, 리상조는 1956년 5월 29일자 소련외무성 부상 페도렌코와의 대화에서 김일성 측근 중에서 특별히 남일과 박정애를 아첨꾼으로 지적하여 비판하고 있다(Document 4: 471).

위는 명백히 잘못된 것이라고 하며, 박창옥, 김승화 등 소련파 인사들이 당 중앙
위 전원회의에서 김일성 비판을 하지 못하도록 조언을 하고 있다. 페트로프의
'조언'은 말이 조언이지 '지시'였다고 할 수 있을 것이다. 그는 당시 소련이 김일
성을 축출하려는 계획이 없는 상황에서 김일성 비판 소동으로 인해 소련파가 괜
히 손해 보고, 또 소련 대사관이 연루되어 있는 것처럼 잘못 알려질 것에 반대하
고 우려했던 것으로 보인다.

1956년 7월 28일, 8월 2일, 평양, 남일과 박정애, 윤공흠과의 대화

7월 28일 남일과 박정애가 페트로프를 만났고, 남일은 또 8월 1일에도 페트
로프를 만났다. 페트로프는 자신의 일기에서 '이들과의 대화의 내용은 모스크바
에 전송했다'고 적었다. 8월 2일에는 연안파 윤공흠이 페트로프를 만났는데, 윤
공흠은 그에게 7월에 조선로동당 중앙위에 의해 조직된 중요한 회의에 대해 자
세히 이야기해주었다(Lankov, 2002: 161, 163).

그런데 7월 28일 남일과 박정애가 평양대사관으로 찾아가 페트로프를 만난
것은 김일성의 지시에 의한 것이었음이 틀림없다. 뒤에 '8월 종파사건'이 발생
한 8월 전원회의에서 김일성은 전원회의 이전에 '불평분자들을 이끌며 조선로
동당의 정책들이 정확하지 못하다고 생각하는 인물이 평양 주재 소련대사관에
있다'는 소문을 듣고 이를 명확히 하기 위해 박정애와 남일을 소련대사관에 보
냈다고 밝혔기 때문이다(Document 19: 490; Lankov, 2005: 108).

1956년 8월 4일, 평양, 중국대리공사와 소련대리공사의 대화

1956년 8월 4일에는 평양 주재 중국대리공사 챠오커시엔(曹柯賢)과[11] 소련대

---

11) 당시 평양 주재 중국대리공사는 챠오커시엔(曹柯賢)이었다. 평양 주재 소련대사관 문서를
　　영어로 번역하는 과정에서 당시 북한 주재 중국대리공사의 이름은 Chao Kaelyan 혹은 Chao
　　Ke Xian으로 표기됐다(Document 13: 482; Person, 2006: 81).

리공사 페트로프가 만났다. 챠오커시엔은 페트로프에게 북한 동지들이 평양 주재 중국대사관에 들러 '중국에서 개인숭배 문제가 어떤 상황에 있는지' 알고 싶어 했다고 말했다.[12] 페트로프가 중국 측이 어떻게 대답했는지를 묻자, 챠오커시엔은 북한 동지들에게 ≪인민일보(人民日報)≫에 게재된 중국공산당 중앙위원회의 잘 알려진 개인숭배 문제 관련 결정을[13] 인용하면서 대답했다고 말했다(Document 13: 482).

평양 주재 소련과 중국대리공사들이 나눈 대화를 통해 우리는 두 가지를 새롭게 알 수 있다. 첫째, 당시 반김일성 연합을 형성하고 있던 세력의 한 축이었던 '연안파' 인사들이 조선로동당에서 김일성 개인숭배 문제를 본격적으로 제기하려고 준비하면서 중국의 경우를 참고하기 위해 평양 주재 중국대사관에 들러 소련공산당 제20차 대회 이후 중국에서 개인숭배 문제가 어떻게 다뤄지고 있는지를 문의했음을 알 수 있다.

둘째, 중국대사관 측은 중국공산당 중앙정치국 확대회의의 토론에 근거하여 ≪인민일보≫가 편집한 1956년 4월 5일자 「무산계급독재에 관한 역사경험」이라는 논설을 인용하면서 연안파 인사들에게 대답했다. 그런데 이 ≪인민일보≫ 논설은 "무산계급독재하에 범해진 착오를 다루는 문제를 논술했고, 스탈린 개인숭배 현상이 만들어지게 된 원인과 중국은 어떻게 이 교훈을 받아들일 것인지의 문제를 논술"했으며, "소련공산당 20차 대회로 인해 공산당 내에서 스탈린을 전면적으로 부정하고 그로 인해 온갖 회의(懷疑)가 일어난 데 대해 답을 주었"다(중공중앙당사연구실, 1991: 219).[14] 이 논설은 스탈린이 그의 생애에서 몇 가지의 중대한 과오를 범한 것은 인정했지만, 그래도 그가 소비에트국가의 공업화와 농업 집단화에 있어서 레닌의 노선을 지켰다고 주장했다(우로노 시게아키, 1984: 218).

당시 마오쩌둥의 생각을 반영한 중국공산당의 스탈린 개인숭배 비판에 대한

---

12) 참고로, 당시 챠오샤오광(喬曉光) 평양 주재 중국대사가 '자신이 북한에 부임한 순간부터 서휘와 윤공흠과 만났었다'고 이야기한 것을 보면, 연안파들이 평양 주재 중국대사관에 자주 드나들었던 것으로 보인다(Document 16: 486).

13) 「무산계급독재에 관한 역사경험」(≪人民日報≫, 1956.4.5).

14) 이 자료를 번역·제공해준 데 대해 세종연구소 이종석 박사에게 감사를 표한다.

입장은 "스탈린은 심각한 실수를 저지르긴 했지만 긍정적인 역할 또한 수행"했으며, "문제는 사회주의 체제 안에도 계급투쟁은 상존한다는 사실과 여기에서 파생되는 문제들에 대한 스탈린의 반응은 위로부터 이 문제들을 해결하려 했다는 사실에 있었다"는 것이었다(르 바르비에 외, 1984: 90~91). 따라서 마오쩌둥으로서는 류사오치(劉少奇)가 중국공산당 제8차 전국대표대회에서 '부르주아지와 프롤레타리아트 사이의 계급투쟁은 끝났다'고 선언한 것에 동의하지 않고 '프롤레타리아독재는 끝나지 않았다'고 주장하면서, 단지 프롤레타리아독재 관련 문제를 '스탈린식의 하향식 독재'와는 다른 방식으로 해결해나가면 된다는 것이었다.

결론적으로, 당시 마오쩌둥은 흐루쇼프의 스탈린 개인숭배 비판의 영향을 의식하지 않을 수 없었다. 따라서 그는 스탈린 개인숭배 비판이 자신에 대한 개인숭배 비판으로 비화되는 것을 우려하여 스탈린 개인숭배 비판에 동의하지 않았던 것이다.

결론적으로, 챠오커시엔 중국대리공사가 당시 조선로동당 중앙위 전원회의에서 김일성 개인숭배 비판을 준비하고 있던 '연안파' 인사들에게 바로 위에서 살펴본 마오쩌둥의 기본 입장을 설명했을 것이다. 물론 당시 중국공산당 문서와 평양 주재 중국대사관 문서가 비밀 해제되어야 정확히 알 수 있는 것이지만, 이 모든 것은 '8월 종파사건'에 대해 중국공산당이나 평양 주재 중국대사관의 역할이 그리 크지 않았을 것이라는 추측을 가능케 한다.

실제 비밀 해제된 평양 주재 소련대사관 문서는 '8월 종파사건'과 관련하여 중국이 중요한 역할을 했다는 어떤 증거도 제공하고 있지 않다. 그렇게 보면, 당시 반김일성 연합세력이 소련대사관과 중국대사관 측의 적극적인 지지를 얻지 못한 것은 '8월 종파사건'의 실패의 한 원인이 됐다고 볼 수 있다.

1956년 8월 9일, 모스크바, 리상조와의 대화

소련대사 리상조는 8월 9일 소련외무성 극동국장 쿠르듀코프를 다시 만났다. 리상조는 그에게 조선로동당 중앙위 8월 전원회의 앞으로 보내는 「조선로동당 당내 문제에 관한 성명서 초안」을 (참고하도록) 건넸다. 당 중앙상무위원 박금철이 당 일꾼들에게 '조선로동당에는 개인숭배가 없다고 선언했다'는 정보를 입수했는데, 심사숙고 끝에 당 중앙위 후보위원으로서 침묵해서는 안 된다는 결론을 내렸다는 것이다. 그래서 8월 전원회의에 개인숭배를 비판하는 성명서를 보내기로 했으며 그 성명서 전문을 소련파 박의완이 전원회의에서 발표하기로 합의했다고 했다(정태수·정창현, 1997a: 134).

리상조는 조선로동당 중앙위 전원회의에서 박의완으로 하여금 읽게 하려고 했던 자신의 성명서 초안에서, 그가 김일성 개인숭배를 반대한다는 것, 동유럽 순방을 마치고 소련방문을 하던 7월에 조선로동당 지도부가 소련공산당 중앙위와 가졌던 대담의 핵심 내용을 은폐하여 개인숭배와의 투쟁을 호도하고 있다는 것, 그리고 조선로동당이 조선인민의 복지향상과 민주주의 구현, 합법칙성 정착이라는 과업 달성을 저해하는 결함들에 대해 결정적 비판과 자아비판을 꺼려하고 있다는 것을 지적했다(정태수·정창현, 1997a: 134).

리상조는 쿠르듀코프에게 김일성이 공개석상에게 양심적인 자아비판을 할 가능성은 거의 없다고 판단한다면서, 자신이 김일성의 제거를 주장하는 것은 아니지만 집단지도 여건 조성을 위해 그가 차지하고 있는 직책들을 여러 동지들에게 재분배해야 한다고 생각한다고 말했다. 그는 최창익이 중앙상무위원장으로 적당하다고 말했다(정태수·정창현, 1997a: 134).

그런데 다음 날 오전에 리상조는 쿠르듀코프에게 성명서 발송을 보류하고 '임박한 조선로동당 전원회의 결과를 기다리기로 했다'면서, 8월 11일 쿠르듀코프에게 주었던 자신의 성명서 초안을 돌려받았다. 리상조는 성명서를 발송하면, 그것이 조선로동당 일부 지도일꾼들에게 '모스크바에서 김일성의 당지도부 존속을 바람직하지 않게 여기고 있다'는 인상을 심어줄 수 있는 데다, '자신에게도 그 같은 제안을 할 만한 근거가 없기' 때문이라고 했다(정태수·정창현, 1997a: 134).

이상에서 우리는 몇 가지 흥미로운 사실을 발견할 수 있다. 우선, 리상조가 모스크바에서 북한대사라는 직위를 이용하여 소련 외무성에게 접근하여 북한의 정치상황을 바꿔보려는 노력을 계속하면서 평양에 있는 반김일성 연합세력과 교통하고 있었다는 것이다.

특히 김일성이 동유럽, 소련, 몽골을 순방하면서 소련을 방문했을 때 소련공산당 지도부가 김일성을 만나자마자 단도직입적으로 조선문제를 꺼내 그에게 솔직한 소련 측의 견해를 말했고, 김일성은 소련 측 의견에 동의하면서 금후 소련의 비판적인 의견을 그의 사업에 반영하겠으며, 그뿐 아니라 자신의 잘못을 고치도록 주의하겠다고 했는데(「모주석접견소공중앙대표단담화기록」, 1956.9.18), 나중에 평양에 돌아와서는 소련 지도부와 했던 대담의 핵심 내용을 은폐하거나 왜곡한 것을 크게 문제삼고 이의를 제기하고 있다.

또 흥미로운 것은 리상조가 당 중앙위 전원회의에서 김일성의 축출보다는 집단지도 여건 조성을 위해 김일성이 차지하고 있는 직책들을 여러 지도자들에게 재분배해야 하며, 당 중앙위 상무위원장 후보로서 최창익을 추천하고 있다는 것이다. 리상조는 궁정쿠데타를 통해 김일성을 축출하기보다는 당의 집체적 지도의 회복을 현실적으로 달성 가능한 목표로 삼은 것이었다.

리상조가 소련공산당 지도부에 김일성을 축출하려는 생각이 없다는 것을 알았던 것도 그러한 현실적인 목표를 결정하는 데 영향을 끼쳤을 것으로 보인다. 리상조가 조선로동당 중앙위 전원회의에 보내려고 했던 자신의 성명서 초안을 쿠르듀코프로부터 회수하면서 한 말을 보면, 리상조는 당시 소련이 김일성을 교체할 생각이 없다는 것을 알고 있었다.

결론적으로, 김일성이 해외순방으로 평양을 비웠을 때는 반김일성 연합세력이 김일성을 제거하기 위한 궁정쿠데타에 합의했으나, 이 장의 아래에서 자세히 살펴보겠지만, 김일성이 귀국하자마자 집중적으로 거사 방해 공작을 펼친 까닭에 막상 8월 전원회의 개최 직전에는 연안파와 소련파가 크게 위축됐던 것으로 보인다. 그리고 김일성이 자신에 반대하는 연안파와 소련파 인사들이 궁정쿠데타를 하지 못하도록, 또 쿠데타 시도를 하더라도 성공하지 못하도록 나름대로 철저한 대비를 하기 위해 8월 전원회의를 귀국하자마자 개최하지 않고 시간을 질질 끌었으며(정태수·정창현: 1997a, 149), 전원회의 개최 날짜를 8월 30~31일로 잡았을 무렵에는 김일성은 반김일성 연합세력의 궁정쿠데타 음모를 분쇄할 수 있다는 확신을 갖게 됐던 것으로 보인다.

1956년 8월 18, 23, 28일, 평양, 조선로동당 중앙위 상무위

8월 18일 조선로동당 중앙위 상무위가 개최됐다. 최창익과 다른 사람들이 소련공산당 중앙위로부터 온 편지를 인용하면서 김일성을 비판했다. 김두봉은 점잖게 말했으나 상무위의 대다수는 김일성에게 비판적이었다. 8월 22일 김일성은 박의완을 만나서 세 시간 동안 이야기를 나눴다. 김일성은 (당 중앙위 상무위 위원들의) 비판은 정확했다고 인정했지만, 이러한 행동들은 남쪽의 이승만만 도와줄 것이라고 했다. 8월 23일 중앙위 상무위가 다시 열려 최창익이 김일성 충성파들인 박정애와 부수상 정일룡의 숙청문제[철직문제]를 '또다시' 제기했다.[15] 그것은 (김일성에 대한) 거의 정면 공격이었다. 그 다음 날인 8월 24일 박의완은 소련대사관을 방문하여 이러한 사실들을 확인해주었다(Shimotomai, 2007~2008: 458).

8월 28일에 또 중앙위 상무위가 개최되어 그 다음 날인 8월 전원회의에서 김일성이 하게 될 보고의 초안이 검토됐다(Document 14: 482). 이날 상무위에서 논의된 내용은 바로 아래의 8월 29일자 박의완과 이바노프 사이의 대화에 자세히 나타나 있다.

1956년 8월 29일, 평양, 박의완과의 대화

1956년 8월 29일 평양 주재 소련대사 이바노프와 박의완이 만났다. 이날은 '8월 종파사건' 발생 하루 전날이었다. 박의완의 말을 들어보자.

8월 28일 김일성이 당 중앙위 전원회의에서 할 보고의 초안이 당 중앙위 상무위에서 검토됐다. 김일성이 8월 전원회의에서 연설문은 읽는 데 1시간 10분이 걸릴 것으로 생각됐고, 내용은 세 부분으로 되어 있었다. 첫째, 소련과 인민민주주의국가들 순방 결과, 둘째, 북한의 경제상황과 공업 및 농업을 확장하고 인민

---

15) 여기에서 '또다시'라는 표현은 최창익이 8월 18일 개최된 당 중앙위 상무위에서 박정애와 정일룡의 철직을 요구했다는 뜻이 된다.

들의 경제상황을 개선시키기 위한 5개년 인민경제계획 관련 당과 정부의 조치들, 그리고 셋째, 당내 상황과 조선로동당의 과업이었다(Document 14: 482).

박의완에 의하면, 첫 번째와 두 번째 부분과 마찬가지로, 세 번째 부분인 당내 상황에 관한 보고에서도 당이 (공업의 전전 수준을 달성하기 위한 복구건설) 3개년 계획의 조기 완수를 보장하는 데 많은 관심을 쏟았다는 것, 위대한 업적과 성공들을 이뤄냈다는 것이 강조됐다. 그리고 나라의 어려운 경제상황도 언급됐다. 또한 스탈린 개인숭배와 그 결과를 극복하는 데 있어서 소련공산당 제20차 대회가 소련공산당뿐만 아니라 형제적 당들에게 엄청나게 중요한 영향을 미쳤다는 점에 대해서도 언급됐다고 한다(Document 14: 482~483).

김일성 보고 초안은 또한 다음과 같은 내용을 담고 있었다. 소련공산당을 따라 배우는 데 있어서 당이 개인숭배에 대해 비판적인 태도를 갖지 않았기 때문에 당에서 개인숭배가 널리 행해졌다. 박헌영을 찬양하는 데 개인숭배가 표현됐고, 지금까지도 여러 사상사업에서 그것이 지속되고 있다. 조선로동당 중앙위는 개인숭배의 결과를 시정하고 있으나, 아직 모든 조치가 다 취해진 것은 아니며 당내 사업에서 관료주의와 다른 결점도 또한 지적됐다. 이 보고 초안의 말미에는 당파적 배타성과 파벌적 행동의 찌꺼기가 아직 잔존하고 있음을 지적하고 그것의 영향에 반대하여 투쟁하고 당적 경계를 강화해야 한다는 요구가 들어 있었다(Document 14: 483).

당 중앙위 상무위에서 보고서 초안은 채택됐다. 김두봉과 최창익이 조선로동당에서 개인숭배의 존재에 대해서는 좀 더 예리하게 비판하고 파벌주의에 대해 말한 부분은 약화시킬 필요가 있다는 의견을 제시했다. 이들은 현재 당의 상황이 파벌주의에 대해서는 더 적게 이야기하고 개인숭배와 그 해로운 결과에 대해서는 더 많이 이야기할 것을 요구하고 있다면서 자신들의 의견을 내놓았다고 한다(Document 14: 483).

김두봉은 박의완을 만나서 김일성과 그의 측근들이 잘못된 방향으로 가고 있다고 말했다. 김일성과 그 측근들은 개인숭배, 중앙위 사업에서의 결점들, 나라의 심각한 경제상황과 같은 시급한 모든 문제들을 단지 개인들의 음모, 당파성, 종파행동의 결과로만 본다는 것이다. 김두봉은 소련공산당 중앙위의 동지들이 조선로동당에서 일들이 잘못된 방향으로 가고 있는 것을 알면서도 직접 평양에 와서 잘못된 것들을 파악하고 그것들을 시정하려 하지 않는 현재의 상황에 대해 분개했다. 소련공산당 중앙위는 조선공산당 내부문제에 간섭할 수 없다는 박의완의 말에, 김두봉은 그것은 정부 간의 간섭 문제가 아니라 두 형제적 당 사이의 관계 문제라고 일갈했다고 했다(Document 14: 483).

박의완은 김일성의 보고 초안은 당내 생활에서 주된 문제가 되고 있는 긴급한 문제들을 다루지 않았으며 당원들은 그러한 문제들이 해결되기를 기다리고 있다고 했다. 그러나 그 보고에서 그러한 문제들이 이러저런 형태로 제기됐기 때문에 김일성의 보고는 중앙위 전원회의에서 그러한 문제들에 대한 토론을 시작할 수 있는 근거를 제공할 것이라고 평가했다(Document 14: 483).

박의완은 조선로동당 내의 진보세력은 새로운 길을 만들어낼 필요가 있다는 의견을 제시했다. 그는 김일성이 결점들에 대해 과감하게 투쟁하지 않고 대신 불평하는 사람들을 억누르기 위해 모든 노력을 다할 것으로 보았다. 8월 28일, 김일성은 박의완에게 '만일 불평분자들이 계속해서 리더십에 반대한다면, 조선로동당 중앙위에서 그들에 대해 수많은 반대공격을 가할 자료가 있으며, 자신은 모스크바에 잘 알려져 있으며 모스크바로부터 지원을 받을 것'이라고 협박했다고 한다(Document 14: 483).

마지막으로, 박의완은 이바노프 대사에게 요새 김일성, 박정애, 김일이 자기에게 각각 두 번씩, 남일과 방학세가 각각 한 번씩 전화하여 8월 전원회의에서 발언을 통해 긴급한 문제들을 제출하지 말도록, 그들의 표현을 빌자면 "더러운 일에서 발을 빼도록" 강력히 요구했다고 말했다. 당 리더십, 즉 김일성의 결점과 실수를 폭로하려는 생각을 가진 다른 고위인사들도 그러한 전화들을 받았다는 것이다. 박의완은 지금 벌써 당 리더십에 반대하는 사람들에 대해 보복하는 행위가 보인다고 말했다. 전원회의가 개최되기 겨우 이틀 전에 김승화는 전원회의에서 김일성에 대해 비판하지 못하도록 모스크바 사회과학원에 유학 보내졌으며, 김일성은 김승화가 "모종의 불미스런 일에 관계되어 떠나야 하였다"는 구실로 그를 접견하여 대화하기를 거부했다는 것이다(Document 14: 483). 참고로, 건설상 김승화는 당시 북한에서 인기가 많았던 인물이었다(NKIDP Document 5, 23).

위의 박의완과 이바노프 대사 간의 대화록은 다음과 같은 중요한 정보를 제공하고 있다.

첫째, 김일성은 소련공산당 제20차 대회에서 있었던 스탈린 개인숭배 비판의 의의를 확인하면서 조선로동당에서도 개인숭배 문제를 다루되 김일성 자신의 개인숭배 문제가 아닌 '박헌영의 개인숭배' 문제로 다루면서 박헌영의 종파주의적 행동을 비판하는 방향으로 이끌어나가려고 했다. 이는 기본적으로 그해 4월에 있었던 조선로동당 제3차 대회에서 했던 일을 반복하는 것이었다. 김일성으로서는 어떻게 해서든지 개인숭배 문제가 논의되는 상황을 피하려고 했고, 김일성의 그러한 태도는 연안파와 소련파에게 또 한 번 좌절과 불만을 갖게 했던 것으로 보인다.

둘째, 박의완은 김일성이 자신에 대한 개인숭배 비판 관련 논의를 또다시 회피하려는 데 대해 불만을 가졌으나, 전원회의 보고 초안에서 개인숭배 문제 등 주요 긴급 현안들이 어떤 식으로든 제기됐기 때문에 이 문제들이 중앙위 전원회의에서 토론될 수 있을 것으로 생각했다. 그러나 주목할 만한 점은 박의완은 개인숭배와 집체적 영도에 대한 김일성의 생각이 변하지 않을 것이고, 김일성이 반대를 하는 사람들을 더욱 탄압할 것으로 판단하고 조선로동당 내의 진보세력은 새로운 길을 만들어낼 필요가 있다고 생각하고 있었다. 이는 사실상 박의완이 소련대사관 측에 김일성 축출의 필요성을 지적한 것이었다.

셋째, 김일성이 반김일성 연합세력의 음모에 대해 상당히 오래전에 알게 됐던 것은 틀림없으나,[16] 아무튼 8월 전원회의 직전에 김일성 자신은 물론 박정애, 김일, 남일, 방학세 등이 총출동하여 8월 전원회의에서 연안파와 소련파로 하여금 김일성 비판을 삼가하도록 협박도 하고 말을 듣지 않으면 보복조치를 취하는 등 본격적인 와해공작을 벌였음을 알 수 있다. 참고로, 나중에 김일성은 이바노프 대사에게 8월 중순 이후에는 반김일성 연합세력의 음모 행위들이 감소됐다고 했다(Shimotomai, 2007~2008: 457).

---

16) '8월 종파사건'의 누설에 대해서는 제7장 "거사의 실패: 비밀 누설과 김일성의 대비" 섹션을 보시오.

이상에서 '8월 종파사건'의 모의과정을 살펴보았다. 김일성이 귀국하자마자 집중적으로 거사 방해 공작을 펼쳐 막상 8월 전원회의 개최 직전에는 연안파와 소련파 인사들이 많이 위축되어 있었고, 모스크바와 평양 주재 소련대사관 측의 지지를 확보하지 못한 상황에서 거사가 이뤄졌기 때문에 실패의 짙은 암운이 드리워져 있었던 것은 사실이다. 그러나 화살은 이미 시위를 떠난 셈이었다.

그런데 여기서 주목할 만한 것은 연안파와 소련파가 사용한 전술은 자신들은 '연합'하고 김일성파는 '고립'시켜 제거하는 수법이었다. 이들이 추구한 연합 전술에는 연안파와 소련파 자신들 사이의 연합뿐만 아니라, 비록 그것이 성공적으로 이뤄진 것은 아니지만 모스크바의 소련공산당과 소련정부, 그리고 평양 주재 소련대사관과의 '연합'도 포함되어 있었다.

흥미로운 점은 이러한 연합과 고립화의 방법은 김일성이 그동안 다른 파벌들을 숙청하고 제거할 때 사용했던 대표적인 수법이었다는 것이다. 1945~1950년의 '평화적 건설기'와 1950~1953년의 6·25전쟁을 거쳐 1956년 4월 당 제3차 대회에 이르는 과정에서 김일성은 북한 국내파(오기섭), 남한 국내파(박헌영, 리승엽), 소련파(허가이, 박창옥), 연안파(무정, 박일우)를 숙청함에서 연합과 고립의 전술을 통해 적을 각개 격파하는 전술을 사용했던 것이다.

다시 말해, 김일성의 파벌 숙청 방법이 1956년 '8월 종파사건'의 경우에는 정반대로 오히려 연안파와 소련파에 의해 사용됐고, 김일성은 궁정쿠데타 시도를 당했던 것이다. 이는 김일성으로서는 전혀 새로운 경험이었다. '8월 종파사건'에서 그러한 충격적인 형식의 권력투쟁 경험을 한 이후에 김일성은 태도를 바꿨다. 그는 조선민주주의인민공화국 수립 이래 국가사업, 행정사업에 집중해왔던 방식을 버리고 당 사업에 적극적으로 나서 모든 파벌을 제거하고 자신의 단일지도체계를 확립하는 길로 나아갔던 것이다.

제7장

'8월 종파사건'의 발생과 반전

1956년 8월 말 개최된 조선로동당 중앙위 8월 전원회의는 북한 권력의 역사에서 '8월 종파사건'이 발생한 회의였다. 이 '종파사건'은 "북한 역사상 유일무이한 조직적인 반김일성 운동"이자(이종석, 1995: 278) "궁정쿠데타와 유사한 심각한 음모" 사건이었다(Document 19: 491). 하지만 김일성은 8월 전원회의에서 이 궁정쿠데타 시도를 무산시키고 연안파와 소련파로 이뤄진 반김일성 연합세력을 처벌했다. 그러나 소련공산당과 중국공산당의 직접 개입과 강요로 개최된 9월 전원회의에서 8월 전원회의 결정을 취소해야 하는 굴욕을 당하면서 반전(反轉)을 겪게 되지만, 김일성은 결국 '반종파 투쟁'을 통해 반김일성 연합세력을 물리치는 데 성공하여 '단일지도체계'의 토대를 놓았다.

이 장에서는 1956년 조선로동당 중앙위 8월 전원회의에서 발생한 '8월 종파사건'의 전모를 살펴보고, 김일성이 어떻게 사건 주모자들을 처벌했으며, 이에 어떻게 소련공산당과 중국공산당이 개입하여 9월 전원회의에서 김일성으로 하여금 8월 전원회의의 내린 책벌을 취소하게 만들었는지를 구체적으로 살펴볼 것이다.

이 장에서도 비밀 해제된 북한 주재 소련대사관 관련 문서들을 포함한 소련 자료가 '8월 종파사건'의 발생과 반전에 대해 매우 귀중한 정보를 제공하고 있다.

그런데 위의 소련 자료와 더불어 중국 자료 두 건이 또한 귀중한 정보를 제공하고 있다. 「모주석접견소공중앙대표단담화기록」(毛主席接見蘇共中央代表團談話記錄)(1956.9.18)과 「모주석접견조선대표단담화기요」(毛主席接見朝鮮代表團談話紀要)(1956.9.18)이다.

전자는 조선로동당에서 '8월 종파사건'이 발생함에 따라 소련공산당과 중국공산당이 조선로동당 사태에 대해 직접 공동개입하기로 결정한 후, 마오쩌둥과 당시 베이징에서 개최된 중국공산당 제8차 전국대표대회(1956년 9월 15~27일)에 소련공산당 축하사절 대표로 참석하고 있던 소련공산당 대표단(단장 미코얀) 사이에 1956년 9월 18일 저녁에 있었던 대화록이다. 후자는 당시 마오쩌둥과 미코얀의 대화가 끝난 후 마오쩌둥이 중국공산당 제8차 대회에 축하사절로 와 있었던 조선로동당 대표단(단장 최용건)과 가졌던 대화의 요점을 추려 적어놓은 것이다. 이 중국 자료들은 특히 나중에 살펴볼 조선로동당 9월 전원회의 개최와 8월 전원회의 결정의 취소에 대해 귀중한 내용을 담고 있다.

따라서 이 장에서도 비밀 해제된 북한 주재 소련대사관 관련 문서들을 포함한 소련 자료와 위의 중국 자료들을 필요한 부분에서는 거의 원문 그대로 소개하면서 설명해나가기로 한다.

1. 조선로동당 중앙위원회 '8월 전원회의'

1956년 8월 30~31일 평양예술극장에서 8월 전원회의가 개최됐다. 8월 전원회의의 안건은 두 가지였다. "형제적 제 국가를 방문한 정부 대표단의 사업총화와 우리 당의 당면한 몇 가지 과업들"에 대한 것과(『결정집』, 1956n: 2~11) "인민보건사업을 개선 강화"하는 일에 대한 것이었다(『결정집』, 1956h: 17~23).[1]

여기에서는 소련대사관 문서들과 당시 '8월 종파사건'에 관여했던 인물들의

---

1) 당시 당 중앙위 8월 전원회의에서 "인민 보건사업을 개선 강화"하는 것에 대해 누가 보고했는지는 아직 문서로 밝혀진 것을 찾지 못했다. 단지 그 보고의 내용은 「인민 보건사업을 개선 강화할데 대하여」라는 결정서를 보면 쉽게 추측할 수 있다(『결정집』, 1956h: 17~23).

생전 증언 등을 중심으로 8월 전원회의 당일 모습을 그려보자.[2]

김일성 보고: 「형제적 제 국가를 방문한 정부 대표단의 사업총화와 우리 당의 당면한 몇 가지 과업들에 대하여」

8월 전원회의에서도 관례에 따라 김일성이 맨 먼저 '보고'를 했다. 그 보고의 원문은 아직 발굴되지 않았다. 그러나 통상적으로 회의 마지막에 가서 김일성의 보고를 거의 그대로 수용한 '결정'이 채택되기 때문에 「형제적 제 국가를 방문한 정부 대표단의 사업총화와 우리 당의 당면한 몇 가지 과업들에 대하여」라는 결정서를 보면 당시 김일성이 한 보고의 내용을 알 수 있다. 따라서 김일성의 보고 내용을 소개하는 데서 편의상 이 결정서를 김일성의 회의 보고서로 간주하고 기술해나가고자 한다(『결정집』, 1956n: 7~8).

참고로, 김일성 자신이 8월 전원회의 다음 날인 9월 1일 이바노프 소련대사에게 한 이야기를 보면, 그의 보고는 정부 대표단의 해외방문 결과에 대한 것, 형제적 국가들의 경제정책 경험의 관점에서 본 북한의 경제적 상황, 그리고 조선로동당 내에서의 당 사업의 향상을 포함하고 있었다. 그리고 김일성의 보고 초안은 개인숭배 문제, 당내 민주주의, 관료주의에 대한 투쟁, 당내 사업의 증진 등을 모두 다루었다고 한다(Document 15: 484). 또 1956년 9월 6일 박의완이 이바노프 대사에게 8월 전원회의 당일 일어난 사건의 전모에 대해 말했는데, 그에 의하면, 김일성이 전원회의에서 개인숭배 문제를 다루었는데, 단지 사상사업 분야와 관련해서 그 문제를 취급했다고 한다(Document 19: 489).

「형제적 제 국가를 방문한 정부 대표단의 사업총화와 우리 당의 당면한 몇 가지 과업들에 대하여」라는 8월 전원회의 결정을 기반으로 김일성이 8월 전원회의에서 보고한 내용을 추론해보면 다음과 같다.

김일성은 소련공산당 중앙위가 1956년 6월 30일에 채택한 「개인숭배와 그의

---

2) 중국공산당과 소련공산당은 조선로동당 중앙위 8월 전원회의 내용을 밝히라고 요구했지만, 김일성은 결코 이를 받아들이지 않았다(Shimotomai, 2007~2008: 458).

후과를 퇴치할데 대하여」라는 결정서는 "20차 당 대회 이후 국제 국내적으로 이루어진 거대한 성과들을 총화하면서 개인숭배 문제와 관련하여 현 시기에 제기되는 일련의 절실한 이론적 및 정치적 문제들에 대하여 철저한 맑스-레닌주의적 해답"을 주었으며, "부르주아 반동계층들이 스탈린에 대한 개인숭배 문제를 가지고 사회주의 제도를 비난 공격하려는 각종 도발적 음모에 대하여 결정적인 타격을 가하였다"고 강조했다. 김일성은 또한 "쏘련공산당 중앙위원회가 정당하게 지적한 바와 같이 개인숭배는 결코 사회주의 제도의 본질로부터 나올 수 없으며 쏘베트 제도의 사회주의적 본질에 아무런 영향도 미칠 수 없었다"며, 결국 "개인숭배와 그의 후과를 퇴치하기 위한 쏘련공산당의 조치들은 각국 맑스-레닌주의 당들을 위하여 큰 교훈과 모범으로 된다"고 설명했다. 그리고 조선로동당 중앙위는 소련공산당 중앙위 결정서「개인숭배와 그의 후과를 퇴치할데 대하여」를 "전폭적으로 지지하며 개인숭배를 퇴치하기 위한 원칙적인 투쟁에서 쏘련공산당이 달성하고 있는 거대한 성과들을 열렬히 환영"한다고 밝혔다 (『결정집』, 1956n: 7~8).

김일성의 보고는 "이미 1956년 3월 전원회의에서[3] 지적된 바와 같이 우리나라에서도 약간한 정도의 개인숭배가 존재했다고 인정"하고, 이는 "주로 우리 당 사상사업에서 한 개인의 역할과 공로를 지나치게 찬양하는 데서 표현되었다"고 했다. 이는 김일성이 자신에 대한 개인숭배의 오류를 인정하면서도 다른 한편으로 김일성의 개인숭배를 앞장서 조장한 소련파 박창옥, 박영빈 등 '사상사업' 일꾼들에게 책임을 전가시키고 있다는 것이다.

김일성은 "당 중앙위원회가 최근 몇 년간에 우리나라에서 개인숭배와 관련된 표현들을 시정하기 위하여 주목을 돌려왔으며, 또한 1956년 3월 전원회의에서 이러한 표현들을 신속히 더욱 철저하게 시정하기 위하여 신중한 조치들을 취한 것이 정당했다고 인정"했다. 그리고 "쏘련공산당의 스탈린의 개인숭배와 관련한 쓰라린 경험을 교훈삼아 우리나라에서 존재했던 개인숭배를 철저히 근절하

---

3) 여기에서 말하는 '3월 전원회의'는 소련공산당의 제20차 대회에서 흐루쇼프가 한 스탈린 비판 비밀연설을 번역·청취한, 3월 20일 개최된 조선로동당 중앙위 전원회의를 말한다.

기 위하여 당원들과 대중들을 계속 꾸준히 교양하여야 할 것"을 다짐했다(『결정집』, 1956n: 8).

그러나 김일성의 보고는 이처럼 김일성 개인숭배 경향이 있었다는 것을 인정하면서도, 이것이 "당 중앙위원회가 당적 지도의 최고원칙으로 시종일관하게 견지하여온 집체적 영도와 당의 노선과 정책에 부정적 영향을 끼칠 수 없었"다고 강변하고 있다. 또한 "당의 지도자들에 대한 대중의 신임과 존경을 개인숭배와 혼동함으로써 당의 영도를 훼손하려 하며 당 지도자들의 역할을 부인하며 당의 중앙집권제를 무시하며 당 지도부에 대한 불신임을 조성하며 당의 통일을 방해하려는 옳지 않은 경향에 대하여 당은 경계하여야 한다"는 것을 명백히 하고 있다(『결정집』, 1956n: 8).

그러면서 김일성의 보고는 김일성의 혁명과 건설 노선인 '주체노선'을 강조하고 있다. 즉, 우수한 민족문화 전통의 계승 발전, 마르크스-레닌주의의 창조적 적용을 통한 사상사업에서의 주체 확립의 중요성 등을 강조하고, 사상전선의 일꾼이 그 방향으로 사업하는 데 "더욱 대담성을 발휘"해야 할 것을 요구했다(『결정집』, 1956n: 9~10).

김일성의 보고는 또한 "당 대열의 통일단결"을 위해 "해방 전의 우리나라 혁명운동과 해방 후 남조선의 혁명운동에서 종파가 죄악적 해독을 끼친 쓰라린 교훈을 항상 잊지 말 것"과 "우리 당내에 아직 잔존하는 종파의 잔재를 청산하기 위하여 계속 철저한 투쟁을 진행할 것"을 천명하고 있다(『결정집』, 1956n: 10). 이는 물론 박헌영의 '종파주의적' 해독에 대한 비판이었다.

김일성의 보고는 당은 "당의 역량을 강화하기 위하여 당내 민주주의를 백방으로 발양시키며 당내 비판 특히 밑으로부터의 비판을 더욱 강화하기 위하여 계속 투쟁할 것"이지만, "민주주의 발양과 비판의 강화라는 간판 하에서 당의 규율을 와해하며 당의 통일을 저해하는 행동은 우리 당내에서 허용될 수 없다"는 것을 또한 명확히 했다. 당내 단결을 방해하는 그러한 행동은 "결국 우리 당을 외부로부터 반대하는 적들의 비난 공격과 상통하며 이것을 바로 적들은 원하고 있으며 자기들의 적대행위에 이용하려고 한다"는 것이다(『결정집』, 1956n: 11).

이처럼 김일성의 보고는 개인숭배 문제, 주체노선의 강조, 종파잔재에 대한 투쟁 등을 다루면서도 자신을 기본적으로 철저하게 방어하고 있다. 특히 자신이 동유럽, 소련, 몽골 순방을 하던 시기에 연안파와 소련파가 '8월 종파사건'에 대해 모의하고 8월 전원회의에서 거사를 결정했다는 것을 미리 알고 있던 김일성이 8월 전원회의에서 얼마나 용의주도하게 자신을 방어하고 있는지를 잘 나타내주는 대표적인 예가 하나 있는데, 그것은 그가 소련공산당 중앙위가 그해 6월 30일자로 채택한 결정 「개인숭배와 그의 후과를 퇴치할데 대하여」를 "전폭적으로 지지"하기로 한 것이었다.

나중에 자세히 살펴보겠지만, 소련공산당의 이 결정은 "스탈린의 활동에 두 측면이 있음을 인정하고 그 긍정적인 측면은 가치를 인정해주되 부정적인 측면은 비판하고 비난한다"는 '일종의 타협적인 견해로 제출'됐던 것이다(포노말료프 엮음, 1992: 202~204). 즉, 김일성이 이 결정을 '전폭적으로 지지'하기로 한 데에는, 김일성 개인숭배도 마치 소련에서의 스탈린 개인숭배처럼 북한의 혁명과 건설의 맥락에서 불가피하게 요구된 면도 있었고, 김일성 자신이 북한의 혁명과 건설에서 큰 공헌을 했기 때문에 소련에서 스탈린이 자연히 '높은 권위와 명성'을 얻게 됐던 것처럼, 김일성 자신도 '대중의 신임과 존경'을 얻게 된 것이므로 김일성 개인숭배가 그렇게 비난만 받을 것은 아니라는 일종의 자기 합리화와 방어논리가 들어 있었다.

김일성 보고에 대한 토론: '8월 종파사건' 발생

8월 30일 개최된 8월 전원회의에서 일어났던 일을 가장 잘 요약하고 있는 자료는 1956년 9월 6일자 박의완이 평양 주재 소련대사 이바노프를 만나 그에게 한 설명이다.

오전회의가 시작되어 김일성의 연설 이후 토론이 이어졌는데, 맨 처음 발언한 사람은 국가계획위원장 리종옥이었다. 그는 북한에서 성취한 커다란 공적에 대해 아첨하면서 발언했다(Document 19: 489).

두 번째 발언자는 함경북도당위원회 비서 김대공이었다. 그도 또한 조선로동당의 리더십하에서 각 도(道)에서 이룩한 성공에 대해 이야기했다. 그는 상업성과 직맹의 사업을 특별히 선택하여 예리하게 비판했다. 그의 연설은 꽤 오래전에 미리 준비된 것이 틀림없었다(Document 19: 489).

세 번째 발언자는 연안파로서 상업상을 하고 있던 윤공흠이었는데 그는 소련 공산당 제20차 전당대회의 '정신'이 조선로동당 제3차 대회에 존재하지 않았다고 흥분해서 호되게 말했다. 김일성은 즉시 윤공흠의 연설을 중단시키고, 그가 당을 중상하고 있다고 비난했다. 윤공흠은 계속하여 당 중앙위가 마르크스-레닌주의의 아이디어들을 완전하고 헌신적으로 실행하지 않고 있다고 말했다. 그러자 전원회의 주석단으로부터 "무엇을 중상하고 있는 거냐", "조선로동당이 파시스트 당, 부르주아 당이란 말이냐" 등의 발언이 튀어나왔다. 윤공흠은 한 발짝 더 나아가 최용건은 다른 정당(조선민주당)의 지도자로서 그가 바로 조선로동당 부위원장으로 임명됐는데, 이것은 당의 민주주의를 명백히 위반한 것이라고 선언했다. 그때 최용건이 일어서서 윤공흠을 "개새끼"라고 부르면서 온갖 방법으로 윤공흠을 모욕했다.[4] 최창익이 윤공흠을 방어하기 위해 나섰으나, 윤공흠을 끝장내기로 모든 것이 준비되어 있었기 때문에 최창익은 발언이 허용되지 않아 말을 할 수가 없었다(Document 19: 489).

참고로, 나중에 8월 전원회의가 끝난 후 김일성이 소련대사 이바노프에게 설명한 '윤공흠 발언' 내용을 보면 다음과 같다. 윤공흠은 조선로동당이 소련공산당 제20차 대회의 결정을 거부하고 마르크스-레닌주의적 원칙을 따르지 않는다고 공격했다. 그는 조선로동당의 상황이 그러했기 때문에 개인숭배의 매우 심각한 결과가 조선로동당에 그대로 남아 있으며, 따라서 그러한 상황이 당의 '총노

---

4) 참고로, 서휘가 최용건에 대한 인사문제를 꺼내어 비판하기까지는 그런대로 분위기가 괜찮은 편이었는데, 최용건을 공격하기 시작하자 분위기가 급변한 것에 주목할 필요가 있다. 서휘는 1991년 6월 중국 시안(西安)에서 있었던 ≪중앙일보≫ 기자 안성규와의 인터뷰에서 '윤공흠이 최용건을 공격한 것은 중대한 실수'였다고 회상했다. 달리 말해, 세상이 다 아는 고참 공산주의자인 최용건이 통일전선사업상 우익정당인 조선민주당에 몸담고 있다가 조선로동당으로 당적을 옮긴 것을 비판한 것은 옳지 못한 비판이었으며, 특히 당시 당 간부들 사이에 최용건이 신망이 높았기 때문에 전략적으로도 잘못된 비판이었다는 것이다. 서휘는 윤공흠의 행위를 "비정치적 과오"라고 규정했다(이종석, 2010: 395~396).

선'을 거부했다고 비판했다. 전원회의 참석자들은 윤공흠의 연설의 도발적인 성격에 분노했고, 윤공흠을 발언대에서 끌어내리라고 요구했다. 최창익이 윤공흠을 지지했고, 발언한 다른 사람들은 윤공흠의 연설의 반당적인 성격을 폭로하고 그가 전원회의 이전에 저지른 반당적인 행위들을 언급했다(Document 15: 484).

또 나중인 1957년 4월 9일 평양 주재 소련대사로서 갓 부임한 푸자노프(A. M. Puzanov)가 김일성을 만났을 때 김일성은 그에게 '8월 종파사건'에 대해 설명했는데, 윤공흠이 "이승만이 우리를 비난하는 내용과 똑같은 말로 당 지도부를 맹렬하게 공격했다"고 말했다. 그래서 전원회의 참가자들이 "흥분"했다는 것이다(정태수·정창현, 1997b: 97). 이는 당시 현장에서의 김일성과 그의 지지파의 분위기를 말해준다.

또 8월 전원회의가 끝난 후 최용건과 김창만이 중국대사 챠오샤오광(喬曉光)에게 설명한 '윤공흠 발언' 진상을 살펴보자. 그들은 윤공흠의 토론 연설이 조선로동당의 지도부에 대해 악의적이고 중상하는 공격을 담고 있었다고 말했다. 윤공흠이 조선로동당 지도부가 개인숭배에 관한 소련공산당 제20차 대회의 결정을 잘 이행하지 않았고, 결과적으로 조선로동당의 지도부는 당내 민주주의의 부재로 인해 간부들을 정확히 배치하지 못해 조선인민의 어려운 복지상황을 무능하게 다룸으로써 심각한 오류를 저질렀다고 비판했다는 것이다. 결국 윤공흠의 연설은 중단됐다(Document 16: 485~486).

8월 전원회의의 오후회의에서[5] 김일성의 보고에 대한 토론이 이어졌다. 재정상 리주연이 발언했는데, 그는 조선로동당의 정책 덕분에 이뤄낸 승리와 성공에 대해 말했다. 특히 그는 노동자들의 임금을 한꺼번에 35%를 인상할 수 있는 나라는 북한을 제외하고는 사회주의 진영에서 단 한 나라도 없다고 강조했다. 그는 윤공흠의 연설에 대해서는 윤공흠의 발언이 정도를 벗어났고 종파주의적이라면서 그를 반혁명·반당분자로 규정했다(Document 19: 489).

그다음에 발언한 사람은 남일이었다. 그는 '일반적인 표현'을 사용하여 말했

---

5) 비밀 해제된 소련대사관 문서는 '오후 회의'가 아닌 '저녁 회의(evening session)'로 되어 있다(Document 19: 489).

는데, 김일성이 개인숭배에 대해 이야기한 조선로동당 중앙위 3월 전원회의의 결정이 있었는데, 당원들이 그 결정에 관심을 가져야 했었는데 불행히도 그렇게 하지 못함으로써 또다시 개인숭배 문제가 복잡하게 제기됐다는 점만을 지적했다. 그는 당의 민주주의와 개인숭배에 대한 투쟁을 확대할 필요성에 대해서 잘 알려진 당의 슬로건을 반복했다. 그러나 남일은 조선로동당 내에서 그렇게 할 필요성이 있는지에 대해서는 특별히 어떤 말을 하지는 않았다. 동시에 그는 윤공흠에 대해서는 그를 밟아 짓뭉개는 심한 비판을 퍼부었다(Document 19: 489).

민청중앙위원회 위원장 박용국은 매우 길게 이야기했는데, 소련공산당 제20차 대회의 결정에 의해 인도된 조선로동당 제3차 대회는 마르크스-레닌주의의 원칙들을 성공적으로 실행했다고 말했다. 그는 개인숭배는 김일성에 의해서가 아니라 실제 신(神)에 비교된 박헌영에 의해 퍼지고 지지됐다는 것을 강조했다. 그는 개인숭배 문제를 축소시킬 필요가 없다고 했다. 당내 민주주의의 변절은 허가이의 유산이며 김일성의 실제 사업과는 아무런 관계가 없다는 것이다. 그는 윤공흠의 토론을 현재의 국가구조에 반대하는 반혁명적인 것으로 규정하고, 윤공흠을 당 중앙위원회에서 철직시키며 출당시키고 재판에 넘겨야 한다고 제안했다(Document 19: 489~490).

그다음에 이어진 최창익의 연설은 특별히 부정적인 내용은 없었다. 그는 당의 정책은 정확했으나 당에게 아픈 상처와 같은 문제인 개인숭배에 대해서는 이야기를 할 필요가 있다고 말했다. 그는 또한 조선로동당 중앙위가 그 사업에서 개별적인 오류를 저질렀다는 것을 지적했다. 최창익은 많은 질문을 받았다. 참고로, 박의완은 최창익에게 많은 질문이 쏟아진 것을 보고, 최창익이 (특정) 파벌 이데올로기를 지지하고 있는 것이 명백하기 때문에 그렇게 된 것이 아닌가 생각했다(Document 19: 490).

평안남도 당위원장인 김만금은 평남도의 경제여건에 대해 이야기하고, 민청 위원장의 연설에 대해 전폭적인 지지를 표명했다. 그리고 윤공흠의 연설은 최창익이 우두머리인 반당그룹의 계획된 연설이었다고 지적하고, 그 그룹은 조사를 받고 모두 감옥에 처넣어야 한다고 말했다(Document 19: 490).

김창만은 조선로동당 지도부의 모든 활동은 정확했다고 말하고, 윤공흠을 반당분자일 뿐만 아니라 송아지 고기 외에는 다른 어떤 고기도 먹지 않고 많은 국가의 돈을 낭비하고 도적질하고 협잡하는 도덕적으로 타락한 사람으로 매도했다.

김창만 다음으로 연설한 이는 김일성이었다. 김일성은 최창익과 박창옥이 불평분자들의 그룹을 이끌고 있다는 것을 강조하면서 조선로동당 지도부에 대한 불만이 생겨난 역사를 자세히 이야기했다. 그는 또한 전원회의 이전에 소문을 들었는데, 분명히 불평분자들을 이끌며 조선로동당의 정책들이 정확하지 못하다고 생각하는 인물이 (평양 주재) 소련대사관에 있다고 했다. 그래서 조선로동당 지도부는 상황을 명명백백히 밝히기 위해 박정애와 남일을 소련대사관에 보내야만 했다는 것이다. 그런데 그러한 소문들은 (김일성에게) 적대적인 내용이었고, 반당 무리들에 의해 퍼진 것으로 판명됐다고 했다. 그 후에 소련공산당으로부터 (김일성에게) 편지가 한 통 도착했는데, 개인숭배 문제가 검토되고 있는 여러 국가들에서 어떤 개인들이 이 기회를 이용하여 지도자에 대한 불만을 표출하고 있음을 지적하고 있었다는 것이다. 김일성은 곪아터지고 있는 당내 문제들에 대해서는 언급하지 않고, 단지 반당 그룹이 지도부를 무너뜨려 자신들이 권력을 잡을 목적을 갖고 있다면서 반당 그룹에 대해 집중적으로 이야기했다(Document 19: 490).

김일성 다음으로 연설한 함경남도 당위원장 황동민은 불만을 터뜨린 사람들에 대해 공격했다.

조선로동당 중앙위 선전선동부장 리일경은 자신의 토론에서 조선로동당 제3차 대회는 소련공산당 제20차 대회의 아이디어에 의해 완전하게 인도됐고 또 그에 따라 개인숭배와 관련된 결점들을 해결했다고 지적했다. 몇몇 사람들은 선전선동부가 소련으로부터 오는 라디오 프로그램을 중단했다고 공격했는데, 발전되고 성숙한 나라들에서는 소련으로부터 송출받는 것은 아무것도 없다는 것은 잘 알려진 일이라고 말했다. 그리고 우리나라도 이제 성장하여 소련으로부터 오는 방송을 중단하게 됐다고 말했다(Document 19: 490).

그다음에 최용건이 토론했는데, 그의 토론을 살펴보자. 윤공흠이 이번 전원회의에서 당과 국가에 대한 반대를 집중적으로 내어놓았다. 간단히 말하면, 종파주의자들이 전원회의에 당의 역사, 나라의 경제여건 문제들, 개인숭배와 간부배치 등 당의 모든 문제를 제기했고, 이들의 종파주의적 행동은 박일우 그룹이 주로 했던 일의 연속선상에 있다. 소련파에 반대하는 운동을 벌여 소련파들을 철저하게 문제삼은 이들은 윤공흠, 최창익 등(연안파)이었다. 그들은 (전쟁 중이던) 1952년에 당 중앙위 농업국장 박훈일의 집 방공호 속에서 소련파 반대운동을 준비했고, 박일우, 최창익 등이 김일성에 반대하여 행동하기 위한 계획을 세우기 위해 그곳에 모였다. 그 계획을 위해 그들은 박헌영과 연합해야만 했고 실제 그렇게 했다. 서휘는 다른 연안파 2인에게 그들이 북한에서 10년을 일해도 소장 이상의 계급에 진급하지 못했다고 불평했다. 리필규가 조선로동당 중앙위에 와서 '자신들은 최창익과 박창옥에 의해 지도된다'고 이야기했으며, 만일 인민의 복지수준을 개선시키는 조치를 취하지 않으면 불만이 커질 것이고 북한에 제2의 폴란드 포즈난 사태가 일어날 것이라고 말했다. 리필규는 또 박일우가 지금까지도 투옥되어 있는 데 대해 분개했다.

최용건은 당과 국가에서 일하는 반김일성 지도자들을 공격하면서, 체신상 김창흡에게[6] 다른 사람이 그를 어떤 종파의 대표로 여기지 않도록 잘 처신하라고 주의를 주었다. 최용건은 박창옥에 대해서 뿌리 깊은 종파주의자이며 연안파와 연결되어 있고 윤공흠을 소련대사관에 보냈다고 이야기했다(Document 19: 490).

최용건 다음에 박창옥이 토론했는데,[7] 그는 조선로동당 중앙위 1955년 12월

---

6) 소련대사관 문서는 당시 체신상 '김창흡'의 이름을 '김창길'로 잘못 적고 있다. '김창길'은 '김창흡'의 또 다른 이름이었을 가능성도 있다. 김창흡은 함남 출신으로 함남 적색농조운동 책임자 출신이었다(강만길·성대경 엮음, 1996: 130). 이는 그가 함남 적색노조운동을 했던 오기섭과 가까운 사이였음을 말해주고 있는데, 최용건은 혹시라도 김창흡과 같은 '오기섭의 잔재'들이 연안파, 소련파와 손을 잡을 가능성에 대해서도 신경이 쓰였던 것으로 보인다. '8월 종파사건' 당시 오기섭은 '조선로동당 중앙위 위원' 겸 '수매양정상'이었다.

7) 박창옥은 8월 전원회의에서 조선로동당의 오류들을 지적하기 위해 무려 80쪽이나 되는 장문의 토론문을 읽기를 원했다고 한다. 김일성이 그것을 20쪽으로 줄여 발언하도록 충고했으나, 그는 그 충고를 듣지 않고, '조선로동당이 누구의 당인가? 노동자들의 당인가 아니면 김일성의 당인가?'를 묻고, "만일 그것이 조선 로동자들의 당이라면, 나는 전체 토론문을 읽는 것이 나의 의무라고 생각한다. 만일 그렇지 않다면, 나는 아무 말도 하지 않겠다"고 했다고 한다 (Szalontai, 2003~2004: 91; Szalontai, 2005: 97). 그리고 그는 긴 연설문을 읽어 내려갔던 것이다.

전원회의가 자신과 관련하여 매우 가혹하고 불공평한 입장을 취했다고 생각한다고 말했다. 그는 자신은 어떤 그룹과도 연계되어 있지 않다고 말했다. 그러자 주석단과 회의장으로부터 오는 항의 때문에 그의 말은 중단됐고 더 이상 발언을 할 수가 없었다(Document 19: 490).

김일성이 총결 연설을 했는데, 그는 최창익, 박창옥 등에 대해 조직 관련 조치가 취해져야 한다고 제안함에 따라 전원회의는 그들을 책벌하는 결정을 채택했다(Document 19: 490~491).

박의완은 이바노프 대사와의 면담을 끝내면서 전원회의는 매우 힘들고 가혹한 여건하에서 개최됐다면서, 북한에서 이제 대규모의 전투가 시작됐으며, (반김일성 연합세력과 연계된) 보안 일꾼, 운전수, 그리고 하인들을 문초하는 데 심한 탄압이 예상된다고 했다. 당의 핵심적인 쟁점들은 왜곡됐으며 당원들에 주어진 상황이 그와 같아서 김일성에 불평분만을 가진 인사들이 '궁정쿠데타와 유사한 심각한 음모'를 꾸몄던 것으로 보인다고 말했다. 지금 불평불만자들은 '자신의 내공의 힘으로' 자신을 낮추고 있지만, 당의 긴장이 완화되지는 않을 것으로 생각한다고 말했다. 또한 조직 책벌이 내려진 당 일꾼들은 '나쁜' 사람들이나, 지도 일꾼들이 조직적인 상호 불신하에서 일한다는 것은 있을 수 없는 일이라면서, 일은 되지 않고, 또 하는 일을 마음을 써서 하기는 어려울 것이라고 말했다. 박의완은 비록 최근에 그가 북한국적을 취득했지만, 이바노프 대사에게 소련정부에 이야기하여 자신이 소련으로 돌아가면 다시 소련시민권을 허용하고 소련공산당 대열로 복귀할 수 있도록 해달라는 말을 전해달라고 부탁했다(Document 19: 491).

앞에서 살펴본 박의완과 이바노프 대사와의 대화록은 8월 전원회의 당일 '8월 종파사건' 발생의 구체적인 사실과 관련하여 그동안 개략적으로 알려져 있거나 전혀 알려져 있지 않던 여러 사실들을 말해주고 있다.

첫째, 김일성이 8월 전원회의 보고연설을 한 후 토론이 있었는데, 그 발언순서를 보면 오전회의에서 리종옥, 김대공, 윤공흠, 최창익(연설 불발), 오후회의에서 리주연, 남일, 박용국, 최창익(연설 허용), 김만금, 김창만, 김일성, 황동민, 리일경, 최용건, 박창옥 순이었다. 그리고 김일성이 총결보고를 했다.

이는 윤공흠이 세 번째로 발언했다는 것을 말해주며, 그가 김일성을 공격하자회의장이 아수라장이 됐고 최창익이 그를 도와주려고 했으나 제대로 발언권을 얻지 못하고 오전회의는 중단됐다. 윤공흠 등 4인은 점심시간 이후에 회의장에 나타나지 않았다(Document 16: 486). 오후에 속개된 회의에서는 최창익과 박창옥도 발언하도록 허용됐다. 그러나 박창옥이 1955년 12월 당 중앙위 전원회의의 자신에 대한 가혹하고 불공정한 비판에 대한 서운함을 표현하고 자신의 파벌 연계를 부인하자 항의들이 쏟아져 더 이상 발언을 할 수 없었던 것을 제외하면, 이날 오후회의는 그런대로 정상적으로 운용됐던 것으로 보인다.

그런데 나중인 1956년 10월 5일 리상조가 모스크바에서 조선로동당 중앙위에 쓴 편지를 보면, "윤공흠, 서휘, 리필규는 8월 전원회의에서 발언을 끝까지 할 기회가 주어지지 않았기 때문에, 발언할 계획을 갖고 있었던 다른 동지들은 말할 기회를 박탈당하였다"라고 기술하고 있다(Document 21: 495). 이는 그날 회의에서 서휘와 리필규도 발언했는데, 그들의 발언도 윤공흠의 경우처럼 도중에 중단당했다는 것을 의미한다.

참고로, 비밀해제된 위의 소련대사관 문서들은 8월 전원회의의 둘째 날인 8월 31일에 어떤 일이 있었는지에 대한 언급이 없다. 둘째 날에는 아마도 「형제적 제 국가를 방문한 정부 대표단의 사업총화와 우리 당의 당면한 몇 가지 과업들에 대하여」(『결정집』, 1956n: 2~11), 「인민 보건사업을 개선 강화할 데 대하여」(『결정집』, 1956h: 17~23), 그리고 「최창익, 윤공흠, 서휘, 리필규, 박창옥 등 동무들의 종파적 음모행위에 대하여」라는 결정을(『결정집』, 1956l: 12~17)을 채택하는 데 시간을 사용했을 것으로 생각된다.

둘째, 함북도 당비서 김대공이 특별히 상업성과 직맹을 선택하여 공격했다. 그런데 당시 상업성과 직맹의 수장은 각각 연안파 윤공흠과 서휘였으며, 이들이 '8월 종파사건'의 대표적인 주모자들이었다. 이 점을 고려하면, 김대공이 바로 상업성과 직맹 사업을 특별히 콕 찍어 비판한 것은 반김일성 연합세력의 모의 비밀이 이미 새어나가 김일성이 그에 대해 조직적으로 대처하고 있었다는 것을 말해준다. 박의완의 눈에 윤공흠과 서휘를 공격하는 김대공의 발언이 '꽤 오래전에 미리 준비된 것임에 틀림없었던 것'으로 보인 것은 당연한 일이었을 것이다.

셋째, 윤공흠의 발언은 당시 반김일성 연합세력의 불만을 그대로 나타내고 있었다. 여기에서 한 가지 흥미로운 점은 윤공흠이 발언을 시작하자마자, 다른 사람도 아닌 김일성이 직접 나서서 그의 발언을 중지시키고 그를 비난했다는 것이다. 김일성으로서는 비록 예상된 것이긴 했지만 실제 상황이 발생하자 이를 아예 강력히 통제하는 쪽으로 나아갔던 것이다.

넷째, 회의가 난장판이 되자 최창익에게 발언권이 주어지지 않았으나, 속개된 오후회의에서는 그에게 발언기회가 주어졌다. 박의완이 보기에 최창익의 연설에 '특별히 부정적인 내용은 없었다'는 것은 최창익이 회의 분위기상 김일성 개인숭배 등을 원래 계획과는 달리 그렇게 강력하게 비판하지는 못했다는 뜻으로 이해된다. 그럼에도 최창익은 '당과 김일성을 구별'하여 당의 정책 자체는 잘못은 없었지만 김일성은 자신에 대한 개인숭배 조장과 같은 오류를 저질렀다고 비판을 하기는 했던 것으로 보인다. 그러자 전원회의 참석자들, 즉 김일성파 대의원들로부터 최창익에게 많은 질문이 쏟아졌고, 그 질문들과 그에 대한 최창익의 대답을 들은 박의완이 최창익이 (연안파) 파벌 이데올로기를 지지하고 있음이 명확한 것으로 평가하고 있는 것을 보면, 최창익이 토론과 대답을 하는 데서 윤공흠처럼 강력한 표현을 사용하지는 않았지만 김일성의 개인숭배 비판 등에 대해 자신의 생각을 굽히지는 않았던 것으로 보인다.

다섯째, 민청중앙위원회 위원장 박용국은 개인숭배 문제와 당내 민주주의 변질 문제를 각각 김일성이 아닌 박헌영과 허가이에게 뒤집어 씌웠다. 이는 이 책에서 여러 번 살펴보았듯이 소련공산당 제20차 대회 이후 북한에서 김일성파가 김일성 개인숭배 비판을 회피하는 방식이었다. 조선로동당 제3차 대회에서도 그와 같은 식으로 김일성 개인숭배 문제를 회피했던 것이다.

여섯째, 윤공흠에 대한 비판과 관련하여 흥미로운 것은 그가 송아지 고기 외에는 다른 어떤 고기도 먹지 않고, 많은 국가의 돈을 낭비하며 도적질하고 협잡하는 도덕적으로 타락한 사람으로 매도당했다는 점이다. 이처럼 정치인을 파렴치범과 범죄인으로 만들어 숙청하는 방법은 이미 박헌영, 리승엽, 박일우의 재판, 그리고 약간 경우가 다르지만 김열의 재판 등에서도 사용됐던 전가(傳家)의 보도(寶刀)였다.

일곱째, 김일성이 자신의 발언에서 '8월 종파사건'에서의 평양 주재 소련대사관의 역할과 그에 대한 자신의 불만을 간접적으로 표출하고 있는 것은 매우 중요한 대목이다. 김일성은 '8월 종파사건' 이전에 그에게 반대하여 '불평불만 세력을 이끄는 사람이 소련대사관에 있다'는 소문을 들었고, 그것을 확인하기 위해 박정애와 남일을 소련대사관에 보내 알아보았다는 것이다. 흥미롭게도 이바노프 대사도 그날 대화를 모스크바에 보고하면서 바로 그 부분에 밑줄을 그어 놓고 있다(Document 19: 490).

그런데 나중에 이 장에서 자세히 살펴보겠지만, 연안파와 소련파가 8월 전원회의에서 엄중하게 책벌을 당하자 소련공산당 중앙위 상무위는 바로 '무엇인가 잘못되었다'고 판단하고, 당시 1956년 9월 베이징에서 개최된 중국공산당 제8차 전국대표대회에 소련공산당의 축하사절로 참석하고 있던 미코얀을 단장으로 한 소련대표단으로 하여금 중국공산당과 상의를 하도록 했다. 미코얀은 9월 18일 저녁 마오쩌둥과 회담을 가졌다(「모주석접견소공중앙대표단담화기록」, 1956.9.18).

이 대화에서 미코얀은 평양 주재 소련대사의 당 위원회 서기, 즉 당 조직 책임자[페트로프 대리공사로 추측됨]가 8월 전원회의 이전의 시기에 조선 동지가 대사관에 와서 조선로동당의 일련의 상황에 관해 이야기할 때 '그의 설명을 듣기만 하고 다른 말을 하지 않았다'고 했다. 그런데 나중에 김일성이 이 일을 알고, 소련대사관에 근무하는 소련공산당 중앙위 대표가 반김일성 인사들을 교사해서 자신을 공격한 것으로 의심했다는 것이다(「모주석접견소공중앙대표단담화기록」, 1956.9.18).

9월 18일 밤 마오쩌둥은 소련대표단과의 대화를 마친 후 바로 조선대표단을 만났는데, 최용건은 위의 내용과 관련하여 마오쩌둥에게 다음과 같이 말했다.

8월 전원회의 이전, 김일성이 정부 대표단을 대동하고 소련과 동유럽 형제국가들을 방문하는 기간에 최창익, 박창옥, 윤공흠 등은 자주 소련대사관에 가서 평양 주재 소련대사관 '당 조직 책임자'와 대화를 했다. 그들은 소련대사관에 다녀온 직후 당원들에게 "현재 소련공산당 중앙이 비밀대표단을 파견, 평양의 소련대사관 내에서 조선의 개인숭배에 관해 조사"하고 있다는 유언비어를 퍼뜨렸다. 그래서 김일성동지가 귀국 후 이러한 소식을 듣고, 곧바로 박정애와 남일을 소련대사관에 보내 이러한 사람들과 접촉하지 말 것을 권고했다(「모주석접견조선대표단담화기요」, 1956.9.18).

결국 평양 주재 소련대사관 관련 소문은 반김일성파가 꾸며낸 가짜 소문이었고, 그 후 소련공산당으로부터 김일성에게 온 편지도 여러 나라들에서 불평불만분자들이 개인숭배 문제 논의의 기회를 이용하여 지도자에 대한 불만을 표출하고 있다는 점을 알려주었다는 것이다. 그러나 이 모든 것은 당시 '8월 종파사건' 시 소련대사관의 역할과 관련하여 소련대사관과 김일성 사이에 큰 긴장이 존재했다는 것을 말해준다.

그런데 8월 전원회의에서 김일성의 이러한 발언은 무엇보다도 소련대사관에 대한 강력한 불쾌감과 경고의 표시로 생각된다. 남일은 박창옥이 자신을 찾아와 가르쳐준 거사계획을 소련대사관 측에 이야기한 후(Document 12: 481) 김일성에게 일러바쳤을 가능성이 높고, 결국은 이바노프 대사가 최창익을 두 번 따로 만났다는 것, 더구나 두 번째 만남은 이바노프 대사의 개인 별장에서 통역 없이 만났다는 것까지 모두 김일성에게 알려졌을 가능성이 적지 않다. 또 8월 전원회의에서 최용건은 박창옥이 윤공흠을 소련대사관에 보냈다고 발언했는데, 이는 김일성의 측근 최용건이 8월 전원회의 이전에 이미 연안파와 소련파의 공조, 그리고 소련대사관이 이들을 만나고 있다는 소문을 모두 다 알고 있었다는 뜻이다. 이러한 상황에서 김일성은 반김일성 연합세력을 지지하고 있다는 소련대사관 인사에게 자신의 측근 박정애와 남일을 보내 '더 이상 반김일성 음모자들과 만나지 말고 그들을 도울 생각을 말라'고 압력을 넣고 경고했던 것으로 판단된다.

여덟째, 소련공산당으로부터 김일성에게 온 편지 속에 '여러 나라에서 불평불만분자들이 개인숭배 문제 논의의 기회를 이용하여 지도자에 대한 불만을 표출하고 있다'는 지적은 무엇을 의미하는가? 소련공산당이 모스크바 주재 북한대사 리상조, 그리고 연안파 리필규, 최창익 등이 북한정치에 대한 소련의 개입 요청을 했던 것을 고자질을 한 것일까. 고자질까지는 아니더라도 한 가지 확실한 것은 소련이 반김일성파의 그러한 개입 요청을 수용하여 김일성에 대한 지지를 철회하는 일은 발생하지 않았다는 것이다.

'8월 종파사건' 이후인 9월 10일자 리상조와 소련공산당 중앙위 해외공산당

관계국장 포노마레프와의 대화를 보면(Document 20: 491~492) 그것이 명확히 나타나 있다. 원칙상으로 형제당들은 충고와 권고를 할 수 있지만, 조선공산당은 독립적인 당이기 때문에 소련공산당은 조선공산당의 내치와 당내 생활에 대해 간섭할 수 없다는 것이었다.[8]

여기서 6월 16일 리상조가 소련외무성 극동국장 쿠르듀코프를 만나서 했던 이야기를 잠시 상기해보자. 당시는 김일성이 정부 대표단을 이끌고 동유럽 국가들의 순방을 마친 후 소련 방문 일정(7월 6~16일)을 시작하기 약 한 달 전이었다. 그때 리상조는 7월에 소련 지도자들이 북한정부 대표단을 만날 때 김일성의 최측근인 남일, 박정애만 만나지 말고 북한 측 참가지 범위를 넓혀서 대표단 내의 조선로동당 당원들을 모두 함께 만나줄 것을 강력히 요청한 적이 있다(Document 10: 477). 그런데도 실제 7월 당시 소련공산당 중앙위에서 있었던 김일성과의 회담에는 단지 김일성과 박정애, 남일만이 참석했고, 나머지 중앙위 위원들은 그 대화에 참석하지 못해 실제 내용을 알지 못한 상황이 발생했다. 그리고 김일성은 그곳에서는 소련공산당 중앙위의 충고에 동의하고 나중에 북한에 돌아와서는 정반대로 행동했던 것이다(Document 20: 491; 한국일보 편, 1991: 183).

리상조는 예전에도 소련공산당이 북한의 김일성 개인숭배, 집체적 영도 부재 등에 대해 비판하는 입장을 북한 측에 전달했는데 최용건 등이 이를 조선로동당에 제대로 전달하지 않았다고 일관되게 의심하고 있었다. 따라서 그는 7월 중순 모스크바에서 양측 사이에 있게 될 회담과 관련해서도 그러한 정보의 왜곡 전달을 우려했던 것이고, 이에 대비하여 소련 측이 북한 측 참가자 범위를 넓혀서 만나주도록 사전에 요청했던 것이다. 그런데 소련 측은 결국 리상조의 거듭된 요청을 묵살했다. 이는 소련과 소련대사관이 '8월 종파사건'에서 반김일성 연합을 돕지 않았다는 또 하나의 증거이다.

---

8) 그런데 이와는 정반대의 증언도 있다. 1956년 9월에 북한과 중국을 방문한 알바니아로동당 총서기 호자(Enver Hoxha)의 회고록에 의하면, 당시 포노마레프는 "조선인들의 일이 잘되고 있지 않다. 그들은 대단히 거드름을 피우고 있다. 그들은 코가 납작해져봐야 한다"고 말했다고 한다(Szalontai, 2003~2004: 91; Szalontai, 2005: 98).

아홉째, 조선로동당 중앙위 선전선동부장 리일경이 북한에서 소련으로부터 송출받는 라디오 프로그램의 방송을 중단한 것에 대해 '발전되고 성숙한 나라들'의 예를 들면서 북한도 이제 성장하여 소련으로부터 오는 방송을 중단하게 했다고 한 것은 주목할 만한 내용이다.

리일경은 선전선동분야에서 다름 아닌 '주체 확립'을 이야기하고 있는 것이다. 리일경이 방송분야에서 취한 조치는 직접적으로는 바로 8월 전원회의 당일 김일성의 보고에서 김일성이 북한의 혁명과 건설에서 '주체노선'을 강조한 것을 지지하기 위한 맥락에서 이뤄진 것이었지만, 이는 1955년 12월 28일 김일성이 당 선전선동일꾼들에게 한 「사상사업에서 교조주의와 형식주의를 퇴치하고 주체를 확립할데 대하여」라는 역사적인 주체 확립 연설의 실행과 관련된 것이었다. 특히 바로 앞에서 살펴본 것처럼, 평양 주재 소련대사관이 반김일성 연합세력과 협력하고 그들을 이끌고 있다는 소문에 대해 김일성이 강력히 문제를 제기한 것을 감안하면, 리일경의 선전선동분야에서의 주체 확립에 대한 발언은 매우 의미심장한 것이었다. 참고로, 리일경은 조선해방운동에서 어떤 중요한 역할을 한 인물은 아니었으나 김일성에 충성하는 국내파로서 1955년 12월 초에 개최됐던 당 중앙위 12월 초 전원회의에서 소련파 박영빈이 제거된 이후에 새롭게 선전선동부장이 된 사람이었다.

열째, 박창옥은 8월 전원회의 당일 사태가 반김일성 연합에게 불리하게 전개되자 '자신은 어떤 그룹과도 연계되어 있지 않다'고 변명하면서 빠져나가려고 했던 것으로 보인다. 그러자 그가 모의 주동자 중의 하나라는 것을 알고 있었던 김일성과 인사들과 김일성 지지 대의원들이 거세게 항의했고, 그는 더 이상 발언을 계속할 수 없었던 것으로 보인다.

마지막으로, 박의완은 '8월 종파사건'의 성격을 "궁정쿠데타와 유사한 심각한 음모(a serious conspiracy, something similar to a palace coup)"로 규정했다(Document 20: 491). 이는 사건 주모자 중의 하나였던 박의완이 스스로 내린 성격 규정이기 때문에 우리는 이를 통해 당시 주모자들이 어떻게 생각하면서 행동했는지를 알 수 있다.

박의완은 또한 향후 북한에서 바야흐로 대규모의 전투가 시작될 것으로 예상하면서, 반김일성 연합세력에 대한 김일성의 탄압, 지도일꾼들 간의 조직적인 상호불신이 초래할 정상적인 사업의 불가능 등 '8월 종파사건'의 비싼 '정치적 비용'을 언급하고 있다. 이러한 정치적 비용은 그가 최근에 취득한 북한국적을 포기하고 소련으로 돌아가 소련국적과 소련공산당원 신분을 회복하고 싶은 심정을 나타낸 데서도 잘 나타나 있다.

8월 전원회의 결정들

8월 전원회의에서는 원래 상정된 안건이 두 가지였고, 이에 대한 결정은 「형제적 제 국가를 방문한 정부 대표단의 사업총화와 우리 당의 당면한 몇 가지 과업들에 대하여」와(『결정집』, 1956n: 2~11) 「인민 보건사업을 개선 강화할데 대하여」였다(『결정집』, 1956h: 17~23). 그런데 '8월 종파사건'의 발생으로 8월 전원회의에서는 「최창익, 윤공흠, 서휘, 리필규, 박창옥 등 동무들의 종파적 음모 행위에 대하여」라는 결정이(『결정집』, 1956l: 12~17) 추가로 채택됐다. 물론 이것이 8월 전원회의의 핵심 결정이었다.

「형제적 제 국가를 방문한 정부 대표단의 사업총화와 우리 당의 당면한 몇 가지 과업들에 대하여」라는 결정의 내용은 이미 위에서 동일한 제목의 김일성의 보고에서 자세히 살펴보았기 때문에 여기에서는 간단히 그 의의를 평가하고 지나가기로 한다. 이 결정서는 소련공산당 중앙위가 1956년 6월 30일에 채택한 「개인숭배와 그의 후과를 퇴치할데 대하여」라는 결정서 내용을 소개하면서 이를 '전폭적으로 지지'하고 있다.

그런데 왜 조선로동당이 이 소련공산당 결정을 전폭적으로 지지하게 됐는가? 이에 대한 대답을 위해 소련공산당 결정의 내용과 성격을 살펴보기로 하자.

이 소련공산당의 결정은 기본적으로 제20차 당 대회에서 행해진 스탈린 비판에 대해 "한편에서는 스탈린이 이룩한 공적을 결코 과소평가해서는 안 된다고 중국공산당이 이의를 제기하고, 다른 한편에서는 또 개인숭배의 원인이 소련 사회체제 그 자체에 있다고 하여 이탈리아공산당 같은 당이 이의를 제기하여, 결국 스탈린 비판이 국제적으로나 국내적으로나 너무 큰 반향을 불러일으켰다고 판단한 소련공산당이 일종의 타협적인 견해로 제출했던 입장"을 담았다(포노말료프 엮음, 1992: 202).

이 결정은 개인숭배의 발생원인, 현상 형태, 본질적 성격, 그리고 결과에 관한 문제들에 답을 제시했는데, 결론적으로 스탈린에 대한 개인숭배는 어느 정도 구체적이고 역사적인 조건 속에서 일종의 필요에 의해 발생했다는 것이었다. 물론 스탈린의 "개인숭배가 발전하도록 더욱 부추긴 것은 레닌이 지적한 스탈린 개인의 약간 부정적인 자질"이었다고 했다. 그러나 당시 상황이 "제국주의 전쟁과 내전으로 황폐해진 비교적 낙후된 농업국에서, 그리고 적의를 가진 자본주의 국가들이 주변을 에워싸고 있어서 스파이와 파괴 분자가 침투하기가 쉬운 나라에서 끊임없이 외부로부터의 공격 위협에 노출"되어 있었고, 그런 상황에서는 "사회주의를 건설하는 것이 상상을 초월하는 온갖 어려움을 극복해가는 과정"이었으며, "당의 전체적인 노선은 좌와 우의 분파주의자들 및 반대파들이 퍼붓는 흉악한 공세에 노출"되어 있었다는 것이다(포노말료프 엮음, 1992: 202).

이러한 복잡한 국내외 정세 속에서 "철의 규율과 끊임없는 경계심, 지도부의 매우 엄격한 집중제 방식"이 요구됐다는 것이다. 그런데 이러한 어려운 시대에 스탈린이 난관을 극복하는 데 큰 공헌을 했고, 그 결과 "당연히 스탈린은 높은 권위와 명성"을 얻게 됐다고 했다. 그러다 보니 "스탈린에 대한 개인숭배가 서서히 형성"되어 가게 됐다는 것이다.

그러나 개인숭배는 "사회주의의 객관적인 법칙성의 작용을 파괴할 수 없었"으며 "위대한 레닌의 혁명적 정신 속에서 배태된 당의 조직적·정치적·이론적인 기초를 뒤흔들어 놓을 수 없었"다고 했다.

다시 말해, 소련공산당의 「개인숭배와 그의 후과를 퇴치할데 대하여」라는 결정서는 "스탈린의 활동에 두 측면이 있음을 인정하고 그 긍정적인 측면은 가치를 인정해주되 부정적인 측면은 비판하고 비난"한 것이었다(포노말료프 엮음, 1992: 202~204).

조선공산당 8월 전원회의는 바로 이러한 내용과 성격을 가진 소련공산당 중앙위 결정을 '전폭 지지'함으로써 두 가지 효과를 기대했다. 우선, 개인숭배는 사회주의 제도의 본질과는 전혀 관계가 없는 잘못된 것이라는 명분을 세울 수 있었다. 다른 한편으로는 마치 소련에서 부르주아 반동계층들이 스탈린 개인숭배 문제를 구실로 사회주의 제도 자체를 공격하려던 것으로부터 사회주의를 방어해냈던 것처럼, 북한에서도 반김일성 연합세력이 김일성 개인숭배 비판을 구실로 궁정쿠데타를 통해 김일성을 제거하려는 시도로부터 김일성을 지켜내고 '종파주의자'들의 척결을 통해 당의 통일단결을 이룩해내려고 했던 것이다.

「최창익, 윤공흠, 서휘, 리필규, 박창옥 등 동무들의 종파적 음모행위에 대하여」

8월 전원회의에서 내린 결정들 중에서 역시 핵심적인 결정은 '8월 종파사건'의 주모자들에게 강력한 책벌을 내린 「최창익, 윤공흠, 서휘, 리필규, 박창옥 등 동무들의 종파적 음모행위에 대하여」였다. 그 내용을 자세히 살펴보자.

8월 전원회의에서 최창익, 박창옥, 윤공흠, 서휘, 리필규 등의 "종파적 음모행위"에 대해 심의한바, 이들—박창옥은 제외—은 "이미 오래전부터 직위에 대한 불평불만을 품고 암암리에 그루빠적(그룹적) 행동을 계속하여 오던 차 특히 최근 공화국정부 대표단이 형제국가들을 방문하여 당과 정부의 중요 지도자들이 없는 틈을 이용하여 당과 정부의 지도부를 반대하는 종파적 음모를 노골적으로 감행"했다. 이들은 "자기들과 결탁한 평양시당위원회 내의 일부 추종분자들과 평양시내 일부 성, 국 기관들에 있는 그들의 측근자들을 사촉하여 당 중앙위 지시를 의식적으로 거부케 하였으며 사업이 잘 되지 못하도록 암해 행동을 감행"했다.[9] 심지어 서휘는 "직총위원장의 직권을 남용하여 직맹단체들을 행정관리

---

9) '8월 종파사건'의 대표적인 주모자인 윤공흠과 공모자였던 고봉기의 직책은 사건 당시 각각 상업상과 황해남도 당위원장이었으나, 그들은 평양시 당위원장을 차례로 역임했던 인물들이었다. 김일성에 따르면, 그들이 평양시 당위원회에 '가족주의'를 도입했다고 한다(김일성, 1980h: 419). 김창일(김강)은 당시 문화선전성 부상이었으며, 평양시당위원회 위원이었다(「모주석접견소공중앙대표단담화기록」, 1956.9.18). 따라서 여기에 언급된 "평양시 당위원회 내의 일부 추종분자들과 평양시내 일부 성, 국 기관들에 있는 그들의 측근자들"은 윤공흠과 고봉기, 그리고 김강의 추종자들이었다. 결과적으로, 평양시당은 연안파의 거점이었던 셈이다 (Lankov, 2005: 162~163).

측과 정권기관들에 대립시키려까지 책동"했다. 그뿐만 아니라 이들이 "반당적 영향을 인민군대 내부에까지 침식시키려고 시도"했다(『결정집』, 1956l: 12). 참고로, 평양 주재 이바노프 소련대사도 1956년 12월 말 소련공산당 중앙위에 올리는 북한 관련 보고서를 통해 '군대와 직업동맹의 일부 고위간부들'도 당내에서 전개된 상황에 대한 불만을 갖고 있었다고 적고 있다(Document 30: 520).

결정서에 따르면, 이들은 "형제국가들을 친선방문한 정부 대표단의 사업을 총화하는 당 중앙위 8월 전원회의에서 당 중앙위원회를 불의에 공격하기 위하여 비밀리에 공동적으로 작성한 반당적 토론을 들고 나왔으며, 만일 당 중앙위원회에 혼란과 분열이 야기될 경우에는 자기들의 추종분자들을 발동시켜 평양시에서 '당 열성자 회의'를 소집케 하고 황해남도에서는 이에 호응하여 일제히 당과 정부의 지도부를 공격하여 나서게 하는 음모를 획책"했다. 이와 같은 "반당적 음모의 기본 목적은 이들이 항상 야망하여 오던 당내에서 '헤게모니야'[헤게모니]를 쟁취하기 위한 것"이었다(『결정집』, 1956l: 12~13).

결정서는 최창익, 윤공흠, 서휘, 리필규, 박창옥 등의 죄를 구체적으로 열거했다. 우선 최창익(당 중앙위 상무위 위원, 당 중앙위 위원, 내각 부수상), 윤공흠(당 중앙위 위원, 상업상), 서휘(당 중앙위 위원, 직총중앙위원회 위원장), 리필규(당 중앙위 후보위원, 내각 건재공업국장) 등은 "아무러한 정책상 문제도 당에 조직적으로는 제기하지 않고 당의 노선과 정책을 정면에서는 다 옳다고 지지하고 뒤에 가서는 이를 의곡[왜곡]하여 비방하고 다니었다". 그들은 또한 "당이 인민생활에 무관심하다", "당의 경제정책이 유혈적이다", "우리나라에는 뽀즈난 사건이 없을 줄 아는가?" 등의 독설과 반동적 언사를 하고 다녔다(『결정집』, 1956l: 13).

또한 이들은 "자기들의 반당적 음모 활동을 정당화하기 위하여 개인숭배 문제를 들고 나왔다". 이들은 "당 사상사업 분야에서 표현됐던 약간한 정도의 개인숭배에 대하여 정면에서는 '큰 문제가 없다'고 하며, 최창익 동무는 '우리나라에서의 개인숭배에 대하여 (1956년 3월) 전원회의 보고에서는 자기가 생각하는 것보다 더 강하게 지적되었다'고까지 하였"는데, 나중에 "마치도 '엄중한 후과'가 있는 듯이 악선전하며 지어는[심지어는] 부분적인 사업상 결함까지 고의적으로 개인숭배에 결부시킴으로써 당 지도부의 위신을 손상시키며 당의 규율을 파괴하는 무정부주의적 분위기를 당내에 조성하려고 책동"했다(『결정집』, 1956l: 13).

이들은 "자기들의 추악한 반당적 목적을 달성하기 위하여 아무 근거 없이 당과 정부의 지도간부들을 이간 중상 모해함으로써 해방 후 10년간 당에 의하여 육성되었으며 당적으로 단련되고 검열된 당의 핵심을 헐어버리려고 책동"했다. 예컨대 "당의 간부정책이 잘못되었다", "전원회의 후에는 당과 정부의 현 지도부는 바뀐다" 등의 비방과 요언을 했다(『결정집』, 1956l: 14).

이들은 또한 "자기들의 반당적 종파행동을 합리화하기 위하여 반맑스주의적인 '종파의 유익설'을 유포"시키며, 당이 과거에 "계통적으로 진행한 위상투쟁의 정당한 방침을 비방하며 과거의 종파행동으로 인하여 당의 비판을 받고 옳은 길에 들어선 동지들을 찾아다니면서 '동정심'을 표시"함으로써 음모에 가담시키려고 했다. 예컨대, 박창옥(당 중앙위 위원, 내각 부수상, 기계공업상)은 "당 중앙위원회 (1955년) 12월 전원회의와 당 중앙위원회 11차 상무위원회에서 받은 정당한 당적 비판을 겉으로는 접수한다고 하고 표리부동하게 뒤에서는 당에 대한 불평불만을 유포시키면서 최창익 및 기타 분자들과 결탁하여 그들의 당 지도부를 반대하는 음모에 가담하였으며 그들의 당에 대한 도전적 행위를 추동하여 나섰다"(『결정집』, 1956l: 14).

당 중앙위는 이들의 잘못을 "이미 알고" 그들에게 "당을 반대하는 행동을 즉시 시정하고 옳은 길에 들어서도록" "꾸준히 설복 교양"하고 그들이 시비하고 있는 문제에 대해 "충분히 해설"하여 주었음에도, 이들은 "겉으로는 다 납득된 듯한 태도"를 취했으나, 계속적으로 "뒤에서 오히려 당 중앙위원회를 반대"했다. 특히 이들은 "자신들도 찬동한 우리 당의 역사적인 제3차 대회의 사업과 결정들을 반대"했다. 즉, "이미 공동으로 작성한 윤공흠 동무의 토론에서 나타난 바와 같이" "쏘련공산당 제20차 대회의 결정 정신에 입각하여 우리 당 제3차 대회에서 채택한 제반 정책들을 비방하며 마치도[마치] 우리 당 중앙위원회가 '맑스-레닌주의에 충실하지 않으며 우리 당 3차 대회가 쏘련공산당 제20차 대회의 결정을 의식적으로 이단시했다'고 악의에 찬 폭언을 던지면서 우리 당 3차 대회와 당 중앙위원회를 모독하였다"(『결정집』, 1956l: 15).

전원회의 결정서는 윤공흠, 서휘, 리필규가 "전원회의에서 여러 동지들의 정당한 비판을 접수하기는 고사하고 전원회의를 무시하면서 회의 도중에 퇴장하여 도주"했으며, 최창익, 박창옥은 "자기들의 죄과를 교활하게 변명하려고 시도하면서 자기비판을 거부"했다고 적고 있다(『결정집』, 1956l: 15).

결정서는 이들의 행동이 "우연한 것이 아니"라 "오래전부터 가지고 있었던 종파의 악습을 버리지 않고 정치적 야욕을 추구하여 오던 차에 마침 개인숭배를 퇴치할데 대한 문제가 일부 형제 당들에서 토의되고 있으며 더욱이 국내경제 형편이 아직 곤란한 틈을 이용하여 당과 정부의 지도부를 반대하고 자기들의 추악한 정치적 목적을 달성"하려 한 것으로 적시했다(『결정집』, 1956l: 15).

결국 8월 전원회의는 이들의 "종파적 음모는 추호도 용납할 수 없는 '반당적 행동'이라고 규정"하고 다음과 같이 결정했다. 최창익, 박창옥은 그들이 맡고 있던 당 위원회 위원을 제명하고, 국가의 직책을 철직하며, 이들 그리고 이들과 직접 연계된 자들을 당 중앙위 검열위원회에서 계속 심의하기로 했다. 중국으로 도주한 윤공흠, 서휘, 리필규는 그들이 맡고 있던 당 위원회 위원을 제명하고 당 대열로부터 출당시키며 그들이 맡고 있던 국가의 직책을 철직시키기로 결정했다(『결정집』, 1956l: 16).

전원회의 결정서는 이 투쟁에서 '교훈'을 얻어야 할 것인바, "우리나라 혁명 운동에서 종파가 끼친 해독의 쓰라린 교훈을 항상 잊지 말아야 할 것"이며 "아직 우리 당내에 잔존하는 종파사상 잔재를 청산하기 위하여 계속 철저한 투쟁을 진행할 것"을 강조했다. 당내에서 불순한 종파행동은 "무조건적으로 금지"되어야 한다는 것이다. 각급 당 단체들은 "우리 당 3차 대회의 결정에 근거하여 앞으로 계속 당원들의 당성을 강화하며 레닌적 당 생활 규범을 엄격히 준수"하고, 매개 당원들은 "누구를 막론하고 당의 조직생활에 충실"해야 하며, "비판과 자기비판, 특히 밑으로부터의 비판을 강화하기 위하여 계속 투쟁"할 것이라고 했다. 그러나 "'민주주의의 발양'과 '비판의 자유'라는 간판 하에서 당의 규율을 와해하며 당의 중앙집권제를 무시하며 당의 통일단결을 약화시키는 일체 자유주의적 무정부주의적 행동은 맑스-레닌주의 당인 우리 당내에서 추호도 용납될 수 없다"고 했다(『결정집』, 1956l: 16~17).

궁정쿠데타 주모자들의 새로운 정권 구상 내용

1957년 8월 19일 김일성이 평양 주재 소련대사 푸자노프에게 밝힌 내용을 보면, '8월 종파사건' 주모자들이 구상했던 궁정쿠데타 계획과 새로 조직할 당과 정부의 조직 내용은 다음과 같다. 이는 주모자들에 대한 심리과정과 당 회의에서 밝혀진 것인데, 연안파인 내각 사무국장 양계가 자진해서 폭로한 내용이라고 한다.

최창익과 박창옥 등이 사전 모의한 내용은 다음과 같다. 8월 15일 해방일 시위에 참가하는 노동자 그룹을 준비해 연단 근처로 접근해 그 앞에 멈춰서 지도부의 교체를 요구하고 서휘가 연단에서 지도부를 체포하기로 했다는 것이다. 또 김일성과 내무상 방학세에 대한 테러 계획이 있었으며, 최창익의 지시에 따라 내각에 자유롭게 출입할 수 있는 무기명 통행증이 세 장 발행됐다고 했다.

참고로, 평양 주재 헝가리대사관의 북한정치 상황에 대한 보고를 기반으로 집권당인 헝가리사회주의자노동자당(The Hungarian Socialist Workers' Party) 중앙위에 올린 1957년 12월 보고서를 보면, 최창익이 새 정부의 수장을 맡고, 조선로동당 중앙위원회 건물 바로 옆에 위치하고 있던 건설학원(The Institute of Construction)의 학생들로서 급습팀(storm team)을 구성하여 대기시켰다고 한다(NKIDP Document 12, 37~38). 건설학원은 당시 '8월 종파사건'의 주모자 중의 하나였던 건설상 김승화의 영향하에 있었던 것으로 보인다.

양계가 자진해서 폭로했다는, 새로운 정권의 주요 직위 배분을 보면, 내각 수상은 최창익, 당 위원장은 김두봉, 외무상은 리상조, 내무상은 리필규가 맡기로 했으며 당 중앙위 상무위의 새 위원들도 미리 결정했다고 한다. 흥미로운 것은 최창익, 김두봉, 리상조, 리필규 모두 연안파였다는 것이다. 소련파로서 박창옥 등이 거사에 참여했지만 거의 미미했음을 알 수 있다(정태수·정창현, 1997b: 99). 참고로, 당시 소문은 최창익이 내각 수상이 되고 박창옥이 당 위원장이 된다는 것이었다(Suh, 1988: 151).

결국, '8월 종파사건'에는 조선신민당 출신을 중심으로 최창익, 서휘, 윤공흠, 고봉기, 이상조, 리필규 등 연안파들이 중심적인 역할을 했고, 여기에 박창옥, 박의완, 기석복, 김승화(8월 전원회의 직전에 강제 유학) 등의 소련파, 남로당계 류축운, 그리고 북한 국내파 오기섭도 간접적으로 참여했다(이종석, 1995: 128).

거사의 실패: 비밀 누설과 김일성의 대비

그러면 '8월 종파사건' 모의자들이 반김일성 연합을 형성하고 상당한 시간을 두고 모의과정을 거쳐 계획대로 8월 전원회의에서 거사를 했음에도 '8월 종파사건'이 결국 실패로 끝난 이유는 무엇일까? 결정적인 이유는 반김일성 연합세력의 모의과정과 거사계획이 사전에 누설되어 김일성과 그의 측근들이 일단 8월 전원회의를 최대한 연기하면서 그 과정에서 관련자들을 각개 격파하는 와해작전을 펴며 8월 전원회의에서 취할 대책을 용의주도하고 효과적으로 마련하여 대비했기 때문이었다.[10]

1956년 8월 31일 고히만이 소련대사관 제1등서기관 삼소노프에게 한 말을 보면, 반김일성 연합세력이 8월 전원회의를 당과 정부의 지도부에 대해 공격할 기회로 삼으려는 의도가 있었다는 것은 미리 김일성파에게 알려져 있었다(Lankov, 2002: 164, 169; Person, 2006: 39). '8월 종파사건' 발생 후 이를 설명하기 위해 모스크바에 간 고히만은 9월 18일 소련외무성 극동과 1등서기관 라자레프(S. P. Lazarev)를 만나서 한 말에서도 조선로동당 중앙위, 즉 김일성은 이 반김일성 연합세력의 활동에 대해 제반정보를 갖고 있었다고 밝히고 있다(정태수·정창현, 1997a: 149).

또 8월 전원회의 다음 날인 9월 1일 평양 주재 이바노프 소련대사를 초청하여 이야기를 나눈 김일성은 "8월 전원회의를 준비하는 과정에서 조선로동당 지도부에 대해 불만을 갖고 있었던 최창익, 서휘 등과 개인적 대화를 통해 그들이 제

---

10) 김일성은 반김일성파의 거사에 대비하여 호위여단을 풀어서 서평양으로 통하는 큰 길까지 봉쇄하고 김일성의 관저와 내각 사무국 사이에 대해 철통 경계태세를 취했으며, 2개 보병사단을 평양 북쪽 20여 리 지점, 즉 간리(間里)에 집결, 대시키키고, 또 김광협에게 지시하여 전국의 변방부대, 전투부대들을 준전쟁상태에 들어가도록 했다고 한다(고봉기 외, 1989: 103).

기하려는 문제들, 즉 정확하지 못한 인사 배치, 개인숭배 문제 등을 미리 알 수 있었다"고 말했다(Document 15: 484). 그런데 8월 전원회의 직전(1956년 8월 28일) 열렸던 당 중앙위 상무위에서 김두봉이 김일성에게 증인들—그동안 8월 전원회의에서 제기할 조선로동당의 당내 문제를 소련대사관과 상의한 혐의를 받고 있던 박창옥, 기석복, 박의완, 리필규, 남일 등—을 불러 '취조'하기보다는 김일성이 책임을 지고 그들과 이야기를 나눠보는 것이 좋겠다고 말한 적이 있었다(Document 15: 485). 9월 1일 김일성이 이바노프에게 한 말을 보면, 김일성이 김두봉의 충고를 따랐다는 것을 알 수 있다. 이 모든 것은 거사계획이 이미 오래전에 김일성에게 누설됐다는 것을 말해준다.

'8월 종파사건'이 발생한 직후인 1956년 9월 1일, 최용건과 김창만이 평양 주재 중국대사 챠오샤오광을 초청하여 8월 전원회의에서 발생한 일들에 대해 설명했는데, 이들은 당시 중국으로 도피한 윤공흠, 서휘, 리필규, 김창일(김강)의 반당적 행위는 북한정부 대표단이 인민민주주의국가들의 순방을 위해 출발하기 이전에 이미 관찰되었지만, 그들의 반당행위가 김일성의 부재 기간에 더욱 명백해졌다고 말했다. 또 김강은 '아마도' 남한으로 도피하려는 목적으로 전원회의 이전에 해주에 몇 번 내려갔으나, 그것이 쉽지 않다고 느끼고 중국으로 도피했다고 했다(Document 16: 486). 최용건과 김창만이 중국대사 챠오샤오광에게 말한 것을 보면, 김일성과 그 측근들은 이미 오래전부터 반김일성 연합세력이 무엇인가 '종파사건'을 모의하고 있음을 눈치 챘다는 것이 된다.

그렇다면 김일성이 반김일성 연합 세력의 음모에 대해 처음 알게 된 때는 언제였을까? 그것은 '김일성이 해외 순방을 마치고 귀국한 다음'이었다. 이것은 최용건이 마오쩌둥에게 직접 확인해준 것이다. 이 장에서 자세히 살펴보겠지만, '8월 종파사건' 발생 후 소련공산당과 중국공산당이 공동 개입하기로 했고, 9월 18일 저녁 베이징에서 마오쩌둥이 조선대표단을 만나서 담화를 했는데, 그때 나온 이야기였다.

즉, 김일성이 평양을 비운 사이에 연안파와 소련파 지도자들이 평양 주재 소련대사관의 당조직 책임자를 만나 이야기를 나누고 그들이 반김일성 유언비어를 퍼뜨렸는데, 김일성이 "귀국 후" 이러한 소식을 듣고 곧바로 박정애와 남일을 소련대사관에 보내 이러한 사람들과 접촉하지 말 것을 권고했다는 것이다(「모주석접견조선대표단담화기요」, 1956.9.18).[11]

이처럼 김일성과 김일성파가 연안파와 소련파의 공격을 미리 알게 된 상황에서 김일성은 8월 전원회의를 8월 2일에서 30일로 연기했다. 그리고 반김일성 연합파를 혼란시키기 위해 전원회의 개최 사실을 개회 전날에야 발표했다(Lankov, 2002: 164~165; Person, 2006: 39~40; 정태수·정창현, 1997a: 149).[12]

동시에 김일성은 연루자들을 각개 격파하는 와해작전을 시작했다. 제6장에서 이미 살펴보았지만, 반김일성 연합에 참여한 사람들은 이미 거사 전에 김일성과 김일성 지지 인사들로부터 사건에서 손을 떼라는 전화를 받았다. 예컨대, 박의완은 8월 전원회의 직전의 시기에 김일성, 박정애, 김일로부터 두 번씩, 남일과 방학세로부터는 한 번씩 전화를 받았는데, 그들은 박의완더러 "더러운 일에서 발을 빼도록" 강력히 요구했다. 또 김승화는 8월 전원회의 이틀 전에 부랴부랴 모스크바 사회과학원에 강제유학을 당했다. 그리고 8월 전원회의 전날, 김일성 지지자들은 전원회의에서 당 지도부를 비판하는 자들은 출당될 것이라고 공공연히 겁을 주었다(Document 21: 500).

김일성은 주모자들에 대한 위와 같은 와해작전 외에 당-국가 간부들을 자기 편으로 끌어들이기 위해 협박과 포용의 강온전략을 또한 사용했다.

우선, 강경 전략을 보자. 김일성은 7월 20일 최창익 등 부총리들과 당 중앙위 부위원장들과 만나고, 7월 21일에는 당 중앙위 상무위원들을 만나 해외순방의

---

11) 참고로, 강상호의 증언에 의하면, 김일성이 해외순방을 하고 있는 동안 최용건이 자신을 불러서 '엠엘파' 인사들[최창익 등]이 김일성의 해외순방을 이용하여 반당음모를 꾸미고 다음 당 중앙위 전원회의에서 그를 공격하기로 계획하고 있다는 정보를 알려주었다고 한다. 그러면서 최용건은 첫째, 김일성의 안전을 위한 조치들을 취하고, 둘째, 내무상 방학세와 군보안부대장 석산을 해외로부터 급히 귀국토록 하라고 지시했다고 한다(Lankov, 2002: 164). 참고로, 최용건에게 반김일성 모의 움직임을 제보한 사람은 조국광복회 출신 허학송과 일제 때 상해파 인사였던 김일수였다고 한다(이종석, 1995: 277).

12) 물론 전원회의 공표 자체는 그렇게 하루 전에 했을지는 모르나, 1956년 8월 29일 박의완이 이바노프에게 한 말을 보면, 8월 28일 김일성이 당 중앙위 전원회의에서 할 보고의 초안이 당 중앙위 상무위에서 검토됐다고 한다(Document 14: 482).

결과에 대해 말해주었다. 김일성은 무엇보다도 폴란드의 현재 위기에 대해 언급했는데, 폴란드 지도자들의 잘못으로 폴란드 위기가 발생했다고 강조했다. 김일성은 그들이 저지른 세 가지 실수에 대해 언급했는데, 그들은 개인숭배에 대한 소련공산당 제20차 대회의 결정들에 대해 인민들에게 너무 많이 말해주었고, '엄격한 지도력'을 발휘하지 않았으며, 인테리들 사이에서의 '위험한 사상적 경향'에 대해 관심을 쏟지 않았다는 것이다. 김일성은 최고의 리더십은 루마니아와 알바니아에서 발견된다고 했다. 참고로, 이 두 나라는 '탈스탈린화' 정책을 취하지 않으면서 동시에 모스크바를 경원시하는 정책을 선택한 나라들이었다. 김일성이 북한의 권력엘리트에게 하고 싶은 이야기는 탈스탈린화 정책이 폴란드에서처럼 위험한 정치적 불안정을 초래할 수 있으며 북한의 집체적 지도를 위험에 빠뜨릴지도 모른다는 것이었다(Lankov, 2002: 165~166).

이러한 강경 전략과 동시에 김일성은 자신은 '신노선' 개혁을 거부하지 않으며 또 자신이 잘못을 시정할 것이라는 온건 전략을 폈다. 예컨대, 7월 30일 당 중앙위 부장들과 부부장들, 그리고 윤공흠 등 일부 상(相)들이 모인 자리에서 김일성 충성파인 당 중앙위 부위원장인 박금철과 박정애가 연설했는데 연설내용은 거의 똑같았다. 그런데 그 논조가 유화적이고 거의 회개하는 수준이었다. 박금철은 조선로동당 중앙위 사업에 심각한 결점들이 있었고, 무엇보다도 당내에 김일성 개인숭배가 있었으며 또 아직도 있다고 했다. 그런데 다행히도 이것은 스탈린 개인숭배가 소련공산당에 끼친 피해와 같은 피해가 아니라고 했다. 따라서 조선공산당은 지도자들은 김일성 개인숭배 문제를 당원들 사이의 토론에 부치지 않고 점진적인 방법으로 극복해나가기로 결정했다는 것이다. 게다가 박금철은 당 중앙위는 간부의 등용과 해임에 있어서 좀 실수들을 저질렀다고 하면서 이것도 궁극적으로 시정할 것이라고 약속했다. 박정애도 거의 같은 내용과 거의 비슷한 투로 연설했다. 그녀는 북한 정부대표단이 해외순방 시 모스크바에서 소련공산당 지도부와의 회의 때 개인숭배 문제가 논의됐다는 사실을 알려주었다(Lankov, 2002: 166~167). 결국 위에서 살펴본 여러 용의주도하고 효과적인 대책과 전략 덕분에 8월 전원회의에서 소위 '당의 단결'이 유지되었고 김일성은 반김일성 연합파를 격파할 수 있었던 것이다.

2. 소련공산당과 중국공산당의 직접 개입

8월 전원회의가 계획하고 예상했던 바와는 정반대로 전개되자 윤공흠, 서휘, 리필규, 김창일은 신변의 안전을 우려해 당일 압록강을 건너 중국으로 도피했다. 반김일성 연합세력이 패배하여 제 살길을 찾아 흩어지기 시작한 것이다. 그러나 중국으로 도피한 네 명은 중국공산당 중앙위와 소련공산당 중앙위에 서신을 보내 목전(目前)의 조선의 상황에 대해 진술했다(「모주석접견소공중앙대표단담화기록」, 1956.9.18; Document 28: 519). 당시 중국에서는 제8차 당 대회가 열리고 있었다.

평양 주재 이바노프 대사에 의하면, '8월 종파사건'으로 인해 중국으로 망명한 주요 인사들의 숫자는 윤공흠, 서휘, 리필규, 김창일 등을 포함하여 모두 아홉 명이었다(Document 30: 521). 그리고 나중인 9월 전원회의 후에 '8월 종파사건'에 관련됐던 조선로동당 평양시당위원회의 고위인사들과 국가대학당위원회, 건설성, 직총중앙위원회, 상업성의 비서들은 철직되어 지방으로 보내졌는데 그들도 결국 중국으로 망명했다(Document 30: 522). 리상조에 의하면, '8월 종파사건' 이후 그동안 각종 부처의 관리직을 맡고 있던 500여 명 이상 되는 일꾼들이 연안파로 몰렸다고 한다(Document 21: 493). 또한 '이색 사상'에 대한 탄압을 피해 연안파 인물 가운데 중국으로 도피한 사람만 1,000여 명에 달했다는 주장도 있다(이종석, 2000: 215).

중국으로 탈출하는 행렬은 1957년 1월까지 계속됐다. 심지어 1957년 6~7월에도 평양시당의 활동가 몇 명을 포함하여 중간급 활동가들이 중국으로 망명을 시도하다 구속되기도 했다(NKIDP Document 7, 28; NKIDP Document 8, 30; NKIDP Document 12, 37).

이처럼 '8월 종파사건'은 완전한 실패로 싱겁게 끝나는 것으로 보였으나, 반김일성 연합세력에게는 당시 강력한 후원자들이 존재했다. 당시는 소련공산당이 제20차 대회 이후 스탈린 개인숭배 비판, 집체적 영도와 레닌주의적 민주주의 회복 등 '신노선'으로 나아가고 있던 상황이었다. 따라서 소련지도부의 입장에서 볼 때, 8월 전원회의에서 북한 지도부의 연안파와 소련파에 대한 탄압은 김일성이 '신노선'을 거부하고 그와는 정반대의 방향으로 나아가는 매우 심각한 문제였다. 북한에 대한 간섭이 불가피하게 된 것이다(Szalontai, 2003~2004: 91).

이러한 소련지도부의 인식과 정책 외에, 무엇보다도 반김일성 연합세력에게는 천만 다행으로 세계공산주의운동의 종주국 수도인 모스크바에는 소련공산당 및 소련정부와 직접 소통을 해왔던 북한대사 리상조가 버티고 있었다. 이제 리상조가 절체절명의 순간에 본격적으로 나설 차례였다. 아래에서 자세히 살펴보겠지만, 리상조는 소련공산당과 중국공산당, 즉 흐루쇼프와 마오쩌둥으로 하여금 조선로동당 사태에 직접 개입하도록 설득하는 데 성공했다.

리상조의 역할과 흐루쇼프와 마오쩌둥의 조선로동당 사태에 대한 직접 개입은 북한에서의 혁명과 건설에서 대외 정치기회구조를 의미했으며, 이들의 개입은 북한 권력의 역사에서 가장 강력하고 가시적인 대외 정치기회구조적 영향이자 압력이었다. 이는 결국 김일성으로 하여금 나중에 '반사대주의' 투쟁과 '주체 확립'에 적극 나서도록 하는 데 결정적인 영향을 미쳤다.

그러면 '8월 종파사건' 발생한 당 중앙위 8월 전원회의 직후의 상황 전개를 날짜 순서대로 비밀 해제된 소련문서들을 중심으로 자세히 살펴보기로 하자.[13)]

1956년 9월 1일, 평양, 김일성과 이바노프 소련대사의 대화

'8월 종파사건'이 일어난 바로 다음 날인 1956년 9월 1일 김일성과 평양 주재 소련대사 이바노프가 만났다. 김일성이 이바노프 대사를 초청하여 8월 전원회의의 결과에 대해 이야기해주는 자리를 마련한 것이다. 이미 이 책의 여러 곳에서 부분적으로 인용했지만, 김일성이 이바노프에게 한 말을 들어보자.

김일성은 8월 전원회의를 준비하는 과정에서 조선로동당 지도부에 대해 불만을 갖고 있던 최창익, 서휘 등과 개인적 대화를 통해 그들이 제기하려는 문제들,

---

13) 참고로, 러시아현대사국가문서보관소에 소장되어 있는 소련공산당 중앙위 문서철에는 1956년 9월 후반부부터 소련대사관 문서가 없다. 그러나 당시 평양 주재 소련대사관 외교관 쉐스테리코프(N. M. Shesterikov)의 일기가 있다(Shimotomai, 2007~2008: 455).

즉 정확하지 못한 인사 배치, 개인숭배 문제 등을 미리 알 수 있었다. 그들과의 개인적인 대화를 통한 의견교환과 당 중앙위 상무위에서의 긴급 현안들에 대한 토론을 통해 전원회의에서 다뤄질 의제를 만장일치로 합의했고, 다른 논쟁적인 쟁점은 더 이상 없었다. 그들은 소련과 인민민주주의국가들에 대한 정부 대표단의 방문 결과보고를 하기 위해 전원회의를 개최하기로 결정했다(Document 15: 484).

전원회의에서의 김일성의 보고는 정부 대표단의 해외 방문 결과에 대한 것, 형제적 국가들의 경제정책 경험의 관점에서 본 북한의 경제적 상황, 그리고 조선로동당 내에서의 당 사업의 향상을 포함하고 있었다. 김일성의 보고는 또한 개인숭배 문제, 당내 민주주의, 관료주의에 대한 투쟁, 당내 사업의 증진 등을 모두 다뤘다. 당 중앙위 상무위 토론에서 최창익은 심지어 개인숭배 문제가 매우 강력하게 제기됐다고까지 생각했고, 김두봉은 보고서의 내용에 동의했다는 것이다(Document 15: 484).

김일성은 8월 전원회의에서 중심적인 쟁점은 '개인숭배 문제'가 아니라 '인사문제'였다고 했다. 이 문제를 살펴보는 중에 불만을 가진 사람들이 내어놓은 주장의 근거가 충분하지 않은 것으로 판명됐다. 박정애와 박금철에 대한 비판은 입증되지 못했다. 그래서 인사문제를 제기한 김두봉은 전원회의에서 인사문제를 제기하기 않기로 동의했다. 당 중앙위 상무위는 특정 개인들에 대한 공격은 지도부를 훼손하기 위한 것이라는 결론에 도달했다는 것이다(Document 15: 484).

김일성은 '이바노프 대사 당신이 있기 때문에 하는 이야기'라면서 김두봉이 김일성 자신에게 '형제적 공산당이 (조선로동당 8월 전원회의에서 있게 될) 인사문제에 대한 문제제기에 대해 의견을 같이하고 있다'고 이야기하더라고 말했다. 이에 이바노프가 김두봉이 '어느 형제적 공산당을 이야기한 것이냐'고 묻자, 김일성은 김두봉이 어느 공산당이라고 특정하지 않았지만 김일성 자기의 생각으로는 '소련대사관에 대해 특별히 나쁜 이야기를 한 것은 아니다'라고 생각한다고 말했다. 김일성은 김두봉에게 형제적 공산당이 자신의 의견을 우리[조선로동당]에게 '공식적'으로 보내오고 있다고 말해주었다는 것이다(Document 15: 484).

김일성은 이바노프에게 8월 전원회의에서 윤공흠이 한 발언의 내용과 그에 대한 참석자들의 대응에 대해 설명했다(Document 15: 484). 참고로, 김일성이 이바노프에게 말한 내용은 사실 그대로를 전달한 것이었고, 전원회의에서 윤공흠 발언과 그와 관련해서 일어난 일은 이미 위에서 자세히 기술했기 때문에 여기에서는 생략하기로 한다.

김일성은 서휘, 리필규, (윤공흠), 그리고 김창일은 전원회의를 떠났고 국경을 건너서 중국으로 가서 9월 1일 당시 중국 국경경비대에 의해 단둥에 억류되어 있으며, 이들은 윤공흠과 함께 몰래 반당적 행위를 했다고 말했다. 서휘, 윤공흠, 리필규, 김창일은 반당행위로 출당됐고, 최창익은 당 중앙위 상무위에서 그리고 박창옥은 부총리직과 당 중앙위에서 각각 철직됐다. 당 지도부는 최창익과 박창옥에 대해 그러한 조치를 취할 생각이 없었으나 그들이 반당적 행위를 드러냈기 때문에 전원회의 참가자들이 그들에 대해 조직 관련 결정을 취해져야 한다고 요구했다는 것이다(Document 15: 484).

김일성은 김두봉은 속아서 이들 반당 그룹의 영향하에 있었던 것으로 이야기했다.[14] 지금 김두봉은 정확한 당적 입장을 갖고 있으며, 김두봉이 최창익을 당 중앙위에서 축출할 것을 요구한 것이 그 증거라고 했다. 김두봉은 그러한 요구를 전원회의 이전에도 했으나 그때 김일성이 동의하지 않았다는 것이다(Document 15: 484).

김일성은 반당그룹의 행위를 조사한 결과 그들을 처벌하지 않고 달리 어떻게 할 방법이 없었으며 그들에 대한 책벌 결정은 정확했다고 생각한다고 말했다. 한편, 이바노프는 이러한 반당적 행위에 대한 투쟁에서 김일성파는 자신들의 세력을 강화했으며 당내 통일성을 획득했고 당에서 표출됐던 복잡한 문제들이 '이제 해결됐다'고 생각했다(Document 15: 484).

김일성은 8월 2일 페트로프 대리공사가 조선로동당의 상황과 관련하여 소련공산당 중앙위가 가진 우려를 자신에게 전달했다면서, 이바노프 대사에게 8월

---

14) 참고로, 뒷날 1957년 10월 25일 조선로동당 중앙위 상무위에서 김두봉이 자아비판을 했는데, 그는 '8월 종파사건' 시 김승화와 최창익이 자신에게 그들이 "소련공산당으로부터 평가와 지지를 받고 있다"고 말했는데, "지금 와서 보니 그들이 나를 기만하고 사실을 날조했다는 것을 알게 됐다"고 말했다고 한다(정태수·정창현, 1997b: 100).

전원회의에서 내린 결정들을 소련공산당 중앙위에 전해달라고 부탁했다. 김일성은 8월 전원회의의 보고와 결정들은 러시아어로 번역한 후에 소련대사관에 보내겠다고 했다(Document 15: 485).

이바노프 대사는 김일성과의 대화를 모스크바에 보고하면서, 다음과 같은 내용을 포함시키고 있다. (김일성과 이야기를 나눈 후) 박의완과 이야기해보니까, 김두봉이 형제적 공산당에 대해 한 말에 대해 김일성이 소련대사에게 전한 말—"형제적 공산당이 (조선로동당 8월 전원회의에서 있게 될) 인사문제에 대한 문제제기에 대해 미리 알고 있으며 의견을 같이하고 있다"—은 김두봉이 한 말을 김일성이 왜곡한 것이라고 한다. 김두봉은 단지 당 상무위에서 (그동안 소련대사관과 8월 전원회의에서 제기할 조선로동당의 당내 문제를 상의한 협의를 받고 있는 박창옥, 기석복, 박의완, 리필규, 남일 등) 증인들을 불러 취조하는 것이 반드시 필요한 것은 아니며, 김일성이 책임을 지고 그들과 이야기를 나눠볼 수 있을 것이라고 말했다는 것이다. 그러한 방법들은 가능한 것이며 형제적 당들에서 사용되고 있는 방법들이라는 것이다(Document 15: 485).

이상에서 살펴본 9월 1일 김일성과 소련대사 이바노프와의 대화록은 다음 몇 가지 중요한 사실을 말해준다.

첫째, 이미 8월 29일자 박의완과 이바노프 대사 사이의 대화록에서 보듯이 김일성과 김일성에 충성하는 측근들이 연안파와 소련파에게 8월 전원회의에서 김일성에 대한 비판을 하지 못하도록 전화 등으로 회유, 협박하고 보복조치를 취하는 등 본격적인 와해공작을 벌였다는 것을 지적했지만(Document 13: 483), 9월 1일자 김일성과 소련대사 이바노프와의 대화록도 김일성 자신이 사전에 알게 된 자신에 대한 거사계획을 연안파, 소련파들과 개인적인 대화를 통해서, 또 전원회의 보고 초안에 대한 당 중앙위 상무위에서의 논의 과정을 통해서 무산시키려고 노력했음을 직접 이야기하고 있다.

둘째, 김일성은 8월 전원회의에서 제기된 중심적인 이슈는 인사문제였다고 하면서 개인숭배 문제가 중심문제가 아닌 것처럼 말했다. 김일성은 '8월 종파사건'의 발생 배경과 관련하여 가능하면 자신에 대한 개인숭배 문제를 부각시키려고 하지 않았던 것이다. 오히려 김일성은 자신이 여러 파벌들을 고려하여 자리를 안배하는 데도 불구하고 연안파와 소련파가 자신들이 높은 자리를 많이 얻지 못한다고 불만을 터뜨렸다는 식으로 문제를 제기함으로써 반김일성 연합세력의 명분을 깎아내리려고 했다.

셋째, 김일성은 '8월 종파사건'과 관련하여 당시 소련대사관의 역할에 대해 불만이 많았음을 알 수 있다. 김일성은, 박의완이 이바노프대사에게 한 말에서 알 수 있듯이, 당 상무위에서 김두봉이 소련대사관들과의 연루 혐의가 있는 '증인들'을 취조하지 말고 김일성이 대화로써 해결하는 것이 좋겠다고 한 말을 왜곡하여 마치 김두봉이 "형제적 공산당이 (조선로동당 8월 전원회의에서 있게 될) 인사문제에 대한 문제제기에 대해 미리 알고 있으며 의견을 같이하고 있다"는 식으로 소련대사관의 연루로 변질시켜서 소련대사에게 이야기했던 것이다.

또 김일성은 자신이 김두봉에게 '소련공산당이 나에게 하고 싶은 말이 있으면 그것을 공식적으로 나에게 보내오고 있으니, 괜히 김두봉 당신은 나 몰래 소련대사관과 내통하는 일 따위를 하지 말라'고 경고했노라고 일부러 이바노프에게 말함으로써 그에게 '괜히 나 몰래 연안파와 소련파와 내통하지 말라', 즉 '조선로동당의 내정에 간섭하지 말라'고 경고했던 것이다.

넷째, 당 중앙위 상무위에서 8월 전원회의에서 연설할 김일성 보고의 초안에 대해 토론하면서 여러 가지 이견이 있었는데, 토론을 종결하면서 결국 의제에 대해 만장일치 합의를 보았다고 했다. 이는 비록 김일성이 원하는 대로 만장일치 합의로 결론이 났지만, 당 상무위에서 나름대로 '토론'이 존재했다는 것을 의미한다. 당시는 아직 기본적으로 '김일성 중심의 패권적 연합'으로서 어쨌든 '세력 연합'의 정치가 가능했던 시기였음을 보여준다.

다섯째, 김일성이 8월 2일 페트로프 대리공사를 만났을 때 페트로프가 소련공산당 중앙위가 조선로동당의 상황과 관련하여 가진 우려를 자신에게 전달했음을 언급하고 있는 것을 보면, 비록 김일성과 페트로프 사이의 대화 내용은 정확히 알 수 없지만, 소련공산당이 김일성에게 김일성 개인숭배 문제, 당내의 집체적 영도 등 민주주의 문제 등에 대해 우려를 표현했던 것은 사실이고, 또 당시 김일성이 그것을 인식하고 있었음을 알 수 있다.

마지막으로, 김일성이 김두봉은 8월 전원회의 개최 이전의 시기에 최창익의 당 중앙위로부터의 축출 요구 등 올바른 당적 입장을 갖고 있었으나 8월 전원회의에서 반김일성 연합세력에게 속아서 그들 반당 그룹의 영향하에 있었다는 식으로 그를 변호하고 있는 것이 흥미롭다. 이는 최창익, 윤공흠, 서휘, 리필규, 김창일 등 연안파의 주요 인물이 모두 깡그리 숙청된 상황에서 상징적으로 김두봉은 아직 살려두는 것이 정치적으로 더 현명한 일이라고 생각했던 것이 아닐까 싶다. 더구나 당시는 전쟁이 끝났지만 중국인민지원군이 아직도 북한에 주둔하고 있었을 때였다.[15]

1956년 9월 4일, 평양, 평양 주재 소련대사와 중국대사 간의 대화

'8월 종파사건'이 발생하여 정국이 얼어붙은 가운데 1956년 9월 4일 평양 주재 중국대사 챠오샤오광이 평양 주재 소련대사 이바노프의 요청으로 소련대사관을 방문했다. 이들 사이의 대화를 살펴보자.

중국대사 챠오샤오광은 조선로동당 중앙위 8월 전원회의에서 중조관계에 '지극히 심각한' 사건이 발생했다고 말했다. 8월 30~31일 밤에 무역상 윤공흠, 직총위원장 서휘, 문화선전성 부상 김창일, 건설자재부장 리필규, 이렇게 네 명의 북한 시민이 중조국경을 넘어서 단둥에 들어왔고 중국 국경수비대에 의해 억류됐는데, 9월 3일 북한 외무성 부상 리동곤을 통해 이 범죄인들을 북한으로 송환시켜달라는 북한정부의 요청이 있었다는 것이다. 베이징의 중국정부는 즉시 이 사실을 통보받았으며, 북한 국경경비대가 위 네 사람에게 북한으로 돌아오라고 강력히 요구했지만 이들은 단호히 거절했다고 했다. 그들을 넘겨달라는 북한정부의 요청에 대해, 중국 측은 위의 인물들은 단순한 월경자가 아니고 그들을 강제 송환하는 것은 불가능하다고 대답했다고 했다(Document 16: 485).

---

15) 중국인민지원군은 6·25전쟁이 정전된 후, 1954년 9~10월에 1차로 7개 사단, 1955년 3~4월에 2차로 6개 사단, 1955년 10월에 3차로 6개 사단, 그리고 1958년 4월에 6개 사단, 7~8월에 6개 사단과 특별 병종부대, 마지막으로 9~10월에 인민지원군 사령부, 3개 사단, 후방 공급부대가 최종적으로 철수했다(이종석, 2000: 203~205).

챠오샤오광은 9월 1일 최용건과 김창만의 초청으로 그들을 만났는데, 그들이 챠오샤오광에게 전원회의에서 윤공흠 발언과 관련하여 전개된 상황을 이야기 해주었다. 김일성 비판 내용 때문에 자신의 발언이 중단당하자, 윤공흠은 점심 후에 위의 다른 세 명과 함께 회의에 나타나지 않았다. 나중에 알려진 바와 같이 그들은 중국으로 도피했으며, 전원회의 참석자들의 요구에 의해 윤공흠은 당의 직위에서 철직됐다는 것이다(Document 16: 485~486).

이 장에서 이미 살펴본 것이지만, 최용건과 김창만은 챠오샤오광에게 위의 네 명의 반당적 행위가 정부 대표단이 6월 1일 인민민주주의국가들의 순방을 위해 출발하기 전에 이미 관찰됐지만, 그것이 김일성의 부재기간에 더욱 명백해졌다고 말했다. 김창일은 8월 전원회의 이전에 이들이 '아마도' 남한으로 도피하려는 목적으로 해주에 몇 번 내려갔으나, 그것이 쉽지 않다고 느끼고 중국으로 도피했다고 했다(Document 16: 486).

챠오샤오광은 8월 전원회의에서 발생한 일과 네 명의 인사들에 대한 이바노프의 생각을 물었다. 이바노프는 챠오샤오광에게 북한의 간부들이 지금 한창 화제가 되고 있는 전원회의의 일에 대해서는 여러 측면에서 이해하고 있다고 말했다. 이미 전원회의 개막 이전에 서휘 등이 조선로동당 중앙위에게 특히 간부문제에 대해 꽤 심각한 일련의 비판을 제기했다는 것이다. 그러나 이 모든 쟁점들은 김일성의 연설에서 다루어졌고 상무위 전원에 의해 승인됐는데, 전원회의에서 이 문제들이 윤공흠에 의해 제기됐다는 것이다(Document 16: 486).

최용건과 김창만은 챠오샤오광에게 소련대사관을 방문한 몇몇 불만을 품은 간부들이 '소련공산당 중앙위가 조선로동당의 개인숭배 극복 문제를 조사할 임무를 띤 특별대표를 평양 주재 소련대사관에 보낸다'고 (소련대사관을 방문하고 난 후) 주장했다. 이에 대해 이바노프는 챠오샤오광에게 그러한 메시지는 정확하지 못한 것이라고 설명하고 북한 지도부에게도 대리공사를 보내 그렇게 알려주었으며 조선로동당 지도부도 그에 동의했다고 말했다(Document 16: 486).

이바노프는 챠오샤오광에게 전원회의에서 일어난 일에 대한 자신의 생각이라면서 조선로동당에서 제기된 문제들은 심각하며 '소련이나 중국과 같은 어떤 외부요인에 의해 부추겨지지 않고' 조선로동당 내에서 일어난 '대내적인 과정'

으로 본다고 말했다(Document 16: 486).

챠오샤오광는 이바노프의 관찰에 전적으로 동의하고, 중국으로 탈출한 사람들에 대한 이바노프의 생각을 다시 물었다. 이바노프는 그들이 모두 중국 땅에 있기 때문에 중국이 그들이 왜 탈출했는지에 대해 분명히 더 잘 알고 있을 것이라고 말했다. 자신은 그들을 개인적으로 모르며 그들이 도피한 이유에 대해 아직 할 말이 없다고 대답했다. 자신은 '북한정부가 그들이 반당행위를 했을 뿐만 아니라 사업을 방해하고 비도덕적인 범죄를 저질렀으며 국가의 자금을 횡령했다고 비판하고 있다'는 것을 알고 있다고 했다. 챠오샤오광은 자신이 북한에 부임한 순간부터 서휘와 윤공흠과 만났었다면서 자신도 윤공흠 등이 약 100만 원의 공금횡령을 했다고 비판을 받은 것을 알고 있다고 했다(Document 16: 486).

위에서 살펴본 '8월 종파사건' 발생 4일 후에 있었던 평양 주재 소련대사와 중국대사 간의 대화는 우리에게 다음과 같은 사실을 알려준다.

첫째, 북한정부가 중국으로 도피한 윤공흠, 서휘, 리필규, 김창일을 북한으로 송환해달라고 요구했지만, 중국정부는 이를 거부했다.

둘째, 최용건과 김창만이 챠오샤오광 중국대사에게 한 말을 액면 그대로 받아들일 수야 없겠지만, 김일성 측은 윤공흠, 서휘 등의 반김일성 궁정쿠데타 모의에 대해 6월 1일 동유럽, 소련 등 해외 순방에 나서기 이전부터 눈치 채고 있었을 가능성이 크다.

셋째, 소련대사 이바노프는 윤공흠, 서휘 등에 대해 좋지 않은 평가를 하고 있다. 중국대사도 윤공흠 등의 100만 원 공금횡령 부분에 대해 좋지 않게 생각한다는 듯한 인상을 조금 풍기고 있다.

물론 그러한 공금횡령 비판과 8월 전원회의에서 김창만이 윤공흠에 대해 '송아지 고기 이외에는 다른 어떤 고기도 먹지 않고 많은 국가의 돈을 낭비하고 도적질하고 협잡하는 도덕적으로 타락한 사람'이라고 한 비판은, 이미 박헌영, 리승엽, 박일우, 김열의 경우에서 반복적으로 보았듯이, 김일성이 자신의 정적을 범법자, 파렴치범으로 몰아 제거하는 대표적인 수법이었다. 그러나 그러한 북한정부의 선전이 소련대사와 중국대사에게는 어느 정도 먹히고 있었던 것이다.

여기서 한 가지 의문은 챠오샤오광 중국대사가 다른 파벌도 아닌 '연안파'가 어려운 처지에 처하게 됐는데, 그들을 적극적으로 옹호하지 않고 마치 '강 건너 불구경'하듯이 하고 있는 이유이다. 그 이유는 중국정부가 당시에 연안파 인사들이 북한에서 김일성 개인숭배 비판 등의 행동을 통해 흐루쇼프의 '수정주의'를 따르는 모양새를 취하고 있던 것에 대해 달가워하지 않았기 때문이었을 것으로 보인다. 왜냐하면 당시 중국은 스탈린 개인숭배 비판의 불똥이 마오쩌둥 개인숭배 비판으로 튈까 봐 우려하고 있었기 때문이다.

넷째, 이바노프 대사가 김일성 축출 계획을 세우면서 소련대사관에 드나들었던 몇몇 조선로동당 간부들이 '소련공산당 중앙위가 조선로동당에서의 개인숭배를 극복하는 문제를 조사할 임무를 띤 특별대표를 평양 주재 소련대사관에 보낸다'고 주장한 것을 사실이 아니라고 부인했고 또 그것이 잘못된 소문이라는 것을 김일성에게 알려주었음을 알 수 있다. 반김일성 연합파의 그러한 이야기는 모스크바 주재 북한대사 리상조, 그리고 최창익, 리필규 등이 그동안 조선로동당의 잘못된 상황에 대해 소련공산당이 개입해줄 것을 지속적으로 요청해왔기 때문에 나온 소문이 아니었을까 생각된다.

그러한 소문에 대한 이바노프 대사의 부인은 소련정부나 소련대사관이 '8월 종파사건'에 깊이 관여하여 반김일성 연합을 돕지 않았음을 말해준다. 더구나 이바노프는 '8월 종파사건'은 소련이나 중국과 같은 어떤 외부요인이 부추겨서 발생한 것이 아니라 조선로동당의 내부요인에 의해 발생한 것이라고 평가했고, 중국대사도 이에 전적으로 동의했다. 물론 '8월 종파사건'이 연안파와 소련파의 실패로 끝난 상황이기 때문에 양국 대사들이 만일의 경우를 대비하는 차원에서 궁정쿠데타 세력과 자신들과의 연계를 차단하기 위해 그렇게 이야기했을 가능성도 완전히 배제할 수는 없지만, 이는 기본적으로 당시 평양 주재 소련대사와 소련대사관이 반김일성 연합세력의 거사를 부추기지는 않았다는 사실을 말해준다.

마지막으로, 챠오샤오광 중국대사가 자신이 북한에 부임한 순간부터 서휘와 윤공흠을 만났다고 하는 것을 보면, 비록 중국대사관이 '8월 종파사건'에 깊이 관계하지는 않았지만, 소련대사관이 그러했듯이, 연안파 인사들이 하는 말을 경청은 하면서도 '마오쩌둥 개인숭배' 문제를 고려하여 가능하면 '김일성 개인숭배' 문제는 건드리지 않도록 충고했을 것으로 보인다.

1956년 9월 5일, 모스크바, 리상조가 흐루쇼프와 마오쩌둥에게 편지 쓰다

1956년 9월 5일 소련 주재 북한대사 리상조가 소련외무성에서 부상 페도렌코를 만났다. 이들 사이의 대화록을 살펴보자.

리상조는 조선로동당 8월 전원회의와 관련하여 조선로동당의 상황에 대해 소련공산당 서기장 겸 국가원수인 흐루쇼프에게 개인적으로 쓴 편지를 페도렌코에게 건네주면서 흐루쇼프에게 전달해달라고 요청했다. 리상조는 만일 흐루쇼프가 모스크바에 없으면 그의 편지를 미코얀에게 전달해달라고 부탁했다(Document 17: 487). 나중에 보겠지만 이 편지에는 특별히 날짜가 명기되어 있지 않다. 따라서 여기에서는 편의상 이 편지를 쓴 날짜는 리상조가 이를 소련외무성 부상에게 전달한 9월 5일로 취급하기로 한다.

참고로, 리상조는 마오쩌둥에게도 편지를 보냈다(Document 20: 491). 그런데 그 편지의 정확한 내용과 날짜는 알 수 없으나 일의 성격상 그 내용이 흐루쇼프에게 보낸 편지와 대동소이했을 것이고 날짜도 동일한 날짜였을 가능성이 높다.

첫째, 리상조는 페도렌코에게 만일 자신이 흐루쇼프나 미코얀을 만나게 된다면 모스크바 소련공산당 고급당학교에 (강제)유학 와 있는 조선로동당 중앙위원인 김승화가 통역을 할 수 있을 것이라고 말했다.[16] 리상조는 조선로동당 중앙위 지도부가 비판적 의견을 표시한 동지들에게 성급하고 정당화될 수 없는 탄압을 가한 결과 어려운 상황에 처한 조선공산당을 소련공산당 중앙위와 중국공산당 중앙위가 도와주기를 바란다고 했다(Document 17: 487).

둘째, 리상조는 페도렌코에게 '소련공산당 중앙위가 이바노프 대사를 통해

---

16) 참고로, 리상조의 '러시아어' 실력에 대해 알려진 것은 없다. 리상조는 빨치산 지도자 양성소 '강동정치학원'에서 김창만, 이현상, 김삼룡과 함께 '러시아어' 공부를 하고 있었는데, 이들 사이에서 곧 수립될 조선민주주의인민공화국의 최고지도자를 누가 맡아야 옳은가를 놓고 1948년 7월 말경에 술자리에서 큰 말다툼을 벌였고, 이것이 싸움으로 번져 문제가 됨으로써 결국 이들의 소련 유학은 취소됐다고 한다(김국후, 2008: 231~232).

남일에게 지시하여 김일성에 대한 비판이 그의 권위를 손상하고 조선로동당의 정치노선에 대한 비판으로 될까 우려하여 김일성에 대한 비판을 금지한 것이 사실인지'를 물었다. 페도렌코가 '남일이 언제 어디에서 그러한 지시를 이야기 했는지'를 묻자 리상조는 '남일이 당 중앙위 상무위와 당 중앙위 전원회의에서 그러한 지시를 했다고 언급했다'고 대답했다.[17] 리상조는 '자기 자신은 개인적으로 소련공산당 중앙위의 그러한 지시에 대해 모르고 있다'고 말했다(Document 17: 487).

셋째, 리상조는 페도렌코에게 (김일성의 소련 방문 시 수행한) '남일과 박정애가, 김일성과 최용건이 조선로동당 중앙위를 비판한 동지들에 대해 보복하는 것을 돕기 위해, 소련공산당 중앙위의 이름을 거짓 사용했다는 것'을 분개하며 반복적으로 말했다. 그는 당내에 협박과 테러의 상황이 생겨났다고 덧붙였다. 예컨대, 김일성은 박의완이 정부자원을 낭비했다는 많은 자료를 갖고 있다고 그에게 말하고, 만일 그가 조선로동당 지도부를 비판하면 이러한 불리한 자료들을 퍼뜨리겠다고 위협했다는 것이다(Document 17: 487).

넷째, 리상조는 조선로동당 중앙위 전원회의가 선전사업에서 많은 개인숭배의 존재를 인정했다는 것, 그러나 그와 동시에 김일성과 최용건은 북한에서 개인숭배의 해로운 결과는 없다고 선언했다는 것을 어떻게 전해 들었는지를 말했다. 리상조는 그러한 선언은 아주 사실에 모순된다고 말했다. 예컨대, 북한에서는 품질이 낮은 종이에 부주의하게 김일성의 초상화를 인쇄했다고 구속되고 김일성의 초상화가 있는 신문지로 책을 쌌다고 구속되기도 했다는 것이다. 수천 명의 사람들이 비슷한 성격의 일로 구속됐다는 것이다. 리상조는 이 모든 것은 북한에서 개인숭배의 가장 부정적인 결과가 존재한다는 증거라고 했다(Document

---

17) 남일이 1956년 7월 24일 평양 주재 소련대리공사 페트로프와 만났을 때, 페트로프가 김일성에 대한 비판이 소련파로부터 시작되는 것은 정확치 못하게 해석되어 나라 안팎에서 바람직하지 못한 반응을 초래할 수 있기 때문에 남일에게 박창옥, 김승화, 여타 소련파들이 김일성에 대한 반대 발언의 충동을 억제하도록 어떤 식으로 영향을 미쳐야 한다고 말했던 적이 있었다(Document 12: 481). 그런데 남일이 이것을 마치 소련공산당 중앙위가 평양 주재 소련대사를 통해 김일성을 비판하지 못하도록 지시한 것으로 이야기했을 가능성이 있다.

17: 487).

다섯째, 리상조는 자신이 '북한으로 귀국하라'는 두 번째 소환장을 평양으로 부터 받았으며 분명히 얼마 있다가 북한에 가야 할 것이라고 말했다. 그동안 그는 칭병(稱病)을 구실로 귀국하지 않았다고 말했다. 리상조는 한동안 중국을 방문하는 문제에 대해 아직도 결정을 내리지 못했다고 말했다. 그는 중국 동지들이 그의 그런한 방문 요청에 대해 어떻게 받아들일지에 대해서는 설명하지 않으면서, 비록 자신에 대한 보복이 기다리고 있지만 북한에 되돌아가기로 결정했다고 말했다. 김일성은 두 사람의 증인만 있으면, 아무에게라도 어떤 행위든지 사형 등 어떤 책벌도 내릴 수 있다는 지시를 했다는 것이다. 그가 언제 돌아갈 것인지 묻는 페도렌코의 질문에 리상조는 자기가 흐루쇼프에게 쓴 편지에 대해 소련공산당 중앙위원회의 태도가 명확해질 때까지 기다릴 생각이라고 대답했다 (Document 17: 487).

그러면 이제 리상조가 흐루쇼프를 2인칭으로 부르면서 그에게 쓴 편지의 내용을 살펴보자(Document 17: 488).

먼저 조선로동당에서 일어나고 있는 심각한 사건들에 대해 평양으로부터 보고를 받았을 것으로 희망한다. 조선로동당이 심각한 오류와 실수를 저질렀다는 것을 아마도 잘 알고 있으리라 생각한다. 어떤 동지들은 김일성이 그의 잘못과 결점들을 없앨 수 있도록 그에게 동지적 비판을 했고, 김일성은 당 중앙위 상무위에서도 동지적 비판을 받았다. 그러나 그는 동지들의 의견을 고려하지 않았다. 그러자 이 문제가 8월 30~31일 개최된 당 중앙위 전원회의에서 제기됐고 거기에서 심각한 당적 비판이 이뤄졌다.

8월 전원회의에서 제기된 비판의 요지는 다음과 같다. 김일성 개인숭배의 결과를 극복하기 위해 조선로동당 전원회의에서 개인숭배 문제가 비판받았다. 개인숭배를 온갖 방법으로 퍼뜨린 아첨꾼과 입신출세주의자들이 비판받았다. 개인숭배의 영향을 받아 로동당의 역사를 왜곡한 사상분야 일꾼들도 비판받았다. 전원회의에서 비판에 나섰던 동지들은 당에서 개인숭배의 심각한 결과를 없애고 당 규약에 완전히 부합되도록 당내 민주주의와 집체적 영도를 완전하게 확보하려는, 단지 그 한 가지 목표만을 추구했다.

그러나 권력보유자들은 당에서 개인숭배의 결과와 심각한 결점들을 없애기 위해 용감하게 그리고 당적으로 비판을 가한 사람들에게 복수를 했다. 혁명투쟁에서 아주 풍부한 경험을 가진 당 중앙위 상무위원들을 포함한 몇몇 중앙위 위원들은 부당하게도 출당됐다. 이러한 사건들은 당내에 심각하고 복잡한 상황을 야기했다. 당내 민주주의가 확보되지 못한 상황에서 내부의 힘을 통해 당의 결점을 제거하는 것이 불가능해졌을 뿐만 아니라 당의 활동에 부정적 영향을 미칠 사건들을 방지하는 것도 불가능하게 됐다.

앞에서 말한 것들과 관련하여 소련공산당 중앙위에 다음과 같은 개인적인 권고안을 제출하니 이것을 심각하게 고려해주기를 요청한다. 출당된 사람들을 포함한 모든 중앙위 위원들이 참석하는 조선로동당 중앙위 전원회의를 소집할 수 있도록 소련공산당 중앙위의 고위급 대표를 북한에 파견해달라. 그 전원회의에서 당내 상황을 더 심도 있고 종합적으로 연구해야 하며 조선로동당의 결점을 제거하기 위한 구체적인 조치들이 마련되어야 한다. 만일 그것이 가능하지 않다면, 조선로동당 중앙위 고위대표들과 출당된 동지들을 모두 모스크바로 초청해달라. 그들이 소련공산당 중앙위 상무위원들과 함께 조선로동당의 현재의 상황을 검토하여 당의 결점을 제거하기 위한 구체적인 조치들을 마련할 수 있어야 한다. 이것도 가능하지 않다면, 문제의 핵심을 지적하는 호소문을 소련공산당 중앙위의 이름으로 조선로동당 중앙위에 보내달라. 리상조는 그러한 동지적인 지적은 만일 중국공산당 중앙위가 찬성한다면 더욱 효과적일 것이다. 만일 이러한 조치들이 가능하다면 나의 접견을 허용해달라. 그러면 더 자세히 북한의 상황을 설명하겠다.

앞에서 살펴본 리상조가 소련외무성 부상 페도렌코와 나눈 대화와 그가 흐루쇼프에게 보낸 개인 편지에서 우리는 다음과 같은 것들을 알 수 있다.

첫째, 리상조가 8월 전원회의에서 반김일성 연합이 무참히 패배하는 것을 보고서 자신의 위치에서 할 수 있는 최대로 강력한 극약처방을 사용하고 있음을 볼 수 있다. 소련공산당과 국제공산진영의 최고 지도자인 흐루쇼프에게 직접 호소 편지를 쓴 것이다.

리상조는 흐루쇼프에게 쓴 편지에서 소련공산당의 개입을 요청하면서 세 가지 방안을 제시했는데, 나중에 보게 되겠지만, 소련공산당은 리상조가 가장 선호했던 첫 번째 방안을 채택했다. 즉, 출당된 중앙위원들까지 포함하는 조선로동당 중앙위 전원회의를 소집하여 당의 여러 문제들을 바로잡기 위해 소련공산당 중앙위 고위급 대표를 북한에 파견했던 것이다.

둘째, 리상조는 소련공산당 중앙위뿐만 아니라 가능하면 중국공산당 중앙위도 함께 조선로동당에 개입해줄 것을 희망했다. 그런데 나중에 이것도 그대로 이루어졌다. 당시 소련보다는 못하지만 6·25전쟁 참전으로 북한에 대한 영향력이 급증했던 중국을 끌어들이는 데 성공한 것이다. 이로써 반김일성 연합세력의 기사회생을 기약해볼 수 있게 됐다.

셋째, 리상조는 '소련공산당 중앙위가 이바노프 대사를 통해 남일에게 지시하여 김일성에 대한 비판이 그의 권위를 손상하고 조선로동당의 정치노선에 대한 비판으로 될까 우려하여 김일성에 대한 비판을 금지한 것이 사실인지'를 물었으나 소련 측은 가타부타 대답을 회피했다. 그리고 리상조가 남일과 박정애가 소련공산당 중앙위 이름을 거짓 사용하는 죄를 범했다고 분개했는데도 소련 측은 반응이 없었다.

이는 소련공산당이 남일에게 비밀 지시를 한 것이 사실이었거나, 혹은 '8월 종파사건'의 실패로 이제 리상조가 곧 주소대사직에서 해임될 것이기 때문이거나, 또 혹은 소련공산당이 리상조를 우회하여 평양에 있는 소련대사를 통해 북한외무상 남일과 직접 교통하고 있었기 때문인지도 몰랐다.

넷째, 리상조는 당시 김일성으로부터 귀국 소환장을 두 번이나 받았고, 중국으로 망명하려는 생각도 했던 모양이다. 그러나 1956년 9월 5일 소련외무성 부상 페도렌코를 만나서 이야기할 때까지만 해도 비록 보복을 당하더라도 북한으로 돌아갈 것을 생각하고 있었다. 그러나 김일성이 '8월 종파사건' 관련자들에게 야비하게 죄를 뒤집어씌우고 사형까지 포함하여 처분을 하고 있기 때문에 자기가 흐루쇼프에게 쓴 편지에 대한 소련공산당 중앙위가 명확한 태도를 취하는 것을 기다리고 있었다. 나중에 리상조는 결국 모스크바에 남는 선택을 하게 된다.

마지막으로, 리상조가 만일 자신이 흐루쇼프나 미코얀을 만나게 된다면 모스크바 소련공산당 고급당학교에 강제유학을 와 있는 조선공산당 중앙위원인 소런과 김승화를 통역자로 쓰고 싶다고 한 것을 보면, 연안파 출신인 그는 러시아어를 썩 잘하지는 못했던 것으로 보인다.

1956년 9월 6일, 모스크바, 소련공산당 중앙위 상무위의 북한사태 개입 결정

그렇다면 리상조가 흐루쇼프에게 쓴 편지는 어떤 효과를 내었는가? 리상조의 호소는 흐루쇼프를 움직였고 소련공산당 중앙위는 조선로동당 사태에 대해 개입하는 결정을 했다. 흐루쇼프 대신에 미코얀이 사회를 보았다. 참석자들은 말렌코프, 카가노비치(L. M. Kaganovich), 보로실로프(K. Y. Voroshilov), 수슬로프(M. A. Suslov), 포노마레프, 브레즈네프, 그리고 그로미코였다. 그들은 평양 주재 소련대사 이바노프의 8월 전원회의에 대한 보고를 듣고 소련공산당 중앙위 해외공산당관계국장 포노마레프가 북한대사 리상조와 협의하도록 함과 동시에 「조선로동당의 상황에 대하여」라는 결정을 했다(Shimotomai, 2007~2008: 460). 이 상무위의 결정을 살펴보자.

이 기밀문서는 세 가지 결정사항을 담고 있다. 첫째, 조선로동당 중앙위 8월 전원회의에서 발생한 사건들이 매우 중요하다고 보고, 소련공산당 중앙위는 이 문제에 대해 조선로동당 지도부 및 중국공산당 지도부와 의견을 교환하는 것이 필요하다고 간주한다.[18]

둘째, 중국공산당 제8차 전국대표대회(전당대회)에 파견된 소련공산당 대표들에게 조선로동당의 상황과 관련하여 조선로동당 지도부 및 중국공산당 지도부와 의견을 교환할 것을 위임한다.

셋째, 수슬로프 동지와 포노마레프 동지에게 중국공산당 8차 대회 파견 소련공산당 대표단이 북한 문제에 대해 언급할 선언서 초안을 3일 이내에 준비하여

---

18) 흐루쇼프는 1956년 4월 수슬로프와 포스펠로프(P. N. Pospelov)를 알바니아에 보내 알바니아 로동당 총비서 호자에게 그의 정적인 조제(Koci Xoxe)를 사형시키지 말도록 개입했다. 그러나 호자는 이를 단연코 거부해서 소련의 개입은 성과를 내지 못했다. 설론터이(Balázs Szalontai)는 알바니아에 대한 이 경험이 소련으로 하여금 중국과 함께 북한에 공동개입하도록 영향을 미쳤을 것으로 본다(Szalontai, 2003~2004: 92)

소련공산당 중앙위에 제출할 것을 위임한다(Document 18: 488~489).

이 상무위 결정에 따라 소련공산당은 그해 6월 헝가리 공산당 지도자 라코시 (Matyas Rakosi)를 숙청하는 데 주역을 담당했던 포노마레프와 미코얀을 조선로동당 사태를 다루도록 베이징에 파견했다(Shimotomai, 2007~2008: 460). 더구나 미코얀은 소련 정치인들 중에서 유일하게 레닌, 스탈린, 흐루쇼프하에서 (또 나중에 브레즈네프하에서도) 소련공산당 중앙위 정치국원을 지낸 정치인이었고, 대외적으로 공산주의권에서 문제가 생길 때 투입되는 모스크바의 '위기관리 해결사'였다(Lankov, 2005: 139). 그러한 경력을 가진 그들이 '8월 종파사건'을 처리하기 위해 평양에 온다는 것은 김일성으로서는 큰 우려를 하지 않을 수 없는 일이었다(Szalontai, 2005: 99). 위에서 살펴본 그의 경력이 말해주듯이, 미코얀은 당시 소련의 최고위 인사 중의 하나였다.

흐루쇼프와 소련공산당 중앙위의 북한에 대한 개입은 이처럼 신속하고 단호했다. 리상조가 소련외무성 부상 페도렌코를 만나 자신의 편지를 흐루쇼프에게 전달해달라고 부탁한 날이 9월 5일이었고, 소련공산당 중앙위 상무위는 바로 다음 날인 9월 6일에 위의 결정을 채택했다. 그리고 북한문제 관련 선언서 초안을 '3일 이내'에 작성하기로 했다. 참고로, 중국공산당 제8차 전국대표대회는 9월 15일부터 27일까지 베이징에서 개최되기로 예정되어 있었다(요개류, 1993: 302).

1956년 9월 10일, 모스크바, 리상조와의 대화

상무위가 모스크바 주재 북한대사 리상조의 호소를 받아들여 즉각 행동에 나선 지 며칠 후인 9월 10일, 소련공산당 중앙위 해외공산당관계국장 포노마레프가 리상조를 만났다.[19]

---

19) 이 면담록은 쉬체르바코프(I. Shcherbakov)에 의해 기록됐다는 언급은 있으나 리상조와 대화한 사람이 소련공산당 중앙위의 누구인지는 나타나 있지 않다. 그러나 리상조의 대화 상대자는 소련공산당 중앙위 해외공산당관계국장 보리스 포노마레프였다(Shimotomai, 2007~2008: 460). 소련공산당 중앙위 해외공산당관계국(소련공산당 중앙위 국제국)은 1943년 코민테른이 해산되면서 설립됐고, 소련공산당 중앙위에서 해외의 모든 공산당과 노동당들을 관할하

리상조는 조선로동당에 보내준 소련공산당 중앙위의 도움에 대해 소련공산당 중앙위에 감사의 뜻을 전달해달라고 부탁하고, 기본적으로 페도렌코 외무성 부상과 했던 1956년 9월 5일자 대담과 흐루쇼프에게 쓴 편지에서 말한 것과 동일한 내용의 이야기를 하겠다고 했다(Document 20: 491).

리상조는 마오쩌둥에게도 편지를 보냈다고 했다. 리상조는 지금 조선로동당이 직면한 문제들은 조선로동당 자체의 내부적 역량만으로는 해결될 수 없다는 의견을 표명했다. 정직하고 선량한 공산주의자들이 비판을 했다고 해서 출당되는 상황에서는 (더 이상) 비판하기가 어렵다는 것이다. 예컨대, 개인숭배에 대한 모든 비판은 반당적인 것으로 간주된다는 것이다. 리상조는 소련공산당과 중국공산당이 공동으로 북한의 경우를 조사하여 조선로동당의 현재 비정상적인 상황을 시정하는 데 도와줄 것을 희망한다고 했다(Document 20: 491).

리상조는 '조선로동당에는 많은 결점들이 있으며, 이것들은 비판받아야 한다. 김일성은 소련공산당 중앙위의 권고사항들에 대해 결코 조선로동당 중앙위에 설명하지 않았다'고 했다. 리상조는 그것을 조선로동당 중앙위 위원들로부터 알게 됐다고 했다. (김일성 등 정부 대표단이 동유럽 순방을 마친 후 이제 소련 공식방문차 모스크바에 체류했던) 1956년 7월 소련공산당 중앙위에서의 대화에 김일성 외에 박정애와 남일이 참석했는데, 나머지 중앙위 위원들은 그 대화의 실제 내용을 알지 못한다는 것이다. 김일성은 소련공산당 중앙위가 (조선로동당 상황에 대해) 조선로동당 지도부에게 제시한 의견(충고)의 정확성을 소련공산당 중앙위에 인정했지만, 북한에 돌아와서는 정반대로 행동하기 시작했다고 했다. 리상조는 그가 당의 현 상황에 대한 자신의 견해를 담은 편지를 조선로동당 중앙위 전원회의에 보내려고 했지만, 남일이 리상조에게 김일성의 중앙위 전원회의에서의 보고는 잘 준비됐다고 말했고 몇몇 다른 북한 동지들의 충고를 따라 자신은 그 편지를 보내지 않았다고 했다(Document 20: 491).

남일이 리상조 자신에게 알려준 것이지만, 소련공산당 제20차 대회 후에 있었던 몇몇 소련공산당원들의 (잘못된) 발언에 대한 토론(비판)을 담고 있는 소련

던 부서였다.

공산당 중앙위 편지(제20차 대회의 결정들에 대한 토론과 이행의 결과를 담은 소련공산당 중앙위의 편지)가 조선로동당 중앙위 전원회의에서 소개되고 설명됐다. 남일이 소련공산당 중앙위의 편지를 일방적으로 해석했을 것을 우려하여, 리상조는 그에게 그 편지의 내용이 무엇이었는지 자세히 말해달라고 했다(Document 20: 491). 남일은 소련공산당 제20차 대회 이후에 있었던 개개 인사들의 부정확한 발언들에 대해 언급하고 있는 부분, 즉 소련공산당 중앙위 편지의 해당 부분의 내용을 리상조에게 설명해주었다(Document 20: 491).[20]

(포노마레프는) 리상조에게 다음과 같이 말했다. 조선로동당 중앙위 전원회의에 대한 리상조의 보고, (조선로동당) 8월 전원회의에서 중국으로 도피한 네 명의 고위급 북한 인사들의 중국으로의 이송에 대해 중국공산당 중앙위로부터 받은 정보, 그리고 평양 주재 소련대사의 보고들은 '가장 진지한' 관심을 받을 자격이 있다. 소련은 이 모든 사건들이 일어난 데 대해 놀랐다. 소련은 중국공산당 제8차 대회에 파견한 소련공산당 대표단이 조선로동당 8월 전원회의에서 일어난 일들을 북한 대표단과 토론하고 조선로동당의 상황에 대해 중국 동지들과 이야기하도록 지시했다. 또한, 리상조가 틀림없이 알고 있는 것이지만, 김일성의 모스크바 방문 동안에 소련공산당 중앙위 상무위에서 김일성과 대화가 이뤄졌고, 김일성은 북한에서 개인숭배를 극복하고 당내 민주주의와 자아비판을 발전시킬 필요가 있다는 소련공산당 중앙위의 충고에 동의한다고 말했다(Document 20: 491~492).

(포노마레프는) 리상조에게 또 다음과 같이 말했다. 소련공산당과 중국공산당이 조선로동당 지도부에게 당내 쟁점들에 대해 충고하고 정책을 추천(제안)할 필요가 있다는 문제를 제기하고 있는 사실과 관련하여, 원칙적으로 형제적 공산당들은 충고와 정책을 추천할 수 있지만 조선로동당은 독립된 당이라는 것을 기억

---

20) 소련공산당 중앙위의 편지가 평양에 보내져 조선로동당 중앙위 전원회의에서 소개되고 설명됐는데도 불구하고 모스크바에 주재하는 리상조가 막상 그 내용을 모르고 있었던 것은 그 편지가 평양 주재 소련대사관을 통해 조선로동당 중앙위에 직접 전달됐기 때문이었을 것으로 보인다.

할 필요가 있다. 따라서 조선로동당의 일과 내부생활에 대해서는 간섭할 수 없으며, 조선로동당에 대한 충고와 관련하여 소련공산당과 중국공산당이 취할 조치들을 결정할 때 상황의 복잡성이 이해되어야 할 필요가 있다(Document 20: 492).

그러자 리상조는 어떤 형태로든지 언론에, 일반적인 형태로라도, 조선로동당의 사업에서의 결점들과 비판적인 의견들을 말하는 것이 유용할 것이라고 말했다. 이에 대해 소련 측은 리상조의 (김일성과 조선로동당에 대한) 비판적인 언술과 조선로동당 중앙위 리더십에 대한 어떤 언술 문제도 이 대화에서 논의되어서는 안 된다고 말했다. 대화를 마치면서, 리상조는 소련공산당 중앙위가 자신을 접견하고 대화를 하게 된 데 대해 감사를 표명했다(Document 20: 492).

리상조와 소련공산당 중앙위 해외공산당관계국장 포노마레프 간의 대화록은 다음과 같은 사항을 말해주고 있다.

첫째, 리상조가 흐루쇼프뿐만 아니라 마오쩌둥에게도 조선로동당 사정에 대해 편지를 보내 중국공산당이 소련공산당과 공동으로 조선로동당에 개입하여 8월 전원회의 사건을 조사함으로써 조선로동당의 현 상황을 시정하는 데 도움을 줄 것을 요청했다. 이는 리상조가 소련공산당과 중국공산당 양당의 최고지도자들에게 개인 서한을 보내는 극약처방을 써가면서까지 그들에게 조선로동당의 일에 개입하도록 얼마나 절박하게 노력했는지를 보여준다.

둘째, 리상조는 페도렌코 외무차관과의 대화, 흐루쇼프에게 쓴 편지에 이어 이번에 또 소련공산당 중앙위 해외공산당관계국장 포노마레프와의 면담을 통해 소련공산당이 조선로동당의 잘못된 상황을 시정할 수 있도록 직접 개입해줄 것을 요청하고 있다. 이는 리상조가 자신이 모스크바에 주재하고 있다는 이점을 최대한 이용하면서 자신의 뜻을 반드시 관철하고 말겠다는 적극적인 노력을 그대로 보여주고 있다.

셋째, 리상조는 소련공산당이 김일성에 대해 권고, 충고 등 개입할 때는 김일성과 그의 측근 몇 사람만 있는 자리에서 하지 말고 항상 많은 사람들이 참여하는 식으로 해달라고, 1956년 7월 모스크바에서의 소련공산당의 충고가 조선로동당에서 왜곡 전달된 예를 들면서, 또 한 번 요청하고 있다. 그리고 이번에 소련공산당이 직접 개입하기로 하는 경우에도 '언론에 일반적인 형태로라도 발표하는 등 공개적으로 해줄 것'을 요청하고 있다. 이는 리상조가 심지어 흐루쇼프가 직접 개입하는 이번의 경우에도 그것이 '언론에 일반적인 형태로라도 발표되지 않으면' 김일성과 그의 충성파들에 의해 어떻게든 왜곡되어 북한에서 제대로 전달되거나 알려지지 않을지도 모른다는 우려를 하고 있었음을 말해준다. 이는 리상조가 소련공산당이 김일성과 조선로동당에게 하는 충고가 북한에서 왜곡되고 제대로 전달되지 않은 데 대해 그동안 얼마나 깊은 불신과 불만을 갖고 있었는지 잘 보여준다.

넷째, 소련공산당이 조선로동당 8월 전원회의에서 일어난 일에 놀랐고 경고를 받았으며(alarmed), 이 일에 대해 중국공산당과 의견교환을 해오고 있고, 중국공산당 제8차 대회에 파견한 소련공산당 대표단에게 조선로동당 8월 전원회의에서 일어난 일들을 북한 대표단과 토론하고 조선로동당의 상황에 대해 중국공산당과 논의하도록 지시했음을 알 수 있다. 이제 본격적으로 소련공산당의 개입이 시작된 것이다.

다섯째, 포노마레프는 리상조가 지속적이고 적극적으로 조선로동당 사태에 대해 소련공산당의 개입을 요청해온 데 대해, '원칙적으로 형제적 공산당들은 충고와 정책을 추천할 수 있지만 조선로동당은 독립된 당'이기 때문에 소련공산당은 '조선로동당의 일과 내부생활에 대해서는 간섭할 수 없다'는 것, 소련공산당과 중국공산당이 조선로동당에 충고를 위해 취할 조치들을 결정할 때도 '상황의 복잡성'이 이해되어야 할 필요가 있다는 것을 지적했다. 포노마레프가 리상조를 면담하고 나서 쓴 보고서에는 위의 지적 내용이 특별히 밑줄이 쳐져 있다 (Document 20: 492).

마지막으로, 포노마레프는 조선로동당 중앙위 지도부를 비판하는 것에 대해서는 리상조와 논의를 하고 싶어 하지 않았다. 왜 그랬을까? 포노마레프의 이러한 행동은 북한대사 리상조가 자신의 직분을 거스르면서까지 북한의 현직 지도자 김일성을 타도하기 위해 '도를 넘는' 비합법적 적극성을 보이고 있는 데 대해 포노마레프가 가졌던 일종의 언짢음의 반영일 수도 있다. 그러나 당시 미코얀이 소련 주재 조선대사 리상조는 "매우 좋은 동지"라고 평가하고 있는 것을 보면 (「모주석접견소공중앙대표단담화기록」, 1956.9.18), 포노마레프는 김일성 축출 시도가 실패한 상황에서 소련공산당이 리상조의 반김일성 활동에 너무 깊게 연루되지 않고 '거리를 둘 필요성'이 있다고 판단했을 것으로 보인다.

1956년 9월 18일, 모스크바, 고히만과의 대화

김일성은 반김일성 연합세력을 철직, 출당 등으로 책벌한 후에 소련에 '8월 종파사건'을 설명하기 위한 대표단을 파견했다고 한다. 1956년 9월 18일 북한 대표단의 일원인 소련파 고히만은 소련외무성 극동과 1등서기관 라자레프를 만나 '8월 종파사건'을 설명했다. 「라자레프 비망록」에 의하면, 고히만이 라자레프에게 말한 내용은 다음과 같다.

우선, 김일성의 동유럽, 소련, 몽골 순방 시 최창익, 윤공흠, 서휘, 김강(김창일), 리필규, 고봉기(황해남도 당위원장), 박창옥 등이 모여 회합을 갖고 당 중앙위 지도부와 정부에 대해 공동으로 반대발언을 할 것을 모의했다고 한다. 주동자는 최창익이며, 박창옥이 위 사람들을 끌어들였다는 것이다. 이들은 당과 정부의 지도부에 대한 불만을 터뜨리며 소련대사관을 찾아갔으나, 소련대사관이 처음에는 받아주지 않다가 나중에야 이야기를 들어주었고, 이 그룹에 소련파를 합류시키려는 시도가 있었으나 박창옥을 제외하고는 아무도 거기에 가담하지 않았다는 것이다. 또한 몇몇 소련파에 대한 부당한 박해가 소련파를 끌어들이려 한 동기였던 것 같다고 했다(정태수·정창현, 1997a, 148~149; 정창현, 2002: 214~215).

고히만은 또한 라자레프에게 8월 전원회의에서 김일성에 대한 공격이 있을 것이라는 것을 미리 알고 있었기 때문에 조선로동당 중앙위 지도자들은 반대파를 혼란·와해시키기 위해 (처음에 8월 2일로 예정된) 전원회의를 계속하여 지연시켰다고 말했다. 전원회의 일자는 개최 바로 직전에야 공표되었고, 그렇게 함으로써 반대파들의 거사 계획을 와해시켰다는 것이다(정창현, 2002: 215; Lankov, 2002: 164~165). 고히만은 또한 김일성은 8월 전원회의 총결연설에서 자신이 '파벌들[종파들]과 파벌주의자들[종파주의자들]에 대해, 특히 최창익에 대해 자신이 너무 관대했다'고 후회했다고 했다(Lankov, 2002: 173).

이상에서 우리는 다음 몇 가지 흥미로운 사실을 알 수 있다. 첫째, '8월 종파사건' 주동자는 최창익이며, 박창옥이 윤공흠, 서휘, 김강, 리필규, 고봉기 등을 끌어들였다는 것이다. 소련대사관 문서에는 이 점이 명확히 드러나 있지 않으나, 나중에 1958년 2월 8일에 김일성이 한 연설을 보면, 그는 조선신민당이 중심이 된 연안파가 음모를 주동했다고 밝혔다. 그의 연설을 보면, "이번 반당종파분자들의 중심인물들은 신민당 출신"이라면서, 김두봉, 최창익 등의 의도는 "공산당출신의 핵심을 없애고 우리 당내에서 신민당출신, 다시 말하면 소부르주아 성분이 지배하도록 하자는 것"이었고, 이들은 "우리 당을 소부르주아적 당으로 변생시키고 우리나라에서 쏘련과 미국에 대하여 중립정책을 실시하자고 하였다"고 비판했다(김일성, 1981n: 97~98). 최창익이 '8월 종파사건'의 가장 핵심 주동자로 여겨졌던 것이다.

둘째, 고히만은 최창익이 반김일성 연합 그룹에 소련파를 합류시키려고 시도했으나 박창옥을 제외하고는 아무도 거기에 가담하지 않았다고 했는데, 이는 사실과는 다르다. 이 책의 제6장 '8월 종파사건'의 모의과정에서 보았듯이, 소련파로서는 박창옥 외에 박의완, 기석복, 김승화 등이 참여했다.

셋째, 고히만은 '8월 종파사건'에 평양 주재 소련대사관이 소극적이지만 연루되어 있었다는 것을 밝히고 있다. 반김일성파들이 소련대사관을 찾아갔으나, 소련대사관이 처음에는 받아주지 않다가 나중에야 이야기를 들어주었다는 것이다. 이는 소련대사관이 적극적인 역할을 하지는 않았지만 최소한 그들의 이야기를 들어주며 사건의 전개를 보고받은 소극적인 연루관계는 있었다는 뜻이다. 이는 제6장과 이 장의 앞에서 살펴본 바와 부합하다.

마지막으로, 고히만은 '8월 종파사건'에 평양 주재 소련대사관이 소극적이지만 연루되어 있었다는 것을 밝히고 있다. 반김일성파들이 소련대사관을 찾아갔으나, 소련대사관이 처음에는 받아주지 않다가 나중에야 이야기를 들어주었다는 것이다. 이는 소련대사관이 적극적인 역할을 하지는 않았지만 최소한 그들의 이야기를 들어주며 사건의 전개를 보고받은 소극적인 연루관계는 있었다는 뜻이다. 이는 이 책의 제6장과 이 장의 앞에서 살펴본 바와 부합하다.

1956년 9월 18일, 베이징, 마오쩌둥과 미코얀의 대화

'8월 종파사건'으로 연안파와 소련파가 철저한 숙청을 당한 후, 당시 1956년 9월 15일부터 27일까지 베이징에서 개최된 중국공산당 제8차 전국대표대회에 소련공산당의 축하사절로 미코얀(소련공산당 중앙위 위원 겸 소련방공화국 부수상)이 대표단을 이끌고 왔다. 미코얀은 베이징에 도착한 후 9월 17일 최용건 등 조선대표단을[21] 만나서 상황을 파악한 후(「모주석접견소공중앙대표단담화기록」, 1956.9.18), 9월 18일 저녁 오후 6시부터 9시 10분까지 바로 마오쩌둥과 회담을 갖게 됐다. 이 회담에서 소련공산당과 중국공산당은 조선로동당 사태에 공동 개입하기로 결정했다. 그리고 이 회담이 끝난 뒤 1시간 20분 후에 마오쩌둥은 중국공산당 제8차 대회 축하사절로 베이징에 와 있던 최용건을 단장으로 한 조선로동당 대표단과 만나서 회담했다(「모주석접견조선대표단담화기요」, 1956.9.18). 참고로, 9월 18일은 소련대표단과 조선대표단이 중국공산당 제8차 대회에서 아직 축사를 하기 전이었다. 미코얀과 최용건은 축사를 다른 사람들에게 맡기고 바로 그 다음 날 아침 7시 바로 평양으로 떠나게 된다. 그만큼 소련과 중국은 당시 조선로동당 사태를 중시했던 것이다.

우선, 미코얀과 마오쩌둥 사이에 이뤄진 대화 내용부터 살펴보자(「모주석접견소공중앙대표단담화기록」, 1956.9.18). 이 대화는 매우 중요한 것이어서 여기에서는 중국과 소련대표단의 대화 내용을 거의 그대로 소개하기로 한다.[22]

---

21) 원래 중국공산당 제8차 대회에 축하사절로 참가하는 조선대표단은 김일성이 단장으로 오려고 준비했는데 '갑자기 병이 나서 못 온다'고 중국 측에 통지했다고 한다. 마오쩌둥은 김일성이 베이징에 오면 소련대표단과 만나게 되고 소련대표단이 그에게 조선로동당 문제에 대해 이야기를 꺼내게 될 것을 미리 알고 있었기 때문에 베이징에 오지 않은 것으로 보았고, 미코얀은 중국이 윤공흠, 서휘, 리필규 등을 송환하기를 거부한 데 대한 불만 때문에 오지 않았을 것으로 생각했다(「모주석접견소공중앙대표단담화기록」, 1956.9.18; Shimotomai, 2007~2008: 458).

22) 비밀 해제된 소련공산당 중앙위 문서철에는 미코얀-펑더화이 공동대표단에 관한 문서가 들어 있지 않다. 그러나 1945년부터 1948년까지 북한에 주둔한 소련군 제25군의 정치장교였고 1956년 당시 소련공산당 중앙위 국제국 직원으로서 미코얀을 평양에 동행했던 코비젠코

마오쩌둥은 미코얀에게 베이징에 오자마자 이렇게 회의를 하게 되어 피곤하지 않은지 묻고, 미코얀은 바로 중국 측 인사들에게 소련대표단을 차례로 소개했다. 중국 측에서는 마오쩌둥, 류사오치, 저우언라이, 펑더화이, 덩샤오핑(鄧小平), 왕자샹(王稼祥),[23] 스저(師哲)가[24] 참석했고, 소련 측에서는 미코얀, 포노마레프 등 모두 5인의 소련대표단이 참석했다.

양당 대표단은 곧바로 '조선문제 처리'라는 '이 골치 아픈 문제부터 이야기를 시작'했다. 마오쩌둥은 미코얀에게 조선문제에 대해 연구를 좀 했는지 물었다. 미코얀은 아직 이 문제에 대해 깊은 연구를 하지 못했다고 대답했다. 김일성이 모스크바를 거쳐 유럽의 형제국을 방문할 때 흐루쇼프와 미코얀 본인, 그리고 소련공산당 중앙위의 다른 동지들이 김일성을 만났는데, 소련 측은 김일성을 만나자마자 단도직입적으로 조선문제를 꺼내 그에게 소련 측의 견해를 말했다고 했다. 김일성이 (동유럽 국가들의 순방을 마치고) 모스크바를 통해 귀국할 때 미코얀 자신은 마침 휴가 중이어서 김일성을 만나지 못했으나, 소련공산당 중앙위의 다른 동지들은 김일성과 또 한 차례 대화를 가졌다고 했다.

소련대표단의 포노마레프[소련공산당 중앙위 해외공산당관계국장]는 김일성이 당시 소련 측 의견에 동의했고 또한 소련의 비판을 받아들였다고 했다. 김일성은 금후 소련의 의견을 그의 사업에 반영하겠으며, 그뿐 아니라 자신의 잘못을 고치도록 주의하겠다고 했다. 소련 측은 (김일성과의) 회의에서 매우 솔직하게 이야기했다. 소련 측은 김일성과의 대화를 나중에 소련공산당 중앙위에 보고했으며, 후에 소련공산당 중앙위는 이를 중국공산당 중앙위에 통지했고 중국공산당 중앙위는 소련공산당 측에 (잘 받았노라고) 회신했다고 회고했다. 이에 대해 마오쩌둥은 그런 일이 있었다고 확인하고, 소련이 김일성에게 '아주 잘 이야기했다'고 칭찬했다.

(Vasilii Kovyzhenko)의 인터뷰가 있다(Shimotomai, 2007~2008: 460, 463; Lankov, 2005: 138).

23) 왕자샹은 중국의 초대 소련대사를 지냈고 당시에는 외교부 부부장이었다.

24) 스저는 당시 중국공산당 (외국어) 번역국 국장이었다. 그는 당시 대화를 기록하기 위해 배석했던 것으로 보인다.

미코얀은 김일성이 비록 소련의 의견에 동의했지만 귀국 후 결국은 자기 자신의 생각에 따라 일을 처리했다고 말했다. 미코얀은 조선로동당 8월 전원회의에 대해 소련 측이 취득한 정식 자료는 매우 적다고 했다. 김일성은 이바노프 대사에게 '회의에서 논쟁이 있었으며, 토론은 매우 좋았다. 현재 상황은 매우 명확해졌다. 이미 문제가 없다'고 했지만, 소련이 접한 비공식적 소식에 의하면 조선로동당 내의 상황은 거꾸로 매우 악화됐다고 했다. 중국 측이 알고 있는 상황에 대해 소련 측도 들었다고 했다.

이에 대해 마오쩌둥은 현재 이미 네 명이 중국으로 도피해왔으며, 그들은 곧바로 당적을 박탈당했고, 체포를 피해 바로 도피하느라 미처 평양 주재 중국대사에게 연락하지도 못했다고 했다. 미코얀은 그들이 체포될 것인지에 대해서는 미처 알지 못했으나 그러한 일이 완전히 가능하다고 믿는다면서, 소련 주재 조선대사 리상조는 "매우 좋은 동지"라고 했다. 그가 얼마 전에 소련공산당 중앙위의 동지[흐루쇼프]와 조선공산당의 상황에 대해 의견을 나눌 것을 요청했는데, 소련 측은 포노마레프로 하여금 리상조와 한 차례 이야기하도록 했다는 것이다. 미코얀은 리상조가 김일성이 자신을 소환 통보했는데 돌아가면 분명히 체포될 것이기 때문에 귀국하지 않을 것이라고 했고, 북한의 체신상이 현재 소련에서 병 치료 중으로 최근 김일성으로부터 귀국 지시를 받았는데 그도 귀국하지 않겠다고 한다면서, 그들이 돌아가면 확실히 체포될 것인지는 우리는 모르지만 이 두 사람이 "매우 좋은 동지"라는 것은 알고 있다고 했다.

미코얀은 어제[1956년 9월 17일] (중국공산당 제8차 대회의 축하사절로 베이징에 와 있는) 조선노동당 대표 동지들[최용건 등]을 초청하여 담화를 나누었다면서, 그들에게 먼저 북한상황을 설명해달라고 요청하여 일련의 상황을 이해하고자 했다고 말했다. 중국으로 도피한 네 명의 (조선)동지들이 중국공산당 중앙위와 소련공산당 중앙위에 서신을 보내 목전(目前)의 조선의 상황에 대해 진술했다는 것을 (조선대표단에게) 공개적으로 말해주었다고 했다. 조선대표단의 몇몇 사람은 완전히 '미리 학습한 대로' (소위 '정답'을) 중복해서 말했는데, 중국으로 도망친 사람들은 '모두 나쁜 사람들'이라고 한결같이 대답하더라는 것이다. 그래서 미코얀이 그 사람들의 투쟁경력은 어떠하며 언제 중앙위원으로 선출됐는지를 물었더니, 조선대표단은 그들이 모두 10년 이상 당의 경력을 가지고 있으며 몇 년 전에 중앙위원회에 들어왔다고 대답하더라고 했다. 그러나 그들은 계속해서 그 사람들은 '반당적·반정부적'이며, 당 중앙위 전원회의에서 반당적, 반정부적 언론을 퍼뜨렸다고 비난하더라는 것이다. 이에 미코얀은 "당 회의에서 당의 사업에 대해 비판하고 당의 영도자에 대해 비평하는 것을 반당적 언론이라고 할 수 없다. 중앙위원으로서 중앙위 전원회의에서 당의 사업에 대해 비판하지 않으면 도대체 어디에서 발언할 수 있다는 것인가? 당 회의야말로 유일한 발언의 장소인 것"이라고 반박했다고 했다.

미코얀은 조선 당내 상황 문제에 관해서는 자신이 베이징에 오기 전에 소련공산당 중앙위 (상무위)에서 토론한 바가 있는데, 자료가 부족하여 아직 어떤 확실한 결론을 내리지 못했다고 했다. 그러나 중앙위 (상무위) 참석자 모두가 '무언가가 잘못되었다'고 생각했다고 했다. 미코얀은 소련공산당 제20차 대회는 조선로동당과 김일성 본인에게 영향력을 발휘할 수 있었다고 했다. 김일성이 (동유럽, 소련, 몽골 순방을 위해) 모스크바에 왔을 때, 소련은 그와 솔직한 대화를 가졌으며, 그때 소련 측은 도대체 '김일성 본인이 나쁜 것인지 아니면 김일성 주위 사람들이 나쁜 것인지' 아직 잘 몰랐다고 했다. 미코얀은 김일성이 능력 있는 당원이며 조직 재능이 있는 사람이라는 인상을 과거에 소련에게 주었지만, 사람을 평가할 때 그 사람의 말보다는 그의 실제 행동을 근거로 판단해야 한다고 말했다. 따라서 김일성은 매우 이해하기 어려운 인물이며, 조선로동당은 매우 심각한 위기에 봉착해 있다고 말했다. 이렇게 가다가는 당이 붕괴하고 말리라는 것이었다. 이에 대해 마오쩌둥은 "그렇다, (조선로동당이) 매우 위험하다!"고 동의했다.

미코얀은 조선로동당 일만 생각하면 매우 불안하며 정보가 충분치 않아서 (소련공산당은) 아직 결론을 내릴 수 없었다고 말했다. 따라서 소련 측은 베이징에 와서 중국공산당 동지들과 이 문제에 관해 의견을 교환한 후 김일성에게 다시 이야기하기로 결정했다고 했다. 미코얀은 김일성이 (중국공산당) 8차 대회에 참석할 것으로 예상하는데, 중국 동지들은 어떻게 생각하는지 의견을 물었다. 이에 마오쩌둥은 김일성이 병이 났다고 하면서 오지 않았다고 대답했다. 미코얀은 자기가 듣기로는, 김일성은 지금 평양에 있는데, 평양 주재 소련대사관은 그가 압록강변의 별장에서 휴식을 취하고 있다는 또 다른 정보도 가지고 있다고 했다.

미코얀은 소련대표단 중 몇 명이 중국대표 몇 명과 함께 평양에 가서 양국 공산당이 공동으로 조선로동당으로 하여금 정치국회의를 열도록 제의하자고 했다. 이 회의에는 김일성도 참석하도록 하고, 3자[소련, 중국, 북한]가 함께 대면하여 상황을 명확하게 하자고 했다. 현재 베이징에 와 있는 조선대표단과 이야기하는 것은 소용없는 짓이며 평양에 가서 서로의 의견을 듣는 것이 그래도 낫다는 것이다. 도망쳐온 사람들 이야기만 듣는 것은 옳지 않다는 것이다. (그렇게 되면) 김일성이 소련과 중국이 그의 이야기를 듣지 않는다고 핑계를 댈 수 있다고 했다. 만일 소련과 중국 측이 평양에 가지 않고 그를 베이징으로 초청한다면, 그는 현재 병중이라 올 수 없다고 핑계를 대어 결국 이야기를 나눌 수 없을 것이라고 했다. 또 만일 김일성이 오고 (반김일성파) 사람들이 오지 않는다면 이 또한 (공평한 일이 아니어서) 이야기하기가 쉽지 않을 것이라고 했다.

미코얀은 어제 조선대표단이 소련대표단과의 담화 내용을 조선로동당 중앙위에 보고하겠다고 하더라고 말했다. 그뿐 아니라, 그들은 기꺼이 관련 자료를 정리하여 중국공산당 중앙위와 소련공산당 중앙위에 보내 조선문제를 논의할 때 참고토록 하겠다고 말했다는 것이다.

미코얀이 최용건에게 비록 조선로동당 내에 논쟁이 있지만 김일성을 반대한 사람들에 대해 어떻게 할 것인지를 묻자 최용건은 '교육[교양]개조 방법'을 취할 것이라 대답했다고 한다. 그러자 마오쩌둥이 그 사람들이 이미 출당됐는데 '어떻게 그것이 가능하냐!'고 했고, 이에 대해 미코얀은 최용건이 말하기를 그들이 아직 일부는 출당되지 않았다고 하더라고 했다.

마오쩌둥은, 자신이 듣기로는 조선은 단지 다른 견해를 표명했다는 이유만으로 최근 두 명의 부총리[최창익, 박창옥]를 해임했고, 중국으로 도피한 4명 중 2명[윤공흠, 서휘]은 중앙위원이며, 한 명[리필규]은 후보위원인데, 그들이 단지 중앙위 회의석상에서 비평 좀 했다고 쫓아냈다고 말했다. 이에 대해 미코얀은 중앙위 전원회의에서 그들에게 말을 다 하지도 못하게 했다고 들었다면서 '이러한 작태는 당 지부 회의에서도 있을 수 없는 일'이라고 말했다. 이에 마오쩌둥은 그에 동의하고, 이것은 정상적인 당내 생활이 아니며, 요 몇 년간 조선에서 많은 사람들이 체포됐는데, 예컨대 조선인민군 고급간부 박일우동지도 억울하게 체포됐다고 했다. 이에 펑더화이가 나서서 그렇다고 하면서 박일우동지는 1928년부터 중국에서 공산주의청년단에 참가했고 1929년에 당에 가입했으며 1931년에 동북항일련군에 참가하는 등 매우 훌륭한 동지라고 거들었다.

미코얀은 일을 어떻게 처리하면 좋겠는지를 마오쩌둥에게 물었고 마오쩌둥은 (박일우뿐만 아니라) 전쟁 시기 여러 책임 있는 위치에 있던 장군들도 해임됐다고 했다. 미코얀은 소련이 알기로는 정치부 주임 1명과 군수사령관 1명도 해임됐다고 했다. 이에 펑더화이가 조선인민군 제6군단 군단장[제6사단 사단장] 방호산은 원래 중국에서 조선으로 갔는데, 조선으로 돌아간 부대는 총 4개 사단으로 방호산은 그중 1개 사단의 사단장이었다고 했다. 그는 (인천상륙 후 북한군이 철수할 때) 6,000명을 거느리고 북으로 철수했으며, 나중에 군사과학원 원장을 역임했다고 했다. 방호산은 조선전쟁의 문제에 대한 토론에서 '전쟁개시 시기가 잘못되었다'고 말했다는 이유로 해임됐다고 했다. 미코얀은 근본 문제는 '시기'의 문제가 아니라 '(전쟁을) 해야 하느냐 하지 말아야 하느냐'의 문제라고 했다. 전쟁을 하기로 결정한 것이 잘못이고, 해야 한다면 반드시 확신이 있어야 하며 또 승리해야만 한다는 것이었다.

미코얀은 (조선문제에 대해) 도대체 어떻게 하는 것이 좋겠는지를 물었다. 마오쩌둥은 미코얀이 말한 방법이 나을 듯하다고 동의하고, 그들[조선로동당 동지들]에게 단결하도록 권고해야 한다고 말했다. 그들에게 이전에 내린 명령['8월 종파사건' 관련자들에게 내린 책벌 결정]을 취소하고 당적과 직무를 회복시켜주어야 한다는 것이다. 그리고 외국에서 귀국을 두려워하는 사람들도 귀국이 허용되고 체포되지 않아야 한다고 했다. 그렇지 않으면 중국과 소련이 다 불편해진다는 것이다. (왜냐하면) 소련과 중국이 범죄인을 비호하고 있는 것이 되기 때문이라고 했다. 마오쩌둥은 소련은 2명, 중국은 4명의 범죄인을 비호하고 있는 셈이라며 웃었다. 미코얀은 조선로동당은 아직 소련에게 송환을 요구하지 않고 있다면서 이미 중국에게는 (도주해온 4명의) 송환을 요구했는데, 중국이 그들을 넘겨주지 않은 것은 옳은 일이라고 했다. 그들은 돌아가면 체포될 것이라고 했다. 마오쩌둥은 그들은 돌아가면 처형될 것이라고 했다.

마오쩌둥은 자신이 '원래 박헌영이도 죽이지 않기를 원했다'고 박헌영 이야기를 꺼냈다. 이 책의 제3장에서 박헌영과 그의 사형에 대해 이날 저녁 마오쩌둥과 미코얀이 나눈 대화 그대로를 이미 소개했기 때문에 여기에서는 간단히 그 내용만을 상기하고자 한다.

마오쩌둥은 김일성에게 박헌영을 '어떤 이유로도 죽여서는 안 된다'고 했다. 박헌영이 남로당의 영수임을 고려해야 하고, 박헌영은 많은 사람을 죽인 베리야가 아니며 일개 문인이라는 것이다. 이에 미코얀도 박헌영은 지식인이며 사람을 위협한 적이 없으며 조선로동당의 창시자 중 한 명이다, 박헌영의 처형을 반대하는 소련공산당의 의견을 평양 주재 KGB 고문을 통해 건의 형식으로 전달했는데 결국 그것이 잘못되었다, 조선로동당에 소련공산당 중앙위의 명의로 정식 통보를 했어야 했다고 후회했다. 당시 회담에 배석하고 있었던 저우언라이는 중국 측이 중국공산당 중앙위의 명의로 박헌영의 사형을 반대했지만 김일성은 말을 듣지 않았다고 했다.

(미코얀의 이야기를 들은) 마오쩌둥은 지금 보아하니, 그들이 소련공산당과 중국공산당에 대해 불만이 큰 것 같다, 매우 의심하는 것 같다고 말했다. 미코얀은 마오쩌둥이 말한 '그들'은 누구를 지칭하는지를 물었고, 마오쩌둥은 '조선로동당 중앙위'라고 대답했다. 마오쩌둥은 김일성에 비판적인 사람들은 김일성이 (동유럽, 소련, 몽골 순방 중에) 모스크바에서 (소련공산당에 의해) 비판받은 사실을 (전해) 듣고, 김일성이 귀국한 후 (조선로동당) 중앙위 전원회의에서 김일성을 비판할 수 있었다고 했다. 그러나 누가 예상이나 했겠는가. 전원회의에서 그들은 모두 쫓겨났다는 것이다.

미코얀은 마오쩌둥의 말이 옳다고 말했다. 평양 주재 소련대사관의 당 위원회 서기[당 조직 책임자](대외명 참사)는 과거[조선로동당 8월 전원회의 이전의 시기] 조선 동지가 대사관에 와서 조선로동당의 일련의 상황에 관해 이야기할 때 그의 설명을 듣기만 하고 다른 말을 하지 않았다. 그런데 나중에 김일성이 이 일을 알고, 소련대사관에 근무하는 소련공산당 중앙위 대표가 반김일성 인사들을 교사해서 자신을 공격한 것으로 의심했다는 것이다.

마오쩌둥은 소련공산당 제20차 대회는 김일성에게 매우 불리했다고 말했다. (왜냐하면) 이 대회는 스탈린의 잘못을 밖으로[공개적으로] 폭로했고, 반면에 김일성은 아직도 스탈린식을 그대로 답습하고 있었기 때문이다. 김일성은 단 한마디라도 자신에 반대하는 말에 관용하지 못하고 반대자는 누구든지 바로 처형한다는 것이다. 이에 대해 미코얀은 '확실히 그렇다'면서 김일성은 스탈린이 하는 방식 그대로 하고 있다고 동의했다.

마오쩌둥은 이번에 김일성이 (동유럽, 소련, 몽골 순방을 마치고) 귀국한 후에 당 중앙위 전원회의[8월 전원회의]를 소집한 것도 '형식에 불과'하다면서 '김일성의 모든 일 처리가 정상적이라는 것을 보여주려는 것일 뿐'이라고 했다. 미코얀은 조선로동당 제3차 대회에 참가한 소련공산당 대표단이 전한 바에 따르면, 제3차 당 대회의 대표[대의원]는 모두 조선로동당 중앙위에서 결정한 것이고 선거를 통해 선출된 것이 아니었다고 했다. (제3차) 당 대회는, 개인숭배는 소련의 현상이지 조선과는 무관하며, 만일 조선에도 개인숭배가 있다면 이는 오직 박헌영에게만 있었고 현재는 박헌영이 이미 세상에 존재하지 않는다(따라서 북한에는 더 이상 개인숭배가 존재하지 않는다)고 밝혔다는 것이다.

마오쩌둥은 미코얀의 말에 동의하고, 자신은 소련공산당 중앙위가 조선로동당 상황에 대해 알려준 통지서를 보았는데, 소련공산당은 이미 조선로동당의 제3차 대표자대회 개최가 옳지 않았다고 비판했다고 했다. 미코얀은 '소련동지들은 조선로동당 제3차 대회는 정식 대회가 아니라'고 본다면서, 회의 개최는 하나의 형식일 뿐이며 회의는 제대로 잘 개최된 것이 아니었다고 했다.

마오쩌둥은 자신이 보기에 최근 열린 중앙위 전원회의[8월 전원회의] 또한 남에게 보여주기 위한 것에 불과했는데, 잘난 체 한번 하고 약간의 자아비판하고 일을 마무리하려 했다고 말했다. 그들[김일성과 그 지지자들]은 많은 사람들이 중앙위로 하여금 심각한 자아비판을 하도록 요구할 줄을 (미처) 생각하지 못했다는 것이다. 미코얀은 기실[사실은] 결점 하나를 지적하지 못했다며, 때때로 관료주의자들은 체면을 위해서라도 자아비판을 해서 자기 자신을 위장해야 하는데, 자기가 보기에는 김일성은 당내에서 (그런) 교육도 제대로 받지 않은 것으로 보인다고 했다.

마오쩌둥은 미코얀이 (오늘 회의에서) 방금 제안한 방법에 찬성한다고 말했다. 어디에서 마땅히 어떻게 할 것인가? 마오쩌둥은 조선로동당에게 정치국회의를 소집하도록 건의하는 것이 좋겠다고 말했다. 이에 미코얀은 소련과 중국 양당 동지들이 함께 가자고 했고, 마오쩌둥은 중국 측에서는 펑더화이 동지가 갈 수 있는데, 그는 그쪽[북한 쪽] 일을 잘 안다면서 소련 측 3명과 중국 측 1명이 (함께) 가도록 하자고 제안했다. 이에 미코얀은 중국 측에서 1명만 가는 것은 좋지 않으며 소련 측 3명이 가면 중국 측도 3명이 가야 한다고 했다. 이에 (마오쩌둥, 류사오치, 저우언라이) 3인이 상의한 후, 중국 측에서 펑더화이, 네룽전(聶榮臻), 리커농(李克農), 챠오샤오광 4인으로 대표단을 조직하기로 결정하고, (미코얀에게) 평양에 있는 소련대사도 소련공산당 대표단에 참가시킬 것을 제안했다. 미코얀은 마오쩌둥의 제안을 받아들여 북한 주재 소련대사를 소련대표단에 포함시켰다.[25]

미코얀은 그날 밤[9월 18일 밤] 평양에 전화를 걸어 알려주고, 다음 날 아침 일찍 비행기로 떠날 것을 제안했다. 만일 보안전화가 없으면 가는 사람들의 구체적인 이름은 조선 측에 알리지 말고 양당 대표단이 간다고만 알리고 (평양에 도착하여) 회의를 개최하여 관련 문제를 상의하자는 제안을 (조선 측에) 하자고 했다. 이에 마오쩌둥은 만일 김일성이 평양에 없으면 어찌하느냐, 김일성은 병을 핑계 대고 우리에게 오지 말라고 할 수도 있는데 이런 경우에는 어찌해야 하는지를 물었다. 미코얀은 (김일성이) 병이 있어도 상관없다면서 소련과 중국 대표단이 직접 그의 별장으로 가서 그를 찾으면 된다고 했다. 김일성은 보통 외부에서 언제나 3~4명의 정치국원들과 함께 휴양을 한다는 것이었다.

마오쩌둥은 현재 김일성은 소련과 중국에 적대적인 정서를 가지고 있다면서, 원래 그는 베이징에 와서 (중국공산당) 8차 대회에 참가하려고 준비했는데 갑자기 병이 나서 못 온다고 통지를 해왔다고 했다. 미코얀은 김일성은 이번에 중국

---

25) 이렇게 하여 소련공산당 측 대표들은 미코얀, 포노마레프, 미코얀의 보좌관 치스토프(V. V. Chistov), 그리고 평양주재 소련대사 이바노프로 꾸려졌다. 그들을 수행한 수행원은 소련공산당 중앙위 국제국의 조선담당 직원 코비젠코와 당 중앙위 국제국의 중국 담당부서에서 중국어가 능통했던 직원 세디흐메노프(V. Ja. Sedikhmenov)였다(Lankov, 2005: 139).

이 (중국으로) 도피해온 사람들을 송환하기를 거부한 데 대해 불만일 것이라고 했다. 마오쩌둥은 김일성은 소련대표단이 중국에 오고 김일성 자신도 중국에 온다면, 소련대표단이 그에게 조선문제에 관해 이야기를 꺼내야만 한다는 것을 미리 알고 있었다고 했다. 미코얀은 그에 동의하고 그래서 김일성이 오지 않기로 결정한 것이라고 했다.

마오쩌둥은 이번에 소련대표단이 조선에 가면 김일성은 '당신들은 과거에 유고슬라비아를 간섭하고 지금은 또 나를 간섭한다'고 할 것이라며, 과거 유고슬라비아를 간섭한 것은 소련 하나였는데 지금은 중국이 더해졌다고 (불평할 것이라면서) 웃었다. 이에 미코얀은 그전에 (유고슬라비아 간섭은) 소련이 잘못한 것이라고 했다. 마오쩌둥은 자신의 생각으로는 소련과 중국 양당 대표단은 김일성에게 '우리는 당신을 타도하려고 온 것이 아니고 당신을 도우러 왔다'고 해야 한다면서 김일성도 필히 태도를 바꾸어야 한다는 것을 강조했다. 미코얀은 마오쩌둥에게 동의하고 소련과 중국 아무도 김일성을 타도하려고 하지 않는다고 했다. 마오쩌둥은 양당 대표단은 김일성에게 그의 반대자들을 타도하는 것은 안 된다고 해야 하며, (만일 김일성이 자신의 비판자들을 탄압하면) 이는 오직 당내 모순을 더욱 첨예하게 할 뿐이다, 오늘 당신이 그들을 타도하면 내일 그들이 당신을 타도할 것이라며, '이렇게 하면 당신들의 당과 사업이 모두 위험하다!'고 말해주어야 한다고 했다.

미코얀은 자신의 의견은 조선에 도착한 후 우선 김일성과 단독으로 (만나) 양당 대표단의 이러한 의견을 그에게 명확히 밝혀야 하며, 우선 양당 대표단이 '그를 도우러 왔고 그의 공작[사업] 방법은 옳지 않고 변해야 하며, 고치지 않으면 좋지 않다'고 말해야 한다고 했다. 마오쩌둥은 이에 찬동하고 그들[김일성파와 반김일성파]이 화해하도록 설득해야 한다고 말했다. 그는 김일성이 마땅히 과거에 저지른 잘못을 인정해야만 하고, 동시에 양당 대표단은 (김일성으로 하여금) 축출된 사람들에게 화해의 태도를 가져야 한다는 것을 설득해야 하며, 김일성이 협력하는 태도를 가져야 한다는 것을 명확히 해야 한다고 말했다. 미코얀은 그에 동의하고 마오쩌둥이 내어놓은 방침이 매우 좋다면서 마땅히 쌍방에게 화해의 태도를 취할 것을 설득해야 한다고 말했다.

마오쩌둥은 '한 가지 더 준비해야 한다'면서 김일성은 소련과 중국이 그들의 일에 간섭한다고 할 가능성이 있으며 그는 (북한 주둔 중국인민지원군의) 철병을 요구할지 모른다고 했다. 미코얀은 마오쩌둥에게 김일성이 그렇게(까지) 문제를 제기할 가능성이 있다고 보는지를 물었다. 마오쩌둥은 예측하기 매우 어려운 일이라면서 '중국은 철병을 원한다'고 했다. 당시의 정세를 볼 때 미국이 남쪽에 있고 이승만 세력이 매우 크기 때문에, 김일성의 요청에 의해 중국인민지원군이 조선에 남아 있는 것이라고 했다. 미코얀은 '김일성은 아마 이러한 문제를 제기하지 않을 수 있다!'면서 김일성은 소련과 중국이 북한의 당내 문제에 대해 질문하는 것을 좋아하지 않으나 형제당 간에 서로 의견을 제기하고 서로 비평하는 것은 완전히 가능한 것이라고 말했다. 그는 이는 조선로동당의 이익과 조선인민의 이익 및 전 사회주의 진영의 이익과 밀접한 관계가 있다고 했다.

마오쩌둥은 과거의 일은 말하지 않겠다면서 (이번에 양당 대표단이 평양에 가면) 4~5일 정도 조선에 체류해야 할지 모르겠다고 했다. 그는 박헌영 건은 매우 복잡하다고 했다. 미코얀은 체류 기간은 정하지 말고 (일단) 가서 상황을 보고 다시 논의하여 결정하도록 하자고 제안했다.

마오쩌둥은 '이번 일의 성패는 미코얀에게 달렸다'면서 조선인들은 중국인들 말을 듣지 않는다고 했다. 미코얀은 자신도 조선인들이 양당 대표단의 충고를 받아들일지 모르나[잘 모르겠으나], (그들이) 듣고 안 듣고는 그들의 일이고, 우리는 반드시 이 일을 해야 한다고 말했다. 마오쩌둥은 (조선인들이) 중국의 말은 100% 듣지 않을 것이고 소련의 말은 70% 정도는 듣지 않을 것이라고 했다. 그러자 미코얀은 자신은 정말로 김일성을 이해할 수 없다고 했다. 마오쩌둥은 김일성이 양당 대표단이 그를 벼랑으로 내몰고 있다고 오해할까 봐 걱정이라고 했다. 미코얀은 이번에 소련과 중국은 진심으로 솔직히 이야기해야 한다고 말했다. 마오쩌둥은 솔직히 말해서 김일성이 (자신과 조선로동당의 잘못들을) 고치지 않으면 양당이 이러지 않아도 그는 무너질 것이라고 했다.

미코얀은 (이미 중국으로 도주했거나, 소련에서 귀국을 거부하는 조선인들을) 강제로 귀국시키기는 매우 어려울 것 같다고 말했다. 마오쩌둥은 그들이 북한으로 돌아가지 않아도 괜찮다고 했다. 미코얀은 (그들이) 외국[중국과 소련]에서 1~2

년 머무른 다음에 (그들의 거취를) 다시 논의하자고 했다. 마오쩌둥은 그러면 조선인들은 중국과 소련이 그들의 반혁명분자들을 비호하고 있다고 말할 것이라고 했다. 이에 대해 미코얀은 우리는 사회주의 국가이므로 조선인들은 그렇게 말할 수 없다고 했다.

마오쩌둥은 중소와 조선 간에 현재 긴장국면이 존재한다고 했다. 미코얀은 사실상 중국과 조선 간에 이미 충돌이 발생했다고 말했다. 그들[윤공흠, 서휘, 기필규, 김강]은 (중국으로) 도망 왔고 중국은 그들을 받아들였다, 조선이 그들(의 송환)을 원하고 중국이 돌려보내지 않으면 그게 바로 충돌 아니냐고 했다. 마오쩌둥은 조선인들은 소련이 현재 그들[반혁명분자들]을 비호하고 있으며 장래에 조선[김일성]을 반대할 것으로 생각할 것이라고 말했다. 이에 대해 미코얀은 소련은 그들을 이용해 김일성을 반대할 준비를 결코 하지 않았다고 말했다. 마오쩌둥은 만일 김일성이 마음과 가슴이 넓다면 그래도[소련이 그렇게 해도] 좋은데, 만일 스탈린과 같으면 처리하기가 쉽지 않을 것이라고 말했다. 미코얀은 이번에 중요한 것은 체면 문제라면서 이번 (조선로동당) 중앙위 (8월) 전원회의에서 통과된 결정은 아주 좋지 않다고 말했다.

마오쩌둥은 (중국으로) 도망 온 사람들을 반도(叛徒)로 여기지 않도록 김일성을 설득해야 하고, 그들이 절대로 김일성에 의해 위해(危害)를 당하지 않도록 해야 한다고 강조했다. 미코얀은 그 말이 매우 옳다고 찬동했다. 마오쩌둥은 (양당 대표단이 그것을) 명확히 하지 않으면, 도피해 나온 사람들이 (반도로) 의심을 받을 것이라고 했다. 이에 미코얀은 힘주어 마오쩌둥에게 '마오쩌둥동지!'라고 부르며 양당 대표단은 이 방침[오늘 함께 논의하여 합의한 방침]을 실행해야 한다고 말했다.

미코얀은 최용건으로 하여금 중소 양당 대표단과 함께 평양에 돌아가도록 제의하자고 말했다. 마오쩌둥은 평양 주재 양국 대사를 모두 대표단에 포함시켜 (총 대표단을) 8인으로 구성할 것을 제안했다. 미코얀은 (먼저) 최용건에게 가서 그가 우리와 함께 돌아가기를 원하는지 상의해야 할 것이라고 말했다. 마오쩌둥은 중국 측이 그와 약속을 정해 논의할 것이라고 했다. 미코얀은 양당 대표단이 (당장) 내일 아침 일찍 출발할 것이라고 했다. 마오쩌둥은 중국은 곧바로 최용건을 불러서 논의하겠다고 했다. (마오쩌둥은 미코얀에게) 그들[조선대표단]은 오자마자[베이징에 도착하자마자] 중국과 이 문제를 논의하는 데 동의했다고 알려주었다. 마오쩌둥은 그날 밤[9월 18일] 11시 정도면 그들과 이야기를 마칠 수 있고, 그 후 최용건으로 하여금 미코얀의 숙소로 가도록 하겠다고 했다. 미코얀은 자신이 최용건을 기다리겠다고 했다. 마오쩌둥은 양국 대표단이 조선에 가는 일에 대해서는 최용건으로 하여금 조선로동당 중앙위에 보고토록 요청하겠다고 하면서 미코얀과의 대화를 마쳤다.

이상에서 살펴본 미코얀과 마오쩌둥 간의 대화를 통해 우리는 몇 가지 흥미로운 사실을 알 수 있게 됐다.

첫째, 김일성이 조선로동당의 8월 전원회의에서 '8월 종파사건'의 주모자들인 연안파와 소련파 인사들에 대해 가혹한 책벌을 내린 데 대해 소련공산당과 중국공산당이 공히 분노하고 있었다는 것을 알 수 있다. 그런데 양당이 조선로동당 김일성의 행위에 대해 분노를 느낀 데는 다음과 같은 두 가지 배경이 있었던 것으로 보인다.

그 하나는, 마오쩌둥과 미코얀에게 김일성이 양당의 반대를 무시하고 박헌영을 사형시킨 데 대한 반감과 박헌영 사형을 막지 못한 데 대한 회한이, 또 중국으로서는 김일성의 연안파 박일우와 방호산에 대한 부당한 책벌과 그것을 막지 못한 분노가 마음속에 자리 잡고 있었다는 것이다. 마오쩌둥과 미코얀이 박헌영에 대한 우호적인 평가와 더불어 그의 사형을 막지 못했던 회한을 길게 이야기한 것도 그런 맥락에서였다. 따라서 김일성이 또 연안파와 소련파를 제거하려고 하는데 이번에는 결코 그대로 놔둘 수 없다는 절박한 심정과 각오가 자리 잡고 있었던 것으로 보인다.

다른 하나는, 미코얀이 이번에 중요한 것은 '체면 문제'인데 그것이 지켜지지 않았다고 했다는 데서 찾을 수 있다. 관료주의자들은 체면을 위해서라도 자아비판을 해서 자기 자신을 위장해야 하는데, 자기가 보기에는 김일성은 당내에서 그런 교육도 제대로 받지 않은 것으로 보인다는 것이다. 다시 말해, '당 회의에서 당의 사업에 대해 비판하고 당의 영도자에 대해 비평하는 것'은 당연한 것인데, 김일성이 그것을 허용하지 않음으로써 조선로동당 8월 전원회의는 우선 명분상으로 레닌주의적 민주주의 원칙을 지켜내는 체면을 차리지 못했고, 또 실제에 있어서는 소련공산당과 깊은 관련을 맺고 있는 소련파를 지나치게 책벌함으로써 소련의 체면을 구겼다는 생각이 있었던 것으로 보인다.

둘째, 마오쩌둥과 미코얀은 또한 그들의 마음속에서 조선로동당에서 일어나고 있는 잘못된 일들이 조선로동당의 발전에 큰 문제가 될 것이라는 우려를 하고 있었음을 알 수 있다. 미코얀은 연안파와 소련파가 당 중앙위 전원회의에서 김일성에 대해 비판을 좀 했다는 이유만으로 모두 심한 책벌을 받았는데, '이러한 작태는 당 지부 회의에서도 있을 수 없는 일'이라는 생각이었고, 마오쩌둥도 그것은 '정상적인 당내 생활이 아니다'고 했다. 미코얀은 자신은 정말로 김일성을 이해할 수 없다고 했다. 미코얀과 마오쩌둥은 김일성이 자신의 잘못을 시정하지 않으면 그와 조선로동당은 무너질 것이라고 생각하고 있었다. 따라서 그들은 이번에 진심으로 솔직히 이야기해야 한다고 생각했던 것이다.

이와 관련하여, 미코얀과 마오쩌둥은 8월 전원회의는 '형식에 불과'하고 '남에게 보여주기 위한 것'에 불과하며, '김일성의 모든 일 처리가 정상적이라는 것을 보여주려는 것'일 뿐이라고 생각했다. 미코얀은 조선로동당 제3차 대회에 대해 여러 가지 실망과 불만을 표시하고 '소련동지들은 조선로동당 제3차 대회는 정식 대회가 아니라'고 본다는 입장을 표명하고 있다.

셋째, 미코얀은 소련공산당과 중국공산당이 조선로동당의 내정에 간섭할 수 있는 근거를 어떻게 합리화하고 있는가? 미코얀은 형제당 간 서로 의견을 제기하고 서로 비평하는 것은 완전히 가능한 것이며, 이는 조선로동당의 이익과 조선인민의 이익 및 전 사회주의 진영의 이익과 밀접한 관계가 있다고 주장하고 있다. 중국과 소련이 '반당적·반정부적'인 '반혁명분자들'을 비호하고 있다고 조선공산당이 비판할 것이라고 마오쩌둥이 우려하자, 미코얀은 우리는 사회주의 국가이므로 조선인들은 그렇게 말할 수 없다고 대답하고 있다. 그러나 이 모든 명분 뒤에는 세계공산주의운동에서 소련공산당이 차지하는 위상과 역할에 대한 미코얀의 대국주의적 인식이 자리 잡고 있었다고 할 것이다.

넷째, 소련공산당과 중국공산당의 공동 대표단의 파견은 미코얀이 마오쩌둥에게 양당 대표단이 평양에 직접 가서 조선로동당으로 하여금 정치국회의를 열어 김일성도 참석토록 하고, 소련, 중국, 북한의 3당이 함께 대면하여 상황을 명확하게 하자고 제안함으로써 성사됐다. 마오쩌둥은 소련과 중국의 양당이 평양주재 자국의 대사를 포함하여 각각 4명씩으로 구성할 것을 제안했고 그것이 미코얀에 의해 받아들여졌다. 공동대표단의 평양체류 기간에 대해서는 일단 평양에 가서 상황을 살펴보고 결정하기로 했다.

여기서 한 가지 흥미로운 것은 전반적으로 김일성 등 북한 지도부에 대해서는 마오쩌둥이 미코얀보다 더 강한 불신과 반감을 보여주었던 데 비해, 소련과 중국 양당 공동대표단을 조직하여 빨리 평양에 가서 잘못된 일을 시정하고 말겠다는 과업 완수에 있어서는 미코얀이 마오쩌둥보다 더 강경한 모습을 보여주었다는 점이다. 미코얀은 9월 18일 밤 바로 평양에 전화를 하여 공동대표단의 평양방문을 알려주고, 다음 날 아침 일찍 비행기로 떠날 것을 제안했다. 그는 또 김일성이 중국공산당 8차 대회에 칭병(稱病)하면서 오지 않았는데 만일 김일성이 평양에 없거나 칭병하고 양당 대표단을 '오지 말라'고 하는 경우, 양당 대표단이 직접 그의 별장으로 가서 그를 만나면 되니 '김일성이 병이 났어도 상관없다'는 입장을 취하고 있다.

마오쩌둥이 김일성에 대해 반감을 갖게 된 데에는 여러 이유가 있었다. 우선, 김일성이 중국이 반대했던 6·25전쟁을 일으켰고, 그 전쟁으로 인해 중국은 막대한 인적·물적 손해를 입었으며, 마오쩌둥은 장남을 6·25전쟁에서 잃었고, 김일성이 박일우, 방호산 등 연안파를 숙청하고 박헌영을 사형시킨 데 대해 깊은 반감을 갖고 있었던 것이다. 한편, 위에서 설명한 미코얀의 강경입장은 소련공산당 중앙위 상무위가 이미 조선로동당 사태에 대해 개입하기로 결정을 내렸고, 미코얀은 상무위의 지시에 따라 행동하고 있었으며(이종석, 2010: 401), 무엇보다도 당 상무위가 자신에게 맡긴 과업을 완수해야 했기 때문이었을 것이다.

다섯째, 양당 대표단이 조선로동당 동지들에게 요구하려는 것은 무엇인가? 조선로동당 동지들은 서로 화해하고 단결해야 한다, '8월 종파사건' 관련자들에게 내린 책벌 결정을 취소하고 당적과 직무를 회복시켜주어야 한다, 또 외국에서 귀국하기를 두려워하는 인사들에 대해서도 귀국을 허용하고 그들을 체포하여 처형하지 말아야 한다, 중국으로 도피한 인사들을 반역자 무리로 여기지 않도록 김일성을 설득해야 하고 그들이 절대로 김일성에 의해 위해를 당하지 않도록 해야 한다는 것이었다. 김일성이 마땅히 과거에 저지른 잘못을 인정해야 하고, 동시에 축출된 사람들에게 화해의 태도를 가져야 하며, 이제 협력하는 태도를 가져야 한다는 것이었다.

여섯째, 마오쩌둥과 미코얀은 조선로동당에게 위의 요구를 하면서도 조심스럽게 잘해야 한다는 것을 알고 있었다. 왜냐하면 김일성이 양당에 대해 불만이 크고 또 매우 의심하고 있기 때문에 양당 대표단이 그를 벼랑으로 내몰고 있다는 오해를 주어서는 안 된다는 것이다. 마오쩌둥은 현재 김일성은 소련과 중국에 적대적인 정서를 가지고 있으며, 이번에 소련대표단이 조선에 가면 김일성은 '당신들은 과거에 유고슬라비아를 간섭하고 지금은 또 나를 간섭한다'고 할 것이기 때문에, 양당 대표단은 김일성에게 '우리는 당신을 타도하려고 온 것이 아니고 당신을 도우러 왔다'고 해야 한다는 것이다. 미코얀은 평양에 도착하면 우선 김일성과 단독으로 만나 양당 대표단의 그러한 방문 목적을 그에게 명확히 밝혀야 한다고 했다.

그러나 양당 대표단은 김일성에게 신중하게 접근하면서도 김일성도 반드시 자신의 태도를 바꾸어야 한다는 것을 명확히 하고 있다. 그의 사업 방법은 '옳지 않으므로 변해야 하며, 고치지 않으면 좋지 않다'는 것을 명확히 전달해야 한다는 것이다. 반대자들을 타도하면 또 그 반대자들이 나중에 보복을 할 것이고 그렇게 되면 조선로동당과 사업이 모두 위험해진다는 것을 설득해야 한다는 것이다.

일곱째, 흥미롭게도 마오쩌둥은 '김일성이 말을 잘 듣지 않을 것'으로 생각했다. 조선인들은 중국인들의 말을 듣지 않기 때문에 '이번 일의 성패는 미코얀에게 달렸다'는 것이다. 마오쩌둥은 조선인들이 중국의 말은 100% 듣지 않을 것이고 소련의 말은 70% 정도는 듣지 않을 것이라고 했다. 마오쩌둥은 6·25전쟁 기간에 민족주의적이고 독립적인 성향이 강한 김일성과 사이가 좋지 않았고, 유엔군의 인천상륙작전 가능성과 그 경우 전략적인 후퇴를 준비해야 한다는 마오쩌둥 자신의 충고가 먹혀들어 가지 않았으며, 전쟁 중 형성된 김일성과 펑더화이의 불화, 북한정부와 중국정부 간의 불신 등을 기억하면서 한 말이었을 것이다. 미코얀은 조선인들이 양당 대표단의 충고를 받아들일지 잘 모르겠으나 그들이 '듣고 안 듣고는 그들의 일이고, 우리는 반드시 이 일을 해야 한다'는 입장이었다.

위에서 정리한 일곱 가지 외에도, 이들의 대화에는 여러 가지 흥미로운 정보가 많이 들어 있다. 예컨대, 마오쩌둥이 김일성이 북한주둔 중국인민지원군의 철병을 요구할지 모르겠는데 그렇게 되면 '중국은 철병하고 싶다'든지, 중국으로 건너온 조선로동당 간부 네 명이 체포를 피해 바로 도피하느라 미처 평양 주재 중국대사에게 연락하지도 못했다든지, 김일성이 단 한 마디라도 자신에 반대하는 말에 관용하지 못하고 반대자는 누구든지 바로 처형하는 식의 스탈린식 정치를 하고 있다든지, 미코얀이 소련 주재 조선대사 리상조는 '매우 좋은 동지'라고 평했다든지 등이다.

1956년 9월 18일, 베이징, 마오쩌둥과 최용건의 대화

마오쩌둥은 소련대표단과 대화를 마친 뒤 1시간 20분 후에 중국공산당 제8차 대회 축하사절로 베이징에 와 있던 최용건을 단장으로 한 조선로동당 대표단과 만났다. 중국 측 인사들은 소련대표단을 만났을 때 참석했던 인물들 중에서 저우언라이는 빠지고[26] 마오쩌둥, 류사오치, 덩샤오핑, 펑더화이, 왕자샹, 그리고 중국공산당 대표단 일원으로 선정되어 다음 날 아침 평양으로 떠나야 하는 네룽전, 리커농, 챠오샤오광(평양 주재 중국대사)이 참석했다. 조선대표단 측에서는 최용건, 림해,[27] 리주연, 그리고 하앙천이 참석했다(「모주석접견조선대표단담화기요」, 1956.9.18).

마오쩌둥은 처음부터 조선로동당 대표단을 매섭게 다뤄나갔다. 최근 당신들은 조선로동당 중앙위 전원회의를 개최하여 최창익, 박창옥 부수상과 여러 명의

---

[26] 이 문서에는 참석자 명단에 '스저'가 없다. 그러나 스저는 기록관으로서 이번 회담에도 배석했을 것으로 보인다.

[27] 최용건이 결국 다음날인 9월 19일 미코얀과 펑더화이와 함께 평양으로 돌아가야 했기 때문에 베이징에 남아 중국공산당 제8차 대회에서 조선로동당을 대표하여 축하연설을 한 사람은 림해였다(Lankov, 2005: 137).

중앙위원을 제명처분했다. 조선로동당 중앙위원 전원회의 폐막 후 윤공흠, 서휘, 리필규, 김강 네 명이 중국으로 도피해 나왔다. 당신의 소련대사 리상조와 현재 소련에 있는 당신 나라의 교통부장도[28] 감히 조선으로 돌아가려 하지 않고 있다. 현재 당신들의 인민생활 또한 별로 나아지지 않고 인민들은 아직도 매우 힘든 생활을 하고 있다. 이러한 문제들에 관해 방금 미코얀 동지와 의견을 교환했다. 우리는 당신들의 간부정책에 큰 문제가 있다고 생각한다. 당신들은 과거에 박헌영을 죽였다. 그는 남조선 인민의 지도자로서 절대로 죽여서는 안 되는 간부였다. 당신들은 그가 미국의 간첩이라고 말했는데, 미국은 아직 그가 미국의 간첩인지도 모르고 있지 않은가? 마구잡이로 살인을 해서는 안 된다. 이러면 이로울 게 없다.

당신들은 박창옥과 최창익 두 부수상과 여러 명의 중앙위원과 중앙상무위원들을 제명했다. 당신들은 박일우, 방호산 등의 당적을 박탈하고, 심지어 박일우를 반당분자의 죄목으로 체포했다. 이것은 매우 엄중한 잘못이다. 당신들은 오늘 이 사람들을, 내일은 저 사람들을 숙청하여 자신들을 고립시키고 있다. 이렇게 하면 최후에는 자신들도 숙청될 수 있으며, 결과적으로 자기 자신을 파멸시킬 것이다.

마오쩌둥이 이처럼 말하자 조선대표단 하앙천이 "박일우는 심각한 자유주의와 종파주의 범죄를⋯⋯"이라고 말끝을 흐렸다. 펑더화이가 나섰다. 이런 중요한 간부를 단지 자유주의와 종파주의 때문에 체포할 수 있는가? 당신[하앙천]은 박일우 사건에 대해 매우 잘 알고 있는데, 왜 중앙위 전원회의에서 말할 용기가 없었는가? 이에 하앙천이 "박일우를 체포한 건 경제문제 때문"이었다면서 "그가 부패하고 뇌물을 받고 하는 등의 경제문제 때문에⋯⋯"라고 또 말꼬리를 흐렸다.

그러자 마오쩌둥이 치고 나왔다. 당신들은 당내에 민주(주의)를 발양하지 못하고 있다. 어떤 사람이 다른 의견 또는 반대 의견을 제시하면, 즉시 그들을 반당분자, 반도로 보고, 당에서 제명하고 체포하고 심지어 죽이기를 서슴지 않고 있

---

28) 마오쩌둥이 '체신상'(김창흡)을 '교통부장'(교통상)으로 잘못 말한 것으로 보인다.

다. 과거의 황제, 비교적 깨어 있는 황제들도 그렇게 하지는 않았다. 그런데 당신들은 한번에 여러 부수상을 쫓아냈다. 이것은 깨어 있지 않은 황제가 하는 짓이다. 스탈린은 최후 일단 시기[최후의 어느 한 시기에]의 혼탁한 황제였는데, 당신들의 현재가 바로 그렇다. 단결이라고 하는 것은 현재 서로 다른 의견이 존재하기 때문에 필요한 것이다. 최용건과 내가 화목하고 우리 두 사람이 완전히 같은 의견이라고 가정한다면, 우리 두 사람 사이에 단결에 관한 어떤 문제도 발생하지 않는다. 왜냐하면 우리 두 사람은 이미 단결했기 때문이다. 내가 리주연과 불화하고 서로 다른 의견이 있다고 한다면, 이런 경우에 우리 사이에 단결의 문제가 발생한다. 만일 우리가 현재 의견이 다른 사람을 당에서 축출, 체포하고, 심지어 죽여버린다면 여기에 무슨 단결이 있겠는가? 당신들의 세수(稅收), 간부, 인민생활 개선, 통일전선 정책 방면에도 잘못이 있다.

마오쩌둥은 계속하여 말했다. 이러한 문제를 해결하기 위해, 방금 우리는 미코얀동지와 의견을 나눴다. 미코얀동지를 단장으로 소련공산당 중앙연락부장[소련공산당 중앙위 해외공산당관계국장]과 북한의 소련대사를 포함하는 4명의 소련공산당 대표와 함께 펑더화이, 네룽전, 리커농, 챠오샤오광으로 구성된 중국공산당 대표단을 내일 아침 7시에 비행기를 이용하여 평양에 파견하기로 결정했다. 최용건동지도 그들과 함께 돌아가야 한다. 동시에 최용건동지는 당신의 대표단 중 1인을 지정하여 중국공산당 제8차 전국대표대회에서 당신들의 축사를 읽도록 해야 한다. 우리는 당신들이 문제를 해결하도록 도우려는 것이지 결코 당신들을 파괴하기 위한 것이 아니다. 과거에도 우리들은 당신들의 행동에 대해 다른 의견이 있었다. 그러나 그때는 이번처럼 이렇게 당신들을 비판하지는 않았다. 그러나 과거에도 몇 차례 우리는 김일성동지에게 다른 방식이었지만 정면으로 우리의 의견을 제시한 바 있다. 조선전쟁[6·25전쟁]에 관해 나는 그에게 이 전쟁을 해서는 안 된다고 환기시켰었다. 후에 그가 리상조를 베이징에 파견했을 때에도 "당신들의 앞에 있는 것은 미제국주의다. 적은 후방으로부터 상륙할 가능성이 있다"고 하는 등 (인천상륙작전 가능성에 대해) 그에게 이야기했다. (그런데 그는 나의 말을 듣지 않았다.)

류사오치는 자신도 이전에 리주연과 이러한 문제들을 이야기한 적이 있다고 했다. 펑더화이와 리커농은 물었다. 조선전쟁은 도대체 누가 시작한 것이냐? 미제국주의가 일으킨 것이냐 아니면 당신들이 시작한 것이냐? 이에 대해 리주연은 (중국 측이) 왜 이 문제를 제기하는지 정말 모르겠다고 했다.

마오쩌둥이 다시 말했다. (우리는) 기타 인민생활 등에 관해서도 김일성 동지와 이야기했다. 그러나 그는 (우리와 이야기한 대로) 하지 않았다. 그 결과 조선인민에게 엄중한 곤란과 고통을 가져왔다. 이는 매우 비통한 교훈이다. 당신들은 소련과 중국을 등에 업고 있지만, 앞에는 이승만과 미제국주의 그리고 일본이 있다. 당신들은 친구가 아니라 적들과 마주하고 있다. 따라서 소련과 중국은 당신들과 매우 밀접한 관계를 유지하고 있다. (그런데) 당신들의 국내에서 발생하는 문제는 중국과 소련에 영향을 줄 수 있다. 따라서 당신들의 이러한 문제들에 관해서 우리는 간섭하지 않을 수 없다. 당신들은 윤공흠 등을 반당분자, 반도로 간주하여 그들이 중국으로 도피하여 다시 조선으로 돌아갈 엄두를 내지 못하게 했다. 리상조와 당신들의 교통부장[체신상] 또한 모스크바에서 감히 조선으로 돌아가지 못하고 있다. 이는 중국과 소련이 결과적으로 당신들의 반도들을 보호하고 있는 것이 아닌가?

이에 대해 리주연은 한두 마디 더 설명하고 싶다고 했고, 마오쩌둥은 좋다고 했다. 리주연은 다음과 같이 말했다. 개인숭배, 농민생활, 간부문제 등에 관해 자신도 전에 김일성과 상무위원들과 이야기했다. 그러나 윤[윤공흠] 등의 이런 문제들에 대한 방법, 동기, 사상은 우리와 달랐다. 예를 들면, 인민생활 개선 문제에 있어서, 우리들은 국민경제 건설을 100으로 가정한다면, 그중 40%를 기본건설을 하는 데 이용하여 장래 더 나은 생활을 위해 인민들이 당분간 적게 먹고 절약하자는 주장이고, 그들은 장래를 고려하지 않고 단지 기본건설을 적게 할 것만을 주장하고 대량의 자본을 인민생활 개선에 사용할 것을 주장했다. 동기(動機) 부분에 있어 우리는 경제건설 사업을 잘하자는 생각이지만 그들은 진행을 방해하고자 했다. 마오쩌둥은 인민생활을 개선하자는 동기가 무엇이 나쁜가를 되물었다. 최용건이 말했다. 이번 전원회의 이전, 김일성 동지가 정부 대표단을 대동하고 소련과 동유럽 형제국가들을 방문하는 기간에 최창익, 박창옥, 윤공흠 등은 자주 소련대사관에 가서 평양 주재 소련대사관 당 조직 책임자와 담화를 했다. (그들은) 소련대사관에 다녀온 직후 당원들에게 "현재 소련공산당 중앙이 비밀대표단을 파견, 평양의 소련대사관 내에서 조선의 개인숭배에 관해 조사"하고 있다는 유언비어를 퍼뜨렸다. 그뿐 아니라 평양시당위원회와 황해남도당위원회의 일부 당원들을 동원하여, 8월 전원회의에서 중앙책임자[김일성]를 공격할 것이라고도 했다. 김일성동지가 귀국 후 이러한 소식을 듣고, 곧바로 박정애와 남일을 소련대사관에 보내 이러한 사람들과 접촉하지 말 것을 권고했다. 동일한 시기에, 즉 8월 초에 분계선 부근 북한지역에서 적들이 살포한 삐라에서 이들이 말한 내용과 동일한 내용이 발견됐다. 삐라에는 "김일성이 곧 쫓겨난다"라는 내용도 있었다. 후에 윤공흠이 전체회의에서 한 발언내용 또한 미국방송의 내용과 별 차이가 없었다. 이러한 상황에서 전원회의에서 이들에 대해 급히 (책벌) 결정을 내렸다.

이에 마오쩌둥이 말했다. 당신들은 이렇게 당내문제와 반혁명문제를 연결하여 자기들의 동지를 '반혁명', '반도' 등의 모자를 씌우고 그들을 체포하고 죽였다. 이것은 매우 엄중한 잘못이다. 펑더화이가 나서서 말했다. 이는[최창익, 박창옥, 윤공흠 등을 책벌한 일은] 노선상의 실수일 뿐이다. (그런데) 당신들은 박일우와 방호산을 쫓아냈다. 당신들 한번 생각해 보라. 전쟁기간에 적이 당신들 후방에 상륙했을 때, 적들의 포위하에서 당신들 주력부대를 이끌고 북으로 철수한 부대가 누구의 부대인가? 바로 방호산의 부대가 아니었던가.

마오쩌둥은 중국공산당의 역사에서도 과거 이와 유사한 비통한 교훈이 있었다고 했다. 그것은 바로 제2차 국내 혁명전쟁 때 왕밍(王明), 친방셴(秦邦憲) 등의 좌경노선의 잘못이다. 이는 하나의 통한의 교훈이다.

소련군대가 조선을 해방시킨 후 조선의 간부들은 사방팔방에서 왔다. 어떤 사람은 소련으로부터, 어떤 사람은 중국에서 갔으며, 남한에서 온 사람도 있고, 그리고 그 지역 사람도 있다. 만일 당내에 서로 다른 의견이 있다면, 마땅히 쟁론을 벌여 일치된 의견을 얻도록 하든지 혹은 표결을 통해 소수는 다수에 복종토록 해야 한다. 동시에 마땅히 그러한 소수 동지들이 다른 의견을 가지도록 허용되어야 한다. 마땅히 다른 의견을 가진 모든 사람들을 내쳐서는 안 된다. 당신들은 남조선에서 온 간부들을 축출했으며, 또한 중국에서 간 간부들도 숙청했다. 심지어 소련으로부터 온 간부들도 숙청했다. 이렇게 계속해서 숙청을 하면 실질적으로 자신을 고립시키게 된다. 최후에는 자신도 숙청될 것이다. 당신들 당내는 공포감으로 가득 차 있다. 외국에 파견된 당신들의 대사가 겁에 질려 귀국을 꺼려하고 있고, 중국으로 도피한 간부들이 돌아가려 하지 않는다. 그들은 돌아가면 체포될까, 심지어는 처형될까 두려워한다. 당신들 중앙위 전원회의는 제3차 당 대회에서 방금 선출한 중앙위원들을 마음대로 제명했으며, 내각의 상(相)을 해임했다. 중앙위 전원회의는 그렇게 큰 권력을 가지고 있는가? 중앙위원은 당 대회에서 선출된 것 아닌가?

당신들이 중국에서 간 간부들이 필요 없으면, 중국으로 돌아가 일을 하도록 하면 된다. 우리도 그전에 그렇게 한 적이 있다. 현재 우리의 왕밍도 소련에서 일하고 있다.[29] 그들이 반대의견을 제시했다는 이유만으로 마음대로 그들을 반도의 죄목으로 처리할 수는 없다. 현재 우리는 명백한 반혁명 분자조차도 마음대로 체포하거나 처형하지 않는다. 이렇게 할 경우 우리에게 결코 이로울 게 없다. 당신들은 현재 당내뿐만 아니라 당외 인사, 남한의 각계각층과의 단결도 꾀해야 한다. 우리는 판문점에서 미제국주의와도 평화회담을 했었다. 왜 동지들 간에 평화적 토론방식을 통해 서로 다른 의견을 해결할 수 없는가? 마땅히 다른 의견을 가진 동지들과 이야기를 나누고, 체포한 동지들을 석방하며, 그들의 당적을 회복하고 원래의 직위도 회복시켜야 한다. 현재 중국에 있는 그들도 조선으로 돌아가도록 해야만 한다. 그러나 그들이 돌아간 후 필히 그들의 당 내외 직무를 회복시켜야 하며, 모든 문제들을 당내 회의석상에서 냉정한 토론을 통해 해결해야 한다. 우리의 이러한 의견에 대해 당신들은 일시적으로 이해하지 못할 수 있고 태도를 곧바로 바꿀 수 없을 수도 있다. 오늘 우리는 많은 이야기를 나눴고 너무나 많은 "자유주의" 범죄를 저질렀다. 만일 오늘 이야기가 당신들 국내에서 이뤄졌다면, (이 마오쩌둥은) 체포됐을 텐데!

---

29) 왕밍은 마오쩌둥과 항상 대립적인 노선을 걸었고 1931년에는 중국공산당 중앙위원회 임시 총서기까지 지냈는데, 그는 중화인민공화국이 수립된 이후 건강을 핑계로 1956년 소련에 사실상 망명하여 1974년 죽을 때까지 소련에서 살았다.

마오쩌둥은 오늘 우리가 언급한 것에 대해 당신들의 의견은 어떠한가를 물었다. 최용건은 "말씀하신 것이 전부 옳다. 우리는 마땅히 받아들여야 한다"고 대답했다. 마오쩌둥은 시간이 많이 늦었다며, 당신들은 또 미코얀동지를 가서 만나야 한다면서 대화를 끝냈다.

위의 마오쩌둥과 조선대표단 간의 대화는 몇 가지 흥미로운 사실을 보여준다.

첫째, 이 대화는 중국공산당 측의 일방적인 비판, 훈시, 경고, 요구로 이뤄져 있다. 그것도 마오쩌둥이 미코얀과 함께 이미 의견을 교환하고 합의를 보았다는 식으로 최용건을 압박하고 있다. 이에 대해 리주연이 조금 반박을 해보지만, 결국 최용건이 중국의 힘에 눌려 마오쩌둥에게 "말씀하신 것이 전부 옳다. 우리[북한]는 마땅히 받아들여야 한다"고 항복하고 있다.

둘째, 마오쩌둥의 이러한 강압적인 태도에는 두 가지 배경이 있었던 것으로 보인다. 우선, 과거에 김일성이 중국의 의견을 무시하고 행동한 것에 대한 반감이 있었던 것으로 보인다. 특히 마오쩌둥의 6·25전쟁 개시의 반대와 일단 전쟁이 시작된 후 남진할 때 미국의 인천상륙작전 가능성에 대한 경고 등을 김일성이 듣지 않음으로써 중국인민지원군이 참전하여 엄청난 인적·물적 피해를 보아야 했던 데에 대한 분노가 중국 측에 있었던 것이다.

다른 한편, 마오쩌둥의 말에는 조선로동당의 '현재의 수준'에 대한 중국공산당의 일종의 경멸감, 비웃음 같은 것이 묻어나 있다. 북한에서는 어떤 사람이 다른 의견 또는 반대 의견을 제시하면, 즉시 그들을 반당분자, 반도로 몰아 마음대로 제명·체포하고 심지어 처형하는데, 중국에서는 그렇게 하지 않는다는 것이다. 원칙적으로 말하면, 서로 다른 의견이 존재하기 때문에 단결이 필요하다는 것이다. 그런데 생각이 다르다고 서로서로 이런저런 구실로 숙청하게 되면, 결국은 나도 당하게 된다는 것이 세상의 이치인데, 조선공산당이 이를 모르고 있다는 것이다. 마오쩌둥은 심지어 자신이 조선대표단과의 그날 밤 회담에서 너무나 많은 소위 '자유주의 범죄'를 저질렀는데 만일 북한 국내였더라면 자신은 이미 체포됐을 것이라고 빈정대고 있다.

특히 마오쩌둥은 '8월 전원회의'에서의 철직, 출당 등의 책벌은 과거의 황제, 비교적 깨어 있는 황제들도 그렇게 하지는 않았다면서 스탈린은 최후 어느 한 시기에 혼탁한 황제였는데, '지금 김일성이 하는 짓이 바로 그렇다'면서 김일성의 과도한 개인숭배, 레닌주의적 민주주의의 실종에 대해 직격탄을 날리고 있다.

셋째, 마오쩌둥의 북한 내정 간섭의 논리가 흥미롭다. 당시 국제정세가 복잡하고 냉전적 대결상황에 놓여 있는데 북한에서 발생하는 문제는 중국과 소련에 영향을 줄 수 있다. 따라서 조선공산당의 당시 여러 문제들에 관해서 중국과 소련은 '간섭하지 않을 수 없다'는 것이었다.

넷째, 마오쩌둥이 최용건에게 말한 연안파, 소련파의 구제와 관련한 구체적인 요구사항은 다음과 같다. 상이한 의견을 가진 동지들과의 대화, 체포한 동지들의 석방, 그들의 당적과 직위의 회복, 중국으로 넘어온 4인의 귀국, 그들의 당내외 직무의 회복, 모든 문제의 회의석상에서의 냉정한 토론을 통한 해결이었다. 그렇게 함으로써 당내 단결을 도모해야 한다는 것이었다.

다섯째, 최용건이 설명한 연안파, 소련파 인사들에 대한 책벌 이유가 주목할만하다. 정부 대표단의 동유럽, 소련, 몽골 순방 중에 그들이 소련대사관에 가서 당 조직 책임자와 자주 만나 소련공산당 중앙이 비밀대표단을 파견하여 김일성의 개인숭배 문제를 조사하고 있다느니, 8월 전원회의에서 평양시당위원회와 황해남도당위원회의 일부 당원들을 동원하여 김일성을 공격할 것이라는 악의적인 유언비어를 퍼뜨렸다는 것이다.

더구나 8월 초에 휴전선 부근 북한지역에서 살포한 삐라에 이들이 말한 내용과 동일한 내용, 심지어 "김일성이 곧 쫓겨난다"라는 내용까지 있었으며, 게다가 나중에 윤공흠이 전원회의에서 한 발언내용도 미국방송의 내용과 별 차이가 없었다는 것이다. 따라서 전원회의에서 이들에 대해 급히 책벌 결정을 내렸다는 것이다. 다시 말해, 김일성과 그 지지자들은 '8월 종파사건' 당시 연안파와 소련파가 남한과 미국과도 연계가 되어 있었던 정황을 발견하고 그들을 신속하게 처벌할 수밖에 없었다는 것이다. 이는 매우 흥미로운 대목이다.

참고로, 나중인 1958년 4월 11일 김영주가 소련대사관 1등 서기관 피메노프 (B. K. Pimenov)에게 한 말을 보면, "최창익 그룹이 미국과 리승만의 첩자들과 연결되어 있다는 데 대한 직접적인 증거는 없지만, 남조선 지배그룹이 (최창익 등) 종파주의자들의 계획에 기대를 걸고 있었다는 것은 명백하다"는 식으로 말하고 있다(Lankov, 2005: 165). 여기서 흥미로운 점은 '양측의 연계'에 대한 '직접적인 증거'가 없다는 것을 인정하고 있다는 점이다.

여섯째, 마오쩌둥의 말은 북한의 인민생활 개선과 경제발전 문제와 관련하여 중국 측은 6·25전쟁 직후 '전후 복구발전 노선' 투쟁에서 연안파와 소련파가 취한 '소비재파'의 입장을 지지했다는 것을 확인시켜주고 있다. 이에 비해 김일성파는 리주연의 말을 통해 당시 '중공업 우선' 노선을 취했던 이유를 다시 설명하고 있다.

마지막으로, 마오쩌둥은 북한이 박헌영을 간첩으로 몰아 사형시킨 것을 다시 꺼내면서 그가 미제간첩도 아닌데 간부들을 함부로 죽이면 안 된다고 했다. 펑더화이는 박일우와 방호산에 대한 책벌을 또 문제삼았다. 중국 측이 박헌영, 박일우, 방호산의 경우를 꺼내 든 것은 이번 '8월 종파사건'을 구실로 연안파와 소련파를 마구잡이로 처벌하고 죽이면 안 된다는 것을 강조하기 위해서였던 것으로 보인다.

3. 조선로동당 중앙위원회 '9월 전원회의'

미코얀과 펑더화이가 이끄는 소련공산당과 중국공산당의 공동대표단이 1956년 9월 19일 아침 7시에 비행기로 베이징을 떠나 이내 평양에 도착했다. 북한은 양당 대표단의 숙소를 따로따로 마련했고 김일성은 바로 다음 날인 9월 20일 그들을 찾아가 만났다(Lankov, 2005: 140).

그런데 위에서 이미 언급했지만, 미코얀은 마오쩌둥을 만나기 전날인 9월 17일에 베이징에서 최용건을 만나 조선로동당 사태에 대해 이야기를 나눴다. 조선로동당 지도부는 소련과 중국 양당의 개입이 임박했음을 알게 되자 이를 선제적으로 예방하기 위해 9월 17일 평양 주재 소련대사관에게 조선로동당이 '소련파와의 관계를 재고하겠다'고 알렸다.[30] 그럼에도 불구하고 미코얀과 펑더

---

30) 이는 소련공산당 중앙위 문서철에 있는 당시 평양 주재 소련외교관 쉐스테리코프(N. M.

화이는 김일성에게 가능한 한 조속히 당 중앙위 회의를 개최할 것을 요구했다(Shimotomai, 2007~2008: 460; Lankov, 2005: 140).

미코얀을 수행했던 코비젠코(V. V. Kovyzhenko)에 의하면, 양국 대표단은 8월 전원회의 이후의 북한의 정치상황을 알아보고, 숙청을 중지시키는 것뿐만 아니라 김일성을 다른 사람으로 교체하는 것까지를 생각하고 있었다고 한다(Lankov, 2005: 138). 미코얀과 펑더화이는 우선 김일성과 개인적으로 만나 그를 설득하고 당 중앙위 상무위를 열어 자신들의 의견을 공식적으로 전달했다. 또한 그들은 반김일성파 인사들과 김일성에 비판적인 인사들을 접촉해서 상황을 파악하는 데 많은 시간을 소비했다. 결국 이들이 평양에 들어온 지 5일 만인 9월 23일 당 중앙위 전원회의를 개최할 수 있었다(이종석, 2010: 404).

소련과 중국 양당 대표단은 김일성에게 8월 전원회의의 결정을 번복하도록 압력을 가했다. 김일성은 하는 수 없이 8월 전원회의에서 '8월 종파사건' 주모자들에 대한 책벌을 내린 지 채 한 달도 못된 9월 23일 미코얀과 펑더화이가 참석한 가운데 당 중앙위 전원회의를 열어 최창익, 박창옥을 당 중앙위원으로 회복시키고 윤공흠, 서휘, 리필규의 출당조치를 취소했다. 베이징에서 중국공산당 제8차 대회가 열리고 있는 중이었기 때문에 소련과 중국 양당 대표단은 9월 전원회의가 끝나자마자 당일로 평양을 떠났다(이종석, 2010: 404).

그런데 9월 전원회의 결정문이 나오게 된 과정에 대해 미코얀을 수행했던 코비젠코의 증언이 흥미롭다. 전원회의 바로 전날에 소련과 중국 대표단이 회동을 했고, 회동이 끝난 후 포노마레프가 러시아어로 초안을 만들려고 했다는 것이다. 그러나 코비젠코는 포노마레프에게 구두로 제안을 할 수는 있지만, 만일 김일성이 9월 전원회의를 겪고서도 자리를 보전하게 되는 경우 그가 나중에 소련에 대해 보복할 가능성을 우려하여 초안, 특히 러시아어로 된 초안을 만들어 남겨서는 안 된다고 포노마레프를 설득했고 그로 인해 소련 측이 초안 자체를 만들지는 않았다는 것이다. 따라서 중국 대표단이 초안을 작성했다고 한다. 그러나 그 과정에서 소련과 중국 양국의 의견이 종합된 공동 초안을 만들었을 것으

Shesterikov)의 9월 14~24일자 일기 속에 들어 있다(Shimotomai, 2007~2008: 460).

로 생각된다(Lankov, 2005: 140, 141).[31]

미코얀은 전원회의에서 위원들, 특히 소련파와 연안파들이 그 초안을 찬성투표할 것으로 확신했다. 이는 미코얀의 '오만한' 태도를 잘 보여주었다. 미코얀은 조선인들을 얕잡아보고 조선인들에 대해 무례하게 말했으며, 항상 '나는 그들에게 견책을 주었다, 나는 모든 것을 설명했다, 나는 명령했다'는 식으로 말했다고 한다. 미코얀은 말 한 마디 한 마디에서 모두 조선에 대한 존경이 없었다는 것이다. 미코얀의 이러한 태도는 그가 9월 전원회의에서 한 행동과 합해져서, 나중에 그는 북한에서 그의 이름과 비슷하게 발음되는 "밑구녕"이라는 호칭을 얻게 되었다고 한다(Lankov, 2005: 140~141).

9월 전원회의가 열린 후 2개월이 지난 1956년 11월 22일 박의완이 평양 주재 소련대사관 측 인사에게 한 이야기를 보면, 미코얀과 펑더화이가 평양을 떠난 이후 개최된 어느 중앙위 상무위 회의에서 김일성은 그가 단지 '그들의 방문 여건을 어렵게 만들고 싶지 않았다'는 이유 때문에 그들이 (9월 전원회의에서) 내어놓은 제안들에 동의했을 뿐이고,[32] 본질적으로 당 중앙위 '8월 전원회의의 결정은 경솔하게 내려진 오류였다는 것에 동의할 수 없다'고 주장했다고 한다. 박의완과 남일이 당 중앙위 9월 전원회의의 결정을 이행할 필요성을 단호하게 강조한 다음에야 김일성은 겨우 그렇게 할 것을 동의했다고 한다(Document 29: 520).

---

31) 코비젠코의 증언에 의하면, 미코얀 등이 만든 초안은 8월 전원회의 이후 발생한 숙청에 대한 비판뿐만 아니라 김일성의 사직을 제안하고 있었다고 한다(Lankov, 2005: 140, 141). 그러나 그는 동시에 소련과 중국 양국 대표단이 모여서 회동한 이후부터 소련의 태도가 '수동적'이 됐고, 김일성의 제거에 대해서 특별히 끈질기게 주장하지도 않았는데, 이 점에서는 중국 대표단도 마찬가지였다고 말했다. 결국 양측 대표단은 숙청된 인사들의 복권에만 신경을 쓰게 됐다는 것이다(Lankov, 2005: 142~143).

32) 참고로, 김일성이 나중인 1957년 12월 전원회의에서 한 말을 보면, 미코얀과 펑더화이가 초청받지도 않은 채 평양에 왔을 때 "그들을 어떻게 돌려보낼 수 있었겠느냐, 결국 소련공산당과 중국공산당의 권위를 존중할 수밖에 없었다"고 했다(Lankov, 2005: 140). 김일성은 또 1961년에 말하기를, 소련공산당의 9월 전원회의 소집 요청과 미코얀의 참석을 거부할 수도 있었지만, 자신은 그 문제를 냉정하게 바라보고 그렇게 처리하지 않았으며, 특히 종파주의자들이 존재했음에도 불구하고 자신은 '당 중앙위의 단결을 확신'했다고 했다(Person, 2006: 2).

한편, 1956년 12월 말 모스크바에 보내는 평양 주재 소련대사 이바노프의 보고서는 조선로동당 중앙위 9월 전원회의 결정의 준비와 채택은 '형제적 당들의 조선로동당 중앙위 지도부에 대한 영향의 결과'였다는 것을 명확히 밝히고 있다. 김일성은 물론 이바노프에게는 미코얀과 펑더화이의 방문의 타당성에 대해 '그러한 방문은 형제적 당들 사이에 가능하고 필요하다'고 말했던 것으로 보인다(Document 30: 526). 그러나 김일성과 조선로동당 중앙위 상무위 위원 대부분은 마지못해 8월 전원회의 결정을 재검토하는 데 동의했다고 한다. 김일성과 그의 지지자들은 9월 전원회의를 준비하는 과정에서 최창익과 박창옥 등의 죄를 보여주고 8월 전원회의에서 그들에 대해 취한 조치들과 조직상 결론이 정당했다는 것을 보여주려고 노력했다는 것이다(Document 30: 521).[33]

따라서 김일성은 9월 전원회의에서 반대자들로부터 격렬한 비판을 당했던 것으로 보인다. 1957년 4월에 이바노프 대사 후임으로 평양에 부임한 소련대사 푸자노프의 비망록에 의하면, 그는 1957년 8월 22일 박의완을 만났다. 그런데 박의완이 "나는 김일성을 만나 미코얀과 펑더화이 동지들이 참가한 노동당 9월 전원회의에서 중앙위원회 조직부사업에 대해 격렬하게 비판한 발언을 한 것"을 "사과했다"고 푸자노프에게 말했다(정태수·정창현, 1997b: 99), 연안파와 소련파가 소련과 중국 양당 대표단의 참석에 힘입어 김일성을 강력히 비판했던 것으로 보인다. 예컨대, 연안파 박훈일은 8월 전원회의의 방식을 비판했다(고봉기 외, 1989: 111; 여정, 1991: 87).

「최창익, 윤공흠, 서휘, 리필규, 박창옥 동무들에 대한 규률문제를 개정할데 관하여」

최창익, 윤공흠, 서휘, 리필규, 박창옥의 "규율문제에 관한 당 중앙위원회 8월 전원회의 결정"을 "재심의"한 9월 23일 당 중앙위 전원회의의 결정「최창익, 윤

---

33) 이바노프 보고서는 권력 장악을 목표로 한 최창익과 박창옥의 반당 그룹이 8월 전원회의에서 폭로됐는데도 당이 그들에게 관대함을 보여주었고, 최창익과 박창옥을 중앙위 위원으로 회복시키고 나머지는 당원 자격을 회복시켰다고 적고 있다(Document 30: 521).

공흠, 서휘, 리필규, 박창옥 동무들에 대한 규률문제를 개정할데 관하여」를 살펴보자.

결정서는 이들이 "범한 과오는 물론 엄중"했으나, "8월 전원회의가 이 동무들의 문제를 처리함에 있어서 응당한 심중성이 부족하였으며 그의 처리 방법이 간단하였으며 그리하여 착오를 범한 동무들을 교양적 방법으로 시정시키기 위한 인내성 있는 노력이 부족했다고, 본 전원회의는 인정한다"고 했다. "비록 이들의 과오가 엄중하다 할지라도 그들을 관대하게 포옹[포용]하여 그들로 하여금 자기의 과오에 대하여 반성할 기회를 주며 그들이 과오를 시정하고 올바른 길에 들어서도록 계속 꾸준하게 교양하기 위하여" 최창익, 박창옥을 당 중앙위원회 위원으로 회복시키고, 윤공흠, 서휘, 리필규의 당 생활을 회복시키는 결정을 했다는 것이다(『결정집』, 1956m: 24).

한마디로 9월 전원회의의 결정은 8월 전원회의 결정을 뒤집는 것이었고, 이것은 김일성에게는 처참한 굴욕을 의미했다. 참고로, '8월 종파사건' 주모자들에 대해 8월 전원회의 결정은 그들이 "종파적 음모 행위", "반당적 행동"을 했다는 표현을 사용했으나, 이번 9월 전원회의 결정에서는 그러한 표현은 사라지고 그들이 "규율문제", "착오", "과오"를 저질렀다는 식으로 바뀌었다. 김일성이 외세와 연계되어 자신에게 치욕을 안겨준 연안파와 소련파에 대해 어떤 반감을 갖게 됐을지, 그리고 혁명과 건설에서 어떻게든지 주체를 확립할 것을 결심하고 이를 위해 참담한 심정으로 와신상담했을지 짐작하기 어렵지 않다.[34]

한 가지 주목할 점은 9월 전원회의 결정에서 김일성이 연안파와 소련파를 복권시키면서 8월 전원회의에서 내린 책벌을 100퍼센트 다 취소한 것은 아니었다는 것이다. 8월 전원회의는 최창익, 박창옥은 당 중앙위원회 위원에서 제명하고 그들이 내각에서 맡고 있던 국가 직책을 철직했으며, 중국으로 도주한 윤공흠,

---

34) 참고로, 조선로동당사와 북한의 일반역사서는 소련과 중국의 압력으로 8월 전원회의의 결정을 뒤집는 9월 전원회의에 대해 전혀 기술하지 않고 있다(이종석, 1995: 279). 김일성 개인숭배가 '약간 존재한다'고 인정했던 1956년 3월 전원회의의 존재도 북한 역사서에서 사라졌다는 것은 이미 제4장의 각주 7에서 언급했다.

서휘, 리필규는 당 중앙위원회 위원, 후보위원에서 제명, 출당조치하고 그들이 내각에서 맡고 있던 국가의 직책을 철직시켰으나(『결정집』, 1956l: 16), 이번 9월 전원회의에서는 이들에 대해 '최소한의 회복 조치'만을 취했다.

9월 전원회의 결정서는 "각급 당 단체들은 8월 전원회의에서 채택된 「형제적 제 국가를 방문한 정부 대표단의 사업총화와 우리 당의 당면한 몇 가지 문제에 관하여」의 결정서에서 제기된 과업들을 철저히 집행할 것이며, 특히 과오를 범한 당원들을 꾸준히 내심하게[진정한 속마음으로] 교양하며 설복함으로써 그들의 잘못을 고쳐주는 데 커다란 당적 주목을 돌릴 것"을 약속하고 있다. 그리고 "동시에 당내 생활에서 제기되는 문제들에 대하여 조직적으로 더욱 활발하게 토론하는 분위기를 조성하며 비록 그릇된 문제가 제기된다 할지라도 조직 행정적 방법으로 처리할 것이 아니라 광범한 비판과 토론의 방법으로 사리를 규명하여 정확한 결론에 도달하도록 노력"하겠다고 되어 있다(『결정집』, 1956m: 24). 참고로, 9월 전원회의에 대해 보도한 ≪로동신문≫은 「해석, 설복, 교양은 우리 당 지도의 기본방법이다」라는 장문의 사설을 게재했다(≪로동신문≫, 1956.9.23).

흥미롭게도 이 결정서는 8월 전원회의에서 최창익, 박창옥 등 5인에게 내린 결정이 전혀 잘못되지 않았음을 다시 한 번 확인하고 있다. '그들이 기본적으로 잘못을 저질렀다'는 것이다. 따라서 "과오를 범한" 그들을 "꾸준히 내심하게 교양하며 설복함으로써 그들의 잘못을 고쳐주는 데" 힘쓰겠다는 것이다. 결국 9월 전원회의 결정은 소련과 중국의 요구와 압력을 수용하는 모습을 갖춘 것은 사실이었지만, 책벌을 100퍼센트 취소한 것도 아니고 '8월 종파사건' 주모자들의 죄를 사해준 것도 아니었다. 실질적으로 그들 모두 정치적 생명은 이미 다한 셈이었다.

그렇다면 연안파나 소련파의 입장에서는 매우 불만족스러운 위와 같은 결정이 어떻게 9월 전원회의에서 나오게 됐을까? 베이징에서 마오쩌둥과 미코얀이 만나서 소련과 중국 양당의 공동 개입을 결정하고 기세등등하게 평양에 도착할 때의 모습은 어디로 갔는가?

9월 전원회의 결정이 예상보다 약하게 나오게 된 데에는 최소한 다음 두 가지 이유가 있었던 것으로 보인다. 첫째, 당시 소련공산당 중앙위 관리로서 미코얀을 평양에 동행했던 코비젠코에 의하면, 당시 김일성파가 (제3차 당 대회 이후) 조선로동당의 전 대열을 완전히 장악하고 있었다. 그리고 김일성의 정책을 반대하고 소위 연안파와 소련파가 내세우는 '개혁'을 지지하는 북한 주민들의 데모도 없었다. 이는 물론 오진우가 그러한 일이 일어나지 않도록 미리 평양에 군대를 배치했기 때문이기도 했다(Shimotomai, 2007~2008: 460). 둘째, 양당 대표단을 맞이한 김일성은 "뜻밖에 대세순응적"이었다(이종석, 2000a: 213; Document 30: 521). 김일성은 소련공산당과 중국공산당의 권위를 중요시할 수밖에 없었고, 북한이 아직 소련과 중국의 원조를 받고 있었으며, 또 앞으로 더 많이 받아야 하는 처지였다.[35] 그리고 현실적으로 중국인민지원군이 아직도 주둔하고 있는 상황이었다. 그런 배경에서 김일성은 '협조적'으로 나오면서, 동시에 자신이 이미 당에서 구축한 권력을 십분 이용하여 9월 전원회의에서 위와 같은 결정을 이끌어냈던 것이다.

김일성은 훗날 1965년 2월 23일 고등교육성 당 총회에서 한 연설에서 9월 전원회의에서 「최창익, 윤공흠, 서휘, 리필규, 박창옥 동무들에 대한 규률문제를 개정할데 관하여」라는 굴욕적인 결정을 채택할 수밖에 없었던 당시의 상황을 회고하면서 '대국주의'와 '사대주의'에 대해 강력히 비판했다. 김일성은 "지난

---

35) 박창옥이 1956년 3월 12일 평양 주재 소련대사관 참사관 필라토프와 나눈 대화를 보면, 박창옥은 향후 1957년부터 시작될 제1차 5개년계획 기간 동안 10억 루블의 물질적 원조를 받아야 할 필요가 있으며, 이 액수를 소련과 중국이 약 절반씩 제공해줄 것을 가정하고 있다(Documnet 1: 467). 1956년 8월 4일자 평양 주재 중국대리공사 챠오커시엔과 소련대리공사 페트로프 간의 대화록에도 양국의 대북한 원조에 대한 의견 교환이 들어 있다(Document 13: 482). 1956년 9월 4일자 평양 주재 소련대사 이바노프와 중국대사 챠오샤오광 간의 대화록에도 중국의 대북한 원조에 대한 내용이 들어 있는데, 8월 21일 김일성이 제1차 5개년계획을 위해 중국에게 추가적인 원조를 요청했고, 1957년도 중국 측의 대북한 무역액은 1억 8,500만 위안으로 계획됐다. 북한의 추가적 원조 요청안이 베이징에 전달됐는데, 평양 주재 중국대사관은 그에 대해 중국정부로부터 아직 답을 듣지 못했다고 했다(Document 16: 485). 제1차 5개년계획에 대한 중국의 원조와 무역에 관한 1957년 12월 조중 협상 내용은 비밀 해제된 헝가리국립문서보관소(Hungarian National Archives) 문서(NKIDP Document 11)를 참조하시오.

날 우리나라에서 머리를 쳐들었던 반당 종파분자들 가운데는 직접 제국주의 침략세력과 결탁한 자들도 있었지만 일부 대국주의자들의 조종을 받은 자들"도 있었다면서, "박헌영을 우두머리로 하는 화요파는 미국 정탐기관을 끼고 미제의 앞잡이로서 활동"했고, "최창익을 우두머리로 하는 엠엘파와 이르꾸쯔크파는 대국주의자들과 결탁하여 우리 당을 반대하여" 나섰다고 비판했다(김일성, 1982b: 210).

이 연설에서 김일성은 "대국주의는 큰 나라의 민족이기주의이며 사대주의는 작은 나라의 민족허무주의의 표현"이라고 그 성격을 규정했다(김일성, 1982b: 211). 김일성은 대국주의는 중국과 소련과 같은 큰 나라들이 자신의 이익을 이기적으로 추구하는 것에서 생겨나기 때문에 당장 어떻게 할 수 없다 하더라도, 사대주의를 척결하는 것은 북한이 스스로 할 수 있다는 입장을 취했다. 김일성이 1960년 12월 18일 중앙당학교 교직원들과 한 담화를 보면, 그는 "사대주의를 반대하는 투쟁을 강화"할 것을 독려하고 있는데, "대국주의자들에게 맹종맹동하는 사대주의자들이 없다면 대국주의도 맥을 추지 못하게 될 것"이라면서 "대국주의를 반대하려면 사대주의를 철저히 없애야"함을 강조했다(김일성, 1981f: 471).

김일성은 또 1966년 10월 5일 조선로동당 대표자회에서 한 보고에서 "자주성은 그 누구도 침해할 수 없는 매개 당의 신성한 권리이며 매개 당은 또한 다른 형제당들의 자주성을 존중할 의무"가 있다면서, 1943년 5월 "제3국제당[코민테른]이 해산된 후에는 국제공산주의운동에 어떠한 '중앙'이나 '중심'도 없"다는 것을 강조했다. 따라서 "공산당 및 로동당들 사이에서는 다른 나라 당들이 자기 의사를 따르지 않는다고 하여 압력을 가하거나 내부 문제에 간섭하는 일이 있을 수 없"다는 것이다. 그런데 1956년 9월 조선로동당은 "대국주의자들의 내정간섭을 받은 쓰라린 경험을 가지고 있"었다. 김일성은 1956년 당시 "물론 대국주의자들은 응당한 반격을 받았"지만, "당시 우리는 참기 어려웠지만 혁명의 리익과 단결의 념원으로부터 출발하여 문제를 내부적으로 해결하였"다고 회상했다(김일성, 1982i: 406~409).

1956년 10월 5일, 모스크바, 리상조가 조선로동당 중앙위에 편지를 쓰다

조선로동당 중앙위 9월 전원회의가 끝나고 10여 일 후인 1956년 10월 5일, 리상조가 모스크바에서 조선로동당 중앙위에 길고 긴 장문의 편지를 썼다.[36] 이 편지는 10월 12일 조선로동당 중앙위에 발송됐다(Document 26: 512).

리상조는 10월 5일 소련외무성 부상 페도렌코에게 조선로동당 중앙위에 보낼 편지의 러시아어 번역본을 건네주면서 그것을 소련공산당 중앙위 외국공산당 관계국에 보내줄 것을 요청했다. 리상조는 10월 중순에 원본을 평양에 보낼 생각이라고 말했다. 페도렌코는 리상조의 편지의 러시아어 번역본을 소련공산당 중앙위 외국공산당관계국 부국장 비노그라도프(I. Vinogradov)에게 전달했다(Document 21: 492).

페도렌코가 보기에 리상조는 자신의 편지에서 소련공산당 중앙위가 이미 알고 있는 조선로동당의 문제점들을 기술하고 몇몇 새로운 사실들을 추가적으로 기술했다. 리상조의 편지가 매우 길기 때문에 비노그라도프는 그 내용을 요약해서 소련공산당 중앙위에 보고했다. 그 요약의 내용은 다음과 같다.

리상조는 1956년 8월 전원회의에서 내린 결정들에 대해 자신이 반대한다는 것을 밝혔다. 리상조는 반김일성 연합세력이 8월 전원회의를 통해 해결하고자 했지만 결국 해결하지 못한 문제들을 다섯 가지로 정리했다.

첫째, 인민들의 물질적 생활의 개선을 위한 실질적 조치들의 개발을 위해 과거의 경제 회복 및 발전 계획들의 검토, 둘째, 진정한 당내 민주주의와 당에서의 집체적 영도를 확실히 하기 위해 김일성 개인숭배의 폐해 제거, 셋째, 김일성 개인숭배의 영향으로 거짓 조작된 조선민족의 민족해방투쟁사의 원상회복, 넷째, 지금까지도 당의 현실과 동떨어져 있는 당의 선전부문의 결점 제거, 다섯째, 당

---

36) 리상조의 편지는 실제 18페이지나 되며, 그것의 영어번역본을 보면 1만 5,000단어가 넘는 방대한 분량이다. 그 내용은 크게 세 부분인데, 첫째, 조선에서의 김일성 개인숭배 형성과 공공생활의 다양한 분야에서의 그것의 표출, 둘째, 당 중앙위 8월 전원회의에서 개인숭배의 폐해를 극복하기 위한 원칙적인 문제들의 해결 실패, 셋째, 김일성 개인숭배의 폐해적인 결과들이다(Document 21: 494~511).

의 단결과 일관성 강화를 방해한 수많은 사람들을 당의 리더십 지위에서 축출하는 것이었다(Document 21: 493).

비노그라도프가 요약한 리상조의 편지 내용을 계속 살펴보자. 리상조는 김일성의 개인숭배가 어떻게 진행됐는지, 김일성 '저작'의 대다수를 그가 직접 쓰지 않고 어떻게 다른 동지들이 써주었는지를 지적했다. 개인숭배의 확산으로 김일성은 모든 권력을 자신의 손아귀에 집중하고 당과 정부 위에 위치하게 됐다는 것이다. 리상조는 만일 당내 민주주의가 확립되지 않고 집체적 영도라는 레닌주의적 원칙들이 완전히 회복되지 않는다면, 앞으로도 더 많은 정직한 공산주의자들이 폭정과 무법천지의 희생자가 될 것이라고 결론지었다(Document 21: 493).

리상조의 의견은 다음과 같았다. 당 중앙위 8월 전원회의에서 김일성, 박정애, 남일은 소련공산당 중앙위가 그들에게 준 귀중한 충고를 조선로동당 중앙위에 알리지 않았다. 전원회의에서 비판적인 의견을 낸 동지들은 당과 정부의 지도부를 전복하려는 '음모자들'로 선언됐고, 그와 동시에 '소련공산당 중앙위가 김일성이 비판받아서는 안 된다는 편지를 조선로동당에 보냈다'는 소문이 당에 퍼졌던 것 같다(Document 21: 493).

심지어 전원회의가 개최되기 전에 김일성과 개인적으로 사적인 대화를 나누었던 몇몇 동지들은 김일성에 대해 비판적으로 말했고 김일성은 자신이 그들의 동지적인 비판을 받아들인다고 했으나, 그들은 이내 종파주의적 행동을 했다는 식으로 조작되고 말았다. 많은 간부에 대한 비밀 사찰은 이미 제도화됐고, 따라서 그들은 자신들이 '음모'를 꾸몄다는 비판을 받지 않도록 서로 방문하기를 두려워한다. 8월 전원회의에서 김일성 비판을 하기로 계획했던 조선로동당 중앙위 위원 김승화는 급히 모스크바에 유학 보내졌다(Document 21: 493).

각종 부처의 관리직을 맡고 있는 500여 명 이상이 되는 직업 관료들이 '연안파'로 몰리고 있다. 그들은 모두 과거에 조선에서 싸웠던 오래된 공산주의자 간부들이었다. 그들은 김일성에 의해 여러 파벌로 나눠지고 그들 위에는 반당행위의 그림자가 드리워졌다. 소련에서 온 조선인 공산주의자들은 '정실주의파(情實主義派)'로 불리고, 중국에서 온 사람들은 '연안파'로 불려졌다. 오직 김일성의 지도하에서 싸운 빨치산과 만주 조국광복회 회원들만이 '파벌'에 속하지 않았고 당의 중추를 이루고 있다(Document 21: 493).

혁명활동에서 김일성과 연계가 없는 모든 혁명가들은 종파주의자라는 낙인을 안고 살아야 한다. 조선로동당 제3차 대회에서 로동당에 개인숭배는 퍼지지 않았다고 선언됐으나, 8월 전원회의에서는 상당수의 당원들의 불만을 감안하여 김일성의 보고에 대한 결정에서 "우리나라에서도 약간한 정도의 개인숭배가 존재했다고 인정한다. 이는 주로 우리 당 사상사업에서 한 개인의 역할과 공로를 지나치게 찬양하는 데서 표현됐다. 그러나 이는 당 중앙위가 당적 지도의 최고 원칙으로 실종일관하게 견지하여온 집체적 영도와 당의 노선과 정책에 부정적인 영향을 끼칠 수 없었다"고 했다(Document 21: 493).

리상조는 당 규약과 사회주의 법을 위반한 여타 경우들에 대해 이야기했다. 당 규약의 요구사항을 위반하여 많은 간부들이 당 대회의 허가 없이 당 중앙위 위원으로 선출됐다. 그리고 그들 중의 몇 명은 정치위원회 위원과 중앙위 부위원장이 됐다. 이것은 민주당 중앙위 위원장이었던 최용건의 경우였다(Document 21: 493).[37]

강압적인 분위기와 김일성의 폭정이 당을 압도하고 있다. 심지어 최고위급 인사들도 공포와 불확실성의 분위기 속에서 일하도록 강요되어왔다(Document 21: 493~494). 중앙위 전원회의에서 하게 될 토론 연설문은 발언자가 '필요한' 것을 말하도록 엄격히 사전 검열됐다. 당 대회 대의원들도 마찬가지였다. 조선로동당 제3차 대회의 대의원들의 연설문은 면밀하게 체크됐으며 그들의 의견도 묻지 않고 제멋대로 수정됐다(Document 21: 494).

헌법은 위반되고 있으며, 도인민위원회의 대부분의 위원들은 지방인민위원회의 대표들이 아니다. 규칙에 의하면 그들은 선거를 통해 (지방인민위원회의) 대표로 선출되어 도인민위원회에 보내져야 한다. 사회주의 법질서의 위반의 결과

---

37) 리상조는 당 규약을 위반하여 바로 중앙위 위원이 되는 사람들이 흔히 있었다고 한다. 심지어 최용건의 경우는 당 중앙위 후보위원도 아닌데도 즉시 당 중앙위 정치위 위원과 당 중앙위 부위원장이 됐고, 문제는 이 모든 불법적인 결정이 김일성의 제안이나 주장에 의해 이뤄졌다는 것이라고 했다(Document 21: 503).

로 3만 명 이상의 사람들이 수감되어 있다. 군대에서 구속된 병사들의 숫자만 해도 1개 사단보다 더 많다. 8,000명이 반혁명 죄로 고소됐고, 약 1만 명은 다른 범죄로 유죄판결을 받았다. 그래서 북한에서는 300명 중의 한 사람꼴로 범죄자이다(Document 21: 494). 이 사실은 무엇이 반혁명분자인지를 말해준다. 2,000명이 전원회의 이전에 석방됐는데, 그들 중에서 김일성의 초상화가 들어 있는 신문지로 책 표지를 쌌다고 해서 5년형을 언도받은 '범죄자'도 있었다. 김일성은 두 사람의 증인만 있으면 누구를 막론하고 사형까지 어떤 처벌이든지 내릴 수 있다고 지시했다(Document 21: 494).[38]

전 (당 중앙위) 정치위원이었던 박일우는 현물세 문제와 반동분자들에 대한 당의 정책에 대해 김일성에게 반대했다고 해서 구속됐고 그의 가족은 평양으로부터 쫓겨났다. 가혹한 탄압조치들이 검토 없이 취해져서는 안 된다(Document 21: 494).

문예작품에서 조선인민의 민족해방투쟁사의 왜곡이 이뤄졌다. 실제 1940년에 끝났던 김일성의 빨치산 부대의 역할은 과장됐다. 김일성 개인의 업적은 과장됐으며 보통의 빨치산 공격사건에 불과한 보천보 사건이 위대한 전투로 나와 있다. 숫자가 100명이 넘지 않았던 만주에서의 조국광복회의 역할 또한 과장됐다. 게다가 일본, 장개석군, 그리고 미국 침략자들에 대항하여 중국인들과 함께 싸운 조선인 공산주의자들, 즉 연안파의 활동은 무시되고 있다(Document 21: 494).

경제정책과 인민들의 물질적·문화적 수준을 향상시키는 문제에서 엄청난 실수가 있었다. 예컨대 자동차공장, 평양육류포장공장, 통조림회사 등의 건설은 계획됐으나 북한에 이 공장들에 공급할 원료가 없었다. 동시에 북한은 식량, 주택, 기본적인 상품들에 있어서 커다란 어려움을 겪고 있다(Document 4: 471).

---

[38] 리상조는 자신의 편지에서 또 다른 예들을 들고 있다. 심지어 어떤 선량한 동지가 좋은 의도로 잘못 그려진 김일성의 초상화를 고쳐 그렸다고 해서 3년형을 받은 경우도 있었고, 1954~1955년 추곡수매 때 강제로 자신의 곡식을 모두 다 빼앗긴 농민이 화를 참지 못하고 면인민위원회에 가서 거기에 걸려 있는 김일성 초상화를 보고 손가락질을 하면서 "당신은 인민들의 상황을 제대로 전달받지 못하고 있다. 당신은 인민들을 함부로 괴롭히고 있다"고 크게 소리 질렀는데, 그는 이것으로 7년형을 받았다는 것이다(Document 21: 504).

리상조는 조선인민군이 성공적으로 남하하고 있던 6·25전쟁 초기에 자신이 마오쩌둥과 한 이야기에 대해 썼다. 마오쩌둥은 그때 이미 대규모의 미군 개입 가능성에 대해 경고했다. 리상조는 이를 김일성에게 보고했으나, 김일성은 우리는 후퇴할 것으로 생각하지 않기 때문에 이 충고를 들을 필요가 없다고 대답했다는 것이다(Document 21: 494).

리상조는 편지의 마지막에 그는 김일성의 개인숭배에 강력하게 반대한다면서, 그가 지적한 원칙문제들이 8월 전원회의에서 제대로 해결되지 않았기 때문에 그는 당 중앙위가 중앙위 위원과 후보위원들에게 이 편지를 전달해줄 것을 요청했다(Document 21: 494, 511).

위에서 리상조가 조선로동당 중앙위에 보낸 편지의 내용을 소련공산당 중앙위 외국공산당관계국 부국장 비노그라도프가 요약한 것을 살펴보았다. 그런데 리상조의 편지 내용 중 비노그라도프의 요약에서 누락된 흥미로운 부분을 일부 추가하면 다음과 같다.

리상조는 자신의 편지의 시작 부분에서 자신이 여러 문제를 제기하는 데 있어서 당과 당 지도자들의 그동안의 공적을 무시하거나 조선민족의 혁명활동에서 김일성의 긍정적인 역할을 부정하는 것은 아니라는 점을 일단 언급하고 있다(Document 21: 495).

리상조는 김일성에 아부하는 아첨꾼들의 이론에 의하면 김일성을 비판하는 것은 당과 정부를 전복하려고 하는 것이라고 하는데(Document 21: 496, 500), 그렇다면 '왕이 국가다'라는 이론과 그들의 이론이 어떤 차이가 있는지를 묻고 있다(Document 21: 496). 또 만일 김일성이 수령으로서 수상과 당 중앙위 위원장을 종신직으로 해야 한다면, 그것은 김일성과 왕 사이에 무슨 차이가 있는지를 또한 묻고 있다(Document 21: 501). 이 모든 것은 진정 봉건시대와 일제 식민시대에 형성된 의식의 흔적이며 저주받아야 할 잔재라는 것이다. 그것의 밑바탕에는 관료주의적 권력에 대한 인민들의 절대적인 복종이 있다고 했다(Document 21: 496).

리상조는 일단 개인숭배가 나타나자 어떤 값을 치르고서라도 권력에 오르려는 온갖 입신출세주의자들과 아첨꾼들이 김일성을 추종했으며, 동시에 김일성은 아첨꾼들을 칭찬하고 부추김으로써 개인숭배를 더욱 키웠다는 것을 지적하고 있다. 개인숭배 현상에는 이러한 양면이 있었다는 것이다(Document 21: 497).

리상조는 김일성에 대한 개인숭배의 과도한 정도를 몇 가지 예로써 비판하고 있다. 김일성은 '조선의 레닌', '조선의 마오쩌둥'으로 비교됐고, 아첨꾼들은 당의 보고서들을 김일성의 저작들로 둔갑시켜 비할 데 없이 뛰어난 창작물로 만들어 나갔다(Document 21: 497). "쌀은 공산주의자", "물레질은 예술이다"와 같은 아무런 준비 없이 김일성이 내뱉은 말들이 모든 거리에 내걸리는 당의 구호가 됐으며, 소련공산당 제20차 대회 이후 열린 당 열성자대회에서 어떤 이가 '김일성은 레닌의 진정한 제자이다'라고 말했는데, 그는 그 직후 즉시 상(相)이 됐다는 것이다(Document 21: 498).

리상조는 또한 당 중앙위나 어떤 회의에서든지 자신들의 발언 내용이 미리 사전 검열되는 데 대해 어떤 동지들은 항상 농담 반 진담 반으로 자신들은 '꼭두각시 노릇'을 하고 있다는 불평을 하곤 했다고 한다(Document 21: 503). 그리고 김일성의 지지자들은 정치적인 주제에 대해 개인적인 대화나 외국 동지들과의 대화를 해서는 안 된다고 했다는 것이다(Document 21: 501~502).

리상조는 편지에서 자신의 김일성 비판을 정당화하고 있다. 만일 어떤 사람이 인민의 물질적·문화적 생활의 향상을 위해 결점을 제거하고, 개인숭배와 그 결과를 극복하고, 조선인민의 해방투쟁사의 위조를 시정하고, 당과 정부의 집체적 영도를 확보하기 위해 김일성을 현 직위로부터 그만두게 해야 한다고 제안한다면, 거기에는 반당적인 것이나 범죄적인 것은 아무것도 없다는 것이다(Document 21: 501).

리상조는 김일성과 그의 지지자들에게 있어서 개인숭배 극복 문제를 다룬 소련공산당 제20차 대회의 문서들은 '호랑이보다도 더 무서운 것'이 됐고 그들은 그 문서들을 증오한다고 했다(Document 21: 498). 그런데 자신의 개인숭배 비판을 그냥 넘어갈 수 없는 처지에 있는 김일성은 '회의를 한다는 것'이 '당에서의 집체적 영도를 확실히 보장하는 것'이라고 말하기 시작했다는 것이다. 그러나 리상조는 당내 민주주의가 확립되어 있지 않은 상황에서 설령 천 번의 공식회의를 갖는다고 해서 그것이 집단적 지도의 표지로 간주된다는 것은 불가능한 일이라고 비판하고 있다(Document 21: 504).

이 책의 제5장과 제6장에서 이미 반복적으로 살펴본 것이지만, 리상조는 이번 편지에서 또다시 김일성과 그의 추종자들이 소련공산당이 한 충고를 조선로동당에 아예 전달하지 않았거나 혹은 왜곡하여 전달한 데 대한 깊은 우려와 반감을 또다시 나타내고 있다.

즉, 리상조는 김일성이 정부 대표단을 이끌고 동유럽 국가들의 순방을 마친 후 소련을 공식 방문했을 때, 소련 지도자들은 조선로동당에 대하여 특별히 인민생활 수준 향상 문제, 김일성 개인숭배의 극복 문제, 아첨꾼과 입신출세자들에 대한 경계 필요, 김일성 개인의 역사를 당의 역사로 제시하는 문제점, 그리고 현실과 유리된 당의 선전의 해악 등에 대해 동지적 충고를 했다고 말한다.[39] 소련 지도자들의 이러한 동지적 충고는 조선로동당 중앙위원회 앞으로 되어 있었는데, 김일성이 그것을 당의 중앙위에 전달하지 않고 숨겼다는 것이다(Document 21: 499, 509). 김일성은 모스크바에서는 소련공산당 중앙위에게 소련공산당의 동지적 충고에 유의하고 고려하겠다고 확신시켰지만, 나중에 8월 전원회의에서 보듯이 그들은 소련공산당 중앙위를 속였다는 것이다. 오히려 그들은 '소련공산당 중앙위가 조선공산당 중앙위에 편지를 보냈는데 그 편지에서 김일성동지가 비판을 받도록 하지 말 것을 요망했다'는 소문을 퍼뜨렸다고 했다.[40] 김일성은 오류들을 시정하는 실효적인 조치를 취하지도 않았을 뿐만 아니라 개인숭배를 비판하는 사람들에 대해 보복을 했다는 것이다(Document 21: 500).

리상조는 또한 연안파 박일우가 받은 탄압에 대해 새로운 사실들을 밝히고 있다. 제5장에서 이미 언급했지만, 그의 "범죄"적 행위는 김일성에게 감히 현물세와 (박헌영 등) 반동분자들과 관련하여 당의 정책에 대해 반대한 것이 전부이고,

---

39) 리상조가 여기에서 열거한 소련공산당의 김일성에 대한 충고의 내용은 이 책에서 지금까지 소개됐던 내용보다 훨씬 더 포괄적이고 종합적이다.

40) 리상조는 이 편지를 조심하여 읽을 필요가 있다고 경고하고 있다. 그 편지 어디에 개인숭배를 반대하는 것이 필요하지 않다고 말한 곳이 없다는 것이다. 정반대로, 모든 형제적 당들에서는 이미 큰 성공을 거두고 있는 개인숭배 반대 투쟁의 정확성과 필요성을 말하고 있다고 했다. 이러한 수치스런 행위는 남일과 김창만에 의해 저질러졌는데, 남일은 거짓 소문을 퍼뜨리고 김창만은 이 문제에서 남일을 지지했다는 것이다(Document 21: 500).

반당범죄 행위는 확인할 수가 없다는 것이다. 그래서 그가 국가의 물질적 재산을 낭비했다는 누명이 씌워졌고, 이제는 '수상직을 탈취하려 했다'는 소문이 또 돈다는 것이다. 박일우는 김일성에게 비판적인 말을 했다는 이유로 즉시 구속되어 자신이 수장으로 있었던 내무성 감옥에 갇혀 있는데, 리상조는 "이 모든 것이 개인숭배의 결과가 아닌가? 만일 아니라면 어떻게 이를 설명할 수 있겠는가?"라고 묻고 있다(Document 21: 504).

리상조는 김일성과 그의 지지자들이 '연안파'를 조선로동당에서의 '종파주의 행동'을 한 파벌로 연계하여 책벌하는 것에 대해 그들의 '정치적 근시안'에 대해 놀라지 않을 수 없다고 했다. 왜냐하면, '연안'은 6억 중국인민의 깊은 사랑과 전세계 공산주의자들의 한결 같은 존경을 받는 중국혁명의 혁명기지인데 김일성과 그 지지자는 바로 그 '연안'에서 혁명활동을 한 연안파를 비난하고 있기 때문이라는 것이다(Document 21: 500).

리상조는 소련공산당 외에 중국공산당도 6·25전쟁 중에 조선로동당에게 충고를 했는데, 이 귀중한 충고들은 '당 비밀'이라는 구실로 숨겨졌거나 혹은 소수의 사람들이 그것에 대해 알고 있었지만 전당에 알리지 않았다고 했다(Document 21: 509). 리상조가 말하는 중국공산당의 충고는 다름 아닌 6·25전쟁에서의 전술에 대한 마오쩌둥의 충고였다.

낙동강 전투가 막바지에 이르러 며칠만 있으면 곧 승리할 것 같은 상황에서 리상조는 김일성의 지시에 의해 베이징에 가서 마오쩌둥을 만났는데, 마오쩌둥은 조선인민은 세계제국주의 진영의 수위에 있는 미제국주의라는 강력한 적과 싸우고 있다는 것을 잊지 말라고 하면서, 한반도에서의 군사작전의 전망과 관련하여 세 가지 시나리오를 말했다고 한다(Document 21: 509).

첫째, 적을 부산 교두보에서 밀어붙여 바다로 몰아내 완전히 한반도 전체를 해방하는 것인데, 이는 가능성이 지극히 낮다고 했고, 둘째, 적이 자신의 군대를 결집시켜 부산지역에서 대규모 반격에 나서는 것이며, 셋째, 적이 인민군 후방에서 상륙작전을 할 직접적인 위험이 있다는 것이었다. 이 경우에 적은 부산 교두보에 대한 공세는 더 이상 생각하지 않고, 인민군 부대들을 포위하기 위하여 인민군의 교통통신선을 차단하려고 할 것이라고 했다(Document 4: 471;

Document 21: 510).

　마오쩌둥은 이 중에서 가장 가능성이 높은 시나리오에 근거하여 군사작전 계획을 세울 필요가 있으며, 조선로동당이 전당적으로 이 군사작전 계획에 상응하는 조직사업을 할 필요가 있다는 것을 강조했다. 마오쩌둥은 특히 당의 모든 고위급 인사들과 군 장교와 병사들이 있을지도 모를 전략적 후퇴에 대해 대비하는 방향으로 당의 조직사업을 재구조화하는 것이 좋겠다는 구체적인 희망을 표현했다. 이를 위해 당은 인민대중에게 있을지도 모를 위험에 대해 정확하고 포괄적으로 설명할 필요가 있으며, 그렇게 해야만 어떠한 우발사태에도 미리 대비하여 인민의 사기가 떨어지지 않는다는 것이었다. 마오쩌둥은 중국혁명에서 증명된 이 전술이 6·25전쟁에서도 사용될 필요가 있는 것 같다고 말했다. 그런데 얼마 후에 마오쩌둥의 예측은 현실이 됐고, 특히 인천상륙작전 등 한반도에서의 군사작전들은 완전히 그의 시나리오가 옳았다는 것을 확인해주었다. 리상조는 북한의 전 주중대사였던 리주연은 이것을 잘 알고 있다고 했다(Document 21: 471, 510).

　리상조는 마오쩌둥과의 대화 내용을 김일성에게 자세히 보고했으나, 그는 "우리는 전략적 후퇴를 할 생각을 하고 있지 않으며 따라서 이러한 충고를 들을 필요가 없다"고 말했다고 했다. 그리고 그는 리상조에게 누구에게도 이것을 말하지 말도록 경고했다는 것이다. 리상조는 마오쩌둥의 충고를 무시한 결과로 북한은 전략적 후퇴에 대비하지 못한 실수를 저질렀다고 말한다(Document 21: 471, 510).

　리상조는 인민해방투쟁사의 왜곡과 관련하여, 조선인민의 무장투쟁을 이야기한다면 연안파의 활동을 경시할 수 없다고 강조하고 있다. 연안파의 경우, 6·25전쟁에서만 해도 5개 사단이 중국으로부터 와서 싸웠다는 것이다. 연안파 인사들로서 군단의 사령관은 물론이고 이 5개 사단의 거의 모든 사단장들이 북한의 영웅 반열에 올랐고 국가의 높은 상을 받았다고 했다. 전쟁 후에 이들 중 극소수가 조선인민군에 남았으나 그들은 책임이 더 적은 한직을 맡았다고 했다(Document 21: 506). 리상조는 혁명투쟁에 많은 경험을 가진 당원들과 과학적인 마르크스-레닌주의적 관점에서 진정한 해방투쟁사를 복원하는 데 관여할 사람들로써 권위 있는 위원회를 구성할 것을 제안했다(Document 21: 507).

리상조의 편지는 김일성에게 직접 개인적으로 비판적인 충고를 한 인사들과 그에 대한 김일성의 반응에 대해서도 적고 있다. 김두봉, 박의완, 김승화, 김창협 등이 개인적으로 혹은 중앙위 상무위에서 김일성에게 비판을 가했다는 것이다 (Document 21: 495). 또 리필규가 8월 전원회의 전에 김일성에게 사적으로 비판을 했는데, 이것이 김일성의 동생인 당 중앙위 조직지도부 부부장 김영주에게 알려졌을 때, 김영주는 리필규의 당적이 있는 초급 당 단체의 책임자에게 그를 끊임없이 감시하고 또 출당시키도록 제안했다고 한다. 리필규는 당시 당 중앙위 후보위원이었는데, 당 규약에 의하면 당 중앙위 후보위원은 당 중앙위 전원회의 만이 출당을 결정할 수 있었다(Document 21: 501). 또 8월 전원회의가 시작되기 전에 김일성은 자신에게 사적으로 비판적인 의견을 내었던 박의완을 자신의 사무실로 불러 그의 평판을 추락시킬 경제 관련 자료를 가지고 있다면서 그를 위협했다고 했다(Document 21: 501).

마지막으로, 리상조는 김일성과 김일성의 지지자들은 북한 내에서 정치문제에 대해 사적인 대화를 하는 것에 반대하고 있으며(Document 21: 501), 또 소련과 중국의 동지들과 사적으로 만나는 것도 반대했음을 적고 있다. 그들은 축출된 동지 중의 하나가 소련공산당 중앙위와 중국공산당 중앙위에 사적인 편지를 썼다는 소문을 퍼뜨렸다. 리상조는 어떻게 그런 개인적인 만남이 반당적 행위가 되며, 만일 외국 공산주의자가 김일성에게 개인 편지를 쓴다면 그 경우도 반당, 반정부 범죄로 비난받아야 하는지를 묻고 있다(Document 21: 502).[41]

리상조가 조선로동당 중앙위에 보낸 위의 편지에서 리상조가 그전에 소련 측에 이야기한 것 외에 다음과 같은 새로운 사실이 드러나고 있다.

첫째, 리상조는 반김일성 연합세력이 8월 전원회의에서 해결되기를 바랐지만 성공하지 못했던 중요 문제들을 다섯 가지 범주로 나눠 종합적으로 정리하여 제시하고 있다.

---

41) 흥미롭게도 리상조의 편지 중에서 이 부분은 바로 리상조 자신이 모스크바에서 한 행위를 빗대어 말한 것이고, 또 자신의 행위가 김일성과 그의 지지자들에 의해 비판받고 있는 데 대해 적극적으로 항변하고 있는 부분이다.

둘째, 리상조의 김일성 비판은 아주 본격적이고 전면적이다. 그의 편지는 소련공산당 제20차 대회에서 스탈린에 대한 흐루쇼프의 본격적이고 전면적인 비판을 상기시킨다. 그러나 양자 간에는 큰 차이가 있다. 흐루쇼프는 당시 소련공산당과 정부의 최고 권력자였고, 그의 스탈린 개인숭배 비판은 그 후 전개될 소련공산당과 형제적 당들에서 개인숭배 비판, 집체적 영도 회복, 레닌주의적 당내 민주주의 회복 등 새로운 개혁의 바람을 불러일으킨 역사적인 사건이었다. 그러나 리상조는 당시 북한의 최고 권력자인 김일성에 반대하여 그로부터 소환을 요구당하고 있는 외국주재 북한대사에 불과했으며, 그의 서한은 흐루쇼프의 연설과 마찬가지로 노동계급의 당에서 개인숭배 비판, 집체적 영도 회복, 레닌주의적 당내 민주주의 회복 등을 주장했지만 역부족인 상태에서 이루어진 최후의 노력에 해당했다.

셋째, 리상조는 개인숭배의 확산으로 김일성이 모든 권력을 장악하고 '당'과 '정부' 위에 위치해 있다고 비판하며, 김일성을 봉건시대의 왕에 비교하고 있다. 그러나 인민들이 그동안 무조건적인 복종을 요구하는 봉건주의와 일제식민주의 의식의 잔재 속에 있고 지도자에 대한 개인숭배가 자연스런 경향이 된 정치문화 속에서 리상조의 그러한 투쟁은 영웅적이었지만 승리하기 어려운 싸움이었음을 알 수 있다.

넷째, 리상조는 당시 김일성 개인숭배의 과도함, 온갖 아첨꾼들과 입신출세주의자들의 아부, 정치문제에 대한 언론자유의 부재, 외국인과의 대화 금지, 지도급 인사들에 대한 비밀 사찰, 당 중앙위 전원회의와 당 대회 등에서 발언의 사전 검열 등을 적나라하게 나열하고 있다. 그런데 여기에서 주목할 만한 것은 개인숭배가 팽배된 데는 한편으로는 입신출세주의자들과 아첨꾼들의 아부를 통한 권력 추구, 다른 한편으로는 김일성이 그들의 그러한 행동을 칭찬하고 부추긴 것, 이 두 가지가 상승작용을 했다고 리상조가 지적하고 있는 점이다.

다섯째, 이 책에서 이미 반복적으로 살펴본 것이지만, 리상조가 가슴에 한이 맺혀 기회만 있으면 지적하고 강조했던 것이 김일성이 동유럽 순방 후 소련을 공식방문할 때 소련공산당과 정부지도자들이 김일성 등 북한대표단을 만나 충고를 하면서 김일성과 그의 최측근 몇 사람만 배석시키지 말고 참석범위를 좀 넓혀 소련공산당의 형제적 당으로서 한 충고가 누락되거나 왜곡되지 않고 조선로동당 전원회의에 그대로 전달되도록 해 달라는 것이었다.

그런데 문제가 이렇게 복잡하게 꼬인 것은 리상조가 당시 소련 주재 북한대사로서 '정부 대표단'에는 포함됐으나(Document 26: 512) 가장 중요한 소련공산당 중앙위 상무위 지도자들과의 회담 자리에 배석하지 못했기 때문이었다. 비록 김일성이 동유럽으로 가는 길에 모스크바에 들러 6월 6일 소련공산당 지도자들과 잠시 만났을 때는 배석했으나, 나중에 동유럽에서 돌아오는 길에 모스크바에서 열렸던 공식회담에는 김일성, 박정애, 남일만이 참석했던 것이다.

그렇다면 왜 소련 측과 김일성이 리상조의 회담 참석 요청을 수용하지 않았을까? 우선 리상조는 소련 주재 북한대사이기는 했지만 당 중앙위 후보위원에 불과했다. 그러나 무엇보다도 그는 김일성의 측근이 아니었다. 더구나 리상조는 조선로동당 제3차 대회 참석을 위해 평양에 와서 김일성 개인숭배 문제를 토론해야 한다고 당 상무위에 두 번이나 편지를 썼던 사람이었다. 이 때문에 최용건, 박금철 등 김일성의 측근들이 리상조를 소련대사직에서 소환해야 한다고 주장했으나 김두봉의 강력한 중재로 그를 소환하지 못했다. 김일성은 채 3개월이 되지 않은 이 모든 사건을 당연히 잊지 않고 있었을 것이다. 다른 한편, 소련 측이 리상조의 참석을 북한 측에 요청했을 것 같지 않지만 설령 요청했다 해도 김일성의 반대를 이겨낼 명분이 없었을 것이다.

여섯째, 리상조의 편지는 '8월 종파사건'의 실패로 연안파가 집중적으로 책벌을 당하게 된 상황을 잘 보여준다. 숫자가 어느 정도 과장된 것이겠지만, 각종 부처의 관리직을 맡고 있는 500여 명 이상 되는 직업 관료들이 연안파로 몰리고 있는 등 연안파가 싹쓸이 숙청되고 있었던 것이다.

중국 혁명의 근거지인 '연안'과 연계되어 있는 '연안파'를 숙청하는 김일성의 '정치적 근시안', 6·25전쟁 시 미군의 인천상륙작전 가능성을 제기하면서 전략적 후퇴를 준비하는 것이 좋겠다는 마오쩌둥의 충고를 김일성이 무시함으로써 입은 인민군의 엄청난 타격, 조선 인민해방투쟁사의 왜곡을 바로잡을 권위 있는 위원회의 구성, 과거 혁명활동에서 김일성과 연계가 없는 모든 혁명가들이 '종파주의자'라는 낙인을 안고 살아야 하는 현실 등에 대한 리상조의 비판이 매섭다.

일곱째, 당시 연안파와 소련파 지도자들은 사적인 자리에서 혹은 당 상무위에서 김일성에게 비판적인 의견을 말하기도 했는데, 김일성은 이에 대해 반드시 보복을 했던 모양이다. 참고로, 당시 흐루쇼프의 스탈린 개인숭배 비판 후 전 세계적으로 백화제방, 백가쟁명이 일어났을 때 당 중앙위 사상사업 담당 부위원장 김창만이 '당원들은 무서워하지 말고 무엇이든지 말하라'고 했던 적이 있었는데, 말 한마디 잘못하면 출당되는 상황에서(Document 21: 501) 그의 말을 받아들여 김일성을 비판하는 것은 위험한 일이었다. 특히 김일성의 친동생으로서 당 중앙위 조직지도부 부부장을 맡고 있던 김영주가 김일성에게 비판적인 의견을 말한 리필규에 대해 당 규약에 규정된 절차를 무시하고 출당까지 시키려고 했다는 것은 당시 김영주의 권력의 크기를 말해주는 것이어서 흥미롭다.

마지막으로, 김일성과 그의 지지자들이 "축출된 동지 중의 하나가 소련공산당 중앙위와 중국공산당 중앙위에 개인 편지를 썼다는 소문을 퍼뜨렸다"는 것은 리상조가 그동안 모스크바에서 했던 행위가 평양에 다 알려졌음을 의미한다. 결국 리상조는 귀국을 포기하고 소련에 망명할 수밖에 없었던 것으로 보인다.

1956년 10월 5일, 모스크바, 리상조가 김일성에게 편지 쓰다

리상조는 김일성에게도 편지를 보냈다. 이 편지의 정확한 날짜는 알 수 없으나, 그 내용으로 보아 9월 전원회의 이후에 쓴 것이 확실하며, 바로 위에서 살펴본 조선로동당 중앙위에 보낸 편지와 함께 이 편지를 보냈을 것으로 추측해볼 수 있다. 따라서 리상조가 김일성에 보내는 편지의 날짜는 편의상 1956년 10월 5일로 이해해도 큰 무리는 없을 것으로 보인다.

리상조는 김일성에게 보내는 편지의 사본을 소련외무성에게 참고하라고 전달했다. 소련외무성 참사관 베레시차긴(B. N. Vereshchagin)의 비망록에 있는 이 편지의 내용을 살펴보자. 리상조는 김일성을 2인칭으로 부르면서 편지를 쓰고 있다.

리상조는 우선 자신이 25년간 조국해방과 인민정권을 위한 투쟁을 전개했음에도 당내 민주주의에 대한 난폭한 유린과 선량한 공산주의자들에 대한 박해로 말미암아 북한 국내에 자신의 귀국을 불가능하게 만드는 상황이 조성됐음을 김일성에게 상기시키고 있다. 권력이 소수 사람들의 손에 집중되어 있고, 또 그것이 국가적·당적 생활의 제 분야에서 드러나고 있는 상황에서 당 사업의 심각한 결함들을 일소하기 위한 당내 투쟁이란 사실상 불가능하다면서 김일성이 이 사실을 부정하지 않으리라 생각한다고 했다(정태수·정창현, 1997a: 154).

리상조는 당 중앙위 9월 전원회의 전야에 있었던 소련공산당과 중국공산당의 책임 있는 대표들의 동지적 충고들을 다시 한 번 그리고 전면적으로 검토해주기를 김일성에게 요청하고 있다. 그는 김일성과 아첨배들의 손에 집중된 권력 때문에 나라 곳곳에 공포와 맹목적인 복종의 분위기가 조성되고 있음을 지적하고, 김일성이 탄압수법에 의해 전횡과 탈법성을 유지하려고 획책하는 것은 지극히 부당함을 유념할 것을 권고하면서 조선혁명가들이 혁명의 길에 들어섰던 것은 김일성 주위에 몰려든 아첨꾼들에게 박해를 당하고 우롱이나 당하자고 그런 것이 아니라는 점을 강조하고 있다(정태수·정창현, 1997a: 154).

리상조는 김일성이 어떤 목적을 가지고서 자신을 모스크바로부터 소환하려고 하는지 잘 알고 있다고 했다. 리상조 자신과 동지들이 김일성이 고안해낸 종파 —'8월 종파사건'을 일으킨 연안파— 에 소속되어 있다고 자백하는 '자기폭로적' 편지를 쓸 것을 김일성이 강요하려 하고 있다는 것이다. 바로 그래서 자신은 지금 조국으로 되돌아갈 생각이 없다는 것을 명백히 했다(정태수·정창현, 1997a: 154).

마지막으로, 리상조는 김일성에게 8월 전원회의 이후 개인숭배를 반대하는 발언을 했다는 이유로 당에서 제명된 모든 동지들의 복권을 요구하고, 그들을 제명 이전에 맡았던 직위로 복권시킬 것을 요구했다. 그리고 그는 김일성에게 조속한 회신을 기대한다고 덧붙였다(정태수·정창현, 1997a: 154).

이상에서 살펴본 리상조의 편지는 그가 김일성의 소환에 불응하면서 자신이 꼭 하고 싶은 이야기와 요구를 하고 있다. 물론 이제 와서 김일성이 자신의 최측근들을 아첨배로 몰아 철직시키거나 미코얀과 펑더화이의 충고들을 '전면'으로 받아들이거나, 이미 제명되고 철직당한 인사들에 대해 원상회복을 시키는 것은 기대할 수 없는 상황이었다. 바로 그것들이 현실적으로 불가능한 상황이었기 때문에 리상조는 또 이 마지막 편지를 통해 '역사를 기록'하는 심정으로 자신의 주장과 요구를 다시 한 번 명확히 해두고 싶었던 것이 아니었을까.

1956년 10월 8일, 평양 근교, 이바노프와 김일성 간의 대화

이제 1956년 10월 8일에 평양 근교의 김일성 별장에서 있었던(Shimotomai, 2007~2008: 460) 김일성과 소련대사 이바노프와의 대화록을 살펴보자. 소련공산당 중앙위의 해외공산당관계국 부국장인 비노그라도프는 평양 주재 소련대사 이바노프로부터 보고받은 김일성과의 대화 내용을 소련공산당 중앙위에 보고하고 있다.

비노그라도프는 '김일성이 기본적으로 조선로동당 중앙위 9월 전원회의 결정 전문(全文)을 공표하는 것에 대한 소련의 충고를 거부'하는 것이 명백하다고 보고 있다. 김일성은 이바노프 대사에게 '당 단체들에 배포하여 토론하게 될 9월 전원회의 결정의 전문을 공표할 필요가 없음을 미코얀에게 전달해달라'는 요청을 했다. 더구나 조선로동당 지도부는 '전원회의 결정문을 널리 알리는 것도 무의미하다'고 여기고 있다. 김일성은 '자신과 미코얀 및 펑더화이 간에 전원회의 결정문 전체를 완전하게 공표하는 문제에 대해 특별히 합의한 것이 분명히 없었다'고 주장했다는 것이다(Document 22: 511).

이바노프 대사는 모스크바 당 해외공산당관계국에게 이 10월 8일자 대화의 내용을 북한 주재 중국대사에게 알려주는 것이 좋겠다고 제안했고, 모스크바는 이바노프 대사의 그러한 의견에 대해 동의했다(Document 22: 511). 해외공산당관계국은 이바노프 대사에게 평양 주재 중국대사에게 '김일성과의 대화의 내용을 알려주되 모스크바가 그렇게 지시했다고는 말하지 말라'고 전문을 보냈다(Document 23: 511).[42]

---

42) 참고로, 이바노프 대사가 이처럼 모스크바의 허가를 받고 김일성과의 대화 내용을 평양 주재 중국대사관에게 전달해준 내용은 이 장 아래의 '1956년 10월 26일, 평양, 평양 주재 소련대사의 중국대리공사와의 대화'에 자세히 나와 있다(Document 27: 517~518). 따라서 '1956년 10월 8일, 평양 근교, 소련대사와 김일성 간의 대화'의 내용과 '1956년 10월 26일, 평양, 평양 주재 소련대사의 중국대리공사와의 대화'의 내용을 합해 보면, 김일성이 이바노프에게

위의 이바노프와 김일성의 대화 내용은 다음과 같은 사실을 말해준다. 첫째, 김일성이 굴욕적인 9월 전원회의 결정문 전문을 모든 당 단체들이 알 수 있도록 공표하는 것을 극도로 꺼렸다는 것을 알 수 있다. 그는 심지어 자신과 미코얀 및 펑더화이 간에 전원회의 결정문 전체를 완전하게 공표하는 문제에 대해 특별히 합의한 것이 없었다고까지 이야기하고 있다.

그런데 후일인 1956년 12월 말 이바노프 대사가 소련공산당 중앙위에 올리는 「조선로동당과 조선민주주의인민공화국의 상황」이라는 보고서를 보면, 김일성이 미코얀과 펑더화이에게 '9월 전원회의 결정'의 전문을 언론에 공표하는 것에 대해 '합의'했음을 명백히 하고 있다(Document 30: 521~522).

둘째, 이바노프가 김일성과의 나눈 위의 대화 내용을 평양 주재 중국대사 챠오샤오광에게 알려주는 것이 좋겠다고 제안하고 또 모스크바가 그것에 동의하는 것을 보면, 이바노프와 모스크바 당 해외공산당관계국이 김일성의 배신에 대해 화가 났으며, 김일성의 배신을 중국 측에도 알려주어야 한다고 생각했음을 알 수 있다. 그러나 모스크바가 전면에 나서지 않는 신중함을 보여주고 있다. 형제당의 내정 간섭을 모스크바가 주도적으로 나서서 하고 있다는 모양새를 가능하면 피하려고 한 것이다.

1956년 10월 17일, 모스크바, 소련공산당 해외공산당관계국(국제국) 비망록

조선로동당 상황에 대해 소련공산당 중앙위에 보고하는 당 중앙위 해외공산당관계국 부국장 비노그라도프의 1956년 10월 17일자 메모를 보자.

김일성은 이바노프 대사와의 대화에서 조선로동당 8월 전원회의와 9월 전원회의에서의 당내 상황에 대한 결정들이 모두 당 단체들에게 내려 보내졌고, 지금 도당위원회들의 전원회의에서 광범위하게 검토되고 있는 중이라고 했다. 이바노프 대사는 조선로동당에서의 위의 결정들에 대한 토론 정황과 8월 전원회의 및 9월 전원회의 이후의 당내 사정이 어떻게 돌아가고 있는지에 대해 당분간

―――――――――

한 이야기의 전체 내용을 알 수 있다.

보고하지 않았다. 그런데 이 문제에 관해 평양의 소련대사관에 문의하는 것이 반드시 필요하다고 생각한다고 비노그라도프는 적고 있다(Document 24: 512).

위의 비노그라도프의 메모는 우리에게 두 가지를 말해준다. 첫째, 김일성이 1956년 10월 8일 이바노프를 만났을 때는 9월 전원회의 결정의 전문을 하급 당 단체들에게 공표할 필요가 없고, 그처럼 공표하겠다고 약속을 한 적도 없다고 했는데, 그 이후 태도를 바꿔 9월 전원회의 결정을 8월 전원회의 결정과 함께 하급 당 단체들에 내려 보내 토론시키고 있음을 알 수 있다. 둘째, 소련공산당 해외 공산당관계국이 9월 전원회의의 결정의 이행에 대해 깊은 관심을 갖고 있음을 보여준다.

1956년 10월 17일, 모스크바, 소련공산당의 이바노프 대사에 대한 훈령

평양 주재 소련대사 이바노프에 대한 소련공산당 중앙위의 날짜 미상의 지시 전문이 있다. 이 지시 전문은 위의 10월 17일자 비노그라도프 메모의 연장선상에서 당 중앙위 해외공산당관계국이 평양 주재 이바노프 대사에게 보낸 훈령으로 볼 수 있다. 따라서 여기서는 편의상 그 지시 날짜를 10월 17일로 상정해도 크게 무리는 아닐 것으로 본다. 그 훈령의 표현을 그대로 소개한다.

"귀관은 김일성이 조선로동당 중앙위 9월 전원회의 결정 전문이 철저한 토론을 위해 당 기관들에 보내질 것이라고 말했고, 또한 도당위원회들이 현재 전원회의를 개최하여 8월 전원회의와 9월 전원회의의 결과를 토론하고 있다고 보고했다. 그런데 (그 후 시간이 어느 정도 지났는데도) 지금까지 이 문제에 대한 새로운 정보를 귀관으로부터 받지 못하고 있다. 9월 전원회의의 결정들의 전문이 당 기관들에 보내졌는가? 이 결정들에 대한 토론이 어떻게 진행되고 있는가? 이것들에 대해 긴급히 보고하라. 그리고 지금부터는 문제에 대해 정기적으로 보고하라"(Document 25: 512).

이바노프 대사에게 보낸 소련공산당의 이 훈령은 소련공산당이 조선로동당 9월 전원회의 결정의 이행을 '매우 중요하게' 생각하고 있었음을 말해준다. 그 결정이 제대로 지방 당에 내려 보내져 광범하게 토론되기를 바라고 있는 것이다. 9

월 전원회의 결정에 대한 토론의 진행에 대해 '긴급히' 그리고 '정기적'으로 보고하라고 지시하고 있는 것을 보면 더욱더 그러하다.

소련공산당 중앙위 해외공산당관계국이 이처럼 조선로동당 9월 전원회의 결정의 이행에 신경을 쓰고 있는 이유는 명백했다. 무엇보다도 소련공산당의 조선로동당 사태에 대한 개입은 흐루쇼프와 소련공산당 중앙위 상무위라는 당 최고 지도부의 결정에 의해 이뤄졌고, 그 결정을 이행하기 위해 미코얀이 펑더화이와 함께 직접 평양에 가서 9월 전원회의를 개최했기 때문이었다. 따라서 해외 공산당들을 관할하고 있던 당 중앙위 해외공산당관계국으로서는 조선로동당 중앙위 9월 전원회의 결정의 이행을 결코 소홀히 할 수 없었던 것이다.

참고로, 소련공산당의 조선로동당에 대한 이러한 적극적인 정책은 그해 10~11월에 폴란드와 헝가리에서 반소운동이 발생하기 전이었음을 주목할 필요가 있다. 나중에 자세히 살펴보겠지만, 일단 폴란드와 헝가리에서 반소운동이 일어나자 소련공산당의 조선로동당에 대한 간섭도 중지됐던 것이다(Shimotomai, 2007~2008: 460).[43]

1956년 10월 26일, 평양, 평양 주재 소련대사의 중국대리공사와의 대화

1956년 10월 26일 평양 주재 이바노프 소련대사는 미코얀과 펑더화이의 '비공식 북한방문'에 관련된 문제에 대해 10월 8일 김일성과 만나 나눈 대화 내용을 알려주기 위해 북한 주재 중국대리공사 챠오커시엔을 소련대사관에서 만났다. 이것은 이미 위에서 살펴보았듯이, 소련공산당 중앙위 해외공산당관계국의 허가를 받은 것이었다. 그러면 이바노프 대사와 평양 주재 중국대리공사 챠오커시엔과의 대화록을 살펴보자(Document 27: 518).

---

43) 참고로, 미코얀과 펑더화이가 조선로동당에 대한 공동간섭을 하기 위해 평양에 가기 전에 중국공산당 전당대회에 축하사절로 온 폴란드 대표단들의 요청으로 그들과 만나 상담을 하기도 했다. 당시 폴란드는 인민들의 불만으로 거의 통제가 되지 않는 상황에 있었다(Lankov, 2005: 138).

이바노프는 챠오커시엔에게 북한 지도부가 미코얀과 펑더화이에게 조선로동당 8월 전원회의와 9월 전원회의의 결정들을 공표하겠다는 약속을 했음에도 조선 동지들이 9월 전원회의의 결정을 간략한 요약본만, 그것도 전원회의를 마친 후 5일이 지난 9월 28일에야 겨우 공표했다는 것을 말해주었다(Document 27: 518).

그 요약본에는 두 가지 중요한 것이 들어 있었다. 하나는 조선로동당의 '자아비판'에 관한 것이었다. 당 중앙위 8월 전원회의에서 조직 관련 이슈들에 대한 결정, 즉 「최창익, 윤공흠, 서휘, 리필규, 박창옥 등 동무들의 종파적 음모행위에 대하여」는 성공적으로 결정됐다고 지적되어 있으나 이 결정에 이르는 '과정'이 생략되고 없었다. 다른 하나는 조선로동당이 당 생활에서 레닌주의적 규범과 원칙을 준수하자는 내용을 담고 있었다(Document 27: 518).

김일성은 8월 전원회의의 결정은 공표되지 않았고, 자신의 의견으로는 이 결정이 성급했다는 것을 언론에 발표할 필요가 없기 때문에 8월 전원회의의 조직 관련 결정에 이르는 '과정'은 의식적으로 생략했다고 설명했다. 조선공산당 중앙위는 조직문제에 관한 결정을 결코 공표해본 적이 없고, 바로 이 이유 때문에 나쁜 결정이 아닌 좋은 결정으로써 공표를 시작하는 것이 필요하다는 것이었다(Document 27: 518).

두 번째 문제, 즉 당 생활에서 레닌주의적 규범을 지켜야 한다는 '지시'와 관련하여, 김일성은 중앙위 9월 전원회의에 대한 보도는 그가 휴가를 간 사이에 자신이 관여치 않은 상황에서 발표됐다고 했다. (그러다 보니) '당 생활에서 레닌주의적 규범과 원칙을 준수해야 한다'는 내용이 전원회의 결정을 보도하는 데서 삭제됐는데 이를 유감으로 생각한다고 말했다(Document 27: 518).

삭제와 관련된 문제들은 '8월 전원회의와 9월 전원회의 결정문들을 모두 공표하면 다 해결된다'는 이바노프의 소견에 대해, 김일성은 양 전원회의들의 결정들과 9월 전원회의에서 한 그의 연설은 별개의 소책자로 출판되어 당 조직들에서 토론될 수 있도록 배포할 것이라고 대답했다. 그리고 자신이 미코얀과 펑더화이의 말을 인용한 부분은 김일성 자신의 연설에 넣지 않고 삭제될 것이며, 그들의 충고에 따라 8월 전원회의 결정들은 검토될 것이라고 말했다. 김일성은 이렇게 함으로써, 당원들에게 9월 전원회의 결정서가 '형제적 당들로부터의 압력하에서 통과됐고 형제적 당들이 우리의 내정에 간섭했다는 것'을 믿을 구실을 주지 않고 미코얀과 펑더화이의 방문 사실 자체를 밝히지 않는 목적이 달성된다는 것이었다(Document 27: 518).

김일성은 미코얀과 펑더화이에게 8월 전원회의와 9월 전원회의 결정서들을 공표하겠다는 약속은 하지 않고, 단지 그 문제를 '고려해보겠다'고만 약속했으며, 더군다나 지방 당 활동가들 사이에서 9월 전원회의 전반적인 결과를 토론하는 중에 많은 당 일꾼들이 최창익과 박창옥에 대한 선고를 경감하는 것이 바람직하지 않다는 생각을 표현했다는 것이었다(Document 27: 518).

챠오커시엔 대리공사는 박창옥과 최창익이 지금 어디에 있는지 궁금해했다. 이바노프 대사는 박창옥은 혜산진에 있는 제재소 부지배인으로 일하고 있으며, 최창익은 현재 몸이 아픈 것으로 보인다고[44] 말해주었다. 챠오커시엔은 자신이 이러한 문제들에 대해 북한 지도부와 어떤 특별한 회담을 한 적은 없지만, 중국대사관은 이 문제들과 관계된 몇몇 사실을 알고 있다고 말했다(Document 27: 518).

예를 들자면, 9월 전원회의 결과를 토론하기 위한 평양시당 활동가들의 모임에서 평양시당위원회 선전선동부 부부장이 연설을 했는데, 그는 당과 중앙위에 복직된 간부들을 변호하는 입장에서 김일성의 민주집중제 위반을 비판했다가 이 연설 이후 출당됐다는 것이다. 평양시당위원회 위원장 이송욱은 미코얀과 펑더화이가 조선로동당의 실수와 결점을 발견하기 위해서 평양에 왔으나 정반대로 설득됐다고 부정확하게 이야기했다고 했다. 챠오커시엔은 또한 김창만이 반대파들에게 그들이 아무리 열심히 노력해도 '우리는 내무성과 군대를 갖고 있다'고 호전적으로 말했다는 소문이 중국대사관에도 들렸다고 말했다(Document 27: 518).

이바노프 대사는 챠오커시엔에게 수감 중인 박일우를 석방하여 중국으로 유학을 보내 달라는 펑더화이의 요청과 관련하여 조선 동지들이 무엇을 보증했는

---

44) 최창익은 '8월 종파사건' 직후에 어느 돼지농장의 지배인으로 임명됐다고 한다(Lankov, 2002: 175).

지를 물었다. 챠오커시엔은 지금까지는 아무것도 알려져 있지 않다고 말했다. (9월 전원회의를 개최하기 위해 미코얀과 함께 평양에 온) 펑더화이는 김일성에게 만일 조선 동지들이 박일우와 방호산이 반드시 필요치 않고 정반대로 이들이 조선에 계속 있는 것이 곤란하다면, 중국정부는 그들이 중국으로 돌아오는 것에 동의한다고 말했다고 했다(Document 27: 518).[45]

이바노프가 챠오커시엔에게 방호산이 지금 어디에 있는지 물었더니 챠오커시엔은 방호산도 박일우처럼 연안파인데, 그는 중국 동북지방에서의 혁명 활동에 커다란 업적을 세웠고, 나중에 조선인민군에서 근무했으며 군단 중의 하나[제5군단]를 지휘했다고 말했다. 현재 그는 광산에서 단순노동자로 일하고 있다고 했다. 챠오커시엔은 이바노프에게 또한 현재 중국으로 도피한 윤공흠, 서휘, 김창일(김강)과 리필규는 (북한정부로부터) '배급을 받고 있지 않다'고 알려주었다. (문화선전성 부상을 지낸) 김창길의 처가 문화선전성에 도움을 청했으나 문화선전상은 그녀를 접견하지 않았고 그녀의 결혼식 주례를 보았던 경제과장에게 보냈으나 그도 역시 배급을 주기를 거절했다고 했다(Document 27: 518).

위의 1956년 10월 26일자 평양 주재 이바노프 대사와 평양 주재 중국대리공사 챠오커시엔과의 대화록은 양국 사이의 정보공유의 한 예를 보여주며, 다음과 같은 사실을 말해준다.

첫째, 소련대사 이바노프는 8월 전원회의와 9월 전원회의 결정들을 모두 공표하는 것이 좋다는 입장을 취했던 데 반해, 김일성은 어떻게 해서든지 이 결정들이 전문 그대로 공표되어 당 단체들에서 토론되는 것을 막으려고 했다. 김일성은 전문이 아닌 요약본을 만들어 보도하고 또 그것을 하급 당에 내려 보냈는데, 그것도 자신에게 곤란한 부분은 삭제한 다음에 보도하고 또 내려 보냈다.

둘째, 이 과정에서 김일성의 전략적인 계산과 능력이 두드러지게 나타나는데,

---

45) 1956년 12월 말 평양 주재 소련대사 이바노프가 작성한 보고서에 의하면, 미코얀과 펑더화이 그리고 김일성 사이에서 구금 중이던 박일우의 석방에 대한 합의가 이뤄졌으며, 10월 조선로동당 중앙위 상무위에서 그의 가택연금을 해제했고, 그가 원하면 유학을 위해 중국으로 가도록 결정됐다고 한다(Document 30: 522).

그는 소련의 국익도 보호해주는 척하면서 자신의 곤혹스런 처지를 벗어나고 책임회피를 하는 식으로 교묘히 빠져나가고 있다. 즉, 김일성은 9월 전원회의 결정이 소련공산당과 중국공산당의 압력으로 통과됐다는 것, 또 이 '형제적 당들'이 조선로동당에 내정간섭을 했다는 것, 그리고 미코얀과 펑더화이가 그러한 압력과 내정간섭을 위해 북한을 방문했다는 것 등을 조선로동당 당원들에게 모르게 하는 것이 소련에게도 좋지 않겠느냐, 그렇기 때문에 9월 전원회의의 전문을 공표하지 않는 것이 좋지 않겠느냐는 논리를 내세우고 있다.

더구나 김일성은 자신이 미코얀과 펑더화이에게 8월 전원회의와 9월 전원회의 결정서들을 공표하겠다는 약속은 하지 않고, 단지 그 문제를 고려해보겠다고만 말했다는 식으로 발뺌을 하며, 또 지방 당 단체들에서 전원회의 결정들을 토론에 부쳐보니까 많은 당원들이 '최창익과 박창옥에 대한 책벌을 경감하는 것이 바람직하지 않다'고 생각한다는 식으로 자신의 입장을 옹호하고 있다.

셋째, 평양 주재 중국대사관이 '8월 종파사건'과 그 관련자들의 문제로 그동안 북한 지도부와 어떤 특별한 회담을 하지 않았다는 것은 '8월 종파사건'에 중국공산당이 적극적으로 연루되어 있지 않았다는 것을 말해준다. 흐루쇼프의 스탈린 개인숭배 비판 이후, 마오쩌둥 자신도 개인숭배 비판에 직면하고 있는 상황에서 김일성 개인숭배에 대한 비판을 지지할 수 없었던 것이다.

단지 박일우와 방호산의 경우, 그들과 옌안에서부터 깊은 우정관계에 있는 펑더화이가 아직도 감옥에 갇혀 있던 박일우를 석방하여 중국으로 유학을 보내도록 도와 달라느니, 북한정부가 그들이 필요치 않고 오히려 북한에 있는 것이 곤란하다면 그들이 다시 중국으로 돌아올 수 있도록 협조해 달라는 식으로 개인적인 도움을 주려고 하고 있음을 알 수 있다. 참고로, 당시 방호산은 함경남도 단천군 검덕광산의 후방부 지배인으로 있었다.[46]

---

46) 방호산은 연안파로서 6·25전쟁 중 인민군 제6사단장으로서 호남 일대와 진주, 마산까지 빠른 속도로 남진한 공로로 '공화국 영웅' 칭호를 받았고, 나중에 후퇴할 때 체계적으로 조직된 후퇴를 함으로써 '공화국 2중 영웅' 칭호를 받았다. 후퇴 시 대부분의 북한군 사단과 부대는 괴멸됐으나, 제6사단(방호산 지휘)과 제7사단(김광협 지휘)은 각각 6,200명과 5,000명이 살아남았다. 방호산은 그 후 인민군 제5군단장을 지냈고, 김일성군사대학 초대 학장에 임명됐

마지막으로, 지방 당 단체들에서 9월 전원회의 결과에 대한 토론을 하는 과정에서 김일성을 비판하는 사람들과 김일성을 지지하는 사람들이 있었음을 알 수 있다. 9월 전원회의 결정이 8월 전원회의 결정과 비교해서 완전히 달라진 데 대해 당원들은 대개 잘 이해하지 못했으며, 김일성은 오히려 이를 당의 힘을 증명한 것으로, 또 사상적인 설득이 최고의 당 사업 방법이라고 설명했다(NKIDP Document 3, 16). 물론 김일성을 비판하는 사람들은 출당됐다. 그리고 김창만이 경찰과 군대를 내세워 반대파들을 위협했다는 것도 당시 '8월 종파사건' 직후의 정치적 분열과 대립, 그리고 혼란을 잘 말해준다.

1956년 11월 5일, 평양, 평양 주재 소련대사와 중국대사 간의 대화

1956년 11월 5일 평양 주재 소련대사 이바노프와 평양 주재 중국대사 챠오샤오광이 회담했다. 그들의 대화록을 살펴보자.

챠오샤오광 중국대사의 요청에 따라 양국 대사들이 만나 대화했다. 챠오샤오광은 조선 친구들이 9월 전원회의 결정을 이행하기 위해 취하고 있는 조치들에 대해 이바노프 대사가 어떤 새로운 소식을 아는지 물었다. 그는 중국공산당 지도부가 이 문제에 대해 커다란 관심을 갖고 있다고 말했다. 이바노프는 중국대리공사 챠오커시엔과 이야기를 나눈 후 지금까지 조선 친구들이 그 문제에 대해 취한 조치에 대해 제대로 아는 것이 없다고 대답했다. 그러나 비공식적인 소통 채널에 의하면, 북한 지도부가 최창익을 국가의 유형문화기념물보존위원회 위원장으로, 박창옥은 마동에 있는 시멘트공장의 건설책임자로 임명할 의향이 있다고 하고, 얼마 전에 당 중앙위 상무위가 개최됐는데 박일우를 감옥에서 석방

다. 방호산은 부하직원이 군사대학에서 6·25전쟁의 경험을 군사이론으로 총화하는 교재를 만드는 과정에서 당시 대표적인 승리 전투였던 강원도 인제군 현리 전투에서의 '김일성의 탁월한 지도'를 강조하지 않았다는 이유로, 또 '전쟁개시 시기가 잘못됐다'는 말을 했다고 해서 숙청당했다. 그러나 보다 정확히는 그가 박일우와 협력하고 있었다는 누명이 씌워져 숙청당했던 것이다(여정, 1991: 46~49; 김일성, 1980p: 297; 서동만, 2005: 591~592; Zhihua, 2004: 12~13; 「모주석접견소공중앙대표단담화기록」, 1956.9.18).

하기로 했다는 소식을 들었다고 말했다(Document 28: 519).

챠오샤오광은 조선 친구들이 미코얀과 펑더화이의 북한 방문에 대해 어떻게 보는지 그 결과에 대해 말해달라고 요청했다. 이바노프는 자기는 9월 전원회의의 진행으로 판단해볼 때, 조선 친구들의 반응은 긍정적이라고 생각하지만, 그들이 반드시 그렇게 하리라고 단정적으로 "확인[확신]"하는 것은 아직 시기상조라고 대답했다. 이바노프는 그 문제에 대해 챠오샤오광의 의견을 물었다. 챠오샤오광은 지금까지는 미코얀과 펑더화이의 방문에 대한 조선 친구들의 반응에 대해 아직 특별한 결론을 내리지 않았다고 대답했다(Document 28: 519).

이바노프는 챠오샤오광에게 중국에 있는 윤공흠, 리필규, 서휘, 김창길이 자신들의 복권에 대해 알고 있는지, 그들이 북한에 돌아오려고 하는지를 물었다. 챠오샤오광은 그들도 그러한 결정을 알고 있으며, 북한으로 돌아오기를 원치 않고 있다고 말했다. 그들은 북한정부도 그들이 꼭 귀국하도록 압력을 가하고 있지 않다는 것을 알고 있기 때문에, 북한정부가 그들의 가족들이 중국으로 떠날 수 있도록 허가해주기를 바라고 있다고 대답했다(Document 28: 519).

챠오샤오광에 의하면 윤공흠, 서휘 등은 중국공산당 중앙위와 소련공산당 중앙위에게 보내는 편지를 썼는데, 그들은 편지에서 조선로동당 지도부가 해방 이후와 전쟁 기간에 많은 유명한 당 일꾼들을 쓰러뜨렸고, 나라와 당을 반민주주의적 방법으로 지도했으며, 부정확하게 지도간부들을 지명하고 육성했다고 비판했다. 그들은 또한 박정애, 박금철, 김창만, 그리고 한상두는 개인적으로 당에서 그러한 지도적 위치를 차지하기에는 자격이 없으며, 당 지도부가 김일성 개인숭배를 없애기 위한 투쟁을 하지 않았다고 비판했다. 챠오샤오광은 그들의 이러한 비판들의 진위를 확인할 수 있는 자료가 없는 상황에서 중국공산당 중앙위는 이 편지에 대해 당연히 신중함을 보였다고 말했다(Document 28: 519).

이바노프는 챠오샤오광에게 북한 지도부가 리상조를 주소대사직에서 해임했고 조선로동당 중앙위 교육부장인 리승팔에 대한 아그레망을 요청해왔다고 말해주었다. 조선 친구들에 의하면 리상조는 귀국하기를 거부했고 아마 틀림없이 중국에 남을 것이라고 했다. 이바노프는 챠오샤오광에게 중국대사관이 조직 문제에 대한 조선로동당 8월 전원회의의 결정문을 갖고 있는지 물었고, 챠오샤오광은 자신들은 그것을 갖고 있지 않지만 중국공산당 제8차 대회에 참석한 조선로동당 대표단이 그것을 마오쩌둥에게 전달했다고 대답했다(Document 28: 519).

1956년 11월 5일 평양 주재 소련대사 이바노프와 평양 주재 중국대사 챠오샤오광의 대화록은 다음과 같은 사실을 보여준다.

첫째, 이바노프 대사는 개인적으로는 조선로동당 지도부가 9월 전원회의 결정을 긍정적으로 수용하는 모습을 보였다고 생각하지만, 그들이 앞으로 진정 그 결정을 긍정적으로 이행을 해나갈 것인지는 아직 단정적으로 확신할 수 없다는 입장을 취하고 있다. 이는 9월 전원회의가 끝난 후 약 1개월 반이 지난 시점에서 이바노프의 종합적인 판단이라서 흥미롭다. 그동안 김일성이 8월 전원회의와 9월 전원회의의 결정들을 어떻게든 공표하지 않고 어물쩍 회피해 보려는 욕심과 그 결정들을 공표하겠다고 미코얀과 펑더화이와 한 약속을 이행해야 하는 필요성 사이에서 보여준 여러 행동은 이바노프로 하여금 충분히 그렇게 느끼게 했을 것이다.

둘째, 중국공산당 지도부가 조선로동당 9월 전원회의 결정의 이행조치에 대해 커다란 관심을 갖고 있었고, 챠오샤오광 대사가 이바노프 소련대사를 만나고 요청한 것도 그것에 대해 알고 싶어서였다. 소련공산당도 그렇지만 중국공산당도 조선로동당에 대한 개입은 마오쩌둥 등 당 최고지도부가 결정한 일이었기 때문에 당연히 베이징으로부터 이행과정을 알아보라는 지시가 있었을 것으로 생각된다.

셋째, 윤공흠, 서휘, 김창길, 리필규가 중국공산당 중앙위와 소련공산당 중앙위에게 김일성에 의한 다수의 주요 인사들의 숙청, 비민주주의적 정치, 잘못된 인사 배치, 김일성 개인숭배 비판 부재 등에 대해 비난하는 편지를 썼다는 것을 알 수 있다.

그런데 위에서 살펴보았듯이 중국 측은 중국공산당이 소련공산당과 함께 압력을 가해 얻어낸 9월 전원회의 결정을 김일성이 제대로 이행하고 있는지에 대해 '커다란 관심'을 갖고 있었지만, 윤공흠, 서휘 등이 보내온 김일성 비판 편지에 대해서는 '그러한 주장을 확인할 수 있는 자료가 없다'는 식으로 그 편지에 대해 신중함을 보이고 있다. 이는 다시 한 번 중국과 중국대사관이 '8월 종파사건' 발생 당시 그 사건의 주모자들과 연루되어 있지 않았다는 것을 말해준다.

넷째, 그동안 모스크바에서 반김일성 연합의 최선봉에 서서 그야말로 적극적으로 자신이 할 수 있는 모든 일을 다 했던 리상조가 마침내 주소련 북한대사직에서 해임됐다는 것을 알 수 있다. 이바노프 대사의 기록에 의하면, 리상조는 그해 10월 말에도 평양으로의 소환명령을 받았기 때문에(Shimotomai, 2007~2008: 460) 결국 10월 말과 11월 초 어느 시점에서 소련대사직에서 해임됐다고 볼 수 있다.

참고로, 이바노프는 조선인 친구들의 전언을 인용하여 리상조가 '북한으로 귀국하지 않고 중국에 남을 가능성이 아주 높다'고 했지만, 실제 리상조는 소련으로 그대로 망명했다. 리상조는 모스크바에서 소련공산당 고급당학교의 연구원이 됐고, 이는 북한정부를 많이 불안하고 짜증나게 했다.[47] 1957년 3월 9일 북한외무상 남일은 리상조가 모스크바에서 갖게 된 그러한 지위는 북한정부에 대한 소련의 '간접적인 비판'이나 마찬가지라고 불평하기도 했다(Shimotomai, 2007~2008: 460). 참고로, 김일성은 리상조를 소환하는 데는 실패했지만, 모스크바 주재 북한대사관의 직원들을 모두 평양으로 소환하여 한 사람을 제외하고 모두 외무성에서 사직토록 했다(Lankov, 2005: 156, 각주 46).

마지막으로, 당시 북한 지도부가 최창익을 국가의 유형문화 기념물 보존위원회의 위원장으로, 박창옥은 마동에 있는 시멘트공장의 건설책임자로 임명할 의향이 있고, 박일우를 이제 석방하기로 했다는 소문이 흥미롭다. 이들은 '8월 종

---

47) 리상조의 처리와 관련하여 소련공산당은 김일성에게 편지를 보내, 소련이 리상조에게 정치적 피난처를 제공하되 리상조를 모스크바나 레닌그라드와 같은 북한인들이 많이 살고 있는 도시에서 한정 없이 살도록 하지는 않겠다고 했다. 참고로, 나중에 리상조는 모스크바에서 1,000 킬로미터나 떨어진 민스크(Minsk)에서 소련정부의 주선으로 소련과학원의 지방분원 격인 민스크 국책연구소에서 연구원으로 학자의 길을 걷게 됐고, 일본어가 능통한 덕분에 일본의 중·근세 외교관계를 연구하여 박사학위를 받아 교수가 됐다. 김승화는 아마아타(Alma-Ata)에 보내지는 등 다른 망명자들도 마찬가지로 처리됐다. 그들에게 망명은 허용하되, 러시아에서 북한인들과 접촉하지 말고 북한문제에 대해 공개적인 정치적 언급을 하지 말라는 것이었다(Lankov, 2005: 155~156; 정창현, 2002: 252; 한국일보 편, 1991: 166~167, 191).

파사건'이라는 궁정쿠데타 시도에서 실패했음에도 불구하고 소련과 중국이라는 사회주의 강대국들과 연계된 소련파, 연안파였기 때문에 당시 그런대로 목숨은 부지하고 있었던 셈이다.

1956년 11월 22일, 평양, 박의완과의 대화

이제 1956년 11월 22일자 평양 주재 소련대사관 측 인사와 박의완과의 대화록을 보자. 당 중앙위 9월 전원회의가 열린 후 2개월이 지난 시점이었다. 박의완과 대화한 상대방은 평양 주재 소련대사관 측 인사임은 확실하나 구체적으로 이름은 나타나 있지 않다.

박의완의 집에서 소련전문가들이 제안한 내용이 검토됐는데,[48] 그 검토회의가 끝난 후에 박의완의 요청에 의해 소련대사관 측 인사와 조선로동당의 상황에 대해 토론을 하게 됐다고 한다.

박의완은 조선로동당의 상황은 아직도 완전히 뇌관이 제거된 것은 아니며 분위기는 지속적으로 긴장되어 있고 어떤 경우에는 조선로동당 중앙위 8월 전원회의 이전과 유사한 상황이 다시 생겨날 수 있다고 말했다. 그는 미코얀과 펑더화이가 방문한 이후 조선로동당은 이미 당연히 했어야 할 정확한 일을 하지 않았고 자신의 사업에서 레닌주의적 규율을 제대로 이행하지 못하고 있다고 설명했다(Document 29: 520).

위에서 이미 살펴보았지만, 박의완에 의하면 미코얀과 펑더화이가 평양을 떠난 이후 김일성은 단지 '그들의 방문 여건을 어렵게 만들고 싶지 않았다'는 이유 때문에 그들의 제안들[9월 전원회의 결정 내용]에 동의했을 뿐이고, 본질적으로 당 중앙위 '8월 전원회의의 결정은 경솔하게 내려진 오류였다는 것에 동의할 수 없다'고 했다. 그리고 김일성은 박의완과 남일의 단호한 설득으로 마지못해 9월

---

48) 여기에서 '소련 전문가들이 제안한 내용'은 박의완이 당시 부수상 겸 경공업상이었기 때문에 1957년부터 시작될 제5차 인민경제계획을 위한 경공업 부문의 사업에 관한 것이었을 개연성이 커 보인다.

전원회의 결정의 이행에 동의했다고 했다(Document , 29: 520).

위의 대화록을 보면, 9월 전원회의가 끝난 지 2개월이 다 됐는데도 박의완은 조선로동당의 상황이 안정되지 않고 여전히 위험하다고 평가하고 있다. 김일성파가 아닌 소련파였고 또 '8월 종파사건'에 깊이 관계했던 박의완으로서는 당시 상황을 조선로동당의 문제점이 전혀 시정되지 않은 불안정한 상황으로 판단했을 것으로 보인다.

또한 이 대화록을 통해 우리는 김일성이 미코얀과 펑더화이의 강압하에 굴욕적으로 동의했던 9월 전원회의 결정들을 충실하게 이행하겠다는 생각은 전혀 없었다는 것을 알 수 있다. 김일성 자신의 기본적인 입장은 최창익, 윤공흠, 서휘, 리필규, 박창옥 등의 '종파적 음모행위'를 책벌한 당 중앙위 8월 전원회의 결정은 전혀 잘못이 없다는 것이었다.

1956년 12월 말, 평양, 평양 주재 이바노프 소련대사의 보고서

이바노프 평양 주재 소련대사는 1956년 12월 말경에 소련공산당 중앙위에 보내는「조선로동당과 조선민주주의인민공화국의 상황」이라는 제목의 장문의 보고서를 작성했다.[49] 이 보고서는 1956년 12월 28일 셰필로프(D. T. Shepilov) 동지의 지시에 의해 배포됐다고 되어 있고 1957년 1월 9일자 소련공산당 중앙위의 날짜 도장이 찍혀 있는 것을 보면 1956년 12월 말에 작성된 것으로 볼 수 있다(Document 30: 520~527). 그리고 이 보고서는 흐루쇼프, 불가닌, 미코얀, 말렌코프, 주코프, 몰로토프, 보로실로프, 수슬로프 등 소련공산당 고위층 19인에게 배포됐다. 이 보고서는 제목이 말해주듯이 1956년 북한의 당과 국가의 전반적인 상황을 포괄적으로 다루고 있다.

여기에서는 '8월 종파사건'에 초점을 맞춰 8월 전원회의와 9월 전원회의 관련 부분을 주로 살펴보기로 하자.

1956년은 조선로동당의 생활에서 실질적인 변화의 해였다. 1956년 4월에 8

---

49) 이바노프 대사의 보고서는 영어번역본으로 거의 6,500단어에 이르는 장문의 보고서이다.

년 만에 제3차 당 대회가 개최됐고, 거기에서의 결정은 북한의 경제·정치적 발전의 미래방향과 외교정책의 목표를 결정했다. 이런 의미에서 조선로동당 제3차 대회는 북한의 당과 국가에 정치적·실질적으로 매우 중요한 의미를 가진 사건이었다(Document 30: 520).

동시에 당 대회를 준비하고 개최하는 데 심각한 결점들이 있었다. 이 결점들 중에서 가장 엄중했던 것은 소련공산당 제20차 대회의 가장 중요한 결정사항과 북한의 특수상황으로부터 도출된 결론들이 제3차 당 대회의 사업과 결정에 반영됐어야 했는데 그렇지 못했다는 점이다. 즉, 당 정책의 마르크스-레닌주의적 원칙들, 조선로동당 내에서 개인숭배 폐해의 극복, 집체적 영도 원칙의 준수, 민주주의적 법질서의 강화 등이 반영되지 못했다(Document 30: 520).

제3차 당 대회에서도 실제 가능성을 고려치 않고 모든 중공업 분야, 특히 기계제작 공업을 발전시키려는 조선로동당 지도부의 기존의 경향들이 나타났다. 그러면서 당 대회는 주민들의 지극히 낮은 생활수준을 향상시키는 문제에는 관심을 보이지 않았다. 당 대회 기간과 당 대회 이후의 시기에 조선로동당의 고위급 인사의 일부가 이런 문제들로 크게 고통을 당했다. 김두봉, 최창익, 박창옥, 박의완, 서휘, 윤공흠, 김승화 등은 당과 국가의 지도부가 갖고 있는 이런 커다란 결점들을 더 이상 용인하는 것은 불가능하다고 생각했다(Document 30: 520~521). 군대와 직업동맹의 일부 고위간부들도 당내에서 전개된 이러한 상황에 대한 불만을 갖고 있었다(Document 30: 520).

조선로동당 지도부에 대한 불만은 특히 북한정부 대표단이 인민민주주의국가들을 방문하는 중에 그리고 잘 알려진 포즈난 사건과 관련하여 고조됐다. 조선로동당 중앙위 8월 전원회의에서 불만을 품은 인사들은 당 지도부와 김일성 개인 활동의 주된 결점들을 비판했다. 이들은 개인숭배의 확산과 사적인 헌신에 따라 이뤄지는 당 간부 배치 인사와 그로 인한 정부와 당의 주도권의 '속박[상실]', 책임성의 감소, 불신과 의심 분위기의 지배, 사업에서 동료 간 협력의 부재, 근로대중에 대한 심각한 물질적 난관의 조성 등을 지적했다(Document 30: 521).

조선로동당의 일부 고위간부들로부터 불만족이 생겨났다는 것은 당 지도부에 더 많은 요구를 하는 민족간부들이 증가했다는 것을 말해주는데, 이들은 당에 존재하는 심각한 결점들을 예리하고 대담한 비판을 통해서 드러내려고 했다. 그런데, 잘 알려진 바와 같이, 8월 전원회의에서 김일성은 소련공산당 중앙위가 그에게 충고했고 또 조선로동당 내의 많은 고위인사들이 기대했던 당 사업의 결점[예컨대, 개인숭배 문제와 레닌주의적 집체주의적 영도의 부재]에 대한 비판을 하지 않았다. 조선로동당 지도부는 그러한 경우 의례적으로 하는 자아비판을 하지 않았고, 그 대신 결점과 오류를 비판하려는 사람들을 고립시키기 위해 온갖 조치를 취했던 것이다. 당 지도부에 대해 불만을 갖고 있던 수많은 인사들이 당의 상황에 대해 솔직하고 용감하게 비판했기 때문에 그들은 "당과 나라의 권력 장악을 목표로 한 적대적인 반당 그룹"으로 규정되고 당의 탄압을 받았다. 이들 중 어떤 인사들은 더 큰 박해를 두려워해 모두 9명이 중국으로 떠났으며 전 주소 대사였던 리상조는 평양으로부터의 소환에 응하지 않았다(Document 30: 521).

그리하여 당 지도부의 심각한 결점들과 오류들이 폭로되지 않고 그것들을 발본색원하기 위한 올바른 조치들이 취해지지 않은 상황에서 조선로동당에 어려운 상황이 생겨난 것이다. 소련공산당 중앙위와 중국공산당 중앙위가 조선로동당의 상황에 대해 의견을 교환한 결과 조선로동당 지도부와 관련하여 전개된 상황―8월 전원회의에서 최창익, 윤공흠, 서휘, 리필규, 박창옥 등 비판자들에 대한 책벌 및 출당 조치―에 대해 토론하도록 미코얀과 펑더화이를 평양에 보내기로 결정했다. 그들이 북한을 방문하는 동안 개최됐던 조선로동당 중앙위 9월 전원회의는 최창익, 박창옥 등과 관련하여 8월 전원회의 결정을 '재검토'했고, "8월 전원회의가 이 동무들의 문제를 처리함에 있어서 응당한 심중성이 부족하였으며 그의 처리방법이 간단"했다는 것을 인정했다. 전원회의는 최창익과 박창옥을 중앙위 위원으로 회복시키고 중국으로 떠났던 인사들의 당 생활을 회복시켰다. 또한 당내 생활에서 제기되는 문제들에 대해서는 광범한 비판과 토론의 방법으로 사리를 규명하여 정확한 진실에 도달하도록 노력해야 하고, 당 단체들은 당내 민주주의를 더욱 확대 발양시키며 당내 비판과 자기비판, 특히 밑으로부터의 비판을 더욱 강화할 것을 지적했다(Document 30: 521;『결정집』, 1956m: 24).

이바노프 보고서 중에서 지금 이 단락 부분은 위에서 이미 자세히 살펴보았기 때문에 축약해서 상기하면 다음과 같다. 9월 전원회의 결정을 준비하고 채택한 것은 형제적 당들의 '영향' 때문이었으며, 김일성과 중앙위 상무위원들은 대부분 마지못해 8월 전원회의에서의 결정을 '재검토'하는 데 동의했지만, 8월 전원회의 결정이 정당했고, 오히려 당이 반당그룹에게 관용을 베풀어 그들의 직위와 자격을 회복시켜주었다고 생각하는 사람들이 그때나 지금이나 당내에 존재하고 있다. 김일성은 미코얀과 펑더화이와 9월 전원회의 전문을 언론에 공표하기로 약속해놓고도 이를 지키지 않았다. 당 지도부는 9월 전원회의 결정 이행조치들을 매우 느리게 시작하고 있다. 9월 전원회의 이후 윤공흠, 서휘, 리필규, 김강이 몸담고 사업했던 부서의 간부들이 철직되고 좌천되거나 혹은 중국으로 망명했다. 박일우의 석방과 중국 유학 건이 결정됐지만 아직 그 결정이 이행되지 않고 있다(Document 30: 521~522).

내무상 방학세의 의견으로는, 민주주의적 방법을 선호하는 발언들은 이미 8월 전원회의에서 종파적·반당적이라고 비판받았고 또 그러한 행동을 한 인사들에게는 엄한 조치들이 취해졌다. 그러나 지금 현재의 국제정세를 고려할 때, 당과 국가를 지도하는 데서 보다 더 민주적인 방법을 선호하고 있는 평양과 지방의 고위 간부들이 또다시 그러한 민주주의를 주장하는 선언을 하게 될 가능성을 결코 배제하기 어렵다. 우선, 그러한 발언은 김웅 중장(민족보위성 부상), 방호산, 고봉기(중앙위 위원이며 황해남도당 위원장)의 지지를 믿는 최창익으로부터 나올 수 있다는 것이다. 방학세의 의견으로는, 또 결정적인 순간에 김두봉으로부터도 그와 비슷한 말이 나올 수 있다는 것이었다(Document 30: 522).

위에서 말한 이 모든 것은, 과거에 자신의 위치를 강화하기 위해 반복적으로 자신의 정치적 반대자들을 제거하고 또 가끔 강압적인 조치를 지나치게 사용했던 김일성이, 이제 마지못해 과거의 잘못을 시정하고 자신의 통치방법을 설득과 교육의 방법으로 열성 없이 대충 바꾸고 있는데, 자신의 리더십 방법을 바꾸는 데 아직도 '느리다'는 것을 말해주고 있다(Document 30: 522). 그러나 북한의 국제적·국내적 생활에서 일어난 1956년의 사건들이[50] 조선로동당 지도부에 모종

---

50) 이바노프 보고서는 1956년 사건들로서 "조선로동당 지도부에 대한 일부 고위인사들의 예리한 불만의 표현들, 여름에 이뤄진 김일성의 해외 인민민주주의국가들 순방, 김일성의 소련

의 긍정적인 영향을 주었다는 것을 주목해야 한다(Document 30: 522).

제3차 당 대회 이후 당의 핵심지도부에 많은 변화가 있었다. 새로 선출된 중앙위 상무위는 이전 정치위원회의 두 배 크기로 확대됐고, 김두봉과 박정애의 역할이 축소됐으며, 동시에 재선된 최용건, 김창만(당 중앙위 부위원장), 정일룡(부수상)과 김광협(조선인민군 총참모장)의 역할과 영향력이 커졌다(Document 30: 525). 당 중앙위 상무위와 간부들 중 최용건, 박금철, 김창만은 인사배치에서 조금 잘못을 저지르고 있다. 예컨대, 그들은 연안파와 소련파 몇 명의 실수를 과장해서 당과 정부의 고위직에서 그들을 제외시키려 했다. 그들은 정치위원들이었던 허가이와 박일우, 그리고 뒤이어 박창옥, 박영빈, 최창익에게도 심한 조치를 취했다. 박일우는 구속하고 최창익은 철직시켰다. 최근까지만 해도 지도부에 대한 비판적인 발언은 파벌주의나 반당적인 태도로 취급됐다(Document 30: 525).

그러나 9월 전원회의 이후에 상황이 다소 누그러졌다. 최창익은 평양으로 복귀했고 그의 사업은 재검토됐다. 박창옥은 한 시멘트공장 건설책임자로 임명받았고, 다수에게 조선로동당 입당이 다시 허용됐다. 소련파에 대한 태도가 대체적으로 호전됐다. 그들 중 일부는 이전의 직위로 복직되기도 했으며 외국기관에서 외교업무를 보는 자리로 승진되기도 했다(Document, 30: 525; Shimotomai, 2007~2008: 460).

8월 전원회의와 9월 전원회의의 결정을 설명하고 해설하는 작업이 진행 중이며, 9월 전원회의의 자료들, 즉 김일성의 보고와 폐회사, "조직문제에 관한 8월 전원회의의 결정을 재검토하는 결정"(「최창익, 윤공흠, 서휘, 리필규, 박창옥 동무들에 대한 규률문제를 개정할데 관하여」)이 토론과 설명 자료로서 각 도, 시, 구역, 초급 당 단체들에게 배포됐다(Document 30: 525).

많은 곳에서 9월 전원회의 결정 관련 토론이 8월 전원회의의 결정에 대한 토론과 함께 진행됐다. 당 조직들, 특히 내각의 성과 대기업소, 기관들의 경우, 분위

방문과 모스크바에서의 소련공산당 및 소련정부 지도자들과의 당 정책에 관한 대화, 북한의 경제관리 개선과 노동자들에 대한 물질적 지원에 더 많은 관심을 쏟으라는 모스크바로부터의 충고, 그리고 미코얀과 펑더화이가 평양에서 한 일"을 열거하고 있다(Document 30: 522).

기가 격앙되어 이틀, 사흘, 심지어 나흘간 회의가 열리기도 했다. 조선인 친구들의 보고에 의하면, 그들은 (최창익, 윤공흠, 서휘, 리필규, 박창옥의 책벌을 취소한 9월 전원회의 결정을 해설하고 설득하는 과정에서) 많은 조직사업과 해설사업을 수행해야만 했다고 한다. 즉, 당원들에게 최창익, 윤공흠 등을 원상 복귀시켜야 할 필요성을 보여주어야 했고, 또 과오를 저지른 당원들에 대해서는 '결정서에 의한 처벌과 관리의 방법'이 아닌 '인내심 있는 교육과 동지적인 태도의 방법'이 당을 지배해야 한다는 것을 설득시켜야 했다. 그리고 그들은 최창익 등을 엄중하게 비판하도록 요구한 몇몇 성명서들이 잘못된 것임을 토론과 해설사업을 통해 보여주어야만 했던 것이다(Document 30: 525).

특별히 당과 정부의 지도자들이 참석했던 당 단체들의 총회, 당 열성자 모임, 8월 전원회의와 9월 전원회의 결과 토론 모임에서는 노동자들의 물질적인 필요에 대해 충분한 관심을 보여주지 못한 지방 당과 지방 정부 지도자들에 대해 더욱 매서운 비판이 가해졌다고 한다. 특히 주택건설의 가속화, 식량과 일용품 공급 개선 등에 대한 요구들이 있었다. 또한 기업체에서 숙련공이나 십장으로 승진시킬 때 노동자들의 의견을 고려해야 한다는 제안도 있었다. 생산노동자들에게 보너스 상금을 줄 때도 직맹의 추천에 따라야 한다는 제안이 있었다고 한다(Document 30: 525~526).

9월 전원회의의 결정을 토론하는 과정에서 빛을 보게 된 당원들의 요구와 비판은 모두 조선로동당 중앙위에서 정리 요약되고 있는 중이며 앞으로 실제 사업에서 고려될 것이다. 당의 하부로부터의 비판은 다소 과감해졌으나, 아직도 상급 당 단체에 대한 비판은 약했다. 집체적 지도 원칙은 당 위원회의 실제 사업에서 (예전보다) 더 빈번히 나타나기 시작했고, 결정서에 의한 관리와 명령은 점점 더 줄어들었다. 인민 대중과 당 및 정부기관과의 유대가 강화되고 있다. 당원들을 교육하는 주요 방법으로서 '설득의 방법'이 필요하다는 논의가 10월 전원회의에서 이뤄졌는데, 그와 관련된 몇몇 자료들이 당 기관지(≪로동신문≫)에 실렸다(Document 30: 526).

어떤 당 조직에서는 8월 전원회의 결정으로 출당된 인사들에 대해 9월 전원회의 이후에 재검토됐으며, 특히 평양시당위원회의 부위원장 두 명과 조직부장의 당원자격이 회복됐다. 그러나 평양시당위원회의 전 부위원장이었던 홍성환은 '시정되기를 원하지 않는다'는 이유로 최근에 다시 출당됐다. 9월 전원회의 이후에 당에서 레닌주의적 집체적 지도와 당 생활의 규범을 준수하는 방향으로 전환하고 있는 것이 눈에 띈다. 그러나 지금 단지 그 첫발짝만을 내디뎠을 뿐이다(Document 30: 526).

당 제3차 대회와 당 중앙위 9월 전원회의 이후에 조선 친구들은 나라의 정치생활을 민주화하는 몇 가지 조치들을 이행하기 시작했다. 1956년 11월 20일과 27일에 지방 인민회의들을 선출하는 선거가 치러졌다. 1957년 4, 5월로 계획된 최고인민회의 선거도 준비를 시작했다(Document 30: 526).

김일성 개인숭배가 서서히 제거되어가고 있는 중이며 조선 친구들은 이 문제에서 점진주의적인 정책을 취하고 있다. 최근까지 조선로동당의 결정과 문서들에는 '조선로동당에는 개인숭배가 없다'고 되어 있었다. 그러나 지금은 개인숭배의 존재가 조선 친구들에 의해 인정되고 있다. 그러나 '북한에서의 개인숭배는 부정적인 결과가 없다'는 의견도 동시에 존재하고 있다. 그들은 이 개인숭배 분야에서도 성과를 내었다. 그들은 선전사업에서 김일성을 미화하는 일을 중지했으며, 문예사업은 이 방향으로 나아가기 시작하고 있다. 당과 정부의 가장 중요한 문제들은 집체적으로 결정되기 시작했으며, 리더십을 비판하는 사람들에 대해서도 더 자주 인내심이 발휘되기 시작했다(Document 30: 526).[51]

소련파와 관련된 비정상적인 상황, 1955년 말과 1956년 초에 모든 외래문물에 반대한다는 투쟁의 구실하에 발생한 조선민족의 과거(혁명)역사 관련 선전에서의 잘못, 그리고 몇몇 경우 소련에 관한 선전에서의 잘못이 지금은 모두 중단되고 없어졌다(Document 30: 526). 김일성은 형제적 당의 대표로서 미코얀과 펑더화이의 방문의 타당성에 대해 '그러한 방문은 형제적 당들 사이에 가능하고 필요하다'고 말했다(Document 30: 526).

---

51) 이바노프 보고서는 바로 이 뒤에 주민생활 향상의 필요성을 지적하면서 "이는 북한의 국내 정치 상황을 더욱 공고화하고 민주주의적 원칙하에 나라의 평화통일을 달성하기 위해 필요 불가결한 조건"이라고 적고 있다(Document 30: 527).

마지막으로, 이바노프는 그의 보고서에서 당시 극도로 악화된 조중관계(朝中關係)에 대해 긴 지면을 할애하여 보고하고 있다. 그는 '조선과 중국 지도자들 간의 관계가 완전히 정상적이라고 볼 수 없다'는 점을 지적했다. 특히 부정적인 일들이 양국관계에서 최근에 발생했다. 조중관계의 비정상성은 중국 지도자들이 6·25전쟁의 시작 및 수행과 관련된 몇몇 중요 문제, 즉 미군과 이승만 군대에 대한 전투작전과 관련하여 북한 지도자들과 의견의 차이를 보였을 때부터 존재했다는 것을 기억할 필요가 있다. 조선 지도자들과 김일성은 개인적으로 중국 친구들에 대해 정확치 못한 태도를 가지고 있으며 이러한 태도는 전쟁 중과 전후의 시기에 중국이 북한에게 제공한 막대한 원조를 생각해볼 때 당치 않은 일이다. 조선 친구들은 분명히 중국이 축적한 사회주의 건설의 경험을 충분히 연구하고 또 그것을 선전하지 않고 있다. 중국의 건설 경험을 전파하게 되면 북한의 당과 정부정책에 실질적인 이익을 가져올 것이다(Document 30: 527).

지금까지 조중 리더십 관계는 엄격히 공식적으로만 이루어져 왔다. 당과 정부 리더십 간의 개인적인 접촉은 거의 이뤄지지 않고 있다. 김일성은 중국공산당 제8차 대회에 참석하기를 거부했다. 김일성은 소련의 국경일과 관련된 행사에는 잘 참석하면서도 평양의 중국대사관에서 개최되는 국경절 관련 축하모임과 연회에는 참석하지 않는다. 조선 친구들은 중국대사관 관리들과 거의 마주치지 않고 있으며, 당과 정부의 정책에 대해 그들과 충분히 상의하지 않고 있다(Document 30: 527).

조중관계에 부정적으로 영향을 끼친 가장 중요한 사건은 북한의 많은 고위급 인사들이 중국으로 떠나버린 것이다. 조선 친구들은 중국정부가 중국으로 도피한 사람들을 송환해주기를 기대하지만, 주지하다시피 그러한 일은 발생하지 않았다. 중국 친구들은 (조선 친구들의 눈에는) 중국으로 도피한 인사들이 북한 리더십을 계속하여 "비방"하는 것으로 보일 것으로 생각했다(Document 30: 527).

최근에 중국이 조선에 대한 새로운 경제 원조를 거절한 것이 조중관계의 비정상성을 더욱 악화시키는 데 일조했다. 김일성이 추가적으로 1957년에 5,000만 위안의 원조와 신용차관을 요청했는데, 중국 지도부가 3개월 동안 대답이 없다가 이를 거절한 것이다. 이와 관련하여 조선 친구들은 1957년분 무역협정을 맺기 위해 부수상 김일을 단장으로 한 무역사절단을 중국에 보내기로 이미 합의했지만, 이를 취소했다(Document 30: 527). 조선 친구들은 1956년 9월 소련공산당과 중국공산당의 대표들이 평양에 온 데 대해 (공식적으로는) 호의적인 평가를 하면서도, 동시에 조선에서 존경받지 못하는 펑더화이가 중국공산당 대표로서 평양에 파견된 데 대해 불만을 표시했다(Document 30: 527). 위에서 살펴본 조중관계의 비정상성을 기억하고 소련공산당 중앙위가 김일성에게 이 문제에 관심을 기울이도록 충고할 필요가 있다(Document 30: 527).

위의 여러 사실들은, 조선로동당 리더십이 당내 상황을 개선하고 나라 생활을 민주화하려는 일을 어느 정도 하고 있음에도 불구하고, 조선로동당과 공화국에서의 상황이, 조선로동당 중앙위가 당 생활에서 레닌주의적 규범을 도입해야 하고 또 형제적 당들이 조선로동당의 상황에 대해 면밀한 관심을 갖도록 요구하고 있는 등, 계속하여 복잡하다는 것을 말해준다(Document 30: 527).

이상에서 이바노프 대사가 모스크바에 보낸 1956년도 북한 관련 보고서를 살펴보았다. 우리는 이 보고서를 통해 다음과 같은 사실을 알 수 있다.

첫째, 이바노프 보고서는 조선로동당과 북한국가가 1956년 8월 전원회의와 9월 전원회의를 거치면서 기본적으로 예전의 '부정적인' 면과 9월 전원회의 이후의 '긍정적인' 발전의 모습을 동시에 보여주고 있어서 상당히 복잡한 상황에 있는 것으로 평가하고 있다.

우선 부정적인 측면을 보면, 마르크스-레닌주의적 원칙들, 조선로동당 내에서의 개인숭배의 결과 극복, 집체적 영도 원칙의 준수, 민주적 법질서의 강화 등 소련공산당 제20차 대회의 중요 결정들이 조선로동당 제3차 당 대회에 반영되지 못했고, 8월 전원회의에서도 마찬가지였다는 것이다. 김일성은 9월 전원회의 결정의 전문을 공표하겠다는 미코얀과 펑더화이와의 약속도 제대로 지키지 않았고, 최창익, 박창옥 등 연안파와 소련파 인사들의 복권 관련 결정을 이행하는 데서도 전혀 서두르지 않고 있으며, 마지못해 자신의 과거의 잘못을 시정하는 듯한 모습을 보이고는 있으나 결국 자신의 리더십 스타일을 바꾸는 데는 아직도 느리다는 것이다.

그러나 이러한 부정적인 면이 여전히 존재함에도 불구하고 1956년에 북한 국내외적으로 일어난 사건들이 '조선로동당 지도부에 모종의 긍정적인 영향을 주었다'고 평가하고 있다. 예컨대, 비록 점진적이긴 하지만, 북한에서 김일성 개인숭배를 제거하는 정책을 취하고 있고, 선전사업에서 김일성을 미화하는 일이 중지되어 문예사업도 그 방향으로 나아가기 시작했으며, 9월 전원회의 이후에는 비록 시작에 불과하지만 당에서 레닌주의적 집체적 지도와 당 생활 규범의 준수가 이뤄지고 있다는 것이다. 그리고 당의 하부로부터 상부에 대한 비판은 다소 과감해졌고, 인민 대중과 당 및 정부기관과의 유대가 강화되고 있다는 것이다.

둘째, 1956년 말 당시 북한 정세는 아직도 최창익과 김두봉 같은 연안파 인사들에 의해 '8월 종파사건'과 같은 것이 재발할 수 있는 불안정한 상황이라는 내무상 방학세의 의견이 우리의 주목을 끈다. 방학세는 당시 국내치안 전반을 맡고 있는 내무상이었기 때문에 그의 평가는 9월 전원회의 이후 3개월이 지난 12월 말 현재 북한의 정치상황이 여전히 불안정하고 뒤숭숭했다는 것을 잘 말해주고 있다고 하겠다. 참고로, 1957년 5~6월에 김일성대학교에서 일부 교수들이 '8월 종파사건' 주모자들의 주장과 비슷한 주장을 하여 출당당하고 교수직으로부터 철직되었다. 그리고 7월에는 평양시당을 포함한 여러 곳의 중급 활동가들이 중국으로 망명하려다가 체포되기도 했다. 10월에도 중국으로 탈출 시도가 있었다(NKIDP Document 7, 27~28; NKIDP Document 8, 30; NKIDP Document 12, 37~38).

셋째, 9월 전원회의의 모든 자료들이 토론과 설명 자료로서 각 도, 시, 구역, 초급 당 단체들에게 배포됐는데, 많은 곳에서 분위기가 격앙되어 이틀, 사흘, 심지어 나흘간 회의가 열리기도 했다는 것이 우리의 주목을 끈다. 당시 조선로동당 중앙위가 하급 당 단체들에게 8월 전원회의와 9월 전원회의의 결정들 간의 모순과 충돌에 대해 논리적으로 해설하고 또 그들을 설득하는 데 어려움을 겪었음을 알 수 있다. 또 이 과정에서 그동안 노동자들의 물질적 필요에 대해 충분한 관심을 보여주지 못한 지방 당 지도자들과 지방정부 지도자들이 매서운 비판을 받았으며, 토론 과정에서 나온 당원들의 요구와 비판이 모두 당 중앙위에서 취합되고 있다는 것도 흥미롭다.

마지막으로, 북한과 소련의 관계는 9월 전원회의 이후 많이 개선된 것으로 보인다. 반소 선전사업이 모두 중단되고 없어졌으며, 소련파에 대한 태도가 대체적으로 호전되어 그들 중 일부는 이전의 직위로 복직되기도 했으며 외국기관에서 외교업무를 보는 자리로 승진되기도 했다는 것이다.

그러나 북한과 중국의 관계는 크게 악화되어 있음을 알 수 있다. 북중관계의 '비정상성'이 지속되고 있어서 소련대사인 이바노프가 오히려 이를 걱정하고 있으며, 그는 심지어 '소련공산당 중앙위가 김일성에게 이 문제에 관심을 기울이도록 충고할 필요가 있다'고까지 이야기하고 있다. 이바노프는 6·25전쟁 시와 전후에 중국이 북한에게 제공한 막대한 원조를 생각해볼 때 김일성이 중국에게 잘못하고 있으며 이는 당치 않은 일이라고 평가하고 있다.

참고로, 소련의 이러한 조중관계에 대한 걱정은 1955년 4월 소련공산당 중앙위에 올린 소련 외무부상 페도렌코와 소련공산당 중앙위 해외공산당관계국장 포노마레프 공동명의로 된 「조선민주주의인민공화국 상황에 대한 보고」에도 잘 나타나 있다. 북한 지도자들이 의례적인 방문 외에는 평양 동쪽 평안남도 회창(檜倉)에 있는 중국인민지원군 사령부에 거의 방문하지 않고 있으며, 중국군사령부도 조선인들과 소통하지 않고 있다는 것이다. 흥미로운 점은 김일성이 박일우와 방호산 같은 뛰어난 연안파 지도자들을 제거해나가는 데는 소련파들의 영향력이 작용했음을 배제할 수 없다는 것을 밝히고 있다는 점이다. 김일성은 소련군과 소련 고문들에게 "전적으로" 의존하고 있다는 것이다. 북한의 중국에 대한 소홀한 대접은 중국으로 하여금 북한을 소홀히 대접하도록 했는데, 중국은 1952년 2월 평양 주재 중국대사를 소환한 이후 1955년 1월까지 새로 대사를 임명하지 않았으며, 베이징 주재 북한 대사관에서 개최된 연회에서도 저우언라이가 북한사람들에게 말을 거의 하지 않는 모습을 보였다는 것이다(NKIDP Document 1, 11~12).

4. '8월 종파사건'의 평가

그렇다면 1956년 8월 전원회의와 9월 전원회의를 중심으로 살펴본 '8월 종파사건'를 어떻게 평가할 수 있을까? 여기에서는 '8월 종파사건'의 성격과 목표, 소련공산당과 평양 주재 소련대사관의 역할, 중국공산당과 평양 주재 중국대사관의 역할, 김일성이 '8월 종파사건'에서 살아남은 이유를 살펴보기로 하자.

이 책의 '8월 종파사건'에 대한 평가는 이 사건에 대한 기존 연구물들의 평가와의 '비교연구적 관점'에서 이뤄질 것이다. 구체적으로, 안드레이 란코프(Andrei Lankov)(Lankov, 2002; Lankov, 2005), 벌라주 설론터이(Balázs Szalontai)(Szalontai, 2005), 제임스 퍼슨(James F. Person)(Person, 2006; Person, 2007~2008), 이종석(이종석, 1995; 이종석, 2000; 이종석, 2010)의 연구를 살펴보고 필자의 의견을 제시할 것이다.

'8월 종파사건'의 성격, 목표

앞에서 살펴본 바와 같이, 김일성이 동유럽국가들, 소련, 몽골 순방을 떠난 기회를 이용하여 연안파와 소련파가 손을 잡고 본격적인 반김일성 궁정쿠데타 시도 모의를 했고, 이 소식은 평양에 남아 있던 최용건 등 김일성파의 귀에 들어갔다. 김일성도 동유럽을 갈 때와 돌아올 때 모스크바에 두 번 들렀는데, 이때 소련 지도부가 만나자마자 단도직입적으로 북한의 상황에 대해 강력한 충고를 하는 태도에서 무엇인가 이상한 낌새를 챘을 것으로 보인다.

김일성은 해외순방에서 돌아오자마자, 해외순방 결과를 보고하는 당 중앙위 전원회의 개최를 최대한 뒤로 미루면서 반김일성 연합세력의 각개 격파에 나섰다. 8월 중순경부터는 반김일성 연합세력의 활동이 어느 정도 줄어들었고 8월 말에 전원회의를 개최할 때까지는 김일성과 그의 지지자들은 반김일성 연합세력의 거사에 대해 만반의 대비를 마쳤던 것이다. 만일 반김일성 세력이 좋지 않은 발언을 하면 단상에서 끌어내리는 등 초강경 대응을 한다는 입장을 정리하고 있었을 것으로 보인다. 그리고 실제로 궁정쿠데타 시도를 계획대로 진압 했고 주모자들을 엄하게 책벌했다.

김일성은 '8월 종파사건'의 성격을 '당내에서 헤게모니를 쟁취'하기 위한 종파적·반당적 사건으로 명확히 규정하고 있다. 이는 박의완이 평양 주재 소련대사 이바노프에게 '궁정쿠데타와 유사한 심각한 음모'라고 성격을 규정한 것과 동일선상에 있다(Document 19: 491). 그리고 "이미 공동으로 작성한 윤공흠동무의 토론에서 나타난 바와 같이"라는 표현을 보면, 김일성이 8월 전원회의 당일 윤공흠의 공격을 개인 차원의 공격이 아니라 궁정쿠데타 음모 세력의 대표로서 한 공격으로 받아들였음을 알 수 있다.

사실 '8월 종파사건'의 주모자들을 책벌하는 8월 전원회의 결정은 '8월 종파사건'의 모의과정 및 거사계획과 관련하여, 비밀 해제된 소련문서들에 들어 있지 않은 중요한 정보들을 담고 있다.

반김일성 연합세력은 평양시당위원회 내의 일부 추종분자들과 평양시내 일부 성, 국 기관들에 있는 그들의 측근들을 부추겼고, 직맹단체들을 행정관리 측과 정권기관들에 대립시키려 했으며, 심지어 반당적 영향을 '인민군대 내부'에까지 침식시키려고 시도했다는 것이다. 그리고 8월 전원회의에서 거사 계획대로 김일성을 비판하여 당 중앙위에 혼란과 분열이 야기되면, 그들은 자신들의 추종분자들을 발동시켜 평양시에서 '당 열성자회의'를 소집케 하고 황해남도에서는 이에 호응하여 일제히 당과 정부의 지도부를 공격하여 나서도록 모의했다는 것이다.

이는 '8월 종파사건'이 단순히 김일성을 비판하기 위한 목적으로 반김일성 연합세력이 일으킨 일회성 에피소드가 아니라, 확실히 당-국가권력 탈취를 목적으로 한 궁정쿠데타 시도였음을 말해주고 있다. 특히 '반당적 영향을 인민군대 내부에까지 침식시키려고 시도'한 것은 더욱 그러한 궁정쿠데타의 성격을 뒷받침해주고 있다.

이와 관련하여, 김일성이 정부 대표단을 인솔하여 해외순방을 마치고 귀국한 바로 다음 날인 1956년 7월 20일[14일] 리필규가 평양 주재 소련대리공사 페트로프에게 알려준 이야기를 상기해보자. 리필규는 김일성과 그의 최측근들을 반대하여 가능한 한 조속히 어떤 행동을 취하는 것이 필요한데, 그 내용은 조선로동당 중앙위와 정부의 '현 지도부의 교체'이며, 구체적으로 '두 가지 방법'을 언급했다. 그는 당내에서 예리하고 결정적인 비판과 자아비판을 하는 것도 한 가지 방법이지만 이러한 방법이 성공할지 의심스럽기 때문에, 비록 그것이 "희생을 수반하는 어려운 길"이 되겠지만, "힘을 사용하여 김일성을 축출하는 격변의 방법"을 사용하기로 했다는 식으로 이야기했다. 그리고 이 두 번째 방법을 위해 "적절한 준비"를 하고 있다고 통보했던 것이다(Document 11: 479). 리필규의 말은 '8월 종파사건'이 궁정쿠데타에 가까운 사건이었음을 다시 한 번 확인해주고 있다.

참고로, 1979년에 조선로동당이 출간한 『조선로동당략사』는 '8월 종파사건'의 성격을 다음과 같이 규정했다.

8월 전원회의에서 폭로 분쇄된 종파는 엠·엘파 잔당을 비롯하여 역사적으로 내려오던 여러 종파들의 잔여분자들이 결탁한 연합도당이었으며, 이 종파도당을 "외부세력을 등에 업고 나선 사대주의자들, 국제 수정주의에 호응하여 나선 수정주의분자들의 집단"이라고 규정했다. 사대주의자 최창익, 박창옥 도당은 "줄곧 우리 당의 주체로선의 관철을 방해하여 왔으며 외부세력과 연계를 맺으면서 자기들의 정치적 야욕을 실현할 기회만을 엿보고" 있었던 자들로서 국제 공산주의운동 안에서 '수정주의'가 머리를 쳐들게 되자 북한에서 그 대변자로 나섰던 것으로 비판했다. 이들은 김일성의 항일혁명전통과 주체노선을 비판했으며, "철두철미 사대주의적이며 수정주의적이며 반혁명적인 목적을 추구"한 자들이었다는 것이다. 따라서 "이 도당을 반대하는 우리 당의 투쟁은 반종파 투쟁인 동시에 반사대주의 투쟁, 반수정주의 투쟁, 반혁명파와의 투쟁"이 됐다고 했다(조선로동당 중앙위원회 당력사연구소, 1979: 440~442).

『조선로동당략사』에서 규정된 '8월 종파사건'의 성격과 평가에서 주목할 만한 것은 반김일성 연합세력은 외세인 중국, 소련과 연결된 사대주의자, 수정주의자들로서 김일성의 항일혁명전통과 주체노선을 반대했음을 강조하면서 반김일성 연합세력을 반대하는 투쟁을 '반종파 투쟁인 동시에 반사대주의 투쟁, 반수정주의 투쟁, 반혁명 투쟁'으로 규정했다는 점이다.

이는 향후 북한의 대외정책에서 중국과 소련의 영향력과 의존을 벗어나 '주체노선'으로 나아갈 것임을 밝히고, 특히 '종파주의자'들에 대한 철저한 '반종파 투쟁'을 예고하면서 그러한 투쟁을 통해 궁극적으로 세력연합의 단계를 넘어 단일지도체계의 단계로 진입할 것을 선언한 것이었다.

마지막으로, '8월 종파사건'은 김일성에게 당-국가체제를 건설하고 운영하는 데서 개인적으로 큰 깨달음을 준 사건이었다. 김일성은 한참 '유일사상체계'를 세우고 있던 1967년 3월에 한 연설에서 자신은 "1956년 이전까지는 내각에 있으면서 주로 행정사업을 보아왔기 때문에 당 내부사업에 미처 머리를 쓸 사이가 없"어서 "이러한 기회를 이용하여 당 안에서는 종파분자들이 머리를 쳐들고 우리 당의 유일사상체계를 허물어보려고 저희들끼리 은밀히 몰려다니면서 쏠라닥거렸"다고 회고했다. 그는 "행정사업은 혹 실수해도 인차[이제 곧] 고칠 수 있지만 당 사업에서 과오를 범하면 고치기 어렵"기 때문에 자신이 "1956년부터 당 사업을 직접 틀어쥐고 지도"했다고 했다(김일성, 1983f: 136~137).

김일성은 궁정쿠데타에 가까운 '8월 종파사건'을 겪으면서 사회주의 당-국가 체제인 북한에서 권력을 장악하고 유지·확대하기 위해서는 기본적으로 '당 권력'을 확실히 하는 것이 중요하다는 것을 깨달았던 것이다. 이런 교훈은 철저한 '반종파 투쟁'과 반사대주의 투쟁, 반수정주의 투쟁, 반혁명 투쟁으로 나타났다.

이제 '8월 종파사건'의 성격과 이 사건에서의 반김일성 연합세력의 목표에 대해 소련멸망 이후 비밀해제된 소련문서와 동유럽 국가들의 문서를 집중적으로 연구한 란코프, 설론터이, 그리고 퍼슨의 주장을 살펴보기로 하자.

란코프의 주장

안드레이 란코프는 '8월 종파사건'은 기본적으로 '더 토착적이고, 더 독립적이며, 더 민족주의적인, 그러나 더 억압적이고, 더 앞뒤를 가리지 않는, 그리고 궁극적으로 더 가혹한 경향'을 가진 김일성으로 대표되는 정치집단과 '더 개방적이며, 더 자유주의적이며, 그러나 더 친외국 정치노선'을 가진 반김일성파 정치집단 사이의 '충돌'이라고 본다(Lankov, 2005: 221).

란코프는 반김일성 연합세력이, 마치 흐루쇼프가 '탈스탈린화'를 추구했던 것처럼, 김일성 개인숭배 등을 벗어나 '탈김일성화'를 원했으며, 따라서 그들은 처음부터 당 중앙위에서 투표를 통해 정책노선을 바꾸고 김일성과 그의 일당을 교체하려고 계획했다고 주장한다(Lankov, 2002: 154, 180; Person, 2007~2008: 447).

그리고 그들은 현존하는 제도적 틀 속에서 합법적인 수단에 의거하여 목표를 달성하려 했으나, 그러한 시도가 실패했다는 것이다(Lankov, 2002: 162, 174, 182).

란코프는 반김일성 연합파의 거사에 있어서 파벌 간의 증오와 속임, 개인적 차원의 정치적 이익, 그리고 1955년 하순 김일성의 소련파 탄압에 대한 소련파들의 복수심, 인사문제에 대한 관심, 과도한 김일성의 개인숭배, 자의적인 구속·고문·사형 등 사회주의 법질서의 왜곡, 좀 더 나은 민주주의적 질서에 대한 열망 등이 복잡하게 얽혀서 그 동기로 작용했다고 보았다(Lankov, 2002: 180~182).

란코프는 또 최창익 등 '8월 종파사건'을 일으킨 사람들은 '어떤 원칙에 기반을 둔 프로그램'을 갖고 있지 못한 것으로 보았다(Lankov, 2002: 192~193). 그런데 란코프의 이러한 주장은 반김일성 연합세력이 '사상'과 '정체성'의 싸움에서 가장 강력한 무기 자체를 갖지 못했다는 것을 의미한다. 그들은 자신들 내부에 어떤 '공통적인 사상과 정체성의 공유' 연합이 아니라 단지 '반김일성적 이익' 연합을 형성했던 것이다. 이는 본질적으로 매우 취약한 연합이었다. 그리고 그들은 결국 실패했던 것이다.

설론터이의 주장

한편, 벌라주 설론터이는 헝가리국립문서보관소(Hungarian National Archives)를 포함한 동·중유럽 사회주의국가들의 비밀해제 문서들을 바탕으로,[52] '8월 종파사건'은 '김일성의 통치에 대한 심각한 도전이었다기보다는 당시 정치 흐름을 바꿔보려는 절박한 시도'(a desperate attempt to turn the tide rather than a serious challenge to Kim's rule)였다고 주장한다(Szalontai, 2003~2004: 91; Szalontai, 2005: 95).

---

52) 평양 주재 헝가리대사관이 북한 정세에 대해 얻은 정보들은 평양 주재 소련대사관과의 소통에 의해 취득된 것들도 있었지만, 흥미롭게도 헝가리 유학 후 귀국하여 평양 주재 헝가리대사관과 접촉을 유지하고 있었던 헝가리 유학생 출신들 덕분이기도 했다(Szalontai, 2003~2004: 87).

한편, 소련지도부는 1956년에 동유럽 사회주의국가들인 헝가리와 불가리아에서 문제가 생겼을 때는 '소(小)스탈린' 지도자들을 바로 제거했지만, 북한에 대해서는 달랐다. 소련은 동유럽 소스탈린 지도자들처럼 개인숭배, 집체적 지도의 경시 등 문제가 많은 김일성을 어찌 보면 꽤 억지로 지지하면서 그의 정책에 반복적으로 간섭했으나, 그를 지도자에서 끌어내려 교체하려고 하지는 않았다는 것이다.

설론터이는 이런 맥락에서 나중에 조선로동당 9월 전원회의에서 소련공산당이 중국공산당과 공동으로 취한 행동도 소련파와 연안파 숙청에 대한 '원상복구' 요구였지 결코 김일성의 통치 자체를 불신임하여 '김일성의 권력기반을 붕괴' 시키려는 것이 아니었다고 주장한다(Szalontai, 2003-2004: 91; Szalontai, 2005: 99).

나중에 '8월 종파사건' 주모자 최창익과 박창옥을 조사해보았지만, 그들은 힘으로 쿠데타를 일으키거나 정책에서 근본적인 변화를 추구할 의도는 없었고, 단지 북한 지도부에 '변화'를 일으키기 위해 8월 전원회의에서 자신들의 동조자로써 다수(a majority)를 형성해보려고 했다는 것이다. 단지 이 과정에서 어떤 그룹이 자신들의 반김일성 연합에 들어와서 자신들과 '동일한 구호'를 외치면서 힘으로 지도부를 교체하려고 했으며, 이들 중에 어떤 이들은 '한국판 포즈난'을 일으켜 보려고 했다는 것이다. 그리고 아마도 미국과 남한의 간첩들이 이러한 행위에 동참했을 것이라는 것이다(NKIDP Document 7, 28; NKIDP Document 12, 38).

퍼슨의 주장

한편, 제임스 퍼슨은 '8월 종파사건'은 '쿠데타 시도'라기보다는 연안파와 소련파가 소련에서의 탈스탈린화를 자신들에게 적대적인 조선로동당 지도부를 숙청하는 수단으로 이용하여 조선로동당에서 소련공산당과 중국공산당의 영향력뿐만 아니라 자신들의 영향력이 축소되어간 것을 되돌려보려는 노력이었다고 주장한다. 반김일성 연합파는 김일성이 당내에서 적절한 정책변화를 보이는 한 그를 권좌에서 제거하지 않고 예리한 비판과 자아비판을 통해 자신들의 목적을 달성할 수 있을 것으로 보았다는 것이다(Person, 2006: 49).

퍼슨은 '8월 종파사건'과 관련하여 다음 세 가지 주장을 하고 있다. 첫째, 반
김일성 운동은 김일성이 해외 순방에서 돌아온 후에 급조된 것이 아니라, 소련
공산당 제20차 대회 이후인 1956년 4월에 개최된 조선로동당 제3차 대회 이후
연안파와 소련파 인사들이 김일성을 공개적으로 대담하게 비판을 시작한 때로
부터 시작됐다. 둘째, 연안파와 소련파는 김일성에 대한 직접적인 비판을 넘어
서서 김일성이 해외순방을 하고 있던 동안 소련공산당과 중국공산당 지도자들
에게 김일성을 비판하는 호소를 했다. 셋째, 반김일성 연합세력은 먼저 김일성
에게 비판적 충고를 했으나 그가 더 이상 듣지 않자, 그때 가서 비로소 문제를 직
접 자신들이 장악하여 8월 전원회의에서 김일성으로 하여금 자아비판을 하도록
강요했으며 또 민주주의 원칙에 의거하여 투표를 통해 김일성을 교체하는 것을
'마지막 수단'으로 생각했다(Person, 2006: 4, 49).

보다 근본적으로, 퍼슨은 8월 종파사건이 전통적으로 알려진 파벌 간의 권력
투쟁, 심지어 쿠데타라기보다는 다른 수많은 요인들과 동기들이 작용한 것이었
다고 주장한다. 김일성과 반김일성파들은 권력 자체뿐만 아니라 이데올로기, 선
호 등에 차이가 있었다. '8월 종파사건'을 촉진시켰던 원인은 파벌 권력투쟁이
나 김일성의 장기간의 해외순방이 아니었고, 오히려 전후 사회주의 발전전략에
대해 3년간 논쟁을 한 후에 연안파와 소련파가 김일성으로 하여금 '신경제 개혁
("New Course" economic reform)'을 채택하도록 설득하기 위해 마지막 필사적인
시도를 한 것이었다. 따라서 '8월 종파사건'은 단순한 파벌 권력투쟁의 관점보
다는 조선공산당 내와 공산주의 블록 전체를 통해서 '사회주의 근대화에 대한
비전'의 '경쟁'이라는[53] 보다 넓은 맥락 속에서 보아야 한다는 것이다(Person,

---

53) 퍼슨은 소련의 문서보관소 문서들이 '8월 종파사건' 직후까지 소련파나 연안파에 대한 언
　　급을 하고 있지 않다면서 다음과 같은 주장을 하고 있다. 김일성이 1955년 후반부터 소련 지
　　도자들로부터 북한경제를 개혁하도록 압력을 받자 1956년 8월까지 이르는 기간에 '소비재
　　파'를 각각 '연안파'와 '소련파'로 분류하고 이들에 대해 "상이한 그룹 정체성(separate group
　　indentities)"을 부여하여 공격했다는 것이다. 1955년 12월 소련파 문예인들에 대한 공격이
　　그러한 예였다는 것이다. 김일성이 1956년 8월까지 해서 소련파와 연안파 등 자신의 정책에
　　반대하는 자들을 '종파주의자'로 낙인찍었고, 이로써 소련파와 연안파의 존재를 '존재론

2007~2008: 447~448).

필자의 주장

필자는 '8월 종파사건'은 '사상'과 '정체성'의 차이를 지닌 파벌들 간의 연합
과 경쟁에 의해 발생한 권력투쟁으로서 '궁정 쿠데타 시도'였다고 본다. '8월 종
파사건'은 반김일성 연합세력이 단순히 당 중앙위에서 비판과 자아비판, 그리고
투표를 통해 김일성을 교체하겠다는 목표를 넘어서서 평양시당, 직총, 인민군대
일부와 미리 내통하여, 비폭력적인 방법으로 목적 달성이 어려운 경우, 폭력적
인 방법을 통해 김일성을 제거하려고 했던 것이다. 무엇보다도 당시 반김일성
연합세력의 핵심 인물 중의 하나였던 박의완이 '8월 종파사건'의 성격을 "궁정
쿠데타와 유사한 심각한 음모"로 규정한 것을(Document 20: 491) 중시한다.

필자는 '8월 종파사건'은 단순한 파벌 권력투쟁의 관점보다는 조선공산당 내
와 공산주의 블록 전체를 통해서 '사회주의 근대화에 대한 비전'의 '경쟁'이라
는 보다 넓은 맥락 속에서 보아야 한다는 퍼슨의 주장에 동의한다. 그러나 그는
'8월 종파사건'의 성격을 너무 '전후 복구발전 노선' 투쟁에 한정하여 이해하고
있다.

이 책의 제5장 「'8월 종파사건'의 배경: 사상과 정체성의 충돌」에서 자세히
살펴보았듯이, 연안파와 소련파, 그리고 김일성파는 이미 오래전부터 '사상'과
'정체성'에서 상이한 그룹들이었다. 이들은 전후 복구발전 노선에서 '중공업 우
선 발전 vs. 소비재공업 우선 발전', 그리고 '농업협동화 찬성 vs. 농업협동화 반
대'로 차이를 보였으며, 사상사업에서 '주체 확립 vs. 교조주의 및 형식주의'의
충돌을 보였다.

현실'로 만들어냈다는 것이다(Person, 2007~2008: 449). 그런데 '연안파'와 '소련파'라는
'파벌 정체성'은 퍼슨이 주장하듯이 1955년부터 김일성이 전략적으로 만들어낸 것이 아니
고, 이 책의 제5장에서 보았듯이, 훨씬 오래전부터 '현실적으로 존재'했던 것이다. 퍼슨이 그
러한 주장을 한 것은 그가 비밀해제된 소련대사관 문서에만 의존했기 때문으로 보인다.

이러한 사상과 정체성의 차이의 바탕 위에서 반김일성 연합파들은 김일성 개인숭배가 심해지고, 김일성 항일빨치산혁명 경험 중심으로 과도하게 조선혁명 역사가 왜곡되며, 인사배치에서 김일성파를 과도하게 중용하는 데 대한 불만을 갖고 있었다. 그러한 상황에서 소련공산당 제20차 대회, 폴란드 포즈난 사건, 김일성의 해외 순방, 모스크바 주재 북한대사 리상조의 반김일성 역할, 평양 주재 소련대사관의 일부 외교관들의 역할, 조선로동당 제3차 대회와 같은 정치기회구조의 요소들이 결합하여 반김일성파들이 궁정 쿠데타를 시도할 수 있는 기회의 창문이 열렸던 것이다.

'8월 종파사건'은 그동안 상이한 사상과 정체성을 갖고 있었던 파벌들 간의 대회전이었고, 이 대회전은 김일성과 그의 지지자들이 승리하여 향후 김일성 항일빨치산파가 모든 파벌과의 경쟁에서 최종 승리로 나아가는 전환점이 되었다. 다른 한편, 소련과 중국 등 외세와 연계를 맺고 있었던 세력들[연안파, 소련파]이 '8월 종파사건'을 통해서 '북한 내정의 국제화'를 시도했고, 김일성은 이를 막아내면서 대외관계에서 주권을 확보하기 위한 '주체'의 확립에 성공하게 됐다.

김일성은 1957년 12월 당 중앙위 전원회의에서 '8월 종파사건'을 일으킨 연안파와 소련파 그룹들은 어떤 '사상적 강령'을 갖고 있지 못했고, 그들은 단지 '입신출세주의'적 목표만을 갖고 있었다고 했다(NKIDP Document 13, 40). 이는 당시 북한의 권력투쟁이 '사상'과 '정체성'의 투쟁을 중심으로 일어났다는 점을 고려할 때, 김일성의 평가는 반김일성 연합세력이 실패할 수밖에 없었던 큰 약점을 갖고 있었음을 지적한 셈이었다.

소련공산당과 평양 주재 소련대사관의 역할

'8월 종파사건'에 소련과 소련대사관이 어느 정도로 개입했을까? 다시 말해, 1956년 '8월 종파사건'에서 반김일성 연합세력이 궁정쿠데타를 시도하고 또 김일성과 김일성 지지자들은 그러한 쿠데타 시도를 막아내는 데 있어서 '대외 정치기회구조'로서의 소련과 소련대사관의 역할은 무엇이었는가? 그동안 '8월 종파사건'에서 소련과 소련대사관의 역할은 논란의 대상이 되어왔다. 특히 '8월 종파사건'의 모의과정에서 소련의 역할에 대해 의문이 많았다.

사실상 1956년 당시 세계공산주의운동 종주국으로서 소련의 위상과 역할은 북한과의 관계에서도 적나라하게 나타났다. 예컨대, 소련공산당 중앙위와 소련 대사관은 조선로동당 제3차 대회에서 개정할 당 규약의 초안을 북한으로부터 미리 받아서 수정할 내용을 승인했다(Document 2: 468~469). 또한 1956년 4월 19일자 평양 주재 소련대사 이바노프와 김일성 사이의 대화를 보면, 소련공산당 이 5·1절 평양 시가행진의 순서에 대해 승인하는 전문을 평양 주재 소련대사관 에 보내고 이바노프 대사가 그것을 김일성에게 전달하고 있다. 평양의 여러 곳을 마르크스와 레닌의 초상화로 장식하고, 참가자들은 마르크스, 레닌, 소련공 산당과 소련정부의 지도자들, 그리고 북한의 당과 정부의 지도자들의 초상화를 들고 행진한다는 내용이었다(Document 3: 469).

당시 소련대사관은 소련파 인사들이 수시로 들락거리며 김일성에 대한 불만 을 토로하고, '8월 종파사건'을 모의하는 과정에서 반김일성 연합 형성에 대한 소련정부의 의견을 떠보며, 자신들이 어떻게 해야 할지 충고를 구하기도 했다 (Document 12: 481). 또 '8월 종파사건'의 거사 계획이 확실해진 다음에는 이를 사전에 알려주기도 했다(Document 11: 479). 당시 소련파는 소련공산당원 자격 이나 소련시민권의 유지 여부와는 상관없이 소련과 소련공산당에 대한 '연계 정 체성'을 갖고 있었다(Document 6: 473; Document 19: 491).

김일성도 '8월 종파사건'에 소련과 소련대사관이 연계되어 있었다고 보았다. 훗날 1961년 10월 평양을 방문한 한 알바니아 지도자에게 1956년 당시 "종파주 의자들은 그들 혼자가 아니었다. 그들은 해외로부터 지지를 받았고, 소련 동지 들이 우리에게 압력을 가하기 위해 그들을 이용했다"고 회고했다. 김일성은 "우 리는 그들[소련 동지들]이 무엇을 원하는지를 알고 있었다. 그들은 근거없는 구 실을 내세워 (조선로동당) 지도부를 변화시키려고[교체하려고] 했다"고 했다. 그 러나 김일성은 당 중앙위의 단결을 확신했고, 결국 9월 전원회의에서 종파주의 자들의 가면을 벗기고 그들을 내쳤다고 했다. 그러한 상황에서는 "소련 동지들 도 할 수 있는 일이 없었다. 그들은 종파주의자들이 어떤 지지나 후원도 받지 못 한 것을 보았다. 나의 목을 자르기 위한 의도를 갖고 (9월 전원회의에) 온 사람들은 …… 빈손으로 돌아가야만 했다"라고 말했다(Person, 2006: 2).

물론 김일성의 이 회고는 5년여의 시간이 지난 다음에 회고한 것이고, 무엇보다도 1961년 당시는 알바니아가 소련의 수정주의를 반대하고 소련과 대결을 하고 있던 때였다. 알바니아와 마찬가지로 소련의 수정주의를 반대하고 있던 김일성이 "(1956년 당시 조선로동당이 겪었던) 어려움은 지금 당신들[알바니아로동당]이 겪고 있는 어려움과 같았다"고 하는 등(Person, 2006: 2) 동지적 입장에서 소련을 비판하여 한 이야기이기는 하다. 그러나 김일성은, '8월 종파사건'이 발생한 8월 전원회의에서 자신의 토론을 통해 밝혔듯이, 당시 '분명히 최창익과 박창옥 등 불평분자들을 이끌며 조선로동당의 정책들이 정확하지 못하다고 생각하는 인물이 평양 주재 소련대사관에 있다'고 판단했고, 또 그것을 밝히기 위해 박정애와 남일을 소련대사관에 보내기도 했던 것이다(Document 19: 490).

참고로, 1957년 12월 당 중앙위 전원회의에서 김일성이 발언한 것을 보면, 김일성은 미코얀이 나중인 9월 전원회의를 위해 북한에 왔을 때 '평양 주재 소련대사관에 바람직하지 못한 사람들이 있다'고 항의했고, 결국 문제가 됐던 소련 외교관들은 모스크바로 소환됐다고 한다. 그런데 '8월 종파사건'이 발생한 1956년 8월부터 1957년 6월까지 소련대사관을 떠난 이들은 페트로프와 필라토프였고, 이들은 반김일성파 인사들과 직접 접촉한 외교관들이었다. 흥미롭게도 이 두 사람 모두 소련공산당에서 평양 주재 소련대사관에 '당 사업'을 위해 보낸 사람들이었다. 페트로프는 '당 조직 책임'자였고, 필라토프는 '문화 참사'였다(김동길 인터뷰, 2010.8.10; 고봉기 외, 1989: 98). 이들이 김일성의 주장처럼 '바람직하지 못한 사람들'이었다면, 이들, 즉 소련대사관은 상당한 정도로 '8월 종파사건'에서 반김일성 연합세력을 지지했었다는 뜻이 된다(Lankov, 2005:108). 특히 피메노프의 기록에 의하면, 필라토프는 반김일성파 인물들과 깊은 관계를 맺었던 것으로 보인다(정창현, 2002: 253).

그렇다면 소련과 평양 주재 소련대사관은 '8월 종파사건'의 사전 모의와 실행, 그리고 사후에 어떻게 어느 정도로 관여했는가? 이종석, 란코프, 설론터이의 주장을 살펴본 다음, 필자의 의견을 제시하고자 한다.

우선, 이종석은 소련이 '암암리에' 반김일성 운동을 부추긴 것으로 해석하고 있다. 단지 소련은 자신이 반김일성 운동을 부추기지 않았다는 인상을 주고, 북한 내정에 깊숙이 개입했다는 사실을 남기지 않으려고 노력했다는 것이다. 또한 소련파가 아닌 연안파를 앞세움으로써 만일 거사가 실패할 경우 책임론에서 벗어나려는 의도가 있었다고 보고 있다. 9월 전원회의 개최 과정에서 보듯이, 유사시에 북한에 개입하는 경우에도 단독으로 하지 않고 중국을 끌어들여 공동으로 개입했다는 것이다. 소련 지도부는 연안파의 권력 장악을 원하지 않았기 때문에 김일성을 권좌에서 축출하는 것보다는 김일성을 포함한 권력분점, 즉 집단지도 체제를 구상했다는 것이다(이종석, 2010: 390~391).

이종석은 서휘의 증언을[54] 인용하여 당시 북한 주재 소련대사 이바노프는 연안파 최고실력자인 최창익에게 김일성을 당 중앙위원들의 결의로 합법적으로 당 위원장에서 끌어내리고 대신 그가 당을 장악하고 김일성은 내각 수상에만 전념케 하자는 제의를 했다고 주장한다. 서휘의 증언에 의하면, 이바노프는 최창익에게 말하기를, "조선 당에서 제일 고참은 당신이다. 이제 당신이 책임질 시대가 왔다"면서 최창익에게 거사를 부추겼다. 최창익은 "안 하겠다"고 주저했으나 몇 차례 같은 제안을 받고 연안파인 직업총동맹위원장 서휘와 상의 끝에 이바노프의 제안을 수락했다고 한다. 당시 그와 같은 소문이 당 중앙위원들뿐만 아니라 상층 간부들에게까지 퍼져 있었다는 것이다(이종석, 1995: 276; 이종석, 2000a: 210~211; 이종석, 2010: 391).[55] 결론적으로, 이종석은 당시 생존자들의 증언과 정황을 근거로 종합하건대, 소련의 개입은 '보다 적극적'이었던 것으로 보고 있다.

그러나 이종석의 이러한 해석은 '서휘 증언'에 과도하게 의존하고 있는 것으로 생각된다. 서휘뿐만 아니라 최창익 등 연안파는 김일성에 대한 불만이 가득

---

54) '서휘 증언'은 《중앙일보》 기자 안성규가 1991년 6월 중국 시안(西安)에서 서휘를 만나 녹취한 것이다. 이종석은 자신의 연구에서 이 '서휘 증언'을 인용했다.

55) 서휘는 김일성이 동유럽, 소련, 몽골 순방을 떠나기 전에 이미 당시 석탄상이었던 국내파 류축운으로부터 그러한 소문을 들었다고 한다(이종석, 2010: 391). 참고로, 최창익이 조선로동당 중앙위 위원장이 아니라 중앙위 상무위원회 위원장이 되기로 했다는 주장도 있다(정태수·정창현, 1997a: 154).

차 있는 상황에서, 거사의 모의과정에서 당시 평양 주재 소련대사와 소련대사관과의 말과 행동을 자신들의 거사에 유리한 방향으로 과도하게 믿고 해석했을 수 있고, 또 일단 거사가 실패한 다음에는 그 책임을 소련대사관 측에 넘기는 식의 심리상태에 있었을 수 있다. 따라서 서휘 증언은 당시 연안파 증언으로서 남아 있는 유일한 증언이지만 조심해서 해석할 필요가 있다. 무엇보다도 비밀 해제된 소련대사관 문서 어디에도 소련의 적극적인 개입을 뒷받침해줄만 한 기록이 없다.

한편, 란코프는 소련대사관의 공식 태도는 '조심스럽고 심지어 마음이 내키지 않아 억지로 하는' 태도, 일종의 '중립'적 태도를 취했다고 보았다. 당시 상황은 북한이 예전처럼 소련의 보호하에 있었던 것도 아니었고, 6·25전쟁 이전처럼 소련의 '괴뢰'국도 아니었기 때문에 소련대사관이 보인 중립은 이해할 만하다는 것이다. 또한 미국, 남한, 중국 등과의 관계를 고려할 때 지정학적으로 중요한 위치를 차지하고 있는 북한의 정치적 안정성은 김일성 개인에 대한 선호와 관계없이 소련에게도 중요했기 때문에 소련외교관들은 '조심스러울' 수밖에 없었다고 보았다(Lankov, 2002: 185). 란코프는 소련대사관이 반김일성 연합세력의 거사를 도왔다는 주장을 '옳다' 혹은 '틀리다'고 확인하기가 어렵다는 입장을 취하고 있다(Lankov, 2005: 108).

그러면 설론터이의 주장은 어떠한가? 설론터이는 란코프의 주장에 동의하고 있다. 당시 소련은 김일성을 마지못해 지지했고, 빈번히 그의 정책에 간섭했으나 그를 교체하려고 하지는 않았다. 반김일성 연합세력은 소련의 지지를 얻기를 바랐으나, 그것이 어려울 경우 최소한 중립을 확보하기를 원했고, 평양 주재 소련대사관은 일이 되어가는 형편을 관망하는 태도를 취했다고 본다(Szalontai, 2005: 93~94; Lankov, 2002: 156~162).

1955년 평양 주재 소련대사 이바노프가 평양 주재 헝가리대사 사르바스(Pal Szarvas)에게 북한정치에 직접 개입하는 것이 점점 위험성이 커지고 있으며, 특히 8월 중순 이후에는 '김일성 연합세력의 거사가 시간상으로 잘못됐다'고 생각했다고 말했다. 왜냐하면 김일성이 북한 정부대표단을 이끌고 동유럽 사회주의국가들, 소련, 몽골을 다녀온 이후에는 소련 지도자들의 정책적 제안들이 북한정치에서 그들이 원하는 식으로 효과를 내고 있었기 때문이었다. 예컨대, 8월 11

일 북한정부는 9월 1일부터 일부 소비재에 대해서는 가격을 낮추고, 11월 1일에는 노동자, 기술자, 관리들의 임금을 35% 올리겠다고 공표했다. 8월 20일에는 이바노프 대사가 신임 평양 주재 헝가리대사 프라트(Karoly Prath)에게 최근 김일성 개인숭배가 상당히 감소됐다고 말했다고 한다(Szalontai, 2003~2004: 91; Szalontai, 2005: 94~95). 그리고 10월 3일 이바노프는 프라트에게 북한 지도자들이 마침내 자신들의 경제정책들을 재검토하기 시작했다고 말해주었다(Szalontai, 2005: 100).

그렇다면 필자의 주장은 무엇인가? 필자도 란코프와 설론터이처럼 반김일성 연합세력이 '8월 종파사건'을 모의하는 단계에서 소련대사관이 '적극적'으로 소련파나 연안파를 부추기거나 도운 증거는 없다고 본다.

비밀 해제된 소련대사관 문서들을 보면, 무엇보다도 박창옥, 기석복, 박의완, 남일과 같은 소련파 인사들이 먼저 스스로 소련대사관 측에 면담을 요청하여 소련대사관을 찾았다는 것을 알 수 있다. 물론 당시 김일성에 대한 소련파의 불만에 접하고 있었던 소련대사 이바노프는 조선로동당의 김일성 개인숭배, 집단지도체제의 부재 등에 대한 소련파와 연안파의 비판을 민감하게 인식하고 있었다.

비밀 해제된 소련대사관 문서들을 보면, 소련대사관이 종파사건에 관여하지 않고 오히려 그에 반대했다는 증거들이 있다. 1956년 7월 24일 평양 주재 소련 대리공사 페트로프와 북한 외무상 남일과의 대화록이 그것이다. 페트로프는 남일이 '박창옥이 자신을 찾아와 반김일성 거사에 참여해 달라고 하는데 어떻게 하면 좋겠는지'에 대해 그의 충고를 구하자 반김일성 거사를 반대하는 입장을 취했다(Document 12: 481). 참고로, 대리공사 페트로프는 당시 소련공산당 중앙위 해외공산당관계국(대외연락부) 소속 북한 주재 '당 조직 책임자'였던 것으로 보여 외교부 소속인 이바노프 대사보다 더욱 실질적인 힘을 가지고 있던 인사였던 것으로 생각된다(김동길 인터뷰, 2010.8.10).

페트로프는 김일성 비판과 관련하여 박창옥이 취한 입장은 명백히 정확하지 못한 것이며, 김일성에 대한 비판이 소련파로부터 시작되면 이것이 잘못 해석되어 나라 안팎에서 바람직하지 못한 반응을 야기할 수 있다고 말했다. 페트로프는 더 나아가 남일에게 박창옥, 김승화, 그리고 다른 소련파 인사들이 반김일성 발언을 하고 싶은 충동을 억제하도록 남일이 그들에게 영향을 미쳐야 한다고까지 주문했다(Document 12: 481). 대리공사인 페트로프의 말은 단순한 조언의 수준을 넘어선 것이었다. 만일 그가 평양 주재 소련대사관의 '당 조직 책임자'였다면 그것은 더 이상 말할 것도 없이 엄중한 지시였을 것이다. 남일도 페트로프의 그러한 충고에 '동의'했다.

더구나 페트로프가 남일에게 이러한 충고를 한 시점은 리필규가 7월 20일[14일] 소련대사관으로 자신을 찾아와 북한의 당과 정부의 현 지도부를 교체하는 계획에 대해 말해주어 거사 계획에 대해 이미 알게 된 후였다(Document 11: 479). 당시 리필규의 거사 계획 통보는 지극히 엄중한 일로서 페트로프는 당연히 이바노프 대사 등과 이 정보에 대해 토론하고 본국에 보고도 하면서 소련대사관의 입장을 정리했을 것으로 생각된다.

따라서 7월 24일 페트로프가 남일에게 전혀 거사를 부추기지 않고 오히려 억제시키는 모습을 보인 것은 당시 소련대사관이 반김일성 거사를 돕지 않기로 한 것을 의미한다. 다시 말해, 당시 소련대사관은 김일성을 축출하려는 계획이 없었고 오히려 소련파가 그러한 궁정쿠데타 시도에 연루되어서는 안 된다는 입장이었던 것이다.

소련대사관이 '8월 종파사건'을 적극적으로 부추기지 않았다는 또 다른 증거는 '8월 종파사건'이 실패한 직후인 1956년 9월 4일 평양 주재 소련대사 이바노프와 중국대사 챠오샤오광 간에 나눈 대화록이다. 흥미로운 점은 양국 대사들이 모두 윤공흠, 서휘 등에 대해 크게 신뢰하지 않고 오히려 김일성의 주장을 더 신뢰하는 모습을 보여준 것이다. 이바노프 대사는 소련이 북한정치에 개입하지 않았으며, '8월 종파사건'은 소련이나 중국과 같은 어떤 외부요인이 부추겨서 발생한 것이 아니라 조선로동당의 내부요인에 의해 발생한 사건이라고 했다. 그리고 중국대사는 이에 전적으로 동의했다(Document 16: 485~486).

이는 물론 소련대사관이 만일의 경우에 대비하여 자신의 연루를 선제적으로 부인한 것일 수도 있다. 그러나 두 대사의 대화는 기본적으로 당시 '8월 종파사건'이 터져 나올 수밖에 없었던 북한정치 내부 상황에 대한 소련과 중국의 인식을 말해주며, 당시 평양 주재 소련대사와 소련대사관이 반김일성 거사를 부추기지는 않았다는 것을 말해준다.

물론 반김일성 연합세력은 김일성의 잘못을 바로잡는 일에 소련이 적극적으로 개입함으로써 자신들의 거사를 도와주기를 요청했다. 대표적으로, 모스크바 주재 북한대사 리상조의 행위는 가장 적극적이었고 과감했다. 리상조 외에도 연안파 리필규, 최창익 등도 북한의 당과 국가의 상황에 대해 소련이 개입해줄 것을 요청했다.

그런데 '8월 종파사건' 이전에 모스크바의 소련공산당과 소련정부가 리상조의 호소를 수용한 것은 그 내용과 성격이 김일성 개인숭배, 집체적 영도의 부재 등을 시정하여 북한의 당과 국가의 사업을 좋은 방향으로 나아가도록 하기 위한 것이었지 김일성을 축출하기 위한 것은 아니었다. 단지 '8월 종파사건' 발생 이후에는 조선로동당의 상황이 매우 좋지 않다고 판단하고, 또 처벌받은 소련파 인사들을 구하기 위해 적극적으로 개입했으나, 이것도 목적은 어디까지나 소련파 인사들의 원상복귀와 조선로동당의 '올바른 발전'을 위한 '형제적 당의 충고'였지 북한 지도자인 김일성의 교체는 아니었던 것이다.

그럼에도 불구하고 평양 주재 소련대사관을 찾아 반김일성 연합 형성에 대해 이야기하면서 소련대사관의 지지와 개입을 요청한 인사들은 소련대사관이 그렇게 해줄 수 있다는 생각을 어느 정도는 했던 것으로 보인다.

예컨대, 이바노프가 당시 상황에 대한 최창익의 생각과 평가를 보다 확실히 파악하기 위해 그를 따로 두 번 만났고, 특히 두 번째 만남은 이바노프의 개인 별장에서 통역도 없이 만났으며, 그때 최창익이 자신이 하고 싶은 말을 다 했던 사실은 최창익 등 연안파 인사들에게는 소련과 소련대사관이 반김일성 거사를 돕고 있다는 인상을 주었을 가능성이 적지 않다.

예컨대, 리필규가 7월 20일[14일] 소련대사관을 찾아가서 거사 계획을 통보했을 때는, 만일 소련대사관 측이 김일성에게 알려주기만 하면 자신들의 거사가 실패한다는 것을 뻔히 알면서도 그렇게 한 것이었다. 이는 리필규가 소련대사관이 자신들의 거사를 돕거나 최소한 중립적인 입장을 취할 것이라는 생각을 했기 때문에 가능한 일이었다.

리필규는 이미 6월 5일과 6월 8일 이바노프 대사를 두 번이나 만난 최창익을 통해 소련대사관의 입장이 거사에 호의적인 것으로 확신을 갖게 됐을 가능성이 크다. 만일 그렇지 않았다면, 소련파도 아닌 연안파인 그가 어떻게 이바노프 대사를 찾아가 그처럼 엄중하고 위험하며 비밀엄수를 요하는 거사계획을 알려주면서 소련대사관의 지지를 얻으려는 그러한 무모한 짓을 할 수 있었겠는가?

7월 20일[14일] 대화에서 페트로프가 리필규에게 당시 '북한에서 어느 지도자가 존경을 받으면서 사업을 하느냐'를 물었고, 리필규는 최용건과 최창익이 존경받으면서 사업하는 지도자라며 칭찬했고, 또 '만일 김일성과의 투쟁이 시작된다면 최창익은 김일성의 반대자들 편에 설 것'이라고 말했지만(Document 11: 479), 리필규의 입장에서는 페트로프의 그러한 질문은 김일성에 대한 비판이 높아지던 당시 김일성 외에 누가 많은 존경과 지지를 받는 지도자인지에 대해 관심을 보인 것으로서 그러한 질문 자체가 소련대사관이 김일성을 대체할 인물을 찾기 위한 것이라고 자기 식으로 해석했을 가능성이 있다.

더구나 당시 김일성과 소련대사관 사이에 긴장이 있었던 것은 사실이었다. 1956년 8월 전원회의 토론에서 김일성도 발언했는데, 그가 '8월 종파사건'에서 소련대사관의 역할과 그에 대한 자신의 불만을 간접적으로 표출하는 대목은 매우 주목할 만하다. 김일성은 '8월 종파사건' 이전에 '김일성에 반대하여 불평불만하는 세력을 이끄는 사람이 소련대사관에 있다'는 소문을 들었고, 그것을 확인하기 위해 박정애와 남일을 소련대사관에 보내 알아보았더니 그 소문이 틀린 소문이었다는 것이다. 물론 그는 그 소문이 거짓소문이었다는 점을 강조하고 또 그 후 소련공산당으로부터 자신에게 온 편지도 김일성 자신을 반대하는 내용이 아니고 오히려 '불평불만분자들이[56] 개인숭배 문제 논의의 기회를 이용하여 지도자에 대한 불만을 표출하고 있다'는 것을 알려준 내용이었다고 강조했지만 (Document 19: 490), 김일성의 발언 내용은 당시 상황에서 소련대사관에 대한 불만을 잘 나타내고 있다.

더구나 남일은 박창옥이 자신을 반김일성 연합에 끌어들이기 위해 찾아와 알

---

56) 여기에서 말하는 '불평불만분자들'이 모스크바 주재 북한대사 리상조, 조선로동당에 대해 소련공산당의 개입을 요구했던 리필규, 최창익 등을 지칭하고 있는지는 정확히 알 수 없다.

려준 거사 계획을 소련대사관 측에 이야기한 후 김일성에게 일러바쳤을 가능성이 아주 크고(Document 12: 481), 이바노프 대사가 최창익을 두 번 따로 만났다는 것, 그리고 두 번째 만남은 이바노프 대사의 개인 별장에서 통역 없이 이뤄졌다는 것까지 모두 해외순방에서 귀국한 후 결국 김일성이 알게 되었던 것으로 보인다.

참고로, 8월 전원회의에서 최용건은 '박창옥이 윤공흠을 소련대사관에 보냈다'고 발언했다. 이는 최용건이 8월 전원회의 이전에 이미 그런 소문을 듣고서 알고 있었다는 뜻이다. 이런 상황에서 김일성은 자신의 최측근인 박정애와 남일을 소련대사관에 보내 '상황을 명명백백히 밝히려고' 했던 것으로 보인다. 그리고 그는 실제 7월 28일 그들을 소련 대사관에 보냈던 것이다(Lankov, 2002: 163).

김일성이 8월 전원회의 토론에서 '8월 종파사건'과 관련하여 소련대사관과 소련공산당이 한 '역할'에 대해 위에서 살펴본 것처럼 불만을 나타낸 데에는 앞으로 소련이 더 이상 그러한 행위를 하지 못하도록 쐐기를 박는 효과를 노렸던 것도 포함되어 있었을 것으로 생각된다.

결론적으로, '8월 종파사건'의 사전 계획과 실행 단계에서 소련대사관이 반김일성 연합 편에 서지 않았던 것은 반김일성 연합세력에게는 불리한 대외기회구조가 됐고, 정반대로 김일성에게는 궁정쿠데타에서 살아남는 데 유리한 대외기회구조로 작용했던 것이다.

중국공산당과 평양 주재 중국대사관의 역할

그렇다면 당시 중국공산당과 평양 주재 중국대사관의 '8월 종파사건'과 관련한 역할은 어떠했을까? 우선, 중국 측으로부터 관련 자료들이 아직 나와 있지 않기 때문에 정확히 알 수가 없다. 그러나 당시 '8월 종파사건'을 전후해서 평양 주재 중국대사 및 중국대리공사와 평양 주재 소련대사 및 소련대리공사 사이에 있었던 대화의 내용을 기록한 소련대사관 문서에만 의존하여 보면, '8월 종파사건'의 모의와 준비과정에서 중국대사관 측의 역할은 거의 없었다.

그러나 1955년까지 조선로동당 중앙위 정치위원 겸 조직부장이었던 박영빈이 1997년 언론과의 인터뷰에서 자신은 '8월 종파사건' 당시 "소련과 중국의 입김이 동시에 작용했지만 특히 연안파들이 중국의 지지를 받아 조선로동당의 당권을 장악하려 했다"고 증언하고 있고(정태수·정창현, 1997b: 98), 소련대사관 1등서기관 피메노프는 '8월 종파사건' 당시 소련은 김일성의 지지했으나 중국은 김일성을 바꾸고 연안파를 세우고 싶어했다고 회고하고 있다(정창현, 2002: 247). 또한 평양 주재 중국대사 챠오샤오광이 "자신이 북한에 부임한 순간부터 서휘와 윤공흠과 만났었다"고 이야기한 것을 보면(Document 16: 486), 마치 소련파들이 평양 주재 소련대사관을 수시로 드나들었듯이 연안파들도 평양 주재 중국대사관을 수시로 드나들었던 것은 틀림없던 것 같다.

제6장에서 이미 살펴본 것이지만, 1956년 8월 4일 평양 주재 중국대리공사 챠오커시엔이 소련대리공사 페트로프와 만나 나눈 이야기를 보면, 당시 조선 동지들이 평양 주재 중국대사관에서 들러 '중국에서 개인숭배 문제가 어떤 상황에 있는지' 알고 싶어 했는데, 챠오커시엔은 조선 동지들에게 ≪인민일보≫에 실린 「무산계급독재에 관한 역사경험」을 인용하면서 대답했다(Document 13: 482). 그 내용은 "스탈린은 심각한 실수를 저지르긴 했지만 긍정적인 역할 또한 수행"했다는 마오쩌둥의 입장을 반영한 것이었다(르 바르비에 외, 1984: 80~91). 당시 마오쩌둥은 흐루쇼프의 스탈린 개인숭배 비판이 마오쩌둥 자신에 대한 개인숭배 비판으로 불똥이 튀는 것을 경계하고 있었기 때문에 북한에서 연안파들이 김일성 개인숭배 비판을 강화하는 것을 지지할 처지가 아니었던 것이다.

또 '8월 종파사건'이 발생한 직후인 1956년 9월 4일, 챠오샤오광 중국대사가 이바노프 소련대사의 요청으로 소련대사관을 방문했는데, 이미 위에서 살펴본 것이지만, 이바노프 대사는 '8월 종파사건'이 소련이나 중국과 같은 어떤 외부 요인에 의해 부추겨지지 않고 '조선로동당 내에서 일어난 대내적인 과정이었다'는 자신의 생각을 말했으며, 챠오샤오광 대사는 이바노프 대사의 그러한 관찰에 '전적으로 동의'했다(Document 16: 486).

1956년 10월 26일, 평양 주재 소련대사의 중국대리공사와의 대화를 보면, 평양 주재 중국대사관이 '8월 종파사건'과 그 관련자들의 문제로 그동안 북한 지도부와 어떤 특별한 회담을 하지 않았다는 것을 알 수 있다. 이는 또한 중국공산당이 '8월 종파사건'에 적극적으로 연루되어 있지 않았다는 것을 시사한다 (Document 27: 518).

또 하나 주목할 만한 사실은 '8월 종파사건' 발생 당시 윤공흠, 서휘, 리필규, 김강이 중국으로 체포를 피해 급히 도피하면서 평양 주재 중국대사에게는 연락도 못 했다는 것이다(「모주석접견소공중앙대표단담화기록」, 1956.9.18).[57] 이것도 평양 주재 중국대사관이 '8월 종파사건'과 직접적으로 연루되지 않았다는 또 하나의 증거가 될 수 있을 것이다. 왜냐하면 만일 중국대사관이 거사 모의에 깊숙이 관계하고 있었다면, 윤공흠 등은 누구보다도 먼저 중국대사관에 연락을 취했을 것이고, 당시 그처럼 황급히 도피해야 한다고 생각했다면 그들은 우선적으로 중국대사관 경내로 도피하는 것도 생각해볼 수 있었을 것이기 때문이다.

1956년 11월 5일자 평양 주재 이바노프 소련대사와 챠오샤오광 중국대사 간의 대화를 보면, 중국은 중국공산당이 소련공산당과 함께 공동개입하여 얻어낸 조선로동당 중앙위 9월 전원회의 결정을 김일성이 제대로 이행하고 있는지에 대해 '커다란 관심'을 갖고 있었다. 그러나 윤공흠, 서휘 등이 중국으로 도피한 후, 중국공산당 중앙위와 소련공산당 중앙위에게 보낸 편지에서 나타난 김일성 비판 내용에[58] 대해서는 '진위를 확인할 수 있는 자료가 없기' 때문에 중국공산당 중앙위는 이 편지에 대해 당연히 신중함을 보였다고 챠오샤오광은 말했다 (Document 28: 519). 이는 다시 한 번 중국과 중국대사관이 '8월 종파사건' 발생 당시 그 사건의 주모자들과 연루되어 있지 않았다는 것을 말해준다.

---

57) 참고로, 실제는 '8월 종파사건' 관련자들의 증언으로 꾸며진 『김일성의 비서실장: 고봉기의 유서』는(안성규, 1994: 560) 서휘, 윤공흠 등이 신화통신사 분사(평양지국)의 도움으로 중국 대사관에 연락했으나, 중국대사관은 '대사관으로 들어오면 뒤처리가 말썽스러우니 어떻게 해서든 국경을 넘어주기 바란다'고 했다고 한다(고봉기 외, 1989: 107).

58) 윤공흠, 서휘, 리필규, 김강은 자신들의 편지에서 조선로동당 지도부가 해방 이후와 전쟁 기간에 유명한 당 일꾼들을 많이 쓰러뜨렸고, 나라와 당을 반민주주의적 방법으로 지도했으며, 부정확하게 지도간부들을 지명하고 육성했다고 비판했다. 그들은 또한 박정애, 박금철, 김창만, 그리고 한상두는 개인적으로 당에서 그러한 지도적 위치를 차지하기에는 자격이 없으며, 당 지도부가 김일성 개인숭배를 없애기 위한 투쟁하지 않았다고 비판했다(Document 28: 519).

결론적으로, 지금까지 밝혀진 자료에만 의존하여 볼 때, 중국과 중국대사관 측이 반김일성 거사와 관련하여 연안파를 부추긴 증거는 없다. 물론 챠오샤오광 중국대사 등 평양 주재 중국대사관이 평양 주재 소련대사관에게 한 이야기는 모두 의도적인 속임수일 수도 있다. 그러나 평양 주재 소련대사 이바노프가 1956년 12월 하순에 모스크바에 올리는 북한정세 관련 보고서 「조선로동당과 조선민주주의인민공화국의 상황」을 보면, 1956년 당시 김일성이 평양 주재 중국대사관에서 열리는 중국 국경절 축하모임과 연회에 참석하지 않을 정도로 양국관계가 소원해져 있었다. 조중 양국 리더십 간의 관계는 6·25전쟁 중에 매우 악화되어 있어서 9월 전원회의를 소집하러 미코얀과 펑더화이가 평양에 왔을 때, 김일성이 소위 '조선에서 존경받지 못하는 펑더화이'가 온 것에 대해 불만을 표현할 정도였던 것이다(Document 30: 527). 한 가지 궁금한 것은 이러한 양국 지도자들 간의 불화관계가 평양 주재 중국대사관과 연안파 지도자들에게 어떤 영향을 미쳤으며, 만일 이것이 '8월 종파사건' 발생과 관계가 있었다면 어떤 관계가 있었을까 하는 점이다.

결론적으로, 당시 중국공산당은 흐루쇼프의 스탈린 개인숭배 비판이 마오쩌둥 자신의 개인숭배 비판으로 불똥을 옮기는 것을 우려하고 있던 상황이었기 때문에 평양 주재 중국대사관은 오히려 연안파에게 김일성 개인숭배 비판을 자제하도록 이야기하지 않았을까 생각된다(Document 13: 482; ≪人民日報≫, 1956.4.5).

그 배경을 좀 더 살펴보자. 중국공산당은 이미 1945년 6월, 중국공산당 제7차 전국대표대회에서 당의 지도사상으로 마르크스-레닌주의와 함께 마오쩌둥 사상을 채택하여 명문화했다(이종석, 2000a: 216). 그런데 1956년 2월 소련공산당 제20차 대회에서 흐루쇼프는 스탈린 개인숭배 비판, 부르주아 국가들과의 평화공존과 전쟁회피 가능성 등을 선언했고, 마오쩌둥은 이에 반대했다. 그러나 소련으로부터 개인숭배 비판이 시작되어 다른 공산주의 국가들로 퍼지고 있는 상황을 고려하여 마오쩌둥은 불가피하게 1956년 9월에 개최된 중국공산당 제8차 전국대표대회에서 마오쩌둥 사상을 중국공산당의 지도사상에서 삭제했다(이종석, 2000a: 215~216).

1957년 11월 볼셰비키혁명 40주년을 기념하고 12개 국가 공산당의 '모스크바 선언' 채택을 위해 마오쩌둥과 김일성이 모스크바를 방문했다.[59] 소련과 중국은 소련공산당 지도부와 부르주아 세계와의 평화공존 및 전쟁가피론(戰爭可避論)에 대해 충돌했다(이종석, 2000a: 217). 흐루쇼프의 정책에 대해 반대하는 입장, 특히 개인숭배 문제를 회피하고자 하는 점에서 마오쩌둥과 김일성은 공통의 이익이 있었다. 모스크바에서 마오쩌둥은 김일성에게 '8월 종파사건'과 관련하여 개입한 데 대해 사과했다(이종석, 2000a: 215~216). 펑더화이도 6·25전쟁 당시 중국인민지원군 사령관으로 있을 때와 1956년 '8월 종파사건' 직후 9월 전원회의를 개최하여 내정간섭을 한 데 대해 사과했다고 한다.

김일성이 궁정쿠데타 시도에서 살아남은 이유

김일성이 흐루쇼프의 스탈린 개인숭배 비판으로부터 시작된 국제공산주의운동의 거대한 변화 속에서 궁정쿠데타에 가까운 사건인 '8월 종파사건'을 겪으면서 살아남을 수 있었던 배경은 무엇일까? 만일 동유럽 사회주의 국가들의 경우였다면 김일성은 살아남지 못했을 것이다(Person, 2006: 48; Lankov, 2005: 212, 213, 223).

첫째, 무엇보다도 김일성이 6·25전쟁이 종료될 때까지는 조선로동당과 국내 정치에서 이미 '1949년 6월 질서'를 해체하고 '김일성 중심의 패권적 연합' 질서를 구축하는 데 성공했기 때문이다. 6·25전쟁 이후에도 그가 형식적으로는 '세력연합 정치'를 지속하고 있었지만, 무정, 박일우, 허가이, 박헌영 등 그의 주요 권력경쟁자들이 모두 전쟁 중에 이미 제거됐기 때문에 '8월 종파사건'을 모의하던 당시에는 김일성에 대한 개인숭배가 강화되어 '수령'이라는 칭호가 만연하던 상황이었다.

따라서 당시 북한의 당-국가 지도자로서 김일성을 대체할 만한 인물이 현실적으로 존재하지 않았다. 반김일성 연합에 참여한 연안파와 소련파 인사 중에서 유일하게 대체 인물로 떠오른 사람은 연안파 최창익 정도였다. 당시 거사 계획

59) 김일성은 1957년 11월 3~23일에 모스크바를 방문했다(박태호, 1985: 262).

은 그를 조선로동당 중앙위 상무위 위원장 혹은 당 중앙위 위원장으로(이종석, 1995: 276; 이종석, 2000a: 210~211) 추대한다는 것이었다. 그러나 그는 김일성을 대체하기에는 역부족이었다. 김두봉은 당시 최창익에 비해 지도자로서 한 수 아래였으며 소련파 박창옥은 지도자감이 아니었다. 김일성은 당시 대다수 당 간부들의 지지를 받고 있었고(이종석, 1995, 279; 이종석, 2000a: 213; Person, 2006: 2), 또 인민들의 지지를 받고 있었다.

둘째, 1956년 무렵에는 중하위 당료들의 대부분이 해방 이후 입당한 사람들이었고, 이들은 6·25전쟁 경험과 김일성 개인숭배의 영향하에서 자라났으며, 보다 민족주의적인 성향을 갖고 있었다. 이들에게 있어서 연안파와 소련파는 어찌 보면 '외국인' 혹은 '반만 조선인'이었던 것이다. 더구나 이들의 눈에는 김일성이나 최창익, 박창옥이나 누구든지 명분이나 원칙에 대한 것보다는 자신과 자신이 속한 그룹의 정치적 이익을 위해 투쟁하는 것으로 비쳐졌다. 따라서 그들이 그러한 싸움에 연루되어야 할 이유가 없었던 것이다(Lankov, 2002: 191; Lankov, 2005: 213~214, 217~219).

다른 한편, 반김일성 연합파에게는 구체적으로 인민들의 지지를 얻지도 못했다. 여기에는 북한에 민주주의에 대한 전통이 없었고, 또한 주변에 민주주의적이거나 풍족하게 사는 국가들이 존재하지 않아 비교대상이 부재한 이유도 있었다. 북한 주민들의 인식 속에서 남한의 이승만정부가 반드시 당시 북한보다 더 낫다고 생각할 만한 발전을 보이고 있는 것도 아니었다(Lankov, 2005: 212~213).

참고로, 1956년 소련공산당 제20차 대회 이후 폴란드와 헝가리에서는 인민들 사이에서 '개혁주의'가 맹위를 떨치고 있었으나, 북한에서는 그러한 현상이 거의 없었다. 북한에서는 일부 대학교수나 당 간부들 사이에서 심각한 불만의 징조들이 표출되기도 했으나, 동유럽에서와는 달리 일반 인민들 사이에서는 전혀 그러한 기미도 없었다. 반김일성 연합파들은 일반 인민들의 지지를 기대하지도 또 실제 받지도 못했던 것이다(Lankov, 2002: 188; Lankov, 2005: 212~213).

셋째, 김일성 자신의 융통성과 정치력을 들 수 있다. 이 책의 제5장에서 자세히 살펴보았듯이, 그는 북한에서 당과 국가의 관리들에 대한 인사 배치에서 파벌을 의식하여 안배했고(Document 6: 473; Document 9: 475), 박창옥, 리상조 등을 다룰 때도 '비판'과 '위로', 즉 채찍과 당근을 적당히 조합하여 사용했으며, 박창옥의 경우 숙청을 당하면서도 김일성의 선의를 믿게 만드는 상황을 연출했다(Document 1: 466~467). 이는 김일성이 뛰어난 용인술을 사용하고 있었다는 것을 말해준다.

또한 소련공산당 제20차 대회 이후 북한에서 김일성 개인숭배 문제가 심각하게 등장하자, 1956년 3월 전원회의는 "우리나라에서도 약간한 정도의 개인숭배가 존재했다고 인정"하고 북한에서 개인숭배와 관련된 표현들을 신속하고 더욱 철저하게 시정하기 위해 신중한 조치들을 취하기로 했다(『결정집』, 1956n: 8). 그런데 막상 조선로동당 제3차 대회에서 나타난 개인숭배 비판의 대상은 김일성 자신이 아니라 박헌영, 리승엽, 허가이, 주녕하, 박일우 등 '종파주의자'들이었다. 이들에게 개인숭배 죄를 덮어씌운 것이다. 이는 당시 '스탈린 개인숭배 비판'이라는 거대한 물결이 전 세계 공산주의운동을 휩쓰는 상황에서 자신의 정치적인 생존을 위해서는 아무리 얼굴 두꺼운 일이라도 불사하는 김일성의 모습을 보여준다.

김일성의 융통성과 정치력의 바탕은 기본적으로 김일성이 만주에서 항일빨치산 투쟁 시, 장기적으로 이루어내야 할 목표인 '기본 강령'과 생존을 위해 날마다 취해야 했던 '행동 강령'을 구별하면서 활동했던 경험이었다(김일성, 1945: 13~14; 조선산업노동조사소, 1946: 40). 빨치산 활동은 기본적으로 좋은 '정치학교'였던 것이다(한재덕, 1948: 42; 백학순, 1994: 392~393).매일 변화하는 환경과 생존 조건에 적응하고, 사고와 행동에서 신축성을 키운 빨치산 경험은 해방 이후 복잡한 정치 환경 속에서 당-국가를 건설하고 6·25전쟁을 수행하는 데서 중요한 정치력으로 발휘됐다고 할 수 있다.

넷째, 1956년에 동유럽에서 발생한 반소 개혁 인민봉기도 김일성이 살아남는데 큰 영향을 미쳤다(Szalontai, 2005: 85). 폴란드와 헝가리에서 반소운동이 연속적으로 발생했고, 중국공산당에서는 정풍운동이 반우파투쟁으로 변화한 상황이었다.

조선로동당 중앙위 9월 전원회의에 미코얀과 펑더화이를 보내면서까지 북한 정치에 직접 개입했던 소련공산당과 중국공산당이 동유럽 집권자들이 무너지는 것을 보면서 생각을 달리할 수밖에 없었다. 소련과 중국 지도자들은 그러한 일이 자신들에게도 일어날 수 있으며, 또 동유럽에서 일어난 사태가 다른 사회주의 국가들에 파급되어 탄생한 지 얼마 되지 않은 사회주의권 전체가 흔들릴 수 있는 상황을 우려했던 것이다(요개륭, 1993: 308).

폴란드와 헝가리에서 발생한 반소 인민봉기를 다루면서 소련공산당은 또한 김일성이 '주체'를 세우려는 의지가 확고한 '민족주의적' 지도자라는 점을 무시할 수도 없었을 것이다. 더구나 소련은 스탈린 말기에 유고슬라비아의 티토를 잘못 다루어 양국 관계가 단절되는 경험을 한 적이 있었고, 스탈린 사후 흐루쇼프는 티토에 대한 스탈린의 정책은 잘못된 정책이었다는 것을 이미 명확히 밝혔던 것이다.

한편, 김일성은 소련과 동유럽, 몽골 순방 시 어떤 나라에서는 인민봉기와 사회주의 정부들의 붕괴를 직접 보기도 했다. 예컨대, 포즈난 사건 직후 며칠 뒤 김일성은 폴란드를 방문했고, 헝가리를 방문하여 정상회담을 했던 라코시는 그가 평양에 돌아오기도 전에 벌써 실각했던 것이다. 이러한 충격적인 사태는 김일성으로 하여금 북한에서 '8월 종파사건'에 대한 면밀한 대책을 세우는 데 큰 도움을 주었다(서동만, 2005: 560).

마지막으로, 김일성은 소련공산당과 소련대사관의 직접적인 지지는 아니었지만, 최소한 간접적인 지지를 받고 있었다. 또한 비록 김일성과의 소원한 관계였지만, 마오쩌둥도 소련으로부터 오는 자신의 개인숭배 비판에 노출되어 노심초사하던 처지에서 북한의 연안파를 도와 김일성의 개인숭배를 비판하면서 그를 흔들고 나올 상황은 전혀 아니었던 것이다. 이는 당시 김일성이 살아남는 데 반김일성 연합 세력에 비해 대외 정치기회구조가 상대적으로 유리했음을 말해준다.

이상에서 우리는 반김일성 궁정쿠데타의 하이라이트와 클라이맥스인 '8월 종파사건'과 그 반전을 살펴보았다. '8월 종파사건'은 김일성이 1945~1953년 기간에 존재했던 파벌 간의 '세력 연합' 정치의 틀을 깨뜨리고 북한의 권력구조를 자신의 '단일지도체계'로 재구조화하는 과정에서 발생한 격렬한 권력투쟁이었다. 이 권력구조 변환은 당시 권력경쟁 파벌들 간에 사상과 정체성, 그리고 이익의 충돌을 동반했고, 당시 정치기회구조의 유리함과 불리함이 작용했던 매우 복잡한 과정이었다. 권력구조 자체를 '세력 연합'에서 '단일지도체계'로 재구조화하는 작업이 쉽지 않았던 만큼, '8월 종파사건'은 반김일성 연합세력 vs. 김일성파 사이에 생사를 건 건곤일척의 대결로 나타났다. 그 싸움에서 연안파와 소련파는 최후의 타격을 입고 결국 김일성파가 승리했던 것이다.

이제 '8월 종파사건'을 거치면서 승리자로 우뚝 선 김일성에게 현실적으로 남은 일은 대내적으로 연안파와 소련파의 잔재를 없애는 '반종파 투쟁'을 완료하고, 대외적으로는 연안파와 소련파가 '8월 종파사건'을 계기로 소련을 끌어들여 조선로동당 내의 문제, 즉 내정문제를 '국제화'한 상황을 정리하여 소련과 중국의 영향력을 벗어나는 '주체 확립'이었다. 김일성은 '반종파 투쟁'을 통해 연안파 및 소련파와의 '세력 연합'의 정치를 완전히 청산하고 항일빨치산파를 전면에 내세워 자신의 단일지도체제를 거쳐 결국 1967년에는 유일지도체계를 수립하는 길로 나아가게 된다. 그리고 그는 대외관계에서 1950년대 말부터 보다 본격적으로는 1960년대 초부터 시작된 중소 분쟁을 전략적으로 이용하여, 소련과 중국을 모방하는 교조주의, 사대주의, 수정주의를 벗어나 독자노선을 천명하는 '주체'를 확립함으로써 결국 1965년 "사상에서의 주체, 정치에서의 자주, 경제에서의 자립, 국방에서의 자위"라는 주체사상의 4대 기본노선을 천명하게 된다(김일성, 1982h: 306).

제8장

'반종파 투쟁'

이 장은 김일성이 '8월 종파사건'을 겪은 후 반김일성 연합세력의 잔재를 숙청하기 위해 본격적으로 나선 '반종파 투쟁'을 살펴볼 것이다. 앞 장에서 다룬 '8월 종파사건'의 발생과 반전이 반김일성 연합세력이 일으킨 반김일성 궁정쿠데타의 클라이맥스였다면, 이 장에서 다룰 '반종파 투쟁'은 '8월 종파사건'의 대단원이라고 할 수 있다.

이 장에서는 김일성이 '8월 종파사건'의 교훈을 바탕으로 반김일성 연합세력을 철저히 제거하고 당 권력을 확실히 장악하면서 '세력 연합'의 정치를 완전히 끝내고 자신의 단일지도체계로 나아가는 과정을 살펴볼 것이다.

구체적으로, 김일성의 '반종파 투쟁'의 대외 정치기회구조를 살펴본 후, '반종파 투쟁'의 구체적인 내용으로서 '8월 종파사건' 주모자들의 '반당·반혁명·반사대주의적 죄행' 폭로, 당-정관계와 당-군관계에서의 정책 전환, 천리마운동 개시, 당중 교환사업과 초급 당 단체의 결산 및 선거, 그리고 당 중앙위의 지방 당 단체들에 대한 집중지도를 분석할 것이다.

그다음 '반종파 투쟁'을 최종적으로 마무리한 1958년 3월 조선로동당 대표자회를 분석하고, 당 대표자회가 폐막된 지 이틀 후에 개최된 당 중앙위 3월 전원회의에서 결정한 '조선인민군 내 당 위원회 설치'와 그 내용 및 의의, 그리고 소련파 출신 조선인민군 총정치국장 최종학과 연안파 출신 총정치국 부국장 리을규의 숙청을 살펴볼 것이다.

　마지막으로, 김일성이 조선로동당 대표자회에서 '반종파 투쟁'을 성공적으로 마무리하고 자신의 단일지도체계의 기반을 놓은 후 현실적으로 어떤 반대 파벌도 존재하지 않은 상황에서 1958년 9월부터 '사회주의의 완전한 건설'과 '공산주의 건설'을 주창하면서 '인간개조'와 '사회개조'로 옮겨가는 운동의 초기 단계에 대해서도 살펴볼 것이다.

1. 대외 정치기회구조

　여기에서는 김일성이 종파분자의 잔재를 제거하는 '반종파 투쟁'의 대외 정치기회구조를 이룬 요소들을 살펴보기로 한다. 구체적으로, 폴란드와 헝가리 인민봉기, 중국의 정풍운동, 중소관계 악화, 1956년 9월 전원회의 이후 지속된 소련공산당의 대북 영향력, 1957년 6월 소련공산당 내 '반당 그룹'[말렌코프, 카가노비치, 몰로토프] 척결과 그것의 북한에 대한 영향, 1957년 11월 모스크바에서 10월 혁명 40주년 경축을 위해 개최된 '각국 공산당과 로동당 대표대회'와 '모스크바 선언', 그리고 그것들의 북한에 대한 영향, 북한에서의 소련파 이중국적자 정리, 그리고 마오쩌둥과 펑더화이의 1956년 9월 전원회의 개입에 대한 사과 및 중국인민지원군 완전 철군 합의를 살펴보기로 한다.

폴란드와 헝가리 인민봉기

　소련과 중국은 9월 전원회의 이후 전개된 북한 상황에 대해 불만이 적지 않았다. 김일성이 미코얀과 펑더화이에게 8월 전원회의와 9월 전원회의 결정의 전문을 공표하겠다는 약속을 해놓고도 그들이 평양을 떠나자 약속을 지키지 않았고, 연안파와 소련파에 대해 본격적인 '반종파 투쟁'을 시작한 것이다. 그러나 소련과 중국은 당장 어떻게 할 수도 없었다. 왜냐하면 1956~1957년 기간에 (폴란드와 헝가리에서) 소위 "수정주의자들이 국제공산주의운동을 분열"시킨 사건들이 발생했기 때문이었다(조선로동당 중앙위원회 당력사연구소, 1979: 444). 그리고 중국에서도 1957년부터 '정풍운동'이 일어나 '수정주의자들'에 의해 마오쩌둥과 공산당의 권력이 흔들릴 수 있는 상황이었다.

이제 소련에게는 김일성과 같은 특정 지도자의 '개인숭배' 문제나 조선로동당과 같은 특정 공산당의 '당내 민주의' 문제보다는 사회주의 진영의 반소운동과 반사회주의 운동에 대한 대처가 더 시급한 문제가 됐다. 이제 9월 전원회의에서처럼 북한에 압력을 넣다가는 오히려 북한 지도부와 북한인민들의 민족주의적 감정만 건드려 역작용이 날 수 있는 상황이 된 것이었다.

이미 이 책의 제4장 「'8월 종파사건'의 정치기회구조」에서 살펴보았듯이 폴란드의 포즈난 사건은 북한에서 '8월 종파사건' 발생의 정치기회구조로 작용했지만, 그 후 '반종파 투쟁'의 정치기회구조의 요소로도 작용했다. 여기에서는 1956년 가을에 계속되고 있었던 폴란드 인민봉기뿐만 아니라 또 새롭게 발생한 헝가리에서 발생한 인민봉기를 살펴보자.

그러면 1956년 가을 폴란드, 헝가리에서 발생한 친소정권과 그 정책에 반대하는 인민봉기들을 살펴보자.

1956년 6월 28일 포즈난 사건으로부터 시작하여 그해 10월에 폴란드에서는 인민봉기가 친소정부를 무너뜨리고 좀 더 개혁적인 고물카 정권이 탄생했다. 또 1956년 10~11월 헝가리에서는 학생들의 데모로부터 시작된 인민봉기가 전국으로 퍼져 결국 친소정부를 무너뜨리고 임레 너지(Imre Nagy)를 수상으로 하는 새로운 정부가 들어서는 상황이 발생했다. "헝가리 혁명"이 발생한 것이다.[1] 수천 명이 민병대를 조직하여 국가보안경찰과 소련군대와 싸우고, 감옥에서 죄수들을 풀어주고 대신 친소파와 국가보안경찰들을 투옥하거나 살해했다. 새 정부는 공식적으로 국가보안경찰을 해산하고 바르샤바조약기구로부터의 탈퇴를 선

---

[1] 소련은 헝가리 혁명이 최고조에 달해 있던 1956년 10월 31일에 소위 '10월 선언'을 했는데, 이 내용은 형제적 나라들과의 관계에서 소련이 저지른 심각한 오류들과 행동들에 대해 반성하고, 다른 사회주의 국가들의 주권 존중, 소련군 철수 가능성 등을 언급한 소련의 '참회'와 같은 것이었다. 참고로, 북한의 ≪로동신문≫은 바로 다음 날인 11월 1일 소련의 '10월 선언'을 1면에 보도했다(Lankov, 2005: 158~159).

언하며 자유선거를 약속했다. 그러나 소련군이 유혈진압에 나서 2,500명의 헝가리인과 700명의 소련군이 사망하고 20만 명의 헝가리인들이 피난하는 일이 벌어졌다. 결국 너지 정부가 무너지고 소련이 후원하는 카다르(Janos Kadar) 정부가 들어섰다.

폴란드·헝가리 사태는 소련과 중국뿐만 아니라 북한에도 영향을 미쳤다. 흐루쇼프는 훗날 1957년 11월 '모스크바 회의'에서 마오쩌둥을 만나 "조선 문제는 복잡하기는 하나 폴란드에 비하면 경(輕)하다"고 했으며, 마오쩌둥도 이에 동의했다(이종석, 2010: 409).

폴란드 사태에 이어 헝가리 인민봉기가 발생하자, 이는 북한 지도자들을 대경실색케 했다. 당시 평양에 주재했던 헝가리대사 프라트는 여러 번 북한 외상 남일과 만나 헝가리 인민봉기 문제를 논의했는데, 북한 지도자들은 인민봉기의 '원인'들을 이해하지 못해 쩔쩔맸다고 한다. 더구나 당시 남한 국방부 고위관리들은 그러한 인민봉기들이 북한에서 일어날 수밖에 없고 만일 그러한 봉기가 일어날 때를 대비하여 군사적 개입을 준비하고 있다고 공언하고 있을 때였다. 이에 북한은 구성과 같은 지방에서는 지상에서 이뤄지고 있던 공장 건설을 중단하고 지하공장 건설에 노동자들을 배치하기도 했다. 그리고 북한정부는 "반혁명의 전염으로부터 그들을 보호하기 위해" 헝가리뿐만 아니라 동유럽국가들에 유학하고 있던 학생들을 귀국시켰다. 실제 북한 유학생 중에는 서방으로 탈출한 학생들도 있었다(Szalontai, 2003~2004: 92; Szalontai, 2005: 101~102, 106).[2]

또 이바노프가 1956년 12월 말에 소련공산당 중앙위에 보낸 보고서 「조선로동당과 조선민주주의인민공화국의 상황」을 보면, 미국인들과 남한 당국이 폴란드 포즈난 사건과 헝가리 혁명과 관련하여 북한을 전복시키기 위한 활동들을 가속화했는데, 이들의 간첩망이 북한에 침투했고, 북한 지역에 삐라를 뿌렸으며,

---

[2] 김일성은 자신에게 이익이 되도록 헝가리 혁명을 역으로 이용하기도 했다. 그는, 소련에게 보라는 듯이, 헝가리에 새로 들어선 친소 카다르 정부에게 1956년 11월 12일 경제 원조를 제안했고, 북한은 실제 헝가리에게 판유리 10만㎡, 시멘트 1만 톤, 담배 10톤을 원조했다 (Szalontai, 2005: 102).

이들의 대북 라디오 선전방송의 공격적인 어조가 더욱 강화됐다고 한다. '8월 종파사건'이 발생한 이후의 일이지만, 1956년 11월에는 북한 주민들이 북한정부와 로동당 지도부에 반대하여 궐기할 것을 부추기는 모임과 데모들이 서울과 남한의 도시들에서 조직되었고, 11월 말에는 수백 명의 남한 학생들이 서울에서 자동차를 타고 군사분계선까지 와서 북한 주민들에게 "헝가리의 예를 따르라"고 요구하는 도발을 감행했다고 되어 있다(Document 30: 524).

김일성은 1956년 12월 11~13일에 있었던 당 중앙위 12월 전원회의의 한 '결론'에서 "미제를 우두머리로 하는 제국주의자들"이 "웽그리야[헝가리]에서는 저들의 앞잡이들을 시켜 반정부폭동"을 일으켰다면서, "제국주의자들은 한편으로는 사회주의 나라들을 악랄하게 비방 중상하는 요란한 반공 나발[나팔]을 불어대고 있으며, 다른 한편으로는 사회주의 나라들 사이에 쐐기를 박고 사회주의진영을 안으로부터 허물어보려고 온갖 수단과 방법을 다 동원하고" 있다고 비난했다. 남한의 이승만 정부도 북한 내의 "한줌도 못 되는 반혁명분자들"에게 "매일같이 '너희들도 웽그리야에서처럼 폭동을 일으켜라, 그러면 우리가 다시 쳐들어 가겠다'고 내놓고 불어 대고" 있으며, 수많은 간첩들을 북한에 들여보내고 있다고 비난했다(김일성, 1980o: 409~410).

나중에 헝가리 혁명이 실패한 후, 북한은 헝가리의 "경험은 혁명의 원쑤들이 우리의 대렬 내의 사소한 빈틈이라도 찾아서 그들 자기들의 적대행위에 리용하려고 책동한다는 것을 보여주고 있다"고 했다(≪로동신문≫, 1956.11.7; 서동만, 2005: 568). 그리고 김일성은 11월 12일 자신의 명의로 "반혁명을 타승한 웽그리야 인민에게 열렬한 축하와 지지를 보낸다"는 성명을 발표하기도 했다(서동만, 2005: 568).

중국의 정풍운동, 중소관계 악화

한편, 중국에서는 1957년부터 '정풍운동'이 일어났다. 중국공산당 제8차 대회가 소련공산당 제20차 대회의 영향하에서 1956년 9월 15~29일 개최됐다. 마오쩌둥은 대회 개막식에서 소위 '3해(三害)', 즉 "사상상의 주관주의, 사업상의 관료주의, 조직상의 종파주의"를 극복하는 정풍운동을 암시했다. 그 다음 해인 1957년 4월 27일, 중국공산당은 「정풍운동에 관한 지시」를 발표하고, 5월 2일에는 ≪인민일보≫가 「왜 정풍을 해야 하는가」라는 사설을 발표했다. 당의 정풍을 돕는 과정에서 계급적으로 우파인 민주당파와 무당파 인사들이 새로운 사회주의제도와 공산당의 지도를 사실상 비판하기 시작했다. 그러자 마오쩌둥은 5월 15일 「사정은 변화되고 있다」는 글을 통해 본격적으로 반우파 투쟁에 나섰다. 6월 8일, 중국공산당 중앙은 마오쩌둥이 직접 기초한 「우파를 반격하기 위한 역량을 조직하기 위한 준비에 관한 지시」를 발표했다. 이제 정풍운동은 반우파 투쟁으로 변하여 한차례의 대규모 '사상전쟁과 정치전쟁'이 시작됐다. 전국 범위로 전개된 대규모의 반우파 투쟁은 1958년 여름까지 계속되어 55만여 명의 '우파'가 '반당 반사회주의자들'로 비판받았다(요개륭, 1993: 305~309; 우로노 시게아키, 1984: 92~94; 르 바르비에 외, 1984: 223~228).

그런데 중국공산당의 '반우파 투쟁'과 관련하여 한 가지 우리의 관심을 끄는 것은 중국공산당 지도부가 "이번에 (반우파 투쟁에서) 승리하지 못하면 사회주의는 건설되지 못할 뿐 아니라 '헝가리 사건'이 발생할 위험도 있다"는 식으로 생각했다는 점이다(요개륭, 1993: 308). 마오쩌둥은 당시 동유럽의 폴란드와 헝가리에서 인민봉기가 일어나 집권자들이 무너지는 것을 보면서 자신에게도 그러한 일이 일어날 수도 있음을 우려한 것이다.

이처럼 동유럽에서 반소운동과 인민봉기가 연속적으로 발생하고 중국공산당에서 정풍운동이 반우파 투쟁으로 변화한 상황에서 소련도 중국도 북한의 현직 권력자인 김일성을 문제삼아 압력을 넣는 것은 현실적으로 가능한 일도 현명한 일도 아니었다. 소련은 스탈린 말기에 유고슬라비아의 티토를 잘못 다루어 양국 관계가 단절된 경험을 한 적이 있고, 더구나 김일성이 티토처럼 빨치산혁명투쟁을 한 강력한 지도자였으며 이미 마르크스-레닌주의를 북한의 현실에 창조적으로 적용하면서 '주체'를 세우려는 독립적이고 '민족주의'적인 지도자라는 점을 무시할 수가 없었을 것이다.

더구나 중소 양국의 관계는 1956년부터 충돌의 단초가 드러나기 시작했다. 마오쩌둥은 흐루쇼프의 '비밀연설'에서의 스탈린 개인숭배 비판은 결국 마오쩌

등 자신의 개인숭배 문제를 건드려 자신의 권위에 대한 위협으로 다가올 것을 우려했다. 마오쩌둥은 흐루쇼프의 자본주의 진영과의 평화공존론과 전쟁가피론에 대해서도 의견을 달리 했다. 이러한 이견은 1957년 11월 소련 10월 혁명 40주년 기념 '모스크바 회의'에서 '모스크바 선언'에 합의하는 데서도 나타났다. 위에서 지적한 이견 외에 자본주의의 사회주의로의 이행과 관련하여 '평화적 이행'과 '비평화 이행'에 대해서도 생각이 달랐다(이종석, 2010: 410). 결국 중소 간의 관계 악화는 양국에게 북한을 자기편으로 끌어들여야 할 필요성을 키웠다. 따라서 중소 양국 어느 쪽도 정치적으로 북한을 소원하게 만들기는 어려운 상황이었다(Lankov, 2005: 159).

위에서 지적한 폴란드와 헝가리에서의 인민봉기와 정권교체, 중국의 정풍운동과 반우파 투쟁, 중소 관계 악화와 그에 따른 양국의 북한에 대한 구애는 김일성이 소련과 중국의 간섭을 크게 걱정할 필요 없이 대내적으로 '반종파 투쟁'을 해나가고 대외적으로 '주체'를 확립해가는 데 유리한 대외 정치기회구조로 작용했던 것이다.

소련의 영향력(1): 1957년 6월 3일, 푸자노프 소련대사의 비망록

이바노프 대사의 후임으로 1957년 4월 평양 주재 소련대사로 부임한 푸자노프 대사의 1957년 6월 3일자 비망록에 따르면, 김일성과 인사들이 소련의 요구를 받아들여 당-국가운영을 집단지도체제로 바꾸려는 움직임이 있었다(정태수·정창현, 1997a: 154; 정창현, 2002: 228).[3]

---

3) 참고로, 1957년 2월 소련은 기술자들을 대부분 귀국시켰고, 조소주식회사인 소련수출필름(Sovexportfilm)의 장비들을 북한에게 넘겨주었으며, 북한에 남아 있는 '고문'들(advisors)의 명칭을 '상담역(consultants)'으로 고쳐 부르도록 했다. 그렇게 명칭을 바꾼 이유는 북한에서의 모든 '퇴보'를 소련의 고문의 탓으로 돌리지 않도록 하기 위해서였을 뿐만 아니라 그들의 제안들이 구속력이 있는 것이 아님을 과시하기 위해서였다(Szalontai, 2003~2004: 92). 사실상 북한은 소련이 북한에 파견된 거의 모든 '고문'들을 소환해주기를 원했고, 1957년 4월 4일 현재 북한에는 소련 '고문'이 두 명밖에 남아 있지 않았다(NKIDP Document 5, 23). 소련

제7장에서 이미 살펴보았듯이, 9월 전원회의 이후에 김일성이 미코얀과 펑더화이에게 약속한 9월 전원회의 결정의 전문 공표 약속을 이행하라는 소련 측의 압력이 있었다. 그리고 김일성은 어떻게 해서든지 굴욕적인 9월 전원회의 결정을 공표하지 않으려고 했다. 그해 12월에 소련대사 이바노프가 소련공산당 중앙위에 올린 북한상황에 관한 보고서에서도 김일성이 그 약속을 제대로 지키지 않았음을 지적하고 있다(Document 30: 521~522). 이바노프의 보고서에는 당시 국제정세를 고려할 때 최창익, 김두봉 같은 인사들이 김일성에 대해 또다시 민주주의적 방법을 요구하는 선언을 할 가능성을 배제하기 어렵다는 내무상 방학세의 상황 진단도 있었다(Document 30: 522). 그런데 지금 여기서 다루려고 하는 푸자노프의 비망록은 그보다 6개월 후에 쓰인 것이다.

어떻게 당시 소련에 의한 그러한 간섭과 북한 측의 집단지도체제 수용에 대한 움직임이 가능했을까? 더구나 당시는 김일성이 강력한 '반종파 투쟁'에 나서서 더 이상 '세력 연합' 정치를 하지 않고 김일성 단일지도체계의 방향으로 나아가고 있었던 시기가 아니었던가? 그런데 그것이 가능했을 수도 있다는 것을 시사하는 자료가 있다.

1956년 12월 말 이바노프 대사의 북한보고서를 보면, 1956년에 국내외적으로 북한에서 일어난 사건들이 '조선로동당 지도부에 모종의 긍정적인 영향을 주었다'고 평가하고 있다. 홍미로운 것은 김일성이 미코얀과 펑더화이가 함께 평양에 와서 조선로동당 사태에 대해 간섭한 것에 대해 그러한 방문은 '형제적 당들 사이에 가능하고 필요하다'고까지 말했다는 점이다(Document 30: 522, 526).

이바노프 보고서 내용은 이미 이 책의 앞에서 자세히 소개했지만, 9월 전원회의 이후 북한의 당-국가운영의 리더십 체계에 대한 논의를 위해 여기에서는 관련 부분만을 다시 살펴보기로 하자.

'고문'들이 모두 그대로 남아서 이름만 '상담역'으로 바꾼 것만은 아니어서 예전의 '고문'에 비해 '상담역'의 숫자는 대폭 줄었을 것이다. 이 모든 것은 '8월 종파사건' 이후 소련의 영향력의 감소와 김일성의 자율성의 증대를 의미했다. 그런데 홍미롭게도, 소련이 김일성과 인사들에게 집단지도체제의 회복을 계속 강조했고, 김일성과 인사들은 당-국가운영을 집단지도체제로 바꾸려는 움직임을 보인 것이다.

이바노프 보고서는 9월 전원회의 이후 당의 하부로부터의 비판은 다소 과감해졌으며, 집체적 지도원칙은 당 위원회의 실제 사업에서 더 빈번히 나타나기 시작했고 당 대회나 당 회의의 결정에 의한 관리와 명령은 점점 더 적어졌다고 적고 있다(Document 30: 526). 또 그전에는 조선로동당에 개인숭배가 있다는 점을 인정하지 않았으나 9월 전원회의 이후에는 이를 인정하고 김일성 개인숭배가 서서히 제거되어가고 있다고 했다. 당은 선전에서 김일성 미화를 중지했으며, 문예 사업도 그러한 방향으로 나아가기 시작했다는 것이다. 가장 중요한 당과 정부 문제들은 집체적으로 결정되기 시작했으며, 리더십을 비판하는 사람들에 대해서도 더 인내심이 발휘되기 시작했다고 적고 있다(Document 30: 526).

당시 소련공산당과 소련정부가 세계공산주의운동에서 차지하는 위상과 역할, 그리고 9월 전원회의 이후 북한의 이러한 분위기 때문에 당시 북한에서 일부 김일성파 인사들이 당-국가운영체제를 집단지도체제로 바꾸라는 소련의 압력을 수용하여 그들 나름대로 그 방향으로 일을 했던 것으로 생각된다.

1957년 4월 9일 부임하여 처음 김일성을 만난 푸자노프에게 김일성은 1956년 9월 전원회의에서 소련과 중국의 공동 간섭 이후의 시기에 "반소적인 분위기는 없다"고 당시 북한상황을 설명했다. 당시 푸자노프 대사의 최대의 관심은 '김일성이 소련에 대해 어떤 태도를 취할 것인가' 하는 문제였는데, 7월 12일 소련파 박의완은 "김일성이 소련에 대해 우호적인 태도를 취하고 있다"는 것을 긍정적으로 확인해주었다(정태수·정창현, 1997b: 97).

푸자노프 대사의 비망록에 의하면, 소련은 초기에는 김일성이 조선로동당 중앙위 위원장만 맡고 수상에 최용건이나 김일을 기용하는 방안을 고려했던 것으로 보인다. 이에 대해 당시 외무상이던 남일은 1957년 7월 5일 푸자노프를 만나 김일성이 당 위원장과 내각 수상을 둘 다 계속하여 맡아야 한다고 주장했다. 그러면서 남일은 당 중앙위에 제1비서직을 두어 김일을 제1비서로 선출한 후 2~3년 뒤에 김일을 수상으로 선출하는 방안을 제시했다고 한다(정태수·정창현, 1997a: 154; 정창현, 2002: 228~229).

7월 29일에 박정애가 새로운 방안을 내놓았다고 한다. 박정애의 제안은 다음과 같았다. 내각과 당 지도부를 구성하는 데는 두 가지 방안이 있는데, 그 하나는 얼마 동안 김일성이 내각 수상과 당 위원장을 계속 겸임하는 것이고, 다른 하나는 최고인민회의 상임위원장에 최용건, 내각 수상에 김일, 그리고 김일성은 계속적으로 당 위원장을 맡아서 당 사업에 집중한다는 것이었다(정태수·정창현, 1997a: 154; 정창현, 2002: 229).

그러나 위의 이러한 제안들은 실제 이뤄지지 않았다. 그러나 위의 제안들이 있었다는 것은, 비록 김일성이 4월 9일 대화에서 푸자노프에게 북한에서 '개인숭배 문제'는 바로잡혀서 이제 "개인숭배 문제를 거론할 단계가 지나간 것"이라고 말했지만(정태수·정창현, 1997b: 97), 1957년 여름의 시점까지도 소련공산당이 조선공산당 내 개인숭배, 집체적 지도의 취약성 등에 대해 계속하여 관심을 갖고 있었고 가능하면 그 문제들을 해결하려고 노력했음을 말해준다. 사실상 모든 사람이 예외 없이 공포와 테러의 대상이 됐던 스탈린 치하의 암흑기를 살았던 당시 소련정치인들로서는 전 세계 공산당과 노동당들이 새로운 시대를 맞아 모두 개인숭배를 없애고 집체적 지도를 회복하기를 희망했다. 왜냐하면 그것은 새로운 소련 지도부의 정치적 정통성의 중요 부분이었기 때문이다.

소련의 영향력(2): 1957년 6월, 소련공산당 내 '반당 그룹' 척결

1957년 전반기에 말렌코프, 몰로토프, 카가노비치가 흐루쇼프 축출을 위한 거사 준비를 했고, 이들은 불가닌을 끌어들여 마침내 6월 18일 소련공산당 중앙위 상무위 회의에 흐루쇼프 지지자 2인이 마침 결석한 것을 기회로 제1서기 흐루쇼프를 축출하려고 했다. 그러나 결국 이 시도가 무산되고, 6월 22~26일 개최된 당 중앙위에서 흐루쇼프 지지자들은 말렌코프, 몰로토프, 카가노비치를 '반당 그룹'으로 낙인찍고 이들이 종파주의와 스탈린이 저지른 범죄들에 연루된 것으로 고발했다. 이들 3인은 당 중앙위와 상무위로부터 축출됐다.[4]

---

4) 당 중앙위 상무위에서 흐루쇼프 축출 거사가 실패한 데는, 흐루쇼프가 국방장관 주코프 원수와 보안기관들을 통해 군대를 장악하고 있었고, 그가 상무위 회의 개최 통지가 상무위원 전원에게 미리 이뤄지지 않았다는 것을 문제삼아 상무위 회의를 며칠 동안 질질 끌면서 그동안

그런데 흥미롭게도, 소련공산당에서 '종파분자'들로 구성된 '반당 그룹'의 흐루쇼프의 축출 시도는 정확히 조선로동당 '8월 종파사건'에서 '반김일성 연합세력'의 김일성의 축출 시도에 비견할 수 있는 것이었다.

소련공산당에서 이 '반당 그룹'이 일으킨 사건과 그에 대한 처벌이 이내 조선로동당에 전달됐다. 7월 6일 조선로동당은 "이 결정에 대한 전적인 지지와 동의를 표명"하고, 소련공산당의 결정을 "당의 사상의지 및 행동상 통일을 파괴하려는 종파적 행위를 과감하게 극복하고 당 대렬의 순결성을 수호하기 위한 정당한 조치"로 찬양했다(서동만, 2005: 582).

7월 6일 각 도당의 부위원장, 시·군당의 위원장, 각 성·국의 초급 당 위원장, 주요 생산 직장의 당 조직원들 등 지방 당 간부들에 대한 강습회가 소집됐고, 7월 9일에는 도·시·군 인민위원회 서기장, 행정 책임지도원, 행정 지도원, 심의원 등 지방 행정 간부에 대한 강습회가 소집됐다. 박금철은 강습회에서 "당내에서 종파행위는 그 어떠한 사소한 것이라 할지라도 용납될 수 없다"는 것, "8월 전원회의에서 종파분자들에게 타격을 가한 것은 현명한 조치였다"는 것을 강조했다. 7월 9일에는 또한 평양시당위원회에 소속된 모든 당과 단체들의 책임 간부들에 대한 강연회가 실시됐다(서동만, 2005: 582~583).

결국 1957년 6월 소련공산당에서 발생한 '반당 그룹'의 흐루쇼프 축출 시도와 그 처벌은 북한에서 '8월 종파사건' 시 최창익, 박창옥 등 주모자와 연루자들에 대한 조선로동당의 책벌이 정당했다는 것을 확인해주고, 또 북한에서 김일성이 '종파주의자'들과 '반당·반혁명분자'들에 대한 '반종파 투쟁'을 하는 데 유리한 대외 정치기회구조 요소로 작용했던 것이다(Lankov, 2005: 160).

이는 김일성이 이제는 푸자노프 대사의 1957년 6월 3일자 비망록에서 지적된 바와 같은 소련과 북한 인사들의 움직임, 즉 북한에서 김일성의 권력을 축소

자신의 지지자들인 지방 당 위원장 등 다수의 당 중앙위 위원들이 모스크바로 올라오기를 기다린 것이 주효했다. 모스크바에 모인 흐루쇼프의 지지자들은 이미 '비상 당 대회'를 요구할 수 있는 숫자가 되어 있었고, 이들은 당 중앙위 개최를 요구했던 것이다. 참고로, '반당 그룹'으로 찍힌 몰로토프는 몽골대사로 보내졌고, 말렌코프와 카가노비치는 모스크바에서 멀리 떨어진 곳에 있는 공장과 기관의 책임자로 보내졌다(http://en.wikipedia.org/wiki/Khruschev).

하고 당-국가 운영을 집단지도체제로 바꾸려는 움직임 같은 것에 더 이상 현실적으로 신경 쓸 필요가 없게 됐음을 의미했다.

소련의 영향력(3): 1957년 11월, '모스크바 회의'와 '모스크바 선언'

김일성은 1957년 11월 3~23일 모스크바를 방문했다(박태호, 1985: 262). 11월 14~16일 개최된 10월 혁명의 40주년을 경축하는 '각국 공산당 및 노동당 대표회의'에서 소련공산당 제1서기 겸 수상 흐루쇼프가 보고연설을 했고, 회의 마지막에 '모스크바 선언'(사회주의 제 국가 공산당 및 로동당 대표들의 회의의 선언)과 '평화 선언'이 발표됐다(『조선중앙년감』, 1958: 233~261). 이 모스크바 회의는 공산주의운동 역사상 가장 많은 당 대표들이 참가한 회의였다.

모스크바 회의에서 한 흐루쇼프의 보고연설 「위대한 사회주의 10월 혁명의 40년」과 '모스크바 선언' 및 '평화 선언'을 살펴보면, 소련과 각국 공산당과 노동당은 수정주의와 교조주의에 대한 반대, 레닌주의적 원칙의 수호, 그리고 레닌주의적 원칙을 각 나라의 구체적인 현실에 맞춰 창조적으로 적용해야 한다는 데 대해 합의했다. 그리고 자본주의 진영과의 평화공존의 필요성, 핵무기[핵폭탄 및 수소폭탄]와 탄도미사일 등 대량살상무기가 초래할 참혹한 새로운 전쟁의 방지에 대해 강조했다.

우선 흐루쇼프의 보고 내용을 살펴보자. 그는 '현대 수정주의'를 강력히 비난했다. 즉, 제국주의자들이 '민족적 공산주의', '자유주의적 공산주의'라는 기치를 내세워 사회주의 진영의 사상적 와해 공작을 기도하고 있는데, 이는 '프롤레타리아 독재가 없는 사회주의'로서 공산주의자들을 '부르주아적 자유주의자'로 변화시키려 한다는 것이다. 그는 그 실례로서 "사회주의 위업과 자기 나라의 근본적인 민족적 리익을 직접 배반"한 (밀로반) 질라스(Milovan Djilas)나[5] 임레 너

---

5) 밀로반 질라스는 유고슬라비아의 공산주의 지도자, 이론가였다. 그는 한때 티토(Josip Tito)의 후계자로 여겨지기도 했으나, 1953년 10월~1954년 1월에 유고 공산주의 사회에서 군부 및 정부 고위인사들이 '새로운 지배계급'을 형성하고 있다는 비판의 글을 써 유고슬라비아

지를6) 들었다. 그리고 '사회주의적 민주주의'를 발전시키는 레닌적 입장에서 '사회주의의 원수'들인 현대 수정주의자들의 "정치적 및 사상적 입장을 격파" 해야 한다고 했다. 이와 관련하여 그는 "과도기의 사회주의 국가 건설의 국제적 경험, 특히 웽그리야[헝가리]에서의 반혁명 폭동을 반대한 투쟁 경험"을 언급했다(『조선중앙년감』, 1958: 249).

모스크바 선언은 "공산당과 로동당 대렬 내의 수정주의와 교조주의를 결정적으로 극복할 필요성을 강조"하면서, 이 두 가지는 "과거에도 현재에도 국제적

공산당 중앙위로부터 축출됐다. 1954년 12월에는 ≪뉴욕타임스(*The New York Times*)≫와의 인터뷰에서 유고슬라비아의 상황을 전체주의(totalitarian) 상황으로 규정하고 유고슬라비아가 '비민주주의 세력'과 '반동적인 요소들'에 의해 통치되고 있다고 비판했다. 그는 유고슬라비아에 '새로운 민주적 사회주의당'이 생겨 공산당과 함께 양당정치를 해야 한다고 주장했다. 1956년 11월에는 유엔에서 1956년 '헝가리 혁명'에 대한 소련의 개입 건과 관련하여 유고슬라비아가 투표에서 '기권'하는 것에 대해 반대했으며, 헝가리 혁명을 지지했다. 1957년에 그는 비밀리에 원고를 해외로 보내 『새로운 계급: 공산주의체제의 분석(*The New Class: An Analysis of the Communist System*)』(San Diego: A Harvest/HBJ Book, 1957)을 미국에서 출판했다. 그는 이 책에서 소련과 동유럽 공산주의는 '평등하지 않으며' 자신의 직위를 이용하여 물질적인 이득을 향유하는 '새로운 특권 당 관료계급'이 자리 잡았다고 비판했다(http://en.wikipedia.org/wiki/Milovan_Djilas). 1957년 11월 모스크바 회의에서 흐루쇼프가 자신의 보고에서 질라스를 비판한 때는 바로 이러한 일들이 있었던 다음이었다.

6) 임레 너지는 헝가리 정치가로서 헝가리 국회의장과 수상을 두 차례(1953년 7월~1955년 4월, 1956년 10월 24일~11월 4일) 지냈다. 첫 번째 수상 재직 시 그는 사회주의에서 '자신'의 독자적인 '신노선(New Course)'을 추구함으로써 소련공산당 정치국의 눈 밖에 났다. 그는 헝가리공산당 중앙위, 중앙위 정치국으로부터 쫓겨났고, 수상직에서 해임됐다. 그러나 1956년 반소 '헝가리 혁명'이 일어나자 국민들의 요구에 의해 그는 다시 수상이 됐다. 그는 곧 다당제 정치체제를 받아들이고, 바르샤바조약기구(Warsaw Pact)에서 탈퇴했으며, 유엔을 통해 미국과 영국 등 강대국들에게 헝가리의 중립국 지위를 인정해줄 것을 호소했다. 헝가리 혁명이 소련군에 의해 진압되자 그는 소련군에 의해 체포됐다. 그는 결국 인민민주주의 국가의 전복 음모와 반란죄로 기소됐다(http://en.wikipedia.org/wiki/Imre_Nagy). 1957년 11월 모스크바 회의에서 흐루쇼프가 자신의 보고에서 임레 너지를 비판한 때는 바로 이러한 일들이 있었던 다음이었다. 참고로, 그는 1958년 6월 사형됐는데, 크렘린 내부 소식통에 의하면, 흐루쇼프가 "사회주의 국가들의 모든 다른 지도자들에게 교훈이 되도록" 그를 사형시켰다고 한다(http://en.wikipedia.org/wiki/Imre_Nagy).

성격을 띠고 있"다고 했다. 교조주의는 "맑스-레닌주의의 리론의 발전과 변천하는 구체적인 제 조건에서의 그 리론의 창조적 적용을 곤란하게 하며 구체적인 정세의 연구를 인용주의와 독경주의로써 대신하며 대중으로부터의 당의 유리를 초래"한다는 것이다. 또 수정주의는 "로동계급의 혁명적 정력을 마비시키며 자본주의의 보존 또는 재생을 요구하는 부르주아 이데올로기의 표현으로서의 우경 기회주의"라고 했다(『조선중앙년감』, 1958: 257).

흐루쇼프는 레닌이 이미 주장했고, 소련공산당 제20차 대회에서 또 확인했듯이 여러 민족과 나라가 사회주의로 가는 길은 동일하지 않고 다양할 수 있으며, 자신의 '사회경제적·역사적 특수성' 등으로 인하여 독특한 형태의 특성들이 있다고, 따라서 "맑스-레닌주의는 사회주의 혁명과 사회주의 건설의 일반적 원칙은 각국의 구체적인 력사적 조건에 따라 창조적으로 적용할 것을 요구하며 다른 나라 공산당들의 정책과 전술의 기계적 모방을 허용하지 않는다"고 선언했다. 그런데 중요한 점은 사회주의 국가들이 보여주어야 하는 '맑스-레닌주의적 공통성'이 무시되어서는 안 된다는 것이다(『조선중앙년감』, 1958: 249, 258). 따라서 '민족적 특수성'을 '무시'하거나 혹은 '과대평가'하는 두 개의 편향을 동시에 반대해야 한다는 것이다(『조선중앙년감』, 1958: 257).

흐루쇼프는 또한 사회제도가 서로 다른 나라들 사이의 '평화공존'을 강조했다. 그는 "사회주의와 자본주의는 한 유성 우에[하나의 지구 위에] 존재하고 있으며 그들의 공존은 력사적 불가피성"임을 강조하면서, "자본주의 국가들과의 평화적 공존정책"을 주장하고 또 "평화의 공고화를 위한 쌍무 우호협정 또는 구라파와 아세아에서의 집단 안전협정의 체결"을 지지했다. 그는 사회주의 국가들과 자본주의 국가들에 존재하고 있는 '제도'는 "인민들의 내정 문제"라는 현실적 사실을 인정해야 한다면서 국가 간의 모든 분쟁 문제는 "전쟁이 아니라 회담의 방법으로 해결"되어야 하며, "전쟁이 없이 평화적 경쟁에 기초하여 산다는 것, 바로 여기에 평화적 공존의 기초가 있다"는 것을 강조했다(『조선중앙년감』, 1958: 251).

흐루쇼프는 "사회주의와 자본주의 간에는 모순이 없다거나 그들 사이에는 완전한 '조화'가 이룩될 수 있다거나 또 공산주의 이상과 부르주아 사상은 타협할 수 있다고 주장할 생각은 없"으나, 그렇다고 이것이 "사회주의 국가들과 자본주의 국가들 간의 평화적 공존과 평화적 경쟁을 배제하지 않는다"는 점을 강조했다. 그는 원자 및 수소 무기와 탄도 로켓의 사용 등 군사기술이 지금처럼 발전된 조건하에서 전쟁을 하게 되면 전체 인류에게 막대한 재난을 가져올 것이라고 지적했다(『조선중앙년감』, 1958: 252~253).

한편, 모스크바 회의에서 채택된 '모스크바 선언'은 "우리 시대의 기본 내용"은 "자본주의로부터 사회주의에로의 이행"이며 "전쟁이냐 평화적 공존이냐 하는 문제는 세계정치의 근본문제"로 됐다고 강조했다. 그는 "쏘련공산당 제20차 대회의 결정들에 의하여 가일층 발전된 두 제도의 평화적 공존에 관한 레닌적 원칙이 사회주의 제 국가의 대외정책의 확고부동한 기초이며 평화와 제 인민 간의 친선의 믿음직한 기초라는 것을 성명"했다. 그리고 그는 '사회주의적 국제주의'를 강조했다. 사회주의 국가들은 "하나의 (위대한 사회주의) 대가정"으로 뭉쳤다는 것이다(『조선중앙년감』, 1958: 254~256). 모스크바 회의에 참석한 각국 대표들은 특별히 '평화 선언'을 채택했다.[7]

그렇다면, 모스크바 회의와 모스크바 선언은 북한에 어떤 영향을 미쳤는가? 김일성은 모스크바 회의에서 귀국한 얼마 후 12월 5~6일 당 중앙위 확대전원회의를 개최하여 첫날 회의에서 소련 방문결과에 대해 보고했다. 우선 김일성 보고의 많은 부분은 모스크바 회의에서의 흐루쇼프의 보고 내용과 모스크바 선언, 평화 선언 등의 내용을 소개하고 있다. 여기에서는 모스크바 회의와 모스크

---

7) '평화 선언'의 내용을 요약하면 다음과 같다. 제2차 세계대전의 참화와 재난의 경험, 그리고 새로운 전쟁의 "원자, 수소 및 로케트 전쟁의 불길"을 고려할 때, "전쟁은 불가피한 것은 아니며 전쟁은 방지할 수 있으며 평화는 수호될 수 있고 공고화될 수 있다"는 것이다. 특히, 예전과 달리, 소련과 중국 등 공산주의 국가들이 존재하는 국제정세와 공산진영의 '평화 역량'은 "이제 전쟁을 허용하지 않을 수 있으며 평화를 유지할 수 있다"는 것이다. '평화 선언'은 특별히 세계의 모든 선량한 사람들에게 "1, 원자 및 소수 무기 시험의 즉시 중지를 위하여, 2, 이 무기의 생산 및 사용의 최단 기일 내의 무조건 금지를 위하여 하나로 뭉쳐 투쟁하라"고 호소했다. 자신들은 "평화를 원하며 평화를 위하여 투쟁"하고 있으며, "전쟁은 우리의 원쑤"라고까지 표현하고 있다. 그리고 '평화 선언'의 마지막 문장은 "세계에 평화를!"로 되어 있다(『조선중앙년감』, 1958: 259~261).

바 선언, 평화 선언이 '북한에 미친 영향'이라는 관점에서 주목할 만한 내용만 살펴보기로 한다.

김일성은 "첫 사회주의 국가인 쏘련은 40년래 세계혁명운동의 성새(城塞)로, 그의 중심"으로 되고 있어서 "쏘련을 중심으로 단결하여 그를 지지 옹호하는 것은 모든 공산주의자들의 신성한 의무"라고 말했다. 김일성은 "조선인민은 쏘련을 비롯한 형제국가 인민들과의 친선 단결에 사활적 리해 관계를 가지고 있으며 자기의 생활과 투쟁을 통하여 프롤레타리아 국제주의의 거대한 힘을 가장 절실하게 체험한 인민"이라고 했다. 조선인민은 "앞으로도 쏘련인민을 지지하고 그를 향하여 배우며 영원히 그와 함께 나아갈 것"인데, 이것을 "자기의 신성한 공산주의적 의무로 간주"하고 있다는 것이다. 그는 또한 중국인민과의 "혈연적인 친선관계"를 더욱 공고히 할 것이라고 하면서 '프롤레타리아 국제주의'와 더불어 '사회주의적 애국주의'의 교양사업을 강화해야 한다고 했다(『조선중앙년감』, 1958: 37, 42).

김일성은 전쟁과 평화의 문제, 사회주의권의 역량 강화, 아시아·아프리카 등에서의 식민주의 반대 운동 등 국제정세에서 발생한 근본적인 변화들은 "우리 나라 정세에도 반영되지 않을 수 없"다면서, 한반도에서 '평화 유지'와 '평화 통일'을 실현하기 위해서는 북한에서 사회주의 건설을 촉진시킴으로써 '민주주의 기지'를 더욱 강화하고 통일전선을 더욱 강화하여 남한에서 '반제 반봉건 투쟁'을 궐기토록 해야 한다고 강조했다(『조선중앙년감』, 1958: 39, 41). 그는 이외에도 남북한의 평화를 유지하고 평화통일을 실현시키기 위한 많은 제안들을 했다.[8]

김일성은 교조주의와 수정주의를 반대하는 맑스-레닌주의 이론의 원칙적 문제들, 예컨대 자본주의로부터 사회주의로 이행하는 데 있어서 프롤레타리아 독

---

[8] 김일성이 여기서 한 제안들은 정전협정의 엄격한 준수, 정전체제의 평화체제로의 전환, 모든 외국군대, 즉 미군 및 중국군의 철수, 남북한 군대의 각각 10만 이하로의 축소, 남북 우편교환, 물자교역, 남북한 해상에서의 자유로운 어로 작업, 남북한 정당, 사회단체, 개별인사들의 접촉과 협상, 외국간섭 없는 남북한 총선거를 통한 통일 등이었다(『조선중앙년감』, 1958: 40~41).

재의 필연성 등이 모스크바 회의에서 다시 한 번 명백히 천명됐다는 점을 지적했다. 그리고 그는 프롤레타리아 독재의 수립에 있어서 맑스-레닌주의 당의 영도 등 맑스-레닌주의의 기본원칙들을 "확고히 고수"하고 그것을 "자기 나라의 구체적 력사적인 조건에 창조적으로 적용"하는 것이 중요하다고 강조했다(『조선중앙년감』, 1958: 42~43).

김일성은 "부르주아 사상의 반영으로서의 수정주의는 현 시기 국제로동운동에 있어서 주되는 위험"인데, 이러한 조류가 "우리나라에서도 소수 불건실한 분자들과 소부르주아 동요분자들에게 일정한 영향과 공명을 일으킬 수 있다는 것을 망각하여서는 안 될 것"이라고 경고했다. 1956년 8월 전원회의에서 종파분자들이 들고 나온 구호와 행동이 바로 이것을 말해주고 있다는 것이다. 당시 종파분자들이 "외부로부터 침습한 국제 수정주의의 사상 영향"과 "우리나라의 간고한 혁명투쟁의 시련을 이겨내지 못하고 적대세력 앞에 굴복하는 우경 투항주의"에 빠져 당과 혁명을 배반했다는 것이다(『조선중앙년감』, 1958: 43).

김일성은 수정주의와 함께 "교조주의 역시 맑스-레닌주의 본질과는 하등의 인연도 없으며 혁명사업에 지장을 주는 것"으로 비판했다. 교조주의는 "특히 청소한 당"에서의 사업에 큰 손실을 가져올 수 있는데, "최대한의 창발성을 요구하는 사회주의 건설"에서 그렇다고 했다. 교조주의자들은 "발전하는 구체적 현실을 연구 분석하고 그 속에서 결론을 찾아낼 대신에 기존 공식이나 명제로써 현실을 규정하려 하며 자기 자신의 립장에 대한 확고한 신념과 주견을 못 가지고 맹목적으로 남의 것을 따라가려" 한다는 것이다. 김일성은 "복잡한 현실을 맑스-레닌주의적으로 판단하고 사업"하는 것은 "남의 경험과 기성 리론을 사고 없이 교조주의적으로 적용하는 것보다 몇십 배나 힘든 일"이라고 했다. 이런 맥락에서 당 중앙위가 '교조주의와 형식주의를 극복하고 주체를 확립'하기 위한 투쟁을 결정적으로 전개하기 시작했다는 것이다. 그는 "특히 우리나라에서 교조주의는 장기간의 봉건통치와 일제 식민지 예속하에서 민족적 자부심을 못 가지고 남의 것이면 맹목적으로 숭배하던 락후한 사상잔재가 아직 일부 사람들의 머리 속에 남아 있는 데도 기인"한다고 했다. 그래서 "자기의 우수한 것은 볼 줄 모르며 남의 것이면 자기에서 맞지 않는 것도 기계적으로 모방하며 추종하려는 경향이 아직 없어지지 않았"다는 것이다(『조선중앙년감』, 1958: 44).

그런데 이제 조선로동당은 10년간의 투쟁에서 "자체의 풍부한 경험을 가지게 됐으며 자기 자신의 경험과 남의 경험을 창조적으로 현실에 적용할 능력" 있는 간부들을 '초보적'으로 갖게 되어 교조주의를 근절하는 데 용이하게 됐다고 했다. 그럼에도 불구하고 위에서 지적한 이유들로 인해 교조주의 극복에 힘써야 한다고 했다(『조선중앙년감』, 1958: 44). 그는 관료주의의 극복, '반종파 투쟁'의 중요성을 강조하고, 전체 당 단체들과 당원들은 금번 모스크바에서 채택된 선언들과 10월 혁명 40주년 경축회의에서 한 흐루쇼프의 보고와 회의 호소문들을 깊이 연구·토의하며, 그것을 인민대중에게 광범하게 침투시키기 위한 구체적인 사업들을 조직해야 한다고 말했다(『조선중앙년감』, 1958: 45).

1957년 12월, 소련파 이중국적 문제 해결 협약

김일성이 모스크바 회의에 다녀온 직후인 1957년 12월 7~16일 평양에서 북한과 소련정부 대표단(단장은 북한 측 리동건 외무부상, 소련 측 북한 주재 푸자노프 대사) 사이에서 「민사, 가족 및 형사 사건에 대한 법률상 방조제공에 관한 조약」, 「이중국적자들의 공민권 문제 조절에 관한 협약」, 그리고 영사 협약들이 논의되고 조인됐다(『조선중앙년감』, 1958: 86).

「이중국적자들의 공민권 문제 조절에 관한 협약」은 "조선과 쏘련의 공민권을 가지고 있는 이중국적자들에게 체약 쌍방 중 어느 일방의 공민권을 자원적으로 선택할 가능성을 허여"했다. 소련이나 북한 어느 한쪽의 영역 내에 거주하면서 상대방 국가의 공민권을 선택하기를 희망하는 이중국적자들은 이 협약의 효력 발생 후 1년 내에 해당국 외교 대표부에 이 문제에 대한 청원을 제출하도록 규정했다. 이 공민권 관련 조약은 비준을 거쳐 비준서가 교환되면 즉시 효력을 발생하도록 했다(『조선중앙년감』, 1958: 86).

참고로, 소련파의 경우, 해방 후 북한에 들어왔을 때 소련공산당 당원이었고 소련의 시민권을 그대로 유지하고 있었으며, 이중당적이 허용되어 동시에 조선로동당 당원이 될 수 있었다. 1955년 말에 소련이 소련파의 국적을 소련에서 북한으로 바꾸도록 지시한 적이 있고(이종석, 2010: 390), 이에 따라 1956년에 들어 김일성이 이들에게 소련시민권을 포기하고 북한의 공민권을 갖도록 요구했다. 이때 박의완과 같은 사람은 소련국적을 버리고 북한국적을 취득했다(정태수·정창현, 1997a: 150; Document 6: 473; Document 19: 491). 그런데 이 모든 것은 '8월 종파사건' 발생 이전의 일이었다.

그러면 여기서 당시 '8월 종파사건' 이후의 시기, 북한정치에서 소련파들의 처지를 잠깐 살펴보자. 박창옥 등 소련파 일부가 최창익 등 연안파들에 협력하여 거사한 '8월 종파사건'이 실패하자, 소련파들은 박창옥의 행동을 비판하면서 "다수가 박창옥 등의 지지자로 몰릴지도 모른다는 두려움"을 갖게 됐고 소련파끼리도 만나지 않는 현상이 생겼다. 이러한 분위기는 1957년 11월 모스크바에서 마오쩌둥이 김일성에게 1956년 9월 전원회의 개입에 대해 '사과'한 후에 더욱 강화됐다. 1957년 11월 25일 개최된 당 중앙위 회의에서 김창만이 소련공산당과 중국공산당의 개입을 공개적으로 비판하고 나섰고, 한설야는 중국공산당에 "공식 항의할 것을 요구"하기도 했다(정태수·정창현, 1997b: 101).

이러한 분위기 속에서 김일성이 1957년 11월 모스크바 회의에 다녀온 후에 이제 본격적으로 이중국적자 문제를 '협약'으로써 해결한 것이었다. 이는 북한에서 불안하게 살고 있던 소련파 인사들에게는 고향으로 귀국하는 기회를 주었던 것이고, 김일성으로서는 자신에게 호의적이지 않은 소련파들로 하여금 소련으로 돌아갈 기회를 제공함으로써 자연스럽게 북한정치에서 소련파의 영향을 제거하는 효과를 냈다(서동만, 2005: 768). 결국 이중국적자 정리 문제는 김일성이 '반종파 투쟁'의 맥락에서 이뤄낸 성과였다고 할 수 있을 것이다.

1957년 11월, 중국의 '8월 종파사건' 개입 사과, 중국인민지원군 완전 철군 합의

1957년 11월 모스크바에서 모스크바 회의가 공식 개막되기 전에 김일성-마오쩌둥, 김일성-펑더화이 회담이 있었다. 이 회담에서는 '8월 종파사건'에 중국 측이 간섭한 것에 대해 중국 측이 '사과'했고(정태수·정창현, 1997b: 95; 서동만, 2005: 768~769), 1958년까지 북한주둔 중국인민지원군을 완전철군하기로 합의했다.

우선, 마오쩌둥과 펑더화의가 김일성에게 했던 사과의 내용을 살펴보자. 당시 모스크바에 간 평양 주재 소련대사 푸자노프가 1957년 11월 13일 김일성과 만나 이야기한 후에 작성한 "김일성 동지와의 대담록"을 보면, 마오쩌둥과 김일성과의 회담에서 마오쩌둥이 김일성에게 한 말이 다음과 같이 기록되어 있다.

김일성에 의하면, 마오쩌둥은 다음과 같이 사과했다고 한다. 작년 ('8월 종파사건' 발생 직후) 중국으로 떠나온 이 그룹의 조선 일꾼들이[윤공흠, 서휘, 리필규, 김강] 중국공산당 중앙위원회에 보낸 편지에서 조선로동당 내부의 상황을 일면적으로 해명하고 있었으며, 조선지도부의 활동에서 단 한가지의 결함과 오류만을 중시하고 있었다는 결론에 도달했다. 작년 9월 중국공산당 정치국원 펑더화이 동지가 갔던 것은 조선로동당 내부 문제에 대한 간섭으로 평가할 수 있다. 따라서 우리는 더 이상 그런 식의 행위에 의거하지 않기로 결정했다. 각국의 당은 사업에서 오류와 결함이 있을 수 있다. 그것은 자신이 바로잡아야 한다. 당신들이 처리하고 당신들이 그것을 바로잡으시오. 우리 중국공산당에 결함이 있었다. 우리는 모든 것을 자아비판했다. 우리는 또한 결함들을 바로잡았다. 중요한 것은 우리들 당 사이에 훌륭한 친선관계와 완전한 상호이해가 있도록 해야 한다는 것이다(정태수·정창현, 1997b: 95; 정창현, 2002: 232).[9]

마오쩌둥은 김일성과의 회담에서 '8월 종파사건' 관련 연안파 도피자들 중 일부를 체포해 북한으로 송환하는 문제까지 제기했으나, 김일성이 그것을 원치 않는다고 했다고 한다(정태수·정창현, 1997b: 95).

당시 모스크바 회의에 김일성과 함께 가서 김일성-마오쩌둥, 김일성-펑더화이 대담에 배석한 김창만이 평양에 돌아와 약 150명의 고위급 인사들을 모아 놓고 김일성-마오쩌둥 회담에 대해 말해주었는데, 김창만의 이야기는 다음과 같았다.

---

9) 참고로, 소련공산당은 당시 마오쩌둥-김일성 회담에서 김일성이 조선의 독립적인 지위를 강조하고 8월 전원회의에서 반대파의 정권 전복기도 음모에 관해 상세하게 설명하여 마오쩌둥의 동의를 얻은 것으로 파악하고 있었다(이종석, 2010: 411).

마오쩌둥은 김일성과의 회담에서 중국공산당이 1956년 9월에 조선로동당의 일에 부당하게 개입한 데 대해 '반복적으로 사과'했다고 한다. 김창만은 중국 동지들이 만일 조선공산당이 모스크바 회의에서 조선로동당에 대한 (중국공산당의) 개입 문제를 제기할까 봐 모스크바 회의 개최 이전에 마오쩌둥과 김일성 간의 회동을 요청했으나, 조선로동당 동지들은 그렇게 문제를 모스크바 회의에서 제기할 정도로 격이 낮지 않았으며, 형제당들의 권위를 보호했다고 말했다. 김일성-마오쩌둥 회동에 배석했던 펑더화이도 사과를 했는데, 그가 6·25전쟁 중 중국인민지원군 총사령관으로 있던 시기에 중국인민지원군들 사이에서 특히 조선 돈을 찍어 내고 여러 종류의 정보를 수집하려는 시도를 했었으며 1956년 9월 전원회의 때 자신이 미코얀과 함께 평양에 가서 조선로동당 '내부 문제에 대해 간섭'한 것에 대해 사과했다고 한다(정태수·정창현, 1997b: 96; 정창현, 2002: 233; Lankov, 2005: 161~162).[10] 참고로, 피메노프의 '8월 종파사건' 관련 기록을 보면, 소련의 미코얀은 1960년 6월 김일성이 소련을 비공식 방문했을 때 김일성과 조선로동당 지도부에게 '8월 종파사건' 발생과 9월 전원회의 당시 '마오쩌둥의 태도에 대해 상세히 설명'했다고 한다(정창현, 2002: 253). 이는 미코얀이 실질적으로 사과를 했다는 뜻이다.

그런데 북한 측 인사들의 증언과 달리, 마오쩌둥 자신이 1958년 1월 베이징 주재 소련대사 유딘(P. F. Yudin)에게 1957년 11월 모스크바 회의에서 김일성과 회담한 내용에 대해 말해준 것을 보면, 분위기가 사뭇 다르다.

마오쩌둥은 김일성에게 "조선로동당 중앙[김일성]의 활동 중에 반제 투쟁, 국가사회주의 건설, 국제주의 원칙 수호의 3개 분야를 적극적 요소로 평가"해주었으며, 그 밖에 "조선로동당의 활동 중에도 결점이 있었고 시종일관 반드시 정확했다고 할 수는 없다"고 지적했다고 한다. 이에 김일성도 북한의 당 사업방

---

10) 이 김일성-마오쩌둥, 김일성-펑더화이 간의 대담은 1957년 11월 28일 평양 주재 소련대사관 1등 서기관 피메노프가 김창만의 이야기를 들은 외무부상 박길룡으로부터 듣고 작성한 '박길룡과의 대화록'에 있는 내용이다(정태수·정창현, 1997b: 95; Lankov, 2005: 161~162, 각주 55, 56).

식과 지방 사업에서 결점이 적지 않았음을 인정했다는 것이다(이종석, 2010: 411).

이종석은 마오쩌둥의 말이 '비록 명료한 사과는 아니지만 김일성이 당시 사회주의 건설의 핵심 분야에서 올바른 정책을 구사해왔다는 것을 인정'함으로써 '당 사업에서의 결점을 부차적인 요소로 인정'해주었다고 해석하고 있지만(이종석, 2010: 411), 꼭 그러한 분위기였던 것은 아닌 것으로 보인다.

그런데 이와 관련하여 매우 흥미로운 것은 마오쩌둥이 모스크바 회의를 마치고 베이징에 돌아온 후 11월 30일 중국 주재 소련대사 유딘에게 '김일성이 1956년 헝가리 혁명 때 반소노선을 걸었던 임레 너지의 길로 들어설 수 있다', 즉 김일성이 '반소 수정주의 노선'을 걸을 수 있다고 말했다는 것이다(정태수·정창현, 1997b: 94~96; 정창현, 2002: 230).[11] 이는 소련대사 유딘이 작성한 자신과 마오쩌둥 간의 대화록이기 때문에 마오쩌둥이 당시 김일성의 성향에 대해 어떻게 생각하고 있었는지를 정확하게 말해준다.

마오쩌둥의 말은 그가 '민족주의적' 성향을 가진 김일성이 '주체'형의 사회주의를 내세우면서 소련과 중국으로부터 '독립적'인 혁명과 건설의 길을 갈 가능성이 큰 인물로 보았다는 뜻이다. 훗날 김일성의 정책과 태도를 보면, 당시 마오쩌둥이 김일성을 잘못 본 것은 아니었다고 하겠다.

다음으로, 마오쩌둥과 김일성 간의 모스크바 회담에서 양 지도자는 북한에서 중국군 철군문제를 논의했다. 양 지도자는 "조선의 정세가 이미 안정되었고, 중국인민지원군의 사명이 기본적으로 완료되었다"고 보고 1958년에 완전 철군하기로 합의했다. 그런데 그들은 중국군 철수를 남한에 주둔하고 있는 유엔군 철수와 연계하여 선전해나가기로 했다. 북한이 주한미군 철수를 제기하면 중국이 이에 호응하여 이를 지지하는 성명을 발표하면서 중국군의 철수문제를 협의해나갈 준비가 되어 있음을 발표하는 수순으로 해나기로 합의한 것이다(이종석, 2000a: 203).

---

11) 뒤에 1960년 6월 16일 북한 주재 소련대사 푸자노프가 김일성에게 마오쩌둥의 이 발언을 알려주었을 때 김일성은 극도로 흥분하면서 마오쩌둥을 격렬히 비난했다고 한다(정태수·정창현, 1997b: 94~96; 정창현, 2002: 230).

마오쩌둥과 김일성의 합의에 따라, 김일성은 모스크바에서 돌아온 후 12월 5일 당 중앙위 확대전원회의를 개최하여 모스크바 회의에 대해 보고하면서 "미국 침략군대는 남조선에서 철퇴하여야" 하며, "우리는 중국인민지원군까지도 포함한 모든 외국 군대가 조선에서 철거할 것을 요구"한다고 말했다(『조선중앙년감』, 1958: 40). 김일성은 1958년 2월 5일 동일한 내용을 공식 성명으로 발표했으며, 이틀 후인 2월 7일 중국 측은 약속한 대로 호응했다. 그리고 저우언라이 총리가 북한을 방문하여 중국군 완전 철군에 공식 합의했다(이종석, 2000a: 203~204). 중국공산당과 연계가 깊은 연안파가 '8월 종파사건'을 일으킨 데다가 헝가리 인민봉기까지 터진 상황에서, 당시 중국군대를 북한에 주둔시키고 있던 마오쩌둥이 자신에 대해 우호적이지 않다는 것을 나름대로 느끼고 있었을 김일성으로서는 중국군의 완전 철군으로 큰 안도감을 갖게 되었을 것으로 생각된다.

참고로, 중국인민지원군은 6·25전쟁이 정전된 후, 1954년 9~10월에 1차로 7개 사단, 1955년 3~4월에 2차로 6개 사단, 1955년 10월에 3차로 6개 사단, 그리고 1958년 4월에 6개 사단, 7~8월에 6개 사단과 특별 병종부대, 마지막으로 9~10월에 인민지원군 사령부, 3개 사단, 후방 공급부대가 최종적으로 철수했다(이종석, 2000a: 203~205).

결국 중국인민지원군이 북한으로부터 완전 철수한 것도 북한에서 김일성의 '반종파 투쟁'에 유리한 정치기회구조를 조성하는 데 공헌했다고 할 수 있다. 왜냐하면 이제 중국군의 철수가 이뤄지면서 중국과 연결되어 있는 연안파의 힘이 자연히 약화될 수밖에 없었기 때문이었다. 비록 중국이 6·25전쟁의 정전 후, 북한주둔 중국인민지원군의 사령부를 평양에 두지 않고 평양시 동쪽 강동 너머에 있는 평안남도 회창(檜倉)에[12] 두는 등 북한 내정에 간섭한다는 인상을 주려 하지 않는 모습을 보이기는 했지만(이종석, 2000a: 202), 중국군 주둔 자체가 연안파에게는 최소한 심리적으로라도 큰 힘이 됐을 것은 당연한 일이었다.

---

12) 평남 회창군에는 중국인민지원군 사망자 134명의 유해가 안장되어 있는 열사릉원이 있는데, 이곳에는 6·25전쟁 참전 중 회창 소재 중국인민지원군 사령부에서 펑더화이 밑에서 근무하다가 미군 폭격으로 사망한 마오쩌둥의 장남 마오안잉(毛岸英)의 묘가 있다.

2. '반종파 투쟁'

김일성은 1956년 당 중앙위 9월 전원회의 이후 미코얀과 펑더화이가 떠나가자 '새로운 각오'로써 종파분자들을 제거하는 '반종파 투쟁'에 나섰다. 그가 취한 조치들을 몇몇 분야로 나눠서 살펴보자. 8월 종파사건' 주모자들의 '반당·반혁명·반사대주의적 죄행' 폭로, 당-정관계와 당-군관계에서의 정책전환, 사회주의 건설을 위한 사상적·인적·물적 동원운동인 천리마운동, 당증 교환사업과 초급 당 단체의 결산 및 선거, 그리고 당 중앙위의 하급 당 단체에 대한 집중지도였다.

'8월 종파사건' 주모자들의 '반당·반혁명·반사대주의적 죄행' 폭로

김일성은 '8월 종파사건'에서 궁정쿠데타 시도를 당한 후, '종파 제거'를 확실히 하겠다는 새로운 결심하에 미코얀과 펑더화이가 평양을 떠나자마자 최창익, 서휘, 리필규, 윤공흠, 김승화, 고봉기 등의 '반당, 반혁명, 사대주의적 죄행'을 비판하기 시작했다. 11월 중순부터는 비판 작업이 본격화됐다.

특히 그의 연안파 최창익과 서휘에 대한 비판은 신랄했다. 최창익은 "국제적으로 나타났던 수정주의 '이론'과 '구호'를 이용하여" 당과 정부를 공격하고 당의 영도적 역할을 부정했으며, "당내에서 무원칙한 '민주주의'와 종파활동의 '자유'를 요구하였다"고 비판받았다(《로동신문》, 1958.3.6; 이종석, 1995: 280; 이종석, 2010: 408). 최창익은 또한 과거 일제강점기의 각종 사상단체들, 즉 종파분자들이 '맑스-레닌주의 사상을 전파하는 데 일정한 역할'을 했다며 '종파유익설'까지 들고 나왔다고 비판받았다(서동만, 2005: 572). 서휘는 "시집살이에서 벗어나자"며 '당과 직맹 동격론', '직맹, 당, 행정의 3각 동맹설'이라는 '괴상망측한' 이론을 유포시켰으며, "1953년 《근로자》 10월호에 발표된 자기의 논문이 마치 우리나라 직업동맹운동에서 '강령'적 의의를 가지는 문헌인 듯 과장하여 선전"했다고 비판받았다(《로동신문》, 1957.2.25; 이종석, 1995: 280~281). 이 외에 리필규의 '종파적 행동'이 모두 '폭로'됐고, 김승화의 "주관주의적, 관료주의적 독단"으로 인한 당의 정책 왜곡이 비판받았다(서동만, 2005: 571).

참고로, 위에서 살펴보았듯이, 1957년 5~6월에 김일성대학교에서 일부 교수들이 '8월 종파사건' 주모자들의 주장과 비슷한 주장을 하고, 7월에는 평양시당을 포함한 여러 곳의 중급 활동가들이 중국으로 망명 시도를 하자, 8월부터 종파주의자들과 관련이 있다고 의심되는 사람들에 대해 조사 모임이 본격화되었다. 이 과정에서 흔히 도덕적 압력과 터무니없는 비판이 가해졌고, 자살하는 사람들도 생겨났다(NKIDP Document 7, 28; NKIDP Document 8, 30; NKIDP Document 12, 38).

1957년 12월 3~5일 개최됐던 12월 확대전원회의는 많은 "특별손님"이 초대되어 1,500명가량이 모인 대규모 회의였는데, 이 회의는 1956년 9월 전원회의 결정을 '공식적'으로 뒤집었다. 이제 '반종파 투쟁'의 이름하에 반대파에 대한 탄압은 공식적인 인정을 받게 되었고 김정일로부터 무조건적인 승인을 받았다(Lankov, 2005: 162, 164). 12월 확대전원회의를 계기로 새로운 숙청의 파고가 들이닥쳤다.

12월 확대전원회의에서 김창만이 모스크바 회의에서 김일성-마오쩌둥 회동과 그곳에서의 마오쩌둥의 사과에 대해 길게 이야기했다. 몇 개월간 연금 상태에 놓이고 또 조사를 받았던 '8월 종파사건'의 연루자 고봉기가 회유와 협박을 당해 증언했는데, 그는 '8월 종파사건' 주모자들은 박일우를 당 위원장으로, 최창익, 박창옥, 김승화를 당 부위원장으로 만들려고 했다고 주장했다. 박의완이 적극적인 참여자로서 처음 그 이름이 거론됐다. 방학세는 반김일성 연합파가 '무장 폭동'을 계획했다고 했다. 방학세의 발언 후 많은 반김일성파 인사들이 반성을 했으나, 박의완은 자신에 대한 비판을 받아들이지 않았다. 그러자 김창만이 그가 소련 출신이라는 것을 일부러 드러내어 그의 이름인 '의완'을 러시아어 본명으로 "이반(Ivan)!, 이반(Ivan)!"이라고 소리쳐대자 박의완은 저항을 포기하고 말았다. 김두봉도 반김일성파로 비판을 받았고, 김두봉은 당 앞에 그의 죄를 인정했다. 체신상 김창협도 김일성에 의해 '노동운동의 배신자'로 지목을 받았다(Lankov, 2005: 162~163).

발언자들은 반김일성파를 중벌에 처할 것을 주장했다. 예컨대, 본궁화학공장의 당 서기는 그의 공장 노동자들이 모든 '종파주의자'들을 온도가 2,000도나 되는, 끓는 카바이드 탱크 속에 모두 처넣어야 한다고 했다고 말했다. 『조선전사』의 저자들은 "우리나라의 모든 노동계급뿐만 아니라 강선제강소 노동자들이 '종파새끼'들을 그들에게 넘겨주기를 요청했는데, 일단 넘겨받기만 하면, 그들 하나하나를 짝짝 찢어 죽여버리겠다"고 썼다. 새로 사법상이 된 허정숙은 종파주의자들이 '인민재판'을 받아야 한다고 말했다(Lankov, 2005: 163~164).

김창만은 소련과 중국 공동조사단은 소국에 대한 대국의 우월주의이며, 우리 중에 외국 비행기를 기다리고 싶어 하는 사람들이 있었고 또 지금도 있다고 했다. 그들이 누구인지 아는데, 그들은 우리의 당을 신뢰하지 않고, 맹목적으로 다른 당들을 신봉한다고 했다. 그러나 김창만은 '그들이 비행기를 기다릴 이유가 없다. 그러한 비행기는 더 이상 없다'고 선언했다(Lankov, 2005: 164).

당-정관계: '행정사업'보다 '당 사업' 최우선적 중시

김일성은 1948년 9월 정부가 성립된 이후 '행정사업'(국가사업, 정부사업)을 위주로 하다가 1956년 당 중앙위 8월 전원회의에서 '8월 종파사건'을 통해 궁정 쿠데타 시도를 당한 후에 '당 사업'에 적극 나서 당을 최우선적으로 장악하는 방향으로 당-정관계를 전환했다.

이 책에서 이미 여러 번 인용했지만, 김일성은 '1956년 이전까지'는 자신이 내각에 있으면서 주로 '행정사업'에 집중했기 때문에 당 내부사업에 미처 "머리를 쓸" 사이가 없었으며, 당내 '종파분자'들이 바로 이러한 기회를 이용하여 머리를 쳐들었다고 설명했다. 김일성은 종파분자들은 "당에서 결정한 것을 제멋대로 고쳐서 집행"했으며, 소련파 허가이와 박영빈은 심지어 "당의 지시는 집행하지 않고 다른 나라 대사관에 지시를 받으러 드나들었다"고 비판했다. 당시에 '사대주의'가 심했다는 것이다. 바로 이런 연유로 김일성은 '1956년부터'는 자신이 직접 당 사업을 틀어쥐고 지도하게 됐다고 설명했다(김일성, 1983f: 136~137).

'8월 종파사건'을 겪기 전까지는 김일성은 북한에서 국가를 수립하고, 남한과 전쟁을 하고, 또 전후에는 복구발전 사업이 중요했기 때문에 내각 수상으로

서 국가사업, 행정사업에 몰두했다. 그러나 당 중앙위 8월 전원회의에서 궁정쿠
데타 시도를 당하는 경험을 하고 나서는 당 사업의 중요성을 절감했던 것이다.
다시 말해, 김일성은 당권 장악의 중요성을 재인식하고 그때부터 자신이 직접
당 사업을 틀어쥐고 '반종파 투쟁'을 하게 됐다. 뭐니 뭐니 해도 북한체제는 기
본적으로 당이 국가에 우선하는 당-국가체제였던 것이다.

당-군관계: 군대 내에 '당 위원회' 설치를 통한 당적 지도 강화

한편, 당-군관계에서의 변화를 살펴보면, 김일성은 '8월 종파사건'을 겪고 난
다음 1958년부터 인민군대 내 당 조직 체계를 고치고 군대에 대한 당적 지도를
강화했다(김일성, 1981i: 164).

'8월 종파사건' 이전에 군대 내에 총정치국이 설치되어 있었으나, '유일관리
제', 즉 단일지휘제 때문에 군 지휘관들이 당적 통제에서 벗어나 있었다. 군단장
이나 군단정치부장이나 참모장을 당적으로 지도, 교양하고 통제하는 기관은 없
었다(김일성, 1981n: 95~97). 김일성은 1958년 2월부터 인민군 내에 민족보위성
으로부터 군단, 사단, 연대에 이르기까지 '당 위원회' 제도를 설치하기로 계획
하고(김일성, 1981n: 97) 1958년 3월 당 중앙위 전원회의에서 이를 실행에 옮겼다
(『조선로동당력사』, 2004: 274; 김일성, 1981h: 295).

1958년 3월 당 중앙위 전원회의는 조선인민군 내에 조선인민군당위원회를
설치하여 이를 당 중앙위에 직속시켜 당 중앙위 상무위 밑에서 지도를 받게 하
고, 군단과 사단, 연대에는 각각 당 위원회, 대대에는 초급 당 위원회, 중대에는
초급 당 단체를 설치했다(김일성, 1981i: 166; 『조선로동당력사』, 2004: 274). 조선
인민군당위원회는 각 부대의 당 위원회들에 부대의 책임간부들이 반드시 들어
가도록 했다. 총정치국 소속 정치일꾼뿐만 아니라 군사간부도 가입하도록 한 것
이다. 예컨대, 연대당위원회에는 연대장과 정치부연대장이 함께 가입하도록 했
다(김일성, 1981i: 166). 따라서 이제 군사간부들도 당 사업에 참가하게 되어 모두
다 당의 통제를 받게 된 것이다. 이제 간부들은 자신이 속한 초급 당 단체와 당
위원회 양쪽으로부터 당적 통제를 받게 됐다(김일성, 1981i: 168).

군대 내의 당 위원회 설치는 기본적으로 군대가 당 중앙위 주위에 단결하여 중앙당의 결정을 충실히 이행하는 당적 지도를 실천하게 됐다는 것을 의미했다 (김일성, 1958: 64~100). 즉, 군대가 당중앙의 사상과 영도만을 따름으로써 종파주의의 여지를 제거한 것이었다. 다시 말해, 김일성이 위원장을 맡고 있는 당 중앙위를 '결사옹위'하여 나서고 "인민군대를 당의 영도로부터 떼어내려고 책동한 반당반혁명분자들이 철저히 숙청되고 그자들의 사상여독이 청산"되게 된 것이었다(『조선로동당력사』, 2004: 274; 김일성, 1981j: 345~346).

이제 군대에서 최고조직은 당 위원회로서 "군사문제나 정치문제를 불문하고 모든 문제는 당 위원회를 통해서 결정"하게 됐다. 김일성은 이런 점을 염두에 두고 군의 당 조직을 당 중앙위원회에 비교하여, '민족보위상'은 '당 중앙위원회의 군사부장', '총정치국'은 '당 중앙위 조직부'로 각각 비교했다(김갑식, 2005: 77~78; 김일성, 1981j: 351). 이처럼 '8월 종파사건'과 '반종파 투쟁'의 성공으로 당이 정부기관은 말할 것도 없이 이제 군대까지 모두 장악함으로써 당이 영도하고 지도하는 당-군관계가 확립됐다(김갑식, 2005: 76~78; 김일성, 1981j: 345~383).

여기에서는 일반적인 수준에서의 당-군관계에서의 정책전환 문제는 이 정도로 살펴보고, 1958년 3월 당 대표자회 후 개최된 당 중앙위 3월 전원회의에서 인민군대 내에 '당 위원회'를 설치한 '보다 자세한 이유'와, 군대 내 '반종파 투쟁'의 일환으로 소련파 출신 최종학과 연안파 출신 리을규를 숙청한 것에 대해서는 이 장의 아래에서 따로 자세히 살펴보기로 한다.

천리마운동: '사회주의 건설'을 위한 사상적·인적·물적 동원, 공산주의 교양

그렇다면 천리마운동의 시작은 어떠했고 목적은 무엇이었는가? 북한은 '반종파 투쟁'을 지속하면서 정치투쟁의 중심축을 권력투쟁에서 사상투쟁 및 경제건설 쪽으로 옮겼다(이종석, 1995: 282~284; 김일성, 1982g: 507). 역시 사람이나 파벌이나 그들의 '사상'과 그것에 기반을 두고 형성된 '정체성'이 충돌함으로써 생겨나는 투쟁이 권력투쟁의 가장 근본 핵심이었고, 이 권력투쟁에는 물적 자원도 중요했기 때문이었다.

이런 맥락에서 1956년 12월 11~13일 당 중앙위 12월 전원회의는 '천리마운동'의 시작을 결정했다. 왜냐하면 제1차 5개년계획의 첫해인 1957년에 인민경제계획의 성공적인 수행을 위해서는 '집단적이고 조직적인 사회주의적 경쟁운동', 다시 말해 단순한 대중동원 형태인 '사회주의 경쟁운동'이 아닌 '집단적 혁신운동'이 필요하다고 판단했기 때문이다(김일성, 1980c: 462; 김연철, 2001: 204~210).

12월 전원회의는 「1957년 인민경제 계획에 대하여」라는 결정을 채택했다(『결정집』, 1956: 25~36).[13] 이 결정서는 "전후 3개년계획을 성과적으로 수행하였으며 거대한 승리를 달성했다는 것을 인정"하고, 무엇보다도 1956년 4월 조선로동당 제3차 대회에서 제시한 "중공업의 우선적 발전을 견지하면서 경공업과 농업을 동시적으로 급속히 발전"시키는 데 대한 당의 경제정책을 옳게 실천한 결과 "현재 인민경제의 모든 부문이 전쟁의 상처를 기본적으로 회복하고 전쟁 전 생산 수준을 훨씬 능가"하게 됐다고 총결했다. 그리고 인민경제 각 분야에서 "사회주의적 경제형태가 확고한 지배적 및 지도적 지위를 차지"하게 됐으며, "특히 농촌경리의 협동화에서 획기적 전변"이 이뤄졌다고 주장했다. 또한 경공업 및 농촌경리의 급속한 복구 발전에 기초하여 전쟁으로 말미암아 영락됐던 인민생활이 현저히 개선됐으며 이후 생산수준의 발전에 따라 그들의 복리수준을 점차적으로 향상시킬 수 있는 "확고한 물질적 기초를 구축"했다고 선언했다(『결정집』, 1956b: 25).

12월 전원회의 직후, 김일성은 1956년 12월 28일 강선제강소에 직접 내려가 강선제강소 '지도일군 및 모범로동자들'과의 협의회에서 연설을 통해 천리마운동을 발기했다(김일성, 1980c: 462~471). 김일성은 강선제강소에서 "혁명의 영도계급인 로동계급"을 만나서 더 많은 강재 생산의 필요성을 이야기했고, 강선제강소의 노동자들은 "사회주의 건설의 대고조"를 위한 "천리마대진군의 봉화"

---

13) 12월 전원회의에서 채택한 또 다른 결정은 「농촌경리 발전에 있어서 함북도 당단체들의 사업 정형에 대하여」였다. 이 결정의 내용은 1954년도에 이어 1956년도에 또다시 입은 막심한 '냉해 피해'에 대한 원인 분석 및 대책에 대한 것이다(『결정집』, 1956c: 36~45).

로 응답했다. 그리고 천리마운동은 1957년에 들어서자마자 전국적으로 확대됐다(조선로동당 중앙위원회 당력사연구소, 1979: 454). 이제 "천리마를 탄 기세로 달리자!"라는 전투적 구호를 내건 대표적인 대중운동이 시작된 것이다.

그런데 여기서 강조하고 싶은 것은 천리마운동은 1957년부터 시작되는 제1차 5개년계획을 위한 것이었지만, 보다 크게는 사회주의 건설을 위한 총체적인 사상적·인적·물적 동원운동이었다는 것이다. 김일성의 표현을 빌리자면, 천리마운동은 "경제와 문화, 사상과 도덕의 모든 분야에서 온갖 뒤떨어진 것을 쓸어버리고 끊임없는 혁신을 일으키며 사회주의 건설을 비상히 촉진시키는 우리나라 수백만 근로자들의 일대 혁명운동"이 됐으며 "사회주의 건설에서 우리 당의 총로선"으로 추진됐다(김일성, 1981m: 203). 김일성은 천리마운동의 '혁명적 본질'에 대해 "많은 사람들을 계속 전진하고 계속 혁신하는 사회주의 건설의 적극분자로 만드는 하나의 공산주의 교양운동"이며 "많은 사람들이 대중적 영웅주의를 발양하여 사회주의 건설을 힘 있게 밀고나가게 하는 공산주의적 전진운동"으로 규정했다(김일성, 1983g: 261). 달리 말해, 천리마운동은 "혁명과 건설의 주인인 근로대중의 혁명적 열의와 창조적 재능을 높이 발양시켜 사회주의 건설을 최대한으로 다그치는 혁명적 대중운동으로서 근로자들을 교양 개조하는 사업과 경제문화건설에서의 집단적 혁신을 유기적으로 결합시킨 공산주의적 교양운동이며 공산주의적 전진운동"이라는 것이다(조선로동당 중앙위원회 당력사연구소, 1979: 457).

김일성은 이후 1961년 9월 조선로동당 제4차 대회에서 한 총결보고를 통해 천리마운동 덕분에 소극성과 보수주의, 기술 신비주의를 타파하고 대중의 위력, 창조력과 재능, 그리고 창발성을 발현시켜 사회주의 건설의 대고조를 이룩할 수 있었다고 평가했다. 김일성은 사회주의 건설에서 무엇보다도 중요한 것은 대중의 '정치사상 의식'을 부단히 높이면서 이에 물질적 관심의 원칙을 옳게 결합시키는 것인데, 바로 천리마운동이 대중 속에서 공산주의 교양을 혁명전통 교양과 결부시켜 강력히 진행함으로써 큰 성과를 내었다고 했다. 천리마운동이 혁명의 어려움을 체험하지 못한 젊은 후대들을 공산주의 혁명 정신으로 교양하는 '가장 훌륭한 교과서'가 됐다는 것이다(김일성, 1981m: 202, 291).

당증 교환사업, 초급 당 단체의 결산 및 선거

1956년 12월부터 약 5개월 동안 진행된 '당증 교환사업'의 내용을 살펴보자. 1956년 12월 전원회의 직후 당 중앙 상무위는 1956년 말부터 '당증 재교부 사업'을 시작했다. 군당위원회에 '당증 교환사업 그룹'을 조직하고, 이 그룹이 하급 당 단체의 당원들을 한 사람 한 사람씩 면담하여 그들의 사상 상태를 확인하고 당증을 재발급하는 형식이었다. 면담은 '조사'와 '시험'이라는 방식으로, 혹은 이미 비판·시정된 과거의 과오를 다시 문제삼는 식으로 엄격히 실시됐다. 당증 교환사업에서 특히 "8월 전원회의에서 폭로된 종파분자들의 정체와 그들의 죄상을 전체 당원들 속에서 철저히 인식시킬 것"이 강조됐다(서동만, 2005: 569~570).

당시 북한관리들이 소련대사관 1등서기관 삼소노프에게 설명한 당증 교환의 이유는 다음과 같다. 첫째, 현재의 당증 중에는 아직도 1948년 이전에 사용했던 많은 당증들이 있다. 이 당증에는 당의 옛 이름인 '북조선로동당'이 쓰인 것이 많다. 또한 6·25전쟁 중에 약 45만 명이 새로 입당했는데, 그들은 당시 일종의 당원인정증을 받았는데 45만 명은 1956년 4월 현재 총 당원 수 115만 4,000명의 거의 절반에 해당한다. 둘째, 옛 당증은 종이 질이 좋지 않아 많은 당증이 훼손됐거나 좋지 않은 상태에 있다. 셋째, 당증 교환은 당원들을 위한 교육운동과 조합하여 이뤄지고 있다. 넷째, 당증 교환 시 잘못 책벌을 받았던 동지들의 복당이 이뤄지고 있다(NKIDP Document 3, 16~17).

당증 교환은 1956년 12월부터 약 5개월 동안 진행됐고, 300여 명이 출당됐다(정태수·정창현, 1997a: 154). 북한이 전 주민들을 대상으로 처음으로 성분조사를 실시한 것도 이 무렵이며, 5호담당제라는 5가구 연대책임의 감시체계가 가동된 것도 이때부터였다. 당증 교환사업을 통해 '전당'적으로 김일성에 반대하는 종파의 싹을 잘라내고 김일성의 사상과 정체성을 증진시키는 방향으로 당을 제도적으로 동원한 것이다.

당증 교환사업은 1957년 1월 하순부터는 '초급 당 단체의 결산 및 선거'와 결합되어 추진됐다. 그런데 당증 교환사업이 평당원에 대한 종파주의적 요소의 제거 사업이었다면, 초급 당 단체의 결산 및 선거는 초급 당 단체의 위원장, 부위원장, 위원 등 기층 당 간부에 대한 것이었다. 초급 당 단체의 '결산' 회의에서는 "종파주의, 가족주의, 관료주의, 자유주의 및 기타 낡은 사상 잔재들과의 투쟁을 강력히 전개하며, 당 정책의 정확한 집행과 그의 관철을 위한 투쟁에서 소극적 태도를 취하거나 그를 왜곡하는 등 현상들과의 사상투쟁을 전개"하도록 하는 과제가 부여됐다(서동만, 2005: 573).

하급 당 단체에 대한 당 중앙위 '집중지도'

그다음으로, '하급 당 단체에 대한 당 중앙위 집중지도'는 1956년 당 중앙위 12월 전원회의 결정서에 따른 당 중앙위 집중지도 사업을 말하는데(김일성, 1980o: 438~439), 1957년 1월 평양시 당 단체들로부터 시작됐다. 당시 평양시 당위원회에는 정부의 주요 성 및 기관 당 위원회들이 소속되어 있었는데, '8월 종파사건'의 주모자들과 깊은 관련이 있던 부서들인 건설성[김승화가 상], 상업성[윤공흠이 상], 내각건재공업국[리필규가 국장], 직업동맹중앙위원회[서휘가 위원장] 등에 대해서는 당 중앙위 집중지도가 강도 높게 진행됐다. '8월 종파사건' 관련자 색출과 '평양시 주변의 정치적 동요를 막고 사상적으로 통제'하겠다는 것이었다(서동만, 2005: 573). 3월 17~18일에는 평양시당 열성자대회가 개최되어 약 2개월간 이뤄진 '중앙부처에 대한 중앙당 집중지도'를 총괄했다(서동만, 2005: 575).

한편, 1956년 말부터 1957년 초에 황해남도와 개성시 등 6·25전쟁 이전에 남한 땅이었던 '신해방지구'에서 부농, 중농층이 1956년 결산 분배가 끝나자마자 농업협동조합으로부터 탈퇴하는 일이 발생했다. 농민들은 1957년 영농 준비 관련 동원도 기피했다. 따라서 4월 9일부터 관련 '반혁명분자'와 '악질 부농'의 색출을 목표로 이 지역에 대해 중앙당 집중지도가 시작됐다. 집중지도는 2개월가량 지속됐고, 적발된 문제점은 모두 황해남도 당위원장인 고봉기의 종파행위 탓으로 돌려졌다. 5월 18일에는 배천군(白川郡) 야외 공판장에서 "간첩, 파괴, 암해 도당들"에 대한 공개재판이 이뤄졌다(서동만, 2005: 575~579). 김일성 종합대학

에서도 5월부터 3개월간 진행된 중앙당 집중지도에 대한 총괄 회의가 개최됐다
(서동만, 2005: 581~582).

김일성이 나중에 설명한 바에 의하면, 당시 "당 중앙위원회의 직접적인 지도
밑에 수백 수천 명의 유능한 간부들로 구성된 지도그루빠[지도그룹]가 도, 시, 군
당 단체들에 내려갔으며 그들이 해당 당 단체 사업의 실정을 모든 면에 걸쳐 알
아보며 그 당 단체 사업에서 근본적인 전환이 일어날 때까지 몇 달씩 철저하게
지도사업"을 했다(김일성, 1981m: 268). 그 결과, "지방 당 단체들을 조직 사상적
으로 튼튼히 꾸리고 당 단체들의 사업을 전면적으로 개선하였으며 당의 의도와
정책이 아래 당 단체들에서까지 더욱 잘 관철되도록 유일한 사상체계와 사업체
계를 확립"했으며, 집중지도는 또한 모든 일꾼들과 간부들을 "실지 사업을 통해
교양하는 훌륭한 학교의 역할을 수행"했다고 평가했다(김일성, 1981m: 269).[14]

3. 조선로동당 대표자회

위에서 살펴보았듯이, 1957년 말 무렵에 이르러서 김일성은 이제 유리한 대
외 정치기회구조 속에서 사업할 수 있게 됐다. 1956년 6월 소련공산당은 제1서
기 흐루쇼프를 축출하려던 '종파분자'들의 '반당 그룹' 사건을 겪으면서 향후 '8
월 종파사건'과 같은 북한의 내정에 다시 개입할 명분과 이유가 사라졌으며, 김
일성으로서는 이제는 북한의 내정에 대한 예전과 같은 소련의 간섭을 더 이상
신경 쓸 필요가 없게 됐던 것이다.

김일성은 또한 1957년 11월 '모스크바 회의'에 가서 수정주의와 교조주의의
문제, 자본주의 국가들과의 평화와 전쟁 문제, 사회주의 혁명의 다양성 문제, 레
닌주의의 구체적인 역사적·경제적 현실에의 창조적 적용 문제, 반종파 투쟁의

---

14) 참고로, 북한의 반혁명분자, 적대분자, 파괴분자들의 적발을 위한 캠페인은 계속되어 1958
  년 10월~1959년 5월까지의 기간에 약 9만 명이 자수했고, 1만 명이 사회안전부에 의해 폭로
  됐다고 한다(정태수·정창현, 1997b: 101).

문제 등에 있어서 자신에게 '유리'한 성과를 갖고 귀국했다. 더구나 그는 모스크바에서 마오쩌둥과 펑더화이와 만나 중국 측으로부터 '8월 종파사건'의 개입에 대한 사과를 받아내는 등 그간 중국에 대한 불만과 불편을 나름대로 정리할 수 있었다.

국내적으로는, 이미 '8월 종파사건' 주모자들의 '반당·반혁명·반사대주의적 죄행' 폭로 성공, 당-정관계에서의 정책전환, 당-군관계에서의 정책전환 준비 완료, 사회주의 건설을 위한 사상적·인적·물적 동원운동인 천리마운동의 시작, 그리고 당증 교환사업과 초급 당 단체의 결산과 선거 완료, 당 중앙위의 하급 당 단체에 대한 집중지도 사업의 완료를 통해 여러 분야에서 '반종파 투쟁'을 성공적으로 마무리짓는 단계에 있었다.

이처럼 대내외적으로 '반종파 투쟁'에서 큰 성과를 이룩한 김일성은 이제 '반종파 투쟁'을 공식적으로 마무리하고, 제1차 인민경제 5개년계획을 중간 점검하고, 1958년 말로 예정되어 있던 중국군 철수에 대해 대비하기 위해(이종석, 1995: 282) 1958년 3월 3~6일 조선로동당 대표자회를 개최했다.[15] 김일성은 당 대표자회를 통해 조선로동당에서 종파가 완전히 청산됐음을 공식 선언했다. 이제 김일성 단일지도체계의 기반이 마련된 것이다.[16]

당 대표자회에서는 '향후 사회주의 건설'과 '당의 강화'라는 두 가지 문제가 논의됐다. 당 대표자회에서 김일성이 내린 '결론'을 살펴보자.

---

15) 1958년 3월에 당 대표자회가 개최되기 이전의 시기에 있었던 일을 잠시 살펴보자. 1957년 5월 30일 당 중앙위 상무위는 「반혁명분자들과의 투쟁을 강화할데 대하여」라는 결정을 채택하고 '반종파 활동'을 더욱 강화했다(이종석, 2000a: 214~215). 1957년 8월 27일 최고인민회의 선거가 있었고, 9월 18~20일 개최된 최고인민회의 제2기 제1차 회의의 마지막 날인 9월 20일 최고인민회의 상임위원회 선거가 있었다. 이 선거에서 그동안 최고인민회의 제1기 상임위원장을 맡았던 김두봉이 물러나고 최용건이 제2기 상임위원장으로 선출됐다(『조선중앙연감』, 1958: 89~90; Suh, 1981: 322~323).

16) 이종석은 1957년 3월 조선로동당 대표자회로 인해 '반종파 투쟁'은 김일성의 승리로 귀결됐으나, "당내 정치과정의 역동성의 탈각과 경직화를 낳은 결정적인 계기로 작용"했다고 평가했다(이종석, 1995: 284).

향후 사회주의 건설: '사회주의 공업화'의 토대 강화

'향후 사회주의 건설' 문제에 대해서 당 대표자회는 당 중앙위가 제시한 인민경제발전 제1차 5개년계획안을 적극 지지하고 이행할 것을 결의했다. 또한 당 대열의 "사상의지와 행동의 통일"을 위해 "반당파들을 철저히 때려 부수고 우리 당의 통일을 눈동자와 같이 지키겠다는 것을 굳게 결의"했으며 "맑스-레닌주의 기치에 충실함"으로써 혁명을 완수할 것을 결의했다(김일성, 1981l: 103~104).

북한으로서는 당 대표자회 이전에 이미 '8월 종파사건'과 그 후 '반종파 투쟁'을 통해 종파주의자들을 모두 숙청함으로써 당에서 '사상과 행동의 통일'을 기할 수 있게 됐으니, 이제 중요한 과업은 제1차 5개년계획의 완수를 통한 '사회주의 공업화의 토대'를 놓는 것이었다.

김일성은 '인민경제발전 제1차 5개년계획'과 그 중심과업의 내용과 의의를 "한 번 더" 말하겠다고 하면서 다음과 같이 설명했다. 김일성이 설명한 5개년계획의 두 가지 '의의'는 다음과 같다.

첫째, 5개년계획을 실행하고 있는 이 자체가 벌써 북한의 경제토대가 얼마나 튼튼해지고 발전했는지, 또 북한의 인민민주주의 제도가 얼마나 강화됐는지를 똑똑히 보여준다는 것이며(김일성, 1981l: 104~105), 둘째, 5개년계획이 전체 인민에게 커다란 '전망'을 열어주고 있다는 것이다. 예전에는 "하루 벌어서 하루살이 하는" 식으로 모두들 "어렵게 살았기 때문에 내일의 생활을 내다보지 못했"지만, 이제는 "적어도 5년 동안 무엇을 하여야 하며 또 5년 동안 그것을 한 다음에는 우리나라가 어떻게 발전되며 우리들의 생활이 어느 정도까지 높아지리라는 것을 똑똑히 내다볼 수" 있게 됨으로써 그것이 전체 인민에게 "사회주의 건설과 광명한 앞날에 대한 전망"을 주고 "승리의 신심을 더욱 굳게" 해준다는 것이다(김일성, 1981l: 105).

김일성은 제1차 5개년계획의 중심과업은 "사회주의적 공업화의 토대를 닦으며 인민들의 의식주 문제를 기본적으로 해결하는 것"으로 규정했다. 이것이 의미하는 바는 '경제건설'과 '인민생활' 문제를 전반적으로 고려하며 이들 문제를 "합리적으로 배합하여 균형적으로 해결"한다는 것이었다. 이렇게 함으로써 "자급자족할 수 있는 나라"를 만들겠다는 것이었다(김일성, 1981l: 106~107).

이를 위해서는 "중공업을 위주로 하고 경공업과 농업을 동시에 발전시키는 방침을 계속 견지해야" 하고(김일성, 1981l: 108) "인민생활을 높이는 데서 도시와 농촌 간의 차이를 없애"야 한다고 했다(김일성, 1981l: 110~111). 김일성은 공업 분야 발전에 관한 모든 문제를 해결하기 위해 가장 중요한 것은 '기계공업 발전' 임을 강조했다. 즉, 기계공업을 발전시키지 않고는 인민경제 모든 부문을 기술 적으로 개조할 수 없는바, 농촌경리나 수산업이나 화학공업이나 전기공업이나 석탄공업이나 어느 것을 막론하고 모두 그렇다는 것이다(김일성, 1981l: 116).[17]

김일성은 또한 농민들의 '낡은 사상의식'을 '사회주의 사상의식'으로 '개조' 해야 함을 강조했다. 사회주의 혁명을 완성하려면 반드시 농촌에서 사회주의 교 양사업을 강화하여 사람들의 의식을 개조해야 한다는 것이다(김일성, 1981l: 120).

당의 강화: 종파주의와 수정주의 비판

'당의 강화'를 위한 사업으로서 김일성은 종파주의에 대한 투쟁의 강화, 수정 주의에 대한 비판, 당의 영도, 프롤레타리아독재, 당중앙의 옹호, 민주주의적 중 앙집권제 원칙의 준수 등을 강조했다.[18]

김일성은 '종파주의'는 자본주의 사상에서 나온 것이며, 당과 노동운동에 대 한 해독물이라면서 다시 엠엘파[최창익], 화요파[박헌영]에 대해 비판했다. 종파 주의, 지방주의, 가족주의는 모두 당이나 국가를 위한 것이 아니라 개인 이기주

---

17) 참고로, 이러한 기계공업의 발전에 대한 강조는 나중에 '공작기계 새끼치기 운동'으로 연결 됐다. 공작기계 새끼치기 운동은 1959년 3월에 시작됐는데, 공작기계를 가지고 있는 모든 곳 에서 공작기계마다 한 대 이상의 공작기계를 새끼 치도록 하는 군중운동이었다. 이로 인해 1959년 한 해에만 300대 이상의 공작기계가 계획 이외에 생산됐다(고승효, 1993: 112).

18) 참고로, 3월 5일 당 대표자회에서 박금철이 「당의 통일과 단결을 더욱 강화하는 데 대하여」 라는 긴 연설을 했다. 그리고 방학세, 허정숙, 김태근 등이 연설했다. 1957년 12월 확대전원 회의에서 고봉기가 회유와 압력을 받아 '8월 종파사건' 주모자들을 비판했던 것처럼, 이번 당 대표자회에서는 연안파인 양계가 그러한 역할을 했다(Lankov, 2005: 167~168).

의에서 나온 것이기 때문에 그들에게 아무리 높은 자리를 주어도 만족해하지 않으며, 또 높은 자리를 주면 더하다는 것이다. 그는 구체적으로 류축운, 최창익, 김웅, 김두봉, 한빈, 오기섭, 박헌영 등을 거명하면서 비판했다. 그리고 종파주의의 죄악이 다시 되풀이되지 않게 하기 위해서는 종파주의의 해독을 전당적으로 인식시키는 문제가 매우 중요한데, 그러기 위해서는 당원들에 대한 '맑스-레닌주의 교양'을 강화해야 한다고 했다(김일성, 1981l: 126~131).

김일성은 또한 '수정주의'에 대해 비판했다. 북한에서 "수정주의가 체계적으로 나온 것은 없지만 우리 당을 반대하는 자들이 소위 '국제사조'에 휩쓸려 수정주의를 퍼뜨"리는 경향들이 나타났다는 것이다. 수정주의가 "우리나라에 들어오지 않으리라고 단언하는 것은 어리석은 일"이며 "우리나라에도 그것이 들어왔고 또 들어오고 있으며 벌써 반당파들은 그것을 이용"했다고 했다. 북한에서 수정주의는 당의 영도와 프롤레타리아독재를 거부하는 것으로 표현됐으며, 김두봉, 서휘, 리을규가 모두 '당의 영도'를 거부했다는 것이다. 그리고 기술지상주의나 사업기관에서 당의 영도와 프롤레타리아독재를 거부하는 것은 모두 수정주의적 표현이라고 했다(김일성, 1981l: 131~134).

여기에서 물론 '수정주의'는 흐루쇼프 등장 이후의 소련공산당의 노선을, 수정주의자들은 '8월 종파사건' 관련자들과 그 추종자들을 의미했다. '8월 종파사건' 직후부터 시작된 '반종파 투쟁'으로 연안파가 실질적으로 사라진 상황에서, 김일성은 1958년 가을부터 본격적으로 마지막 남은 파벌인 소련파를 숙청하기 시작했다. 1958년 가을에 북한 해군의 전 참모장이었던 김칠성, 부총리 박의완 등이 구속됐다. 1950년대 말부터 1960년 대 초까지의 기간에 최소한 45명의 고위 인사들을 포함하여 원래 북한에 들어왔던 소련파의 약 1/4이 숙청됐다. 참고로, 북한에서 살아남은 고위 인사들은 김일성 충성파인 박정애, 남일, 방학세 등뿐이었다.[19] 더구나 위에서 살펴보았듯이, 1957년 12월에는 북한과 소련 사이

---

19) 박정애는 1968년까지, 남일은 1976년 교통사고로 사망할 때까지 활동했고, '조선의 베리야'라고 불렸던 방학세는 1992년까지 각종 지위를 누리다가 고령으로 자연사했다(Lankov, 2002: 108, 134).

에 이중국적 문제 해결 협약이 체결되어 비록 대다수의 소련파가 북한 국적을 선택했지만, 신변에 불안을 느낀 소련파 인사들은 그 이후에도 소련시민권을 신청하여 소련으로의 귀국을 선택했다. 1958년부터 1961년까지 많은 소련파 인사들이 대규모로 소련으로 되돌아갔다(Lankov, 2002: 104~105, 108).

더구나 김일성 측에서 소련파 인사들에게 귀국을 은근히 종용하기도 했다. 예컨대, 1959년에 북한군 총참모장은 모든 소련파 고위장교들을 소집하여 소련으로 돌아가기를 원하는 장교들은 모두 그렇게 할 수 있다고 말했다. 또 그러한 제안은 김일성대학 총장을 지낸 유성훈의 경우처럼, '소련에 가서 좀 쉬면서 건강을 회복하라'는 식으로 개별적 차원에서도 이뤄졌다(Lankov, 2002: 106~107).

김두봉, 박의완, 오기섭의 처리 방안

1958년 3월 당 대표자회에서 흥미로운 것은 김두봉, 박의완, 오기섭의 처리 문제였다. 당 대표자회 토론에서 이들에 대한 질문과 제의가 있었다. 김두봉, 박의완, 오기섭은 각각 반김일성 연합세력의 인사들 중에서 연안파, 소련파, 국내파의 마지막 남은 대표적 인사였다. 이제 이들을 제거하면 이름 그대로 종파주의의 잔재를 완전히 없애는 셈이었다.

김일성은 이들을 어떻게 처리할 것인지에 대해 다음과 같이 대답했다. 이들이 "반혁명폭동 음모['8월 종파사건']에 참가했다는 증거는 아직 없"지만, 김두봉과 박의완은 "당을 뒤집어엎자"고 했고 "당 지도부를 내쫓자"고 했다. 다시 말해 이들이 "종파는 같이했"다. 오기섭은 "내놓고 하지 않고 뒤에서 도적괭이 놀음 하다가[20] 들켰"다. 이들은 아직까지도 "당 앞에 솔직하게 자기 과오를 다 내놓고 고치려고 하는 성의"가 없으며, 한마디로 말하면 "아직까지도 양면적 태도를 취하면서 당에 속을 주지 않"고 있다(김일성, 1981l: 134~135).

---

20) "도적괭이"는 '도적고양이[도둑고양이]'의 준말이다. "도적괭이 놀음"은 '사람들의 눈을 속여가며 뒤에 숨어서 나쁜 짓을 하는 행동'을 비유하여 이르는 말이다(『조선말대사전』, 제1권, 1992: 764).

김일성은 이들에 대한 투쟁원칙은 "큰 죄를 범한 자들에 대해서는 엄격하게 처벌하고 큰 죄를 범하지 않은 자들에 대해서는 사상검토를 하되 사상검토는 엄격하게 하고 처벌은 관대하게" 하는 것이라고 했다. 즉, "세상 사람이 다 알도록 종파보따리를 다 펼쳐놓은 다음 무장해제를 다 시켜놓고 처벌은 관대하게 하는 것이 좋"다는 원칙을 갖고 처리하겠다는 것이다. 김두봉, 박의완, 오기섭에 대해서 "'사회주의 분배원칙'에 의해서 그들이 '번 것'만큼 주자는" 입장이라는 것이다(김일성, 1981l: 135).

그런데 여기서 김일성의 말과 행동이 매우 '정치적'이고 또 그동안 '8월 종파사건' 연루자들에 대해 내렸던 책벌과 '모순'됨을 알 수 있다. 김두봉과 박의완, 그리고 오기섭이 저지른 죄상을 지적하고서도 이들이 "반혁명폭동 음모에 참가했다는 증거는 아직 없다"며, 이들은 최창익, 박창옥처럼 '큰 죄를 범한 자들'이 아니고 '큰 죄를 범하지 않은 자들'이라는 식이다. 따라서 김두봉, 박의완, 오기섭에 대해서는 사상검토는 엄격하게 하고 처벌은 관대하게 하겠다는 것이다.

이러한 김일성의 논리는 '8월 종파사건'을 겪으면서 김일성이 했을 절치부심을 생각할 때 잘 이해가 되지 않는다. 이는 결국 당을 뒤집어엎고, 당 지도부를 쫓아내고, 뒤에서 도둑고양이질을 한 배반자들을 당장 척결하지 못하는 상황에서 김일성이 마지못해 갖다 붙인 변명이라고 할 수 있다. 왜 그랬을까? 앞에서 살펴본 푸자노프 소련대사의 1957년 6월 3일자 비망록에서 보듯이, 1956년 9월 전원회의 이후 김일성파 인사들이 소련의 요구를 받아들여 당-국가운영을 집단지도체제로 바꾸려는 움직임까지 보였을 정도로 당시 소련의 영향력이 여전히 강력했고 김일성의 지도력은 아직은 단일지도체계로 완전히 자리 잡지 못했던 것이다. 이러한 상황에서 김일성이 당시 연안파, 소련파, 국내파의 주요 인물들로 남아 있던 김두봉, 박의완, 오기섭을 최창익, 박창옥처럼 강력히 처벌하기는 어려웠던 것으로 보인다.

마지막으로, 김일성은 당 대표자회에서 결론 연설을 마치면서 "종파주의를 반대하는 투쟁에서 제일 중요한 문제는 당의 단결을 고수하기 위하여 당중앙을 옹호하는 것"인바, 그렇기 때문에 '레닌적 조직원칙'인 '민주주의적 중앙집권제 원칙'을 지켜야 당이 강화될 수 있다는 점을 강조했다(김일성, 1981l: 136). 여기

에서 '당중앙'은 물론 김일성 자신을 지칭했고, 그가 민주집중제를 이야기할 때
는 상향식 의사소통보다는 '하향식 지시'에 더 중점을 둔 의사소통을 의미했다.

그렇다면 8월 종파사건 발생 후 전개됐던 '반종파 투쟁'이 북한의 권력의 역
사에서 차지하는 의미는 무엇이었는가? 1979년판 『조선로동당략사』는 "우리
당의 역사에서 항일무장투쟁과 조국해방전쟁이 제국주의 침략세력과 국내반동
세력을 반대하는 가장 준엄한 투쟁"이었다면, "종파주의, 기회주의를 반대하는
투쟁"이었던 '반종파 투쟁'은 "공산주의운동 안의 적을 반대하는 가장 심각한
투쟁"이었다고 규정했다(조선로동당 중앙위원회 당력사연구소, 1979: 444).

당 지도기관 선거: 김일성파의 전면적 당권 장악

당 지도기관 개편은 당 대표자회가 끝난 직후인 3월 8일 당 중앙위 전원회의
에서 이뤄졌다. 당 대표자회를 통해 '8월 종파사건'의 주모자들인 최창익, 박창
옥, 윤공흠, 리필규, 서휘, 김승화, 리상조가 '반당 반혁명분자'로 정식으로 낙인
이 찍혔는데, 이들에 대한 공격과 비판을 주도한 것은 박금철, 리효순, 김일, 김
경석, 김영주 등 김일성파였다. 이제 이들 김일성파가 전면적으로 당권을 장악
하게 된 것은 당연지사였다. 이런 맥락에서 당 중앙위 상무위 후보위원이었던
김창만, 리효순이 당 상무위 위원이 됐고, 한상두, 하앙천이 새롭게 당 상무위 후
보위원이 됐다(서동만, 2005: 775).

당 규약에 의하면, 당 대표자회는 당 대회와 당 대회 사이에 필요에 따라 당
중앙위에 의해 소집되는데, "당의 정책과 전술상 긴급한 문제들을 토의 결정하
며 자기의 의무를 수행하지 못한 당 중앙위원회 위원을 소환하고 그를 보선하거
나 새로 선거"할 수 있도록 되어 있다. 그러나 당 대표자회에서 소환할 수 있는
당 중앙위 위원 수는 당 대회에서 선거된 당 중앙위 위원 수의 '5분의 1'을 넘지
못하게 되어 있다(재일본 조선인 총련합회 중앙상임위원회 인사부 편집, 1960: 214).

따라서 당시 당 중앙위 위원 총 71명 중 최대 15명, 후보위원 중 최대 9명이
교체될 수 있었다. 서동만에 의하면, 중앙위원으로 새로 선출된 인사들을 확인
하기는 어렵지만, 이미 중앙위 위원에서 쫓겨난 사람들은 명확했다. 그들은 연

안파, 소련파, 국내파 인사들이었다. 구체적으로, 김두봉, 최창익, 박훈일, 서휘, 윤공흠, 고봉기, 현정민, 조영, 리유민, 박무(이상 연안파), 박창옥, 박의완, 김승화, 최종학(이상 소련파), 류축운(남한 국내파), 오기섭(북한 국내파)이었다. 당 중앙위 후보위원으로서 배제된 인사들은 양계, 장평산, 리상조, 리필규(이상 연안파), 리문일, 김철우(이상 소련파), 리달진, 백순제(이상 북한 국내파), 리청원(남한 국내파)이었다(서동만, 2005: 550~551, 776).

4. 인민군대 내 '당 위원회' 설치와 소련파 및 연안파 숙청

김일성이 '반종파 투쟁'의 맥락에서 취한 당-군관계에서의 정책변화에 대해서 일반적인 수준에서는 이미 위에서 소개했다. 여기에서는 김일성이 인민군대 내에 '당 위원회'를 설치한 '보다 자세한 이유'와 조선인민군 총정치국장 최종학과 부국장 리을규의 숙청에 대해 살펴보기로 한다.

1956년 8월 최창익, 박창옥, 윤공흠, 서휘, 리필규 등이 '8월 종파사건'에서 "반당적 영향을 인민군대 내부에까지 침식시키려고 시도"했고(『결정집』, 1956l: 12), 당시 평양 주재 이바노프 소련대사도 1956년 12월 말 소련공산당 중앙위에 올리는 북한 관련 보고서를 통해 '군대와 직업동맹의 일부 고위간부들'도 당내에서 전개된 상황에 대한 불만을 갖고 있었다고 적고 있는 것을 보면(Document 30: 520), 김일성을 축출하려는 궁정쿠데타 계획에 인민군대가 관여하고 있었음을 알 수 있다. 이제 김일성으로서는 군대 내에서 '반종파 투쟁'을 시작하지 않을 수 없었다.

당 대표자회가 폐막된 후 이틀 만인 1958년 3월 8일 개최된 당 중앙위 3월 전원회의는 조선인민군 내에 각급 당 위원회를 조직할 것을 결정했다(김일성, 1981i: 164~166). 그동안에는 당 중앙위 정치위가 인민군대 내에서의 당 정치사업 방향을 다뤘는데, 이번에는 특별히 당 중앙위 전원회의를 개최하여 인민군대 내 당 정치사업을 강화하는 문제를 다루고 인민군대 내에 각급 '당 위원회'를 설치할 것을 결정한 것이다.

그 이유는 두 가지였다. 즉, '인민군 창건 10돌'을 맞아 '인민군대 내 당 정치사업을 개선'하고 인민군대를 더욱 강화하기 위한 것이 그 하나요, 다른 하나는 1956년 10~11월에 헝가리에서 일어난 반소운동으로 '제국주의자들'이 '반공' 캠페인을 강화했고 북한에 대해서도 반공 공세를 취하여 근로자, 지식인, 군대에도 수정주의 독소를 뿌려놓았기 때문에 '인민군대 내에도 반당분자들이 뿌려놓은 수정주의의 사상적 독소를 제거할 필요가 있었다'는 것이다(김일성, 1981i: 159~160; 김일성, 1981j: 370).

인민군대 내 당 정치사업 개선: '당적 지도' 강화

우선, 인민군대 내에 당 위원회를 조직하여 '인민군대 내 당 정치사업을 개선'키로 한 것은 기본적으로 두 가지 문제에 대처하기 위해서였다.

첫째, 6·25전쟁 수행과정에서 겪은 연안파와 소련파의 교조주의와 사대주의적 경향에 대한 대응이었다. 6·25전쟁 후 김일성의 1955년 12월 28일자 연설 「사상사업에서 교조주의와 형식주의를 퇴치하고 주체를 확립할데 대하여」에서 보듯이(김일성, 1980n: 466~495) 김일성은 주체 확립을 내세웠는데, 소련파 출신인 총정치국장 최종학이 이른바 "당의 노선에 충실하지 않고 제멋대로" 일하면서 인민군대 내에서 사대주의, 관료주의, 교조주의를 없애고 주체를 세우는 데 대한 당의 지시를 집행하지 않았던 것이다(김일성, 1981h: 295~296; 김일성, 1981n: 98; 김일성, 1981i: 163; 김일성, 1981k: 293). 따라서 인민군대 내 당 정치사업에서 교조주의를 반대하고 주체를 세우는 작업을 시작했고(김일성, 1981h: 295~306), 그에 따라 인민군대에서는 "내무규정도 우리의 실정에 맞게 고치고 유일관리제도 다른 나라의 것을 교조적으로 받아들이지 말아야" 함을 강조했던 것이다(김일성, 1981h: 298).

둘째, 군대 내에 당 위원회를 조직하기로 한 것은 '군사 유일관리제'의 폐해에 대한 개선책이었다. 조선인민군이 창건된 이후 군대 지휘에 '유일관리제'가 도입됐다.[21] 그러나 김일성은 '8월 종파사건'이 발생한 다음에는 군대 내에서의 유일관리제가 많은 문제점을 갖고 있다고 인식하고 이를 철폐할 필요성을 느꼈던 것으로 보인다.

예컨대, 인민군대 창건 10주년이 된 1958년 2월 8일자 연설에서 김일성은 "군대에서는 유일관리제가 실시되지만 그러나 당적 통제를 벗어난 지휘관은 있을 수 없는 것"이고, 비록 그 기간에 "인민군대는 당의 믿음직한 핵심들로 꾸려져 있기 때문에 몇몇 분자들이 동요했지만 큰 영향은 없었"으나, 최종학이 책임지고 있던 총정치국의 허위 보고로 인해 당중앙의 결정과 당중앙이 인민군대에 주는 지지들을 군대 내에 잘 침투시키지 않았다고 지적하고 있다(김일성, 1981n: 98). 결국 북한은 1958년 3월 8일 당 중앙위 3월 전원회의에서 인민군대 내에서 유일관리제를 폐지하고 각급 '당 위원회'를 조직하여 인민군대에 대한 '당의 집체적 지도'를 확립할 것을 결정했다.22)

김일성이 제시한 '인민군대 내 당 정치사업'의 방향은 두 가지였는데, 그것은 정치생활·당 조직생활의 강화와 사상교양사업의 강화였다. 그리고 이 두 가지가 1958년 당 중앙위 3월 전원회의의 "기본정신"이라고 규정했다(김일성, 1981i: 164). 인민군대 내 당 위원회들은 정치기관들의 사업에 대한 지도와23) 간부들의

---

21) 김일성에 의하면, 예전 중국 동북 항일유격부대에서는 '개인책임제'를 시행하고 있었다. 해방 후 조선인민군이 창건된 다음에 '유일관리제'가 도입됐는데, 유일관리제는 인민군대의 전투력을 강화하는 데 매우 중요한 역할을 했다(김일성, 1980x: 450~451). 당시 군대 내에서의 '유일관리제'는 공장과 기업소에서의 '지배인 관리제'와 마찬가지의 개념이었다고 할 수 있다.

22) 인민군당위원회와 하급 부대단위에서의 당 위원회 조직과 운영은 우선 제일 위에 인민군당위원회를 설치하여 그것이 당 중앙위 상무위의 지도하에서 사업하도록 하며, 군단과 사단, 연대에는 각각 당 위원회를, 대대에는 초급 당 위원회를, 그리고 중대에는 초급 당 단체를 설치하도록 했다. 당 위원회에서는 집체적 지도가 보장돼야 했는데, 인민군당위원회에는 집단군이나 군단, 총정치국에서 일하는 책임간부들, 즉 정치일꾼과 군사간부들이 모두 포함되고, 연대당위원회의 경우, 예전과 달리, 연대장과 정치부연대장이 반드시 함께 포함되도록 했다(김일성, 1981i: 164~166). 인민군대 내의 당 위원회 책임자는 '당 연한'과 '수준'에 따라서 정치부장이 될 수도 있고 부대장이 될 수도 있었다(김일성, 1981i: 167).

23) 인민군대 내 당 위원회가 정치기관들의 사업에 대해서 지도하는 방식은 다음과 같았다. 조선로동당 중앙위 결정이 나오면, 예전처럼 총정치국장이 독단적으로 이래라저래라하는 것이 아니라, 먼저 인민군당위원회에서 집체적으로 집행대책을 토론하여 결정한 다음 그에 기초

당 생활에 대한 지도 및 통제를 강화했고(김일성, 1981i: 167~169), 군인들 속에서 사상교양사업을 더욱 강화했다(김일성, 1981i: 167). 김일성은 사실상 이번에 군대 내 당 조직체계를 고치는 중요한 목적의 하나가 바로 군관들을 당 조직생활에 빠짐없이 참가시켜 옳게 교양하자는 데 있음을 명확히 했다(김일성, 1981i: 167~169).

달리 말해, 김일성은 '8월 종파사건' 이후 인민군대 내에 유일관리제를 폐지하고 각급 당 위원회를 설치하여 인민군대 내의 당 정치생활과 당 조직생활의 강화, 또한 사상교양사업의 강화를 위해 노력했다. 이것의 목적은 물론 인민군대 내에서 '8월 종파사건'을 일으킨 반김일성 연합세력의 잔재를 없애기 위한 것이었다.

인민군대 내에서 소련파 및 연안파 숙청: 최종학과 리을규

김일성은 인민군대 내에 '반당분자들이 뿌려놓은 수정주의의 사상적 독소'로서 구체적으로 두 사람을 지적하고 숙청했다. 이들은 소련파 출신 조선인민군 총정치국장 최종학과 연안파 출신 부국장 리을규였다(이종석, 1995: 281). 이들은 모두 1958년 3월 당 중앙위 전원회의에서 철직당했는데, 이 전원회의에서 김광협이 보고를 통해 1956년 독립 제4군단 내에 반당음모가 있었다고 주장했던 것이다(여정, 1991: 92~92; 서동만, 2005: 774). 참고로, 인민군 총정치국은 "군대 내에서 당과 정부의 전권자이며 당 단체의 지도자"였는데(『결정집』, 1947~1953f: 66~67), 인민군당위원회에서 인민군 총정치국장과 부국장의 위상은, 김일성의 표현을 빌리자면, 마치 조선로동당에서 당 중앙위 '조직부장'과 '조직부 부부장'에 해당하는 핵심적인 자리였다(김일성, 1981j: 351).

하여 총정치국장이 사업했다. 기본적으로 "총정치국은 인민군당위원회의 사업부서"에 불과했으며, 총정치국장에게는 당 위원회의 결정을 '집행'할 의무밖에 없었다. 인민군당위원회는 또한 하급 단위의 사업도 집체적으로 감독·통제했다. 군단, 사단, 연대의 당 위원회들도 이처럼 인민군당위원회가 사업하는 방식으로 사업했다(김일성, 1981i: 167).

소련파 출신 총정치국장 최종학은 인민군대 내에서 수정주의뿐만 아니라(김일성, 1981i: 163), '교조주의, 사대주의, 관료주의를 없애고 주체를 세울데 대한 당의 지시를 집행하지 않았다'고 비판받았다(김일성, 1981h: 295~296; 김일성, 1981j: 350; 김일성, 1981k: 293~294).

김일성의 소련파 최종학에 대한 비판은 매섭다. 최종학은 "1955년에 당에서 관료주의와 교조주의를 반대하는 투쟁"을 강하게 벌일 때 "인민군대 내 당 정치사업을 다른 나라[소련]에서 하는 식으로 하려고" 했는데, 북한은 "다른 나라와 혁명 임무도 다르고 실정도 다"름에도 불구하고 그렇게 했다는 것이다. 혁명에서 가장 중요한 문제는 "맑스-레닌주의 원칙에 충실하면서 주체를 철저히 세우는 것"인데 최종학은 그렇게 하지 않았다는 것이다. 더구나 북한의 "당 규약에는 항일무장투쟁의 혁명전통을 계승한다는 내용이 똑똑히 밝혀져 있"는데, 총정치국에서는 이러한 "우리 당의 혁명전통으로 군인들을 교양하는 사업을 잘하지 않았"기 때문에 인민군대 내 당 정치사업은 "허공에 뜬 빈껍데기뿐"이었다고 했다(김일성, 1981h: 296, 299, 300). 또한 최종학이 "다른 나라[소련] 출판물을 그대로 베껴서 아래에 내려 먹였"기 때문에 "군대 내에서 종파분자들이 책동할 수 있었"다고 했다(김일성, 1981k: 293).

김일성은 소련과 소련의 도구역할을 했던 최종학에 대해서 또 다음과 같이 비판했다. 1954~1955년경에 '어떤 나라' 사람들은 최종학을 통해 인민군대 신문에서 "미국침략자들을 소멸하라!"라는 구호를 없애자는 의견을 제기해왔다는 것이다. 그들의 견해에 의하면, 이런 구호가 평화적으로 문제를 해결하는 데 방해가 된다는 것이었다. 하지만 당 중앙위는 이와 같은 의견을 단호히 거부했다고 했다(김일성, 1981j: 377). 여기에서 '어떤 나라'는 소련을 의미했고, 소련의 그러한 주장은 수정주의를 의미했다.

참고로, 이 책의 제4장에서 이미 살펴본 것이지만, 1956년 4월 조선로동당 제3차 대회에서 '당 규약'을 개정하면서 당 지도부는 그 초안을 소련 측에 보내 미리 소련의 의견을 구한 적이 있었다. 평양 주재 소련대사관 측이 토론을 통해 수정을 요구키로 합의한 개정 내용 중에는 소련이 조선로동당의 '호전적인 성격'을 없애기 위해 '미국'이나 '친미'와 같은 '미국'이 들어가는 표현을 당 규약에 사용하지 말라고 충고한 것이 있었다(Document 2: 468). 그런데 당시 소련의 흐루 쇼프 정권은 미국 등 서방세계와 '평화공존'을 추구하는 입장에서 그렇게 한 것이었으나, 북한은 미국과 아직도 6·25전쟁이 완전히 끝난 것이 아니고 정전되어있는 상황에서 소련의 충고를 받아들이지 않았던 적이 있다(Person, 2007~2008: 449). 조선로동당 지도부는 무엇보다도 소련의 그러한 충고를 '수정주의'적 충고로 생각했었을 것임이 틀림없다.

한편, 연안파 출신 총정치국 부국장 리을규는 조선인민군이 '당의 군대'가 아니라 '통일전선의 군대'(조국전선 군대)라고 주장했다고 비판받았다. 인민군대를 '통일전선의 군대'라고 하는 것은 조선로동당에 대한 모독으로서 이것은 '반당 반혁명분자들'이 "인민군대를 계급투쟁에서 물러서게 하고 당의 령도가 없는 무력한 존재로 만들자는 것이며 우리 당을 무장해제"시키려는 것이라고 공격했다 (김일성, 1981i: 169~170; 김일성, 1981n: 97; 김일성, 1981l: 132; 김일성, 1981h: 295).

리을규는 또한 조선인민군은 '항일무장투쟁의 계승자'가 아니라고 주장했으며, 명천 농민운동은 무장투쟁으로 발전하지 못했는데도 인민군대가 "길주, 명천 농민운동을 계승해야 한다"고 주장하면서(김일성, 1981n: 71~72) 총정치국에서 길주, 명천 사람들을 끌어 모아 종파행동을 했다고 비판받았다. 그가 최왈종과 함께 "총정치국 내에서 지방주의와 종파주의를 뿌리박게 하고 정치사업에 많은 혼란을 가져올 수 있는 옳지 못한 '이론'을 퍼뜨리어 당적 사상을 마비시키려고" 했다는 것이다(김일성, 1981n: 100).

마지막으로, 리을규가 관련됐는지는 확실하지 않으나 연안파 출신 군인들이 1958년에 쿠데타를 모의했다는 주장들이 있다. 1958년 10월 당 중앙위 상무위에서 연안파 출신인 평양 위수사령관 장평산 등이 쿠데타를 시도한 사건에 대해 논의가 있었다고 하며, 10월 30일 김일성은 조선인민군 각급 군사학교교원대회에서 한 연설에서 "신민당을 조직하였던 김두봉, 최창익, 한빈, 리유민, 김민산 같은 자들"이 "공산당이 이룩한 것을 다 집어던지고 로동당의 첫자리를 차지"하려고 하면서 '폭동음모사건'을 일으켰다고 했다(서동만, 2005: 573). 물론 이러한 쿠데타 시도 음모는 사전에 발각되어 무산됐다.

1960년, 최창익, 박창옥 등의 재판과 사형집행

김일성은 1959년에도 '8월 종파사건'을 끈질기게 이용하여 숙청을 계속해나갔다. 1959년 12월 1~4일 개최된 당 중앙위 확대전원회의에서 도·시·군(구역) 인민위원회를 비롯한 국가기관, 경제·문화기관 등 모든 기관·단체들이 '해당 당 위원회의 통제하에서 활동'해야 한다는 원칙이 세워졌다. 간부들에 대한 통제도 강화되어, 1960년 1월부터는 모든 기관에서 간부들이 매일 네 시간의 학습을 의무화하고 매주 토요일 오후 시간을 전적으로 학습시간으로 사용하도록 했다(서동만, 2005: 785). 1960년 1~2월에는 '8월 종파사건'의 주모자 최창익과 박창옥 등에 대한 비밀재판이 열려 그들을 사형에 처했다.

북한 내무상 방학세가 1959년 10월 24일 평양 주재 소련참사관 펠리셴코(V. I. Pelishenko)에게 한 말을 보면, 내무성과 군보위부에서 '8월 종파사건' 관련자들에 대해 각각 조사를 진행했는데, 군보위부에서 행한 조사는 군대에서의 '군사적 음모'에 대한 것이었던 것으로 보인다. 내무성에서 다룬 케이스는 80명이나 됐고, 군보위부에서 다룬 숫자도 비슷했다. 이는 1959년 10월 하순 당시 약 160명의 당 간부와 군 장교들이 '8월 종파사건' 관련자로 조사를 받았다는 이야기인데, 거의 대부분이 강압과 고문에 의해 '유죄'를 자복했을 것으로 보인다. 방학세는 펠리셴코에게 박창옥이 한 말이 적힌 복사본 서류를 보여주었는데, 박창옥은 '군사 쿠데타 시도'를 포함한 모든 고발 내용을 인정하고 있었다(Lankov, 2005: 170).

방학세는 조선로동당 중앙위 상무위가 재판을 공개 혹은 비공개로 할 것인지 아직 결정하지 않았지만, 피고들은 모두 세 그룹으로 나눠질 것이라고 했다. 제1그룹은 군인들을 포함하여 최창익, 박창옥, 김원술(연안파, 전 민족보위성 부상)과 같은 종파주의자 지도자들, 제2그룹은 자신들의 범죄를 온전히 폭로하고 비판한 자들, 그리고 제3그룹은 자신의 반당·반국가 범죄에 대해 온전하게 폭로하고 비판하지 않은 자들이 포함된다는 것이다. 방학세는 위의 카테고리별로 처벌도 다를 것인데, 제1그룹은 사형선고를 받을 것이라고 했다. 내무상인 자신은 20~30명이 사형선고를 받아야 한다는 생각이지만, 김일성이 가능한 한 적은 숫자, 3~4명만이 사형선고를 받아야 한다는 의견을 표시했다는 것이다(Lankov, 2005: 170~171).

1960년 2월 12일 방학세가 펠리셴코에게 한 말에 의하면, 최창익과 박창옥은 1960년 1월에 김익선[재판장], 리효순, 서철, 김경석 등이 재판관으로 참여한 비밀재판을 받았고, 결국 35명의 피고인 중에서 20명이 총살형에, 15명은 장기간의 징역에 처해졌다. 사형선고를 받은 사람들은 최창익, 박창옥, 고봉기, 김원술, 양계, 김웅 등이었고, 방학세는 이들이 모두 사형집행이 끝났다고 했다.[24] 방학세가 또한 약 150명의 피고에 대한 재판이 이뤄지고 있다고 한 것을 보면, 1960년 1월 재판은 제1그룹의 중죄인들만을 다룬 재판이었던 것으로 보인다(Lankov, 2005: 171~173).

5. 인간개조, 사회개조 운동의 움틈

앞에서 살펴보았듯이, 1956년 12월 전원회의에서 결정된 천리마운동은 그 성격이 '사회주의 건설'을 위한 총체적인 사상적·인적·물적 동원운동과 '공산주의 교양운동'이었다. 이제 김일성은 1958년 3월 당 대표자회를 통해 '반종파 투쟁'을 성공적으로 마무리하면서 조선로동당에서 종파가 완전히 청산됐음을 공식 선언했다(조선로동당 중앙위원회 당력사연구소, 1979: 445). 이제 권력구조상으로 김일성 단일지도체계의 기반이 마련된 것이다.

김일성은 1958년 9월부터는 '사회주의 건설'을 위해 '보수주의와 소극성을 퇴치'하고 '공산주의 교양사업'을 강화하는 방향으로 나아가기 시작했다. 현실적으로 어떤 위협적인 반대 파벌도 존재하지 않은 상황에서 이제 북한정치의 초

---

24) 그런데 김웅은 당시 사형을 당하지 않고 1968년에 재부상하여 아시아·아프리카단결위원회 부위원장, 대외문화연락위원회 부위원장, 조선-라틴아메리카우호협회 위원장, 남예멘 주재 북한대사를 지냈다(강만길·성대경 엮음, 1996: 102). 이는 당시 총살형을 받은 20명이 모두 사형당하지 않고, 김일성의 의사에 따라 3~4명만 실제 사형집행이 되었을 가능성이 있다 (Lankov, 2005: 173).

점이 '사회주의의 완전한 건설'과 '공산주의 건설'을 위한 '계속혁명', '사상, 기술, 문화의 3대혁명'을 통한 '인간개조' 및 '사회개조'로 옮겨가기 시작한 것이다. 이는 김일성이 북한 주민들의 '사상'과 '정체성'을 사회주의와 공산주의 사회 건설의 방향으로 본격적으로 심화시키기 시작했음을 의미했다.

사회주의의 완전한 건설: 「사회주의 건설에서 소극성과 보수주의를 반대하여」

김일성은 1958년 9월 16일 전국생산혁신자대회에서 한 연설에서 사회주의 건설을 위해서는 소극성과 보수주의와 투쟁하여 혁신을 일으켜야 한다고 강조했다(김일성, 1981d: 520). 그리고 1958년 9월 26~27일 당 중앙위 전원회의를 개최하고 '보수주의와 소극성을 퇴치'하기 위한 군중운동을 발기했다. 보수주의와 소극성에 반대하는 투쟁이 천리마운동과 결합된 것이다(이종석, 1995: 283).

그러면 9월 16일자 김일성의 연설 「사회주의 건설에서 소극성과 보수주의를 반대하여」의 내용을 살펴보자.

김일성은 북한의 도시와 농촌에서는 "생산관계의 사회주의적 개조가 완성"됐기 때문에 이제 '향후 과업'은 '사회주의 사회의 완전한 건설'이라고 규정했다. 그는 사회주의의 완전한 건설을 위해서는 '사회주의공업화를 실현'해야 하는데, 이를 위해서는 '사상혁명'과 '기술혁명'이 필요하다고 지적했다(김일성, 1981d: 512~513).

'사상혁명'에 대해 김일성은 "우리의 사회제도는 개조됐으나 아직까지 사람들의 머리 속에는 자본주의 사상 잔재가 남아" 있어서 "이 낡은 사상 잔재를 뽑아버리고 근로자들을 공산주의사상으로 무장시켜야" 한다고 말했다. 또한 근로자들의 사상의식 개조와 함께 그들의 '문화기술 수준'도 높여야 한다고 했다. 그래야 사회의 생산력을 높이 발전시킬 수 있다는 것이다(김일성, 1981d: 513).

'기술혁명'에 대해서는 사회주의 공업화를 실현하기 위해서는 선진기술 수준이 요구된다고 했다. 공업화 자체가 기술혁명을 요구한다는 것이다. 김일성은 기술을 발전시키는 데서 "집단적 혁신운동"의 의의를 강조했다. 모든 "조선사람이 다 천리마를 타고 다 영웅"되기를 바라기 때문에 당은 "집단적 혁신운동을 널리 전개할 것을 요구"한다는 것이다(김일성, 1981d: 513, 518~519).

김일성은 혁신운동에서 두 가지 중요한 문제를 제기했다. 첫째, 노동자들과 기술자들의 힘을 잘 '배합'하는 것으로서 '노동자들과 기술자들의 합작을 강화' 해야 한다는 것이다. 그는 근로자들이 "우리의 전진을 가로막는 보수주의, 소극 성과의 투쟁 속에서 혁신을 일으키고" 있음을 칭찬하면서, "뒤떨어진 것, 보수 주의적인 것과 투쟁하지 않고는 혁신이 일어날 수 없"으니 사회주의 건설을 더욱 가속화하기 위해서는 "보수주의자들의 방해를 물리치는 것이 중요"하다는 점을 강조했다(김일성, 1981d: 520). 그런데 "누구에게나 보수주의사상은 조금씩 있을 수" 있기 때문에 결국 "사상투쟁을 통한 교양문제"로 귀착되며 "보수주의, 소극성과의 사상투쟁을 계속 강화"해야 한다고 했다.

둘째, 혁신운동에서 더 큰 성과를 거두기 위해서는 "당성 단련을 계속 강화" 해야 한다는 것이다. 모든 혁명투쟁, 모든 혁신운동은 "당의 영도를 떠나서는 한 걸음도 전진할 수 없"다는 것이다. 당성을 높인다는 것은 "당에 무한히 충실하며 당을 옹호하고 당의 리익을 위하여 투쟁하는 것을 의미"했다. 당에 충실하고 사회주의 건설에서 혁신자가 되기 위해서는 "자체의 문화기술 수준을 더욱 높여야" 한다고 했다(김일성, 1981d: 525~526).

김일성은 혁신자들은 자체의 문화기술 수준을 높이는 데 있어서나 집단적 혁신운동을 전개하는 데 있어서 '선구자'가 되어야 하며, 제1차 5개년계획을 '1년 반 앞당겨 완수'하며 공화국창건 10주년경축대회보고에서 내놓은 커다란 전망 과업을 수행하기 위해 '계속 천리마를 탄 기세'로 나아가리라는 것을 굳게 믿는다면서 연설을 마쳤다(김일성, 1981d: 526).

이 모든 것을 간단히 요약하면, '사회주의 사회의 완전한 건설'을 위해서는 '사상혁명'과 집단적 혁신운동을 기반으로 한 '기술혁명'이 필요하고, 집단적 혁신을 이룩하기 위해서는 '보수주의, 소극성과의 투쟁'에 기반을 둔 노동자들과 기술자들의 힘의 배합과 당에 대한 무한한 충실성, 당의 옹호, 당의 이익을 기반으로 한 '당성단련의 지속적 강화'와 혁신자들의 '자체의 문화기술 수준의 제고'가 필요하다는 것이었다.

공산주의 건설: 「공산주의 교양에 대하여」

김일성은 1958년 11월 20일 '전국 시, 군 당 위원회 선동원들을 위한 강습회'에서 한 연설 「공산주의 교양에 대하여」에서(김일성, 1981b: 580~606) "사회주의건설을 촉진하는 데서 중요한 과업으로 나서는 공산주의적 사상교양 문제"에 대해 자신의 생각을 밝혔다(김일성, 1981b: 580).

김일성은 지금 북한은 "사회주의 건설에서 일대 고조기"에 들어섰고, "사회주의 건설의 고조는 계속 앙양되고" 있다면서, "우리가 하루 빨리 사회주의의 높은 봉우리에 올라서기 위해서는 근로대중을 공산주의사상으로 튼튼히 무장시키지 않으면" 안 된다고 강조했다. 그는 "철저한 사상교양사업과 사상투쟁을 전개하지 않고서는 혁명의 전진을 보장할 수 없으며 이미 얻은 승리를 공고히 할 수도 없"다면서, "근로대중의 머리 속에 아직 남아 있는 낡은 봉건적, 자본주의적 사상 잔재를 뿌리째 뽑아버려야" 한다고 강조했다. 이것은 모든 당원들, 특히 선전원, 선동원들이 직면한 "현 시기의 중심과업"이라는 것이다(김일성, 1981b: 580, 591~592).

김일성은 당시 북한이 진행하고 있는 혁명의 내용을 밝혔다. 그것은 "새것과 낡은 것과의 투쟁, 진보와 보수와의 투쟁, 적극과 소극과의 투쟁, 집단주의와 개인주의와의 투쟁, 총체적으로 사회주의와 자본주의와의 투쟁"이라고 했다. 김일성은 "이 모든 것은 다 자본주의 사상의 여독이며 이 사상적 독소를 없애지 않고서는 낡은 사회를 개조하고 사회주의와 공산주의를 건설하려는 우리의 위대한 목적을 이룩할 수 없"다고 강조했다(김일성, 1981b: 591~592).

김일성은 "모든 근로자들을 사회주의와 공산주의의 열렬한 건설자로, 완전히 붉은 사상으로 무장된 공산주의전사로 교양"하는(김일성, 1981b: 599) 공산주의 사상교양사업이 중점을 두어야 할 다섯 가지를 제시했다.

첫째, 근로자들에게 자본주의에 비해 사회주의와 공산주의가 우월하다는 것을 잘 알려주는 것이 중요하다. 남반부의 자본주의와 북반부의 공산주의를 비교하여 북반부의 공산주의의 우월성을 보여주어야 한다. 둘째, 사회의 공산주의적 개조에서 커다란 장애물인 "개인주의와 이기주의를 반대"해야 한다. 개인주의와 이기주의는 사회주의적 소유, 즉 집단적 소유와 전 인민적 소유를 공고히 하는 데 장애가 되며 앞으로 포괄적인 공산주의적, 전 인민적 소유를 창설하려는 전진운동을 가로막는다. 셋째, 근로자들을 사회주의적 애국주의와 프롤레타리아 국제주의 정신으로 교양해야 한다. 넷째, 사람들에게 노동을 사랑하는 정신을 길러주어야 한다. 천리마의 진군을 더욱 힘차게 전개하기 위하여 "우리 대렬 내에서 일할 능력이 있으면서 놀고먹는 자들, 건달부리는 자들을 반대하는 사상투쟁"을 해야 한다. 다섯째, 근로자들을 '계속혁명'의 사상으로 계속 전진시키고 계속 혁신하는 혁명적 사상으로 교양해야 한다. 북반부에서 사회주의 건설을 완성한다고 하여 그것으로써 과업이 끝나는 것이 아니라, 조국통일의 임무가 남아 있으며, 또 통일되면 남한에서 민주혁명 과업, 그리고 사회주의 건설로 나아가야 하며, 남북한에 사회주의 건설이 완성된 다음에는 점차 공산주의로 넘어가야 할 것이며, 이 모든 일이 잘 수행되어야 세계혁명에서 맡겨진 임무를 다할 수 있다는 것이다(김일성, 1981b: 592~599).

김일성은 공산주의 교양과 관련하여 추가적으로 두 가지를 강조했는데, 그것은 '기술혁명과 문화혁명의 중요성'과 '당에 대한 충실성의 정신으로 교양'하는 문제였다(김일성, 1981b: 600, 602).[25]

첫째, 김일성은 "오늘 우리나라의 사회주의건설에서 가장 중요한 과업으로 나서고 있는 기술혁명과 문화혁명"을 위해서는 근로자들이 자신의 문화수준을 높여야 하며, 이를 위해서는 선전원들과 선동원들이 문화혁명에 적극 참가해야 한다고 했다. 선전원과 선동원들은 문화혁명의 선전자일 뿐 아니라 조직자가 되어야 한다는 것이다. 그리고 "과학과 기술은 한시도 한자리에 머물러 있지 않고 끊임없이 발전하는 것"인 만큼 "언제나 새 과학을 배우며 새 기술을 습득하기 위하여 노력"하기를 주문했다(김일성, 1981b: 600, 602).

---

25) 참고로, 김일성이 '공산주의 교양'과 관련하여 강조한 이 두 가지는 '사회주의의 완전한 건설'에 대해 연설한 9월 16일자 연설 「사회주의 건설에서 소극성과 보수주의를 반대하여」에서 그가 강조한 내용과 중복된 부분이 있다. 왜냐하면 '사회주의의 완전한 건설'은 바로 '공산주의 건설'과 많은 부분이 겹칠 수밖에 없기 때문이다.

둘째, 김일성은 또한 근로자들의 문화수준을 높이는 사업이나 공산주의 교양 사업이나 모두 다 "당에 대한 충실성의 정신으로 교양"하는 문제와 결부되어야 함을 강조했다. 근로자들을 당에 대한 충실성의 정신으로 교양한다는 것은 그들의 당성을 높이는 것인데, 당성이란 "당의 정책과 결정을 관철하기 위해서는 물불을 가리지 않고 자기의 모든 힘, 필요하다면 생명까지 바쳐 싸우려는, 당과 인민에게 무한히 충성을 다하려는 그러한 전투정신"을 말한다고 했다. 그리고 당에 대한 충실성, 즉 당성은 무엇보다도 "당의 철석같은 통일과 단결을 보위하기 위하여 늘 투쟁"하는 것, "당의 통일을 백방으로 강화"하는 것으로 나타난다고 했다(김일성, 1981b: 602).

마지막으로, 김일성은 '선전원, 선동원 동무'들의 해야 할 과업은 결국 '두 가지로 귀착'되는데, 첫째는 "끊임없이 학습하여 자체의 수준을 높이며 당성을 단련하는 것"이요, 둘째는 "군중 속에 깊이 들어가서 그들을 교양하고 동원하는 것"이라고 설명했다(김일성, 1981b: 603~606). 따라서 김일성은 선동원들이 "공장과 광산, 농촌과 어촌, 이르는 곳마다에서 공산주의의 붉은 기치를 높이 들고 우리의 모든 근로자들을 다 붉은 사상, 공산주의 사상으로 무장한 혁명가로 키우도록 노력"하기를 바란다는 희망을 표시했다(김일성, 1981b: 606).

결론적으로, 김일성이 11월 20일 '전국 시, 군 당 위원회 선동원들을 위한 강습회'에서 제기한 "공산주의적 사상교양" 문제의 핵심 강조점은 이제 북한은 근로대중을 '공산주의적 사상으로 무장한 혁명가', 즉 '공산주의적 인간'으로 개조하고, 북한사회를 그 공산주의적 인간들이 사는 '공산주의 사회'로 건설해야 한다는 것이었다.

김일성이 아닌 '조선로동당'이 '정치적 수령'

위에서 살펴본 바와 같이 1958년까지 '반종파 투쟁'이 성공적으로 대단원의 막을 내리자 김일성은 이제 상징적인 조치로서 조선로동당 창건일을 1945년 10월 10일로 정했다. 조선로동당 창건일은 이제 더 이상 북조선공산당과 조선신민당의 합당이 이뤄진 1946년 8월도 아니요, 북로당과 남로당이 합당한 1949년 6

월도 아니었다. 김일성 자신이 해방 후 북한에서 실질적으로 '새로운 조선공산당 중앙'인 조선공산당 북부조선분국[북조선공산당 중앙조직위원회]을[26] 창설한 날을 조선로동당 창건일로 삼았다. 참고로, 조선공산당 서북5도당대회는 비공개로 1945년 10월 10일에 개막되어 13일까지 계속됐다. 이 대회에서 조선공산당 북부조선분국이 설립됐다. 그리고 당시 소련점령당국은 조선공산당 북부조선분국을 '조선공산당 북부조선 조직국' 혹은 '북조선공산당 중앙위원회 조직국'이라고 불렀다(김국후, 2008: 43, 107, 116, 120~122). ≪로동신문≫은 1958년 10월 10일에 '당 창립 13주년'을 기념하는 사설을 실었다(이종석, 1995: 287).

그러나 김일성은 아직도 세계공산주의운동의 종주국인 소련공산당의 영향으로부터 자유롭지 못했고, 당시 소련의 집권자는 스탈린 개인숭배를 비판하고 레닌주의적 집단지도체제와 민주주의 원칙을 회복시키면서 '탈스탈린화' 정책을 지속하고 있던 흐루쇼프였다. 이바노프 소련대사의 1956년 12월 말 보고서「조선로동당과 조선민주주의인민공화국의 상황」과 이바노프 대사의 후임으로 평양 주재 소련대사로 부임한 푸자노프 대사의 1957년 6월 3일자 비망록이 보여주듯이, 김일성은 1956년 9월 전원회의 이후의 시기에 개인숭배, 집체적 지도와 민주주의 원칙 회복 문제 등에서 기본적으로 소련공산당의 영향을 강하게 받고 있었다.

이와 관련하여 한 가지 주목할 것은 1956년 2월 흐루쇼프가 스탈린 개인숭배를 비판한 소련공산당 제20차 대회 이후의 시기에 북한은 김일성에게 '수령'이라는 호칭을 사용하지 않았다는 것이다. 그 대신 '당'이 '정치적 수령'으로 불리게 됐다. 김일성 개인숭배 문제가 논란이 되는 것을 피하고자 한 것이다.

김일성은 1956년 4월 7일 평안북도당대표회에서 한 연설에서 조선로동당을 "우리 인민의 정치적 수령이며 조국과 인민을 행복한 길로 이끄는 령도자"라고 불렀다(김일성, 1980v: 132). 또 김일성은 1958년 4월 29일자 연설에서 혁명과 건설에 대한 모든 정책을 내세우는 것은 자신이 아니라 "우리 당"이며, 당이 혁명

---

26) 북한은 '조선공산당 북부조선분국'을 나중에 '북조선공산당 중앙조직위원회'로 불렀다(김일성, 1979d: 304).

을 '영도'하고 정치를 '지도'하고 있다는 것을 강조하고, 당은 "우리 인민의 정치적 수령"이라고 규정했다(김일성, 1981g: 221). 김일성은 또 이후 1960년 9월 8일자 연설에서도 "당은 노동계급의 최고 조직형태이며 그 정치적 수령이며 참모부"라고 레닌을 인용하기도 했다(김일성, 1981j: 348).

그렇다고 물론 김일성 개인숭배 문제가 사라진 것은 아니었다. 김일성의 항일유격대혁명전통 교양을 위해 기층 당 조직에서는 '김일성동지의 혁명활동연구실'이 만들어지고, 출판물의 비공식적 문장 속에서 '수령'이라는 용어가 다시 등장했다(이종석, 1995: 287). 그러나 공식적으로 김일성은 1960년대에 들어서야 '수령'으로 불리기 시작했다.

이상에서 우리는 김일성이 1956년 당 중앙위 9월 전원회의 이후의 시기에 대외적으로 조성된 유리한 '대외 정치기회구조'와 국내적으로 추진했던 여러 분야에서의 '반종파 투쟁'의 성과를 바탕으로, 1958년 3월 당 대표자회와 후속 회의들을 통해 당과 군대에서 '반종파 투쟁'을 마무리하고 '8월 종파사건'의 대단원의 막을 내리는 과정을 분석했다.

김일성은 이제 1958년 9월부터는 '사회주의의 완전한 건설'과 '공산주의 사회의 건설'을 위해 모든 인민대중에게 계속혁명의 맥락 속에서 '공산주의사상교양사업'을 강조하기 시작했고, 이는 기본적으로 사회주의의 완전한 건설과 공산주의 건설을 위한 북한 주민들의 '사상'과 '정체성'의 심화 작업의 시작이었다.

이는 북한에서 당-국가건설 경쟁 파벌들이 모두 사라지고 김일성 자신의 단일지도체계로 권력구조가 자리 잡은 상황에서, 이제 정치의 초점이 사회주의 당-국가건설자들 간의 권력투쟁에서 사회주의와 공산주의 건설을 위한 '인간개조'와 '사회개조'로 벌써 옮겨가고 있음을 보여준다. 북한에서 공산주의적 인간을 만드는 인간개조와 공산주의 사회를 건설하는 사회개조는 1967년 유일사상체계와 수령제가 확립된 이후에 본격적으로 강조됐으나, 이미 1958년 '반종파투쟁'이 마무리되어 김일성 단일지도체계의 기반이 마련된 시점에서 그러한 방향으로 나아가는 싹이 보였던 것은 어찌 보면 자연스런 일이었다고 하겠다.

단일지도체계, 유일사상체계
(1958~1994)

제4부는 '반종파 투쟁'을 완료한 1958년 3월 조선로동당 대표자회 직후부터 1994년까지의 기간을 다루고 있다. 김일성 단일지도체계를 확립한 1961년 9월 조선로동당 제4차 대회를 거쳐 1967년 '당[김일성]의 유일사상체계' 확립과 그에 따른 '수령제 사회주의' 완성과 지속, 1980년 조선로동당 제6차 당 대회를 통한 김정일의 공식적인 수령 승계 등을 다루게 될 것이다. 1967년 유일사상체계 확립으로 전통적인 의미의 권력투쟁이 사라지자 이제 북한 정치의 초점은 '계속혁명'에 맞춰졌다.

제4부는 두 개의 장으로 이뤄져 있다. 제9장은 1958년부터 1967년까지 김일성 단일지도체계의 확립과 지속, 그리고 유일사상체계의 확립을 살펴보게 될 것이다. 제10장은 1967년에 확립된 당의 유일사상체계의 심화와 수령제 사회주의의 완성과 지속, 그리고 김정일의 공식 수령 승계 등 북한 권력 관련 사건과 의미를 선군사회주의가 등장하기 직전인 1994년 말까지 분석하고 설명할 것이다.

제9장

김일성 단일지도체계 확립

김일성은 1958년 3월 조선로동당 대표자회를 통해 '종파분자들의 제거를 완료'하고 자신의 단일지도체계의 기반을 놓았다. 이제 그의 앞에 놓인 가장 기본적인 과업은 어떻게 대내외 정치기회구조를 잘 이용하고, 자신의 사상과 정체성을 '전당·전국가·전사회적'으로 공유하면서 사회주의 당-국가체제를 '단일지도체계 확립'의 방향으로 완성하느냐 하는 것이었다.

제3부에서 분석했던 '8월 종파사건'과 '반종파 투쟁'은 1945~1953년에 존재했던 파벌 간의 '세력 연합'이라는 권력구조를 김일성의 '단일지도체계'라는 새로운 권력구조로 변환하는 과정에서 발생한 격렬한 권력투쟁이었다. 권력의 역사를 보면, 어떤 특정 권력구조 내에서 권력경쟁자 간의 권력의 이동도 치열한 권력투쟁을 동반하는 법인데, 하물며 권력구조 자체의 변환 내지 재구조화는 그만큼 격렬한 투쟁을 동반할 수밖에 없는 것이다.

이 장은[1] 1958년 3월 당 대표자회를 통해 김일성 단일지도체계의 기초가 놓인 후 1961년 조선로동당 제4차 대회, 1966년 제2차 당 대표자회를 거쳐 1967년 유일사상체계와 수령제가 들어설 때까지 거의 10년에 해당하는 기간을 다루

---

1) 필자는 이 장을 집필하는 데서 거의 전적으로 이종석의 연구(이종석, 1995; 이종석, 2000a)에 의존하고 있음을 밝힌다.

고 있다. 이 기간은 1961년까지 김일성의 단일적 사상과 정체성, 김일성파의 독점적인 권력 장악을 기반으로 확립된 김일성 단일지도체제가 1967년 무렵까지 김일성 유일사상체계에 기초한 수령제 사회주의 체제로 '재구조화'되는 과정을 포함하고 있다. 이 권력구조의 변환과정도, 비록 '8월 종파사건'과 '반종파 투쟁'에서 본 것과 같은 격렬한 것은 아니었으나, 조국광복회 출신의 갑산파와 소련 및 동유럽 유학파인 당 '사상문화' 담당 간부들이 김일성 항일빨치산혁명전통의 유일성에 도전하면서 유일사상체계로 나아가는 데 제동을 건 권력투쟁 사건을 경험하게 된다.

이 장에서는 김일성 단일지도체계가 확립되는 데 작용한 대외 정치기회구조, 김일성 단일지도체계가 완성되는 1961년 조선로동당 제4차 대회, 김일성사상과 항일빨치산혁명전통 정체성의 공유, 1962년부터 시작된 '정통 마르크스-레닌주의' 논쟁과 그에 따른 '사상문화' 담당 간부들의 도전, 1966년 조선로동당 제2차 대표자회, 1967년 5월 개최된 당 중앙위 제4기 제15차 전원회의와 유일사상체계의 확립, 그에 따른 사회문화적 공간의 '굴절 이동', 그리고 인민군대 내에서의 군벌관료주의자들의 숙청에 대해 살펴보기로 한다.

1. 대외 정치기회구조

김일성이 단일지도체계를 확립하는 데서 대외 정치기회구조를 이루었던 주요 요소들은 기본적으로 북한-소련관계, 북한-중국관계, 소련-중국관계를 중심으로 형성되고 이뤄졌다. 구체적으로, 이들은 흐루쇼프의 탈스탈린화 정책[소련의 수정주의], 중국의 흐루쇼프 탈스탈린화 정책에 대한 비판[중국의 교조주의], 중소 갈등과 중소 양국의 북한에 대한 경쟁적 구애, 1960년대 전반 북한의 반소·친중정책, 1960년대 후반 북한의 친소·반중정책, 국제공산주의운동에서의 '정통 마르크스-레닌주의' 논쟁 등이었다. 이들 여러 요소들이 결합하여 북한에서의 권력행위와 국내외 정책에 대한 대외 정치기회구조를 구성했던 것이다.

북한-소련관계: 소련의 '수정주의' 비판

김일성은 1961년 9월 11~18일 개최된 조선로동당 제4차 대회에서 당 중앙위 사업 총화 보고를 했다. 그는 이 보고에서 제국주의 반대, 마르크스-레닌주의 원칙의 고수, 사회주의 진영의 통일, 형제적 당들 간의 '프롤레타리아 국제주의'적인 단결 등을 강조하고, '사회주의적 애국주의'와 '프롤레타리아 국제주의' 정신을 밀접히 결부시켜 진행해야 할 필요성을 지적했다(김일성, 1981m: 260~261, 290).

김일성은 일단 이처럼 원칙적인 입장을 천명한 후에, 구체적으로 '소련의 수정주의'와 '중국의 교조주의'를 비판하기 시작했다.

우선, 김일성은 조소관계에 대해 소련공산당이 "국제공산주의운동의 공인된 전위대"라는 것, "쏘련공산당의 풍부한 경험은 공산당 및 로동당들에게 있어서 모범"이 되고 있다는 것을 칭송하고, "조선로동당과 조선인민은 과거와 마찬가지로 앞으로도 쏘련공산당 및 쏘련인민과의 단결을 더욱 강화하기 위하여 노력할 것이며 쏘련을 향하여 계속 배울 것"이라고 강조했다(국토통일원, 1988b: 124).

그러나 김일성은 '현대 수정주의자'인 유고슬라비아에 대한 비판을 통해 '수정주의자'인 소련을 강력히 비판했다. 그는 부르주아 사상의 반영으로서의 수정주의는 여전히 국제공산주의운동의 주된 위험으로 남아 있음을 지적하고, 수정주의자들이 마르크스-레닌주의의 혁명적 정신을 거세하고 노동계급의 혁명적 투지를 마비시키며 사회주의 진영과 국제공산주의운동을 내부로부터 와해시키기 위해 책동하고 있으며 제국주의와 그 반동 정책을 비호하여 나서고 있다고 비판했다(김일성, 1981m: 311).

북한-중국 관계: 중국의 '교조주의' 비판

김일성은 수정주의와 함께 '교조주의'도 역시 혁명 사업에 해로운 것이며 개별적 당들의 이러저러한 발전 단계에서는 주된 위험이 될 수 있다고 비판했다. 교조주의와 종파주의는 마르크스-레닌주의를 구체적인 조건에 맞게 창조적으로 적용할 수 없게 하며 당을 대중으로부터 이탈시킨다는 것이다(김일성, 1981m: 311). 교조주의는 물론 마오쩌둥의 중국을 의미했고, 이는 조중관계에 대한 김일성의 비판이었다.

김일성은 조선로동당은 앞으로도 수정주의와 교조주의를 반대하는 '두 전선'에서의 투쟁을 강력히 전개할 것임을 천명했다(김일성, 1981m: 311, 313).[2] 이처럼 김일성은 중소 양국의 노선과 정책을 모두 비판했다. 당시 북한은 중소 양국의 '대국주의'적 영향을 벗어나 북한의 독자적인 노선, '주체노선'의 확립을 위해 투쟁하고 있었다. 따라서 김일성으로서는 중소 양국을 함께 비판할 충분한 이유가 있었던 것이다.

그런데 여기서 한 가지 흥미로운 것은 1961년 제4차 당 대회에서 김일성이 중국의 교조주의보다는 소련의 수정주의에 대해 더욱 비판적이었다는 것이다. 이는 1956년 2월 소련공산당 제20차 대회에서 흐루쇼프가 본격적으로 탈스탈린화를 추구한 이래, 김일성이 흐루쇼프 지도체제하의 소련의 정책을 수정주의로 비판하고 그 대신 탈스탈린화 정책에 대한 중국의 비판에는 동의하고 있었던 사실과 관련이 있다.

중소 갈등, 중소 양국의 경쟁적 대북 구애

그런데 위에서 살펴본 조소관계와 조중관계에 큰 영향을 미친 것은 소련-중국관계였다. 구체적으로는, '중소 갈등'과 이들 양국의 북한에 대한 '경쟁적 구애'였다. 이는 북한에게 '곤경'과 '어부지리'를 동시에 맛보게 하는 것이었다.

'중소 갈등'은 북한이 중소 양국에 대한 정책을 선택하고 추진하는 데 큰 어려움을 주었다. 한마디로 중소 양국 중 어느 한 편만을 내놓고 지지할 수는 없는 일이었다. 그러나 중소 양국이 각자 자신의 국익을 위해서 가능하면 북한을 자신의 편에 끌어들이려는 대북 구애정책을 경쟁적으로 취한 것은 북한이 자신의 국

---

2) 「조선로동당 제4차 대회 결정서」에서도 마찬가지로 수정주의와 교조주의 및 온갖 기회주의에 반대하여 투쟁할 것을 결의하고 있다(국토통일원, 1998b: 125).

익을 확장하는 데 유리한 기회구조를 제공했다.

중소 양국의 바로 그러한 '경쟁적 구애' 정책 덕분에 김일성은 1961년 6월 29일~7월 10일 당-정부 대표단을 인솔해 소련을 방문하여 7월 6일 「조소 우호협조 및 호상원조에 관한 조약」을 체결하고, 바로 뒤이어 7월 10일~7월 15일에는 중국을 방문하여 7월 11일 「조중 우호협조 및 호상원조에 관한 조약」을 체결할 수 있었던 것이다. 이처럼 북한은 중소 갈등으로 생겨간 양국의 '경쟁적 구애'를 최대한 전략적으로 이용하여 사회주의 종주국인 소련과 새로운 사회주의 강국 중국으로부터 경제협력 및 군사동맹조약을 얻어내고, 필요에 따라 소련과 중국 사이에서 때로는 균형외교, 때로는 어느 한 쪽을 지지하면서 자신의 이익을 최대화할 수 있었다.

이러한 대외관계 상황은 김일성이 소련과 중국의 영향에서 벗어날 수 있는 기회와 공간을 제공했다. 김일성은 대외적으로 소련의 수정주의와 중국의 교조주의 양자를 비판하면서 중소 양국 중 어느 한 쪽을 일방적으로 편들지 않고, 대외적으로 자신의 독립적인 입장을 추구하면서 '주체'를 확립할 수 있었던 것이다.

한편, 예전에 '8월 종파사건'에서 보듯이 중국과 소련에 각각 연결돼 있던 연안파와 소련파가 조선로동당 내에서 권력쟁취 투쟁에 나섰고, 또 그들이 소련과 중국으로 하여금 9월 전원회의에서 보듯이 북한의 내정에 간섭토록 함으로써 북한의 권력경쟁과 권력구조 형성에 영향을 미쳤던 점을 고려하면, 대외관계에서 중소 양국의 영향을 벗어나 '주체'를 확립하는 것은 김일성으로 하여금 국내 정치에서 파벌 간의 권력투쟁을 끝장내고 자신의 '단일지도체계'를 확립하는 데 큰 공헌을 한다는 것을 의미했다. 다시 말해, 중소 갈등과 양국의 경쟁적 대북 구애는 대외적으로는 김일성의 독립적인 주체 외교 확립, 대내적으로는 김일성 단일지도체계의 확립에 유리한 대외 정치기회구조로서 작용했던 것이다.

1960년대 전반: 북한의 반소·친중정책

그러면 여기에서 1960년대 전반의 중소 갈등과 그것의 영향을 받은 조소관계 및 조중관계에 대해 보다 구체적으로 살펴보기로 한다.

북한이 국제공산주의 진영의 양대 세력인 중소 양국 중 어느 편을 지지해야 할 것인지에 대해 곤란함을 느낀 것은 1956년 2월 소련공산당 제20차 대회에서 흐루쇼프가 본격적으로 탈스탈린주의를 천명하면서부터였다. 흐루쇼프는 스탈린 개인숭배를 비판하고 당의 집체주의 지도 등 레닌주의적 민주주의 원칙의 회복을 선언했다. 동시에 미국, 영국, 프랑스 등 부르주아 세계와의 평화공존과 전쟁가피론, 공산주의 사회의 평화적 건설, 공산주의 혁명과 건설의 다양성을 천명했다. 이에 대해 중국공산당은 흐루쇼프의 노선을 '수정주의'로 강력히 비판했고, 소련공산당은 마오쩌둥의 입장을 '교조주의'로 비판했다.

김일성은 소련에서의 탈스탈린화 정책이 북한에 부정적인 영향을 미칠 것을 우려했다. 북한에서 이미 자신의 개인숭배 현상이 있었고, 분단된 국가로서 전쟁까지 겪은 상황에서 통일을 포기하고 남한과 미국 등 부르주아 세계와의 평화공존을 받아들이기가 쉽지 않았다. 그러나 공산주의 혁명과 건설에서의 다양성의 인정은 북한이 교조주의를 타파하고 주체를 확립하는 데 도움이 됐다.

이런 여러 문제들에서 중국공산당 마오쩌둥도 김일성과 비슷한 처지에 있었다. 1956년 조선로동당에서 발생한 '8월 종파사건'으로 연안파가 숙청을 당하자 마오쩌둥이 소련과 함께 북한정치에 간섭함으로써 김일성과 마오쩌둥 사이가 냉각됐으나, 이들은 흐루쇼프의 정책과 1956년에 발생한 폴란드 사태 및 헝가리 혁명에 반대하는 입장에서는 공통의 이익이 있었다. 이런 맥락에서 1957년 11월 모스크바에서 마오쩌둥과 펑더화이가 김일성에게 '8월 종파사건' 개입에 대해 사과하기도 했던 것이다.

한편, 김일성은 흐루쇼프의 노선은 분명히 '수정주의'적 노선이었지만, 국제공산주의운동에서의 소련의 지도적 위치 때문에 자신의 불만을 제대로 표시할 수가 없었다. 그러나 그는 1958년부터는 '현대의 수정주의자' 유고슬라비아의 티토에 대한 비판을 통해 소련공산당의 노선을 간접적으로 비판함으로써 중국의 편에 서는 모습을 보이기 시작했다. 김일성은 1959년부터는 당 이론가들에게 수정주의를 반대하는 방향으로 사업을 하라고 지시하기도 했다(황장엽, 1999: 127; 이종석, 2000a: 219).

한편, 흐루쇼프가 1958년 베이징을 방문했을 때 마오쩌둥은 소련의 군사협력

제안을 거절했다. 마오쩌둥은 흐루쇼프의 대미 데탕트정책을 파탄시키기 위해 제2차 타이완해협 위기를 도발하기도 했다. 한편, 소련은 중국에게 완전한 설계도와 서류를 갖춰 원자탄을 제공하려고 계획했으나, 양국 관계가 냉각되면서 1959년에 이 계획을 폐기했다. 소련은 1959년 8월과 10월에 발생한 중국과 인도 사이의 국경 무력충돌에 대해 겉으로는 엄격한 중립을 표방하면서도 내용적으로는 인도 측을 두둔했다. 흐루쇼프는 1959년 9월 미국을 방문한 직후인 9월 28일 중국정권 수립 10주년 기념행사에 참여하기 위해 베이징을 방문했으나, 중국과 인도의 국경분쟁 문제를 놓고 그가 인도 측을 두둔하며 중국 측과 논쟁을 벌임으로써 냉랭한 대접을 받았다(이종석, 2000a: 217, 219). 흐루쇼프는 예정된 7일 기간의 방문을 줄여 3일째 되는 날 모스크바로 돌아갔다.

1960년 4월 중국공산당 기관지 ≪홍기≫는 논설에서 '유고슬라비아의 수정주의자들'을 비판하는 형식을 통해 자본주의와의 전쟁가피론을 주장하고 있는 '소련의 수정주의'적 입장을 강력 비판했다. 이에 대해 소련공산당은 중국공산당의 전쟁불가피론에 대해 "교조적으로 제국주의를 침략적이라고만 보고 또 다른 전쟁으로부터 인류를 구하기 위해서 새로운 요인들을 이용할 필요가 있다는 것을 깨닫지 못하고 있는 사람들"이라고 '중국의 교조주의적 입장'을 강력 비판했다. 논쟁 초기에는 양국이 상대방에 대한 직접 공격을 삼가고 대신 수정주의의 경우로 유고슬라비아를, 교조주의의 경우로 알바니아를 공격하는 식으로 간접전의 양상을 보였으나, 나중에는 중소 양국이 상대방을 직접 공격하는 식으로 변화했고, 논쟁의 내용도 평화공존 문제뿐만 아니라 이론과 실천의 거의 전 영역에 걸쳐 확산됐다(이종석, 2000a: 217~218).

1960년 6월에 개최된 루마니아공산당 제7차 대회를 소련과 중국이 서로를 공격하는 기회로 사용함에 따라 양국 관계는 계속 악화됐다. 흐루쇼프는 중국을 비판했고, 중국의 펑전(彭眞)은 흐루쇼프의 외교정책이 '서방세계에 대해 왔다 갔다 한다'고 조롱했다. 불만에 찬 흐루쇼프는 중국에서 소련 기술자들을 철수시켰다.[3]

---

3) 이러한 중소관계의 악화는 중소 양국의 북한에 대한 정책에도 영향을 미쳤다. 참고로, 마오

이러한 상황에서 1960년 10월에는 81개국 공산당·로동당 회의가 모스크바에서 열려 소련과 중국의 노선에 대해 한 달 동안 논쟁을 벌였다. 자본주의가 사회주의로 이행하는 '과도기'를 언제까지로 볼 것인지가 핵심 논쟁점이었다. '마르크스의 과도기 이론'을 현실에 적용하는 문제를 놓고 중국공산당은 소련공산당을 마르크스주의를 왜곡하는 '수정주의'라고 공격했고, 소련공산당과 그 지지 당들은 중국공산당을 소련공산당에 반대하는 '국제종파주의'라고 비판했다. 북한은 중국의 노선을 지지했다(황장엽, 2006: 153~158). 중소 양국은 북한을 자기편에 묶어두기를 원했고 북한은 1960년대 조소관계가 본격적으로 악화되기 전에 양국의 구애를 이용하여 1961년 7월에 양국에게서 경제원조를 받고 그들과 군사동맹을 맺는 데 성공했다(박태호, 1985: 262~263, 266). 군사동맹을 맺은 후 북한의 대중국 편향이 공개적으로 두드러졌다.

소련은 1962년 여름 사회주의 국제분업을 위해서 상호경제원조회의(CMEA: Comecon)를 전체 사회주의 정치경제의 중심체로 재편하려고 시도했고 북한은 이를 자신의 자립적 민족경제 건설에 위협적인 것으로 인식하여 반대했다(이종석, 2000a: 223~224). 1962년 5월 흐루쇼프는 '현대 수정주의자' 티토가 집권하고 있는 유고슬라비아와의 협력을 천명하고 그해 9~10월 브레즈네프가 유고슬라비아를 방문했다. 이 모든 것은 북한으로 하여금 소련이 추구하는 '평화공존' 노선의 실체를 의심케 했으며, 그 결과 중국과의 관계를 더욱 밀착시키도록 만들었다(이종석, 2000a: 225). 중국과 북한은 특히 1962년 10월 쿠바 미사일위기에서 보여준 소련의 태도를 '투항주의적'으로 보았으며, 그해 10~11월 중국과 인도 사이에 국경분쟁이 재발하자 북한은 즉각 중국을 지지했으나 소련은 실질적으로 인도 편에 섰다(이종석, 2000a: 224).

쩌둥은 1957년 11월 모스크바 회의에서 베이징에 돌아온 후 베이징 주재 소련대사 유딘에게 '김일성이 임레 너지와 같은 반소의 길을 걸을 가능성이 있다'고 말한 적이 있다. 그런데 1960년 6월 17일, 평양 주재 소련대사 푸자노프는, 흐루쇼프의 지시에 따라 1957년에 마오쩌둥이 한 위의 말을 김일성에게 알려주었다. 당연히 김일성은 마오쩌둥에 분노를 나타냈다(정태수·정창현, 1997b: 94~96). 그런데 1960년 6월 17일자 소련의 행동은 조중관계에 금을 가게 하려는 의도하에서 행해졌고, 이는 당시 '중소 갈등'의 맥락에서 이해할 수 있다.

1962년 가을부터 1964년 10월까지 거의 2년간, 북한과 소련 간에는 단 한차례의 정부 대표단 방문도 없었고, 북한과 중국 간에는 정반대로 수많은 정부 대표단의 상호방문이 이뤄졌다. 북한은 국제적으로 각국 공산당대회에 참석하여 중국의 입장을 도왔다.

이러한 배경에서 1962년 10월 저우언라이가 평양을 방문하여 중조국경조약(中朝國境條約)을 체결하고, 1964년 3월에는 중조변계의정서(中朝邊界議定書) 체결을 통해 국경선 획정문제를 마무리지었다(이종석, 2000a: 229~230, 233~234). 북한은 중소 분쟁과 그에 따른 북한의 전략적 가치의 상승, 그리고 조중 간의 긴밀한 관계가 종합적으로 국경선 협상에 유리한 상황이 될 것으로 판단했고 실제 유리한 결과를 이끌어냈다. 북한으로서는 '중소 갈등'이라는 대외 정치기회구조 요소를 유리하게 이용한 것이었다.

북한의 소련에 대한 직접적인 비판은 1963~1964년에 집중됐다. 북한은 소련의 수정주의적 경향, 분열주의적 책동, 여전히 코민테른식으로 강압적 헤게모니를 행사하려고 하는 고압적 자세, 과거 개인숭배를 문제삼아 내정에 간섭한 대국주의적 태도, 사회주의적 국제분업을 일방적으로 강요하며 자립적 민족경제노선을 중상하고 제국주의나 하는 비방을 늘어놓는 행위 등에 초점을 맞추어 비판했다(이종석, 2000a: 226~227).

1960년대 후반: 북한의 친소·반중정책

'1965년 초'부터 북한은 1960년대 초반과는 정반대로 소련 지지, 중국 비판으로 돌아섰다. 왜 그렇게 정책이 변화했는가? 그 이유는 1964년 하반기부터 기존의 반소·친중정책을 바꾸도록 만든 세 가지 새로운 사건과 상황이 발생했기 때문이었다.

그 세 가지는 1964년 10월 소련에서 흐루쇼프의 실각 및 브레즈네프의 등장으로 인한 개혁정책 폐기, 베트남전에 대한 소련의 적극적인 지원과 중국의 미온적 지원의 차이, 중국의 문화혁명에서 나타난 문화혁명 지도자들과 홍위병들의 김일성 비판 때문이었다.

첫째, 소련에서 일어난 변화를 보면, 1964년 10월 14일 소련에서 흐루쇼프가 실각하고 브레즈네프가 권력을 장악했다. 흐루쇼프가 경제적 실패, 노령으로 인해 생겨난 '변덕스럽고 경박한 개혁' 등으로 비난받으면서 실각하고, 당시 제2인자 브레즈네프가 권력을 장악했다. 이는 현실적으로 1956년 소련공산당 제20차 대회로부터 지속됐던 '흐루쇼프 개혁'이 끝났다는 것을 의미했다. 브레즈네프는 흐루쇼프 시대의 불안정성을 벗어나 '정치적 안정'을 약속했다.

그런데 새로 들어선 브레즈네프 등 소련공산당 지도부에 대한 평가가 북한과 중국 사이에서 달랐다. 중국은 브레즈네프 체제를 '흐루쇼프 없는 흐루쇼프주의'로 규정하고 크게 달라진 것이 없다고 비판했지만, 북한은 브레즈네프가 흐루쇼프의 개혁정책을 되돌리는 방향으로 나아갈 것으로 보고 소련 지도부를 긍정적으로 평가했다. 1964년 말부터 북한은 국제공산주의운동의 단결을 강조하고 수정주의와 교조주의를 동시에 비판하는 방향으로 나아가면서 소련 일방에 대한 비판을 자제했다(이종석, 2000a: 241~242).

둘째, 베트남전에 대한 소련, 중국, 그리고 북한의 대응에서 차이가 있었다. 소련은 1965년 미국에 의해 확대된 베트남전에 대처하기 위해 소련, 중국, 북부 베트남 지도자들이 회합을 갖고 사회주의 진영의 공동대응을 모색하자고 제안했으나, 중국은 소련의 수정주의적 자세를 구실로 이를 거부했다. 그런데 김일성은 소련의 입장을 지지했다. 김일성은 베트남전에 대해서 전 세계 진보세력이 단결하여 대응책을 모색해야 한다는 분명한 입장을 천명했다. 북한의 ≪로동신문≫은 이와 관련하여 브레즈네프가 소련공산당 제23차 대회에서 한 1966년 3월 31일자 연설을 대서특필하기도 했다(이종석, 2000a: 240~242).

셋째, 중국에서 문화혁명(1966~1976)이 발생하여 문화혁명 지도부와 홍위병이 김일성을 '수정주의자'로 공격함으로써 조중 갈등이 격화됐다. 김일성은 중국의 문혁지도자들과 홍위병들에게 '베트남전에 적극 개입하여 미제에 대해 반대 투쟁하겠다'는 김일성 자신이 수정주의자인가, 아니면 '베트남전에 개입하려는 생각을 하지 않는' 중국지도부가 더 수정주의자인가를 물었다.[4]

---

4) 중국 측의 공격에 대해 김일성은 '수정주의 문제는 오직 미제의 월남 침략과 그것을 반대하

1960년대 후반에 조중관계는 최악의 상황으로 접어들었다. 그 대신 조소관계는 조중관계와 반비례로 회복됐다. 김일성은 1960년대 전반에는 연례행사처럼 중국을 방문했으나, 흐루쇼프가 실각하고 브레즈네프가 들어선 1964년 10월 이후부터 1969년까지의 기간에 조중 양국 간에 정상회담은 한 번도 없었다. 김일성은 1966년 10월 조선로동당 제2차 대표자회에서 중국에 전대미문의 혹독한 비판을 퍼부었다. 그는 중국에 대해 '교조주의', '좌경 기회주의', '대국주의', '종파주의'의 용어를 써가면서 비판했다(김일성, 1982i: 386~414). 특히 1967년 1월부터 홍위병들이 김일성을 흐루쇼프와 같은 '수정주의자'로 비난하고 북한에서 '정변'이 일어났다는 허위사실을 공개적으로 유포한 데 대해 북한 지도부는 강력히 대응했다. 조중 양국은 상호간에 대사를 소환하기까지 했다(이종석, 2000a: 242~244, 245, 246; 이종석, 1995: 299~300). 그러나 1969년 3월에 중소 국경분쟁이 발생하고 1969년에 들어 마오쩌둥은 문화혁명의 종료를 선언했다. 그해 10월에 최용건이 중화인민공화국 창건 20주년 기념식에 참석함으로써 조중관계가 회복되기 시작했다.

이상에서 우리는 1960년대를 통해서 중소 갈등과 중소 양국의 경쟁적인 대북 구애, 조소관계, 조중관계, 그리고 이것들이 종합적으로 만들어낸 대외 정치기회구조에 대해 살펴보았다. 이는 대외적으로 김일성의 적극적인 자주외교, 주체외교를 가능케 했고, 또 소련과 중국의 대북 영향력이 실질적으로 약화된 상황에서 김일성으로 하여금 대외관계에 큰 신경을 쓸 필요 없이 국내적으로 자신이 원하는 대로 단일지도체계를 넘어서 유일사상체계의 확립으로 나아갈 수 있게 했던 것이다.

는 월남인민의 투쟁에 대하여 어떤 태도를 취하는가'가 기준이 돼야 하며, '미제를 반대하는 투쟁에서의 공동행동과 통일전선은 더 주동적으로, 더 적극적으로 수정주의를 반대하여 투쟁하는 것'이라고 주장했다(≪로동신문≫, 1956.8.12; 이종석, 2000a: 243).

'정통 마르크스-레닌주의' 논쟁

1960년대 초부터 중소분쟁이 심화되면서 국제공산주의운동 진영은 평화공존, 개인숭배 문제 등을 둘러싸고 갈등으로 치닫기 시작했고(이종석, 1995: 294), 이러한 배경에서 국제공산주의운동 진영에서 '정통 마르크스-레닌주의' 논쟁이 발생했다. 예컨대, 중국공산당은 사회주의 건설, 평화공존, 지도체계 등의 문제에 대해 소련공산당과 이론논쟁을 전개했다. 북한은 1962년 말부터 '누가 더 정통한 마르크스주의자냐'를 놓고 소련과 대립했고, 개인숭배 논쟁의 초점이 된 '수령' 문제에 대해서도 북한은 "중국과 마찬가지로 단수가 아닌 레닌의 복수로서의 '수령들' 개념을 차용하여 소련 지도부와 대결"했다(이종석, 1995: 294).

1960년대 후반에 가서 북한은 주체사상이 '마르크스-레닌주의의 조선 현실에서 창조적 적용'이라는 차원을 넘어 당시 '수정주의 혐의를 받고 있던 소련공산당의 이론'과 '좌경으로 인식되던 마오쩌둥사상'과 경쟁했다. 그 결과 주체사상은 '가장 정확한 마르크스-레닌주의적 지도사상'으로 규정됐다(이종석, 2000b: 174~175).

이러한 대외환경구조하에서 북한은 "내부적으로 끊임없이 김일성의 절대 권력을 강화하고 그에 대한 충실성을 강조하면서도 외부적으로 이를 드러내지 않았"으며, 이 '정확한 마르크스-레닌주의' 논쟁은 "소련과의 갈등을 수반"하고 이루어졌기 때문에 조선로동당 지도부는 "사회주의 애국주의의 일환으로 우리의 민족문화와 역사를 강조"했다. 당시 김일성도 "각종 출판물에서 우리의 역사와 문화를 다루어줄 것을 요구"했다. 그러나 결국 "내부적인 김일성 권력 강화와 외부에 보여준 정통 맑시즘의 추구 사이에 모순"이 발생했고, 이것이 드러난 것이 1965년경이었다(이종석, 1995: 294).

이 장에서 자세히 살펴보게 되겠지만, 결국 북한에서 갑산파와 소련과 동유럽 유학생들 출신 등 '사상문화' 부문의 일꾼들이 김일성의 유일 항일빨치산혁명전통을 부인하고 혁명전통의 근원을 민족의 전 역사에서 찾는 혁명전통의 다원화, 다지화(多枝化)로 나아가도록 했고(이종석, 1995: 295), 이것은 김일성의 '사상'과 '정체성'에 대한 도전이었다.

그러면 위에서 설명한 대외 정치기회구조를 기억하면서 이제 1961년 9월에 개최된 조선로동당 제4차 대회부터 살펴보기로 하자.

2. 조선로동당 제4차 대회

1961년 9월 11~18일 개최된 조선로동당 제4차 대회는 한마디로 김일성 단일지도체제를 확립한 회의였다. 제4차 당 대회는 1956년 4월 제3차 당 대회 이후 5년여 만에 개최됐고, '반종파 투쟁'을 성공적으로 완료한 1958년 3월 당 대표자회 이후로는 3년 반 만에 개최된 당 대회였다.

여기에서는 제4차 당 대회에서 김일성이 보고를 통해 '빛나는 총화'와 '위대한 전망'을 내어놓고, 이 대회가 '승리자의 대회, 단결의 대회'가 됨으로써 북한 체제가 이제 김일성의 '단일지도성'으로 상징되는 '하나의 사상과 정체성'을 획득한 바탕 위에서, 본격적으로 천리마운동, 천리마작업반운동을 통해 근로자들을 공산주의적 인간으로 '인간개조'를 해가는 내용을 순서대로 살펴보기로 한다.

'빛나는 총화'와 '위대한 전망'

조선로동당 제4차 대회는 우선 1956년 4월 제3차 당 대회가 개최된 이후 제4차 당 대회가 개최될 때까지의 5년여 기간을 총결했다. 김일성은 첫날 「조선로동당 제4차 대회에서 한 중앙위원회 사업총화 보고」를 했다.

김일성은 '빛나는 총화'로서 제3차 당 대회의 결정사항과 실적에 대한 보고를 사회주의적 개조의 완성과 사회주의 건설의 측면에서부터 시작했다. 도시와 농촌에서 사회주의적 개조를 완성하고 사회주의의 기초 건설을 기간을 단축하여 완수했고, 공화국 북반부의 혁명적 민주기지 건설을 공고히 했다. 또한 농업, 수공업 및 자본주의적 상공업의 사회주의적 개조 사업도 1958년에 와서 거의 동시에 완성됐다. 공업부문에서 5개년계획의 과업은 기한 전에 성과 있게 수행됐고, 이 기간에 공업생산의 연평균 증가속도는 36.6%에 달했다. 농업부문에서 농업협동화가 완성되어감에 따라 수리화, 전기화, 기계화를 농촌기술 혁명의 기본내용으로 규정하고 우선 수리화를 실현하는 데 역량을 집중했으며 식량 문제와 의식주 문제는 기본적으로 해결됐다고 했다(김일성, 1981m: 157~184).

달리 말해, 지난 5년여 동안 농업부문에서 농업협동화의 완성 등 사회주의 공업화의 기초를 놓음으로써 북한경제의 '사회주의 정체성'을 획득하고 사회주의 공업화를 본격적으로 실현하여 사회주의 건설을 지속해나갈 수 있는 물질적 토대를 확보했다는 것이었다.

김일성은 '위대한 전망'으로서 제1차 7개년 인민경제 발전계획(1961~1967)을 제시했다. 그는 7개년계획의 '기본 과업'은 "승리한 사회주의 제도에 의거하여 전면적 기술개건과 문화혁명을 수행하며 인민생활을 획기적으로 높이는 데" 있다고 규정했다. 이를 위해서 "사회주의적 공업화를 실현"하고 인민경제의 모든 부문을 현대적 기술로 꾸려 "기술혁명을 전면적으로 실시"하며 모든 인민의 "물질문화생활 수준을 결정적으로 높이여" 사회주의의 높은 수준을 달성하겠다고 했다(김일성, 1981m: 210~211).

김일성은 이처럼 '기술혁명'과 '문화혁명'을 강조했는데, 나중에 한 일이지만, 여기에 '사상혁명'을 추가하면 소위 '3대혁명'이 될 터였다. 김일성은 사상, 기술, 문화 분야에서 낡은 것을 새것으로 바꾸는 것을 사상혁명, 기술혁명, 문화혁명이라고 규정하고(김일성, 1984b: 244), "사상혁명, 기술혁명, 문화혁명은 사회주의, 공산주의를 건설하는 데서 나서는 가장 중요한 혁명과업"이며, "사상혁명, 기술혁명, 문화혁명을 수행하지 않고서는 사회주의의 완전한 승리를 이룩할 수 없으며 공산주의를 건설할 수 없다"고 주장했다(김일성, 1984a: 145).

그런데 김일성은 위의 3대혁명에서 가장 중요한 것은 '사상혁명'이라고 했다(김일성, 1982e: 513). 그리고 이 사상혁명은 훗날 1967년에 '당의 유일사상체계'가 확립됨으로써 완성될 터였다. 다시 말해, 김일성은 제4차 당 대회에서 제1차 7개년계획을 제시하고, 이를 통해 '기술혁명'과 '문화혁명'을 달성한 바탕 위에서 1967년까지 당의 유일사상체계를 수립하여 '사상혁명'을 완성함으로써 사회주의의 완전한 승리와 공산주의의 건설에 나서려고 했던 것이다.

북한의 경제발전의 목표와 관련하여, 김일성은 제3차 당 대회부터 제4차 당 대회까지의 기간에 북한을 "현대적인 공업 토대를 가진 사회주의적 공업 농업 국가로 전변"시켰는데, 이제 7개년계획을 성과적으로 수행하여 "현대적 공업과 발전된 농업을 가진 사회주의적 공업국가로 전변"시킬 생각을 하고 있었던 것이다(김일성, 1988: 161~162).

김일성은 남북관계와 통일문제에 대해서도 언급했다. 인민경제발전 7개년계획을 수행하면 "북반부에 창설된 혁명기지는 불패의 힘으로 더욱 강화될 것"이며 "조국의 평화적 통일은 결정적으로 앞당겨지게 될 것"임을 강조했다. 그리고 7개년계획을 수행함으로써 북한 주민들의 넉넉한 물질문화생활을 위한 충분한 토대를 쌓고 파괴된 남한경제를 복구하여 남한 주민들을 기아와 가난에서 구원할 수 있는 '자립적 민족경제의 토대'를 더욱 튼튼히 쌓을 수 있게 될 것으로 전망했다(김일성, 1981m: 212).

김일성은 또한 '공산주의 교양사업'에서 혁명전통 교양사업, 긍정적 모범을 통한 군중교육, 천리마작업반운동을 통한 집단노동의 중요성, 당의 사상적 통일 등을 강조했다(김일성, 1981m: 290~296). 그는 "공산주의 교양은 반드시 혁명전통 교양과 결부되어야" 한다고 강조했다. 그렇게 해야 "공산주의의 일반적 원리를 배울 뿐 아니라 공산주의자들의 산 모범을 본받는 사업으로 되며 생동하고 힘 있는 감화력을 가진 교양사업으로 된다"는 것이다(김일성, 1981m: 290~291). 그리고 사회주의 제도가 승리한 상황에서 "가장 힘 있는 군중교양 방법은 사람들을 긍정적 모범으로 감화시키는 방법"임을 강조했다(김일성, 1981m: 292). 김일성은 "집단노동은 사람들을 교양하는 가장 훌륭한 학교"이며, 천리마작업반운동은 "우리 당의 령도 밑에 우리의 로동 계급이 창조한 근로대중의 훌륭한 공산주의 학교"라고 강조했다(김일성, 1981m: 293).

김일성은 '당의 사상의지의 통일'은 "우리의 생명이며 모든 승리의 결정적 담보"고, 당의 통일을 위한 투쟁은 모든 당 단체들과 당원들의 "신성한 최고의 임무"라고 했다. 그는 모든 당원들이 수정주의, 교조주의, 종파주의, 지방주의, 가족주의 및 온갖 기회주의를 반대하여 계속 굳세게 투쟁하여 마르크스-레닌주의의 순결성과 당 대열의 통일을 철저히 지키도록 해야 한다면서, "언제나 당 중앙위원회를 중심으로 하는 전당의 통일을 자기의 눈동자와 같이 지키며 모든 인민대중을 당 주위에 철석같이 단결시키고 당과 대중이 한 덩어리로 뭉쳐 왕성한 혁명적 기세로 나아감으로써 끊임없이 새로운 승리를 쟁취"할 것을 강조했다(김일성, 1981m: 295~296).

김일성의 사업총화 보고에 대해 토론이 있었는데, 토론자들은 박금철, 김창만, 리효순, 박정애, 김광협, 남일 순으로 모두 41명이 발언했고, 김일성이 토론 중간에 개입하여 세 번 발언했다. 토론자들은 모두 김일성 충성파들이었다(김일성, 1988: 161; 국토통일원 1988b: 166~563). 이제 북한에서 김일성에 반대하여 토론할 인사는 더 이상 없었다.

토론자들은 한결같이 그동안 이룩한 성과를 "김일성동지를 수반으로 하는 당 중앙위원회의 현명한 영도" 덕분으로 돌리고, "김일성동지의 교시"를 이야기했다. 또한 당이 "항일빨치산의 빛나는 혁명전통을 계승"했음을 공식화했다. 그리고 이것은 당 규약에도 반영됐다. 그리고 조선인민군이 '당의 혁명적 무장력'임을 당 규약에 최초로 명시했다. 제4차 당 대회에서 집체적 영도를 토론한 사람은 아무도 없었고,[5] 그 대신 모두들 "통일과 단결"을 강조했다(이종석, 1995: 287~288; 국토통일원, 1988b: 166~563).

"승리자의 대회, 단결의 대회": '하나'의 사상과 정체성

김일성의 총화보고의 내용은 기본적으로 그대로 「조선로동당 제4차 대회 결정서」로 채택됐다(국토통일원, 1988b: 103~125). 김일성은 폐회사에서 제4차 당 대회는 "하나의 사상 의지로 결속된 우리 당의 강철 같은 통일을 시위"했다면서 "승리자의 대회, 단결의 대회"로 불릴 수 있다고 선언했다.

지난 5년여 동안 농업협동화 등을 통해 사회주의 공업화의 기초를 놓음으로써 북한의 경제 분야에서 '사회주의 정체성'을 획득했다면, 이제 김일성은 제4차 당 대회를 통해 정치 분야에서 '단일지도성'을 획득함으로써 김일성 중심의

---

5) 「조선로동당 제4차 대회 결정서」가 뒷부분에서 '집체적 지도'에 대해 아주 간단히 언급하고 있기는 하다(국토통일원, 1988b: 119).

'하나'의 사상과 정체성을 확립하는 데 성공한 것이다.

김일성은 당 대회에 참석한 대표들이 "지난날과 마찬가지로 앞으로도 당 중앙위원회 주위에 굳게 단결하여 언제나 당 정책을 견결히 옹호하고 끝까지 관철시키며 대중 속에 깊이 들어가 그들을 당 주위에 묶어세우며 대중을 발동시켜 우리의 혁명 위업을 달성하는 데 이바지하리라는 것을 확신"한다고 강조했다(김일성, 1988: 165).

김일성이 그렇게 확신할 수 있었던 것은 당 중앙위로부터 초급 당 단체에 이르기까지 "모든 당 단체들과 당원들이 하나의 사상의지로 굳게 뭉쳐졌으며, 모든 당인들이 당 중앙위원회와 같이 숨 쉬고 있으며 전체 인민대중이 당의 기발을 따라 물불을 헤아리지 않고 승리를 향하여 힘차게 나아가고" 있어서, "우리나라 노동운동과 공산주의운동 역사에서 오늘과 같이 우리 당이 조직사상적으로 강화된 때는 없었으며 오늘과 같이 전당과 전체 인민이 하나의 사상의지로 굳게 통일 단결된 때는 없었"기 때문이라고 했다(김일성, 1981m: 263).

이는 제4차 당 대회가 성취한 성과를 매우 의미심장하게 요약하고 있다. 즉, 이제 조선로동당은 그동안 '반종파 투쟁'을 통해 '8월 종파사건'을 일으킨 반김일성 연합세력의 잔재를 완전히 제거하고 '하나의 사상 의지'로 결속됐고, '강철같은 당의 통일'을 과시할 수 있게 된 것이다. 당이 조직사상적으로 사상 최고로 강화됐으며, '전당'과 전체 인민이 하나의 사상의지로 굳게 통일·단결됐다는 것이다.

따라서 제4차 당 대회는 가히 김일성과 김일성파의 "승리자의 대회"요, 이제 종파주의자, 수정주의자, 교조주의자들이 모두 제거되어 순수한 김일성파와 김일성 충성파만 남아 하나로 뭉친 "단결의 대회"로 선언할 수 있었던 것이다. 김일성은 당 대회에 참석한 대표들로 하여금 당 중앙위, 즉 김일성을 중심으로 단결하여 당 정책을 끝까지 관철시키고, 그들이 대중 속으로 나아가는 등의 방법으로 김일성의 '사상'과 그 사상을 기반으로 확립된 당-국가체제의 '정체성'을 '전당·전국가·전사회적'으로 '공유'시키는 데 힘쓸 것을 요구한 것이다.

제4차 당 대회에서도 여느 당 대회처럼 지도기관의 선거가 있었다. 이 선거의 특징은 연안파와 소련파의 완전한 몰락이었다. 당 중앙위 정의원 85명 중에서 연안파는 김창만, 하앙천, 김창덕 3명, 소련파는 남일 1명뿐이었다. 그러나 이들도 이미 오래전에 연안파와 소련파의 '사상'이나 '정체성'을 버리고 김일성에 충성하는 자들이었다. 조선로동당 중앙위는 위원장에 김일성, 부위원장에 최용건, 김일, 박금철, 김창만, 리효순이 선출됐다. 정치위는 당 중앙위 위원장과 부위원장들 모두와 박정애, 김광협, 정일룡, 남일, 리종옥이 선출됐다. 이들 모두가 만주 항일유격대 인사와 김일성 충성파였다(이종석, 1995: 288~289, 표 14 참조).

최고인민회의 대의원의 구성도 완전히 변했다. 1948년 9월 2일에 선출된 제1기 대의원의 경우, 조선로동당원이 48%, 북조선민주당원과 천도교청우당원이 각각 18%였고, 1957년 9월 28일에 선출된 제2기 대의원의 경우는 로동당원이 80% 이상(추정), 민주당원과 청우당원이 각각 4.7%였다. 그런데 1962년 10월 2일에 선출된 제3기 최고인민회의의 경우 로동당원이 무려 95% 이상(추정), 민주당원과 청우당원이 각각 1% 미만이었다(이종석, 1995: 290~291, 표 15 참조).

이처럼 김일성이 획득한 '단일지도성', '하나'의 사상과 정체성은 자연히 김일성에 대한 호칭에도 반영됐다. 1960년대에 들어 김일성이 공식적으로 '수령'으로 불리기 시작했다. 1960년 한설야는 『수령님을 따라 배우자』라는 책을 출판했다. 한덕수 재일조총련 의장은 1964년 신년인사로 김일성에게 보낸 연하장에서 "경애하는 수령"이라는 표현을 사용했다. 북한에서 김일성을 '수령'으로 부르는 것이 일반화된 것은 1966년 9월 30일 김일성종합대학 창립 20년을 맞아, 그리고 1966년 10월 5일에 개최될 제2차 당 대표자회를 앞두고 당시 김일성종합대학 총장이던 황장엽이 "당과 수령에 대한 충실성은 종합대학의 제1생명이고 영광스런 전통이다"라고 연설한 이후부터였다(스즈키 마사유키, 1994: 149). 김일성은 1967년 3월 17~24일에 개최된 '도, 시, 군 및 공장 당책임비서 협의회'에서 한 연설에서 당 일꾼들이 "진실로 당과 수령을 받들고 진실로 당과 혁명을 위하여 몸 바쳐" 일할 것을 주문했다(김일성, 1983f: 215~216).

공산주의 교양 개조: 천리마운동, 천리마작업반운동

앞에서 살펴본 것처럼, 조선로동당 제4차 대회에서 김일성이 '단일지도체제'

를 확립하면서 '단일지도성'을 획득하자, 이제 '천리마운동'과 '공산주의적 인간개조 및 사회개조'의 노력이 더욱 강화·발전되는 방향으로 나아갔다. 참고로, 천리마운동은 1956년 당 중앙위 12월 전원회의에서 결정되어 그동안 지속적으로 전개되어온 '사회주의 건설'을 위한 사상적·인적·물적 대중동원운동이자 공산주의 교양운동이었고, '공산주의적 인간개조 및 사회개조'는 '사회주의의 완전한 건설'과 '공산주의 사회 건설'을 위한 것으로서 1958년 9월에 싹이 움트기 시작했다.

김일성은 「조선로동당 제4차 대회에서 한 중앙위원회 사업총화보고」에서 대중적 혁신운동인 '천리마운동'의 성과를 평가했다. 대중의 정치사상 의식을 부단히 높이면서 여기에 물질적 관심의 원칙을 옳게 결합시킨[6] 천리마운동을 통해 소극성과 보수주의, 기술신비주의를 타파하고 대중의 위력, 창조력과 재능, 그리고 창발성을 발현시켜 사회주의 건설의 '대고조'를 이룩할 수 있었다고 했

---

6) 참고로, 조선로동당 제3차 대회와 제4차 대회 사이에 김일성이 바로 정치사상과 물질적 관심을 결합한 방법을 새롭게 제시한 '대중지도 방법'이 있었는데, 그것은 '청산리정신·청산리방법'이었다. 김일성은 1960년 2월 평안남도 강서군 청산리 현지지도를 했는데, 2월 8일 청산리 당 총회에서 한 연설을 통해 청산리정신(방법)을 주창했다(김일성, 1981e: 56~93). 청산리 방법은 농촌경리 운영에서 구체적으로, 모든 사업에서 정치사업, 사람과의 사업을 앞세우고 대중의 자각적 열성과 창발성을 동원하여 혁명과업을 수행하는 것을 그 기본정신으로 했다. 한편, 김일성은 1961년 12월 6일 평남 강서군 대안전기공장을 현지지도하면서 공장기업소의 관리지침을 제시했는데, 이는 기본적으로 공업분야의 관리에 '정치사업을 앞세우는' 청산리정신을 적용하고, 지배인 유일관리제 대신에 공장 당 위원회의 집단적 지도를 통해 당의 영도체계를 강화하는 것을 핵심내용으로 내세운 경제관리체계였다. 이 '대안의 사업체계'는 북한의 여러 분야로 보편화되어 결국 북한의 경제관리제도가 됐다. 결국 청산리정신(방법)은 북한의 경제관리제도의 사상적 초석이 된 셈이었다. 김일성은 바로 제4차 당 대회에서의 총화보고를 통해, "청산리의 경험을 일반화하는 투쟁을 통하여 우리는 당 사업을 철저하게 사람과의 산 사업으로 고치고 군중과의 사업에서 새로운 전환을 일으켰"다면서, 정치사업을 통해 대중을 "당의 사상과 정책으로 교양 개조하면서 모든 당원들과 근로자들을 혁명과업 수행에 빠짐없이 동원하는 사업을 힘있게 벌렸"다고 했다. 이를 통해 조선로동당의 "혁명적 사업방법을 전당에 확립"하기 시작했는데, 이것이 조선로동당이 "일관하여 견지하여온 군중로선의 빛나는 승리"였다는 것이다(김일성, 1981m: 272~273).

다. 천리마운동이 대중 속에서 공산주의 교양을 혁명전통 교양과 결부시켜 강력히 진행함으로써 큰 성과를 내었다는 것이다. 천리마운동 덕분에, 오랜 기간 매우 어려운 환경에서 일제를 반대하여 싸워 이긴 항일빨치산들의 투쟁과 생활이 혁명의 어려움을 체험하지 못한 젊은 후대들을 공산주의 혁명정신으로 교양하는 가장 훌륭한 교과서가 됐으며, 결국 사회주의 건설에서 비상한 애국적 헌신성과 창발성이 발휘됐다고 했다(김일성, 1981m: 202, 291).

김일성은 특히 천리마운동이 더욱 심화 발전된 '천리마작업반운동'은 "생산에서의 집단적 혁신운동과 근로자들을 교양 개조하는 사업을 유기적으로 결합"시킨 것인데, 이것이 '인민 경제발전의 강력한 추동력으로 근로자들의 대중적 경제 관리의 훌륭한 방법'이 됐을 뿐만 아니라 '모든 사람들을 새로운 공산주의적 인간으로 개조하는 훌륭한 대중적 교양방법'이 됐다고 평가했다. 따라서 '천리마 기수들'은 '생산 혁신자들일 뿐만 아니라 재능 있는 관리일꾼들이며 능숙한 조직자들이며 참다운 공산주의 교양자들'이라고 했다(김일성, 1981m: 202~203; 김연철, 2001: 222~230).

다시 말해, 천리마작업반운동은 "우리 당의 령도 밑에 우리의 로동계급이 창조한 근로대중의 훌륭한 공산주의 학교"이며, 천리마 작업반들에서는 "근로자들에 대한 공산주의 교양에 제1차적 의의를 부여하고 있으며 사람을 교양 개조하여 그의 자각적 열성을 발동시키는 데서 생산에서의 집단적 혁신의 결정적 고리를 찾고 있다"는 것이다. 따라서 천리마작업반운동은 "생산에서의 집단적인 혁신 운동일 뿐만 아니라 사람을 교양 개조하는 가장 대중적 형태"라는 것이 이미 생활에서 확증됐다고 했다(김일성, 1981m: 293~294).

이처럼 천리마운동은 '경제와 문화, 사상과 도덕의 모든 분야'에서 낙후성 퇴치, 부단한 혁신, 사회주의 건설을 비상히 촉진하는 수백만 근로자들의 일대 혁명운동이 됐으며 사회주의 건설에서 당의 총노선이 됐다고 했다. 그리고 이 노선의 본질은 "전체 근로자를 공산주의 사상으로 교양하고 개조하여 당 주위에 더욱 굳게 단결시키며 그들의 혁명적 열의와 창조적 재능을 고도로 발양시킴으로써 사회주의를 더 잘, 더 빨리 건설한다는 데" 있다고 했다(김일성, 1981m: 203).

결국 김일성은 천리마운동과 천리마작업반운동의 가장 큰 특징은 이 운동들이 생산에서의 집단적인 혁신운동이기는 하지만, '사상' 사업, 즉 공산주의 교양을 통해 사람을 사상적으로 개조하는 데에 1차적인 의의를 두고 있음을 강조하고 있다. 즉, 천리마운동과 천리마작업반운동을 통해 대중을 '공산주의 사상'으로 교육시키며 '새로운 공산주의적 인간'으로 개조하겠다는 것이다. 즉, 대중들을 '공산주의 사상과 정체성'을 가진 사람들로 만들어내겠다는 뜻이었다.

3. 김일성사상과 항일빨치산혁명전통 정체성의 공유

김일성이 중소 갈등과 중소 양국의 경쟁적 구애 덕분에 소련과 중국의 부정적인 영향력에서 벗어나고, 조선로동당이 제4차 당 대회를 통해 김일성파의 독점적인 영향하에 놓이면서, 김일성은 소련의 수정주의와 중국의 교조주의를 본격적으로 비판하며 동시에 그들로부터 벗어나기 시작했다.

김일성은 그 방법으로서 '자신의 사상'과 '항일유격대혁명전통'을 들고 나왔다. 예컨대, "경애하는 수령님의 노작들과 수령님의 영광 찬란한 혁명 역사에 대한 체계적인 학습을 강화하도록 하였으며 이에 필요한 혁명전통 교양자료를 더 많이 출판"하도록 했던 것이다(조선로동당 중앙위원회 당력사연구소, 1979: 605). 이를 통해 김일성 자신의 '사상'과 항일유격대혁명전통에 기반을 둔 당-국가체제의 '정체성'을 '전당·전국가·전사회적'으로 공유시키려는 사업이 시작됐다.

그 대표적인 작업이 1953년에 초판이 나왔고 1960년부터 다시 출판되어 나온 『김일성선집』 4권과 1967년부터 출판된 『김일성저작선집』 13권, 그리고 1959년 5월부터 출판되어 나오기 시작한 『항일빨찌산 참가자들의 회상기』 12권[7]이었다.

---

7) 참고로, 『항일빨찌산 참가자들의 회상기 1』을 보면 24명의 회상기가 실려 있는데, 최현, 림춘수, 백학림 순으로 시작하고 있다(조선로동당 중앙위원회 직속 당력사연구소, 1959).

『김일성선집』, 『김일성저작선집』: 김일성사상의 공유

『김일성선집』은 1961년 9월 제4차 당 대회를 전후하여 본격적으로 학습되기 시작했다. 이종석에 의하면, 김일성 저작은 사상이론적인 문제나 실무원칙 등 실제 사업수행과 관련하여 학습·연구됐으며, "모든 판단의 최종 심급은 김일성 저작"이었다. 이는 북한에서 "일체의 사상이론적인 문제나 사업지침이 김일성의 언어로 대중에게 전달된다는 것을 의미"했다. 즉, 이 과정에서 대중은 "조선로동당과 조선민주주의인민공화국과 김일성을 동일시"하게 마련이라는 것이다. 이러한 동일시는 "지도자에 대한 신성화, 절대화"였는데, 바로 이런 이유 때문에 결국 『김일성선집』은 북한에서 "개인숭배를 발호시키는 사상문화적 기반"이 됐다(이종석, 1995: 293~294). 『김일성저작선집』은 1967년부터 출판됐는데, 이것도 『김일성선집』과 마찬가지 역할을 했다.

『항일빨찌산 참가자들의 회상기』: 항일유격혁명전통 정체성의 공유

『항일빨찌산 참가자들의 회상기』는 조선로동당 중앙위원회 직속 당력사연구소가 펴낸 책인데, 당력사연구소는 "『항일빨찌산 참가자들의 회상기』 출판에 제하여"라는 출판의 말에서 이 책의 출판 목적을 밝히고 있다. 즉, "이 회상기들을 통하여 우리는 항일빨찌산 참가자들의 혁명과 수령에 대한 무한한 충실성, 맑스-레닌주의 승리의 확고한 신념을 가지고 조국광복의 한길을 위하여 투쟁한 그들의 고귀한 풍모의 이모저모―혁명을 위한 불요불굴의 투지, 인민과의 굳은 연계, 중중첩첩한 난관의 극복, 그 어떤 것과도 바꿀 수 없는 혁명적 동지애, 프롤레타리아 국제주의 정신의 훌륭한 구현 등―를 어디서나 엿볼 수 있을 것"이라는 것이다(조선로동당 중앙위원회 직속 당력사연구소, 1959).

북한은 『항일빨찌산 참가자들의 회상기』 전 12권의 출판을 통해 항일빨치산의 경험에 대한 광범한 사상학습을 전개했다. 이종석은 김일성이 이를 통해 "수령과 대중 사이에 공통의 정서영역을 만들어냄으로써 1960년대 중후반부터 강조된 수령에 대한 무조건적인 충실성을 대중이 사회적 담화로 받아들일 수 있는 바탕"으로 삼을 수 있었다고 주장한다(이종석, 1995: 291).

항일유격대는 "혁명전통의 담지자로서 공산주의자의 전형으로 대중에게 각인"됐고, "대중은 회상기를 통해서 유격대의 공산주의적 풍모를 체득하여 현실에서 구현할 것을 요구받게" 됐다는 것이다. 즉, "대중은 항일유격대원의 사상과 투쟁의지, 투쟁방법을 배우고 실천하도록 요구받"으며, "항일유격대식으로 살도록" 강요됐고, 결국 대중의 삶은 "'현실'과 '유격대 생활'이 혼숙하는 '유격대식 삶'으로 변화"됐다는 것이다(이종석, 1995: 291).

다시 말해, 북한에서 "회상기가 대중적 삶의 일부로 전체 사회에 공유되고 회상기의 내용이 중요한 사회적 담화로 자리 잡은 '유격대 국가'가 탄생"했고(와다 하루키, 1992; 이종석, 1995: 292), 회상기의 내용이 "대중들의 인식 속에 공유된 사회적 담화로 되자 당 역사가들은 이를 곧장 공식적인 역사서술에 반영해 회상이 공식적인 역사로 격상"됐다는 것이다(이종석, 1995: 291, 292).

이종석에 의하면, 『항일빨찌산 참가자들의 회상기』 전 12권은 1960년대 북한에서 수백만 권이 팔린 베스트셀러 겸 학습교재였다. 각 생산단위에서는 이 책의 학습을 위해서 학습조나 연구토론회, 감상모임 등을 조직하여 주제별로 장기간 학습-발표-토론의 순환과정을 통해 반복 학습했다(이종석, 1995: 291).[8] 『항일빨찌산 참가자들의 회상기』 학습은 "전당적으로 체계적으로 전개"됐으며, 당 지도부는 "각급 당 단체에 대중교양이 필요한 주제가 잡히면 그에 따라서 관련 회상기를 학습하도록 지도"했다(이종석, 1995: 292~293).

일반적으로, 권력추구자가 자신의 '사상'과 '정체성'을 자신이 지배하고자하는 정치체(政治體) 전체에 대해 '공유'시키는 투쟁을 하고, 그것이 성공하면 바로 권력경쟁에서 승리한 권력추구자의 '사상'이 공식적인 지도사상(통치 이데올로기)이 되며, 그러한 사상에 기반을 둔 '정체성'을 가진 정치체가 탄생한다고 할

---

8) 이종석에 의하면, 마르크스-레닌주의 관련 저작은 1960년대 중반까지는 그런대로 학습됐다. 그러나 조중 갈등이 심화되고 중국이 마오쩌둥사상을 전면에 표방하자 북한도 '우리 당의 혁명사상'을 강조하게 됐다. 이에 따라 특히 1967년부터는 북한에서 마르크스-레닌주의 관련 저작에 대한 학습이 급격히 줄었다. 1960년대 말부터는 대중에 대한 마르크스-레닌주의 학습교양이 거의 중지됐다고 한다(이종석, 1995: 291).

수 있다. 이런 관점에서 볼 때, 위에서 살펴본 이종석의 『김일성선집』, 『김일성
선집』과 『항일빨찌산 참가자들의 회상기』의 출판과 학습에 대한 해석과 주장
은 권력추구자로서 김일성의 권력행위를 잘 설명해주고 있다. 김일성은 자신의
'사상'과 '정체성'을 『김일성선집』, 『김일성저작선집』과 『항일빨찌산 참가자
들의 회상기』의 출판과 학습을 통해 '전당·전국가·전사회적'으로 '공유'하는 데
성공했고, 이로써 '김일성사상'과 '항일유격대혁명전통'은 북한의 공식 지도사
상과 북한 당-국가체제의 매우 특징적인 정체성이 됐던 것이다.

참고로, 이종석에 의하면, 『항일빨찌산 참가자들의 회상기』의 학습은 초기에
는 일반적인 공산주의 덕성을 강조하는 데 중점이 주어졌으나, 1960년대 중반
을 넘어가면서부터는 특히 「명령은 무조건 끝까지 관철해야 한다」, 「그는 언제
나 사령관 동지의 명령집행에 충실했다」, 「오직 그이의 가르침대로」, 「혁명의
사령부를 목숨으로 지켜」 등 수령에 대한 충실성을 강조한 방향으로 강조됐다
(이종석, 1995: 293). 북한이 수령제 국가로 변모해나가기 시작한 것이다(스즈키
마사유키, 1994: 71~102, 268~277).

바로 여기에서 우리는 1938~1939년의 '고난의 행군'에서 최고사령부[김일
성]를 목숨을 바쳐 옹위했던 오중흡 7련대의 '수령옹위 결사정신'을 김일성이
자신의 정치적 이익을 위해 되살리는 것을 보게 된다. 북한은 향후 어려울 때마
다, 특히 1990년대 중반에 경제파탄으로 최대의 위기에 처해 '제2의 고난의 행
군'을 하면서 인민들에게 오중흡 7련대가 김일성에게 보여준 것과 같은 김정일
에 대한 '수령옹위 결사정신', '총폭탄 정신'을 보여줄 것을 요구하기도 했다.

4. 정통 마르크스 논쟁과 사상문화 간부들의 도전

앞에서 살펴보았듯이, 김일성은 조선로동당 제4차 대회에서 지난 5년여 동안
의 혁명과 건설의 '빛나는 총화'를 하고 향후 제1차 7개년계획의 '위대한 전망'
을 하면서, 연안파와 소련파를 완전히 몰락시키고 이제 김일성파만 남아 그들이
원하는 대로 '하나'로 된 사상과 정체성을 확립하고서 '승리자의 대회, 단결의

대회'를 즐겼다.

김일성은 또한 천리마운동과 천리마작업반운동을 통해 근로자들을 공산주의적 인간으로 개조하고, 『김일성선집』과 『항일빨찌산 참가자들의 회상기』를 출판하여 김일성 자신의 사상과 항일유격대혁명전통의 정체성을 당-국가체제에서 구현했다. 또한 중소 갈등으로 인한 중소 양국의 북한에 대한 경쟁적 구애를 전략적으로 이용하면서 양국과 동맹조약을 체결했다. 또 수정주의와 교조주의를 동시에 반대하면서 대외적으로는 독립적인 주체외교를 추진하고, 대내적으로는 자신의 단일지도체계를 확립했다. 모든 것이 완벽하게 보였다.

그러나 위의 '정치기회구조'에서 살펴보았듯이, 1960년대 초부터 중소분쟁의 심화를 배경으로 국제공산주의운동 진영에서 '정통 마르크스-레닌주의' 논쟁이 발생했다. 북한은 1962년 말부터 '정확한 마르크스주의' 논쟁에서 중국 측을 지지하면서 소련과 갈등했다. 북한은 사회주의 종주국인 소련과 대결하는 상황에서 하나의 대책으로서 "사회주의 애국주의"를 강조했고 그 일환으로서 "우리의 민족문화와 역사"를 강조했다(이종석, 1995: 294).

즉, 1964~1965년경부터 김일성파를 구성하고 있던 조국광복회 출신의 '갑산파'와 소련 유학 출신의 당 '사상문화' 담당 간부들이 국제공산주의 캠프에서의 '정통 마르크스-레닌주의 논쟁'의 분위기에 편승하여, 이종석의 표현을 빌리자면, 북한에서의 "혁명전통의 다원화, 다지화"에 나서며 "새로운 파행"을 일으키면서 북한에서 "항일혁명전통의 희석화와 유일지도성 이미지 동요"를 가져왔다(이종석, 1995: 294~296). 이들 간부들의 '혁명전통의 다원화, 다지화' 시도는 북한에서 사회주의 혁명과 건설의 '사상'과 '정체성'의 기반을 김일성 유일항일빨치산혁명전통에 두려는 데에 대한 심각한 도전이었다.

당시 당의 실질적 책임자는 갑산파 출신 당 부원장 박금철과 소련과 동유럽에서 유학하고 돌아와 '반종파 투쟁'의 시기에 당 선전선동부장이 된 김도만, 과학 및 학교교육부장이 된 고혁, 《로동신문》 주필 겸 기자동맹위원장 허석선 등 사상문화 담당 간부들이었다. 이들은 그동안 '정확한 마르크스-레닌주의' 논쟁 속에서 진행해온 마르크스주의 교양의 연장선에서 당내 정책을 전개해나갔다(이종석, 1995: 295).

1966년부터 중국의 문화혁명으로 인해 조중 갈등이 점증하자 이들은 "중국에서의 마오쩌둥사상에 대항하여 사회주의 애국주의를 강조하고 마오쩌둥 개인숭배 움직임에 대항하여 정통 맑스주의적 자세를 견지"하려 했다. 이들은 "주체사상에 대해서도 김일성 개인의 사상이 아니라 명백히 '조선공산주의자들'의 실천적 경험의 종합개괄 위에서 제시된 사상'으로 이해하고 '맑스-레닌주의의 조선혁명에의 창조적 적용'이라는 관점에서 당의 정책노선으로 인식"했다. 즉, 이들은 김일성 항일빨치산혁명전통을 북한 내 유일한 혁명전통으로 강조하던 김일성의 입장에 반대하면서 "혁명전통의 다원화" 움직임을 보인 것이었다(이종석, 1995: 295).

이들은 북한에서 '항일유격대의 유일 항일혁명전통'의 의식화 작업을 두 가지 방향에서 수정했다. 그 하나는 1966년 중반부터 재삼 크게 강조된 사회주의 애국주의의 교양내용으로 "민족의 자랑스러운 역사와 문화유산"을 내세우고 "다양한 혁명전통과 역사적 인물들로부터 국가생존 발전을 위한 교훈"을 얻으려는 방향으로 사상문화 사업을 해나간 것이다. 이제 『항일빨찌산 참가자들의 회상기』에 대한 "학습의 빈도가 대폭 줄어들고 그 혁명전통의 유일성을 강조하던 분위기가 엷어져" 갔다(이종석, 1995). 또 다른 하나는 항일유격대의 유일 항일혁명전통의 의식화 작업에서 박금철, 리효순 등 "조국광복회 출신 인사들이 자신들의 혁명활동을 상대적으로 부각시키려고" 한 점이다(이종석, 1995: 295).

이종석의 연구에 따르면, 1966년 8월의 ≪로동신문≫을 살펴보면 '우리의 역사와 문화'에 대한 교양기사는 한 달 동안 무려 13편을 실은 데 비해, '항일혁명전통' 관련 기사는 무송현 전투 30주년을 기리는 기사 한 편만이 실렸을 정도였다. 이종석은 "이것이 얼마나 놀라운 현상인가"를 증명하기 위해 1966년 8월의 2~4년 전후 시기의 ≪로동신문≫ 기사를 비교해 보여주고 있다. 구체적으로, 1962년 8~10월 기간에 항일혁명전통 관련 기사 횟수가 25회, 일반 역사문화전통 관련 기사 횟수가 27회였고, 1964년 4~6월 기간에 이것들은 각각 8회와 3회, 1966년 8월에는 각각 1회와 13회였다. 그러나 나중에 살펴보겠지만, 1967년 당의 유일사상체계가 들어선 이후인 1968년 8월에는 일반 역사문화전통 관련 기사는 사라지고 항일혁명전통 관련 기사만이 16건이 실렸다(이종석, 1995:

295~296, 표 16).

박금철, 김도만 등의 북한 혁명전통의 다원화, 다지화 시도는 감히 '사상'과 '정체성' 차원에서 김일성의 사상과 유일 항일빨치산혁명전통의 정체성을 반대하고 나선 것이었다. 이러한 사상, 정체성에서의 도전은 김일성으로 하여금 이 문제가 다시 재발하지 않게끔 영원히 해결해버리고 싶은 충동을 갖게 했다. 그리고 이는 1967년 '대격변'을 통한 김일성의 '유일사상체계'의 확립으로 나타났다. 결국 갑산파와 사상문화 담당 일꾼들의 '도전'은 성공하지 못했다. 그러나 그것은 북한 권력의 역사에서 볼 때, 북한이 사상과 정체성의 면에서 다원성, 다지성을 버리고 '유일사상'으로 전환하는 과정에서 불가피하게 일어날 수밖에 없었던 마지막 '도전'이었다고 할 것이다.

참고로, 김일성의 갑산파와 사상문화 일꾼들의 숙청은 소련에서 흐루쇼프에서 브레즈네프로 권력자의 변경이 이뤄지는 시점에서 일어났다. 개혁적인 흐루쇼프에 비해 권력과 정치의 안정성을 더 중시했던 브레즈네프가 권력자로 등장하는 상황은 김일성으로 하여금 박금철, 김도만 등을 숙청하고 '김일성 유일사상체계'의 수립으로 나아가는 데 유리한 대외 정치기회구조를 제공했다고 할 것이다.

5. 조선로동당 제2차 대표자회

앞에서 살펴본 바와 같은 '정통 마르크스-레닌주의' 논쟁과 사상문화 부문 간부들의 김일성 유일 항일혁명전통에 대한 도전으로 정국이 팽팽하게 긴장된 속에서 1966년 10월 5~12일 조선로동당 제2차 대표자회가 개최됐다. 김일성은 10월 5일 「현정세와 우리 당의 과업」이라는 보고를 통해 세 가지 문제를 다루었다. 그것은 "국제 정세와 국제공산주의운동에서 제기되는 몇 가지 문제에 대하여", "사회주의 건설을 촉진하며 우리의 혁명 기지를 강화할데 대하여",[9] 그리

---

9) 둘째 주제인 "사회주의 건설을 촉진하며 우리의 혁명 기지를 강화"하는 것에 대해서 김일성

고 "남조선 정세와 남조선 인민들의 투쟁에 대하여"였다.[10]

중국공산당 비판: 베트남전 비협조, 교조주의, 좌경 기회주의, 대국주의, 종파주의

여기에서 당시 가장 중요한 주제는 "국제 정세와 국제공산주의운동에서 제기되는 몇 가지 문제"에 대한 것이었는데, 이 주제에 대한 김일성의 보고 내용을 살펴보자.

김일성은 우선 공산주의·사회주의 국가들 간의 갈등, 구체적으로 중소분쟁의 실상과 폐해, 베트남전에서의 강력한 반제 공동행동과 반제 통일전선 형성을 방해하는 중소분쟁에 대한 비판, 국제 사회주의·공산주의 진영의 베트남 지원병 파견의 필요성, 베트남 지원병 파견에 대한 북한의 적극적인 입장 등을 밝혔다 (김일성, 1982i: 385~388).

김일성은 베트남 문제의 주인은 '월남로동당'이며, '월남로동당' 외에 그 누구도 베트남 문제를 가지고 좌지우지할 수 없다는 것, 따라서 형제 당들은 베트남 문제에 대해서는 어디까지나 '월남로동당'의 방침을 따라야 하며 '월남로동당'의 입장을 지지해야 한다는 것을 강조했다. 그는 또한 각국의 공산당과 노동당에 대해서 누구에게도 '맹종 맹동하지 않고', 자주성과 완전한 평등, 상호 존

은 그 전반부에서 "경제건설과 국방건설 병진", 즉 경제건설을 최대한으로 촉진하는 동시에 나라의 방위력을 백방으로 강화해야 한다는 것, 방위력을 강화하기 위해서는 군대와 인민을 정치사상적으로 무장시키는 기초 위에서 "군대의 간부화, 군대의 현대화, 전체 인민의 무장화, 전국의 요새화"를 기본 내용으로 하는 조선로동당의 군사노선을 관철해야 한다는 것 등을 강조했다(김일성, 1982i: 415~431). 그런데 '경제건설과 국방건설의 병진' 방침은 1962년 12월 당 중앙위 제4기 제5차 전원회의에서 내어놓은 것이다(조선로동당 중앙위원회 당력사연구소, 1979: 539~541).

10) 세 번째 주제인 "남조선 정세와 남조선 인민들의 투쟁에 대하여" 김일성은 "조국의 통일과 조선혁명의 승리를 위하여서는 공화국 북반부에서 혁명과 건설을 적극 추진시키는 동시에 남조선에서 혁명 역량을 강화하고 혁명투쟁을 발전시켜야" 한다는 관점에서 남조선의 혁명 역량을 강화하고, 조국 통일을 위해 미 제국주의 세력을 한반도에서 축출해야 한다는 것 등을 강조했다(김일성, 1982i: 448~469).

중과 내정 불간섭 및 동지적 협조의 원칙에 기초하여 관계를 맺어야 한다는 것, 지금은 시대가 변해서 어느 당도 국제공산주의운동 내에서 특권적 지위를 요구할 수 없으며, 공산주의 운동에서 국제적인 '중앙'을 필요로 하지 않는다는 것, 따라서 '매개 당'들은 마르크스-레닌주의를 자기 나라의 현실에 창조적으로 적용하여 자기 나라 혁명과 건설에 대한 자체의 지도 이론을 작성하면서 그것을 실천해나가야 한다는 것을 강조했다(김일성, 1982i: 386~408).

김일성은 조선로동당의 유일한 지도적 지침은 마르크스-레닌주의이며 그것을 북한의 현실에 창조적으로 적용한 것이 당의 노선과 정책이라고 말했다. 그런데 국제공산주의운동에서 자기의 견해와 노선을 다른 당들에 강요하며 그것을 접수하지 않는다 하여 압력을 가하고 내부 문제에 간섭하는 현상들이 계속되고 있다고 비판했다. 조선로동당도 과거에 대국주의자들의 내정 간섭을 받은 쓰라린 경험을 가지고 있는데, 앞으로도 온갖 내정 간섭을 반대하고 대국주의를 경계할 것임을 천명했다. 지금 어떤 사람들은 조선로동당을 비롯한 마르크스-레닌주의 당들에 대하여 '중간주의', '절충주의', '기회주의' 등의 딱지를 붙이고, '무원칙한 타협의 길'을 택하고 '두 걸상 사이에 앉아 있다'는 식으로 공격하고 있는데, 나라마다 실정이 다르므로 혁명 과업이 다른 조건에서 형제 당들의 정책이 같을 수 없다는 것, 우리는 대국주의를 견제해야 하며 각 당의 자주성과 독자성을 견지해야 한다는 것, 조선로동당은 앞으로도 그렇게 할 것이라는 것, 그리고 국제활동 분야에서도 평등과 자주성에 기초하여 단결하고 협조하여 국제적 연대성을 강화하면서 자주성을 견지해나갈 것임을 선언했다(김일성, 1982i: 409~414).

김일성은 오늘날 사회주의 진영 국가들이 상호간의 의견 차이로 인해 미제의 침략을 반대하고 베트남 인민을 지원하는 데서 일치된 보조를 취하지 못하고 있음을 지적하고, 지금은 그들을 정치적으로만 지지하고 앉아 있을 때가 아니고 지원병을 파견해야 할 때임을 강조했다. 그러면서 북한은 베트남에 언제나 지원병을 파견할 준비를 하고 있음을 명확히 했다(김일성, 1982i: 388).

주목할 점은 이 모든 것이 김일성의 '중국공산당의 노선'에 대한 전대미문의 강력한 비판이었다는 것이다. 김일성은 중국공산당에 대해 '베트남전 비협조',

'좌경 기회주의', '교조주의', '대국주의', '종파주의'라는 온갖 부정적인 딱지를 붙이고 있다. 참고로, 제2차 당 대표자회가 개최됐던 시점은 1966년 10월 초였는데, 김일성은 이미 '1965년 초'부터 소련 지지, 중국 비판으로 돌아섰던 사실을 기억할 필요가 있다.

"온 사회의 혁명화, 로동계급화" 필요성 제기

김일성은 둘째 주제인 "사회주의 건설을 촉진하며 우리의 혁명 기지를 강화"하기 위해 무엇보다도 사회생활의 모든 분야에서 "로동계급의 영도적 역할"을 높이며 그의 "혁명적 작용을 강화"하도록 해야 한다고 강조했다. 노동계급은 "자기의 계급적 영도를 약화시키거나 자신을 다른 계층들 속에 용해시킴으로써 계급적 차이를 없애는 것이 아"니라, 정반대로 "자기의 계급적 립장을 확고히 견지하고 령도적 역할을 부단히 높이며 다른 근로자들을 로동계급으로 개조하여 나아감"으로써 "그들과의 단결을 강화하는 것이며 온갖 계급적 차이를 점차적으로 없애는 것"이라고 설명했다(김일성, 1982i: 432~433).

한편, 농민은 "노동계급의 가장 믿음직한 동맹자이며 우리 혁명의 기본부대의 하나"이기 때문에 농민들의 사상을 개조하여 '혁명화하고 노동계급화'해야 한다고 했다. 또한 주권을 잡은 노동계급은 "자기의 인테리 대열을 튼튼히 꾸려야만 과학과 기술, 문학과 예술을 급속히 발전시킬 수 있으며 사회주의와 공산주의를 성과적으로 건설할 수" 있기 때문에, 인테리를 "근로인민에게 복무하는 인테리로 개조"하고, 인텔리들을 "혁명화하며 로동계급화"해야 한다는 것을 강조했다. 인테리를 혁명화하고 로동계급화하는 것은 "인테리들의 의식 속에 남아 있는 낡은 사상 잔재를 완전히 없애고 그들을 로동계급의 혁명정신으로, 공산주의사상으로 무장시켜 진정한 로동계급의 인테리로, 열렬한 공산주의자로 육성한다는 것"을 의미했다(김일성, 1982i: 433~435).

참고로, 김일성은 뒷날 1970년 7월 당 중앙위 제4기 제21차 전원회의 확대회의에서 내린 결론에서 "이미 1966년에 열렸던 당 대표자회에서 온 사회를 혁명화, 로동계급화할데 대한 방침"을 내세웠음을 밝히고 있다(김일성, 1983a: 154).

그리고 1970년 11월 당 제5차 대회에서 '온 사회의 혁명화, 로동계급화'의 '심화'를 하나의 큰 과업으로 내세웠다(김일성, 1983j: 285~286).

지도기관 선거와 조직 개편: '유일지도성' 확보

조선로동당 제2차 대표자회의 마지막 날에는 당 중앙위 제4기 제14차 전원회의를 개최하여 당 조직구조 일부를 바꾸기 위해 당 규약을 개정하고 지도기관 선거를 했다. 당 중앙위 정치위에는 상무위를 설치했다. 그리고 무엇보다도 당 중앙위 위원장, 부위원장의 직제를 폐지하여 총비서, 비서의 직제로 개편하고 비서국을 신설했다. 이 모든 것은 형식적으로 '집체적 지도'를 상징하던 당 중앙위를 골격으로 삼던 조직체계를 김일성의 '단일지도성'를 넘어서 '유일지도성'을 강화하는 총비서, 비서체제로 전환한 것이다(이종석, 1995: 298).

예전의 위원장, 부위원장 직제에서는 위원장 외에 부위원장의 권위도 용인됐고, 또 정치위도 각 정치위원이 담당하는 전문부서가 있어서 그 속에서 독립성을 가질 가능성이 있었는데, 이제 총비서, 비서 직제로 개편됨에 따라 북한에서 '유일지도성'을 상징하는 총비서의 지위가 강화된 것이다(김갑식, 2005: 86~87). 결국 유일사상체계의 확립을 위한 조직개편과 지도기관 선거였다고 할 것이다.

조직개편에 따른 당 지도부 인사를 보면, 당 중앙위 정치위 상무위원에는 김일성, 최용건, 김일, 박금철, 리효순, 김광협이 선출됐고, 정치위에는 김익선, 김창봉, 박성철, 최현, 이형호가 정위원으로, 석산, 허봉학, 최광, 오진우, 림춘추, 김동규, 김영주, 박용국, 정경복이 후보위원으로 선출됐다. 총비서에는 김일성이 선출되고 최용건, 김일, 박금철, 리효순, 김광협, 석산, 허봉학, 김영주, 박용국, 김도만이 비서로 선출됐다. 결국 당 중앙위 정치위 상무위원 전원, 정치위원 거의 대부분이 김일성의 항일빨치산파로 채워졌고, 비서들도 박용국과 김도만(당료)을 제외한 모든 사람들이 김일성의 항일무장투쟁운동 관련자들이었다(이종석, 1995: 299).[11]

---

11) 이종석은 "1960년대 이후 숙청은 사후에도 신문이나 방송 등의 공식매체에 일체 보도되지

6. 1967년: 유일사상체계, 사회문화적 '대격변'

위에서 살펴본 바와 같이, 1966년 10월 조선로동당 제2차 대표자회는 매우 성공적으로 치러졌다. 당 지도기관의 선거와 조직 개편도 김일성의 '유일지도성'을 확보하는 방향으로 이뤄졌다. 그러나 김일성은 1960년 후반, 특히 1967년부터 국내외적으로 커다란 위험과 도전에 직면했다. 간단히 그 내용을 살펴보자.

1967년에 들어 베트남전쟁의 확대로 국제사회의 긴장은 고조됐고, 중국에서는 문화혁명 지도부와 홍위병들이 김일성을 수정주의자로 규정하고 북한에서 '정변'이 발생했다는 등 허위 비난을 했다. 남북 관계와 북미관계에서는 1968년 1월 21일 북한 특공대의 청와대 습격 사건, 바로 이틀 후인 1월 23일에는 북한에 의한 미 최신예 정보수집함 푸에블로호 나포 사건, 그해 11월 울진·삼척지구의 북한 무장특공대 침투 사건, 그 다음 해인 1969년 4월에는 미 해군 정보수집기 EC-121의 북한 지대공 미사일에 의한 격추 사건이 발생했다. 더구나 대외적으로 이처럼 어려운 상황에서 1966년 중반부터는 대내적으로 조선로동당의 사상문화 분야를 관장하던 박금철과 김도만, 고혁, 허석선 등 '사상문화' 일꾼들과 박금철, 리효순 등 '조국광복회' 출신 인사들이 김일성에게 도전하기 시작했다.

김일성은 이러한 국내외 위기를 벗어나기 위해, 그리고 동시에 이러한 위기들을 유리한 기회로 삼아 1960년대 후반에 자신의 권력 강화를 위해 두 가지 일을 했다. 그 하나는 김일성의 개인숭배 동원, 유일사상체계와 수령제의 확립이었고, 다른 하나는 '마오쩌둥사상 따라 배우기'를 통한 김일성사상[주체사상], 김일성주의[넓은 의미의 주체사상]의 창시와 중국에서의 후계문제 경험의 교훈을 적극 수용한 김정일 후계구도 확립이었다.

아래에서는 이 중에서 첫 번째 것만을 다루고, 두 번째, 즉 '김일성사상 창시'와 '김정일 후계구도 확립'은 사건의 성격을 고려하여 이 책의 제10장에서 살펴보기로 한다.

않는다"는 특징이 있다고 지적하고, 이는 아마도 1950년대의 '반종파 투쟁'과는 달리 1960대의 숙청은 김일성 계열 내에서의 숙청이기 때문일 것으로 해석하고 있다(이종석, 1995: 303).

개인숭배의 전면화

우선 이종석의 연구에 따르면, 북한에서 개인숭배는 세 가지 차원에서 전개됐다(이종석, 1995: 300). 첫째, 수령의 지도력을 찬양하고 수령 중심의 단결과 수령에 대한 충실성을 강조했다. 북한에서 개인숭배의 물결이 전면적으로 밀어닥친 것은 1967년 5·1절 기념행사부터였다.[12] 이때 사용된 언술들은 대부분 이전의 북한사회에서는 찾아볼 수 없었던 "극단적인 개인숭배 지향의 언술들"이었다.

이제 담화체계가 '당과 수령에 대한 충실성'에서 '수령에 대한 충실성'으로, '우리 당의 혁명사상으로 튼튼히 무장하자'에서 '수령의 위대한 혁명사상으로 무장하자'로 바뀌어갔다. '수령'이 '당'을 대체하기 시작했다. 1968년부터는 '조선로동당역사연구실'이 '김일성동지혁명역사연구실'로 바뀌었다. 『김일성동지 혁명역사연구실 도록』이 편찬되고, '김일성동지혁명사적관'을 짓고, 김일성의 석고상을 모든 학습현장에 설치하고, 김일성 관련 혁명기념비를 전국 도처에 건립하기 시작했다(이종석, 1995: 316; 조선로동당 중앙위원회 당력사연구소, 1979: 605).

이종석은 1966년 10월 제2차 당 대표자회 이전에 보였던 개인숭배 조짐이 "비교적 점진적이고 비공식적이고 통제된 것"이었다면, 1967년 5·1절 행사부터 시작된 김일성 개인숭배 현상은 "전면적이고 공개적이며 통제가 불가능한 자가 동력을 가진 사회적 조건 그 자체"가 되어갔다고 평가하고 있다(이종석, 1995: 300~301).[13]

---

12) 북한은 1967년 5·1절 기념행사에 중국(교조주의), 알바니아(교조주의), 유고슬라비아(수정주의)를 제외한 대부분의 사회주의 국가와 제3세계 국가들로부터 80개 대표단을 초청하고, 이들로부터 나온 북한의 발전상에 대한 경탄을 '위대한 수령 김일성동지'의 지도력과 연결시켜 대대적인 선전 캠페인을 벌였다(이종석, 1995: 300~301).

13) 당시 ≪로동신문≫에 매일같이 외국 손님들의 입을 빌린 간접화법의 김일성 칭송기사가 대서특필됐는데, 그 기사의 제목들은 이종석(1995: 301, 각주 43)을 참조하시오. 이 당시부터 북한사회에서 모든 의식은 김일성 수령에 대한 찬양으로 시작됐고 대중학습은 김일성의 혁명활동 암송을 중심으로 이뤄졌으며 언론은 김일성의 '위대성'을 증명하는 것을 자신의 제1

둘째, 북한은 본격적으로 수령의 가계를 혁명화·신화화하기 시작했다. 이러한 작업은 1967년 여성동맹에서 "강반석 여사의 모범을 따라 배울데 대하여"라는 토론을 시작으로 본격화됐다. 1968년 2월 김일성 일가를 그린 기록영화 <만경대>와 <우리의 어머니 강반석 녀사>, 3월에는 김형직을 추모하는 대대적 행사와 함께 그가 일제 때 활동했다는 평남 강동군 봉화리와 압록강 유역의 중강이 성역화됐다. 1968년 9월 북한정권 창립 20주년을 맞아서는 당과 국가 지도자들이 급기야 김일성의 조부모와 부모의 묘에 화환을 바치는 데까지 이르게 됐다(이종석, 1995: 302).

셋째, 북한은 대중에게 요구된 개인숭배 행위를 "능동적인 사회의식과 사회적 담화로 제도화"시키기 시작했다. 학교교육을 비롯한 모든 사상학습체계를 김일성의 혁명활동을 중심으로 재편하고 유일사상체계 확립운동을 전개했으며, 개인숭배 현상을 대중들의 사회의식으로 바꾸어내는 작업을 추진해나갔다. 즉, 김일성의 '사상'과 그것에 기반을 두고 추구하는 '정체성'을 '전당·전국가·전사회적'으로 '공유'화하기 위한 작업을 해나간 것이다.

이를 위해 각종 사회조직들에 대한 동원화 경향이 급격히 나타나기 시작했다. 1968년 1월 푸에블로호 나포사건으로 전쟁의식이 고조되면서 더욱 두드러졌고, 개인의 삶보다는 집단적 삶에 최우선적인 가치를 부여했다(이종석, 1995: 302~303).

"도, 시, 군 및 공장 당 책임비서 협의회" 연설: '유일사상체계 확립'의 필요성

북한의 공간물을 보면, '유일사상체계'라는 용어는 김일성이 1967년 3월 17~24일 개최된 "도, 시, 군 및 공장 당 책임비서 협의회"에서 한 연설에서 최초로 나타났다(김일성, 1983f: 136).[14] 김일성은 「당 사업을 개선하며 당 대표자

의무로 삼게 됐다(이종석, 1995: 301). 그리고 당은 1967년 가을부터 김일성을 '조선인민의 지도자'에서 '국제 진보운동세력의 지도자'로 격상시키는 작업을 추진했다(이종석, 1995: 302).

14) ≪로동신문≫에서는 1967년 4월부터 공개적으로 나타났다(이종석, 1995: 310~311).

회 결정을 관철할데 대하여」라는 연설을 통해 "당의 유일사상체계를 세우는 것은 당 건설에서 나서는 가장 근본적인 문제"라면서, "특히 정세가 복잡하고 혁명과 건설에서 방대한 과업이 나서는 오늘의 조건에서 전당에 유일사상체계를 확고히 세우는 것은 더욱 절박한 요구"라고 주장했다(김일성, 1983f: 136). 여기에서 김일성이 "특히 정세가 복잡하고 혁명과 건설에서 방대한 과업이 나서는 오늘의 조건"이라는 표현을 하고 있음에 주목할 필요가 있다. 이는 위에서 설명했던 1960년대 후반에 북한이 대내외적으로 처한 난관과 도전을 의미했다.

김일성의 연설에서 매우 흥미로운 대목은 자신이 1956년 '8월 종파사건'을 겪기 전에는 당 사업보다는 행정사업에 집중적인 관심을 쏟았는데, 막상 그때 궁정쿠데타 시도를 당하다 보니 당 사업의 중요성에 대한 재인식을 하게 됐고, 특히 '당의 유일사상체계'의 확립이 중요하다는 것을 알게 됐다고 고백하고 있는 부분이다.

그는 1956년 이전까지는 내각에 있으면서 주로 '행정사업'을 보아왔기 때문에 '당 내부사업'에 미처 머리를 쓸 사이가 없어서 이러한 기회를 이용하여 "당 안에서는 종파분자들이 머리를 쳐들고 우리 당의 유일사상체계를 허물어보려고 저희들끼리 은밀히 몰려다니면서 쏠라닥거렸"다고 했다. 그리고 "종파분자들의 책동으로 말미암아 적지 않은 사람들이 당의 유일사상체계가 무엇인지조차 알지 못하였으며 종파도 가려내지 못하고 계급적 원수도 식별해내지 못하였"다고 했다(김일성, 1983f: 136~137).

김일성은 "행정사업은 혹 실수해도 인차 고칠 수 있지만 당 사업에서 과오를 범하면 고치기 어렵"기 때문에 자신이 "1956년부터 당 사업을 직접 틀어쥐고 지도"했으며 "그때로부터 오늘에 이르기까지 10여 년 동안 당 안에 유일사상체계를 세우며 전반적 당 사업을 바로 잡기 위한 투쟁을 벌려 왔"다고 했다. 따라서 "그동안 당 대열도 일정하게 꾸려지고 간부들과 당원들 속에서 사대주의, 교조주의를 비롯한 낡은 사상 잔재들이 적지 않게 극복되었으며 우리 당의 사상과 의도대로 사고하고 행동하는 혁명적 기풍이 점차 서게" 됐다고 했다. 그러나 "우리 일군들이 혁명적 세계관을 확고히 세우고 당의 유일사상체계로 철저히 무장하려면 아직도 멀었"다고 했다. 다만 지금 인민군대 안에는 당의 유일사상체계가 철저히 서 있다는데, 일반 당 단체 책임자들 속에는 인민군대에서처럼 당의 유일사상체계가 확고히 서 있지 못하다는 것이다(김일성, 1983f: 137).

김일성은 당내에는 아직도 가족주의, 지방주의, 종파주의 등 지난날의 나쁜 사상 잔재들이 적지 않게 남아 있는데, 심지어 일부 사람들은 "어떤 개별적 사람의 생가까지 꾸려주었"다고 했다.[15] 과거에 투쟁하다가 희생된 동무들에게 자신도 '비석'을 세워주도록 한 적이 있지만, "지금 살아 있는 사람에 대해서는 절대로 생가를 꾸려주거나 비석 같은 것을 세워주는 일"은 안 된다는 것이다. 자신이 당역사연구소 일꾼들에게도 여러 번 이야기했는데 제대로 집행되지 않고 있다고 했다(김일성, 1983f: 138~140). 다시 말해, 김일성은 조국광복회 출신 인물들의 북한 혁명전통의 다원화, 다지화 경향과 항일빨치산혁명운동에서 자신들의 역할과 활동에 대한 지나친 강조에 대해 비판했던 것이다.

당 제4기 제15차 전원회의: '당의 유일사상체계' 수립, 김정일의 역할

1967년 5월 4~8일 조선로동당 중앙위 제4기 제15차 전원회의가 개최됐다. 이 전원회의 내용과 이 회의에서 '부르주아 및 수정주의 분자'라고 규정되어 숙청된 인사들의 죄목에 대해서 살펴보자.

1979년판 『조선로동당략사』는 이 전원회의에서 '당의 유일사상체계를 세울 데' 대한 문제가 토의됐는데, 강한 사상투쟁이 벌어졌으며 "당 안에 숨어 있던 부르주아 및 수정주의 분자들의 반당 반혁명적 정체가 여지없이 드러났다"고 기술하고 있다(조선로동당 중앙위원회 당력사연구소, 1979: 599).

부르주아 분자, 수정주의 분자들은 김일성이 내놓은 당의 노선과 정책을 왜곡하고 김일성이 이룩한 당의 혁명전통을 헐뜯으면서 교묘한 방법으로 당원들과 근로자들에 대한 당 정책 교양과 혁명전통 교양을 방해했으며 당 안에 부르주아 사상, 수정주의 사상, 봉건유교 사상, 교조주의, 사대주의, 종파주의, 지방주의, 가족주의와 같은 온갖 반당·반혁명적 사상을 퍼뜨려 당과 인민을 사상적으로

---

15) 박금철은 그가 항일활동을 했던 함경남도 갑산에 생가를 꾸렸다(이종석, 1995: 305).

무장해제시키려고 책동했다는 것이다. 다시 말해, 이들의 "죄행의 본질은 결국 당의 유일사상체계를 세우는 것을 방해하며 우리 당을 수정주의의 길로 나가게 하려는 데 있었다"는 것이다(조선로동당 중앙위원회 당력사연구소, 1979: 599).

따라서 전원회의는 "부르주아 및 수정주의 분자들의 반당 반혁명적 책동을 짓부시기 위한 단호한 조치"를 취했으며 "그 여독을 철저히 청산"하고 당원들을 김일성의 혁명사상으로 확고히 무장시켜 "당의 유일사상체계를 튼튼히 세우기 위한 전당적인 투쟁"을 벌일 것을 강조했다고 했다. 이로써 이 전원회의는 김일성을 중심으로 하는 "우리 당의 통일과 단결을 더욱 철석같이 강화"하며 '전당'을 "김일성동지의 혁명사상, 주체사상으로 일색화하는 데서 새로운 획기적 계기로 되었다"는 것이다(조선로동당 중앙위원회 당력사연구소, 1979: 600).

『조선로동당략사』는 "로동계급의 혁명적 당 안에는 오직 하나의 사상만이 있을 수 있으며 이 하나의 사상, 즉 당의 유일사상은 바로 당을 창건하고 영도하는 수령의 혁명사상"이고, "만일 당 안에 수령의 사상과 어긋나는 딴 사상이 있다면 그러한 당은 사실상 하나의 당이라고 말할 수 없다"고 강조했다. 즉, "당의 유일사상은 곧 수령의 혁명사상인 것만큼 당의 유일사상체계를 세운다는 것은 곧 수령의 혁명사상과 그 구현인 당의 노선과 정책으로 전당을 무장시키고 모든 당원들을 수령의 두리[둘레]에 굳게 묶어세우는 것을 의미하며 수령의 령도 밑에 수령의 혁명사상을 유일한 지도적 지침으로 하여 혁명 사업을 해나간다는 것을 의미"한다는 것이다(조선로동당 중앙위원회 당력사연구소, 1979: 600~601).

그런데 이 제4기 제15차 전원회의에서 실제 주된 역할을 한 사람은 김정일이었다고 한다. 김정일은 이 전원회의에서 "당의 유일사상체계"라는 말을 '전당적으로 처음으로 사용'하게 됐는데 "유일"이라는 말이 중요하다고 강조했다고 한다. 김정일의 전기는 이 제4차 15기 전원회의가 북한의 권력체계를 수령제로 확립하는 최초이자 가장 결정적인 회의였으며, 김정일이 중앙당 사업을 시작하고 난 후 이뤄낸 "가장 큰 업적의 하나"로 기술하고 있다(조선로동당 중앙위원회 당력사연구소, 1999: 99).

조국광복회 출신 등의 '반당·반혁명적 책동' 처벌, 김정일의 역할

제4기 제15차 전원회의는 조국광복회 출신 등의 '반당·반혁명적 책동'에 대해 처벌했다. 이들에 대한 숙청이 이뤄지면서 당내에 유일사상체계가 기본적으로 확립됐다. 이때 숙청당한 이들은 당의 조직, 사상, 문화 분야 담당자인 박금철, 김도만, 고혁, 김왈룡, 허석선, 이송운, 허학송과 대남총책 리효순 등이었다. 김도만과 고혁은 소련 유학을 한 당료 출신들이었으며 이들을 제외한 다른 사람들은 모두 1936년 '조국광복회 사건' 관련 인사들이었다(이종석, 1995: 309).

이들 "부르주아 및 수정주의 분자들의 반당·반혁명적 책동"에 대한 비판과 관련해 김일성이 1967년 3월 김일성의 '도, 시, 군 및 공장 당 책임비서 협의회'에서 한 연설, 그해 5월 당 중앙위 제4기 제15차 전원회의, 그리고 그 직후에 나온 공격 등을 종합적으로 살펴보면 다음과 같다.

우선, 이들에게는 "당원으로서 저지를 수 있는 가능성이 있는 모든 죄목들"이 다 씌워졌다(이종석, 1995: 304~305). 당시 당 중앙위 정치위 상무위원이자 비서국 비서였던 박금철에게는 봉건주의, 가족주의 사상의 유포혐의를 씌웠다. 그는 '봉건서적'인 정약용의 『목민심서』를 당 간부들에게 필독문헌으로 읽게 했고, 그가 항일활동을 했던 함경남도 갑산에 생가를 꾸려주었으며, <일편단심>이라는 연극을 통해 박금철 부인의 수절을 형상화했으며, 천리마운동을 반대하여 문예총이 만들어온 인민군행진곡의 가사에서 당의 구호인 "천리마"와 "일당백"이라는 말을 빼버렸다고 비판을 받았다. 박금철의 처가 사망했을 때 ≪로동신문≫이 이례적으로 부고를 내고 장례식 관련 기사를 내기도 했다(이종석, 1995: 305). 김일성은 『목민심서』를 강력히 비판했는데(이종석, 1995: 308), 이와 관련하여 흥미로운 것은 1967년 이전에는 『목민심서』는 훌륭한 책으로 높은 평가를 받았다는 사실이다(이종석, 1995: 305).

당 과학교육부장 허석선은 김일성이 1967년 5월 하순에 당 사상 사업부문 일꾼들 앞에서 한 「자본주의로부터 사회주의에로의 과도기와 프롤레타리아독재 문제에 대하여」라는 연설에서(김일성, 1983i: 259~276) 주장한 내용에 대해 수정주의적 견해가 나오도록 방치했으며, 교육부문 사업에서 당의 정책을 제대로 전달·집행하지 않았다고 비판받았다(이종석, 1995: 305~306). 김일성은 과학연구사업과 교수교양사업에서 '사대주의와 교조주의가 발로되고 있다'면서 주체 확립을 요구하고, 인테리들을 '노동계급화, 혁명화'할 것을 요구했다. 인테리들이 『항일빨찌산 참가자들의 회상기』 학습을 과소평가하는 것에 대해서도 비판했다(이종석, 1995: 308~309).

김일성은 문학예술 부문에서 천세봉의 작품 『안개 흐르는 새 언덕』과 그것을 영화화한 <내가 찾은 길>에 대해 노동자와 항일혁명가의 형상화가 잘못됐으며 항일유격대원이 박헌영, 최창익 등이 몸담았던 1920년대 조선공산주의운동에 영향을 받게 했음을 분개하며 비판했다. 특히 '항일유격대원'의 묘사는 반드시 '완벽한 인간 전형'으로 묘사하도록 주문했다.16) 여기서 흥미로운 것은 천세봉의 작품도 1967년 이전에는 매우 칭찬을 받은 작품이었다는 것이다(이종석, 1995: 306). 김일성은 또한 사회주의 애국주의 교양이 당의 방침을 왜곡하여 향토주의를 고취하면서 부르주아사상과 봉건유교사상을 퍼뜨리고 지방주의를 부활시켰다고 강력 비판했다(이종석, 1995: 307). 그는 우리 시대 사람들을 다 놔두고 이순신장군만 자꾸 영웅시하는 것에 대해서도 비판했다(이종석, 1995: 307~308). 또한 그동안 북한학계가 높이 평가해온 실학에 대해서도 그것을 지나치게 높게 평가했다고 비판했다(이종석, 1995: 308). 한편, 대남 총책 리효순에 대해서는 공작원을 제대시켜 지방으로 내려 보낸 것과 리수근을 위장 귀순시킨 것 등에 대해 비판했다(이종석, 1995: 309).

김일성은 뒷날 1970년 7월 당 중앙위 제4기 제21차 전원회의 확대회의에서 내린 결론에서 "이미 1966년에 열렸던 당 대표자회에서 온 사회를 혁명화, 로동계급화할데 대한 방침"을 내세웠는데, '부르주아 및 수정주의 분자들'이 "당의 계급노선을 어기고 지주를 되살리려 했으며 자본주의사상, 봉건유교사상을 비롯한 온갖 잡사상을 퍼뜨리려" 했다고 비판했다. 그들은 "『목민심서』를 간부들과 당원들의 필독문헌으로 내리먹이고 사람들에게 지주 놈이 쓴 시를 읽게 하였

---

16) 천세봉의 작품과 그것을 영화화한 작품에 대한 김일성의 구체적인 비판 내용은 이종석 (1995: 306~307) 참조.

으며 청년들이 날라리를 부리게 하는[17] 이른바 '10개년 전망 계획'이라는 것까지 세워" '내리' 강요했다는 것이다. 따라서 당 중앙위는 제4기 제15차 전원회의를 계기로 반당분자들을 숙청하고 그들이 퍼뜨린 "부르주아 사상과 봉건유교 사상, 수정주의 사상을 비롯한 온갖 기회주의 사상 여독을 철저히 뿌리 빼며 모든 당원들과 근로자들을 오직 우리 당의 유일사상밖에 모른다는 확고한 혁명적 관점으로 무장시킬 과업"을 내세웠다고 했다(김일성, 1983a: 154). 참고로, 김정일은 문예부문은 일종의 '수정주의의 온상'이 되고 있고 이곳에서 유일사상체계를 수립하는 것이 무엇보다도 중요하다고 판단하고 이후 1973년에 바로 선전선동부문을 장악하게 됐다(스즈키 마사유키, 1994: 105~106).

그런데 주목할 만한 점은 제4기 제15차 전원회의에서 박금철, 김도만 등 부르주아 및 수정주의 분자들의 반당·반혁명적 책동에 대한 처벌과 숙청을 김정일이 주도했다는 것이다. 김정일은 당 중앙위에서 근무하면서 숙청 대상자들의 '죄행'을 조사하여 전원회의에서 '폭로'했다(조선로동당 중앙위원회 당력사연구소, 1999: 94~99).

이는 김정일이 당시에 이미 후계자 예정자로서 핵심적인 역할을 하고 있었다는 것을 의미하는데, 사실상 이들의 숙청은 김일성-김정일 유일사상체계를 확립하고 김정일을 후계자로 확립하기 위한 노정에서 마지막 장애물을 제거한 것이었다. 북한은 이제 유일사상체계와 수령제로 넘어가고 있었던 것이다.

앞에서 이미 지적했고, 또 다음 장에서 자세히 보겠지만, 김일성 개인숭배의 전면화와 유일사상체계의 심화는 김정일의 주도하에 이뤄졌다. 이제 북한에서는 담화체계가 '당과 수령에 대한 충실성'에서 '수령에 대한 충실성'으로, '우리 당의 혁명사상으로 튼튼히 무장하자'에서 '수령의 위대한 혁명사상으로 무장하자'로 바뀌어갔다. 1969년에는 조선로동당 이론가들 사이에서 소위 '혁명적 수령관'의 원형이 나타나기 시작했다(이종석, 1995: 316; 조선로동당 중앙위원회 당력사연구소, 1979: 605).[18]

---

17) '날라리(를) 부리다'는 '일하기 싫어하고 빈둥빈둥 돌아다니며 건달치다'는 뜻이다(『조선말대사전』, 제1권, 1992: 557).

북한사회의 "사회문화적 공간의 굴절 이동"

앞에서 살펴본 바와 같이, 1967년 5월에 개최된 조선로동당 제4기 제15차 전원회의를 계기로 권력구조 내부에서 대대적인 숙청이 일어났다. 이를 계기로 조선혁명에서의 '혁명전통의 다원화, 다지화'를 극복하고 '사상' 면에서는 유일항일빨치산혁명전통이 유일사상체계의 맥락에서 확립되었으며, '당 구조사'적 측면에서는, 이종석의 표현을 빌리자면, 유일지도체계 형성의 "결절점(結節點)"이 됐고, 대중의 삶은 "엄청난 김일성 개인숭배 캠페인과 사회체계의 동원화 속에서 그에 맞게 재조정을 강요당"했다(이종석, 1995: 297).

이종석은 '1967년 이전'과 '1967년 이후'를 비교해볼 때, 1967년 이전에는 북한사회가 "비공식적이고 분절적, 통제적 모습"이었다면, "한마디로 1967년에 북한사회는 사회문화적으로 이전과는 다른 공간으로 이동하였다"고 주장하고 있다(이종석, 1995: 311, 312의 표 17).[19]

이종석은 1967년 이전에는 "북한의 근본 지도사상은 맑스-레닌주의였고, 그 하위개념으로 주체사상이 사회운용원리로 작동"했으나,[20] 1967년 이후에는 "북한의 지도사상, 보편적 원리라는 면에서 전일적인 체계로서의 주체사상이 맑스-레닌주의를 대체"했다고 주장한다. 사회운용원리로서의 주체사상이 '지배권력의 통치담론'인 김일성주의로 변질됐다는 것이다(이종석, 2000a: 247).[21] 그리고 나중에 1970년대, 1980년대에 들어 순서대로 혁명적 수령관, '김일성주

---

18) 김정일 전기는 김정일이 대학생 시절인 1960년에 이미 '수령론'과 '후계자론'을 창시했다고 한다(조선로동당 중앙위원회 당력사연구소, 1999: 65~69).

19) 당시 공간 굴절이동의 기반과 촉발요인, 그리고 촉진·제도화 요인에 대해서는 이종석 (1995: 314~315, 315의 표 18)을 참조하시오.

20) 이종석은 1967년 이전의 주체사상은 '사상에서의 주체, 정치에서의 자주, 경제에서의 자립, 국방에서의 자위'에 기초한 북한사회주의의 발전전략적 의미를 갖는 사상으로 해석하고 있다(이종석, 1995: 312).

21) 곽승지는 주체사상의 체계화 과정을 '발전전략기'(1955~1967), '통치 이데올로기로의 정식화기'(1967~1980), '이론 체계화기'(1980~1990), '이데올로기 확장기'(1990년 이후)로 설명하고 있다(곽승지, 2006: 88~103).

의'로서의 주체사상, 후계자론, 사회정치적 생명체론 등 새로운 지도이론과 사회운영 원리가 채택됐다는 것이다(이종석, 1995: 312~313).

이종석은 지도체계의 면에서는 1967년 이전에는 '단일지도체계', 1967년 이후에는 '유일지도체계'로 대비되고, 사회문화적 정서는 1967년 이전에는 사회주의적 집단주의와 사회적 긴장, 1967년 이후에는 기계적 집단주의와 개인숭배로 대비되는 것으로 보았다(이종석, 1995: 312, 표 17). 그렇다고 이러한 사회문화적 공간 이동을 '혁명'이라고까지는 볼 수 없었다(이종석, 1995: 313).

그런데 이종석의 해석에 의하면, 한 가지 주목할 만한 것은 이러한 공간 이동을 "일시적인 굴절이나 왜곡이 아닌 하나의 돌이키기 어려운 제도로 만들어간 촉진변수"가 있었는데 그것은 바로 "김정일의 등장"이었다. 김정일이 "바로 이 공간 굴절이동 시기에 등장하여 개인숭배의 제도화와 유일사상체계의 확립, 주체사상의 김일성주의로의 '보편화' 시도, 혁명적 수령관의 확립, 후계자론과 사회정치적 생명체론의 확립 등, 이 굴절된 공간이 자가동력을 가지고 운용될 수 있도록 제도화시킨 장본인"이었다는 것이다(이종석, 1995: 314).

결국, 1967년에 일어난 이 모든 일들은 실질적 후계자인 김정일이 자신의 적극적인 역할과 결정적인 조치들을 통해 북한을 단일지도체계로부터 유일사상체계와 수령제로 전환시켜 나가는 데 성공하고 있었다는 것을 말해준다.

7. 인민군대 내 군벌관료주의자들의 숙청

1968년부터 인민군대 내에서 유일사상체계 확립을 위한 군 간부들에 대한 숙청이 수차례에 걸쳐 있었다. 1968년 말에 민족보위상 김창봉, 대남총책 허봉학, 인민군 총참모장 최광, 사회안전상 석산, 김철만, 유장권, 김양춘, 김정태 등을 숙청했다. 이들은 모두 항일유격대 출신이었다. 물론 연안파, 소련파 출신 군 간부는 그동안 모두 숙청되고 당시까지 살아남은 간부들은 없었기 때문에 숙청된 인사들이 모두 김일성 항일빨치산 출신일 수밖에 없었다. 이들은 당 정책의 불이행, 군벌관료주의화, 군민관계 악화, 부화방탕, 푸에블로호를 격침시키지 않고 나포하는 '수정주의'적 행동을 했다는 등 다양한 이유로 비판을 받았다.

김정일은 당시 이들이 "인민군대에 대한 당의 령도를 약화시키고 인민군대를 특수화하였으며 당의 군사로선과 전략전술적 방침들을 사상적으로 접수하고 관철하지 않았"고 특히 "인민군대 안에서 당 조직과 정치기관들의 기능을 마비시키고 인민군대에 대한 당의 령도를 약화"시켰다고 비판했다(김갑식, 2005: 88; 김정일, 1992: 415~416).

그런데 김창봉, 허봉학 등 항일유격대 출신 군 고위간부들을 '군벌관료주의' 때문에 숙청한다고 했지만 실제는, 김일성의 표현을 빌리자면, '좌경맹동주의자들'이 1968년에 들어 1·21 청와대 습격사건, 11월 울진·삼척 무장특공대 침투사건 등을 통해 군사모험주의를 추구함으로써 대남정책에서 '좌경적 오류'를 저질렀기 때문이었다. 더구나 당시 이들의 군사모험주의는 국방력 강화를 위한 과도한 군사비 지출로 인해 경제발전에 심각한 지장을 주고 있었다. 김일성은 여러모로 군사모험주의의 예봉을 꺾을 필요가 있었던 것이다(이종석, 2000b: 432~433; 정창현, 2002: 101). 참고로, 이 군사모험주의자들 중 김창봉과 허봉학은 반당·반혁명분자로 규정되어 영원히 숙청됐고, 최광과[22] 김철만은[23] 다시 복권됐다(이종석, 1995: 317). 김일성은 군대에서의 숙청을 마친 후, 당·정·군 간부들을 '유일사상화'하기 위해 한 달 동안 강습을 실시했다(이종석, 1995: 318).

조선인민군 내에서 유일사상체계가 확립된 결정적인 계기는 1969년 1월 인민군당위원회 제4기 제4차 전원회의 확대회의와 각급 부대 당 위원회 전원회의였다. 이 중요 회의를 통해 지난 시기 인민군대 내의 일부 일꾼들이 군벌관료주의자, 영웅주의자, 반당·반혁명분자로 규정됐으며, 이들은 인민군대에 대한 당

---

22) 최광은 1977년 황해남도 인민위원장으로 복권됐다. 그 뒤 노동당 중앙위 정치국 후보위원·정무원 부총리를 거쳐, 1988년 조선인민군총참모장, 1990년 당 정치국위원·국방위원회 부위원장이 됐고, 1992년 인민군 차수 칭호를 받았다. 1995년에는 인민무력부장에 임명됐다(『2004 북한의 주요인물』, 2004: 535~536).

23) 김철만은 1970년 인민군 제1부 참모총장, 당 중앙위원, 1986년 당 정치국 후보위원, 중앙군사위 위원, 1989년 인민군 대장, 1990년과 1998년 국방위원회 위원, 2009년 최고인민회의 대의원(제 5, 6, 8, 9, 10, 11, 12기)이 됐다(『2010 북한 주요인물』, 2010: 197~198).

의 영도를 거부하고 당의 노선과 정책 집행을 태만히 했다는 비판을 받았다(김일성, 1983e: 471~472). 이들은 1968년에 '군벌관료주의자'로서 김일성의 노선을 제대로 따르지 않았다는 이유로 숙청된 민족보위상 김창봉, 조선인민군 총정치국장 허봉학, 사회안전상 석산 등이었다.

김일성은 인민군당위원회 제4기 제4차 전원회의 확대회의와 후속회의를 통해 군대에 대한 당의 영도와 군대 내 당 정치사업을 강화해야 한다는 결론을 내렸다(김일성, 1983l: 264; 김일성, 1983j: 353). 김정일도 인민군당위원회 제4기 제4차 전원회의 확대회의는 인민군대 안에 당의 유일사상체계를 튼튼히 세우고 인민군대에 대한 당의 영도를 확고히 보장하며 군대의 전투력을 강화하는 데 매우 중요한 회의였다고 평가하고, 지난 기간 민족보위성의 간부직을 차지하고 있던 군벌관료주의자들이 저지른 '군사 만능주의'와 그 엄중성이 심각하게 폭로 비판됐다고 지적했다(김정일, 1993a: 464). 김정일의 전기는 이처럼 인민군대 내에서 당의 유일사상체계를 수립하고 군대에 대한 당과 수령의 영도를 확실히 한 것을 김정일의 "또 하나의 빛나는 공적"이고 "우리 당이 영원히 잊지 말아야 할 큰 공로"라고 주장하고 있다(조선로동당 중앙위원회 당력사연구소, 1999: 101~102)

군대에서의 숙청을 계기로 조선로동당은 인민군대의 사단, 연대에 정치위원을 설치했고, 군 간부들을 조선로동당 비서국이 관장하고 군의 정치 간부들은 당 중앙위 조직지도부에서 관장하도록 했다(이종석, 1995: 317~318). 김정일은 정치위원의 제일 중요한 임무는 "부대 안에 당의 유일사상체계를 튼튼히 세우는 것"이며, 정치위원은 또한 당 위원회의 집체적 지도를 강화하는 데도 깊은 주의를 돌리도록 요구했다(김정일, 1993a: 463). 결국 김정일은 군벌관료주의자들을 숙청하여 인민군대 내에 유일사상체계를 수립함으로써 자신의 지도체제를 확립한 셈이었다.

이상에서 우리는 1958~1967년에 김일성이 자신의 단일지도체계와 유일사상체계를 순차적으로 확립하고 유일사상체계에 기초한 수령제 사회주의를 확립하는 과정을 분석했다. 물론 여기에서 '사상' 및 '정체성' 투쟁에 대한 분석이 그 핵심을 차지했다.

흥미로운 것은 김일성이 자신의 사상인 주체사상과 자신의 항일빨치산혁명전통 정체성을 기반으로 '유일사상체계'를 확립하고 이를 '전당·전국가·전사회적'으로 공유시키는 과정에서 조국광복회 출신과 소련 및 동유럽 유학파인 당 사상문화 담당 간부들이 김일성의 항일빨치산혁명전통의 '유일성'에 도전한 일이 있었다는 것이다. 이 사건은 이미 연안파, 소련파, 국내파 등이 모두 숙청되고 오직 김일성파만 남아 있는 상황에서 김일성파 내부에서 발생한 사건이었기 때문에 1956년 '8월 종파사건'과 '반종파 투쟁'에서처럼 격렬할 수는 없었다. 그러나 이 사건은 권력이 김일성의 '단일지도체계로'부터 '유일사상체계'와 '수령제'로 개편되는 권력의 '재구조화' 과정에서 불가피하게 일어날 수밖에 없던 사건이었다고 할 수 있을 것이다.

제10장

유일사상체계, 수령제 사회주의

　이 장이 북한 권력의 역사에서 다루고 있는 시기는 당[김일성]의 유일사상체계가 확립된 1967년부터 김일성이 사망한 1994년까지의 기간이다. 즉, 김정일이 후계 수령으로서 선군사회주의를 시작하기 직전까지의 시기이다.

　이 시기에 북한에서는 김일성사상과 김일성 항일유격대혁명전통의 정체성을 가진 김일성 유일사상체계가 '전당·전국·전사회적'으로 '심화'되는 가운데 기존의 단일지도체계가 '수령'을 정점으로 그 밑에 당·정·군이 위치하는 새로운 수직적 권력구조를 가진 체계로 재구조화됐다. 이로써 조선로동당이 수령에 의해 대체되고 그것이 수령의 밑에 놓이게 된 '수령 중심의 사회주의 당-국가체제', 즉 '수령제 사회주의'가 탄생한 것이다. 김일성 유일사상체계가 권력구조에 체현된 수령제 사회주의는 2010년 현재까지 그대로 지속되고 있다.

　이 장에서는 우선 김일성이 유일사상체계를 심화하고 수령제 사회주의를 수립하는 데서 작용했던 대외 정치기회구조를 검토하고, 이제 김일성에 대항하여 권력경쟁을 하는 인사들이나 그룹들이 완전히 사라진 상황에서 김일성 자신의 유일사상체계의 '심화', 북한에서 '공산주의 건설'의 목표하에 인간개조 및 사회개조를 달성해내기 위한 '계속혁명', 이 모든 것이 현실 권력구조에 반영된 수령제 사회주의의 성립, 그리고 김정일 후계체제의 확립에 대해 살펴볼 것이다. 이를 두 가지 면에서 다루고자 한다.

첫째, 이것들이 1970년 조선로동당 제5차 대회, 1972년 '사회주의 헌법' 제정, 1973년 3대혁명소조운동, 1974년 '온 사회의 주체사상화'를 당의 최고강령으로 선포, 「당의 유일사상체계 확립의 10대원칙」 발표, 1980년 조선로동당 제6차 대회와 김정일의 공식 후계자 지위 선언 등을 통해 어떻게 나타나고 진전을 이루었는지 분석할 것이다.

둘째, 사상적 구조와 제도로서의 '수령'의 성격을 살펴보고, 수령제 권력구조를 뒷받침하고 김일성-김정일 권력승계를 수월하게 하기 위해 고안된 각종 이론들, 즉 주체사상, 수령론, 혁명적 수령관, 사회정치적 생명체론, 수정된 과도기론, 계속혁명론, 혁명전통계승론, 후계자론을 살펴볼 것이다. 마지막으로, '수령 후계자'로서의 김정일의 등장 과정과 김정일에게 '수령' 호칭이 언제부터 어떻게 사용됐는지, 그리고 중국이 김일성사상의 창시와 김정일 후계구도 확립에 어떤 영향을 미쳤는지 살펴보기로 한다.

1. 대외 정치기회구조

이 책의 제9장에서 살펴보았듯이, 1960년대 북한의 대외환경은 다양하고 복잡한 사건들로 점철됐다. 즉, 쿠바미사일위기와 베트남전쟁, 그것들에 대한 소련과 중국의 상반된 태도와 정책, 중소 갈등, 소련에서 흐루쇼프의 실각과 브레즈네프의 집권, 중국의 문화혁명의 발생과 문혁 지도자들 및 홍위병들의 김일성에 대한 공격 등이 있었던 것이다. 그러한 대외 환경하에서 북한은 1960년대 전반에는 친중·반소정책을, 그리고 1960대 후반에는 친소·반중정책을 취했다. 이는 1960년대 전체를 통해 북한권력자들에게는 북한의 대외 정치기회구조의 불안정성과 긴장을 의미했다.

그러나 1970년대 북한의 대외환경의 특징은 세계적인 '긴장완화'였다. 이러한 국제환경 속에서 북한은 1970년 초반에 중국과의 관계를 회복하고, 중소 양국과의 관계에서 비교적 안정적인 협력과 정상적인 우호협력관계를 균형적으로 추구했다(이종석, 2000a: 260). 이는 북한이 대외관계에서 독립적인 주체외교를 펼치면서 중소 양국으로 하여금 북한과의 관계를 개선하도록 상호 경쟁시키는 전략이 효과적으로 자리 잡았다는 것을 의미했다.

여기에서는 북한의 유일사상체계 심화와 수령제 사회주의 확립에 대한 대외환경기회구조로서 '1970년대 초반'의 시기에 미중관계와 미소관계에서의 데탕트로 시작된 국제사회의 긴장완화를 자세히 살펴볼 것이다. 참고로, '1970년대 중반 이후'에 발생한 주요 국제관계 및 남북관계 관련 사건들[1]에 대해서는 분석하지 않을 것이다. 왜냐하면, 이 사건들은 물론 북한정치의 대외환경으로서는 모두 중요하지만, 북한에서의 '유일사상체계의 심화와 수령제 사회주의 확립', 그리고 '김정일의 후계 승계 공식화'에 특별히 큰 영향을 미치지는 않았기 때문이다. 사실상, 유일사상체계의 심화와 수령제 사회주의 확립은 이미 1970년대 초반까지는 확고하게 이뤄졌다. 달리 말해, 1970년대 후반부터는 북한에서 유일체제와 수령제의 확립과 작동, 후계자 공식 승계와 김일성-김정일 부자의 통치가 국제사회의 사건들에 의해 어떤 큰 영향을 받지 않고 대내적으로 이미 자신의 관성과 동학에 의해 제도화되어 심화되어갔던 것이다.

그러면 1970년대 초반 국제사회에서의 데탕트를 불러온 미중 간의 닉슨 독트

---

1) 이 사건들은 1975년 베트남전 종전과 베트남 통일, 1975년 헬싱키 유럽안보협력회의(CSCE: Conference on Security and Cooperation in Europe) 35개국 정상회담, 1979년 미중관계 정상화, 1979년 소련의 아프가니스탄 침공으로 인한 국제사회의 긴장, 1980년 남한에서 광주학살을 통한 전두환의 등장과 그의 7년간의 집권, 1981년 미국에서 레이건(Ronald W. Reagan) 행정부의 등장과 대소 강경정책, 1983년 아웅산 테러사건, 1985년 소련에서 고르바초프(Mikhail S. Gorbachev)의 등장과 1986년 경제분야에서의 개혁(perestroika) 및 1988년 정치·사회분야에서의 개방(glasnost), 1987년 미소 간의 중거리핵전력폐기협정(INF Treaty: Intermediate -Range Nuclear Forces Treaty) 합의, 1986년 소련의 블라디보스토크 선언, 베트남의 도이모이(Doi moi) 정책 채택, 1988년 아프가니스탄 주둔 소련군 철수, 1988년 노태우 정부의 북방정책, '민족자존과 통일번영을 위한 특별선언'(7·7선언), 1989년 중소정상회담과 양국관계 정상화, 몰타 미소정상회담을 통한 새로운 협력시대의 개막 선언, 그리고 베를린장벽의 붕괴, 1989~1991년 동유럽 사회주의 국가들의 붕괴[1990년 독일 통일, 1991년 소련 붕괴], 1990년 한소(韓蘇) 수교, 1991년의 남북기본합의서 합의, 1992년 한중(韓中) 수교, 그리고 1993~1994년 제1차 북핵 문제의 발생과 북미 대결, 1994년 10월 북핵 문제를 해결한 제네바 북미기본합의 등이다.

린(The Nixon Doctrine)과 상하이 코뮈니케(Shanghai Communiqué), 그리고 미소 간의 제1단계 전략무기제한협정(SALT I: The Strategic Arms Limitation Talks I)과 탄도탄요격미사일제한조약(ABM Treaty: The Anti-Ballistic Missile Treaty)을 살펴보자. 그리고 '상하이 코뮈니케'가 준비되고 발표된 과정에서 조중 양국이 어떻게 긴밀하게 협력했으며, 또 중소관계 개선이 어떻게 남북관계 개선으로 연계됐는지를 살펴보도록 하자.

1970년대의 데탕트: 닉슨 독트린, 상하이 코뮈니케, SALT I, ABM 조약

1970년대 국제사회에서 긴장완화의 기본 내용은 미국과 중국 간, 그리고 미국과 소련 간의 데탕트였다. 이 국가들 간의 데탕트는 구체적으로는 닉슨 독트린, 상하이 코뮈니케, 제1단계 전략무기제한협정과 탄도탄요격미사일제한조약에 반영됐다. 한편, 1975년에는 베트남전쟁이 끝나고 베트남이 사회주의 국가로 통일됐으며, 1978년에는 중국에서 덩샤오핑이 경제, 사상, 대외 관계에서의 '개혁·개방'을 본격화했고, 그 다음 해인 1979년에는 미중수교가 이뤄졌다.

그러면 미중관계와 미소관계에서 있었던 사건들을 좀 더 구체적으로 살펴보자. 1969년 7월 태평양의 괌(Guam)에서 미 대통령 닉슨(Richard M. Nixon)이 '닉슨 독트린'을 발표했다. 미국은 동맹국들의 요청에 따라 군사적 방어에 도움을 주기는 하겠지만, 동맹국들이 기본적으로 자신의 군사적 방어는 자신이 책임지기를 바란다는 것을 명백히 했다. 미국은 동맹국들과의 파트너십을 통해 평화를 추구하겠다는 것이었다. 닉슨은 바로 이 독트린의 맥락에서 그해 11월에는 베트남전쟁의 '베트남화'를 선언했다(Nixson, 1969).

한편, 소련과 중국 간의 갈등은 1969년 3월 중소국경분쟁이 발생하는 등 1969~1970년에 최고조에 달했는데, 미국은 바로 이 중소분쟁을 이용하여 중국을 미국 쪽으로 끌어오려는 계획을 세웠다. 키신저의 비밀외교와 '핑퐁 외교'를 거쳐 1972년 2월 닉슨의 역사적인 중국 방문이 이뤄졌다. 그리고 양국은 '상하이 코뮈니케'를 발표했다. 코뮈니케는 미중 양국의 관계정상화가 모든 나라에 이익이 된다는 입장을 밝히고, 아시아·태평양 지역에서 미중 양국이나 다른 어떤 나라도 패권을 추구해서는 안 된다는 데 합의했다. 이 합의는 소련과 분쟁을 하고 있던 중국에게는 특히 의미 있는 합의였다. 타이완과 관련하여 미국은 '하나의 중국' 정책을 약속했으며, 타이완에 있는 미군시설을 축소시키는 데 합의했다. 그리고 양국은 경제 및 문화 분야의 접촉을 확대하기로 했다(Shanghai Communiqué, 1972.2.28). 이로써 중국과 미국 간의 본격적인 해빙이 시작됐다. 이에 영향을 받아 1972년 9월에는 일본 수상도 중국을 방문했다. 그리고 베트남전도 상대적으로 막바지에 이르고 있었다.

한편, 소련은 닉슨의 중국 방문과 상하이 코뮈니케 등 미중 양국 간의 협력을 우려할 수밖에 없는 입장에 처했고, 특히 미소 양국은 1970년대 초에는 '핵(核) 균형'을 인식하게 된 상황이었다. 닉슨은 상하이 코뮈니케 발표 3개월 후인 1972년 5월 소련을 방문하여 집중적인 협상을 통해 브레즈네프와 최초의 포괄적인 군축조약인 제1단계 전략무기제한협정과 탄도탄요격미사일제한조약에 합의했다. 이제 두 초강대국 지도자들에게 '평화공존'의 새 시대, 데탕트가 온 것이었다. 1975년 7월에는 아폴로-소유즈의 우주도킹이 있었다. 한편, 유럽에서도 1970년 8월 소련-서독 불가침협정을 시작으로 서독-폴란드 국경협정, 1971년 9월 미·소·영·프 4대국 베를린협정 체결로 이어지면서, 1975년 7월에는 역사적인 헬싱키 유럽안보협력회의(CSCE) 정상회담이 개최되어 데탕트가 본격화됐다.

상하이 코뮈니케와 조중협력: 미중관계 개선과 남북관계 개선

국제사회에서의 데탕트는 북한에도 큰 영향을 미쳤다. 여기에서는 상하이 코뮈니케가 나오는 과정에서 북한과 중국이 어떻게 긴밀하게 협력했는지, 미중관계의 해빙이 어떻게 남북관계 개선으로 연결됐는지 살펴보기로 한다.

김일성은 1970~1973년 기간에 매년 비공개로 베이징을 방문했고, 이를 통해 변화하는 국제환경에 중국과 함께 대처하는 공동전략을 모색했다. 이 결과 '미중관계 개선을 남북관계 개선으로 연계'해나가는 전략이 채택됐다.

구체적으로, 1972년 2월 닉슨의 중국 방문을 준비하기 위해 1971년 7월 미

백악관 국가안전보장회의(NSC) 국가안보보좌관 키신저(Henry Kissinger)가 베이징을 비밀 방문했는데, 마오쩌둥은 키신저와의 회담 결과에 대해 저우언라이를 비밀리에 평양에 보내 김일성에게 설명하고 양해를 구했다. 이에 김일성은 북한이 미국에게 요구하는 8개항을 중국이 미국 측에 전달해줄 것을 부탁했다.[2] 중국은 1971년 10월 키신저의 중국방문 시에 북한의 8개항 요구를 전달했다. 1971년 11월 초 김일성은 직접 베이징을 방문하여 북한이 요구한 8개항에 대한 키신저의 반응을 청취했다. 1972년 1월 하순에는 박성철 부수상이 마지막으로 베이징을 방문하여 조중 양국이 다시 한 번 최종조율을 했다. 그리고 1972년 2월 역사적인 상하이 코뮈니케가 발표됐다.

상하이 코뮈니케의 한반도 관련 조항을 보면, "중국은 1971년 4월 12일에 조선민주주의인민공화국 정부가 내놓은 조선의 평화적 통일을 위한 8개항 프로그램을 지지하며, 유엔 한국통일부흥위원단(UNCURK)의 철폐를 지지"한다고 했으며, 미국은 "대한민국과 밀접한 관계를 유지하고 지지할 것이며, 대한민국이 한반도에서 긴장을 완화하고 (북한과) 커뮤니케이션 증진을 추구하는 노력을 지지할 것"을 선언했다.[3]

물론 이 남북한 관련 조항은 위에서 살펴보았다시피 조중 양국 간의 긴밀한 협의를 거쳐서 나온 것이었다. 상하이 코뮈니케가 발표된 직후 1992년 3월 저우언라이가 평양을 방문하여 코뮈니케에 대해 김일성에게 설명했으며, 김일성은 중국이 중미회담에서 보여준 한반도에 관한 특별한 관심에 대해 고마움을 표시했다(이종석, 2000a: 253~258).[4]

---

2) 8개항의 내용은 이종석(2000a: 255~256)을 참조하시오.

3) Joint Communique of the United States of America and the People's Republic of China, February 28, 1972, Shanghai, China.

4) 평양을 방문한 저우언라이는 유엔한국통일부흥위원단의 해체 외에도 "일본이 대만과 남한에 진입하는 것을 지지하지 않는다는 입장"을 닉슨이 일종의 묵계로서 중국 측에게 밝혔다는 것을 김일성에게 전달했다(이종석, 2000: 257~258). 참고로, 일본의 대만 및 남한에의 진입에 대한 반대도 북한이 미국에게 요구했던 8개항 중의 하나였지만, 상하이 코뮈니케에는 명시적으로 나타나 있지 않았다.

한편, 1970년대에 들어 조중 양국은 국제정세의 데탕트 속에서 혁명전략에 대한 변화에 인식을 같이했다. 즉, 북한은 유엔과 비동맹기구를 통해 '국제 통일전선'을 강화하고, 대남관계에서는 '하층 통일전선'에서 벗어나 남한정부를 상대로 하는 '상층 통일전선'을 추구했다.

이런 맥락 속에서 북한은 오랫동안 '수정주의자'로 매도했던 유고슬라비아와도 화해하고, 1973~1975년에 많은 서유럽 국가들과 수교했다. 북한은 또한 일본과 미국의 비정부 부문과도 관계를 확대했다. 1970~1972년의 기간에 일본사회당 대표단이 북한을 방문했고, 김일성은 일본 신문들과 ≪뉴욕타임스≫의 솔즈베리 기자와도 회견했다(이종석, 2000a: 259~260).

한편, 대남관계에서의 '상층 통일전선' 전략과 관련하여, 북한은 1971년 11월 20일 남한과 남북적십자 회담을 시작했다. 이는 1972년 역사적인 '7·4남북공동성명'을 낳았고, 이 공동성명 직후 김일성은 베이징을 방문해 저우언라이와 남북공동성명 관련 의견을 교환했다(이종석, 2000a: 258).

위에서 살펴본 1970년대 초반의 국제관계 및 남북관계에서 발생한 사건들과 '긴장완화'는 북한으로 하여금 대내적으로 유일사상체계의 심화, 수령제의 확립, 김정일 후계 승계 구체화 등 정치적 안정성을 획득하는 데 유리한 대외 정치기회구조로 작용했다. 국제관계에서의 데탕트의 진전은 또한 북한이 남북관계에서 대남 군사모험주의를 포기하고 7·4공동성명 등 대남관계 개선에 나서도록 하고, 대외적으로 유엔과 비동맹기구를 통한 '국제 통일전선'의 강화, 서방세계와의 관계개선 등을 시도하는 데 유리한 대외 정치기회구조로 작용했던 것이다.

2. 유일사상체계의 심화와 '계속혁명'

김일성 유일사상체계의 심화와 공산주의 건설을 위한 '계속혁명'을 살펴보기 전에, 우선 그가 말하는 유일사상체계의 확립을 위한 투쟁의 '이유'와 유일사상체계 수립의 '목적', 그리고 유일사상체계 수립의 '의의'를 알아보도록 하자. 그런 후, 공산주의 건설을 위한 인간개조와 사회개조를 달성하기 위해 추진된 '계속혁명'에 대해 살펴보기로 하자.

계속혁명에 대해서는, 구체적으로, 사회주의의 완전한 승리와 공산주의의 건설을 위해서 수행해야 할 계속혁명의 과업으로서 정치, 경제, 문화 부문에서 추진된 사상혁명, 기술혁명, 문화혁명의 '3대혁명'의 내용을 살펴보고, 그 다음 '온 사회의 혁명화, 로동계급화', '온 사회의 인테리화', '온 사회의 주체사상화'['온 사회의 김일성주의화']와 그것의 달성을 위한 단계적인 노력을 살펴볼 것이다.

유일사상체계의 확립: 투쟁 이유, 목적, 의의

김일성은 1970년 7월 6일 개최된 당 중앙위 제4기 제21차 전원회의 확대회의에서 내린 결론「간부들 속에서 당의 유일사상체계를 세우며 혁명화하기 위한 사업을 강화할데 대하여」에서(김일성, 1983a: 144~185) 유일사상체계의 확립을 위한 투쟁의 '이유'와 유일사상체계 수립의 '목적'을 직접 설명하고 있다.

김일성은 그동안 오랜 혁명투쟁 과정을 통해 얻은 결론은 "한 당 안에는 오직 하나의 사상, 하나의 노선과 정책만이 있을 수 있으며 결코 두 가지 사상, 두 가지 노선과 정책이 있을 수 없다"는 것이라고 했다. 마르크스-레닌주의당은 "반드시 하나의 사상을 가지고 그것을 실현하기 위하여 투쟁하여야 하며 오직 그렇게 하여야만 혁명투쟁과 건설 사업에서 승리할 수" 있다는 것이다. 이는 북한의 "혁명투쟁 경험이 증명하여 주고 있으며 국제공산주의운동의 경험이 또한 이것을 증명하여 주고" 있다고 했다.

김일성은 레닌이 마르크스주의를 러시아의 실정에 맞게 발전시킨 혁명이론을 내놓았으며 러시아 공산주의자들은 다름 아닌 "바로 레닌의 사상과 레닌이 내놓은 정책에 근거하여 투쟁함으로써 10월 혁명의 위대한 승리를 가져올 수" 있었다고 했다. 중국 혁명도 처음에는 천두슈(陳獨秀)의 우경투항주의 노선, 리리싼(李立三)의 좌경모험주의 노선 때문에 우여곡절을 많이 겪었으며 그 후에도 숱한 파가 생겨 혁명에서 많은 풍파를 겪었으나, 중국공산당은 결국 마오쩌둥이 내놓은 '사상'에 근거하여 단결했고 그 사상을 관철하기 위하여 투쟁함으로써 중국혁명을 승리로 이끌 수 있었다는 것이다. 베트남 혁명도 호치민(Ho Chi Minh)의 '사상'과 정책에 의거함으로써 성과적으로 수행될 수 있었으며 또 승리하고 있다고 했다.

따라서 북한에서의 혁명도 "마찬가지"라는 것이다. 조선로동당 안에 "박헌영의 사상이나 최창익의 사상 또는 그 어떤 다른 사상이 있을 수 없으며 오직 전당이 하나의 사상, 당의 주체사상으로 무장하고 그에 기초하여 단결하여야" 한다는 것이다(김일성, 1983a: 151).

김일성은 "하나의 혁명사상, 우리 당의 주체사상에 기초한 통일단결만이 참다운 통일단결"이며 이러한 통일단결이 보장되어야 조선로동당이 "강한 전투력을 가진 참다운 맑스-레닌주의당으로, 백전백승하는 혁명적 당"으로 될 수 있고, 바로 여기에 "우리가 전당에 유일사상체계를 세우기 위하여 계속 투쟁하는 이유"가 있다고 했다. 그리고 당의 유일사상체계를 세우는 '목적'은 "모든 당원들을 우리 당의 혁명사상으로 튼튼히 무장시켜 당 대열의 참다운 통일단결을 이룩하며 혁명투쟁과 건설사업을 성과적으로 수행하려는 데" 있다고 했다(김일성, 1983a: 152).

참고로, 김정일은 당의 유일사상체계를 세우는 것과 관련하여 "사람의 몸에 한 가지 형의 피가 있어야 생존할 수 있는 것과 마찬가지로 당 안에도 오직 하나의 사상, 수령의 혁명사상만이 지배하여야 당이 수령의 당으로서의 자기의 혁명적 본성을 고수하고 건전하게 발전할 수 있으며 자기의 역사적 사명을 다할 수 있다"고 주장했다(『령도체계』, 1985: 129).

그렇다면 유일사상체계의 확립의 '의의'는 무엇일까? 이는 정치에서 사상적 경쟁, 정체성의 경쟁이 없어지고, 권력추구자들 간의 경쟁이 없어져서 자신의 사상과 정체성을 '전당·전국가·전사회적'으로 '공유'하려는 노력과 이익 추구도 없어진다는 것이다. 한마디로 말해 권력경쟁, 권력투쟁이 없어진다는 것이다.

따라서 이제 남은 과제는 권력경쟁이 아니라 지도자가 이미 가지고 있는 권력을 어떻게 유지하고 확대·강화하느냐 하는 것이다. 이는 기본적으로 '계속혁명'을 의미했다. 김일성은 '계속혁명'은 하나의 혁명과업을 완수했다고 하여 그것에 만족하고 혁명을 중단하는 것이 아니라 이미 거둔 승리와 성과를 토대로 다음

단계의 혁명과업 수행으로 지체 없이 이행하여 혁명을 계속해나가는 것으로서 "근로인민대중의 자주성을 실현하기 위한 투쟁"이라고 했다(김일성, 1987b: 292).

그런데 이 계속혁명은 그 과정에서 인간과 사회의 '공산주의화'라는 '질적 변화'를 목표로 설정하고 이를 달성하기 위한 노력을 두 가지 면에 집중했다. 여기에서 말하는 '질적 변화'는 인민을 공산주의 사상과 정체성을 지닌 '공산주의적 인간'으로 개조('인간개조')하고, 사회를 공산주의 사상과 정체성을 지닌 '공산주의 사회'로 건설('사회개조')하는 것이었다(김일성, 1987b: 315).

이 '질적 변화'를 달성하기 위한 노력이 집중된 두 가지 면은 다음과 같았다. 그 하나는 계속혁명의 과업으로서 정치, 경제, 문화 부문에서 추진된 사상혁명, 기술혁명, 문화혁명의 '3대혁명'이었다(김일성, 1984a: 145). 다른 하나는 단계적으로 '온 사회의 혁명화, 로동계급화', '온 사회의 인테리화', 그리고 '온 사회의 주체사상화'를 제시하고 그것을 달성하기 위해 동원한 노력이었다. 물론 이 양자는 상호 불가분의 연계 속에서 진행됐다.

계속혁명(1): 사상, 기술, 문화의 '3대혁명'

우선, 북한은 사상, 기술, 문화의 3대혁명은 "사회주의 사회에서 수행하여야 할 혁명의 기본내용으로, 공산주의를 건설할 때까지 수행하여야 할 계속혁명의 과업"으로 규정했다(김일성, 1987b: 293; 김일성, 1985d: 537). 다시 말해, "로동계급이 정권을 쥔 다음에도 사회주의, 공산주의를 건설하기 위하여서는 혁명을 계속하여야" 한다는 것이었다(김일성, 1986a: 365).

김일성은 사상, 기술, 문화의 3대혁명은 "사회주의, 공산주의 건설의 총노선"으로서 '온 사회의 주체사상화'를 실현하기 위한 근본방도라고 규정했다(김일성, 1987b: 314). 따라서 이를 통해 "사회의 모든 성원들을 주체형의 공산주의적 인간으로" 만들고, '온 사회'의 계급적 차이를 없애고 '수요에 의한 분배'를 실현할 수 있도록 생산력을 높이 발전시킨다는 것이다. 3대혁명을 하나씩 살펴보자.

첫째, 사상혁명은 "근로자들을 혁명화, 로동계급화하여 공산주의 혁명가로 만들기 위한 인간개조 사업이며 근로자들의 혁명적 열의와 창발성을 높이기 위한 정치사업"으로서(김일성, 1987c: 409) 3대혁명에서 '가장 중요'한 것이다. 왜냐하면, 사상혁명은 기술혁명과 문화혁명을 이룩하기 위해서 필요한 '생각', '사상' 그 자체에 관련된 것이기 때문이다. 이 책의 제1장 '이론적 분석의 틀'에서 설명했지만, 물질세계는 그 자체로서는 어떤 목표나 방향성을 갖고 있지 않기 때문에 생각(아이디어)이 물질세계에 '의미'와 '방향성'을 제공하게 된다. 따라서 아무리 물질적 자원이 존재하더라도 어떤 '아이디어'가 없다면 그것으로써 어떤 특정 목표를 달성할 수가 없는 것이다.

김일성은 "사회주의 사회에서 사상혁명을 계속 강화하지 않으면 사람들의 머리 속에 낡은 사상이 되살아날 수 있으며 밖으로부터 제국주의자들이 퍼뜨리는 자본주의 사상이 침습해 들어올 수" 있다고 경고하고, 또 "사상혁명을 계속하지 않으면 생활이 높아져 먹고 입고 쓰고 살 걱정이 없어짐에 따라 사람들의 혁명적 열의가 점차 떨어질 수 있"다고 했다. 무엇보다도 "사상혁명을 계속 강화하여야 사람들을 공산주의적으로 교양 개조하는 어렵고도 중요한 사업을 성과적으로 수행할 수 있으며 혁명과 건설을 끊임없이 앙양시킬 수" 있다고 했다(김일성, 1987c: 410).

둘째, 기술혁명은 "생산력을 발전시켜 인민들의 물질적 복리를 끊임없이 증진시키며 근로자들을 힘든 노동에서 해방하기 위한 성스러운 혁명과업"이다. 따라서 기술혁명은 노동조건에서의 본질적 차이를 없애고 사람들을 힘든 노동에서 영원히 해방하며 생산력을 고도로 발전시킴으로써 사람들을 자연의 구속으로부터 완전히 해방시킨다(김일성, 1987c: 411). 그러므로 기술혁명을 해야 사회주의 자립적 민족경제를 건설할 수 있으며 근로자들을 힘든 노동에서 해방하고 그들에게 자주적이며 창조적인 노동생활을 보장해줄 수 있다는 것이다(김일성, 1987c: 411).

김일성은 기술혁명에서의 중요 과업을 '3대 기술혁명'을 강력히 밀고 나가면서 "인민경제의 주체화, 현대화, 과학화"를 실현하는 것으로 규정했다(김일성, 1987c: 412~414). '3대 기술혁명'은 '중로동'과 '경로동'의 차이, 농업노동과 공업노동의 차이를 줄이며 여성들을 가정일의 무거운 부담에서 해방하기 위한 기술혁명을 말한다(김일성, 1983m: 218).

셋째, 문화혁명은 "낡은 사회가 남겨놓은 문화적 락후성을 없애고 사회주의, 공산주의 문화를 창조"하며 "사회의 모든 성원들을 전면적으로 발전된 공산주의적 인간으로" 만드는 사업이다(김일성, 1987c: 414). 따라서 문화혁명은 근로자들이 공산주의 사회에 상응한 인간으로서 갖추어야 할 "대학졸업 정도"의 높은 문화기술 수준을 가지도록 하며 생산문화, 생활문화를 높이도록 함으로써 그들을 자연과 사회의 참된 주인으로 보다 자주적이며 창조적인 존재가 될 수 있게 하는 것이다.

김일성은 문화혁명의 가장 중요한 과업은 "온 사회의 인테리화"인데, 이것을 달성해야 "사회주의, 공산주의를 성과적으로 건설할 수 있으며 로동의 차이를 종국적으로 없애고 근로자들의 완전한 평등을 실현할 수" 있다고 했다. 그리고 문화혁명을 성과적으로 수행하기 위해서는 "사회주의적 민족문화건설로선"을 철저히 관철해야 하는데, 문화건설의 모든 분야에서 "주체를 튼튼히 세우고 당성, 로동계급성을 옳게 구현하며 자본주의, 봉건주의 요소와 양풍을 단호히 배격"해야 한다고 강조했다(김일성, 1987c: 415~416).

결과적으로, 사상, 기술, 문화의 3대혁명은 "공산주의건설의 근본 방도"이며, 공산주의 건설은 "사람과 사회와 자연을 개조하여 인민대중에게 완전한 사회적 평등과 행복한 생활을 보장하여주기 위한 투쟁"인데, "사회주의제도가 선 다음 인간개조사업과 사회개조사업, 자연개조사업은[5] 사상, 기술, 문화의 3대혁명을

---

5) 북한은 '자연개조'는 "인민대중이 자주적인 생활을 누릴 수 있는 물질적 조건을 마련해나가는 창조적인 사업"이라고 정의하고, "사회개조, 인간개조와 함께 인민대중의 자주성을 위한 투쟁의 중요한 구성부분"을 이룬다고 보았다. 자연개조의 근본적인 목적은 "자연의 온갖 구속에서 벗어나 물질경제생활에서 자주성을 완전히 실현하는 데" 있다. 따라서 김정일에 의하면, "자연을 개조하는 투쟁은 인민대중이 자연의 구속에서 벗어나 자주적인 생활을 누릴 수 있는 물질적 조건을 마련하는 투쟁"이 되는 것이다(김정일, 1996: 159). 그런데 북한은 "자연개조가 아무리 거창한 규모로 벌어진다 하더라도 그것은 인간개조로부터 시작되고 인간개조에 귀착된다"는 것을 명확히 하고 있다(사회과학원 철학연구소, 1985: 437~439). 북한은 1976년 10월 14일 당 중앙위 제5기 제12차 전원회의에서 알곡생산의 획기적 증가와 농업발전을 위한 '자연개조 5대 방침'을 제시했다. 이는 첫째, 밭관개의 완성, 둘째, 다락밭 건설, 셋째, 토지정리와 토지개량사업, 넷째, 치산치수사업, 다섯째, 간석지 개간을 말한다(사회

통하여 수행"된다는 것이다(김일성, 1992: 114).

계속혁명(2): 온 사회의 혁명화 및 로동계급화, 인테리화, 김일성주의화·주체사상화

한편, '온 사회의 혁명화, 로동계급화'는 노동계급이 아닌 농민과 인테리의 "의식 속에 남아 있는 낡은 사상 잔재를 완전히 없애고 그들을 로동계급의 혁명 정신으로, 공산주의사상으로 무장시켜 진정한 로동계급의 인테리로, 열렬한 공산주의자로 육성한다는 것"을 의미한다(김일성, 1982i: 433~435). 달리 말하면, 이는 "사회생활의 모든 영역에서 온갖 낡은 사상, 비로동계급적인 요소들을 없애버리기 위한 계급투쟁"으로서 이 사업은 "어디까지나 사회주의와 공산주의를 더 빨리, 더 잘 건설하기 위하여 투쟁하는 근로자들을 개조하는 문제로서 모든 근로자들을 공산주의 사회까지 이끌고 나가기 위하여 나서는 과업"이다(김일성, 1984f: 40).

한편, '온 사회의 인테리화'는 "사회의 모든 성원들을 로동계급화한 기초 우[위]에서 그들을 대학졸업 정도의 문화기술 수준을 가진 전면적으로 발전된 공산주의적 인간으로 만든다는 것"을 의미한다(김일성, 1985d: 542).

김일성은 '온 사회를 혁명화, 로동계급화, 인테리화'하기 위한 투쟁은 기본적으로 '인간개조 사업'이며 '사회개조 사업'이라고 지적하고, '온 사회를 혁명화, 로동계급화, 인테리화'해야 "혁명과 건설의 주인인 근로인민대중을 전면적으로 발전된 공산주의적 인간으로 만들 수 있으며 근로자들의 완전한 사회적 평등을 실현할 수" 있다고 강조했다(김일성, 1987b: 315).

과학원 철학연구소, 1985: 437~439). 1981년 10월 로동당 제6기 4차 전원회의는 이러한 '자연개조 5대 방침'을 먹는 문제를 완전히 해결하기 위한 사업, 경제건설사업 형태로 변경해 '4대 자연개조사업'을 제기했다. 이는 첫째, 서해갑문 건설, 둘째, 태천발전소 건설, 셋째, 30만 정보 간석지 개간, 넷째, 20만 정보 새땅 찾기를 말한다(김일성, 1990b: 259~260). 김일성은 이 4대 자연개조 사업은 "인민들의 먹는 문제를 완전히 해결하고 공산주의적 분배를 실현하기 위한 영광스러운 투쟁이며 사회주의제도의 우월성을 과시하고 조국통일을 앞당기기 위한 숭고한 정치적 투쟁"이라고 그 성격을 규정했다(김일성, 1990b: 260).

마지막으로, 결국 1974년 '온 사회의 김일성주의화', 즉 '온 사회의 주체사상화'를 당의 최고강령으로 선포하고, 1980년에는 '온 사회의 주체사상화'를 전면적이고 본격적으로 추진했다. '온 사회의 주체사상화'는 "혁명과 건설에서 주체사상을 확고한 지도적 지침으로 삼고 주체사상을 철저히 구현하여 공산주의 사회를 건설한다는 것"을 말하며, 다시 말해 "사회의 모든 성원들을 주체형의 공산주의적 인간으로 만들고 사회생활의 모든 분야를 주체사상의 요구대로 개조함으로써 근로인민대중의 자주성을 완전히 실현한다는 것"을 의미한다(김일성, 1987b: 312~313). 그런데 '온 사회의 주체사상화'를 실현하기 위해서는 사회의 모든 성원들을 '혁명화, 로동계급화, 인테리화'하기 위한 투쟁을 해야 한다고 했다(김일성, 1987b: 315).

3. 조선로동당 제5차 대회

1970년 11월 2~13일 조선로동당 제5차 대회가 개최됐다. 김일성은 중앙위 사업총화보고를 했고, 당 규약을 개정했으며, 사회주의 제도를 공고히 하고 발전시키기 위한 "사상혁명", "온 사회의 혁명화, 로동계급화"를 '심화'하고, 이를 위해 '당 간부들의 혁명화, 로동계급화'를 강조했다. 그리고 중앙지도기관 선거를 통해 유일사상체계를 심화하고 김정일 후계승계를 보다 구체화해나갔다.

우선 1961년 제4차 당 대회 이래 과거 9년간을 총화한 김일성의 보고를 보면, "총결기간 사회주의 건설에서 이룩된 가장 위대한 성과"는 "사회주의 공업화"의 실현을 통한 "사회주의 공업국가로의 전변"이었다. 이제 이를 기반으로 "사회주의, 공산주의 건설"을 '다그칠' 수 있게 됐다는 것이다(김일성, 1983j: 235, 243). 김일성은 또한 '문화혁명에서 이룩한 성과'와 '전체 인민의 정치사상적 통일의 공고화' 달성을 강조했다. 후자와 관련해서는, 특히 노동자, 농민, 인테리의 혁명화, 로동계급화 등 '온 사회의 혁명화, 로동계급화'를 적극적으로 밀고 나가 '성과적으로 관철'됐다고 했다(김일성, 1983j: 248~255). 김일성은 또한 '전인민적, 전국가적 방위체계의 수립'과 청산리정신, 청산리방법, 그리고 대안의 사업체계 등 '사회주의적 경제관리체계의 전면적 확립'에 대해 보고했다(김일성, 1983j: 255~264).

김일성은 제5차 당 대회에서 향후 사회주의 제도를 공고히 하고 발전시키기 위한 중심과업들을 제시했다. 6개년계획 등 경제건설, 문화건설, 국방력 강화, 인민생활의 균형적 발전 분야에서의 과업들, '남조선 혁명'과 통일문제, 그리고 국제혁명역량의 단결과 강화 문제도 중요했지만, '사상혁명', '온 사회의 혁명화, 로동계급화'에서의 과업과 '당 사업 강화'가 중요했다.

김일성은 모든 근로자들을 "온갖 낡은 사상의 구속에서 완전히 해방하고 선진적인 로동계급의 사상, 공산주의 사상으로 무장"시키는 '사상혁명'의 중요성을 강조했다(김일성, 1983j: 284). 그는 또 '온 사회의 혁명화, 로동계급화'의 과업을 강조했는데, 이는 자본주의 사회에서 사회주의 사회로 넘어가는 데서 반드시 성취해야 할 과업이라고 했다. 김일성은 1966년 제2차 당 대표자회에서 '온 사회의 혁명화, 로동계급화'의 필요성을 제기한 이래, 그동안 "적지 않은 성과"를 거두었으나 아직 "초보적인 것에 지나지 않으며 우리는 이 사업을 이제 시작하였을 따름"이라고 강조했다. 앞으로 이 사업을 "더욱 심화 발전시켜 나가야" 하겠다는 것이었다(김일성, 1983j: 285~286).

한편, '당 사업 강화' 문제와 관련해서, 김일성은 그동안 조선로동당 내에 유일사상체계가 튼튼하게 확립되고, 맑스-레닌주의사상, 주체사상을 기초로 당이 굳게 통일 단결되어 있는 것이 "총결기간 당 사업에서 이룩한 가장 중요한 성과이며 우리 당의 전투력을 더욱 높이게 한 기본요인"이라고 평가하고, 당 사업을 이러한 방향으로 "계속 심화발전"시켜야 함을 강조했다. 김일성은 "우리 당의 혁명사상, 당의 유일사상의 진수"를 이루는 것은 "맑스-레닌주의적인 주체사상"이며 "우리 당의 유일사상체계는 주체의 사상체계"라면서 이러한 주체사상이 "총결기간 우리 당 활동에서 가장 주되는 총화의 하나"라고 평가했다(김일성, 1983j: 327, 328~329, 336).

당 제5차 대회에서 내린 '결론'은 기본적으로 위에서 살펴본 김일성의 '총화보고'에서 제시한 내용을 승인하는 것이었다(김일성, 1983j: 357~377). 마지막으로, 김일성은 폐회사에서 제5차 당 대회가 "우리 당과 우리나라의 력사에서 공업화의 위대한 승리의 대회, 주체사상의 전면적 승리의 대회"로 불릴 수 있을 것으로 평가했다(김일성, 1983j: 380).

당 규약 개정: '주체사상' 추가, 당 중앙위 군사위 신설

당 제5차 대회에서 당 규약이 개정됐다. 무엇보다도 당의 지도이념으로 '마르크스-레닌주의'와 함께 김일성의 '주체사상'이 추가됐다. 조선로동당은 "맑스-레닌주의와 맑스-레닌주의를 우리나라 현실에 창조적으로 적용한 김일성동지의 위대한 주체사상을 자기 활동의 지도적 지침으로 삼는다"고 규정했다(「조선로동당 규약」, 1970). 김일성의 주체사상이 북한의 당-국가체제의 공식적인 '지도사상'이 된 것이다. 이는 1967년을 계기로 확립된 '유일사상'으로서의 김일성의 주체사상이 당 규약에 지배 이데올로기로서 표현된 것이었다.

당 규약은 또한 조선로동당의 '당면목적'으로서 "공화국 북반부에서 사회주의의 완전한 승리의 보장"과 "전국적인 범위에서 민족해방, 인민민주주의 혁명과업의 수행"을, '최종목적'으로서는 "공산주의 사회의 건설"을 내세웠다(「조선로동당 규약」, 1970). 참고로, 1960년 4월 28일 개정된 「조선로동당 규약」은 '당면목적'을 "전국적 범위 내에서 반제, 반봉건적 민주혁명의 과업 완수", '최종목적'을 "공산주의 사회의 건설"로 내세웠다(재일본 조선인 총련합회 중앙상임위원회 인사부 편집, 1960: 1). '당면목적'에서 1960년과 1970년 사이에 차이가 나는 것은 1960년대를 통해 북한에서 진전된 '사회주의'가 1970년의 당 규약에 반영됐기 때문이다.

당 규약이 조선로동당 당원의 '의무'로서 "당의 유일사상체계 우[위]에 확고히 서 있어야" 하는 것, "우리 당의 유일사상체계로 확고히 무장"해야 하는 것, "자신을 혁명화하고 로동계급화"해야 하는 것 등을 규정하고 있는데(「조선로동당 규약」, 1970), 이는 1967년 이후 당의 유일사상체계 확립을 반영하고 있는 셈이다.

또한 당 규약은 당 중앙위 비서국의 위상과 역할을 대폭 강화했다. 1966년 제2차 당 대표자회에서 비서국이 처음 생겨날 때 그것의 권한은 "당의 로선과 정책들을 집행하기 위한 사업과 일상적인 당 사업을 조직"하는 것이었지만, 이번 제5차 당 대회에서는 비서국의 권한이 "간부문제, 당내문제 및 그 밖의 당면문제를 정기적으로 토의 결정하며 그 결정의 집행을 조직지도"하는 것으로 강화됐다(이종석, 1995: 320; 「조선로동당 규약」, 1970). 이종석은 "실무집행기구에 해당하는 비서국을 강화시킨 것"을 "김정일 후계체제를 등장시키기 위한 사전 포석"으로 해석했다. "항일유격대 출신의 혁명원로로 구성되어 있는 정치위원회에 당내 권력을 집중시켜 놓고는 김정일의 당내 위상을 급속하게 강화시키기 어렵다고 판단하여 비교적 김정일이 통제하기 수월한 비서국을 강화시켰을 것"으로 해석한다는 것이다(이종석, 1995: 320).

제5차 당 대회에서 당 중앙위에 군사위원회가 신설됐다. 당의 군대에 대한 영도를 천명하고, 특히 규약상으로는 처음으로 당 군사위를 당 중앙위 내에 설치하여 "당 군사정책 집행방법을 토의 결정하며 군수산업과 인민군대와 모든 무력의 강화를 위한 사업을 조직하며 우리나라의 군사력을 지도"하도록 했다(「조선로동당 규약」, 1970; 김동한, 2007: 271). 즉, 조선로동당 중앙위 군사위라는 군사부분을 지도하는 당 최고기관이 새로 생겨난 것이다. 물론 군사위 위원장에 김일성이 선출됐다. 이로써 김일성은 수령으로서 군사부문을 더욱 직접적으로 장악하게 됐다.

마지막으로, 제5차 당 대회 개정 당 규약은 '정치기관'의 장을 따로 두었다. 정치기관은 그것이 조직되어 있는 해당 부문의 당원과 노동대중에게 "정치교양 사업을 유일적으로 조직 지도하며, 해당 단위 내에 조직된 당위원회 집행부로서의 기능을 수행"하도록 했다. 그리고 조선인민군 총정치국과 해당 정치기관들은 해당 부대에서 "당 정치사업을 유일적으로 조직 지도"하도록 했다(「조선로동당 규약」, 1970).

'온 사회의 혁명화, 로동계급화'의 '심화' 추진

제5차 당 대회는 사상교양 방면에서 '온 사회의 혁명화, 로동계급화'의 '심화'를 통한 사회주의, 공산주의 혁명과 건설을 본격적으로 내세웠다. 김일성은 제5차 당 대회에서 그동안 7개년 경제계획(1961~1967)과 3년의 연장기간 (1968~1970)을 통해 '사회주의 공업화'를 완성하고 '사회주의 제도'를 확립했다고 선언하면서, 동시에 '온 사회의 혁명화, 로동계급화'의 '심화'를 내세웠다(김일성, 1983j: 328~329).

이미 앞에서 살펴보았듯이, 1966년 10월 제2차 당 대표자회에서 농민, 인테리의 혁명화, 로동계급화 등 "온 사회의 혁명화, 로동계급화"의 필요성을 제기했는데(김일성, 1982i: 432~436; 김일성, 1983b: 45), 이제 1970년 제5차 당 대회에서 "온 사회의 혁명화, 로동계급화"의 '심화', 즉 '전면화'에 나선 것이다.

비록 경제적으로 사회주의 공업화를 완성하고 체제상으로 사회주의 제도를 확립했지만, 혁명과 건설은 계속되어야 할 터였다. 김일성은, "생산관계의 사회주의적 개조 시기"에 착취계급을 완전히 없애며 모든 근로자들을 '사회주의적 근로자'로 만들어야 할 과업을 전면에 내세웠다면, "사회주의 제도가 선 다음"에는 모든 근로자들을 "사회경제적 처지와 사상정신적 풍모에서 로동계급의 모양대로 개조하여 계급적 차이를 점차적으로 없애며 그들을 참다운 사회주의, 공산주의 건설자로 만들어야 할 과업이 전면에 나서게 되는 것"이라고 설명했다. 따라서 이제 "온 사회를 혁명화, 로동계급화"하는 것은 "사회주의, 공산주의 건설의 합법칙적 요구"이며 "사회주의제도가 선 다음 프롤레타리아 독재 앞에 나서는 가장 중요한 과업의 하나"라는 것이다. 그리고 "온 사회의 혁명화, 로동계급화" 방침을 관철함에서 "로동계급의 령도적 역할"을 끊임없이 높이며 로동계급을 '본보기'로 하여 농민과 '인테리'를 교양 개조하는 원칙을 튼튼히 견지해야 한다고 했다(김일성, 1983i: 250~253, 259~276; 조선로동당 중앙위원회 당력사연구소, 1979: 584; 김일성, 1982i: 432; 김일성, 1983j: 250; 김일성, 1984f: 40~41).[6]

---

6) 김일성은 "온 사회의 혁명화, 로동계급화"의 투쟁에서 그동안 천리마작업반운동이 큰 역할을 했고 또 앞으로도 그러할 것임을 강조했다(김일성, 1983j: 254).

'당 간부들의 혁명화, 로동계급화'

제5차 당 대회에서 강조된 또 하나의 과제는 '당 간부들의 혁명화, 로동계급화'를 위한 노력이었다. 김일성은 이미 제5차 당 대회 이전에 한 연설에서 '당 간부들의 혁명화' 방도를 이야기했다.

앞으로 간부들을 혁명화하기 위해 당 간부들이 노동계급과 함께 조직생활을 하도록 하기 위한 방도로 "지금은 회의를 해도 사무원화된 간부들끼리 늘 얼굴을 맞대고 하지만", 사실 "밤낮 얼굴을 맞대고 일하는 사람들끼리 모여 앉아서는 사상투쟁이 잘 될 수 없"기 때문에 "각급 당위원회들에 생산현장에서 직접 일하는 로동자들을 망라"시켜 "간부들이 생산현장에서 단련된 로동계급과 한자리에서 회의도 하고 로동계급의 비판도 받을 수" 있도록 할 것이라고 했다. 당위원회 구성을 이와 같이 고치면 "직접 용광로 앞에서 일하는 로동자들과 얼굴을 맞대고 회의를 하게 되므로 그들의 좋은 품성을 많이 배울 수 있을 것"이라는 것이었다(김일성, 1983a: 179~180).

김일성은 이미 특정 정치적 이익을 갖고 있을 뿐만 아니라 또한 나이도 많은 기존 간부들의 의식 속에 남아 있는 낡은 사상 잔재를 완전히 없애고 그들을 '로동계급'의 혁명정신으로, 공산주의사상으로 무장시켜 진정한 '로동계급'의 당 간부로, 열렬한 공산주의자로 육성하는 '인간개조'를 하겠다는 것이었다. 그렇게 함으로써 당 간부들이 '근로자들이 갖는 혁명적 열의와 창발성'을 갖도록 하겠다는 것이었다.

'당 간부들의 혁명화, 로동계급화'를 위한 구체적 방법으로, 김일성은 당 중앙위원회 위원 수를 더 늘려 "새로 늘이는 위원들은 당에 충실하고 로동년한이 10년 이상 되는 사람들로서 생산현장에서, 특히 용광로 같은 데서 직접 일하는 로동자들"을 충원시키려 하고, 이런 방향으로 하기 위해 제5차 당 대회에서 당 규약을 고치려 한다고 했다. 그리고 이러한 새로운 제도는 "다른 나라의 당 규약에는 없는 것이며 우리가 처음으로 해보려고 하는 것"이라고 했다(김일성, 1983a: 180).

실제 제5차 당 대회는 김일성이 앞에서 피력한 내용을 수용하여 당 규약을 개정하여 '당 간부들의 혁명화, 로동계급화'라는 명목으로 "생산노동에 직접 참가하는 핵심 당원"인 노동자들을 각급 당 위원회 간부진에 '준후보위원'으로 참여시켰다(이종석, 1995: 319).

당 중앙지도기관 선거: 유일사상체계 심화, 김정일 후계 대비

조선로동당 제5차 대회를 마치면서 당 중앙지도기관 선거가 있었다. 당 중앙위 총비서에는 김일성, 중앙위 정치위 위원은 김일성, 최용건, 김일, 박성철, 최현, 김영주, 오진우 등 11명이 선출됐고 4명이 후보위원이 됐다. 중앙위 비서로는 최용건, 김일, 김영주, 오진우 등 9명이 선출됐다(국토통일원, 1988c; 161~162). 그런데 정치위를 보면 제4차 당 대회에서 선출된 정치위원 20명 중에서 12명이 탈락하고 8명만이 살아남았고, 비서국의 경우는 제4차 당 대회에서 선출된 비서 11명 중에서 7명이 탈락하고 4명이 살아남았다(이종석, 1995: 321).

이종석은 이러한 지도부의 대폭 변동은 "1950년대 '반종파 투쟁' 이래 당내 권력구조가 안정 기조에 들어선 지 10년 만에 일어난 것으로서 극단적인 개인숭배 속에서 몰아닥친 유일사상체계 확립운동과 김정일의 부상을 떠나서는 설명할 수 없는 현상"으로 해석했다(이종석, 1995: 321과 표 19).

결국 김일성은 유일사상체계 심화와 후계자 확립을 위해서 자신의 정책이나 후계구상에 반대하는 인사들이라면 항일유격대 출신 동지들마저도 제거한 것으로 보인다. 이와 관련하여 한 가지 흥미로운 것은 김일성이 '항일유격대원도 변절할 수 있다'고 언급했다는 사실이다(이종석, 1995: 322와 각주 132).

이 언급을 구체적으로 살펴보자. 제5차 당 대회가 개최되기 약 4개월 전인 1970년 7월 6일 열렸던 조선로동당 중앙위 제4기 제21차 전원회의 확대회의에서 내린 결론에서 김일성은 "누구를 막론하고 당의 사상으로 무장하며 혁명화하기 위하여 꾸준히 노력하지 않으면 사상적으로 변질될 수" 있는바, "지난날 혁명투쟁을 한 사람들 가운데도 사대주의와 수정주의에 물든 사람이 있을 수" 있다고 했다. "지난날 항일무장투쟁을 한 사람도 결코 예외로 될 수 없"고, "우리가 지금『항일빨찌산 참가자들의 회상기』를 학습하는 것은 무장투쟁을 할 때 그들의 사상이 순결하였기 때문에 그것을 배우려고 하는 것이지 그들의 사상이 영원히 변하지 않을 것이기 때문에 회상기를 공부하는 것은 아"니며, "그들 가운데서 개별적 사람들이 앞으로도 변질되지 않으리라는 절대적 담보는 없"고, "그들이 지난날 무장투쟁을 할 때의 그 사상대로 계속 혁명사업을 잘하면 좋은 일이지만 그들 가운데도 도중에 사상이 변하는 사람이 있을 수" 있다고 했다. 다시 말해, "누구든지 혁명적으로 단련하기 위하여 꾸준히 노력하지 않으면 나쁜 사상독소의 영향을 받아 사상적으로 변질될 수 있"다는 것이었다(김일성, 1983a: 153~154).

4. 1972년 '사회주의' 헌법

1972년 "조선민주주의공화국 사회주의 헌법"은 그 이름이 말해주지만 북한에서의 '사회주의 혁명과 건설의 완성'을 법적으로 확인하는 헌법이었다. 그 이전 1948년 헌법은 단순히 '조선민주주의공화국 헌법'으로 되어 있었다. 그러나 1972년 헌법은 '사회주의 완성'을 법제화한 의미를 넘어서 보다 중요하게는 이미 1967년을 분수령으로 하여 확립된 유일사상체계를 헌법적·제도적으로 '수령 중심의 당-국가체제'[수령제 사회주의]로 확립한 데 있다. 그 중요 내용을 살펴보자.

1972년 사회주의 헌법은 막강한 권한을 가진 조선민주주주의인민공화국 주석과 중앙인민위원회를 설치하고, 최고인민회의 상임위원회를 최고인민회의 상설회의로 격하시켰다. 이로써 기존의 1948년 헌법에서 최고인민회의 상임위원회가 보유하고 있던 '내각과 나름대로 경쟁관계에 있던 권위'를 제거했다. 또한 기존의 헌법에서 막강한 실질적인 권한을 갖고 있었던 '내각'을 '정무원'으로 격하시켜 그것이 주석과 중앙인민위원회의 지도하에 사업하도록 규정했다. 1972년 헌법은 또한 중앙인민위원회의 부문별 위원회 중의 하나로 국방위원회를 설치하고 그것이 중앙인민위원회 사업을 돕도록 하며, 주석이 국방위원장을 겸하도록 했다(「조선민주주의인민공화국 사회주의헌법」, 1972)

이제 김일성은 기존에 맡고 있었던 당·군에서의 최고직위들인 조선로동당 중앙위 총비서, 조선로동당 중앙위 군사위 위원장(이상 '당' 직위), 조선인민군 최고사령관(이상 '군' 직위) 외에 조선민주주의인민공화국 주석, 조선민주주의인민공화국 중앙인민위 위원장, 조선민주주의인민공화국 국방위원장(이상 '국가' 직위)이라는 새로 개정된 헌법에 의한 국가 최고직위들을 겸임하게 됐다. 이로써 김일성은 당·정·군 3자의 최고직위들을 모두 맡으며 당·정·군 3자 위에 위치하면서 필요에 따라 3자 관계를 조정하는 유일지도체계의 수령이 된 것이었다.[7]

5. '온 사회의 김일성주의화' 강령 선포

김정일이 후계자로 결정된 이후 채 1주일도 안 된 1974년 2월 19일 김정일은 전국당선전일군강습회에서 '온 사회의 김일성주의화'['온 사회의 주체사상화']를 당 사상사업의 기본임무로 제시하고 이를 당의 최고 강령으로 선포했다.[8] 바로 이 '2월 선언'에 의해 주체사상이 '김일성주의'로 규정되고, 당의 유일사상체계를 세우는 사업의 "새로운 높은 단계"로서 "온 사회의 김일성주의화"가 선언된 것이다(조선로동당 중앙위원회 당력사연구소, 1999: 151~154; 조선로동당 중앙위원회 당력사연구소, 1979: 687; 이교덕, 2003: 29~31).

김정일은 '김일성주의'[김일성 혁명사상]는 주체시대의 요구를 반영하여 나온 "주체의 사상, 리론 및 방법의 체계"로서, "주체사상과 그에 의해 밝혀진 혁명과 건설에 관한 리론과 방법의 전일적인 체계"이며 "완성된 공산주의 혁명이론"이라고 했다(김정일, 1994b: 8~18; 『주체사상의 철학적 원리』, 1985: 41; 『조선로동당 력사』, 2004: 473~474). 그렇다면 '주체사상'과 '김일성주의'는 어떤 관계인가?

---

7) 북한의 조선로동당역사서는 1972년 사회주의 헌법을 통해 "혁명발전의 현실에 맞게 국가기관 체계도 새롭게 독창적으로 제정"했는데, 이 새로운 체계는 "수령님의 유일적 령도 밑에 혁명과 건설을 더욱 힘 있게 밀고 나갈 수 있게 하는 국가기관체계"였다고 설명하고 있다(조선로동당 중앙위원회 당력사연구소, 1979: 671).

8) 김일성주의는 북한의 공간물에서 1973년에 등장했다(이종석, 1995: 38).

일반적으로 북한의 현실 정치에서는 양자는 특별히 구별되지 않고 동일한 의미로 사용되고 있다. 김일성주의를 '넓은 의미의 주체사상'으로 이해하고 있는 것이다(이종석, 2000b: 135~139). 그러나 좀 더 들여다보면 물론 차이가 있다. 김일성주의는 주체사상, 혁명이론, 영도방법의 3대 요소로 구성된다. 주체사상은 김일성주의의 진수를 이루고 김일성주의의 다른 구성부분인 혁명이론과 영도방법의 기초가 된다. 이종석은 김일성주의가 주체사상을 정수로 하는 김일성 혁명사상이 더 이상 마르크스-레닌주의의 하위개념이 아니라 그것을 대체한 독창적인 개념이라는 의미로 내세워졌다고 해석한다(『주체사상의 철학적 원리』, 1985: 41~44; 이종석, 1995; 37~44).

이종석은 '김일성주의'를 사회운용원리로서의 '주체사상'이 지배권력의 통치담론으로 변질된 것으로 보았다(이종석, 2000a: 247). 이 점과 관련하여 특히 1974년 2월 김정일이 후계자로 결정된 이후에 지배권력의 통치담론으로서 '김일성주의'가 등장한 것이 흥미롭다. 김정일 전기는 2월 19일 '온 사회의 김일성주의화'를 당의 최고강령으로 선포한 것을 "2월 선언"으로 명명하고 "20세기의 공산당선언"이라고까지 부르고 있다(조선로동당 중앙위원회 당력사연구소, 1999: 149~154).

한편, 김정일은 '온 사회의 주체사상화'['온 사회의 김일성주의화']를 위해 당의 '혁명전통을 전면적으로 계승 발전'시키고자 1974년 3월 "생산도 학습도 생활도 항일유격대식으로!"라는 구호를 제시하고, 김일성의 혁명활동 역사를 실물로 보여주기 위해 김일성 혁명전적지와 혁명사적지를 대대적으로 만들어나갔다(조선로동당 중앙위원회 당력사연구소, 1999: 185~190).

「당의 유일사상체계 확립의 10대원칙」

김정일은 1974년 4월 14일 '중앙당 및 국가, 경제기관, 근로단체, 인민무력, 사회안전, 과학, 교육, 문화예술, 출판보도 부문 일꾼들 앞'에서 한 연설에서 「당의 유일사상체계 확립의 10대원칙」을 공식 발표했다(조선로동당 중앙위원회 당력사연구소, 1999: 159). 그러나 이를 실제 모든 당 기관, 국가기구, 군대, 공장, 기업소, 근로단체, 유통기관, 교육기관 등에 당 중앙위 조직지도부와 선전선동부를 통해 하달한 것은 이미 1973년이었던 것으로 보인다(김일성, 1984c: 622, 641).

김일성이 「당의 유일사상체계 확립의 10대원칙」을 발표한 이유는 무엇이었는가? 우선 1974년 4월 14일 유일사상체계 확립 10대원칙을 발표하기 약 2개월 전에 김정일이 '온 사회의 주체사상화'를 당의 최고강령으로 선포했다는 것을 기억할 필요가 있다. 유일사상체계의 수립 사업이 "새로운 높은 단계"인 "온 사회의 주체사상화"로 제시되면서 이것을 이룩해내야 할 필요에 부응하기 위해, 하나의 행동강령으로서 「당의 유일사상체계 확립의 10대원칙」을 선포한 것이었다.

유일사상체계 확립 10대원칙은 무엇보다도 "수령님에 대한 충실성의 대헌장", "충실성의 대전서"였다(조선로동당 중앙위원회 당력사연구소, 1999: 158~160). 이 10대원칙은 곧 북한을 휩쓸게 될 "온 사회의 주체사상화"의 기본 행동강령이 됐다. 김정일은 이 10대원칙의 재접수, 재토의 사업을 1974년 말부터 1976년 사이에 '전당적'으로 진행시킴으로써 '전당과 온 사회의 주체사상화' 사업이 크게 진척됐다(조선로동당 중앙위원회 당력사연구소, 1999: 160~161). '온 사회의 주체사상화'를 위한 '기본 열쇠'는 당연히 '전당의 주체사상화'였고,[9] 전당의 주체사상화는 "본질에 있어서 당 안에 유일사상체계, 유일적 지도체제를 세우기 위한 사업"이었으며, 이로써 조선로동당은 '김일성동지의 당'이 된 것이다(조선로동당 중앙위원회 당력사연구소, 1999: 161~165).

그러면 「당의 유일사상체계 확립의 10대원칙」의 내용은 무엇인가? 그 내용은 '김일성사상'으로 온 사회를 '일색화'하고, 김일성을 중심으로 높이 우러러

---

9) 김정일은 '온 사회의 주체사상화'를 위해 '전당의 주체사상화'와 더불어 '전군의 주체사상화'를 추진했다. 김정일은 1975년 1월 1일 조선인민군 총정치국 책임일꾼들과의 담화를 통해(김정일, 1995b: 1~8; 김정일, 1995a: 238~240, 247; 조선로동당 중앙위원회 당력사연구소, 1999: 191) '전군을 주체사상화'하여 인민군대를 "완전무결한 수령의 군대, 당의 군대로 만드는 것"을 "군 건설의 총적 임무"로서 지시했다. 김정일은 "위대한 수령님을 위하여 한목숨 바쳐 싸우자!"를 전투적 구호로 제시하고, 인민군대에서 그러한 방향으로 선전선동사업을 할 것을 주문했다(조선로동당 중앙위원회 당력사연구소, 1999: 190~193).

모셔야 하며, 김일성의 권위를 절대화해야 하며, 김일성사상을 신념으로 삼고 김일성 교시를 신조화해야 하고, 또 김일성 교시 집행에서 무조건성의 원칙을 철저히 신조화해야 하며, 김일성을 유일한 중심으로 '전당'의 사상·의지적 통일과 단결을 강화해야 하며, 김일성을 따라 배워 공산주의적 풍모와 혁명적 사업 방법, 인민적 사업작풍을 소유해야 하고, 김일성이 준 정치적 생명을 귀중히 간직하고 정치적 신임과 배려에 높은 정치적 자각과 충성으로 보답해야 하며, 김일성의 유일적 영도 아래 '전당, 전국, 전군'이 한결같이 움직이는 강한 조직 규율을 세워야 하며, 김일성이 개척한 혁명 위업을 '대를 이어 끝까지 계승 완성' 해야 한다는 것이다(「당의 유일사상체계 확립의 10대원칙」, 1974).

수령 중심의 당-국가체제인 북한에서 수령에 대한 유일충실성을 '행동강령' 적으로 요구하고 담보하고 있는 「당의 유일사상체계 확립의 10대원칙」에서 주목할 만한 것은 김일성이 개척한 혁명 위업을 '대를 이어 끝까지 계승 완성'해야 한다는 마지막 조항이다. 이는 김일성이 개척한 혁명 위업을 대를 이어 끝까지 계승 완성해야 함을 지시하고 있는 것인데, 여기에는 "당중앙의 권위를 백방으로 보장하며 당중앙을 목숨 바쳐 사수하여야 한다"는 것을 포함하고 있다(「당의 유일사상체계 확립의 10대원칙」, 1974). 여기에서 "당중앙"은 김정일을 가리키는 말이다. 결국 「당의 유일사상체계 확립의 10대원칙」은 김일성에 대한 충실성의 대헌장임과 동시에 후계자인 김정일에 대한 충실성의 대헌장이기도 했다.

참고로 「당의 유일사상체계 확립의 10대원칙」은, 이 장의 아래에서 살펴보게 되겠지만, 북한에서 '수령'의 지위와 역할을 이론적으로 뒷받침해주는 사상이론들인 '혁명적 수령관'과 '사회정치적 생명체론'에 바탕을 둔 것이었다(이교덕, 2003: 15~18; 김정일, 1987: 91~124).

1974년 2월 11~13일 자신의 32회 생일(2월 16일)을 앞두고 개최된 당 중앙위 제5기 제8차 전원회의에서 김정일이 당 중앙위 정치위 위원으로 선출됨으로써 후계자로 추대됐고, 바로 다음 날 "당중앙"으로 호칭된10) 다음, 「당의 유일사상

---

10) "위대한 수령님의 부르심과 당중앙의 호소를 받들고 전당, 전국, 전민이 사회주의 대건설사업에 총동원되자!"(≪로동신문≫, 1974.2.14; 이종석, 1995: 329).

체계 확립의 10대원칙」을 통해 공식적으로 '대를 이어 끝까지 계승 완성'해야
된다는 조항을 공표한 것이다.

김일성이 '아들 김정일'을 위해 '동생 김영주'를 정리하다

김일성은 김정일이 후계자로 추대된 1974년 2월 당 중앙위 제5기 제8차 전원
회의에서 '아들 김정일'을 위해 '동생 김영주'를 당 중앙위 정치위 위원과 당 중
앙위 비서, 당 중앙위 조직지도부장에서 해임하고, 전혀 실권이 없는 정무원 부
총리로 보냈다. 김영주가 차지하고 있었던 직책들은 바로 김정일에게 주었다.
김영주는 '식물성 신경 부조화증'이라는 병을 얻어 결국 자강도 어느 산골에 보
내졌다가 18년이 지난 후인 1993년에야 평양에 돌아와 명목상의 국가 부주석이
되었으나 실무에서는 제외됐다(황장엽, 2006: 178, 187, 202, 207~208).

참고로, 김영주는 1956년 '8월 종파사건' 당시 당 중앙위 조직지도부 부부장
으로서 실질적으로 조직지도부를 장악하고 있었다. 위에서 이미 살펴보았지만,
리필규가 1956년 8월 전원회의 전에 김일성에게 사적으로 비판을 한 적이 있었
는데, 김영주는 리필규와 같은 당 중앙위 후보위원을 출당시키려면 '당 중앙위
전원회의에서 출당 결정을 해야 한다'는 당 규약을 무시하고 리필규의 당적이
있는 초급당 단체의 책임자에게 그를 끊임없이 감시하고 또 출당시키도록 압력
을 가하기도 했다(Document 21: 501).

김영주는 1957년 10월 17~19일 개최된 당 중앙위 전원회의에서 인사 개편
이 있었는데, 이때 당의 핵심 중의 핵심인 당 조직지도부장에 임명된 것으로 보
인다. 당시 인사 개편을 통해 '반종파 투쟁'과 '반혁명분자들과의 투쟁'에서 강
경한 입장을 고수한 소장파 인물들이 등장했다. 김영주를 축으로 하여 횡적인
연계를 유지한 당 선전선동부 부부장 김도만, 당 과학 및 학교교육부 부부장 고
혁, 대남부문의 당 연락부 부부장 어윤갑 등, 모스크바와 동유럽 사회주의 국가
들에서 유학한 후 당 관료로 성장해온 새로운 세대의 일꾼들이었다(서동만, 2005:
583~585). 1956년 제3차 당 대회에서 이미 당 중앙위 후보위원으로 선출됐던
박용국도 그중의 하나였다. 이들은 1958년 3월 제1차 당 대표자회, 9월 당 중앙

위 전원회의를 거쳐 모두 자신의 담당부서에서 승진하여 부장으로 임명됐다(서동만, 2005: 945, 775~777).[11] 1961년 제4차 당 대회에서는 박용국, 김도만, 고혁은 김영주와 함께 당 중앙위 위원으로 선출됐다(서동만, 2005: 945).

1966년 10월 제2차 당 대표자회의 마지막 날에 당 중앙위 제4기 제14차 전원회의가 개최되었는데, 김영주의 최측근인 박용국은 김영주와 함께 당 중앙위 정치위 후보위원에 선출됐고, 이들은 또한 새로 신설된 당 중앙위 비서국 비서에 김영주의 또 다른 최측근인 김도만과 함께 선출됐다. 당시 당 중앙위 정치위 상무위원 전원, 정치위원 거의 대부분이 김일성의 항일빨치산파로 채워졌고, 비서들도 김일성의 항일무장투쟁운동 관련자들로 채워졌는데, 항일빨치산 출신이나 항일무장투쟁운동 관련자가 아닌 인사들은 박용국과 김도만이 유일했다(이종석, 1995: 299). 물론 이들은 해방 후 해외 유학을 한 후 새로운 당 관료로 성장해온 사람들이었지만, 그들이 당 중앙위 비서에 선출될 수 있었던 것은 김영주의 영향력 덕분이었던 것으로 보인다.

그런데 이들 강경 소장 그룹은 김일성 항일빨치산파 중에서도 조국광복회 출신인사들과 일정한 협력 관계를 맺고 있었던 것으로 보인다. 김정일은 1967년 5월 당 중앙위 제4기 제15차 전원회의에서 박금철, 리효순 등 조국광복회 출신들의 '반당·반혁명적 책동'을 처벌하고 당의 유일사상체계를 확립하면서, 당시 당 중앙위 정치위 후보위원, 당 중앙위 비서, 당 중앙위 조직부장으로서 사실상 당의 제2인자였던 삼촌 김영주의 측근들인 김도만과 고혁을 숙청했던 것이다(황장엽, 2006: 178; 서동만, 2005: 585). 따라서 1970년 제5차 당 대회에서는 김영주는 정치위 위원과 비서국 비서로 선출됐으나, 김영주의 최측근이었던 당 선전비서 김도만과 당 국제비서 박용국은 더 이상 그러한 직위에 선출되지 못했다(이종석, 1995: 321). 김일성이 '동생 김영주'가 아닌 '아들 김정일'을 후계자로 삼기 위해 김영주 측근들을 제거하고 있었던 것이다.

그런데 흥미로운 것은 김영주와 김정일은 '사상' 노선에 차이가 있었다는 점이다. 김영주는 모스크바종합대학 법학부, 모스크바 고급당학교 출신으로서 학

---

11) 박용국은 1959년 10월에 당 국제부장으로 임명됐다(서동만, 2005: 937).

창시절부터 철학에 관심이 많았는데, 마르크스 이론을 '교조적'으로 신봉하고
있었고 주체사상에 대해 반대했었다. 이에 반해, 김정일은 마르크스-레닌주의
이론이 낡았다고 생각하면서 주체사상을 지지했다(황장엽, 2006: 177, 202~203).
이러한 사상에서의 차이도 김영주의 몰락에 일조했을 것으로 보인다.

6. 3대혁명소조운동

　김일성과 김정일은 「당의 유일사상체계 확립의 10대원칙」을 시행하는 한편,
동시에 유일사상체계와 그것의 발전단계로서의 '온 사회의 주체사상화'를 실현
하기 위한 새로운 혁명 지도방법으로 '3대혁명소조운동'을 시작했다. 이 운동은
기본적으로 '정치사상적 지도'와 '과학기술적 지도'를 결합한 것이었다(김일성,
1987c: 416~417).

　북한의 설명에 따르면, '온 사회의 주체사상화'를 실현하기 위한 근본 방도는
사상, 기술, 문화의 3대혁명인데(김일성, 1987b: 314), 김일성과 김정일은 '사회주
의건설의 새로운 발전단계의 요구에 맞게 3대혁명을 더욱 조직화하고 적극화'
하여 '온 사회의 주체사상화'를 이룩하기 위해 새로운 혁명 지도방법인 3대혁명
소조운동을 도입했다는 것이다(김일성, 1987b: 295).

　1973년 2월 1일 당 중앙위 정치위에서 3대혁명소조운동이 발기됐고, 김정일
이 이의 조직과 지도를 맡으면서 1973년 9월에 당 중앙위 비서가 됐다. 김정일
은 1973년에 김일성종합대, 김책공업대 등 대학 졸업생들의 회의를 소집, '3대
혁명소조운동'을 시작했다(조선로동당 중앙위원회 당력사연구소, 1979: 676).

　김정일은 사상, 기술, 문화의 3대혁명을 더욱 강력히 시행해나가기 위해 정치
실무적으로 준비된 당 핵심들과 청년 인테리들을 3대혁명소조로 편성하여 이
3대혁명의 전위들을 공장, 기업소, 협동농장에 파견했다. 그들의 파견 목적은
그곳의 '간부들을 잘 도와 보수주의, 경험주의를 비롯한 낡은 사상을 버리고 당
이 요구하는 대로 일을 잘하도록 함으로써 경제를 더욱 빨리, 더욱 원만히 발전
시켜 나가려는 데 있다'고 했다. 그러나 이들은 '속도전' 등 생산의 확대를 위해

노력함과 동시에 보다 중요하게는 당 조직들과 힘을 합해 당내 기관본위주의, 관료주의와 같은 폐단을 제거하기 위한 '정치사상적 지도'를 했다(김일성, 1987c: 416~417).

김정일은 3대혁명소조를 조선로동당 조직지도부 안에 두고 초대부장을 맡아 직접 관장했다. 3대혁명소조운동은 후계자로 등장한 김정일이 당에서도 핵심 중의 핵심 부서인 조직지도부를 이용하여 사업하는 것이었는데, 이는 "해당 단위의 당 조직에 철저히 의거하여 사업"함으로써(조선로동당 중앙위원회 당력사연구소, 1979: 679) 공장, 기업소 등에 대한 '당적 지도'를 상징했고, 공업부문에서부터 시작하여 교육부문, 보건부문, 유통부문으로 확대됐다(김일성, 1984a: 168~169).

구체적으로, 3대혁명소조운동은 "정치사상적 지도와 과학기술적 지도를 결합하고 위가 아래를 도와주며 대중을 발동하여 사상, 기술, 문화의 3대혁명을 다그쳐나가는 새로운 형식의 혁명지도방법"이었다(김일성, 1987c: 416~417; 김일성, 1987b: 295; 김일성, 1994a: 75). 여기서 '정치사상적 지도'는 모든 일꾼과 근로자들을 수령의 교시와 당의 의도와 방침으로 무장시키고 그것을 '기의 뼈와 살'로 만들도록 하며 일꾼들이 정치 실무수준을 높이고 청산리정신, 청산리방법의 요구대로 일해나가도록 도와주는 사업이었다. 한편, '과학기술적 지도'는 모든 일꾼들이 인민경제의 주체화, 현대화, 과학화의 요구에 맞게 경영활동을 과학적·합리적으로 조직하고 관리·운영해나가도록 하며 모든 일꾼과 근로자들을 현대적인 과학과 기술로 튼튼히 무장시키고 그것을 생산활동에 적극 구현하며 자기의 실정에 맞게 기술수단들을 현대적으로 개조해나가도록 하는 사업이었다.

다시 말해, 3대혁명소조운동은 김일성과 김정일이 유일사상체계와 정치적 경쟁자가 없는 수령 중심의 사회주의 당-국가체제를 확립한 후, 인간개조와 사상개조를 통해 새로운 사상과 정체성을 가진 '주체형의 공산주의적 인간'과 '주체형의 당-국가체제'를 건설하기 위한 사상적·물질적 동원운동이었던 것이다.

3대혁명소조 운동은 또한 김정일이 책임 지도한 운동으로서 후계자 자신의 업적을 쌓을 수 있는 기회였고, 김정일은 나름대로 이 운동을 통해 수령 후계자로서의 위상을 높이고 자신의 지지기반을 넓히는 데 성공했다고 할 수 있다.

7. 조선로동당 제6차 대회

1980년 10월 10~14일 조선로동당 제6차 대회가 개최됐다. 개회날짜는 당 창건 35주년 기념일에 맞췄다. 김일성의 당 중앙위 사업총화보고가 있었고, 그 에 대한 토론이 이어졌으며, 결정서 채택, 당 규약 개정, 김일성의 폐회사가 있었 다. 그리고 마지막 날에는 당 중앙위 제6기 제1차 전원회의가 개최되어 당 중앙 지도기관을 선거했다.

김일성은 우선 1970년 제5차 당 대회 이래 과거 10년간을 총화한 사업보고에 서 "3대혁명의 빛나는 승리"에 대한 것부터 총화를 시작했다. 사회주의 제도가 수립된 다음부터 '사상, 기술, 문화의 3대혁명'이 "사회주의 사회에서 수행해야 할 기본 내용"이자, "공산주의를 건설할 때까지 수행해야 할 계속혁명의 과업" 으로서 노동계급의 당의 '기본혁명 과업', 즉 '혁명의 기본 내용'이 됐다고 했다. 그리고 1970년 제5차 당 대회 이후 '3대혁명로선'을 "철저히 관철"하기 위해 힘 있는 투쟁을 했다고 했다. 3대혁명의 새로운 지도방법으로서 3대혁명소조운동 도 벌이고, 3대혁명붉은기쟁취운동을 통해 3대혁명이 "대중 자신의 사업으로 확 고히 전환"됐다는 것이다(김일성, 1987b: 291~295; 국토통일원, 1988d: 20~23).[12]

김일성은 향후 과업으로서 '온 사회의 주체사상화', '조국의 자주적 평화통 일', '반제 자주력량의 단결 강화', '당 사업 강화'를 내세웠다. 이 중에서 '온 사 회의 주체사상화', '조국의 자주적 평화통일', '당 사업 강화'를 자세히 살펴보자.

'온 사회의 주체사상화'의 전면화

김일성은 1974년 김정일의 '2월 선언'을 통해 당의 최고강령으로 제시됐던 "온 사회를 주체사상화"하는 데 대한 강령을 제6차 당 대회에서 전면화하기 위

---

12) 김일성은 모든 분야에서 낡은 사회의 유물을 종국적으로 청산하고 새 사회를 건설하기 위 한 '사상, 기술, 문화의 3대혁명'은 해방 후 건국사상총동원운동과 증산경쟁운동, 문맹퇴치 운동으로부터 시작됐다고 설명하고 있다(김일성, 1987b: 295).

한 "강령적 과업"을 제시했다(김일성, 1987b: 312~313; 김일성, 1990a: 332; 국토통일원, 1988d: 109). '온 사회의 주체사상화'는 "혁명과 건설에서 주체사상을 확고한 지도적 지침으로 삼고 주체사상을 철저히 구현하여 공산주의 사회를 건설"한다는 것을 의미했는데, 김일성은 이를 "우리 혁명발전의 성숙된 요구"이며 "우리 혁명의 총적 임무"라고 선언했다(김일성, 1987b: 312~313).

김일성은 '온 사회를 주체사상화'하기 위해서는 '자주적 립장'과 '창조적 립장'을 확고히 견지하며, '사상, 기술, 문화의 3대혁명'을 철저히 관철해야 한다면서 "이 투쟁은 매우 어렵고 복잡한 투쟁이며 아직 누구도 실천해보지 못한 생소한 사업"이라고 했다. 그리고 '3대혁명'은 "사회주의, 공산주의 건설의 총로선이며 온 사회의 주체사상화를 실현하기 위한 근본 방도"라고 했다(김일성, 1987b: 313~314). 김일성은 또한 '온 사회의 주체사상화'의 실현을 위해서는 '온 사회의 성원들을 혁명화, 로동계급화, 인테리화하기 위한 투쟁'을 벌여야 함을 강조했다(김일성, 1987b: 315).

제6차 당 대회 이후의 시기에 '온 사회의 주체사상화'와 관련하여 전개된 상황을 살펴보자. 1982년 김정일은 "주체사상의 원리를 전일적으로 체계화하고 그 내용을 전면적으로 심화 발전시키는 것"이 필요하다고 판단하여 「주체사상에 대하여」라는 논문을 발표했다(김정일, 1996: 143~216; 『조선로동당력사』, 2004: 539). 김정일은 1985년에 조선로동당 창건 40돌 기념으로 사회과학출판사에서 『위대한 주체사상 총서』 10권을 발행했고, 이 총서에서 주체사상은 체계화되고 집대성됐다.[13]

---

13) 주체사상 총서는 『주체사상의 철학적 원리』(제1권) (평양: 사회과학출판사, 1985), 『주체사상의 사회역사 원리』(제2권), 『주체사상의 지도적 원칙』(제3권), 『반제반봉건 민주주의혁명과 사회주의혁명 이론』(제4권), 『사회주의, 공산주의건설 이론』(제5권), 『인간개조 이론』(제6권), 『사회주의 경제건설 이론』(제7권), 『사회주의 문화건설 이론』(제8권), 『령도체계』(제9권), 『령도예술』(제10권)이다.

'고려민주연방공화국' 창립방안

김일성은 제6차 당 대회에서 '고려민주련방공화국 창립방안'의 통일방안을 제안했다. 그는 1972년 '7·4남북공동성명'에서 남과 북이 천명한 '이념과 원칙'에 기초하여, 또 남과 북이 "서로 다른 사상과 제도가 있는 우리나라의 구체적 현실로부터 출발"하여, "가장 현실적이며 합리적인 방도는 북과 남에 있는 사상과 제도를 그대로 두고 북과 남이 련합하여 하나의 련방국가를 형성하는 것"이라고 했다. 김일성은 이 연방국가의 '10대 시정방침'도 제시했다(김일성, 1987b: 346, 348~356).

참고로, 북한은 1960년, 1973년 두 번에 걸쳐 연방제 통일방안을 내어놓았는데, 이번 1980년에 또 연방제 통일방안을 내어놓은 것이다. 1960년 8·15해방 15돌 경축기념대회에서 제안한 연방제 통일방안과 1973년 6월 '조국통일 5대방침' 발표를 통해 내어놓은 "고려련방공화국"이라는 단일국호에 의한 연방제 통일방안은 모두 '과도기'적 성격의 연방제 국가를 상정했다(백학순, 2003: 170~176).

그런데 1980년에 내놓은 '고려민주련방공화국 창립방안'은 '통일의 최종형태'로서 제안됐다. 남북한이 '하나의 사상, 하나의 제도'로 통일하는, 즉 단일국가로 통일하는 '제도적 통일'이 현실적으로 불가능하기 때문에, 남북한은 언제까지나 통일을 미루고 있을 것이 아니라 일단 이질적인 사상과 제도를 그대로 두고 민족의 공통성을 확보하는 '민족적 통일'을 달성하자는 것이었다. 단일국가 통일은 당장 이뤄낼 수 있는 것이 아니기 때문에 이는 후손에게 맡기고, 지금 남북한이 현실적으로 할 수 있는 방안으로서 연방제 국가를 창설하자는 것이었다. 따라서 1980년에 제안된 연방제 국가는 예전처럼 '과도기적' 성격이 아니라 '통일의 최종형태'로 제안된 것이다(백학순, 2003: 176~183).

당 사업 강화: '대를 이어' 혁명위업 계승 완성

김일성은 "오늘 당 사업에서 나서는 중요한 과업은 우리 당의 영광스러운 혁명전통을 빛나게 계승 발전시키는 것"이라면서 "우리 당의 영광스러운 혁명전통을 견결히 옹호하고 고수하며 빛나게 계승 발전시키는 것"은 "우리 혁명의 승리를 위한 결정적 담보"이며 "주체의 혁명위업을 대를 이어 끝까지 완성하기 위하여 나서는 필수적 요구"라고 강조했다. 그는 "로동계급의 혁명위업은 대를 이어 계승 완성되는 력사적인 위업"이라면서 "장기성을 띠는 로동계급의 혁명위업은 혁명전통을 구현하며 계승 발전시키는 과정을 통하여 수행"된다고 했다. 그리고 "우리의 혁명위업은 우리 당의 영광스러운 혁명전통을 계승 발전시킴으로써만 빛나게 완성될 수" 있다고 했다. 김일성은 "오늘 우리나라에서 혁명의 세대가 바뀌는 현실은 혁명전통을 계승 발전시킬 데 대한 문제를 더욱 절실하게 제기"하고 있다면서, "혁명전통을 계승 발전시키기 위한 투쟁을 당 사업의 중요한 과업으로 틀어쥐고 나감으로써 혁명과 건설을 힘 있게 다그치며 주체의 혁명위업을 빛나게 계승 완성"할 것을 강조했다(김일성, 1987b: 381~382).

제6차 당 대회의 '결정서'는 "총결기간 당 사업에서는 획기적인 전환"이 일어났는데, 그 "주되는 성과는 우리의 혁명위업을 대를 이어 끝까지 완성하며 우리 당을 영원히 주체의 혁명정당으로 강화 발전시킬 수 있는 조직사상적 기초가 튼튼히 다져진 것"이었다고 했다. 그리고 이는 "우리나라에서 당과 혁명의 장래 운명을 좌우하는 근본문제가 빛나게 해결되었다는 것을 말해준다"고 했다. 특히 "당중앙의 지도 밑에 모든 당 조직들이 하나의 유기체와 같이 움직이는 혁명적 규율이 확립"됐으며, 대회는 "총결기간 당의 통일과 단결이 더욱 강화되고 당중앙의 령도체계가 튼튼히 확립된 것을 당 건설분야에서 이룩된 가장 귀중한 성과라고 일치하게 확인하며 이에 대하여 커다란 기쁨과 만족을 표시한다"고 했다(국토통일원, 1988d: 125~126). 여기에서 '당 중앙'은 물론 김정일이었다.

당 규약 개정

제6차 당 대회에서 개정된 조선로동당 규약은 전문의 첫 문장에서 "조선로동당은 위대한 수령 김일성동지에 의해 창건된 주체형의 혁명적 맑스-레닌주의 당"이라고 선언하고, 조선로동당은 "오직 위대한 수령 김일성동지의 주체사상,

혁명사상에 의해 지도된다"고 규정했다(「조선로동당 규약」, 1980: 전문). 이는 1970년 제5차 당 대회에서 개정된 당 규약의 경우, 전문의 다섯 번째 문장에서 "조선로동당은 맑스-레닌주의와 맑스-레닌주의를 우리나라 현실에 창조적으로 적용한 김일성동지의 위대한 주체사상을 자기 활동의 지도적 지침으로 삼는다"라고 (「조선로동당 규약」, 1970) 되어 있는 것과 비교하면, '주체'와 '주체사상'이 더욱 강력히 강조되고 있음을 볼 수 있다.

이 개정 당 규약은 당 중앙위 정치국에 상무위원회를 설치했다(「조선로동당 규약」, 1970: 제3장 제24조). 따라서 '당의 중앙조직'이 현재의 조직의 틀을 갖췄다는 것을 알 수 있다. 당 규약에는 당 대회는 5년에 1회씩 소집하도록 되어 있으나 1980년 제6차 당 대회 이후 당 대회가 아직 한 번도 소집되지 않았기 때문에 당 조직을 바꿀 기회 자체가 없었던 셈이다.

당 중앙지도기관 선거: 김정일 후계자 공표

당 대회 마지막 날인 10월 14일 당 중앙위 제6기 제1차 전원회의에서 관례에 따라 당 지도기관의 선거가 있었다. 이 당 중앙지도기관의 선거의 가장 중요한 임무와 특징은 물론 김정일을 당 지도기관의 높은 직위로 선출하여 후계자로 공표하는 것이었다.

김일성이 당 중앙위 총비서에 선출됐고, 김정일은 당 중앙위 정치국 상무위에 김일성, 김일, 오진우, 리종옥과 함께 선출됐다. 순위는 다섯 명 중에서 네 번째였다. 김정일은 또한 당 중앙위 정치국 위원으로도 선출됐는데, 정치국 위원은 김일성 외 18명이 선출됐다. 그중에서 김정일은 김일성, 김일, 오진우 다음으로 네 번째로 선출됐다. 당 중앙위 군사위 위원장에는 김일성이 선출됐고, 김정일은 9명의 비서 중에서 첫 번째로 선출됐다. 당 중앙위 군사위원회 위원장에는 김일성이 선출됐고, 위원의 숫자는 18명이었는데, 김정일은 오진우 다음 순위, 즉 세 번째로 선출됐다. 당 중앙위에는 김일성을 포함하여 총 145명이 선출됐는데, 김정일은 김일성, 김일, 오진우 다음 순서로 선출됐다(국토통일원, 1988d: 97~99).

이 모든 것은 항일빨치산 출신인 김일, 오진우를 예우차원에서 높은 직위에 선출하고 있다는 점을 감안하면, 실제 김정일이 제2인자가 됐음을 전 세상에 공표한 것이다. 이제 김정일은 공식적으로 명실 공히 수령의 후계자가 된 것이다.

8. 수령과 수령제 사회주의

여기서는 사상적 구조와 제도로서의 '수령'의 의미를 살펴보고, 북한에서 '수령'의 지위와 역할을 이론적으로 뒷받침해주는 사상이론들인 주체사상, 수령론, 혁명적 수령관, 사회정치적 생명체론을 살펴보기로 한다.

수령: 사상적 구조와 제도

북한에서 김일성은 "조선로동당 총비서이시며 조선민주주의인민공화국 주석이시며 조선인민군 최고사령관이신 우리 당과 우리 인민의 위대한 수령 김일성동지"로 불렸다. 그리고 현재 김정일은 "조선로동당 총비서이시며 조선민주주의인민공화국 국방위원회 위원장이시며 조선인민군 최고사령관이신 우리 당과 우리 인민의 위대한 령도자 김정일동지"라 불리고 있다. 북한에서 본래 '수령'은 당·정·군의 최고 직위를 의미하는 것이 아니고 오히려 그러한 직위들의 위에 존재하는 절대적 통치자의 지위와 역할을 갖고 있다. 따라서 '수령'으로서의 김일성이 이들 당·정·군의 최고 직위를 모두 겸직했던 것은 당연했으며, 이점에서 김정일도 마찬가지이다.

이 책의 제9장에서 이미 지적했지만, 북한에서 김일성을 '수령'으로 부르는 것이 일반화된 것은 1966년 10월 5일 제2차 당 대표자회 개최를 앞둔 며칠 전 김일성종합대학 창립 20년을 맞아 당시 총장이던 황장엽이 연설한 이후부터이다(≪로동신문≫, 1966.10.1; 스즈키 마사유키, 1994: 149). 그러나 역시 '수령'이라는 용어가 북한에서 '보편적'으로 사용되기 시작한 것은 1967년 5월 당 중앙위 제4기 제15차 전원회의에서 조국광복회 출신 등의 '반당·반혁명적 책동'을 처벌하고 유일사상체계를 확립한 이후부터였다.

북한의 정치체제를 "수령제 사회주의"로 명명한 스즈키 마사유키(鐸木昌之)
는 제4기 15차 전원회의에서 '김일성이 연설한 것으로 추측'되는 연설에서 스스
로 '수령'이라는 말을 사용하고 있다고 주장하고 있다(스즈키 마사유키, 1994: 77).
1967년 7월에는 최현이 자신의 논문에서 "위대한 수령 김일성동지"라는 표현
을 사용했다(《로동신문》, 1967.7.26; 스즈키 마사유키, 1994: 149).

1967년 12월 16일 북한의 제4기 1차 최고인민회의는 "위대한 수령 김일성동
지에게 조선민주주의인민공화국 새 내각 조직안을 본 회의에 제출할 것을 위임
한다"고 결정했다(스즈키 마사유키, 1994: 79). 스즈키 마사유키는 북한은 "소련
형의 당-국가시스템 위에 수령을 올려놓는 수령제"를 취한 것인데, 수령제가
'국가제도'로 정착되기까지는 시간이 필요했다고 설명하고 있다(스즈키 마사유
키, 1994: 79). 김일성은 1970년 7월 6일 당 중앙위 제4기 제21차 전원회의 확대
회의에서 내린 결론에서 김책을 칭찬하면서 그가 "생애의 마지막 순간까지 자
기의 수령을 적극 옹호하고 당과 혁명을 위하여 훌륭히 싸웠기 때문에 오늘도
그를 존경"하고 있다고 말하고 있다(김일성, 1983a: 166).

김일성은 또한 1971년 11월 23일 당 중앙위 제5기 제3차 전원회의에서 내린
결론에서 당 일꾼들의 "당성, 로동계급성, 인민성을 높이기 위하여 적극 투쟁"
할 것을 주문하면서 '당성'이란 "수령에 대한 충실성"이라고 규정했다. 노동계
급의 혁명적 당은 "수령의 혁명사상을 실현하기 위한 계급의 선봉적 조직체"이
기 때문에, "당에 대한 충실성은 곧 수령에 대한 충실성이며 수령에 대한 충실성
은 곧 당에 대한 충실성"이라는 것이다(김일성, 1984e: 475). 또 1975년 2월 17일
당 중앙위 제5기 제10차 전원회의에서 내린 결론에서도 '당성'은 "한마디로 말
하여 수령과 당에 대한 충실성"임을 강조했다(김일성, 1985b: 54).

이상에서 보듯이 김일성은 자신을 '수령'이라고 부르기도 했으나, 이는 김일
성 개인으로서라기보다는, 유일영도체계와 수령론에 입각한 최고영도자로서의
수령을 의미했다. 북한에서 '수령'은 "인민대중의 자주적인 요구와 이해관계를
분석 종합하여 하나로 통일시키는 중심인 동시에 그것을 실현하기 위한 인민대
중의 창조적 활동을 통일적으로 지휘하는 중심으로 되는 분으로서 전당과 전체
인민의 끝없는 존경과 흠모를 받고 있는 가장 위대한 영도자"를 지칭한다(『조선

말대사전』, 제2권, 1992: 1831).

수령은 무엇보다도 '혁명사상과 혁명이론을 창시하고 혁명승리의 전망을 제시하며, 인민대중을 혁명사상으로 무장시키고 이들을 조직화하여 혁명승리의 조건을 마련하며, 혁명전통을 계승 발전시키고, 당을 비롯한 혁명조직을 창건하여 혁명무기를 마련하며, 노동계급과 당을 영도하여 혁명과 건설을 승리로 이끌어나가는 등 혁명위업을 수행하는 데서 절대적인 지위와 결정적인 역할을 하는 존재'인 것이다(이교덕, 2003: 9~10).

수령제의 완성

'수령제'는 당·정·군 3대 권력기관 위에서 '절대적인 지위'를 갖고 '결정적인 역할'을 하고 있는 '수령' 중심의 당-국가체제이다. 김연철은 수령제를 정의하는 데서 '수령의 인격화된 지배'를 중시하여 '수령제'를 '당-국가체제에서 최고지도자의 인격화된 지배가 관철되는 권력형태'로 규정하고 있다. 그런데 이러한 권력형태는 '지도자 숭배와 가부장적 권위관계 그리고 이를 정당화하는 이데올로기를 체제 내적으로 재생산하는 경향'이 있음을 지적하고 있다(김연철, 2001: 55).

북한에서 수령제는 사실상 1974년에 「당의 유일사상체계 확립의 10대원칙」의 발표로 완성됐다고 보아야 할 것이다. 왜냐하면 이 원칙은 "수령님에 대한 충실성의 대헌장"으로서 이 10대원칙은 실제로는 조선로동당의 강령과 규약, 조선민주주의인민공화국 헌법보다 더욱 높은 지위를 갖고 있다고 봐야 할 것이기 때문이다(조선로동당 중앙위원회 당력사연구소, 1999: 159).

그러나 북한의 수령제가 제도적·법적으로 완성된 것은 1972년까지였다고 볼 수 있다. 1967년에 당의 유일사상체계의 수립으로 완벽한 사상적 체계의 뒷받침을 받은 수령제는 1966년 10월 당 제2차 대표자회의 마지막 날에 개최된 당 중앙위 제4기 제14차 전원회의와 1970년 제5차 당 대회를 통해 총비서·비서직이 신설되고, 정치위원회(국), 비서국, 군사위원회의 체제를 갖춤으로써 '제도'적으로 완비됐다. 또한 1970년 제5차 당 대회에서 개정된 당 규약에서 유일사상체계의 수립이 혁명과 당 건설에서 기본원칙으로 규정됐고, 1972년 12월에 새로 제정된 사회주의 헌법에 절대적인 권한을 가진 주석제가 신설됨으로써 '법적'으로도 완비됐다.[14]

주체사상, 수령론, 혁명적 수령관

그러면 북한의 권력체계에서 '수령'의 지위과 역할을 이론적으로 뒷받침해주는 사상이론들인 주체사상, 수령론, 혁명적 수령관, 사회정치적 생명체론을 하나씩 살펴보자.

주체사상은 '사람이 모든 것의 주인'이라는 '철학적 원리'와 '인민대중이 사회역사의 주체'라는 '사회역사적 원리'를 핵심으로 하고 있는 사상이다. 주체사상은 인류의 역사는 '인민대중이 세계의 주인, 자기 운명의 주인으로서 자주적으로 살며 발전하기 위해 투쟁하는 과정', 즉 "인민대중의 자주성을 위한 투쟁의 역사"라고 정의하고 있다. 그런데 이러한 투쟁은 '자주적 사상의식'에 의해 결정적으로 실현되는데, "인민대중은 그 자체로서는 자기 운명을 개척하는 데 절실한 이해관계를 갖고 있으나 운명개척의 길을 알지 못하며 자기의 생활적 방도를 실현하려는 욕망과 염원은 가지고 있으나 그것을 현실로 전변시킬 방도를 알지 못하고 있"다고 한다. 그래서 이 과정에서 '수령의 영도', '수령의 올바른 지도'가 필요하다는 것이다. 인민대중은 '수령의 올바른 지도'를 받게 될 때에만 비로소 역사의 주체로서의 지위를 차지하고 역할을 하게 된다는 것이다(김정일, 1996: 150~173; 『주체사상의 사회력사원리』, 1985: 203; 이교덕, 2003: 6~7). 바로 여기서 '수령론'이 탄생하게 된다

'수령론'은 '역사발전에서 수령의 역할을 결정적인 것으로 보고 수령의 영도

---

14) 스즈키 마사유키는 '제도'로서의 수령제가 완전히 확립되는 데는 당 규약과 당 조직, 헌법에서의 개정 등이 필요했으며, 이는 1980년까지 지속된 것으로 설명하고 있다. 왜냐하면 당 중앙위 정치위(국)에 상무위가 설치되어 요즈음과 같은 조직의 틀을 갖춘 때가 1980년 제6차 당 대회에서였기 때문이라는 것이다(스즈키 마사유키, 1994: 82~93).

하에서만 노동계급의 혁명위업을 달성할 수 있다'고 보는 주장이다. 혁명의 주체는 "수령, 당, 대중의 통일체"인데, 수령론의 핵심 주제는 수령의 '절대적 지위'와 '결정적 역할'에 관한 것이다. 수령론에 따르면, 수령은 인민대중 속에서 '최고의 영도적 지위'를 치지하는 근로인민대중의 "최고뇌수"이며, 마치 뇌수가 인간 활동에서 결정적 역할을 하듯이, 수령은 역사발전과 노동계급의 혁명투쟁에서 '결정적 역할'을 한다는 것이다(이교덕, 2003: 9~11). 따라서 수령을 '절대화하고 무조건 받드는 견해와 관점'이 강요된다. 수령만이 역사발전의 주체이고 수령은 무오류 인간으로서 존재한다. 이것이 바로 '혁명적 수령관'이다.

'혁명적 수령관'은 '수령의 유일적 영도체계'에 의해 실천된다. '수령의 유일적 영도체계'는 "혁명과 건설에서 나서는 모든 문제를 오직 수령의 사상과 의도대로만 풀어나가며 프롤레타리아독재체계의 모든 조직기구들과 거기에 망라되어 있는 모든 성원들이 수령의 유일적 영도 밑에 하나의 유기체와 같이 움직이며 수령의 의도와 명령, 지시를 무조건 접수하고 끝까지 관찰해나가게 하는 영도체계"이다(『령도체계』, 1985: 79).

따라서 "수령의 명령과 지시는 모든 조직들과 기구들, 사람들이 지켜야 할 유일하게 올바른 지도적 지침"이며, "수령의 명령, 지시를 무조건 접수하고 끝까지 관철하며 수령의 명령, 지시에 따라 전당, 전국, 전군이 하나와 같이 움직이는 혁명적인 규율과 질서를 확립할 때 전당과 온 사회가 수령을 중심으로 굳게 뭉쳐 산 유기체와 같이 움직여나갈 수 있다"는 것이다(『령도체계』, 1985: 87).

여기서 '수령론'과 관련하여 한 가지 흥미로운 것은 북한은 김정일이 이미 대학에 다닐 때 '수령론'을 창시하고 '후계자 문제'의 중요성을 강조했는데, 이것이 김정일이 대학 시기에 이룩한 "사상리론활동의 정화"라는 것이다(조선로동당 중앙위원회 당력사연구소, 1999: 69). 예컨대, 김정일은 1960년 12월 5일에 한 담화 등에서 "수령을 개인으로 보면서 아무나 수령으로 될 수 있다는 식으로 수령문제를 론의하는 것은 리론적으로 전혀 맞지 않을 뿐만 아니라 실천적으로 매우 유해로운 견해"라고 했다. 즉, '로동계급을 비롯한 근로인민대중의 수령'은 예전의 선각자들과는 달리 "단순히 개인이 아니라 인민대중의 요구와 의사의 최고체현자이며 뇌수"라는 것이다. 1963년 6월 12일 담화에서 김정일은 "로동계급의 수령은 혁명투쟁에서 결정적인 역할을 한다"는 결론을 내렸다. 그는 "수령에 대한 충실성 여부는 혁명가인가 아니면 반혁명분자인가 하는 것을 가르는 시금석으로 된다"고 주장했다(조선로동당 중앙위원회 당력사연구소, 1999: 67~69).

사회정치적 생명체론

'사회정치적 생명체론'은 '혁명적 수령관'과 밀접히 연결되어 있다. 주체사상의 '사회역사 원리'에서 볼 때 인민대중이 역사의 주체가 되는 것이지만, 혁명의 자주적인 주체가 되려면 '당'과 '수령'의 영도하에 하나의 조직이 되어야 하나의 혁명의 주체로서 통일체가 되며 '사회정치적 생명체'가 된다는 것이다.

즉, 역사발전과 혁명투쟁에서 인민대중 개개인이 수령과 당의 영도하에 '조직사상적'으로 결속하여 '수령·당·대중의 통일체'를 이룸으로써 영생하는 생명력을 지닌 하나의 '사회정치적 생명체'를 이룰 수 있는 것이다(김정일, 1998f, 447~448; 이교덕, 2003: 11). 사람의 생명에는 '육체적 생명'과 '사회정치적 생명'이 있는데, 후자가 전자보다 더 귀중하며 '육체적 생명'은 유한하지만 '사회정치적 생명'은 '수령·당·대중의 통일체'를 이룰 경우 영원하다는 것이다(김정일, 1998f: 448~452).[15]

그런데 많은 사람들로 이루어져 있는 사회정치적 생명체에는 이 집단의 생명활동을 '통일적으로 지휘하는 중심'이 있어야 하는데, 그 중심이 바로 사회정치적 생명체의 '최고뇌수'인 수령이고, 당이 그 '중추'가 되어 사회정치적 생명체의 담당자인 일반 대중을 지도하게 된다. 수령은 "사회정치적 생명체의 최고뇌수로서 집단의 생명을 대표하기 때문에 수령에 대한 충실성은 절대적이고 무조건적인 것"이다(김정일, 1998f: 451). 바로 이것이 '혁명적 수령관'의 핵심적인 주장이다. 수령만이 '역사발전의 주체'이고 원동력이며, '무오류성'을 갖고 있다고 주장한다. 따라서 수령에게 충성과 효성을 다하는 것은 당연히 지녀야 할 '고

---

15) 북한에서 1959년부터 '정치적 생명', '사회정치적 생명'에 대한 김일성과 김정일의 언급에 대한 문헌 검토는 이교덕(2003: 12~14)을 참조하시오.

상한 정치사상적 및 도덕의리적 품성'이다(이교덕, 2003: 14). 그리고 혁명적 수령관, 조직관, 군중관, 도덕관이 결합되어 하나의 전일적인 혁명관, '주체의 혁명관'이 된다는 것이다(『조선로동당력사』, 2004: 544~545).

북한은 '사회정치적 생명체의 최고뇌수'로서의 수령의 영도를 절대적이고 충실성으로써 보장하기 위한 제도적 장치로 '영도체계'를 수립했다. 이는 당, 국가, 단체들로 구성된다. 그런데 '영도체계'의 본질적 내용은 당연히 '수령의 유일적 영도체계'인데, 이를 위해서는 '당의 유일사상체계' 확립이 중요하며 당의 유일사상은 당연히 "수령의 혁명사상"인 것이다(『령도체계』, 1985: 128~130).

9. 김정일의 수령 승계

앞에서는 수령과 수령제를 뒷받침해주는 사상이론들을 살펴보았다. 여기에서는 김정일의 수령 후계승계를 가능케 하고 정당화한 몇 가지 이론들을 살펴보자. 이들은 수정된 과도기론, 계속혁명론, 혁명전통계승론, 후계자론이다. 수정된 과도기론에 의거한 계속혁명론, 그러한 혁명에서의 주요 방법론으로서의 '온 사회의 혁명화, 로동계급화', 3대혁명, '혁명전통 계승'의 강조 등은 김정일을 후계자로 세우고 이를 합리화하는 '후계자론'을 만들어내는 데 핵심적인 역할을 했다(스즈키 마사유키, 1994: 98).

수정된 과도기론, 계속혁명론

북한은 김정일에게로의 권력승계를 합리화하는 이론들로서 수정된 과도기론과 계속혁명론을 제시했다. 김일성은 당 중앙위 제4기 제15차 전원회의가 끝난 후인 1967년 5월 25일, 노동계급이 정권을 잡는 것은 '사회주의 혁명의 시초'에 불과하며, 사회주의 혁명이 승리하고 사회주의 제도가 수립되면 곧 과도기가 끝나는 것이 아니라는 것, 따라서 "과도기 도중은 물론, 과도기가 끝난 이후에도 공산주의의 높은 단계를 이룰 때까지" 프롤레타리아혁명은 지속되어야 한다는

것, 즉 '계속 혁명론'을 주장했다(김일성, 1983i: 259~265, 272).[16]

김일성은 무엇보다도 "자본주의로부터 사회주의에로의 과도기"(혹은 "자본주의로부터 공산주의에로의 과도기")에 대한 '주체적 해석'을 강조했다. 즉, 김일성은 '과도기'에 대한 해석에서 마르크스나 레닌의 명제를 교조주의적·기계적으로 받아들이지 말고 '주체'를 철저히 세워 북한의 혁명과 건설의 '실천적 경험' 위에서 '창조적으로 발전'시킬 필요가 있음을 강조했다.

마르크스는 영국과 같은 '발전된 자본주의 나라', 즉 '노동계급과 농민 간의 계급적 차이가 없고' 단지 '노동 조건'만 차이가 있는 나라를 전제로 하고 '과도기 문제'를 설정했기 때문에 프롤레타리아트가 주권을 잡은 다음 사회주의로 넘어가는 과도기 단계를 '비교적 짧은 기간'으로 보았으며(김일성, 1983i: 260~261), 레닌은 또한 과도기를 노동계급이 자본가계급을 무너뜨린 후 "로동계급과 농민의 차이가 없는 무계급사회를 실현할 때까지"로 보았다는 것이다(김일성, 1983i: 262~263).

그런데 북한은 식민지농업국가의 매우 낙후한 생산력을 물려받은 조건에서 사회주의 혁명을 했고, 또한 세계에 자본주의가 아직도 상당한 힘으로 남아 있는 환경에서 사회주의를 건설하고 있다는 것이다. 북한이 "자본주의 발전단계를 정상적으로 거치지 못한 만큼, 자본주의 하에서 마땅히 해결하였어야 할 생산력 발전의 과업을 오늘 우리 사회주의 시대에 와서 실현하지 않으면 안 된다"는 것이다. 따라서 노동계급이 정권을 잡는 것은 '사회주의 혁명의 시초'에 불과

---

16) 과도기와 프롤레타리아독재론에 의거한 계속혁명론은 사실상 1960년대 세계공산주의운동사에서 중소분쟁의 핵심적인 이론적 쟁점 중의 하나였다. 예컨대, 1960년 10월 모스크바에서 개최된 81개국 공산당·로동당 회의에서 소련공산당과 중국공산당은 자본주의가 사회주의로 이행하는 '과도기'를 언제까지로 볼 것인지를 놓고 한 달간이나 논쟁했다. 소련은 '자본주의에서 사회주의로 넘어가는 과도기가 끝났기 때문에 점차 민주주의를 확대'할 것을 주장한 반면, 중국은 '계급이 완전히 없어질 때까지 과도기는 계속'돼야 한다는 입장을 취했다(황장엽, 2006: 153~158). 김일성은 중국과 소련의 입장을 각각 좌경주의적인 교조주의와 우경주의적인 수정주의로 비판하면서 1967년 5월에 자신의 '주체적 해석'을 내어놓았던 것이다. 북한은 자신의 해석을 중소 양국의 좌우 편향을 극복한 "가장 정확한 맑스-레닌주의"로 선전했다(이종석, 1995: 40~43; 이종석, 2000b: 174~175).

하고 '완전한 사회주의를 건설'하려면 "혁명을 계속 진전시켜 사회주의의 물질적 토대를 튼튼히 닦아야" 한다는 것이다. 그러므로 북한의 경우에는 "사회주의 혁명이 승리하고 사회주의 제도가 수립되면 곧 과도기가 끝나는 것으로 볼 수 없"다고 했다. '사회주의의 완전한 승리'는 "로동계급과 농민 간의 계급적 차이가 없어"짐으로써 "농민들이 로동계급화"되어야 비로소 가능하다는 것이다(김일성, 1983i: 267~270). 마르크스와 레닌의 과도기론을 북한의 실정에 맞게 수정하여 제시한 것이다.

김일성은 과도기뿐만 아니라 '프롤레타리아독재'에 대해서도 '주체적 해석'의 필요성을 강조했다. 북한의 경우, '프롤레타리아독재'에 대해서 마르크스나 레닌과 같은 '고전가들'처럼 '과도기가 끝나면 프롤레타리아독재가 더 이상 필요 없다고 보아서는 안 된다'고 주장했다. 과도기가 끝나도 "아직은 생산력 수준이 각자의 능력에 따라 일하고 수요에 따라 보수를 받는 공산주의의 원칙을 실현할 수 있는 데까지 이루지 못"했기 때문에, "과도기가 끝나도 공산주의의 높은 단계까지 프롤레타리아독재는 계속되어야" 한다는 것이다. 이러한 입장은 "맑스나 레닌이 써놓은 명제들을 새로운 역사적 조건과 우리나라의 구체적 실천에서 창조적으로 적용하는 것"이라고 했다(김일성, 1983i: 271~272).

바로 그런 이유로 농촌분야에서 「사회주의 농촌문제에 대한 테제」를 내놓았다는 것이다. 즉, "농촌에서 기술혁명을 하여 농업생산력을 높이 발전"시킴과 동시에 "사상혁명과 문화혁명"을 하여 "기술, 사상, 문화 영역에서 로동계급과 농민 간의 차이를 점차 없애며 협동적 소유를 전인민적 소유의 수준에까지 끌어올"려야 한다는 것이다. 그렇게 해야 "농민이 완전히 로동계급화"될 수 있다는 것이다(김일성, 1983i: 267~270).[17]

여기에서 주목할 만한 것은 김일성이 "계급투쟁의 주요 형식"(김일성, 1983i: 273), 즉 프롤레타리아독재 계속혁명의 '방법'으로서 "농민의 로동계급화"를 제시하고 있다는 것이다. 그런데 이 '계급투쟁의 주요 형식'은 "농민의 로동계급

---

17) '농민들의 혁명화, 로동계급화'에 대한 김일성의 자세한 주장은 김일성(1983c: 100~103)을 참조하시오.

화”에 머무르지 않고 “온 사회의 혁명화, 로동계급화”로 확대됐다. 즉, 김일성은 “농민을 로동계급화하여 계급으로서의 농민을 없앨 뿐만 아니라 지난날의 인테리와 도시소자산계급을 비롯한 중산층을 혁명화하여 로동계급의 모양대로 개조”할 것을 들고 나온 것이다(김일성, 1983i: 273).[18] 김일성은 “사회주의, 공산주의를 건설하는 과정이란 로동자, 농민, 인테리를 비롯한 사회의 모든 성원들을 다 혁명화하는 과정”이기 때문에 “당원들과 근로자들을 혁명화, 로동계급화하는 것은 우리 혁명발전의 필연적 요구”라고 주장했다(김일성, 1982d: 493). 온 사회가 ‘혁명적 세계관’을 갖는 것이 중요하다는 것이다.

요약하면, 자본주의로부터 사회주의로의 과도기는 물론 과도기가 끝나서 사회주의가 완성된다고 해도 사회주의는 ‘공산주의의 첫 단계’이기 때문에(김일성, 1983i: 265) ‘공산주의의 높은 단계’를 달성하기 위해서는 프롤레타리아독재를 통한 계급투쟁은 계속된다. 그리고 농민뿐만 아니라 ‘인테리’와 도시소자산계급을 비롯한 중산층도 “혁명화, 로동계급화”해야 한다. 그런데 여기서 ‘혁명화’는 사상, 기술, 문화의 3대혁명을 통해 이뤄지며(김일성, 1985d: 537), 이러한 혁명화를 통해 온 사회가 “로동자계급화”된다는 것이다.

북한은 1966년 10월 제2차 당 대표자회에서 ‘농민과 인테리의 혁명화, 노동자계급화’의 필요성을 강조했고, 1967년 2월 ‘전국농업일군대회’에서 ‘농민의 혁명화와 노동자계급화’를 위한 구체적인 과업을 밝혔다(조선로동당 중앙위원회 당력사연구소, 1979: 606). 이런 과정을 거쳐 북한은 1970년 조선로동당 제5차 당 대회에서는 전면적으로 “온 사회의 혁명화, 로동계급화”의 ‘심화’를 내세웠던 것이다. “온 사회의 혁명화, 로동계급화”는 실제 ‘김일성의 혁명사상’으로 ‘당의 유일사상’을 삼아 유일사상체계를 수립함으로써 김일성의 항일빨치산혁명전통을 계승하고 발전시키는 노력으로 나타났다. 그리고 이는 결국 1974년 ‘온 사회의 김일성주의화’를 당의 최고강령으로 선포하고 1980년 제6차 당 대회에서 ‘온 사회의 주체사상화’를 전면적으로 내세운 것으로 나타났다.

---

18) ‘인테리의 혁명화, 로동계급화’에 대한 김일성의 자세한 주장은 김일성(1982b: 189~202)을 참조하시오.

마지막으로, 김일성은 사회주의 수립을 통해서 사람의 자주성을 유린하는 사회경제적 근원은 사라지지만 낡은 사회의 유물이 남아 있게 되므로, 이를 없애기 위한 목적의식적인 투쟁이 필요하기에(이교덕, 2003: 19~20) "사회주의, 공산주의는 오랜 기간에 걸치는 경제건설투쟁과 계급투쟁을 통하여서만 건설할 수 있다"고 주장했다(김일성, 1985a: 97). 그리고 프롤레타리아혁명은 국내적 이유에서뿐만 아니라 세계에 자본주의와 제국주의가 남아 있는 한 계속되어야 한다고 했다(김일성, 1985a: 101). 또한 '남조선 혁명'을 위해서도 계속혁명이 이뤄져야 한다고 했다. 북한은 북반부만 해방을 하는 데 성공했기 때문에 남한에 미 제국주의와 식민지 파쇼통치가 지속되는 한 "우리의 혁명투쟁을 멈출 수 없"다는 것이다(김일성, 1984g: 203~204; 이교덕, 2003: 20).

혁명전통계승론

북한은 사회주의 혁명과 당-국가 건설에서 '혁명전통 계승'을 강조했다. 북한에서 출판된 한 문헌에 의하면 계속혁명에는 세 가지 원칙이 있는데, 첫째, 혁명주체의 끊임없는 강화와 그 역할의 제고, 둘째, '주체적 입장의 견지', 셋째, 혁명전통의 계승 발전이다(함치영, 1992: 63~96; 이교덕, 2003: 21~22).

노동계급의 혁명투쟁이 '장기성'을 띠고 진행되므로 세대교체는 불가피하며 신세대는 '계승자'가 된다. 이때 "계승성을 보장하며 계승의 대를 순결하게 이어주는 명맥"이 있어야 하는데, 바로 이 명맥이 "혁명의 대를 이어주는 피줄기인 혁명전통"이라는 것이다(함치영, 1992: 83~84; 이교덕, 2003: 22~23). '혁명전통의 계승 발전'은 "혁명전통의 정치사상적 순결성을 견결히 고수하는 기초 우[위]에서 혁명전통에 담겨져 있는 수령의 사상체계와 공산주의적 혁명정신, 고귀한 혁명업적과 투쟁경험, 사업방법과 작풍을 이어나가며 모든 분야에 구현해 나가는 것"을 의미한다(이교덕, 2003: 22).

여기에서 말하는 '혁명전통'은 말할 것도 없이 김일성 이외의 다른 어떤 혁명계파나 혁명전통을 인정하지 않고 오직 김일성의 항일유격대혁명에 기반을 둔 전통을 의미했다. 따라서 북한의 '혁명전통의 계승'은 '김일성의 혁명사상'으로

'당의 유일사상'을 삼는 유일사상체계의 확립을 통해 김일성의 항일빨치산 전통을 계승 발전시키는 것이었다.

혁명전통 계승의 맥락에서 1967년부터 김일성과 그 가족에 대한 숭배가 시작됐다. 대를 이어 혁명을 이끌어나갈 김정일, 김일성의 부모인 김형직과 강반석이 모두 숭배의 대상이 된 것이다(스즈키 마사유키, 1994: 80). 그리고 김일성의 초기 혁명활동과 항일무장투쟁을 중심으로 한 혁명전통 교양이 본격적으로 시작됐다.

여기서 주목해야 할 것은 이 혁명전통의 계승 문제는 후계자가 될 김정일에게 맡겨졌고, 김정일이 주도적으로 해결했다는 것이다. 북한은 "혁명전통을 철저히 옹호고수하고 계승 발전시키는 사업은 수령의 후계자에 의해서만 빛나게 수행"될 수 있기 때문에 "특히 수령의 후계자의 유일적 지도에 충실하는 것"이 중요하다는(함치영, 1992: 88; 이교덕, 2003: 23) 논리로써 김정일에 대한 절대적, 무조건적 지지를 이끌어냈다. 그리고 후계자가 될 김정일은 계속혁명을 보장하는 결정적 두 가지 요인인 '수령과 후계자의 유일적 영도를 실현하는 것'과 '노동계급의 당의 영도의 강화'를(함치영, 1992: 96~119; 이교덕, 2003: 24~25) 적극적으로 실천해나갔다.

후계자론

후계자론은 그 연원을 찾아보면, 위에서 살펴본 수령의 지위과 역할을 이론적으로 뒷받침해주는 사상이론들인 주체사상, 수령론, 혁명적 수령관, 사회정치적 생명체론, 그리고 거기에 수정된 과도기론과 계속혁명론, 혁명전통계승론 등이 합해져 그 연원을 이루고 있다. 간단히 말해, 인민대중이 역사의 주체로서의 지위를 차지하고 역할을 하기 위한 지도와 대중의 결합의 필요성, 최고뇌수로서의 수령의 지위와 역할, 공산주의의 높은 단계에 이를 때까지의 계속혁명의 필요성, 수령의 혁명전통 계승의 필요성 등이 바로 '후계자론'의 연원이 되는 것이다.

그런데 사회주의, 공산주의 혁명은 복잡성과 장기성이라는 성격으로 인해 계속혁명을 할 수밖에 없고, 계속혁명을 위해서는 후계자가 필요하다(김재천, 1989:

26; 이교덕, 2003: 25~26). 달리 말해, 최고뇌수의 지위와 역할을 가진 수령이 인민대중을 영도하고 지도하면서 혁명을 지속하기 위해서는 반드시 '수령의 후계자', 즉 후계 수령이 필요한 것이다. 따라서 수령이 생전에 후계자를 키우는 것이 "수령이 자기 당대에 수행해야 할 가장 중대한 위업 중의 하나"가 되는 것이다(이교덕, 2003: 44).

김일성의 말을 빌리면, 당의 위업을 '계승'해나가는 데서 기본은 "정치적 수령의 후계자 문제를 바로 해결하는 것"과 "(후계자의) 영도를 실현할 수 있는 조직사상적 기초를 튼튼히 쌓고 영도체계를 철저히 세"우는 것이다. 그는 후계자 문제는 한마디로 "정치적 수령의 지위와 역할을 계승하는 문제"인데, "수령의 령도적 지위와 역할은 그 후계자에 의하여 변함없이 계승되어야" 한다고 했다. 당은 "당과 혁명에 끝없이 충실하며 온 사회에 대한 정치적 령도를 원만히 실현할 수 있는 품격과 자질을 갖춘 인민의 지도자를 후계자로 내세워야"만 하는데, 그렇게 되어야 "혁명의 전진 도상에 어떤 어렵고 복잡한 정세가 조성되어도 동요와 우여곡절이 없이 당의 위업을 고수하고 계승 발전시켜 나갈 수 있"다는 것이다(김일성, 1994a: 100; 이교덕, 2003: 33~34).

김일성은 수령의 후계자를 올바로 세우지 못한 소련의 예를 들면서 "혁명의 대를 어떻게 이어나가는가 하는 것은 사회주의의 운명을 좌우하는 중요한 문제"라고 하고, "혁명의 대가 바뀌는 시기에 혁명과 건설에 대한 령도가 올바로 계승되지 못하면 사회주의 위업은 우여곡절을 겪게 되고 실패를 면치 못하게" 된다고 강조했다. 다시 말해, 국제공산주의운동사에서 볼 때, 사회주의 국가들이 '수령의 후계문제'를 해결하지 못하고, 또한 수령의 혁명성과를 제대로 계승하지 못한 채 급작스럽게 단절이 발생했을 때, 소련과 동유럽의 사회주의 국가들의 붕괴 경험에서 보듯이 나라가 망했다고 지적한 것이다(김일성, 1996a: 109~110; 김일성, 1996e: 212~213).

김일성은 1980년대 후반에 소련과 동유럽에서의 '자유화 바람'에 대해 북한에서는 그러한 일이 일어나지 않을 것이라고 확신했다. 왜냐하면, 북한은 "수령, 당, 대중이 일심단결되어 있기 때문에 그 어떤 바람이 불어와도 끄떡하지 않"으리라는 것이다(김일성, 1995a: 394). 김일성은 북한에서는 전체 인민이 당과 수령의 주위에 튼튼히 뭉쳐 있으며 수령, 당, 대중이 '일심단결'되어 있는데, 북한처럼 모든 사람들이 하나와 같이 통일되고 단결되어 있는 그러한 당, 그러한 나라는 세계 어디에도 없다는 것이다(김일성, 1995a: 436).

그렇다면 '후계자론'의 내용은 무엇이며 북한에서 언제 나타났는가? 후계자론의 내용은, 마치 수령론에서 수령의 경우처럼, 후계자의 지위와 역할, 후계자의 요건, 후계자의 유일적 영도체계로 구성되어 있다(김유민, 1984: 61; 김재천, 1989: 30; 이교덕, 2003: 35~36).

우선, 후계자는 혁명과 건설에서 수령의 '절대적 지위'와 '결정적인 역할'을 승계하므로, 후계자도 수령처럼 당이나 국가기관의 특정한 직책이나 직위로서가 아닌 혁명수행에서 절대적인 지위를 갖고 결정적인 역할을 하는 최고의 영도자이다(김유민, 1984: 61; 김재천, 1989: 30; 이교덕, 2003: 35~36). 후계자에게 부여되는 역할은 기본적으로 세 가지인데, 첫째, 수령의 혁명사상을 고수하고 관철하며 이를 발전시키고 풍부화하는 것, 둘째, 혁명전통을 철저히 옹호하고 고수하며 이를 부단히 발전시키고 풍부화하는 것, 셋째, 변혁의 주체, 즉 수령, 당, 대중의 통일체를 부단히 강화하는 것이다(이교덕, 2003: 37~38).

이와 같은 후계자의 지위와 역할 때문에 후계자 문제는 반드시 두 가지를 해결해야 하는데, 첫째, 수령의 후계자로서의 필수적인 '품격과 자질'을 손색없이 갖춘 인물을 내세우는 것, 둘째, 후계자의 영도를 실현할 수 있는 조직사상적 기초를 튼튼히 쌓고 영도체계를 철저히 세우는 것이다. 물론 첫 번째가 가장 중요하다. 왜냐하면, 수령의 후계자는 '인물 본위'로 선출하는 것이 대원칙이기 때문이다(이교덕, 2003: 38~39).

문제는 당과 혁명에 끝없이 충실하며 온 사회에 대한 정치적 영도를 원만히 실현할 수 있는 '품격과 자질'을 갖춘 인민의 지도자를 후계자로 내세워야 하는데(이교덕, 2003), 후계자의 요건인 품격과 자질은 네 가지 특성을 갖고 있어야 한다. 첫째, 수령에 대한 충실성, 둘째, 비범한 사상이론적 예지와 뛰어난 영도력, 고매한 공산주의 덕성, 셋째, 혁명과 건설에서 이룩한 업적과 공헌으로 인해 인민들 속에서 향유하는 절대적인 권위와 위신,[19] 넷째, 수령과 후계자의 세대적 관계가 동일 세대가 아닌, 서로 다른 세대여야 한다는 것이다(이교덕, 2003:

39~45).[20]

'후계자의 유일적 영도체계'는 '수령의 유일적 영도체계'를 계승하고 완성하기 위한 영도체계이다. 실제 수령의 유일적 영도를 대를 이어 계승하는 것은 "현실에서 후계자의 유일적 영도체계를 확립함으로써 가능"하다는 것이다(이교덕, 2003: 46). 보다 구체적으로는, 당 안에 후계자의 의도와 방침을 무조건 접수하고 관철하는 기풍을 세우고 전당이 후계자의 '유일적 영도'하에 하나와 같이 움직이는 규율과 질서를 세우는 것을 의미한다(함치영, 1992: 112; 김재천, 1989: 37; 이교덕, 2003: 47). 달리 말하자면, '후계자의 유일적 영도체계'는 본질에서 "수령의 사상과 노선을 구현하고 수령의 의도에 따라 혁명을 진전시키며 수령의 위업을 대를 이어 계승완성하기 위한 령도체계"이다(『위대한 수령 김일성동지의 불멸의 혁명업적 20』, 1999: 67; 이교덕, 2003: 47). 따라서 '후계자의 유일적 영도체계'를 확립하는 것은 실제로 '수령의 유일적 영도체계', '당의 유일사상체계'를 확립하는 것과 그 목적과 본질에서 동일한 것이 되는 것이다(이교덕, 2003: 50).

'후계자의 유일적 영도'를 확립하는 방법은 크게 다섯 가지이다. 첫째, 당의 정치사상적 통일과 단결, 둘째, 당 사업에 대한 '후계자의 유일관리제'의 철저한 실현, 셋째, 후계자의 '유일적 영도'하에 '전당'이 하나와 같이 움직이는 강철 같은 규율 확립, 넷째, 후계자의 의도와 방침을 절대성의 정신에서 접수하고 무조건성의 원칙에서 철저히 관철하는 것, 다섯째, 후계자의 유일적 영도체계와 어긋나는 온갖 현상들과 비타협적인 투쟁을 벌일 것이다(이교덕, 2003: 47~49).

이러한 다섯 가지 방법은 '후계자의 유일적 영도체계'의 확립이 당에서 영도자로 선출되고, 당에서 미래의 수령으로서 당의 영도자의 지위를 획득하는 것이 중요함을 말해준다. 북한에서 혁명은 "수령에 의해 영도되고, 수령의 영도는 당

---

19) 이 세 번째 특성은 '김일성 체현론' 및 '혈통계승론'과 관련이 있다. '혈통계승론'에서 '혈통'은 생물학적인 혈통이 아닌 김일성의 사상과 이론, 혁명업적, 투쟁경험, 사업방법 등을 이어받는 것이다(이교덕, 2003: 42~43).

20) 이 네 번째 특성은 '세대교체론', '준비론'과 관련이 있다. '준비론'은 수령이 살아 있고 활동을 하고 있을 때 후계자를 추대하여 수령이 후계자를 육성함으로써 후계자가 일정한 준비 기간을 거쳐야 한다는 것이다(이교덕, 2003: 44).

을 통해서 실현"되기 때문에 후계자가 당에서 영도자의 지위를 획득하는 것은 필수불가결한 일이 된다(이교덕, 2003: 49).

앞에서 살펴본 '후계자의 유일적 영도체계'에 근거하여, 북한은 사상교양을 통해 '수령의 유일적 영도체계'와 '후계자의 유일적 영도체계'의 확립이 그 목적과 본질에서 동일하며(이교덕, 2003: 50), "수령에 대한 충실성이 그 후계자에 대한 충실성으로 이어질 때 그것이 참다운 충실성으로 되며 그러한 충실성을 지닌 사람이 참다운 혁명가이고 충신"이라고 강조했다(김일성, 1996a: 123~124; 이교덕, 2003: 51).

앞에서 일부 언급했지만, 흥미로운 것은 김정일이 이미 대학에 다닐 때 '수령론'을 창시하고 '후계자 문제'의 중요성을 강조했는데, 이것이 김정일이 대학 시기에 이룩한 "사상리론 활동의 정화"라는 것이다(조선로동당 중앙위원회 당력사연구소, 1999: 65~69). 김정일은 또한 수령문제와 함께 '수령 후계자문제'의 중요성을 강조하고 "수령의 후계자문제를 옳게 해결하는 것이 혁명의 대를 이어나가는 데서 근본문제로 된다"면서, "후계자가 혁명의 대를 잇지 못하게 되면 혁명의 명맥이 중도에서 끊어지고 만다고 거듭 강조"했다고 한다(조선로동당 중앙위원회 당력사연구소, 1999: 69). 이는 후계자 김정일의 비범함과 후계자가 될 수밖에 없는 필연성을 강조하기 위한 선전이라고 하겠다.

'수령 후계자' 김정일

북한에서 누가 위의 '후계자론'이 요구하는 품격과 자질을 갖추었는가? 김일성은 오직 김정일만이 그러한 품격과 자질을 갖추었다고 보았고, 김일성은 북한에서 김정일이 "당과 국가, 군대의 전반사업을 현명하게 령도함으로써 령도의 계승문제가 빛나게 해결"됐다고 선언했다(김일성, 1996a: 111). 그리고 김정일이 "수령 김일성을 가장 가까이에서 모시면서 수령의 사상과 사업방법을 체득했을 뿐만 아니라 대를 이어 계속되는 혁명투쟁에서 수령의 역할을 담당할 비범함을 보여"주었다고 했다(이교덕, 2003: 44~45).

특히 북한의 김정일 찬양 저작물들은 김정일의 자질의 비범함에 대해 두 가지를 내세우고 있는데, 김정일이 위대한 '사상이론가'와 '정치가'로서의 능력을 가지고 있다는 것이다(이교덕, 2003: 45, 각주 70). 김일성은 김정일이 "문무충효를 겸비한 참다운 인민의 령도자"이며 "탁월한 사상리론가, 정치가이고 군사전략가이며 조국과 인민에게 무한히 충실하고 효성이 지극한 충신, 효자의 귀감"이라고 칭찬했다. 김일성은 "혁명의 령도자에게 지워진 가장 중요한 사명은 혁명의 지도사상을 발전시켜 인민대중의 자주위업이 나아갈 앞길을 뚜렷이 밝혀주는 것"인데, 김정일이 "비상한 탐구력과 정력을 가지고 사상리론 활동을 벌려 우리 당의 주체사상을 자주시대의 위대한 지도사상으로 빛내어 나가고" 있다고 했다(김일성, 1996a: 111~112).[21]

김정일은 김일성종합대학을 졸업하자마자 바로 1964년 6월에 당 중앙위 조직지도부에서 지도원으로 당 사업을 시작했다. 1966년 2월에는 당 중앙위 선전선동부 지도원을 겸하게 됐고, '예술부문'을 관장하게 됐다. 김정일은 당시 당 사업에서 '주선(主線)'이 명백하지 않은 관계로 심지어 '개별적 사람들'의 '지시'에 따라 김일성의 교시 집행이 제대로 되지 않는 현상까지 있음을 보고, 김일성의 사상체계를 튼튼히 세우는 것을 당 사업과 활동에서 '주선'으로 삼았다(조선로동당 중앙위원회 당력사연구소, 1999: 92~93). 김정일은 드디어 1967년 5월 당 중앙위 제4기 14차 전원회의에서 자신의 직속상관이었던 당시 선전선동부의 부장 겸 비서 김도만을 포함하여, 당시 '유일 항일혁명전통' 수립에 소극적이었던 당의 조직·사상·문화 담당 간부들인 박금철, 허석선, 리효순 등을 숙청했다(이종석, 1995: 299~311).

---

21) 김일성 자신은 "우리 혁명의 요구와 새로운 자주시대 인민들의 지향을 반영하여 주체사상을 내놓고 그것을 지침으로 하여 혁명과 건설을 령도하여 왔으나 주체사상의 원리를 종합 체계화하는 문제에 대하여서는 별로 생각하지 않았"는데, 이 문제가 김정일에 의해 "빛나게 실현"됐다고 했다. 김정일이 "주체사상의 근본원리와 진수를 이루는 내용들을 깊이 연구한데 기초하여 우리 당의 지도사상을 주체의 사상, 리론, 방법의 전일적인 체계로 정식화"하고, "현시대와 혁명발전의 요구에 맞게 새로운 원리와 내용들로 주체사상을 더욱 풍부화하고 전면적으로 심화 발전"시켰다는 것이다(김일성, 1996a: 112). 김일성의 후계자 김정일에 대한 각종 칭찬은 김일성(1996a: 110~123)을 참조하시오.

1968년 2월에는 당 중앙위 선전선동부 영화예술과장으로 승진하고, 1969년 9월에는 선동선전부 부부장, 1970년 10월에는 선전선동부 문화예술담당 부부장이 됐다. 김일성은 1971년 6월 24일 사회주의로동청년동맹(사로청) 제6차 대회에서 청년들에게 "대를 이어 혁명을 계속할 영예로운 임무"가 맡겨져 있음을 이야기했으며(김일성, 1984g: 203), 김정일도 그해 10월 1일 당 중앙위 청년사업부 및 사로청 중앙위 책임자들과의 환담에서 "청년들을 대를 이어 혁명을 계속하도록 준비시키는 것"은 "오늘 우리 혁명발전의 절실한 요구"라고 강조했다(김정일, 1993a: 309). 1972년에는 '당증 교부사업'을 통해 40여 만 명의 청년들을 당에 흡수했다. 1973년 2월에는 김정일이 주도하여 5만여 명의 청년 및 학생 당원들을 주축으로 '3대혁명소조'를 조직하고 '3대혁명소조운동'을 시작했다. 본격적인 후계체제 구축을 위한 기반을 조성하기 시작한 것이다.

김정일은 1973년 7월에는 당 중앙위 선전선동부 부장이 됐고, 2개월 후인 1973년 9월에는 당 중앙위 조직비서에 선출됐다. 이로써 김정일은 당의 가장 핵심적인 양대 사업인 조직사업과 사상사업을 총괄하게 됐다. 1974년 2월은 여러 가지 중요한 결정들이 있었던 특별한 달이다. 1974년 2월 11~13일 당 중앙위 제5기 제8차 전원회의에서 김정일은 중앙위 정치위원으로 선출됨으로써 공표는 하지 않았지만 정식으로 후계자가 됐다. 그리고 그는 정치위원이 된 바로 다음 날 《로동신문》에 의해 '당중앙'으로 호칭됐다.[22] 북한은 '김정일의 유일적 지도', 즉 "당중앙의 유일적 지도"를 떠나서는 당 안에서 사상의지적 통일을 보장할 수 없으며 '전당'이 한 사람같이 움직이는 전일적인 조직체가 될 수 없다면서(김일성, 1974: 82) 당중앙의 유일적 지도를 강화하는 것을 통해서만이 유일사상체계를 세우는 일임을 강조했다(조선로동당 중앙위원회 당력사연구소, 1979: 687~688).

---

22) "위대한 수령님의 부르심과 당중앙의 호소를 받들고 전당, 전국, 전민이 사회주의 대건설 사업에 총동원되자!"(《로동신문》, 1974.2.14; 이종석, 1995: 329, 각주 20에서 재인용). 스즈키 마사유키는 북한의 공간 문헌에서 '수령'론을 본격적으로 설정한 것은 1973년 이후인데, 김정일이 후계자로 지명된 시기와 맞물린다는 점을 지적하고 있다(스즈키 마사유키, 1994: 151).

김정일이 후계자로 결정된 이후 채 1주일도 안 된 1974년 2월 19일 김정일은 전국당선전일군강습회에서 '온 사회의 김일성주의화'['온 사회의 주체사상화']를 당 사상사업의 기본임무로 제시하고 이를 최고 강령으로 선포했다(조선로동당 중앙위원회 당력사연구소, 1999: 151~154; 조선로동당 중앙위원회 당력사연구소, 1979: 687). 그리고 2개월 후인 4월 14일 「당의 유일사상체계 확립의 10대원칙」을 발표했다. 그 첫째 원칙은 "위대한 수령 김일성동지의 혁명사상으로 온 사회를 '일색화'하기 위해 몸바쳐 투쟁하여야 한다"이며, 그 마지막 원칙은 "위대한 수령 김일성동지께서 개척하신 혁명위업을 대를 이어 끝까지 계승하며 완성하여 나가야 한다"였다.

1980년 10월 제6차 당 대회에서 김정일은 당 중앙위 위원, 중앙위 정치국 위원, 당 중앙위 정치국 상무위 위원, 당 중앙위 비서, 당 중앙위 군사위 위원으로 선출됐다. 이로써 김일성은 북한 권력서열 제2위에 오르면서 공식적으로 김일성의 후계자가 됐다. 이제 '미래의 수령', '또 하나의 수령'이 생겨난 것이다(이교덕, 2003: 45~46). 이제 조선로동당의 지도체계는 김정일 중심으로 개편됐고, 1981년 5월부터는 김일성의 수행을 시작으로 본격적인 '실무지도'를 시작했다.

김정일은 1982년 3월 21일 '위대한 수령 김일성동지 탄생 70돐 기념 전국주체사상토론회'에서 주체사상을 심화 발전시킨 「주체사상에 대하여」라는 논문을 발표했다. 그리고 1985년 10월 당 창건 40주년을 맞아 『주체사상총서』 시리즈가 발간되면서 주체사상이 더욱 체계화되고 영도체계론이 정립됐다(이교덕, 2003: 31~33).

1985년부터는 실질적으로 김일성이 대외업무, 김정일이 대내업무를 관장하고 김정일이 김일성보다 정치 전면에 나서는 이른바 "김정일-김일성 공동정권"의 시대가 열렸다.[23] 그리고 이때부터 '후계자론'이 본격적으로 등장하게 됐다.

김일성은 1986년 5월 31일 김일성고급당학교 창립 40주년에 즈음하여 집필한 「조선로동당 건설의 력사적 경험」이라는 강의록에서 "당의 위업을 계승해 나가는 데서 기본"은 무엇보다도 "정치적 수령의 후계자 문제를 바로 해결하는

---

23) 이에 대해서는 황장엽의 언급(≪연합뉴스≫, 2003.10.23)을 참조하시오.

것"과 "그의 령도를 실현할 수 있는 조직 사상적 기초를 튼튼히 쌓고 령도체계를 철저히" 세우는 것이라고 강조했다(김일성, 1994a: 100; 이교덕, 2003: 33~34).

특기할 만한 것은 김일성이 특히 항일혁명투사들에게 김정일을 후계자로 받들어나가는 데서 "누구보다도 모범"이 될 것을 주문했다는 것이다. 혁명의 원로인 항일혁명투사들은 "자신의 실천적 모범으로 인민들과 자라나는 새 세대들이 자기의 령도자를 진심으로 받들고 따르도록 만들어야" 하며, "지금까지 나에게 충실하여온 것처럼 김정일동지를 잘 받들고 도와주어 사회주의위업, 주체혁명위업을 끝까지 완성해나가도록 하여야" 한다는 것이다. 김일성은 "우리 혁명위업이 대를 이어 계속되는 것만큼 령도자에 대한 충실성도 대를 이어 계승"되어야 함을 강조했다. 그는 "수령에 대한 충실성이 그 후계자에 대한 충실성으로 이어질 때 그것이 참다운 충실성으로 되며 그러한 충실성을 지닌 사람이 바로 참다운 혁명가이고 충신"이라고 했다(김일성, 1996a: 123~124; 이교덕, 2003: 50~51).

김일성이 1992년 3월 13일, 1993년 1월 20일 그리고 3월 3일 항일혁명투사들, 혁명가 유자녀들과 만나서 한 이야기와, 또 1994년 5월 7일 중국 동북항일 빨치산 시절의 동료였던 중국인 채세영의 부인 호진일과 그 아들을 만나서 한 이야기를 보면, 김일성은 김정일의 '효성'에 대해 크게 칭찬하고 있다(김일성, 1996g: 426~427). 김일성이 개인적으로 아들을 후계자로 삼은 것을 잘한 일로 생각하고 있었다는 것을 알 수 있다.

김일성은 자신이 "훌륭한 아들을 두었기 때문에 더 늙지 않"는다면서, 김정일이 "나의 건강을 위하여 여러모로 마음을 많이 쓰며 무엇이든지 아끼지 않"고 있다고 하고, 김정일이 김일성이 "많은 문건을 보면 시력이 나빠진다고 하면서 문건을 록음하여 보내"준다고 했다. 그래서 김일성은 '산보'를 하면서 녹음을 듣고 문건 내용을 이해하며, 혹은 "어떤 문건은 기술성원들이 옆에서 읽어주기도" 한다는 것이다. 김정일은 "나라와 인민을 위하여 모든 것을 다 바치는 충신 중의 충신이고 아버지에게 효도를 다하는 효자 중의 효자"라는 것이다. 그러면서 김일성은 자신이 1992년 2월 16일, 김정일 생일 50돌을 맞아 "김정일동지가 문무충효를 겸비하니 모두 다 우러른다는 내용의 송시"를 지었으며,[24] 자신은 "김정일동지와 같은 후계자를 둔 것을 커다란 자랑으로 생각"한다고 만족감을 나타냈다(김일성, 1996g: 426~427; 김일성, 1996a: 117~118).

김정일에 '수령' 호칭 사용

북한이 구체적으로 김정일에게 '수령'이라는 호칭을 사용한 것은 1985년 그의 43회 생일 이후의 일로서, 1986년 5월 25일 ≪조선중앙방송≫ 논설 프로그램, 1991년 6월 30일 인민경제대학 창립 45주년 기념보고,[25] 1991년 10월 10일 ≪조선중앙방송≫의 소위 '한국민족민주전선'(구 '통일혁명당')이 당 창건 46주년을 맞아 김일성부자에게 보냈다는 축하문,[26] 1992년 2월 13일 ≪민주조선≫의 보도, 1993년 11월 18일 조선기자동맹 7차 대회 토론 등에서였다. 예전에는 '수령으로 삼자'는 식이었다면, 1993년 조선기자동맹 제7차 대회부터는 아직 김일성이 살아 있을 때였는데도 '현재의 수령' 쪽으로 약간의 뉘앙스 변화를 보였다.[27]

---

24) 김일성이 김정일의 50세 생일을 맞아 지은 송시는 「광명성 찬가」인데, 김일성의 붓글씨 한자 7언 송시이다. 그 전문은 "白頭山頂 正日峯(백두산정 정일봉), 小白水河 碧溪流(소백수하 벽계류). 光明星誕 五十週(광명성탄 오십주), 皆贊文武 忠孝備(개찬문무 충효비). 万民稱頌 齊同心(만민칭송 제동심), 歡呼聲高 震天地(환호성고 진천지)"이다. 한글 번역으로는 "백두산 마루에 정일봉 솟아 있고, 소백수 푸른물은 굽이쳐 흐르누나. 광명성 탄생하여 어느덧 쉰돐인가, 문무충효 겸비하니 모두 다 우러르네. 만민이 칭송하는 그 마음 한결같아, 우렁찬 환호소리 하늘땅을 뒤흔든다"이다(조선로동당 중앙위원회 당력사연구소, 1999: 364~365).

25) 1991년 6월 30일, 김국훈 총장은 인민경제대학 창립 45주년 기념보고에서 "친애하는 김정일동지를 주체위업 완성의 위대한 수령으로, 마음의 철석같은 기둥으로 삼고……"라는 표현을 했다(≪통일부 주간동향≫, 1994: 176호).

26) 동 축하문은 김정일을 "또 하나의 수령"이라고 호칭하면서 승계문제가 해결됐다고 주장했다. 구체적으로, "조선로동당은 친애하는 지도자 김정일동지를 또 한 분의 걸출한 수령으로 높이 모시고 지도자 동지의 현명한 영도따라 나아감으로써 공산주의운동사상 처음으로 수령의 위업 계승문제를 완전무결하게 해결하는 가장 위대한 승리를 이룩"했다고 보도했다(≪조선중앙방송≫, 1991.10.10; ≪통일부 주간동향≫, 1991: 41호).

27) 1993년 11월 18일 조선기자동맹 7차 회의 토론에서 "우리 당과 인민의 위대한 수령 김일성동지께서와 우리 당과 인민의 영명한 수령이시며 우리 모두의 운명이시고 전체 기자·언론인

또한 1994년 5월 9일 ≪평양방송≫의 「우리나라 사회주의제도의 우월성 특강」 프로그램 제1회에서 김정일에 대해 수차례에 걸쳐 '수령' 호칭을 되풀이 사용했다. ≪평양방송≫은 "위대한 수령 김일성동지와 친애하는 지도자 동지를 높이 모시고 두 분의 수령의 영도를 받고 있"다고 주장하고, 김정일을 "자주시대의 위대한 수령"이라고 하면서 "세계 혁명과 국제공산주의운동의 위대한 수령", "세계가 공인하는 탁월한 수령"으로 묘사했다(≪통일부 주간동향≫, 1994: 176호).

김일성이 1994년 7월 8일 사망한 후, 북한에서는 1995년 6월 17일과 18일 "김정일동지는 곧 우리 당"이라고 주장하는 신문 논설과 추모사가 있었고,[28] 1995년 8월 27일 ≪로동신문≫은 논설에서 "당이 곧 수령"이며 "김정일은 곧 당"이라면서, 당에 대한 충실성은 수령에 대한 충실성이라고 주장했다(≪로동신문≫, 1995.8.27). 1996년 2월 5일 ≪조선중앙방송≫은 모두들 '장군님의 한 식솔'로서 김정일을 "'영원한 수령'으로 천세만세 떠받들자"고 방송했다.

≪로동신문≫은 1996년 2월 6일, 「수령은 당이고 당은 곧 김정일」이라는 논설을 내보냈다. 논설은 수령은 "사회정치적 집단의 중심이며, 최고뇌수"인데, "수령이 서거했다고 해도 당의 최고뇌수로서의 수령의 지위는 절대적이며 확고하다"는 것, 김정일은 "수령의 영생을 실현시키는 충직한 후계자"라는 것, 김정일은 "당과 인민의 절대적 지지를 받고 있는 지도자"이며, "풍모도 인품도 수령을 그대로 닮은 참다운 후계자"이기 때문에 "수령에 대한 충효의 마음으로 김정일을 영원히 받들자"고 했다(≪로동신문≫, 1996.2.6).

2000년 12월 2일 ≪로동신문≫은 장문의 정론을 통해 김정일을 '21세기 수령'으로 호칭했다. 21세기가 본격적으로 시작되는 2001년 개막을 앞두고 김정일을 '21세기 수령'으로 호칭한 것이다(≪로동신문≫, 2000.12.2).[29] 이제 김일성

들의 자애로운 스승이신 김정일동지께서 부디 만수무강하시기를 삼가 축원합니다"라고 표현했다(≪통일부 주간동향≫, 1994: 176호).

28) 김정일의 당 사업 시작(1964.6.19) 31주년 즈음 ≪로동신문≫ 논설(1995.6.17); 1995년 6월 18일 "김철주 사망 60돌 평양시 추모대회 시 최태복의 추모사"(≪통일부 주간동향≫, 1995: 244호)를 참조하시오.

은 '20세기의 수령', 김정일은 '21세기의 수령'이 됐다. 그리고 그동안 '위대한
수령'은 김일성을 지칭하고, 김정일은 '위대한 영도자'로 호칭되어왔으나, 이 정
론은 김정일을 '위대한 수령'으로 7회나 호칭했다(≪통일부 주간동향≫, 2000:
516호).

한 가지 흥미로운 점은 김정일이 2000년 초에 "나는 군인"이라고 스스로 이
야기했고, "우리 장군님은 위대한 군인"이시며 "우리 시대 혁명의 수령은 군인
형 지도자여야 한다"고 주장하고 있다는 것이다. 이는 '선군시대의 수령'이 갖
춰야 할 자격을 이야기한 것이다. '군인'은 "결코 직업적 대명사가 아니라 참다
운 혁명가, 참다운 애국자, 참된 인간에 대한 값 높은 부름"이며, "혁명의 제1선
에 선 군인을 최고 혁명가로 간주"하는데, "군인의 최고 전형"이 바로 '김정일'
이고, "김일성은 20세기가 처음으로 맞이한 군인형 수령이었으며 김정일은 21
세기를 이끌 수령으로 역사 앞에 당당히 나섰"다고 주장한 것이다. 김정일은
"시대가 요망하고 세계가 공인하는 장군형의 위대한 수령"이며 "20세기를 김일
성 세기라고 하는데 21세기는 김정일 세기"라는 것이다(≪로동신문≫, 2000.12.2;
≪통일부 주간동향≫, 2000: 516호).

김일성사상 창시와 김정일 후계구도 확립에서의 '중국의 영향'

마지막으로, 김일성사상의 창시에 '마오쩌둥사상 따라 배우기'가 큰 영향을
미쳤고, 김정일의 후계구도를 확립하는 데도 '중국에서의 후계자 문제 경험'이
큰 교훈으로 작용했다는 흥미로운 점을 살펴보고 이 장을 마치기로 하자.

북한에서 김일성과 김일성사상의 신격화와 절대화는 중국에서 마오쩌둥과
마오쩌둥사상의 신격화와 절대화로부터 큰 영향을 받았다. 다시 말해, 중국에서
의 마오쩌둥과 마오쩌둥사상의 신격화·절대화는 북한에서 김일성과 김일성사
상의 탄생과 그것의 신격화·절대화 확립에 유리한 대외 정치기회구조 요소로서

---

29) 김정일에 대한 '21세기 수령'의 호칭과 더불어 북한의 ≪조선중앙방송≫은 2000년 12월 8
일 김정일을 '21세기의 위대한 태양'으로 찬양했다(≪통일부 주간동향≫, 2000: 516호).

작용했던 것이다.

중국에서 문화혁명이 한창이던 1969년 4월에 개최된 중국공산당 제9차 전국 대표대회는 "중국공산당은 마르크스주의, 레닌주의, 마오쩌둥사상을 지도사상의 이론 기초로 삼는다"는 규정과 함께 "마오쩌둥사상은 제국주의가 전면적으로 붕괴되어가고 사회주의가 전 세계적으로 승리하는 시대의 마르크스-레닌주의"라고 하는 등 마오쩌둥사상을 절대화했다. 린뱌오를 중심으로 한 문혁지도자들이 이처럼 마오쩌둥과 마오쩌둥사상을 절대화하는 가운데, 이를 기준으로 해서 김일성을 수정주의자로 비판했고, 이에 대해 북한은 중국을 교조주의자로 비판했다(이종석, 2000a: 245~246).

이처럼 조중 갈등이 악화되는 상황에서 북한은 '마오쩌둥 수령'과 '마오쩌둥 사상'에 대항하는 자신의 수령과 사상이 필요했고, 이는 '김일성 수령'과 '김일성사상'의 탄생으로 이어졌다. 이종석은 북한이 주체사상으로써 마오쩌둥사상에 대항하다가 결국 '중국 따라 배우기'를 하여 '김일성사상'을 탄생시키고 마는 함정에 빠졌다고 해석하고, 북한의 '주체사상'이 '마오쩌둥사상 따라 배우기'를 통해 생겨나게 되는 '역사의 아이러니'를 지적했다(이종석, 2000a: 246~247).[30]

한편, 중국이 '후계자 문제'에서 겪은 경험은 김일성이 김정일을 후계자로 지명토록 하는 데 또한 큰 영향을 미쳤다. 즉, 중국이 린뱌오를 후계자로 삼은 이후 후계자 문제에서 치른 값비싼 경험은 북한이 김일성의 아들인 김정일을 후계자로 삼는 데 유리한 대외 정치기회구조로 작용했던 것이다.

1960년대 후반부터 1970년대 초반에 중국에서 후계자 문제를 둘러싼 사건들을 살펴보자. 중국은 후계자로 지명된 린뱌오를 중국공산당 장정(章程)을 고쳐가면서까지 명문화했다. 그런데 1971년 9월 13일 린뱌오의 반란 사건이 발생했다. 이는 김일성으로 하여금 혈족 중심으로 후계자를 결정하는 데 큰 영향을 미쳤다. 그리고 1973년 8월, 중국에서 38세의 젊은 왕홍원(王洪文)이 후계자로 등장

---

30) 여기에서 언급한 북한의 '마오쩌둥사상 따라배우기'의 상황적 맥락과는 별개로, '주체사상'과 '마오쩌둥사상'의 발생사적 상관성, 인식론적 공통성에 대해서는 이종석(2000b: 171~179)을 참조하시오.

하자 이는 북한에서 30대 초반의 김정일을 후계자로 확정하는 데 따르는 부담감을 크게 줄여주었다. 왕흥원이 후계자가 된 지 5일 후인 1973년 9월 4일에 개최된 조선로동당 제5기 7차 전원회의에서 김정일이 당 비서로 선출됐고, 이듬해인 1974년 2월 김정일은 후계자로의 공인을 의미하는 당 중앙위 정치위원으로 선출됐던 것이다(이종석, 2000a: 248~249).

이종석은 위에서 살펴본 '마오쩌둥사상 따라 배우기'를 통한 김일성사상의 등장과 절대화의 경우도 그렇지만, 중국 후계자 문제의 경험으로부터 '배위' 김정일을 후계자로 등장시킨 것도 조중 갈등 속에서도 북한정치가 "끊임없이 중국정치의 병폐를 닮아가는 아이러니"를 연출한 것으로 평가했다(이종석, 2000a: 249). 그런데 이 모든 것은, 중국정치의 병폐를 닮아가는 아이러니도 아이러니지만, 북한의 '마오쩌둥사상 따라 배우기'와 중국의 후계자 문제가 북한에 준 교훈이 북한의 '김일성사상' 창시와 김정일 후계구도 확립에 유리한 대외 정치기회구조로 작용했다는 것을 말해준다.

*　　　*　　　*

이상에서 우리는 1967년 이후 북한에서 권력경쟁이 '완전히' 사라진 후 김일성 유일사상체계의 심화와 계속혁명, 수령제 사회주의의 확립과 작동, 김정일의 후계 수령 확립 등에 대해 살펴보았다. 그런데 이 장은 김일성-김정일이 북한에서 자신들의 권력을 강화·확대하고 또 대를 이어 승계시키기 위해서는 자신들의 권력과 권력행위를 정당화하는 '사상이론'적 사업이 필요했고 또 이를 중시했다는 것을 보여주었다. 이 사상이론 관련 사업은 결국 '사상'과 '정체성' 관련 작업이었다.

사상, 기술, 문화의 3대혁명과 '온 사회의 혁명화, 로동계급화', '온 사회의 김일성주의화', '온 사회의 주체사상화' 등은 모두 '공산주의 사회 건설'을 위한 인간개조 및 사회개조 사업, 즉 북한인민들로 하여금 '사회주의·공산주의 사상'을 갖도록 하고 북한사회가 '사회주의·공산주의 정체성'을 획득하도록 하기 위한 사업이었다.

한편, 공산주의 사회 건설을 위한 인간개조와 사회개조를 해나가는 데는 그것을 책임지고 해나가는 강력한 행위주체가 필요했고, 그 행위주체가 바로 '수령'이었다. '수령'은 자신의 절대적인 지위와 역할을 사상·제도적으로 보장받을 필요가 있었고, 이를 위해 주체사상, 수령론, 혁명적 수령관, 사회정치적 생명체론이 고안됐다. 그리고 수령이 '계속혁명'을 해나가기 위해서는 '후계자'가 필요했고, 이를 위해 수정된 과도기론과 계속혁명론, 혁명전통계승론, 후계자론 등이 고안됐다.

1994년에 수령인 김일성이 사망하자 후계자 수령인 김정일이 어떤 특별한 혼란 없이 권력을 승계했다. 수령제하의 권력승계의 '안정성'이 나름대로 증명된 셈이었다. 물론 현실적으로 북한에서 수령 부자승계에 대해 반대하거나 비판할 정치세력도 없었고, 외부에서 그에 대해 어떤 의미 있는 영향을 미치기도 어려웠다.

김일성의 말년, 사망, 그리고 김정일의 권력승계 시기에 소련과 동유럽사회주의 국가들의 붕괴, 독일통일, 제1차 북핵위기 발생과 북미 양국의 충돌 등 국제사회에서 매우 심각한 안보 관련 사건들이 발생했고, 국내적으로는 경제 실패로부터 생겨난 극심한 식량난과 에너지난이 북한을 강타했다. 북한 지도부로서는 대내외로부터 오는 위협에 대한 효과적인 대처방안을 모색하지 않을 수 없었다. 이런 상황에서 김정일이 선택한 것은 '선군정치'였다. '군대'를 '혁명의 주력군, 기둥'으로 내세우면서 위기상황에서 대내외적인 위협에 강력히 대처하겠다는 생각이었다. 김정일이 시작한 '선군사회주의'에 대해서는 다음 장에서 자세히 살펴볼 것이다.

제5부

선군사회주의

(1995~2010)

'선군사회주의'는 '김정일 시대의 정치'의 표지(標識)로서 김정일이 1995년부터 시작하여 2010년 현재까지 지속하고 있는 '선군정치'와 선군혁명영도를 앞세운 사회주의이다. 선군사회주의는 '군대'를 '혁명의 주력군'으로 내세우고, '선군사상'을 주체사상과 함께 공식 지도사상으로 격상시켰으며, 권력구조 면에서는 1967년에 확립된 당의 유일사상체계와 1972년까지 법적·제도적으로 완성된 수령제를 그대로 유지하고 있다. 변한 것이 있다면 '주체사상'을 중심으로 한 김일성 유일사상체계가 '선군사상'과 선군혁명영도를 중심으로 한 김정일 유일사상체계로 바뀌었을 뿐이다. 김정일은 대내외 위기에 처하여 군대를 중시하는 사상을 내세우고, 선군혁명영도의 정치를 통해 선군사회주의의 정체성을 획득하면서 군대와 군 관련 기관과 부서, 그리고 군 리더십의 위상과 역할을 강화했다.

제11장에서는 김정일이 시작한 선군정치, 선군사상, 선군혁명영도 등의 분석을 통해 '선군사회주의'를 들여다보고, 또 현재 진행 중인 3대 권력세습 문제에 대해서도 살펴볼 것이다.

선군사회주의

이 장은 1994년 7월 8일 김일성 사망으로 권력을 승계한 김정일이 1995년 1월 1일 '선군정치'를 내세운 이래 2010년 9월 말 현재까지, 즉 15년여의 '선군사회주의'의 기간을 다루고 있다.

1994년 김일성이 사망하자 김정일은 바로 권력을 승계했다. 새로 수령이 된 김정일이 당장 해결해야 할 일은 미국과 전쟁위기까지 갔던 '북한 핵문제'를 마무리하는 것이었다. 1994년 10월 21일 북한은 미국과 제네바 북미기본합의를 체결함으로써 핵문제를 해결했으나, 소련 멸망 후 외교적 고립하에서 유일 초강대국 미국과 전쟁위기까지 가야 했던 위기를 경험했다.

1990년대 초부터 대내적으로 극심한 식량부족 등 경제적 파탄에 처하고, 대외적으로는 핵문제로 미국과 전쟁위기까지 경험한 김정일은 이러한 도전들에 대한 대응책으로서 1995년 새해 첫날 인민군 '다박솔중대'에 대한 현지지도를 통해 '선군정치'를 내어놓았다(『조선로동당력사』, 2004: 531~532). 이제 북한에서 '군대'를 '혁명의 주력군, 기둥'으로 전면에 내세운(김철우, 2000: 37) 선군영도혁명, 선군정치가 시작된 것이다. 북한은 이를 김정일 자신의 독창적인 정치이론으로 내세웠다(『조선로동당력사』, 2004: 534~535). 그러나 객관적으로 보면, 북한의 선군사상, 선군혁명영도, 선군정치는 당시 국내외 위기의 심화로 정치적·경제적·사회적 불안정이 급증한 데 따른 '위기관리'와 '위기대응'의 성격을 띤 것이었다(김진환, 2010: 365~385; 서훈, 2008: 63~79).

김정일은 권력구조로서 기존의 '수령 중심의 사회주의 당-국가체제'[수령제]를 변화시키지 않으면서, 김일성 유일사상체계에 자신의 '선군사상'을 더하여 김정일 '선군 유일사상체계'를 확립했다. 북한의 정치체계가 선군의 '사상'과 '정체성'을 갖춘 선군사회주의 체계가 된 것이다. 이러한 모습을 갖춘 '선군사회주의'는 당·정·군 3자 위에 수령이 위치하는 수령제라는 점에서 권력구조상으로는 예전과 마찬가지였지만, 이제 군대가 노동자, 농민에 앞서는 '혁명의 주력군'이 됨으로써 '실제 정치'에서 군대가 '당의 권위를 압도'하는 상황이 전개됐다.

이 장에서는 우선 김정일이 선군정치를 시작하고 유지하는 데서 대내외 환경 구조인 정치기회구조를 살펴보고, 김정일이 선군정치를 시작하기 이전의 시기인 1990년대 초에 김일성-김정일이 소련의 붕괴로부터 시작된 총체적인 위기에 대한 대응전략으로 취한 조치들, 즉 당의 영도적 역할 강화와 김정일의 무력기관 리더십의 공식 인수 및 국방위원회 강화를 살펴볼 것이다. 그다음, 김정일 시대의 '선군사회주의'를 선군정치의 기원, 혁명의 주력군이지만 어디까지나 당군(黨軍)인 군대, "군대이자 당이고 국가이고 인민"인 선군철학, 주체사상의 심화 발전이자 대체가능성을 가진 사상으로서의 선군사상, '온 사회의 선군사상화', 선군혁명영도, 2009년 4월 헌법 개정을 통한 선군사회주의의 법제화 그리고 선군사회주의하에서의 군대와 군 관련 기관, 부서 및 인사들의 위상과 역할 강화를 분석할 것이다. 마지막으로, 김정일의 3남 김정은이 2010년 9월 당 대표자회에서 당 중앙군사위 부위원장(실질적으로 제1부위원장), 당 중앙위 위원에 선출됨으로써 공식 후계자로 등장하게 된 3대 세습 후계정치를 살펴보기로 한다.

1. 대외 정치기회구조

여기서는 김정일이 선군사상을 내세우고 선군혁명영도의 정치를 시작하도록 영향을 미친 대외 정치기회구조를 살펴보도록 한다. '선군사회주의'의 대외 정치기회구조 요소로서 소련을 포함한 사회주의권의 붕괴와 북한의 고립, "현대 수정주의자" 고르바초프에 대한 비판, 동유럽 사회주의 국가들의 패망 원인인 사대주의와 관료주의에 대한 비판, 미국과 남한, 그리고 국제사회와의 대결을 초래한 북한 핵문제와 미사일 문제, 천안함 침몰사건과 동아시아 신질서 수립, 6·15공동선언과 10·4정상선언, 그리고 최근 이명박정부의 강력한 반북정책과 북한붕괴 추구 등 남북관계를 살펴볼 것이다.

사회주의권의 붕괴와 북한의 고립

우선, 사회주의 종주국 소련의 붕괴는 사회주의권 전체에 엄청난 파장을 가져왔고 북한이 느낀 충격은 심각했다. 김일성은 "70여 년 동안이나 사회주의를 건설하던 쏘련이 하루아침에 무너진다는 것은 참으로 상상하기 어려운 일"이라고 했다(김일성, 1996b: 378~379). 소련은 해체되었고, 서독의 동독 흡수통일, 동유럽 사회주의 국가들의 붕괴가 뒤따랐다. 소련의 뒤를 이은 러시아가 1990년에, 그리고 중국이 1992년에 남한과 국교를 정상화했다. 그러나 미국은 북한의 붕괴 가능성에 유의하면서 북한과 국교정상화를 서두르지 않았다. 일본은 북한과의 국교정상화에 상대적으로 큰 관심을 보였으나, 북핵문제 발생으로 일본의 대북 수교협상은 중단됐고, 미국은 북한의 핵개발을 저지하기 위해 대북 무력사용을 고려했다. 한반도에서 남북한에 대한 '4대국 교차승인'은 이뤄지지 않았다.

더구나 1995년 러시아는 1961년부터 지속되었던 북한과의 군사동맹조약을 폐기하고 1997년에는 일반적인 국가 간의 우호협력조약을 체결했다. 중국은 북한과의 동맹조약을 파기하지는 않았지만, 조중관계가 냉전시대의 혈맹관계와 같을 수는 없었다. 더구나 한중 수교가 이뤄진 상황에서 조중관계의 변화는 불가피했다.

이처럼 급변하는 국제환경 속에서 북한이 겪은 외교적 고립은 북한의 존립 자체에 심각한 도전이 됐고, 소련의 붕괴는 또한 북한 수출입시장의 붕괴를 의미했다. 북한은 북한의 붕괴를 바라는 자본주의 국가들에 의해 포위당하고 있다는 '피포위 의식'에 시달렸다. 북한의 대외정책은 그만큼 '방어적'이 됐고, 국가안보와 경제회복을 최우선적인 문제로 다뤄나갔다(Paik, 2007; Paik, 2008). 북한의 이러한 심리상태와 대외정책은 군을 앞에 내세우는 선군정치, 선군사회주의 탄생과 유지의 배경이 됐다.

고르바초프: "현대 수정주의자"

북한은 소련 붕괴가 북한에 미치는 부정적인 영향을 최소화하기 위해 고르바초프를 "현대 수정주의자"로 규정하고 그가 취한 개혁·개방정책을 비판하는 사상교양사업을 시작했다. 김일성은 현대 수정주의자들은 "사회주의를 '개혁'하고 '개편'한다고 하면서 자본주의의 길로 나아가고 있으며 국제주의 원칙을 다 줴버리고[함부로 내버리고 돌아보지 아니하고] 있다"고 비판했다. 더구나 그들은 북한이 자신들의 "그릇된 수정주의 정책"을 따르지 않는다고 북한에게 "경제적 압력을 가하였다"는 것이다(김일성, 1994b: 244).

김일성은 "쏘련이 망하기 시작한 것은 현대 수정주의자들이 집권하였을 때부터"라면서 "현대 수정주의자들은 당 건설의 원칙을 줴버리고 당을 체계적으로 약화"시켰다고 했다. 소련공산당 지도자들은 "제국주의자들과 맞서 싸우지 말고 협조하면서 함께 살아나가야 한다"는 "투항주의적 사고방식"인 "새로운 사고방식"에 대해 떠들면서 "제국주의자들이 주장하는 꼬스모뽈리찌즘(cosmopolitism, 세계주의)을 받아들"였다는 것이었다. 그는 '미제국주의자들'이 "오래전부터 꼬스모뽈리찌즘을 저들의 세계제패 야망을 실현하기 위한 사상적 도구로 리용"했다고 했다. 즉, 세계주의(코스모폴리티즘)의 목적은 "세계를 제패하기 위한 미제국주의자들의 '평화적 이행' 전략을 실현"하는 데 있다는 것이다(김일성, 1996b: 378~379). 김일성은, 제국주의는 '독점 자본주의'이며 그 본성은 변하지 않는데, 소련 지도자들이 "제국주의자들에 대한 환상을 가지고 그들과의 협조를 설교하다 보니 결국 쏘련은 제국주의자들의 반사회주의 공세를 이겨내지 못하고 망하게" 됐다고 했다(김일성, 1996b: 379).

그런데 김일성은 "쏘련을 망하게 한 사회주의 배신자들에게는 공산주의자의 체면은 고사하고 민족적 량심도 없"었다면서 "그들에게 애국주의 정신이 조금이라도 있었더라면 쏘련이 그렇게까지는 되지 않았을 것"이라고 했다. '사회주의 배신자들'이 "이제는 미국사람들이 하라는 대로 하고 있"다는 것이다(김일성, 1996b: 379). 김일성이 의미했던 것은, 북한 지도자들은 소련 지도자들과 달리 '민족적 양심'과 '애국주의'를 중시하고 있기 때문에 북한은 쉽게 망하지 않는다는 것이었다. 참고로, '민족적 양심'과 '애국주의'의 중시는 나중에 북한에서 '우리식 사회주의'와 '우리 민족 제일주의'로 나타났다(조성박, 1999: 205~216).

동유럽 국가들의 패망 원인: 사대주의와 관료주의

김일성은 동유럽 사회주의 국가들이 패망한 원인을 '사대주의'와 '관료주의'의 두 가지로 들었다. 첫째, 그 나라 지도자들이 "사대주의, 대국숭배주의"를 했기 때문에 망했다고 했다. 지난 날 그들은 "쏘련에서 '아' 하면 같이 '아' 하고 '베' 하면 같이 '베' 하"는 식으로 "모든 것을 쏘련이 하는 대로" 했다는 것이다.[1] 결국 그들이 "쏘련을 숭배하면서 모든 것을 쏘련 식으로 하다 보니 결국 망하고 말았"다는 것이다. 김일성은 "쏘련에서 '개편'을 하면 하였지 무엇 때문에 자기들도[동유럽 사회주의 국가들도] 맹목적으로 '개편' 놀음을 벌"려야 하겠느냐고 반문했다(김일성, 1996b: 380).

김일성은 동유럽 사회주의 국가들이 그처럼 모든 것을 소련식으로 하게 된 것은 "쏘련군대가 그 나라들을 해방하여준 것과 많이 관련"이 있는데, "쏘련군대가 그 나라들을 해방한 다음 공산주의운동을 한다던 사람들을 모아다 정권의 자리에 올려놓다 보니 그들이 쏘련을 숭배하지 않을 수 없었"다고 했다. 더구나 당시 쏘련은 그 나라들에게 "사회주의 원칙, 국제주의적 원칙"에서 이탈하지 않도록 압력을 가했다는 것이다(김일성, 1996b: 381).

여기에서 김일성이 의미했던 바는 결국 북한은 '소련군대가 해방시킨 것이

---

1) 김일성은 한 가지 예를 들었는데, 이전에 동독의 경우 "쏘련에 대한 숭배심이 얼마나 심했던 지 모스크바에 비가 내린다고 하면 베를린에는 비가 내리지 않아도 우산을 쓰고 다닌다고 하였는데 그것은 그 나라 인민들이 자기 당 지도부가 사대주의를 하는 데 대하여 비판하는 말"이었다고 했다(김일성, 1996b: 380).

아니고 자신의 힘으로 해방'됐고, 소련식을 무조건 따라 배우는 교조주의를 배격하고 자신의 '주체'를 세운 공산주의자들이 나라를 세우고 운영해왔다는 점에 있어서 동유럽 국가들과 다르고 그들처럼 망하지 않는다는 것이었다.

둘째, 동유럽 사회주의 국가들이 망한 이유는 이들 나라의 지도자들이 "관료주의를 혹심하게 부린 데" 있다고 했다. 자본주의 사회에서는 "국가를 관리하는 사람과 경제를 운영하는 사람이 따로 있기 때문에 국가통치자들이 관료주의를 부리면서 정치를 잘못하여도 돈벌이를 하는 사람은 크게 지장이 없이 돈벌이를 할 수 있"으나, 사회주의 사회에서는 사정이 다르다는 것이다. 사회주의 사회에서는 "인민대중이 국가주권과 생산수단의 주인이기 때문에 지도일군들이 늘 인민대중 속에 들어가 그들의 요구를 알아보고 인민대중의 의사와 요구에 맞게 국가를 관리하고 경제를 운영하여야" 한다는 것이다. 그런데 동유럽 국가들의 지도자들은 "군중 속에 잘 들어가지 않았고 사무실 천정이나 모스크바를 쳐다보면서 정치를 하였"고 "인민대중의 의사와 현실에 맞지 않는 자기의 주관적 의사를 사람들이 잘 받아들이지 않으면 관료주의적으로 내리먹"었다고 했다. 그러다 보니 결국 인민들로부터 이탈되고 나중에는 사회주의를 망하게 했다는 것이었다(김일성, 1996b: 382).

결론적으로, 김일성은 동유럽 사회주의 국가들이 망한 이유는 사대주의와 관료주의 때문이었지, "결코 사회주의제도 자체에 문제가 있어서 그렇게 된 것은 아"니며, "사회주의제도 자체는 나쁘지 않"다고 했다. 그리고 지금 "사회주의가 무너지고 자본주의가 복귀된 나라들에서 수많은 근로자들이 일자리를 잃고 실업자가 되였으며 이 밖에도 사회경제적으로 심각한 문제들이 수없이 제기되고 있"다고 지적했다. 이 나라 사람들은 "사회주의를 버리고 구라파 공동체(EU)나 나토(NATO)에 들면 잘살 수 있으리라고 생각하였는데 그런 꿈은 다 깨지고 말았"다는 것이다. 이들 중 어떤 나라 사람들은 "사회주의를 버리고 자본주의로 복귀하면 미국사람들이 원조를 많이 줄 것이라고 생각하였는데 지금까지 미국에서 원조를 1억 딸라밖에 받지 못"했으며, "쏘련과 동구라파 나라 사람들은 미국식 자본주의의 쓴맛을 다 보았기 때문에 지금에 와서는 사회주의를 버린 데 대하여 후회하면서 사회주의를 다시 재생시키겠다고 하고 있"다고 했다(김일성,

1996b: 382~383)

　김일성은, 따라서 우리는 "모든 것을 우리식으로 할 뿐이지 다른 것은 없"다는 점을 강조했다(김일성, 1996b: 383). 이는 바로 북한이 '인민대중 중심의 우리식 사회주의'를 내세우는 배경이 됐고, '우리식 사회주의'는 동유럽과는 달리 북한에서 사회주의 체제가 망하지 않고 존속하리라는 주장의 이론적, 논리적, 경험적 근거가 됐다.

북한 핵문제와 미사일문제: 국제사회와의 대결

　북한의 핵무기 개발 야망은 북핵문제를 발생시켰고, 북한의 핵무기와 그것의 운반수단인 탄도 미사일 개발을 막으려는 미국, 남한, 일본 등 국제사회와 북한은 거의 20년 동안 끈질긴 대결을 해왔다. 2001년 9·11 대미테러가 발생한 후, 미국이 직면한 심각한 문제는 단순한 테러의 방지가 아니라 '테러에 핵무기 등 대량살상무기(WMD)가 결합되는 상황'을 방지하는 것이었고, 이는 외교안보 분야의 최우선적인 목표가 됐다. 미국은 바로 그러한 위험성을 증가시킬 수 있는 나라들, 즉 핵무기와 같은 대량살상무기를 개발하고 핵물질이나 핵기술을 테러단체나 테러지원국들에게 확산시킬 위험성이 있는 나라들, 즉 이라크, 이란, 북한을 "악의 축(axis of evil)"으로 명명하고 국제사회를 동원하여 이들과의 전쟁에 나섰다.

　북한에게 있어서 핵무기와 미사일 개발은 공산주의 종주국인 소련이 패망한 상황에서 미국 등 자본주의 국가들로부터 오는 안보위협에 대처하고자 '억제력'을 증강하기 위한 것이었지만, 이는 세계 유일 초강대국인 미국은 물론, 남한, 일본, 중국, 러시아, 유럽연합 등 국제사회와의 대적을 의미했다.

　1993년 6월 뉴욕에서 제1단계 북미회담 진행, 1993년 7월 제2단계 북미회담, 그리고 1994년 8~10월의 제3단계 북미회담을 거쳐 1994년 10월 북핵문제를 해결하는 제네바 북미기본합의가 성사됐다. 그러나 1993~1994년 북핵문제의 전개과정에서 북한은 한미 양국이 유엔안보리나 국제원자력기구(IAEA)의 대북제재는 물론, '팀스피리트 한미합동군사훈련'의 재개 카드를 들고 나오고, 더구나 미국이 영변 핵시설에 대한 "외과수술적 공격(surgical strike)"를 고려하는 등[2] 미국과의 첨예한 대결을 경험했다. 이는 김정일로 하여금 '선군정치'를 시작케 하는 대외 정치기회구조로 작용했다. 또한 아직까지도 해결이 되지 않고 있는 핵문제와 미사일문제가 지속적으로 초래하는 대외관계에서의 긴장과 위협은 북한에서 선군정치의 탄생과 지속의 배경이 됐던 셈이다.

한편, 제네바 북미기본합의 이후 대북 경수로 제공 사업이 시작되는 등 북미 관계가 기본적으로 증진되고 있었지만 시시때때로 우여곡절을 겪곤 했다. 1998 년 8월에는 금창리 지하 핵의혹시설 보도, 북한의 대포동미사일을 사용한 인공 위성[광명성 1호] 발사 등으로 북미관계가 급랭했다. 만일 북한이 금창리 지하에 비밀 핵시설을 건설하고 있었다면, 그것은 제네바 북미기본합의 위반이었다. 1998년 하반기에 있었던 대북정책 관련 논란은 미국 외교정책의 역사에서 베트 남전쟁 관련 정책 논란 이래 가장 치열한 것이었다. 그러나 1999년 금창리 지하 핵의혹시설 사찰 결과 핵시설이 존재하지 않는 것으로 밝혀졌고, 이어 페리 (William Perry) 대북정책조정관의 평양방문과 페리 프로세스(The Perry Process)의 시작으로 북미관계는 개선의 길에 들어섰다.

특히 2000년 10월에는 그해 6월 역사적인 남북정상회담에 힘입어 북한의 국 방위 부위원장인 조명록 차수가 김정일의 특사 자격으로 워싱턴을 방문하여 클 린턴 대통령을 만났고, 북미 양국 간에 관계개선을 위한 '북미공동코뮈니케'를 발표했다. 그리고 올브라이트(Madelene Albright) 미 국무장관이 평양을 답방하여 김정일을 만났으며, 그동안 주요 현안으로 남아 있던 탄도미사일문제 해결과 클 린턴 대통령의 평양방문에 대해 논의했다. 그러나 그해 미국대통령 선거에서 공 화당 후보인 조지 부시(George W. Bush)가 당선됨에 따라 북미관계 개선을 위한 황금 같은 기회가 사라지고 말았다.

---

2) 미국은 1994년 6월 14일 장관급회의 중 '대북공격안(오시라크 옵션)'을 검토했다. 오시라크 옵션(Osirak Option)은 이란-이라크 전쟁(1980~1988) 중인 1981년 6월 이스라엘 공군기들 이 이라크 수도 바그다드 부근에 있는 오시라크 원자로를 폭격하여 파괴했던 사실에서 유래 된 것으로서 핵시설에 대한 '외과수술적 공격'을 말한다.

2001년 1월에 들어선 부시정부는 대북정책 검토에 착수하여 제네바 북미기본합의의 이행 대신 수정을 결정했다. 그해 9·11 테러를 겪은 후 충격에 빠진 미국이 2002년 1월 북한을 '악의 축' 국가 중의 하나로 지정하고 북한의 정권교체를 추구함에 따라 북미관계는 최악의 상황에 빠졌다. 2002년 10월에는 켈리 (James Kelly) 미 대통령 특사가 북한을 방문하여 제네바 북미기본합의의 위반이 되는 북한의 우라늄농축프로그램의 존재를 시인하도록 요구했고, 결국 이를 계기로 제네바 북미기본합의가 깨어지고, 북한은 2003년 1월 '핵무기전파방지조약(NPT, 핵무기비확산조약)'으로부터 공식 탈퇴하고 말았다.

결국 2003년 8월부터 북미 양국을 포함한 남한, 중국, 러시아, 일본이 참여하는 '6자회담'이 개최되었고, 우여곡절 후에 2005년 한반도 비핵화를 위한 '9·19 공동성명'이 발표됐다. 그러나 9·19 공동성명에 대한 합의와 '동시에' 미국 정부가 방코델타아시아(BDA) 은행의 북한계좌에 대해 금융제재를 가함으로써 북한이 미국의 '이중성'에 대해 반발하여 BDA 금융제재가 해제되기 전에는 6자회담에 복귀하지 않겠다는 입장을 취하면서 9·19 공동성명은 이행되지 못했다. 2006년 6월 북한은 6자회담 미국 수석대표를 평양에 초청했으나 미국은 이를 거부했다. 이에 실망한 북한은 7월에 대포동 2호 등 탄도미사일들을 시험 발사했고, 유엔안보리는 북한 미사일 관련 결의(제1695호)를 통과시켰다. 이에 반발하여 북한은 2006년 10월 핵실험을 감행했고, 유엔안보리는 대북결의안(제1718호)을 통과시켰다.

그해 11월에 치러진 미 중간선거에서 패배한 부시정부는 대북정책에서 변화를 보이기 시작했다. 2007년 들어 6자회담이 재개되어 9·19 공동성명의 이행을 위한 2·13 합의와 10·3 합의를 이뤄냈다. 그러나 2008년 미국대통령선거 운동이 본격화됨에 따라 북핵문제에 대한 협상과 조치는 새로운 진전을 보이지 못하고 6자회담은 중단됐다.

2008년 미 대통령 선거운동 기간에 민주당 후보 버락 오바마(Barack Obama)는 부시정부의 대북정책을 신랄하게 비판하고 자신이 당선되면 김정일과의 정상회담 등 클린턴정부의 대북정책 기조를 회복시키겠다고 공약했다. 2009년 1월 오바마정부가 출범하여 대북정책을 아직 구체화하지 못하고 있던 4월에 북한은 장거리 탄도미사일 능력을 가진 로켓을 이용하여 또 인공위성[광명성 2호]을 발사했다. 유엔안보리는 의장성명을 통해 강력한 대북 제재를 천명했고, 북한은 이에 대해 5월 제2차 핵실험으로 대응했다. 6월에 유엔안보리는 강력한 대북 결의안(제1874호)을 통과시켰다.

2009년 8월에는 클린턴 전 미국대통령이 평양을 방문하여 김정일을 만났고, 10~11월에 북한외무성 미주국장 리근이 미국을 방문하여 한반도 평화체제 수립문제를 향후 6자회담의 중요 안건으로 제안하면서 미국과 '전략적인 관계'를 맺고 싶다는 뜻을 밝혔다. 11월에는 미국의 대북정책특별대표인 보즈워스(Stephen Bosworth)가 평양을 방문했다. 북한은 한반도 비핵화를 위해서는 '한반도 평화체제 수립' 문제에서 진전을 이뤄나가야 한다는 것을 명백히 했다. 북한은 6자회담 재개를 위해서는 유엔안보리의 대북 제재를 해제할 것, 북한의 비핵화를 위해서는 평화체제 수립을 보장할 것을 요구했다. 그러나 미국은 북한이 먼저 '말이 아닌 행동'으로써 태도를 바꾸기 전에는 대화하지 않겠다면서, "전략적 인내(strategic patience)"를 정책기조로 삼고, 북한이 먼저 협력적인 조치를 취하기 전에는 북한에 대해 어떤 조치도 먼저 취하지 않겠다는 입장을 천명했다. 이는 미국의 주도권을 포기한 매우 '수동적'인 정책이었다.

2009년 들어 중국의 집중적인 노력으로 북한도 6자회담 재개에 단계적으로 동의하는 입장을 취하는 등 진전이 있었으나, 2010년 3월 천안함 침몰사건이 발생함으로써 이 모든 노력이 허사가 되고 말았다.

천안함 사건과 동아시아 신질서 수립: 새로운 대결

2010년 3월 26일 남한의 초계함 천안함이 한미합동훈련 중에 서해 백령도 부근에서 침몰하는 사건이 발생했다. 남한정부 주도의 민간합동조사단이 사건의 원인 조사에 착수했고 '북한의 어뢰공격에 의한 침몰'로 결론을 내렸다. 북한은 자신들과는 아무런 관련이 없다고 주장하면서 '국방위 검열단'을 보낼 것을 제안했다. 한편, 남한 국내에서 정부주도의 합동조사단이 내린 결론에 대해 많은 질문과 의문이 제기됐고, 독립적인 조사를 벌인 러시아 조사단은 민간합동조사단의 조사 결론에 동의하지 않았으며(Gregg, 2010), 중국도 '증거 불충분'을 이유로 합동조사반의 조사 발표에 동의하지 않았다. 남한정부는 이 문제를 유엔안보리에 상정했으나 의장성명도 공격주체를 북한으로 명기하지 않았다. 결국 천안함 사건을 계기로 한미 양국은 강력한 동맹협력을 과시했으나, 국내외적으로 천안함 침몰 원인에 대한 논란은 지속될 것으로 보인다.

한편, 유엔안보리 의장성명이 나온 이후, 한미 양국은 서해에서 합동군사훈련을 계획했으나, 중국의 강력한 반대로 합동훈련 장소를 동해로 옮겨 30여 년 이래 최대 규모로 최신식 무기와 장비로 한미군사합동훈련을 실시했다. 남북한이 전쟁까지 갈 수도 있는 첨예한 대결상태에 빠지고 미중 양국은 각각 자신의 동맹국인 남한과 북한을 지지했다. 이로써 동아시아 국제정치에서 본격적으로 미중 간의 대결과 남북한의 대결구도가 서로 조합되어 한미 vs. 조중의 두 세력권 간에 '대결이 구조화된 상황'을 맞게 됐다(백학순, 2010b).

특히 한미 양국이 '천안함 사건 해결'과 '6자회담 재개'를 연계하는 정책을 추구함으로써 그동안 미중 양국 간에 동아시아 안보분야에서 협력의 공통분모와 연결고리의 역할을 해왔던 '한반도 비핵화를 위한 협력'이라는 정책이 더 이상 작동하지 않게 됐다. 안보분야에서 협력의 영역이 사라지자 미중 양국은 본격적인 힘의 경쟁에 돌입했으며, 그것은 천안함 사건의 조사와 처리를 통해 적나라하게 드러났다. 천안함 사건에 관한 유엔안보리 의장성명을 보면, 이는 '천안함 사건의 처리' 문서라기보다, 좀 심하게 말하면, 2010년 7월 미중 양국이 새롭게 짜는 동아시아 국제질서의 현주소를 나타내는 일종의 '미중관계 보고서'라고 부를 수 있을 정도로 양국 간의 힘의 관계와 전략적 충돌이 그대로 나타나 있다(백학순, 2010b: 11).

2010년 8월 말 김정일의 중국 동북3성 방문과 중국공산당의 총서기 겸 국가주석인 후진타오(胡錦濤)가 지린성 창춘(長春)에까지 와서 김정일과 정상회담을 한 것은 복잡한 국제관계 속에서 조중관계의 밀접함과 "전통적인 조중친선의 바통을 후대들에게 잘 넘겨주고 그것을 대를 이어 강화발전"시켜(≪조선중앙통신≫, 2010.8.30) 나가는 것을 미국과 한국 등 국제사회에 과시하는 모습을 보여주었다.

결국 세력전환기에 들어선 미중 양국 관계가 천안함 사건을 계기로 자연스럽게 대결적 모습으로 나타나고, 남북한 간에 무력사용 가능성을 안고 전쟁위협까지 내닫는 상황은 북한으로 하여금 군대를 앞세우는 선군정치를 지속케 하는 데 유리한 대외 정치기회구조적 요소가 되고 있다.

대남관계: 6·15공동선언, 10·4정상선언, 북한붕괴론

남북한은 2000년 6월과 2007년 10월에 두 번의 정상회담과 공동선언을 이뤄냈다. 김정일은 2000년 6월 남한의 김대중 대통령과 역사적인 남북정상회담을 개최하고 6·15공동선언에 합의함으로써 본격적인 남북화해협력의 시대를 열었다. 2007년에는 노무현 대통령과 함께 10·4정상선언을 발표했다.

소련의 붕괴로 냉전시대가 끝나고 탈냉전시대에 들어선 북한은 무엇보다도 자신의 생존과 번영을 위해 미국, 남한 등 국제사회와 '평화공존'의 틀을 마련하는 것을 최우선적인 국가목표로 삼았다. 김정일은 남북정상회담과 공동선언들을 통해 대남관계를 개선함으로써 남북관계에서 나름대로 '21세기 생존과 번영의 틀'을 짜려는 전략적인 구상을 했던 것으로 보인다. 구체적으로, 김정일은 두 번의 남북정상회담과 두 번의 공동선언을 통해 대남관계에서 '평화공존과 평화공영'의 틀을 완성했다고 생각했던 것으로 보인다.

그런데 이러한 전략적인 계산은 남한도 대동소이했다. 1997년 말 외환위기로 국제통화기금(IMF) 구제금융을 받은 남한의 경우, 어떻게든 남북관계에서 긴장을 낮춰 남한 투자시장의 신인도를 높여 경제위기 극복을 해나가야 할 상황이었고, 이는 김대중정부의 대북 화해협력정책인 '햇볕정책'으로 나타났다. 구체적으로 김대중 대통령의 취임사에서 북한의 무력도발 불용, 남한의 대북 가해 및 흡수통일 반대, 남북 간의 화해협력을 가능한 분야부터 적극 추진하겠다는 대북 화해협력정책의 '3원칙'으로 표현됐다(임동원, 2008: 334~336).

그러나 2008년 출범한 이명박정부는 김대중, 노무현정부의 대북 화해협력과 평화번영의 정책의 시기를 "잃어버린 10년"으로 규정짓는 정책기조하에서(백학순, 2009: 278), 통일을 외교의 하위 범주로 격하시키고, 비록 이행되지는 못했지만 대통령직인수위원회에서 통일부 폐지를 결정하는 등 파행적인 행보를 보이면서 햇볕정책과 평화번영정책을 폐기하기 시작했다. 이명박정부는 북한의 선핵포기를 요구하는 '비핵·개방·3000'을 새로운 대북정책으로 내세우고, 공식적으로는 '상생과 공영'을 내세웠지만 북한의 급변사태론, 작계 5029 등 북한붕괴론의 유혹에서 벗어나지 못한 모습을 보여주었다. 남북 간에는 불신이 깊어만 갔고 결국 당국 간 대화가 끊기고, 금강산관광과 개성관광이 중단되고, 개성공단이 축소되어 운용되는 상황에 처했다. 그런데 천안함 사건이 발생함으로써 남북관계는 단순한 악화가 아니라 당장 '전쟁위협' 문제를 다뤄야 하는 심각한 상황으로 변했다.

남북관계가 평화공존과 평화번영으로부터 전쟁위협과 군사적 충돌 가능성을 배제할 수 없는 첨예한 대결상황으로 변화함으로써 북한은 선군정치를 지속하고 강화할 수 있는 좋은 구실을 또 얻게 됐다.

2. 대내 정치기회구조

위에서 살펴본 바와 같이, 소련 붕괴 이후 급속도로 악화된 대외환경은 김정일이 군대를 앞세운 '선군정치'를 내세우고 그것을 지속하기에 유리한 정치기회구조를 의미했다. 그렇다면 선군사회주의 시대의 대내 정치기회구조는 어떠했는가? 여기에서는 대내 환경구조로서 김일성의 사망, 식량난·에너지난 등 경제 붕괴와 정치·사회의 이완, '고난의 행군'의 극복과 강성대국 건설 등 세 가지를 살펴보기로 한다.

김일성의 사망과 김정일의 공식 수령 승계

1994년 7월 8일 김일성의 사망은 북한사회와 북한사람들에게 전대미문의 충격을 주었다. 북한은 "조선로동당의 창건자, 령도자이시며 사회주의 조선의 시조이시며 세계정치의 원로이신 위대한 수령 김일성동지"의 죽음은 "우리 당과 혁명의 최대의 손실이고 우리 인민에게 있어서 헤아릴 수 없는 슬픔", 즉 "민족의 대국상"이라고 했다(『조선로동당력사』, 2004: 520). 수령-당-대중의 3위 일체의 수령제 사회에서 '최고뇌수'인 수령, 즉 사회정치적 생명체의 중심인 수령이 사망한 것이다.

김정일은 김일성의 사망으로 자동적으로 수령을 승계했지만, 그는 "위대한 수령 김일성동지는 영원히 우리와 함께 계신다"를 구호로 내걸고(김정일, 1998b) 유교적 예절을 지켜 3년상을 치렀다. 김정일은 3년상[대상(大祥)]을 치른 후인 1997년 10월에 가서야 조선로동당 중앙위 총비서로 취임하고, 1998년에는 헌법을 개정하여[3] 김일성을 '영원한' '조선민주주의인민공화국 주석'으로 모시기 위해 주석제를 폐지했다. 또 정무원을 내각으로, 최고인민회의 상성회의를 최고인민회의 상임위원회로 변경했다.[4] 김정일은 "나라의 정치, 군사, 경제 력량의 총체를 통솔 지휘"하는 "국가의 최고직책"인 '조선민주주의인민공화국 국방위원회'의 '위원장'을 맡았다(백학순, 2000: 48).

김일성 사망 당시 북한은 소련 등 사회주의권의 붕괴로 국제사회에서 고립되어 있었고, 북핵문제와 미사일문제로 미국, 남한 등과 생사를 건 싸움 중에 있었으며, 경제적으로는 전대미문의 식량난을 겪는 등 총체적인 위기에 처해 있었다. 객관적으로 보아, 이러한 위기상황은 권력교체와 권력승계에서 불안정성을

---

3) 1998년 개정 헌법의 서문은 "위대한 수령 김일성동지를 공화국의 영원한 주석으로 높이 모"신다고 했고, 이 헌법은 "위대한 수령 김일성동지의 주체적인 국가건설사상과 국가건설업적을 법화한 김일성 헌법"이라고 했다(『조선민주주의인민공화국 사회주의헌법』, 1998).

4) 이러한 변경은 1998년 헌법이 1948년 헌법으로 되돌아간 면이 있음을 말해준다. 1948년 헌법은 당시 최초로 국가를 세워 여러 가지 정부·행정사업을 본격적으로 해야 하는 상황에서 실제 일을 할 수 있는 권한을 가진 조직인 '내각'과 '최고인민회의 상임위원회'를 설치했었다. 한편, 1998년 헌법 개정 당시에 1990년대 초중반의 경제파탄과 식량난으로 제2의 '고난의 행군'을 해야 하는 어려운 상황을 추스르고 무엇보다도 경제를 살리기 위해서는 '내각'과 '최고인민회의 상임위원회'를 복원할 필요가 있었다. 소위 '제2건국'의 상황이었다고 할 수 있다. 더구나 김일성의 사망으로 그를 '영원한 주석'을 모시기 위해 그동안 중요 권한이 집중되어 있었던 '주석'을 폐지해야 했으므로 기술적으로도 주석의 권한이 국방위원회는 물론, 내각과 최고인민회의 상임위원회에도 적절히 배분되어야 했다.

확대할 수 있는 요소를 안고 있었다.

그러나 김일성 사망 후 김정일은 후대 수령으로서 큰 어려움 없이 예정대로 권력승계를 마쳤다. 이는 현실적으로 '수령제'의 권력이양과 권력승계의 '안정성'을 증명했다. 더구나 형식적으로 김정일은 김일성 사후 즉시 당 총비서를 승계하지 않고 3년상을 치른 다음에야 총비서가 되고, 또 헌법 개정을 한 후에야 국방위원장에 취임했다. 전대미문의 위기의 상황에서 일종의 여유를 부린 것이다. 수령제가 유일체제로서 유연성과 융통성이 부족한 수직적 위계질서의 권력구조를 갖고 있었지만, 대내외적 위기 속에서 권력승계를 하는 데 '정치적 안정성'을 담보하는 데는 유리한 점이 있었고 또 성공했던 것이다.

식량난·에너지난 등 경제 붕괴, 정치·사회의 이완

한편, 냉전기간 동안 자본주의 세계와 단절되어 자립경제 추구와 사회주의권과의 경제협력에만 의존해왔던 북한경제는 소련, 동유럽 사회주의 국가들이 붕괴되자 결정적인 타격을 입게 됐다. 북한은 소련이라는 최대의 무역상대국을 상실하고, 중국으로부터의 원유 공급도 사회주의 형제국 간의 우호가격이 아닌 국제시장가격으로 이뤄짐으로써 공장시설은 물론 농촌의 트랙터까지 연료 부족으로 작동하지 못하고 화학비료를 생산하지 못하는 상황에 처했다. 이러한 극심한 에너지난, 식량난 등으로 북한경제는 6·25전쟁 이후 최대의 난관에 처하게 됐다.

경제가 파탄에 이르자 북한 역사상 전대미문의 대규모 아사자가 속출했다. 당-국가가 식량과 생활필수품을 배급을 통해 공급하지 못하는 상황이 되자, 지도자와 당-국가체제의 신뢰성과 정통성은 땅에 떨어지고, 조중 국경을 넘어 대량의 탈북사태가 발생했다. 북한 지도부는 이러한 상황을 맞아 나름대로 경제개혁을 시도했으나 큰 성과를 내지 못했다.[5]

---

5) 한기범은 북한의 경제개혁을 '모색과 착근'(2000~2003), '확대와 후퇴'(2004~2009)의 과정으로 설명하는 가운데, 수령제하에서도 정책결정과정에서 항상 '지도자의 결론'이 정책을

상황이 여기에 이르자 북한사회의 정치·사회적 기강이 크게 해이해졌으며, 조선로동당과 조선로동당의 외곽단체들의 사회 통제력도 크게 떨어졌다. 이러한 난관 속에서 그래도 기강을 유지했던 기관은 인민군대였다. 군대는 댐, 발전소, 도로 건설 등 경제 관련 사업에 동원됐으며, 김정일은 북한사회는 '군대의 모범'으로부터 배울 것을 강조했다.

북한은 이와 같은 맥락에서 "혁명적 군인정신"을 내세웠다(김정일, 2000f). "백두산 총대정신"을 계승한 혁명적 군인정신은 구체적으로, "수령결사옹위 정신, 결사관철의 정신, 영웅적 희생정신을 기본으로" 하여 "당과 수령, 조국과 인민을 위하여 모든 것을 다 바쳐 싸우는 사생결단의 투쟁정신이며 그 어떤 대적도 물리치고 그 어떤 난관과 시련도 과감히 뚫고 나가는 필승불패의 혁명정신"이었다(≪로동신문≫, 2004.6.16; ≪우리민족끼리≫, 2008.4.22; 김정일, 2005: 362).

전대미문의 식량난, 에너지난 등으로 인한 북한경제의 붕괴와 그에 따른 정치·사회의 이완은 결국 김정일은 근로자들, 북한 주민들로 하여금 '혁명적 군인정신'을 지닌 인민군대의 모범을 따라 배우도록 독려하고, 또 그러한 군대를 앞세워 선군정치와 선군혁명영도를 해나간 배경이 됐다고 할 수 있을 것이다.

'고난의 행군'의 극복과 '강성대국' 건설

김정일은 김일성 항일 빨치산부대가 1938~1939년 혹한의 겨울에 "고난의 행군"을 했던 역사적 이미지를 살려 1996~1997년을 "고난의 행군기간"으로 정하고 수령옹위 결사정신과 혁명적 낙관주의로 경제난 등 위기를 극복할 것을 독려했다. 이어 1998년 '사회주의 강행군'을 거쳐 식량난·에너지난 등으로 인한 경제 붕괴, 정치·사회의 이완 등의 문제를 극복하고 '21세기 생존과 번영'의 전략을 세우고 이를 이행하는 구체적인 목표로서 1998년 8월부터 '강성대국' 건설을 내세웠다.

규정하는 것이 아니라 '조직행태와 관료정치'가 정책의 선택과 변형에서 큰 역할을 했다는 주목할 만한 주장을 하고 있다(한기범, 2009).

북한은 "주체의 사회주의 강성대국"은 "위대한 장군님께서 선대 국가수반 앞에, 조국과 민족 앞에 다지신 애국충정 맹약이며 조선을 이끌어 21세기를 찬란히 빛내이려는 담대한 설계도"라고 했다. 그리고 강성대국이 "수령중심의 강성대국"이라고 주장함으로써 '혁명적 수령관'이 강성대국론에서도 '가장 중요한 원리'가 되고 있는 점이 흥미롭다(≪로동신문≫, 1988.8.22: 정성장, 2003: 58).

북한은 강성대국을 '(정치)사상 강성대국', '군사 강성대국', 그리고 '경제 강성대국'의 세 가지 강성대국으로 분류하고, 강성대국 건설의 실현을 위한 '전략적 노선'으로서 '사상중시, 총대중시, 과학기술중시'의 '3대 중시'를 내세웠다(『조선로동당력사』, 2004: 565; 김재호, 2000: 16~37). 북한은 이미 '사상 강성대국'과 '군사 강성대국'은 성취했으니 앞으로 이룩하려는 것은 '경제 강성대국'이라고 주장하면서(≪로동신문≫, 1998.9.9; 김재호, 2000: 13, 15) 경제 살리기에 모든 힘을 쏟았다. 즉, 이미 사상적으로는 '선군사상', '선군혁명영도' 등 '선군 유일사상체계'가 확립됐고, 군사적으로는 핵무기 능력과 탄도미사일 능력을 강화시키는 데 성공했으므로 남은 유일한 과업인 '경제 강성대국'을 이룩하겠다는 것이었다. 그리고 1999년 새해 첫날에는 「올해를 강성대국 건설의 위대한 전환의 해로 빛내이자」를 신년공동사설의 제목으로 내놓았다(≪로동신문≫·≪조선인민군≫·≪청년전위≫ 공동사설, 1999.1.1; 김정일, 2000c).

북한은 그동안 강성대국 건설에 힘을 쏟으면서 김일성 탄생 100주년이 되는 2012년에는 공식적으로 '강성대국의 대문'을 열어 북한체제의 생존을 확보하고 향후 발전을 기약하겠다는 구체적인 약속을 했다(≪로동신문≫, 2007.12.1). 그리고 2012년에 달성하는 강성대국은 '통일 강성대국'이며 2012년은 "통일 강성대국의 원년"이 될 것이고 했다(≪조선신보≫, 2010.2.10). 여기에서 한 가지 흥미롭게 지켜볼 것은 북한이 2012년에 개막하는 강성대국은 서방세계의 기준이 아닌 북한 자신의 기준에서 평가하는 '북한식 강성대국'이 될 것이라고 한 점이다.

3. 선군정치 이전의 조치들

앞에서 살펴본 바와 같이, 1990년대 초반 대내외적으로 지극히 불리한 정치 기회구조 속에서 북한은 총체적인 위기를 극복하기 위한 대응을 두 분야에서 취했다. 그것은 당의 영도적 역할 강화와 김정일의 무력기관의 공식적인 인수와 국방위원회의 강화였다.

'당의 영도적 역할' 강화

김정일은 1990년 10월에 「조선로동당은 우리 인민의 모든 승리의 조직자이며 향도자이다」라는 논문을 발표하고 "혁명과 건설에 대한 당의 영도적 역할"을 강조했다(김정일, 1997f: 212; 『조선로동당력사』, 2004: 564). 1991년 5월에는 전국당세포비서 강습회 참가자들에게 「당세포를 강화하자」는 서한을 보내 "모든 당세포를 충성의 세포로 만들자!"라는 혁명적 구호를 제시했다(『조선로동당력사』, 2004: 590). 또 1992년 10월 10일 조선로동당 창건 47주년에 즈음하여 「혁명적 당건설의 근본문제에 대하여」라는 논문에서 김정일은 "당의 령도가 곧 사회주의 위업의 생명선"이며(김정일, 1998g: 172; 『조선로동당력사』, 2004: 489) "혁명의 건설과 성패는 당을 얼마나 튼튼히 꾸리고 당의 령도적 역할을 어떻게 높이는가 하는 데 달려" 있음을 강조했다(『조선로동당력사』, 2004: 490).

김일성도 1993년에 한 담화에서 조선로동당은 "수령을 중심으로 하여 전체 인민의 통일단결을 실현하였기 때문에 오늘과 같이 강유력한 당으로 될 수 있었다"면서 이 어려운 시기에 수령과 당의 영도하에 단결할 것을 호소했다(김일성, 1996i: 183). 김일성은 고르바초프 시대에 와서 소련이 망했지만 소련의 붕괴가 시작된 것은 이미 흐루쇼프 때부터인데 그 이유는 "수령이 노는[해야 되는] 역할을 거부"했기 때문이라고 설명했다. 즉, 그때부터 소련공산당에서는 "영도의 중심이 없어지게 되"었고, 노동계급의 당이 "영도의 중심을 잃고 수령의 영도를 받지 못하게 되면 전투력이 마비되어 혁명과 건설을 옳게 영도해나갈 수 없"다는 것이다. 따라서 '수령의 역할을 거부'하는 것은 결국 "당을 파괴하기 위한 것이며 혁명을 말아먹기 위한 것"이라고 했다(김일성, 1996i: 183).

이처럼 김일성과 김정일은 사회주의권의 붕괴를 맞아 '당의 영도'를 강조하면서 당시 북한의 어려움을 '사상'과 '당'의 힘으로 극복하려고 노력했다. 그런데 이러한 노력은 북한이 소련의 실패와 중국의 성공을 지켜보면서 얻은 교훈을 바탕으로 하고 있었다.

그렇다면 1980년대 후반과 1990년대 초반의 시기에 사회주의가 처한 난관을 극복하기 위한 소련과 중국의 대처법은 어떻게 달랐는가? 한마디로 말해, 고르바초프는 당시 소련이 처한 총체적인 문제의 근원을 소련공산당 자체에 돌렸지만, 중국 지도자들은 그 탓을 중국공산당 자체가 아닌 지도자 개개인의 잘못으로 돌렸다(Sun, 1994: 48, 53~56). 다시 말해, 소련은 정치권력의 주체와 그 주체가 행사하는 권력의 정당성을 훼손함으로써 정치적 불안정을 초래했던 반면, 중국은 그 정치권력의 주체를 온전하게 보존하여 정치적 안정성을 유지하면서 악화된 환경에 적극적으로 대처해나갔던 것이다.

김일성이 소련의 붕괴가 시작된 것은 이미 흐루쇼프 때부터라면서 그 이유로 밝힌 것도 바로 소련의 경험에 대한 김일성의 부정적인 인식을 말해주어 흥미롭다. 1956년 소련공산당 제20차 대회에서 흐루쇼프는 스탈린의 개인숭배 비판, 당의 집체적 지도의 회복, 그리고 당내 레닌적 민주주의의 부활 등을 이뤄냈고, 이에 영향을 받은 차세대 정치지도자들이 자라났다. 그런데 그 차세대 정치가들이 소련 정치에 전면적으로 등장한 때가 바로 고르바초프 시대였던 것이다. 즉, 김일성은 수령이 없는 정치, 다시 말해서 당이든 수령이든 확고한 정치적 영도력을 지닌 권력 주체가 부재한 상황이 초래하는 정치적 불안정과 파국을 비판했던 것이다.

이처럼 북한은 중국과 소련의 성패의 경험을 보면서 위기상황일수록 정치적 안정성을 유지하는 가운데 당이 강력한 힘을 갖고 영도함으로써 위기를 극복해나갈 수 있다고 생각했고 그 방향으로 노력했다.

김정일의 무력기관 공식 인수와 국방위원회 강화

김일성은 사회주의권의 붕괴를 지켜보면서 북한 정권과 체제를 수호하기 위해 군대를 중시하고 강화하는 방향으로 나아가면서(김정일, 1998d) 후계자인 김정일에게 무력을 통솔하고 지휘하는 권한을 넘겨주기 시작했다. 1991년 12월 김일성은 김정일을 조선인민군 최고사령관으로 임명하고, 그 다음 해인 1992년 4월에는 김정일에게 '조선민주주의인민공화국 원수' 칭호를 수여했다(『조선로동당력사』, 2004: 496). 그리고 또 다음 해인 1993년 4월에는 김정일을 '조선민주주의인민공화국 국방위원회 위원장'으로 추대함으로써 김정일을 "혁명무력의 최고수위"에 올려놓았다.

김정일은 이에 화답하여 1992년 2월 4일 「인민군대를 강화하며 군사를 중시하는 사회적 기풍을 세울데 대하여」라는 담화를 시작으로, '군민일치모범군쟁취운동'을 일으켜 중앙과 지방의 당 조직들과 정권기관, 과학, 문화, 보건, 출판보도기관들, 공장과 농장, 학교 등 온 나라 전체 인민이 인민군대를 물심양면으로 적극 원호해 나서도록 독려했다(『조선로동당력사』, 2004: 499~500; 김정일, 1998d: 1~9).

한편, 북핵 문제가 미국의 특별사찰 요구와 팀스피리트 합동훈련으로 심각해지자 김정일은 1993년 3월 8일 조선인민군 최고사령관 명령 제0034호 「전국, 전민, 전군에 준전시상태를 선포함에 대하여」를 하달했고(『조선로동당력사』, 2004: 501), NPT에서 탈퇴하는 조치를 취했다(『조선로동당력사』, 2004: 489). 최고사령관 명령이 하달된 후 10일 남짓 기간에 150여 만 명의 청년들이 인민군대 입대를 탄원하고, 수많은 제대군인들과 전쟁노병들이 복대(復隊)를 탄원하여 나섰다(『조선로동당력사』, 2004: 502). 이 과정에서 미국이 북한에 대한 군사력 사용을 고려하는 등 전쟁 일보 직전 상황까지 가기도 했다. 참고로, '준전시'가 된다는 것은 '군대'가 실질적으로 모든 것을 장악한다는 뜻이며, 이는 북한의 권력체계에서 군의 위상 및 역할의 제고와 기존 당·정·군 관계에서의 변화 가능성을 의미했다.

이러한 상황에서 1994년 7월 8일 김일성이 사망했다. 김정일은 "위대한 수령 김일성동지는 영원히 우리와 함께 계신다", "위대한 수령 김일성동지의 혁명사상으로 더욱 철저히 무장하자!"를 당의 기본구호로 제시하고(『조선로동당력사』, 2004: 525), 「사회주의는 과학이다」라는 논문(김정일, 1994a)을 발표하는 등 사회주의를 끝까지 고수하고 완성해 가겠다는 의지를 대내외적으로 나타냈다(『조선로동당력사』, 2004: 526). 김정일로서는 대내외적 위기상황에서 수령의 사망으로 비상한 결심과 정책을 모색하지 않으면 안 될 처지에 놓였다. 결국 김정일은 인민군대를 강화하고 인민군대에 의지하여 위기를 넘기기로 결심한 것이었다.

군대와 국방의 강화는 북한의 1998년 헌법에도 나타났다. 비록 이 개정헌법이 "조선인민공화국은 조선로동당의 령도 밑에 모든 활동을 진행한다"는(「조선민주주의인민공화국 사회주의헌법」, 1998: 제1장, 제11조) '당 우위'의 원칙을 규정하고 있지만, 이 헌법 개정을 통해서 '국방'과 '경제' 양 부문을 강화시키려는 김정일의 의도가 국가기구 내에서의 권력구조의 변화에 잘 드러나 있다. 이는 대외적으로 미국으로부터 오는 위협에 대처하여 정권안보와 체제안보를 확보하고, 대내적으로 경제 살리기에 나서야 하는 북한의 생존전략을 여실히 반영하고 있다. 즉, '국방'을 책임지는 국방위원회와 '경제'를 책임지는 내각의 위상과 역할이 제고된 것이다.

1998년 개정헌법에서 국방위원회는 "국가주권의 최고 군사지도기관이며 전반적 국방관리기관"으로 규정되었고, 국방위원장에게는 "일체 무력을 지휘 통솔"할 뿐만 아니라 "국방사업 전반을 지도"하는 권한이 주어졌다. 국방위원회는 이제 "일체 무력에 대한 지휘 통솔뿐만 아니라 군수공업을 비롯한 국방사업 전반에 대한 조직지도까지 행사"하도록 권한이 강화된 것이다(백학순, 2000: 43~76).

1998년 9월 김영남은 김정일을 국방위원장으로 재추대하면서 국방사업은 "조국의 부강 번영과 인민의 행복, 혁명의 승리적 전진을 담보하는 국가정치의 첫째가는 중대사이며 혁명의 승패와 민족의 흥망을 좌우하는 생명선"이라고 설명하고, 국방위원장은 "나라의 정치, 군사, 경제 력량의 총체를 통솔 지휘"하며 이 직책은 "국가의 최고직책"이라고 선언했다(≪로동신문≫, 1998.9.6). 국방은 "단순한 군사문제가 아니고 정치, 경제, 군사와 문화, 외교, 사회생활 등 민족의 생활영역 전반에 비끼게[나타나게] 되는 거대한 창조사업으로 민족번영과 사회 진보를 이룩하는 것을 최대의 과제로 지향하는 국사 중의 최대국사"이므로(≪조선중앙방송≫, 1998.11.15), 그러한 국방을 맡고 있는 국방위원장은 당연히 국가의 최고직책이 된다는 논리였다.

4. 선군사회주의

북한의 정치사에서 1995년 1월 1일은 김정일이 '선군정치'를 시작한 날로 기록된다. 김정일이 1995년 새해 첫날 금수산기념궁전을 찾은 후 조선인민군의 한 구분대인 '다박솔중대'를 현지 지도했는데, 이는 "선군의 기치를 높이 추켜들고 총대에 의거하여 주체의 사회주의 위업을 끝까지 완성"하겠다는 확고부동한 의지를 나타낸 것으로 선전됐다(『조선로동당력사』, 2004: 533~534).6)

다음에서는 북한에서 말하는 선군정치의 기원을 살펴보고, '혁명의 주력군', 그러나 당군(黨軍)으로서의 군대, "군대이자 당이고 국가이고 인민"이라는 선군철학, 주체사상의 심화 발전이자 대체 가능성을 가진 선군사상, '온 사회의 선군사상화', 선군혁명영도, 2009년 4월 헌법 개정을 통한 선군사회주의의 법제화, 그리고 선군사회주의하에서의 군대와 군 관련 기관과 부서, 군 지도부의 위상과 역할의 강화에 대해 검토해보기로 한다.

선군정치의 기원

북한의 온라인 매체인 ≪우리민족끼리≫는 「선군정치는 어떻게 시작되었는가」라는 제목의 글에서 선군정치의 기원을 설명했다. 이 글의 주장에 따르면,

---

6) 북한의 통계의 의하면, 김정일이 1995년 1월 1일부터 8년간 현지지도한 '무력기관'은 모두 1,137개에 달했다(『조선로동당력사』, 2004: 535). 이는 1년에 평균 142회, 한 달에 평균 12회, 매주 평균 3회나 군 관련 기관을 현지지도했다는 뜻이다.

1969년 1월 열린 조선로동당 인민군당위원회 제4기 4차 전원회의 확대회의에서 인민군대 내에 김정일 자신의 "영군체계 확립과 선군혁명 위업 계승의 기초축성, 인민군대를 수령의 군대, 당의 군대로 만드는 데서 근본적인 전환의 계기가 마련"되었으며, 이 확대회의를 통해 김일성이 김정일에게 군대사업을 맡겼다고 했다. 김일성은 '선군혁명의 대를 이을 계승자, 후계자는 김정일밖에 없음을 확신하고 벌써 이 시기에 그에게 인민군대 사업을 맡아 지도하는 과업을 주었다'는 것이다.[7] 참고로, 이 조선인민군 당위원회 4기 4차 전원회의 확대회의는 김창봉, 허봉학 등 군부의 군벌주의를 청산한 회의로, 군에서 유일사상체계를 확립한 회의였다. 그리고 당시 유일사상체계를 확립하는 데는 김정일이 중요한 역할을 했다.

2009년 1월 조선로동당 력사연구소가 펴낸 『위대한 수령 김일성동지 선군혁명사』라는 책자도 김정일의 후계준비 기간을 인민군 당위원회 제4기 4차 전원회의 확대회의가 개최된 1969년 1월부터 김일성이 사망한 1994년 7월까지로 구분했다(조선로동당 중앙위원회 당력사연구소, 2009). 이 출판을 보도한 ≪조선중앙통신≫은 김일성 일대기가 "선군혁명영도의 역사라는 것을 강조함으로써 우리 당의 선군정치의 뿌리가 얼마나 깊고 억센가를 잘 보여주고 있다"고 했다(≪조선중앙통신≫, 2009.1.13; ≪연합뉴스≫ 2009.1.14).

≪조선중앙통신≫은 이 책이 총 8개 장 44개 절로 이뤄져 있는데, 제1, 2장에서는 1926년 6월부터 1945년 8월까지 김일성의 항일투쟁을 서술했으며, 이 기간에 김일성이 "선군혁명 위업을 개척하고 총대에 의거하여 항일혁명투쟁을 승리로 이끌었다"고 설명했다. 1969년 1월부터 1994년 7월까지를 다룬 제7, 8장에서는 김일성이 "선군위업 계승문제를 완벽하게 해결"했다고 서술하면서, 그가 "전당, 전군, 전민의 한결같은 염원과 일치한 의사를 헤아리고 조선의 군대와 인민이 경애하는 김정일동지를 주체혁명 위업의 후계자로 추대하는 역사적 위업을 훌륭히 이룩하도록 했다"고 서술하고 있다(≪조선중앙통신≫, 2009.1.13; ≪연합뉴스≫, 2009.1.14).

---

7) "선군정치는 어떻게 시작되었는가", ≪우리민족끼리≫, 2009.4.2.

한편, 김정일은 김일성이 항일빨치산 시절부터 해방 후 혁명과 건설의 시기에도 항상 일관성 있게 "총대중시, 군사중시사상과 로선"을 유지해왔는데 이것이 바로 선군정치의 "기초"이며 "출발점"이라고 설명했다(김정일, 2005: 353~354).

그런데 1994년 김일성이 사망한 후 김정일이 1995년 1월 1일 새해를 맞아 '다박솔중대'를 현지지도함으로써 구체적으로 '선군정치'가 시작됐다는 것은 사실이다. 이와 관련하여, 2004년 출간된『조선로동당력사』는 선군정치의 기원과 관련하여 1990년대 중엽, 특히 김일성이 사망하는 "대국상"을 당한 후 미국의 대북 압살붕괴정책, 남한의 대북 압박정책, 1993~1994년도의 북핵문제로 인한 북미 대결의 강화가 선군정치 도입의 배경이 되고 있음을 명확히 하고 있다(『조선로동당력사』, 2004: 531~533). 그런데 앞에서 살펴본 것처럼, 북한은 김정일의 선군정치의 연원을 김일성의 항일투쟁시기까지 끌어올림으로써 김일성의 선군혁명사에 그 연원이 있다고 주장하고, 김일성의 "총대중시, 군사중시사상과 로선"을 선군정치의 기초이며 출발점으로 규정했으며, 또 1969년 1월 인민군 당 위원회 제4기 4차 전원회의 확대회의부터 선군정치로의 근본적인 전환의 계기가 마련됐다고 설명하고 있다. 이 모든 것은 북한이 김정일의 선군영도혁명의 역사성과 정통성을 확립하기 위한 것으로 보인다.

참고로, 북한은 선군정치의 기원을 설명하는 데서 김일성의 사망, 식량난·에너지난 등 경제 붕괴와 정치·사회의 이완, '고난의 행군'의 극복과 강성대국 건설 등 대내 정치기회구조 요소들은 언급을 하지 않는 경향이 있다. 이는 북한이 겪고 있는 어려움을 국내정치에서 수령이 잘못한 결과가 아니라 어디까지나 미국의 반북정책, 소련의 붕괴 등 열악한 대외 정치환경의 탓으로 돌리고 싶어 하는 북한 지도부의 성향을 반영하고 있다.

인민군대: "혁명의 주력군 그러나 당군(黨軍)"

선군정치는 "군사를 선행시킬 뿐만 아니라 군에 의거하여 혁명과 건설을 추진시키고 군을 혁명의 주력군, 기둥으로 내세우고 군에 의거하여 혁명을 전진시키는 정치방식"으로 정의된다(김철우, 2000: 37). 김정일의 선군정치는 인민군대를 혁명의 주력군으로 규정한 '혁명의 주력군에 관한 독창적인 사상이론'에 기초한 정치로 선전되는데, 그동안 마르크스-레닌주의적 계급투쟁론, 혁명론의 원리에 기초한 '선행시기'의 사회주의 정치에서는 혁명의 주력군이 '노동자계급과 농민'이었다는 점을 고려하면 이는 큰 변화라고 하지 않을 수 없을 것이다.

북한은 '혁명역량 관계'의 시각에서 보아 선군정치는 "혁명군대를 사회주의 위업수행의 주력군으로, 기둥으로, 핵심으로 내세우고, 군대와 민중을 혁명의 2대 역량, 사회정치적 기반으로 보며 군대와 민중의 일치[군민일치]를 혁명의 밑뿌리로 하는 전혀 새로운 방식의 정치"라고 설명하고 있다(김철우, 2000: 30~31, 37; ≪로동신문≫, 2000.3.17). 김정일은 "변화된 정세와 혁명발전의 요구에 맞게 혁명운동 력사에서 처음으로 선군후로(先軍後勞)의 사상을 정립"했다고 선전하고 있다(『조선로동당력사』, 2004: 534~535).

한편, 선군정치는 군대를 '혁명의 주력군'으로 보지만, 어디까지나 군대는 당군(黨軍)이라는 점을 명백히 하고 있다. 왜냐하면 인민군대는 어디까지나 '당의 혁명적 무장력', 즉 당군으로서의 지위가 변하지 않았기 때문이다. 즉, "군력 강화에 의거하여 사회주의 위업 수행을 떠밀어 나가는 정치방식을 구현한다고 하여 노동자계급의 영도적 역할이 무시되거나 약화되는 것은 결코 아니"며, 오히려 "노동자계급의 영도적 역할을 최상의 높이에 올려 세우는 정치가 바로 선군정치 방식"이라고 주장하고 있다(김철우, 2000: 44). '사회주의 정치'의 운용 원리로서의 당의 지위와 역할은 유지된 것이다. 북한은 또한 선군정치가 "국가기구 자체를 군사체제화한 것이 아니라 국가기구체제에서 군사를 우선시하고 군사 분야의 지위와 역할을 최대한 높이도록 권능을 규제한 정치체제"라고 설명하고 있다(김철우, 2000: 24).

그런데 이러한 주장들은 일견 혁명의 주력군, '제1기둥'이 노동계급에서 군대로 바뀌는 '선군후로'와 모순되는 것으로 보인다. 북한은 이에 대해 "선군정치는 주체사상의 원리에 기초하여 새롭게 정립된 정치철학, 즉 군대이자 당이고 국가이고 인민이라는 지론에 바탕한 정치방식"이며(김철우, 2000: 47), "당과 군대가 서열상 누가 선차냐 할 때 당이 앞자리에 놓이며 따라서 군대는 그 위상에서 명실 공히 당군으로 자리 매김" 된다고 했다. 예컨대, 1997년 4월 25일 조선인민군창건 65돌 경축 열병식을 위시하여 조선인민군이 조선로동당기를 들고 행진해나가는 모습에서 "당군으로서의 조선인민군의 성격"을 읽게 된다는 것이다(김철우, 2000: 47~51).

북한은 선군사상이 '군대가 당을 대체하는 것이 아니며, 당이 서열상 군보다 더 선차적'이라는 것을 다음과 같은 논리로 명쾌히 설명하고 있다. '수령, 당, 대중의 통일체'에서 '대중에 대한 수령과 당의 영도'는 지속되지만, '대중' 속에서 군대가 "인민대중의 핵심 부대이며 혁명과 건설을 앞장에서 떠밀고 나가는 위력한 주력군"이 된다는 것이다. 다시 말해, '대중'은 노동자, 농민, 근로인테리, 군대로 이뤄져있는데, 바로 그 인민대중 내에서 노동자, 농민, 근로인테리가 혁명의 주력군이 되는 것이 아니라 바로 군대가 혁명의 주력군이 된다는 것이다. 이러한 이론적 틀에서 볼 때, 군대는 당이나 수령을 대체하는 것이 아니라 어디까지나 당의 영도와 지도를 받는 '당의 군대'가 된다(≪조선중앙통신≫, 2009.11.7).

선군철학: "군대이자 당이고 국가이고 인민"

북한은 선군정치는 "혁명의 주체, 역사의 자주적 주체가 다름 아닌 수령, 당, 대중의 통일체라는 원리에 바탕하여 군대이자 곧 당이고 국가이며 인민이라는 정치철학을 그 이데올로기적 기초로 삼는 정치"라고 주장한다. 따라서 "사회주의 사회는 군대와 노동자 계급의 당과 국가정권, 민중이 요구의 이해관계, 지향과 투쟁목적 등에서 상치되는 것이 아니라 일치하는 혼연일체의 사회이며 군대, 당, 정권, 민중의 어느 하나도 없으면 모두가 없는 운명공동체적 사회"라는 것이다(김철우, 2000: 48).

결론적으로, "군대는 곧 당이고 국가이고 인민이기 때문에 군사선행, 군력의 선차적 강화는 곧 당을 강화하고 국가를 강화하며 민중의 이익을 철저히 옹호하는 것으로 된다"는 논리이다(김철우, 2000: 56). 더구나 오늘날 노동자 계급을 비롯한 북한의 민중이 지닌 "사회주의에 대한 확고한 신념"은 "자기 수령, 자기 영도자에 대한 신념으로 집약되며 수령결사옹위정신으로 발현"되는데, 이 수령결

사용위의 핵심부대가 바로 인민군대라는 것이다(김철우, 2000: 45).

북한은 또한 혁명과 건설에서의 '군대의 권위와 지위, 역할에 관한 문제'는 김정일 자신의 직위와 역할에서 자연히 해결책이 나왔다고 주장하고 있다. 즉, 김정일은 조선로동당 총비서, 조선민주주의인민공화국 국방위원회 위원장, 조선인민군 최고사령관으로서 당, 국가, 군대의 전반을 영도하고 있다는 것이다(김철우, 2000: 34). 김정일이 '수령'으로서 당, 국가, 군, 대중을 모두 한 몸에 체현하고 있다는 뜻이다. 이처럼 북한은 선군정치를 설명함에서 "수령, 당, 대중의 통일체라는 원리에 바탕하여 군대이자 곧 당이고 국가이며 인민"이라는 '혁명적 수령관'과 '사회정치적 생명체론'이라는 사상이론의 도움을 받고 있다.

선군사상: 주체사상의 '심화 발전'이자 '대체' 사상?

북한정치에서 '선군사상'의 지위와 역할은 무엇인가? 2003년 북한의 신년공동사설은 "주체사상에 기초한 우리 당의 선군사상"은 사회주의 위업 수행의 확고한 "지도적 지침"이며 공화국의 융성번영을 위한 "백전백승의 기치"라고 선언하고, 모든 당원들과 근로자들은 선군사상과 노선을 "삶과 투쟁의 좌우명"으로, "절대불변의 진리"로 간직해야 한다고 지침을 내렸다(≪로동신문≫·≪조선인민군≫·≪청년전위≫ 공동사설, 2003.1.1). 2004년 6월 16일자 ≪로동신문≫ 편집국 논설은 선군사상을 "우리나라에서 모든 사업의 확고한 지침"으로, "김정일동지의 위대한 혁명활동의 사상이론적 총화", "우리 당의 모든 노선과 정책의 초석", "근본 이념", 그리고 "우리 혁명의 영원한 생명선"으로 규정하고 있다. 그리고 "선군사상을 우리 시대, 우리 혁명의 절대적 진리로 삼고 선군의 한길로 변함없이 나아가"야 함을 강조하고 있다(≪로동신문≫, 2004.6.16).

그렇다면 주체사상과 선군사상의 '관계'는 무엇인가? 북한은 선군사상은 '주체사상의 근본원리에 기초'하고 있으며 그것은 "주체사상을 구현하기 위한 실천투쟁 속에서 나온 혁명사상"이라고 설명하고 있다(『조선로동당력사』, 2004: 539). 김정일의 사상이론은 김일성의 혁명사상의 "계승"과 "심화 발전"이며, "김일성동지의 혁명사상과 김정일동지의 사상이론은 그 사명도 같고 방법론적 기초도 같으며 거기에 관통되어 있는 정신도 일치하고 있"고, "혁명위업을 개척한 수령과 그 계승자의 사상이론이 완전한 일치성을 보장하고" 있다고 주장하고 있다(≪로동신문≫, 2004.7.7).

2004년 6월 16일자 ≪로동신문≫ 편집국 논설은 선군사상은 "주체의 원리에 기초하여 우리 시대의 지향을 실현하는 근본문제에 가장 혁명적인 해답을 주는 사상"이라고 규정하고, "선군사상이 그토록 위대한 시대사상으로 될 수 있는 것은 인류의 자주 위업의 앞길을 새롭게 개척한 주체의 혁명원리와 전통을 계승하고 있기 때문"이라고 설명했다(≪로동신문≫, 2004.6.16).

이 편집국 논설은 선군사상이 "주체혁명 위업 완성의 생명선"임을 강조하면서, "주체사상의 기치 밑에 개척되고 전진하여온 주체혁명 위업은 오늘 주체의 선군사상을 지도적 지침으로 하여 완성되어 나가는 새로운 역사적 단계에 들어섰다"고 주장하고 "주체이자 선군이고 선군이자 주체"임을 강조하고 있다. 또한 오늘날에는 지도일꾼이든 평범한 근로자이든, 혁명의 선행세대이든 새 세대이든 누구나 다 선군사상을 "좌우명"으로 삼고 "선군사상의 절대적 신봉자, 견결한 옹호자, 철저한 관철자로 튼튼히 준비"하여, 사회생활의 모든 분야에서 "선군시대의 혁명적 문화"가 차 넘치게 해야 한다고 주장하고 있다(≪로동신문≫, 2004.6.16).

김일성 사망 10주년에 맞춰 게재된 2004년 7월 7일자 ≪로동신문≫ 편집국 논설은 선군사상은 "주체사상으로부터 출발하고 그 원리와 요구를 전면적으로 구현하고 있는 우리 시대 혁명과 건설의 지도적 지침이며 백승의 보검"이라고 규정하고, 이렇게 하여 주체사상은 "오늘의 시대적 환경 속에서도 영원한 생명력을 발휘하는 위대한 사상으로 되게" 됐다고 설명하고 있다(≪로동신문≫, 2004.7.7).

북한은 또한 선군사상이 "혁명의 주체에 관한 주체사상의 원리를 더욱 발전시키고 풍부화"했으며(≪조선중앙통신≫, 2009.11.7),[8] "인민대중의 자주적 지향

---

8) 예컨대, 주체사상은 이미 "혁명의 주체는 단순한 대중이 아니라 수령, 당, 대중으로 이루어지며 그것은 실무적 결합이 아니라 사상의지적, 조직적, 도덕의리적으로 굳게 결합된 통일체"

의 유린자이며 교살자인 제국주의가 남아있는 한 주체사상의 이 요구는 오직 선군사상과 그 구현인 선군정치에 의해서만 확고히 실현될 수 있다"고 했다(『조선로동당력사』, 2004: 539).

한편, 김정일이 현재 자신의 선군사상은 주체사상에 기초하고 있으며, 자신의 사상이론은 김일성의 혁명사상의 계승이며 심화 발전이라는 것, 김일성의 혁명사상과 김정일의 사상이론은 그 사명과 방법론적 기초가 같으며 거기에 관통되어 있는 정신도 일치하고 있다는 것, 즉 '주체이자 선군이고 선군이자 주체'임을 강조하고 있는 것은 매우 전략적인 행위라고 할 수 있다. 그렇게 하는 것은 김정일의 입장에서는 '영원한 수령'인 김일성에 대한 예우이면서, 동시에 자신의 '사상'을 김일성의 '사상'과 연결하고, 자신의 '정체성'을 김일성의 '정체성'과 연결함으로써 자신의 권력과 통치의 정통성을 확보하려고 한 것이기 때문이다.[9]

위에서 살펴본 바와 같이, 선군사상이 주체사상을 '심화 발전'시킨 것은 틀림없어 보인다. 그렇다면 선군사상은 주체사상을 '대체'하고 있는가?[10]

임을 밝혔는데, 선군사상은 한 발짝 더 나아가 "혁명군대는 인민대중의 핵심 부대이며 혁명과 건설을 앞장에서 떠밀고 나가는 위력한 주력군이고 인민대중이 당과 수령을 중심으로 사상의지적으로, 조직적으로, 도덕의리적으로 단결하는 데서도 군대가 핵심으로 된다"는 것을 밝혔다는 것이다. 그리하여 혁명의 주체에 관한 주체사상의 원리는 "당과 수령을 중심으로 하고 군대를 핵심으로 하는 인민대중의 가장 순결하고 공고한 통일체라는 원리로 더욱 심화 발전"됐다는 것이다(≪조선중앙통신≫, 2009.11.7).

9) 이와 관련하여 김정일은 1995년 10월 2일 「조선로동당은 위대한 수령 김일성동지의 당이다」라는 논문을 발표하고, 1998년 9월 5일 최고인민회의 제10기 제1차 회의에서 "김일성동지를 영원한 주석으로 높이 모신다"는 것을 새로 채택하는 사회주의 헌법을 개정하고 이를 "김일성 헌법"으로 명명했다(『조선로동당력사』, 2004: 530). 1996년 1월에는 조선사회주의 로동청년동맹을 "김일성사회주의청년동맹"으로 개칭하고, 7월에는 김일성 서거일 7월 8일을 민족 최대의 추모의 날로 맞는 것을 영원히 전통화하도록 결정했다. 또한 1997년 7월 8일에는 김일성 탄생년인 1912년을 원년으로 하는 주체연호를, 탄생일을 태양절로 제정했다(『조선로동당력사』, 2004: 530~531).

10) '선군사상'이 객관적으로 '주체사상'을 대체하고 있는지의 여부를 평가하기 위해서는 우선 선군사상이 '이론적 체계'를 갖추었는지 여부 ― 이데올로기로서의 주요 구성요소인 '미래상 제시', '현실 설명능력', '현실과 미래의 연결체제에 관한 이론적 기초'를 보유하고 있는지

김일성 사망 10주년에 맞춰 게재된 2004년 7월 7일자 ≪로동신문≫ 편집국 논설은 "위대한 수령 김일성동지의 혁명사상, 주체사상의 기치 밑에 개척되고 전진하여온 우리 혁명은 오늘 새로운 높은 단계에로 심화되고 있다"면서 주체사상이 "21세기 혁명 실천에서도 무궁무진한 변혁적 역할을 발휘하고 있다"고 주장했다(≪로동신문≫, 2004.7.7).

이 논설은 "시대는 전진하고 역사는 발전한다"면서 "수령의 사상이 커다란 생명력을 지니자면 그 진수를 계승하면서 새로운 역사적 조건에 맞게 창조적으로 발전시켜야 한다"고 강조하며 "위대한 김일성동지의 혁명사상, 주체사상은 경애하는 김정일동지의 선군사상으로 하여 백승의 기치로 더욱 빛나고 있다"고 주장했다. 즉, 김일성의 혁명사상은 김정일의 "선군사상과 영도 밑에 앞으로도 영원히 자주시대를 향도하는 지도사상으로 될 것"이며, 오늘의 "온 사회를 주체사상화하기 위한 투쟁은 새로운 높은 단계에 들어"섰는바, "현 시기에 와서 사람과 자연과 사회를 주체사상의 요구대로 개조하는 사업은 선군사상을 구현하기 위한 투쟁[온 사회의 선군사상화]을 통해서만 성과적으로 실현될 수 있다"는 것이다(≪로동신문≫, 2004.7.7).

그런데 위의 ≪로동신문≫ 편집국 논설은 선군사상이 주체사상을 '대체'한 사상이라는 주장은 하고 있지 않다. 그러나 주체사상이 '온 사회의 주체사상화'를 통해 통치 이데올로기로서 확고한 자리를 잡았듯이 선군사상이 아직은 비록 주체사상의 정도에 비견할 바는 못 되나, 북한이 "누구나 다 선군사상을 신념화, 체질화하여야" 함을 강조하면서 '온 사회의 선군사상화'를 주장하고 있는 것을 보면, 앞으로 선군사상은 주체사상이 심화 발전된 '변용적 성격'을 넘어 '대체적 성격'의 이데올로기적 성격을 갖게 될 가능성이 있다(박형중·이교덕·정창현·이기동, 2004: 41~47 참고). 더구나 지금은 현실적으로 '김정일 시대'이며, 북한은 주

여부 — 와 전국적 차원에서의 '이데올로기 일색화 운동 전개' 여부, '지도적 지침'으로 인정받았는지의 여부, 그리고 실천 이데올로기 차원의 주체사상의 내용 중에서 어떤 본질적 요소의 변화가 수반되었는지의 여부를 살펴볼 필요가 있다. 이러한 평가기준과 그것의 적용을 통한 평가는 박형중·이교덕·정창현·이기동(2004: 15~16, 36~41)에 전적으로 의존하고 있음을 밝혀둔다.

체사상은 김일성의 혁명사상으로, 선군사상은 '김정일의 혁명사상'으로 차별하여 설명하고 있기 때문이다(≪로동신문≫, 2004.7.7).

그렇다고 북한의 주체사상이 선군사상에 완전히 대체되어 지도사상으로서 사라지는 일은 없을 것으로 보인다. 왜냐하면, 강대국들에 둘러싸여 있고 또 중소 양국에 접경하고 있는 북한의 지정학상의 특성과 강대국들에 대한 역사적 피해의식만 보아도, 약소국인 북한이 주권국가로서 대외독립성을 지향하면서 '주체'를 강조하는 것은 나름대로 자연스런 일로 생각되기 때문이다(문익환, 1990: 98). 더구나 동서고금의 역사를 볼 때 정치인들은 누구나 무력을 가진 군대를 무엇보다도 경계하지 않을 수 없기에 북한이 지금 겪고 있는 국내외 위기 상황을 벗어나면 북한의 지도자는 군대를 앞세우고 군대에 의존하는 선군정치를 더 이상 하지 않을 것이기 때문이다.

'온 사회의 선군사상화'

조선로동당은 '선군사상'으로 간부와 당원과 근로자들을 무장시키는 것을 선군시대 당사상사업의 기본과업으로 내세우고 모든 사상교양사업을 선군사상교양으로 일관시키며 여기에 선전선동의 '화력'을 집중했다(『조선로동당력사』, 2004: 568). 당은 간부와 당원들에게 "선군사상, 혁명의 수뇌부결사옹위정신을 신념화, 체질화"하도록 교양했다(『조선로동당력사』, 2004: 570). 북한은 "온 사회에 군사를 중시하는 기풍을 철저히 세워야" 함을 강조하고(김정일, 2005: 369), 이내 '당 간부와 당원들의 선군사상화'를 시작으로 '온 사회의 선군사상화'를 시작했다.

2004년의 신년공동사설은 "오늘 우리 혁명은 위대한 선군사상을 지침으로 하여 강성대국 건설을 전면적으로 다그쳐 나가는 격동적인 시대에 들어섰다"면서, 2004년이 김정일이 1974년 "온 사회의 주체사상화"의 강령을 선포한 30주년이 된 것을 "참으로 뜻 깊은 일"로 지적했다. 공동사설은 모든 사상교양사업을 선군사상교양으로 일관시키는 것은 "우리 혁명과 시대발전의 요구"이며, '당직'들에서는 누구나 다 "선군사상을 신념화, 체질화"하도록 해야 한다고 강조했다(≪로동신문≫·≪조선인민군≫·≪청년전위≫ 공동사설, 2004.1.1).

2004년 1월 19일자 ≪로동신문≫ 사설은 조선로동당의 역사에서 "지금으로부터 30년 전 위대한 김정일동지께서 온 사회의 주체사상화 강령을 선포하신 것은 전환적 의의를 가지는 거대한 사변"이었음을 회고하고, "이때로부터 력사상 처음으로 온 사회를 수령의 혁명사상으로 일색화하는 성스러운 위업이 시작되고 우리식 사회주의의 정치사상 전선을 강화하기 위한 투쟁에서는 근본적인 전환이 일어"났다고 지적했다(≪로동신문≫, 2004.1.19).

그러면서 지금 "우리 조국은 선군사상으로 일색화되어가는 나라"라고 선언하고, "전당, 전군, 전민이 위대한 주체사상에 기초한 선군사상으로 튼튼히 무장"하고 있다고 주장했다. ≪로동신문≫ 사설은 "선군사상과 노선을 따르면 언제나 승리한다는 것을 절대불변의 진리로 새기고 누구나 다 선군사상을 신념화, 체질화하여야 한다"면서, "출판보도물과 문학예술을 비롯한 사상교양수단들의 역할을 더욱 높여 온 나라에 선군사상과 문화가 꽉 차 넘치게" 해야 한다고 강조했다(≪로동신문≫, 2004.1.19). 그리고 바로 5일 후 ≪로동신문≫ 사설은 "온 사회가 인민군대의 모습으로 일색화되어 나가는 것이 선군시대 우리 조국의 참모습"이라고 반복하여 주장했다(≪로동신문≫, 2004.1.24).

이처럼 북한에서 선군사상이 '온 사회의 유일사상'이 되는 '온 사회의 선군사상화'가 적극적으로 전개됐다. 이를 통해 북한은 혁명과 건설에서 '선군사상'과 '선군정체성'을 토대로 '선군사회주의'를 이뤄냈던 것이다.

선군혁명영도

선군사회주의하에서 김정일의 영도는 기본적으로 '선군혁명영도'였다. 이는 인민군대가 혁명의 주력군, 기둥으로서 혁명과 건설을 영도하는 것이었다(리철·심승건, 2002; 『조선로동당력사』, 2004: 538; 김철우, 2000: 18~22).

선군혁명영도의 시작과 관련하여 북한 매체는 김정일이 김일성종합대학에 입학하기 직전인 1960년 8월 25일 김일성과 함께 '조선인민군 근위 서울 류경수 105탱크사단'에 대한 현지지도를 한 것을 선군영도혁명의 시작으로 선전하고 있다.[11] 2010년에는 선군혁명영도 50주년을 맞아 8월 25일을 '선군절'로 제정하고 기념주화를 발행했다. 참고로, 류경수 105탱크사단은 6·25전쟁 시 서울에 맨 처음 진입한 북한탱크부대였다. 김정일의 선군혁명영도의 시작을 이처럼 오래전으로 소급하여 선전하는 것은 그의 선군혁명영도의 역사성과 정통성을 확립하기 위한 또 하나의 노력으로 보인다.

조선로동당 역사서는 "우리 당의 영도는 선군영도이며, 정치방식은 선군정치"(『조선로동당력사』, 2004: 539)라고 규정하면서 선군혁명영도는 정치, 경제, 사회, 문화 등 사회주의 위업수행의 모든 분야를 포괄하는 영도라고 말한다(김철우, 2000: 42~43). 이러한 영도의 맥락에서 인민군대는 「조국보위도 사회주의 건설도 우리가 다 맡자」라는 슬로건을 내걸었으며, 현실적으로 '사회주의의 수호자, 행복의 창조자'로서의 사명을 수행해나가고 있다는 것이다(김철우, 2000: 44~45).

북한은 선군혁명영도의 구체적인 표현으로서 1996년 6월 10일 김정일이 안변청년발전소[금강산발전소]를 현지지도한 후 인민군대가 안변청년발전소를 건설해낸 "안변청년발전소 건설전투"를 대표적 본보기로 들면서 이 건설사업에서 발휘된 '혁명적 군인정신'을 온 사회가 따라 배우도록 독려했다(『조선로동당력사』, 2004: 538).

새로운 헌법개정: 선군사회주의의 법제화

2009년 4월 9일 북한의 최고인민회의 제12기 제1차 회의는 헌법을 개정했다. 2009년 개정헌법(이하 '신헌법')에서 1998년 헌법(이하 '구헌법')과 비교하여 개정된 주요 내용은 다음과 같다.

---

11) 한편, 북한의 온라인 매체인 ≪우리민족끼리≫는 김일성이 1932년 4월 25일 중국 길림성 안도현(吉林省 安圖縣) 소사하(小沙河)에서 첫 혁명적 무장력인 '반일인민유격대를 창건'하여 항일무장투쟁을 시작한 때를 선군혁명영도의 시작으로 선전했다(≪우리민족끼리≫, 2009.3.7).

우선, 선군사회주의와 관련된 내용들이 헌법에 새롭게 명시, 신설됐다(「조선민주주의인민공화국 사회주의헌법」, 2009). 첫째, 제1장 「정치」에서 구헌법에서는 '주체사상'을 국가의 자기활동의 지도적 지침으로 삼았던 것과는 달리, 신헌법은 "사람 중심의 세계관이며 인민대중의 자주성을 실현하기 위한 혁명사상인 주체사상, 선군사상을 자기 활동의 지도적 지침"으로 삼았다(제3조).

둘째, 제1장 「정치」에서 구헌법은 주권이 '로동자, 농민, 근로인테리와 모든 근로인민'에게 있다고 했으나, 신헌법은 조선민주주의인민공화국의 주권은 "로동자, 농민, 군인, 근로인테리를 비롯한 근로인민"에게 있다고 되어 있다(제4조). 신헌법에 '군인'이 주권의 소재에 추가된 것이다.

셋째, 제4장 「국방」에서 구헌법은 공화국 무장력의 사명은 '혁명의 전취물을 보위'하는 데 있다고 했지만, 신헌법은 공화국 무장력의 사명은 "선군혁명로선을 관철하여 혁명의 수뇌부를 보위"하는 데 있다고 했다(제59조). 즉, 신헌법은 인민군대의 임무에 혁명수뇌부 보위를 명시했다.

흥미롭게도 이는 1930년대 후반의 '고난의 행군'과 1990년대 후반의 제2의 '고난의 행군'에서 강조됐던 혁명수뇌부 결사옹위 정신이 개정 헌법에 반영된 것이다. 2009년 4월 5일 북한이 장거리 미사일 능력을 가진 로켓으로 인공위성[광명성 2호] 발사 후 전개된 국제사회와의 첨예한 대립 속에서 북한 지도부의 '고난의 행군' 식의 심리상황이 드러난 것이다.

넷째, 제4장 「국방」에서 신헌법은 선군혁명하에서 국방위원장의 위상과 권한을 대폭 강화했다. 신헌법은 제6장 「국가기구」 제2절 "국방위원장"에서 구헌법에는 없던 6개의 새로운 조항을 신설했다. 이 중에서 특기할 만한 것은 국방위원장은 조선민주주의인민공화국의 "최고령도자"이며(제100조), "전반적 무력의 최고사령관으로 되며 국가의 일체 무력을 지휘통솔"하며(제102조), "국가의 전반 사업을 지도"하고, 국방위원회 사업을 "직접 지도"하며, 국방 부문의 중요 간부를 임명 또는 해임하고, "다른 나라와 맺은 중요 조약을 비준 또는 폐기"하며, '특사권'을 행사하고, 나라의 "비상사태와 전시상태, 동원령을 선포"한다는 것이다(제103조). 이처럼 신헌법은 국방위원장의 헌법상 지위를 '김일성 주석'급으로 강화했다. 이는 물론 선군혁명영도를 뒷받침하기 위한 것이었다.

흥미로운 점은 신헌법에서 "다른 나라와 맺은 조약을 비준 또는 폐기"하는 권한은 최고인민회의 상임위원회에 주고(제116조 제14호) 국방위원장에게는 '중요 조약'을 비준 또는 폐기하는 권한을 준 것이다(제103조 제4호). 또 구헌법에는 최고인민회의 상임위원회가 '대사권과 특사권'을 가졌는데, 신헌법에서는 그중에서 특사권을 떼어내어 국방위원장에게 주었다(제103조 제5호). 이 모든 것은 최고인민회의 상임위원회의 권한이 약화되고 국방위원장의 권한이 강화되었음을 말해준다.

또한 신헌법에서는 국방위원장의 위상과 권한뿐만 아니라 국방위원회의 권한도 강화되어 선군정치를 뒷받침했다. 신헌법은 제6장 「국가기구」 제3절 "국방위원회"에서 구헌법에 있었던 조항을 수정 혹은 삭제하거나 또는 새로운 내용을 신설했는데(제106호; 제109조 제1호, 3호, 4호) 모두 국방위원회의 권한을 강화시키기 위한 것이었다.

마지막으로, 신헌법은 '공산주의'라는 개념과 표현을 삭제했다. 구헌법은 제2장 「경제」에서 "사회주의, 공산주의"는 창조적 노동에 의해 건설된다고 했으나, 신헌법은 '공산주의'를 빼고 "사회주의는 근로대중의 창조적 로동에 의하여 건설"된다고 했다(제29조). 그리고 구헌법에서는 제3장 「문화」에서 공화국은 문화혁명을 철저히 수행하여 모든 사람들을 "사회주의, 공산주의 건설자로 만들며 온 사회를 인테리화"한다고 되어 있었으나, 신헌법에는 '공산주의'를 빼고 모든 사람들을 "사회주의 건설자로 만들며 온 사회를 인테리화"한다고 되어 있다(제40조). 또 구헌법에서는 제3장 「문화」에서 국가는 후대들을 '공산주의적 새 인간'으로 키운다고 되어 있었으나, 신헌법에서는 국가는 후대들을 "주체형의 새 인간"으로 키운다고 되어 있다(제43조).

북한은 왜 신헌법에 그동안 1967년 이후 계속혁명을 주창하면서 수십 년간 사용해왔던 '사회주의, 공산주의'라는 표현에서 '공산주의'를 삭제하고 '사회주의'만 남겼을까? 이는 북한이 처한 현실조건에서 볼 때 '각자의 필요에 따라 분배'가 이뤄지는 공산주의 사회 건설은 너무 비현실적인 목표이기 때문에, 이를 삭제하고 각자 '노력한 만큼 분배'받는 사회주의를 비전으로서 내세운 것으로 보인다.

이는 중국공산당이 1987년 중국의 현 단계를 생산력이 낮은 사회주의 초급단계라 규정하고, 사영기업(私營企業)이나 주식제 등 자본주의적 경제시스템 도입을 정당화한 '사회주의 초급단계론'을 환기시킨다. 중국은 바로 그러한 이론으로써 생산력 향상을 위해서는 자본주의적 경제시스템의 도입도 합법화할 수 있다는 논리를 전개할 수 있었던 것이다.

군대와 군 관련 기관, 부서 및 인사들의 위상과 역할 강화

북한이 군대를 '혁명의 주력군'으로 내세우고, 군대를 중시하는 선군 사회주의를 하면서 군대와 군 관련 기관과 부서, 그리고 군 지도부의 위상과 역할이 강화된 것은 자연스런 일이었다.

예컨대, 1998년 개정헌법에서 국방위원회는 이미 위에서 살펴본 바와 같이 '국가주권의 최고 군사지도기관이며 전반적 국방관리기관"으로 규정되었다. 또한 김영남이 김정일을 국방위원장으로 재추대하면서 국방위원장은 "나라의 정치, 군사, 경제 력량의 총체를 통솔 지휘"하며, 이 직책은 "국가의 최고직책"이라고 선언했다. 국방은 "국사 중의 최대국사"이므로 국방위원장은 당연히 국가의 최고직책이 된다는 논리였다.

한편, 2009년 4월 9일 개정된 헌법(신헌법)은 조선민주주의인민공화국의 주권은 "로동자, 농민, 군인, 근로인테리를 비롯한 근로인민"에게 있다고 규정함으로써 '군인'이 주권의 소재에 새로 추가됐다. 무엇보다도 국방위원장의 위상과 권한을 대폭 강화했다. 신헌법은 국방위원장의 권한을 규정하면서 구헌법에는 없던 6개의 새로운 조항을 신설했는데, 특기할 만한 것은 국방위원장은 조선민주주의인민공화국의 "최고령도자"이며, "국가의 전반 사업을 지도"하고, "다른 나라와 맺은 중요조약을 비준 또는 폐기"하며, '특사권'을 행사하고, 나라의 "비상사태와 전시상태, 동원령을 선포"한다는 것이었다. 이처럼 신헌법에서는 국방위원장의 헌법상 지위가 '김일성 주석'급으로 강화됐고, 이에 따라 국방위원회의 권한, 국방위원회 위원들의 권한도 자연히 강화됐다. 물론 '국가기구'인 국방위원회의 권한이 너무 과장되고 있다는 주장들이 있다.[12] 그러나 나중에 자세히 살펴보겠지만, 김정일이 김정은의 후계승계를 돕고 있는 장성택을 2009년 4월에 국방위원회 위원으로, 그리고 2010년 6월에는 특별히 '김정일 국방위원장의 제의에 의해' 장성택을 국방위원회 부위원장으로 계획적으로 승진시킨 것을 보면(≪조선중앙텔레비죤≫, 2010.6.7), 현실적으로 국방위의 권한이 증대되고 있음을 알 수 있다.

한편, 2010년 9월 28일 개최된 당 대표자회에서 후계자인 김정은을 당 중앙군사위 부위원장(실질적으로 제1부위원장)에 선출함으로써 당 중앙군사위의 권위와 역할이 다시 한 번 확인됐다. 또 군 관련 인사들이 당 중앙위, 당 중앙위 정치국, 정치국 상무위, 당 중앙위 비서국에 많이 선출됐는데, 이는 2010년 9월 현재 북한정치에서 군의 위상을 나타내 주고 있다.

5. 3대 세습 후계정치

2008년 8월에 건강에 심각한 문제가 발생한 김정일이 3남 김정은을 후계자로 세우는 작업을 벌이고 있는 여러 증거들이 2009년 1월 중순부터 언론에 보도되기 시작했다(최선영·장용훈, 2009). 2010년에 들어서는 3대 세습 후계정치가 가속화됐고, 마침내 2010년 9월 28일 개최된 조선로동당 대표자회를 통해 후계자로 공식 등장했다. 김정일의 경우, 1960년대~1970년대에 걸친 오랜 시간을 두고 후계승계 작업이 이뤄졌지만 김정은의 경우는 2년이라는 짧은 시간 내에 모든 승계 준비작업이 이뤄져 대조를 보였다.

여기에서는 2008년 여름 김정일의 건강 악화 이후 김정일의 '3남 김정은'이 내부적으로 후계자로 선택되어 그동안 어떻게 후계정치가 이뤄져 왔는지, 그리

---

12) 북한의 '국가기구'인 국방위원회가 실제에 있어서는 '당 중앙군사위'(군대의 정치·군사사업의 지도·통제, 군대의 지휘 및 군사작전 명령)나 '조선인민군 최고사령관'(군사작전 영역 관할)에 비해 실제 군사 관련 권한이 적다는 주장에 대해서는 이대근(2003: 224~253; 2004: 163~168), 정성장(2009), 고재홍(2006: 57~81; 2008: 225~227, 236~240)을 보시오.

고 북한의 '후계자론'으로 비춰볼 때 김정은의 강약점은 무엇이며, 김정일이 어떻게 장성택으로 하여금 김정은을 보좌하면서 그를 후계자로 만들어왔는지 살펴보기로 한다.

3남 김정은

김정일은 김정남, 김정철, 김정은의 세 아들을 두었다. 한동안 누가 후계자가될 것인지에 대한 다양한 추측과 주장이 있었지만, 김정일은 자신의 건강에 문제가 발생하자 내부적으로 3남 김정은을 후계자로 결정하고 그를 공식 후대 수령으로 지명하기 위한 과정을 시작했다.

북한은 이미 2009년 4월 25일 조선인민군 창건기념일을 맞아 제작된 것으로 보이는 "장군복, 대장복 누리는 우리 민족의 영광"이라는 제목의 선전벽보에서 김정은을 "만경대 혈통, 백두의 혈통을 이은 청년대장 김정은 동지"라고 표현하면서 '청년대장' 혹은 '김 대장'으로 호칭했다.[13] 또 그를 기리는 「발걸음」이라는 노래를 유행시키고 북한의 여러 기관의 행사에서 행사지정곡으로 선정하여 부르도록 했으며,[14] 김정은은 2009년 4~9월에 진행된 '150일 전투'를 진두지휘한 것으로 알려져 있고, 김정은이 젊고 새로운 지도자로서 첨단기술인 '컴퓨터 수치제어(CNC: computerized numerical control)' 기술을 이용한 '전 산업의 CNC화[자동화]'를 이끌어나가는 등 "주체공업의 위력"을 보여주고 있다고도 선전했다.[15] 일본 ≪마이니치신문≫이 2009년 10월 5일자로 보도한 「존경하는

---

13) 이 선전벽보는 타이완 사진작가 Hanming Huang이 2009년 9월 18일 북한의 원산 시범협동농장 입구에서 촬영하여 웹사이트에 올림으로써 세상에 알려졌다(http://www.flickr.com/photos/29868194@N08/3944502627).

14) 3절로 구성된 「발걸음」은 "척척 척척척 발걸음, 우리 김 대장 발걸음"으로 시작하는데, 여기서 '김 대장'은 물론 김정은을 가리킨다. 이 노래는 2009년 2월 하순에 김정일의 군부대 현지지도에서 불렸으며, 4월부터는 일반인들에게 보급되어 널리 불렸다. 2010년에 들어 ≪로동신문≫은 김정은의 생일인 1월 8일에 「미래로 나아가는 조선의 발걸음」이란 정론을 싣기도 했다(≪로동신문≫, 2010.1.8).

김정운[김정은]대장동지의 위대성 교양자료」는 2009년 4월 발사한 인공위성(광명성 2호) 발사도, 태양절 경축 축포행사인 '강성대국의 불꽃'도 김정은이 "직접 조직 지휘"한 것으로 선전하고 있다(≪每日新聞≫, 2009.10.5). 2010년 2월 23일 한국의 국가정보원장은 국회 정보위원회에서 김정일의 생일을 기해 '충성의 노래 모임'이 보급되고 있으며, "후계 내정 단계인 김정은이 업적·경험 쌓기 단계에서 정책 관여 단계로 폭을 넓혀가고 있다"고 증언하기도 했다(≪한겨레≫, 2010.2.23). 그러나 2009년 11월 말 화폐개혁을 단행하고, 이내 시장의 폐쇄, 외화 사용금지 등의 조치로 북한경제가 총체적인 혼란과 위기에 빠졌던 '부정적'인 경험도 김정은과 그의 후견을 맡고 있는 장성택이 관계한 것이라는 분석도 제기됐다(≪연합뉴스≫, 2010.2.3).

김정은이 미처 30세도 되지 않은 젊은 나이이고 그가 아직 당·군·정 분야에서 어떤 공개된 직위를 갖고 구체적인 업적을 내놓지 못한 상황이었는데도 북한이 이처럼 빠른 속도로 후계승계 작업을 진행해왔던 이유는 무엇보다도 수령인 김정일의 건강문제 때문이었다.

수령이 생전에 후계자를 키우는 것이 "수령이 자기 당대에 수행해야 할 가장 중대한 위업 중의 하나"이고(이교덕, 2003: 44), 더구나 북한으로서는 소련과 동유럽 사회주의 국가들이 '수령의 후계문제'를 해결하지 못하고 '수령의 혁명성과'를 제대로 계승하지 못한 채 급작스럽게 '수령의 단절'이 발생한 상황을 제대로 대처하지 못해 붕괴됐다는 것을 잘 알고 있었다. 따라서 김정일의 건강이 악화되어온 상황에서 후계정치의 가속화는 당연한 일이었다.

'후계자론'과 김정은

그렇다면 김정은이 북한의 '후계자론'이 이야기하는 여러 조건에 적합한 품성과 능력을 지니고 있는가? 참고로, 김정은이 생김새, 체형, 성격이 김정일을

---

15) 예컨대, 2010년 8월 2일 평양에서 열린 집체공연인 '아리랑'의 한 장면에 "CNC, 주체공업의 위력"이라는 문구가 등장하기도 했다.

많이 닮아서 김정일이 총애하는 아들이라는 김정일의 전 일본인 요리사의 증언이 있다(후지모토 겐지, 2003: 136~137).

우선, 김정일이 김일성의 후계자가 되는 과정에서 제시된 '후계자론'에서 요구한 품격과 자질을 상기해보자. 후계자론의 내용은 후계자의 지위와 역할, 후계자의 요건, 후계자의 유일적 영도체계로 구성되어 있다.

수령의 후계자는 '후대 수령'이므로 수령과 마찬가지로 당-국가 건설과 사회주의 혁명에서 '절대적인 지위'와 '결정적인 역할'을 갖는다. 이와 같은 후계자의 지위와 역할 때문에 무엇보다도 수령의 후계자로서의 필수적인 품격과 자질을 손색없이 갖춘 인물을 내세워야 하고, 또한 후계자의 영도를 실현할 수 있는 조직사상적 기초를 튼튼히 쌓고 영도체계를 철저히 수립해야 한다.

그런데 북한의 '후계자론'에 의하면, '후계자의 요건'인 후계자의 품격과 자질은 네 가지이다. 첫째, 수령에 대한 충실성, 둘째, 비범한 사상이론적 예지와 뛰어난 영도력과 고매한 공산주의 덕성, 셋째, 혁명과 건설에서 이룩한 업적과 공헌 덕분에 인민들 속에서 누리는 절대적인 권위와 위신, 넷째, 수령과 후계자의 비(非) 동일세대 관계이다(이교덕, 2003: 39~45).

'후계자의 유일적 영도'를 확립하는 방법론은 다섯 가지이다. 첫째, 당의 정치사상적 통일과 단결, 둘째, 당 사업에 대한 "후계자의 유일관리제"의 철저한 실현, 셋째, 후계자의 '유일적 영도 밑에' '전당'이 하나와 같이 움직이는 강철 같은 규율 확립, 넷째, 후계자의 의도와 방침을 절대성의 정신에서 접수하고 무조건성의 원칙에서 철저히 관철, 다섯째, 후계자의 유일적 영도체계와 어긋나는 온갖 현상들과의 비타협적인 투쟁이다(이교덕, 2003: 47~49).

김정일이 후계자가 될 때에는 위의 조건들을 갖추었다고 주장할 수 있는 나름대로 뚜렷한 근거와 기반이 있었다. 김정일은 1964년부터 10년 동안 당 사업을 하면서 '조직지도'와 '선전선동'이라는 가장 핵심적인 두 분야에서 하부로부터 시작하여 최고책임자에 올랐다. 더구나 1967년에는 '당의 유일사상체계'를 확립하는 데 결정적인 역할을 했다. 1974년 후계자로 결정되어 '당중앙'으로 불리면서 6년 동안 실제 당을 맡아서 운영하며 수령제를 확립했고, 주체사상 확립, 온 사회의 혁명화, 로동계급화, 온 사회의 김일성주의화 등을 주도했다. 그리고

'3대혁명소조운동'을 주관했고, 1980년에 공식적으로 수령의 후계자가 됐으며, 주체사상을 체계화했다. 김정일이 공식 후계자가 된 데는 적게는 6년, 공식적으로는 13년이 걸렸던 것이다.

김정은의 경우는 어떠한가? 그가 과연 '비범한 사상이론적 예지와 뛰어난 영도력, 고매한 공산주의 덕성'을 갖추고, '혁명과 건설에서 이룩한 업적과 공헌으로 인해 인민들 속에서 절대적인 권위와 위신'를 지니고 있는가? 위에서 언급한 일본 ≪마이니치신문≫ 보도 문건 「존경하는 김정운[김정은]대장동지의 위대성 교양자료」를 보면(≪每日新聞≫, 2009.10.5), 북한은 김정은을 후대 수령으로 결정하고 그 방향으로 '전당·전군·전사회적'으로 교양해왔음을 알 수 있다.

그런데 이 교양자료는 맨 처음에 "존경하는 김정운[김정은]대장동지의 위대성"에 대해 설명하고 있다. "존경하는 김정운대장동지는 절세의 위인이고, 백전백승의 강철의 령장으로 아버지가 되는 수령님과 경애하는 장군님을 꼭 닮은 선군령장"이며, "누구도 추동할 수 없는 천재적 영지와 지략을 가진 군사의 영재"이고, "다재다능하고 현대 군사과학과 기술에 정통한 천재"이며, "비범하고 다방면적인 실력과 자애로 가득 차 상냥한 인민적 품성을 가진 희세의 위인"이라는 것이다(≪每日新聞≫, 2009.10.5).

김정은을 만나면 "주체조선의 장래가 보여 주체조선이 보다 호화찬란하며, 백두산 혁명위업을 끝까지 완성하겠다는 의지가 가득 차게 되고, 만주시대와 항일유격대를 창건하실 때 조국에 개선하여 개선연설을 하시는 우리 수령님과 같이 보이며, 또 1974년 2월 19일 온 사회의 김일성주의화 강령을 선포한 우리 장군님의 모습과 꼭 닮은 김 대장의 모습에서 우리는 감동을 금할 수 없다"는 것이다(≪每日新聞≫, 2009.10.5).

이 교양자료는 또한 대를 이어 계승되는 혁명위업 수행에서 "령도의 계승문제가 왜 혁명의 제일 중대사"가 되는가, 김정일의 영도에 따라 "선군혁명 위업의 대를 순결하게 계승해가는 진정한 일꾼이 되려면" 어떻게 하면 좋은가, 김정은을 "진심으로 받들어 이분의 령도 기반을 반석에 군히려면" 어떻게 해야 하는가, 김정은을 "배워, 끝없는 충실성과 높은 실력으로 당의 선군혁명 사업을 받들어가는 진정하고 노력한 일꾼이 될 준비를 철저히 하려면" 어떻게 해야 하는가 등의 질문을 하고 있다. 그리고 그 질문들에 대해 자세한 대답을 내놓고 있다 (≪每日新聞≫, 2009.10.5).

객관적으로 보면, 김정은은 나이도 어릴 뿐만 아니라 당 사업 경험도 없다. 김정은은 1983년 1월 8일생인 것으로 알려져 왔으나, 2009년 6월부터는 그의 출생연도를 1년 이른 1982년생으로 변경한 것으로 알려져 있다(≪연합뉴스≫, 2009.12.10). 그렇게 되면 2012년 '강성대국의 개막'의 해에 김정은의 나이가 만 30세가 된다. 강성대국의 성취를 김정은의 치적으로 내세우면서 이제 '청년대장' 김정은이 아닌 명실상부한 '지도자' 김정은이 될 때 북한의 혁명전통상 지도자의 나이가 30세 정도는 되어야 하는 것이다. 참고로, 김일성이 해방 후 북한에 돌아와 당을 장악할 때는 만 33세가 넘었고, 김정일이 후계자로 선택됐을 때는 만 32세가 다 된 나이였다.

한 마디로 말해서, 예전의 김정일과 지금의 김정은은 후계자가 갖춰야 할 '요건'과 '후계자의 유일적 영도체계'의 수립에서 매우 큰 차이가 있다. 물론 위에서 소개한 「존경하는 김정운대장동지의 위대성 교양자료」는 김정은이 후계자의 품격과 자질을 모두 가지고 있다고 설명하고 선전하고 있다. 그러나 객관적으로 김정은이 '수령의 후계자로서의 필수적인 품격과 자질을 손색없이 갖춘 인물'인가 하는 문제가 김정은에 대한 위대성 교양을 한다고 해서 해소될 수는 없다. 더구나 수령의 후계자는 인물 본위로 선출하는 것이 대원칙이다. 물론 수령의 핏줄은 수령을 "가장 가까이에서 모시면서 수령의 사상과 사업방법을 체득" 하는 법이기 때문에 나이에 관계없이 기본적으로 품격과 자질이 훌륭하다는 식의 주장을 하고 있기는 하다(이교덕, 2003: 44~45).

향후 김정은에게 가장 큰 문제는 무엇보다도 '후계자의 유일적 영도체계'를 제대로 수립할 수 있을 것인지이다. 위에서 '후계자의 유일적 영도'를 확립하는 다섯 가지 방법을 언급했지만, 김정은은 현재 김정일의 지시를 받은 김정일의 매제, 즉 김정은의 고모부로서 조선로동당 중앙위 행정부장이자 조선민주주의인민공화국 국방위원회 부위원장인 장성택의 도움을 받아 '후계자의 유일적 영도체계'를 세워왔다.

장성택이 당에서 맡고 있는 조선로동당 중앙위 행정부장직은 국가보위부, 사회안전성, 검찰소, 재판소, 국가검열성 등 정보기관, 경찰, 검찰 및 법원을 담당하고 있는 직책인데, 이는 김정일에게 독자적으로 직보할 수 있는 핵심 권력기관들을 장악하고 있는 직위이다. 따라서 당 행정부장직은 정권교체기나 정치적 위기에서 가장 핵심적인 역할을 할 수 있다(이종석, 2000a: 15~26, 29). 북한은 2009년 4월 최고인민회의 제12기 제1차 회의에서 국방위원회 위원을 4명에서 8명으로 확대하면서 장성택을 국방위원에 선임했다. ≪로동신문≫은 관례를 깨고 국방위원회의 조명록 제1부위원장, 3명의 부위원장, 그리고 8명의 위원들의 사진을 4월 10일자에 게재했다(≪로동신문≫, 2010.4.10). 북한은 매년 4월에 일정하게 개최되는 최고인민회의 제12기 제2차 회의를 2010년 4월 9일 개최했는데, 그 후 채 2개월도 못 된 6월 7일 최고인민회의 제12기 제3차 회의를 개최하여 김정일 국방위원장이 참석한 가운데 "김정일 국방위원장의 제의에 의해" 장성택이 '국방위원회 부위원장'으로 선출됐다. 당일 ≪조선중앙텔레비죤≫은 "장성택 국방위원회 부위원장"이라는 직책과 더불어 장성택의 사진을 내보냈다(≪조선중앙텔레비죤≫, 2010.6.7). 이는 김정일이 실질적으로 북한의 제2인자가 된 장성택의 위상과 역할을 공식적으로 강화해주면서 그로 하여금 책임지고 김정은의 '유일적 영도체계'를 세우는 데 힘을 쓰도록 하는 등 후계정치를 공식화해나가는 과정의 일환이었다고 볼 수 있을 것이다. 또한 장성택은 9월 28일에 개최된 제3차 당 대표자회에서 당 중앙군사위 위원과 당 중앙위 정치국 후보위원으로도 선출됐다.[16]

---

16) 장성택이 당 대표자회에서 정치국원, 정치국 상무위원으로 선출되지 않아 그의 위상과 파워가 다른 사람들에 비해 대단하지 않은 것으로 보일 수도 있다. 그러나 그는 다른 사람들과는 달리 '김정일의 매제, 김경희의 남편, 김정은의 고모부'로서 '김정일의 가족'이기 때문에 단순비교 자체가 큰 의미가 없다. 참고로, 당·군 관련 분야에서 장성택의 실질적인 파워와 역할이 이미 충분히 컸기 때문에 이제 김정은을 공식 후계자로 내세우면서 오히려 장성택의 힘을 견제해야 할 필요성이 생겨났고, 그래서, 아래에서 보겠지만, 당 대표자회에서 리영호, 최룡해를 장성택, 김경희의 견제 인물로 내세운 것으로 보인다.

제3차 조선로동당 대표자회

2010년 6월 26일 ≪조선중앙통신≫은 조선로동당 중앙위 정치국의 6월 23일자 결정을 보도했는데, 그 내용은 "당 중앙위원회 정치국은 주체혁명위업, 사회주의 강성대국 건설위업 수행에서 결정적 전환이 일어나고 있는 우리 당과 혁명발전의 새로운 요구를 반영하여 조선로동당 최고지도기관 선거를 위한 조선로동당 대표자회를 2010년 9월 상순에 소집할 것을 결정"했다는 것이다(≪조선중앙통신≫, 2010.6.26). 그런데 북한은 9월 상순에 개최하기로 공표한 당 대표자회를 그때 개최하지 않고 9월 28일 개최했다.

그동안 북한 역사에서 당 대표자회는 1958년과 1966년 두 번 개최됐다. 당 규약에서는 "당 대회와 당 대회 사이에" 당 중앙위가 당 대표자회를 소집할 수 있는 것으로 되어 있다. 당 대표자회는 "당의 로선과 정책 및 전략전술에 관한 긴급한 문제들을 토의 결정하며 자기의 임무를 수행하지 못한 당 중앙위원회 위원, 후보위원 및 준후보위원을 제명하고 그 결원을 보선"하는 일을 할 수 있다(「조선로동당 규약」, 1980: 제3장 30조).

위의 정치국 결정과 당 규약을 보면 초점은 다음 세 가지였다. 첫째, 이번 당 대표자회의 개최 목적이 "조선로동당 최고지도기관 선거를 위한" 것인데, 이와 관련하여 당 규약은 "자기의 임무를 수행하지 못한 당 중앙위원회 위원, 후보위원 및 준후보위원을 제명하고 그 결원을 보선"할 수 있다고 하고 있다. 둘째, 당 규약에 의하면 당 대표자회는 "당의 로선과 정책 및 전략전술에 관한 긴급한 문제들을 토의 결정"할 수 있는데, 정치국 결정서는 "우리 당과 혁명발전의 새로운 요구를 반영"하여 당 최고지도기관 선거를 하겠다고 하고 있다. 마지막으로는, 당 대표자회를 "2010년 9월 상순"에 개최하겠다는 것이다. 그런데 '상순(上旬)'은 한 달을 셋으로 나누는 경우에는 1~10일, 즉 초순을 의미하며, 한 달을 둘로 나누면 1~15일을 의미한다(『조선말대사전』, 제1권, 1992: 1709).[17]

---

17) 참고로, 2010년 8월 27일 김정일과 후진타오 사이에 지린성 창춘에서 이뤄진 조중 정상회담 후 만찬사에서 후진타오는 "9월 상순에 조선에서는 조선로동당대표자회가 진행되게" 되

결국 이번 당 대표자회와 관련하여 우리의 주된 관심은 두 가지였다. 3남 김정은을 후계자로 '공식' 선출하고 그것을 '공식' 발표할 것인지 여부와 "당과 혁명 발전의 새로운 요구를 반영"하여 "당의 로선과 정책 및 전략전술에 관한 긴급한 문제들을 토의 결정"할 것인지 여부였다. 이 두 문제를 자세히 살펴보도록 하자.

첫째, 김정은의 후계자 '공식 선출'과 그것에 대한 '공식 발표' 문제이다. 물론 김정은은 김정일에 의해 이미 후계자로 낙점되어 내부적으로 후계자로서 지위와 역할을 높여왔기 때문에 이번 당 대표자회에서 그가 당의 주요 직위와 직책에 선출되지 않는다고 해서 후계자가 아닌 것은 아니었다. 그러나 지금 김정일의 건강 악화를 감안할 때, 만일 김정은이 이번 당 대표자회에서 주요 직위와 직책에 선출되지 않는다면, 그가 앞으로 후계자로서의 자신의 지위를 누리고 그에 맞는 역할을 수행하는 데 큰 어려움을 겪을 수 있을 것이었다. 참고로, 김정일이 1980년에 공식 후계자가 됐을 때 그는 당 중앙위 위원, 당 중앙위 정치국 위원, 당 중앙위 정치국 상무위 위원, 당 중앙위 비서, 당 중앙위 군사위 위원으로 선출되었다.

이번 당 대표자회가 소집 공고됐을 때, 김정은이 후계자로 공식 등장할 가능성이 매우 클 것으로 예상됐다. 왜냐하면 이미 2010년 6월 23일 당 정치국이 당 대표자회의 소집 결정을 했고, 그것을 6월 26일 ≪조선중앙통신≫이 보도했으며, 또 김정일의 '선군혁명영도 50주년'(2010년 8월 25일)을 3일 앞둔 8월 22일자 ≪로동신문≫에 게재된 「빛나라, 선군장정 천만리여!」라는 시가 주목할 만한 표현을 담고 있었기 때문이었다. 그 시에는 "무적필승의 영장, 우리 장군님의 담력과 기상이, 그대로 이어진 씩씩한 그 발걸음 소리"라는 구절이 있고, 또 "걸음걸음 따르자, 무장으로 받들자, 우리의 최고사령관, 우리의 당중앙을, 천세만세 영원히 목숨으로 사수하자!"라는 대목도 있었다(≪로동신문≫, 2010.8.22). 주목할 만한 점은 이 시가 의심할 것도 없이 김정은의 3대 세습을 시사하고 있다는 것이다.

는데, "나는 중국공산당 중앙위원회를 대표하여 조선로동당대표자회가 원만한 성과를 거둘 것을 축원"한다고 했다(≪조선중앙통신≫, 2010.8.30).

김정은이 이번 9월 상순 개최로 발표된 당 대표자회에서 후계자로 선출되고 공표되는 경우, 구체적으로 그가 선출될 직위와 직책은 기본적으로 1980년 제6차 당 대회에서의 김정일의 경우와 유사할 것으로 예상됐다. 무엇보다도 김정일의 건강상태가 좋지 않아 더 이상 시간적 여유를 부릴 수가 없는 상황에서 바로 후계승계를 완성하는 것이 무엇보다도 중요하고 시급한 '정치적 안정성'을 획득하는 길이기 때문이었다. '후계정치 완성을 통한 수령의 안정성'이라는 정치적 안정성을 확보한 바탕 위에서만 경제, 외교, 민족 등 여타 분야에서의 안정성을 획득할 수 있을 터였다.

우선 북한은 그동안 '당 중앙위 정치국'과 '당 중앙위 정치국 상무위'의 위원들 중에서 사망한 인사들이 많았는데, 새로 보충하지 않아서 제대로 작동되지 못했다. 예컨대, 정치국 상무위 위원은 5명이었는데 그동안 김일성, 김일, 오진우, 리종옥이 모두 사망하여 2000년부터는 김정일 혼자만 남아 있었고, 정치국은 모두 19명이었는데 그동안 모두 사망하거나 실각했으며, 지금 활동하고 있는 인사는 김정일, 김영남, 오극렬뿐이었다. 이런 점을 고려하면, 김정일로서는 이번에 '당 중앙위 정치국'과 '당 중앙위 정치국 상무위' 위원들을 보충하여 정상 가동시킬 수 있는 좋은 기회를 맞게 되었던 것이다. 김정은을 1980년 김정일의 경우처럼 당 중앙위 위원, 당 중앙위 정치국 위원, 당 중앙위 정치국 상무위 위원, 당 중앙위 비서, 당 중앙군사위[18] 위원으로 선출할 가능성을 배제할 수 없는 상황이었다.

그러나 김정은은 당 중앙군사위의 부위원장과 당 중앙위 위원으로 선출됐다. 무엇보다 그가 아직 나이도 어리고 경험이 부족한 점 때문에 당의 정치국과 비서국에 선출되지 않은 모양새를 취한 것으로 보인다. 하지만 그는 당 중앙위 위원으로 선출됐기 때문에 앞으로 언제든지 필요에 따라 당 중앙위 전원회의를 통

---

[18] 1980년 당 6차대회에서의 당 규약은 당 중앙위에 군사위를 설치하여 공식적인 명칭이 '조선로동당 중앙위원회 군사위원회'였다. 그런데 북한은 1982년 8월 29~31일에 개최된 당 중앙위 제6기 16차 전원회의에서 당 중앙위 군사위를 '조선로동당 중앙군사위원회'로 개편했던 것으로 추정된다(≪로동신문≫, 1982.6.21, 1982.9.1, 1982.11.14).

해 당 정치국과 비서국의 직위들에 선출될 수 있게 됐다. 우리의 주목을 끈 것은 김정일이 지금 현재의 선군정치의 상황, 국내외 위기를 고려하여 무엇보다도 군대를 확고하게 장악해야 할 현실적인 필요에 의해서 당 중앙군사위에 부위원장 직제를 새롭게 설치하고 부위원장에 김정은을 선출한 것이다. 이것을 예고라도 하듯이, 당 대표자회 바로 전날에 김정일은 김정은에게 조선인민군 '대장 칭호'를 수여했다.[19] 결국 이번 김정은의 공식 후계 승계는 1980년 김정일의 공식 후계승계와 비교할 때, 후계자가 선출된 당 직위들에 조금 차이가 있지만, 실제 그 의미에 있어서는 큰 차이가 없다고 할 수 있을 것이다.

둘째, 이번 당 대표자회가 "당과 혁명발전의 새로운 요구를 반영"하여 "당의 로선과 정책 및 전략전술에 관한 긴급한 문제들을 토의 결정"할 것인지, 과연 어떤 새로운 정책과 전략을 내어놓을 것인지도 중요한 관심사였다. 그런데 이번 당 대표자회는 어떤 구체적인 개혁정책과 전략을 내어놓지 않았다. 일반적으로, '새로운 지도자는 새로운 정책'을 의미하는 법인데(Bunce, 1981: 11, 166, 225, 255), 북한은 왜 이번에 김정은을 후계자로 공식 선출하여 공표하면서도 새로운 지도자의 시작을 알리는 새로운 전략이나 정책 노선을 제시하지 않았는가? 물론 6월 23일자 당 중앙위 정치국이 이번 당 대표자회를 소집하기로 결정하면서 내세운 의제는 "조선로동당 최고지도기관 선거"라는 단일 의제였고, 다른 의제는 없었다(≪조선중앙통신≫, 2010.6.26). 그런데 이번 당 대표자회가 "당의 로선과 정책 및 전략전술에 관한 긴급한 문제"를 '토의 결정'할 수도 있었는데도 불구하고 그렇게 하지 않은 것은 북한지도부가 지금은 개혁·개방과 같은 정책을 내세울 때가 아니라고 판단했기 때문으로 보인다. 왜냐하면, '개혁·개방'은 기본적으로 '변화'를 의미하며, 어떤 변화든지 간에 잠재적으로 '위험'할 수 있기 때문이다. 특히 지금과 같은 권력승계가 이뤄지고 있는 시기에는 더욱 그렇다.

---

19) 김정일은 2010년 9월 27일자 「조선인민군 지휘성원들의 군사칭호를 올려줄 데 대하여」라는 명령에서 김정은을 위시한 김경희, 최룡해 등에게 '대장 칭호'를 수여했다(≪조선중앙통신≫, 2010.9.28).

제3차 당 대표자회의 의의

이번 당 대표자회의 의의에 대해 꼽으라면, 후계승계 정치방식의 제도화, 당의 위상과 역할의 전면적인 회복을 통한 북한정치의 정상화 의도, 혁명전통 고수와 계승성의 강조, 당 규약 개정을 통한 북한의 정책변화의 방향성 시사, 그리고 김정은 권력 강화를 위한 인사배치 및 측근의 부상까지 다섯 가지를 들 수 있다.

우선, 이번 당 대표자회는 김정은을 후계자로 선출함으로써 수령제하의 북한정치에서 그들 나름대로 권력승계를 제도화하고 있음을 보여주었다. 외부세계가 북한의 수령제와 수령제하의 권력승계 이론인 '후계자론', 21세기에 있어서의 3대 세습 등의 비민주성에 대해 비판하는 것은 당연한 일이다. 그러나 북한의 입장에서는 이번 당 대표자회에 의한 김정은의 후계자 선출과 그에 따른 권력승계의 정치는 자신들의 나름대로 확립된 규칙과 관행에 따라서 이뤄진 것이다. 이런 의미에서 외부의 가치판단에 의한 비판에도 불구하고 김일성의 권력승계는 김정일을 거쳐 김정은에게로 '제도화' 규칙과 절차를 통해서 이뤄진 셈이다.

둘째, 북한정치가 '당의 위상과 역할의 전면적인 회복'을 통해 '정치의 정상성'을 회복하는 단초를 보이고 있다는 점이다. 이번 당 대표자회를 통해 당 중앙위 정치국과 정치국 상무위가 정상화됐고, 비서국도 대폭 강화됐다.

당 대회는 매년 5년마다 개최하기로 되어 있는데도 1980년 제6차 당 대회 이후 지난 30년간 한 번도 개최되지 않았고, 당 중앙위 전원회의도 1990년 초반 이후에 개최되었다는 공식적인 보도가 없었다. 당 중앙위정치국과 정치국 상무위도 그 성원들이 대부분 사망하거나 실각함으로써 현실적으로 작동되지 않았다. 정치국이 작동되지 않은 상황에서 당무와 여타 정치·사회기관을 광범위하게 관장하는 당 중앙위 비서국과 그 산하의 전문부서들이 북한을 실질적으로 통치해온 셈이며, 군대는 당 중앙군사위와 국가기구인 국방위원회, 그리고 조선인민군 최고사령관이 관장해왔다.

북한의 선군정치는 기본적으로 '위기대응' 및 '위기관리'적 성격이 강하지만, 어쨌든 선군정치하에서 군대의 정치에 대한 개입의 정도와 영향력이 6·25전쟁 이후 최대로 확대되어 있다. 일반적으로 정치인들은 군의 정치 개입의 위험성에 대해 항상 민감한 법이다. 현재 건강이 악화되고 있는 김정일로서는 자연스럽게 군의 정치개입에 대해 신경 쓰지 않을 수 없는 처지이며, 자신의 군 장악력에 문제가 생길 수 있다는 것을 본능적으로 우려했을 것이다. 이제 자신의 건강이 악화되어 어리고 경험이 적은 아들에게 권력을 물려주어야 하는 상황에서 그동안 과도하게 강화된 군대에 대해서 최소한 균형을 잡아주는 다른 힘이 필요했을 터였다. 김정일은 차제에 '당의 전면적인 회복'을 통해 바로 그러한 정치적 균형성을 회복하고자 한 것으로 보인다.

김정은이 이번 당 대표자회에서 당 중앙군사위 부위원장(실질적으로 제1부위원장)에 선출된 것은 자신의 권력유지와 강화를 위해 당장 군대를 관장하여 통제해야 하는 현실적 필요성을 반영한 것으로 볼 수 있다. 물론 대내외 위기가 계속되는 한 북한에서 선군정치는 계속될 것이다. 그래서 김정은이 정치국, 비서국이 아닌 당 중앙군사위에 선출된 것은 '당의 회복'이라는 앞으로 북한정치가 나아갈 '방향성'을 부정하는 것이 아니라, 당장 군을 통제해야 하는 현실정치적 필요성을 반영한 것으로 보아야 한다. 이와 관련하여 이번에 개정된 당 규약은 "인민군대 안의 당 조직들의 역할을 높일 데 대한 내용을 보충"했다(「조선로동당 규약」, 2010).

이번 당 대표자회에서 개정된 규약은 "선군정치를 사회주의 기본정치방식으로 확립하고 선군의 기치 밑에 혁명과 건설을 령도"한다고 되어 있지만(「조선로동당 규약」, 2010), 이것 역시 당장 군대를 중시해야 하는 현실정치적 필요성을 반영한 것으로 볼 수 있다. 그리고 김정은이 정치국원이나 정치국 상무위원, 그리고 비서국 비서로 선출되지 않은 것은 나이와 경험의 부족 때문으로 생각된다.

셋째, 혁명전통 고수와 계승성의 강조와 관련하여, 이번 당 대표자회에서 개정된 당 규약은 당 건설의 기본원칙으로서 '당 안에 사상과 영도의 유일성을 보장하고 당이 인민대중과 혼연일체를 이루며 당 건설에서 계승성을 보장하는 것'을 제시했다. 조선로동당은 김일성이 이룩한 "혁명전통을 고수하고 계승 발전시키며 당 건설과 당 활동의 초석"으로 삼아왔지만, 김정일이 김일성의 사상과 업적을 "옹호 고수하고 빛나게 계승 발전"시켰다는 것이다. 따라서 당은 이제 김일성을 '영원히 높이 모시고' 김정일을 '중심'으로 '조직사상적으로 공고하게 결합'돼 있다는 것이다(「조선로동당 규약」, 2010). 다시 말해, 조선로동당을 김일성의 당이라고 규정했지만, 무게 중심은 당연히 김정일의 당에 놓여 있는 것이다.

참고로, 1980년 당 규약은 '당의 유일사상체계를 세우는 것'을 당 건설과 당 활동의 기본원칙으로 삼았다. 이번 당 규약에서 '혁명전통의 고수와 계승 발전'을 강조한 것은 김정은으로의 3대 세습을 합리화하고 또 이를 돕기 위한 목적이 있는 것이다.

넷째, 이번 당 대표자회에서 개정된 당 규약에 나타난 북한의 정책변화 및 그 방향성과 관련하여, 단연 주목할 만한 것은 당의 '당면목적'와 '최종목적'에서의 변화이다. 1980년에 개정된 당 규약은 조선로동당의 '당면목적'으로서 북한에서 '사회주의의 완전한 승리'와 전국적인 범위에서 민족해방, 인민민주주의 혁명과업의 완수를, '최종목적'으로서는 온 사회의 주체사상화와 공산주의 사회 건설을 내세웠다(「조선로동당 규약」, 1980). 그런데 이번 당 대표자회에서 개정된 규약에서는 '당면목적'으로서 북한에서의 '사회주의 강성대국의 건설'과 전국적 범위에서 민족해방, 민주주의 혁명 과업의 수행을, '최종목적'으로는 온 사회를 주체사상화하여 인민대중의 자주성을 완전히 실현하는 것을 목표로 내세웠다(「조선로동당 규약」, 2010).

여기에서 주목할 만한 것은 '당면목적'에서 '사회주의의 완전한 승리'라는 실현가능성이 없는 가치지향적인 목표를 버리고 2012년까지 '사회주의 강성대국 건설'이라는 나름대로 실현가능하다고 생각하는 현실적 목표를 내세운 것이다. 그리고 '최종목적'에서 소위 '각자의 필요에 따라 분배'가 이뤄지는 '공산주의 사회의 건설'을 이제는 폐기했다. 참고로, 2009년 4월의 개정 헌법에서도 북한은 '공산주의'라는 개념과 표현을 삭제했었다. 이는 김정일의 건강에 문제가 생긴 이후 김정은으로의 후계정치를 시작하면서 새로운 젊은 후계자가 보다 현실적인 목표하에서 자신의 능력을 발휘할 수 있도록 배려한 것이 아닌가 싶다.

이 모든 것은 1970년대 말부터 중국이 개혁·개방정책을 합리화하기 위해 마르크스의 '과도기론'을 중국의 현실에 맞게 수정한 바탕 위에서 '사회주의 초급단계론'을 제시했던 것을 상기시킨다. 이번 조선로동당 규약의 개정은 앞으로 북한이 생산력 향상을 위해 '조선식 사회주의초급단계론'을 내세우면서 개혁·

개방의 길로 나아가는 데서 기본적인 규범적 바탕이 될 것으로 보인다.

　마지막으로, 김정은의 권력 강화를 위한 인사배치 및 측근의 부상을 살펴보자. 김정일은 이미 이번 당 대표자회 이전인 6월 7일 국방위원회 위원이었던 당 행정부장 장성택을 조선민주주의인민공화국 국방위원회 부위원장으로 승진시켜 국내정치에서 김정일-김정은을 보좌토록 하고, 9월 23일에는 대미관계, 북핵 문제 등 대외분야에서 실질적인 책임자였던 외무성 제1부상 강석주를 내각의 부총리로 승진시켜 대미관계, 대외관계에서 김정일-김정은을 보좌토록 했다. 김정일은 자신의 왼팔과 오른팔 인사들에게 그렇게 힘을 실어주면서 김정은의 권력 강화를 돕도록 전면 배치시켰다. 그리고 당 대표자회 개최 바로 전날인 9월 27일에는 김정일의 여동생 김경희와 최측근 최룡해 등에게 '대장 칭호'를 수여하여 이들로 하여금 후계승계 과정에서 김정은을 돕도록 했다.

　이번 당 대표자회를 통해 이뤄진 인사개편의 전반적인 내용은 그동안 대다수가 공석이 되어 제대로 작동하지 않았던 당 중앙위, 당 중앙위 정치국, 정치국 상무위, 당 비서국, 당 중앙군사위 등을 새 인물로 채워 넣되, 세대교체를 실현함과 동시에 후계자로 선출된 김정은의 권력을 조속히 안정화시키고 강화시킬 수 있도록 포석을 놓은 것이었다. 무엇보다도 김정은이 후계자로서 앞으로 '온 사회에 대한 정치적 영도를 원만히 실현할 수 있는 품격과 자질'을 갖춘 지도자로 성장하고, 또 그가 '후계자의 유일적 영도체계'를 확립할 수 있는 방향에서 그를 돕기 위한 인사배치였다고 평가할 수 있다.

　장성택과 김경희는 이미 수령의 '가족'일 뿐만 아니라 이미 실세이기 때문에 그들을 다른 인사들과 동일한 선상에 놓고 평가할 수는 없겠지만, 김경희는 이번에 정치국원이 됐고, 장성택은 정치국 후보위원과 당 중앙군사위 위원이 됐다. 그렇다고 이들을 당의 정치국 상무위 같은 최고 직위들에 올려놓지는 않았다. 이는 김정일이 이들 부부가 혹시라도 김정은에게 위협적인 세력이 되지 않도록 만일의 경우를 고려해서 인사배치를 한 것으로 보인다.

　다른 인사들 중에서는 대표적으로 리영호, 최룡해 등의 승진과 배치가 눈에 띈다. 인민군 총참모장 리영호는 당 정치국 상무위 위원에 선출됨과 동시에 김정은과 함께 당 중앙군사위 부위원장에 선출됐다. 항일빨치산 최현의 아들인 최룡해는 이번 당 대표자회가 개최되기 전날 김정은, 김경희 등과 함께 '대장 칭호'를 수여받았고, 이번 당 대표자회에서 황해북도당 책임비서에서 일약 당 중앙위 비서국 비서와 당 중앙군사위 위원에 선출됐다. 이들이 앞으로 김정은을 충실히 보좌하면서 동시에 장성택과 김경희도 견제하는 모양새가 될 것으로 보인다.

*　　*　　*

이상에서 우리는 1995년 1월부터 시작된 북한의 '선군사회주의' 전반에 대해 살펴보았다. 무엇보다도 1970년대와 1980년대 초반에 상대적으로 안정된 국내외 환경구조에 비해, 1980년대 말부터 1990년대 초반에 걸쳐 발생한 사건과 상황전개, 즉 소련과 동유럽 사회주의 국가들의 붕괴, 북한의 경제파탄, 북핵문제 발생, 김일성 사망 등으로 조성된 국내외 정치기회구조는 북한의 생존과 번영에 크게 불리했다는 점을 지적하지 않을 수 없다.

이러한 불리한 정치기회구조하에서 북한의 생존과 번영을 위해 김정일이 들고 나온 대책은 '선군사상'과 그것에 바탕을 둔 선군정치, 선군혁명영도였다. 이는 북한의 혁명과 건설에서 '사상'면에서 큰 변화가 일어난 것을 의미했다. 이에 따라 군대를 '혁명의 주력군, 기둥'으로 전면에 내세우고, 당·정·군 관계에 의미있는 변화가 일어났다. 그리고 이런 모든 것을 바탕으로 '선군정체성'이 확립됐고, 북한은 '선군사회주의'가 됐다.

비록 원칙적으로는 인민군대가 당의 영도와 지도를 벗어난 것이 아니었고, 인민군대는 어디까지나 '당의 군대'였지만, 그럼에도 불구하고 대내외적 상황의 악화와 위기의 심화로 인해 실제 정치에서 군이 당을 압도하는 모습을 보여주었다. 더구나 김일성-김정일은 그동안 당 중앙위 정치국과 당 중앙위 정치국 상무위 등의 결원을 보충하지 않음으로써 당의 최고의결기관은 제대로 작동하지 않았고, 오히려 당 비서국과 비서국의 전문부서들, 그리고 국가기관인 국방위원회를 통해 북한을 통치했다. 그뿐 아니라 대내외 위기의 심화에 대한 방책으로서 선군정치를 내세우면서 자연히 군대의 위상과 힘이 과도하게 상승하고 강화됐

다. 그런데 그 사이 김정일의 건강에 문제가 생기고 또 어리고 경험이 부족한 3
남 김정은을 후계자로 내세워야 하는 상황에 처하게 되자, 김정일은 과도하게
힘을 가진 군대에 대한 견제의 필요성을 중시하여 이번 9월 당 대표자회를 통해
'당의 위상과 역할을 전면적으로 회복'함으로써 '정치의 정상성을 회복'하려는
시도를 하게 된 것으로 보인다.

　현직 수령의 건강이 악화되고 있는 상황에서 가장 시급한 일은 후계정치를 완
성하여 '정치적 안정성'을 확보하는 것이다. 그리고 이번 2010년 9월 당 대표자
회의 개최와 김정은의 후계자 선출은 바로 그러한 맥락에서 이뤄졌다. 정치적
안정성이 확보되어야 그 바탕 위에서 '경제적 안정성', '사회적 안정성', '대남관
계의 안정성', '대외관계의 안정성'을 확보하기 위한 조치들을 취할 수 있을 것이
다. 앞으로 남은 과제는 후계자로 선출된 김정은이 어떻게 자신의 '능력'을 증
명해냄으로써 자신의 권력의 공고화뿐만 아니라 북한체제와 권력행사의 안정
성을 확보할 수 있을 것인지에 대한 것이다. 이에 대한 '전망'은 다음 장에서 해
보기로 하자.

제6부

평가와 전망

제6부 제12장에서는 '북한 권력의 역사'를 종합적으로 평가하고, 북한 권력의 미래를 전망한다.

제12장

'북한 권력의 역사'의 평가와 전망

이 책에서 우리는 1945년 8월 해방 이후부터 2010년 9월까지 65년간의 북한 권력의 역사를 사상, 정체성, 구조를 중심으로 살펴보았다.

이 책은 북한 권력의 역사를 분석하고 설명하면서 다음과 같은 핵심적인 질문들을 다뤘다. 북한의 권력추구자들이 갖고 있던 기본적인 '사상'[관념, 비전]은 무엇이었는가? 그들은 자신들이 갖고 있던 사상을 기반으로 권력경쟁자들 간의 상호작용과 담론행위를 통해 어떤 '정체성'을 형성했는가? 그들의 사상과 정체성은 어떻게 '전당·전국가·전사회적'으로 '공유'되었는가? 자신의 사상과 정체성을 북한 전체에 공유하기 위한 그들의 '이익'은 권력경쟁자들 간에 어떤 '권력투쟁'의 모습으로 나타났는가? 그들이 권력경쟁을 함에서 당시의 '정치기회구조'는 어떠했으며, 또 그들은 정치기회구조를 유리하게 만들기 위해 어떤 노력을 했는가? 그들의 이 총체적인 권력행위는 결과적으로 어떠한 '권력구조'를 만들어냈는가? 그리고 확립된 권력구조는 권력추구자들의 행위를 어떻게 제한하고 구속했는가?

이상의 질문들이 의미하듯이, 이 책은 북한 권력의 역사를 분석하고 해석하는 데서 주된 이론적 접근으로서 '구성주의'를 택하고 이에 '정치기회구조'라는 매개개념을 결합하여 '이론적 분석의 틀'로 사용했다. 이 책 제목의 부제에 '사상'과 '정체성'이라는 구성주의적 접근의 핵심적인 개념이 들어 있는 데서도 알 수 있듯이, 이 연구는 북한 권력의 역사에 대한 '구성주의적 해석'이라고 할 수 있다. 그러나 '이익', '권력투쟁', '정치기회구조', '권력구조' 등은 반드시 '관념적'인 요소라고만 보기 어려운 면이 있고, 많은 경우 '물질적'인 요소와 그 작동도 포함하고 있기 때문에 이 책의 이론적 분석을 틀을 마련하는 데 있어서, 비록 구성주의에 비하면 부차적이긴 하지만 '신현실주의'도 유용하게 이용됐다.

김일성-김정일로 이어지는 핵심 권력자들은 변화하는 대내외 정치기회구조하에서 다른 권력경쟁자들과 사상, 정체성 투쟁을 벌였고, 그 과정에서 자신의 사상과 정체성을 '전당·전국가·전사회'에 공유시키기 위해 노력해왔다.

우선, 북한의 권력의 역사에 큰 영향을 미친 대표적인 대내외 정치기회구조 요소들을 시대순으로 열거하면 다음과 같다. 1948년 한반도 분단과 소련군의 북한 점령, 1950년 6·25전쟁, 1956년 소련공산당 제20차 대회, 동유럽 사회주의 국가들에서의 반소 인민폭동, 1950년대 말부터 시작된 중소대결, 1960년대를 휩쓴 베트남전쟁, 1970년대 초반의 세계적인 데탕트, 1980년대 말부터 1990년대 초에 걸친 소련 등 사회주의권의 붕괴, 1993~1994년 북핵문제로 인한 북미대결, 1990년대 북한경제의 파탄, 2001년 9·11테러사건 발생, 2002년 말부터 시작된 제2차 북핵위기와 2009년 5월 제3차 북핵위기 발생으로 인한 북미대결, 남북대결 등이었다.

이러한 일련의 정치기회구조 요소들이 작용하는 조건하에서 김일성-김정일은 초기 김일성의 민족통일전선으로부터 시작하여 '창조적으로 적용'된 마르크스-레닌주의, 주체사상[김일성주의], 선군사상을 확립하고 그에 기반을 둔 자신의 정체성을 형성했다. 김일성-김정일은 자신의 사상과 정체성을 전당·전국가·전사회에 공유시키기 위해 '온 사회의 혁명화, 로동계급화', '온 사회의 주체사상화'[온 사회의 김일성주의화], '온 사회의 선군사상화'에 힘썼으며, 결국 자신들의 주체사상, 선군사상을 북한의 공식 지도사상으로 만들었다. 이 모든 권력행위의 결과가 시대적으로 파벌의 경쟁과 연합, 김일성 중심의 패권적 연합, 김일성 단일지도체계의 수립을 거쳐 김일성의 유일사상체계와 김정일 선군유일사상체계, 그리고 그 사상체계들이 구현된 수령제라는 권력구조로 나타났다.

그렇다면 지난 65년에 걸친 북한 권력의 역사를 전반적으로 어떻게 평가할 수 있으며, 북한 권력의 미래에 대한 전망은 어떠한가?

1. '북한 권력의 역사'의 평가

이 책이 다룬 북한 권력의 역사는 다음과 같은 두 가지 면에서 평가할 수 있을 것이다.

첫째, 권력(추구)자의 변동과 권력구조의 변화의 밑바탕에는 '사상'과 '정체성'의 변화가 자리 잡고 있다. 북한 권력의 역사는 바로 이 사상과 정체성의 변화의 역사이다. 그런데 이 사상과 정체성의 변화의 특징은 무엇인가? 그리고 만일 사상과 정체성과 관련하여 변화하지 않은 것이 있다면, 그것은 무엇인가?

둘째, 권력행위와 권력현실에서 '사상적' 요소와 자원도 중요하지만, 현실적으로 인민대중의 "식의주(食衣住)" 문제를 해결하기 위한 '물질적' 요소와 자원의 확대가 필요하다. 현실세계에서 물질적 요소는 사상적 요소와 완전히 분리되어 있는 것이 아니라, 물질적 요소의 실패는 사상적 요소의 실패로 연결되며, 그 반대도 마찬가지다. 북한에서 사상적 요소와 물질적 요소가 상호작용하여 빚어내는 현실세계는 어떠했는가?

북한 권력의 역사: '사상'과 '정체성'의 변화

북한 권력의 역사를 분석하고 해석한 이 책은 각 부(部)와 장(章)의 제목을 권력투쟁의 방법, 사건, 사상체계, 권력구조, 정체성 등 다양한 특징을 중심으로 붙였지만, 속을 들여다보면 이 모든 것은 권력추구자들 간의 사상과 정체성의 경쟁, 그리고 그 결과를 중심으로 하고 있다.

북한 권력의 역사에서 사상, 정체성, 구조 면에서 가장 특징적인 시기 혹은 분수령을 꼽으라면—즉 사상, 정체성, 구조가 그 이전과 이후에 완전히 변하는[재구성되는] 시기를 지적하라면—역시 두 시기를 꼽지 않을 수 없다. 바로 1956년 '8월 종파사건'의 발생과 그 직후의 '반종파 투쟁'의 시기, 그리고 1967년을 기점으로

당[김일성]의 유일사상체계가 확립되고 수령제 권력구조가 성립된 시기이다.

1956년 '8월 종파사건'은 1945년 이래 계속된 권력투쟁의 정점이었다. 6·25 전쟁 시기와 전후 복구발전기에 여러 파벌들 간에 사상과 정체성이 충돌하면서 김일성파 vs. 반김일성 연합세력(연안파와 소련파)의 경쟁이 첨예화됐고, 이는 김일성 축출을 위한 반김일성 연합세력에 의한 궁정 쿠데타 시도로 나타났다. '8월 종파사건' 후 전개된 김일성의 '반종파 투쟁'은 1945년 이래 계속된 권력투쟁을 끝장내고 '8월 종파사건'을 완전 정리하는 대단원이었다. 김일성은 이를 통해 모든 파벌을 숙청하고 자신의 항일빨치산운동 세력을 중심으로 단일지도체계를 수립했다.

또 다른 주요 분수령인 1967년의 특징은 바로 이 해에 김일성 유일사상체계가 확립된 것이다. 1964~1965년경부터 김일성 항일빨치산파 중에서도 조국광복회 출신의 갑산파와 소련 및 동유럽 유학생 출신의 당 '사상문화' 담당 간부들이 연합하여 당시 국제공산주의 캠프에서의 '정통 마르크스-레닌주의' 논쟁의 분위기에 편승하여 김일성 항일빨치산혁명전통의 유일성에 도전하기 시작했다. 그들은 '혁명전통의 다원화, 다지화'에 나섰으나, 이는 김일성-김정일에 의해 '반당·반혁명적 책동'으로 비판받았고, 그들 세력은 결국 숙청되고 말았다.

따라서 1967년 이후에는 김일성의 유일사상체계에 기반을 둔 '계속혁명'만이 있었을 뿐이고, 그 이전의 시기에 보아왔던 권력추구자들이나 권력추구파벌 간의 권력투쟁은 더 이상 존재하지 않았다. 이러한 상황에서 김일성은 혁명적 수령관, 수정된 과도기론, 계속혁명론, 혁명전통계승론, 후계자론 등의 이론을 개발하고 또 이 이론들로부터 도움을 받아 아들인 김정일을 후대 수령으로 삼아 계속혁명을 해나가면서 자신의 권력을 확대하고 강화해왔다.

북한 권력의 역사 가운데, 위에서 언급한 1956년과 1967년의 두 중요 시기와 대등하게 비교할 수는 없지만, 나름대로 큰 굴절이 있게 된 제3의 시기를 꼽으라면, 김정일의 선군정치가 시작된 1995년과 직후이다. 이때에는 권력구조상 어떤 주목할 만한 변화가 없었으나, 수령 인물 자체가 김일성에서 김정일로 바뀌고, '사상' 면에서 새 수령의 '선군사상'이 등장함으로써 북한의 통치 이데올로기에서 변화가 일어났다.

북한은 선군사상이 주체사상에 기초하고 있으며, 김정일의 사상이론은 김일성의 혁명사상의 계승이며 심화 발전이라는 것, 김일성의 혁명사상과 김정일의 사상이론은 그 사명과 방법론적 기초가 같으며 거기에 관통되어 있는 정신도 일치하고 있다는 것, 즉 '주체이자 선군이고 선군이자 주체'라는 것을 강조했다.

북한은 선군사상이 주체사상을 '대체'한 사상이라는 주장은 하고 있지 않다. 그러나 지금은 현실적으로 '김정일 시대'이며, 북한은 주체사상은 김일성의 혁명사상으로, 선군사상은 '김정일의 혁명사상'으로 차별하여 설명하고 있다. 그리고 김일성의 시대에 '온 사회의 주체사상화'를 내세웠듯이, 김정일 시대에는 '온 사회의 선군사상화'를 내세웠다. 이러한 사상에서의 변화에 따라 정체성도 선군정체성을 띠게 됐다. 이 책에서 줄곧 살펴본 것이지만, 사상과 정체성의 변화는 권력행위에서 권력이 구성되고 재구성되는 데 가장 기본적인 토대이다.

그렇다면 북한의 '사상과 정체성의 변화'의 '특징'은 무엇인가? 다음 세 가지를 들 수 있을 것이다.

첫째, 김일성의 사상과 정체성은 매 시기 필요에 따라 융통성 있게 변화했다. 그렇게 변화하면서 1945년 귀국 후 권력 진입, 1956년 8월까지 권력 분점, 1958년 권력 독점, 1967년 독점 권력의 유일화와 수령제 수립이라는 권력구조의 변화 과정을 뒷받침해왔다. 즉, 김일성의 사상과 정체성은 초기 소련점령당국의 한반도정책에 부합하는 마르크스-레닌주의와 민족통일전선 주장으로부터 시작하여, 상이한 혁명경험과 정체성을 가진 연안파, 소련파, 박헌영파 공산주의자들과 함께하는 권력 분점의 틀 속에서 마르크스-레닌주의적 사상과 정체성을 공유했다. 6·25전쟁 이후에는 파벌들 간에 사상과 정체성의 알력과 충돌을 경험하면서 이들과 사상의 공유와 권력의 분점을 중단하고, 자신의 사상과 정체성에 바탕을 둔 권력 독점을 위해 항일빨치산혁명전통을 중시하고 주체사상을 제시하면서 자신의 단일권력체계를 구축해나갔다. 그리고 최종적으로는 유일체제와 수령제 권력구조를 뒷받침하기 위한 유일사상체계와 유일정체성을 확립했던 것이다.

한편, 김정일의 선군사상과 선군정체성은 김일성의 사상과 정체성을 심화 발전시키면서도 당시 소련과 동유럽 사회주의 국가들의 붕괴, 북핵위기와 북미대결, 북한경제 파탄 등으로 세계 유일 초강대국 미국과의 군사·안보적 대결, 식량난과 아사 발생 등 대내외 정치기회구조로부터 오는 도전에 나름대로 응전하는 방책으로서 형성되고 강화된 사상과 정체성이었다.

둘째, 김일성-김정일의 사상과 정체성의 변화를 살펴보면, 초기 해외수입 사상인 '마르크스-레닌주의'와 그에 기반을 둔 정체성으로부터 시작하여 점차 북한 자신의 독자성, 혁명전통과 혁명경험을 중시하는 '주체사상'과 주체정체성을 거쳐, 나중에는 주체를 유지하면서도 대내외로부터 오는 '위기대응' 및 '위기관리'적 성격이 강한 '선군사상'과 선군정체성으로 변화했다.

다시 말해, 김일성-김정일의 사상과 정체성은 초기 소련점령과 소련파를 통한 소련식 체제의 이식, 연안파를 통한 중국 공산당과 중국공산혁명 경험의 인입 등 해외수입 사상과 정체성을 거쳐, 6·25전쟁 후 '교조주의'와 '형식주의'를 타파하고 김일성 자신의 항일빨치산혁명전통과 해방 후 북한 자신의 혁명과 건설의 경험을 중시하는 '주체사상'과 '주체정체성'을 확립했다. 그러나 1980년대 말부터는 붕괴에 처한 소련과 동유럽 사회주의 국가들로부터 자신을 차별화하는 차원에서 '인민대중 중심의 우리식 사회주의'(김정일, 1997b; 김정일, 1997d; 김정일, 1997e), '조선민족 제일주의'(김정일, 1997g; 김정일, 1998e)[1] 등 차별화된 독립적인 사상 및 정체성 자원을 앞세웠고, 또 자신이 처한 위기를 극복하기 위해 선군사상과 선군정체성을 도입한 것이다. 이러한 사상과 정체성에서의 변화는 북한의 당과 국가가 국제공산주의운동과 국제사회에서 자신의 대외적 독립성과 독립적 생존력을 획득해가는 과정과 맞물려 왔다.

마지막으로, 김일성-김정일의 사상과 정체성의 변화는 북한정치에서 사상과 정체성의 다양성과 공존을 없애고 그것들을 획일화시키고 배타성을 극대화하는 방향으로 변화해왔다. 그렇다 보니 북한권력자들의 사상이론적 주장이나 선

---

1) 북한이 1990년대 초반 소련과 동유럽 사회주의권의 붕괴로 인한 어려움에 처하면서 북한에서는 민족주의와 민족적 전통의 '복원과 변용'이 일어났다. '조선민족 제일주의'를 뒷받침하기 위해 '민족적 전통'을 부각시켰으며, 심지어 '계급'보다 '민족'을 앞세우기도 했다. 그런데 이 모든 것은 '수령의 위대성'으로 수렴됐다(정성임, 2006: 200~204).

전 내용과는 달리, 북한사회는 수령-당-대중의 통일체가 아니었고, 현실세계에서는 대중과 지배층 사이에 '우리' vs. '그들(us vs. them)'의 현상이 생겨났으며, 지배층이 식량과 생활필수품마저 공급하지 못하는 상황에 빠지자 '굶주리는 우리' vs. '잘 먹고 잘 사는 그들'이라는 괴리가 더욱 뚜렷해졌다.

객관적으로, 이러한 대결적이고 적대적인 '우리' vs. '그들'의 인식구도는 북한의 권력자들에게 가장 근본적인 도전이 되고 있다. 만일 이러한 긴장을 해소하지 못하면, 권력자들의 유일사상과 정체성, 그것들을 반영한 수령제 권력구조가 인민대중으로부터 유리될 것이며 문제해결을 위한 '밑으로부터'의 압력이 점점 거세질 것이다. 특히 '우리' vs. '그들'이라는 대결적 인식구도는 무엇보다도 통치자들이 인민대중에게 '물질적 자원'을 적절히 보장하지 못하는 데 그 근본적인 원인이 있기 때문에 권력자들은 이 물질적 문제를 해결하기 위한 노력을 집중할 것이다. 그러나 '사회주의 계획경제'가 생산과 분배에서 지금처럼 주된 역할을 계속하는 한, 생산력의 발전을 통해 물질적 자원을 확대하는 것은 쉽게 해결되지 않을 것이다.

그렇다면 사상과 정체성과 관련하여 그동안 변화하지 않은 것이 있다면 무엇인가? 이에 대한 대답으로서 다음 두 가지를 말할 수 있을 것이다.

첫째, 현재 북한의 공식 지도사상은 주체사상과 선군사상이지만, 실제 북한의 권력행위와 권력현실에서는 사회주의, 유교사상, 봉건주의, 민족주의 등이 함께 혼재(混在)하고 있다는 점이다. 북한이 그동안 국내외 환경구조가 극도로 악화된 경우에도 붕괴하지 않았던 중요한 이유 하나를 꼽자면 바로 위의 여러 사상적 요소가 복합적으로 결합되어 북한에서 실질적인 사상부문 전체를 이루고 있었기 때문이라고 할 수 있다. 즉, 어느 한 사상이나 관념이 붕괴한다고 해도 다른 사상들이 여전히 버티고 있어서 쉽게 무너지지 않는 것이다. 이는 앞으로도 마찬가지일 가능성이 높다.

북한체제는 1990년대 중반에 붕괴 직전에 있다고 할 정도로 어려움을 겪었고, '사람이 굶어 죽는데 무슨 사회주의인가'라는 불만이 팽배하여 '사회주의' 사상과 정체성은 실질적으로 무너졌다고 해도 과언이 아니었다. 그러나 북한은 위의 여러 가지 다양한 사상적 자원을 조합하여 버텨냈던 것으로 보인다.

둘째, 북한정치의 사상적 자원과 관련하여 또 하나 주목할 만한 것은 북한의 사상적 자원이 북한의 '주의(主義)', '역사', '통일'의 가치와 결합되어 있고 이들 간의 상호작용에 의해 큰 영향을 받아왔으며, 앞으로도 그러할 가능성이 크다는 점이다.

다시 말해, 가치와 정치체제로서의 사회주의, 만주 항일빨치산 투쟁 및 6·25전쟁 등 일제 및 미국에 대한 '반제국주의 투쟁'의 역사, 그리고 분단된 한반도를 통일하려는 명분과 욕구 등이 서로 결합하고 상호작용하여 지금까지 북한정치의 사상적 측면을 구성해온 것이다. 여기에서 만일 북한에서 '주의', 즉 '사회주의' 가치가 무너진다고 해도 남아 있는 다른 가치인 '역사'와 '통일'은, 미국과 일본 등 외세로부터 위협이 계속되고 한반도 분단이 지속되는 한, 북한권력자들이 북한을 통치하는 데 나름대로 중요한 사상적 자원이 될 것이다.

북한 권력의 역사: '사상적' 요소 vs. '물질적' 요소

이 책의 핵심적인 주장은 북한에서 권력행위와 권력현실을 구성하고 또한 이를 해석하는 데는 권력(추구)자들이 갖고 있는 사상, 비전과 같은 사상적[관념적] 요소, 그리고 그것을 기반으로 형성되는 정체성과 이익이 일차적인 요소라는 것이다. 그런데 문제는 권력추구자들이 권력행사의 대상인 인민대중과의 관계 속에서 '현실'정치를 해 나가기 위해서는 약탈국가(predatory state)적인 입장에만 설 수 없고 인민대중의 안위와 복지에 대해서도 책임을 져야 한다는 것이다. 따라서 정치를 하는 데는 관념적 요소[자원]뿐만 아니라 물질적 요소[자원]도 중요한 것이다.

물론 물질적 요소에 구체적인 의미를 제공해주고, 물질적 요소를 조직화하여 사용하는 데는 사상적 요소가 핵심적인 역할을 한다. 예컨대, 1946년의 토지개혁, 중요 산업 국유화 등 '민주개혁'들, 1947년부터 시작된 인민경제계획, 6·25전쟁 이후의 전후복구발전과 농업협동화, 사회주의 공업화, 각종 대중동원운동, 2002년의 시장경제요소 도입 등은 모두 사상적 요소가 물질적 요소를 특정 방향으로 조직하고 동원한 바탕 위에서 이뤄졌던 것이다.

물론 북한에서 사상적 요소가 물질적 요소를 조직화(또 재조직화)하고 동원할 때 그 구체적인 목표와 방향은 사회주의 혁명과 건설, 그리고 그것을 위한 물질적 기반의 강화였다. 김일성-김정일은 사회주의 건설을 위한 물질적 기반을 강화하기 위해 온갖 대중운동을 고안하여 사용했다. 건국사상총동원운동, 천리마운동, 천리마작업반운동, 3대혁명붉은기쟁취운동, 숨은영웅따라배우기운동, 80년대속도창조운동, 제2의 천리마대진군 등이 그것이다(정상돈, 2005: 193~238).

그런데 문제는 북한의 권력자들이 각종 이론 등 사상적 자원을 동원하여 물질적 자원을 조직하고 확대하여 혁명과 건설의 물질적 기반을 완성하려고 했지만, 지금까지 그 한계가 드러났다는 것이다. 사회주의 사상은 기본적으로 사유재산제 폐지와 계획경제를 원칙으로 했고, 이를 바탕으로 이뤄진 물질적 요소의 조직과 동원은 결국 '경쟁과 창발성 부재' 속에서 생산성과 생산력의 저하로 이어졌다. 더구나 김일성-김정일의 유일사상체계와 수령제는 정치·경제·사회·문화의 모든 분야에서 유연성과 융통성, 그리고 창조력을 억압하는 요소로 작용했다. 북한은 결국 경제파탄으로 1990년대 중·후반에는 북한 역사상 북한 주민들이 전대미문의 규모로 아사하는 최악의 상황을 경험했고, 2010년 현재도 북한은 주민들에게 식량과 생필품도 제대로 공급하지 못하는 상황이다. 이렇다 보니, 위에서 지적했듯이 '우리' vs. '그들', 보다 구체적으로는 '굶주리는 우리 인민대중' vs. '잘 먹고 잘 사는 그들 지배층'이라는 대결적이고 적대적인 인식구도가 큰 문제가 되고 있는 것이다.

그런데 더 심각한 문제는, 현실세계에서의 '사상적 요소'와 '물질적 요소'의 상호작용을 고려할 때, 이러한 물질적 자원 확대의 실패는 단순한 물질적 요소의 실패로 끝난 것이 아니라 김일성-김정일의 사상, 가치, 비전의 실패로 연결되어 이들의 권력행위의 정통성과 정당성 자체가 문제시되는 상황에 처하게 됐다는 점이다. 간단히 말해, 북한경제가 앞으로 식량난과 생필품난을 해결하지 못한다면, 이는 결국 북한의 지도사상과 정체성에 대한 의문과 문제제기, 유일사상체계와 수령제의 붕괴, 선군사회주의의 실패, 후계정치의 실패로 연결될 수밖에 없다. 왜냐하면 권력행위자들이 아무리 사상적인 측면을 중심으로 인민대중을 조직하려고 해도 권력관계의 핵심은 '치자-피치자의 관계'이기 때문에 치자가 '피치자의 식의주 문제의 해결'이라는 피치자에 대한 약속을 지키지 못하면 권력의 정당성과 정통성은 사라지기 때문이다.

북한경제의 실패는 기본적으로 북한이 사회주의 경제체제를 채택한 데 그 일차적인 책임이 있고, 거기에는 북한이 한반도의 북쪽에 위치한 지리적 조건, 해방 직후 한반도의 분할점령 당시 사회주의 국가인 소련의 점령을 겪게 된 정치·역사적 상황이 놓여 있다. 그러나 다른 일부 사회주의 국가들의 경험과 비교할 때, 북한 지도부의 정책적 책임 또한 크다. 참고로, 1970년대부터 본격적으로 드러나기 시작한 생산력 저하 등 사회주의 경제의 취약성을 극복하기 위해 중국과 베트남 지도자들은 시장경제적 개혁·개방을 본격 도입함으로써 '물질적' 자원을 확대하려는 정책을 취했고, 그것이 성과를 내고 있다. 따라서 북한 지도부가 중국과 베트남의 물질적 자원 확대 정책을 적극적으로 따르지 않았다는 것은 북한 지도자들의 책임이라고 하지 않을 수 없다.

물론 북한이 처한 대내외 정치기회구조가 중국과 베트남과는 달랐고, 북한 역시 2002년 7월 시장경제 요소를 일부 도입하고 부분적으로 공업·관광특구를 중심으로 대외 개방을 하기도 했다. 이때 국제사회가 북한의 개혁·개방정책에 적극적으로 협력하지 않았던 것도 사실이다. 그러나 어쨌든 북한은 '물질적' 요소를 확대하는 데 실패했고, 그 실패가 '사상적' 요소에 악영향을 미치는 방향으로 상황이 전개되고 있다.

일반적으로 권력자들이나 정치가들은 물질적 자원이 희소해지거나 부족할 때, 그만큼 더 이념적 자원에 의존하는 경향이 있다. 그리고 각종 증산운동과 기술혁신운동 등 대중사상동원운동을 펼치기도 한다. 그러나 이는 단기적인 목표를 달성하는 데는 도움이 되겠지만, 장기적으로 문제를 해결하는 데는 도움이 되지 않는 경우가 허다하다. 북한의 경우도 결코 예외가 아니었다. 1970년대 이후 물질적 요소와 자원이 지속적으로 실패해온 상황에서 주체사상, 선군사상 등으로 물질적 요소를 조직하고 각종 대중동원에 힘썼지만, 그러한 노력은 이미 큰 한계를 드러낸 지 오래다.

2. 북한 권력의 미래

그렇다면 앞으로 북한 권력의 미래는 어떠한가? 여기에서는 정치적 안정성의 확보와 김정은 후계정치 문제, 위기상황과 선군정치, 수령제와 당·정·군 관계의 변화, 사상적 자원과 물리적 자원의 관계, 물질적 자원의 확대·강화를 위한 '구성주의적 처방'의 필요성, 그리고 북한 정치체제의 변화 가능성을 중심으로 전망해 보기로 한다.

김정은의 후계승계

북한 권력의 미래에 대한 전망과 관련하여 가장 중요한 문제는 '정치적 안정성' 확보를 위한 '후계승계 정치의 성공' 문제이다. 수령제 정치체제인 북한에서 정치적 안정성의 핵심은 무엇보다도 수령의 안정성이다. 그런데 2008년 여름부터 김정일의 건강이 악화됨에 따라 수령의 안정성에 큰 문제가 발생했다. 2009년 1월부터 가속화되어왔던 3남 김정은의 후계승계 준비는 바로 정치적 안정성을 확보하기 위한 노력의 본격화를 의미했다. 북한은 최근 2010년 9월 하순에 당 대표자회를 개최하여 김정은을 수령 후계자로 공식 선출했다. 북한의 후계자론에 의하면, 최고뇌수의 지위와 역할을 가진 수령이 인민대중을 영도하고 지도하면서 혁명을 지속하기 위해서는 수령이 생전에 후계자를 키우는 것이 "수령이 자기 당대에 수행해야 할 가장 중대한 위업 중의 하나"가 되기 때문에(이교덕, 2003: 44), 현직 수령인 김정일로서는 이번 당 대표자회에서 '수령이 자기 당대에 수행해야 할 가장 중대한 위업'을 일단 달성한 셈이다.

여기에서 북한의 후계정치가 이뤄지고 있는 대내외 정치기회구조에 대해 잠간 살펴보자. 우선 대외적으로, 중국과 러시아와의 관계는 지속적으로 증진되어왔으나, 미국, 한국, 일본과의 관계는 2009년 4월 인공위성 로켓 발사, 5월 제2차 핵실험으로 인해 유엔 안보리의 제재를 받게 되는 등 급속히 악화됐다. 더구나 2010년 3월에는 서해에서 천안함 사건이 발생함으로써 남북관계는 파탄을 맞고, 동아시아에서 미중관계가 대결적으로 나아가는 결정적 계기가 됐다. 대내적으로는, 수령인 김정일의 건강 자체에 문제가 생겼으며, 여전히 식량과 생필품 공급과 조달 문제는 지난한 과제가 되고 있다. 더구나 대결적인 대외환경구조는 대내적으로 식량과 생필품을 생산하고 조달하는 데 결정적으로 불리하게 작용하고 있다. 바로 위와 같은 어려운 국내외 환경조건하에서 김정은을 후대 수령으로 선출하고 그의 권력을 공고화하기 위한 후계정치가 이뤄지고 있는 것이다.

이러한 상황은 김정일의 후계승계 작업이 이뤄졌던 1970년대와 1980년의 상황과는 큰 차이가 있다. 특히 당시 김정일은 건강상 아무런 문제가 없었던 김일성의 보호하에서 후계승계 준비를 오랜 시간에 걸쳐 무리 없이 진행할 수 있었지만, 지금 김정은은 건강이 악화된 김정일의 한시적인 보호하에서 후계승계 작업을 벌이고 있다. 이러한 불리한 상황에서 대외환경구조를 대결적이기보다는 협력적으로 개선해나가는 것은 북한의 생존뿐만 아니라 당장 후계승계 과정에서 외부로부터 오는 부정적인 충격을 없애고 또 완화하는 데 매우 중요하다. 따라서 객관적으로 볼 때, 북한으로서는 대미관계와 대남관계 개선을 보다 적극적으로 추진하지 않으면 안 되는 상황에 처해 있다.

김정은의 후계승계와 관련하여 보다 본질적인 문제는 김정은이 북한의 '후계자론'이 규정하는 여러 조건에 적합한 품격과 자질을 지금부터라도 더욱 증진시키고 후계자의 유일적 영도를 실현할 수 있는 조직사상적 기초를 튼튼히 쌓으며 영도체계를 철저히 수립할 능력이 있는지 여부이다.

일본 ≪마이니치신문≫이 2009년 10월 5일자로 보도한 「존경하는 김정운[김정은]대장 동지의 위대성 교양자료」에서 보듯이, 북한은 김정은이 '후계자의 요건'인 후계자의 품격과 자질을 잘 갖추고 있다고 선전하고 있다. 그러나 김정은은 나이도 어릴 뿐만 아니라 공식적으로 알려진 당 사업 경험도 거의 없다. 한 가지 확실한 것은 예전의 김정일과 지금의 김정은은 '후계자가 갖춰야 할 요건'과 '후계자의 유일적 영도체계'의 수립 능력에서 큰 차이가 있다는 점이다.

김정은이 후계자로서 갖춰야 할 '품격과 자질' 문제는 이제 후계자로 공식 선출됐기 때문에 앞으로 집중적인 선전선동사업으로 그럭저럭 해결할 수 있을 것이다. '후계자의 유일적 영도체계 수립' 문제는 그보다는 좀 더 복잡할 수 있지만, 이 문제도 당의 위상과 역할을 전면적으로 회복시키고 김정은 권력 강화를 위한 측근의 중용 및 전략적인 인사배치를 통해 해결해나갈 수 있을 것이다. 이미 그러한 목적을 위해 장성택과 김경희, 그리고 리영호와 최룡해, 강석주 등의 중용이 이뤄졌고, 군대를 견제하기 위해 당을 전면적으로 회복하고 장성택·김경희의 세력 확대를 견제할 수 있도록 핵심적인 지위에 리영호, 최룡해 등을 중용함으로써 '균형과 견제'의 포석이 놓였다고 할 것이다.

그러나 무엇보다도 향후 김정은의 권력 강화와 후계정치의 성공은 김정일이 언제까지 건강을 유지하면서 후계정치 과정을 감독하고 관리할 것인지에 달려 있다. 물론 위에서 설명했듯이, 김정일은 자신의 건강문제를 의식하여 김정은이 후계승계를 원만히 이뤄낼 수 있도록 서둘러 김정은을 후계자로 공식 선출하고 전략적인 인사배치를 단행함으로써 김정은의 권력공고화에 유리한 권력지형을 조성했다.

위기 상황과 선군정치

김정일이 '군대'를 앞세워 위기에 대응하는 일종의 강성(强性)전략인 선군정치와 선군혁명영도는 기본적으로 불리한 대내외 환경구조에 맞서는 '위기대응 및 위기관리' 전략의 성격이 크다는 점은 이미 지적했다. 그리고 선군정치가 나온 배경인 구체적인 대내외 위기상황에 대해서도 이미 설명했다.

그렇다면 앞으로 선군사상, 선군정치, 선군혁명영도, 그리고 선군사회주의의 운명은 어떻게 될까? 참고로, 북한은 "인민대중의 자주적 지향의 유린자이며 교살자인 제국주의가 남아 있는 한 주체사상의 …… 요구는 오직 선군사상과 그 구현인 선군정치에 의해서만 확고히 실현될 수 있다"고 강조한다(『조선로동당력사』, 2004: 539). 이는 선군정치가 대외환경구조로부터 오는 위기에 대한 대응적 성격을 갖고 있으며, 대외적 위협이 지속되는 한 그것이 계속될 것임을 시사한다.

그렇다면 앞으로 북한의 대내외 환경구조가 지금처럼 대결적이 아니고 보다 협력적으로 변화하면 선군정치는 어떻게 될까? 또 대외환경이 그렇게 변화할 가능성이 있을까? 대외환경구조가 대결적이 아닌 협력적이 되면, 당연히 선군정치도 변화할 것이다.

예컨대, 앞으로 후계정치의 완성, 북핵 문제 해결, 6·25전쟁의 공식 종료와 한반도 평화체제 수립, 북미관계 정상화, 남북관계에서 화해협력의 제도화, 민족공동체 건설, 시장경제적 개혁·개방의 확대 등의 상황 전개가 이뤄진다면, 북한의 대내외적 위협이 실질적으로 감소될 것이다. 그렇게 되면, 군대의 정치 개입과 영향력 확대의 위험성을 고려할 때, 북한은 '군대의 지위와 역할을 줄이는' 방향으로 질적인 변화를 추구할 수밖에 없을 것이다.

수령제와 당·정·군 관계

앞으로 북한의 수령제와 당·정·군 관계는 어떻게 변화할 것인가? 수령제 권력구조는 수령이 당·정·군 3자 위에 위치하면서 3자의 관계를 필요에 따라 조정하는 수령 중심의 당-국가체제이다. 선군사회주의는 당·정·군 3대 권력기관 위에 수령이 위치하는 수령제 사회주의라는 점에서 예전과 마찬가지이다.

북한과 같은 사회주의 국가에서는 전통적으로 정치와 권력의 영역을 당·정·군 3자로 분류해왔고, 당·정·군은 각각 사상(사상적 자원), 경제(물질적 자원), 군사(물질적 자원) 부문을 담당해왔다. 그런데 사회주의 당-국가체제의 특성상 권력추구자가 당을 장악하면 정부와 군대에 대한 당적 영도와 당적 지도를 통해 정부[국가]가 갖고 있는 경제권력과 군대가 갖고 있는 군사권력을 모두 장악하고 통제할 수 있게 된다.

그런데 김일성 사후 김정일의 '선군사회주의' 시대가 열리면서 전통적인 '당우위'의 당·정·군 관계가 '실질적인 권위와 역할'의 측면에서 일정한 변화를 보였다. 수령과 당의 영도를 받던 '대중' 속에서 예전에 혁명의 주력군이던 노동계급이 더 이상 혁명의 주력군이 되지 못하고 이제 선군사상에 의거하여 군대가 그 자리를 차지함으로써 '실제 정치'에서 '군이 당의 권위를 압도'하는 현상을 보여주었다. 더구나 선군사상은 선군혁명영도에 의해 '온 사회의 선군사상화'로 이어지면서 그만큼 군대를 중시하는 사상과 정치, 영도, 그리고 그에 따른 군대의 권위와 파워의 증가가 현실정치에서 표현됐다.

물론 원칙적으로 그리고 이론상으로는 아직도 인민군대가 여전히 '당의 군대'이며 군에 대한 당적 영도와 당적 지도가 지속되고 있다. 비록 군대가 혁명의 주력군이 되었지만, 노동자계급의 영도적 역할을 '최상의 높이'로 올려 세우는 정치가 바로 선군정치 방식이며, 선군정치는 주체사상의 원리에 기초하여 새롭게 정립된 정치철학, 즉 '군대이자 당이고 국가이고 인민'이라는 지론에 바탕을 둔 정치방식이라는 것이며 '수령, 당, 대중의 통일체'에서 대중에 대한 수령과 당의 영도가 지속되고 있다는 것이다. '대중'은 노동자, 농민, 근로인테리, 군대로 이뤄져 있는데, 그중에서 노동자, 농민, 근로인테리가 혁명의 주력군이 되는 것이 아니라 군대가 혁명의 주력군이 될 뿐이라는 것이다. 따라서 군대가 당이나 수령을 대체하는 것이 아니라 어디까지나 당의 영도와 지도를 받는 '당의 군대'가 된다고 주장한다.

　그러나 '실제 정치'에서 군대는 정치와 권력의 중심에 자리하게 됐다. 2009년 개정헌법은 '선군사상'을 주체사상과 함께 공식 지도사상으로 규정하고, 주권의 소재에 '군인'을 새롭게 추가하여 "로동자, 농민, 군인, 근로인테리를 비롯한 근로인민"으로 재규정함으로써 선군사회주의를 법제화했다. 국가기관에서도 김정일이 위원장직을 맡은 국방위원회가 최고의 권력기관으로 등장했다. 2009년 개정헌법은 국방위원장을 '최고령도자'로 규정하는 등 김정일 국방위원장의 법적 권한을 '김일성 주석'급으로 강화했다. 더구나 그동안 당 중앙위 정치국과 정치국 상무위의 결원을 전혀 충원하지 않음으로써 당의 최고지도기관의 작동 없이 당에서는 당 비서국과 전문부서들을 통해, 그리고 국가에서는 국방위원회를 통해 정치를 해왔다는 점은 선군정치에서 군의 위상과 역할을 말해준다.

　참고로, 원리적으로는 당이 더 중요하지만, 실제 정치에서 국가나 군대가 당의 권위와 역할을 압도하는 이러한 현상은 어찌 보면 북한 역사에서 특정 상황 조건하에서 반복적으로 나타나는 일종의 패턴이기도 하다. 대내외적 정치기회 구조가 북한의 생존과 번영에 불리하지 않았을 때, 즉 구체적으로 국가안보와 정권안보, 경제발전이 큰 문제없이 진행되고 있을 때, 북한정치는 '당'을 중심으로 이뤄졌다. 즉, '사상·정치' 분야를 담당하는 '당'이 정치와 권력행위의 중심에 서서 김일성-김정일의 유일성을 확보하고 여타 권력경쟁자들은 '종파주의자'로 처벌하면서 국가기구와 군대에 대해서는 당적 지도를 했다.

그러나 이와는 달리 당보다는 국가나 군대가 전면에 나서 일한 시기들이 있었다. 그 예를 들어보자. 1948년 새로 국가를 수립하여 '행정 사업' 등 당보다는 국가가 해야 할 일이 압도적으로 많고 중요했을 때, 6·25전쟁 중에 북한이 존망의 기로에서 전쟁에서 승리하기 위해 국가기구인 '조선민주주의인민공화국 군사위원회'를 설치하고 실질적으로 당·정·군의 모든 역량을 통합하여 전권을 휘두를 때, 전후 복구발전기에 경제 살리기를 위해 당·정·군 3자 중에서 '경제' 분야를 책임지고 있는 정부[국가]가 전면에 나와 모든 힘을 쏟을 때, 1990년대 경제적인 파탄에 직면하여 경제 살리기를 위해 기존의 정무원을 '내각'으로 개편하고 내각에 힘을 실어줄 때, 그리고 소련 멸망으로 냉전구조가 붕괴하고 북핵문제로 유일 초강대국 미국과 대결하게 됨에 따라 국가·정권안보 자체가 위기에 처하자 지금처럼 군대를 앞세워 선군정치를 시작하고 국가기구인 '국방위원회'를 강화하여 실제 정치에서 군대와 국방위원회가 단연 힘을 쓸 때가 있었다. 바로 이런 시기들에서는 국가기구나 군대가 '실제 정치'에서 당의 권위를 압도했던 것이다.

위에서 이미 강조한 것이지만, 정치가들은 물리적 강제력을 가진 군대가 정치에 개입하여 영향력을 행사하는 '위험성'을 본능적으로 인식하고 가능하면 군을 완벽하게 통제하려고 하기 마련이다. 이 점에서는 정치인 김정일도 예외가 될 수 없다. 김정일로서는 1990년대 초반에 대내외적으로 수많은 불리한 요인들이 겹쳐 생겨난 심각한 위기에 대처하기 위해 군대를 앞세우고 군대를 중시하는 선군정치, 선군혁명영도를 하기는 했지만, 본능적으로 군의 정치적 힘의 증대가 가져올 위험성과 군에 대한 통제의 필요성을 잊지 않고 있었을 것이다.

김정일은 이번에 당 대표자회를 열어 3남 김정은을 후계자로 공식 선출하고 공표했으며, 북한 권력의 역사에서 오랜만에 '당'의 위상과 역할을 전면적으로 회복시키는 조치를 취했다. 따라서 이번 당 대표자회를 계기로 북한정치는 앞으로 조금씩 '군에 대한 당의 우월성'을 전당·전군·전국가·전사회에 재확인시키는 방향으로 나아갈 것으로 보인다.

마지막으로, 새로 후계자가 된 김정은은 예전에 후계자 김정일이 아버지 김일성에게 했던 것처럼 아버지 김정일에게 충성과 효도를 하게 되겠지만, 앞으로 김정은이 어떻게 행동하느냐에 따라 현직 수령과 후대 수령과의 관계에 어떤 긴장을 가져올 가능성도 배제할 수는 없다. 김정일이 김일성의 권력을 승계할 때는 김일성이 건강문제도 없었고 명실상부한 수령의 권위와 힘을 가진 최고지도자였지만, 지금 김정일의 경우에는 가장 치명적인 문제인 건강에 이상이 생겼기 때문이다.

권력의 유지와 행사에서는 권력자의 '신체적 안전'과 '권력의 배타성'이 가장 중요한 일차적인 문제이다. 그러므로 건강이 좋지 못한 김정일은 자신의 건강문제를 의식하면서 그만큼 더 심리적으로 '방어적'인 상태에 빠질 수 있다. 만일 후계자 김정은이 자신의 권위와 힘을 너무 급속히 확대·강화하여 현직 수령인 김정일이 자신의 권력이 너무 빨리, 세련되지 못한 방식으로 침식당해간다고 인식한다면, 현직 수령 김정일과 후계 수령 김정은, 그리고 그들의 측근들 간에 일종의 권력경쟁이 일어날 수 있는 가능성도 배제할 수 없을 것이다. 그런데 김정일의 건강문제는 근본적으로 회복가능한 문제가 아니기 때문에 궁극적으로 김정일-김정은 간의 권력배분 문제는 후계자에게로 무게 중심이 옮아갈 수밖에 없을 것이다.

참고로 김정일은, 아버지 김일성이 만나는 외부 인사들에게 김정일이 '효자 중의 효자'여서 '김정일 동지와 같은 후계자를 둔 것을 커다란 자랑으로 생각'한 다고 만족감을 나타낼 정도로(김일성, 1996g: 426~427; 김일성, 1996a: 117~118) 아버지인 현직 수령에게 충성을 다하면서 면밀하고 조심스럽게 아버지와의 관계를 다뤄나갔다. 이는 김정일이 '권력의 속성'을 이해하고 그만큼 용의주도하게 처신했다는 것을 말해준다.

'사상적' 자원 vs. '물질적' 자원의 관계

북한의 권력추구자들이 아무리 사상적 자원의 중요성을 강조한다 하더라도 이것이 물질적 자원의 확대에 공헌하지 못한다면 인민대중이 굶주리는 상황이 지속될 것이고, 이는 기본적으로 권력의 안정성에 치명적인 타격을 줄 것이다.

또한 사상적 자원과 물질적 자원 간에 간격이 점점 확대되고 불균형이 심화된다면, 이는 북한체제의 안정성에 근본적인 도전이 될 것이다.

현실세계에서 사상적 자원과 물질적 자원의 상호작용을 고려할 때,[2] 물질적 자원 확대의 지속적인 실패는, 이미 그래왔듯이, 단순한 물질적 요소의 실패로 끝나는 것이 아니라 사상적 자원에 악영향을 미쳐 김일성-김정일의 공식 통치이데올로기인 '주체사상, 선군사상'과 '인민대중 중심의 우리식 사회주의, 선군사회주의'의 정체성의 실패를 초래할 것이 자명하다. 특히 북한 주민들 사이에서 '헐벗고 굶주리는 우리 인민대중' vs. '잘 먹고 잘사는 그들 지배층'이라는 적대적인 인식구도가 해소되지 않고 심화된다면, 김정일-김정은의 권력 이데올로기와 권력 정체성, 그리고 통치의 정통성 문제는 더 심각한 위기에 처할 것이다.

북한의 권력(추구)자들은 당연히 이러한 문제점을 심각히 인식하고 나름대로 물질적 자원 문제를 해결하기 위해 노력할 것으로 보인다. 그런데 단순히 사상적 자원과 물질적 자원 두 가지가 모두 중요하다는 인식을 넘어 이 두 가지 요소의 상호관계와 상호작용을 이해하고 이들을 전략적으로 '스마트(smart)'하게 조합하여 사용하는 것이 성공을 위한 핵심적인 전략이 될 수밖에 없을 것이다. 결국은 김정일-김정은의 '스마트 파워'의 능력이 문제가 될 것이다.[3]

---

2) 참고로, '관념'과 '물질', 즉 '관념적 세계'와 '물질적 세계'와의 관계를 이원론적 관점에서 '상호작용'하는 두 가지 별개의 존재로 취급해온 '제1의 웬트' 및 '제2의 웬트' 시기의 구성주의적 이해, 그리고 웬트가 최근에 물리학의 '양자이론'을 적용하여 '관념'과 '물질'을 이원론적 관점이 아닌 '한 가지 근원적인 사실의 두 측면'으로 보면서 이들이 '상보적 상관관계'에 있는 것으로 이해하고 있는 '제3의 웬트' 시기에 대해서는 이 책의 「제1장 이론적 분석의 틀」의 '각주 7'을 보시오.

3) 국가가 사용할 수 있는 권력자원은 편의상 '연성권력(soft power)'과 '경성권력(hard power)'으로 나눌 수 있다. 연성권력은 문화, 정치적 가치, 외교력 같은 힘을 의미하며, 경성권력은 군사력, 경제력 같은 힘을 말한다. 모든 국가는 현실적으로 연성권력과 경성권력을 '목표를 성공적으로 달성해내도록 결합'하는 능력인 '스마트파워(smart power)'를 적용하여 국가이익을 확보하고 국가목표를 달성하기 위해 노력한다. 그런데 '스마트파워'는 경성권력도 아니고 연성권력도 아니며, 이 두 권력자원을 '목표를 성공적으로 달성해 내도록' '솜씨 좋게' 결합하는 '전략적' 능력이다. 따라서 스마트파워가 진정 의미하는 바는 국가가 자신의 정책목표를 달성하기 위해 연성권력과 경성권력 양자를 조합하여 '통합'된 전략, '통합'된 자원

북한의 물질적 기반을 확대·강화하기 위해서는 무엇보다도 점차 시장경제 요소의 도입을 확대하고 대외개방의 확대를 통해 개혁·개방의 폭과 깊이를 키워나가며 국제사회와 협력을 강화할 수밖에 없을 것이다. 이를 위해 사상적 자원도 물질적 자원의 확대·강화를 추동하는 방향으로 적극적으로 동원되고 이용하지 않고는 다른 방법이 없을 것이다.

결론적으로, 북한의 권력(추구)자들은 자신들의 권력과 권력의 정통성을 유지하기 위해서라도 물질적 자원의 확대·강화를 추동하고 확보하는 방향으로 사회적 관념[사상]을 구성하고 사회적 담론행위가 이뤄지는 '구성주의적 처방'을 필요로 할 것이다. 북한 지도부는 그러한 처방을 내어놓고 그 방향으로 힘씀으로써 북한에서 지도사상과 정체성, 그리고 그것의 공유를 추구하는 이익이 모두 북한의 생존과 번영을 확보하는 방향으로 형성될 수 있도록 노력하는 것 외에 다른 수가 없을 것이다. 이는 김정일-김정은이 시장요소와 대외개방의 확대 등 개혁·개방을 지지하고 남한, 미국, 일본 등 자본주의 국가들과의 협력을 강화해가는 논리와 이론의 개발에 힘쓸 것이라는 뜻이다. 또 개혁·개방정책이 물질적 자원의 확대에 일단 어떤 성과를 내면 그 성과는 곧바로 개혁·개방을 더욱 심화하고 추동하는 이론 개발과 논리의 강화에 도움을 줄 것이다. 이런 상호작용을 고려하면, 권력현실과 권력행사, 그리고 그것의 표현으로서의 권력구조는 결국 사상적 요소와 물질적 요소의 상호작용에 의해 그 내용이 구성되고 또 재구성되면서 변화한다고 하겠다.

북한 정치체제 변화의 가능성

마지막으로, 보다 총체적인 질문으로서 '북한 정치체제' 자체가 과연 변화할 수 있을까? 북한이 사회주의 경제체제이기 때문에 계획경제인 것은 그렇다 치고, 정치에서 언제까지 수령제 권력구조와 3대 세습의 권력 승계와 같은 행태를 보일 것인가? 과연 북한의 유일사상체계와 수령제가 변화할 수 있을까?

기반, '통합'된 정책도구들을 개발하는 능력이다(Armitage and Nye, Jr., 2007: 7).

무엇보다도 권력행위자의 생각과 사상이 바뀌어야 자신의 정체성도 변화하며, 결국 권력구조도 변화하는 법이다. 그런데 북한에서 현직 수령이든 후대 수령이든 스스로 수령제나 권력세습을 포기하거나 제한할 것을 기대하기는 어려워 보인다. 북한의 수령제는 수령이 당·정·군에 대한 통제를 통해 사상자원, 경제자원, 군사자원을 자신의 독점적인 통제하에 놓고 그것들을 자신의 필요에 따라 조정하고 사용하는 권력구조이다. 더구나 북한은 혁명적 수령관, 계속혁명론, 혁명전통 계승론, 후계자론 등 온갖 이론적 뒷받침의 도움으로 '김일성 조선'에서 김일성의 핏줄이 대를 이어 승계하는 전통을 형성해왔다. 그리고 또 김정은이 이미 공식 후계자로 선출됐다.

제5장에서 살펴본 것이지만, 1956년 당시 리상조는 '조선의 역사적 조건이 김일성의 개인숭배가 생겨나도록 촉진했다'는 견해를 밝혔다. 일본 식민주의의 비민주적이고 복종 중심의 봉건적 교육, 해방 후에 충분한 혁명교육을 받지 않은 사람들의 고위직 진출, 6·25전쟁 중 전시하에서의 민주주의 원칙들의 제한과 군사위원회에의 단일권력 허용 등으로 결국 전쟁 후 김일성은 당과 국가, 인민의 '위'에 위치하여 손가락 하나 댈 수 없는 인물이 되어버렸고, 결과적으로 북한사회에 관료주의, 아부, 개인숭배가 만연하게 됐다는 것이다(Document 21: 496~497). 당시 리상조의 이 견해는 2010년 현재 상황을 설명하는 데도 그대로 유효하다. 더구나 1956년 '8월 종파사건' 이후에는 김일성은 철저한 '반종파 투쟁'을 통해 자신의 단일지도체계를 수립하고, 곧 이어 유일사상체계를 확립하면서 북한을 수령제 사회로 만들었으니, 김일성-김정일의 개인숭배와 유일적 영도는 북한 역사를 통해 사상적·제도적으로 강화돼온 것이다.

현실정치에서 어떤 사상과 권력구조도 일단 그것이 한계에 부딪혀 위기에 처하지 않는 한, 권력자들은 그것이 내포하고 있는 문제점을 일부러 찾아내 시정하지 않는 경향이 있다. 이런 관점에서 볼 때, 최고지도자 김정일-김정은이 권력구조와 정치체제와 관련하여 스스로 어떤 변화를 추구할 것으로 기대하기는 어렵다. 오히려 그들은 유일사상체계와 수령제 권력구조에 어떤 문제가 생기면 사상적·물질적 자원을 총동원하여 방어 메커니즘을 작동시킬 가능성이 훨씬 더 크다. 특히 그동안 유일사상체계와 수령제가 모든 분야에서 유연성과 융통성,

그리고 창발성을 억압하는 요소로 작용해왔고, 또 그러한 바탕 위에서 기존의 질서와 기득권이 형성됐기 때문에 어떤 '변화'든지 간에 기본적으로 현상유지적 가치와 기득권 세력에게는 위험할 수밖에 없다.

결국 앞으로 북한 정치체제의 변화를 촉발시킬 요소들은 외부로부터의 영향과 충격이 될 것이고, 국내정치는 그 영향을 받을 수밖에 없을 것이다(Skocpol, 1979: 19~24, 289). 그리고 외부로부터의 영향에 대응하고 충격을 흡수하는 '변화의 과정'은 북한 지도부가 어떤 전략을 선택하느냐에 따라 그 결과가 많이 달라질 것이다. 소련과 동유럽 사회주의 국가들의 경우처럼 사회주의 체제 자체가 붕괴될 수도 있고, 중국과 베트남처럼 '변화'를 통한 물질적 자원의 확대를 기반으로 권력구조를 조정해가면서 정치적 정통성을 유지하고 확대해갈 수도 있을 것이다.

결국 다른 나라들의 경험을 무시할 수 없는 북한으로서는 정치·경제·사회·문화 등 모든 분야에서 총체적으로 이뤄진 체제전환의 노력이 실패한 '소련식'이나 '동유럽식'이 아닌, 시장경제적 개혁·개방을 통해 생산력과 물질적 자원의 확대에 성공하면서 사회주의 정치체제를 유지하고 변용해나가고 있는 '중국식'과 '베트남식'의 경험을 받아들일 것이 자명하며, 그 바탕 위에서 '우리식' 개혁·개방을 추구할 것으로 보인다.

일단 시장경제적 개혁·개방의 길에 들어서면 현실적으로 그 과정을 돌이키기가 불가능하기 때문에 비록 시간이 걸리기는 하겠지만 개혁·개방 과정에서 기존의 사회주의 경제체제는 말할 것도 없고, 기존의 지도사상과 당-국가체제의 정체성에도 변화가 일어날 것이다. 그렇게 되면 정치체제와 권력체제도 '밑으로부터'와 '국제사회로부터'의 변화 요구를 보다 적극적으로 수용하고 결국 인권의 신장과 정치적 자유가 확대될 것이다. 왜냐하면 이론적, 역사적으로 '자본주의와 민주주의의 관계'는 복잡하고, 또 시장경제가 반드시 민주주의 정치를 보장하는 것은 아니지만 시장경제가 시작되는 곳에 자유민주주의가 싹틀 수 있는 토양이 마련되며, 민주주의가 발전할 수 있는 우호적인 기반은 아직까지는 그래도 시장경제라는 것이 우리 인류의 경험이기 때문이다.

참고문헌

북한 문헌 및 자료

1. 김일성 저작

김일성. 1945. 「민족대동단결에 대하야」.

_____. 1946. 「건국사상동원 운동 提要」. ≪로동신문≫. 1946년 12월 6일, 7일, 8일 참조

_____. 1953a. 「당 단체들의 조직 사업에 있어서 몇가지 결점들에 대하여」. 『김일성선집 3』. 평양: 조선노동당출판사.

_____. 1953b. 「로동당의 조직적 사상적 강화는 우리 승리의 기초」. 『김일성선집 4』. 평양: 조선로동당출판사.

_____. 1953c. 「현정세와 당면 과업」. 『김일성선집 3』. 평양: 조선로동당출판사.

_____. 1958. 「조선인민군은 항일무장 투쟁의 계승자이다」. 『김일성저작선집 2』. 평양: 조선로동당출판사.

_____. 1967a. 「모든 것을 전후 인민경제 복구발전을 위하여」. 『김일성저작선집 1』. 평양: 조선로동당출판사.

_____. 1967b. 「모든 힘을 조국의 통일독립과 공화국북반부에서의 사회주의건설을 위하여」. 『김일성저작선집 1』. 평양: 조선로동당출판사.

_____. 1972. 「조선로동당 제5차 대회에서 한 중앙위원회 사업총화보고」. 『김일성저작선집 5』. 평양: 조선로동당출판사.

_____. 1974. 「당사업을 더욱 강화할데 대하여」. 『김일성저작선집 7』. 평양: 조선로동당출판사.

_____. 1979a. 「대중지도방법을 개선하며 올해 인민경제계획 수행을 성과적으로 보장할데 대하여」. 『김일성저작집 3』. 평양: 조선로동당출판사.

_____. 1979b. 「민주선거의 총화와 인민위원회의 당면과업」. 『김일성저작집 2』. 평양: 조선로동당출판사

_____. 1979c. 「방송사업을 개선강화할데 대하여」. 『김일성저작집 3』. 평양: 조선로동당출판사.

_____. 1979d. 「우리나라에서의 맑스-레닌주의 당건설과 당의 당면과업에 대하여」. 『김일성저작집 1』. 평양: 조선로동당출판사.

_____. 1980a. 「경험적으로 조직한 농업협동조합을 잘 관리운영할데 대하여」. 『김일성저작집 8』. 평양: 조선로동당출판사.

_____. 1980b. 「남북조선 로동당 중앙위원회 련합전원회의에서 한 결론」. 『김일성저작집 5』. 평양: 조선로동당출판사.

_____. 1980c. 「내부예비를 최대한으로 동원하여 더 많은 강재를 생산하자」. 『김일성저작집 10』. 평양: 조선로동당출판사.

_____. 1980d. 「농업협동조합의 우월성을 발양시키자」. 『김일성저작집 8』. 평양: 조선로동당출판사.

_____. 1980e. 「농촌경리의 금후발전을 위한 우리 당의 정책에 관하여」. 『김일성저작집 9』. 평양: 조선로동당출판사.

_____. 1980f. 「농촌경리의 발전을 위한 평안남도 당단체들의 과업」. 『김일성저작집 9』. 평양: 조선로동당출

판사.

_____. 1980g. 「당 단체들의 조직사업에서의 몇가지 결함들에 대하여」. 『김일성저작집 6』. 평양: 조선로동당
출판사.

_____. 1980h. 「당사업을 개선강화하기 위하여 나서는 몇가지 문제에 대하여」. 『김일성저작집 10』. 평양: 조
선로동당출판사.

_____. 1980i. 「당을 질적으로 공고히 하며 공업생산에 대한 당적지도를 개선할데 대하여」. 『김일성저작집
7』. 평양: 조선로동당출판사.

_____. 1980j. 「당의 조직적사상적강화는 우리 승리의 기초」. 『김일성저작집 7』. 평양: 조선로동당출판사.

_____. 1980k. 「당조직사업을 개선할데 대하여」 조선로동당 중앙위원회 제4차전원회의에서 한 결론. 『김일성
저작집 6』. 평양: 조선로동당출판사.

_____. 1980l. 「당학교교수교양사업의 기본은 학생들의 당성단련이다」. 『김일성저작집 9』. 평양: 조선로동
당출판사.

_____. 1980m. 「모든 것을 전후 인민경제 복구발전을 위하여」. 『김일성저작집 8』. 평양: 조선로동당출판사.

_____. 1980n. 「사상사업에서 교조주의와 형식주의를 퇴치하고 주체를 확립할데 대하여」. 『김일성저작집 9』.
평양: 조선로동당출판사.

_____. 1980o. 「사회주의 건설에서 혁명적대고조를 일으키기 위하여」. 『김일성저작집 10』. 평양: 조선로동당
출판사.

_____. 1980p. 「사회주의혁명의 현계단에 있어서 당 및 국가 사업의 몇 가지 문제들에 대하여」. 『김일성저작집
9』. 평양: 조선로동당출판사.

_____. 1980q. 「우리의 힘으로 강선제강소를 복구하자」. 『김일성저작집 8』. 평양: 조선로동당출판사.

_____. 1980r. 「인민군대내에 조선로동당 단체를 조직할데 대하여」. 『김일성저작집 6』. 평양: 조선로동당출
판사.

_____. 1980s. 「전후경제건설과 인민군대의 과업」. 『김일성저작집 8』. 평양: 조선로동당출판사.

_____. 1980t. 「전후복구건설을 위한 조선인민의 투쟁」. 『김일성저작집 9』. 평양: 조선로동당출판사.

_____. 1980u. 「조선로동당 제3차대회에서 한 중앙위원회사업총화보고」. 『김일성저작집 10』. 평양: 조선로
동당출판사.

_____. 1980v. 「평안북도 당단체들의 과업」. 『김일성저작집 10』. 평양: 조선로동당출판사.

_____. 1980w. 「현정세와 당면과업」. 『김일성저작집 6』. 평양: 조선로동당출판사.

_____. 1980x. 「현정세의 요구에 맞게 인민군대를 더욱 강화할데 대하여」. 『김일성저작집 10』. 평양: 조선로
동당출판사.

_____. 1981a. 「경공업을 더욱 발전시키기 위하여」. 『김일성저작집 12』. 평양: 조선로동당출판사.

_____. 1981b. 「공산주의교양에 대하여」. 『김일성저작집 12』. 평양: 조선로동당출판사.

_____. 1981c. 「농촌경리의 금후발전을 위한 몇가지 문제들에 대하여」. 『김일성저작집 11』. 평양: 조선로동
당출판사.

_____. 1981d. 「사회주의 건설에서 소극성과 보수주의를 반대하여」. 『김일성저작집 12』. 평양: 조선로동당
출판사.

_____. 1981e. 「사회주의적 농촌경리의 정확한 운영을 위하여」. 『김일성저작집 14』. 평양: 조선로동당출판사.

_____. 1981f. 「산 당일군을 양성하자」. 『김일성저작집 14』. 평양: 조선로동당출판사.

_____. 1981g. 「우리 당 사법정책을 관철하기 위하여」. 『김일성저작집 12』. 평양: 조선로동당출판사.

_____. 1981h. 「인민군대내 당정치사업에서 교조주의를 반대하고 주체를 세울데 대하여」. 『김일성저작집 13』. 평양: 조선로동당출판사.

_____. 1981i. 「인민군대내 당정치사업을 개선강화하기 위한 과업」. 『김일성저작집 12』. 평양: 조선로동당출판사.

_____. 1981j. 「인민군대내에서 정치사업을 강화할데 대하여」. 『김일성저작집 14』. 평양: 조선로동당출판사.

_____. 1981k. 「인민군대는 공산주의학교이다」. 『김일성저작집 14』. 평양: 조선로동당출판사.

_____. 1981l. 「제1차5개년계획을 성과적으로 수행하기 위하여」. 『김일성저작집 12』. 평양: 조선로동당출판사.

_____. 1981m. 「조선로동당 제4차대회에서 한 중앙위원회사업총화보고」. 『김일성저작집 15』. 평양: 조선로동당출판사.

_____. 1981n. 「조선인민군은 항일무장투쟁의 계승자이다」. 『김일성저작집 12』. 평양: 조선로동당출판사.

_____. 1981o. 「함경남도앞에 나서는 몇가지 과업에 대하여」. 『김일성저작집 14』. 평양: 조선로동당출판사.

_____. 1982a. 「경공업부문에서 경제지도와 기업관리 사업을 개선하며 제품의 질을 높일데 대하여」. 『김일성저작집 16』. 평양: 조선로동당출판사.

_____. 1982b. 「고등교육사업을 개선할데 대하여」. 『김일성저작집 19』. 평양: 조선로동당출판사.

_____. 1982c. 「당 조직사업과 사상사업을 개선강화할데 대하여」. 『김일성저작집 16』. 평양: 조선로동당출판사

_____. 1982d. 「당사업에서 형식주의와 관료주의를 없애며 일군들을 혁명화할데 대하여」. 『김일성저작집 20』. 평양: 조선로동당출판사.

_____. 1982e. 「사회주의농촌문제해결에서 나서는 몇가지 문제에 대하여」. 『김일성저작집 17』. 평양: 조선로동당출판사.

_____. 1982f. 「우리의 인민군대는 로동계급의 군대. 혁명의 군대이다. 계급적 정치교양사업을 계속 강화하여야 한다」. 『김일성저작집 17』. 평양: 조선로동당출판사.

_____. 1982g. 「조선로동당창건 스무 돐에 즈음하여」. 『김일성저작집 19』. 평양: 조선로동당출판사.

_____. 1982h. 「조선민주주의인민공화국에서의 사회주의건설과 남조선혁명에 대하여」. 『김일성저작집 19』. 평양: 조선로동당출판사.

_____. 1982i. 「현정세와 우리 당의 과업」. 『김일성저작집 20』. 평양: 조선로동당출판사.

_____. 1983a. 「간부들속에서 당의 유일사상체계를 세우며 혁명화하기 위한 사업을 강화할데 대하여」. 『김일성저작집 25』. 평양: 조선로동당출판사.

_____. 1983b. 「근로단체들의 역할을 더욱 높일데 대하여」. 『김일성저작집 23』. 평양: 조선로동당출판사.

_____. 1983c. 「농민을 혁명화하며 농업부문에서 당대표자회결정을 철저히 관철할데 대하여」. 『김일성저작집 21』. 평양: 조선로동당출판사.

_____. 1983d. 「당면한 경제사업에서 혁명적 대고조를 일으키며 로동행정사업을 개선강화할데 대하여」. 『김

일성저작집 21』. 평양: 조선로동당출판사.

_____. 1983e. 「당사업을 강화하기 위한 몇가지 과업에 대하여」. 『김일성저작집 23』. 평양: 조선로동당출판사.

_____. 1983f. 「당사업을 개선하며 당대표자회 결정을 관철할데 대하여」. 『김일성저작집 21』. 평양: 조선로동당출판사.

_____. 1983g. 「사회주의 건설의 위대한 추동력인 천리마작업반운동을 더욱 심화발전시키자」. 『김일성저작집 22』. 평양: 조선로동당출판사.

_____. 1983h. 「인민주권을 강화하여 우리 혁명의 종국적 승리를 더욱 앞당기자」. 『김일성저작집 21』. 평양: 조선로동당출판사.

_____. 1983i. 「자본주의로부터 사회주의에로의 과도기와 프로레타리아독재문제에 대하여」. 『김일성저작집 21』. 평양: 조선로동당출판사.

_____. 1983j. 「조선로동당 제5차대회에서 한 중앙위원회사업총화보고」. 『김일성저작집 25』. 평양: 조선로동당출판사.

_____. 1983k. 「조선민주주의인민공화국창건 스무 돐을 성대히 맞이하기 위하여」. 『김일성저작집 22』. 평양: 조선로동당출판사.

_____. 1983l. 「현정세와 인민군대앞에 나서는 몇가지 정치군사과업에 대하여」. 『김일성저작집 24』. 평양: 조선로동당출판사.

_____. 1983m. 「황해남도 당단체들의 과업에 대하여」. 『김일성저작집 25』. 평양: 조선로동당출판사.

_____. 1984a. 「공업부문에서 사상. 기술. 문화의 3대혁명을 힘있게 벌릴데 대하여」. 『김일성저작집 28』. 평양: 조선로동당출판사.

_____. 1984b. 「사상혁명. 기술혁명. 문화혁명 수행에서 남포시 당조직들앞에나서는 과업에 대하여」. 『김일성저작집 28』. 평양: 조선로동당출판사.

_____. 1984c. 「올해사업총화와 다음해 사업방향에 대하여」. 『김일성저작집 28』. 평양: 조선로동당출판사.

_____. 1984d. 「이라크기자대표단이 제기한 질문에 대한 대답」. 『김일성저작집 26』. 평양: 조선로동당출판사.

_____. 1984e. 「조선로동당 중앙위원회 제5기 제3차전원회의에서 한 결론」. 『김일성저작집 26』. 평양: 조선로동당출판사.

_____. 1984f. 「조선민주주의인민공화국의 당면한 정치. 경제 정책들과 몇 가지 국제문제에 대하여」. 『김일성저작집 27』. 평양: 조선로동당출판사.

_____. 1984g. 「청년들은 대를 이어 혁명을 계속하여야 한다」. 『김일성저작집 26』. 평양: 조선로동당출판사.

_____. 1984h. 「총련조직을 더욱 강화할데 대하여」. 『김일성저작집 27』. 평양: 조선로동당출판사.

_____. 1985a. 「3대혁명을 힘있게 벌려 사회주의 건설을 더욱 다그치자」. 『김일성저작집 30』. 평양: 조선로동당출판사.

_____. 1985b. 「당. 정권기관. 인민군대를 더욱 강화하며 사회주의대건설을 더 잘하여 혁명적대사변을 승리적으로 맞이하자」. 『김일성저작집 30』. 평양: 조선로동당출판사.

_____. 1985c. 「신년사」 1975년. 『김일성저작집 30』. 평양: 조선로동당출판사.

_____. 1985d. 「조선로동당 창건 30돐에 즈음하여」. 『김일성저작집 30』. 평양: 조선로동당출판사.

_____. 1986a. 「'사회주의교육에 관한 테제'를 발표함에 대하여」. 『김일성저작집 32』. 평양: 조선로동당출판사.

_____. 1986b. 「정무원 사업을 개선강화할데 대하여」. 『김일성저작집 31』. 평양: 조선로동당출판사.

_____. 1987a. 「우리 나라에서의 농촌문제해결의 몇가지 경험에 대하여」. 『김일성저작집 33』. 평양: 조선로동당출판사.

_____. 1987b. 「조선로동당 제6차대회에서 한 중앙위원회사업총화보고」. 『김일성저작집 35』. 평양: 조선로동당출판사.

_____. 1987c. 「주체사상의 기치를 높이 들고 사회주의건설을 더욱 다그치자」. 『김일성저작집 33』. 평양: 조선로동당출판사.

_____. 1988. 「조선로동당 제4차 대회에서 한 폐회사」. 『조선로동당대회자료집 II』. 서울: 국토통일원조사연구실.

_____. 1990a. 「로동계급은 온 사회를 주체사상화하는 투쟁에서 핵심부대가 되자」. 『김일성저작집 36』. 평양: 조선로동당출판사.

_____. 1990b. 「전당. 전국. 전민이 달라붙어 간석지 개간과 새 땅 찾기를 위한 대자연 개조사업을 힘있게 벌리자」. 『김일성저작집 36』. 평양: 조선로동당출판사.

_____. 1992. 「온 사회를 주체사상화하기 위한 인민정권의 과업」. 『김일성저작집 37』. 평양: 조선로동당출판사.

_____. 1994a. 「자력갱생의 혁명정신을 높이 발휘하여 사회주의경제건설을 다그치자」. 『김일성저작집 40』. 평양: 조선로동당출판사.

_____. 1994b. 「조선로동당 건설의 력사적 경험」. 『김일성저작집 40』. 평양: 조선로동당출판사.

_____. 1995a. 「온 민족이 단결하여 조국통일을 앞당기자」. 『김일성저작집 42』. 평양: 조선로동당출판사.

_____. 1995b. 「인민생활을 높이기 위한 경제과업들을 철저히 관철할데 대하여」. 『김일성저작집 41』. 평양: 조선로동당출판사.

_____. 1996a. 「사회주의 위업의 계승완성을 위하여」. 『김일성저작집 44』. 평양: 조선로동당출판사.

_____. 1996b. 「스웨리예 공산주의자로동당 위원장과 한 담화」. 『김일성저작집 43』. 평양: 조선로동당출판사.

_____. 1996c. 「온 민족의 단합된 힘으로 조국통일을 자주적으로 실현하자」. 『김일성저작집 43』. 평양: 조선로동당출판사.

_____. 1996d. 「우리 나라 사회주의는 주체의 사회주의이다」. 『김일성저작집 44』. 평양: 조선로동당출판사.

_____. 1996e. 「일군들은 당과 수령을 위하여. 조국과 인민을 위하여 충실히 일하여야 한다」. 『김일성저작집 43』. 평양: 조선로동당출판사.

_____. 1996f. 「조국해방전쟁승리기념탑은 영웅 전사들의 위훈을 보여주는 로천박물관이다」. 『김일성저작집 44』. 평양: 조선로동당출판사.

_____. 1996g. 「중국인항일혁명투쟁연고자와 한 담화」. 『김일성저작집 44』. 평양: 조선로동당출판사.

_____. 1996h. 「캄보쟈주석과 한 담화」. 『김일성저작집 43』. 평양: 조선로동당출판사.

_____. 1996i. 「해외동포들속에서 조국통일운동을 힘있게 벌려나갈데 대하여」. 『김일성저작집 44』. 평양: 조

선로동당출판사.

2. 김정일 저작

김정일. 1987. 「전당과 온 사회의 유일사상체계를 더욱 튼튼히 세우자」. 『주체혁명위업의 완성을 위하여 3』. 평양: 조선로동당출판사.

_____. 1992. 「인민군대 당조직과 정치기관들의 역할을 높일데 대하여」. 『김정일선집 1』. 평양: 조선로동당출판사.

_____. 1993a. 「부대 정치위원의 임무」. 『김정일선집 2』. 평양: 조선로동당출판사.

_____. 1993b. 「청년들을 계속혁명의 정신으로 무장시키자」. 『김정일선집 2』. 평양: 조선로동당출판사.

_____. 1994a. 「사회주의는 과학이다」. ≪로동신문≫. 1994년 11월 1일.

_____. 1994b. 「온 사회를 김일성주의화 하기 위한 당사상사업의 당면한 몇가지 과업에 대하여」. 『김정일선집 4』. 평양: 조선로동당출판사.

_____. 1995a. 「인민군대안의 선전선동사업을 개선강화할데 대하여」. 『김정일선집 6』. 평양: 조선로동당출판사.

_____. 1995b. 「전군을 김일성주의화하자」. 『김정일선집 5』. 평양: 조선로동당출판사.

_____. 1996. 「주체사상에 대하여」. 『김정일선집 7』. 평양: 조선로동당출판사.

_____. 1997a. 「당 사상교양사업에서 나서는 몇 가지 과업에 대하여」. 『김정일선집 10』. 평양: 조선로동당출판사.

_____. 1997b. 「당 사업을 강화하여 우리 식 사회주의를 더욱 빛내이자」. 『김정일선집 12』. 평양: 조선로동당출판사.

_____. 1997c. 「사회주의 건설의 력사적 교훈과 우리당의 총로선」. 『김정일선집 12』. 평양: 조선로동당출판사.

_____. 1997d. 「우리나라 사회주의는 주체사상을 구현한 우리 식 사회주의이다」. 『김정일선집 10』. 평양: 조선로동당출판사.

_____. 1997e. 「인민대중 중심의 우리 식 사회주의는 필승불패이다」. 『김정일선집 11』. 평양: 조선로동당출판사.

_____. 1997f. 「조선로동당은 우리 인민의 모든 승리의 조직자이며 향도자이다」. 『김정일선집 10』. 평양: 조선로동당출판사.

_____. 1997g. 「조선민족제일주의 정신을 높이 발양시키자」. 『김정일선집 9』. 평양: 조선로동당출판사.

_____. 1998a. 「사회주의에 대한 훼방은 허용될 수 없다」. 『김정일선집 13』. 평양: 조선로동당출판사.

_____. 1998b. 「위대한 수령님을 영원히 높이 모시고 수령님의 위업을 끝까지 완성하자」. 『김정일선집 13』. 평양: 조선로동당출판사.

_____. 1998c. 「위대한 수령님의 뜻을 받들어 내 나라, 내 조국을 더욱 부강하게 하자」. 『김정일선집 13』. 평양: 조선로동당출판사.

_____. 1998d. 「인민군대를 강화하며 군사를 중시하는 사회적 기풍을 세울 데 대하여」. 『김정일선집 13』. 평양: 조선로동당출판사.

_____. 1998e. 「일심단결을 더욱 강화하며 조선민족제일주의 전신을 높이 발양시키자」. 『김정일선집 13』.

평양: 조선로동당출판사.

_____. 1998f. 「주체사상교양에서 제기되는 몇 가지 문제에 대하여」. 『김정일선집 8』. 평양: 조선로동당출판사.

_____. 1998g. 「혁명적 당건설의 근본문제에 대하여」. 『김정일선집 13』. 평양: 조선로동당출판사.

_____. 2000a. 「사상사업을 앞세우는 것은 사회주의 위업수행의 필수적 요구이다」. 『김정일선집 14』. 평양: 조선로동당출판사.

_____. 2000b. 「온 사회에 공산주의 도덕기풍을 세울 데 대하여」. 『김정일선집 14』. 평양: 조선로동당출판사.

_____. 2000c. 「올해를 강성대국 건설의 위대한 전환의 해로 빛내이자」. 『김정일선집 14』. 평양: 조선로동당출판사.

_____. 2000d. 「혁명과 건설에서 주체성과 민족성을 고수할 데 대하여」. 『김정일선집 14』. 평양: 조선로동당출판사.

_____. 2000e. 「혁명선배를 존대하는 것은 혁명가들의 숭고한 도덕적 의리이다」. 『김정일선집 14』. 평양: 조선로동당출판사.

_____. 2000f. 「혁명적 군인정신을 따라 배울 데 대하여」. 『김정일선집 14』. 평양: 조선로동당출판사.

_____. 2005. 「선군혁명로선은 우리 시대의 위대한 혁명노선이며 우리 혁명의 백전백승의 기치이다」. 『김정일선집 15』. 평양: 조선로동당출판사.

3. 조선로동당 중앙위원회 결정(1946~1956)

『결정집』. 1946~1948a. 「로동당 강력과 규약 연구에 대하여」. 1946.9~1948.3 북조선로동당 중앙 상무위원회. 평양: 조선로동당 중앙위원회.

_____. 1946~1948b. 「'북조선 인민정권하의 북조선 직업동맹'이라는 제목 하에서 오기섭 동무가 범한 엄중한 정치적 오류에 관하여」. 1946.9~1948.3 북조선로동당 중앙 상무위원회. 평양: 조선로동당 중앙위원회.

_____. 1946~1951. 「당 단체들의 조직사업에 있어서 몇가지 결점에 대하여」. 1946.9~1951.11 당중앙위원회. 평양: 조선로동당 중앙위원회.

_____. 1947~1953a. 「농촌에서의 당정치 교양사업 및 군중 문화사업 정형과 그의 개선방침에 관하여」. 1947.8~1953.7 당중앙 정치위원회. 평양: 조선로동당 중앙위원회.

_____. 1947~1953b. 「당 장성에 대하여」. 1947.8~1953.7 당중앙 정치위원회. 평양: 조선로동당 중앙위원회.

_____. 1947~1953c. 「당중앙위원회 제4차 전원회의 결정 실천정형에 대하여」. 1947.8~1953.7 당중앙 정치위원회. 평양: 조선로동당 중앙위원회.

_____. 1947~1953d. 「당중앙위원회 제5차 전원회의에서 제시한 당 단체들을 더욱 강화할 대책에 관하여」. 1947.8~1953.7 당중앙 정치위원회. 평양: 조선로동당 중앙위원회.

_____. 1947~1953e. 「도당위원회에 선전부위원장제 설치에 대하여」. 1947.8~1953.7 당중앙 정치위원회. 평양: 조선로동당 중앙위원회.

_____. 1947~1953f. 「인민군대 내 당정치사업 진행정형과 그 강화를 위한 금후 제대책에 대하여」. 1947.8~1953.7 당중앙 정치위원회. 평양: 조선로동당 중앙위원회.

_____. 1947~1953g. 「전체 당 단체들과 당원들에게 보내는 조선로동당 중앙위원회의 편지(1950년 6월 27일)」. 1947.8~1953.7 당중앙 정치위원회. 평양: 조선로동당 중앙위원회.

_____. 1949~1951a. 「전시환경에서 당조직 사업에 대하여」. 1949.7~1951.12 당 중앙조직위원회. 평양: 조선로동당 중앙위원회.

_____. 1949~1951b. 「평양시 당 단체의 당 장성사업에 대하여」. 1949.7~1951.12 당 중앙조직위원회. 평양: 조선로동당 중앙위원회.

_____. 1953a. 「'로동당의 조직적 사상적 강화는 우리의 승리의 기초'에 대하여」. 1953년도 전원회의. 정치 조직·상무 위원회. 평양: 조선로동당 중앙위원회.

_____. 1953b. 「박헌영의 비호 하에서 리승엽 도당들이 감행한 반당적 반국가적 범죄적 행위와 허가이의 자살 사건에 관하여」. 1953년도 전원회의. 정치 조직·상무 위원회. 평양: 조선로동당 중앙위원회.

_____. 1953c. 「'베리아의 반당적 반국가적 범죄행동에 대한 쏘련공산당 중앙위원회 전원회의 결정'에 관하여」. 1953년도 전원회의. 정치 조직·상무 위원회. 평양: 조선로동당 중앙위원회.

_____. 1953d. 「사회과학부 사업 내용 및 그 한계에 대하여」. 1953년도 전원회의. 정치 조직·상무 위원회. 평양: 조선로동당 중앙위원회.

_____. 1953e. 「정전협정 체결과 관련한 전후 인민경제 복구 발전을 위한 투쟁과 당의 금후 임무'에 대하여」. 1953년도 전원회의. 정치 조직·상무 위원회. 평양: 조선로동당 중앙위원회.

_____. 1954a. 「공화국 각 대학에서 '조국의 자유독립과 민주건설을 위한 조선로동당의 투쟁' 과목에 대한 교수사업을 조직할데 대하여」. 1954년도 전원회의. 정치·상무 위원회. 평양: 조선로동당 중앙위원회.

_____. 1954b. 「농촌경리의 급속한 복구 발전을 위한 로동당의 금후 투쟁대책에 관하여」. 1954년도 전원회의. 정치·상무 위원회. 평양: 조선로동당 중앙위원회.

_____. 1954c. 「당중앙위원회 선전선동부 내에 일부 과를 신설 및 폐지할데 관하여」. 1954년도 전원회의. 정치·상무 위원회. 평양: 조선로동당 중앙위원회.

_____. 1954d. 「당중앙위원회 제5차 전원회의 문헌 재토의 사업 진행정형 총화에 대하여」. 1954년도 전원회의. 정치·상무 위원회. 평양: 조선로동당 중앙위원회.

_____. 1954e. 「로동신문 민주조선 편집위원회의 조직 운영 및 중앙방송위원회 조직에 관하여」. 1954년도 전원회의. 정치·상무 위원회. 평양: 조선로동당 중앙위원회.

_____. 1954f. 「신문들의 사상 정치수준 제고를 위하여」. 1954년도 전원회의. 정치·상무 위원회. 평양: 조선로동당 중앙위원회.

_____. 1954g. 「조직문제에 대하여」. 1954년도 전원회의. 정치·상무 위원회. 평양: 조선로동당 중앙위원회.

_____. 1955a. 「각 서적 출판사 내에 편집 협의기관들을 조직 운영할데 대하여」. 1955년도 전원회의. 정치·상무 위원회. 평양: 조선로동당 중앙위원회.

_____. 1955b. 「김열의 반당적 범죄 행위에 대하여」. 1955년도 전원회의. 정치·상무 위원회. 평양: 조선로동당 중앙위원회.

_____. 1955c. 「농업협동조합들의 조직적 강화를 위한 제 대책에 대하여」. 1955년도 전원회의. 정치·상무 위원회. 평양: 조선로동당 중앙위원회.

_____. 1955d. 「농촌경리의 금후 발전강화를 위하여」. 1955년도 전원회의. 정치·상무 위원회. 평양: 조선로

동당 중앙위원회.

_____. 1955e.「당원의 계급적 교양 사업을 일층 강화할데 대하여」. 1955년도 전원회의. 정치·상무 위원회. 평양: 조선로동당 중앙위원회.

_____. 1955f.「박일우의 반당적 종파 행위에 대하여」. 1955년도 전원회의. 정치·상무 위원회. 평양: 조선로동당 중앙위원회.

_____. 1955g.「조직문제에 대하여」. 1955년도 전원회의. 정치·상무 위원회. 평양: 조선로동당 중앙위원회.

_____. 1956a. (3월 전원회의 결정 1956년 3월 20일). 1956년도 전원회의. 정치. 상무. 조직 위원회. 평양: 조선로동당 중앙위원회.

_____. 1956b.「1957년 인민경제 계획에 대하여」. 1956년도 전원회의. 정치. 상무. 조직 위원회. 평양: 조선로동당 중앙위원회.

_____. 1956c.「농촌경리 발전에 있어서 함북도 당단체들의 사업 정형에 대하여」. 1956년도 전원회의. 정치. 상무. 조직 위원회. 평양: 조선로동당 중앙위원회.

_____. 1956d.「대중정치사업의 개선 대책에 대하여」. 1956년도 전원회의. 정치. 상무. 조직 위원회. 평양: 조선로동당 중앙위원회.

_____. 1956e.「도 간부학교의 교육 교양사업을 개선 강화할데 대하여」. 1956년도 전원회의. 정치. 상무. 조직 위원회. 평양: 조선로동당 중앙위원회.

_____. 1956f.「문학 예술 분야에서 반동적 부르주아 사상과의 투쟁을 더욱 강화할데 대하여」. 1956년도 전원회의. 정치. 상무. 조직 위원회. 평양: 조선로동당 중앙위원회.

_____. 1956g.「인민경제 각 부문에서 로동생산능률을 일층 제고하며 로력을 애호 절약하기 위한 전당적 전인민적 운동을 조직 전개할데 대하여」. 1956년도 전원회의. 정치. 상무. 조직 위원회. 평양: 조선로동당 중앙위원회.

_____. 1956h.「인민 보건사업을 개선 강화할데 대하여」. 1956년도 전원회의. 정치. 상무. 조직 위원회. 평양: 조선로동당 중앙위원회.

_____. 1956i.「조선로동당 규약 개정 초안을 전체 당단체들과 당원들의 토의에 부칠 데 대하여」. 1956년도 전원회의. 정치. 상무. 조직 위원회. 평양: 조선로동당 중앙위원회.

_____. 1956j.「조선로동당 당증 교환사업 실시에 대하여」. 1956년도 전원회의. 정치. 상무. 조직 위원회. 평양: 조선로동당 중앙위원회.

_____. 1956k.「중앙당학교의 교육 교양사업을 개선 강화할데 대하여」. 1956년도 전원회의. 정치. 상무. 조직 위원회. 평양: 조선로동당 중앙위원회.

_____. 1956l.「최창익. 윤공흠. 서휘. 리필규. 박창옥 등 동무들의 종파적 음모행위에 대하여」. 1956년도 전원회의. 정치. 상무. 조직 위원회. 평양: 조선로동당 중앙위원회.

_____. 1956m.「최창익. 윤공흠. 서휘. 리필규. 박창옥 동무들에 대한 규률문제를 개정할데 관하여」. 1956년도 전원회의. 정치. 상무. 조직 위원회. 평양: 조선로동당 중앙위원회.

_____. 1956n.「형제적 제 국가를 방문한 정부 대표단의 사업총화와 우리 당의 당면한 몇가지 과업들에 대하여」. 1956년도 전원회의. 정치. 상무. 조직 위원회. 평양: 조선로동당 중앙위원회.

4. 단행본 및 기타

≪근로자≫. 1949. 46호.

김민·한봉서. 1985.『위대한 주체사상 총서 9: 령도체계』. 평양: 사회과학출판사.

김유민. 1984.『후계자론』. 출판지 불명: 신문화사.

김재천. 1989.『후계자문제의 이론과 실천』. 출판지 및 출판사 불명.

김재호. 2000.『김정일 강성대국 건설전략』. 평양: 평양출판사.

김철우. 2000.『김정일장군의 선군정치: 군사선행. 군을 주력군으로 하는 정치』. 평양: 평양출판사.

내무성 문화국. 1950.「김일성장군은 조선인민의 절세의 애국자이시며 우리의 영명한 수령이다」.

「당의 유일사상체계 확립의 10대원칙」. 1974.

『로동당중앙위원회 정기문헌집』. 1950. 평양: 조선로동당출판사.

≪로동신문≫. 1946년 10월 22일, 1947년 1월 26일, 1947년 2월 16일, 1949년 12월 20일, 1949년 12월
　　　　23일, 1949년 12월 24일, 1956년 4월 30일, 1956년 9월 5일, 1956년 9월 29일, 1956년 11월
　　　　7일, 1957년 2월 25일, 1958년 3월 6일, 1956년 8월 12일, 1966년 10월 1일, 1967년 7월 26일,
　　　　1974년 2월 14일, 1976년 9월 20일, 1982년 6월 21일, 1982년 9월 1일, 1982년 11월 14일, 1988
　　　　년 8월 22일, 1995년 6월 17일, 1995년 8월 27일, 1996년 2월 6일, 1998년 9월 6일, 1998년 9월
　　　　9일, 2000년 3월 17일, 2000년 12월 2일, 2004년 1월 19일, 2004년 1월 24일, 2004년 6월 16일,
　　　　2004년 7월 7일, 2007년 12월 1일, 2010년 1월 8일, 2010년 6월 30일, 2010년 8월 22일.

≪로동신문≫·≪조선인민군≫·≪청년전위≫ 공동사설. 1999년 1월 1일. "올해를 강성대국 건설의 위대한 전
　　　　환의 해로 빛내이자".

≪로동신문≫·≪조선인민군≫·≪청년전위≫ 공동사설. 2003년 1월 1일. "위대한 선군기치 따라 공화국의 존
　　　　엄과 위력을 높이 떨치자".

≪로동신문≫·≪조선인민군≫·≪청년전위≫ 공동사설. 2004년 1월 1일. "당의 령도 밑에 강성대국건설의 모
　　　　든 전선에서 혁명적 공세를 벌려 올해를 자랑찬 승리의 해로 빛내이자".

『령도체계』. 1985. 위대한 주체사상 총서 9. 평양: 사회과학출판사.

리철심승건. 2002.『위대한 령도자 김정일동지께서 밝히신 선군혁명령도에 관한 독창적사상』. 평양: 사회과학
　　　　출판사.

≪민주조선≫. 1992년 2월 13일.

박일범. 1985.『주체사상의 사회력사원리』. 평양: 사회과학출판사.

박태호. 1985.『조선민주주의인민공화국 대외관계사 1』. 조선·평양: 사회과학출판사.

「북조선로동당 강령」. 1946.『북조선로동당 창립대회 회의록』. 북조선로동당 중앙위원회.

「북조선로동당 규약」. 1946.『북조선로동당 창당대회 회의록』. 북조선로동당 중앙위원회.

「북조선로동당 규약」. 1948.『북조선로동당 제2차 전당대회 회의록』. 북조선로동당 중앙위원회.

북조선로동당 중앙위원회. 1948.『북조선로동당 제2차 전당대회 회의록』.

사회과학원 철학연구소. 1985.『철학사전』. 평양: 사회과학출판사.

≪우리민족끼리≫. 2009년 4월 2일. "선군정치는 어떻게 시작되었는가".

『위대한 수령 김일성동지의 불멸의 혁명업적 20』. 1999. 평양: 조선로동당출판사.

≪정로≫. 1945년 11월 1일~1946년 5월 7일.

「조선로동당 규약」. 1970. http://nkchosun.com/original/original.html?ACT=detail&mode=year& original_id=205&year=1970

「조선로동당 규약」. 1980. 조선로동당 제6차 대회 회의.『조선로동당 대회 자료집 1』. 서울: 국토통일원.

「조선로동당 규약」. 2010. (제3차) 조선로동당 대표자회. ≪조선중앙통신≫. 9월 28일. ≪조선중앙방송≫. 9월 29일.

『조선로동당력사』. 2004. 평양: 조선로동당출판사.

조선로동당 중앙위원회 당력사연구소. 1959.『항일빨찌산 참가자들의 회상기 1』. 평양: 조선로동당출판사.

_____. 1969.『항일빨찌산 참가자들의 회상기 12』. 평양: 조선로동당출판사.

_____. 1979.『조선로동당략사』. 평양: 조선로동당출판사.

_____. 1999.『김정일동지략전』. 평양: 조선로동당출판사.

_____. 2009.『위대한 수령 김일성동지선군혁명사』. 평양: 사회과학출판사.

『조선말대사전』. 전2권. 1992. 조선·평양. 사회과학출판사.

「조선민주당 강령」. 1945.

「조선민주당 규약」. 1945.

「조선민주당 선언」. 1945. 단기 4278년[1945년] 10월.

「조선민주당 정책」. 1945.

「조선민주주의인민공화국 헌법」. 1948.

「조선민주주의인민공화국 사회주의헌법」. 1972.

「조선민주주의인민공화국 사회주의헌법」. 1992.

「조선민주주의인민공화국 사회주의헌법」. 1998.

「조선민주주의인민공화국 사회주의헌법」. 2009.

「조선인민군 최고사령관 명령」. 1950. 10. 14.

『조선중앙년감』. 1958. 평양: 조선중앙통신사.

≪조선중앙방송≫. 1986년 5월 25일. 1991년 10월 10일. 1996년 2월 5일. 1998년 11월 15일. 2009년 1월 13일. 2010년 9월 29일.

≪조선중앙텔레비죤≫. 2010년 6월 7일.

≪조선중앙통신≫. 2009년 11월 7일. "선군시대 혁명의 주체에 관한 독창적인 사상리론".

조성박. 1999.『김정일민족관』. 평양: 평양출판사.

『주체사상의 사회력사원리』. 1985. 위대한 주체사상 총서 2. 평양: 사회과학출판사.

태성수 편. 1946.『당문헌집: 당의 정치노선 급 당사업 총결과 결정』제1권. 평양: 정로사 출판부.

한재덕. 1948.『김일성장군 개선기』. 평양: 민주조선사.

함치영. 1992.『계속혁명에 관한 주체적 리해』. 평양: 사회과학출판사.

남한 문헌 및 자료

『2004 북한의 주요인물』. 2004. 서울: 통일부.

『2010 북한 주요인물』. 2010. 서울: 통일부.

강만길·성대경 엮음. 1996. 『한국사회주의운동인명사전』. 서울: 창작과비평사.

고당 조만식선생 기념사업회 편. 1995. 『고당 조만식회상록』. 서울: 고당 조만식선생 기념사업회.

고봉기 외. 1989. 『김일성의 비서실장: 고봉기의 유서』. 서울: 도서출판 천마.

고상두. 2003. 「구성주의 관점에서 본 유럽의 안보통합」. 『한국정치학회보』. 제37집 제2호 (여름호).

고승효. 1993. 『북한경제의 이해』. 양재성 역. 서울: 평민사.

고재홍. 2006. 『북한군 최고사령관 위상 연구』. 서울: 통일연구원.

_____. 2008. 「북한 국방위원회의 위상과 향후 북한의 권력구도 전망」(학술회의 발표문). 「한반도, 전환기의
　　　사색」. 북한연구학회·통일연구원·고려대 북한학연구소 주최. 고려대학교 인촌기념관 제1회의실, 제6
　　　회의실(12월 4일).

고준석. 1989. 『해방 1945~1950: 공산주의운동사의 증언』. 서울: 도서출판 한겨레.

고지수. 2001. 「이강국은 CIA대북공작단에 고용되었다」(미군 CIC 이강국 파일). 『민족21』. 11월호.

곽승지. 2006. 「주체사상의 이론체계」. 세종연구소 북한연구센터 엮음. 『북한의 사상과 역사인식』. 서울: 한울
　　　아카데미.

국토통일원. 1988a. 『조선로동당 대회 자료집 1』. 서울: 국토통일원 조사연구실.

_____. 1988b. 『조선로동당 대회 자료집 2』. 서울: 국토통일원 조사연구실.

_____. 1988c. 『조선로동당 대회 자료집 3』. 서울: 국토통일원 조사연구실.

_____. 1988d. 『조선로동당 대회 자료집 4』. 서울: 국토통일원 조사연구실.

기광서. 1998. 「1940년대 전반 소련군 88독립보병여단 내 김일성 그룹의 동향」. 『역사와 현실』. 제28호(6월).

기광서 옮김. 2004. 「일반 정치노선에 대한 결정」(조선공산당재건준비위원회, 1945. 8. 20.). 이정 박헌영전집
　　　편집위원회. 『이정 박헌영 전집』. 서울: 역사비평사.

김갑식. 2005. 『김정일 정권의 권력구조』. 파주: 한국학술정보.

김광운. 2003. 『북한 정치사 연구 I: 건당·건국·건군의 역사』. 서울: 선인.

김국후. 2008. 『비록: 평양의 소련군정─기록과 증언으로 본 북한정권 탄생비화』. 파주: 한울아카데미.

김국후 인터뷰. 1994. 이 책의 저자와의 인터뷰. 서울, 8월 30일, 11월 18일.

김동길 인터뷰. 2010. 이 책의 저자와의 인터뷰. 세종연구소, 7월 21일, 8월 10일.

김동한. 2007. 「헌법」. 세종연구소 북한연구센터 엮음. 『북한의 당·국가기구·군대』. 파주: 한울아카데미.

김남식 편. 1974a. 「열성자대회의 경과(1945년 9월 11일)」. 『'남로당' 연구 자료집 제1편』. 서울: 고려대학교
　　　아세아문제연구소.

_____. 1974b. 「현정세와 우리의 임무(1945년 9월 19일)」. 『'남로당' 연구 자료집 제1편』. 서울: 고려대학교
　　　아세아문제연구소.

_____. 1974c. 『'남로당' 연구 자료집 제2편』. 서울: 고려대학교 아세아문제연구소.

김남식. 1984. 『남로당연구』. 서울: 돌베개.

김남식·심지연 편. 1986.『박헌영 노선비판』. 서울: 두리.

김동한. 2007.「헌법」(제4장). 세종연구소 북한연구센터 엮음.『북한의 당·국가기구·군대』. 파주: 한울아카데미.

김성보. 2000.『남북한 경제구조의 기원과 전개: 북한 농업체제의 형성을 중심으로』. 서울: 역사비평사.

김성보·기광서·이신철. 2004.『사진과 그림으로 보는 북한 현대사』. 서울: 웅진닷컴.

김성호. 1999.『1930년대 연변 민생단 연구』. 서울: 백산자료원.

김연철. 2001.『북한의 산업화와 경제정책』. 서울: 역사비평사.

김용호. 2002.「대북정책과 국제관계이론: 4자회담과 햇볕정책을 중심으로 한 비판적 고찰」.『한국정치학회보』. 제36집 제3호.

김유은. 2004.「동북아 안보공동체를 위한 시론: 구성주의적 시각을 중심으로」.『국제정치논총』. 제44집 제4호.

김준엽 외 편. 1969.『'북한' 연구 자료집』제1권. 서울: 아세아문제연구소 고려대학교 출판부.

김진환. 2010.『북한위기론: 신화와 냉소를 넘어』. 서울: 선인.

김창순. 1956.『역사의 증인』. 서울: 한국 아세아 반공연맹.

_____. 1961.『북한 15년사』. 서울: 지문각.

김학노. 1999.「신기능주의 통합이론의 구성주의적 재구성」.≪한국정치연구≫, 제8~9 합병호.

_____. 2000.「합리주의적 기능주의 비판과 구성주의적 대안 모색」.『국가전략』. 제6권 제2호.

_____. 2010.「정치, 아(我)와 비아(非我)의 헤게모니 투쟁」.『한국정치학회보』. 제44집 제1호 (봄호).

김학준. 1995.『북한 50년사』. 서울: 동아출판사.

_____. 2008a.『북한의 역사 제1권: 강대국 권력정치 아래서의 한반도 분할과 소련의 북한군정 개시, 1863년~1946년 1월』. 서울: 서울대학교 출판부.

_____. 2008b.『북한의 역사 제2권: 미소냉전과 소련군정 아래서의 조선민주주의 인민공화국 건국, 1946년 1월~1948년 9월』. 서울: 서울대학교 출판부.

남궁곤. 2003.「동아시아 전통적 국제질서의 구성주의적 이해」.『국제정치논총』. 제43집 제4호.

_____. 2008.「웬트가 양자로 간 까닭은?: STIP(1999) 이후 구성주의 방법론 이행에 관한 소고」.『한국정치학회보』. 제42집 제2호.

≪동아일보≫. 2010년 3월 10일.

문익환. 1990.『가슴으로 만난 평양』. 서울: 삼민사.

민병원. 2010.「국제관계연구의 인식론: 웬트의 과학적 실재론에 대한 메타이론적 고찰」.≪국제정치논총≫, 제50집 제2호.

민전사무국 편찬. 1946.『조선해방1년사(조선해방년보), 1946년판』. 서울: 문의인서관.

≪민족21≫. 2001. "남로당 전북도당 조직부장은 CIC 정보원"(CIC 올리버리 보고서). 11월호.

박갑동. 1983.『박헌영』. 서울: 인간사.

박길용·김국후. 1994.『김일성 외교비사: 사후에 밝혀진 김일성의 외교전략』. 서울: 중앙일보사.

박형중·이교덕·정창현·이기동. 2004.『김정일시대 북한의 정치체제: 통치이데올로기. 권력엘리트. 권력구조의 지속성과 변화』. 서울: 통일연구원.

방인후. 1967.『북한 '조선노동당'의 형성과 발전』. 서울: 고려대학교 출판부.

백학순. 1994.「북한의 국가형성에 있어서 김일성의 자율성 문제」.『한국정치학회보』. 28집 2호.

_____. 1999a. 『국가형성전쟁으로서의 한국전쟁』. 성남: 세종연구소.

_____. 1999b. 「북한에서의 '단일적 지도력'의 확립과 당·국가 건설」. 『현대북한연구』. 2권 1호.

_____. 2000. 「김정일시대의 국가기구: 1998년 개정헌법을 중심으로」. 이종석·백학순. 『김정일시대의 당과 국가기구』. 성남: 세종연구소.

_____. 2003. 「대남전략」. 세종연구소 북한연구센터 엮음. 『북한의 국가전략』. 파주: 한울아카데미.

_____. 2009. 「김대중정부와 노무현정부의 대북정책 비교」. 『세종정책연구』. 제5권 1호.

_____. 2010a. 「소련의 한반도정책, 1945~1948년: 양궤(兩軌)전략」. 이철순 편. 『남북한 정부수립 과정 비교, 1945~1948』. 서울: 인간사랑.

_____. 2010b. 「천안함 사건과 동아시아 신(新)질서 형성」. 「정세와 정책」(세종연구소). 8월호.

『북한연표 1945~1961』. 1980. 서울: 국토통일원.

서동만. 2005. 『북조선 사회주의체제 성립사. 1945~1961』. 서울: 선인.

서보혁. 2003a. 「'진보적' 연구프로그램으로서 구성주의의 가능성과 과제: 웬트의 구성주의론에 대한 논쟁을 중심으로」. 『국제정치논총』. 제43집 제2호.

_____. 2003b. 「북·미관계 정상화의 국내정치적 제약: 국가정체서의 상호작용을 중심으로」. 『사회연구』. 제2호 (10월).

_____. 2003c. 『북한 정체성의 두 얼굴』. 서울: 책세상.

_____. 2004. 『탈냉전기 북미관계사』. 서울: 선인.

서훈. 2008. 『북한의 선군외교』. 서울: 명인문화사.

신욱희. 2002. 「구성주의 국제정치이론의 의미와 한계」. 『한국정치학회보』. 제32집 제2호.

신주백. 1991. 「박헌영과 경성콩그룹」. 『역사비평』. 여름호.

심지연. 2006. 『이강국 연구』. 서울: 백산서당.

안성규. 1994. 「1956년 소련은 김일성을 제거하려 했다」. ≪월간중앙≫. 5월호.

안재성. 2009. 『박헌영 평전』. 서울: 실천문학사.

양준희. 2001. 「월츠의 신현실주의에 대한 웬트의 구성주의의 도전」. 『국제정치논총』. 제41집 제2호.

_____. 2008. 「양자물리학이 국제정치에 던지는 메시지: 웬트의 양자역학과 양자의식가설 논의를 넘어」. 『국제정치논총』. 제48집 제4호.

여정. 1991. 『붉게 물든 대동강: 전 인민군 사단정치위원의 수기』. 서울: 동아일보사.

≪연합뉴스≫. 2003년 10월 23일, 2009년 1월 14일.

오영진. 1952. 『하나의 증언』. 부산: 국민사상 지도원.

이교덕. 2003. 『북한의 후계자론』. 서울: 통일연구원.

이근. 2001a. 「구성주의 시각에서 본 남북정상회담: 양면게임을 통한 정체성 변화 모색」. 『국가전략』. 제7권, 제4호.

_____. 2001b. 「국가관계에 있어서 관성의 구성주의적 이해: 미·일 반도체 무역분쟁 사례를 중심으로」. 『국제정치논총』. 제41집 제2호.

이대근. 2003. 『북한 군부는 왜 쿠데타를 하지 않나: 김정일 시대 선군정치와 군부의 정치적 역할』. 서울: 한울아카데미.

_____. 2004. 「북한 국방위원회의 기능: 소련, 중국과의 비교를 통한 시사」. 『국방연구』. 제47권 제2호.(12월).

이정식. 2006. 『대한민국의 기원』. 서울: 일조각.

이종석. 1995. 『조선로동당연구: 지도사상과 구조변화를 중심으로』. 서울: 역사비평사.

_____. 2000a. 『북한-중국관계. 1945~2000』. 서울: 중심.

_____. 2000b. 『새로 쓴 현대북한의 이해』. 서울: 역사비평사.

_____. 2010. 「중·소의 북한 내정간섭 사례연구」. 『세종정책연구』. 6권 2호.

이창주 편. 1996a. 「국제공산당 정치비서국에서 비준된 조선문제에 대한 결정(1928년 12월 6일)」. 『조선공산당사 비록.』. 서울: 명지대학교출판부.

_____. 1996b. 「조선공산당 개편과 정치노선 결정 선언」. 조선공산당 개편[재건]위원회가 소련공산당 중앙위원회 및 스탈린에 보낸 결의문(1945년 8월 20일). 『조선공산당사 비록.』. 서울: 명지대학교출판부.

임경석. 2000. 「박헌영과 김단야」. 『역사비평』. 통권 53호(겨울).

_____. 2004. 『이정 박헌영 일대기』. 서울: 역사비평사.

임동원. 2008. 『피스메이커: 남북관계와 북핵문제 20년』(임동원회고록). 서울: 중앙북스

전재성. 2001. 「안보론에 있어 구성주의와 현실주의의 만남」. ≪한국과 국제정치≫, 제17권 제1호.

_____. 2005. 「구성주의 국제정치이론과 남북관계」. 하영선 외. 『한국외교사와 국제정치학』. 서울: 성신여대출판부.

_____. 2009. 「유럽의 국제정치적 근대 출현에 관한 이론적 연구: 중첩, 복합의 거시이행」. 『국제정치논총』. 제49집 제5호.

_____. 2010. 「구성주의 국제정치이론에 대한 탈근대론과 현실주의의 비판 고찰」. 『국제정치논총』. 제50집 2호.

전현수. 1995a. 「소련군의 북한 진주와 대북한정책」. 『한국독립운동사 연구』. 제9집

_____. 1995b. 「"쉬띄꼬프 일기"가 말하는 북한정권의 성립과정」. ≪역사비평≫, 30호(가을).

_____. 2002. 「해방 직후 북한의 토지개혁」. 『대구사학』. 제68집 (8월).

전현수 편저. 2004. 『쉬띄꼬프 일기 1946~1948』. 해외사료총서 10. 서울: 국사편찬위원회.

정상돈. 2005. 「대중운동」. 세종연구소 북한연구센터 엮음. 『북한의 경제』. 서울: 한울아카데미.

정성임. 2006. 「전통과 민족주의에 대한 인식」. 세종연구소 북한연구센터 엮음. 『북한의 사상과 역사인식』. 서울: 한울아카데미.

정성장. 2003. 「혁명전략」. 세종연구소 북한연구센터 엮음. 『북한의 국가전략』. 서울: 한울 아카데미.

_____. 2009. 「정부 발간 북한권력·군사지휘기구도의 문제점과 보완 방향」. ≪홍민논평≫(12월 30일).

정창현. 2001. 「남로당 핵심 이강국·임화 미군방첩대 스파이였다」. ≪중앙일보≫. 2001년 9월 5일.

_____. 2002. 『인물로 본 북한현대사』. 서울: 민연.

정태수·정창현. 1997a. 「'8월 종파사건'의 전모」. ≪WIN≫. 6월호.

_____. 1997b. 「모택동, 김일성 제거 후 친중 정권 수립 시도」(평양 주재 5대 소련대사 푸자노프 비망록). ≪WIN≫. 7월호.

정희상. 1991. 「박헌영은 미국의 간첩이었다」 전 북한검사 김중종의 증언. 『말』. 5월호.

조선산업노동조사소. 1946. 『옳은 노선』. 도쿄: 민중신문사 출판부. (원래는 조선산업노동조사소. 1945. 『옳은
　　노선을 위하야』. 서울: 우리문화사.)

조영암. 1953. 『고당 조만식』. 부산: 정치신문사.

중앙일보 특별취재반. 1992. 『비록: 조선민주주의인민공화국』. 서울: 중앙일보사.

＿＿＿. 1993. 『비록: 조선민주주의인민공화국 (하)』. 서울: 중앙일보사.

최선영·장용훈. 2009. 「北김정일, 3남 정운 후계자 지명」. ≪연합뉴스≫. 2009년 1월 15일.

최종건. 2008. 「신현실주의 이론의 '무정부 신화'에 대한 구성주의적 비판」. 『한국정치학회보』. 제42집 제2호.

＿＿＿. 2009. 「안보학과 구성주의: 인식론적 공헌도를 중심으로」. ≪국제정치논총≫, 제49집 제5호.

≪통일부 주간동향≫. 41호(1991), 176호(1994), 244호(1995), 266호(1996), 516호(2000).

≪한겨레≫. 2010년 2월 23일. 「국정원장 "북 김정은 충성노래 보급"」. (http://www.hani.co.kr/arti/politics/
　　defense/406288.html).

한국일보 편. 1991. 『증언, 김일성을 말한다: 유성철·리상조가 밝힌 북한정권의 실체』. 서울: 한국일보사.

한기범. 2009. 「북한 정책결정과정의 조직행태와 관료정치: 경제개혁 확대 및 후퇴를 중심으로, 2000~09」.
　　경남대학교 대학원 박사학위 논문(12월).

해롤드[해럴드] 노블. 1982. 『비록: 이승만과 미국대사관』. 정주: 정호출판사. 박실 옮김. (Harold Joyce
　　Noble. 1975. Embassy at War. Ed. by Frank Baldwin. Seattle: University of Washington
　　Press)

홍성준 편. 1966. 『고당전』. 서울: 평남민보사.

홍순도. 2005. 「박헌영. 6·25 직후 중국에 '김일성 축출' 제의」. ≪문화일보≫. 4월 26일.

황장엽. 1999. 『나는 역사의 진리를 보았다』. 파주: 한울.

＿＿＿. 2006. 『황장엽 회고록』. 서울: 시대정신.

외국문헌 및 자료

1. 평양 주재 소련대사관 문서(러시아현대사국가문서보관소[RGANI] 소장 소련공산당 중앙위원회 문서철)

Document 1. 1956. "Memorandum of Conversation with the DPRK Vice Premier of the Cabinet of
　　Ministers and Member of the KWP CC Presidium, Bak Changok, 12 March 1956." *Cold War
　　International History Project (hereafter referred to as CWIHP) Bulletin*, Issue 16: 463~467.

Document 2. 1956. "Remarks on the Draft Statutes of the KWP". CWIHP Bulletin, Issue 16:
　　468~469.

Document 3. 1956. "Memorandum of Conversation with Kim Il Sung, 19 April 1956". CWIHP
　　Bulletin, Issue 16: 469.

Document 4. 1956. "Report by N. T. Fedorenko on a Meeting with DPRK Ambassador to the USSR
　　Li Sangjo, 29 May 1956." CWIHP Bulletin, Issue 16: 470~472.

Document 5. 1956. "Memorandum of Conversation with Gi Seokbok, 31 May 1956." CWIHP
　　Bulletin, Issue 16: 472~473.

Document 6. 1956. "Memorandum of Conversation with Vice Premier and Minister of Light Industry Bak Uiwan, 5 June 1956." CWIHP Bulletin, Issue 16: 473~474.

Document 7. 1956. "Memorandum of Conversation with Choe Changik, 5 June 1956." CWIHP Bulletin, Issue 16: 474.

Document 8. 1956. "Memorandum of Conversation with Gim Seunghwa, 7 June 1956." CWIHP Bulletin, Issue 16: 474~475.

Document 9. 1956. "Memorandum of Conversation with Choe Changik, 8 June 1956." CWIHP Bulletin, Issue 16: 475~476.

Document 10. 1956. "Memorandum of a Conversation with DPRK Ambassador to the USSR Li Sangjo, 16 June 1956." CWIHP Bulletin, Issue 16: 477~478.

Document 11. 1956. "Memorandum of Conversation with the Head of the Department of Construction Materials under the Cabinet of Ministers, Li Pilgyu, 20 July 1956." CWIHP Bulletin, Issue 16: 478~480.

Document 12. 1956. "Memorandum of Conversation with DPRK Minister of Foreign Affairs Nam Il, 24 July 1956." CWIHP Bulletin, Issue 16: 480~481.

Document 13. 1956. "Memorandum of Conversation with Charge d' Affaires of the Chinese Embassy, Chao Kaelyan, 4 August 1956." CWIHP Bulletin, Issue 16: 482.

Document 14. 1956. "Memorandum of Conversation with Bak Uiwan, 29 August 1956." CWIHP Bulletin, Issue 16: 482~483.

Document 15. 1956. "Memorandum of Conversation with Kim Il Sung, 1 September 1956." CWIHP Bulletin, Issue 16: 483~485.

Document 16. 1956. "Memorandum of Conversation with Chinese Ambassador to the DPRK, Qiao Xiaoguang, 4 September 1956." CWIHP Bulletin, Issue 16: 485~486.

Document 17. 1956. "Report by N.T. Fedorenko on a Conversation with Li Sangjo, Ambassador of the DPRK to the USSR, 5 September 1956." CWIHP Bulletin, Issue 16: 486~488.

Document 18. 1956. "CPSU CC Presidium Protocol 'On the Situation in the KWP,' 6 September 1956." CWIHP Bulletin, Issue 16: 488~489.

Document 19. 1956. "Memorandum of Conversation with Bak Uiwan, 6 September 1956." CWIHP Bulletin, Issue 16: 489~491.

Document 20. 1956. "Memorandum of a Conversation with DPRK Ambassador to the USSR Li Sangjo, 10 September 1956." CWIHP Bulletin, Issue 16: 491~492.

Document 21. 1956. "Letter from Li Sangjo to the Central Committee of the Korean Workers Party, 5 October 1956." CWIHP Bulletin, Issue 16: 492~511.

Document 22. 1956. "CPSU CC Report on 8 October Conversation between Ambassador Ivanov and Kim Il Sung, 15 October 1956." CWIHP Bulletin, Issue 16: 511.

Document 23. "CPSU CC Directive to Soviet Ambassador Ivanov, (no date specified)." CWIHP

Bulletin, Issue 16: 511.

Document 24. 1956. "CPSU CC Memo on the Situation in the KWP, 17 October 1956." CWIHP Bulletin, Issue 16: 512.

Document 25. "CPSU CC Directive to Soviet Ambassador Ivanov(no date specified)." CWIHP Bulletin, Issue 16: 512.

Document 26. 1956. "Letter, Li Sangjo to the KWP CC, 12 October 1956." CWIHP Bulletin, Issue 16: 512~517.

Document 27. 1956. "Memorandum of Conversation with the Charge d' Affaires of the Chinese Embassy in the DPRK, Chao Kaelyan, 26 October 1956." CWIHP Bulletin, Issue 16: 517~519.

Document 28. 1956. "Memorandum of Conversation with the DPRK, Qiao Xiaoguang, 5 November 1956." CWIHP Bulletin, Issue 16: 519~520.

Document 29. 1956. "Memorandum of Conversation with Bak Uiwan, 22 November 1956." CWIHP Bulletin, Issue 16: 520.

Document 30. 1957. "CPSU Central Committee Report on the Situation in the KWP and the DPRK, 9 January 1957." CWIHP Bulletin, Issue 16: 520~527.

2. James Person 편집 *New Evidence on North Korea* (North Korean International Documentation Project [NKIDP]. Document Reader. June 2010) 문서

NKIDP Document 1. April 1955. Report, Communist Party of Soviet Union Central Committee. Report on the Situation in the DPRK. *New Evidence on North Korea*: 11~13.

NKIDP Document 3. 24 December 1956. [Secret] Memorandum of Conversation between Henryk Brzezinski, 1st Secretary of the PRL Embassy[Polish Embassy] in the DPRK and Comrade Samsonov, 1st Secretary of the Embassy of the USSR in the DPRK. *New Evidence on North Korea*: 15~18.

NKIDP Document 4. 11 March 1957. [Secret] Memorandum of Conversation between Henryk Brzezinski, 1st Secretary of the PRL Embassy[Polish Embassy] in the DPRK and Comrade Makarov, Counselor of the Embassy of the USSR (in the DPRK). *New Evidence on North Korea*: 19~21.

NKIDP Document 5. 4 April 1957. [Secret] Memorandum of Conversation between Henryk Brzezinski, 1st Secretary of the PRL Embassy[Polish Embassy] in the DPRK and 1st Secretary of the Embassy of the USSR (in the DPRK). Comr. Makarov. *New Evidence on North Korea:* 22~24.

NKIDP Document 7. 16 October 1957. [Secret] Memorandum of Conversation between Henryk Brzezinski, 1st Secretary of the PRL Embassy[Polish Embassy] in the DPRK and Comr. Pimenov, 1st Secretary of the Embassy of the USSR (in the DPRK). *New Evidence on North*

Korea: 27~29.

NKIDP Document 8. 24 October 1957. [Secret] Memorandum of Conversation between Henryk Brzezinski, 1st Secretary of the PRL Embassy[Polish Embassy] in the DPRK and Comr. Pelishenko, Counselor of the Embassy of the USSR (in the DPRK). *New Evidence on North Korea*: 29~31.

NKIDP Document 9. 27 November 1957. Memorandum of Conversation between Henryk Brzezinski, 1st Secretary of the PRL Embassy[Polish Embassy] in the DPRK and Comr. Berentz, 3rd Secretary of the Embassy of the GDR (in the DPRK). *New Evidence on North Korea*: 31~32.

NKIDP Document 10. 2 December 1957. Memorandum of Conversation between Henryk Brzezinski, 1st Secretary of the PRL Embassy[Polish Embassy] in the DPRK and Botsin, the Deputy Director of the Economic Office at the Embassy of the USSR (in the DPRK). *New Evidence on North Korea*: 32~33.

NKIDP Document 11. 7 December 1957. [Secret] Memorandum of Conversation between Henryk Brzezinski, 1st Secretary of the PRL Embassy[Polish Embassy] in the DPRK and Chen Wen Chin, 1st Secretary of the Embassy of the PRC (in the DPRK). *New Evidence on North Korea*: 33~36.

NKIDP Document 12. 9 December 1957. [Top Secret](Hungarian) Report on the Political Situation in North Korea. *New Evidence on North Korea*: 36~38.

NKIDP Document 13. 17 December 1957. [Secret] Memorandum of Conversation between Henryk Brzezinski, 1st Secretary of the PRL Embassy[Polish Embassy] in the DPRK and Pimenov, 1st Secretary of the Embassy of the USSR (in the DPRK). *New Evidence on North Korea*: 38~40.

3. 김동길 교수(베이징대) 소장·번역 소련 문서(러시아연방 대통령문서보관소, 러시아연방 국방성중앙문서보관소)

김일성·박헌영. 1950년 9월 29일. 조선로동당 중앙위원회[김일성과 박헌영]가 소련 내각회의 의장에게 보낸 서한. "전선 상황에 대한 보고 및 소련이나 국제의용부대가 직접 조선 인민에게 군사적 원조를 제공해 줄데 대한 요청". 1950년 9월 29일. 출전: 러시아연방 대통령문서보관소 문서군 3, 목록 65, 문서철 828, 5~8쪽.

저우언라이. 1952년 8월 25일. 중화인민공화국 국무원 총리[저우언라이]가 소련 내각회의 의장에게 보낸 서한. 중화인민공화국 중앙인민정부 주석과 조선민주주의인민공화국 내각 수상의 전문 첨부. "중국인민해방군[중국인민지원군]과 조선인민군 재조직 협상을 위해 조중 연합 대표단의 모스크바 방문 가능성에 대하여". 1952년 8월 25일. 출전: 러시아연방 대통령문서보관소 문서군 45, 목록 1, 문서철 343, 89~90쪽.

Shtykov. T. E. 1950년 9월 21. 조선민주주의인민공화국 주재 소련대사[스티코프(T. E. Shtykov)]가 소련 외무성 제1부상에게 보낸 전문. "중국인민지원군의 참전 가능성에 대한 조선민주주의인민공화국정부의 논의에 대하여". No. 1238. 1950년 9월 21일 3시 45분. 출전: 러시아연방 국방성중앙문서보관소 문서군 5, 목록 918795, 문서철 125, 86~88쪽.

_____. 1950년 9월 22일. 조선민주주의인민공화국 주재 소련 대사가 소련외무성 제1부상에게 보낸 전문. "조선로동당 중앙위원회 회의에 대한 정보". No. 1258. 1950년 9월 22일 20시 30분. 출전: 러시아연방 국방성중앙문서보관소, 문서군 5, 목록 918795, 문서철 125, 89~91쪽.

_____. 1950년 9월 30일. 조선민주주의인민공화국 주재 소련대사가 소련 내각회의 의장에게 보낸 전문. "전선 상황에 대한 북조선 정부의 정보와 조선인민군 부대들을 소련 공군이 엄호해 줄데 대한 요청". No. 1340. 1950년 9월 30일 14시 50분. 출전: 러시아연방 대통령문서보관소 문서군 45, 목록 1, 문서철 347, 46~49쪽.

_____. 1950년 10월 8일. 조선민주주의인민공화국 주재 소련 대사가 소련 내각회의 의장에게 보낸 전문. "중화인민공화국과 소련이 조선인민의 전쟁을 지원할 것이라는 소련 내각회의 의장의 서한에 대한 북조선 지도자들의 반응에 대하여". No. 1443. 1950년 10월 8일 11시 20분. 출전: 러시아연방 국방성중앙문서보관소 문서군 5, 목록 918795, 문서철 121, 720쪽.

_____. 1950년 10월 13일. 조선민주주의인민공화국 주재 소련대사가 소련 외무성 제1부상에게 보낸 전문. "조선의 정치정세에 대하여". No. 1468. 1950년 10월 13일 11시 10분. 출전: 러시아연방 국방성중앙문서보관소 문서군 5, 목록 918795, 문서철 124, 136~140쪽.

_____. 1950년 11월 17일. 조선민주주의인민공화국 주재 소련 대사가 소련 외무성 제1부상에게 보낸 전문. "조선에서 전선 상황과 전쟁 수행계획을 논의한 조중 군 지휘관들의 회의 결과에 대하여". No. 7. 1950년 11월 17일 9시 35분. 출전: 러시아연방 국방성중앙문서보관소, 문서군 5, 목록 918795, 문서철 118, 50~59쪽.

_____. 1950년 11월 24일. 조선민주주의인민공화국 주재 소련대사가 소련외무성 제1부상에게 보낸 전문. "중조양군연합사 구성문제와 관련하여 조선민주주의인민공화국 내각 수상과 회담한 결과". No. 60. 1950년 11월 24일 23시 40분. 출전: 러시아연방 국방성중앙문서보관소, 문서군 5, 목록 918795, 문서철 124, 326~329쪽.

_____. 1950년 11월 29일. 조선민주주의인민공화국 주재 소련 대사가 소련외무성 제1부상에게 보낸 전문. "조선민주주의인민공화국 내각 수상의 중국 방문과 관련한 조중회담에 대하여". 1950년 11월 29일. 출전: 러시아연방 국방성중앙문서보관소, 문서군 5, 목록 918795, 문서철 124, 429쪽.

_____. 1950년 12월 1일. 조선민주주의인민공화국 주재 소련대사가 소련 외무성 제1부상에게 보낸 전문. "조중 연합군 부사령관 직위의 후보 확정 문제에 대한 조선로동당 정치위원회 회의 결과에 대하여". No. 105. 1950년 12월 1일 13시 25분. 출전: 러시아연방 국방성중앙문서보관소, 문서군 5, 목록 918795, 문서철 124, 480~481쪽.

Razuvaev, V. N. 1950년 12월 5일. 조선민주주의인민공화국 주재 소련대사[라주바에프(V. N. Razuvaev)]가 소련 외무성 제1부상에게 보낸 전문. "조선에서 조중 연합군 사령부의 창설에 대한 조중 협상 결과에 대하여". No. 1775. 1950년 12월 5일. 출전: 러시아연방 국방성중앙문서보관소, 문서군 5, 목록 918795, 문서철 124, 553쪽.

_____. 1950년 12월 30일. 조선민주주의인민공화국 주재 소련 대사가 소련 외무상에게 보낸 전문. "북조선

정부가 중국인민의용군 사령부의 전선 진격 중단 계획과 연합부대 휴식 계획에 대하여 보낸 정보". No. 1954. 1950년 12월 30일. 출전: 러시아연방 국방성중앙문서보관소, 문서군 5, 목록 918795, 문서철 124, 750~752쪽.

Roschin, N. V. 1950년 10월 3일. 중화인민공화국 주재 소련대사[로신(N. V. Roschin)]가 소련 내각회의 의장에게 보낸 전문. "중화인민공화국 중앙인민정부 주석의 서한, 중국군 부대들의 조선 영토 진출 문제에 대한 중국공산당 중앙위원회의 입장에 대하여". No. 2270. 1950년 10월 3일 12시 15분. 출전: 러시아연방 대통령문서보관소 문서군 45, 목록 1, 문서철 334, 105~106쪽.

Stalin, Joseph V. 1950년 10월 1일. 소련 내각회의 의장[스탈린(Joseph V. Stalin)]이 중화인민공화국 주재 소련대사에게 보낸 전문. "중국정부에 조선민주주의인민공화국에 군대 원조를 제공하도록 권고할데 대하여". 1950년 10월 1일. 출전: 러시아연방 대통령문서보관소 문서군 45, 목록 1, 문서철 334, 97~98쪽.

Zakharov, M. V. 1950년 10월 7일. 북조선 주재 소련군 총참모부 대표[자하로프(M. V. Zakharov) 대장]가 소련 내각회의 의장에게 보낸 전문. "조선민주주의인민공화국 영내로 중화인민공화국 부대들의 진출 문제에 대한 조중 협상에 대하여". No. 1425. 1950년 10월 7일 1시 50분. 출전: 러시아연방 국방성중앙문서보관소 문서군 5, 목록 918795, 문서철 121, 705~706쪽.

단행본, 논문 및 기타

김성호. 2006. 『동만 항일혁명투쟁 특수성 연구: 1930년대 ≪민생단≫사건을 중심으로』. 목단강: 흑룡강 조선 민족출판사.

란코프, 안드레이. 1995. 『소련의 자료로 본 북한 현대정치사』. 김광린 역. 서울: 오름.

르 바르비에, F. J. 셰노. J. 벨라센. A.-M. 뒤보아. J.-F. 올리비에. J.- 뻬망스 N. 왕 저著. 1984. 『중공 1949~1976』. 공기두 옮김. 서울: 까치(원저는 Ballassen, J. A.-M. et al. 1977. La Chine: Un Nouveau Communisme 1949~1976. Paris: Hatier Université).

≪마이니치신문(每日新聞)≫. 2009년 10월 5일. 「존경하는 김정운대장 동지의 위대성 교양자료」(尊敬する 金正雲大將同志の偉大性教養資料).

모리타 요시오·오사다 카나코 편, 1964. 森田芳夫·長田かな子 編. 1964. 『朝鮮戰爭の記錄: 資料篇 第三卷』. 東京: 巖南堂書店.

「모주석접견소공중앙대표단담화기록」. 1956. 9. 18. 「毛主席接見蘇共中央代表團談話記錄」. 北京 中南海 頤年堂. 中國外交部案館 文書番號 未附與. 1956年 9月 18日 18時~21時 10分. 베이징대학 역사 학과 김동길(金東吉) 교수 소장·번역.

「모주석접견조선대표단담화기요」. 1956. 9. 18. 「毛主席接見朝鮮代表團談話紀要」. 北京 中南海頤年堂. 中國外交部案館 文書番號 未附與. 1956年 9月 18日 22時 30分~24時. 베이징대학 역사학과 김동 길(金東吉) 교수 소장·번역.

바자노프, 예프게니·바자노바, 니딸리아. 『소련의 자료로 본 한국 전쟁의 전말』. 김광린 역. 서울: 도서출판 열림.

스즈키 마사유키(鐸木昌之). 1994. 『김정일과 수령제 사회주의』. 유영구 옮김. 서울: 중앙일보사.

시성문(柴成文)·조용전(趙勇田). 1991. 『중국인이 본 한국전쟁: 판문점 담판』. 윤영무 옮김. 서울: 한백사.

와다 하루키(和田春樹). 1992. 『金日成と滿洲抗日戰爭』. 東京: 平凡社. 이종석 옮김. 『김일성과 만주항일전쟁』. 서울: 창작과 비평사.

요개륭(廖蓋隆). 1993. 『중국공산당사 1919~1991』. 정석태 옮김. 서울: 녹두.

우로노 시게아키(宇野重昭). 1984. 『중국공산당사』. 김정화 옮김. 서울: 일월서각.

≪인민일보(人民日報)≫. 1956년 4월 5일. "무산계급독재에 관한 역사경험".

재일본 조선인 총련합회 중앙상임위원회 인사부 편집. 1960. 『정치학습: 조선로동당 규약 해설』. 동경: 학우서방 판매. 평양: 조선로동당 출판사.

≪조선신보≫. 2010년 2월 10일.

중공중앙당사연구실. 1991. 中共中央黨史研究室. 『中國共産黨歷史大事記. 1919.5~1990.12.』. 北京: 人民出版社.

중국 군사과학원 군사역사부. 1988. 『중국인민지원군 항미원조전사』. 한국전략문제연구소 역. 서울: 세경사.

포노말료프, B. N. 엮음. 1992. 『소련공산당사 5』. 편집부 옮김. 서울: 기획출판 거름.

후지모토 겐지(藤本健二). 2003. 『김정일의 요리사』. 신현호 옮김. 서울: 월간조선사.

Alapuro, Risto. 1988. *State and Revolution in Finland*. Berkeley: University of California Press.

Alec, Nove. 1989. *An Economic History of the U.S.S.R.*, 2d ed. London: Penguin Books.

Armitage, Richard L. and Nye, Jr., Joseph S. (Cochairs). 2007. *CSIS Commission on Smart Power: A smarter, more secure America*. Washington, D.C.: CSIS.

Armstrong, Charles K. 2003. *The North Korean Revolution, 1945~1950*. Ithaca and London: Cornell University Press.

Atkinson, John W. 1983. *Personality, Motivation, and Action: Selected Papers*. New York: Praeger.

Bajanov, Evgueni. 1995. "Assessing the Politics of the Korean War. 1949~1951." *Cold War International History Project Bulletin*, Issue 6/7 (Winter).

Brockett, Charles E. 1991. "The Structure of Political Opportunities and Peasant Mobilization in Central America." *Comparative Politics*, 23 (April).

Bunce, Valerie. 1981. *Do New Leaders Make a Difference?* Princeton: Princeton University Press.

Calvert, Peter. ed. 1987. *The Process of Political Succession*. New York: St. Martin's Press.

Checkel, Jeffrey. T. 1998. "The Constructivist Turn in International Relations Theory." *World Politics*, 50 (January).

Chen, Jian. 1992. "The Sino-Soviet Alliance and China's Entry into the Korean War." Cold War International History Project. Working Paper No. 1 (June).

_____. 1994. *China's Road to the Korean War: The Making of the Sino-American Confrontation*. New York: Columbia University Press.

_____. 2001. *Mao's China & the Cold War*. Chapel Hill & London: The University of North Carolina Press.

Cohen, Yousseff. 1989. *The Manipulation of Consent: The State and Working-Class Consciousness in Brazil*. Pittsburgh: University of Pittsburgh Press.

_____. 1991. "The Heresthetics of Coup Making." *Comparative Political Studies*, 24, 3 (October).

Collier, David, and Norden, Deborah L. 1992. "Strategic Choice Model of Political Change in Latin America" (Review Article). *Comparative Politics*, 24, 2 (January).

Collier, Ruth Berlins and Collier, David. 1991. *Shaping the Political Arena: Critical Junctures, the Labor Movement, and Regime Dynamics in Latin America*. Princeton: Princeton University Press.

Copeland, Dale C. 2000. "The Constructivist Challenge to Structural Realism: A Review Essay." *International Security*, 25, 2 (Fall).

_____. 2006. "The Constructivist Challenge to Structural Realism." In Stefano Guzzini and Anna Leander, eds. *Constructivism and International Relations: Alexander Wendt and His Critics*. London: Routledge.

Crotty, Michael J. 1998. *The Foundations of Social Science Research: Meaning and Perspective in the Research Process*. London: Sage Publications.

Cumings, Bruce. 1981. *The Origins of the Korean War: Liberation and the Emergence of Separate Regimes 1945~1947*. Princeton: Princeton University Press.

_____. 1990. *The Origins of the Korean War, Vol. II: The Roaring of the Cataract 1947~1950*. Princeton: Princeton University Press.

Dahl, Robert A. 1971. *Polyarchy: Participation and Opposition*. New Haven: Yale University Press.

DeNardo, James. 1985. *Power in Numbers: The Political Strategy of Protest and Rebellion*. Princeton: Princeton University Press.

Dimitroff, Georgi. 1975. *The United Front: The Struggle Against Fascism and War*. San Francisco: Proletarian Publishers.

Di Palma, Guiseppe. 1990. *To Craft Democracies: An Essay on Democratic Transitions*. Berkeley: University of California Press.

Document #8. 1952. "Soviet Record of Meeting of Stalin, North Korean leader Kim Il Sung, and Chinese Military Commander Peng Dehuai," Moscow, 4 September 1952. "Russian Documents on the Korean War, 1950~53." James G. Hershberg, intro. and Vladislav Zubok, trans. "New Evidence on Cold War Crises." *Cold War International History Project Bulletin*, Issue 14/15 (Winter 2003~Spring 2004).

Document #113. 1995. "29 March 1953. ciphered telegram from Kuznetsov and Fedorenko in Pyongyang." Kathryn Weathersby, intro. & trans. "New Russian Documents on the Korean War." *Cold War International History Project Bulletin*, Issue, 6/7 (Winter).

Eisinger, Peter K. 1973. "The Conditions of Protest Behavior in American Cities." *American Political Science Review*, 67.

Elkins, David J., and Simeon, Richard E.B. 1979. "A Cause in Search of Its Effect. or What does Political Culture Explain?" *Comparative Politics*, 11, 2 (January).

Finnemore, Martha. 1996. *National Interests in International Society*. Ithaca and London: Cornell University Press.

Garrett, Geoffrey, and Weingast, Barry R. 1993. "Ideas, Interests, and Institutions: Constructing the European Community's Internal Market." In Judith Goldstein and Robert O. Keohane. eds. *Ideas and Foreign Policy: Beliefs, Institutions, and Political Change*. Ithaca and London: Cornell University Press.

Goldstein, Judith. 1993. *Ideas, Interests, and American Trade Policy*. Ithaca and London: Cornell University Press.

Goldstein, Judith, and Robert O. Keohane. eds. 1993. *Ideas and Foreign Policy: Beliefs, Institutions, and Political Change*. Ithaca and London: Cornell University Press.

Gregg, Donald P. 2010. "Testing North Korean Waters." *The New York Times* (August 31).

Gregor, Richard. ed. 1974. *Resolutions and Decisions of the Communist Party of the Soviet Union: The Early Soviet Period*. 1917~1929, Vol. 2. Toronto, Canada: University of Toronto Press.

Griffith, Samuel B. 1968. *The Chinese People's Liberation Army*. Littlehampton Book Services Ltd.

Grindle, Merilee S. and Thomas, John W. 1991. *Public Choices and Policy Change: The Political Economy of Reform in Developing Countries*. Baltimore: The Johns Hopkins University Press.

Gurr, Ted Robert. 1988. "War. Revolution. and the Growth of the Coercive State." *Comparative Political Studies*, 21, 1 (April).

Hanley, Charles J. 2008. "AP IMPACT: Truth emerges too late for Kim Soo-im." *USA Today* (August 17). http://www.usatoday.com/news/world/2008-08-16-1670381282_x.htm.

Headquarters, U.S. Military Forces in Korea. 1945a. "G-2 Weekly Summary." No. 9, Incl. No. 3.

_____. 1945b. "Intelligence Summary of Northern Korea." No. 2, No. 3.

Hopf, Ted. 1998. "The Promise of Constructivism in International Relations Theory." *International Security*, 23 (Summer).

Jackson, Robert and Sorensen, Georg. 2007. "Social Constructivism" (Chapter 6). *Introduction to International Relations: Theories and Approaches*. New York: Oxford University Press.

Jacobs, Lawrence R. 1992. "Institutions and Culture: Health Policy and Public Opinion in the U.S. and Britain." *World Politics*, 44, 1 (January).

Jepperson, Ronald L., Wendt, Alexander, and Katzenstein, Peter J. 1996. "Norms. Identity. and Culture in National Security." In Peter J. Katzenstein, ed. *The Culture of National Security: Norms and Identity in World Politics*. New York: Columbia University Press.

Jervis, Robert. 1976. *Perception and Misperception in International Politics*. Princeton: Princeton University Press.

_____. 1998. "Realism in the Study of World Politic." *International Organization*, 52, 4.

Joint Communique of the United States of America and the People's Republic of China. February 28, 1972. Shanghai, China.

Katzenstein, Peter J. 1996a. "Conclusion: National Security in a Changing World." In Peter J. Katzenstein, ed. *The Culture of National Security: Norms and Identity in World Politics*. New York: Columbia University Press.

_____. 1996b. "Introduction: Alternative Perspectives on National Security." In Peter J. Katzenstein, ed. *The Culture of National Security: Norms and Identity in World Politics*. New York: Columbia University Press.

Keckhausen, Heinz. 1991. *Motivation and Action*, trans. Berlin: Springer-Verlag.

Keeler, John T. S. 1993. "Opening the Window for Reform." *Comparative Political Studies*, 25, 4 (January).

Kennedy, Paul. 1991. "Grand Strategy in War and Peace: Toward a Broader Definition." In Paul Kennedy, ed. *Grand Strategy in War and Peace*. New Haven and London: Yale University Press.

Khrushchev, N. S. 1956a. "Report of the Central Committee of the Communist Party of the Soviet Union to the 20th Party Congress." Foreign Language Publishing House. http://www.archive.org/stream/ReportOfTheCentralCommitteeOfTheCommunistParty OfTheSovietUnionTo/1956report2#page/n0/mode/2up.

_____. 1956b. "The Crimes of the Stalin Era: Special Report to the 20th Congress of the Communist Party of the Soviet Union." Closed Session, February 24-25. http://www.archive.org/details/ TheCrimesOfTheStalinEraSpecialReportToThe20thCongressOfThe; http://www.marxists.org/ archive/khrushchev/1956/02/24.htm

Kingdon, John W. 1984. *Agendas, Alternatives, and Public Policies*. Boston: Little. Brown and Company.

Kitschelt, Herbert. 1986. "Political Opportunity Structures and Political Protest: Anti-Nuclear Movements in Four Democracies." *British Journal of Political Science*. 16 (January).

Klotz, Audie. 1995. *Norms in International Relations: The Struggle against Apartheid*. Ithaca: Cornell University Press.

Kowert, Paul, and Legro, Jeffrey. 1996. "Norms, Identity, and Their Limits: A Theoretical Reprise." In Peter J. Katzenstein, ed. *The Culture of National Security: Norms and Identity in World Politics*. New York: Columbia University Press.

Lankov, Andrei. 2002. *From Stalin to Kim Il Sung: The Formation of North Korea, 1945~1960*. New Brunswick, N.J.: Rutgers University Press.

_____. 2005. *Crisis in North Korea: The Failure of De-Stalinization, 1956*. Honolulu: University of Hawaii Press and Center for Korean Studies, University of Hawaii.

Lee, Chong-Sik. 1978. *Korean Workers' Party: A Short History*. Stanford: Hoover Institution Press.

Lee, Yusin. 2004. "Elaborating Two Issues Regarding Constructivism: Structure and Science." *The Korean Journal of International Relations*, 44, 5.

Lim Un. 1982. *The Founding of a Dynasty in North Korea: An Authentic Biography of Kim Il-song*. Tokyo: Jiyu-sa.

Linz, Juan J. 1978. *The Breakdown of Democratic Regimes: Crisis, Breakdown & Reequilibration*. Baltimore and London: The Johns Hopkins University Press.

Mann, Michael. 1986. *The Sources of Social Power: Vol. I: A History of Power from the Beginning to A.D. 1760*. Cambridge: Cambridge University Press.

Molotov, V. M. 1956. *Speech at the 20th Congress of the C.P.S.U*. Moscow: Foreign Languages Publishing House.

Mansourov, Alexandre Y. 1995. "Stalin. Mao. Kim. and China's Decision to Enter the Korean War. September 16~October 15. 1950: New Evidence from the Russian Archives." *Cold War International History Project Bulletin*, Issue 6/7 (Winter).

McAdam, Doug. 1982. *Political Process and the Development of Black Insurgency 1930~1970*. Chicago: Chicago University Press.

Milner, Helen V. 1997. *Interests, Institutions and Information: Domestic Politics and International Relations*. Princeton: Princeton University Press.

Munck, Gerardo L. 1993. "Between Theory and History and Beyond Traditional Area Studies: A New Comparative Perspectives on Latin America" (Review Article). *Comparative Politics*, 25, 4 (July).

Nixon, Richard. 1969. "President Nixon's Speech on 'Vietnamization'." November 3.

O'Donnell, Guillermo, and Schmitter, Philippe C. 1986. *Transition from Authoritarian Rule*. Baltimore: The Johns Hopkins University Press.

Paik, Haksoon. 1993. "North Korean State Formation, 1945~1950." Ph. D. Dissertation in Political Science. University of Pennsylvania.

_____. 2007. "North Korea's Choices for Survival and Prosperity since 1990s: Interplay between Politics and Economics." *Sejong Policy Studies*, 3, 2.

_____. 2008. "North Korea's Pursuit of Security and Economic Interests: Chasing Two Rabbits with One Stone." In Haksoon Paik and Seong-Chang Cheong. eds. *North Korea in Distress: Confronting Domestic and External Challenges*. Seongnam, Korea: The Sejong Institute.

Person, James F. 2006. "'We Need Help from Outside': The North Korean Opposition Movement of 1956." Cold War International History Project. Working Paper no. 52 (August).

_____. 2007~2008. "New Evidence on North Korea in 1956." *Cold War International History Project Bulletin*, Issue 16 (Fall 2007-Winter 2008). intro.

Piven, Frances Fox and Cloward, Richard A. 1977. *Poor People's Movements: Why They Succeed, How They Fail*. New York: Pantheon Books.

Riker, W. H. 1983. "Political Theory and the Art of Heresthetics." In A. W. Finifter. ed. *Political Science: The State of the Discipline*. Washington D.C.: American Political Science Association.

Rokkan, Stein. 1970. *Citizens, Elections, and Parties*. New York: David McKay.

Rothschild and Wingfield. 2007. Return to Diversity. A Political History of East Central Europe Since World War II OUP 2000. "The defection of Jozef Swiatlo and the Search for Jewish Scapegoats in the Polish United Workers' Party. 1953~1954" PDF. Fourth Convention of the Association for the Study of Nationalities. Harriman Institute. Columbia University. New York City. April 15~17. 1999. Retrieved 2007-10-27.

Ruggie, John Gerard. 1998. "What Makes the World Hang Together? Neo-utilitarian and the Social Constructivist Challenge." *International Organization*, 52, 4 (Autumn).

Scalapino, Robert A. and Lee, Chong-Sik. 1972. *Communism in Korea. Part I: The Movement*. Berkeley: University of California Press.

Schapiro, Leonard. 1971. *The Communist Party of The Soviet Union*, 2nd ed. New York: Vintage Books.

Shanghai Communique. 1972.2.28. "Joint Communique of the United States of America and the People's Republic of China." Shanghai, China.

Shimotomai, Nobuo. 2007~2008. "Pyeongyang in 1956." *Cold War International History Project Bulletin*, Issue 16 (Fall 2007~Winter 2008).

Shin, Doh Chull. 1994. "On the Third Wave of Democratization: A Synthesis and Evaluation of Recent Theory of Research" (Review Article). *World Politics*, 47 (October).

Skocpol, Theda. 1979. *States and Social Revolutions: A Comparative Analysis of France, Russia, & China*. Cambridge: Cambridge University Press.

Smith, Steve. 2000. "Wendt's World." *Review of International Studies*, 26, 1.

Suh, Dae-Sook. 1967. *The Korean Communist Movement, 1918~1948*. Princeton: Princeton University Press.

_____. 1981. *Korean Communism 1945~1980: A Reference Guide to the Political System*. Honolulu: The University Press of Hawaii.

_____. 1988. *Kim Il Sung: The North Korean Leader*. New York: Columbia University Press.

State Department of the United States. 1969. *Foreign Relations of the United States: Diplomatic Papers, 1945*. Vol. 6, Washington D.C.: United States Government Printing Office.

Sun, Yan. 1994. "The Chinese and Soviet assessment of socialism: the theoretical bases of reform and revolution in communist regimes." *Communist and Post-Communist Studies*, 27, 2 (March).

Szalontai, Balázs. 2003~2004. "'You Have No Political Line of Your Own:' Kim Il Sung and the Soviets, 1953~1964." *Cold War International History Project Bulletin*, Issue 14/15 (Winter 2003-Spring 2004).

_____. 2005. *Kim Il Sung in the Khrushchev Era: Soviet-DPRK Relations and the Roots of North*

Korean Despotism, 1953~1964. Washington, D.C.: Woodrow Wilson Center Press & Stanford, CA: Standford University Press.

Tarrow, Sidney. 1989. Struggle, Politics, and Reform: Collective Action, Social Movements and Cycles of Protest. Western Societies Program Occasional Paper No. 21. Center for International Studies. Cornell University.

Tilly, Charles. ed. 1975. *The Formation of National States in Western Europe*. Princeton: Princeton University Press.

_____. 1978. *From mobilization to Revolution*. New York: Random House.

_____. 1985. "War Making and State Making a Organized Crime." In Peter B. Evans. Dietrich Rueschemyer. & Theda Skocpol. eds. *Bringing the State Back In*. Cambridge: Cambridge University Press.

Tucker, Robert C. ed. 1978. *The Marx-Engels Reader*, 2nd ed. New York and London: W. W. Norton & Co.

_____. (sel., edit., and intro). 1975. *The Lenin Reader: Anthology*. New York and London: W. W. Norton & Co.

Waltz, Kenneth N. 1979. *Theory of International Politics*. New York: McGraw-Hill.

Weathersby, Kathryn. 1993. "Soviet Aims in Korea and the Origins of the Korean War. 1945~1950: New Evidence from Russian Archives." Cold War International History Project. Working Paper No. 8 (November).

_____. 2002. "'Should We Fear This?': Stalin and the Danger of War with America." Cold War International History Project. Working Paper No. 39 (July).

Wendt, Alexander. 1992. "Anarchy is what states make of it: the social construction of power politics." *International Organization*, 46, 2 (Spring).

_____. 1995. "Constructing International Politics." *International Security*, 20, 1 (Summer).

_____. 1999. *Social Theory of International Politics*. Cambridge: Cambridge University Press.

_____. 2006. "Social Theory as Cartesian Science: an Auto-Critique from a Quantum Perspective." In Stefano Guzzini and Anna Leander. eds. *Constructivism and International Relations: Alexander Wendt and His Critics*. London: Routledge.

Young, Christopher. 1992. "The Strategy of Political Liberalization: A Comparative View of Gorbachev's Reforms." *World Politics*, 45, 1 (October).

Zhihua, Shen 2004. "Sino-North Korean Conflict and its Resolution during the Korean War." Trans. by Dong Gil Kim and Jeffrey Becker. *Cold War International History Project Bulletin*, Issue 14/15 (Winter 2003~Spring 2004).

웹자료

http://en.wikipedia.org/wiki/Beria

http://en.wikipedia.org/wiki/Imre_Nagy

http://en.wikipedia.org/wiki/Khruschev

http://en.wikipedia.org/wiki/Milovan_Dilas

http://www.flickr.com/photos/29868194@N08/3944502627

http://www.kibristasosyalistgercek.net/misc/Molotov-20thPartyCongress.html (2010. 1. 27).

Ciphered telegram. 1950, July 1. Shtykov to Fyn-Si Stalin. re political mood on North Korea. July 1. 1950. http://www.wilsoncenter.org/index.cfm?topic_id=1409&fuseaction=va2.document& identifier=AA6708CA-91B8-0932-A482AB3D31214F17&sort=Collection&item=No rth%20Korea%20in%20the%20Cold%20War.

_____. 1950, September 20. DPRK leader Kim Il Sung and South Korean Communist leader Pak Hon-Yong to Stalin via Shtykov. 29 September 1950. http://www.wilsoncenter.org/ index.cfm?topic_id=1409&fuseaction=va2.document&identifier=CEAA18EB-DF96-2 BF7-5A17521C95FFB046&sort=Subject&item=Korea. DPRK. Korean People's Army. KPA.

"Stalin's meeting with Kim Il Sung." March 05 1949 http://www.wilsoncenter.org/index.cfm?topic_id= 1409&fuseaction=va2.document&identifier=5034C68A-96B6-175C-9D18332BAA62 DEB6&sort=Collection&item=North%20Korea%20in%20the%20Cold%20War Telegram Shtykov to Vyshinsky. January 19. 1950. http://www.wilsoncenter.org/ index.cfm?topic_id=1409&fuseaction=va2.document&identifier=5034C707-96B6-17 5C-92AFE2F07219C9D9&sort=Collection&item=North%20Korea%20in%20the%20 Cold%20War.

Telegram Shtykov to Vyshinsky. January 19. 1950. http://www.wilsoncenter.org/index.cfm?topic_id= 1409&fuseaction=va2.document&identifier=5034C707-96B6-175C-92AFE2F07219C 9D9&sort=Collection&item=North%20Korea%20in%20the%20Cold%20War

Telegram from Gromyko to Tunkin at the Soviet Embassy in Pyongyang. September 11. 1949. http://www.wilsoncenter.org/index.cfm?topic_id=1409&fuseaction=va2.document&ide ntifier=5034C6B9-96B6-175C-9CF55437ABD17853&sort=Collection&item=North %20Korea%20in%20the%20Cold%20War.

Telegram from Mao Zedong to I.V. Stalin. conveying 19 January 1951 telegram from Peng Dehuai to Mao. regarding meetings with Kim Il Sung. January 27. 1951. http://www.wilsoncenter.org/ index.cfm?topic_id=1409&fuseaction=va2.document&identifier=5034C2B2-96B6-17 5C-93C078EB2C4EACD7&sort=Collection&item=The%20Korean%20War.

Telegram from Mao Zedong to Stalin. conveying 22 January 1952 telegram from Peng Dehuai to Mao and 4 February 1952 reply from Mao to Peng Dehuai. February 8. 1952.

http://www.wilsoncenter.org/index.cfm?topic_id=1409&fuseaction=va2.document&ide ntifier=5034C590-96B6-175C-9F2ACEC4DDD2A1BC&sort=Subject&item=Korea. %20DPRK.%20Relations%20with%20China.%20PRC.

Telegram from Tunkin to Soviet Foreign Ministry. in reply to 11 September telegram. July 14. 1949. http://www.wilsoncenter.org/index.cfm?topic_id=1409&fuseaction= va2.document&identifier=5034C6D8-96B6-175C-9FFA83512DC39318&sort=Collect ion&item=North%20Korea%20in%20the%20Cold%20War.

찾아보기

ㅅ

지은이

백학순(白鶴淳)

서울대학교 사범대학 영어교육학과 졸업
서울대학교 대학원 정치학 석사과정 수료
미 조지아대(University of Georgia) 정치학 석사
미 펜실베이니아대(University of Pennsylvania) 정치학 박사
미 하버드대(Harvard University) 박사후 연구원
세종연구소 수석연구위원(현)

저서 및 논문
『북한의 당·국가기구·군대』(2007)(공저)
『북한의 대외관계』(2007)(공저)
『북한의 국가전략』(2003)(공저)
『김정일 정권의 생존전략』(2003)(공저)
『김정일 시대의 당과 국가기구』(2000)(공저)
North Korea in Distress: Confronting Domestic and External Challenges(2008)(공저, 공편)
"North Korea's Choices for Survival and Prosperity since 1990s: Interplay between
 Politics and Economics"(2007)
"North Korean State Formation, 1945~1950"(박사학위 논문) 외 다수

한울아카데미 1307
세종연구소 세종정책총서 2010-4

북한 권력의 역사 사상·정체성·구조

ⓒ 세종연구소, 2010

지은이 | 백학순
펴낸이 | 김종수
펴낸곳 | 도서출판 한울
편집책임 | 박록희

초판 1쇄 인쇄 | 2010년 10월 18일
초판 1쇄 발행 | 2010년 10월 29일
초판 2쇄 발행 | 2011년 10월 20일

주소 | 413-756 파주시 교하읍 문발리 535-7 302
        121-801 서울시 마포구 공덕동 105-90 서울빌딩 3층(서울 사무소)
전화 | 영업 02-326-0095, 편집 02-336-6183
팩스 | 02-333-7543
홈페이지 | www.hanulbooks.co.kr
등록 | 1980년 3월 13일, 제406-2003-051호

Printed in Korea.
ISBN 978-89-460-5307-6 93340(양   장)
         978-89-460-4514-9 93340(반양장)

* 책값은 겉표지에 있습니다.
* 이 도서는 강의를 위한 학생판 교재를 따로 준비했습니다.
   강의 교재로 사용하실 때에는 본사로 연락해주십시오.